Straßenverkehrsrecht

dtv

Schnellübersicht

Autobahn-Richtgeschwindigkeits-V 4
Bußgeldkatalog 8
eKFV 3.3
Fahrerlaubnis-VO 3.1
FahrpersonalV 1 a
Fahrzeug-ZulassungsVO 3.2
Katalog der Verkehrszeichen 2a
PflichtversicherungsG 5
Strafgesetzbuch (Auszug) 6
Strafprozessordnung (Auszug) 7
Straßenverkehrsgesetz 1
Straßenverkehrs-Ordnung 2
Straßenverkehrs-Zulassungs-Ordnung 3
VO (EG) Nr. 561/2006 1 b

Straßenverkehrsrecht

Straßenverkehrsgesetz
Straßenverkehrs-Ordnung
mit farbiger Wiedergabe der Verkehrszeichen
Straßenverkehrs-Zulassungs-Ordnung
Fahrerlaubnis-Verordnung
Fahrzeug-Zulassungsverordnung
Elektrokleinstfahrzeuge-Verordnung
Pflichtversicherungsgesetz
und Bußgeldkatalog-Verordnung

Textausgabe mit ausführlichem Sachregister
und einer Einführung
von Urban Sandherr

63., neu bearbeitete Auflage
Stand: 15.1.2025

dtv

dtv.de | beck.de

Sonderausgabe
dtv Verlagsgesellschaft mbH & Co. KG,
Tumblingerstraße 21, 80337 München

Wilhelmstraße 9, 80801 München
info@beck.de
Satz, Druck und Bindung: Druckerei C.H.Beck Nördlingen
(Adresse wie Verlag)
Umschlagtypographie auf der Grundlage
der Gestaltung von Celestino Piatti

myclimate
shape our future

chbeck.de/nachhaltig
produktsicherheit.beck.de

ISBN 978-3-423-53297-6 (dtv)
ISBN 978-3-406-83457-8 (C.H.Beck)

9 783406 834578

Inhaltsverzeichnis

Abkürzungsverzeichnis VII

Einführung von Urban Sandherr IX

1. **Straßenverkehrsgesetz – StVG** 1

1 a. Verordnung zur Durchführung des Fahrpersonalgesetzes **(Fahrpersonalverordnung – FPersV)** (Auszug) 99

1 b. **Verordnung (EG) Nr. 561/2006** des Europäischen Parlaments und des Rates vom 15. März 2006 zur Harmonisierung bestimmter Sozialvorschriften im Straßenverkehr und zur Änderung der Verordnungen (EWG) Nr. 3821/85 und (EG) Nr. 2135/98 des Rates sowie zur Aufhebung der Verordnung (EWG) Nr. 3820/85 des Rates (Auszug) 105

2. **Straßenverkehrs-Ordnung – StVO** 131
   Anlage 1: Allgemeine und Besondere Gefahrzeichen 182
   Anlage 2: Vorschriftzeichen 187
   Anlage 3: Richtzeichen 214
   Anlage 4: Verkehrseinrichtungen 237

2a. **Katalog der Verkehrszeichen – VzKat** 241

3. **Straßenverkehrs-Zulassungs-Ordnung – StVZO** 337

3.1. Verordnung über die Zulassung von Personen zum Straßenverkehr **(Fahrerlaubnis-Verordnung – FeV)** 479
   Anlage 8e: Umtausch vor dem 19.1.2013 ausgestellter Führerscheine 570
   Anlage 13: Bezeichnung und Bewertung der im Rahmen des Fahreignungs-Bewertungssystems zu berücksichtigenden Straftaten und Ordnungswidrigkeiten 571

3.2. Verordnung über die Zulassung von Fahrzeugen zum Straßenverkehr **(Fahrzeug-Zulassungsverordnung – FZV)** 577

3.3. **Elektrokleinstfahrzeuge-Verordnung – eKFV** 675

4. **Autobahn-Richtgeschwindigkeits-V** 689

5. **Pflichtversicherungsgesetz – PflVG** 691

6. **Strafgesetzbuch – StGB** (Auszug) 721

7. **Strafprozeßordnung – StPO** (Auszug) 731

8. **Bußgeldkatalog-Verordnung – BKatV** 741

Sachverzeichnis 809

Abkürzungen

aF	alte Fassung
AAK	Atemalkoholkonzentration
Abs.	Absatz
ÄndG	Änderungsgesetz
ÄndVO	Änderungsverordnung
BAK	Blutalkoholkonzentration
BAnz.	Bundesanzeiger
BayObLG	Bayerisches Oberstes Landesgericht
BGA	Bundesgesundheitsamt
BGBl.	Bundesgesetzblatt
BGH	Bundesgerichtshof
BGHSt	Entscheidungen des Bundesgerichtshofs in Strafsachen
BKat	Bußgeldkatalog
BKatV	Bußgeldkatalog-Verordnung
BMV	Bundesminister für Verkehr
BR-Dr	Bundesratsdrucksache
BT-Dr	Bundestagsdrucksache
BVerfG	Bundesverfassungsgericht
DAR	Deutsches Autorecht (Zeitschrift)
EGOWiG	Einführungsgesetz zum Ordnungswidrigkeitengesetz
eKFV	Elektrokleinstfahrzeuge-Verordnung
Evertr	Einigungsvertrag
F. m. H.	Fahrrad mit Hilfsmotor
FeV	Fahrerlaubnis-Verordnung
Fn	Fußnote
FPersV	Fahrpersonalverordnung
Fz	Fahrzeug
FZV	Fahrzeug-Zulassungsverordnung
G	Gesetz
idF	in der Fassung
IntKfzVO	Verordnung über den internationalen Kraftfahrzeugverkehr
iVm	in Verbindung mit
Kfz	Kraftfahrzeug
Lkw	Lastkraftwagen
MABl.	Ministerialamtsblatt der Bayerischen Inneren Verwaltung
mWv	mit Wirkung vom
mwN	mit weiteren Nachweisen
nF	neue Fassung
NStZ	Neue Zeitschrift für Strafrecht
NZV	Neue Zeitschrift für Verkehrsrecht
OLG	Oberlandesgericht
Pkw	Personenkraftwagen
Promille, ‰	Alkoholgehalt in Gramm pro 1000 ccm (Blut)
rd.	rund
RGBl.	Reichsgesetzblatt
s.	siehe

Abkürzungen

s. a.	siehe auch
StGB	Strafgesetzbuch
StPO	Strafprozessordnung
StVG	Straßenverkehrsgesetz
StVO	Straßenverkehrs-Ordnung
StVZO	Straßenverkehrs-Zulassungs-Ordnung
SVR	Straßenverkehrsrecht (Zeitschrift)
v.	vom
VGT	Verkehrsgerichtstag
VkBl.	Verkehrsblatt – Amtsblatt des Bundesverkehrsministeriums
VO	Verordnung
VRS	Verkehrsrechtssammlung (Band u. Seite)
VZR	Verkehrszentralregister
zB	zum Beispiel
ZEVIS	Zentrales Verkehrs-Informations-System
zfs	Zeitschrift für Schadensrecht

Einführung

von Urban Sandherr

I. Vorbemerkung

Die vorliegende Textsammlung enthält die wichtigsten allgemein interessierenden Gesetze und Verordnungen, die unter ordnungsrechtlichen Gesichtspunkten die Benutzung öffentlicher Wege und Plätze, d. h. die Teilnahme am Straßenverkehr sowie die etwaigen Folgen eines Fehlverhaltens bei der Teilnahme am Straßenverkehr, regeln. Dies sind das **Straßenverkehrsgesetz** (StVG, Nr. 1 der Textsammlung), die **Straßenverkehrs-Ordnung** (StVO, Nr. 2 der Textsammlung), den **Katalog der Verkehrszeichen** (VzKat, Nr. 2a der Textsammlung), die **Straßenverkehrs-Zulassungs-Ordnung** (StVZO, Nr. 3 der Textsammlung), die **Fahrerlaubnis-Verordnung** (FeV, Nr. 3.1 der Textsammlung), die **Fahrzeug-Zulassungsverordnung** (FZV, Nr. 3.2 der Textsammlung) und die **Elektrokleinstfahrzeuge-Verordnung** (eKFV, Nr. 3.3 der Textsammlung). Hinzu kommen das **Pflichtversicherungsgesetz** (PflVG, Nr. 5 der Textsammlung) sowie, neben Auszügen aus dem **Strafgesetzbuch** (StGB, Nr. 6 der Textsammlung) und der **Strafprozeßordnung** (StPO, Nr. 7 der Textsammlung), die **Autobahn-Richtgeschwindigkeits-Verordnung** (Nr. 4 der Textsammlung) sowie die **Bußgeldkatalog-Verordnung** (BKatV, Nr. 8 der Textsammlung). Vorschriften, die nicht der Erhaltung der Sicherheit und Ordnung auf den Straßen, sondern anderen Zwecken dienen, wie insbes. der Regelung des allgemeinen Straßen- und Wegerechts, der Widmung und Einziehung öffentlicher Wege, deren Planung, Betrieb und Unterhaltung, oder Vorschriften, die im Wesentlichen von wirtschaftlichen Zielrichtungen bestimmt sind, wie das Güterkraftverkehrs-, das Personenbeförderungs-, das Fahrpersonal- und Fahrlehrergesetz, das Gesetz zur Regelung der Arbeitszeit von selbständigen Kraftfahrern u. ä. m., sind hier – mit Ausnahme eines die **Lenk- und Ruhezeiten** betreffenden Auszugs aus der **Fahrpersonal-VO** (Nr. 1a der Textsammlung) und der **EG-VO Nr. 561/2006** (Nr. 1b der Textsammlung) – nicht erfasst. Bezüglich jener weiteren Vorschriften darf auf die umfassendere Loseblatt-Textsammlung „Straßenverkehrsrecht" sowie die elektronischen Sammlungen „Straßenverkehrsrecht Texte" oder „Verkehrsrecht PLUS" in der Datenbank beck-online des Verlages C.H.Beck (www.beck-online.de) verwiesen werden.

II. Bedeutung, Entstehung und Gegenstand des Straßenverkehrsrechts

1. Bedeutung

Das Straßenverkehrsrecht berührt jeden Bürger, der sich am Straßenverkehr beteiligt, sei es als Fußgänger, Radfahrer, Reiter oder Führer eines Fahrzeugs. Zwar ist nach einer Definition des Bundesgerichtshofs (grundlegend BGHSt 14, 24) nicht jeder, der im öffentlichen Verkehrsraum anwesend ist, auch **„Ver-**

kehrsteilnehmer" im rechtlichen Sinne, sondern nur derjenige, der sich „verkehrserheblich" verhält, d.h. körperlich und unmittelbar auf den Ablauf eines Verkehrsvorganges einwirkt; dazu gehören zB nicht der passive Fahrgast einer Straßenbahn und der untätige, für die Führung eines Kraftfahrzeugs nicht verantwortliche Mitfahrer. Doch selbst nach dieser einschränkenden Definition ist die große Mehrheit aller Bürger „Verkehrsteilnehmer" auch im rechtlichen Sinne, so dass es für sie wichtig ist zu wissen, unter welchen Umständen die Teilnahme am öffentlichen Straßenverkehr erlaubt, eingeschränkt oder gar verboten ist, wie man sich dort zu verhalten hat und welche Folgen ein etwaiges Fehlverhalten in zivil-, bußgeld- oder vielleicht sogar auch strafrechtlicher Hinsicht haben kann, zumal zB die StVO nicht nur für Fahrzeugführer gilt, sondern Verhaltensregeln auch für Fußgänger oder Reiter sowie für Benutzer von Rollstühlen, Rodelschlitten, Rollern, Kinderfahrrädern oder Inlineskates u.a. Fortbewegungsmitteln aufstellt.

Diese „Spielregeln", in die diese Darstellung einführen soll, haben angesichts der von Jahr zu Jahr ständig steigenden Zahl von Verkehrsteilnehmern im motorisierten Bereich besondere Bedeutung in unserem gesellschaftlichen Zusammenleben.

2. Entstehung

Es bedarf eingehender Vorschriften zur Regelung des Straßenverkehrs, wenn Sicherheit und Ordnung auf unseren Straßen weitestmöglich aufrecht erhalten bleiben bzw. verbessert werden sollen; denn die allgemeine soziale Ordnung, die unser Zusammenleben ansonsten unter vorwiegend ethisch-moralischen Aspekten regelt, reicht allein nicht aus, auch diese speziellen Lebensvorgänge in geregelte Bahnen zu lenken. Die Fragen zB, unter welchen Umständen Kraftfahrzeuge zum öffentlichen Verkehr zuzulassen sind, wer sie lenken darf und wie er sie im Straßenverkehr zu führen hat, wie sich Radfahrer und Fußgänger, Führer von Tieren, ja selbst Krankenfahrstuhlfahrer oder Verbände zu verhalten haben, und wer für die Verursachung von Schäden im Straßenverkehr haftet, bedürfen spezieller Regelungen; das gilt auch für die Androhung und Verhängung von Sanktionen für die Missachtung der Verkehrsvorschriften, die der Durchsetzung der Verkehrsrechtsordnung notfalls durch staatlichen Zwang mitunter leider den nötigen Nachdruck verleihen müssen.

All diese Vorschriften sind nicht aus einem Guss entstanden, sondern sporadisch mit der Entwicklung des Straßenverkehrs mitgewachsen. Genügten im Zeitalter der Pferdedroschke und des Ochsen- oder Eselkarrens noch weitgehend Ortssatzungen und Stadtrechte, um etwa „gefährliches Rasen" in den Gassen oder Belästigungen der Anwohner und Fußgänger durch Verschmutzungen, Lärm und Staubaufwirbelungen zu unterbinden, so erforderten die Erfindungen des Otto-Motors und der anschließend von Daimler und Benz konstruierten Kraftfahrzeuge kurz vor Ende des 19. Jahrhunderts ein umfassenderes Einschreiten des Gesetzgebers, um den von diesen Maschinen ausgehenden Gefahren und schädlichen Auswirkungen auf die Umwelt wirksam begegnen zu können. Deshalb stellte der damalige Bundesrat zwecks reichseinheitlicher Regelung am 3.5.1906 „Grundzüge betr. den Verkehr mit Kraftfahrzeugen" auf, deren Vorschriften von den verbündeten Regierungen mit Wirkung vom 1.10.1906 durch Gesetze und Verordnungen in den Gliedstaaten eingeführt wurden, so dass auf diese Weise erstmals eine reichseinheitliche Regelung erreicht wurde, die praktisch die Grundlage für die anschließende Entwicklung des gesamten

Straßenverkehrsrechts im Reich bildete. Durch das **Kraftfahrgesetz** vom 3.5.1909 hatte dann der Reichsgesetzgeber dieses Sachgebiet an sich gezogen. Zweck dieses Gesetzes war es zunächst, vor allem durch den Kfz-Verkehr verursachte Schäden von der Allgemeinheit abzuwenden. Neben entsprechenden Haftpflichtregelungen enthielt das Gesetz aber bereits auch schon einige Verkehrsvorschriften nach dem Modell der genannnten „Grundzüge“ des Bundesrates. Nach zahlreichen Änderungen dieses Gesetzes in den Folgejahren bis nach dem 2. Weltkrieg wurde es durch das Grundgesetz (Art. 125 iVm Art. 74 Nr. 22) Bundesrecht. Durch das (1.) Gesetz zur Sicherung des Straßenverkehrs vom 19.12.1952 (BGBl. I S. 832) erhielt es die heute noch geltende Bezeichnung **„Straßenverkehrsgesetz“** (StVG; s. unten Kap. III.).

3. Die Rechtsgrundlagen

a) Das **Straßenverkehrsgesetz** (StVG, Nr. 1 der Textsammlung) ist die älteste deutsche, für die allgemeine Straßenverkehrs-Rechtspraxis auch heute noch bedeutsamste Rechtsgrundlage. Es behandelt vornehmlich Fragen der Zulassung von Fahrzeugen und von (Kraft-)Fahrzeugführern zum öffentlichen Straßenverkehr, sowie Fragen der zivil- und bußgeldrechtlichen Haftung, der Anordnung eines Fahrverbots nach bestimmten Ordnungswidrigkeiten und der strafrechtlichen Verfolgung bestimmter Verkehrsvergehen (wie zB Fahren ohne Fahrerlaubnis, Kennzeichenmissbrauch oder Missbrauch von Wegstreckenzählern und Geschwindigkeitsbegrenzern), der Regelung der Eintragung von verkehrsrechtlichen Verurteilungen im Fahreignungsregister (FAER – seit 1.5.2014) bzw. vorher im Verkehrszentralregister (VZR – bis 30.4.2014) sowie Vorschriften über das Fahreignungs-Bewertungssystem (Punktsystem) und das Zentrale Verkehrs-Informations-System (ZEVIS), die Führung der zentralen und örtlichen Fahrerlaubnisregister und schließlich die besonders wichtigen gesetzlichen Ermächtigungsgrundlagen für den Erlass ergänzender maßgeblicher Rechtsverordnungen, wie vor allem der StVO (s. Nr. 2 der Textsammlung), der StVZO (s. Nr. 3 der Textsammlung), der FeV (s. Nr. 3.1 der Textsammlung) und der FZV (s. Nr. 3.2 der Textsammlung).

b) Die **Straßenverkehrs-Ordnung** (StVO, Nr. 2 der Textsammlung) enthält die detaillierten Vorschriften über das **Verhalten** im öffentlichen Straßenverkehr, die **Straßenverkehrs-Zulassungs-Ordnung** (StVZO, Nr. 3 der Textsammlung) diejenigen über die **Zulassung** von Fahrzeugen zum öffentlichen Straßenverkehr, insbes. deren **technische Ausstattung,** während seit dem 1.3.2007 die **Fahrzeug-Zulassungsverordnung** (FZV, Nr. 3.2 der Textsammlung) das **Zulassungsverfahren** regelt (s. unten Kap. VII.). Die **Fahrerlaubnis-Verordnung** (Nr. 3.1 der Textsammlung) enthält seit dem 1.1.1999 anstelle des entfallenen Teils A der StVZO detailliert die Voraussetzungen für die Zulassung von Personen zur Führung von Kraftfahrzeugen im öffentlichen Straßenverkehr. Diese Verordnungen sind die bedeutsamsten Grundlagen des Straßenverkehrsrechts.

c) Das **Pflichtversicherungsgesetz** (PflVG, Nr. 5 der Textsammlung) gewährleistet durch die allgemeine Statuierung der Versicherungspflicht für Kraftfahrzeug-Halter die Regulierung von Schäden, die bei der Benutzung eines Kraftfahrzeugs im öffentlichen Straßenverkehr entstehen können. Ohne diese gesetzliche Regelung wäre die Schadensregulierung oft nicht durchsetzbar.

d) Das **Strafgesetzbuch** (StGB, Auszug Nr. 6 der Textsammlung) behandelt u.a. die bedeutsamsten Vergehen im Straßenverkehr, nämlich die Straftatbestände über unerlaubtes Entfernen vom Unfallort (§ 142), die fahrlässige Tötung und Körperverletzung (§§ 222 und 229), die Nötigung (§ 240), die unerlaubte Benutzung von Fahrzeugen (§ 248b), den gefährlichen Eingriff in den Straßenverkehr (§ 315b), die Straßenverkehrsgefährdung (§ 315c), Verbotene Kraftfahrzeugrennen (§ 315d), die Trunkenheit im Verkehr (§ 316) sowie räuberische Angriffe auf Kraftfahrer (§ 316a), den Vollrausch (§ 323a) und die unterlassene Hilfeleistung (§ 323c). Die §§ 44 und 69ff. StGB regeln die Voraussetzungen für die Anordnung eines Fahrverbots nach Verkehrsstraftaten und für die Entziehung der Fahrerlaubnis im Rahmen eines Strafverfahrens wegen einer Verkehrsstraftat.

e) Die **Strafprozessordnung** (StPO, Auszug Nr. 7 der Textsammlung) regelt das Verfahren bei der Verfolgung und Ahndung von Verkehrsstraftaten; sie findet gemäß § 46 OWiG sinngemäße Anwendung auch im Bußgeldverfahren bei der Verfolgung von Verkehrsordnungswidrigkeiten nach dem **Gesetz über Ordnungswidrigkeiten** (OWiG; s. dazu unten Kap. III. 2. c bb bis ee). Der schließlich (unter Nr. 8 der Textsammlung) folgende **Bußgeldkatalog** (s. unten Kap. III. 2.c ee (1), (2)) enthält für bestimmte Verkehrsordnungswidrigkeiten Vorschriften über Art und Ausmaß der im Regelfall von der Verfolgungsbehörde anzuordnenden Sanktionen. Auf diese Weise soll zwar in erster Linie eine möglichst gleichartige und damit allgemein als gerecht empfundene Behandlung dieser massenhaft begangenen Bagatellverstöße erreicht werden; die Kataloge machen aber auch die Ahndungspraxis bei Verkehrsverstößen transparent, indem sie auch dem Laien auf einen Blick erkennen lassen, mit welchem Verwarnungsgeld oder mit welcher Geldbuße er im Falle einer Verkehrsordnungswidrigkeit in der Regel zu rechnen hat und ob u. U. zusätzlich etwa noch ein Fahrverbot (s. dazu unten Kap. III. 2. c ee (3)) zu erwarten ist; dadurch erzielt dieser Katalog zugleich eine gute verkehrserzieherische Wirkung und erlaubt es dem Betroffenen, die von der zuständigen Stelle ergriffene Maßnahme (Verwarnung, Geldbuße oder Fahrverbot) auf ihre Zulässigkeit und Richtigkeit hin zu überprüfen.

f) Der **Rechtscharakter** der Normen des Straßenverkehrsrechts ist unterschiedlich; überwiegend sind sie öffentliches Recht (wie zB die Vorschriften des Abschnitts I des StVG und die meisten Regelungen der StVO, der StVZO, der FZV und der FeV); zum Teil haben sie aber auch privatrechtlichen Charakter (wie zB die Haftungsregeln der §§ 7ff. StVG, des Pflichtversicherungsgesetzes und die Vorschriften der StVO, soweit diese nicht nur der Verkehrssicherheit, sondern auch dem Schutz privater Rechte dienen); zum geringeren Teil sind sie straf- oder bußgeldrechtlicher Natur (wie insbes. die Vorschriften des Abschnitts III des StVG und die des StGB).

g) Zum **Geltungsbereich** ist hervorzuheben, dass die Vorschriften des Verkehrsrechts grundsätzlich auf Vorgänge im **öffentlichen Straßenverkehr** ausgerichtet sind (vgl. zB § 1 Abs. 1 und § 6 Abs. 1 Nr. 3 StVG). Das gilt vor allem für die Abschnitte I und III des StVG, die StVO, die FeV, die StVZO und die FZV, die Pflichtversicherungsgesetze sowie für die spezifischen Verkehrsstraftatbestände des StGB. Sie gelten also mit Ausnahme der allgemeinen Tatbestände der fahrlässigen Körperverletzung oder Tötung und Nötigung **nicht** auch für Verkehrsvorgänge auf **privaten** Grundstücken, wie zB im abgeschlossenen Privatbereich eines Unternehmens, wo kein öffentlicher Verkehr stattfindet. Wenn ein solcher Bereich nicht auch zur Benutzung für jedermann offensteht, so können dort durch den privaten Besitzer die Vorschriften der StVO zwar für entsprechend anwendbar erklärt werden, was u. U. für zivilrechtliche Auseinandersetzungen nach einem Unfall Bedeutung haben kann; durch eine solche Erklärung können aber niemals bußgeld- oder gar strafrechtliche Folgen ausgelöst werden, wenn zB gegen die für entsprechend anwendbar erklärten Vorfahrt- oder sonstigen Regeln der StVO verstoßen wird. So sind denn auch zB die so genannte „Unfallflucht" (§ 142 StGB) oder das Führen eines (Kraft-)Fahrzeugs unter Alkoholeinfluss (s. §§ 315c, 316 StGB; §§ 24a, 24c StVG) im Privatbereich nicht strafbar bzw. ordnungswidrig, solange dadurch nicht auch eine allgemeine Straftat, wie zB eine fahrlässige Körperverletzung (§ 229 StGB) oder Tötung (§ 222 StGB) begangen wird (s. dazu unten Kap. IX. 2.b). Umgekehrt kann der Charakter der Öffentlichkeit nicht allein dadurch ausgeschlossen werden, dass zB der Parkplatz einer Gastwirtschaft durch entsprechende Beschilderung „Nur für Gäste" vorgesehen ist; denn „öffentlich" ist eine Verkehrsfläche immer dann, wenn dort der Verkehr für Personen zugelassen ist, die durch keinerlei persönliche Beziehungen untereinander verbunden sind, wie zB auf Kaufhausparkplätzen, in Parkhäusern, auf Parkplätzen von Gaststätten und an Tankstellen, die jedermann zugänglich und in Betrieb sind (anders bei Betriebsruhe!). Nicht öffentlich sind zB ausdrücklich nur für Hotelgäste oder Betriebsangehörige bestimmte Parkplätze eines Hotels oder Unternehmens, abgesperrtes Kasernengelände und eine für jeden Verkehr gesperrte Straße (Näheres dazu zB bei Burmann/Heß/Hühnermann/Jahnke, Straßenverkehrsrecht, 28. Aufl. 2024, § 1 StVO Rn. 5ff.).

III. Das Straßenverkehrsgesetz (StVG)

(Nr. 1 der Textsammlung)

1. Grundlagen

Das StVG ist seit seiner Schaffung (s. dazu oben Kap. II. 2., 3. a) ständig den fortlaufend geänderten Verhältnissen des Straßenverkehrs angepasst worden. Eine besonders beachtliche inhaltliche Änderung erfuhr das StVG durch die mit dem Gesetz vom 13.5.1986 (BGBl. I S. 700) eingeführte **Fahrerlaubnis auf Probe** (§§ 2a bis c; s. dazu auch die Durchführungsbestimmungen in den §§ 32 bis 39 FeV).

Eine andere, recht umfangreiche Änderung des StVG betraf die aus Datenschutzgründen notwendig gewordene Normierung des Zentralen Verkehrs-Informations-Systems (ZEVIS) in den §§ 30aff. durch Änderungsgesetz vom 28.1.1987 (BGBl. I S. 486); diese Regelung zielt nicht auf die Erhaltung der Verkehrssicherheit ab, sondern auf die Gewährleistung datenrechtlicher Erfordernisse bei der Übermittlung von Kfz- und Halter-Daten aus dem Verkehrszentralregister und dem Fahrzeugregister im Zuge polizeilicher Ermittlungen. – Eine umfassende Änderung erfuhr das StVG durch das Änderungsgesetz vom 24.4.1998 (BGBl. I S. 747); es bewirkte eine Überarbeitung der fahrerlaubnisrechtlichen Regelungen, Übernahme und Änderung des sog. Punktsystems (seit 1.5.2014 Fahreignungs-Bewertungssystem) in das StVG sowie die Einfügung von Vorschriften für die Errichtung eines zentralen Fahrerlaubnisregisters (s. unten 2. f). Diese letztgenannte Neuregelung, die am 1.1.1999 in Kraft getreten ist, diente im Wesentlichen der Umsetzung der Richtlinie 91/439/EWG des Rates vom 29.7.1991 über den Führerschein (2. EU-Führerscheinrichtlinie) und brachte grundsätzliche Umstellungen in den genannten Bereichen mit sich. Weitere maßgebliche Änderungen hat das Gesetz entsprechend dem Vorschlag der Bundesregierung (StVRÄndG; BR-Drs. 321/00 = BT-Drs. 14/4304) durch das Änderungsgesetz vom 19.3.2001 (BGBl. I S. 386) erfahren. Erfolgt ist damit insbes. eine Änderung der Regelung zur 0,5-Promillegrenze, wonach die Folgen der bisherigen 0,8-Promille-Regelung, insbes. das Fahrverbot, bereits ab 0,5 Promille anzuwenden sind. Der vorherige Grenzwert von 0,8 Promille ist entfallen. Es wurde weiter eine Ermächtigung für die Regelung der Beschränkung des Haltens und Parkens zugunsten der Wohnbevölkerung in städtischen Quartieren mit erheblichem Parkraummangel geschaffen sowie eine Ermächtigungsgrundlage zum Erlass eines Verbotes von „Radarwarngeräten". Das Gesetz enthielt außerdem Ergänzungen zum damaligen Punktsystem in § 4 bzw. § 65 des Straßenverkehrsgesetzes sowie weitere Einzelregelungen im Bereich des Fahrlehrergesetzes, des Kraftfahrsachverständigengesetzes und Folgeänderungen in der Fahrerlaubnis-Verordnung sowie der Bußgeldkatalog-Verordnung, die der Anpassung an die vorgenannten Gesetzesänderungen diente. Weitere Änderungen erfuhr das StVG durch die 7. Zuständigkeitsanpassungs-VO vom 29.10.2001 (BGBl. I S. 2785), die allerdings keinerlei sachliche Änderungen, sondern bloße formelle Anpassungen enthielt, wie zB die durchgängige Ersetzung des Begriffs „Bundesminister für Verkehr" durch die Wörter „Bundesministerium für Verkehr, Bau- und Wohnungswesen" (was später erneut geändert wurde; s. dazu unten) u. ä. m. Danach erfolgten Änderungen durch das Autobahnmautgesetz für schwere Nutzfahrzeuge (ABMG) vom 5.4.2002 (BGBl. I S. 1234), das Gesetz zur Änderung des Pflichtversicherungsgesetzes und anderer versicherungsrechtlicher Vorschriften vom 10.7.2002 (BGBl. I S. 2586), das 2. Gesetz zur Änderung schadensersatzrechtlicher Vorschriften vom 19.7.2002 (BGBl. I S. 2674), das Zollfahndungsneuregelungsgesetz (ZFnrG) vom 16.8.2002 (BGBl. I S. 3202), und das Gesetz zur Änderung des Fernstraßenbauprivatfinanzierungsgesetz (FStrPrivFinÄndG) vom 1.9.2002 (BGBl. I S. 3442).

Nach diesen vielen Änderungen wurde das **StVG** am 5.3.**2003** (BGBl. I S. 310, 319) **neu bekanntgemacht**. Das war die erste Neubekanntmachung des StVG seit 1958. Bedeutsame sachliche Änderungen waren damit nicht verbunden; das gilt auch für die durch das „4. Gesetz für moderne Dienstleistungen am Arbeitsmarkt" erfolgte Ergänzung des § 39 Abs. 3 Nr. 1b StVG durch das Zitat des § 33 des Zweiten Buches des Sozialgesetzbuches, die im Rahmen dieses Werkes ohnehin nicht von Interesse ist und weitgehend auch für die Änderung des § 29 Abs. 4, 6 und 7 durch das Justizmodernisierungsgesetz vom 24.8.2004 (BGBl. I S. 2198, 2206f.). Eine weitere Änderung erfuhr das StVG durch das Änderungsgesetz vom 3.5.2005 (BGBl. I S. 1221), wodurch im Wesentlichen Ergänzungen u. a. in den §§ 6, 6a vorgenommen worden sind. Die Änderungen der §§ 32 bis 36 sind in verkehrsrechtlicher Hinsicht wenig bedeutsam. Durch Art. 43 des Gesetzes zur Umbenennung des Bundesgrenzschutzes in Bundespolizei vom 21.6.2005 (BGBl. I S. 1818, 1827) wurde in § 2 und § 3 lediglich der Begriff Bundesgrenzschutz in Bundespolizei geändert. Von großer Bedeutung sind aber die Modifizierungen durch das 3. Gesetz zur Änderung des Straßenverkehrsgesetzes und anderer straßenverkehrsrechtlicher Vorschriften vom 14.8.2005 (BGBl. I S. 2412ff.). Neu eingeführt wurde damit u. a. das Führen von Kraftfahrzeugen in Begleitung, das sog. **„Begleitete Fahren ab 17 Jahre"** (§ 6e; s. auch §§ 48a, 48b FeV), und auch der neue Straftatbestand **„Missbrauch von Wegstreckenzählern und Geschwindigkeitsbegrenzern"** (§ 22b). Das Umsetzungsgesetz zum Prümer Vertrag vom 10.7.2006 (BGBl. I S. 1458, 1459) und das Gesetz zur Fortentwicklung der Grundsicherung für Arbeitsuchende vom 20.7.2006 (BGBl. I S. 1706, 1719) betreffen Änderungen der Vorschriften zum Fahrzeugregister (§§ 37, 37a, 47 und 35); s. zum Fahrzeugregister auch Kap. VII. 2.f. Mit dem Gesetz zur Einführung einer Grundqualifikation und Weiterbildung der Fahrer im Güterkraft- und Personenverkehr vom 14.8.2006 (BGBl. I S. 1958, 1961) wurde die Möglichkeit zur Erhebung von Gebühren und Auslagen für Amtshandlungen nach dem Berufskraftfahrer-Qualifikationsgesetz und den darauf beruhenden Verordnungen geschaffen (§ 6a Abs. 1 Nr. 1a). Im Zusammenhang mit der Umbenennung des Bundesministeriums für Verkehr, Bau- und Wohnungswesen in Bundesministerium für Verkehr, Bau und Stadtentwicklung erfolgten außerdem entsprechende redaktionelle Anpassungen (s. zB § 6 Abs. 1, 2, 2a u. 4, § 6c, § 6e Abs. 1). Mit dem Terrorismusbekämpfungsergänzungsgesetz vom 5.1.2007 (BGBl. I S. 2, 7) wurden die Möglichkeiten des Abrufs aus dem Zentralen Fahrzeugregister im automatisierten Verfahren (§ 36) für Verfassungsschutzbehörden, Militärischen Abschirmdienst und Bundesnachrichtendienst erweitert. Durch das Gesetz zur Umsetzung des Haager Übereinkommens vom 13.1.2000 über den internationalen Schutz von Erwachsenen vom 17.3.2007 (BGBl. I S. 314, 317) wurde dem Bundesamt für Justiz (Zentrale Behörde) im Zusammenhang mit der Ermittlung des Aufenthaltsortes die Möglichkeit eingeräumt, beim KBA Halterdaten zu erheben (§ 35 Abs. 4b StVG). Hervorzuheben sind auch insbesondere die Verordnung zur Änderung der Anlage zu § 24a StVG und anderer Vorschriften vom 6.6.2007 (BGBl. I S. 1045), mit der u. a. die Liste der berauschenden Mittel um Cocain als Substanz sowie Metamfetamin und MDA ergänzt wurde (s. auch BR-Drs. 231/07), sowie das Gesetz zur Einführung eines **Alkoholverbots für Fahranfänger und Fahranfängerinnen** vom 19.7.2007 (BGBl. I S. 1460) mit seiner zentralen Vorschrift **§ 24c StVG** (in Kraft seit 1.8.2007). Im Zuge des Bürokratieabbaus wurde § 39 Abs. 2 Nr. 2 StVG durch Zweites Gesetz zum Abbau bürokratischer Hemmnisse insbesondere in der mittelständischen Wirtschaft vom 7.9.2007 (BGBl. I S. 2246, 2260) gestrichen. Von besonderer Bedeutung sind die Änderungen haftungsrechtlicher Bestimmungen (§§ 12 ff. StVG) durch Art. 5 Zweites Gesetz zur Änderung des Pflichtversicherungsgesetzes und anderer versicherungsrechtlicher Vorschriften vom 10.12.2007 (BGBl. I S. 2833, 2835 f.), das der Umsetzung von EU-Richtlinien dient. Sie enthalten u. a. in § 12 Abs. 1 Nr. 1 StVG eine Anhebung der Haftungshöchstgrenze von bisher 3 Millionen auf jetzt 5 Millionen Euro. Mit Gesetz zur Änderung seeverkehrsrechtlicher, verkehrsrechtlicher und anderer Vorschriften mit Bezug zum Seerecht vom 8.4.2008 (BGBl. I S. 706, 712) wurde die Übermittlung von Daten aus dem Verkehrszentralregister erweitert. Nach § 30 Abs. 4a StVG dürfen jetzt auch Eintragungen an Stellen übermittelt werden, die für die Erteilung, den Entzug oder das Anordnen des Ruhens von Befähigungszeugnissen und Erlaubnissen im Bereich der See- und Binnenschifffahrt zuständig sind. Mit dem Zweiten Gesetz zur Änderung des Güterkraftverkehrsgesetzes und anderer Gesetze vom 6.11.2008 (BGBl. I S. 2162, 2164) wurde zudem der Kreis der Behörden, an die die in den Fahrerlaubnisregistern gespeicherten Daten weitergeleitet werden dürfen (§ 52 Abs. 2 StVG) um die „für Straßenkontrollen zuständigen Stellen" erweitert. Mit dem Vierten Gesetz zur Änderung des Straßenverkehrsgesetzes vom 22.12.2008 (BGBl. I S. 2965 f.) wurde das Ziel verfolgt, die Verkehrssicherheit zu erhöhen. Gewährleistet werden soll dies – neben anderem – durch die Anhebung der für Straßenverkehrsordnungswidrigkeiten geltenden Bußgeldobergrenzen sowie durch eine Überarbeitung bzw. Neufassung des Bußgeldtatbestandes des gewerbsmäßigen Feilbietens nicht genehmigter Fahrzeuge oder Fahrzeugteile und

Ausrüstungen nach § 23 StVG (siehe dazu BT-Drs. 16/10 175; BT-Drs. 16/10 899; BR-Drs. 904/08 – § 23 StVG wurde mit Wirkung vom 28.7.2021 aufgehoben und ist inhaltlich in der Neufassung des § 24 StVG und in § 69a Abs. 2 Nr. 7 StVZO aufgegangen (s. Burmann/Heß/Hühnermann/Jahnke, Straßenverkehrsrecht, 28. Aufl. 2024, § 23 StVG, Rn. 1)). Durch das Gesetz zur Änderung des Straßenverkehrsgesetzes und zur Änderung des Gesetzes zur Änderung der Anlagen 1 und 3 des ATP-Übereinkommens vom 3.2.2009 (BGBl. I S. 150/151) wurde durch Änderung von § 6 Abs. 1 Nr. 14 StVG die Möglichkeit geschaffen, die Gruppe der Berechtigten, die Behindertenparkplätze nutzen dürfen, um schwerbehinderte Menschen mit beidseitiger Amelie oder Phokomelie oder mit vergleichbaren Funktionseinschränkungen zu erweitern. Zudem wurde durch die Einfügung von § 66 StVG u. a. auch geregelt, dass Rechtsverordnungen künftig abweichend von § 1 des Gesetzes über die Verkündung von Rechtsverordnungen auch im elektronischen Bundesanzeiger verkündet werden können. Die Änderungen des StVG durch das zum 1.7.2009 in Kraft getretene Gesetz zur Neuregelung der Kraftfahrzeugsteuer und Änderung anderer Gesetze vom 29.5.2009 (BGBl. I S. 1170 ff.) betreffen Anpassungen an die Übermittlung (§ 35 StVG) und den Abruf (§ 36 StVG) der erforderlichen Daten durch die zuständigen Behörden sowie den Datenabgleich zur Beseitigung von Fehlern (§ 42 StVG). Durch das Fünfte Gesetz zur Änderung des StVG vom 17.7.2009 (BGBl. I S. 2021 f.), das am 23.7.2009 in Kraft getreten ist, wurden in § 2 und § 6 StVG Ermächtigungsgrundlagen für spezielle Fahrberechtigungen zum Führen von Einsatzfahrzeugen geschaffen. Weil den Freiwilligen Feuerwehren, den Rettungsdiensten, den technischen Hilfsdiensten und dem Katastrophenschutz immer weniger Fahrer zur Verfügung stehen, da seit 1999 mit einer Fahrerlaubnis der Klasse B (Pkw) nur noch Kfz bis zu einer zulässigen Gesamtmasse von bis zu 3,5t gefahren werden dürfen und für Kfz mit einer zulässigen Gesamtmasse zwischen 3,5t und 7,5t eine Fahrerlaubnis der Klasse C1 und für Kfz über 7,5t eine Fahrerlaubnis der Klasse C erforderlich ist. Um die Einsatzfähigkeit der Freiwilligen Feuerwehren, der nach Landesrecht anerkannten Rettungsdienste und der technischen Hilfsdienste aufrecht zu erhalten, ist deshalb für die Mitglieder dieser Organisationen eine spezielle Fahrberechtigung zum Führen von bestimmten Einsatzfahrzeugen (auf Grundlage einer spezifischen Ausbildung und Prüfung) erforderlich, die dann von den zuständigen Landesbehörden erteilt werden kann (BT-Drs. 16/13 616 S. 1; s. auch BR-Drs. 642/09 (Beschluss); BR-Drs. 642/09; BT-Drs. 16/13 108). Darüber hinaus wurde neben einer Anpassung an EU-rechtliche Vorgaben (Streichung von § 2 Abs. 11 S. 2 StVG) auch § 28 Abs. 3 Nr. 6 StVG (Negativentscheidungen zu Fahrerlaubnissen) dahingehend erweitert, dass nunmehr auch unanfechtbare oder sofort vollziehbare Aberkennungen einer Fahrerlaubnis und die Feststellung über die fehlende Berechtigung, von der Fahrerlaubnis im Inland Gebrauch zu machen, im Verkehrszentralregister erfasst werden (BT-Drs. 16/13616 S. 7). Mit dem Sechsten Gesetz zur Änderung des StVG vom 17.7.2009 (BGBl. I S. 2023) wurde mit § 6 Abs. 6 StVG eine Experimentierklausel zur Erprobung neuer Verfahrensweisen in der Fahrzeugzulassung im Rahmen von Pilotprojekten, die von den zuständigen Landesbehörden zur Anwendung von E-Government durchgeführt werden, eingefügt. Mit ihr wird das Bundesministerium für Verkehr, Bau und Stadtentwicklung ermächtigt, den Landesregierungen die Möglichkeit zu eröffnen, schnell und flexibel die Rechtsgrundlage schaffen zu dürfen, um notwendige Neuerungen im Verfahren der Fahrzeugzulassung zu erproben (BT-Drs. 16/13 109 S. 6; siehe auch BR-Drs. 643/09 (Beschluss); BR-Drs. 643/09;

BT-Drs. 16/13617). Das Sechste Gesetz zur Änderung des StVG ist am 23.7.2009 in Kraft getreten (BGBl. I S. 2023). Durch das Gesetz zur Reform der Sachaufklärung in der Zwangsvollstreckung vom 29.7.2009 (BGBl. I S. 2258) wurden die §§ 25, 35 und 36 StVG geändert und insbesondere die Übermittlung von Daten aus dem Zentralen Fahrzeugregister durch Abruf im automatisierten Verfahren an den Gerichtsvollzieher ermöglicht. Diese Regelung trat zum 1.1.2013 in Kraft. Bereits mit Wirkung zum 5.8.2009 wurde § 37 Abs. 1a StVG geändert und die Übermittlung von Fahrzeug- und Halterdaten durch Gesetz zur Umsetzung des Beschlusses des Rates 2008/615/JI vom 23.6.2008 zur Vertiefung der grenzüberschreitenden Zusammenarbeit, insbesondere zur Bekämpfung des Terrorismus und der grenzüberschreitenden Kriminalität vom 31.7.2009 (BGBl. I S. 2507) an die insoweit zuständigen ausländischen Behörden ermöglicht.

Mit dem Gesetz zur Änderung des StVG und des Kraftfahrsachverständigengesetzes vom 2.12.2010 (BGBl. I S. 1748) wurde in erster Linie das „Begleitete Fahren ab 17 Jahre", das zunächst als ein bis zum 31.12.2010 befristetes Modellvorhaben ausgestaltet war, in Dauerrecht überführt. Die Ergebnisse der Bundesanstalt für Straßenwesen (BASt) haben gezeigt, dass das Modell „Begleitetes Fahren ab 17 Jahre" einen deutlichen Gewinn für die Verkehrssicherheit der jungen Fahranfänger und Fahranfängerinnen bringt. Darüber hinaus wurden zur Umsetzung der Richtlinie 2006/126/EG (**3. EU-Führerscheinrichtlinie**) zum 19.1.2011 die **Rechtsgrundlagen** für die notwendige **Befristung der Gültigkeit der Führerscheindokumente auf 15 Jahre der ab 2013 neu ausgestellten Führerscheine** und die vorgeschriebene Befristung aller bisher ausgestellten Führerscheine bis 2033 geschaffen (siehe auch BT-Drs. 17/3022; BT-Drs. 17/3450; BR-Drs. 489/10; 688/10; 688/10 (Beschluss)). Die Änderungen des StVG sind am 9.12.2010 in Kraft getreten (BGBl. I S. 1750).

Mit Art. 2 Gesetz zur Neuregelung mautrechtlicher Vorschriften für Bundesfernstraßen vom 12.7.2011 (BGBl. I S. 1378, 1384) wurden mit Wirkung vom 19.7.2011 die §§ 35 und 36 StVG an das mit Art. 1 neu eingeführte Gesetz (Neufassung und Neubezeichnung des „alten" ABMG) über die Erhebung von streckenbezogenen Gebühren für die Benutzung von Bundesautobahnen und Bundesstraßen (Bundesfernstraßenmautgesetz – BFStrMG) angepasst (Folgeänderungen). Siehe näher dazu BR-Drs. 857/10; 857/1/10; 857/10 (Beschluss) und BR-Drs. 245/11 (Beschluss) sowie BT-Drs. 17/4979 und BT-Drs. 17/5519.

Mit Art. 2 Gesetz zur Änderung von Vorschriften über Verkündung und Bekanntmachungen sowie der Zivilprozessordnung, des Gesetzes betreffend die Einführung der Zivilprozessordnung und der Abgabenordnung vom 22.12.2011 (BGBl. I S. 3044, 3054) wurde § 66 StVG (Verkündung von Rechtsverordnungen) als Folgeänderung zum 1.4.2012 an das Verkündungs- und Bekanntmachungsgesetz (VkBkmG) angepasst.

Durch Art. 5 Gesetz zur Änderung des Güterkraftverkehrsgesetzes und anderer Gesetze vom 17.6.2013 (BGBl. I S. 1558, 1560) wurden die §§ 1, 29 und 65 StVG geändert, wobei hier die Einführung des § 1 Abs. 3 StVG besonders hervorzuheben ist: Die Regelung wurde zur Schaffung von Rechtsklarheit bei der verkehrsrechtlichen **Einstufung von Elektrofahrrädern (Pedelec)** mit Wirkung zum 21.6.2013 neu eingefügt (BGBl. 2013 I S. 1558, 1560, 1561). Damit wurde die bis dahin umstrittene Einordnung von Elektrofahrrädern als Kraftfahrzeug oder Fahrrad weitestgehend geklärt. Bisher bot eine „offizielle"

Hilfestellung und Orientierungshilfe zur verkehrsrechtlichen Einstufung von Elektrofahrrädern die Bekanntmachung des Bundesministeriums für Verkehr, Bau und Stadtentwicklung vom 23.10.2012 – LA 20/7342.1/40 (abgedruckt in VkBl. 2012, 848 und SVR 2013, 215). Andere als in § 1 Abs. 3 StVG definierte Elektrofahrräder, insbesondere solche mit einer höheren Geschwindigkeit als 25 km/h sind Kraftfahrzeuge und dann zumeist als Kleinkraftrad einzuordnen. Mit der Einfügung von § 1 Abs. 3 StVG wurden die Abgrenzungsmerkmale aus Art. 1 Abs. 2a und h der Richtlinie 2002/24/EG übernommen und entsprechende Beschlüsse der Bund-Länder-Fachausschüsse Technisches Kraftfahrwesen und StVO sowie die Empfehlung des 50. VGT 2012 umgesetzt (näher dazu amtliche Begründung BT-Drs. 17/12 856).

Durch Art. 24 Gesetz zur Förderung der elektronischen Verwaltung sowie zur Änderung weiterer Vorschriften vom 25.7.2013 (BGBl. I S. 2749, 2758) wurden die §§ 30, 58 und 64 StVG mit Wirkung vom 1.8.2013 geändert. Hervorzuheben sind hier die Regelungen zur **elektronischen Auskunftserteilung aus dem** früheren (bis 30.4.2014) Verkehrszentralregister (VZR) und jetzigem (seit 1.5.2014) **Fahreignungsregister (FAER)** sowie aus dem örtlichen oder dem Zentralen **Fahrerlaubnisregister** (§§ 30 Abs. 8, 58 StVG).

Mit Art. 2 Abs. 144 Gesetz zur Strukturreform des Gebührenrechts des Bundes vom 7.8.2013 (BGBl. I S. 3154, 3190) erfolgten Anpassungen mit Wirkung vom 15.8.2013 in § 6a Abs. 2 und Abs. 3 StVG.

Besonders bedeutsam sind die Änderungen durch Art. 1 Viertes Gesetz zur Änderung des Straßenverkehrsgesetzes und anderer Gesetze vom 28.8.2013 (BGBl. I S. 3310), das der Umsetzung der Richtlinie 2011/82/EU des Europäischen Parlaments und des Rates vom 25.10.2011 zur Erleichterung des grenzüberschreitenden Austauschs von Informationen über die Straßenverkehrssicherheit gefährdende Verkehrsdelikte (ABl. L 288 vom 5.11.2011, S. 1) dient. Zum **31.8.2013** wurde damit die seit langem geplante **europaweite Halterdatenabfrage** realisiert (siehe insbesondere §§ 27, 37b StVG). Wichtige Drucksachen: BR-Drs. 103/13; BT-Drs. 17/13 026 und BT-Drs. 17/13 351 (Beschlussempfehlung und Bericht).

Von noch weit größerer Bedeutung sind die Änderungen durch Art. 1 Fünftes Gesetz zur Änderung des Straßenverkehrsgesetzes und anderer Gesetze vom 28.8.2013 (BGBl. I S. 3313), die die umfangreichen Regelungen (siehe insbesondere §§ 4ff., 28ff., 65 StVG) zur **Reform des bisherigen Punktsystems**, das zum **1.5.2014** in Kraft getreten ist, enthalten. In diesem Zusammenhang erfolgte auch die **Umstellung** des bisherigen (bis 30.4.2014) **Verkehrszentralregisters** (VZR) **auf** das neue **Fahreignungsregister** (FAER). Wichtige Drucksachen: dazu BR-Drs. 799/12; BT-Drs. 17/12 636; 17/13 452; 17/14 125 (Beschlussempfehlung).

Art. 1 Gesetz zur Änderung des Straßenverkehrsgesetzes, der Gewerbeordnung und des Bundeszentralregisters vom 28.11.2014 (BGBl. I S. 1802) enthält neben Änderungen der Ressortbezeichnung in „Bundesministerium für Verkehr und digitale Infrastruktur" und der aufgrund einer geänderten EU-Richtlinie erforderlich gewordenen Aktualisierung des § 37c StVG **vor allem** Anpassungen des StVG, um den Fahrerlaubnisbehörden im Falle der Neuerteilung der Fahrerlaubnis nach vorherigem Erlöschen die erforderlichen Daten zur Verfügung stellen zu können (siehe Änderungen der §§ 48ff.; Inkrafttreten der Regelungen in Art. 1 Nr. 11 bis 15a am 1.1.2015) sowie **Klarstellungen und Neuregelungen zur Berechnung des Punktestandes bei Mehrfachtätern** (siehe hierzu insbesondere die Änderungen in § 4 StVG und ausführlich dazu Albrecht/Kehr, DAR 2015, 12ff.). Die Änderungen zur Berechnung des Punktestandes bei Mehrfachtätern sind am 5.12.2014 in Kraft getreten. Wichtige Drucksachen: BT-Drs. 18/2134; 18/2775; BR-Drs. 475/14; 475/14 (Beschlussdrucksache).

Mit Art. 2 Gesetz zur Änderung des Fahrpersonalgesetzes und des Straßenverkehrsgesetzes vom 2.3.2015 (BGBl. I S. 186, 187) wurde § 2 StVG angepasst, weil sich die Erste-Hilfe-Ausbildung nunmehr im Schwerpunkt auf die Vermittlung der lebensrettenden Maßnahmen und auf einfache Erste-Hilfe-Maßnahmen sowie grundsätzliche Handlungsstrategien fokussiert (näher dazu: BT-Drs. 18/3586, S. 1). Die Änderungen sind am 7.3.2015 in Kraft getreten. Wichtige Drucksachen: BR-Drs. 8/15; 8/15 (Beschlussdrucksache); BR-Drs. 435/14; 435/1/14; 435/14 (Beschlussdrucksache) sowie BT-Drs. 18/3254 und 18/3586).

Art. 4 Gesetz zur Einführung einer Infrastrukturangabe für die Benutzung von Bundesfernstraßen vom 8.6.2015 (BGBl. I S. 904, 913) enthält in § 32 StVG mit Wirkung zum 12.6.2015 notwendige Anpassungen für Maßnahmen zur Durchführung des Infrastrukturabgaberechts.

Art. 15 Gesetz zur Anpassung der Zuständigkeiten von Bundesbehörden an die Neuordnung der Wasser- und Schifffahrtsverwaltung des Bundes (WSV-Zuständigkeitsanpassungsgesetz – WSVZuAnpG) vom 24.5.2016 (BGBl. I S. 1217, 1219) enthält ebenfalls nur erforderliche Anpassungen, hier mit Wirkung zum 1.6.2016 in § 31 StVG hinsichtlich der Neuordnung der Wasser- und Schifffahrtsverwaltung des Bundes.

Durch Art. 1 Sechstes Gesetz zur Änderung des Straßenverkehrsgesetzes und anderer Gesetze vom 28.11.2016 (BGBl. I S. 2722) erfolgten zum 7.12.2016 umfangreiche Änderungen in den §§ 2, 3, 6 und 6a, § 6f und § 6g StVG wurden neu eingefügt, sowie in den §§ 24, 26, 27, 28, 30, 30a, 30c, 31, 33, 34, 35, 36, 36a, 37a, 37b, 38b, 47, 48, 50, 53, 54, 56, 62 und 65 StVG. Zum wesentlichen Inhalt führt die amtliche Begründung aus: „Der Erlass mehrerer europarechtlicher Vorschriften im Straßenverkehrsrecht erfordert deren fristgerechte Umsetzung in das nationale Recht. Darüber hinaus ist es auch für die Realisierung der internetbasierten Wiederzulassung außer Betrieb gesetzter Fahrzeuge auf denselben Halter im selben Zulassungsbezirk (2. Stufe des Projektes i-Kfz) erforderlich, dass die aktuellen Daten zu den Hauptuntersuchungen und Sicherheitsprüfungen im Zentralen Fahrzeugregister (ZFZR) gespeichert und nutzbar sind. Zudem sollen für eine internetbasierte Zulassung auch internetbasierte Verwaltungsabläufe zur Durchführung der inhaltlichen Maßgaben aus anderen als straßenverkehrsrechtlichen Rechtsvorschriften geregelt werden können. Für die Vorbereitung und Realisierung einer vollelektronischen Registerführung des Fahreignungsregisters (FAER) sind ergänzende Rechtsgrundlagen, Datenschutzvorschriften und Ermächtigungen erforderlich, um die Einzelheiten der automatischen Datenverarbeitung im Verordnungswege regeln zu können. Im Fahrerlaubnisrecht sind durch zahlreiche Überarbeitungen die Begrifflichkeiten hinsichtlich inländischer und ausländischer Fahrerlaubnisse uneinheitlich. Dies gilt es für eine klare und einfache Rechtsanwendung zu bereinigen. Des Weiteren sind die Entgeltvorschriften der Begutachtungsstellen für Fahreignung auf eine überarbeitete Rechtsgrundlage zu stellen. Seit Jahren nimmt die Zahl der Großraum- und Schwertransporte im deutschen Straßennetz massiv zu. Grund dafür ist unter anderem die Gewährleistung der Energiewende (Transport von Windflügeln etc.). In vielen Fällen wird bei entsprechenden Erlaubnissen und Genehmigungen als Auflage die Begleitung durch Polizeikräfte angeordnet. Dabei muss künftig gewährleistet bleiben, dass die Verkehrsteilnehmer bei der Durchführung der Großraum- und Schwertransporte nicht unnötig behindert oder gefährdet werden. Zudem soll die Polizei durch den Einsatz von Beliehenen und Verwaltungshelfern zur Begleitung von Großraum- und Schwertransporten entlastet werden." (Quelle: BT-Drs. 18/9084, S. 1/2 – Wichtige Drucksachen: BR-Drs. 126/16, BT-Drs. 18/8559 und BT-Drs. 18/9084)

Mit Gesetz zur Änderung der Artikel 8 und 39 des Übereinkommens vom 8.11.1968 über den Straßenverkehr (**Wiener Übereinkommen**) vom 7.12.2016 (BGBl. II S. 1306) wurden die **Grundlagen für Regelungen zum autonomen Fahren** geregelt. „Die Änderung sieht vor, dass Systeme, welche die Führung eines Fahrzeugs beeinflussen, als zulässig erachtet werden, wenn diese den einschlägigen technischen Regelungen der Wirtschaftskommission der Vereinten Nationen für Europa (UN-ECE) entsprechen oder die Systeme so gestaltet sind, dass sie durch den Fahrer übersteuerbar oder abschaltbar sind." (Quelle: BR-Drs. 243/16, S. 1/2). Das Gesetz ist am 13.12.2016 in Kraft getreten. Die Änderungen des Übereinkommens ist für die Bundesrepublik Deutschland bereits am 23.3.2016 in Kraft getreten (Art. 2 Gesetz zur Änderung der Artikel 8 und 39 des Übereinkommens vom 8.11.1968 über den Straßenverkehr). Wichtige Drucksachen: BR-Drs. 243/16 und BR-Drs. 243/16 (Beschlussdrucksache).

Mit Art. 3 Gesetz zur Stärkung der **Bekämpfung der Schwarzarbeit und illegalen Beschäftigung** vom 6.3.2017 (BGBl. I S. 399, 401) wurden die §§ 35 (Übermittlung von Fahrzeugdaten und Halterdaten) und 36 (Abruf im automatisierten Verfahren) geändert. Die Regelungen sind am 10.3.2017 in Kraft getreten. Ziel ist vor allem die Verbesserung des Informationsaustausches zwischen der Finanzkontrolle Schwarzarbeit der Zollverwaltung und den Behörden der Länder sowie die Möglichkeit des automatisierten Abrufs von Daten des Kraftfahrt-Bundesamtes durch die Finanzbehörden (s. dazu BT-Drs. 18/10655, S. 2). Wichtige Drucksachen: BR-Drs. 409/16 (Gesetzentwurf), BT-Drs. 18/9958 (Gesetzentwurf), 18/10655 (Beschlussempfehlung und Bericht) und BR-Drs. 18/17(B) (Beschlussdrucksache).

Durch Art. 4 Gesetz zur Änderung des Güterkraftverkehrsgesetzes, des Fahrpersonalgesetzes, des Gesetzes zur Regelung der Arbeitszeit von selbständigen Kraftfahrern, des Straßenverkehrsgesetzes und des Gesetzes über die Errichtung eines Kraftfahrt-Bundesamtes vom 16.5.2017 (BGBl. I S. 1214, 1216) wurde § 6 Abs. 1 Nr. 20 StVG neu gefasst. Damit wurde die **Ermächtigungsgrundlage** für den Erlass der Verordnung über technische Kontrollen von Nutzfahrzeugen auf der Straße (**TechKontrollV**) redaktionell angepasst, wodurch die Umsetzung europarechtlicher Vorgaben ermöglicht wird (s. BT-Drs. 18/10882, S. 2). Die Regelungen sind am 25.5.2017 in Kraft getreten. Wichtige Drucksachen: BR-Drs. 603/16 (Gesetzentwurf), BT-Drs. 18/10882 (Gesetzentwurf), 18/11431 (Beschlussempfehlung und Bericht) und BR-Drs. 205/17(B) (Beschlussdrucksache).

Mit Art. 6 Abs. 3 Gesetz zur Änderung von Vorschriften im Bereich des Internationalen Privat- und Zivilverfahrensrechts vom 11.6.2017 (BGBl. I S. 1607, 1610) wurde lediglich § 35 Abs. 4b StVG mit Wirkung vom 17.6.2017 redaktionell angepasst. Wichtige Drucksachen: BR-Drs. 653/16 (Gesetzentwurf), BT-Drs. 18/10714 (Gesetzentwurf), BT-Drs. 18/11637 (Beschlussempfehlung und Bericht) und BR-Drs. 294/17(B) (Beschlussdrucksache).

Besonders hervorzuheben sind die Änderungen des StVG durch Art. 1 **Achtes Gesetz zur Änderung des Straßenverkehrsgesetzes** (BGBl. I S. 1648), die weitere wichtige **Grundlagen für das autonome Fahren** schaffen. In diesem Zusammenhang wurden die **§§ 1a, 1b und 1c StVG neu eingefügt**, die **§§ 6, 12 und 32 StVG geändert** und die **§§ 63a und 63b StVG neu eingefügt**. „Die technischen Entwicklungen im Automobilbau werden zukünftig zu Szenarien führen, in denen es technisch möglich ist, dass das technische System in bestimmten Situationen die Fahrzeugsteuerung übernehmen kann. Diese automatisierten Systeme erkennen aber ihre Grenzen und fordern den Fahrzeugführer bei Bedarf zur (Wieder-)Übernahme der Fahrsteuerung auf. Bei derart weitreichenden technischen Entwicklungen bedarf es Regelungen des Gesetzgebers zum Zusammenwirken zwischen Fahrzeugführer und dem Kraftfahrzeug mit automatisierten Fahrfunktionen. Das StVG wird dahingehend ergänzt, dass Kraftfahrzeuge mit weiterentwickelten automatisierten Systemen (hoch- oder vollautomatisiert) im Verkehr auf öffentlichen Straßen in der Form eingesetzt und genutzt werden können, dass der Fahrzeugführer dem technischen System in bestimmten Situationen die Fahrzeugsteuerung übergeben kann." (Quelle: BT-Drs. 18/11776, S. 1). Die Regelungen sind **am 21.6.2017** in Kraft getreten. Wichtige Drucksachen: BR-Drs. 69/17 (Gesetzentwurf), BT-Drs. 18/11300 (Gesetzentwurf), 18/11776 (Beschlussempfehlung und Bericht) sowie BR-Drs. 299/17(B) (Beschlussdrucksache).

Durch Art. 21 Gesetz zur Umsetzung der Vierten EU-Geldwäscherichtlinie, zur Ausführung der EU-Geldtransferverordnung und zur Neuorganisation der Zentralstelle für Finanztransaktionsuntersuchungen (BGBl. 2017 I S. 1822, 1872) wurde durch die Anfügung von Nr. 4 in § 36 Abs. 2 Satz 1 StVG der **Datenabruf im automatisierten Verfahren erweitert**. Die Regelungen sind am 26.6.2017 in Kraft getreten. Wichtige Drucksachen: BR-Drs. 182/17 (Gesetzentwurf), BT-Drs. 18/11555 (Gesetzentwurf), 18/12405 (Beschlussempfehlung und Bericht) und BR-Drs. 389/17(B) (Beschlussdrucksache).

Mit Art. 4 Gesetz zur Verbesserung der Sachaufklärung in der Verwaltungsvollstreckung (BGBl. 2017 I S. 2094, 2095) wurde durch die Änderung des § 35 StVG mit Wirkung vom 6.7.2017 die Möglichkeit der **Übermittlung von Fahrzeug- und Halterdaten** auf Bereiche der **Verwaltungsvollstreckung** erweitert. Wichtige Drucksachen: BR-Drs. 65/17 (Gesetzentwurf), BT-Drs. 18/11613 (Gesetzentwurf), 18/12125 (Beschlussempfehlung und Bericht) und BR-Drs. 392/17(B) (Beschlussdrucksache).

Mit Art. 2 Gesetz über das Fahrlehrerwesen und zur Änderung anderer straßenverkehrsrechtlicher Vorschriften vom 30.6.2017 (BGBl. I S. 2162, 2188) wurden die §§ 2, 4a und 30b StVG geändert. Die Regelungen sind redaktionelle Folgeänderungen aufgrund der Neufassung des Fahrlehrergesetzes und am 1.1.2018 in Kraft getreten. Wichtige Drucksachen: BR-Drs. 801/16 (Gesetzentwurf), BT-Drs. 18/10937 (Gesetzentwurf), 18/11706 (Beschlussempfehlung und Bericht) und BR-Drs. 301/17(B) (Beschlussdrucksache).

Durch Art. 8 Gesetz zur **Einführung eines Anspruchs auf Hinterbliebenengeld** vom 17.7.2017 (BGBl. I S. 2421, 2422) wurde § 10 StVG (Umfang der Ersatzpflicht bei Tötung) durch den neu hinzugefügten Abs. 3 um den Anspruch auf „**Angehörigenschmerzensgeld**" bzw. Hinterbliebenengeld erweitert. Die Vorschrift ist **am 22.7.2017 in Kraft getreten**. Wichtige Drucksachen: BT-Drs. 18/11397 (Gesetzentwurf), 18/12421 (Beschlussempfehlung und Bericht) und BR-Drs. 459/17(B) (Beschlussdrucksache).

Mit Artikel 6 Gesetz zur effektiveren und praxistauglicheren Ausgestaltung des Strafverfahrens vom 17.8.2017 (BGBl. I S. 3202, 3211) wurde § 25 Abs. 2a

S. 2 StVG aufgehoben und nach Abs. 2a ein neuer Abs. 2b, zur **Berechnung der Verbotsfrist bei mehreren Fahrverboten**, eingefügt. Die Regelung ist am 24.8.2017 in Kraft getreten. Wichtige Drucksachen: BR-Drs. 796/16 (Gesetzentwurf), BT-Drs. 18/11277 (Gesetzentwurf), 18/12785 (Beschlussempfehlung und Bericht) und BR-Drs. 527/17(B) (Beschlussdrucksache).

Mit Artikel 3 Gesetz zur Änderung des Bundesfernstraßenmautgesetzes und zur Änderung weiterer straßenverkehrsrechtlicher Vorschriften vom 4.12.2018 (BGBl. I S. 2251, 2253) wurde § 6f (Entgelte für Begutachtungsstellen für Fahreignung) StVG geändert. Die Änderung ist am 1.1.2019 in Kraft getreten. „Die **medizinisch-psychologische Untersuchung (MPU)** ist bis zum 8.11.2016 als Verwaltungsgebühr nach der Gebührenordnung für Maßnahmen im Straßenverkehr (GebOSt) abgerechnet worden. Die gutachterlichen Leistungen der Begutachtungsträger im Rahmen der MPU stellen eine privatrechtliche Werkvertragsleistung dar und dürfen damit nicht als Verwaltungsgebühr abgerechnet werden. Daher enthält § 6f Straßenverkehrsgesetz (StVG) eine **Ermächtigungsgrundlage** zur Regelung einer Entgeltordnung. Am 31.7.2018 läuft die Übergangsfrist aus, nach der die Verwaltungsgebühren für die MPU-Leistungen der Begutachtungsträger nach der GebOSt als Entgelte abgerechnet werden können." (Quelle: BT-Drs. 19/5102 (neu), S. 16). Wichtige Drucksachen: BR-Drs. 207/18 (Gesetzentwurf), BT-Drs. 19/3930 (Gesetzentwurf), BT-Drs. 19/5102 (Beschlussempfehlung und Bericht).

Mit dem Neunten Gesetz zur Änderung des Straßenverkehrsgesetzes vom 8.4.2019 (BGBl. I S. 430) wurden die §§ 35 (Übermittlung von Fahrzeugdaten und Halterdaten) und 36 (Abruf im automatisierten Verfahren) geändert und § 63c StVG (Datenverarbeitung im Rahmen der Überprüfung der Einhaltung von Verkehrsbeschränkungen und Verkehrsverboten aufgrund immissionsschutzrechtlicher Vorschriften oder aufgrund straßenverkehrsrechtlicher Vorschriften zum Schutz vor Abgasen) neu eingefügt. Die Regelungen sind am 12.4.2019 in Kraft getreten. „Um aufgrund des § 40 des Bundes-Immissionsschutzgesetzes nach Maßgabe der straßenverkehrsrechtlichen Vorschriften angeordnete oder aufgrund straßenverkehrsrechtlicher Vorschriften zum Schutz der Wohnbevölkerung und der Bevölkerung vor Abgasen ergangene **Verkehrsbeschränkungen und Verkehrsverbote** effektiv vollziehen und überwachen zu können, ist es erforderlich, deren **Einhaltung fahrzeugindividuell überprüfen** zu können. Die zuständigen Überwachungsbehörden sollen hierzu im Rahmen von Kontrollen bestimmte Daten, auch automatisiert, erheben, speichern und verwenden sowie auf die Daten des Zentralen Fahrzeugregisters zugreifen können. Dazu ist die Schaffung der hierfür datenschutzrechtlich erforderlichen **Rechtsgrundlagen im Straßenverkehrsgesetz** erforderlich." (Quelle: BT-Drs. 19/8248, S. 1). Wichtige Drucksachen: BR-Drs. 574/18 (Gesetzentwurf), BT-Drs. 19/6334 (Gesetzentwurf) und BT-Drs. 19/8248 (Beschlussempfehlung und Bericht).

Mit Artikel 5 Gesetz zur Einführung einer Karte für Unionsbürger und Angehörige des Europäischen Wirtschaftsraums mit Funktion zum elektronischen Identitätsnachweis sowie zur Änderung des Personalausweisgesetzes und weiterer Vorschriften vom 21.6.2019 (BGBl. I S. 846, 853f.) wurden die §§ 30 Absatz 8 Satz 3 und 58 Satz 3 StVG mit Wirkung zum 1.11.2019 geändert. Es handelt sich um Folgeänderungen im Zusammenhang mit dem Gesetz über eine Karte für Unionsbürger und Angehörige des Europäischen Wirtschaftsraums mit Funktion zum elektronischen Identitätsnachweis (eID-Karte-Gesetz – eIDKG) und Änderungen des Personalausweis- und des Passgesetzes. Wichtige Drucksachen: BR-Drs. 6/19 (Gesetzentwurf), BT-Drs. 19/8038 (Gesetzentwurf) und BT-Drs. 19/9078 (Beschlussempfehlung und Bericht).

Mit Artikel 137 Zweites Gesetz zur Anpassung des Datenschutzrechts an die Verordnung (EU) 2016/679 und zur Umsetzung der Richtlinie (EU) 2016/680 vom 20.11.2019 (BGBl. I S. 1626, 1707) wurden die §§ 2, 2b, 4a, 6, 6g, 25, 28, 28a, 29, 30, 30a, 36, 37, 37a, 38, 38a, 38b, 41, 42, 43, 44, 45, 50, 53, 55, 56, 57, 59, 60, 61, 62 und 63a StVG geändert. Die Regelungen sind am 26.11.2019 in Kraft getreten. Das „Gesetz dient der Umsetzung der Richtlinie (EU) 2016/680 des Europäischen Parlaments und des Rates vom 27.4.2016 zum Schutz natürlicher Personen bei der Verarbeitung personenbezogener Daten durch die zuständigen Behörden zum Zweck der Verhütung, Ermittlung, Aufdeckung oder Verfolgung von Straftaten oder der Strafvollstreckung sowie zum freien Datenverkehr und zur Aufhebung des Rahmenbeschlusses 2008/977/JI des Rates (ABl. L 119 vom 4.5.2016, S. 89; L 127 vom 23.5.2018, S. 9)." (Quelle: BGBl. 2019 I S. 1626, Fn. *). Wichtige Drucksachen: BR-Drs. 430/18 (Gesetzentwurf), BT-Drs. 19/4674 (Gesetzentwurf), BT-Drs. 19/11181 (Beschlussempfehlung und Bericht) sowie BR-Drs. 380/19(B) (Beschlussdrucksache).

Mit Artikel 1 Gesetz zur Änderung des Straßenverkehrsgesetzes und weiterer straßenverkehrsrechtlicher Vorschriften vom 5.12.2019 (BGBl. I S. 2008) wurden die §§ 6, 50, 62 und 65 StVG geändert. Die Änderungen sind weitgehend am 12.12.2019 in Kraft getreten; die Änderungen in den §§ 6 und 50 StVG sind am 1.6.2020 in Kraft getreten. „Das Gesetz zur Verbesserung des Onlinezugangs zu Verwaltungsleistungen (Onlinezugangsgesetz – OZG) verpflichtet Bund und Länder, innerhalb von fünf Jahren ihre Verwaltungsleistungen auch elektronisch über Verwaltungsportale anzubieten. Die Technischen Prüfstellen möchten bereits jetzt ihre fahrerlaubnisrechtlichen Leistungen zunehmend digitalisieren und benötigen aus diesem Grund die E-Mail-Adresse von Fahrerlaubnisbewerberinnen und Fahrerlaubnisbewerbern. Für die Erhebung, Speicherung und Übermittlung der E-Mail-Adresse im Bereich des Fahrerlaubniswesens gibt es jedoch derzeit keine Rechtsgrundlage. Darüber hinaus sind die die Bundeswehr betreffenden Registervorschriften anzupassen, um organisatorischen Änderungen Rechnung zu tragen und Informationen für den Reservedienst länger speichern zu können. Zudem läuft zum 30.4.2020 das sogenannte Modellprojekt AM mit 15 Jahren aus. Für diesen Fall muss frühzeitig Planungssicherheit für die interessierten Fahrerlaubnisbewerber geschaffen werden …" (Quelle: BT-Drs. 19/14419, S. 1). Wichtige Drucksachen: BR-Drs. 234/19 (Gesetzentwurf), BT-Drs. 19/12915 (Gesetzentwurf), BT-Drs. 19/14419 (Beschlussempfehlung und Bericht) sowie BR-Drs. 562/19(B) (Beschlussdrucksache).

Mit Artikel 325 Elfte Zuständigkeitsanpassungsverordnung vom 19.6.2020 (BGBl. I S. 1328, 1366) wurde § 6 StVG geändert. Die Änderung ist am 27.6.2020 in Kraft getreten. Sie enthält die Anpassung an die derzeit aktuellen Bezeichnungen der Bundesministerien.

Mit Artikel 2 Achtes Gesetz zur Änderung des Bundesfernstraßengesetzes und zur Änderung weiterer Vorschriften vom 29.6.2020, BGBl. I S. 1528 wurden § 6a StVG mit Wirkung vom 4.7.2020 und die §§ 35 und 36 StVG mit Wirkung vom 1.10.2020 geändert. „Die Länder sollen [damit] eine **Ermächtigungsgrundlage** erhalten, um die **Gebührensätze für das Ausstellen von Parkausweisen** für Bewohner städtischer Quartiere mit erheblichem Parkraummangel eigenständig regeln zu können." (Quelle: BT-Drs. 19/19132,

S. 2). Wichtige Drucksachen: BR-Drs. 11/20 (Gesetzentwurf), BT-Drs. 19/17290 (Gesetzentwurf), BT-Drs. 19/19132 (Beschlussempfehlung und Bericht) und BR-Drs. 239/20(B) (Beschlussdrucksache).

Mit Artikel 1 Gesetz zur **Haftung bei Unfällen mit Anhängern und Gespannen im Straßenverkehr** vom 10.7.2020 (BGBl. I S. 1653) wurden die §§ 7, 8, 12, 17, 18, 19 und 65 StVG geändert, § 19 StVG (Haftung des Halters bei Unfällen mit Anhängern und Gespannen) wurde neu gefasst und § 19a StVG (Ersatzpflicht des Führers von Anhängern und Gespannen) neu eingefügt. Die Regelungen sind am 17.7.2020 in Kraft getreten. „Mit dem Zweiten Gesetz zur Änderung schadensersatzrechtlicher Vorschriften vom 19.7.2002 (BGBl. I S. 2674) ist eine Gefährdungshaftung des Halters eines Anhängers nach den straßenverkehrsrechtlichen Vorschriften der §§ 7ff. des Straßenverkehrsgesetzes (StVG) eingeführt worden. Die Bundesregierung stellt fest, dass der Bundesgerichtshof – anders als mit dem Gesetz beabsichtigt und entgegen einer hierauf gestützten Regulierungspraxis – mit Urteil vom 27.10.2010 (IV ZR 279/08, BGHZ 187, 211) für Unfälle eines Zugfahrzeugs mit Anhänger (Gespann) entschieden habe, dass im Verhältnis der beteiligten Halter von Zugfahrzeug und Anhänger und im Verhältnis ihrer Haftpflichtversicherer zueinander der Halter jedes Fahrzeugs beziehungsweise sein Versicherer den Schaden weiterer Unfallbeteiligter jeweils hälftig zu tragen habe. Dies führe in der Praxis zu einer Steigerung der Versicherungsprämien für die Anhängerhaftpflichtversicherung und werfe erhebliche Probleme bei der Abrechnung mit Anhängerhaltern und ihren Versicherern aus Staaten auf, deren Rechtsordnungen eine Pflichtversicherung für Anhängerhalter nicht vorsähen. Diese Rechtsprechung werde aber auch den von den Fahrzeugen des Gespanns jeweils gesetzten Betriebsgefahren zumeist nicht gerecht. Mit dem vorliegenden Gesetz soll daher die mit dem Zweiten Gesetz zur Änderung schadensersatzrechtlicher Vorschriften beabsichtigte **Haftungsverteilung im Innenverhältnis der Gespannfahrzeughalter** ausdrücklich gesetzlich festgeschrieben werden. Hierzu sollen im StVG die §§ 19 und 19a neu eingefügt werden. Vorgesehen ist, dass die gesetzlichen Regelungen in § 19 StVG jetzt die Haftung der Halter von Anhängern enthalten sollen und dabei auch die Haftung der Halter von Zugfahrzeug und Anhänger regeln sollen, sowohl im Verhältnis zueinander als auch im Verhältnis zu möglichen weiteren Unfallbeteiligten, das heißt weiteren Kraftfahrzeughaltern, Dritten sowie weiteren aus Gefährdung Haftenden, um damit Rechtssicherheit zu schaffen. Ist ein Gespann an dem Unfall beteiligt, soll für die Halter von Zugfahrzeug und Anhänger nunmehr zu der Regulierungspraxis vor der Entscheidung des Bundesgerichtshofs vom 27.10.2010 zurückgekehrt und ausdrücklich gesetzlich bestimmt werden, dass im Innenverhältnis dieser Halter der Schaden weiterer Unfallbeteiligter grundsätzlich vom Halter des Zugfahrzeugs zu tragen ist, falls im Einzelfall nicht ausnahmsweise der Anhänger gefahrerhöhend gewirkt hat. Zu Letzterem soll das bloße Ziehen des Anhängers im Allgemeinen nicht ausreichen. Damit werde die haftungsrechtliche Verantwortlichkeit nun ausdrücklich an die bei einem Gespannunfall von den beteiligten Haltern jeweils gesetzten Gefahren angepasst. Die Haftung des Führers des Anhängers und des Gespanns soll gesondert im neuen § 19a StVG geregelt werden. …“ (Quelle: BT-Drs. 19/19593, S. 1/2). Wichtige Drucksachen: BR-Drs. 49/20 (Gesetzentwurf), BT-Drs. 19/17964 (Gesetzentwurf), BT-Drs. 19/19593 (Beschlussempfehlung und Bericht) und BR-Drs. 322/20(B) (Beschlussdrucksache).

Mit Artikel 3 Gesetz über Änderungen im Berufskraftfahrerqualifikationsrecht vom 26.11.2020 (BGBl. I S. 2575, 2595) wurde § 6a StVG geändert. Die

Regelung ist am 2.12.2020 in Kraft getreten. Die Änderung steht in Zusammenhang mit Änderungen des Berufskraftfahrerqualifikationsgesetzes und ist lediglich eine redaktionelle Folgeänderung. Wichtige Drucksachen: BR-Drs. 443/20(neu) (Gesetzentwurf), BT-Drs. 19/21983 (Gesetzentwurf), BT-Drs. 19/23185 (Beschlussempfehlung und Bericht), BR-Drs. 612/20(B) (Beschlussdrucksache).

Mit Artikel 6 Zweites Gesetz zur Änderung des Bundesmeldegesetzes (2. BMGÄndG) vom 15.1.2021 (BGBl. I S. 530, 538) wurde § 35 Absatz 4b StVG geändert. Die Änderung tritt am 1.5.2022 in Kraft. Es handelt sich lediglich um eine redaktionelle Folgeänderung im Zusammenhang mit Änderungen des Internationalen Familienrechtsverfahrensgesetzes. Wichtige Drucksachen: BR-Drs. 437/20(neu) (Gesetzentwurf Bundesregierung), BT-Drs. 19/22774 (Gesetzentwurf Bundesregierung) und BT-Drs. 19/24472 (Beschlussempfehlung und Bericht Ausschuss für Inneres und Heimat).

Mit Artikel 3 Gesetz zur Modernisierung des Personenbeförderungsrechts vom 16.4.2021 (BGBl. I S. 822, 830) wurden § 2 Absatz 3 und Absatz 13 StVG geändert. Die Regelungen traten am 1.8.2021 in Kraft. „Die **Ortskundeprüfung für Taxifahrer als Voraussetzung für den Erwerb der Fahrerlaubnis zur Fahrgastbeförderung im Fahrerlaubnisrecht wird abgeschafft**. Angesichts des vermehrten Einsatzes von Navigationsinstrumenten im Taxiverkehr verlieren die bislang erforderlichen Ortskenntnisse des Taxifahrers zunehmend an Bedeutung. Navigationssysteme sind bei entsprechender technischer Ausstattung nach allgemeiner Erfahrung grundsätzlich geeignet, die Ortskunde des Taxifahrers zu ersetzen. Der Taxifahrer soll aber künftig für den Erwerb der Fahrerlaubnis zur Fahrgastbeförderung nachweisen, dass er die im Taxenverkehr erforderliche Fachkunde besitzt. Hierfür sind § 2 Absatz 3 und 13 StVG zu ändern und in Folge § 48 Absatz 4 Nummer 7 der Fahrerlaubnis-Verordnung.“ (Quelle: BT-Drs. 26175, S. 55). Wichtige Drucksachen: BT-Drs. 19/26175 (Gesetzentwurf), BT-Drs. 19/27288 (Beschlussempfehlung und Bericht) und BR-Drs. 200/21(B) (Beschlussdrucksache).

Mit Artikel 4 Absatz 9 Gesetz zur Verbesserung des Schutzes von Gerichtsvollziehern vor Gewalt sowie zur Änderung weiterer zwangsvollstreckungsrechtlicher Vorschriften und zur Änderung des Infektionsschutzgesetzes vom 7.5.2021 (BGBl. I S. 850, 856) wurde § 35 Absatz 1 Nummer 17 StVG mit Wirkung vom 1.1.2022 geändert. § 35 Absatz 1 Nummer 18 und 19 StVG wurden mit Wirkung zum 1.11.2022 geändert und Nummer 20 mit Wirkung zum 1.11.2022 angefügt. In § 36 StVG wird Absatz 2k mit Wirkung zum 1.11.2022 eingefügt. Inhaltlich handelt es sich im Wesentlichen um **erweiterte Möglichkeiten zur Einholung von Drittauskünften**. (Quelle: BT-Drs. 19/2736, Seiten 22, 23 und 38). Wichtige Drucksachen: BR-Drs. 62/21 (Gesetzentwurf Bundesregierung), BT-Drs. 19/27636 (Gesetzentwurf Bundesregierung), BT-Drs. 19/29246 (Beschlussempfehlung Ausschuss für Recht und Verbraucherschutz) und BT-Drs. 19/29398 (Bericht Ausschuss für Recht und Verbraucherschutz).

Mit Artikel 1 Viertes Gesetz zur Änderung des Straßenverkehrsgesetzes und anderer straßenverkehrsrechtlicher Vorschriften vom 12.7.2021 (BGBl. I S. 3091) wurden die §§ 2, 2a, 2b, 3, 4, 6a, 6b, 6c, 25, 25a, 26, 26a, 28, 28a, 29, 30, 30c, 31, 32, 33, 34, 35, 36, 37, 37a, 39, 41, 42, 43, 47, 58, 60, 63, 63b, 64 und 65 StVG geändert. § 6 und § 24 StVG wurden neu gefasst und die §§ 39a, 63d, 63e und 63f StVG neu eingefügt. Die Regelungen sind am 28.7.2021 in Kraft getreten. Die §§ 23 und 24b StVG wurden mit Ablauf des 27.7.2021 aufgehoben. Wesentlicher Inhalt: „Die zentrale Verordnungsermächtigung in § 6 des Straßenverkehrsgesetzes (StVG) ist durch vielfache Änderungen und Ergänzungen unübersichtlich geworden, was eine nachvollziehbare Anwendung durch den Bürger mittlerweile unmöglich gemacht hat und das Risiko einer falschen Rechtsanwendung beim Verordnungserlass begünstigt. Zur Verbesserung der Sanktionierung von Verstößen gegen nationale Genehmigungsvorschriften bzw. europäische Typgenehmigungsvorschriften und zur Schaffung von mehr Normklarheit sollen die §§ 23ff. StVG überarbeitet werden. In den Registervorschriften haben mehrfache Änderungen, der Zeitablauf und Erfahrungen aus der Praxis zu vereinzeltem redaktionellen Korrekturbedarf geführt und singuläre Klarstellungen erforderlich gemacht. … Zudem soll neben den bereits umfassend geregelten Rechtsgrundlagen für Datenübermittlungen des KBA aus dem Zentralen Fahrzeugregister (ZFZR) angesichts zunehmender Erfordernisse einer datenschutzrechtlich motivierten Datenverwendung für die Information von Haltern eine transparente Rechtsgrundlage geschaffen werden. Weiterhin sollen frei empfangbare Daten, die von im Verkehr befindlichen Fahrzeugen gesendet werden, zum Zwecke des Verkehrsmanagements von den Straßenbaulastträgern verarbeitet werden dürfen. Nicht zuletzt sollen nähere Regelungen für eine Strukturoptimierung der Unfalldatenforschung der Bundesanstalt für Straßenwesen (BASt) ermöglicht werden." (Quelle: BT-Drs. 19/29874, S. 1). Wichtige Drucksachen: BR-Drs. 257/21 (Gesetzentwurf), BR-Drs. zu 257/21 (Berichtigung), BT-Drs. 19/28684 (Gesetzentwurf), BT-Drs. 19/29874 (Beschlussempfehlung und Bericht Ausschuss für Verkehr und digitale Infrastruktur).

Mit Artikel 2 Viertes Gesetz zur Änderung des Straßenverkehrsgesetzes und anderer straßenverkehrsrechtlicher Vorschriften vom 12.7.2021 (BGBl. I S. 3091, 3102) wurde § 33 StVG mit Wirkung vom 1.7.2023 geändert. Es handelt sich um einen zusätzlichen „Verweis auf die Angaben zu juristischen Personen nach § 33 Absatz 1 Satz 1 Nummer 2 Buchstabe b StVG …." (Quelle: BT-Drs. 19/28684, S. 65). Wichtige Drucksachen: BR-Drs. 257/21 (Gesetzentwurf), BR-Drs. zu257/21 (Berichtigung), BT-Drs. 19/28684 (Gesetzentwurf), BT-Drs. 19/29874 (Beschlussempfehlung und Bericht Ausschuss für Verkehr und digitale Infrastruktur).

Mit Artikel 1 Gesetz zur Änderung des Straßenverkehrsgesetzes und des Pflichtversicherungsgesetzes – **Gesetz zum autonomen Fahren** vom 12.7.2021 (BGBl. I S. 3108) wurden die §§ 8, 12, 19 und 24 StVG geändert. Die §§ 1d, 1e, 1f, 1g, 1h, 1i, 1j, 1k und 1l StVG wurden neu eingefügt. Die Regelungen sind am 28.7.2021 in Kraft getreten. Wesentlicher Inhalt: „Die Entwicklungsdynamik im Bereich des automatisierten, autonomen und vernetzten Fahrens ist ungebrochen hoch. Es ist notwendig, über die im öffentlichen Straßenverkehr bereits mögliche Erprobung autonomer, führerloser Fahrzeuge hinauszugehen und deren Regelbetrieb einzuleiten. Zunächst sollen autonome Fahrzeuge dafür in festgelegten Betriebsbereichen eingesetzt werden können. Dazu sind Regelungen des Gesetzgebers zum Betrieb von Kraftfahrzeugen mit autonomer Fahrfunktion sowie zu den Anforderungen an die Beteiligten und an das Kraftfahrzeug selbst erforderlich." (Quelle: BT-Drs. 19/29875, S. 1). Wichtige Drucksachen: BR-Drs. 155/21 (Gesetzentwurf), BT-Drs. 19/27439 (Gesetzentwurf), BT-Drs. 19/29875 (Beschlussempfehlung und Bericht Ausschuss für Verkehr und digitale Infrastruktur).

Mit Artikel 23 Zweites Gesetz zur effektiveren Durchsetzung von Sanktionen (Sanktionsdurchsetzungsgesetz II) vom 19.12.2022 (BGBl. I S. 2606, 2630) wurden die §§ 35 und 36 StVG mit Wirkung vom 28.12.2022 geändert. Wesentlicher Inhalt: Redaktionelle Änderungen (Quelle: BT-Drs. 20/4727, Seite 105). Wichtige Drucksachen: BT-Drs. 20/4326 (Gesetzentwurf Fraktion BÜNDNIS 90/DIE GRÜNEN, Fraktion der FDP, Fraktion der SPD) und BT-Drs. 20/4727 (Beschlussempfehlung und Bericht Finanzausschuss)

Mit Artikel 2 Absatz 32 Gesetz zur Modernisierung des Verkündungs- und Bekanntmachungswesens vom 20.12.2022 (BGBl. I, S. 2752, 2757) wurde § 66 StVG mit Wirkung zum 31.12.2022 aufgehoben. Wesentlicher Inhalt: „Mit der Einführung des elektronischen Bundesgesetzblatts entfällt das praktische Bedürfnis für die Verkündung von Rechtsverordnungen im elektronischen Bundesanzeiger. Das Gesetz sieht deswegen vor, dass alle Rechtsverordnungen des Bundes künftig im Bundesgesetzblatt verkündet werden." (Quelle: BR-Drs. 243/22(neu), Seite 1). Die bisherige Regelung in § 66 StVG über die Verkündung von Rechtsverordnungen entfällt deshalb. Wichtige Drucksachen: BR-Drs. 243/22(neu) (Gesetzentwurf Bundesregierung), BT-Drs. 20/3068 (Gesetzentwurf Bundesregierung) und BT-Drs. 20/4709 (Beschlussempfehlung und Bericht Rechtsausschuss)

Mit Artikel 16 Gesetz zur Anpassung von Gesetzen und Verordnungen an die neue Behördenbezeichnung des Bundesamtes für Güterverkehr vom 2..3.2023, BGBl. 2023/I, Nr. 56 wurde § 36 StVG mit Wirkung vom 9. März 2023 geändert. Wesentlicher Inhalt: „Am 16. Mai 2022 wurde die Umbenennung des Bundesamtes für Güterverkehr (BAG) in Bundesamt für Logistik und Mobilität (BALM) zum 1. Januar 2023 im Bundesanzeiger bekannt gemacht. In der Folge sollen Gesetze und Verordnungen, in denen auf das BAG verwiesen wird, redaktionell angepasst werden." (Quelle: BT-Drs. 20/4870, Seite 1). Wichtige Drucksachen: BR-Drs. 507/22 (Gesetzentwurf Bundesregierung), BT-Drs. 20/4655 (Gesetzentwurf Bundesregierung) und BT-Drs. 20/4870 (Beschlussempfehlung und Bericht Verkehrsausschuss).

Eine gesellschaftlich spürbare Veränderung brachte das Sechste Gesetz zur Änderung des StVG und weiterer straßenverkehrsrechtlicher Vorschriften vom 16.8.2024 (BGBl. I Nr. 266). Nach § 24a Abs. 1a StVG handelt nun ordnungswidrig, wer vorsätzlich oder fahrlässig ein KFZ führt, obwohl er 3,5 ng/ml oder mehr Tetrahydrocannabinol (THC) im Blutserum hat. Ferner wurde ein absolutes Cannabisverbot am Steuer für Fahranfänger sowie für junge Fahrer vor Vollendung des 21. Lebensjahres kodifiziert. Für sie gilt der von der Rechtsprechung festgelegte sog. analytische Nachweisgrenzwert von 1,0 ng/ml THC im Blutserum (s.u). Um der besonderen Gefährdung durch Mischkonsum von Alkohol und Cannabis gerecht zu werden, gilt für Cannabiskonsumenten ein absolutes Alkoholverbot am Steuer. Die Fahrt ist nicht ordnungswidrig, „sofern die Substanz THC aus der bestimmungsgemäßen Einnahme eines für einen konkreten Krankheitsfall verschriebenen Arzneimittels herrührt" (§ 24a Abs. 4 StVG).

Das Gesetz wurde am 21.8.2024 im Bundesgesetzblatt verkündet. Umgesetzt werden hiermit die wissenschaftlichen Empfehlungen der interdisziplinären und unabhängigen Expertenarbeitsgruppe im Straßenverkehr. Das Konsumcannabisgesetz (KCanG), in Kraft getreten am 1.4.2024, gab in § 44 KCanG vor, dass eine unabhängige Expertengruppe den Wert einer Konzentration von THC im Blut vorschlägt, bei dessen Erreichen nach dem Stand der Wissenschaft das sichere Führen eines Kraftfahrzeuges im Straßenverkehr regelmäßig nicht mehr gewährleistet ist. Dabei handelt es sich um einen legislativen Paradigmenwechsel. Denn für THC gab es bis dato keinen gesetzlichen Grenzwert, sondern lediglich den „analytischen Nachweisgrenzwert" (s.o.). Er betrug 1 ng/ml im Blutserum. Bei dem nun bestimmten Grenzwert von 3,5 ng/ml THC soll es sich um einen „konservativen Ansatz" handeln, der mit einer Blutalkoholkonzentration von 0,2 Promille vergleichbar sein soll: Bei Erreichen dieses Grenzwerts soll eine verkehrssicherheitsrelevante Wirkung beim Führen eines Kraftfahrzeugs zwar „nicht fernliegen", aber „deutlich unterhalb der Schwelle (liegen), ab welcher ein allgemeines Unfallrisiko beginnt".

2. Das StVG im Überblick

a) Teil I (§§ 1 bis 6e) enthält unter der (nicht allgemein zutreffenden) Überschrift „Verkehrsvorschriften" zunächst in § 1 die maßgeblichen **Grundregeln über die Zulassung** von Kraftfahrzeugen. In den **§§ 1a, 1b und 1c StVG** werden die **Grundlagen für das autonome Fahren** gelegt (diese Vorschriften sind am 21.6.2017 in Kraft getreten). Durch das **Gesetz zum autonomen Fahren** vom 12.7.2021 (BGBl. I S. 3108) wurden ergänzend ua die §§ 1d, 1e, 1f, 1g, 1h, 1i, 1j, 1k und 1l StVG neu eingefügt. Die Regelungen sind am 28.7.2021 in Kraft getreten Die §§ 2 bis 4 enthalten die entsprechenden Vorschriften für die Zulassung von Personen zum Führen von Kraftfahrzeugen im **öffentlichen Straßenverkehr.** Letztere sind zwar schon 1980 dadurch strenger konzipiert worden, dass sich die Fahrerlaubnisprüfung seitdem auch darauf zu erstrecken hat, ob der Bewerber genügend Kenntnisse zur Abwehr der Gefahren des Straßenverkehrs sowie zur umweltbewussten und energiesparenden Fahrweise besitzt, wodurch ein Beitrag zum Umweltschutz und zur Energieeinsparung geleistet werden sollte. Ein ganz besonders beachtlicher Beitrag zur Verbesserung der Verkehrssicherheit wurde aber 1986 durch die Einführung der schon erwähnten Fahrerlaubnis auf Probe geleistet (s. dazu § 2a StVG). Durch diese Regelung wurde der Erkenntnis Rechnung getragen, dass Führerscheinneulinge ein ganz besonders hohes Unfallrisiko darstellen. Sie sind daher seitdem in den ersten 2 Jahren besonderer Beobachtung unterstellt und müssen sich in dieser Zeit bei bestimmten Verkehrsverstößen – je nach deren Bedeutung – zusätzlichen Fortbildungsmaßnahmen (wie zB der Teilnahme an einem Aufbauseminar) unterziehen, sofern der Verkehrsverstoß selbst nicht bereits die Entziehung der Fahrerlaubnis nach § 3 StVG oder § 69 StGB rechtfertigt (s. dazu auch §§ 32 bis 39 FeV sowie unten Kap. VI. 2. c u. IX. 3. b). Diese Regelung ist im Zusammenhang zu sehen mit dem **Stufenführerschein für Kraftradfahrer** (eingeführt durch die 5. VO zur Änderung straßenverkehrsrechtlicher Vorschriften vom 13.12.1985, BGBl. I S. 2276; s. dazu jetzt § 9 FeV); beide Regelungen haben sich grundsätzlich bewährt.

Hervorzuheben sind weiter die **§§ 3 und 4 StVG,** die die verwaltungsrechtliche **Entziehung der Fahrerlaubnis (§ 3)** und seit 1.5.2014 das neue **Fahreignungs-Bewertungssystem (§ 4 StVG)** bzw. früher (bis 30.4.2014) das Punktsystem (§ 4 StVG aF) eingehend regeln (s. dazu unten die Ausführungen in Kap. VI. 2. b); sie werden ergänzt durch die korrespondierenden Vorschriften der FeV (s. insbes. die §§ 46 iVm 11 bis 14 FeV und §§ 40 bis 44 FeV).

Von besonderer (vor allem gesetzestechnischer) Bedeutung ist **§ 6 StVG,** der das Bundesministerium für Verkehr, Bau und Stadtentwicklung bzw. das jetzige Bundesministerium für Digitales und Verkehr und – soweit u. a. bestimmte Umweltschutzfragen berührt sind, auch – das Bundesministerium des Innern (§ 6 Abs. 2) bzw. für Umwelt, Naturschutz und Reaktorsicherheit bzw. künftig Bundesministerium für Umwelt, Naturschutz, nukleare Sicherheit und Verbraucherschutz (§ 6 Abs. 2 aF) ermächtigt, mit Zustimmung des Bundesrates Rechtsverordnungen zur Ausführung des StVG zu erlassen. Diese sehr umfangreiche **Ermächtigungsnorm** bietet zB die Grundlage zum Erlass von Vorschriften zur Ausführung der §§ 1 bis 3 StVG und solcher über die Zulassung ausländischer Kraftfahrzeuge und Kraftfahrzeugführer (§ 6 Abs. 1 Nr. 2). Nach der ursprünglich auch auf § 6 beruhenden früheren **„Verordnung über internationalen Kraftfahrzeugverkehr“** vom 12.11.1934 (RGBl. I S. 1137), die durch die Vierte Verordnung zur Änderung der Fahrerlaubnis-Verordnung und anderer straßenverkehrsrechtlicher Vorschriften vom 18.7.2008 (BGBl. I S. 1338, 1376) **zum 30.10.2008 vollständig aufgehoben** wurde (s. auch Kap. VII. 1.), durften zB ausländische Kraftfahrzeuge und Kraftfahrzeugführer vorübergehend, d. h. bis zu einem Jahr ab Grenzübertritt, am öffentlichen Verkehr in der Bundesrepublik teilnehmen, wenn sie hier keinen ständigen Aufenthalt haben, in Deutschland also weniger als 185 Tage wohnen (§ 4 Abs. 1 IntKfzVO aF (aufgehoben) – jetzt § 29 Abs. 1 FeV iVm § 7 FeV). Die Verordnung über internationalen Kraftfahrzeugverkehr wurde bereits vorher durch die Fahrzeug-Zulassungsverordnung (FZV – Nr. 3.2 der Textsammlung) zum 1.3.2007 in weiten Teilen aufgehoben und enthielt bis dahin, u. a. mit § 4 IntKfzVO aF (aufgehoben – jetzt § 29 FeV), praktisch nur noch fahrerlaubnisrechtliche Regelungen (s. dazu auch unten Kap. VII. 1.). Die bis dahin noch verbliebenen Regelungen der IntKfzVO wurden durch die Vierte Verordnung zur Änderung der Fahrerlaubnis-Verordnung und anderer straßenverkehrsrechtlicher Vorschriften vom 18.7.2008 (BGBl. I S. 1338, 1340 ff.) mit den §§ 25a, 25b, 29 und 29a FeV sowie die Ergänzung des § 75 FeV und die Einfügung der Anlagen 8b und 8c in die FeV übernommen (BR-Drs. 302/08 S. 65). Zu den Ausführungsvorschriften gehören nach § 6 Abs. 1 Nr. 3 aber vor allem auch Vorschriften über „die sonstigen zur Erhaltung der Ordnung und Sicherheit auf den öffentlichen Straßen, für Zwecke der Verteidigung, zur Verhütung einer über das verkehrsübliche Maß hinausgehenden Abnutzung der Straßen oder zur Verhütung von Belästigungen erforderlichen Maßnahmen“. Auf dieser Ermächtigung beruhen vornehmlich die für den Straßenverkehr wichtigsten Rechtsquellen, die **StVO** und die **StVZO** (s. dazu unten Kap. IV. u. V.). Ebenfalls zu den Ausführungsvorschriften gehören – seit 1998 – die auf § 6 Abs. 1 Nr. 1 beruhende **Fahrerlaubnis-Verordnung** (s. unten Kap. VI. und Nr. 3.1 der Textsammlung – FeV) und – seit 1.3.2007 – die in wesentlichen Teilen auf § 6 Abs. 1 Nr. 1 u. Nr. 2 beruhende **Fahrzeug-Zulassungsverordnung** (s. unten Kap. VII. und Nr. 3.2 der Textsammlung – FZV).

Diese recht weitreichenden Ermächtigungen in § 6 sind wegen ihrer erheblichen verkehrs- und mitunter auch allgemeinpolitischen Auswirkung und Bedeutung verschiedentlich kritisiert worden; so wurde insbes. gefordert, dem eigentlichen Gesetzgeber, dem Deutschen Bundestag, ein förmliches Mitprüfungsrecht bei Erlass oder Änderung dieser bedeutsamen Verordnungen einzuräumen. Dazu ist es zwar bisher nicht gekommen; der Verkehrsausschuss des Deutschen Bundestages wird jedoch seitdem durch das Bundesverkehrsministerium regelmäßig über alle anstehenden Verordnungsentwürfe unterrichtet; dabei vorgebrachte Bedenken werden in aller Regel vom Verordnungsgeber berücksichtigt.

Unabhängig davon ist der Ermächtigungskatalog des § 6 Abs. 1 in den letzten Jahren erheblich erweitert worden. 1980 wurde er zB durch die Nrn. 13 bis 18 ergänzt, die das Bundesverkehrsministerium zur Neuordnung der Parkmöglichkeiten bei Großveranstaltungen und zugunsten von Anwohnern und Behinderten in ihrer Wohnnähe, vor allem aber zur Kennzeichnung von Fußgänger- und verkehrsberuhigten Bereichen und zur Verkehrsregelung in diesen Bereichen ermächtigt haben. In diesem Rahmen sind auch zwei Änderungen zu erwähnen, die der Gesetzgeber kürzlich beschlossen hat: Durch eine Neufassung des § 6 Abs. 1 Nr. 14 wurden die Voraussetzungen für die Anordnung großflächiger Bewohnerparkbereiche und – in Nr. 3 – für ein Verbot zur Verwendung technischer Einrichtungen in Kraftfahrzeugen geschaffen, die dafür bestimmt sind, die Verkehrsüberwachung zu beeinträchtigen (sog. Radarwarngeräte).

b) Teil II (§§ 7 bis 20) regelt – neben den allgemeinen Anspruchsgrundlagen des Bürgerlichen Gesetzbuches über unerlaubte Handlungen (§§ 823ff. BGB) und/oder Vertrag, die unberührt bleiben (s. §§ 16, 18 Abs. 2 StVG), – die besondere **Haftpflicht** für die von Haltern und Führern von Kraftfahrzeugen und auch Anhängern zu vertretenden Sach- und Personenschäden.

Die nach § 7 im Vordergrund stehende **Haftung des Halters** eines Kraftfahrzeugs beruht auf dem Gedanken, dass derjenige, der eine besondere Gefahrenquelle schafft, auch für die daraus etwa hervorgehenden, selbst bei aller Sorgfalt unvermeidbaren Schädigungen einzustehen hat. **Halter** ist nach der Rechtsprechung (vgl. zB BGH NJW 1992, 900) **derjenige, der das Fahrzeug im eigenen Namen nicht nur ganz vorübergehend für eigene Rechnung in Gebrauch hat und die Verfügungsgewalt darüber besitzt, die ein solcher Gebrauch voraussetzt.** Diese sog. **Gefährdungshaftung** erfordert – im Gegensatz zur Regelung der Rechtsfolgen nach unerlaubten Handlungen im BGB (§ 823) – kein Verschulden und setzt auch nicht voraus, dass sich der Halter (oder Fahrer) verkehrswidrig verhalten hat. § 7 gilt – im Gegensatz zu dem sonst regelmäßig auf den öffentlichen Verkehrsraum beschränkten Geltungsbereich verkehrsrechtlicher Vorschriften (s. dazu oben Kap. II. 2. g) – auch für Schäden, die durch den Betrieb eines Kfz auf **privatem** Gelände entstanden sind. Diese sog. Gefährdungshaftung ist durch das Zweite Gesetz zur Änderung schadensrechtlicher Vorschriften vom 19.7.2002 auch auf Anhänger ausgedehnt worden (BGBl. I S. 2674), die dazu bestimmt sind, von einem Kfz mitgeführt zu werden. Diese Regelungen wurden durch Artikel 1 Gesetz zur **Haftung bei Unfällen mit Anhängern und Gespannen im Straßenverkehr** vom 10.7.2020 (BGBl. I S. 1653) angepasst; dabei wurden, neben weiteren Änderungen des StVG, § 19 StVG (Haftung des Halters bei Unfällen mit Anhängern und Gespannen) neu gefasst und § 19a StVG (Ersatzpflicht des Führers von Anhängern und Gespannen) neu eingefügt.

Die **Gefährdungshaftung ist ausgeschlossen,** wenn ein Unfall durch „höhere Gewalt" verursacht worden ist, d. h. durch ein von außen einwirkendes, außergewöhnliches und nicht abwendbares Ereignis, das weder auf einem Fehler in der Beschaffenheit des Fahrzeugs noch einem Versagen seiner Vorrichtungen beruht. Als unabwendbar gilt ein Ereignis insbes. dann, wenn es auf das Verhalten des Verletzten oder eines nicht bei dem Betrieb beschäftigten Dritten oder eines Tieres zurückzuführen ist und sowohl der Halter als auch der Führer des Fahrzeugs jede nach den Umständen des Falles gebotene Sorgfalt beachtet haben. Sie ist ferner ausgeschlossen, wenn das Kfz nicht schneller als 20 km/h fahren kann (§ 8). Die Gefährdungshaftung kommt auch dem unentgeltlich und nicht geschäftsmäßig beförderten Mitfahrer zugute.

Eigenes Verschulden des Verletzten kann den Schadenersatzanspruch nach den Grundsätzen des § 254 BGB mindern, was zB bei der Nichtbefolgung der Gurtanlegepflicht (s. § 21a Abs. 1 StVO) bedeutsam ist und u. U. zu erheblichen Kürzungen des dadurch verursachten Mehrschadens führen kann. Der Ersatzberechtigte verliert seine Rechte, die ihm nach dem StVG zustehen, wenn er den Unfall dem Ersatzpflichtigen nicht innerhalb von zwei Monaten nach Kenntniserlangung von Schaden und Schädiger anzeigt (§ 15). Der Anspruch verjährt nach § 14 iVm § 195 BGB in drei Jahren (ab Kenntniserlangung von Schaden und Schädiger).

Wie ein Halter haftet auch der „Schwarzfahrer", d. h. derjenige, der Kfz oder Anhänger ohne Wissen und Willen des Halters benutzt; bei schuldhafter Ermöglichung der **„Schwarzfahrt"** durch den Halter haften beide (§ 7 Abs. 3 S. 1).

Neben dem Halter haftet auch der **Kfz-Führer,** dieser jedoch nur bei Verschulden; er kann sich allerdings durch den Nachweis fehlenden Verschuldens von der Haftpflicht befreien (§ 18, sog. vermutete Verschuldenshaftung mit umgekehrter Beweislast).

Die **Haftung** aus § 7 **beschränkt** sich auf Sach- und bestimmte Körperschäden (§ 10 Tötung, § 11 Körperverletzung) sowie auf Höchstbeträge, die in § 12 näher bestimmt sind. Die hier geregelte Haftung umfasst zwar nicht auch Ansprüche wegen Erschwerung des Fortkommens (§ 842 BGB) und wegen entgangener Dienste (§ 845 BGB), doch bleibt die Geltendmachung derartiger Schäden auf der Grundlage des BGB durch die Haftungsregelung des StVG unberührt (§ 16), wenn ihre Voraussetzungen vorliegen (siehe zum Schadensersatzrecht des BGB zB Burmann/Heß/Hühnermann/Jahnke, Straßenverkehrsrecht, 28. Aufl. 2024, Teil 7). Hervorzuheben ist, dass der Halter aus der Betriebsgefahr heraus nach § 11 StVG nun auch für solche Schäden haftet, die nicht Vermögensschäden sind **(Schmerzensgeld).** Dem sind auch die entsprechenden Vorschriften des Haftpflicht- und des Luftverkehrsgesetzes angeglichen worden. Der Sicherung der Schadensersatzansprüche aus dem Betrieb eines Kfz dient die unten in Kap. VIII. erörterte Kfz-Haftpflichtversicherung.

c) Teil III (§§ 21 bis 27) enthält **straf- und bußgeldrechtliche Vorschriften** sowie (in § 25a) die Regelung der sog. **Halter-Kostenhaftung** (s. unten gg), deren Einführung ursprünglich heftig umstritten war.

aa) Hervorzuheben ist **§ 21,** der das Führen eines Kfz ohne die nach § 2 erforderliche Fahrerlaubnis oder ohne die Ausnahmeerlaubnis nach § 29 FeV (früher § 4 IntKfzVO (aufgehoben); s. auch Kap. VII. 1.) oder trotz Fahrverbots (nach § 25 StVG u. § 44 StGB) unter Strafe stellt; hierbei handelt es sich um eine Strafvorschrift, die in der Praxis, bes. bei jungen Menschen, die noch keine Fahrerlaubnis erwerben können, leider erhebliche Bedeutung hat. Unter diese Strafvorschrift fällt auch das Führen eines Kraftfahrzeugs nach nur vorläufiger Entziehung der Fahrerlaubnis nach § 111a StPO oder wenn der Führerschein nach § 94 StPO lediglich in Verwahrung genommen, sichergestellt oder beschlagnahmt worden ist, was weithin unbekannt ist. Strafbar macht sich nach § 21 StVG auch, wer eine **fahrzeugbezogene technische Beschränkung** der Fahrerlaubnis **nicht beachtet** oder zB ohne Fahrerlaubnis ein Fahrrad mit Hilfsmotor führt, das nach Manipulationen die 25 km/h-Grenze überschreiten kann und deshalb fahrerlaubnispflichtig geworden ist. Fahren ohne Fahrerlaubnis kommt sogar auch dann in Betracht, wenn die bauartbedingte Höchstgeschwindigkeit wesentlich überschritten wird und regelmäßig erreicht werden kann, auch wenn keine technischen Veränderungen vorgenommen wurden. Unter Umständen kann das ohne Fahrerlaubnis benutzte Kraftfahrzeug nach § 21 Abs. 3 außerdem eingezogen werden. – **Nicht unter § 21 StVG** fällt das Führen eines Kfz unter Nichtbeachtung einer mit der Fahrerlaubnis verbundenen **persönlichen Auflage,** wie zB der zum Tragen einer Brille; insoweit handelt es sich – ebenso wie beim Nichtmitführen des Führerscheins – lediglich um eine Ordnungswidrigkeit nach § 24 StVG iVm § 75 Nr. 4 bzw. Nr. 9 FeV. – Das Fahren ohne Fahrerlaubnis wird mitunter als bloßes Verwaltungsunrecht betrachtet und deshalb die Umstellung dieses Vergehenstatbestandes in eine Ordnungswidrigkeit verlangt, was aber sehr umstritten ist. Weitere Straftaten – nicht nur Ordnungswidrigkeiten – enthalten **§ 22** (Kennzeichenmissbrauch) und **§ 22b** (Missbrauch von Wegstreckenzählern und Geschwindigkeitsbegrenzern).

bb) Von besonderer Bedeutung ist **§ 24 StVG, der mit Gesetz zum autonomen Fahren** vom 12.7.2021 (BGBl. I S. 3108) mit Wirkung zum 28.7.2021 **umfassend geändert und erweitert** wurde. Er bildet die materiell-rechtliche Grundlage für die Ahndung vor allem der gegen die Vorschriften der StVO, StVZO, FZV und der FeV begangenen Verstöße, die sog. **Verkehrsordnungswidrigkeiten.** Mit umfasst sind durch die Änderung nunmehr u. a. auch bestimmte Verstöße gegen unmittelbar geltende Vorschriften in Rechtsakten der Europäischen Gemeinschaft oder der Europäischen Union. § 24 StVG stellt einen sog. Blankett-Bußgeldtatbestand dar, weil die Regelung im Wesentlichen nur die Bußgelddrohung enthält, deren Höhe sich nach § 17 OWiG bemisst, hinsichtlich der konkreten tatbestandlichen Ausgestaltung aber völlig offen ist. Sie wird ausgefüllt, soweit insbesondere in den nach § 1j StVG und § 6 StVG erlassenen Rechtsverordnungen für bestimmte Tatbestände dieser Verordnungen – ausdrücklich – auf § 24 StVG verwiesen wird; dies geschieht zB durch die korrespondierenden Vorschriften der §§ 49 StVO, 69a StVZO, 77 FZV 2023 und § 75 FeV. Nur die dort aufgeführten Verstöße können als Ordnungswidrigkeiten nach § 24 StVG verfolgt und geahndet werden, was allerdings bei fast allen Vorschriften dieser Verordnungen der Fall ist. Diese sog. Rückverweisungstechnik dient der nach Art. 103 Abs. 2 GG notwendigen Bestimmtheit und Rechtssicherheit. Der Tatbestand wird auf diese Weise genauer konkretisiert und somit auch für den Betroffenen durchschaubarer gestaltet.

cc) Eine der bei Kraftfahrern wohl bekanntesten – gleichwohl besonders häufig missachteten – Bußgeld-Vorschrift dürfte **§ 24a** sein, der sog. **Promille-Tatbestand,** der 1998 durch die Einführung des 0,5-Promille-Grenzwertes, sowie eines Drogentatbestands (Abs. 2) und die Zulassung der Atemalkoholprobe eine grundlegende Änderung erfahren hatte und inzwischen erneut verschärft worden ist: Nach **früher** geltendem Recht hatte derjenige eine Geldbuße bis zu 3.000 DM und in der Regel ein Fahrverbot nach § 25 Abs. 1 S. 2 StVG von einem Monat bis zu drei Monaten (s. unten ee, (3)) zu erwarten, der beim Führen eines Kfz (wozu auch Mofas gehören!) eine Atemalkoholkonzentration von 0,40 mg/l oder eine dementsprechende Blutalkoholkonzentration (BAK) zwischen 0,8 und 1,09 Promille (einschließlich) oder eine solche Alkoholmenge im Körper aufwies, die erst später zu einer derartigen Atem- oder Blutalkoholkonzentration führt oder wer unter Rauschmitteleinwirkung gefahren ist (§ 24a Abs. 2, 4 aF). Beim Führen eines Kfz mit einer BAK zwischen 0,5 und 0,79 Promille oder einer entsprechenden Atemalkoholkonzentration (§ 24a Abs. 1 Nr. 2 aF) betrug der Höchstsatz der Geldbuße 1.000 DM, bei Fahrlässigkeit (Abs. 3 aF) i. d. R. 200 DM. Ein Fahrverbot war hier damals nicht vorgesehen; die Bundesregierung hat durch eine **Neufassung** des Bußgeldtatbestands in § 24a Abs. 1 die Abstufung von 0,8 und 0,5 Promille aufgehoben und stattdessen nur noch eine einheitliche Promillegrenze von 0,5 mit den Sanktionsfolgen der bisherigen 0,8-Promilleregelung – wie dargelegt – vorgesehen; d. h. nach Absatz 4 aF kann das Führen eines Kraftfahrzeugs ab **0,5 Promille** Alkohol im Blut (bzw. ab 0,25 mg/l Alkohol in der Atemluft) mit einer Geldbuße bis zu 3.000 Euro und nach § 25 Abs. 1 S. 2 in der Regel auch mit einem **Fahrverbot** geahndet werden!

Da es sich bei § 24a um einen sog. abstrakten Gefährdungstatbestand handelt, sind im Falle des § 24a Abs. 1 und 2 eine konkrete Gefährdung anderer Verkehrsteilnehmer oder zusätzliche Fahrunsicherheitsanzeichen, wie zB unmotiviertes „Schlangenlinienfahren", Abkommen von gerader Fahrbahn und dergl., nicht erforderlich; liegen solche Umstände aber zusätzlich vor, kann eine Straftat nach den §§ 315c oder 316 StGB gegeben sein (s. dazu unten Kap. IX. 2. e).

Die im April 1998 beschlossene Ergänzung des § 24a StVG durch einen sog. **Drogen**tatbestand in Abs. 2 soll eine bessere Bekämpfung der durch den zunehmenden Gebrauch von Drogen entstandenen Gefahren im Straßenverkehr ermöglichen. Danach ist seitdem auch das Führen eines Kraftfahrzeugs im öffentlichen Straßenverkehr unter der Wirkung bestimmter Rauschmittel, die in einer Anlage zu § 24a aufgeführt sind, regelmäßig verboten und kann als Ordnungswidrigkeit verfolgt und geahndet werden, ohne dass es des Nachweises einer Fahrunsicherheit bedarf (s. zu Problemen der Nullwert-Grenze insbes. BVerfG NZV 2005, 270 m. Anm. Bönke). Durch das Gesetz zur Änderung des Straßenverkehrsgesetzes und weiterer straßenverkehrsrechtlicher Vorschriften vom 16.8.2024 (BGBl I Nr. 266) wurde ein gesetzlicher THC-Grenzwert von 3,5 ng/ml Blutserum im Straßenverkehr eingeführt sowie ein absolutes Cannabisverbot für Fahranfänger und für junge Fahrer (bis zur Vollendung des 21. Lebensjahrs). Zugleich gilt ein Verbot des Mischkonsums, so dass Cannabiskonsumenten kein Kfz führen dürfen, wenn zugleich Alkohol in ihrem Blut oder Atem nachweisbar ist.

Mit **§ 24c StVG** wurde zum 1.8.2007 (BGBl. I S. 1460) ein besonderes **Alkoholverbot für Fahranfänger und Fahranfängerinnen,** die sich noch in der Probezeit (§ 2a StVG) befinden bzw. generell für Kraftfahrzeugführer bis zum 21. Lebensjahr, eingeführt.

dd) Die **Rechtsfolgen einer Ordnungswidrigkeit** im Straßenverkehr sind:

(1) Verwarnung. Bei geringfügigen Verkehrsordnungswidrigkeiten ist nach Maßgabe der §§ 56 bis 58 OWiG die Erteilung einer Verwarnung mit einem Verwarnungsgeld zwischen 5 und 55 Euro (bis 30.4.2014: 35 Euro) vorgesehen. Eine solche Verwarnung kann von der zuständigen Verwaltungsbehörde oder von einem dazu ermächtigten Polizeibeamten an Ort und Stelle erteilt werden. Sie wird nur wirksam, wenn der Betroffene nach Belehrung über sein Weigerungsrecht damit einverstanden ist und – im Falle der Erhebung eines Verwarnungsgeldes – das Verwarnungsgeld entsprechend der Bestimmung der Verwaltungsbehörde oder der Polizei entweder sofort oder binnen einer Woche zahlt.

Die Verwarnung stellt keine „Ahndung" im allgemein-strafrechtlichen Sinne dar; mit ihr soll lediglich ein wertungsfreier „Denkzettel" erteilt werden. Gleichwohl steht die wirksame Erteilung einer Verwarnung mit Verwarnungsgeld einem späteren Bußgeldverfahren unter denselben tatsächlichen und rechtlichen Gesichtspunkten entgegen (§ 56 OWiG).

Das Verwarnungsverfahren dient in gleicher Weise der Entlastung von Polizei und Bußgeldbehörden, wie auch den Interessen des Betroffenen an einer einfachen, raschen und gebührenfreien „Abrügung" seines Fehlverhaltens; auch **eine Registrierung im Flensburger Fahreignungsregister (FAER – seit 1.5.2014)** bzw. (bis 30.4.2014) im Verkehrszentralregister (s. unten d) **oder an anderer Stelle erfolgt nicht.**

Seit dem OWiG-Änderungsgesetz vom 26.1.1998 ist auch die Möglichkeit einer **Verwarnung ohne Verwarnungsgeld** nach § 56 Abs. 1 S. 2 OWiG ausdrücklich zugelassen. Diese bildet allerdings (nach wohl herrschender Meinung) – anders als die Verwarnung mit Verwarnungsgeld (s. o.) – kein Verfahrenshindernis nach § 56 OWiG; sie kommt nur bei ganz leichten Verstößen in Betracht. Einen Anspruch darauf hat der Betroffene ebenso wenig wie überhaupt auf die Erteilung einer bloßen Verwarnung statt einer Geldbuße.

Um eine möglichst einfache und gleichmäßige Behandlung der jährlich millionenfach zu erteilenden Verwarnungen zu gewährleisten, hatte früher der Bundesverkehrsminister aufgrund des zwischenzeitlich aufgehobenen § 27 StVG (der aber zum 31.8.2013 mit völlig anderen Inhalten, nämlich mit Regelungen zum Informationsschreiben im Zusammenhang mit der europaweiten Halterdatenabfrage wieder neu eingefügt wurde) einen sog. Verwarnungsgeldkatalog geschaffen, der für besonders häufig vorkommende geringfügige Zuwiderhandlungen die Höhe des jeweiligen Verwarnungsgeldes vorgeschrieben hatte. Nachdem dieser im Zuge der Schaffung des neuen **Bußgeldkatalogs** 2002 aufgehoben worden ist, richtet sich die Erteilung einer Verwarnung bei Verkehrsordnungswidrigkeiten nun nach § 1 Abs. 1 S. 2 BKatV. Danach ist bei Ordnungswidrigkeiten nach § 24 StVG, bei denen im BKat ein Regelsatz bis zu 55 Euro vorgesehen ist, ein diesem Satz entsprechendes Verwarnungsgeld zu erheben, wenn sich der zuständige Beamte zum Einschreiten entschlossen hat und ein Verwarnungsgeld für geboten hält. Sieht der Beamte andererseits etwa wegen besonders erschwerender Umstände des Falles die Verkehrsordnungswidrigkeit nicht mehr als „geringfügig" an, so hat er eine Anzeige zu erstatten, die dann zum förmlichen Bußgeldverfahren führt. Die Verwaltungsbehörde ist allerdings bei ihrer eigenen Beurteilung dieser Anzeige nicht an die Ansicht des Anzeigeerstatters gebunden; bewertet sie die Ordnungswidrigkeit doch als geringfügig, so bietet sie dem Betroffenen die Erteilung einer Verwarnung mit dem dafür vorgesehenen Verwarnungsgeld im Wege der schriftlichen Verwarnung an.

Auch die bei den einzelnen geringfügigen Zuwiderhandlungen genannten Verwarnungsgelder sind verbindliche starre Sätze; dadurch soll eine möglichst gleichmäßige Behandlung sichergestellt und ein Handeln über den „Preis" auf der Straße vermieden werden. Zwar ist der Polizeibeamte ermächtigt, nach pflichtgemäßem Ermessen zu prüfen, ob er überhaupt einschreiten soll und ob er dann eine Verwarnung mit oder ohne Verwarnungsgeld für geboten hält; entschließt er sich jedoch zu einer Verwarnung mit Verwarnungsgeld, dann hat er den im Bußgeldkatalog genannten Betrag zu erheben und darüber eine Bescheinigung auszustellen. Bei anderen geringfügigen Verstößen, die im Bußgeldkatalog als verwarnungsfähige Verstöße ausnahmsweise nicht aufgeführt sein sollten, kann der Polizeibeamte oder die Verwaltungsbehörde ein Verwarnungsgeld in Form einer Geldbuße nach pflichtgemäßem Ermessen festsetzen, wenn die entsprechenden Voraussetzungen für die Erteilung einer Verwarnung vorliegen.

(2) Geldbuße. Kommt die Erteilung einer Verwarnung nicht in Betracht, weil der Verstoß nicht „geringfügig" oder der Betroffene mit einer Verwarnung nicht einverstanden war oder wird das Verwarnungsgeld nicht oder nicht fristgemäß gezahlt, so kann die zuständige Verwaltungsbehörde nach Abschluss der Ermittlungen einen Bußgeldbescheid erlassen, wenn sie eine Ahndung der Ordnungswidrigkeit für geboten hält (Opportunitätsprinzip). Bei Verkehrsordnungswidrigkeiten sind die Polizei- und Ordnungsbehörden zu Bußgeldbehörden bestimmt worden (s. dazu die Zusammenstellung bei Burmann/Heß/Hühnermann/Jahnke, Straßenverkehrsrecht, 28. Aufl. 2024, § 26 StVG Rn. 1). Die

Bearbeitung erfolgt regelmäßig mit Hilfe von datenverarbeitenden Einrichtungen.

Grundlage für die Zumessung der Geldbuße sind in erster Linie die Bedeutung der Ordnungswidrigkeit und die Schwere des Vorwurfs, der den Täter trifft (§ 17 Abs. 3 OWiG). Auch die wirtschaftlichen Verhältnisse des Täters kommen in Betracht; bei **geringfügigen Ordnungswidrigkeiten**, von Bedeutung ist hier der Schwellenwert in Höhe von 250 Euro (näher dazu zB Krenberger/Krumm, Ordnungswidrigkeitengesetz, 8. Aufl. 2024, § 17, Rn. 22 u. 22a mwN), bleiben die wirtschaftlichen Verhältnisse jedoch in der Regel unberücksichtigt (§ 17 Abs. 3 S. 2 OWiG).

(3) Bußgeldkatalog-Verordnung. Bei der großen Anzahl von Verkehrsordnungswidrigkeiten bestand schon frühzeitig ein unabweisbares Bedürfnis dafür, auch die Geldbuße nach Art eines Taxsystems festzusetzen, um gleichartige Verstöße gleichmäßig behandeln und mit diesen massenhaft vorkommenden Zuwiderhandlungen einfach und rasch fertig werden zu können. Diesem Zweck dient die Bußgeldkatalog-Verordnung (BKatV), die – wie teilweise gleichzeitig (StVO) oder bereits schon vorher, auch die StVO 2013 (siehe dazu Kapitel IV.1.), die StVZO 2012 (siehe dazu Kapitel V.1.), die FZV 2011 (siehe dazu Kapitel VII.1.) und die FeV 2010 (siehe dazu Kapitel VI.1.) – aus Gründen der Rechtssicherheit mit der Verordnung über die Erteilung einer Verwarnung, Regelsätze für Geldbußen und die Anordnung eines Fahrverbotes wegen Ordnungswidrigkeiten im Straßenverkehr (Bußgeldkatalog-Verordnung – BKatV) vom 14.3.2013 (BGBl. I S. 498 ff.) zum 31.3.2013 aufgehoben und zum **1.4.2013 neu bekannt gemacht** wurde. Dabei wurden gleichzeitig Anpassungen an die StVO 2013 sowie insbesondere bei Tatbeständen bei denen die Regelsätze keine präventive Wirkung mehr haben und auch im Interesse der Förderung des Radverkehrs und der Verkehrssicherheit, teilweise Verwarnungsgelderhöhungen vorgenommen (siehe BR-Drs. 769/12, S. 114; 769/1/12, S. 16; 769/12 (Beschluss)).

Weitere **umfangreiche Änderungen und Anpassungen der BKatV** sind durch die Neunte Verordnung zur Änderung der Fahrerlaubnis-Verordnung und anderer straßenverkehrsrechtlicher Vorschriften vom 5.11.2013 (BGBl. I S. 3920, 3933) im Zusammenhang mit der **Reform des Punktsystems zum 1.5.2014** erfolgt. Wichtige Drucksachen: BR-Drs. 810/12; 676/13 und 676/13(B).

Mit Art. 7a Zehnte Verordnung zur Änderung der Fahrerlaubnis-Verordnung und anderer straßenverkehrsrechtlicher Vorschriften vom 16.4.2014 (BGBl. I S. 348, 377) erfolgten **zum 1.5.2014 weitere Anpassungen der Bußgeldkatalog-Verordnung,** wobei insbesondere die Sanktion bei „einfachen" Rotlichtverstößen durch **Radfahrer** auf 60 Euro (lfd. Nr. 132a ff. BKat) erhöht wurde. Wichtige Drucksachen: BR-Drs. 78/1/14 und 78/14(B).

Im Zusammenhang mit nachfolgenden Änderungen sind vor allem Art. 3 Neunundvierzigste Verordnung zur Änderung straßenverkehrsrechtlicher Vorschriften vom 22.10.2014 (BGBl. I S. 1635, 1636f) mit neu gefassten Regelungen in lfd. Nr. 7 BKat zur **Radwegbenutzung** (in Kraft getreten am 30.10.2014) sowie Art. 3 Zweite Verordnung zur Änderung der Fahrzeug-Zulassungsverordnung und anderer straßenverkehrsrechtlicher Vorschriften vom 30.10.2014 (BGBl. I S. 1666, 1674f) in lfd. Nr. 175a BKat sowie in lfd. Nrn. 179 ff. BKat zu **Saisonkennzeichen** und vor allem zur missbräuchlichen Verwendung von **Kurzzeitkennzeichen** (Inkrafttreten am 1.4.2015 – lfd. Nr. 180 BKat zur Mitteilungspflicht nach § 13 FZV aF trat jedoch bereits zum 1.1.2015 in Kraft) zu nennen.

Einführung

Mit Art. 3 Einundfünfzigste Verordnung zur Änderung straßenverkehrsrechtlicher Vorschriften vom 17.6.2016 (BGBl. I S. 1463, 1464/1465) erfolgten mit Einfügung der lfd. Nr. 100.1 sowie der lfd. Nrn. 203a ff. BKat Anpassungen an die Neuregelungen im Zusammenhang mit **Rollstuhl- und Rollstuhlnutzer-Rückhaltesystemen** in § 35a StVZO und § 21a StVO. Diese **Sanktionen** sind am **1.2.2017** in Kraft getreten.

Mit Art. 5 Dritte Verordnung zur Änderung der Fahrzeug-Zulassungsverordnung und anderer straßenverkehrsrechtlicher Vorschriften vom 23.3.2017 (BGBl. I S. 522, 554) erfolgten **mit Wirkung zum 1.10.2017** vor allem Anpassungen im Zusammenhang mit den **Regelungen zur internetbasierten Zulassung von Fahrzeugen** (lfd. Nr. 180a BKat (inzwischen lfd. Nr. 180b BKat) und folgende). **Neu** eingeführt wurde außerdem lfd. Nr. 179c BKat **(Missbrauch von CC- oder CD-Zeichen)**. Wichtige Drucksache: BR-Drs. 770/16.

Durch Art. 3 Zweiundfünfzigste Verordnung zur Änderung straßenverkehrsrechtlicher Vorschriften vom 18.5.2017 (BGBl. I S. 1282, 1287) wurde aufgrund der angepassten **Winterreifenregelungen** in § 2 StVO und des neuen Bußgeldtatbestandes hinsichtlich der **Halterverantwortlichkeit** für die Inbetriebnahme von Kraftfahrzeugen mit unzulässiger Bereifung bei winterlichen Wetterverhältnissen der Bußgeldkatalog angepasst. Im Zusammenhang mit neuen **Regelungen zu lichttechnischen Einrichtungen an Fahrradanhängern** (§ 67a StVZO) wurde außerdem lfd. Nr. 230 BKat neu gefasst. Die Regelungen sind **am 1.6.2017 in Kraft getreten**. Wichtige Drucksachen: BR-Drs. 771/16 und BR-Drs. 771/16(B).

Mit Art. 3 Sechsundfünfzigstes Strafrechtsänderungsgesetz (**Strafbarkeit nicht genehmigter Kraftfahrzeugrennen im Straßenverkehr**) vom 30.9.2017 (BGBl. I S. 3532, 3533) wurde aufgrund der jetzigen Einordnung als Straftat und nicht mehr als bloße Ordnungswidrigkeit die Bußgeldkatalog-Verordnung angepasst und frühere **Bußgeldtatbestände mit Wirkung vom 13.10.2017 gestrichen**. Wichtige Drucksachen: BR-Drs. 362/16, BT-Drs. 18/10145, 18/12936, 18/12964 sowie BR-Drs. 607/17 und BR-Drs. 607/17(B).

Mit Art. 3 Dreiundfünfzigste Verordnung zur Änderung straßenverkehrsrechtlicher Vorschriften vom 6.10.2017 (BGBl. I S. 3549, 3552) wurden insbesondere im Zusammenhang mit Änderungen und Neufassungen in § 23 StVO (Stichworte: **Handy-Verstöße und „Vermummungsverbot" beim Führen von Kraftfahrzeugen**) sowie den Regelungen bei Verstößen gegen die **Bildung einer Rettungsgasse** (§ 11 Abs. 2 StVO) und der **Pflicht, sofort freie Bahn zu schaffen** (§ 38 Abs. 1 StVO) auch der Bußgeldkatalog angepasst, wobei vor allem die Erhöhung der Regelsätze hervorzuheben ist. Die Vorschriften sind **am 19.10.2017 in Kraft getreten**. Wichtige Drucksachen: BR-Drs. 556/17, 556/1/17und 556/17(B).

Durch die Berichtigung der Dreiundfünfzigsten Verordnung zur Änderung straßenverkehrsrechtlicher Vorschriften vom 22.12.2017 (BGBl. 2018 I S. 53) wurde § 4 Abs. 1 Satz 1 Nr. 4 BKatV korrigiert.

Mit Art. 4 Verordnung über die Teilnahme von Elektrokleinstfahrzeugen am Straßenverkehr und zur Änderung weiterer straßenverkehrsrechtlicher Vorschriften vom 6.6.2019 (BGBl. I S. 756, 767) wurde die BKatV erneut geändert und insbesondere nach lfd. Nr. 233 ein **neuer Abschnitt** für **Verstöße gegen die Elektrokleinstfahrzeuge-Verordnung (eKFV)** eingefügt. Die **Regelungen gelten seit 15.6.2019**.

Mit Artikel 3 Vierundfünfzigste Verordnung zur Änderung straßenverkehrsrechtlicher Vorschriften vom 20.4.2020 (BGBl. I S. 814, 824) wurde die **BKatV** im Zusammenhang mit der durch die 54. Verordnung zur Änderung straßenverkehrsrechtlicher Vorschriften umgesetzte **StVO-Novelle 2020 umfangreich geändert**. Die Regelungen sind **am 28.4.2020 in Kraft getreten**. Die Änderungen dienen teilweise der „Beseitigung redaktioneller Ungereimtheiten (insbesondere) im Nachgang zur sog. Handy-Novelle (53. Verordnung zur Änderung straßenverkehrsrechtlicher Vorschriften vom 6.10.2017, BGBl. I S. 3549), enthalten erforderliche Folgeänderungen im Zusammenhang mit der fahrradgerechten Überarbeitung der StVO, Schaffung eigenständiger Bußgeldbewehrungen zB für die Missachtung der (Regelungen zur) Schrittgeschwindigkeit beim innerörtlichen Rechtsabbiegen für Kfz über 3,5t oder der unberechtigten Nutzung einer Rettungsgasse sowie Anhebung der Geldbußen für bestimmte Halt- und Parkverstöße." (Quelle: BR-Drs. 591/19, S. 7) Wichtige Drucksachen: BR-Drs. 591/19 (Grunddrucksache), BR-Drs. 591/19(B) (Beschlussdrucksache) – In diesem Zusammenhang wurde festgestellt, dass bei der **Angabe der Ermächtigungsgrundlagen** in der Eingangsformel der Vierundfünfzigsten Verordnung zur Änderung straßenverkehrsrechtlicher Vorschriften vom 20.4.2020 (BGBl. I S. 814, 824) § 26a Abs. 1 Nr. 3 StVG als Grundlage **für die Anordnung von Fahrverboten nicht aufgeführt** ist. Dieser **Formfehler** (Verstoß gegen das Zitiergebot des Art. 80 Abs. 1 Satz 3 GG) führte nach Einschätzung des BMVI und des BMI zur Nichtigkeit des Art. 3 der Novelle, der die Änderungen der BKatV enthält. Das BMVI hat sich mit den Ländern auf eine Nichtanwendung der Änderungen der BKatV verständigt (Quelle: BT-Drs. 19/23215, S. 5 und BR-Drs. 687/21, S. 1).

Unabhängig davon wurden zwischenzeitlich mit Artikel 6 Fünfundfünfzigste Verordnung zur Änderung straßenverkehrsrechtlicher Vorschriften vom 25.6.2021 (BGBl. I S. 2204, 2229) die lfd. Nrn. 189a und 214a BKat geändert und die lfd. Nrn. 253a mit 253a.1 und 253a.2 BKat neu eingefügt. Die Regelungen sind am 3.7.2021 in Kraft getreten. „Für Verstöße, die im Zusammenhang mit Änderungen am Fahrzeug bestehen, welche zum **Erlöschen der Betriebserlaubnis** führen, werden Bußgeldregelsätze aufgestellt. Die Festsetzung von Regelsätzen wird als notwendig erachtet, da mit einer Vielzahl von Verstößen im Zusammenhang mit Änderungen am Fahrzeug – bspw. im Bereich des Software-Updates – zu rechnen ist." (Quelle: BR-Drs. 397/20, S. 67). Wichtige Drucksachen: BR-Drs. 397/20 (Verordnung).

Mit Artikel 14 Viertes Gesetz zur Änderung des Straßenverkehrsgesetzes und anderer straßenverkehrsrechtlicher Vorschriften vom 12.7.2021 (BGBl. I S. 3091, 3106) wurden die §§ 1, 2, 3 und 4 BKatV sowie im Bußgeldkatalog in Abschnitt I in der Tabelle die Überschrift zu Teil A und in Abschnitt II in der Tabelle die Überschrift mit Wirkung vom 28.7.2021 geändert. Es handelt sich hier hauptsächlich um Folgeänderungen aufgrund der Neufassung des § 24 StVG. Wichtige Drucksachen: BR-Drs. 257/21 (Gesetzentwurf), BR-Drs. zu257/21 (Berichtigung), BT-Drs. 19/28684 (Gesetzentwurf), BT-Drs. 19/29874 (Beschlussempfehlung und Bericht Ausschuss für Verkehr und digitale Infrastruktur).

Mit Artikel 1 Erste Verordnung zur Änderung der Bußgeldkatalog-Verordnung vom 13.10.2021 (BGBl. I S. 4688) wurde der oben genannte **Formfehler (Zitierfehler)** im Zusammenhang mit der Vierundfünfzigsten Verordnung zur Änderung straßenverkehrsrechtlicher Vorschriften vom 20.4.2020 **bereinigt** und die BKatV **durch** die sogenannte **Bußgeldnovelle** umfassend geändert.

Die **Änderungen** sind **am 9.11.2021 in Kraft getreten**. „Mit dieser Ersten Verordnung zur Änderung der Bußgeldkatalog-Verordnung (BKatV) werden die Regelungen des Artikels 3 der Vierundfünfzigsten Verordnung zur Änderung straßenverkehrsrechtlicher Vorschriften vom 20.4.2020 … bestätigt und neu gefasst. Die Neufassung ist erforderlich, weil in der 54. StVRÄndV in der Eingangsformel die Ermächtigungsgrundlage für die Fahrverbote (§ 26a Absatz 1 Nummer 3 Straßenverkehrsgesetz, StVG) nicht genannt wird. … Aus Gründen der Rechtssicherheit ist es daher geboten, die betroffenen Vorschriften – unter inhaltlicher Modifikation – erneut zu erlassen. Zur Verbesserung der Sicherheit im Straßenverkehr im Allgemeinen und insbesondere für den Rad- und Fußverkehr sind die Änderungen der BKatV erforderlich. Damit setzt diese Verordnung auch den Beschluss der Verkehrsministerkonferenz vom 15. und 16.4.2021 um. … **Die BKatV wird durch Neufassung der durch Artikel 3 der 54. StVRÄndV zur Änderung oder Neueinführung vorgesehenen Vorschriften geändert und durch eine weitere Überarbeitung der Geldbußen für Geschwindigkeitsverstöße überarbeitet**." (Quelle: BR-Drs. 687/21, S. 1). **Dies bedeutet ua höhere Geldbußen für bestimmte Geschwindigkeitsverstöße anstatt der mit der 54. StVRÄndV ursprünglich dafür vorgesehenen Fahrverbote**. So waren damals beispielsweise bei einer Geschwindigkeitsüberschreitung innerhalb geschlossener Ortschaften um 21 – 25 km/h eine Geldbuße in Höhe von 80 Euro und 1 Monat Fahrverbot fällig; nunmehr beträgt die Geldbuße hierfür 115 Euro, ein Fahrverbot ist nicht mehr vorgesehen (siehe Anhang zu Nr. 11 BKat, Tabelle 1 Geschwindigkeitsüberschreitungen, Buchstabe c, lfd. Nr. 11.3.4). Wichtige Drucksachen: BR-Drs. 687/21 (Grunddrucksache), BR-Drs. 687/1/21 (Ausschussempfehlung) und BR-Drs. 687/21(B) (Beschlussdrucksache).

Mit Artikel 5 Verordnung zum Neuerlass der Fahrzeug-Zulassungsverordnung und zur Änderung weiterer Vorschriften vom 20.7.2023, BGBl. 2023 I Nr. 199 wurden die Nummern 174 bis 185c sowie die Nummern 252 und 253 BKat mit Wirkung vom 1. September 2023 neu gefasst. Wesentlicher Inhalt: Anpassung an die Neufassung der FZV 2023, die am 1. September 2023 in Kraft getreten ist (näher zur FZV 2023 in dieser Einführung unter Kap. VII). Wichtige Drucksache: BR-Drs. 70/23.

Mit Artikel 3 Verordnung zum **Erlass einer Straßenverkehr-Transportbegleitungsverordnung** und zur Änderung straßenverkehrsrechtlicher Vorschriften vom 28.8.2023, BGBl. 2023/I, Nr. 236 wurden in der Anlage der BKatV die **lfd. Nrn. 128a und 129a mit Wirkung vom 7. September 2023 neu eingeführt**. Sie stehen im Zusammenhang mit der neuen Straßenverkehr-Transportbegleitungsverordnung (StTbV) und dem neuen **§ 36a StVO (Zeichen und Weisungen bei Transportbegleitung mit Anordnungsbefugnis)**. Wesentlicher Inhalt: **Bußgeldbewehrung bei Nichtbefolgung von Zeichen und Weisungen eines Transportbegleiters bei einem Groß- raum- oder Schwertransport**. Wichtige Drucksache: BR-Drs. 132/23 (Verordnung Bundesministerium für Digitales und Verkehr).

Schließlich brachte das Sechste Gesetz zur Änderung des Straßenverkehrsgesetzes und weiterer straßenverkehrsrechtlicher Vorschriften vom 16.8.2024 in den Nrn. 241 ff. BKat eine Änderung der Tatbestände, die den Cannabiskonsum betreffen. Zu nennen sind vor allem Nr. 242 („Kfz geführt mit 3,5 ng/ml oder mehr THC im Blutserum"), die Nrn. 243a ff. BKat (Alkoholverbot für Cannabiskonsumenten (Mischkonsum)) sowie Nr. 243b (Alkoholverbot für Fahranfänger).

Die **Bußgeldkatalog-Verordnung mit dem Bußgeldkatalog (BKat) – BKatV 2013** – ist **unter Nr. 8 dieser Textsammlung abgedruckt**.

Der BKat enthält für häufig vorkommende Verkehrsverstöße Bußgeld-**Regelsätze,** die für die Verwaltungsbehörden und selbst für die Gerichte verbindlich sind. Den Regelsätzen liegt grundsätzlich **fahrlässige Begehung** als die bei Verkehrsverstößen häufigste Begehungsart zugrunde; sie sind daher bei vorsätzlicher Tat angemessen zu erhöhen, nicht aber etwa schematisch zu verdoppeln (OLG Celle NStZ 1986, 464). Liegen sonstige, vom Durchschnittsfall erheblich abweichende, besondere Umstände vor, so können die Bußgeldstellen den Regelsatz vermindern oder erhöhen. Eine Erhöhung sieht der Katalog allerdings selbst bereits bei Gefährdung oder Schädigung anderer vor, sofern diese Umstände nicht schon bei der Festsetzung des Regelsatzes berücksichtigt worden sind (s. § 3 Abs. 3 BKatV iVm Tabelle 4). Die wirtschaftlichen Verhältnisse des Täters kommen nur in Betracht, wenn sie bekannt und außergewöhnlich gut oder schlecht sind oder wenn es sich um eine bedeutendere Ordnungswidrigkeit handelt. Der Bußgeldkatalog gibt schließlich auch an, wann und für welche Dauer in bestimmten Regelfällen ein Fahrverbot nach § 25 StVG in Betracht kommt.

(4) Fahrverbot. Neben einer Geldbuße kann nach **§ 25 StVG** als Nebenfolge für die Dauer von einem Monat bis zu drei Monaten zusätzlich ein Fahrverbot angeordnet werden, wenn jemand unter grober oder beharrlicher Verletzung der Pflichten eines Kfz-Führers eine Verkehrsordnungswidrigkeit nach § 24 StVG begangen hat. Diese Vorschrift ist bei Beachtung des Grundsatzes der Verhältnismäßigkeit auch nach den strengen Anforderungen des Bundesverfassungsgerichts grundsätzlich verfassungskonform (BVerfG VRS 37, 161; NZV 1996, 284; BayObLG NZV 1991, 120).

Um eine möglichst gleichmäßige Anwendung dieser Maßnahme zu erreichen, hat der Verordnungsgeber in der Bußgeldkatalog-Verordnung vorgeschrieben, wann und für welche Dauer bei bestimmten, besonders groben Pflichtverstößen ein Fahrverbot in der Regel in Betracht kommt; dies ist im Allgemeinen bei besonders gefährlichen Verstößen der Fall. Der BGH hat diese Regelung grundsätzlich gebilligt (vgl. NZV 1992, 117) und in Übereinstimmung mit dem BVerfG (VRS 37, 161) ausgeführt, dass es in diesen Regelfällen nicht der Feststellung bedarf, dass der Zweck auch mit einer erhöhten Geldbuße nicht erreicht werden kann; es genüge, wenn sich der Tatrichter erkennbar dieser Möglichkeit bewusst war (BGH NZV 1992, 286). Die Tatbestandsumschreibung in der Bußgeldkatalog-Verordnung entfaltet allerdings nur eine Indizwirkung; sie entbindet das Gericht nicht von der Pflicht, dem Schuldprinzip und dem Verhältnismäßigkeitsgrundsatz durch eine Gesamtwürdigung der Umstände des Einzelfalles zu entsprechen (BVerfG VRS 37, 161). Ergeben sich dabei wesentliche Besonderheiten zugunsten des Betroffenen, insbes. erhebliche Härten durch evtl. Arbeits- oder Existenzverlust, die ein Fahrverbot u. U. unverhältnismäßig erscheinen lassen, kann nach der vielfältig differenzierten obergerichtlichen Rechtsprechung u. U. eine Ausnahme von der Regel gerechtfertigt sein; bloße wirtschaftliche oder berufliche Nachteile allein genügen aber nach der Rechtsprechung für eine Ausnahme im Allgemeinen nicht (s. dazu näher Burmann/Heß/Hühnermann/Jahnke, Straßenverkehrsrecht, 2728. Aufl. 2024, § 25 StVG, Rn. 19ff. mit zahlreichen Beispielen).

In den Fällen des § 24a StVG ist ein Fahrverbot bereits durch das Gesetz „in der Regel" vorgesehen (§ 25 Abs. 1 S. 2 StVG). Von diesem **Regel-Fahrverbot** kann ausnahmsweise nur dann abgesehen werden, wenn es für den Betroffenen eine ganz außergewöhnliche Härte mit sich brächte, wie zB Arbeitsplatz- oder Existenzverlust, und diese Folgen auch nicht durch andere Maßnahmen vermeidbar sind.

„Beharrlich" können auch weniger schwerwiegende Verstöße begangen werden, durch deren wiederholte Begehung der Täter aber gezeigt hat, dass ihm die nötige verkehrsgerechte Einstellung fehlt. Einen solchen Fall hat der Verordnungsgeber bereits in der BKatV selbst zB dann angenommen, wenn der Führer eines Kfz innerhalb eines Jahres nach Rechtskraft der Ahndung einer Geschwindigkeitsüberschreitung von mind. 26 km/h eine solche Geschwindigkeitsüberschreitung wiederholt (s. § 4 Abs. 2 BKatV). Nach der Rechtsprechung des BGH bedarf es auch in diesen Fällen nicht der Feststellung, dass der Zweck auch mit einer erhöhten Geldbuße nicht erreicht werden kann (BGH NZV 1992, 286).

Das **Fahrverbot** wird an sich sofort **mit** der **Rechtskraft** der Entscheidung **wirksam,** d. h. der Betroffene darf danach für die angeordnete Dauer kein Kfz mehr führen, wenn er sich nicht nach § 21 StVG strafbar machen will, auch wenn die festgesetzte Dauer der Verbotsfrist erst mit der Ablieferung des Führerscheins zur amtlichen Verwahrung beginnt. Nach **§ 25 Abs. 2a** kann aber der Eintritt der Wirksamkeit des Fahrverbots bei sog. Erstverbüßern durch eine Verzögerung der Ablieferung des Führerscheins **bis zu 4 Monate hinausgeschoben** werden, um so die Wirksamkeit zB erst im Urlaub eintreten zu lassen, so dass auf diese Weise zB bei Berufskraftfahrern ein etwaiger Arbeitsplatzverlust vermieden werden kann („Erstverbüßerprivileg").

Das Fahrverbot berührt nicht – wie die Entziehung der Fahrerlaubnis nach § 69 StGB (s. unten Kap. IX. 3. B) – den Fortbestand der Fahrerlaubnis; diese bleibt vielmehr formell bestehen, der Betroffene darf von ihr während der Verbotsfrist nur keinen Gebrauch machen. Er darf daher sein Kfz nach Ablauf der Verbotsfrist ohne weiteres wieder führen, nachdem er seinen bis dahin amtlich verwahrten Führerschein zurückerhalten hat. Ein gleichartig ausgestaltetes Fahrverbot kann auch vom Gericht bei der Aburteilung einer Straftat nach § 44 StGB angeordnet werden (s. unten Kap. IX. 3. A).

ee) Die **Verfolgungsverjährungsfrist** beträgt nach § 26 Abs. 3 StVG bei Ordnungswidrigkeiten nach § 24 StVG 3 Monate, solange kein Bußgeldbescheid ergangen oder öffentliche Klage erhoben ist; danach beträgt sie 6 Monate, bei vorsätzlichen Verstößen nach § 24a StVG gemäß § 31 Abs. 2 Nr. 2 OWiG aber zwei Jahre und bei fahrlässigen Verstößen gegen § 24a StVG gemäß § 31 Abs. 2 Nr. 3 OWiG iVm § 17 Abs. 2 OWiG ein Jahr.

ff) Halter-Kostenhaftung. Von erheblicher Bedeutung ist in der Praxis **§ 25a StVG,** wonach dem Halter eines Kfz oder seinem Beauftragten die Kosten eines Bußgeldverfahrens auferlegt werden können, das wegen eines Halt- oder Parkverstoßes (also nicht auch wegen anderer Verkehrsverstöße, insbes. nicht solcher im fließenden Verkehr!) eingeleitet worden ist, wenn der Führer des Fahrzeugs, der den Verstoß begangen hat, nicht vor Eintritt der Verfolgungsverjährung und nicht unter angemessenem Aufwand ermittelt werden konnte, das Verfahren deshalb also eingestellt oder mit Freispruch beendet werden musste. Diese Regelung hat der Gesetzgeber für notwendig erachtet, um den bei den besonders zahlreichen Verkehrsordnungswidrigkeiten im ruhenden Verkehr aufgetretenen Ahndungsschwierigkeiten wenigstens dadurch begegnen zu können, dass in diesen Fällen nicht mehr der Staat, sondern derjenige die Verfahrenskosten zu tragen hat, der sie durch die Weitergabe seines Fahrzeugs letztlich verursacht hat. Eine Ausdehnung dieser Regelung auch auf Verstöße im fließenden Verkehr wird zwar immer wieder gefordert (wie zB von einem Teil der Teilnehmer am 43. VGT im Jahre 2005 AK VI – bzgl. geringfügiger Geschwindigkeitsüberschreitungen), doch hat der Gesetzgeber sie bisher abgelehnt.

Bei dieser Regelung handelt es sich um **keine Sanktion,** sondern um eine bloße **Kostenregelung,** die subsidiär, d. h. erst nach ergebnisloser Beendigung eines Bußgeldverfahrens akut wird. Sie setzt – anders als das Bußgeld- oder Strafverfahren – keinerlei Verschulden des Halters voraus und beruht lediglich auf dem **Veranlasserprinzip;** sie ist – wie das Bundesverfassungsgericht bereits durch Beschluss vom 1.6.1989 (BGBl. I S. 1646; NJW 1989, 2679 = NZV 1989, 398) festgestellt hat – mit dem Grundgesetz vereinbar.

Von der Auferlegung der Kosten kann abgesehen werden, wenn es unbillig wäre, dem Halter oder seinem Beauftragten die Kosten aufzuerlegen (§ 25 Abs. 1 S. 2), so etwa dann, wenn das Fahrzeug nachweisbar entwendet oder nach § 248b StGB unerlaubt benutzt worden ist oder einer bestimmten Person vermietet oder verliehen war.

Die Kostenlast hat auch der Halter zu tragen, dessen Kfz entgegen dem Verkehrsverbot in einer Umweltzone (Z. 270.1), das auch den ruhenden Verkehr betrifft, parkt. Umstritten ist zurzeit die Haftung der Vermieter sog. E-Scooter für behindernd und nicht selten gefährdend abgestellte bzw. hingeworfene Kleinstfahrzeuge. Richtigerweise wird die Haftung von einigen Amtsgerichten zumindest dann bejaht, wenn die Halter keine klaren Angaben zu der Person machen können, an welche das Fahrzeug überlassen wurde. Mit dieser Rechtsprechung werden die Vermieter zumindest veranlasst, sich Klarheit über die Personalien ihrer Nutzer zu verschaffen.

d) Teil IV (§§ 28 bis 30c) enthält die für eine **Eintragung, Verwertung und Tilgung** von verkehrsrechtlich relevanten Straf- und Bußgeldentscheidungen im **Fahreignungsregister** (**FAER –** bis 30.4.2014: Verkehrszentralregister (VZR)) des Kraftfahrt-Bundesamtes in Flensburg maßgeblichen Vorschriften. Ergänzende Ausführungsvorschriften hierzu enthält die Fahrerlaubnis-Verordnung (§§ 59 ff. FeV). Registriert werden u. a. Verurteilungen wegen **Verkehrsstraftaten, die in Anlage 13 FeV aufgeführt sind** (§ 28 Abs. 3 Nr. 1 StVG), und wegen Verkehrsordnungswidrigkeiten, wenn sie jeweils in Anlage 13 FeV aufgeführt sind und ein Fahrverbot angeordnet oder eine Geldbuße von mindestens 60 Euro festgesetzt worden ist (§ 28 Abs. 3 Nr. 3 StVG). Erfasst werden seit 1.5.2014 nur noch verkehrssicherheitsbeeinträchtigende oder gleichgestellte Ordnungswidrigkeiten (§ 4 Abs. 2 Nr. 3 StVG). Das bedeutet gleichzeitig, dass nicht mehr alle Entscheidungen mit einer Geldbuße von 60 Euro (bis 30.4.2014: 40 Euro) oder mehr im Fahreignungsregister eingetragen werden, sondern nur noch solche, die zudem in Anlage 13 FeV aufgeführt sind (§ 28 Abs. 3 Nr. 3a Unterbuchstabe bb). Welche Daten im Fahreignungsregister gespeichert werden, regelt § 28 StVG. Die Registrierung im FAER ist keine Sanktion, sondern eine wertneutrale Folge, die lediglich den für die Verfolgung, Verwaltung und Gesetzgebung zuständigen Stellen das Tatsachenmaterial verschaffen soll, das erforderlich ist, um die im Interesse der Verkehrssicherheit notwendigen Maßnahmen treffen zu können, wie insbes. die Überprüfung der Verkehrstauglichkeit mehrfach registrierter Kraftfahrer, um sie zu belehren, zu verwarnen oder notfalls aus dem Straßenverkehr auszuschalten.

Die Eintragungen im FAER sind nach Ablauf bestimmter Fristen zu tilgen (§ 29 StVG). Hervorzuheben ist, dass die **frühere Tilgungshemmung nach § 29 Abs. 6 StVG aF zum 1.5.2014 entfallen und festen einheitlichen Tilgungsfristen mit einer Überliegefrist von 1 Jahr gewichen** ist (§ 29

StVG). Von besonderer Bedeutung sind die **detaillierten Übergangsbestimmungen in § 65 StVG**.

Unentgeltliche **Auskunft aus dem FAER** erhalten die in § 30 StVG genannten Stellen für bestimmte Zwecke, aber gem. § 30 Abs. 8 StVG auch der Betroffene selbst. Auch über den sie betreffenden Inhalt des örtlichen oder des Zentralen Fahrerlaubnisregisters erhalten Privatpersonen (gem. § 58 StVG ebenfalls unentgeltlich) Auskunft, wenn sie einen schriftlichen Antrag an das **Kraftfahrt-Bundesamt,** Fördestraße 16, 24944 Flensburg, richten (weitere Informationen dazu unter www.kba.de), dem – zur Vermeidung von Missbräuchen – ein Identitätsnachweis beizufügen ist. Seit 30.4.2011 (s. Erste Verordnung über Ausnahmen von den Vorschriften der Fahrerlaubnis-Verordnung vom 15.4.2011 (BGBl. I S. 650)), reicht, abweichend von § 64 FeV, auch der **elektronische Identitätsnachweis – elektronischer Personalausweis – nach § 18 PersonalausweisG** (BGBl. 2009 I S. 1346) als Identitätsnachweis aus (nähere Informationen auch unter www.kba.de). § 30 StVG regelt außerdem eingehend, unter welchen Voraussetzungen und in welchem Umfang die Polizei und bestimmte andere Stellen Daten aus dem FAER abrufen dürfen. Die §§ 30a bis c StVG regeln den automatischen Abruf einzelner Eintragungen aus der Datei.

Siehe zum neuen **Fahreignungs-Bewertungssystem** (früher: Punksystem) auch unten **Kap. VI. 2. b**.

e) Teil V (§§ 31 bis 47) behandelt Inhalt und Führung des **Fahrzeugregisters.** Bei diesen Vorschriften handelt es sich um die Regelung des Zentralen Verkehrs-Informationssystems (ZEVIS). Die auf § 47 StVG beruhende Fahrzeug-Register-Verordnung (FRV) vom 20.10.1987 (BGBl. I S. 2305) wurde durch Art. 12 der VO zur Neuordnung des Rechts der Zulassung von Fahrzeugen im Straßenverkehr und zur Änderung straßenverkehrsrechtlicher Vorschriften vom 25.4.2006 (BGBl. I S. 988, 1084) zum 1.3.2007 aufgehoben (s. auch Kap. VII. – FZV). Die wesentlichen Vorschriften der FRV wurden gleichzeitig in die neue Fahrzeug-Zulassungsverordnung (FZV – Nr. 3.2. der Textsammlung) aufgenommen (vgl. §§ 30ff. FZV aF – siehe jetzt §§ 57ff. FZV 2023). Hier ist unter Beachtung datenschutzrechtlicher Belange eingehend geregelt, unter welchen Voraussetzungen und in welchem Umfange die Polizei und bestimmte andere Stellen Daten aus dem Fahrzeugregister (vgl. §§ 31ff. StVG) abrufen dürfen; mit der Regelung des Straßenverkehrs im eigentlichen Sinne haben diese Vorschriften nichts zu tun. Die in den §§ 35 Abs. 1 Nr. 11 u. 12; 36 Abs. 2 durch das FStrPrivFinÄndG vom 1.9.2002 (BGBl. I S. 3442) eingefügten Regelungen dienen der Durchführung des Autobahnmautgesetzes für schwere Nutzfahrzeuge vom 5.4.2002 (BGBl. I S. 1234).

f) Teil VI (§§ 48 bis 63) – eingefügt durch das StVG-Änderungsgesetz vom 24.4.1998 (BGBl. I S. 747) – betrifft die Führung eines **Zentralen Fahrerlaubnisregisters** beim Kraftfahrt-Bundesamt. Es soll vor allem dem Schutz vor ungeeigneten Kraftfahrern und damit der Verkehrssicherheit in der gesamten EU sowie der Einhaltung des von den anderen Mitgliedstaaten gebildeten Standards (Austausch der Daten über Fahrerlaubnisse und Führerscheine mittels zentraler Register) dienen (amtl. Begr. BR-Drs. 821/96).

g) Teil VII (§§ 64 und 65) enthält gemeinsame Vorschriften und Übergangsbestimmungen.

IV. Die Straßenverkehrs-Ordnung (StVO)

(Nr. 2 der Textsammlung)

1. Entstehung und Grundlagen

Die **erste** deutsche **StVO** stammte aus dem Jahre **1934.** Selbst nach einigen Änderungen entsprach sie nach dem Zweiten Weltkrieg bald nicht mehr den gewandelten Erfordernissen des modernen Straßenverkehrs. Außerdem war sie zu allgemein gehalten; viele Einzelfragen mussten erst durch die Rechtsprechung aus der Grundregel des § 1 entwickelt werden. Schon Ende der 50er Jahre wurde daher der Bundesverkehrsminister beauftragt, eine eindeutigere, verständlichere, volkstümlichere und in ihrer Anwendung einfachere und wirkungsvollere Neuregelung vorzunehmen. Das Ergebnis war die grundlegende Neufassung der StVO vom **16.11.1970 (StVO 1970),** die nach zahlreichen weiteren, zT umfassenden Änderungen bis 31.3.2013 fortgalt und mit der Verordnung zur Neufassung der Straßenverkehrs-Ordnung (StVO) vom 6.3.2013 (BGBl. I S. 367 ff.), überwiegend aus formalen Gründen, aufgehoben und zum **1.4.2013** weitgehend „nahtlos" (siehe § 53 StVO) wieder in Kraft gesetzt wurde **(StVO 2013).** Die Änderungen der Neufassung betreffen, sowohl im Text als auch in den Anlagen der StVO, insbesondere Anpassungen an die geltende Rechtslage, die Beibehaltung früherer Verkehrszeichen sowie eine sprachliche Gleichbehandlung von Frauen und Männern durch eine möglichst geschlechtsneutrale Fassung (näher dazu amtl. Begr. BR-Drs. 428/12; 428/1/12 und 428/12 (Beschluss)). Die StVO-Novelle war, übrigens bei zu dieser Zeit CSU-geführtem Verkehrsministerium, gesetzgeberischer Vorreiter und Trendsetter beim Thema „geschlechtergerechte Sprache". **Hintergrund der Neubekanntmachung der StVO 2013** ist, dass zwischenzeitlich die Wirksamkeit der 46. Verordnung zur Änderung straßenverkehrsrechtlicher Vorschriften vom 5.8.2009 in Frage gestellt und die Novelle von Seiten des Bundesministeriums für Verkehr, Bau und Stadtentwicklung wegen eines Verstoßes gegen das verfassungsrechtliche Zitiergebot des Art. 80 Abs. 1 S. 3 GG als nichtig eingestuft (vgl. BMVBS Pressemitteilung Nr. 103/2010 vom 13.4.2010; siehe auch BT-Drs. 17/2611) wurde. Eine gerichtliche Bestätigung der Nichtigkeit liegt nicht vor (offen gelassen von BVerwG, Urteil vom 18.11.2010, 3 C 42.09, DAR 2011, 277, 278). Um Rechtsklarheit zu schaffen, wurde die StVO 2013 mit Wirkung zum **1.4.2013** neu bekannt gemacht.

Die StVO wird auch **„Grundgesetz des Straßenverkehrs"** genannt.

Besonders hervorzuhebende sachliche Änderungen der StVO 1970, die weitestgehend in die StVO 2013 übernommen wurden und, wenngleich teilweise modifiziert, weitergelten, erfolgten zB durch die 35. ÄndVStVR vom 14.12.2001 (BGBl. I S. 3783), die insbes. das Verbot betrafen, im Kfz ein technisches Gerät zu betreiben oder betriebsbereit mitzuführen, das dazu bestimmt ist, Verkehrsüberwachungsmaßnahmen anzuzeigen oder zu stören (**Radarwarngeräte,** § 23 Abs. 1b StVO).

Durch Art. 1 der VO zur Änderung straßenverkehrsrechtlicher und personenbeförderungsrechtlicher Vorschriften vom 22.1.2004 (BGBl. I S. 117) und durch Art. 99 des Gesetzes zur Umbenennung des Bundesgrenzschutzes vom 21.6.2005 (BGBl. I S. 1818, 1836) erfolgten redaktionelle Anpassungen von § 49 bzw. der §§ 35, 44, 46 und 47.

Einführung

Mit Art. 1 der 14. StVO-ÄndVO vom 6.8.2005 (BGBl. I S. 2418) wurden in § 33 Ausnahmen vom Werbeverbot in der Hinweisbeschilderung für Nebenbetriebe an den Bundesautobahnen und für Autohöfe aufgenommen.

Mit der 15. StVO-ÄndVO vom 22.12.2005 (BGBl. I S. 3714) wurde durch Änderungen der §§ 41 und 45 die Möglichkeit geschaffen, Verkehrsverbote für den überörtlichen Durchgangsverkehr mit Nutzfahrzeugen über 12t anzuordnen. Damit sollen Auswirkungen des „Ausweichverkehrs", der durch die Erhebung der Maut nach dem Autobahnmautgesetz (ABMG) auf bestimmten Strecken entstanden ist, verhindert oder abgemildert werden. Schwerpunkte der 40. StVRÄndV, ebenfalls vom 22.12.2005 (BGBl. I S. 3716), waren die Hervorhebung der sog. **„Winterreifenpflicht"** (§ 2 Abs. 3a), das grundsätzliche Verbot der **Mitnahme von Personen** auf der Ladefläche oder in Laderäumen von Kraftfahrzeugen (§ 21), die Verankerung einer **Helmtragepflicht** für die Fahrer und Beifahrer von sog. **Trikes** und **Quads,** wenn keine Sicherheitsgurte angelegt sind (§ 21a) und Präzisierungen der Anforderungen an die **Ladungssicherung** (§ 22).

Durch Art. 1 der 43. Verordnung zur Änderung straßenverkehrsrechtlicher Vorschriften wurden u. a. **neue Verkehrszeichen** (Z 327 – Tunnel und Z 328 – Nothalte- und Pannenbucht) eingeführt (§ 42 Abs. 4b und c aF).

Durch Art. 1 der 16. StVOÄndVO vom 11.5.2006 (BGBl. I S. 1160) wurden die Regelungen zur Gurtanlegepflicht und zur **Kindersicherung** in Kfz an europäische Sicherheitsstandards angepasst (§ 21).

Mit Art. 2 der Verordnung zum Erlass und zur Änderung von Vorschriften über die Kennzeichnung emissionsarmer Kraftfahrzeuge vom 10.10.2006 (BGBl. I S. 2218, 2226; ber. BGBl. I S. 2543) wurde u. a. § 39 aktualisiert und das bisherige Zeichen 270 (Smog) durch die zeitgemäßeren Zeichen 270.1 und 270.2 (Beginn und Ende einer **„Umwelt-Zone"**) ersetzt.

Durch die 9. Zuständigkeitsanpassungsverordnung vom 31.10.2006 (BGBl. I S. 2407, 2467) wurde die aktuelle Bezeichnung des Bundesministeriums für Verkehr, Bau und Stadtentwicklung (früher: Verkehr-, Bau- und Wohnungswesen) angepasst. Die vierundvierzigste VO zur Änderung straßenverkehrsrechtlicher Vorschriften vom 18.12.2006 (BGBl. I S. 3226) betraf im Wesentlichen Regelungen zur Sicherung und Mitnahme von Kindern in Taxen; insbesondere wurden die Bestimmungen der zum 31.12.2006 ausgelaufenen 7. AusnahmeVO zur StVO in § 21 StVO übernommen.

Die 17. VO zur Änderung der StVO vom 28.11.2007 (BGBl. I S. 2774f.) betraf vor allem die Radwegbenutzung durch Mofas außerhalb geschlossener Ortschaften (§ 2 Abs. 4 S. 6), die Geschwindigkeit für Wohnmobile bis 3,5t mit Anhänger außerhalb geschlossener Ortschaften (§ 3 Abs. 3 Nr. 2), die Tempo-100-Zulassung für Kraftomnibusse (§ 18 Abs. 5 Nr. 3) und die Überführung der 11. Ausnahme-VO zur StVO zur dauerhaften Zulassung der elektronischen Parkraumbewirtschaftung mittels Mobiltelefon oder Taschenparkuhr (§ 13).

Mit der fünfundvierzigsten Verordnung zur Änderung straßenverkehrsrechtlicher Vorschriften vom 26.3.2009 (BGBl. I S. 734f.) wurden die §§ 18, 41, 42, 45, 47 und 49 StVO aF geändert. Durch den neu eingefügten § 18 Abs. 11 StVO (Verbot bei entsprechend schlechten Witterungsbedingungen den äußersten linken Fahrstreifen von Autobahnen und Kraftfahrstraßen zu benutzen) soll dem Fehlverhalten mancher Lkw-Fahrer entgegengewirkt werden: „Insbesondere bei extremen winterlichen Straßenverhältnissen ist auf Autobahnen immer wieder zu beobachten, dass Lkw auf den linken Fahrstreifen ausweichen, um an Lkw, die auf dem rechten Fahrstreifen liegengeblieben sind, vorbeizufahren. Nicht selten bleibt der Lkw dann selbst auf dem linken Fahrstreifen liegen, verstopft die ganze Fahrbahn und verursacht so kilometerlange Staus. Dem Missstand kann dadurch begegnet werden, dass Lkw und Zugmaschinen bei extrem widrigen Wetterverhältnissen (zB Schneeglätte oder Glatteis) die Benutzung des äußerst linken Fahrstreifens untersagt wird" (amtl. Begründung BR-Drs. 87/09, S. 5/6). Weiteres Ziel war das erweiterte Bereitstellen von öffentlichem Parkraum für gehandicapte Personen, was nach dem Straßenverkehrsrecht nur unter engen Voraussetzungen möglich ist. So konnten bis dahin „nach der Straßenverkehrs-Ordnung (StVO) lediglich für Bewohner städtischer Quartiere mit erheblichem Parkraummangel (»Bewohnerparken«) und für schwerbehinderte Menschen mit außergewöhnlicher Gehbehinderung und blinde Menschen (»Behindertenparkplätze«) bestimmte Parkplätze reserviert werden" (amtl. Begründung BR-Drs. 87/09, S. 5). Nicht aber für schwerbehinderte Menschen mit beidseitiger Amelie oder Phokomelie oder mit vergleichbaren Funktionseinschränkungen, denen entweder beide Arme fehlen, oder deren Hände (oder Füße) unmittelbar am Rumpf ansetzen oder die eine vergleichbare Funktionseinschränkung haben. „In erster Linie handelt es sich um Menschen, die durch das Medikament Contergan geschädigt worden sind. Bislang konnte diese Personengruppe Behindertenparkplätze nicht nutzen, da aus medizinischer Sicht keine Behinderung vorliegt, die als eine außergewöhnliche Gehbehinderung angesehen werden kann. Diese Personengruppe verweist nun darauf, dass sie das Fehlen der Hände durch die Füße ausgleichen müsse, was zu einer verstärkten Beanspruchung der Gelenke führe. Dies verlangt eine besondere Schonung der Füße, zB durch das Vermeiden längerer Wegstrecken. Die Nutzung der Behindertenparkplätze kann ihnen daher erhebliche Erleichterungen verschaffen" (vgl. amtl. Begründung BR-Drs. 87/09, S. 5).

Durch die 46. Verordnung zur Änderung straßenverkehrsrechtlicher Vorschriften vom 5.8.2009 (BGBl. I S. 2631 ff.) wurde die **StVO grundlegend geändert** und teilweise neugestaltet. Wesentliches Ziel der zum **1.9.2009** erfolgten Änderungen war der **Abbau des „Schilderwaldes".** Damit wurde der bereits 1997 begonnene Weg „nur so viele Verkehrszeichen wie nötig – so wenige Verkehrszeichen wie möglich" konsequent weitergegangen. BMVBS und Vertreter der zuständigen Länderministerien haben in einer Arbeitsgruppe alle einschlägigen Vorschriften der StVO detailliert dahingehend überprüft, ob sie eine Tendenz zur „Überbeschilderung" bewirken, sowie die besonderen Verkehrsregeln der Verkehrszeichen gestrafft, ohne deren hergebrachten Inhalt im Kern zu verändern, und die damit verbundenen Verhaltenspflichten der Verkehrsteilnehmer verdeutlicht. Mit der ÄndVO wird damit eine Entbürokratisierung und Deregulierung von besonderen Verkehrsregeln durch Verkehrszeichen gegenüber dem Verkehrsteilnehmer erreicht (amtl. Begr. BR-Drs. 153/09, S. 2f.).

Durch die **Straffung und Vereinfachung der StVO-Vorschriften** wird den Straßenverkehrsbehörden der Länder die **Entfernung von Verkehrszeichen erleichtert** und die **Anordnung neuer Verkehrszeichen,** welche nicht, wie beispielsweise die Fahrbahnmarkierungen, die Leitpfosten und die amtliche Wegweisung zur „Grundausstattung" einer Straße gehören, **erschwert.** Durch den Wegfall bestimmter Verkehrszeichen und Anordnungsbestimmungen wird der „Schilderwald" reduziert (amtl. Begr. BR-Drs. 153/09, S. 3).

Die **Verkehrszeichen** sind seit 1.9.2009 nicht mehr in die §§ 40 ff. StVO aF integriert, sondern **mit Erläuterungen in vier Anlagen zur StVO dar-**

gestellt, wodurch auch die grundlegende Bedeutung der allgemeinen Verkehrsregeln verdeutlicht werden soll (vgl. amtl. Begr. BR-Drs. 153/09, S. 2). **Anlage 1 StVO** enthält **„Allgemeine und Besondere Gefahrzeichen"** (vgl. § 40 StVO), **Anlage 2 StVO „Vorschriftzeichen"** (vgl. § 41 StVO), **Anlage 3 StVO „Richtzeichen"** (vgl. § 42 StVO) und **Anlage 4 StVO „Verkehrseinrichtungen"** (vgl. § 43 StVO). Die §§ 40–43 StVO beschreiben den Regelungsgehalt dieser Verkehrszeichen näher: „Gefahrzeichen mahnen zu erhöhter Aufmerksamkeit, insbesondere zur Verringerung der Geschwindigkeit im Hinblick auf eine Gefahrensituation (§ 3 Abs. 1)" (§ 40 Abs. 1 StVO). „Gefahrzeichen ergeben sich aus Anlage 1 Abschnitt 1." (§ 40 Abs. 6 StVO). „Besondere Gefahrzeichen vor Übergängen von Schienenbahnen mit Vorrang ergeben sich aus Anlage 1 Abschnitt 2." (§ 40 Abs. 7 StVO). – „Jeder Verkehrsteilnehmer hat die durch Vorschriftzeichen nach Anlage 2 angeordneten Ge- oder Verbote zu befolgen" (§ 41 Abs. 1 StVO). – „Richtzeichen geben besondere Hinweise zur Erleichterung des Verkehrs. Sie können auch Ge- oder Verbote enthalten. Jeder Verkehrsteilnehmer hat die durch Richtzeichen nach der Anlage 3 angeordneten Ge- oder Verbote zu befolgen" (§ 42 Abs. 1 und 2 StVO). – „Verkehrseinrichtungen sind rot-weiß gestreifte Schranken, Sperrpfosten, Absperrgeräte sowie Leiteinrichtungen. Verkehrseinrichtungen sind außerdem Absperrgeländer, Parkuhren, Parkscheinautomaten, Blinklicht- und Lichtzeichenanlagen sowie Verkehrsbeeinflussungsanlagen" (§ 43 Abs. 1 Satz 1 und 2 StVO). „Verkehrseinrichtungen nach Absatz 1 Satz 1 ergeben sich aus der Anlage 4. Die durch Verkehrseinrichtungen (Anlage 4 Nr. 1 bis 7) gekennzeichneten Straßenflächen darf der Verkehrsteilnehmer nicht befahren" (§ 43 Abs. 3 StVO). § 39 StVO enthält – zusammengefasst und umfassend – Grundlagen der Verkehrszeichenregelungen. So wird zB ausdrücklich klargestellt, dass Zusatzzeichen und Markierungen ebenfalls Verkehrszeichen sind (§ 39 Abs. 3 Satz 1 und Abs. 5 Satz 1 StVO). Darüber hinaus wurden durch die 46. Verordnung zur Änderung straßenverkehrsrechtlicher Vorschriften vom 5.8.2009 (BGBl. I S. 2631 ff.) Regelungen zur Förderung und Verbesserung der **Sicherheit des Fahrradverkehrs** (§§ 2 Abs. 4, 9 Abs. 2, 21 Abs. 3 oder 37 Abs. 2 Nr. 6 StVO) und zur Nutzung von **Inline-Skates** im öffentlichen Straßenraum (§§ 24 und 31 StVO) umgesetzt. Wer **Elektrokleinstfahrzeuge** (Stichworte: **eScooter**; **Segway Personal Transporter**) führt, **unterliegt** ebenfalls den **Vorschriften der StVO**, dies **nach Maßgabe der §§ 10 bis 13 Elektrokleinstfahrzeuge-Verordnung (eKFV)**. Die eKFV (BGBl. 2019 I S. 756) ist am 6.6.2019 in Kraft getreten. Gleichzeitig wurde die frühere Mobilitätshilfenverordnung – MobHV (BGBl. 2009 I S. 2097) aufgehoben. Die eKFV ist unter Nr. 3.3 dieser Textsammlung abgedruckt; Hinweise zu wichtigen Regelungen für Elektrokleinstfahrzeuge finden sich außerdem in dieser Einführung in Kap. VIII. Elektrokleinstfahrzeuge-Verordnung (eKFV).

Mit der fünften Verordnung zur Änderung der 9. AusnahmeVO zur StVO vom 11.11.2010 (BGBl. I S. 1624) wurde die Befristung der 9. StVO-AusnahmeVO aufgehoben, sodass deren Regelungen über den 31.12.2010 hinaus gelten. Die 9. StVO-Ausnahmeverordnung enthält Regelungen zu **§ 18 Abs. 5 Nr. 1 StVO** und erlaubt, davon abweichend, für Pkw mit Anhänger (Kombination) und für sonstige mehrspurige Kraftfahrzeuge bis zu 3,5 Tonnen mit Anhänger (Kombination), unter bestimmten, in der Ausnahmeverordnung geregelten Voraussetzungen auf **Autobahnen und Kraftfahrstraßen eine maximale Höchstgeschwindigkeit von 100 km/h anstatt 80 km/h.**

Durch die Verordnung zur Änderung der StVO und der Bußgeldkatalog-Verordnung vom 1.12.2010 (BGBl. I S. 1737f.) wurden § 2 Abs. 3a Satz 1 und 2 StVO durch die neuen Sätze 1 bis 3 ersetzt und die sogenannte **Winterreifenpflicht** präzisiert, nachdem die bisherige Regelung nach Ansicht des OLG Oldenburg (BeckRS 2010, 17 000 = DAR 2010, 477) gegen das Bestimmtheitsgebot (Art. 103 Abs. 2 GG) verstoßen habe und Bußgelder deshalb verfassungswidrig seien. Der ursprüngliche Satz 3 wurde zu Satz 4. Ergänzend wurde die Bußgeldkatalog-Verordnung geändert. Bei Verstößen ist jetzt ein **Regelsatz** von **60 Euro** vorgesehen, mit **Behinderung** ein Regelsatz von **80 Euro** (Nr. 5a und 5 a.1 BKat). Hinzu kommt 1 Punkt im Fahreignungsregister (bisher Verkehrszentralregister). Nach der am 4.12.2010 in Kraft getretenen Winterreifenpflicht darf ein Kraftfahrzeug bei Glatteis, Schneeglätte, Schneematsch, Eis- oder Reifglätte grundsätzlich „nur mit Reifen gefahren werden, welche die in Anhang II Nummer 2.2 der Richtlinie 92/23/EWG des Rates vom 31.3.1992 über Reifen von Kraftfahrzeugen und Kraftfahrzeuganhängern und über ihre Montage (ABl. L 129 vom 14.5.1992, S. 95), die zuletzt durch die Richtlinie 2005/11/EG (ABl. L 46 vom 17.2.2005, S. 42) geändert worden ist, beschriebenen Eigenschaften erfüllen (M+S-Reifen)". Die Winterreifenpflicht gilt für **Kraftfahrzeuge** und damit grundsätzlich auch für **Motorräder.** Kraftfahrzeuge der Klassen M2, M3, N2 und N3 (**Kraftomnibusse** mit mehr als 8 Sitzplätzen und **Kfz zur Güterbeförderung** von mehr als 3,5 Tonnen) dürfen auch gefahren werden, wenn die M+S-Reifen nur an den Rädern der Antriebsachsen (und nicht auf allen Rädern) angebracht sind (§ 2 Abs. 3a Satz 2 StVO). Die **Winterreifenpflicht gilt nicht** für **Nutzfahrzeuge der Land- und Forstwirtschaft** sowie für **Einsatzfahrzeuge** der in § 35 Abs. 1 StVO genannten Organisationen (zB **Polizei** oder **Feuerwehr**), soweit für diese Fahrzeuge bauartbedingt keine M+S-Reifen verfügbar sind (§ 2 Abs. 3a Satz 3 StVO). **Winterreifen sind M+S-Reifen,** die regelmäßig am M+S-Symbol, teilweise auch in Verbindung mit dem Bergpiktogramm mit Schneeflocke (Alpine Symbol), erkennbar sind. Auch **Ganzjahresreifen** können M+S-Reifen sein (siehe auch BR-Drs. 699/10; 699/1/10; 699/2/10 (neu); 699/3/10; 699/4/10; 699/5/10 und 699/10 (Beschluss)). Diese Winterreifenregelungen in § 2 Abs. 3a StVO wurden später angepasst und notwendige weitere Ausführungen zu den „Reifen für winterliche Wetterverhältnisse" finden sich nunmehr insbesondere in § 36 Abs. 4 und 4a StVZO.

Mit der **Verordnung zur Neufassung der Straßenverkehrs-Ordnung (StVO)** vom 6.3.2013 (BGBl. I S. 367ff. – siehe dazu auch BR-Drs. 428/12; 428/1/12 und 428/12 (Beschluss)) wurde die StVO 1970, überwiegend aus formalen Gründen zur Schaffung von Rechtsklarheit (näher dazu oben), aufgehoben und zum **1.4.2013** weitgehend „nahtlos" wieder in Kraft gesetzt **(StVO 2013).**

Bei der Neubekanntmachung wurden vor allem auch die früheren Ziele Abbau des „Schilderwaldes" durch Abschaffung von Verkehrszeichen sowie durch strengere Fassung der Anordnungsvoraussetzungen weiterverfolgt.

Die **StVO 2013** wurde mit Wirkung vom 30.10.**2014 erstmals geändert** durch Art. 1 Neunundvierzigste Verordnung zur Änderung straßenverkehrsrechtlicher Vorschriften vom 22.10.2014 (BGBl. I S. 1635). Durch die Aufhebung von § 21a Abs. 1 Satz 2 Nr. 1 StVO wurde aus Verkehrssicherheitsgründen die **bisherige Ausnahme für Taxi- oder Mietwagenfahrer, sich während der Fahrgastbeförderung nicht mit dem Sicherheitsgurt anschnallen zu müssen, abgeschafft.** Darüber hinaus wurde die für alle europäischen Mitgliedstaaten verpflichtende Durchführungsrichtlinie 2014/37/EU zur **Anpassung an die neuen Kinderrückhaltesysteme** (Universal-IsoFix-Systeme: „i-Size“) in nationales Recht umgesetzt (§ 21 Abs. 1a Satz 1 StVO) und durch Änderung des § 49 Abs. 1 Nr. 2 StVO vor allem auch die Rechtsgrundlage zur **Ahndung des Befahrens eines linksseitig angelegten Radweges ohne Beschilderung (Zeichen 237, 240, 241 oder Zusatzzeichen „Radverkehr frei“) bei gleichzeitig rechtsseitig in zulässiger Richtung vorhandenem nicht benutzungspflichtigen, baulich getrenntem Radweg oder Seitenstreifen** geschaffen (siehe dazu näher BR-Drs. 336/14 (Beschluss), S. 3f.). Wichtige Drucksachen: BR-Drs. 336/14; 336/1/14 und 336/14(B).

Art. 2 Fünfzigste Verordnung zur Änderung straßenverkehrsrechtlicher Vorschriften vom 15.9.2015 (BGBl. I S. 1573, 1575f.) brachte Änderungen der §§ 39, 45, 46 und (neu eingefügt) 51 StVO sowie der Anlage 2 StVO (lfd. Nrn. 25, 25.1, 27.1, 63.5 und 64.1) und der Anlage 3 StVO (lfd. Nrn. 7, 8, 10 und 11). Mit den Vorschriften wurden in der StVO die **Grundlagen für die Bevorrechtigung elektrisch betriebener Fahrzeuge** gelegt, wie zB die Zulassung von elektrisch betriebenen Fahrzeugen auf **Bussonderfahrstreifen** (Anlage 2, lfd. Nr. 25.1 StVO) oder die Schaffung von **Ausnahmen von Verkehrsverboten** der Zeichen 250, 251, 253, 255 und 260 (Anlage 2, lfd. Nr. 27.1 StVO) oder die Einführung von **speziellen Parkerlaubnissen** für elektrisch betriebene Fahrzeuge innerhalb gekennzeichneter Flächen (Anlage 3, lfd. Nr. 63.5 und 64.1 StVO). Die Regelungen sind am 26.9.2015 in Kraft getreten. Wichtige Drucksachen: BR-Drs. 254/15 und 254/1/15 sowie BR-Drs. 254/15(B).

Mit Art. 2 Einundfünfzigste Verordnung zur Änderung straßenverkehrsrechtlicher Vorschriften vom 17.6.2016 (BGBl. I S. 1463, 1464) wurden mit Wirkung zum 30.6.2016 die Regelungen in den §§ 21a und 49 StVO hinsichtlich der neuen Vorschriften zur **Sicherung von Rollstuhl- bzw. Rollstuhlnutzer-Rückhaltesystemen** angepasst. Wichtige Drucksachen: BR-Drs. 166/16 und 166/1/16 sowie BR-Drs. 166/16(B).

Die Erste Verordnung zur Änderung der Straßenverkehrs-Ordnung vom 30.11.2016 (BGBl. I S. 2848) zielt darauf ab, „die straßenverkehrsrechtlichen Voraussetzungen für eine **erleichterte Anordnung von Geschwindigkeitsbeschränkungen (Tempo 30)** im Nahbereich von sozialen Einrichtungen wie Kindergärten, Kindertagesstätten, Schulen, und Alten- und Pflegeheimen sowie Krankenhäusern an innerörtlichen klassifizierten Straßen (Bundes-, Landes- und Kreisstraßen) sowie an weiteren Vorfahrtstraßen zu schaffen. Hierzu soll die hohe Anordnungshürde für Beschränkungen des fließenden Verkehrs durch Neufassung des § 45 Absatz 9 StVO abgesenkt werden. Weiterhin soll zur Steigerung der Verkehrssicherheit die Vorschrift zur **Bildung einer Rettungsgasse vereinfacht** werden. Zudem wird die Möglichkeit geschaffen, dass **junge Rad fahrende Kinder auf Gehwegen von einer geeigneten Aufsichtsperson auch mit einem Rad fahrend auf dem Gehweg begleitet** werden dürfen. Darüber hinaus werden **E-Bikes mit Mofas in verhaltensrechtlicher Sicht gleichgestellt**.“ (Quelle: Erläuterung zu TOP 79 der 948. Sitzung des Bundesrates am 23.9.2016). Die Änderungen betreffen die §§ 2, 11, 39 und 45 StVO und sind am 14.12.2016 in Kraft getreten. Wichtige Drucksachen: BR-Drs. 332/16, BR-Drs. 332/1/16 und BR-Drs. 332/16(B).

Mit Art. 2 Verordnung zur Änderung der Straßenbahn-Bau- und Betriebsordnung und der Straßenverkehrs-Ordnung vom 16.12.2016 (BGBl I S. 2938) wurde mit Wirkung vom 23.12.2016 in § 45 Abs. 2 StVO Satz 3 neu eingefügt, wonach die „**Anordnungsbefugnis für die Sicherung von Bahnübergängen mit Straßenbahnen auf besonderem Bahnkörper** daher weiterhin **bei** den **Straßenverkehrsbehörden**" liegt (Quelle: BR-Drs. 646/16, S. 1). Wichtige Drucksachen: BR-Drs. 646/16, BR-Drs. 646/1/16 und BR-Drs. 646/16(B).

Durch Art. 1 Zweiundfünfzigste Verordnung zur Änderung straßenverkehrsrechtlicher Vorschriften vom 18.5.2017 (BGBl. I S. 1282) wurden die §§ 2, 23 und 52 StVO geändert. Schwerpunkt ist die **Neuregelung der Winterreifenpflicht** in den §§ 2 und 52 StVO. § 23 Abs. 1 S. 4 StVO betrifft Regelungen zur Fahrradbeleuchtung und wurde inhaltlich vereinfacht und an die aktuellen Gegebenheiten angepasst. Die Vorschriften sind **am 1.6.2017 in Kraft getreten**. Wichtige Drucksachen: BR-Drs. 771/16 und 771/16(B).

Mit Art. 4 Sechsundfünfzigstes Strafrechtsänderungsgesetz vom 30.9.2017 (BGBl. I S. 3532, 3533) wurde **mit der Einfügung des neuen Straftatbestandes § 315d StGB (Verbotene Kraftfahrzeugrennen)** auch die **StVO angepasst**. Dabei wurden § 29 StVO (Übermäßige Straßenbenutzung – Rennen mit Kraftfahrzeugen) und § 46 StVO (Ausnahmegenehmigungen und Erlaubnisse) geändert und § 49 Abs. 2 Nr. 5 StVO (Ordnungswidrigkeiten) aufgehoben. Inhaltlich wurden damit die bisherigen Sanktionsregelungen im Rang einer bloßen Ordnungswidrigkeit bei verbotenen Kraftfahrzeugrennen im Straßenverkehr wegen der Schaffung eines eigenen Straftatbestandes aufgehoben. Die Regelungen sind **am 13.10.2017 in Kraft getreten**. Wichtige Drucksachen: BR-Drs. 362/16, BT-Drs. 18/10145, BT-Drs. 18/12936, 18/12964, BR-Drs. 607/17 und 607/17(B).

Durch Artikel 1 Dreiundfünfzigste Verordnung zur Änderung straßenverkehrsrechtlicher Vorschriften vom 6.10.2017 (BGBl. I S. 3549) wurde **§ 23 Abs. 1a StVO** durch **Neufassungen der Abs. 1a und 1b** ersetzt. Der bisherige Abs. 1b wurde Abs. 1c. Abs. 4 wurde neu angefügt. Geändert wurden darüber hinaus § 25 Abs. 3 S. 1, § 30 Abs. 3 und Abs. 4 StVO. Dem § 35 StVO wurde Abs. 9 angefügt. § 49 Abs. 1 Nr. 22 und Nr. 25 StVO wurden geändert. Dem § 52 StVO wurde Abs. 4 angefügt. Anlage 2 StVO (Vorschriftzeichen) wurde an zahlreichen Stellen geändert. „**Mit der Änderung der straßenverkehrsrechtlichen Vorschriften soll in erster Linie die Verkehrssicherheit verbessert werden**. Verschiedene Untersuchungen belegen eine die Verkehrssicherheit gefährdende Ablenkungswirkung fahrfremder Tätigkeiten. Die bisherige Regelung zum »**Handy-Verbot**« hat sich nach Auffassung der Bundesregierung zudem als nicht mehr zeitgemäß erwiesen; die technische Fortentwicklung erfordere daher auch eine dementsprechende **technikoffene Anpassung der Regelung im Hinblick auf die unterschiedlichsten Information-, Kommunikations- und Unterhaltungsmittel**. Durch eine Neuregelung des § 23 StVO soll diesem Änderungsbedarf Rechnung getragen werden. … Die StVO (wird) … des Weiteren um eine Vorschrift ergänzt …, nach der eine **Verdeckung oder Verhüllung des Gesichts der das Kraftfahrzeug führenden Person zur Gewährleistung der Identitätsfeststellung verboten** ist. … Mit der … StVO-Änderung geht **ebenfalls** eine **Klarstellung zum Lkw-Sonn- und Feiertagsverbot des § 30 Absatz 3 StVO** einher. Danach soll dieses Fahrverbot nur auf den gewerblichen Güterverkehr Anwendung finden. Fahrzeuge, die zu Sport- und Freizeitzwecken verkehren, sollen dem Verbot nicht unterliegen; ebenso nicht Anhänger (zB Wohnwagen), die weder gewerblich noch entgeltlich hinter Lkw geführt werden. Die VO-Änderung berücksichtigt einmalig für das Jahr 2017, dass der Reformationstag am 31.10.2017 in diesem Jahr ein bundesweiter Feiertag ist. Mit einer klarstellenden Verkehrszeichenformulierung soll im Interesse der Infrastruktur verdeutlicht werden, dass auch Gespanne (Lkw-Anhänger) vom Regelungsgehalt eines konkreten Verkehrsverbotes umfasst und beide Fahrzeugmassen zusammen bei der Ermittlung des Gesamtgewichts zu berücksichtigen sind. Daneben werden mit der Verordnung die Voraussetzungen geschaffen, bestimmte Verkehrsverbote bzw. -beschränkungen unmittelbar in Überleitungs- und Verschwenkungstafeln integrieren zu können." (Quelle: Erläuterung zu TOP 43 der 960. Sitzung des Bundesrates am 22.9.2017). **Die Regelungen sind am 19.10.2017 in Kraft getreten**. Wichtige Drucksachen: BR-Drs. 556/17, 556/1/17 und BR-Drs. 556/17(B).

Mit Artikel 4a Verordnung über die Teilnahme von Elektrokleinstfahrzeugen am Straßenverkehr und zur Änderung weiterer straßenverkehrsrechtlicher Vorschriften vom 6.6.2019 (BGBl. I S. 756, 769) wurden im Zusammenhang mit der Einführung der Elektrokleinstfahrzeuge-Verordnung (eKFV) zur möglichst sicheren Teilnahme am Straßenverkehr der **Nutzer von Elektrokleinstfahrzeugen** hinsichtlich **Überholen** und **Abbiegen** § 5 Abs. 4 Satz 2 StVO und § 9 Abs. 3 Satz 1 StVO geändert. **Die Regelungen sind am 15.6.2019 in Kraft getreten**.

Mit Artikel 1 Vierundfünfzigste Verordnung zur Änderung straßenverkehrsrechtlicher Vorschriften vom 20.4.2020 (BGBl. I S. 814) wurde die StVO umfassend geändert (StVO-Novelle 2020). Betroffen sind die §§ 2, 5, 9, 12, 13, 16, 21, 23, 30, 35, 37, 39, 44, 45, 46, 47 und 49 StVO sowie die Anlagen 2 und 3 der StVO. Die Änderungen sind **am 28.4.2020 in Kraft getreten**. Die „Verordnung (enthält **insbesondere** Regelungen) zur Änderung der StVO zur **Einführung eines Carsharingzeichens** in Form eines Zusatzzeichens, einer Anordnungsbefugnis zur Parkbevorrechtigung, der Kennzeichnungsmöglichkeit auf Parkscheinautomaten bei Verzicht auf Parkgebühren durch die Länder und Kommunen in der StVO, einer Darstellung der Parkvorberechtigung für **Carsharingfahrzeuge** (**Parkausweis**) sowie entsprechende Ergänzung der Gebührenordnung um entsprechende Verwaltungsgebühren. Weitere Änderungen der StVO zur **Steigerung der Sicherheit des Radverkehrs** durch Einführung eines Mindestabstands beim Überholen von Rad Fahrenden, zu Fuß Gehenden und Elektrokleinstfahrzeug Führenden durch Kraftfahrzeuge, Ermöglichung der Anordnung des Verbots des Überholens von einspurigen Fahrzeugen für mehrspurige Kraftfahrzeuge, innerorts die … [grundsätzliche] Anordnung von Schrittgeschwindigkeit für rechtsabbiegende Kraftfahrzeuge mit einer zulässigen Gesamtmasse über 3,5t, ein … [grundsätzliches] Haltverbot für Kraftfahrzeuge auf Schutzstreifen sowie durch weitere Maßnahmen. Darüber hinaus Änderungen der StVO zur Steigerung der Leichtigkeit des Radverkehrs durch Schaffung einer Anordnungsmöglichkeit von Fahrradzonen und Radschnellwegen sowie zur Verfolgbarkeit von Zuwiderhandlungen der neu eingeführten Ge- und Verbote durch Schaffung neuer Ordnungswidrigkeitentatbestände. Weitere Änderungen der StVO … aus Klarstellungsgründen, zur richtigen Verortung einer Verhaltenspflicht im Straßenverkehr, zur Zuständigkeitsregelung, zur Verbesserung der Verkehrssicherheit, zum Zwecke der Prävention und zur Schaffung von praxistauglichen Verhaltensregelungen." (Quelle: BR-Drs. 591/19, S. 7). Erwähnenswert sind außerdem **neue Verkehrszeichen**, wie **zB** Zeichen 244.3 (Beginn einer **Fahrradzone**) und Zeichen 244.4 (Ende einer Fahrradzone) sowie Zeichen 277.1 (**Verbot des Überholens von einspurigen Fahrzeugen** für mehrspurige Kraftfahrzeuge und

Krafträder mit Beiwagen) und Zeichen 350.1 (**Radschnellweg**) bzw. Zeichen 350.2 (Ende des Radschnellwegs). Wichtige Drucksachen: BR-Drs. 591/19 (Grunddrucksache), BR-Drs. 591/19(B) (Beschlussdrucksache).

Mit Artikel 1 Verordnung zur Änderung der Straßenverkehrs-Ordnung und der Vierundfünfzigsten Verordnung zur Änderung straßenverkehrsrechtlicher Vorschriften vom 18.12.2020 (BGBl. I S. 3047) wurde § 44a (Besondere sachliche Zuständigkeit des Fernstraßen-Bundesamtes) StVO neu eingefügt; die §§ 45, 46 und 47 StVO wurden geändert; § 51a (Überleitung) StVO wurde neu eingefügt; § 52 StVO wurde geändert. Die Regelungen sind am 24.12.2020 in Kraft getreten. „Durch diese Verordnung werden im Wesentlichen die Regelungen des Entwurfs der Zweiten Verordnung zur Änderung der Straßenverkehrs-Ordnung (BR-Drs. 578/20), die nicht in Kraft gesetzt wird, wiederholt. Die in dieser Verordnung enthaltenen Regelungen werden allerdings ergänzt zum einen um die Maßgaben durch den Beschluss des Bundesrates vom 6.11.2020 (BR-Drs. 578/20(B)), zum anderen um Korrekturen der Rechtsprüfung nach Abschluss des ursprünglichen Bundesratsverfahrens. Mit der vorliegenden Verordnung zur Änderung der Straßenverkehrs-Ordnung und der Vierundfünfzigsten Verordnung zur Änderung straßenverkehrsrechtlicher Vorschriften werden daher im Wesentlichen **Regelungen zu den straßenverkehrsrechtlichen Zuständigkeiten des Fernstraßen-Bundesamtes bzw. der Autobahn GmbH des Bundes** umgesetzt. So werden in Artikel 1 die erforderlichen Regelungen der Verordnungsermächtigung umgesetzt, die durch § 4 des Fernstraßen-Bundesamt-Errichtungsgesetzes (FStrBAG) geschaffen worden ist. Das Fernstraßen-Bundesamt wird im neuen § 44a Absatz 1 der Straßenverkehrs-Ordnung (StVO) als sachlich zuständige Behörde für verkehrsrechtliche Anordnungen nach der StVO auf den Autobahnen in der Baulast des Bundes verankert. …" (Quelle: BR-Drs. 748/20, S. 1). Wichtige Drucksachen: BR-Drs. 748/20 (Verordnung) und BR-Drs. 748/20(B) (Beschlussdrucksache). – Hinweis: Die im Titel der „Verordnung zur Änderung der Straßenverkehrs-Ordnung und der Vierundfünfzigsten Verordnung zur Änderung straßenverkehrsrechtlicher Vorschriften" angesprochenen Änderungen der Vierundfünfzigsten Verordnung zur Änderung straßenverkehrsrechtlicher Vorschriften betreffen redaktionelle Anpassungen und betrafen insbesondere § 47 StVO in der damals zum 1.1.2021 geplanten Fassung.

Mit Artikel 13 Viertes Gesetz zur Änderung des Straßenverkehrsgesetzes und anderer straßenverkehrsrechtlicher Vorschriften vom 12.7.2021 (BGBl. I S. 3091, 3106) wurde § 49 StVO mit Wirkung vom 28.7.2021 geändert. Es handelt sich um eine Folgeänderung aufgrund der geänderten Fassung des § 24 StVG. Wichtige Drucksachen: BR-Drs. 257/21 (Gesetzentwurf), BR-Drs. zu 257/21 (Berichtigung), BT-Drs. 19/28684 (Gesetzentwurf), BT-Drs. 19/29874 (Beschlussempfehlung und Bericht Ausschuss für Verkehr und digitale Infrastruktur).

Mit Artikel 11 Verordnung zum Neuerlass der Fahrzeug-Zulassungsverordnung und zur Änderung weiterer Vorschriften vom 20.7.2023, BGBl. 2023/I Nr. 199 wurden die §§ 2 und 39 StVO mit Wirkung vom 1. September 2023 geändert. Wesentlicher Inhalt: Anpassung an die Neufassung der FZV 2023, die am 1. September 2023 in Kraft getreten ist (näher zur FZV 2023 in dieser Einführung unter Kap. VII). Wichtige Drucksache: BR-Drs. 70/23 (Verordnung).

Mit Artikel 2 Verordnung zum Erlass einer Straßenverkehr-Transportbegleitungsverordnung und zur Änderung straßenverkehrsrechtlicher Vorschriften vom 28.8.2023, BGBl. 2023/I, Nr. 236 wurde **§ 36a StVO (Zeichen und Weisungen bei Transportbegleitung mit Anordnungsbefugnis) mit Wirkung vom 7. September 2023 neu eingeführt** und dementsprechend § 44 und § 49 StVO angepasst. Wesentlicher Inhalt: „Seit Jahren ist ein Anstieg an Großraum- oder Schwertransporten, die aus Gründen der Gewährleistung eines sicheren und geordneten Straßenverkehrs eine Begleitung durch Polizeikräfte erforderlich machen, festzustellen. … Der Erlass einer Straßenverkehr-Transportbegleitungsverordnung, mit der die Begleitung von Großraum- oder Schwertransporten durch beliehene Private mit Anordnungsbefugnis an Stelle der Polizei ermöglicht wird, kann dem Problem entgegenwirken. Durch den Einsatz von Transportbegleitungsunternehmen werden die Polizeidienststellen der Länder entlastet. Die dadurch entstehenden Kapazitäten kann die Länderpolizei für prioritäre Aufgaben nutzen. Außerdem entsteht ein Zeit- und Organisationsgewinn für Transportunternehmen, da Transporte ohne Zuständigkeitswechsel und durchgehend begleitet werden können. Davon profitieren auch der Verkehrsfluss und die Verkehrssicherheit, da Störungen durch geparkte Großraum- oder Schwertransportfahrzeuge wegen des Wegfalls der Zuständigkeitswechsel der Länderpolizei bzw. wegen des Wegfalls des Abrufens der Transportbegleitung für andere Aufgaben entfallen. Im Zusammenhang mit der Straßenverkehr-Transportbegleitungsverordnung sind Änderungen der Straßenverkehrs-Ordnung, der Bußgeldkatalog-Verordnung und der Fahrerlaubnis-Verordnung erforderlich." (Quelle: BR-Drs. 132/23, Seite 1 f.). Wichtige Drucksache: BR-Drs. 132/23 (Verordnung Bundesministerium für Digitales und Verkehr).

Die **StVO beruht auf** der oben (Kap. III. 2. a) erwähnten Ermächtigungsnorm des **§ 6 StVG;** sie enthält die zentralen Regeln über das **Verhalten im Straßenverkehr.**

Hauptaufgabe der StVO ist es, die Sicherheit und Leichtigkeit des öffentlichen Verkehrs zu gewährleisten. Die genaue Kenntnis dieser „Unfallverhütungsvorschrift" ist daher für jeden Verkehrsteilnehmer, insbes. für den Kraftfahrer, von großer Bedeutung. Ihre Beachtung dient nicht nur der eigenen und der allgemeinen Verkehrssicherheit, sondern auch der Vermeidung von Geldbußen, mit denen Verstöße bedroht sind (vgl. § 49 StVO iVm § 24 StVG), wobei allerdings anzumerken ist, dass es für den „normalen" Verkehrsteilnehmer infolge der mitunter in letzter Zeit raschen und häufigen Änderungen der StVO mitunter nicht gerade leicht ist, den jeweils neuesten Kenntnisstand zu erlangen und zu beachten.

Hinzu kommt, dass es trotz aller Bemühungen um die Formulierung möglichst allgemeinverständlicher und trotzdem eindeutiger Verhaltensregeln für den Verordnungsgeber nicht immer möglich war, alle denkbaren Verkehrsvorgänge in ihren vielfältigen Erscheinungsformen bis ins letzte Detail zu regeln, so dass es vielfach der Verwendung unbestimmter Rechtsbegriffe, wie zB „wenn die Verkehrslage es erfordert", „wenn nötig" u. a. m. bedurfte, die im Streitfall durch die Gerichte auszulegen sind. Hieraus und aus der vielfältigen Fülle der möglichen Verkehrsvorgänge hat sich notgedrungen eine umfangreiche kasuistische Rechtsprechung entwickelt, die zwar in einschlägigen Kommentaren zusammengefasst und erläutert ist (zB in den im Verlag C.H.Beck erschienenen Kommentaren von Hentschel/König/Dauer, Straßenverkehrsrecht, 47. Aufl. 2023 oder von Burmann/Heß/Hühnermann/Jahnke, Straßenverkehrsrecht, 28. Aufl. 2024), deren Unkenntnis aber zusätzlich das mitunter in Sekundenschnelle zu beurteilende richtige Verhalten erschwert.

Schließlich hat die StVO die sich aus der zunehmenden internationalen Verflechtung des Straßenverkehrs ergebenden Regelungen zu berücksichtigen, um so auch zu einer internationalen Vereinheitlichung der Verkehrsregeln und -zeichen beizutragen. Die StVO berücksichtigt daher insbes. auch das **Wiener Welt-Abkommen** vom 8.11.1968 und die Europäischen Zusatzvereinbarungen vom 1.5.1971, die durch Gesetz vom 21.9.1977 von der Bundesrepublik Deutschland ratifiziert worden sind (BGBl. II S. 809).

Die StVO gilt nur für den Verkehr auf **öffentlichen Wegen und Plätzen** (s. oben Kap. II. 3. g); sie regelt das Verhalten für jeden **Verkehrsteilnehmer** (Definition oben Kap. II. 1.) im Rahmen des sog. Gemeingebrauchs, d. h. der verkehrsüblichen Benutzung durch Fußgänger, Fahrzeugführer, Radfahrer, Skater, Kolonnen, Rollstuhl- und Rollschuh-Fahrer, Kinder, Reiter, Rodler usw., und zwar im Rahmen des fließenden wie auch des ruhenden Verkehrs. Sie ist auch für die Polizei, die Bundeswehr, die Feuerwehr, den Zoll- und Rettungsdienst sowie für die Angehörigen der Stationierungskräfte verbindlich, soweit deren Angehörige am öffentlichen Straßenverkehr teilnehmen und für sie keine Ausnahmeberechtigung im Einzelfall gilt (vgl. § 35).

Die StVO ist in drei Abschnitte aufgeteilt: Allgemeine Verkehrsregeln (Teil I), Zeichen und Verkehrs-Einrichtungen (Teil II), Durchführungs-, Bußgeld- und Schlussvorschriften (Teil III) und wird durch **Allgemeine Verwaltungsvorschriften (VwV)** ergänzt (abgedruckt zB im Kommentar von Burmann/Heß/Hühnermann/Jahnke, Straßenverkehrsrecht, 28. Aufl. 2024 oder Hentschel/König/Dauer, Straßenverkehrsrecht, 47. Aufl. 2023), die zwar für die Gerichte nicht verbindlich sind, doch auch ihnen wertvolle Auslegungshilfen bieten. Im Zusammenhang mit der 46. Verordnung zur Änderung straßenverkehrsrechtlicher Vorschriften vom 5.8.2009 (BGBl. I S. 2631 ff.) wurde auch die VwV-StVO zum 1.9.2009 umfassend überarbeitet und angepasst (vgl. BAnz. vom 29.7.2009, Nr. 110a sowie auch amtl. Begr. BR-Drs. 154/09). Die VwV-StVO wird laufend den Gegebenheiten angepasst.

2. Die StVO im Überblick

a) Teil I enthält die im Straßenverkehr wichtigen **Allgemeinen Verkehrsregeln.** Diese sind grundsätzlich nach bestimmten Themen und nur ausnahmsweise (zB in den §§ 18 bis 20 und 25) nach einzelnen Verkehrsarten dargestellt. Die Verhaltensregeln sind an den Ergebnissen der Unfallursachenforschung orientiert, aus denen sich ergibt, dass das Unfallgeschehen im Wesentlichen durch menschliches Fehlverhalten verursacht wird.

aa) Im Vordergrund der allgemeinen Verkehrsregeln steht die jedem Kraftfahrer aus der Fahrschule geläufige **Grundregel des Verkehrs: § 1.** Sein Abs. 1 ermahnt jeden Verkehrsteilnehmer, also auch **Inline-Skater** oder **Rollschuhfahrer** (für die gemäß § 24 Abs. 1 S. 2 nF die Fußgängerregeln entsprechend gelten; soweit Inline-Skaten oder Rollschuhfahren auf der Fahrbahn, Seitenstreifen oder Radwegen durch Zusatzzeichen ausnahmsweise erlaubt ist, bestehen gemäß § 31 Abs. 2 S. 3 nF darüber hinaus gehende Sorgfaltspflichten) zu ständiger Vorsicht und gegenseitiger Rücksichtnahme, d. h. im Ergebnis zu **„defensivem Fahren“.** Das bedeutet, dass man seine Rechtsposition nicht voll ausnützen, sondern sicherheitshalber über die gesetzlich gebotene Sorgfalt hinaus Vorsicht walten lassen muss. Wenn sich zB ein Verkehrsteilnehmer einer rechtlich unklaren Lage gegenübersieht (es ist zB fraglich, wie eine Vorfahrtregelung auszulegen ist, oder ob der Vorausfahrende, der sich nur links eingeordnet, aber nicht „blinkt“, tatsächlich links abbiegt), so muss er nach der Rechtsprechung von derjenigen Deutung ausgehen, die ihm im Einzelfall eine höhere Sorgfalt abverlangt oder ihn zum Zurückstehen verpflichtet. Er muss jedes Verhalten vermeiden, das – wenn es formell auch erlaubt ist – zu einem Unfall führen könnte. Daraus folgt aber nicht etwa, dass jeder Kraftfahrer von vornherein mit jedem denkbaren verkehrswidrigen Verhalten anderer Verkehrsteilnehmer rechnen und sich stets darauf einstellen muss; dies würde zu einem den Verkehr letztlich völlig lähmenden „Misstrauensgrundsatz“ führen. Nach dem von der Rechtsprechung demgegenüber entwickelten **„Vertrauensgrundsatz“** muss ein Kraftfahrer, der sich selbst verkehrsgerecht verhält (!), vielmehr nur mit solchen Fehlern rechnen, die nach den Umständen bei verständiger Würdigung als möglich zu erwarten sind, sonst darf er grundsätzlich auf verkehrsrichtiges Verhalten der übrigen Verkehrsteilnehmer vertrauen. Dieser Vertrauensgrundsatz versagt aber dort, wo häufig oder im Einzelfall erkennbar mit einem Verkehrsverstoß anderer Verkehrsteilnehmer zu rechnen ist, sowie insbesondere gegenüber erkennbar hoch betagten und verkehrsunsicheren Menschen sowie kleinen Kindern. Bei ihnen muss der Kraftfahrer von vornherein mit unbesonnenen Handlungen rechnen. Wer sich innerhalb dieser Grenzen des Vertrauensgrundsatzes hält, handelt grundsätzlich rechtmäßig.

So unentbehrlich dieser Grundsatz für einen geordneten flüssigen Verkehrsablauf ist, darf er auf der anderen Seite doch auch nicht zu einem blinden Vertrauen auf ein verkehrsgerechtes Verhalten anderer oder aber zu rücksichtsloser Wahrnehmung formaler Vorrechte führen. Dem entspricht auch die Grundregel des § 1 Abs. 2, die jedem Verkehrsteilnehmer – unter Verwarnungsgeldandrohung in § 49 Abs. 1 Nr. 1 – gebietet, sich stets **so zu verhalten, dass kein anderer geschädigt, gefährdet oder mehr, als nach den Umständen unvermeidbar ist, behindert oder belästigt wird.** Auch daraus ergibt sich, dass selbst Vorrechte nicht zum Nachteil anderer wahrgenommen werden dürfen, ein Vorrang nicht etwa unter Gefährdung oder gar Schädigung anderer erzwungen werden darf. So schreibt zB § 11 Abs. 3 StVO ausdrücklich vor, dass auch derjenige, der sonst Vorrang hat oder weiterfahren dürfte, darauf verzichten muss, wenn die Verkehrslage dies erfordert; auf einen solchen Verzicht darf aber nur vertrauen, wer sich mit dem Verzichtenden verständigt hat!

bb) Der Grundregel des § 1 folgen in den §§ 2–10 konkrete, eingehende **Vorschriften über die wesentlichsten und gefährlichsten Bewegungsvorgänge im Verkehr.** Sie können hier in dieser Einführung nicht alle eingehend dargestellt werden, obwohl die Verkehrsbeobachtung häufig den Eindruck erweckt, dass viele von ihnen manchem (ausgebildeten und amtlich geprüften!) Kraftfahrer unbekannt geblieben oder mittlerweile wieder verloren gegangen sind und deshalb eigentlich erwähnenswert wären; aus ihnen ist aber wenigstens Folgendes hervorzuheben:

§ 2 erläutert zunächst, **wo** sich Fahrzeugführer auf der Straße einzuordnen haben; dabei werden die besonders gefährdeten Kinder bis zum vollendeten 8. Lebensjahr mit Fahrrädern grundsätzlich auf den Gehweg verwiesen; aber auch ältere Kinder bis zum vollendeten 10. Lebensjahr dürfen seit 1.9.1997 (seit der 24. VO zur Änderung straßenverkehrsrechtlicher Vorschriften vom 7.8.1997, BGBl. I S. 2028, die sog. „Radfahrer-VO“) mit ihren Fahrrädern Gehwege benutzen (§ 2 Abs. 5). Auf Fußgänger haben die Rad fahrenden Kinder besondere Rücksicht zu nehmen; sie müssen absteigen, wenn sie eine Fahrbahn überqueren wollen (§ 2 Abs. 5). Seit 14.12.2016 dürfen nach § 2 Abs. 5 StVO Radfahrende Kinder (bis zum vollendeten 8. Lebensjahr) auf Gehwegen von einer geeigneten

Aufsichtsperson dort auch mit dem Rad fahrend begleitet werden. Andere (erwachsene) Radfahrer (d. h. auch Rennradfahrer!) haben (seit dem 1.10.1998) die durch Zeichen 237, 240 oder 241 gekennzeichneten Radwege, und zwar in der vorgeschriebenen Richtung (!) zu benutzen. Mofafahrer und Fahrer von E-Bikes dürfen Radwege in der Regel nur außerhalb geschlossener Ortschaft benutzen (§ 2 Abs. 4 S. 6). – In § 2 Abs. 1 S. 2 ist zwar klargestellt worden, dass **Seitenstreifen** nicht Bestandteil der Fahrbahn sind, also eigentlich nicht zum Fahren benutzt werden dürfen, was bes. auf Autobahnen namentlich bei Staubildungen und vor Abzweigungen häufig missachtet wird. Sind aber keine Radwege vorhanden, dürfen Radfahrer nach § 2 Abs. 4 S. 5 rechte Seitenstreifen benutzen, wenn sie dabei Fußgänger nicht behindern; Seitenstreifen sind nach § 41 Abs. 1 Anlage 2 lfd. Nr. 11 ff. (bis 31.8.2009: § 41 Abs. 2 Nr. 3a aF) sogar als Fahrstreifen zu benutzen, wenn dies durch Zeichen 223.1 angeordnet ist (Neuregelung seit 1.1.2002 durch die 35. ÄndVStVR vom 14.12.2001). – Erwähnenswert ist andererseits, dass ein Zusatzzeichen, das über dem Zeichen 205 („Vorfahrt gewähren!") angebracht ist, durch ein Fahrradsymbol mit gegenläufigen Pfeilen gebieten kann: „auf Radverkehr von links und rechts achten!" (s. § 41 Abs. 1 Anlage 2 lfd. Nr. 2 u. Nr. 2.1). In dem Zusammenhang ist ferner darauf hinzuweisen, dass in wenig befahrenen **Einbahnstraßen** durch ein Zusatzschild **Fahrradverkehr** in der Gegenrichtung zugelassen werden darf. Schließlich ist seit der 24. ÄndVO die Einführung von **Fahrradstraßen** vorgesehen (s. § 41 Abs. 1 Anlage 2 lfd. Nr. 23 u. 24, Zeichen 244.1 u. 244.2); durch ein entspr. Zusatzzeichen kann Radfahrern die Benutzung der Omnibus-Sonderstreifen gestattet werden. – Fahrern von **Gefahrguttransporten** ist eine besondere Sorgfaltspflicht auferlegt, wenn die Sichtweite weniger als 50 m beträgt. Dasselbe gilt bei Schneeglätte oder Glatteis. Nötigenfalls müssen sie den nächstgelegenen geeigneten Parkplatz aufsuchen (§ 2 Abs. 3a). Seit 1.1.2006 ist gem. § 2 Abs. 3a S. 1 (eingefügt durch die 40. StVRÄndV vom 22.12.2005, BGBl. I S. 3716) ausdrücklich festgeschrieben, dass die Ausrüstung von Kraftfahrzeugen an die **Wetterverhältnisse** anzupassen ist. Hierzu gehört insbes. eine **geeignete Bereifung**.

§ 3 regelt die **Geschwindigkeit**; besonders hervorzuheben sind hierzu die Grundsätze des **„Fahrens auf Sicht"** (Abs. 1), die vom BGH (BGHSt 16, 145, 151) als **„goldene Regeln"** des Verkehrs bezeichnet worden sind, und die Forderung, jede **Gefährdung** von Kindern, Hilfsbedürftigen und Älteren durch Verminderung der Geschwindigkeit und Bremsbereitschaft **auszuschließen** (Abs. 2a). – Um die schrecklichen Nebelunfälle besser zu bekämpfen, ist durch den 1991 neu eingefügten § 3 Abs. 1 S. 3 vorgeschrieben worden, dass bei Sicht unter 50 m höchstens mit 50 km/h gefahren werden darf; nach dem gleichzeitig eingefügten § 5 Abs. 3a wurde unter denselben schlechten Sichtverhältnissen ein Überholverbot für schwere Kraftfahrzeuge eingeführt.

Erhebliche Bedeutung hat auch die Vorschrift des **§ 4** über den einzuhaltenden **Abstand,** die leider nur zu oft ungenügend beachtet wird; namentlich auf Autobahnen wird die auch im BKat (Tabelle 2) verwendete Faustregel „Meter-Abstand = halbe Tachometerzahl" viel zu oft missachtet. Diesem Fehlverhalten soll seit 1.5.2006 mit teilweise erheblich verschärften Sanktionen (40. StVRÄndV vom 22.12.2005, BGBl. I S. 3716, 3718 f.) noch mehr entgegengewirkt werden. – **Lkw und Busse** müssen auf Autobahnen einen Mindestabstand von 50 m vom vorausfahrenden Fahrzeug einhalten, wenn sie schneller als 50 km/h fahren (§ 4 Abs. 3).

Es folgen dann die Vorschriften über das Verhalten beim Zusammentreffen von Verkehrsteilnehmern, so insbes. beim **Überholen (§ 5)** und **Vorbeifahren** an einer Fahrbahnverengung, einem Hindernis oder einem (nicht verkehrsbedingt) haltenden Fahrzeug auf der Fahrbahn (**§ 6;** neu gefasst zum 1.9.2009) sowie die bedeutsamen Regeln über das Fahren in Fahrstreifen **(§ 7)** und über die **Vorfahrt (§ 8),** das **Abbiegen, Wenden und Rückwärtsfahren (§ 9)** sowie das **Ein- bzw. Anfahren (§ 10).** Dazu ist hervorzuheben, dass der Verordnungsgeber in **§ 7 Abs. 4** inzwischen eindeutig klargestellt hat, dass das **reißverschlussartige Einordnen** – entgegen einer bisher leider oft anzutreffenden Übung – erst **direkt vor der Verengung** und nicht bereits bei deren Ankündigung zu erfolgen hat (33. ÄndVStVR vom 11.12.2000; s. dazu auch Burmann/Heß/Hühnermann/Jahnke, Straßenverkehrsrecht, 28. Aufl. 2024, § 7 StVO Rn 20). – Zum 1.9.2009 wurden durch die 46. VO zur Änderung straßenverkehrsrechtlicher Vorschriften vom 5.8.2009 (BGBl. I S. 2631, 2632) in **§ 7a** nF (Abgehende Fahrstreifen, Einfädelungsstreifen und Ausfädelungsstreifen) die wesentlichsten Vorschriften über die Fahrstreifenbenutzung zusammengefasst, die bisher weitgehend bei Zeichen 340 enthalten waren. – Durch die 33. ÄndVStVR vom 11.12.2000 wurde ursprünglich § 9a **(Kreisverkehr)** neu eingefügt. Zum 1.9.2009 wurde § 9a aufgehoben und die bisherige Vorfahrtregelung des Verkehrs auf der Kreisfahrbahn des § 9a aus systematischen Gründen in § 8 (Vorfahrt) als neuer Abs. 1a übernommen. Die Ge- und Verbote für den Kreisverkehr wurden in Anlage 2 StVO zu Zeichen 215 aufgenommen. Bei der Einfahrt in einen solchen Kreisverkehr darf im Übrigen – wie bisher – kein Fahrtrichtungsanzeiger benutzt werden (§ 8 Abs. 1a S. 2 nF; bis 31.8.2009: § 9a Abs. 1 S. 2). Beim Herausfahren aus dem Kreisverkehr, das rechtlich ein Abbiegen darstellt, ist dagegen der Fahrtrichtungsanzeiger zu betätigen. Im Kreis gilt nach § 41 Abs. 1 Anlage 2 lfd. Nr. 8, Zeichen 215, Geoder Verbot Nr. 3 zudem ein absolutes Haltverbot. – **Radfahrer** (und Mofa-Fahrer) dürfen bei Rot an einer wartenden Autoschlange rechts vorbei aufschließen, wenn dort ausreichend Platz ist (§ 5 Abs. 8). – Die gesteigerte Sorgfaltspflicht gegenüber dem nachfolgenden Verkehr beim Überholen gilt nicht mehr nur auf Schnellstraßen, sondern auf allen Straßen (§ 5 Abs. 4 S. 1 StVO); eine Gefährdung des nachfolgenden Verkehrs muss überall ausgeschlossen sein. Durch die 11. ÄndVO wurde 1992 in § 9 Abs. 4 S. 2 das (bis dahin nur ausnahmsweise erlaubte) **tangentiale Abbiegen** zweier entgegenkommender Linksabbieger voreinander vorgeschrieben. – Wenn auf einer Fahrbahn für eine Richtung eine Fahrzeugschlange auf dem jeweils linken Fahrbahnstreifen steht oder langsam fährt (max. 60 km/h), dürfen Fahrzeuge diese nach der Rechtsprechung nur mit geringfügig höherer Geschwindigkeit (Mehrgeschwindigkeit max. 20 km/h) und mit äußerster Vorsicht rechts überholen (§ 7 Abs. 2a; vgl. Burmann/Heß/Hühnermann/Jahnke, Straßenverkehrsrecht, 28. Aufl. 2024, § 5 StVO Rn. 58). – Abbiegende **Radfahrer** müssen sich nicht (mehr) zur Mitte einordnen; sie können die Fahrbahn hinter der Kreuzung oder Einmündung vom rechten Fahrbahnrand überqueren (§ 9 Abs. 2). Sind aber Radverkehrsführungen vorhanden, müssen sie diesen nach § 9 Abs. 2 S. 3 folgen.

cc) In den **§§ 11 bis 35** folgen dann Vorschriften für besondere Verkehrslagen und einige bedeutsame Verkehrsarten. Hervorzuheben sind daraus zB die Vorschriften über das Bilden einer sog. Rettungsgasse für die Durchfahrt von Polizei- und Hilfsfahrzeugen auf allen Fahrbahnen außerorts, also nicht nur auf Autobahnen, mit mind. zwei Fahrstreifen (s. § 11 Abs. 2) sowie über das **Halten und Parken** (§§ 12 und 13), wobei **seit 1.9.2009** die mit Verkehrszeichen verbundenen Halt- und Parkverbote, um doppelte Halt- und Parkverbote in der StVO zu vermeiden, grundsätzlich bei den jeweiligen Zeichen in **Anlage 2**

StVO (insb. Abschnitt 8, Halt- und Parkverbote, lfd. Nr. 61 ff., u.a. mit Zeichen 283 und Zeichen 286, aber zB auch Zeichen 229) und in **Anlage 3 StVO** (insb. Abschnitt 3, Parken, lfd. Nr. 7 ff., ua mit Zeichen 314, 314.1 u. 314.2, 315, aber zB auch Zeichen 325.1) geregelt sind; beachtlich ist auch das Parkverbot vor Bordsteinabsenkungen in § 12 Abs. 3 Nr. 5 (bis 31.8.2009: Nr. 9) zur Vermeidung von Behinderungen der Rollstuhlfahrer und das Haltverbot im Fahrraum von Schienenfahrzeugen in § 12 Abs. 4 S. 5). **Vorrang an einer Parklücke** hat derjenige, der sie zuerst unmittelbar, d.h. nicht auf der gegenüberliegenden Fahrbahnseite, erreicht (§ 12 Abs. 5).

Mit **Anhängern ohne Zugfahrzeug** darf außerhalb entspr. gekennzeichneter Parkplätze nicht länger als zwei Wochen geparkt werden (§ 12 Abs. 3b).

Ist eine **Parkuhr** oder ein Parkscheinautomat **defekt,** darf (nur) bis zur angegebenen Höchstparkdauer geparkt werden, wobei die Parkscheibe zu verwenden ist (§ 13 Abs. 1 S. 3). Möglich ist auch eine elektronische Parkraumbewirtschaftung, wenn die Entrichtung von Parkgebühren und die Überwachung der Parkzeit, insbesondere mittels Mobiltelefons oder Taschenparkuhr, sichergestellt werden kann (§ 13 Abs. 3). Zum **1.9.2009** wurde zudem die Möglichkeit einer **Parkraumbewirtschaftungszone** (§ 13 Abs. 2; Zeichen 314.1 u. 314.2 Anlage 2 StVO) eingefügt.

Einer vorher längst bewährten Praxis folgt – die (seit der 24. ÄndVO vom 7.8.1997, BGBl. I S. 2028) in § 16 Abs. 2 S. 2 vorgesehene Erlaubnis, **Warnblinklicht** zB bei **Annäherung an** einen **Stau** oder bei bes. langsamer Fahrweise auf Schnellstraßen zuzulassen. Beachtlich sind auch die Vorschriften über das **Verhalten auf Autobahnen und Kraftfahrstraßen** (§ 18) sowie an **Bahnübergängen** (§ 19; s. dazu Nr. 244 (700 Euro für Kfz-Führer; 3 Monate Fahrverbot) u. Nr. 245 (350 Euro für Fußgänger, Radfahrer oder andere nicht motorisierte Verkehrsteilnehmer) BKat; Abschnitt II: Vorsätzlich begangene Ordnungswidrigkeiten).

Besonders hervorzuheben sind die Regelungen in den §§ 16 und 20 StVO, die – nach langer Diskussion – zur Verbesserung der **Sicherheit an Haltestellen** öffentlicher Verkehrsmittel beitragen sollen. Danach ist es verboten, einen Linien- oder gekennzeichneten Schulbus zu überholen, der Warnblinklicht eingeschaltet hat und sich einer durch **Zeichen 224** (Anlage 2 StVO) gekennzeichneten Haltestelle nähert; außerdem sind beim Vorbeifahren an einem haltenden Linien- oder gekennzeichneten Schulbus ein jede Gefährdung ausschließender Abstand und Schrittgeschwindigkeit vorgeschrieben.

Schulbusse haben beim Anfahren von Haltestellen denselben Vorrang wie Linienomnibusse (§ 20 Abs. 5).

Das außerordentlich wichtige und schwere Unfallfolgen vermeidende oder zumindest mindernde Anlegen von **Sicherheitsgurten** und das Aufsetzen von geeigneten (die Ersetzung des Begriffs „amtlich genehmigt" durch „geeignet" durch die 40. StVRÄndV vom 22.12.2005, BGBl. I S. 3716 stellt keine inhaltliche Änderung dar, sondern spiegelt lediglich die bereits geltende Rechtslage wider) **Schutzhelmen** durch die Fahrer und Mitfahrer auf Krafträdern sowie in offenen drei- oder mehrrädrigen Kraftfahrzeugen, sog. Trikes und Quads (Änderung von **§ 21a** Abs. 2 durch die 40. StVRÄndV vom 22.12.2005, BGBl. I S. 3716), regelt § 21a, der insgesamt, d.h. auch bezüglich der Anschnallpflicht auf den Rücksitzen bußgeldbewehrt ist. Auch Taxi- und Mietwagenfahrer müssen sich nach § 21a Abs. 1 anschnallen. Die Anschnallpflicht ist verfassungskonform (BVerfG VM 1986 Nr. 97) und existiert mittlerweile in den meisten Ländern Europas. Die **Sicherungspflicht von Kindern** bis zu 12 Jahren, die nicht größer sind als 150 cm, in Kraftfahrzeugen wurde zunächst durch die 12. ÄndVO (BGBl. 1992 I S. 2482) in § 21 Abs. 1a verbessert und durch die 16. StVO-ÄndVO vom 11.5.2006 (BGBl. I S. 1160) weiter präzisiert. Mit der vierundvierzigsten VO zur Änderung straßenverkehrsrechtlicher Vorschriften vom 18.12.2006 (BGBl. I S. 3226) wurden im Wesentlichen die Regelungen zur Sicherung und Mitnahme von Kindern in Taxen durch die Übernahme der zum 31.12.2006 ausgelaufenen 7. AusnahmeVO zur StVO in § 21 StVO übernommen. In – den wenigen – Fahrzeugen (Kraftomnibusse ausgenommen), die nicht mit Sicherheitsgurten ausgerüstet sind, dürfen Kinder unter drei Jahren nicht mehr befördert werden (§ 21 Abs. 1b). Leider werden die Vorschriften zur Mitnahme und Sicherung von Kindern nicht durchweg befolgt. Die Vorschriften über die Gurtanlege- und Kindersicherungspflicht (§§ 20, 21a) wurden darüber hinaus bereits früher durch die 29. ÄndVO vom 25.6.1998 (BGBl. I S. 1654) an die inzwischen vorgeschriebene Ausrüstung bestimmter Busse mit Sicherheitsgurten (s. § 35a StVZO) angepasst. Seit **1.9.2009** ist durch die 46. VO zur Änderung straßenverkehrsrechtlicher Vorschriften vom 5.8.2009 (BGBl. I S. 2631, 2633) mit der Ergänzung des § 21 Abs. 3 nunmehr ausdrücklich klargestellt, dass in **Fahrradanhängern,** die zur Beförderung von Kindern eingerichtet sind, bis zu zwei **Kinder** bis zum vollendeten siebten Lebensjahr (diese Altersgrenze gilt nicht für die Beförderung eines behinderten Kindes) von mindestens 16 Jahre alten Personen mitgenommen werden dürfen.

Mit der o. g. 40. StVRÄndVO wurden außerdem die Anforderungen an das verkehrssichere Verstauen der **Ladung** weiter präzisiert **(§ 22).**

Durch die 33. ÄndVStVR (s. o.) ist nach langen kontroversen Diskussionen in **§ 23** ein neuer **Absatz 1a** eingefügt worden, durch den Fahrzeugführern die **Benutzung eines Mobil- oder Autotelefons untersagt** worden ist, wenn sie hierfür das Handy in die Hand nehmen müssen. § 23 StVO wurde **zwischenzeitlich erheblich modifiziert** und betrifft nunmehr die **Benutzung elektronischer Geräte**. Die Regelung gilt auch für Radfahrer; sie gilt nicht, wenn das Fahrzeug steht und (bei Kraftfahrzeugen) der Motor ausgeschaltet ist (s. Nr. 246 ff. BKat, Abschnitt II: Vorsätzlich begangene Ordnungswidrigkeiten). Die Verwendung einer Freisprechanlage ist somit erlaubt (obwohl auch bei deren Benutzung die Konzentration auf den Verkehr erheblich beeinträchtigt sein kann). Durch die 35. VO zur Änderung straßenverkehrsrechtlicher Vorschriften (35. ÄndStVR vom 14.12.2001, BGBl. I S. 3783) wurde **§ 23 Abs. 1b** eingefügt, der dem Führer eines Kfz verbietet, ein technisches Gerät zu betreiben oder betriebsbereit mitzuführen, das dafür bestimmt ist, Verkehrsüberwachungsmaßnahmen anzuzeigen oder zu stören **(Radarwarngeräte).** Diese früheren Regelungen wurden inzwischen erheblich erweitert und auch teilweise umgestellt (siehe § 23 Abs. 1a und 1c StVO). Bußgeldregelung dazu in lfd. Nr. 247 BKat (Abschnitt II – vorsätzlich begangene Ordnungswidrigkeiten). Durch Art. 1 der 57. StVRÄndV vom 2.10.2024 (BGBl. I Nr. 299) wurde § 23 Abs. 1d eingeführt: Wer ein Kraftfahrzeug mit einer zulässigen Gesamtmasse über 3,5t führt, hat sicherzustellen, dass bei einer Geschwindigkeit von mehr als 30 km/h ein für das Kraftfahrzeug vorgeschriebenes Notbremsassistenzsystem eingeschaltet ist.

Das Verhalten der immer noch zahlreichsten Verkehrsteilnehmergruppe, der Fußgänger, zu denen auch die **Inline-Skater und Skateboard-Fahrer** sowie Rollschuhläufer gehören, regeln die §§ 25 und 26, woraus hervorzuheben ist, dass an Fußgängerüberwegen nicht überholt werden darf (§ 26 Abs. 3). Dass für Inline-Skater (bzw. generell die besonderen Fortbewegungsmittel iSd § 24

Abs. 1 S. 1) die **Vorschriften für den Fußgängerverkehr entsprechend** gelten, stellt § 24 Abs. 1 S. 2 seit 1.9.2009 nunmehr ausdrücklich klar.

Erwähnenswert ist schließlich **§ 34,** der das Verhalten nach einem **Verkehrsunfall** im Detail regelt. Diese, mit dem korrespondierenden Straftatbestand des § 142 StGB abgestimmte Regelung sagt dem Verkehrsteilnehmer – in Übereinstimmung mit internationalen Abkommen und vielen ausländischen Regelungen –, wie er sich bei einem Verkehrsunfall zu verhalten hat (s. dazu auch unten Kap. IX. 2. a). Die – auch nur fahrlässige – Verletzung der Pflichten aus § 34 Abs. 1 Nr. 1 (unverzügliches Halten), Nr. 2 (Verkehrssicherung), Nr. 5 (Angabe der Personalien), Nr. 6b (Nichthinterlassen der Personalien beim erlaubten Entfernen) sowie die Beseitigung noch nicht gesicherter Unfallspuren (§ 34 Abs. 3) kann mit einer Geldbuße geahndet werden (§ 49 Abs. 1 Nr. 29). Das vorsätzliche Entfernen vom Unfallort vor Erfüllung der entsprechenden Verpflichtungen und das Unterlassen der unverzüglichen nachträglichen Meldung nach erlaubter Entfernung ist nach § 142 StGB sogar strafbar (s. dazu unten Kap. IX. 2. a).

b) Teil II (Zeichen und Verkehrseinrichtungen) enthielt bis 31.8.2009 u. a. die 1992 völlig überarbeiteten **Verkehrszeichen und -einrichtungen.** Durch die 46. VO zur Änderung straßenverkehrsrechtlicher Vorschriften vom 5.8.2009 (BGBl. I S. 2631 ff.) wurden die **Verkehrszeichen,** nach einer Bereinigung zum **Abbau des „Schilderwaldes“,** zum 1.9.2009 weitestgehend aus der StVO herausgenommen und in die **Anlagen 1 bis 4 StVO** eingebracht. Dies folgt dem bereits 1997 nach dem Grundsatz „nur so viele Verkehrszeichen wie nötig – so wenige Verkehrszeichen wie möglich“ erfolgten ersten Schritt durch den jetzigen zweiten Schritt mit der umfassenden Reform des Verkehrszeichenteils. Darüber hinaus ist weiterhin besonders auf den **Katalog der Verkehrszeichen,** unter **Nr. 2a dieser Textsammlung** abgedruckt, hinzuweisen, in dem u. a. sämtliche Zusatzzeichen dargestellt sind. Zu unterscheiden sind die **„Gefahrzeichen“ (§ 40),** die sich jetzt aus **Anlage 1 StVO** ergeben, die **„Vorschriftzeichen“ (§ 41),** die sich jetzt aus **Anlage 2 StVO** ergeben, die **„Richtzeichen“ (§ 42),** die sich jetzt aus **Anlage 3 StVO** ergeben und die **Verkehrseinrichtungen (§ 43),** die sich jetzt aus **Anlage 4 StVO** ergeben. Die maßgeblichen **Ge- und Verbote,** die zu befolgen sind, ergeben sich grundsätzlich ebenfalls aus den **Anlagen und** den **dortigen Erläuterungen.** § 39 StVO enthält, wie bisher, generelle, jetzt allerdings erweiterte und klarstellende Ausführungen, zu den Verkehrszeichen. Hervorzuheben ist hier auch, dass durch die 46. VO zur Änderung straßenverkehrsrechtlicher Vorschriften vom 5.8.2009 (BGBl. I S. 2631 ff.) bisher vorgesehene, zum **1.9.2009** aber **„weggefallene“, Gefahrzeichen** (zB „Schnee- und Eisglätte“ (bisher Zeichen 113) oder „Steinschlag“ (bisher Zeichen 115)) in den neu eingefügten **§ 39 Abs. 8 StVO** (Sinnbilder) verschoben wurden, um die **Sinnbilder bei besonderen Gefahrenlagen** weiter verwenden zu können. § 39 Abs. 8 StVO enthält im Unterschied zum Regelkatalog der Verkehrszeichen in den §§ 41–43 StVO einen Ausnahmekatalog der Verkehrszeichen (vgl. amtl. Begr. BR-Drs. 153/09, S. 82). Dort sind jetzt neun Sinnbilder enthalten (neben den beiden genannten „Schnee- oder Eisglätte“ und „Steinschlag“ auch noch „Split, Schotter“; „Bewegliche Brücke“; „Ufer“; „Fußgängerüberweg“; „Flugbetrieb“ und „Amphibienwanderung“ sowie „Unzureichendes Lichtraumprofil“), deren Symbolik für die Anordnung von Gefahrzeichen zur Verfügung stehen sollen. Ebenso zu erwähnen ist, dass als **neues Beschilderungskonzept** beispielsweise das **Zeichen 391 (Mautpflichtige Strecke)** im Regelkatalog der Verkehrszeichen aufgenommen wurde (Anlage 3 StVO, Zeichen 391) und zudem – neu – die Möglichkeit besteht, bei **Zeichen 357 (Sackgasse)** jetzt im oberen Teil des VZ die **Durchlässigkeit der Sackgasse für Radfahrer und/oder Fußgänger durch Piktogramme anzeigen** zu können (Anlage 3 StVO, Zeichen 357, Erläuterung). Die durch Verkehrszeichen getroffenen Anordnungen nach § 41 u. § 42 sind Verwaltungsakte und wenden sich in Form der sog. Allgemeinverfügung an alle Verkehrsteilnehmer, die sie betreffen.

Unbeachtlich sind amtliche Ge- oder Verbotszeichen nur ganz ausnahmsweise, so etwa, wenn ein Nichtigkeitsgrund vorliegt (zB Aufstellung durch eine völlig unzuständige Behörde) oder wenn es sich um Fantasiezeichen handelt; sonst sind selbst fehlerhafte Anordnungen bis zu ihrer Aufhebung zu beachten!

Die ehemals in **Zeichen 220** (Einbahnstraße) versuchsweise nur bis 31.12.2000 getroffene Regelung, unter bestimmten Voraussetzungen (geringe Verkehrsbelastung, Höchstgeschwindigkeit 30 km/h) **Fahrradverkehr** auch in der **Gegenrichtung** zuzulassen, ist durch die 33. ÄndVStVR für endgültig erklärt worden. Mit der 46. VO zur Änderung straßenverkehrsrechtlicher Vorschriften vom 5.8.2009 (BGBl. I S. 2631 ff.) wurden die **Radverkehrsvorschriften,** vor allem durch Anpassungen der §§ 2, 9 und 41 Anlage 2 StVO **weiter gestrafft und vereinfacht** (vgl. BR-Drs. 153/09 S. 2 u. 84). Hervorzuheben ist hier die größere Flexibilität für die Planungs- und Straßenverkehrsbehörden vor Ort bei der Anlage der Radverkehrsanlagen und der Anordnung der Benutzungspflicht durch Verkehrszeichen sowie die Reduzierung der benutzungspflichtigen Radverkehrsanlagen, die nur dort angeordnet werden dürfen, wo es die Verkehrssicherheit oder der Verkehrsablauf tatsächlich erfordern, innerorts zB an Vorfahrtsstraßen mit starkem Verkehr (BR-Drs. 153/09 S. 84; s. dazu. auch VwV zu § 2 Abs. 4 S. 2 StVO, Rn. 8 ff.). Durch Art. 1 der 43. Verordnung zur Änderung straßenverkehrsrechtlicher Vorschriften vom 28.3.2006 (BGBl. I S. 569) wurden zur Umsetzung der Richtlinie 2004/54/EG des Europäischen Parlaments und des Rates vom 19.4.2004 über Mindestanforderungen an die Sicherheit von Tunneln im Transeuropäischen Straßennetz die **Zeichen 327 (Tunnel)** und **328 (Nothalte- und Pannenbucht)** neu eingeführt und Verstöße im BKat sanktioniert. – Neben den Verkehrszeichen sind die **Lichtzeichen** (§ 37) zu erwähnen; sie gehen gesetzlichen Vorrangregeln und vorrangregelnden Verkehrsschildern sowie Fahrbahnmarkierungen vor. Die **Zeichen und Weisungen der Polizeibeamten** wiederum gehen allen Anordnungen und sonstigen Regeln vor (§ 36 Abs. 1); bei ihrer Befolgung ist jedoch die nötige Sorgfalt zu beachten! Nach § 36 Abs. 5 kann die Polizei Verkehrsteilnehmer auch zur Verkehrskontrolle einschließlich der Kontrolle der Verkehrstüchtigkeit und zu Verkehrserhebungen anhalten. Die Nichtbefolgung einer erkennbar der Verkehrsregelung oder -kontrolle dienenden Weisung, nicht also einer solchen, die anderen Zwecken dient, wie zB die Aufforderung, sich zwecks Blutprobe zum Streifenwagen zu begeben oder einem Streifenwagen Platz zu machen, ist bußgeldbewehrt. Mit Wirkung vom **7.9.2023** wurde **§ 36a StVO** (**Zeichen und Weisungen bei Transportbegleitung mit Anordnungsbefugnis**) **neu eingefügt**. Hiernach können (speziell ausgebildete) Transportbegleiter (bei der Begleitung von Großraum- oder Schwertransporten) im Rahmen der ebenfalls mit Wirkung vom 7.9.2023 neu erlassenen Straßenverkehr-Transportbegleitungsverordnung (StTbV) den Verkehr regeln. Die Zeichen und Weisungen der Transportbegleiter sind zu befolgen (§ 36a S. 1 StVO), wobei Zeichen und Weisungen der Polizei den Zeichen und Weisungen eines Transportbegleiters vorgehen (§ 36a S. 2 StVO). Das **Nichtbefolgen von Zeichen und Weisungen eines Transportbegleiters bei einem Groß- raum- oder Schwertransport** ist **bußgeldbewehrt** (lfd. Nrn. 128a und 129a BKat).

Erwähnenswert ist ferner, dass seit 1994 in der gesamten Bundesrepublik die bis dato auf die Länder der ehem. DDR beschränkt gewesene **„Grün-Pfeil-Regelung"** nach § 37 Abs. 2 Nr. 1 S. 8 bis 10 gilt. Danach ist das **Abbiegen nach rechts bei Rot aus dem rechten Fahrstreifen** gestattet, wenn neben dem Lichtzeichen ein Schild mit einem grünen Pfeil auf schwarzem Grund angebracht ist und sich der Abbiegende beim vorherigen Anhalten (!) darüber vergewissert hat, dass eine **Behinderung oder Gefährdung** des übrigen Verkehrs **ausgeschlossen** ist. Die vorherige Anhaltepflicht scheint allerdings in der Praxis weitgehend unbekannt zu sein, denn sie wird leider nicht immer befolgt, obwohl dieses gefährliche Fehlverhalten im BKat (Nr. 133.1) mit einer Geldbuße von 70 Euro bedroht ist und 1 Punkt im Fahreignungsregister (FAER) zur Folge hat. Durch die **StVO-Novelle 2020** (BGBl. 2020 I S. 814, 815) wurde inzwischen auch die Möglichkeit geschaffen, die **Grün-Pfeil-Regelung** auf den **Radverkehr** zu beschränken (siehe § 37 Abs. 2 Nr. 1 Satz 9 StVO). Diese Regelung ist am **28.4.2020** in Kraft getreten.

Von besonderer Bedeutung ist auch die am 1.3.2007 in Kraft getretene Verordnung zum Erlass und zur Änderung von Vorschriften über die Kennzeichnung emissionsarmer Kraftfahrzeuge vom 10.10.2006 (BGBl. I S. 2218, 2226; ber. S. 2543) mit der Einführung von Verkehrsverboten in einer **Umwelt-Zone (Zeichen 270.1);** näher dazu zB Rebler/Scheidler, „Fahrverbote zur Verringerung der Umgebungsbelastung durch Feinstaub", SVR 2007, 201 ff. Die Regelungen zur Umwelt-Zone sind seit 1.9.2009 in Anlage 2 StVO enthalten.

c) Teil III (Durchführungs-, Bußgeld- und Schlussvorschriften) regelt die **Zuständigkeit der Verkehrsbehörden** für die Ausführung der StVO **(§ 44),** die besondere sachliche Zuständigkeit des Fernstraßen-Bundesamtes **(§ 44a)**, die Anordnung von Verkehrsbeschränkungen **(§ 45),** für die Erteilung von Ausnahmegenehmigungen und Erlaubnissen **(§ 46).** § 44a StVO wurde durch Artikel 1 VO zur Änderung der StVO und der 54. VO zur Änderung straßenverkehrsrechtlicher Vorschriften vom 18.12.2020 (BGBl. I S. 3047) mit Wirkung zum 17.12.2020 neu eingefügt. Durch die o. g. 33. ÄndVStVR ist in § 45 die Einrichtung von Tempo-30-Zonen erleichtert worden. Mit der 46. VO zur Änderung straßenverkehrsrechtlicher Vorschriften vom 5.8.2009 (BGBL. I S. 2631 ff.) wurde § 45 Abs. 3a zum 1.9.2009 aufgehoben und in die VwV (Rn. 11a VwV zu § 45 StVO) übernommen (BR-Drs. 153/09, S. 101). Mit der 15. StVO-ÄndVO vom 22.12.2005 (BGBl. I S. 3714) wurde die Möglichkeit geschaffen, Verkehrsverbote für den überörtlichen Durchgangsverkehr mit Nutzfahrzeugen über 12t anzuordnen (§ 45 Abs. 9). Nach **§ 48** kann die Straßenverkehrsbehörde denjenigen zur Teilnahme an einem **Verkehrsunterricht** vorladen, der Verkehrsvorschriften nicht beachtet hat. Diese Regelung hat in der Praxis allerdings nur geringe Bedeutung. **§ 49** enthält schließlich die schon oben bei § 24 StVG erwähnte Aufzählung der Verkehrsordnungswidrigkeiten im Rahmen der sog. Rückverweisungsklausel. Diese Regelung bewirkt, dass dort nicht genannte Verstöße gegen Vorschriften der StVO (wie zB gegen die §§ 1 Abs. 1 oder 11 Abs. 3) nicht als Ordnungswidrigkeiten geahndet werden können. Besonders grob verkehrswidrig und rücksichtslos begangene Verstöße, wie zB gegen Regeln über die Vorfahrt, das Überholen, Fahren an Fußgängerüberwegen und an unübersichtlichen Stellen, Wenden oder Rückwärtsfahren auf Autobahnen sowie die ungenügende Sicherung haltender oder liegengebliebener Fahrzeuge, können – wenn dabei ein anderer konkret gefährdet worden ist – nach § 315c StGB als Vergehen (Straftat!) geahndet werden (s. dazu unten Kap. IX. 2. e).

V. Die Straßenverkehrs-Zulassungs-Ordnung (StVZO)

(Nr. 3 der Textsammlung)

1. Grundlagen

Die StVZO beruht – wie die StVO – auf der Ermächtigung des § 6 StVG (s. oben Kap. III. 2. a); sie ist neben der StVO und der FeV sowie der Fahrzeug-Zulassungsverordnung (FZV; s. dazu unten Kap. VII.) eine der wichtigsten Verordnungen zur Sicherung des Straßenverkehrs. Während die StVO das Verhalten der Verkehrsteilnehmer im öffentlichen Straßenverkehr regelt, enthielt die **StVZO früher** Einzelvorschriften über die **Zulassung von Fahrzeugen** mit eingehenden Regelungen über den Betrieb, die Beschaffenheit und Ausrüstung von Fahrzeugen und Fahrzeugteilen. Durch die Verordnung zur Neuordnung des Rechts der Zulassung von Fahrzeugen zum Straßenverkehr und zur Änderung straßenverkehrsrechtlicher Vorschriften vom 25.4.2006 (BGBl. I S. 988) wurde die StVZO im Zusammenhang mit dem Erlass der FZV (abgedruckt unter Nr. 3.2 der Textsammlung), die am 1.3.2007 in Kraft getreten ist, umfassend reformiert und enthält **jetzt hauptsächlich Bau- und Betriebsvorschriften.** Das **Zulassungsrecht** ist **nunmehr** in der **FZV** geregelt (s. dazu unten Kap. VII.).

Die StVZO wurde, nachdem Zweifel aufgetreten sind, ob formale Rechtsfehler der Vergangenheit Auswirkung auf die Geltung von Bestandteilen der StVZO haben, mit der **„Verordnung zum Neuerlass der Straßenverkehrs-Zulassungs-Ordnung“** vom 26.4.2012 (BGBl. I S. 679) neu erlassen und gleichzeitig die bisherige StVZO in der Fassung vom 28.9.1988 (BGBl. I S. 1793), zuletzt geändert durch Art. 6 der VO vom 13.1.2012 (BGBl. I S. 103) aufgehoben. **Materielle Änderungen gegenüber der bis dahin geltenden StVZO wurden mit dem Neuerlass nicht vorgenommen** (s. BR-Drs. 861/11 S. 1). **Die Neufassung der StVZO 2012 ist am 5.5.2012 in Kraft getreten.**

Die aktuelle Fassung der **StVZO 2012** ist in dieser Textsammlung unter Nr. 3 wiedergegeben.

Umfangreiche **Änderungen** erfuhr die **StVZO** bis zum Neuerlass 2012 immer wieder, so zB durch Art. 1 der 36. und 38. VO zur Änderung straßenverkehrsrechtlicher Vorschriften vom 22.10.2003 (BGBl. I S. 2085) und vom 24.9.2004 (BGBl. I S. 2374), wodurch insbes. die Umsetzung von Richtlinien der EU vollzogen worden ist (s. Fn. 1 in BGBl. 2003 I S. 2085 u. BGBl. 2004 I S. 2374). Weitere Änderungen erfolgten durch die sog. „Spiegel-VO“, die 28. ÄndVO vom 14.3.2005 (BGBl. I S. 859), durch die die Vorschriften über die Anbringung und Beschaffenheit von Spiegeln und anderer Einrichtungen für die erforderliche Sicht in Übereinstimmung mit den EU-Richtlinien neu gefasst worden sind (s. § 56) und durch die VO zur Durchführung des Gesetzes über die mit der Einführung des digitalen Kontrollgerätes zur Kontrolle der Lenk- und Ruhezeiten erforderlichen Begleitregelungen vom

27.6.2005 (BGBl. I S. 1882); geändert wurden insoweit insbes. die §§ 57a, 57b u. 69a StVZO. Die 29. StVZO-ÄndVO vom 27.1.2006 (BGBl. I S. 287) betraf im Wesentlichen Regelungen zum Abgasverhalten von Pkw und Wohnmobilen mit Selbstzündungsmotor (Dieselmotor). Ebenfalls im Zusammenhang mit Maßnahmen zur Schadstoffreduzierung steht die 41. Verordnung zur Änderung straßenverkehrsrechtlicher Vorschriften vom 3.3.2006 (BGBl. I S. 470), mit der insbes. die für Kfz vorgeschriebenen Hauptuntersuchungen (HU) und Abgasuntersuchungen (AU) nach einem zeitlich gestuften Verfahren zusammengefasst wurden (§ 29 und § 47a). Gleichzeitig wurde die Untersuchung der Abgase und Geräusche im Verkehr befindlicher Krafträder (vgl. § 29 Abs. 1 iVm Anlage VIII u. Anlage VIIIa StVZO) und die Untersuchung von elektronisch geregelten Fahrzeugsystemen, die sicherheits- oder umweltrelevant sind (vgl. § 29 Abs. 14 iVm Anlage VIII u. Anlage VIIIa StVZO), eingeführt, wobei § 72 Abs. 2 umfangreiche Übergangsregelungen enthält. Die 42. Verordnung zur Änderung straßenverkehrsrechtlicher Vorschriften vom 16.3.2006 (BGBl. I S. 543) enthielt umfassende Regelungen für Gasfahrzeuge (vgl. § 41a). Durch Art. 75 Abs. 2 Erstes Gesetz über die Bereinigung von Bundesrecht im Zuständigkeitsbereich des Bundesministeriums für Verkehr, Bau und Stadtentwicklung vom 19.9.2006 (BGBl. I S. 2146, 2153) wurden die Übergangsregelungen für das Abgasverhalten von Krafträdern modifiziert (§ 72 Abs. 2 zu § 47 Abs. 7). Durch die 9. Zuständigkeitsanpassungsverordnung vom 31.10.2006 (BGBl. I S. 2407, 2467) wurde die aktuelle Bezeichnung des Bundesministeriums für Verkehr, Bau und Stadtentwicklung (früher: Verkehr, Bau- und Wohnungswesen), auch in den Anlagen, angepasst. Die 30. Verordnung zur Änderung der StVZO vom 24.5.2007 (BGBl. I S. 893) betrifft mit den neuen Regelungen in § 48 StVZO sowie den Anlagen XIV, XXVI und XXVII StVZO vor allem die Definition von Partikelminderungsklassen (PMK), aber auch technische Anforderungen an zB Dieselpartikelfilter im Zusammenhang mit einer Senkung der Feinstaubbelastung. Art. 2 Zweite Verordnung zur Änderung fahrpersonalrechtlicher Vorschriften vom 22.1.2008 (BGBl. I S. 54, 83) betrifft § 57a und enthält neben redaktionellen Anpassungen die Möglichkeit, auf den Ausdrucken des digitalen Kontrollgeräts bzw. den Schaublättern, statt des Fahrernamens das amtliche Kennzeichen oder die Betriebsnummer einzutragen. Mit der 31. Verordnung zur Änderung der Straßenverkehrs-Zulassungs-Ordnung vom 26.5.2008 (BGBl. I S. 916) wurden (mit Folge- und Übergangsregelungen) technische Vorschriften für Frontschutzsysteme (sog. Kuhfänger oder bull bars) sowie für Spiegel an Lkw (Weitwinkelspiegel an der Beifahrerseite) erlassen (siehe §§ 30c, 56 StVZO), die die Sicherheit der schwächeren Verkehrsteilnehmer weiter verbessern sollen. Außerdem wurde durch die Änderung des § 34a StVZO gegenüber dem bisherigen Rechtsstand eine variablere Beförderung von Rollstuhlnutzern in Bussen – bei gleichzeitiger Sicherstellung der (technischen) Verkehrssicherheit – ermöglicht. Mit der 32. VO zur Änderung der StVZO vom 25.9.2008 (BGBl. I S. 1878) wurden zum 1.10.2008 die Vorschriften, hauptsächlich im Zusammenhang mit der amtlichen Anerkennung von Überwachungsorganisationen zur Durchführung von Hauptuntersuchungen (HU), Abgasuntersuchungen (AU) und Sicherheitsprüfungen (SP) von Kraftfahrzeugen, an EU-Erfordernisse angepasst (§ 72 u. Anlage VIII b). Hierbei wurden auch die Anforderungen zur Qualitätssicherung konkretisiert und ergänzt, um im Interesse der Verkehrssicherheit ein hohes Qualitätsniveau der technischen Überwachungstätigkeit von Kraftfahrzeugen zu sichern (VkBl. 2008, 591 ff.). Im Zusammenhang mit der Einführung der Verordnung über die

EG-Genehmigung für Kraftfahrzeuge und ihre Anhänger sowie für Systeme, Bauteile und selbständige technische Einheiten für diese Fahrzeuge **(EG-Fahrzeuggenehmigungsverordnung – EG-FGV)** durch die VO zur Neuordnung des Rechts der Erteilung von EG-Genehmigungen für Kraftfahrzeuge und ihre Anhänger sowie für Systeme, Bauteile und selbständige technische Einheiten für diese Fahrzeuge vom 21.4.2009 (BGBl. I S. 872) wurden zum 29.4.2009 die §§ 19 (Erteilung und Wirksamkeit der Betriebserlaubnis) und 21 (Betriebserlaubnis für Einzelfahrzeuge) sowie die §§ 22a (Bauartgenehmigung für Fahrzeugteile), 30 (Beschaffenheit der Fahrzeuge) zusammen mit Anlage VIII und den Vorbemerkungen zu Muster 2d geändert. Die EG-FGV (enthalten in der umfassenderen Loseblatt-Textsammlung „Straßenverkehrsrecht" sowie in den elektronischen Sammlungen „Straßenverkehrsrecht Texte" oder „Verkehrsrecht PLUS" in der Datenbank beck-online des Verlages C.H.Beck auf www.beck-online.de) wurde aufgrund von Zweifeln, ob formale Fehler der Vergangenheit Auswirkungen auf die Geltung von Bestandteilen der VO haben, aus Gründen der Rechtsklarheit, mit Wirkung vom 11.2.2011 neu erlassen (BGBl. 2011/I S. 126 ff; s auch BR-Drs. 725/10 und 725/10 (Beschluss)). Unabhängig von der Neubekanntgabe der EG-FGV erfolgten zwischenzeitlich weitere Änderungen der StVZO. Mit Art. 61 Gesetz zur Verbesserung der Feststellung und Anerkennung im Ausland erworbener Berufsqualifikationen vom 6.12.2011 (BGBl. I S. 2515, 2551) wurde Nummer 3.7 Anlage VIIIb StVZO mit Wirkung zum 1.4.2012 an das Berufsqualifikationsfeststellungsgesetz (BQFG) angepasst.

Durch Art. 6 der Verordnung zur Änderung der Fahrzeug-Zulassungsverordnung, anderer straßenverkehrsrechtlicher Vorschriften und der Kraftfahrzeug-Pflichtversicherungsverordnung vom 13.1.2012 (BGBl. I S. 103, 110 f.) wurde zum **1.7.2012** (neben der Einführung der so genannten Wechselkennzeichen, näher dazu unten Kapitel VII) auch die **Grundlage in der StVZO** (§ 19 V 1 StVZO nF) **für die Ahndung bei Inbetriebnahme zulassungspflichtiger Kraftfahrzeuge nach Erlöschen der Betriebserlaubnis geschaffen,** was seit Wegfall des § 18 StVZO nicht mehr angemessen möglich war (vgl. BR-Drs. 709/11 (Beschluss), S. 21).

Die ersten Änderungen der StVZO 2012 seit deren Neuerlass vom 26.4.2012 (BGBl. I S. 679) zum 5.5.2012 erfolgten durch Art. 1 Siebenundvierzigste VO zur Änderung straßenverkehrsrechtlicher Vorschriften vom 10.5.2012 (BGBl. I S. 1086). Schwerpunkte der Regelungen betreffen die Umsetzung der Richtlinie 2010/48/EU der Kommission vom 5.7.2010 zur Anpassung der Richtlinie 2009/40/EG des Europäischen Parlaments und des Rates über die technische Überwachung der Kraftfahrzeuge und Kraftfahrzeuganhänger an den technischen Fortschritt (ABl. L 173 vom 8.7.2010, S. 47; vgl. Fn. * BGBl. 2012 I S. 1086). Des Weiteren erfolgten die **Anpassungen in § 69a StVZO und der BKatV** zur Sanktion bei Inbetriebnahme zulassungspflichtiger Kraftfahrzeuge nach **Erlöschen der Betriebserlaubnis.** Die Ordnungswidrigkeiten von Halter und Fahrer ergeben sich jetzt aus §§ 19 Abs. 5, 69a Abs. 2 Nr. 1a StVZO, 24 StVG, die differenzierten Sanktionen aus lfd. Nr. 189a ff. bzw. 214a ff. BKat.

Durch Art. 2 Erste VO zur Änderung der FZV und anderer straßenverkehrsrechtlicher Vorschriften vom 19.10.2012 (BGBl. I S. 2232, 2242) erfolgten mit Wirkung zum 1.11.2012 geringfügig Folgeänderungen in Anlage XIX Nr 2.2 StVZO (Teilegutachten).

Mit Art. 1 Achtundvierzigste VO zur Änderung straßenverkehrsrechtlicher Vorschriften vom 26.7.2013 (BGBl. I S. 2803) wurde zum 1.8.2013 die **Warnwesten-Pflicht** eingeführt (§§ 31b und 53a StVZO), wobei die Regelung nach § 72 Abs. 2 Nr. 6d StVZO „spätestens ab dem 1.7.2014 anzuwenden" ist. Weitere Regelungen betreffen u. a. die Einführung neuer **Anhaltesignale** für Kraftfahrzeuge des Vollzugsdienstes der **Militärpolizei**, der **Bundespolizei** und der **Polizei der Länder** sowie des **Zollfahndungsdienstes** (§ 52 StVZO). Im Zusammenhang mit den Ausrüstungsvorschriften zu Scheinwerfern und Schlussleuchten an **Fahrrädern** enthält § 67 StVZO **Neuerungen zu batteriebetriebener Beleuchtung.** Wichtige Drucksachen: BR-Drs. 445/13; 445/1/13; 445/2/13; 445/3/13 (neu) und 445/13(B).

Durch Art. 8 Neunte VO zur Änderung der FeV und anderer straßenverkehrsrechtlicher Vorschriften vom 5.11.2013 (BGBl. I S. 3920, 3939) erfolgten lediglich durch die Umstellung des Punktsystems erforderlich gewordene redaktionelle Anpassungen durch Ersetzungen des Wortes Verkehrszentralregister durch das Wort Fahreignungsregister mit Wirkung vom 1.5.2014. Wichtige Drucksachen: BR-Drs. 810/12; 676/13 und 676/13(B).

Mit Art. 7 Zehnte Verordnung zur Änderung der Fahrerlaubnis-Verordnung und anderer straßenverkehrsrechtlicher Vorschriften vom 16.4.2014 (BGBl. I S. 348, 377) wurde die StVZO zum 1.5.2014 geändert. Die Änderungen betreffen die §§ 35h, 52, 53a und 72 StVZO. Unter anderem wurden die Norm für **Kraftfahrzeug-Verbandkästen** (DIN 13 164) überarbeitet (§ 35h StVZO) und die Norm für **Warnwesten** an EU-Recht (EN ISO 20 471:2013) angeglichen (§ 53a StVZO). Wichtige Drucksache BR-Drs. 78/14; 78/14(B).

Die Änderungen durch Art. 2 Neunundvierzigste Verordnung zur Änderung straßenverkehrsrechtlicher Vorschriften vom 29.10.2014 (BGBl. I S. 1635), die zum 30.10.2014 in Kraft getreten sind, betreffen u. a. **Rückhalteeinrichtungen für Kinder** (§ 35a Abs. 13 StVZO). Wichtige Drucksachen: BR-Drs. 336/14; 336/1/14 und 336/14(B).

Mit Art. 4 Zweite Verordnung zur Änderung der Fahrzeug-Zulassungsverordnung und anderer straßenverkehrsrechtlicher Vorschriften vom 30.10.2014 (BGBl. I S. 1666, 1675) erfolgten mit Wirkung vom 1.4.2015 lediglich redaktionelle Änderungen. Wichtige Drucksachen: BR-Drs. 335/14; 335/1/14 und 335/14(B).

Durch Art. 9 Verordnung zur Neuregelung des gesetzlichen Messwesens und zur Anpassung an europäische Rechtsprechung vom 11.12.2014 (BGBl. I S. 2010, 2073) erfolgte in § 57a Abs. 1 Satz 1 StVZO eine Angleichung an die geänderte Terminologie des MessEG und betrifft nunmehr „nach dem Mess- und Eichgesetz in Verkehr gebrachte" Fahrtschreiber. Die Regelung ist zum 1.1.2015 in Kraft getreten. Wichtige Drucksachen: BR-Drs. 493/14; zu 493/14 und 493/14(B).

Mit Art. 2 Verordnung zur Änderung der Fahrpersonalverordnung, der Straßenverkehrs-Zulassungs-Ordnung und der Verordnung über den grenzüberschreitenden Güterkraftverkehr und den Kabotageverkehr (Binnenfrachtverkehr) vom 9.3.2015 (BGBl. I S. 243, 245) wurden mit Wirkung zum 11.3.2015 die Anlagen XVIIIc und XVIIId StVZO aufgrund von Änderungen des Unionsrechts angepasst. Wichtige Drucksachen: BR-Drs. 653/14, 653/1/14 und 653/14(B).

Art. 1 Einundfünfzigste Verordnung zur Änderung straßenverkehrsrechtlicher Vorschriften vom 17.6.2016 (BGBl. I S. 1463) enthält vor allem Änderungen der §§ 34, 35a, 69a und 72 StVZO und betrifft insbesondere **Regelungen**

über Rückhalteeinrichtungen für Rollstuhlnutzer und Rollstühle. „Mit der Änderung der straßenverkehrsrechtlichen Vorschriften soll teilweise EU-Recht in nationales Recht umgesetzt werden. Durch die vorliegende Verordnung soll die in der Richtlinie (EU) 2015/719 enthaltene Regelung, dass das zulässige Gesamtgewicht von zweiachsigen Kraftomnibussen 19,50 Tonnen betragen darf, in die Straßenverkehrs-Zulassungs-Ordnung (StVZO) übernommen werden. Derzeit beträgt das zulässige Gesamtgewicht für diese Fahrzeuge nach § 34 Absatz 5 Nummer 1 StVZO 18,00 Tonnen. Kraftomnibusse sind in den vergangenen Jahren aufgrund von geänderten Sicherheitsanforderungen, aber auch durch die Einführung der Abgasnorm Euro VI, immer schwerer geworden. Um weiterhin die gleiche Anzahl an Fahrgästen transportieren zu können, ist eine Anhebung des zulässigen Gesamtgewichts erforderlich. Die Serienfertigung von rollstuhlgerechten Fahrzeugen hat nach der Richtlinie 2007/46/EG zu erfolgen. Für bereits hergestellte Pkws, die für den Rollstuhltransport umgebaut werden, gelten diese Vorgaben nicht. Um eine gleichwertige Sicherheit beim Transport von Rollstuhlfahrern in Fahrzeugen zu gewährleisten, bei denen nachträglich eine Ausrüstung mit entsprechenden Rückhaltesystemen erfolgt, sollen in Anlehnung an die EU-Vorschrift einheitliche Anforderungen in die StVZO aufgenommen werden. Mit der beabsichtigten Änderung geht zudem einher, dass die Richtlinie (EU) 91/671/EWG erfüllt wird, wonach die Gurtanlegepflicht in Kraftfahrzeugen mit einem Gewicht von weniger als 3,5 Tonnen gilt und alle Insassen von am Straßenverkehr teilnehmenden Fahrzeugen vorhandene Sicherheitssysteme zu benutzen haben. Daneben werden redaktionelle Anpassungen vorgenommen.“ (Quelle: Erläuterungen zu TOP 28 der 945. Sitzung des Bundesrates am 13.5.2016). Die Regelungen sind am 30.6.2016 in Kraft getreten. Wichtige Drucksachen: BR-Drs. 166/16 und 166/1/16 sowie BR-Drs. 166/16(B).

Durch Art. 3 und Art. 4 Dritte Verordnung zur Änderung der Fahrzeug-Zulassungsverordnung und anderer straßenverkehrsrechtlicher Vorschriften vom 23.3.2017 (BGBl. I S. 522, 553) wurden die §§ 19 und 29 StVZO geändert und § 29a (**Datenübermittlung**) neu eingefügt (und durch Art. 4 angepasst). Inkrafttreten der Vorschriften am 1.10.2017 (die Anpassung des § 29a StVZO tritt am 20.5.2018 in Kraft). Wichtige Drucksache: BR-Drs. 770/16(B).

Art. 172 Gesetz zum Abbau verzichtbarer Anordnungen der Schriftform im Verwaltungsverfahren des Bundes vom 29.3.2017 (BGBl. I S. 626, 652) brachte zum 5.4.2017 eine Änderung des § 20 Abs. 4 StVZO, wonach nunmehr die technischen Angaben bei der Erteilung der Allgemeinen Betriebserlaubnis auch durch einen elektronischen Bescheid des Kraftfahrt-Bundesamtes festgelegt werden können (vgl. BR-Drs. 491/16, S. 155). Wichtige Drucksachen: BR-Drs. 137/17, 137/17(B) und BR-Drs. 491/16.

Durch Art. 2 Zweiundfünfzigste Verordnung zur Änderung straßenverkehrsrechtlicher Vorschriften vom 18.5.2017 (BGBl. I S. 1282, 1283) waren die §§ 22a, 31b, 34, 35a, 36, 37, 58, 63a (neu eingefügt), 67, 67a (neu eingefügt), 69a und 72 StVZO betroffen. Dabei wurden insbesondere die **Regelungen für die Fahrradbeleuchtung geändert**. „Dies … (war) notwendig, da mit Inkrafttreten der 48. Verordnung zur Änderung straßenverkehrsrechtlicher Vorschriften zum 1.8.2013 der Absatz 1 des § 67 StVZO neu gefasst und im Ergebnis die vormals festgeschriebene „Dynamopflicht“ aufgehoben wurde. **Klarstellungen zur Anbringung der Beleuchtungseinrichtungen** und eine **Anpassung der Vorschriften an den Stand der Technik**, insbesondere hinsichtlich der verwendeten Betriebsspannung für aktive Beleuchtungseinrichtungen, sind erforderlich. Neu ... (wurden) in § 67a StVZO die **lichttechnischen Einrichtungen für Fahrradanhänger** geregelt .... Darüber hinaus ... (wurde) eine **Beschreibung für Fahrräder in § 63a StVZO aufgenommen** ...“ (Quelle: BR-Drs. 771/16, S. 1 f.). Die Vorschriften sind **am 1.6.2017 in Kraft getreten**. Wichtige Drucksachen: BR-Drs. 771/16 und 771/16(B).

Mit Artikel 1 Erste Verordnung zur Änderung der Straßenverkehrs-Zulassungs-Ordnung vom 20.10.2017 (BGBl. I S. 3723) wurden § 47 Abs. 6b StVZO und § 47f StVZO (Kraftstoffe, emissionsbedeutsame Betriebsstoffe und Systeme zur Verringerung der Stickoxid-Emissionen) neu eingefügt, § 69a Abs. 1 StVZO neu gefasst und § 72 Abs. 2 Nr. 3a StVZO neu eingefügt. Darüber hinaus wurden Anlage VIIIa und der Anhang geändert. „In den letzten Jahren sind diverse umweltrelevante EU-Richtlinien und EU-Verordnungen verabschiedet worden, die nur für typgenehmigte Fahrzeuge unmittelbar gelten. Die Ausweitung auf Einzelgenehmigungen nach § 21 StVZO und die Anwendbarkeit der Vorschriften auf Änderungen an Fahrzeugen nach § 19 Absatz 2 und Absatz 3 StVZO hat national zu erfolgen. Mit ... (der Verordnung) soll deshalb nun die Anwendung dieser **EU-Richtlinien und EU-Verordnungen für nationale Einzelgenehmigungen und Änderungen an Fahrzeugen umgesetzt** werden. Im Weiteren soll mit ... (der Verordnung) die **Voraussetzung für eine weitergehende Spezifizierung von Sanktionsvorschriften auf nationaler Ebene geschaffen** werden, die durch die EG-Verordnung (EG) Nr. 595/2009 hinsichtlich des Betriebes ohne Reagenz (**»Ad-Blue«**) vorgesehen sind.“ Die Regelungen sind **am 1.12.2017 in Kraft getreten**. (Quelle: BR-Drs. 569/17, S. 1). Wichtige Drucksachen: BR-Drs. 569/17, 569/1/17 und 569/17(B).

Mit Artikel 1 Zweite Verordnung zur Änderung der Straßenverkehrs-Zulassungsordnung vom 13.3.2019 (BGBl. I S. 332) wurden die §§ 19 und 21 StVZO geändert. Die Änderungen sind am 22.3.2019 in Kraft getreten. „Die EU-Kommission hat ein Vertragsverletzungsverfahren (2016–4061) gegen Deutschland eingeleitet und mit Schreiben vom 22.7.2016 erklärt, dass durch § 21 Absatz 1 Satz 2 StVZO in Verbindung mit §§ 6 Absatz 1 Satz 1, § 6 Absatz 1a Satz 1 sowie § 10 Absatz 1 des Kraftfahrsachverständigengesetzes (KfSachvG) die **Niederlassungsfreiheit von Dienstleistern und** die **Dienstleistungsfreiheit** in nicht gerechtfertigter und unverhältnismäßiger Weise beschränkt werde und dass dies einen Verstoß gegen EU-Recht darstelle. Diesen Bedenken der EU-Kommission kann durch Änderung der §§ 19 und 21 StVZO Rechnung getragen werden.“ (Quelle: BR-Drs. 640/18, S. 1 f.). Wichtige Drucksachen: BR-Drs. 640/18 (Grunddrucksache), BR-Drs. 640/1/18 (Ausschussempfehlung) und BR-Drs. 640/18(B) (Beschlussdrucksache).

Mit Artikel 1 Dritte Verordnung zur Änderung der Straßenverkehrs-Zulassungs-Ordnung vom 26.11.2019 (BGBl. I S. 2015) wurden die Inhaltsübersicht und § 47 StVZO geändert. Die **Anlage XXII StVZO** (Anforderungen an Stickoxid-Minderungssysteme (NOx-Minderungssysteme) mit hoher Minderungsleistung zur Einhaltung eines Emissionswerts von weniger als 270 mg/km NOx für Kraftfahrzeuge mit Selbstzündungsmotor (NOxMS-Pkw)) wurde neu eingefügt. Die Regelungen sind **am 1.1.2020 in Kraft getreten**. „Die (neue Anlage XXII StVZO) ... dient der Umsetzung der mit dem Dreizehnten Gesetz zur Änderung des Bundes-Immissionsschutzgesetzes vorgenommenen Änderung des § 47 Absatz 4 des Bundes-Immissionsschutzgesetzes (BImSchG), basierend auf dem »Konzept für saubere Luft und die Sicherung der individuellen Mobilität in unseren Städten« vom 1.10.2018 zur Einhaltung des europarechtlich im Jahresmittel geltenden Stickstoffdioxid-Grenzwertes. …" (Quelle: BR-Drs. 491/19, S. 1 f.) Wichtige Drucksachen: BR-Drs. 491/19 (Verordnung) sowie BR-Drs. 491/19(B) (Beschlussdrucksache).

Mit Artikel 1 Fünfundfünfzigste Verordnung zur Änderung straßenverkehrsrechtlicher Vorschriften vom 25.6.2021 (BGBl. I S. 2204) wurden neben der Inhaltsübersicht die §§ 19, 22a, 29, 30, 32, 32a, 34, 35a, 36, 41a, 47, 49a, 51a, 52, 53, 53b, 55, 57a, 63a, 69a, 70 und 72 StVZO sowie die Anlagen VIII, VIIIb, VIIIc, VIIId, VIIIe, XIV und XXIX geändert. Die §§ 35d und 57b StVZO wurden neu gefasst, § 32e StVZO wurde neu eingefügt. Diese Regelungen sind am 3.7.2021 in Kraft getreten. Die Änderung des § 36 StVZO tritt erst am 1.10.2024 in Kraft. Wesentlicher Inhalt: „Die Vorgaben der Richtlinie 96/53/EG des Rates zur Festlegung der höchstzulässigen **Abmessungen für bestimmte Straßenfahrzeuge** im innerstaatlichen und grenzüberschreitenden Verkehr in der Gemeinschaft sowie zur Festlegung der höchstzulässigen Gewichte im grenzüberschreitenden Verkehr sind unter anderem in der Straßenverkehrs-Zulassungs-Ordnung (StVZO) umgesetzt. Die Richtlinie 96/53/EG wurde durch die Richtlinie (EU) 2015/719 des Europäischen Parlaments und des Rates vom 29.4.2015 geändert. Diese Änderungen sind über die 55. Ausnahmeverordnung zur StVZO in nationales Recht umgesetzt und sollen nun in die StVZO übernommen werden. Die Verordnung (EU) 2019/1242 des Europäischen Parlaments und des Rates vom 20.6.2019 ändert ebenfalls die Richtlinie 96/53/EG und erfordert eine Umsetzung in nationales Recht. Mit der Verordnung (EU) 2019/1892 der Kommission vom 31.10.2019 werden die **Vorgaben zu Massen und Abmessungen von bestimmten Fahrzeugen und Fahrzeugkombinationen** geändert und Aspekte der Richtlinie 96/53/EG umgesetzt. Die **Vorschriften für land- oder forstwirtschaftliche Fahrzeuge**, insbesondere der land- oder forstwirtschaftlichen Zugmaschinen, werden hinsichtlich der Vorschriften zum Schutz der Insassen angepasst. Die Anerkennung von Kraftfahrzeugwerkstätten für die Durchführung von Sicherheitsprüfungen oder Untersuchungen der Abgase ist entsprechend den europäischen Rechtsakten über die regelmäßige technische Untersuchung von Fahrzeugen an bestimmte Voraussetzungen gebunden. Diese Vorgaben müssen durch Änderung der entsprechenden Anlage der StVZO national umgesetzt werden. … Seit dem 1.1.2013 besteht für ab diesem Datum erstmals in Verkehr gekommene Fahrzeuge keine nationale Pflicht zur Ausrüstung mit analogen Fahrtenschreibern mehr. Im Zuge der Gleichstellung soll mit der Anpassung der Übergangsbestimmung in § 72 Absatz 2 zu § 57a StVZO die **nationale Ausrüstungspflicht mit analogen Fahrtschreibern auch für bereits vor dem 1.1.2013 zugelassene Fahrzeuge, z. B. Wohnmobile mit einer zulässigen Gesamtmasse von mehr als 7,5t oder Linienbusse mit einer Wegstrecke kleiner als 50 km, aufgehoben** werden. Weitere Änderungen der StVZO … dienen der Klarstellung und Aktualisierung." (Quelle: BR-Drs. 397/20, S. 1) Wichtige Drucksache BR-Drs. 397/20 (Verordnung).

Mit Artikel 11 Viertes Gesetz zur Änderung des Straßenverkehrsgesetzes und anderer straßenverkehrsrechtlicher Vorschriften vom 12.7.2021 (BGBl. I S. 3091, 3105) wurden § 69a StVZO und die Anlage VIII mit Wirkung vom 28.7.2021 geändert. Es handelt sich um Folgeänderungen aufgrund geänderter Fassungen des § 24 StVG und des § 7 FZV aF. Wichtige Drucksachen: BR-Drs. 257/21 (Gesetzentwurf), BR-Drs. zu257/21 (Berichtigung), BT-Drs.

19/28684 (Gesetzentwurf), BT-Drs. 19/29874 (Beschlussempfehlung und Bericht Ausschuss für Verkehr und digitale Infrastruktur).

Mit Artikel 22 Gesetz zur Anpassung von Gesetzen und Verordnungen an die neue Behördenbezeichnung des Bundesamtes für Güterverkehr vom 2.3.2023, BGBl. 2023/I, Nr. 56 wurde § 52 StVZO mit Wirkung vom 9. März 2023 geändert. Wesentlicher Inhalt: „Am 16. Mai 2022 wurde die Umbenennung des Bundesamtes für Güterverkehr (BAG) in Bundesamt für Logistik und Mobilität (BALM) zum 1. Januar 2023 im Bundesanzeiger bekannt gemacht. In der Folge sollen Gesetze und Verordnungen, in denen auf das BAG verwiesen wird, redaktionell angepasst werden.“ (Quelle: BT-Drs. 20/4870, Seite 1) Wichtige Drucksachen: BR-Drs. 507/22 (Gesetzentwurf Bundesregierung), BT-Drs. 20/4655 (Gesetzentwurf Bundesregierung) und BT-Drs. 20/4870 (Beschlussempfehlung und Bericht Verkehrsausschuss).

Mit Artikel 8 Verordnung zum Neuerlass der Fahrzeug-Zulassungsverordnung und zur Änderung weiterer Vorschriften vom 20.7.2023, BGBl. 2023/I Nr. 199 wurden die §§ 19, 21, 22a, 29, 29a, 36, 36a, 49a und 54 StVZO sowie die Anlage VIII StVZO mit Wirkung vom 1.9.2023 geändert. Wesentlicher Inhalt: Anpassung an die Neufassung der FZV 2023, die am 1.9.2023 in Kraft getreten ist (näher zur FZV 2023 in dieser Einführung unter Kap. VII). Wichtige Drucksache: BR-Drs. 70/23 (Verordnung).

Mit Wirkung vom 20.6.2024 ist die 56. VO zur Änderung straßenverkehrsrechtlicher Vorschriften in Kraft getreten. Durch sie werden umweltrelevante Verordnungsvorgaben der Europäischen Kommission, die bisher nur für typgenehmigte Fahrzeuge Anwendung fanden, auf die Einzelgenehmigung übertragen (§§ 19 Abs. 2 u. 3, 21, 47, 47d, 49 StVZO). § 19 StVZO wurde dahin geändert, dass ab dem 1.11.2024 die Anforderungen des harmonisierten EU-Genehmigungsrechts bei der Erteilung einer Betriebserlaubnis zu erfüllen sind und erst nachrangig die Vorschriften der StVZO. Es entfällt die Ebenbürtigkeit von nationalem und EU-Genehmigungsrecht. Das Teilegutachten wird durch die nationale Teiletypgenehmigung ersetzt. Die Anforderungen an Fahrtenschreiber und Geschwindigkeitsbegrenzer wurden an EU-Recht und den Stand der Technik angepasst.

Zu beachten sind beim Umgang mit der StVZO auch die zahlreichen Ausnahmeverordnungen (enthalten in der Loseblattsammlung „Straßenverkehrsrecht“ sowie den elektronischen Sammlungen „Straßenverkehrsrecht Texte“ oder „Verkehrsrecht PLUS“ des Verlages C.H.Beck).

2. Die StVZO im Überblick

a) In Teil A **(§§ 1 bis 15l – Zulassung von Personen)** waren **bis Ende 1998** die für die Zulassung von Personen zur Teilnahme am Verkehr im Allgemeinen und insbes. die für das Führen von Kraftfahrzeugen erforderlichen Voraussetzungen geregelt. Dieser Abschnitt ist durch die „Verordnung über die Zulassung von Personen zum Straßenverkehr“ (Fahrerlaubnis-Verordnung – FeV) vom 18.8.1998 (BGBl. I S. 2214) aufgehoben und durch die seit 1.1.1999 geltende FeV ersetzt worden, die im Wesentlichen den Inhalt des früheren Teils A der StVZO übernommen hat (s. dazu unten Kap. VI.).

b) Teil B **(Zulassung von Fahrzeugen)** enthält alle für Fahrzeuge wichtigen Vorschriften. Die §§ 16 und 17 in Abschnitt I regeln Fragen der Zulassung von Fahrzeugen im Allgemeinen. Die **bisher** in Abschnitt II enthaltenen **Regelungen über das Zulassungsverfahren** für Kfz und ihre Anhänger wurden im Zusammenhang mit der Einführung der Fahrzeug-Zulassungsverordnung (FZV – abgedruckt unter Nr. 3.2 dieser Textsammlung; s. auch unten Kap. VII.) zum **1.3.2007** aus der StVZO heraus- und weitestgehend in die **FZV** übernommen (BGBl. 2006 I S. 988 ff.). Abschnitt II behandelt nunmehr Betriebserlaubnis und Bauartgenehmigung (§ 19 bis 29). § 29 betrifft weiterhin – in Verbindung mit den Anlagen VIII und IX der StVZO – die allen Kraftfahrern bekannte regelmäßige Untersuchung der Kraftfahrzeuge (HU) durch den TÜV oder andere Stellen. Die früher in Abschnitt I (§§ 29a bis 29h) enthaltenen Ausführungsvorschriften zu Fragen der Pflichtversicherung sind zum 1.3.2007 entfallen. Die Überwachung des Versicherungsschutzes der Fahrzeuge ist nunmehr in Abschnitt 6 der FZV (§§ 49 bis 56 FZV 2023) geregelt und wird im Folgenden unter Kap. VII. behandelt. Die §§ 30 bis 67a in Abschnitt III befassen sich schließlich – weiterhin – mit technischen **Bau- und Betriebsvorschriften,** die ständig der Entwicklung angepasst werden. Hervorzuheben ist in Abschnitt III die grundlegende Vorschrift des **§ 31,** wonach der **Fahrzeugführer** zur selbständigen Leitung geeignet sein muss; nach Abs. 2 ist aber auch der **Halter** dafür verantwortlich, dass der Fahrzeugführer geeignet und das Fahrzeug selbst in vorschriftsmäßigem Zustand ist.

Nach **§ 31a** kann die Verwaltungsbehörde einem Fahrzeughalter für ein oder mehrere Fahrzeuge die **Führung eines Fahrtenbuchs** auferlegen, wenn die Feststellung eines Fahrzeugführers nach einer Zuwiderhandlung gegen Verkehrsvorschriften nicht möglich war, wie dies häufig der Fall ist, wenn der Fahrzeugführer nicht sofort festgestellt und eine Anzeige lediglich auf Grund des abgelesenen Kennzeichens erstattet worden ist (sog. „Kennzeichen-Anzeige"). Im Hinblick auf den Verhältnismäßigkeitsgrundsatz darf aber von einer Fahrtenbuchauflage nicht bereits bei einem einmaligen geringfügigen Verstoß (zB Parkverstoß) Gebrauch gemacht werden, sondern nur bei bedeutsameren oder wiederholten Verstößen. Zur Halter-Kostenhaftung bei Verstößen im ruhenden Verkehr s. oben Kap. III. 2. c gg zu § 25a StVG.

c) Teil C enthält in den §§ 68 bis 73 Durchführungs-, Bußgeld- und Schlussvorschriften, die hier keiner näheren Darstellung bedürfen. Erwähnenswert ist hier lediglich § 69a StVZO, der – ähnlich wie § 49 StVO, § 75 FeV und § 77 FZV 2023 – in Ergänzung des § 24 StVG alle Vorschriften der StVZO aufzählt, deren Nichtbeachtung mit einer Geldbuße geahndet werden kann; hier nicht aufgeführte Zuwiderhandlungen gegen Regelungen der StVZO können nicht geahndet werden (s. dazu Burmann/Heß/Hühnermann/Jahnke, Straßenverkehrsrecht, 28. Aufl. 2024, § 23 StVO Rn. 54, § 49 StVO Rn. 1).

d) Anlagen zur StVZO. Für die Anwendung der StVZO sind die Anlagen zur StVZO von besonderer Bedeutung. Sie enthalten zB in Anlage VIII die detaillierten Regelungen zu den Zeitabständen der Hauptuntersuchung bei Kfz und Anhängern. Besonders hervorzuheben ist auch die neu eingefügte Anlage XXIX zu § 20 Abs. 3a S. 4 StVZO, die die vollständige Darstellung der EG-Fahrzeugklassen enthält (die Anlagen sind wegen ihres Umfangs in dieser Textsammlung nicht abgedruckt; sie sind aber zB enthalten in der Loseblattsammlung „Straßenverkehrsrecht" sowie den elektronischen Sammlungen „Straßenverkehrsrecht Texte" oder „Verkehrsrecht PLUS" des Verlages C.H.Beck). Die Anlagen I, II und IV bis VII wurden zum 1.3.2007 aufgehoben (Anlage III bereits früher durch VO vom 6.1.1995, BGBl. I S. 8).

VI. Fahrerlaubnis-Verordnung (FeV)

(Nr. 3.1 der Textsammlung)

1. Entstehung und Grundlagen

Die Fahrerlaubnis-Verordnung (BGBl. 1998/I S. 2214) wurde zum 1.1.1999 eingeführt **(FeV 1999)** und seither, teilweise in größerem Umfang geändert und immer wieder der Gesamtrechtslage angepasst.

Durch die Verordnung über die Zulassung von Personen zum Straßenverkehr **(Fahrerlaubnis-Verordnung – FeV)** vom 13.12.2010 (BGBl. I S. 1980) wurde die Fahrerlaubnis-Verordnung (FeV) vom 18.8.1998 (BGBl. 1998 I S. 2214), die zuletzt durch Art. 3 der Verordnung vom 5.8.2009 (BGBl. 2009 I S. 2631) geändert worden war, **zur Gewährleistung der erforderlichen Rechtssicherheit aufgehoben** (siehe auch BR-Drs. 531/10; 531/10 (Beschluss)) **und gleichzeitig – ohne weitere inhaltliche Änderungen – neu gefasst (FeV 2010) und wieder, mit Wirkung vom 18.12.2010, in Kraft gesetzt** (BGBl. I S. 2014).

Besonders erwähnenswerte Änderungen der FeV 1999 erfolgten, in größerem Umfang, durch die FeVÄndVOen vom 7.8.2002 (BGBl. I S. 3267) und vom 9.8.2004 (BGBl. I S. 2092). Lediglich redaktionelle Anpassungen erfolgten durch die Umbenennung des Bundesgrenzschutzes in Bundespolizei (Art. 92 Gesetz zur Umbenennung des Bundesgrenzschutzes in Bundespolizei, BGBl. 2005 I S. 1818, 1834 f.). Von großer Bedeutung war die Einfügung des Unterabschnitts „10. Begleitetes Fahren ab 17 Jahre" (§§ 48a und b) in Abschnitt II durch Art. 2 Drittes Gesetz zur Änderung des Straßenverkehrsgesetzes und anderer straßenverkehrsrechtlicher Vorschriften vom 14.8.2005 (BGBl. I S. 2412, 2413). Durch Art. 8a der Verordnung zur Neuordnung des Rechts der Zulassung von Fahrzeugen zum Straßenverkehr und zur Änderung straßenverkehrsrechtlicher Vorschriften vom 25.4.2006 (BGBl. I S. 988, 1078 f.) wurde u. a. die Definition des motorisierten Krankenfahrstuhls modifiziert (§ 4 Abs. 1 S. 2 Nr. 2). Die Änderungen durch die 1. FeV-ÄndVO vom 14.6.2006 (BGBl. I S. 1329 f.) betreffen u. a. die Fahrerlaubnisklassen T und L (§ 6 Abs. 5 Nr. 7 – Aufhebung der bisherigen Beschränkung dieser Fahrerlaubnisse auf den Winterdienst nur im Zusammenhang mit der Park-, Garten- und Friedhofspflege und generelle Aufnahme des Winterdienstes als land- oder forstwirtschaftlicher Zweck), den Erwerb der Fahrerlaubnisklassen C1 und C1E im Rahmen der Berufsausbildung zum Berufskraftfahrer/Berufskraftfahrerin (§ 10 Abs. 2 S. 1 und das Übergangsrecht dazu gemäß § 76 Nr. 8a – zukünftig nicht mehr ab Vollendung des 17. Lebensjahres, sondern erst ab Vollendung des 18. Lebensjahres; s. dazu auch unten Kap. X. 2.) sowie die Regelungen zum Begleiteten Fahren ab 17 Jahre (§ 48a Abs. 5 S. 1 Nr. 2 – Einbeziehung von deutschen oder EU/EWR-Fahrerlaubnissen der Begleitperson, die der Klasse B entsprechen). Die Änderung durch Art. 2 Verordnung über den Erlass und die Änderung verkehrsrechtlicher Vorschriften zur Durchführung des Berufskraftfahrer-Qualifikations-Gesetzes vom 22.8.2006 (BGBl. I S. 2108, 2116) betrifft Anpassungen hinsichtlich der Ausbildung zum Berufskraftfahrer (§ 10; Anlage 9 FeV). In diesem Zusammenhang sind auch das Gesetz zur Einführung einer Grundqualifikation und Weiterbildung der Fahrer im Güterkraft- oder Personenverkehr (BKrFQG) vom 14.8.2006 (BGBl. I S. 1958 ff.) und die o. g.

Verordnung über den Erlass und die Änderung verkehrsrechtlicher Vorschriften zur Durchführung des Berufskraftfahrer-Qualifikations-Gesetzes (BKrFQV) vom 22.8.2006 (BGBl. I S. 2108 ff.) zu erwähnen (diese Vorschriften sind in der umfassenden Loseblatt-Textsammlung „Straßenverkehrsrecht" sowie den elektronischen Sammlungen „Straßenverkehrsrecht Texte" oder „Verkehrsrecht PLUS" des Verlages C.H.Beck enthalten). Durch die 9. Zuständigkeitsanpassungsverordnung vom 31.10.2006 (BGBl. I S. 2407, 2466) wurde die (damals) aktuelle Bezeichnung des Bundesministeriums für Verkehr, Bau und Stadtentwicklung (früher: Verkehr, Bau- und Wohnungswesen), auch in Anlage 7 FeV, angepasst. Mit der Verordnung zur Änderung der Anlage zu § 24a StVG und anderer Vorschriften vom 6.6.2007 (BGBl. I S. 1045, 1046) wurden ua Regelungen eingeführt, nach denen sich insbesondere Lkw-, Bus- und Taxifahrer künftig auf Erkrankungen mit erhöhter Tagesschläfrigkeit untersuchen lassen müssen (vgl. insbesondere Nr. 11.2 Anlage 4 FeV und Nr. 14 Anlage 5 FeV). Art. 2 Gesetz zur Einführung eines Alkoholverbots für Fahranfänger und Fahranfängerinnen vom 19.7.2007 (BGBl. I S. 1460) enthält im Wesentlichen die Einführung von § 24c StVG. Durch Art. 9 Gesetz zur Änderung seeverkehrsrechtlicher, verkehrsrechtlicher und anderer Vorschriften mit Bezug zum Seerecht vom 8.4.2008 (BGBl. I S. 706, 712) erfolgten Anpassungen an die erweiterten Übermittlungsmöglichkeiten von Daten aus dem Verkehrszentralregister im Zusammenhang mit der See- und Binnenschifffahrt (§ 30 Abs. 4a StVG). Von besonderer Bedeutung ist die Vierte Verordnung zur Änderung der FeV und anderer straßenverkehrsrechtlicher Vorschriften vom 18.7.2008 (BGBl. I S. 1338). Sie enthält in Art. 1 weitreichende Änderungen der Fahrerlaubnis-Verordnung. Hervorzuheben sind hier die Regelungen zur Eignungsüberprüfung (§ 11 (Eignung), § 13 (Klärung von Eignungszweifeln bei Alkoholproblematik) und § 14 (Klärung von Eignungszweifeln im Hinblick auf Betäubungsmittel und Arzneimittel)) und vor allem die **Überführung der fahrerlaubnisrechtlichen Vorschriften aus der Verordnung über den internationalen Kraftfahrzeugverkehr (IntKfzVO) in die FeV** (§ 25a (Antrag auf Ausstellung eines internationalen Führerscheins), § 25b (Ausstellung des Internationalen Führerscheins), § 29 (Ausländische Fahrerlaubnisse) und § 29a (Aberkennung des Rechts, von einer ausländischen Fahrerlaubnis im Inland Gebrauch zu machen)). Gleichzeitig wurde durch Art. 2 die Verordnung über internationalen Kraftfahrzeugverkehr (IntKfzVO) zum 30.10.2008 nunmehr vollständig aufgehoben (s. auch Kap. VII. 1.). Die Zweite Verordnung zur Änderung der FeV vom 7.1.2009 (BGBl. I S. 27) dient der Umsetzung der Richtlinie 2008/65/EG der Kommission vom 27.6.2008 zur Änderung der Richtlinie 91/439/EWG über den Führerschein (ABl. EU Nr. L 168, S. 36 - 2. EU-Führerscheinrichtlinie), durch die die Definition für Kraftfahrzeuge mit Automatikgetriebe geändert wurde. Besonders hervorzuheben ist zudem eine wichtige Klarstellung: Nachdem durch die Vierte Verordnung zur Änderung der FeV die bisherige Regelung des § 11 Abs. 2 IntKfzVO in den neu eingefügten § 29a FeV übernommen wurde, ergaben sich Abgrenzungsschwierigkeiten zum Anwendungsbereich des § 46 FeV. Sowohl in § 29a FeV, als auch in § 46 FeV wurde die Entziehung ausländischer Fahrerlaubnisse geregelt, allerdings jeweils mit unterschiedlichen Rechtsfolgen (§ 29a Abs. 4 FeV einerseits, § 47 Abs. 2 FeV andererseits). Aus dem Wortlaut des § 29a FeV ging nicht klar hervor, auf welche Fälle der Entziehung ausländischer Fahrerlaubnisse die Vorschrift – in Abgrenzung zu § 46 FeV – anzuwenden ist. Durch Ergänzung des § 46 FeV um die bisherigen Vorschriften des § 29a FeV und Anpassung des § 47 Abs. 2 FeV wurden jetzt einheitliche, eindeutige Regelungen für die Entziehung, Beschränkung oder Anordnung von Auflagen bezüglich ausländischer Fahrerlaubnisse geschaffen. Die Dritte Verordnung zur Änderung der FeV vom 7.1.2009 (BGBl. I S. 29) dient der fristgerechten Umsetzung von Art. 11 Abs. 4 der Richtlinie 2006/126/EG des Europäischen Parlaments und des Rates vom 20.12.2006 über den Führerschein (ABl. EU Nr. L 403 S. 16 - 3. EU-Führerscheinrichtlinie) in nationales Recht zum 19.1.2009. Die Regelungen betreffen vor allem die Voraussetzungen der Nichtanerkennung einer ausländischen EU- oder EWR-Fahrerlaubnis im Inland zur Bekämpfung des sog. „Führerscheintourismus". Angepasst wurden die §§ 20, 21 und 22 sowie die §§ 28 und 29 (näher dazu BR-Drs. 851/08; 851/1/08; 851/08 (Beschluss)). Durch die fünfundvierzigste Verordnung zur Änderung straßenverkehrsrechtlicher Vorschriften vom 26.3.2009 (BGBl. I S. 734 f.) wurde mit der Einfügung von § 18 Abs. 11 StVO (Verbot bei entsprechend schlechten Witterungsbedingungen den äußersten linken Fahrstreifen von Autobahnen und Kraftfahrstraßen zu benutzen) Anlage 13 FeV aF (Punktbewertung) entsprechend angepasst. Mit Art. 3 der Verordnung über die **Teilnahme elektronischer Mobilitätshilfen am Verkehr** und zur Änderung der FeV und der FZV vom 16.7.2009 (BGBl. I S. 2097) wurde durch die Ergänzung von § 4 Abs. 1 S. 2 FeV klargestellt, dass für das Führen von Mobilitätshilfen (§ 1 Mobilitätshilfenverordnung – MobHV – ursprünglich in Kraft getreten am 25.7.2009), zB Segway Personal Transporter, keine Fahrerlaubnis erforderlich ist. Die **MobHV** wurde mit Wirkung zum 15.6.2019 (BGBl. I S. 756, 769) **aufgehoben** und gleichzeitig mit Wirkung vom 15.6.2019 **durch** die **Elektrokleinstfahrzeuge-Verordnung (eKFV) ersetzt**. Durch Art. 3 der 46. VO zur Änderung straßenverkehrsrechtlicher Vorschriften vom 5.8.2009 (BGBl. I S. 2631, 2684 f.) wurde Anlage 12 (Bewertung der Straftaten und Ordnungswidrigkeiten im Rahmen der Fahrerlaubnis auf Probe (§ 2a des Straßenverkehrsgesetzes)) an die Änderungen der StVO angepasst.

Die **FeV 2010, die am 18.12.2010, in Kraft getreten** ist (BGBl. I S. 2014), wurde zwischenzeitlich, insbesondere vor dem Hintergrund der Umsetzung der 3. EU-Führerscheinrichtlinie, teilweise erheblich geändert und an die Gesamtrechtslage angepasst.

Die fünfte Verordnung zur Änderung der Fahrerlaubnis-Verordnung und anderer straßenverkehrsrechtlicher Vorschriften vom 27.12.2010 (BGBl. I S. 2279) enthält drei Schwerpunkte: Weitere Regelungen zur Überführung des Modellversuchs **„Begleitetes Fahren ab 17 Jahre"** in Dauerrecht (siehe insbesondere die Änderungen von § 48a und § 48b FeV sowie die entsprechende Änderung der Bußgeldkatalog-Verordnung: Tatbestands-Nummer 251a). Die Ratifizierung der Änderungen zum Übereinkommen über den Straßenverkehr vom 8.11.1968, die von den Vertragsparteien bis zum Januar 2011 umzusetzen waren. Sie betreffen u. a. **Regelungen und Ausgestaltung des Internationalen Führerscheins** (siehe insbesondere die Änderungen von § 25a und § 25b FeV). Sowie die Umsetzung der Richtlinien 2009/112/EG und 2009/113/EG der Kommission vom 25.8.2009, die der **Vereinheitlichung der gesundheitlichen Anforderungen im Rahmen der Führerscheinprüfung** dient, da das Bestehen unterschiedlicher Anforderungen an die Fahrtüchtigkeit in verschiedenen Mitgliedstaaten die Freizügigkeit beeinträchtigen kann (siehe insbesondere die Änderungen der Anlagen 4 und 6 FeV). Die Regelungen sind, einschließlich der Änderungen der Anlagen 4 und 6 FeV sowie der Änderungen von § 29 Abs. 3 und § 31 FeV, die am 1.7.2011 in Kraft traten, am **1.1.2011 in Kraft** getreten (Näheres dazu in BR-Drs. 580/10; 580/1/10; 580/2/10 und 580/10 (Beschluss)).

Mit Art. 1 Sechste Verordnung zur Änderung der Fahrerlaubnis-Verordnung und anderer straßenverkehrsrechtlicher Vorschriften vom 7.1.2011 (BGBl. I S. 3 ff.) wurden die notwendigen Änderungen der FeV im Bereich des Fahrerlaubnisrechts zur **weiteren Umsetzung der 3. EU-Führerscheinrichtlinie** (Richtlinie 2006/126/EG des Europäischen Parlaments und des Rates vom 20.12.2006 über den Führerschein – Neufassung – ABl. EG Nr. L 403 S. 18) in das nationale Recht vorgenommen. Besonders hervorzuheben ist dabei, dass **ab dem 19.1.2013 ausgestellte Führerscheine,** die bisher unbefristet erteilt wurden, **auf die** nach Art. 7 Abs. 2a der Richtlinie **maximal zulässige Frist von längstens 15 Jahren befristet** werden (vgl. § 24a Abs. 1 FeV und BR-Drs. 660/10, S. 45). Darüber hinaus müssen zusätzlich **alle bisher unbefristet ausgestellten Führerscheine bis zum 19.1.2033 umgetauscht** werden (vgl. § 24a Abs. 2 FeV und BR-Drs. 660/10, S. 45). Im Rahmen der Fahrerlaubnisklassen sind teilweise erhebliche Anpassungen an die Vorgaben der 3. EU-Führerscheinrichtlinie erfolgt. So wurde beispielsweise die **neue Fahrerlaubnisklasse AM** (vgl. § 6 Abs. 1 FeV und BR-Drs. 660/10, S. 45) eingeführt. Entsprechend der 3. EU-Führerscheinrichtlinie traten die Regelungen fristgerecht **zum 19.1.2013** in Kraft (Näheres dazu in BR-Drs. 660/10; 660/1/10; 660/2/10; 660/10 (Beschluss)).

Mit der ersten Verordnung über Ausnahmen von den Vorschriften der FeV vom 15.4.2011 (BGBl. I S. 650) wurde bei Auskünften nach § 30 Abs. 8 StVG oder § 58 StVG mit Wirkung vom 30.4.2011, abweichend von § 64 FeV, der elektronische Identitätsnachweis **(elektronischer Personalausweis)** nach § 18 PersonalausweisG (BGBl. 2009/I S. 1346) als weiterer Identitätsnachweis anerkannt (amtliche Begründung in VkBl 2011, 394).

Die siebte Verordnung zur Änderung der Fahrerlaubnis-Verordnung und anderer straßenverkehrsrechtlicher Vorschriften vom 26.6.2012 (BGBl. I S. 1394) dient der weiteren **Umsetzung der 3. EU-Führerscheinrichtlinie,** wobei zusätzlich **weitere Maßnahmen gegen den Führerscheintourismus** ergriffen wurden und insbesondere auch das (durch die Richtlinie 2011/94/EU der Kommission vom 28.11.2011 zur Änderung der Richtlinie 2006/126/EG des Europäischen Parlaments und des Rates über den Führerschein) **neu eingeführte Führerscheinmuster** in nationales Recht umgesetzt wurde. Die Änderungen in **Art. 1** (Änderungen der FeV) **traten am 30.6.2012 in Kraft** und betrafen §§ 6, 11, 14, 16, 18, 21, 26, 28, 29 und 30 FeV. Neu eingefügt wurde § 30 FeV (Rücktausch von Führerscheinen). Geändert wurden des Weiteren §§ 47, 48, 52, 59 und 76 FeV sowie die Anlagen 3, 4, 6, 7, 9 und 11 FeV. **Art. 2** (Weitere Änderung der Fahrerlaubnis-Verordnung), **Art. 3** (Änderung der Fahrschüler-Ausbildungsordnung), **Art. 4** (Änderung der Durchführungsverordnung zum Fahrlehrergesetz) und **Art. 5** (Änderung der Gebührenordnung für Maßnahmen im Straßenverkehr) **traten am 19.1.2013 in Kraft.**

Die amtliche Begründung führt dazu folgendes aus: „Auf Grund der mit der Sechsten Verordnung zur Änderung der Fahrerlaubnis-Verordnung und anderer straßenverkehrsrechtlicher Vorschriften vom 7.1.2011 (BGBl. I S. 3) erfolgten Umsetzung der Richtlinie 2006/126/EG des Europäischen Parlaments und des Rates vom 20.12.2006 über den Führerschein, der sog. 3. EU-Führerscheinrichtlinie, besteht weiterer Änderungsbedarf. Da bei den Fahrerlaubnisbehörden vermehrt Bürgerinnen und Bürger den Umtausch eines EU/EWR-Führerscheins beantragen, der durch einen anderen Mitgliedstaat ohne genaue

Prüfung auf Grund der Vorlage eines Drittstaaten-Führerscheins ausgestellt wurde, ist es notwendig geworden, Maßnahmen gegen diesen Führerscheintourismus zu ergreifen. Ferner hat auch der Vollzug der fahrerlaubnisrechtlichen Regelungen, hier u. a. die mit der Fünften Verordnung zur Änderung der Fahrerlaubnis-Verordnung und anderer straßenverkehrsrechtlicher Vorschriften vom 17.12.2010 (BGBl. I S. 2279) geschaffenen Neuregelungen hinsichtlich des Mindestalters ausländischer Fahrerlaubnisinhaber gezeigt, dass Änderungs- und Anpassungsbedarf besteht. Durch die Richtlinie 2011/94/EU der Kommission vom 28.11.2011 zur Änderung der Richtlinie 2006/126/EG des Europäischen Parlaments und des Rates über den Führerschein wurde ein neues Führerscheinmuster eingeführt. Diese Regelung ist bis zum 30.6.2012 in nationales Recht umzusetzen. Darüber hinaus hat sich auf Grund der Neuverkündung der Fahrerlaubnis-Verordnung durch die Verordnung vom 13.12.2010 (BGBl. I S. 1980) Korrekturbedarf ergeben, da der neuverkündete Text in einigen Punkten nicht mit dem ursprünglichen Text der Fahrerlaubnis-Verordnung übereinstimmte." (BR-Drs. 245/12, S. 1/2) „Aus diesen Gründen sollen mit der vorliegenden Verordnung die bei der Neuverkündung entstandenen Fehler behoben werden. Außerdem werden Regelungen getroffen, die sich zum einen aus dem Vollzug der aktuellen Vorschriften ergeben haben und zum anderen für die Umsetzung der EU-rechtlichen Vorgaben erforderlich sind." (BR-Drs. 245/12, S. 2). Näher dazu BR-Drs. 245/12; zu 245/12 (Berichtigung); 245/1/12 und 245/12 (Beschluss).

Mit Art. 1 und 2 Achte Verordnung zur Änderung der Fahrerlaubnis-Verordnung und anderer straßenverkehrsrechtlicher Vorschriften vom 10.1.2013 (BGBl. I S. 35) erfolgten, zusammen mit notwendigen Folgeänderungen, weitere Anpassungen der FeV 2010 zur nunmehr weitestgehend abschließenden Umsetzung der 3. EU-Führerscheinrichtlinie. Die Regelungen sind zum 15.1.2013 bzw. zum 19.1.2013 in Kraft getreten (BGBl. I S. 35, 67). Näher zum Ganzen BR-Drs. 683/12; 683/1/12 und 683/12 ((Beschluss))).

Durch Art. 2 Absatz 14 Gesetz zur Fortentwicklung des Meldewesens vom 3.5.2013 (BGBl. I S. 1084, 1103) erfolgten in § 73 FeV Umstellungen bzw. Anpassungen an die maßgeblichen Regelungen im Bundesmeldegesetz, die aber erst am 1.5.2015 in Kraft treten.

Durch Art. 1 und 2 Neunte Verordnung zur Änderung der Fahrerlaubnis-Verordnung und anderer straßenverkehrsrechtlicher Vorschriften vom 5.11.2013 (BGBl. I S. 3920) erfolgten vor allem im Zusammenhang mit der Reform des Punktsystems und der Umstellung auf das Fahreignungsbewertungssystems weitreichende Änderungen zum 1.5.2014. Besonders hervorzuheben sind hierbei die Neufassung der Anlage 13 (Bezeichnung und Bewertung der im Rahmen des Fahreignungs-Bewertungssystems zu berücksichtigenden Straftaten und Ordnungswidrigkeiten) und die Regelungen zum neuen Fahreignungsseminar (§§ 42 ff. FeV) sowie die neue Anlage 16 (Rahmenlehrplan für die Durchführung der verkehrspädagogischen Teilmaßnahme des Fahreignungsseminars). Wichtige Drucksachen: BR-Drs. 810/12; 676/13 und 676/13(B).

Mit Art. 1 Zehnte Verordnung zur Änderung der Fahrerlaubnis-Verordnung und anderer straßenverkehrsrechtlicher Vorschriften vom 16.4.2014 (BGBl. I S. 348) erfolgten, überwiegend zum 1.5.2014 (Ausnahme: Art. 1 Nummer 22 und 26d traten am 1.1.2015 in Kraft und betreffen § 68 und § 66 FeV), umfangreiche Änderungen der Fahrerlaubnis-Verordnung. Sie betreffen die §§ 4, 5, 6, 10, 11, 15, 17, 18, 24a, 25a, 25b, 28, 29, 44, 48, 48a, 59, 66, 68, 70, 72,

74 und 76 FeV. § 43a FeV wurde neu eingefügt. Darüber hinaus wurden die Anlagen 3, 4, 5, 6, 7, 8, 8a, 8b, 8c, 9, 11 FeV geändert. Anlage 13 FeV (Bezeichnung und Bewertung der im Rahmen des Fahreignungs-Bewertungssystems zu berücksichtigenden Straftaten und Ordnungswidrigkeiten), Anlage 14 FeV (Voraussetzungen für die amtliche Anerkennung als Träger von Begutachtungsstellen für Fahreignung) und Anlage 15 FeV (Voraussetzungen für die amtliche Anerkennung als Träger von Kursen zur Wiederherstellung der Kraftfahreignung) wurden neu gefasst. Neu eingefügt wurde Anlage 4a (Grundsätze für die Durchführung der Untersuchungen und die Erstellung der Gutachten) sowie Anlage 17 (Inhalte der Prüfung im Rahmen der Qualitätssicherung der Fahreignungsseminare und Einweisungslehrgänge) und Anlage 18 (Muster der Teilnahmebescheinigung gemäß § 44 FeV). „Mit dieser Verordnung werden zum einen weitere Regelungen als Folge der Umsetzung der 3. EU-Führerscheinrichtlinie getroffen. Außerdem wird die Bundesanstalt für Straßenwesen damit betraut, die Träger von Begutachtungsstellen für die Fahreignung, Technische Prüfstellen sowie Stellen, die Kurse zur Wiederherstellung der Kraftfahreignung anstelle der bisherigen Akkreditierung durchführen, zu begutachten. Ferner werden mit dieser Verordnung die **Regelungen zur Fahreignung aktualisiert und erste Ergebnisse der MPU-Reform umgesetzt**. Darüber hinaus enthält diese Verordnung unter anderem weitere Regelungen zur Umsetzung der VZR-Reform und zur Optimierung der Fahrerlaubnis-Verordnung" (VkBl. 2014, 401). Wichtige Drucksachen: BR-Drs. 78/14; 78/1/14 und 78/14(B).

Mit den Regelungen in Art. 1 Erste Verordnung zur Änderung der Fahrerlaubnis-Verordnung vom 16.12.2014 (BGBl. 2014 I S. 2213), die zum 1.1.2015 in Kraft getreten ist, wurde in erster Linie das Ziel verfolgt, den Fahrerlaubnisbehörden auch noch nach Jahren die für die Neuerteilung einer erloschenen Fahrerlaubnis erforderlichen Daten zur Verfügung zu stellen. Hinzu kommen Präzisierungen im Zusammenhang mit der 3. EU-Führerscheinrichtlinie und Anpassungen an das Fahreignungs-Bewertungssystem. Die Sonderregelungen in § 10 Abs. 2 FeV (herabgesetztes Mindestalter bei den Fahrerlaubnisklassen C und D) dienen der **Sicherstellung der Einsatzfähigkeit der polizeilichen und nichtpolizeilichen Gefahrenabwehr** (näher dazu BR-Drs. 460/14 S. 1 ff.). Wichtige Drucksachen: BR-Drs. 460/14; 460/1/14 und 460/14(B).

Mit Art. 1 Zweite Verordnung zur Änderung der Fahrerlaubnis-Verordnung vom 2.10.2015 (BGBl. I S. 1674) erfolgten umfangreiche Änderungen, die die §§ 4, 6, 10, 17, 19, 21, 22, 22a (neu eingefügt), 25b, 27, 29a (neu eingefügt), 30, 31, 48, 48a, 49, 51, 52, 68, 74 und 76 FeV sowie die Anlagen 8a (neu eingefügt), 8b, 9 und 11 betrafen. „Die Verordnung enthält verschiedene Regelungsziele und -inhalte: **1.** Die Erfordernisse für die **Schulung in Erster Hilfe** im Zusammenhang mit dem Erwerb einer Fahrerlaubnis werden neu geregelt und angepasst an die bereits erfolgte Neukonzeption der betrieblichen Erste-Hilfe-Ausbildung im Rahmen der gesetzlichen Unfallversicherung. Die Unfallversicherungsträger (Verband Deutsche Gesetzliche Unfallversicherung, DGUV) und die Bundesarbeitsgemeinschaft Erste Hilfe (BAGEH) haben sich unter Beteiligung des Deutschen Verkehrssicherheitsrats (DVR) auf eine durchgreifende Neukonzeption der betrieblichen Erste-Hilfe-Ausbildung verständigt, die bereits am 1.4.2015 wirksam geworden ist. Die Ausbildung in Erster Hilfe wird von bisher 16 Unterrichtseinheiten auf nun neun Unterrichtseinheiten reduziert. Die Erste-Hilfe-Ausbildung fokussiert sich nun auf die Vermittlung der lebensrettenden Sofortmaßnahmen und einfache Ersthelfer-Maßnahmen. Im Bereich des Straßenverkehrsrechts wird diese Neukonzeption der Erste-Hilfe-Ausbildung in der Weise nachvollzogen, dass die bisherige »Unterweisung in lebensrettenden Sofortmaßnahmen« (acht Unterrichtseinheiten, bislang erforderlich beim Erwerb der Fahrerlaubnis der A- und B-Klassen, L und T) entfällt und gleichzeitig die »Erste-Hilfe-Ausbildung« im Umfang von künftig neun Unterrichtseinheiten (bisher16 Unterrichtseinheiten) Voraussetzung für den Erwerb aller Fahrerlaubnisklassen (bislang nur C- und D-Klassen) wird. Die entsprechende Anpassung des § 2 Straßenverkehrsgesetz (StVG) durch Artikel 2 des Gesetzes vom 2.3.2015 (BGBl. I S. 186, 187), ist bereits in Kraft getreten und wird durch die vorliegende Änderungsverordnung ausgefüllt. Die entsprechenden Regelungen sind in der Verordnung in §§ 19 und 68 Fahrerlaubnisverordnung (FeV) enthalten, Übergangsregelungen werden in § 76 Nummer 11a, Nummer 11b und Nummer 18 FeV getroffen. **2.** Die **Regelungen zum Mindestalter zum Erwerb einer Fahrerlaubnis der C- und D-Klassen** im Zusammenhang mit der dreijährigen Berufsausbildung zum/r **Berufskraftfahrer/in** gemäß § 10 Absatz 1 Satz 1 Nummer 7 und Nummer 9 FeV samt der zugehörigen Schlüsselzahlen in Anlage 9 zur FeV werden an die Vorgaben gemäß der EU-Berufskraftfahrer-Qualifikations-Richtlinie 2003/59/EG angepasst. Die Änderungen betreffen insbesondere die Reichweite der Inlandsbeschränkung und die Auflage »nur im Rahmen des Ausbildungsverhältnisses.« **3.** Zur Frage der Fahrberechtigung in Deutschland aufgrund der **NATO-Truppenführerscheine** als Dienstführerscheine für Angehörige der in Deutschland stationierten NATO-Truppen gab es in der Vergangenheit zwischen den US-Truppenbehörden und den obersten Landesbehörden mit Zuständigkeit für das Fahrerlaubnisrecht unterschiedliche Auffassungen betreffend die Auslegung von Artikel 9 des Zusatzabkommens zum NATO-Truppenstatut. Praktische Relevanz hatte dies vor allem für die Fälle einer befristeten zivilen US-Fahrerlaubnis, deren Gültigkeit durch Fristablauf erloschen ist und nicht verlängert wurde. Unter Berufung auf eine völkerrechtliche Bindung der Bundesregierung an eine frühere Auslegung, die in einem Schriftwechsel mit den USA und in einer Denkschrift als Gegenstand der BT-Drucksache 12/6477, S. 61, erläutert ist, wird diese Frage nun durch eine Regelung in § 29a FeV abschließend geklärt. Der Anwendungsbereich der Neuregelung ist auf Mitglieder der Streitkräfte aus USA und Kanada und deren Angehörige beschränkt. **4. Fahrerlaubnisrechtliche Dokumente**, die nur zeitlich befristet anstelle eines EU-Scheckkartenführerscheins oder als Ausnahmegenehmigung zusätzlich zu einem EU-Scheckkartenführerschein erteilt werden, werden bisher auf normalem Papier ausgefertigt. Sie sind daher aus urkundentechnischer Sicht unzureichend und deshalb manipulationsanfällig. Betroffen hiervon sind die Prüfungsbescheinigung im Rahmen des Begleiteten Fahrens ab 17 Jahre nach § 48a FeV, die befristete Prüfungsbescheinigung nach § 22 Absatz 4 Satz 7 FeV, die Ausnahmegenehmigung nach § 74 FeV. In enger Abstimmung mit dem Bundeskriminalamt werden **sicherheitstechnische Merkmale** für diese Dokumente eingeführt und in den **Mustervorgaben** gemäß Anlagen 8a und 8b zur FeV sowie in § 74 Absatz 4 FeV verankert. Übergangsregelungen werden in § 76 Nummer 12a, Nummer 15 und Nummer 19 FeV getroffen. **5. Weitere Änderungen** betreffen unter anderem die Aufnahme von Bosnien- Herzegowina in die Anlage 11 zur FeV mit der Wirkung einer **prüfungsfreien Umschreibung ausländischer Fahrerlaubnisse aus Drittstaaten** (Nicht-EU/Nicht-EWR), Anpassungen an EU-Vorgaben im Rahmen der EU-Führerschein-Richtlinie 2006/126/EG.“ (Quelle: Erläuterungen zu Tagesordnungspunkt 57 der 936. Sitzung des Bundesrates am 25.9.2015). Wichtige Drucksachen: BR-Drs. 338/15, BR-Drs. 338/1/15 sowie BR-Drs. 338/15(B). Die Regelungen sind am 21.10.2015 in Kraft getreten.

Mit den Regelungen in Art. 2 Erste Verordnung zur Änderung der Berufskraftfahrer-Qualifikationsverordnung und anderer straßenverkehrsrechtlicher Vorschriften vom 19.12.2016 (BGBl. I S. 2920, 2927) erfolgten unter anderem Folgeänderungen in der FeV („Mit der Änderung … werden die Anpassungen der **Vorschriften über das für Busfahrer erforderliche Mindestalter im Rahmen der Berufskraftfahrerqualifizierung übernommen**." (Quelle: Erläuterungen zu TOP 37 der 951. Sitzung des Bundesrates am 25.11.2016) – geändert wurden § 10 FeV und Anlage 9 FeV). Die Änderungen sind am 22.12.2016 in Kraft getreten. Wichtige Drucksachen: BR-Drs. 593/16 und BR-Drs. 593/16(B).

Mit Art. 1 und Art. 2 Elfte Verordnung zur Änderung der Fahrerlaubnis-Verordnung und anderer straßenverkehrsrechtlicher Vorschriften vom 21.12.2016 (BGBl. I S. 3083) erfolgten mit Wirkung zum 28.12.2016 weitreichende Änderungen im Fahrerlaubnisrecht. Hervorzuheben ist Folgendes: „1. **Umsetzung der Richtlinie 2006/126/EG** – Die EU-Kommission hat gegen Deutschland wegen der unvollständigen Umsetzung der Richtlinie 2006/126/EG des Europäischen Parlaments und des Rates vom 20.12.2006 über den Führerschein (3. EU-Führerscheinrichtlinie) Klage vor dem Europäischen Gerichtshof erhoben (C-30/16). Die **von der EU-Kommission beanstandeten Punkte sind** daher **richtlinienkonform umzusetzen**. Daneben hat die Kommission mit den Richtlinien 2014/85/EU der Kommission vom 1.7.2014 und 2015/653 der Kommission vom 24.4.2015 in der Zwischenzeit einige Anlagen der 3. EU-Führerscheinrichtlinie an den wissenschaftlichen und technischen Fortschritt angepasst. Wegen der noch nicht erfolgten Umsetzung liegt zur Richtlinie 2014/85/EU bereits ein Mahnschreiben vor. Die hierzu ergangenen Richtlinien sind ebenfalls ins deutsche Recht umzusetzen. Ferner wurden die **Vorgaben zum Kontrollgerät neu gefasst**. Schließlich soll von der **Möglichkeit** Gebrauch gemacht werden, **dreirädrige Kraftfahrzeuge in die Klasse B einzuschließen**. 2. **Anforderungen an die Fahreignung** – Die Anforderungen an die Fahreignung **bei Herz- und Gefäßkrankheiten** stellen nicht mehr den aktuellen wissenschaftlichen Stand dar und sind daher zu aktualisieren. 3. **Optimierung der Fahrerlaubnis-Verordnung** – Aus der praktischen Umsetzung insbesondere der zahlreichen Änderungen der Fahrerlaubnis-Verordnung in den letzten Jahren hat sich Optimierungsbedarf ergeben." (Quelle: BR-Drs. 253/16, S. 1 f.). Neben **Änderungen bei der Fahrerlaubnis der Klasse A2** ist hier hervorzuheben, dass **Fahrer von Fahrzeugen mit mehr als 3.500 kg, die zur Personenbeförderung ausgelegt und gebaut sind, zukünftig** eine **Fahrerlaubnis der Klasse D1 und D (Busklassen)** benötigen, unabhängig davon, für welche Mindestpersonenzahl diese Fahrzeuge ausgelegt sind. Bisher war dafür eine Fahrerlaubnis der Klasse C1 bzw. C (Lkw-Klassen) ausreichend, sofern die Fahrzeuge zur Beförderung von nicht mehr als acht Personen außer dem Fahrzeugführer ausgelegt und gebaut sind (Quelle: BR-Drs. 253/16, S. 25). Siehe zum Bestandsschutz: § 76 Nr. 6a sowie Nrn. 8a bis 8d FeV. Der Bundesrat hat der Verordnung in seiner 952. Sitzung am 16.12.2016 mit der Maßgabe wichtiger Änderungen zugestimmt (siehe BR-Drs. 253/16(Beschluss)), wobei insbesondere **Absatz 4a in § 6 FeV (neu)** zu erwähnen ist. Die Regelungen sind vor allem für **Feuerwehr, Poli-**

zei, Rettungsdienst, THW ua von Bedeutung und erlauben mit der Fahrerlaubnis Klasse C1 das Führen von Fahrzeugen mit einer zulässigen Gesamtmasse von mehr als 3.500 kg, aber nicht mehr als 7.500 kg, und die zur Beförderung von nicht mehr als acht Personen außer dem Fahrzeugführer ausgelegt und gebaut sind und die die besonderen Zweckbestimmungen des § 6 Abs. 4a FeV (neu) erfüllen. Dies gilt für die Klassen C1E, C und CE entsprechend. Die Änderungen betreffen folgende Vorschriften: §§ 3, 4, 5, 6, 10, 11, 20, 21, 22a, 23, 24, 24a, 25, 28, 48, 57, 66, 74, 75 und 76 FeV; geändert wurden außerdem die Anlagen 3, 4, 4a, 7, 8a, 9, 11 und 12 (Art. 1 Elfte Verordnung zur Änderung der Fahrerlaubnis-Verordnung und anderer straßenverkehrsrechtlicher Vorschriften). Weitere Änderungen der FeV erfolgten außerdem in §§ 52, 59, 76 FeV sowie in den Anlagen 1, 2 und 9 (Art. 2 Elfte Verordnung zur Änderung der Fahrerlaubnis-Verordnung und anderer straßenverkehrsrechtlicher Vorschriften). Wichtige Drucksachen: BR-Drs. 253/16, BR-Drs. Zu253/16, BR-Drs. 253/16(B).

Mit Art. 4 Zweiundfünfzigste Verordnung zur Änderung straßenverkehrsrechtlicher Vorschriften vom 18.5.2017 (BGBl. I S. 1282, 1287) wurde **Anlage 13 FeV** („**Punkte**") in lfd. Nr. 3.5.7 redaktionell an die neuen Regelungen zur „Winterreifenpflicht" (neue Regelungen zur **Verantwortlichkeit des Fahrzeughalters für die Inbetriebnahme von Kraftfahrzeugen mit unzulässiger Bereifung bei winterlichen Wetterverhältnissen**) angepasst. Die Regelung ist **am 1.6.2017 in Kraft getreten**. Wichtige Drucksachen: BR-Drs. 771/16 und 771/16(B).

Durch Art. 2 Verordnung zur Änderung fahrpersonalrechtlicher und straßenverkehrsrechtlicher Vorschriften vom 8.8.2017 (BGBl. I S. 3158, 3162) wurde **Anlage 7 FeV (Fahrerlaubnisprüfung) mit Wirkung vom 18.8.2017 redaktionell angepasst**. Wichtige Drucksachen: BR-Drs. 416/17 und 416/17(B).

Mit Art. 1 Zwölfte Verordnung zur Änderung der Fahrerlaubnis-Verordnung und anderer straßenverkehrsrechtlicher Vorschriften vom 14.8.2017 (BGBl. I S. 3232) erfolgten **vielfältige Änderungen der FeV**. Sie betrafen die §§ 6, 11, 12, 16, 17, 21, 25, 28, 48, 67, 71a und 71b (beide neu eingefügt), 72, 75 und 76 FeV sowie die Anlagen 2, 3, 4, 4a, 5, 7, 8, 9, 11, 13, 14, 14a (neu eingefügt), 15 und 15a (neu eingefügt) FeV. Die Regelungen sind **weitestgehend am 24.8.2017 in Kraft getreten** (die Änderungen in Anlage 7 Nr. 1.3 FeV sind am 1.11.2017 in Kraft getreten). „Die **Verordnung steht in Zusammenhang mit der Verordnung zur Neufassung fahrlehrerrechtlicher Vorschriften und zur Änderung anderer straßenverkehrsrechtlicher Vorschriften und dient der Anpassung und Überarbeitung von Verordnungen als Folge der Neufassung des Fahrlehrergesetzes**, welches eine durchgreifende Reform des Fahrlehrerrechts zum Gegenstand hat und das Berufsbild der Fahrlehrerinnen und Fahrlehrer modernisiert. … Als Ergebnis der MPU-Reform wurden mit der Zehnten Verordnung zur Änderung der Fahrerlaubnis-Verordnung und anderer straßenverkehrsrechtlicher Vorschriften vom 16.4.2014 (BGBl. S. 348) als zusätzliche Anerkennungsvoraussetzung für die Träger von **Begutachtungsstellen für Kraftfahreignung und die Träger von Kursen zur Wiederherstellung der Kraftfahreignung** Regelungen in die Fahrerlaubnis-Verordnung aufgenommen, dass die Eignung der psychologischen Testverfahren und -geräte sowie die Eignung der Kurse zur Wiederherstellung der Kraftfahreignung durch eine unabhängige Stelle bestätigt sein müssen. Ebenso muss die Eignung der zur Untersuchung von Busfahrern eingesetzten psychologischen Testverfahren und -geräte bestätigt sein. Für diese unabhängigen Stellen gibt es bislang kein Anerkennungsverfahren. Mit der Zwölften Verordnung zur Änderung der Fahrerlaubnis-Verordnung und anderer straßenverkehrsrechtlicher Vorschriften werden nun **Regelungen zu den Anerkennungsvoraussetzungen und dem Anerkennungsverfahren dieser unabhängigen Stellen** getroffen. Maßgeblich ist ein zweistufiges Verfahren, um eine qualitätssichernde und personalschonende amtliche Anerkennung für eine unabhängige Stelle zu erreichen. Die originäre amtliche Anerkennung erfolgt durch die nach Landesrecht zuständige Behörde und zwar in dem Land, in dem der Träger der unabhängigen Stelle seinen Sitz hat. Die Anerkennung hat bundesweite Geltung. Die fachliche Expertise für die Bestimmung der unabhängigen Stellen wird weitgehend durch eine Begutachtung der Bundesanstalt für Straßenwesen (BASt) gewährleistet. Diese bildet dann die Grundlage für die amtliche Anerkennung durch die nach Landesrecht zuständige Behörde. Die Regelungen für die Begutachtung durch die BASt werden nicht durch eine eigens zu schaffende Begutachtungsrichtlinie verankert, sondern werden als Teil der (neuen) Anlage 14a ausgestaltet. **Außerdem wird die Definition der Fahrerlaubnisklasse AM geändert**, da die Fahrerlaubnis-Verordnung insoweit der Verordnung (EU) Nr. 168/2013 des Europäischen Parlaments und des Rates vom 15.1.2013 über die Genehmigung und Marktüberwachung von zwei- oder dreirädrigen und vierrädriger Fahrzeugen angepasst werden muss. Künftig soll jeder Fahrerlaubnisbewerber **bei der theoretischen Fahrerlaubnisprüfung** die **Möglichkeit der Audiounterstützung in deutscher Sprache** erhalten, unabhängig davon, ob eine Lese- oder Rechtschreibschwäche vorliegt. Dies dient dem Bürokratieabbau, da der Bewerber bisher Nachweise (Bescheinigung eines Arztes, der Schule) vorlegen musste, dass er nicht ausreichend lesen oder schreiben kann. Diese Nachweise mussten dann von der Fahrerlaubnisbehörde geprüft werden. Schließlich werden weitere Regelungen der Fahrerlaubnis-Verordnung an den aktuellen wissenschaftlichen Stand sowie an veränderte Gegebenheiten angepasst, insbesondere erfolgt eine **Klarstellung**, dass die Regelungen der Elften Verordnung zur Änderung der Fahrerlaubnis-Verordnung und anderer straßenverkehrsrechtlicher Vorschriften vom 21.12.2016 (BGB. I S. 3083) **bezüglich der Geltungsdauer der Fahrerlaubnisklassen C1 und C1E sowie des Umfangs der C- und D-Klassen** erst für ab dem 28.12.2016 erteilte Fahrerlaubnisse Anwendung finden und nicht schon für ab dem 19.1.2013 erteilte Fahrerlaubnisse. Außerdem wird die **Republik Serbien in die Staatenliste der Anlage 11 aufgenommen**, das heißt serbische Fahrerlaubnisse aller Klassen können prüfungsfrei in die entsprechende deutsche Fahrerlaubnis umgeschrieben werden." (Quelle: Erläuterung zu TOP 85 der 959. Sitzung des Bundesrates am 7.7.2017). Wichtige Drucksachen: BR-Drs. 417/17 und 417/17(B).

Mit Art. 2 Sechsundfünfzigstes Strafrechtsänderungsgesetz vom 30.9.2017 (BGBl. I S. 3532) wurden die **Anlagen 12** (Bewertung der Straftaten und Ordnungswidrigkeiten im Rahmen der Fahrerlaubnis auf Probe – § 2a des Straßenverkehrsgesetzes) **und 13** (Bezeichnung und Bewertung der im Rahmen des Fahreignungs-Bewertungssystems zu berücksichtigenden Straftaten und Ordnungswidrigkeiten) **FeV** an die **Neuregelungen zur Strafbarkeit nicht genehmigter Kraftfahrzeugrennen im Straßenverkehr** (insbesondere § 315d StGB (Verbotene Kraftfahrzeugrennen) **mit Wirkung zum 13.10.2017** geändert („A-Verstoß"/Schwerwiegende Zuwiderhandlung im Rahmen der Fahrerlaubnis auf Probe sowie 2 Punkte). Wichtige Drucksachen: BR-Drs. 362/16,

BT-Drs. 18/10145, 18/12936 und 18/12964 sowie BR-Drs. 607/17 und 607/17(B).

Mit Art. 4 Dreiundfünfzigste Verordnung zur Änderung straßenverkehrsrechtlicher Vorschriften vom 6.10.2017 (BGBl. I S. 3549, 3553) wurden die **Anlagen 12 und 13 FeV erneut geändert**. Die Änderungen betreffen **Anpassungen an die Änderungen der StVO durch Artikel 1 Dreiundfünfzigste Verordnung zur Änderung straßenverkehrsrechtlicher Vorschriften vom 6.10.2017** (BGBl. I S. 3549) und enthalten in Anlage 12 FeV Änderungen der „A-Verstöße" (Schwerwiegende Zuwiderhandlungen) im Rahmen der Fahrerlaubnis auf Probe bei Verstößen gegen die §§ 11 Abs. 2, 23 Abs. 1a und 38 Abs. 1 StVO sowie in Anlage 13 entsprechende Regelungen zum „Punktsystem" (jeweils zwei „Punkte"). Wichtige Drucksachen: BR-Drs. 556/17, 556/1/17 und BR-Drs. 556/17(B).

Durch Art. 4 Verordnung zur **Neufassung fahrlehrerrechtlicher Vorschriften** und zur Änderung anderer straßenverkehrsrechtlicher Vorschriften vom 2.1.2018 (BGBl. I S. 2, 46) wurde die Fahrerlaubnis-Verordnung an die Neufassungen des Fahrlehrergesetzes, der Durchführungsverordnung zum Fahrlehrergesetz, der Fahrlehrer-Ausbildungs(ver)ordnung und der Fahrlehrer-Prüfungs(ver)ordnung angepasst. Betroffen sind die **§§ 16 Abs. 3, 17 Abs. 5, 43, 43a und 59 FeV sowie die Anlagen 7a und 17 FeV**. Die Regelungen sind **am 4.1.2018 in Kraft getreten**. Wichtige Drucksachen: BR-Drs. 379/1(neu), zu379/17, 379/1/17 und 379/17(B).

Mit Artikel 1 Dritte Verordnung zur Änderung der Fahrerlaubnis-Verordnung vom 3.5.2018 (BGBl. I S. 566) wurden die §§ 6, 75 und 76 FeV sowie die Anlagen 4, 4a und 5 geändert. Die **Änderungen sind am 24.5.2018 in Kraft getreten**. „Seit der Verabschiedung der Dritten EU-Führerscheinrichtlinie 2006/126/EG haben sich die **wissenschaftlichen Erkenntnisse zu Erkrankungen verbessert, die die Fahrtüchtigkeit beeinträchtigen**. Dies insbesondere in Bezug auf die Einschätzung der mit diesen Erkrankungen verbundenen Risiken für die Sicherheit im Straßenverkehr und in Bezug auf die Effektivität der Behandlung zur Risikovermeidung. Da die Vorgaben der Dritten EU-Führerscheinrichtlinie nicht mehr dem aktuellen wissenschaftlichen Kenntnisstand entsprochen haben, hat die EU-Kommission (Driving Licence Comittee) eine Arbeitsgruppe eingesetzt. Diese sollte die Risiken bewerten, die sich aus aktueller medizinischer Sicht aus den Herz-Kreislauf-Erkrankungen beim Führen von Kraftfahrzeugen für die Sicherheit im Straßenverkehr ergeben. Zudem liegen neue Erkenntnisse in Bezug auf Diabeteserkrankungen vor. Mit der Richtlinie (EU) 2016/1106 vom 7.7.2016 der Kommission zur Änderung der Richtlinie 2006/126/EG des Europäischen Parlaments und des Rates über den Führerschein sind diese Erkenntnisse in europäisches Recht überführt worden." (Quelle: BR-Drs. 90/18, S. 1). Wichtige Drucksachen: BR-Drs. 90/18 (Verordnung), BR-Drs. 90/1/18 (Empfehlungen der Ausschüsse), BR-Drs. zu90/18 (Berichtigung) und BR-Drs. 90/18(B) (Beschlussdrucksache).

Durch Artikel 1 Dreizehnte Verordnung zur Änderung der Fahrerlaubnis-Verordnung und anderer straßenverkehrsrechtlicher Vorschriften vom 11.3.2019 (BGBl. I S 218) wurden die §§ 4, 7, 12, 16, 17, 21, 22, 24a, 26, 27, 30, 30a, 31, 48, 48a, 49 und 76 FeV sowie die Anlagen 3, 6, 9, 10 und 11 FeV geändert, Anlage 8e (**Umtausch vor dem 19.1.2013 ausgestellter Führerscheine**) wurde neu eingefügt – die Anlage 8e FeV ist in dieser Textsammlung abgedruckt. Die **Regelungen sind überwiegend am 19.3.2019 in Kraft**

getreten. Die Änderungen in **§ 12 FeV und** in **Anlage 6 FeV** gelten ab **18.9.2019**. „Zur Verbesserung der Sicherheit von Fahranfängern gehört auch die bessere Beurteilung und Dokumentation ihrer Fahrkompetenz in der praktischen Fahrerlaubnisprüfung. Hier wurden im Rahmen von Projekten der Bundesanstalt für Straßenwesen (BASt) über mehrere Jahre Instrumente entwickelt und getestet, die nun in der praktischen Fahrerlaubnisprüfung eingesetzt werden sollten. Allerdings fehlen derzeit noch die rechtlichen Voraussetzungen. Die Technischen Prüfstellen stellen insbesondere bei praktischen Prüfungen von Inhabern ausländischer Fahrerlaubnisse nach § 31 der Fahrerlaubnis-Verordnung (FeV) zunehmend fest, dass diese oft nicht über die erforderliche Prüfungsreife verfügen und daher die praktische Prüfung wiederholen müssen. Dies wird künftig dadurch vermieden, dass ein Fahrlehrer auch diese Personen nur dann zur Prüfung vorstellen darf, wenn er sich von deren Prüfungsreife überzeugt hat. Darüber hinaus hat sich in der praktischen Anwendung der fahrerlaubnisrechtlichen Regelungen Änderungs- und Anpassungsbedarf gezeigt, dem mit dieser Verordnung abgeholfen werden soll." (Quelle: BR-Drs. 600/18, S. 1). Besonders hervorzuheben sind darüber hinaus die Regelungen zum Umtausch „alter" Führerscheine: „Die Regelung zum vorgezogenen Führerscheinumtausch soll sicherstellen, dass entsprechend den Vorgaben von Artikel 3 Nummer 3 der Richtlinie 2006/126/EG bis zum 19.1.2033 alle vor dem 19.1.2013 ausgestellten Führerscheine umgetauscht werden. Die neue Anlage 8e enthält die Detailregelung zum vorgezogenen Führerscheinumtausch. Begonnen wird mit den schätzungsweise noch ca. 15 Millionen bis zum 31.12.1998 ausgestellten (Papier-)Führerscheinen, da diese bislang noch nicht im Zentralen Fahrerlaubnisregister gespeichert sind. So soll bis zum 19.1.2025 sichergestellt werden, dass dieses weitgehend vollständig ist und insbesondere auch im Rahmen des Europäischen Führerscheinnetzwerkes Informationen über nahezu alle Inhaber einer deutschen Fahrerlaubnis enthält. …" (Quelle: BR-Drs. 600/18(B), S. 4). Wichtige Drucksachen: BR-Drs. 600/18 (Verordnung), BR-Drs. 600/1/18 (Empfehlungen der Ausschüsse) und BR-Drs. 600/18(B) (Beschlussdrucksache).

Mit Artikel 2 Dreizehnte Verordnung zur Änderung der Fahrerlaubnis-Verordnung und anderer straßenverkehrsrechtlicher Vorschriften vom 11.3.2019 (BGBl. I S 218, 225) wurde Anlage 7 FeV (**Fahrerlaubnisprüfung**) geändert. Diese **Regelungen traten am 1.1.2021 in Kraft**. Wichtige Drucksachen: BR-Drs. 90/18 (Verordnung), BR-Drs. 90/1/18 (Empfehlungen der Ausschüsse), BR-Drs. zu90/18 (Berichtigung) und BR-Drs. 90/18(B) (Beschlussdrucksache).

Mit Artikel 2 Verordnung über die Teilnahme von **Elektrokleinstfahrzeugen** am Straßenverkehr und zur Änderung weiterer straßenverkehrsrechtlicher Vorschriften vom 6.6.2019 (BGBl. I S. 756, 764) wurde im Zusammenhang mit dem Erlass der Elektrokleinstfahrzeuge-Verordnung (eKFV) § 4 Abs. 1 S. 2 Nr. 1a FeV neu gefasst und damit klargestellt, dass für das Führen von Elektrokleinstfahrzeugen nach § 1 Abs. 1 eKFV keine Fahrerlaubnis erforderlich ist. Zudem wurde die Mindestaltersregelung für das Führen von Elektrokleinstfahrzeugen (14 Jahre) in § 10 Abs. 2 Satz 3 FeV angepasst. **Die Regelungen sind am 15.6.2019 in Kraft getreten**. Wichtige Drucksachen: BR-Drs. 158/19 (Grunddrucksache) und BR-Drs. 158/19(B) (Beschlussdrucksache).

Mit Artikel 4 Verordnung zur Änderung fahrlehrerrechtlicher und anderer straßenverkehrsrechtlicher Verordnungen vom 2.10.2019 (BGBl. I S. 1416, 1426) wurden insbesondere folgende Änderungen vorgenommen: §§ 16, 17 und 22 FeV. Die **Regelungen sind am 1.1.2020 in Kraft getreten**. Die Änderungen stehen im Zusammenhang mit den umfassenden Änderungen des Fahrlehrerrechts im Jahr 2017. Im Wesentlichen handelt es sich insgesamt um „redaktionelle und klarstellende Änderungen, Vereinfachung der zwischen Fahrschulen, Technischen Prüfstellen und Fahrerlaubnisbehörden stattfindenden Verfahren, Verbesserung von Möglichkeiten zur Digitalisierung" (Quelle: DIP Informationen zu BGBl. 2019 I S. 1416). Wichtige Drucksachen: BR-Drs. 372/19 (Verordnung), BR-Drs. 372/1/19 (Ausschussempfehlung) und BR-Drs. 372/19(B) (Beschlussdrucksache).

Mit Artikel 3 Gesetz zur Änderung des Straßenverkehrsgesetzes und weiterer straßenverkehrsrechtlicher Vorschriften vom 5.12.2019 (BGBl. 2008 I) wurden die §§ 10, 22a, 57 und 76 sowie Anlage 9 FeV geändert. Die Änderungen sind **weitgehend am 12.12.2019 in Kraft getreten**; die Änderungen in den **§§ 22a und 57 FeV traten am 1.6.2020 in Kraft**. „Das Gesetz zur Verbesserung des Onlinezugangs zu Verwaltungsleistungen (Onlinezugangsgesetz – OZG) verpflichtet Bund und Länder, innerhalb von fünf Jahren ihre Verwaltungsleistungen auch elektronisch über Verwaltungsportale anzubieten. Die Technischen Prüfstellen möchten bereits jetzt ihre fahrerlaubnisrechtlichen Leistungen zunehmend digitalisieren und benötigen aus diesem Grund die E-Mail-Adresse von Fahrerlaubnisbewerberinnen und Fahrerlaubnisbewerbern. … Zudem läuft zum 30.4.2020 das sogenannte Modellprojekt AM mit 15 Jahren aus. Für diesen Fall muss frühzeitig Planungssicherheit für die interessierten Fahrerlaubnisbewerber geschaffen werden …." (Quelle: BT-Drs. 19/14419, S. 1). Wichtige Drucksachen: BR-Drs. 234/19 (Gesetzentwurf), BT-Drs. 19/12915 (Gesetzentwurf), BT-Drs. 19/14419 (Beschlussempfehlung und Bericht) sowie BR-Drs. 562/19(B) (Beschlussdrucksache).

Mit Artikel 1 Vierzehnte Verordnung zur Änderung der Fahrerlaubnis-Verordnung und anderer straßenverkehrsrechtlicher Vorschriften vom 23.12.2019 (BGBl. I S. 2937) wurde ua das Inhaltsverzeichnis der FeV geändert. § 6b FeV (Fahrerlaubnis der Klasse B mit der Schlüsselzahl 196) wurde neu eingefügt. Geändert wurden die §§ 71a und 76 FeV sowie die Anlagen 4a und 7 FeV. Anlage 7b (Fahrerschulung für das Führen von Krafträdern der Klasse A1) wurde neu eingefügt. Die Anlagen 9 und 11 FeV wurden ebenfalls geändert. Die **Regelungen sind am 31.12.2019 in Kraft getreten**. „Artikel 6 Nummer 3 Buchstabe b der Richtlinie 2006/126/EG des Europäischen Parlaments und des Rates vom 20.12.2006 über den Führerschein (ABl. L 403 vom 30.12.2006, S. 18) ermöglicht es den Mitgliedstaaten der Europäischen Union, das **Führen von Krafträdern der Klasse A1 auch mit dem Besitz einer Fahrerlaubnis der Klasse B** zu erlauben. Von dieser Möglichkeit soll auch in Deutschland Gebrauch gemacht werden. Außerdem ist die Liste der Staaten, bei denen beim Führerscheinumtausch auf eine Prüfung zu verzichten ist, zu aktualisieren. Hinzu kommt, dass sich in der praktischen Anwendung der fahrerlaubnisrechtlichen Regelungen Änderungsbedarf gezeigt hat. … Mit der Verordnung (werden) … die Voraussetzungen geschaffen …, damit Inhaber einer Fahrerlaubnis der Klasse B auch Krafträder der Klasse A1 führen dürfen, ohne die für die Klasse A1 vorgeschriebene Ausbildung vollständig durchlaufen und die theoretische und die praktische Prüfung ablegen zu müssen. Außerdem (werden) … die Staatenliste in Anlage 11 der Fahrerlaubnis-Verordnung und die Anforderungen an Prüfungsfahrzeuge und an die praktische Fahrerlaubnisprüfung aktualisiert und weiterer Änderungsbedarf behoben …" (Quelle: BR-Drs. 574/19, S. 1). Wichtige Drucksachen: BR-Drs. 574/19 (Grunddrucksache),

BR-Drs. 574/1/19 (Ausschussempfehlung) und BR-Drs. 574/19(B) (Beschlussdrucksache).

Mit Artikel 4 Gesetz zur **Stärkung der Entscheidungsbereitschaft bei der Organspende** vom 16.3.2020 (BGBl. I S. 497, 500) wurde in § 19 Abs. 1 FeV (Schulung in Erster Hilfe) die Regelung aufgenommen, dass „auch die Vermittlung von Grundlagenwissen zur Organ- und Gewebespende einschließlich der Möglichkeiten, die Entscheidung über die persönliche Spendenbereitschaft zu dokumentieren" Gegenstand der Ausbildung ist. Die Änderung tritt am **1.3.2022** in Kraft. Wichtige Drucksachen: BT-Drs. 19/11087 (Gesetzentwurf), BT-Drs. 19/16214 (Beschlussempfehlung und Bericht), BR-Drs. 30/20(B) (Beschlussdrucksache).

Mit Artikel 4 Vierundfünfzigste Verordnung zur Änderung straßenverkehrsrechtlicher Vorschriften vom 20.4.2020 (BGBl. I S. 814, 835) wurden die **Anlagen 12 (Bewertung der Straftaten und Ordnungswidrigkeiten im Rahmen der Fahrerlaubnis auf Probe (§ 2a des Straßenverkehrsgesetzes)) und 13 (Bezeichnung und Bewertung der im Rahmen des Fahreignungs-Bewertungssystems zu berücksichtigenden Straftaten und Ordnungswidrigkeiten)** im Zusammenhang mit der durch die 54. Verordnung zur Änderung straßenverkehrsrechtlicher Vorschriften eingeführte StVO-Novelle (näher dazu oben zur Ordnungsnummer 100) geändert. Die Regelungen sind **am 28.4.2020 in Kraft getreten**. Die Änderung dient der „Verankerung der Eintragung von Punkten im FAER für bestimmte straßenverkehrsrechtliche Verstöße." (Quelle: BR-Drs. 591/19, S. 8). Wichtige Drucksachen: BR-Drs. 591/19 (Grunddrucksache), BR-Drs. 591/19(B) (Beschlussdrucksache).

Mit Artikel 1 Verordnung über die **Ausbildung und Prüfung auf Kraftfahrzeugen mit Automatikgetriebe** und zur Änderung weiterer Vorschriften der Fahrerlaubnis-Verordnung vom 16.11.2020 (BGBl. I S. 2704) wurden die §§ 17, 30, 31 und 76 FeV geändert; § 17a (Beschränkung auf Fahrzeuge mit Automatikgetriebe) FeV wurde neu eingefügt; die Anlagen 7 und 9 FeV wurden geändert; außerdem wurde das Inhaltsverzeichnis der FeV geändert. Die **Regelungen traten überwiegend am 1.4.2021 in Kraft**; die Änderung der Anlage 7 FeV ist am 10.12.2020 in Kraft getreten. „Bis 1986 war es in Deutschland möglich trotz praktischer Ausbildung und Prüfung auf einem Pkw ohne Schaltgetriebe auf die so genannte Automatikbeschränkung zu verzichten, wenn während der Fahrschulausbildung sechs Stunden auf einem Fahrzeug mit Schaltgetriebe absolviert worden waren. Trotz des Ablegens der praktischen Fahrerlaubnisprüfung auf einem Fahrzeug ohne Schaltgetriebe wurde in diesen Fällen bei Vorliegen der entsprechenden Bescheinigung von einer Beschränkung auf Fahrzeuge ohne Schaltgetriebe abgesehen und nur der Umstand, dass die Prüfung auf einem solchen Fahrzeug erfolgt ist, vermerkt. Auf Veranlassung des Bundesrates ist aus Verkehrssicherheitsgründen die Fahrerlaubnis seit dem 1.4.1986 auf das Führen ohne Schaltgetriebe zu beschränken, wenn die praktische Fahrerlaubnisprüfung auf einem solchen Fahrzeug abgelegt wird. Gleiches fordert auch die Richtlinie 2006/126/EG. Alternativen hierzu gibt es bisher nicht. Fahrzeuge mit alternativen Antrieben und hochautomatisierten Fahrfunktionen sind heute in der Regel mit Automatikgetriebe oder auch ohne Getriebe ausgestattet. Um jedoch die Beschränkung zu vermeiden, bevorzugen Fahrschüler aktuell die Ausbildung und praktische Fahrerlaubnisprüfung auf einem Fahrzeug mit Schaltgetriebe. Daher werden Fahrzeuge mit Automatikgetriebe in der Fahrschülerausbildung nur wenig eingesetzt. Um den Verkehr sicherer und nachhaltiger zu machen, soll die Attraktivität von Fahrzeugen mit alternativen Antrieben und hochautomatisierten Fahrfunktionen bei jungen Fahranfängern erhöht werden. Um jungen Fahranfängern bereits während der Ausbildung die Nutzung von Fahrzeugen mit alternativen Antrieben und die Nutzung hochautomatisierter Fahrfunktionen zu ermöglichen und sie mit der neuen Technik und deren Anwendung vertraut zu machen, müssen Anreize für die Nutzung derartiger Fahrzeuge in der Fahrschülerausbildung geschaffen werden, indem damit verbundene Einschränkungen wegfallen. Dabei muss jedoch den Verkehrssicherheitsbedenken, die 1986 zur Einführung der Beschränkung geführt haben, Rechnung getragen werden." (Quelle: BR-Drs. 579/20, S. 1 f.). Wichtige Drucksachen: BR-Drs. 579/20 (Verordnung), BR-Drs. 579/1/20 (Empfehlungen der Ausschüsse) und BR-Drs. 579/20(B) (Beschlussdrucksache).

Mit Artikel 2 Verordnung über die Ausbildung und Prüfung auf Kraftfahrzeugen mit Automatikgetriebe und zur Änderung weiterer Vorschriften der Fahrerlaubnis-Verordnung vom 16.11.2020 (BGBl. I S. 2704, 2706) wurden die §§ 66, 70, 71a und 72 FeV geändert; ebenfalls geändert wurden Anlage 4 und Anlage 4a FeV. Die Änderungen sind am 10.12.2020 in Kraft getreten. Wichtige Drucksachen: BR-Drs. 579/20 (Verordnung), BR-Drs. 579/1/20 (Empfehlungen der Ausschüsse) und BR-Drs. 579/20(B) (Beschlussdrucksache).

Mit Artikel 3 Verordnung zur **Ablösung der Berufskraftfahrer-Qualifikations-Verordnung und** zur **Änderung anderer straßenverkehrsrechtlicher Vorschriften** vom 9.12.2020 (BGBl. I S. 2905, 2920) wurden § 10 FeV und Anlage 9 FeV geändert. Die Änderungen sind **am 17.12.2020 in Kraft getreten**. Die Änderungen stehen im Zusammenhang mit der Ablösung der bisherigen Berufskraftfahrer-Qualifikations-Verordnung. Wichtige Drucksachen: BR-Drs. 598/20 (Verordnung), BR-Drs. 598/1/20 (Empfehlungen der Ausschüsse) und BR-Drs. 598/20(B) (Beschlussdrucksache).

Mit Artikel 4 Gesetz zur Modernisierung des Personenbeförderungsrechts vom 16.4.2021 (BGBl. I S. 822, 830) wurden die §§ 10, 48, 49, 51, 52, 76 FeV sowie die Anlagen 8 und 9 FeV geändert. Die Regelungen sind am 2.8.2021 in Kraft getreten. „Die Änderungen der Angaben der Paragraphen [in § 10 FeV] resultieren aus der Einfügung des § 44 PBefG. … Das erfolgreiche Bestehen der **Ortskundeprüfung für Taxifahrer als Voraussetzung für den Erwerb der Fahrerlaubnis zur Fahrgastbeförderung gemäß § 48 Absatz 4 Nummer 7 FeV wird abgeschafft**. Angesichts des vermehrten Einsatzes von Navigationsinstrumenten im Taxiverkehr verlieren die bislang erforderlichen Ortskenntnisse des Taxifahrers zunehmend an Bedeutung. Navigationssysteme sind bei entsprechender technischer Ausstattung nach allgemeiner Erfahrung grundsätzlich geeignet, die Ortskunde des Taxifahrers zu ersetzen. Der Nachweis entsprechender Ortskenntnisse muss somit nicht mehr zur Bedingung für die Erlangung der besonderen Fahrerlaubnis zur Fahrgastbeförderung gemacht werden. Den Interessen der Fahrgäste wird durch die in der Verordnung über den Betrieb von Kraftfahrunternehmen im Personenverkehr („BOKraft") neu eingeführte Pflicht zur Vorhaltung eines dem Stand der Technik entsprechenden Navigationsgerätes angemessen Rechnung getragen. In § 48 Absatz 4 Nummer 7 Fahrerlaubnis-Verordnung wird ein **Fachkundenachweis eingeführt**, mit dem der Taxifahrer künftig als Voraussetzung für den Erwerb der Fahrerlaubnis zur Fahrgastbeförderung belegen muss, dass er die zum Führen eines Taxis notwendige Fachkunde besitzt (insbesondere in Bezug auf Verkehrssicherheitsaspekte wie z. B. Kenntnisse der Unfallverhütungsvorschriften, besondere

Kindersicherungspflichtregeln im Taxenverkehr oder Überfallsicherheit). Dieser neue Qualifikationsnachweis soll dabei möglichst praxisorientierte Inhalte haben und vom Anforderungsniveau her keine hohen Hürden aufstellen („Kleiner Fachkundenachweis"). Wie zuvor bei der Ortskundeprüfung kann auch der Nachweis der erforderlichen Fachkunde durch eine Bescheinigung einer geeigneten Stelle geführt werden, die die zuständige oberste Landesbehörde, die von ihr bestimmte Stelle oder die nach Landesrecht zuständige Stelle bestimmt. Die Fahrerlaubnisbehörde kann die Fachkundeprüfung auch selbst durchführen. … Das Muster für den Führerschein zur Fahrgastbeförderung (Anlage 8 Muster 4 FeV) wird wegen der Einfügung der §§ 44 (Linienbedarfsverkehr) und 50 (Gebündelter Bedarfsverkehr) in das PBefG um die Berechtigungen zum Führen eines Personenkraftwagens im Linienbedarfsverkehr und eines Personenkraftwagens im gebündelten Bedarfsverkehr ergänzt. Aufgrund der Änderung des Führerscheins zur Fahrgastbeförderung ist eine Anpassung des Übergangsrechts (§ 76 Nummer 14 FeV) erforderlich. … Die Änderungen der Angaben der Paragraphen (in Anlage 9 FeV) resultieren aus der Einfügung des § 44 PBefG." (Quelle: BT-Drs. 26175, S. 55 / 56). Wichtige Drucksachen: BT-Drs. 19/26175 (Gesetzentwurf), BT-Drs. 19/27288 (Beschlussempfehlung und Bericht) und BR-Drs. 200/21(B) (Beschlussdrucksache).

Mit Artikel 12 Viertes Gesetz zur Änderung des Straßenverkehrsgesetzes und anderer straßenverkehrsrechtlicher Vorschriften vom 12.7.2021 (BGBl. I S. 3091, 3105) wurden neben der Inhaltsübersicht die §§ 10, 75, 76 FeV sowie die Anlagen 9 und 12 geändert. § 6c FeV wurde neu eingefügt. Die Änderungen sind am 28.7.2021 in Kraft getreten. „Durch die Neufassung und Abstrahierung des § 6 StVG … muss die dort bisher unmittelbar geregelte Ermächtigung der Länder zu **Regelungen über die Fahrberechtigung für Einsatzfahrzeuge** (§ 6 Absatz 5 StVG) **in die Verordnungsebene überführt** werden. Wegen der Streichung aus § 6 StVG muss dies umgesetzt werden. Diese Ermächtigung der Länder wird nun in § 6c FeV aufrechterhalten. Eine Erweiterung oder Verschiebung der Kompetenzen auf Bund- oder Landesseite erfolgt dabei nicht, lediglich der Regelungsstandort wird neu gewählt. Das Inhaltsverzeichnis der FeV wird entsprechend angepasst. Ebenso wird die Ermächtigung der Länder zur **Herabsetzung des Mindestalters für die Fahrerlaubnisklasse AM** (§ 6 Absatz 5a StVG) aus § 6 StVG gestrichen und bedarf der **Überführung an eine verordnungsrechtliche Stelle**. Aus diesem Anlass werden die Vorschriften des § 10 Absatz 1 sowie der Anlage 9 geändert und berücksichtigen zugleich den aktuellen Beschluss der Verkehrsministerkonferenz, nach dem das Mindestalter für die **Klasse AM bundesweit auf 15 Jahre herabgesetzt** wird. Einer Ermächtigung der Länder bedarf es bei dieser Überführung daher nicht mehr. Zudem erfolgen in § 75 und Anlage 12 notwendige Folgeänderung der Verweise auf § 24 StVG nach dessen Aufspaltung in mehrere Absätze. Der bisherige Regelungsgehalt ist nun in § 24 Absatz 1 StVG verortet." (Quelle: BT-Drs. 19/28684, S. 69). Wichtige Drucksachen: BR-Drs. 257/21 (Gesetzentwurf), BR-Drs. zu257/21 (Berichtigung), BT-Drs. 19/28684 (Gesetzentwurf), BT-Drs. 19/29874 (Beschlussempfehlung und Bericht Ausschuss für Verkehr und digitale Infrastruktur).

Mit Artikel 1 Fünfzehnte Verordnung zur Änderung der Fahrerlaubnis-Verordnung und anderer straßenverkehrsrechtlicher Vorschriften vom 18.3.2022 (BGBl. I S. 498) wurden § 16, 17, 17a, 21, 48, 75 und 76 FeV mit Wirkung vom 1.6.2022 geändert. Artikel 1 Nummer 12a (Anlage 8e Tabelle 1 FeV – **Verlängerung der Umtauschfrist für Führerscheinbesitzer der Jahr-**

gänge 1953 bis 1958 um ein halbes Jahr zum 19. Juli 2022) trat bereits am 19.1.2022 in Kraft. Außer der FeV selbst wurden die Anlagen 4a, 5, 6, 7, 8e, 11 und 12 FeV geändert. Wesentlicher Inhalt: „Der sich weiterverbreitenden Nutzung von Fahrerassistenzsystemen und dem bald typgenehmigungsrechtlich verpflichtenden Einbau bestimmter Fahrerassistenzsysteme muss auch in der **praktischen Fahrerlaubnisprüfung** Rechnung getragen werden. Daher ist die Nutzung dieser Fahrerassistenzsysteme in der Prüfung zu regeln. Während der Corona-Pandemie haben sich **Online-Angebote in der Fahrschülerausbildung** etabliert. Es hat sich jedoch gezeigt, dass es für deren Einsatz einheitlicher Rahmenbedingungen bedarf. Seit dem 1. April 2021 besteht die Möglichkeit, die **Fahrerlaubnisprüfung** für die **Klasse B auf Fahrzeugen mit Automatikgetrieben** zu absolvieren, ohne dass die Fahrerlaubnis auf das Führen dieser Fahrzeuge beschränkt wird. In der Praxis hat sich bei der Anwendung der entsprechenden Regelungen rechtlicher **Klarstellungsbedarf** ergeben. Zum 1. Januar 2018 wurde unter anderem die Fahrlehrerausbildung reformiert. Eine erste Evaluierung der neuen Ausbildung hat Verbesserungspotential aufgezeigt, das kurzfristig umgesetzt werden sollte. Darüber hinaus haben sich bei der Anwendung fahrerlaubnisrechtlicher und fahrlehrerrechtlicher Regelungen weitere Änderungsbedarfe ergeben, die im Zusammenhang mit den bereits genannten Problemen behoben werden sollten." (Quelle: BR-Drs. 858/21, Seite 1). Wichtige Drucksachen: BR-Drs. 858/21 (Grunddrucksache) und BR-Drs. 858/1/21 (Ausschussempfehlung) sowie BR-Drs. 858/21(B) (Beschlussdrucksache).

Mit Artikel 18 Gesetz zur Anpassung von Gesetzen und Verordnungen an die neue Behördenbezeichnung des Bundesamtes für Güterverkehr vom 2.3.2023, (BGBl. 2023/I Nr. 56) wurde § 52 FeV mit Wirkung vom 9. März 2023 geändert. Wesentlicher Inhalt: „Am 16. Mai 2022 wurde die Umbenennung des Bundesamtes für Güterverkehr (BAG) in Bundesamt für Logistik und Mobilität (BALM) zum 1. Januar 2023 im Bundesanzeiger bekannt gemacht. In der Folge sollen Gesetze und Verordnungen, in denen auf das BAG verwiesen wird, redaktionell angepasst werden." (Quelle: BT-Drs. 20/4870, Seite 1). Wichtige Drucksachen: BR-Drs. 507/22 (Gesetzentwurf Bundesregierung), BT-Drs. 20/4655 (Gesetzentwurf Bundesregierung) und BT-Drs. 20/4870 (Beschlussempfehlung und Bericht Verkehrsausschuss).

Mit Artikel 4 Verordnung zum Neuerlass der Fahrzeug-Zulassungsverordnung und zur Änderung weiterer Vorschriften vom 20.7.2023, BGBl. 2023/I Nr. 199, wurde § 60 FeV mit Wirkung vom 1. September 2023 geändert. Wesentlicher Inhalt: Anpassung an die Neufassung der FZV 2023, die am 1. September 2023 in Kraft getreten ist (näher zur FZV 2023 in dieser Einführung unter Kap. VII). Wichtige Drucksache: BR-Drs. 70/23 (Verordnung).

Durch Art. 14 CannabisG vom 27.3.2024 (BGBl. 2024 I Nr. 109) wurde § 13a FeV („Klärung von Eignungszweifeln bei Cannabisproblematik") eingeführt. Zur Vorbereitung von Entscheidungen über die Erteilung oder Verlängerung der Fahrerlaubnis oder über die Anordnung von Beschränkungen oder Auflagen kann die Fahrerlaubnisbehörde anordnen, dass ein ärztliches Gutachten (§ 11 Abs. 2 S. 3) oder ein medizinisch-psychologisches Gutachten beizubringen ist. Anlass hierzu kann u. a. bestehen, wenn „Anzeichen für Cannabismissbrauch vorliegen oder sonst Tatsachen die Annahme von Cannabismissbrauch begründen" oder wenn „wiederholt Zuwiderhandlungen im Straßenverkehr unter Cannabiseinfluss begangen wurden".

Schließlich wurden durch Art. 2 Sechstes Gesetz zur Änderung des StVG und weiterer straßenverkehrsrechtlicher Vorschriften vom 16.8.2024 (BGBl. 2024 I Nr. 266) u. a. Anpassungen an die Einführung eines absoluten THC-Grenzwerts vorgenommen. Weitere Anpassungen haben die Abwehr von Gefahren durch Fahrzeugführer im Blick, die Cannabis konsumieren.

Die **FeV** ist, **nebst Anlage 8e (Umtausch vor dem 19.1.2013 ausgestellter Führerscheine) und 13 (Bezeichnung und Bewertung der im Rahmen des Fahreignungs-Bewertungssystems zu berücksichtigenden Straftaten und Ordnungswidrigkeiten) in der vorliegenden Sammlung unter Nr. 3.1 abgedruckt** (die zum Teil sehr umfangreichen weiteren Anlagen zur FeV sind zB in der umfassenden Loseblatt-Textsammlung „Straßenverkehrsrecht" sowie den elektronischen Sammlungen „Straßenverkehrsrecht Texte" oder „Verkehrsrecht PLUS" des Verlages C.H.Beck enthalten).

Die FeV enthält Regelungen der – früher in Teil A der StVZO – behandelten Vorschriften über die **Erteilung und Entziehung der Fahrerlaubnis,** über die **Eignung** zum Führen von Kraftfahrzeugen, die Neueinteilung der **Fahrerlaubnisklassen** und über die **Anerkennung und Umschreibung ausländischer Fahrerlaubnisse.** Ferner enthält sie u. a. Sonderbestimmungen für Inhaber ausländischer Fahrerlaubnisse, **Ausführungsvorschriften** für die in den §§ 2a ff. StVG geregelte Fahrerlaubnis auf Probe (§§ 32 bis 39), zum Fahreignungs-Bewertungssystem (§§ 40 bis 44), zum „Begleiteten Fahren ab 17 Jahre" (§§ 48a bis 48b) und für die Führung des zentralen Fahrerlaubnisregisters und örtlicher Fahrerlaubnisregister.

Wegen der Einzelheiten der sehr umfangreichen, detaillierten Regelungen, die hier nicht im Einzelnen erörtert werden können, darf auf den unter Nr. 3.1 der Textsammlung wiedergegebenen Text verwiesen werden. Daraus können im Rahmen dieser Übersicht nur folgende Themen hervorgehoben werden.

2. Die FeV im Überblick

a) Die **Zulassung von Personen zum Straßenverkehr** richtet sich auch auf der Grundlage der FeV im Wesentlichen weiterhin nach den bisherigen Grundsätzen; d. h. vor allem, dass ein Fahrerlaubnisbewerber die nötige **körperliche und geistige Eignung** besitzen muss (§ 11 FeV). Personen, die sich infolge körperlicher oder geistiger Beeinträchtigungen nicht sicher im Verkehr bewegen können, dürfen am Verkehr nur teilnehmen, wenn sie in geeigneter Weise Vorsorge dafür getroffen haben, dass andere durch sie nicht gefährdet werden (§ 2 Abs. 1 FeV), was – je nach Behinderungsart – zB durch künstliche Glieder, Begleitung durch andere, besondere Einrichtungen am Fahrzeug usw., geschehen kann (§ 2 Abs. 1 S. 2 FeV). Ungeeigneten Personen hat die zuständige Verwaltungsbehörde das Führen von Fahrzeugen oder Tieren zu untersagen oder ihnen die erforderlichen Auflagen zu machen (§ 3 FeV). Fahrerlaubnisbewerber müssen außerdem ihre theoretische und praktische Befähigung zum Führen von Kraftfahrzeugen nachweisen (§ 2 Abs. 2 Nr. 5 StVG) und ihren ordentlichen Wohnsitz in Deutschland haben (§ 7 FeV). Wegen der weiteren Voraussetzungen für die Erteilung einer Fahrerlaubnis darf auf die §§ 7 bis 21 FeV und hinsichtlich der Fahrerlaubnisklassen auf § 6 FeV verwiesen werden.

Hervorzuheben ist dabei, dass für **ab dem 19.1.2013 erteilte Fahrerlaubnisse** die **Neuregelungen** (§ 6 FeV) mit teilweise auch neuen Fahrerlaubnisklassen gelten. Besonders bedeutsam sind die **Befristung der neuen Führer-**

scheine auf 15 Jahre sowie die **Umtauschpflicht bis spätestens 19.1.2033** oder auch die neue Anhängerregelung mit Fahrerlaubnis Klasse „B 96" (§ 6a FeV). Welche **Führerscheine wann umzutauschen** sind, ist **abhängig vom Geburtsjahr des Fahrerlaubnisinhabers und dem Ausstellungsjahr des Führerscheins**, ist in **Anlage 8e FeV** detailliert geregelt – die Anlage 8e FeV ist in dieser Textsammlung abgedruckt.

Fahrerlaubnisse, die bis zum Ablauf des 18.1.2013 erteilt worden sind (Fahrerlaubnisse alten Rechts), bleiben aufgrund des Bestandsschutzes gemäß § 6 Abs. 6 FeV im Umfang der bisherigen Berechtigung, wie er sich aus der Anlage 3 FeV ergibt, bestehen und sie erstrecken sich jetzt, vorbehaltlich der Bestimmungen in § 76 FeV (Übergangsrecht), sogar auf den Umfang der ab 19.1.2013 geltenden Fassung.

Besonders zu erwähnen ist die aktuelle Fassung der **Anlage 3 FeV** (Umstellung von Fahrerlaubnissen alten Rechts und Umtausch von Führerscheinen nach bisherigen Mustern), die sowohl Fahrerlaubnisse und Führerscheine nach den Vorschriften der Bundesrepublik Deutschland als auch nach den Vorschriften der Deutschen Demokratischen Republik und zudem Dienstfahrerlaubnisse der Bundeswehr betrifft.

Die Vierte Verordnung über Ausnahmen von den Vorschriften der Fahrerlaubnis-Verordnung vom 22.12.2014 (BGBl. I S. 2432) enthält vom 31.12.2014 bis 31.12.2019 **befristete Regelungen, die** unter den dort beschriebenen Voraussetzungen **den Umfang der Fahrerlaubnisklasse B erweitern und das Führen von Elektro-Kleintransportern bis 4.230 kg erlauben.**

Erwähnenswert sind zudem die Änderungen durch Artikel 1 Vierzehnte Verordnung zur Änderung der Fahrerlaubnis-Verordnung und anderer straßenverkehrsrechtlicher Vorschriften vom 23.12.2019 (BGBl. I S. 2937). Danach können „**Pkw-Führerscheininhaberinnen und -inhaber… kleinere Motorräder bis 125 cm³** fahren, ohne dazu eine eigene Prüfung ablegen zu müssen … Wer mindestens 25 Jahre alt und seit fünf Jahren im Besitz der Klasse B ist, erhält nach einer Schulung mit neun Unterrichtseinheiten à 90 Minuten aus Theorie und Praxis die Berechtigung, in Deutschland auch Leichtkrafträder der Klasse A1 zu führen. Eine Prüfung zu den erworbenen Kenntnissen und Fähigkeiten ist nicht vorgesehen …" (Quelle: BundesratKOMPAKT zu TOP 33 der 984. Sitzung des Bundesrates am 20.12.2019).

Im Zusammenhang mit der Aufhebung der IntKfzVO zum 30.10.2008 (s. auch Kap. VII. 1.) und der Überführung der dortigen Regelungen in die FeV sind vor allem die §§ 25a (Antrag auf Ausstellung eines Internationalen Führerscheins) und 25b (Ausstellung des Internationalen Führerscheins) sowie vor allem § 28 (Anerkennung von Fahrerlaubnissen aus Mitgliedstaaten der Europäischen Union oder einem anderen Vertragsstaat des Abkommens über den Europäischen Wirtschaftsraum), § 29 (Ausländische Fahrerlaubnisse (die Regelung entspricht dem früheren § 4 IntKfzVO)) und § 29a (Aberkennung des Rechts, von einer ausländischen Fahrerlaubnis im Inland Gebrauch zu machen), hervorzuheben. In den §§ 32 bis 39 FeV werden Einzelheiten zur Fahrerlaubnis auf Probe geregelt, insbes. bzgl. der Ausgestaltung und Teilnahme an einem sog. Aufbauseminar nach § 2a Abs. 2 StVG.

b) Besondere Beachtung verdient das in den §§ 40 bis 44 FeV geregelte **Fahreignungs-Bewertungssystem** (seit 1.5.2014 – bis 30.4.2014: Punktsystem). Die grundlegenden Bestimmungen zum Punktsystem sind zwar schon in § 4 StVG enthalten, die Punktbewertung selbst für die einzelnen Verstöße, die ganz viel früher in einer bloßen Verwaltungsvorschrift enthalten war, ist (weiterhin) in **Anlage 13 zu § 40 FeV** (aber grundlegende Neufassung zum 1.5.2014!) verbindlich vorgesehen (abgedruckt im Anschluss an die FeV, Nr. 3.1 der Textsammlung). Die Punktbewertung (seit 1.5.2014: 1 bis 3 Punkte – bis 30.4.2014: 1 bis 8 Punkte) ist Bestandteil des verbindlichen Verordnungstextes. Die bei Erreichen bestimmter Punktzahlen eintretenden **Maßnahmen (Folgen)** sind in **§ 4 Abs. 5 StVG** (bisher: § 4 Abs. 3 StVG aF) geregelt:

Danach erfolgt bei **4 oder 5 Punkten** eine **schriftliche Ermahnung**, bei **6 oder 7 Punkten** eine **schriftliche Verwarnung;** ergeben sich **8 oder mehr Punkte**, gilt der Fahrerlaubnisinhaber nach § 4 Abs. 5 S. 1 Nr. 3 StVG (frühere Regelungen zum 18-Punkte-Spektrum in § 4 Abs. 3 Nr. 3 StVG aF) als **ungeeignet** zum Führen von Kraftfahrzeugen mit der Folge, dass die **Fahrerlaubnis zu entziehen** ist!

Bei **1 bis 3 Punkten** erfolgt für die Zwecke des Fahreignungs-Bewertungssystems bereits eine **Vormerkung** (§ 4 Abs. 4 StVG).

Detaillierte **Übergangsbestimmungen** enthält **§ 65 StVG.**

Bei **freiwilliger Teilnahme an einem Fahreignungsseminar** (näher dazu §§ 42–44 FeV) kann bei einem Punktestand von 1 bis 5 Punkten der Abzug (**„Punkte-Rabatt"**) von einem Punkt erreicht werden (§ 4 Abs. 7 S. 1 StVG). Früher war nach § 4 Abs. 4 StVG aF ein Abzug von bis zu 4 Punkten möglich (wobei der jetzt geringere Punkteabzug auch dem geringeren Punkterahmen von 1 bis 8 Punkten gegenüber vorher 1 bis 18 Punkten Rechnung trägt.

§ 65 StVG enthält auch **detaillierte Übergangsbestimmungen** für die Überführung der Regelungen über **Punktabzüge und Aufbauseminare nach dem bis 30.4.2014 geltenden Recht.**

c) Nähere Einzelheiten zur **Entziehung oder Beschränkung der Fahrerlaubnis** sind in Ergänzung des § 3 StVG in den **§§ 46 und 47 FeV** enthalten. Die Regelungen zum **„Begleiteten Fahren ab 17 Jahre"** (bisher ein bis 31.12.2010 befristeter Modellversuch) in **§§ 48a und 48b FeV** wurden nach entsprechender Bewährung zum **1.1.2011** durch Anpassungen des StVG, der FeV und der BKatV zu einer dauerhaften Einrichtung (siehe insbes. BGBl. 2010 I S. 2279 ff.). Abschnitt III enthält Regelungen über die Einrichtung, Ausgestaltung und Benutzung der **Fahrerlaubnis-Register (§§ 49–58 FeV)** und über das **Fahreignungsregister** (bisher: Verkehrszentralregister – **§§ 59–64 FeV).**

d) Anlagen zur FeV. Die Fahrerlaubnis-Verordnung umfasst 16 Anlagen (s. Inhaltsübersicht zur FeV unter Nr. 3.1 der Textsammlung), von denen hier **Anlage 13 (Bezeichnung und Bewertung der im Rahmen des Fahreignungs-Bewertungssystems zu berücksichtigenden Straftaten und Ordnungswidrigkeiten** – bisher: Punktbewertung nach dem Punktsystem) abgedruckt ist.

VII. Fahrzeug-Zulassungsverordnung (FZV)

(Nr. 3.2 der Textsammlung)

1. Entstehung und Grundlagen

Die **Zulassung von Fahrzeugen** wurde in Verbindung mit der Überarbeitung und Anpassung bzw. „Herausnahme" der Regelungen aus der StVZO ursprünglich durch Art. 1 Verordnung zur Neuordnung des Rechts der Zulassung von Fahrzeugen zum Straßenverkehr und zur Änderung straßenverkehrsrechtlicher Vorschriften vom 25.4.2006 (BGBl. I S. 988) zum 1.3.2007 in der neuen **Fahrzeug-Zulassungsverordnung** (FZV 2007) umfassend neu geregelt und aus Gründen der Rechtsklarheit mit Wirkung vom 11.2.2011 (BGBl. I S. 139) neu bekannt gemacht (FZV 2011).

Seit dieser Verkündung wurde die FZV erheblich verändert und ergänzt. Im Zuge der weiteren Digitalisierung wurden jetzt vor allem auch die Möglichkeiten der internetbasierten Zulassung erheblich erweitert und die **FZV mit Wirkung vom 1. September 2023 neu erlassen**.

Mit dem Neuerlass der **FZV 2023** wird insbesondere „das Ziel verfolgt,

• die FZV begrifflich an EU-Recht anzupassen,

• verschiedene Beschlüsse auf Bund-Länder-Ebene hinsichtlich der Vorschriften über die Fahrzeugzulassung umzusetzen und

• mit dem weiteren Ausbau der internetbasierten Fahrzeugzulassung (i-Kfz) das Verwaltungsverfahren für die Zulassung von Kraftfahrzeugen und deren Anhänger für Bürgerinnen und Bürger, Wirtschaft und Verwaltung effizienter und weniger zeitaufwendig zu gestalten.

• Mit der Verordnung wird die Digitalisierung der Verwaltung vorangetrieben, indem die Vorgabe aus dem Koalitionsvertrag für die 20. Legislaturperiode, proaktives Verwaltungshandeln durch antragslose und automatisierte Verfahren gesetzlich zu verankern (vgl. S. 8 Zeile 176–178 des Koalitionsvertrages), für den Bereich der Fahrzeugzulassung durch Erweiterung der bereits bestehenden Digitalisierung umgesetzt wird.

Im Rahmen der vorliegenden Verordnung werden hierfür die Vorschriften über die internetbasierte Fahrzeugzulassung (Stufe 4 i-Kfz) erweitert:

1. Das Vertrauensniveau bei der Identifizierung im Rahmen des internetbasierten Verfahrens wird vom Niveau »hoch« auf das Niveau »substanziell« erweitert.

2. Juristische Personen erhalten die Möglichkeit, die Zulassungsvorgänge Erstzulassung, Tageszulassung, Umschreibung, Wiederzulassung und Außerbetriebsetzung internetbasiert über die bestehenden Portale der zuständigen Zulassungsbehörden zu nutzen. Der Zugang zu den internetbasierten Verfahren wird durch die Erweiterung des Vertrauensniveaus auf »substanziell« erleichtert.

3. Es wird die Möglichkeit geschaffen, Oldtimer-, Saison- sowie E-Kennzeichen im Rahmen des internetbasierten Zulassungsverfahrens zu beantragen.

4. Die vollautomatisierte Antragsbearbeitung wird Regelfall bei der Bearbeitung von allen Anträgen in den Portalen der zuständigen Zulassungsbehörden; nur wenn die vollautomatisierte Antragsbearbeitung scheitert, findet die teilautomatisierte Antragsbearbeitung statt.

5. Es wird dem Bedarf der Wirtschaft Rechnung getragen, für ein Fahrzeug eine auf einen Tag befristete Zulassung zu erhalten (Tageszulassung). Hiermit soll die Fahrt befristet auf den einen Tag der Zulassung ermöglicht werden.

6. Die Möglichkeit der sofortigen Inbetriebsetzung eines Fahrzeuges nach Abschluss des internetbasierten Zulassungsverfahrens wird geschaffen.

7. Es wird eine zentrale Großkundenschnittstelle (GKS) beim Kraftfahrt-Bundesamt (KBA) geschaffen, die es juristischen Personen des Privatrechts, die über 500 Zulassungsvorgänge pro Jahr durchführen, ermöglicht, nach entsprechender Registrierung als Großkunde diese Massenzulassungsvorgänge in einem automatisierten und einheitlichen Verfahren abzuwickeln. Während sich die Anforderungen der juristischen Personen an internetbasierte Verfahren, so-

fern sie wenige Zulassungen durchführen, kaum von den Anforderungen natürlicher Personen unterscheiden, grenzen sich die Anforderungen der Großkunden davon wesentlich ab. Großkunden agieren oftmals bundesweit und lassen in unterschiedlichen Zulassungsbehörden eine hohe Anzahl an Fahrzeugen zu. Um diese Vorgänge schnell und effizient abwickeln zu können und die Zulassungsbehörden zu entlasten, haben Großkunden einen Bedarf an möglichst automatisierten und bundesweit einheitlichen Zulassungsprozessen. Dieser besondere Bedarf wird über die GKS beim KBA nunmehr gedeckt.

Im Zusammenhang mit den erweiterten Vorschriften der internetbasierten Fahrzeugzulassung erfolgt auch die Anpassung der Vorschriften der Gebührenordnung für Maßnahmen im Straßenverkehr (GebOSt). Das internetbasierte Zulassungsverfahren wird für Bürgerinnen und Bürger sowie für die Wirtschaft kostengünstiger.

Die Verordnung über die Erteilung einer Verwarnung, Regelsätze für Geldbußen und die Anordnung eines Fahrverbotes wegen Ordnungswidrigkeiten im Straßenverkehr (Bußgeldkatalog-Verordnung, BKatV) wird ebenfalls an die Neufassung der FZV angepasst.

Aufgrund der Neufassung der FZV ergeben sich weitere Folgeänderungen anderer Vorschriften, die jedoch im Wesentlichen Anpassungen der Verweise auf die Vorschriften der FZV sind. …

Die oben genannten Ziele werden durch die Neufassung der FZV und durch entsprechende Anpassungen weiterer Vorschriften erreicht.

Mit der Umsetzung dieser Verordnung geht folgender Nutzen einher:

In der Bundesrepublik Deutschland werden jährlich ca. 20 Millionen Zulassungsvorgänge durchgeführt. Die internetbasierte Fahrzeugzulassung stand dabei nur natürlichen Personen offen. Der Nutzungsgrad ist daher mit derzeit ca. 120 Tausend Vorgängen im internet-basierten Verfahren sehr gering. Durch die Integration weiterer Identifikationsmöglichkeiten im Rahmen der internetbasierten Fahrzeugzulassung und die Ausweitung dieses Verfahrens auf juristische Personen sowie die Einrichtung einer zentralen Großkundenschnittstelle beim KBA ist zu erwarten, dass die Anzahl der internetbasierten Anträge deutlich steigen wird. Bürgerinnen und Bürger sowie die Wirtschaft werden u. a. dadurch erheblich entlastet, dass Fahrten zur Zulassungsbehörde vermieden werden. Durch die vollautomatisierte Antragsbearbeitung der zu erwartenden hohen Zahl von internetbasierten Anträgen ist zudem eine erhebliche Entlastung der Zulassungsbehörden zu erwarten.“ (Quelle: BR-Drs. 70/23, Seiten 1 ff.)

2. Die FZV im Überblick

Die FZV regelt die **Zulassungspflicht** und das **Zulassungsverfahren** sowie den Nachweis des Kraftfahrzeug-Haftpflichtversicherungsschutzes.

Die FZV 2023 gliedert sich in acht Abschnitte. Ergänzt wird sie durch bisher 18 Anlagen, die u. a. Übersichten über die verschiedenen aktuellen und auslaufenden Unterscheidungszeichen (Kfz-Kennzeichen bestehen grundsätzlich aus einem Unterscheidungszeichen für den Verwaltungsbezirk und einer Erkennungsnummer) in den Verwaltungsbezirken sowie detaillierte Regelungen zur Ausgestaltung der Kennzeichen enthalten; außerdem finden sich dort u. a. Beschreibungen und Muster der Zulassungsbescheinigung Teil I (früher: Fahrzeugschein) sowie der Zulassungsbescheinigung Teil II (früher: Fahrzeugbrief).

a) Abschnitt 1 (§§ 1–5) enthält **allgemeine Regelungen.**

§ 1 regelt den **Anwendungsbereich** der FZV. **§ 2** enthält umfangreiche **Begriffsbestimmungen**. **§ 3** regelt die **Zulassungspflicht** und entsprechende Ausnahmen davon. **§ 4** bestimmt die Voraussetzungen für die **Inbetriebsetzung zulassungsfreier Fahrzeuge. § 5** enthält Regelungen zur **Beschränkung und Untersagung des Betriebs von Fahrzeugen**.

b) Abschnitt 2 (§§ 6 bis 17) regelt das **Zulassungsverfahren. § 6** regelt den Antrag auf Zulassung. **§ 7** betrifft die **Tageszulassung**. **§ 8** enthält **Regelungen zur Zulassung in der Bundesrepublik Deutschland nach vorheriger Zulassung in einem anderen Staat**. **§ 9** betrifft die **Zuteilung von Kennzeichen**. **§ 10** enthält Regelungen zu **besonderen Kennzeichen**, wie Oldtimerkennzeichen (H-Kennzeichen), grünen Kennzeichen (für Fahrzeuge, die von der Kraftfahrzeugsteuer befreit sind) und Saisonkennzeichen. **§ 11** regelt die **Kennzeichnung elektrisch betriebener Fahrzeuge** und **§ 12** die **Ausgestaltung und Anbringung der Kennzeichen**. Die **§§ 13** und **14** betreffen die **Zulassungsbescheinigungen Teil I** bzw. **Teil II** (früher Fahrzeugschein und Fahrzeugbrief). **Mitteilungspflichten bei Änderungen von Fahrzeug- oder Halterdaten** sind nunmehr in **§ 15** geregelt; **Außerbetriebsetzung und Wiederzulassung** finden sich in **§ 16** und in **§ 17** der **Verwertungsnachweis**.

c) In **Abschnitt 3** (§§ 18 bis 40) wird die **internetbasierte Zulassung** geregelt.

d) Abschnitt 4 (§§ 41 bis 45) enthält Regelungen über die **zeitweilige Teilnahme am Straßenverkehr**. Hierzu gehören insbesondere Prüfungsfahrten, Probefahrten und Überführungsfahrten mit roten Kennzeichen, aber auch Probefahrten und Überführungsfahrten mit Kurzzeitkennzeichen oder Fahrten zur Teilnahme an Veranstaltungen für Oldtimer.

e) Abschnitt 5 (§§ 46 bis 48) regelt die **Teilnahme ausländischer Fahrzeuge** am Straßenverkehr.

f) Abschnitt 6 (§§ 49 bis 56) betrifft die **Überwachung des Versicherungsschutzes der Fahrzeuge**. Geregelt sind dort: § 49 **(Versicherungsnachweis)**, § 50 **(Mitteilungspflichten der Zulassungsbehörde)**, § 51 **(Maßnahmen und Pflichten bei fehlendem Versicherungsschutz)**, § 52 **(Versicherungskennzeichen)**, § 53 **(Ausgestaltung und Anbringung des Versicherungskennzeichens)**, § 54 **(Rote Versicherungskennzeichen)**, § 55 (**Maßnahmen bei vorzeitiger Beendigung des Versicherungsverhältnisses** und § 56 (**Versicherungsplakette**).

g) Abschnitt 7 (§§ 57 bis 74) betrifft die **Fahrzeugregister**.

h) Abschnitt 8 (§§ 75 bis 79) enthält in den **Durchführungs- und Schlussvorschriften** Bestimmungen über die **Zuständigkeiten** (§ 75). § 76 (Ausnahmen) regelt die Möglichkeiten, **Ausnahmen von Vorschriften der FZV** zu **genehmigen**. Von besonderer Bedeutung ist außerdem **§ 77 (Ordnungswidrigkeiten).** Dieser enthält Regelungen über Verstöße gegen die FZV. Wie bei Verstößen gegen die StVO (vgl. § 49 StVO), die StVZO (vgl. § 69a StVZO) oder die FeV (vgl. § 75 FeV) sind nicht alle Verstöße gegen die FZV sanktioniert, sondern nur die in § 77 FZV 2023 benannten.

i) Anlagen zur FZV. Die FZV enthält derzeit 18 Anlagen:

Anlage 1 (Ausgestaltung, Einteilung und Zuteilung der Buchstaben- und Zahlengruppen für die Erkennungsnummern der Kennzeichen)

Anlage 2 (Unterscheidungszeichen der Fahrzeuge der Bundes- und Landesorgane, der Bundesministerien, der Bundesfinanzverwaltung, der Bundespolizei, der Wasserstraßen- und Schifffahrtsverwaltung des Bundes, der Bundesanstalt Technisches Hilfswerk, der Bundeswehr, des Diplomatischen Corps und bevorrechtigter internationaler Organisationen)

Anlage 3 (Plakettenmuster für elektrisch betriebene Fahrzeuge)

Anlage 4 (Ausgestaltung der Kennzeichen)

Anlage 5 (Stempelplaketten und Plakettenträger)

Anlage 6 (Zulassungsbescheinigung Teil I)

Anlage 7 (Zulassungsbescheinigung Teil I für Fahrzeuge der Bundeswehr)

Anlage 8 (Zulassungsbescheinigung Teil II)

Anlage 9 (Verwertungsnachweis)

Anlage 10 (Verifizierung der Prüfziffer)

Anlage 11 (Verifizierung und Verarbeitung der Daten für internetbasierte Zulassungsverfahren)

Anlage 12 (Bevollmächtigung eines Großkunden zur Antragstellung bei der Zulassungsbehörde mithilfe der beim Kraftfahrt-Bundesamt vorhandenen Großkundenschnittstelle)

Anlage 13 (Fahrzeugscheinheft für Fahrzeuge mit rotem Kennzeichen)

Anlage 14 (Fahrzeugschein für Fahrzeuge mit Kurzzeitkennzeichen)

Anlage 15 (Fahrzeugscheinheft für Oldtimerfahrzeuge mit rotem Kennzeichen)

Anlage 16 (Bestätigung über eine dem Gesetz über die Haftpflichtversicherung für ausländische Kraftfahrzeuge und Kraftfahrzeuganhänger entsprechende Haftpflichtversicherung)

Anlage 17 (Versicherungskennzeichen für Kleinkrafträder, motorisierte Krankenfahrstühle und leichte vierrädrige Kraftfahrzeuge)

Anlage 18 (Versicherungsplakette für Elektrokleinstfahrzeuge)

Die Anlagen sind wegen ihres Umfangs in dieser Textsammlung nicht abgedruckt; sie sind aber zB enthalten in der Loseblattsammlung „Straßenverkehrsrecht" sowie den elektronischen Sammlungen „Straßenverkehrsrecht Texte" oder „Verkehrsrecht PLUS" des Verlages C.H.Beck.

Die letzten Gesetzesänderungen hatten operativ-kleinteiligen Inhalt; sie waren ohne grundsätzliche Bedeutung.

VIII. Elektrokleinstfahrzeuge-Verordnung (eKFV)

(Nr. 3.3 der Textsammlung)

1. Entstehung und Grundlagen

Seit Januar 2016 ist die Verordnung (EU) Nr. 168/2013 über die Genehmigung und Marktüberwachung von zwei- oder dreirädrigen und vierrädrigen Fahrzeugen verpflichtend anzuwenden. Sie regelt unter anderem die Anforderungen an Motorräder und Quads, gilt jedoch weder für selbstbalancierende Fahrzeuge noch für Fahrzeuge ohne Sitz. Für diese Fahrzeuge können im Bereich nationaler Gesetzgebungskompetenz Regelungen getroffen werden. Generell gilt nach § 1 Absatz 1 des Straßenverkehrsgesetzes (StVG), dass Kraftfahrzeuge zum Verkehr auf öffentlichen Straßen zugelassen sein müssen. Durch die (frühere und inzwischen durch die eKFV ersetzte) Mobilitätshilfenverordnung (MobHV) war ausschließlich die Teilnahme der dort definierten elektronischen Mobilitätshilfen am öffentlichen Straßenverkehr geregelt, Regelungen für andere selbstbalancierende Fahrzeuge und für andere Fahrzeuge ohne Sitz waren in der MobHV jedoch nicht enthalten.

In der vorliegenden **Elektrokleinstfahrzeuge-Verordnung (eKFV)** werden **Regelungen sowohl für die Fahrzeuge, die bisher von der MobHV erfasst waren, als auch für weitere selbstbalancierende Fahrzeuge und für weitere Fahrzeuge ohne Sitz** getroffen. Alle diese Fahrzeuge werden im Folgenden als Elektrokleinstfahrzeuge bezeichnet. Da **Elektrokleinstfahrzeuge** über einen elektrischen Antriebsmotor verfügen, **sind** sie **Kraftfahrzeuge nach § 1 Abs. 2 StVG**. Deshalb gelten für sie die Rahmenbedingungen wie für andere Kraftfahrzeuge.

Die Besonderheit einer Vielzahl dieser Elektrokleinstfahrzeuge liegt in ihren meist kleinen Ausmaßen und ihrem geringen Gewicht, wodurch sie falt- und tragbar ausgestaltet sein können. Diese Eigenschaften ermöglicht den Nutzern die Mitnahme der Fahrzeuge, weshalb diese einen besonderen Mehrwert zur Verknüpfung unterschiedlicher Transportmittel und zur Überbrückung insbesondere kurzer Distanzen darstellen.

Durch die **Einführung der eKFV** und (die gleichzeitige) **Außerkraftsetzung der MobHV** werden Änderungen in den straßenverkehrsrechtlichen Vorschriften wie Fahrerlaubnis-Verordnung (FeV), Fahrzeug-Zulassungsverordnung (FZV) und Bußgeldkatalog-Verordnung (BKatV) (sowie der Straßenverkehrs-Ordnung (StVO)) notwendig. Zusätzlich wird in der FZV ein neuer Versicherungsnachweis in Form einer klebbaren Versicherungsplakette eingeführt, der speziell zur Anbringung an Elektrokleinstfahrzeuge konzipiert wurde. (Quellen: BR-Drs. 158/19, S. 1/2 und BR-Drs. 158/19(Beschluss), S. 9).

Mit Artikel 15 Viertes Gesetz zur Änderung des Straßenverkehrsgesetzes und anderer straßenverkehrsrechtlicher Vorschriften vom 12.7.2021 (BGBl. I S. 3091, 3106) wurde § 14 eKFV mit Wirkung vom 28.7.2021 geändert. Es handelt sich um Folgeänderungen aufgrund der geänderten Fassung des § 24 StVG. Wichtige Drucksachen: BR-Drs. 257/21 (Gesetzentwurf), BR-Drs. zu257/21 (Berichtigung), BT-Drs. 19/28684 (Gesetzentwurf), BT-Drs. 19/29874 (Beschlussempfehlung und Bericht Ausschuss für Verkehr und digitale Infrastruktur).

Mit Artikel 9 Verordnung zum Neuerlass der Fahrzeug-Zulassungsverordnung und zur Änderung weiterer Vorschriften vom 20.7.2023 (BGBl. 2023/I Nr. 199), wurde § 2 eKFV mit Wirkung vom 1. September 2023 geändert. Wesentlicher Inhalt: Anpassung an die Neufassung der FZV 2023, die am 1. September 2023 in Kraft getreten ist (näher zur FZV 2023 in dieser Einführung unter Kap. VII). Wichtige Drucksache: BR-Drs. 70/23 (Verordnung).

Eine weitere Gesetzesänderung (Art. 3 der 56. VO zur Änderung straßenverkehrsrechtlicher Vorschriften vom 10.6.2024 BGBl. 2024 I Nr. 191) war operativ-kleinteilig (§ 5 eKFV) und betraf ohne grundsätzliche Bedeutung lichttechnische Anlagen.

2. Die eKFV im Überblick

Die **eKFV** (BGBl. 2019 I S. 756) ist **am 15.6.2019 in Kraft getreten**. Sie schafft die rechtlichen Voraussetzungen für die Teilnahme von Elektrokleinstfahrzeugen (zB eScooter, Segway) im Straßenverkehr.

§ 1 eKFV (Anwendungsbereich) beschreibt den Anwendungsbereich (Legaldefinition der Elektrokleinstfahrzeuge). Es sind Kraftfahrzeuge mit einem elektrischen Antrieb und einer bauartbedingten Höchstgeschwindigkeit von nicht weniger als 6 km/h und nicht mehr als 20 km/h, die zudem weitere Merkmale aufweisen müssen (näher dazu § 1 eKFV). Elektrokleinstfahrzeuge dürfen grundsätzlich nur nach Maßgabe der Regelungen der eKFV auf öffentlichen Straßen verwendet werden (§ 1 Abs. 3 eKFV).

§ 2 eKFV (Anforderungen an das Inbetriebsetzen) regelt die **Anforderungen an die Inbetriebnahme von Elektrokleinstfahrzeugen im öffentlichen Straßenverkehr**. Besonders hervorzuheben ist dabei, dass Elektrokleinstfahrzeuge eine **Betriebserlaubnis** sowie eine gültige **Versicherungsplakette** für Elektrokleinstfahrzeuge nach § 29a FZV aF – § 56 FZV 2023 benötigen. Außerdem müssen Elektrokleinstfahrzeuge bestimmte Bau- und Ausrüstungsanforderungen erfüllen, die in § 4 bis § 8 eKFV geregelt sind.

§ 3 eKFV (Berechtigung zum Führen) bestimmt, wer mit **Elektrokleinstfahrzeugen** fahren darf:
=> **Nur Personen, die das 14. Lebensjahr vollendet haben**.

§ 4 eKFV (Anforderungen an die Verzögerungseinrichtung), **§ 5 eKFV** (Anforderungen an die lichttechnischen Einrichtungen), **§ 6 eKFV** (Anforderungen an die Einrichtung für Schallzeichen) und **§ 7 eKFV** (Sonstige Sicherheitsanforderungen) regeln im Wesentlichen die Bau- und Ausrüstungsanforderungen.

§ 8 eKFV (Personenbeförderung und Anhängerbetrieb) **verbietet** sowohl das **Mitnehmen weiterer Personen** auf Elektrokleinstfahrzeugen als auch **Anhänger**.

§ 9 eKFV (Anwendung der Straßenverkehrs-Ordnung) stellt klar, dass das **Führen von Elektrokleinstfahrzeugen** den Vorschriften der **Straßenverkehrs-Ordnung** unterliegt und dabei die **weiteren Besonderheiten der §§ 10 bis 13 eKFV** zu beachten sind.

§ 10 eKFV (Zulässige Verkehrsflächen) sagt, wo mit Elektrokleinstfahrzeugen gefahren werden darf:

- **Innerhalb geschlossener Ortschaften** „dürfen Elektrokleinstfahrzeuge nur baulich angelegte Radwege, darunter auch gemeinsame Geh- und Radwege (Zeichen 240 der Anlage 2 zur Straßenverkehrs-Ordnung) und die dem Radverkehr zugeteilte Verkehrsfläche getrennter Rad- und Gehwege (Zeichen 241 der Anlage 2 zur Straßenverkehrs-Ordnung), sowie Radfahrstreifen (Zeichen 237 in Verbindung mit Zeichen 295 der Anlage 2 zur Straßenverkehrs-Ordnung) und Fahrradstraßen (Zeichen 244.1 der Anlage 2 zur Straßenverkehrs-Ordnung) befahren. Wenn solche nicht vorhanden sind, darf auf Fahrbahnen oder in verkehrsberuhigten Bereichen (Zeichen 325.1 der Anlage 3 zur Straßenverkehrs-Ordnung) gefahren werden. Anlage 3 laufende Nummer 22 Nummer 2 der Straßenverkehrs-Ordnung findet keine Anwendung." (§ 10 Abs. 1 eKFV). Diese zuletzt genannte Ausnahme bedeutet, dass Elektrokleinstfahrzeuge, anders als andere Kraftfahrzeuge, wenn sie auf Fahrbahnen gefahren werden dürfen, **nach Maßgabe des Rechtsfahrgebots** ebenso **wie Fahrräder auf Schutzstreifen für den Radverkehr** gefahren werden dürfen (Quelle: BR-Drs. 158/19(B), S. 4).
- **Außerhalb geschlossener Ortschaften** dürfen Elektrokleinstfahrzeuge nur baulich angelegte Radwege, darunter auch gemeinsame Geh- und Radwege (Zeichen 240 der Anlage 2 zur Straßenverkehrs-Ordnung) und die dem Radverkehr zugeteilte Verkehrsfläche getrennter Rad- und Gehwege (Zeichen 241 der Anlage 2 zur Straßenverkehrs-Ordnung), sowie Radfahrstreifen (Zeichen 237 in Verbindung mit Zeichen 295 der Anlage 2 zur Straßenverkehrs-Ordnung), Fahrradstraßen (Zeichen 244.1 der Anlage 2 zur Straßenverkehrs-

Ordnung) und Seitenstreifen befahren. Wenn solche nicht vorhanden sind, darf auf Fahrbahnen gefahren werden." (§ 10 Abs. 2 eKFV).
- „Für das Befahren von anderen Verkehrsflächen können die Straßenverkehrsbehörden abweichend von Absatz 1 und 2 **Ausnahmen für bestimmte Einzelfälle oder allgemein für bestimmte Antragsteller** zulassen. Eine allgemeine Zulassung von Elektrokleinstfahrzeugen auf solchen Verkehrsflächen kann durch Anordnung des **Zusatzzeichens ‚Elektrokleinstfahrzeuge frei'** bekanntgegeben werden." (§ 10 Abs. 3 eKFV).

§ 11 eKFV (Allgemeine Verhaltensregeln) benennt weitere Pflichten für das Führen von Elektrokleinstfahrzeugen, so gilt beispielsweise grundsätzlich:
- Es darf ggf. nur **einzeln hintereinander** gefahren werden (§ 11 Abs. 1 eKFV).
- Das **Rechtsfahrgebot** gilt auch auf Fahrbahnen mit mehreren Fahrstreifen (§ 11 Abs. 2 eKFV).
- **Richtungsänderungen** sind rechtzeitig und deutlich **anzeigen**; falls kein Fahrtrichtungsanzeiger vorhanden ist, durch Handzeichen (§ 11 Abs. 3 eKFV).
- **Besondere Rücksichtnahme** auf Radverkehrsflächen oder beispielsweise auf gemeinsamen Geh- und Radwegen, dort: **Vorrang der Fußgänger**, sie dürfen weder behindert noch gefährdet werden, notfalls muss die Geschwindigkeit dem Fußgängerverkehr angepasst werden (§ 11 Abs. 4 eKFV).
- Für das **Abstellen von Elektrokleinstfahrzeugen** gelten **die für Fahrräder geltenden Parkvorschriften entsprechend** (§ 11 Abs. 5 eKFV). „Anders als andere Kraftfahrzeuge sollen Elektrokleinstfahrzeuge ebenso wie Fahrräder vorbehaltlich der Beachtung von § 1 StVO grundsätzlich auch auf Gehwegen geparkt werden dürfen, wenn keine gesonderten Parkflächen für diese Fahrzeugart vorhanden ist." (Quelle: BR-Drs. 158/19(B), S. 5).

§ 12 eKFV (Besonderheiten bei angeordneten Verkehrsverboten nach der Straßenverkehrs-Ordnung) enthält **Regelungen zu Verkehrsverboten nach der StVO**. So gilt beispielsweise
- bei **Zeichen 250** (Verbot für Fahrzeuge aller Art), dass Elektrokleinstfahrzeuge dort nur geschoben werden dürfen
- bei **Zeichen 251** (Verbot für Kraftwagen), **Zeichen 255** (Verbot für Krafträder), **Zeichen 260** (Verbot für Kraftfahrzeuge), **Zeichen 267** (Verbot der Einfahrt) dürfen Elektrokleinstfahrzeuge nur einfahren bzw. dort fahren, wenn das durch Zusatzzeichen „Elektrokleinstfahrzeuge frei" erlaubt ist
- **Zeichen 254** (Verbot für Radverkehr) auch für Elektrokleinstfahrzeuge

§ 13 eKFV (Lichtzeichen) regelt das **Verhalten an Ampeln** (Lichtzeichenanlagen/Lichtsignalanlagen).
- Es gelten die Regeln des **§ 37 Abs. 2 Nr. 5 und Nr. 6 StVO**. Dabei kommt das **Sinnbild „Radverkehr"** zur Anwendung.

§ 14 eKFV (Ordnungswidrigkeiten) beschreibt **Verstöße gegen die eKFV**.
- Spezielle Bußgeldregelungen bei Verstößen gegen die eKFV enthält der **Bußgeldkatalog** in laufender Nummer 234 und folgende.

§ 15 eKFV (Übergangsbestimmungen) enthält **Übergangsregelungen**, insbesondere für den Umgang mit früheren Genehmigungen nach der (aufgehobenen) Mobilitätshilfenverordnung oder zu früheren Versicherungskennzeichen, wobei früher erteilte Genehmigungen grundsätzlich ihre Gültigkeit behalten.

3. Weitere Hinweise zum Führen von Elektrokleinstfahrzeugen

- **Fahrberechtigung**: Für das **Führen von Elektrokleinstfahrzeugen** ist **keine spezielle Fahrberechtigung erforderlich**. Es ist weder eine Fahrerlaubnis (siehe § 4 Abs. 1 S. 2 Nr. 1a FeV) noch eine Mofaprüfbescheinigung nach § 5 FeV notwendig. Selbstverständlich sind die Kenntnis der maßgeblichen Vorschriften und die Fähigkeit zum Führen des Elektrokleinstfahrzeugs zwingend erforderlich.
- **Schutzhelm**: Eine **Schutzhelmtragepflicht besteht nicht**, weil die bauartbedingte Höchstgeschwindigkeit von Elektrokleinstfahrzeugen nicht über 20 km/h liegt (siehe zur Schutzhelmtragepflicht § 21a Abs. 2 StVO). Aus Sicherheitsgründen ist das Tragen eines geeigneten Schutzhelms allerdings sehr zu empfehlen.
- **Promillegrenze**: Da Elektrokleinstfahrzeuge Kraftfahrzeuge sind, kommen die für Kraftfahrzeugführer geltenden Regelungen, wie insbesondere § 24a StVG, aber auch § 316 und § 315c StGB sowie § 31 StVZO und § 2 FeV zur Anwendung.

Literaturhinweise: Siehe zu weiteren Informationen beispielsweise die Kommentierung der eKFV in Burmann/Heß/Hühnermann/Jahnke, Straßenverkehrsrecht, 28. Aufl. 2024, Teil 2.1 und in Hentschel/König, Straßenverkehrsrecht, 48. Aufl. 2025, Teil 7.

Wichtige Drucksachen: BR-Drs. 158/19 (Grunddrucksache) und BR-Drs. 158/19(B) (Beschlussdrucksache).

IX. Pflichtversicherungsgesetz (PflVG)

(Nr. 5 der Textsammlung)

1. Grundlagen

Das PflVG, grundlegend reformiert durch das Gesetz zur Umsetzung der Richtlinie (EU) 2021/2118 vom 11.4.2024 (BGBl. 2024 I Nr. 119), hat die wichtige Aufgabe, die Realisierung der gegen den Halter aus dem Gebrauch eines Kraftfahrzeugs oder Anhängers im öffentlichen Straßenverkehr möglichen Schadensersatzansprüche (s. oben Kap. II. 3. c) zu sichern (s. auch die Regelungen in §§ 23 bis 29a FZV aF bzw. §§ 49–56 FZV 2023 – Überwachung des Versicherungsschutzes der Fahrzeuge). Nach § 1 PflVG ist der Halter verpflichtet, sein im öffentlichen Straßenverkehr verwendetes Kraftfahrzeug oder seinen Anhänger für alle dadurch etwa verursachten Schäden zu versichern. § 2 enthält Ausnahmen von der Versicherungspflicht zB für Bund, Länder und Gemeinden mit mehr als 100.000 Einwohnern sowie zB Halter von Kraftfahrzeugen, deren bauartbedingte Höchstgeschwindigkeit 6 km/h nicht übersteigt, und von Anhängern, die nicht zulassungspflichtig sind. Die **Mindesthöhen der Versicherungssummen,** die nicht unterschritten werden dürfen, ergeben sich aus einer Anlage zum Gesetz (zu § 4 Abs. 2; abgedruckt unter Nr. 5 der Textsammlung nach § 16 PflVG); sie betragen bei Kraftfahrzeugen einschließlich der Anhänger nach der Anhebung durch das Zweite Gesetz zur Änderung des Pflichtversicherungsgesetzes und anderer versicherungsrechtlicher Vorschriften vom 10.12.2007 (BGBl. 2007 I, S. 2833, 2834) **7,5 Millionen Euro für Personenschäden**. **1.220.000 Euro** (seit 11.6.2016 (BGBl. 2017 I S. 147)) **für**

Sachschäden und **50.000 Euro für reine Vermögensschäden**. **Erhöhte Sätze** gelten nach Nr. 2 dieser Anlage **für Kraftfahrzeuge, die der Personenbeförderung dienen**.

Mit dem **Gesetz zum autonomen Fahren** vom 12.7.2021 (BGBl. I S. 3108, 3114) wurde § 1 PflVG geändert und die **Versicherungspflicht erweitert**. Die Regelungen sind am 28.7.2021 in Kraft getreten. § 1d Abs. 3 StVG sieht vor, dass die Technische Aufsicht über ein Kraftfahrzeug mit autonomer Fahrfunktion diejenige „natürliche Person ausübt, die für dieses Kraftfahrzeug jederzeit während des Betriebs das Kraftfahrzeug gemäß § 1e Absatz 2 Nummer 8 Straßenverkehrsgesetz deaktivieren und gemäß § 1e Absatz Nummer 4 und Absatz 3 Straßenverkehrsgesetz Fahrmanöver freigeben kann" (Person der Technischen Aufsicht). **Die Person der Technischen Aufsicht kann bei der Ausübung der Technischen Aufsicht pflichtwidrig handeln; ist ein pflichtwidriges Handeln schuldhaft und hat es Schäden verursacht, können sich wie auch sonst bei Verkehrsunfällen Schadensersatzansprüche ergeben. Auch für die Person der Technischen Aufsicht ist deswegen eine Haftpflichtversicherung (mit-) abzuschließen.** (Quelle: BT-Drs. 19/27439, S. 32). Wichtige Drucksachen: BR-Drs. 155/21 (Gesetzentwurf), BT-Drs. 19/27439 (Gesetzentwurf), BT-Drs. 19/29875 (Beschlussempfehlung und Bericht Ausschuss für Verkehr und digitale Infrastruktur).

Mit Art. 11 Gesetz zur Umsetzung der Richtlinie (EU) 2021/2101 im Hinblick auf die Offenlegung von Ertragsteuerinformationen durch bestimmte Unternehmen und Zweigniederlassungen sowie zur Änderung des Verbraucherstreitbeilegungsgesetzes und des Pflichtversicherungsgesetzes vom 19.6.2023 (BGBl. 2023/I, Nr. 154) wurde **mit Wirkung vom 22.6.2023** zunächst **die sog. Verhandlungsstelle eingefügt**. Ihre Aufgaben wurden hiernach dem eingetragenen Verein Verkehrsopferhilfe übertragen (§ 24 PflVG).

2. Ausländer

Eine entsprechende Verpflichtung besteht auch für Ausländer nach dem Gesetz über die Haftpflichtversicherung für ausländische Kraftfahrzeuge und Kraftfahrzeuganhänger (PflVAuslG vom 24.7.1956; hier nicht abgedruckt), die im Inland keinen regelmäßigen Standort haben und hier verkehren wollen.

3. Versicherungspflicht

Der Gebrauch eines Fahrzeugs oder die Gestattung des Gebrauchs im öffentlichen Straßenverkehr **ohne** die **vorgeschriebene Haftpflichtversicherung** ist **strafbar** (vormals § 6, jetzt § 30 PflVG, § 9 PflVAuslG). Fahrzeuge, auf die sich eine Straftat nach § 30 PflVG bezieht, können eingezogen werden, wenn sie dem Täter oder Teilnehmer zur Zeit der Entscheidung gehören (§ 30 Abs. 4 PflVG).

Die Überwachung des Versicherungsschutzes erfolgt nach Maßgabe der §§ 49 ff. FZV 2023 (s. dazu auch oben Kap. VII. 2. e). Bei fehlendem Versicherungsschutz hat der Halter das Fahrzeug unverzüglich nach Maßgabe des § 16 Abs. 1 FZV 2023 außer Betrieb setzen zu lassen (§ 51 Abs. 3 FZV 2023). Danach ist das amtliche Kennzeichen, wie bisher auch, unverzüglich von der Zulassungsstelle entstempeln zu lassen; gegebenenfalls hat die Zulassungsstelle dies auch von Amts wegen durchzuführen (§ 51 Abs. 4 FZV 2023).

Die Haftpflichtversicherung kann nach § 5 Abs. 1 PflVG nur bei einem in der Bundesrepublik zum Betrieb der Kfz-Haftpflicht-Versicherung befugten Versicherungsunternehmen wirksam abgeschlossen werden (für Ausländer s. § 2 PflVAuslG).

4. Schadenersatzanspruch

Der geschädigte Dritte kann seinen **Schadenersatzanspruch** nicht nur gegen den **Halter** selbst, sondern auch direkt gegen dessen **Versicherung** geltend machen; beide haften gemeinsam (als **Gesamtschuldner** gemäß § 116 VVG). Früher stellte der Direktanspruch gegen die Kfz-Haftpflichtversicherung nach § 3 Nr. 1 S. 1 PflVG aF, abweichend von den §§ 158c bis 158f VVG aF, einen Sonderfall dar. Durch die Neufassung des Versicherungsvertragsgesetzes (VVG) durch Gesetz zur Reform des Versicherungsvertragsrechts vom 23.11.2007 (BGBl. I S. 2631 ff.) besteht nunmehr im Rahmen aller Pflichtversicherungen nach § 115 VVG ein Direktanspruch. Das VVG ist am 1.1.2008 in Kraft getreten und gilt seit 1.1.2009 auch für Altverträge (vgl. Art. 1 EGVVG). Nach § 3a PflVG haben der Versicherer oder der Schadenregulierungsbeauftragte dem Dritten unverzüglich, spätestens innerhalb von drei Monaten ein mit Gründen versehenes Schadensersatzangebot vorzulegen, wenn die Eintrittspflicht unstreitig ist und der Schaden beziffert wurde, oder eine mit Gründen versehene Antwort auf die in dem Antrag enthaltenen Darlegungen zu erteilen, sofern die Eintrittspflicht bestritten wird oder nicht eindeutig feststeht oder der Schaden nicht vollständig beziffert worden ist. Die Versicherung kann dem Anspruch des Geschädigten nicht entgegenhalten, dass sie dem ersatzpflichtigen Versicherungsnehmer gegenüber von der Leistungspflicht ganz oder teilweise frei sei (§ 117 Abs. 1 VVG), etwa weil dieser eine Obliegenheit verletzt habe (vgl. § 28 VVG; siehe auch § 58 VVG), wie zB bei der Führung des Fahrzeugs durch einen Unberechtigten oder einen Fahrer ohne Fahrerlaubnis. Wegen der dem Versicherungsnehmer gegenüber dem Versicherer obliegenden Verpflichtungen bei Gebrauch des Fahrzeugs ist auf Abschnitt D **Allgemeine Bedingungen für die Kfz-Versicherung – AKB 2015** („Ihre Pflichten bei Gebrauch des Fahrzeugs und Folgen einer Pflichtverletzung") hinzuweisen. Nach Abschnitt E AKB 2015 („Ihre Pflichten im Schadenfall und Folgen einer Pflichtverletzung") ist der Versicherte u. a. gehalten, den Versicherungsfall innerhalb einer Woche anzuzeigen (Abschnitt E.1.1.1 AKB 2015), alles zu tun, was der Aufklärung des Schadenereignisses dienen kann und bei Eintritt des Schadenereignisses nach Möglichkeit für die Abwendung und Minderung des Schadens zu sorgen u. a. m. (Abschnitt E.1.1.3 und E1.1.4 AKB 2015). Die Verletzung einer Obliegenheitspflicht (zB Unfallflucht oder Trunkenheitsfahrt) kann zur Leistungsfreiheit bzw. Leistungskürzung des Versicherers gegenüber dem Versicherungsnehmer führen (vgl. Abschnitt E.2 AKB 2015; siehe auch §§ 5, 6 KfzPflVV). Die AKB 2015 stellen wiederum unverbindliche Musterbedingungen des Gesamtverbandes der Deutschen Versicherungswirtschaft e. V. (GDV) dar (die AKB 2015 sind verfügbar unter www.gdv.de). Im Zusammenhang mit dem VVG ist noch hervorzuheben, dass das frühere Alles-oder-Nichts-Prinzip (Leistungsfreiheit des Versicherers bei vorsätzlicher oder grob fahrlässiger Herbeiführung des Versicherungsfalles; § 61 VVG aF) aufgegeben wurde. Leistungsfreiheit besteht nach § 81 Abs. 1 VVG weiterhin bei vorsätzlicher Herbeiführung des Versicherungsfalles. Wird der Versicherungsfall grob fahrlässig herbeigeführt, ist der Versicherer nicht mehr vollständig von der Leistung frei, sondern nach § 81 Abs. 2 VVG nur berechtigt, seine Leistung in einem der Schwere des Verschuldens des Versicherungsnehmers entsprechenden Verhältnis zu kürzen. Dies ist insbesondere bei der Kaskoversicherung von Bedeutung. – Siehe zu weiteren Informationen zB Burmann/Heß/Stahl, Versicherungsrecht im Straßenverkehr, 2. Aufl. 2010.

5. Entschädigungsfonds

Hervorzuheben ist ferner die Einrichtung eines Entschädigungsfonds durch die §§ 12 bis 14 PflVG. Danach kann der durch den Gebrauch eines Kfz oder Anhängers Geschädigte Schadensersatzansprüche gegen den Entschädigungsfonds geltend machen, wenn der Schädiger selbst nicht ermittelt werden kann oder wenn dessen Haftpflichtversicherung nicht (mehr) besteht. Das kann insbes. in Fällen des unerlaubten Entfernens vom Unfallort (§ 142 StGB; s. unten Kap. IX. 2. a) von Bedeutung sein. Allerdings besteht für Sachschäden am Fahrzeug des Geschädigten im Falle der sog. Unfallflucht grundsätzlich keine Leistungspflicht; sie ist bisher ferner für sonstige Sachschäden auf den 500 Euro übersteigenden Betrag beschränkt (§ 12 Abs. 2 PflVG). Im Übrigen ist wegen näherer Einzelheiten auf die **Verordnung über den Entschädigungsfonds für Schäden aus Kraftfahrzeugunfällen** vom 14.12.1965 (BGBl. I S. 2093; zuletzt geändert durch Zehnte Zuständigkeitsanpassungsverordnung vom 31.8.2015, BGBl. I S. 1474, 1546) und die **Bekanntmachung über den Entschädigungsfonds für Schäden aus Kraftfahrzeugunfällen** vom 29.12.1994 (BAnz. 1995 Nr. 5, S. 257; zuletzt geändert durch Kraftfahrzeugentschädigungsfondsbekanntmachung vom 18.2.2002, BAnz. I S. 4353) zu verweisen. (Die Verordnung über den Entschädigungsfonds für Schäden aus Kraftfahrzeugunfällen und die Bekanntmachung über den Entschädigungsfonds für Schäden aus Kraftfahrzeugunfällen sind in dieser Textsammlung nicht abgedruckt, bezüglich dieser Vorschriften darf auf die umfassende Loseblatt-Textsammlung „Straßenverkehrsrecht" sowie die elektronischen Sammlungen „Straßenverkehrsrecht Texte" oder „Verkehrsrecht PLUS" des Verlages C.H.Beck verwiesen werden). Die Aufgaben des Entschädigungsfonds werden wahrgenommen vom Verein für Verkehrsopferhilfe e. V. (VOH), Wilhelmstraße 43/43 G, 10117 Berlin. Nähere Informationen und praktische Tipps sowie beispielsweise auch Schadenmeldeformulare sind verfügbar unter www.verkehrsopferhilfe.de.

X. Verkehrsstrafrecht

1. Allgemeines

Wie bereits eingangs (oben Kap. II. 2.) dargelegt, hat das Straßenverkehrsstrafrecht auch die Aufgabe, den verkehrsregelnden Vorschriften notfalls durch staatlichen Zwang die nötige Beachtung zu sichern; dies geschieht durch das Verkehrsstraf- und -ordnungswidrigkeitenrecht. Beiden Sanktionsarten kommt neben den sonstigen Möglichkeiten einer positiven Beeinflussung von Verkehrsteilnehmern durch Aufklärung und Erziehung eine nicht unerhebliche Bedeutung zu. Zwar sind Sanktionen auch hier – wie in anderen Bereichen – kein Allheilmittel; sie stellen jedoch ein wichtiges und leider unentbehrliches Hilfsmittel zur Durchsetzung der Rechtsordnung dar, was sich vor einiger Zeit einmal zB sehr deutlich auch daran gezeigt hat, dass nach Einführung der Bußgeldbewehrung für das Nichtanlegen des Sicherheitsgurtes die Anschnallquote sprunghaft über 90 % angestiegen ist, obwohl damals nur ein relativ niedriges Verwarnungsgeld von 40 DM angedroht worden war. Eine wichtige Voraussetzung für eine optimale Wirksamkeit dieses Hilfsmittels ist allerdings – von der Notwendigkeit einer zweckmäßigen Handhabung auf der Grundlage einer angemessenen Überwachung abgesehen – eine sinnvolle Ausgestaltung der Sanktionsnormen. Der Gesetzgeber hat deshalb der ständigen Verbesserung dieses Sanktionensystems auf dem Gebiet des Verkehrsstrafrechts seit jeher große Aufmerksamkeit gewidmet. Auf der Grundlage einer frühzeitig aufgestellten Gesamtkonzeption ist in der Bundesrepublik Deutschland für die Verfolgung und Ahndung von Zuwiderhandlungen im Straßenverkehr ein modernes Sanktionensystem aufgebaut worden, das vielfältige Möglichkeiten zu angemessenen und wirksamen Reaktionen bietet.

Das Verkehrsstrafrecht nimmt seit jeher einen erheblichen Raum innerhalb der gesamten Strafrechtspflege ein. Namentlich die Zahlen der alljährlich wegen fahrlässiger Körperverletzung im Straßenverkehr sowie wegen Trunkenheit am Steuer Verurteilten sind beträchtlich. – Wegen Verkehrsordnungswidrigkeiten müssen jährlich jeweils mehrere Millionen Bußgeldbescheide erlassen werden, die Zahl der Verwarnungen wegen geringfügiger Verkehrsordnungswidrigkeiten ist noch um ein Vielfaches höher.

Die Verkehrsstraftatbestände sind nicht einheitlich in einem einzigen Gesetzeswerk zusammengefasst, sondern in verschiedenen Gesetzen enthalten (zusammenfassende Darstellungen etwa bei Blum/Huppertz/Baldarelli, Verkehrsstrafrecht, 2. Aufl. 2021), so im Straßenverkehrsgesetz (s. oben Kap. III. 2. c aa) und in einigen Nebengesetzen, wie zB in den oben (Kap. VIII.) erwähnten Pflichtversicherungsgesetzen, hauptsächlich aber im Strafgesetzbuch (StGB), in dessen Straftatbestände hier kurz eingeführt werden soll.

2. Wichtige Verkehrsstraftatbestände im StGB

a) § 142 StGB stellt das **unerlaubte Entfernen vom Unfallort** unter Strafe. Die Vorschrift soll (nur) der Sicherung der zivilrechtlichen Schadensersatzansprüche nach einem Unfall, d. h. der Beweissicherung zur Klärung der einem Geschädigten entstandenen Schäden, und zur Abwehr ungerechtfertigter Schadensersatzansprüche, dienen, nicht aber der Erleichterung der Strafverfolgung, was lediglich als Nebenfolge erscheint. Die Anwendung dieser Vorschrift bereitet in der Praxis immer wieder Schwierigkeiten. Der betroffene Verkehrsteilnehmer kann diese weitgehend vermeiden, wenn er von der (eigentlich selbstverständlichen) Regel ausgeht, dass es sich nach einem Unfall schon nach den Regeln des Anstands einfach gehört, anzuhalten, sich vorzustellen, Verletzten zu helfen, die Unfallstelle zu sichern und dem anderen dann die nötigen Feststellungen zur Sicherung und Wahrnehmung seiner Schadenersatzansprüche zu ermöglichen, wie es zusätzlich § 34 StVO detailliert vorschreibt (s. oben Kap. IV. 2. a cc). Wird die Herbeiziehung der Polizei aus vertretbarem Grund (nicht etwa nur zur Ermöglichung der Strafverfolgung des Unfallpartners zB wegen Alkoholverdachts, wenn es darauf zur Sicherung der zivilrechtlichen Ansprüche gar nicht ankommt; vgl. zB Burmann/Heß/Hühnermann/Jahnke, Straßenverkehrsrecht, 28. Aufl. 2024, § 142 StGB Rn. 17) gewünscht, so ist deren Eintreffen abzuwarten. Befindet sich niemand an der Unfallstelle, der in der Lage und bereit ist, die nötigen Feststellungen über die beteiligten Personen und Fahrzeuge und die Art der Beteiligung am Unfallgeschehen zu treffen, so ist zunächst eine „angemessene“ Zeit zu warten, wobei sich die Dauer dieser Wartezeit insbes. nach Ort und Schwere des Unfalls, Höhe des Schadens, Lage des Unfallorts, Tageszeit, Witterung und Verkehrsdichte richtet. Ist die Frist abgelaufen, die bei schweren Unfällen länger, bei geringfügigen kürzer bemessen werden kann, darf man sich unter Hinterlassung von Namen und Anschrift (s. § 34 Abs. 1 Nr. 6b StVO) zwar ebenso entfernen wie beim etwa nötigen Aufsuchen eines Arztes zur sofortigen Behandlung von Verletzungen oder in ähnlichen Notlagen; aber: Das Hinterlassen einer sog. **Visitenkarte allein genügt** selbst beim ausnahmsweise erlaubten Verlassen des Unfallortes (wie zB nach Ablauf der erwähnten Wartefrist pp) **in keinem Fall** (!), man muss sich vielmehr anschließend **unverzüglich** bei dem Geschädigten oder notfalls bei einer nahegelegenen Polizeidienststelle melden, will man nicht gegen § 142 Abs. 2 StGB verstoßen. Der wiederholt von verschiedenen Stellen, insbes. von ADAC und Anwaltverein, geforderten Einführung einer Straffreiheitsklausel für den Fall, dass sich der nach einem Bagatellschaden zunächst geflüchtete Schädiger nachträglich binnen 24 Stunden meldet, waren die zuständigen Stellen zunächst nicht gefolgt, da sie dadurch, insbes. durch die damit verbundene Aufweichung der grundsätzlich nötigen Wartepflicht, eine Aushöhlung der Strafvorschrift befürchtet hatten; sie gingen davon aus, dass die Mehrheit der zunächst geflüchteten Schädiger sich wohl nicht nachträglich melden würde, wenn sich innerhalb der genannten Frist kein Verfolger gemeldet hatte. Diese Bedenken hat der Gesetzgeber aber schließlich nicht mitgetragen und in einem engen Rahmen mit dem Sechsten Gesetz zur Strafrechtsreform vom 26.1.1998 (BGBl. I S. 164) die sog. **„tätige Reue“** bei unbedeutenden Schäden (allerdings nur) im ruhenden Verkehr eingeführt (s. § 142 Abs. 4 StGB; abgedruckt unter Nr. 6 der Textsammlung). Als „unbedeutend“ dürfte – gemessen an der Rechtsprechung zur Auslegung des Begriffs „bedeutender Schaden“ in den §§ 69 Abs. 2 Nr. 3, 315c Abs. 1 StGB – derzeit ein **Fremdschaden unter 1.300 Euro** anzusehen sein (s. zB Burmann/Heß/Hühnermann/Jahnke, Straßenverkehrsrecht, 28. Aufl. 2024, § 142 StGB Rn. 33a mwN). Wird der geflüchtete Schädiger nach unerlaubter Entfernung vor Ablauf der 24-Stunden-Frist gestellt, steht ihm die Vergünstigung nicht zur Seite; er trägt also – wenn er sich nicht sofort meldet – das Risiko seiner Entdeckung und Bestrafung. – Wegen der weiteren, vielfältigen Detailfragen, die diese Vorschrift aufwirft, muss im Übrigen auf die einschlägige Kommentierung (wie zB bei Burmann/Heß/Hühnermann/Jahnke, Straßenverkehrsrecht, 28. Aufl. 2024; Hentschel/König, Straßenverkehrsrecht, 48. Aufl. 2025 oder BeckOK StVR, jeweils zu § 142 StGB) verwiesen werden. Nach einem Entwurf des BMJ (2024) soll, wer – etwa beim Einparken – ein Fahrzeug beschädigt, nicht mehr gezwungen sein, lange am Unfallort zu warten. Der Unfallverursacher soll seine Angaben vielmehr digital bei einer neu zu schaffenden Meldestelle machen können – vorausgesetzt, bei dem Unfall sind keine Menschen zu Schaden gekommen. Der Geschädigte soll die Daten zu dem Unfall unter Angabe seines Kfz-Kennzeichens abfragen können. Alternativ soll sich der Unfallbeteiligte „unverzüglich, nachdem er sich vom Unfallort entfernt hat", zu einer Polizeiwache begeben und dort den Unfall melden können. Die „tätige Reue" soll nach dem Entwurf nicht nur für Schäden im ruhenden Verkehr gelten, sondern auch – bei Unfällen ohne Personenschaden – im fließenden Verkehr.

b) Die **§§ 222** und **229 StGB (fahrlässige Tötung u. Körperverletzung)** spielen im Straßenverkehr leider ebenfalls eine erhebliche Rolle. Durch Nichtbeachten der in der StVO vorgeschriebenen Verhaltensregeln und auch durch die Teilnahme am Straßenverkehr nach Alkoholgenuss oder unter Drogeneinfluss werden viele Unfälle mit Verletzten und Toten verursacht, so dass entsprechend zahlreiche Verurteilungen alljährlich erfolgen.

c) Eine **Nötigung im Straßenverkehr** nach **§ 240 StGB** kann zB durch Zufahren auf eine Person, um sie zur Freigabe eines Parkplatzes oder des Weges zu veranlassen, ebenso begangen werden wie durch zu dichtes Auffahren und Aufblenden, um den Vordermann etwa von der Überholspur zu drängen u. a. m (s. hierzu zB Burmann/Heß/Hühnermann/Jahnke, Straßenverkehrsrecht, 28. Aufl. 2024, § 1 StVO Rn. 91 mwN und generell auch Hentschel/König, Straßenverkehrsrecht, 48. Aufl. 2025, § 240 StGB, Fischer, Strafgesetzbuch, 72. Aufl. 2025, § 240 StGB, BeckOK StVR, § 240 StGB, jeweils mit weiteren Beispielen). Die gegen die von der Rechtsprechung im Laufe der Zeit erweiterte Auslegung des Gewaltbegriffs in § 240 StGB im Lichte des Art. 103 Abs. 2 GG erhobene Kritik des Bundesverfassungsgerichts (s. BVerfG, NStZ 1995, 275) hat im Straßenverkehrsstrafrecht bislang zu keiner beachtlichen Neubewertung der entsprechenden Straftatbestände geführt. Im Zusammenhang mit Blockadeaktionen von Umweltaktivisten hat sich in Rechtsprechung und Literatur die Auffassung durchgesetzt, dass für die Täter zwar der Schutzbereich des Grundrechts der Versammlungsfreiheit eröffnet ist, die Taten aber in aller Regel als Nötigung zum Nachteil der blockierten Verkehrsteilnehmer strafbar sind (vgl. etwa KG NZV 2024, 335). Das Kammergericht hat das dem Erschweren des Wegtragens dienende Festkleben auf dem Straßengrund zudem als Widerstand gegen Vollstreckungsbeamte nach § 113 StGB bewertet (KG BeckRS 2024, 25522). Eine Entscheidung des Bundesverfassungsgerichts bleibt abzuwarten.

d) Der Straftatbestand des **unbefugten Gebrauchs eines Fahrzeugs** nach **§ 248b StGB** spielt – gemessen an anderen Verkehrsstraftatbeständen – keine besonders große Rolle; bezeichnenderweise gibt es hier allerdings besonders viele Bestrafungen nach Jugendstrafrecht. Unter § 248b StGB fällt auch die unerlaubte Benutzung eines Fahrrads, das einem anderen gehört; kein „Gebrauchen" ist allerdings nach der Rechtsprechung das bloße Schlafen in einem fremden Kraftfahrzeug.

e) Die **Straßenverkehrs-Gefährdungs-Tatbestände** der **§§ 315b** und **315c StGB** haben in der Praxis eine besonders große Bedeutung. Sie unterscheiden sich im Wesentlichen dadurch, dass **§ 315b StGB gefährliche Eingriffe in den Straßenverkehr** betrifft, die sich grundsätzlich **von außen („Außeneingriffe")** gegen den Verkehr richten; es handelt sich dabei also grundsätzlich um **verkehrsfremde** Vorgänge, wie zB das Zerstören von Verkehrseinrichtungen, Bereiten von Hindernissen auf der Fahrbahn u. Ä. m. § 315b StGB erfasst nach ständiger Rechtsprechung und ganz h. M. aber auch Handlungen im Verkehr **(„Inneneingriffe")**, wenn sich diese als verkehrsfremde und nicht „nur" als verkehrswidrige Eingriffe darstellen, wobei **bei Vorgängen im fließenden Verkehr** zu dem **bewusst zweckwidrigen Einsatz des Fahrzeugs in verkehrswidriger Absicht** hinzu kommen muss, dass der Täter auch **mindestens mit bedingtem Schädigungsvorsatz gehandelt** hat (näher dazu BGHSt 48, 233). § 315b StGB erfasst grundsätzlich kein bloßes Fehlverhalten bei der Teilnahme am Straßenverkehr selbst. Solche Fehlverhaltensweisen sind vielmehr Gegenstand des **§ 315c StGB,** der **besonders gefährliche Verkehrsverstöße** behandelt, die von Verkehrsteilnehmern **im Rahmen des Verkehrsablaufs** selbst begangen werden, wie die Gefährdung anderer durch das Führen eines Fahrzeugs in alkohol- oder rauschmittelbedingt fahrunsicherem Zustand oder durch „grob verkehrswidrige und rücksichtslose“ Nichtbeachtung der für die Erhaltung der Verkehrssicherheit besonders bedeutsamen Vorschriften über die Vorfahrt, das Überholen, das Verhalten an Fußgängerüberwegen, die Geschwindigkeit an unübersichtlichen Stellen, das Wenden oder Rückwärtsfahren auf Autobahnen oder Kraftfahrstraßen und auch das Fahren entgegen der Fahrtrichtung auf diesen Schnellstraßen („Geisterfahrer“) – sog. 7-Todsünden.

Ein besonders gefährliches Verhalten behandelt **§ 316 StGB,** die sog. **Trunkenheit im Verkehr,** eine Bezeichnung, die allerdings aus verschiedenen Gründen unzutreffend ist. Diese Vorschrift verbietet das Führen eines Fahrzeugs im Straßenverkehr, wenn der Fahrzeugführer infolge der Einnahme alkoholischer Getränke oder anderer berauschender Mittel nicht in der Lage ist, das Fahrzeug sicher zu führen; **es genügt** also schon bloße **Fahrunsicherheit** und nicht erst völlige Fahruntüchtigkeit, wie es die amtliche Überschrift vermuten lassen könnte; bereits ausreichend ist zB bei Kfz-Führern unter ungünstigen Umständen eine BAK von „nur“ **0,3 ‰,** wenn **alkoholbedingte Ausfallerscheinungen** (alkoholtypische Beweisanzeichen – ATB) dazu kommen (s. dazu weiter unten). Im Jahr 2023 gab es mehr als 15.000 Alkoholunfälle mit Personenschaden und fast 200 Todesfälle. § 316 stellt deshalb dieses gefährliche Verhalten – im Gegensatz zu § 315c StGB – schon dann unter Strafe, wenn es noch gar nicht zu einer Gefährdung oder gar Schädigung anderer geführt hat (sog. abstraktes Gefährdungsdelikt).

Das Verbot gilt für Führer aller Arten von Fahrzeugen, d. h. sowohl für Kfz-Führer als auch für Radfahrer, Fuhrwerkslenker, Straßenbahnführer usw.

Bei **Kraftfahrzeugführern** liegt nach der Rechtsprechung alkoholbedingte Fahrunsicherheit i. S. des Gesetzes stets (d. h. ohne die Möglichkeit eines Gegenbeweises) vor, wenn die BAK zur Zeit der Fahrt oder danach mindestens **1,1 ‰** betragen hat (s. BGH DAR 1990, 303, der diesen Grenzwert von bis dahin 1,3 ‰ auf 1,1 ‰ herabgesetzt hat); das gilt auch für Mofa-Fahrer und selbst für den Führer eines mittels eines Abschleppseiles abgeschleppten Kfz (BGH NZV 1990, 157) sowie grundsätzlich auch für Fahrer eines motorisierten Krankenfahrstuhls (OLG Nürnberg NZV 2011, 358), für Segways (OLG Hamburg DAR 2017, 157) und für E-Scooter (KG, DAR 2022, 465) (siehe Burmann/Heß/Hühnermann/Jahnke, Straßenverkehrsrecht, 28. Aufl. 2024, § 316 StGB Rn. 22 mwN). Für **Radfahrer** beträgt der Grenzwert **1,6 ‰**. Für andere Fahrzeugführer im Straßenverkehr gibt es keine derartige Promille-Grenze; für sie muss also die alkoholbedingte Fahrunsicherheit im Einzelfall stets auf Grund der BAK und/oder zusätzlicher Fahrunsicherheitsanzeichen nachgewiesen werden.

Die BAK wurde bisher – wie bei den §§ 315c Abs. 1 Nr. 1a StGB und 24a StVG – im Allgemeinen durch Entnahme und Untersuchung einer **Blutprobe** festgestellt. Sie wurde häufig entnommen, wenn ein vorheriger Atemalkohol-Test (Vortest) an Ort und Stelle den Verdacht einer alkoholischen Beeinflussung von mindestens 0,3 ‰ BAK ergeben hatte. – Das Bundesgesundheitsamt (BGA) Berlin hat indessen inzwischen die Frage, ob und in welchem Rahmen auch **Atemalkohol-Analysen** im forensischen Bereich ausreichend beweiskräftig sind, die mit neu entwickelten und im Wesentlichen (insbes. auf Infrarotbasis) recht zuverlässig arbeitenden Atemalkohol-Testgeräten gewonnen werden, grundsätzlich bejaht, wenn diese Atemalkohol-Testgeräte bestimmte strenge Voraussetzungen erfüllen, die das BGA festgesetzt hat (Näheres dazu zB bei

Burmann/Heß/Hühnermann/Jahnke, Straßenverkehrsrecht, 28. Aufl. 2024, § 316 StGB Rn. 18). Nachdem danach der Gesetzgeber auch die Atemalkoholkonzentration in § 24a StVG als ausreichendes Beweiskriterium anerkannt hat, dürfte die Entnahme einer Blutprobe künftig – jedenfalls im Ordnungswidrigkeitenverfahren nach § 24a StVG – weiter in den Hintergrund treten, was vielerlei Vorteile für alle Beteiligten brächte. Der Atemalkohol-Test ist auch im Ausland bereits recht verbreitet; doch fehlte es bei uns bisher noch an der notwendigen Zahl ausreichend zuverlässiger Atemalkohol-Testgeräte. Die **Atemalkohol-Analyse** wurde im Schrifttum und teilweise auch in der obergerichtlichen Rechtsprechung bis zur klärenden Entscheidung des BGH vom 3.4.2001 (NZV 2001, 264) skeptisch und zurückhaltend beurteilt. Sie gilt aber nunmehr als standardisiertes Messverfahren. Die Atemalkohol-Probe ist – im Gegensatz zur Blutprobe – nicht erzwingbar. Die Entnahme einer Blutprobe hat – abgesehen von den Fällen der Verweigerung eines Atemalkohol-Tests – ohnehin dann weiter Bedeutung, wenn der Betroffene (zB infolge Bewusstlosigkeit oder Tod) zur Abgabe einer Atemprobe nicht in der Lage ist oder zusätzlich eine evtl. Rauschmitteleinnahme nachgewiesen werden soll, und sie wird auch im Strafverfahren weiterhin von maßgeblicher Bedeutung sein.

Bei § 316 StGB ist – im Gegensatz zu § 315c StGB – keine konkrete Gefährdung anderer erforderlich; kommt eine solche zur festgestellten Fahrunsicherheit hinzu, so kommt eine Bestrafung nach § 315c Abs. 1 Nr. 1a StGB in Betracht. Nach der Rechtsprechung des BGH (DAR 1995, 296) gilt der Insasse eines von einer alkoholbedingt fahrunsicheren Person geführten Kfz allerdings nur dann als konkret gefährdet, wenn es während der Fahrt zu einer kritischen Verkehrssituation gekommen ist (weitergehend zuvor noch BGH DAR 1989, 32). Ist bei einem Kraftfahrzeugführer eine BAK von 1,1 ‰ nicht nachweisbar, so kann Fahrunsicherheit i. S. von § 316 StGB dennoch auch bei darunterliegenden Werten (zumindest ab 0,3 ‰) vorliegen, wenn sie durch entsprechende zusätzliche Beweisanzeichen (wie zB Schlangenlinienfahren, unmotiviertes Abkommen von der Fahrbahn o. ä.) nachweisbar ist. Ist dieser Nachweis nicht möglich, so kommt bei einer BAK zwischen 0,5 ‰ und 1,09 ‰ (einschließlich) nur die bereits oben (Kap. III. 2. c cc) erörterte Ordnungswidrigkeit nach § 24a StVG in Betracht.

Für **Fahranfänger** gilt zudem **§ 24c StVG.**

Befand sich der Täter infolge Alkoholeinflusses oder sonstiger berauschender Mittel im **Vollrausch,** so kann eine Bestrafung nach **§ 323a StGB** erfolgen, wenn er in diesem Zustand eine rechtswidrige Tat begeht, wie zB entgegen § 21 StVG ohne Fahrerlaubnis ein Kfz führt.

f) § 315d StGB (Verbotene Kraftfahrzeugrennen) und § 315f StGB (Einziehung) wurden **zum 13.10.2017 neu als Straftat** in das Strafgesetzbuch aufgenommen, wobei gleichzeitig die Tat nach § 315d StGB als weiterer Regelfall der Fahrerlaubnisentziehung in § 69 Abs. 2 Nummer 1a StGB bestimmt wurde (BGBl. 2017 I S. 3532). „Das Gesetz zielt auf den frühzeitigen und verbesserten Schutz Unbeteiligter vor den Gefahren illegaler Kraftfahrzeugrennen ab, und zwar auch bei Geschwindigkeitsfahrten, an denen lediglich ein Fahrzeugführer beteiligt ist (»Raser«). Die Beteiligung an verbotenen Kraftfahrzeugrennen wird bislang als Ordnungswidrigkeit geahndet. Teilnehmende Kraftfahrzeugführer werden im Regelfall mit einer Geldbuße von 400 Euro und einem einmonatigen Fahrverbot belegt; Verantwortliche, die verbotene Kraftfahrzeugrennen veranstalten, mit einem Regelsatz von 500 Euro. Das Gefährdungspotenzial illegaler Rennen sei aber mindestens den – nach § 316 StGB unter Strafe gestellten – Trunkenheitsfahrten vergleichbar. In beiden Fällen werden durch das nicht verkehrssichere Führen eines Kraftfahrzeuges erhebliche Risiken für Leib und Leben anderer Verkehrsteilnehmer geschaffen. Der Bedeutung der durch illegale Rennen bedrohten Rechtsgüter werden bisher weder die Einstufung als Ordnungswidrigkeit noch die Rechtsfolgen gerecht. Jede Teilnahme an einem nicht erlaubten Kraftfahrzeugrennen sei per se als grob verkehrswidrig und rücksichtslos einzustufen. Die … rechtlichen Regelungen zielen darauf ab, dass bei der Entziehung der Fahrerlaubnis die Ungeeignetheit des Täters zum Führen von Kraftfahrzeugen angenommen und die Verhängung einer Sperrfrist von sechs Monaten bis zu fünf Jahren ermöglicht wird. Wird durch die Teilnahme an einem nicht erlaubten Kraftfahrzeugrennen (vorsätzlich) eine Gefahr für Leib oder Leben eines anderen Menschen oder fremde Sachen von bedeutendem Wert herbeigeführt, beträgt der Strafrahmen Freiheitsstrafe bis zu fünf Jahren oder Geldstrafe. Wird diese Gefahr fahrlässig herbeigeführt, beträgt der Strafrahmen von bis zu drei Jahren Freiheitsstrafe oder Geldstrafe. Für Fälle mit besonders hoher Sozialschädlichkeit, also der Herbeiführung schwerer Gesundheitsschädigung oder des Todes anderer Menschen, ist ein Strafrahmen von nicht unter einem Jahr, für minder schwere Fälle von sechs Monaten bis zu fünf Jahren Freiheitsstrafe vorgesehen." (Quelle: Erläuterung zu TOP 8 der 960. Sitzung des Bundesrates am 22.9.2017). Wichtige Drucksachen: BR-Drs. 362/16 (Gesetzesantrag), BT-Drs. 18/10145 (Gesetzentwurf), BT-Drs. 18/12936 (Beschlussempfehlung), BT-Drs. 18/12964 (Bericht), BR-Drs. 607/17 (Grunddrucksache) und BR-Drs. 607/17(B) (Beschluss). § 315d StGB ist auch mit seiner weiten und unklaren Variante des sog. Einzelrennens in Abs. 1 Nr. 3 verfassungsgemäß. Das Bundesverfassungsgericht entschied im Rahmen einer konkreten Normenkontrolle, der Tatbestand sei ausreichend bestimmt (BVerfGE 160, 284). Die Merkmale der groben Verkehrswidrigkeit und der Rücksichtslosigkeit seien aus § 315c StGB bekannt und durch gefestigte Rechtsprechung ausreichend konkretisiert. Dennoch wird davon ausgegangen, dass § 315d Abs. 1 Nr. 3 StGB insgesamt restriktiv auszulegen ist (KG DAR 2020, 149).

g) § 316a StGB, der den **räuberischen Angriff auf Kraftfahrer** mit schweren Freiheitsstrafen bedroht, soll Kraftfahrer vor solchen Raubüberfällen schützen, die unter Ausnutzung der besonderen Verhältnisse des Straßenverkehrs begangen werden. Diese Vorschrift dient nur indirekt der Verkehrssicherheit; sie gehört systematisch eher zu den Raubdelikten. Die Bundesregierung plant die Aufhebung der Vorschrift. Das StGB biete, so ein Eckpunktepapier des zuständigen Ministers, „ausreichende Möglichkeiten, um die von § 316a StGB erfassten Sachverhalte mit den Straftatbeständen des Raubs (§ 249 StGB), des schweren Raubs (§ 250 StGB), des Raubs mit Todesfolge (§ 251 StGB), des räuberischen Diebstahls (§ 252 StGB) und der räuberischen Erpressung (§ 255 StGB) angemessen zu ahnden". Auch der Fortbestand dieser Vorschrift wird diskutiert (vgl. nachfolgender „Ausblick").

h) § 323c StGB regelt die **Unterlassene Hilfeleistung** sowie die Sanktionen bei der **Behinderung von hilfeleistenden Personen** („Gaffer"). Wer nicht entsprechend Hilfe leistet oder in entsprechenden Situationen eine Person behindert, die einem Dritten Hilfe leistet oder leisten will, wird mit **Freiheitsstrafe bis zu einem Jahr oder** mit **Geldstrafe** bestraft.

3. Rechtsfolgen bei Verkehrsstraftaten

Außer den allgemeinen Sanktionen (Freiheits- oder Geldstrafen) – hervorzuheben ist hier, dass durch das 42. StrÄndG vom 29.6.2009 (BGBl. I S. 1558) die **Höchstgrenze der Tagessätze** zum 4.7.2009 von zuvor 5.000 Euro auf nunmehr **30.000 Euro** angehoben wurde (§ 40 Abs. 2 S. 3 StGB) – können bei Straftaten, die bei oder im Zusammenhang mit dem Führen eines Kfz oder unter Verletzung der Pflichten eines Kfz-Führers begangen worden sind, auch die folgenden Nebenstrafen und Maßregeln zur Anwendung kommen:

a) Das **Fahrverbot** nach **§ 44 StGB** ist eine **Nebenstrafe,** die nun auch bei allgemeinen Straftaten, die also keinen Verkehrsbezug haben, verhängt werden kann. Im Bereich des Verkehrsstrafrechts ist die Rechtsfolge vorrangig für denjenigen Täter gedacht, der zwar nicht ungeeignet zum Führen eines Kfz ist, aber dennoch neben der Geld- oder Freiheitsstrafe einen besonderen Denkzettel für eine schuldhaft begangene Straftat verdient. Auch dieses Fahrverbot, das für einen Monat bis zu sechs Monate angeordnet werden kann, lässt (wie das oben in Kap. III. 2. c ee (3) zu § 25 StVG für Verkehrsordnungswidrigkeiten dargestellte) den **Bestand der Fahrerlaubnis unberührt.** Hierdurch unterscheidet es sich grundsätzlich von der im Folgenden behandelten Entziehung der Fahrerlaubnis. Vom Fahrverbot nach § 25 StVG unterscheidet es sich dadurch, dass es sich im Falle einer Verkehrsstraftat nicht – wie nach § 25 StVG – um einen „grob oder beharrlich" begangenen Verstoß handeln muss; dies rechtfertigt sich schon daraus, dass eine Straftat ohnehin regelmäßig einen schwerwiegenden Verstoß darstellt. Im Übrigen gilt vieles des oben zu § 25 StVG über die Wirkung des Fahrverbots Gesagten auch hier; nur die in § 25 Abs. 2a StVG vorgesehene Möglichkeit der Hinausschiebung des Eintritts der Rechtskraftwirkung auf 4 Monate besteht hier nicht.

b) Die Entziehung der Fahrerlaubnis nach **§ 69 StGB** ist gem. § 61 Nr. 5 StGB eine Maßregel der Besserung und Sicherung, also keine Strafe wie das Fahrverbot nach § 44 StGB (Kap. IX. 3. a); sie kann deshalb selbst im Falle eines Freispruchs wegen Schuldunfähigkeit angeordnet werden und kommt bei Tätern in Betracht, die sich durch die Tat als ungeeignet zum Führen eines Kfz erwiesen haben. Die Nichteignung kann auf geistige und körperliche, insbesondere aber auch auf charakterliche Mängel zurückzuführen sein, wie dies bei schwerwiegenden Vergehen, wie zB bei einer Verkehrsgefährdung nach § 315c StGB (s. oben 2. e) sowie beim Führen eines Kfz unter Alkohol- oder Drogeneinfluss und bei schwerer Unfallflucht sowie bei verbotenen Kraftfahrzeugrennen nach § 315d StGB (s. oben 2. f) schon im Gesetz als Regelfall normiert worden ist (§ 69 Abs. 2 StGB). In solchen Fällen darf nur unter besonderen Umständen ausnahmsweise von der Entziehung der Fahrerlaubnis abgesehen werden.

Durch die **rechtskräftige Entziehung erlischt** die **Fahrerlaubnis** (s. § 69 Abs. 3; anders als beim Fahrverbot, s. oben 3. a). Gleichzeitig mit dieser Entscheidung hat das Gericht nach § 69a StGB eine **Sperrfrist** anzuordnen, innerhalb der die Verkehrsverwaltung keine neue Fahrerlaubnis erteilen darf; die Sperrfrist dauert 6 Monate bis 5 Jahre, in schweren Fällen kann sie für immer angeordnet werden. Eine neue Fahrerlaubnis kann, von der lebenslangen Sperre abgesehen, erst **nach Ablauf der Sperrfrist** und bei einer ursprünglichen Fahrerlaubnis auf Probe gem. § 2a Abs. 5 StVG auch nur nach Teilnahme an einem Aufbauseminar erteilt werden. Für die **Neuerteilung** einer Fahrerlaubnis nach vorangegangener Entziehung gelten grundsätzlich die Vorschriften für die Ersterteilung (vgl. § 20 FeV). Bei **Eignungsbedenken** kann die Fahrerlaubnisbehörde Maßnahmen nach §§ 11, 13 und 14 FeV ergreifen. Zwingend ist beispielsweise die Beibringung eines **medizinisch-psychologischen Gutachtens** anzuordnen, wenn der Betroffene wiederholt Zuwiderhandlungen im Straßenverkehr unter Alkoholeinfluss begangen hat (§ 13 Nr. 2b FeV) oder erstmalig ein Fahrzeug (auch Fahrrad!) im Straßenverkehr bei einer Blutalkoholkonzentration (BAK) von 1,6 ‰ oder mehr bzw. einer Atemalkoholkonzentration (AAK) von 0,8 mg/l oder mehr geführt hat (§ 13 Nr. 2c FeV). Für die Beurteilung der Eignung und bedingten Eignung zum Führen von Kraftfahrzeugen ist insbesondere Anlage 4 FeV von Bedeutung; sie enthält häufiger vorkommende Erkrankungen und Mängel, die die Eignung zum Führen von Kraftfahrzeugen längere Zeit beeinträchtigen oder aufheben können (abgedruckt zB bei Burmann/Heß/Hühnermann/Jahnke, Straßenverkehrsrecht, 28. Aufl. 2024, Anhang I). – Besitzt der Täter gar keine Fahrerlaubnis, so wird nur die o. g. Sperre angeordnet (sog. **„isolierte Sperre“;** § 69a Abs. 1 S. 3 StGB).

Bedeutsam ist es für einen Betroffenen, dass die **Sperre** (nicht auch die Entziehung selbst) auf **bestimmte Fahrzeugarten beschränkt** werden kann, wenn besondere Umstände die Annahme rechtfertigen, dass dadurch der Zweck der Maßnahme nicht gefährdet wird (§ 69a Abs. 2 StGB); dies entspricht dem **Übermaßverbot** und vor allem auch dem Bedürfnis, Arbeitskräften, die während der Arbeit die erforderliche Zuverlässigkeit besitzen, die Weiterbeschäftigung zu ermöglichen (Näheres zB bei Burmann/Heß/Hühnermann/Jahnke, Straßenverkehrsrecht, 28. Aufl. 2024, § 69a StGB Rn. 4 ff.).

Zur Sicherung der späteren Entziehung der Fahrerlaubnis kann das Gericht auch schon vor einer späteren Verurteilung die **vorläufige Entziehung** der Fahrerlaubnis anordnen **(§ 111a StPO).**

Dass neben den Strafgerichten auch die Fahrerlaubnisbehörden nach § 3 Abs. 1 StVG eine Fahrerlaubnis entziehen dürfen, wenn sich der Betroffene als ungeeignet zum Führen von Kraftfahrzeugen erwiesen hat, ist oben (Kap. III. 2. a) bereits erwähnt worden. Im Falle einer Verkehrsstraftat haben aber die **Strafgerichte** gegenüber der Zuständigkeit der Verwaltungsbehörde den **Vorrang** (vgl. § 3 Abs. 3 StVG).

c) Fahrverbot und Entziehung der Fahrerlaubnis können auch gegenüber **Ausländern** nach den allgemeinen Vorschriften angeordnet werden (s. hierzu §§ 44 Abs. 2 u. 69 StGB), nur die **Wirkung** dieser Maßnahmen ist **grundsätzlich auf das Inland beschränkt** (s. § 69b StGB).

XI. Ausblick

1. Entwicklungen und Tendenzen

Derzeit (Stand 2024) wird eine Reform des § 142 StGB (Unerlaubtes Entfernen vom Unfallort) diskutiert: Unfallflucht ohne Personenschaden soll nach Überlegungen aus dem Bundesjustizministerium möglicherweise nicht mehr als Straftat, sondern als Ordnungswidrigkeit gewertet werden (näher dazu: Redaktion beck-aktuell, becklink 2026890). Zudem sollen nach einem Eckpunktepapier desselben Ministeriums bei „bloßen Sachschäden – alternativ zur ansonsten weiterhin bestehenden Wartepflicht – eine Meldepflicht eingeführt sowie Meldestellen eingerichtet werden, an die zukünftig diese notwendigen Informationen auch digital übermittelt werden können“. Hierdurch werde eine „zeitgemäße sowie bürgerfreundliche Option geschaffen". In dem Papier wird auch eine Aufhebung des Tatbestands des räuberischen Angriffs auf Kraftfahrer (§ 316a StGB) sowie eine Entkriminalisierung der Beförderungserschleichung (§ 265a StGB) in Aussicht gestellt.

Bereits in seiner Sitzung vom 5.7.2024 hat der Bundesrat Änderungen der StVO zugestimmt, nachdem er im vorherigen Plenum das der Verordnung zugrundeliegende StVG bestätigt hatte. Länder und Kommunen können hiernach neben der Leichtigkeit des Straßenverkehrs auch Ziele des Klima- und Umweltschutzes, der Gesundheit und der städtebaulichen Entwicklung bei ihren Anordnungen berücksichtigen, wenn die Sicherheit des Verkehrs dadurch nicht beeinträchtigt wird. Ihnen wird es leichter gemacht, Geschwindigkeitsbegrenzungen auf Tempo 30 anordnen, zB beim sogenannten Lückenschluss zwischen zwei schon vorhandenen Tempo-30-Strecken, vor Fußgängerüberwegen, Spielplätzen und hochfrequentierten Schulwegen sowie Zebrastreifen. Mehr Spielraum erhalten die Behörden auch beim Anwohnerparken. Die Anordnung von Sonderfahrstreifen für neue umweltfreundliche Mobilitätsformen wie Elektro- oder Wasserstofffahrzeuge, die Schaffung von Busspuren sowie die Bereitstellung angemessener Flächen für den Fahrradverkehr, wird durch die Verordnung erleichtert. Weitere Regelung mit Bußgeldbewehrung: Fahrzeuge über 3,5 Tonnen dürfen Notbremsassistenzsysteme künftig nicht mehr ausschalten. In einer begleitenden Entschließung bittet der Bundesrat die Bundesregierung, die „Vision Zero" als Präambel in die StVO aufzunehmen. Danach soll niemand durch Verkehrsunfälle getötet oder schwer verletzt werden. Auf diese Weise soll das übergeordnete Ziel der Verkehrssicherheit als „Leitgedanke" stärker hervorgehoben werden.

Mit einer Reform der Elektrokleinstfahrzeuge-Verordnung (eKfV) sollen die Regeln vereinfacht werden: Die bisher teils in der eKFV und teils in der StVO enthaltenen verhaltensrechtlichen Regelungen sollen vollständig in die StVO überführt werden. Die verhaltensrechtlichen Regelungen sollen zudem in vielen Bereichen an die Regelungen des Radverkehrs angeglichen werden. So soll der Grünpfeil für den Radverkehr auch für die Nutzer von Elektrokleinstfahrzeugen gelten. Die Freigabe von Gehwegen, Fußgängerzonen und Bussonderfahrstreifen mit dem Zusatzzeichen „Radverkehr frei" soll auch für Elektrokleinstfahrzeuge gelten. Ferner soll, wie dies bisher schon bei Fahrrädern der Fall ist, mit Elektrokleinstfahrzeugen nebeneinander gefahren werden dürfen, wenn dadurch der Verkehr nicht behindert wird. Ob und wo Elektrokleinstfahrzeuge, die ortsunabhängig zur Vermietung angeboten werden, im öffentlichen Raum abgestellt werden dürfen, soll durch Vorgaben der örtlichen Behörden beschränkt werden dürfen. Die zuständigen Behörden sollen in die Lage versetzt werden, Vermietern das Anbieten von Sharing-Elektrokleinstfahrzeugen nur unter bestimmten Maßgaben (zB ausgewiesene Abstellflächen) zu erlauben. Auch die technischen Anforderungen an die Fahrzeuge sollen an neue sicherheitstechnische Erkenntnisse angepasst werden.

Das **Straßenverkehrsrecht** in der Bundesrepublik Deutschland ist – wie die fortlaufenden Änderungen insbes. zu den in diesem Werk behandelten Gesetzen und Verordnungen zeigen – den **technischen und sozialen Entwicklungen** wie den **internationalen Anforderungen laufend angepasst** worden. Dadurch wurde an sich ein grundsätzlich guter Stand erreicht. Doch werden sich angesichts der enormen weiteren Entwicklung der Verkehrstechnik und -dichte sowie der europäischen Vereinheitlichungsbestrebungen weitere Änderungen auch in absehbarer Zeit nicht vermeiden lassen. Der Moloch „Verkehr" zieht seine Kreise in viele Richtungen und entwickelt sich fortlaufend zu einer immer schwieriger überschaubaren Materie.

Bei ihren Verbesserungsbemühungen stehen Verordnungs- und Gesetzgeber ständig zwischen den Fronten derer, die einen radikalen Abbau von Verkehrsvorschriften fordern und stattdessen dem „mündigen Bürger" mehr Entscheidungsfreiheit überlassen wollen, und denen, die – zum Teil vielleicht mit Recht – in möglichst detaillierten Verkehrsregeln die bessere Lösung sehen. Da zu alledem – wie eingangs dargelegt – vom Straßenverkehrsrecht nahezu jeder Bürger in der Bundesrepublik betroffen wird und rund die Hälfte von ihnen als Fahrerlaubnisinhaber sich für sachverständig hält, befinden sich Gesetz- und Verordnungsgeber hier oft in einem Dilemma, das nicht immer leicht und für jeden befriedigend zu lösen ist.

Auf strafrechtlichem Gebiet hadern manche Reformer besonders mit den Vorschriften über die Entziehung der Fahrerlaubnis, in denen sie gegenüber Berufskraftfahrern ein oft unverhältnismäßiges „Berufsverbot" sehen, während andere gerade von dieser Berufsgruppe – sicher nicht zu Unrecht – ein besonders korrektes Verhalten im Straßenverkehr erwarten. Vielleicht wäre hier schon durch eine bloße Erweiterung der Möglichkeiten, in bestimmten Fällen Ausnahmen von der Sperre zuzulassen (§ 69a Abs. 2 StGB), eine gewisse Erleichterung zu schaffen.

An der **Hebung der Verkehrssicherheit,** insbesondere durch eine Bekämpfung der gefährlichen Trunkenheit im Verkehr, interessierte Stellen haben seit Jahren die Festsetzung einer möglichst niedrigen Promillegrenze, wenn nicht gar ein völliges Alkoholverbot am Steuer gefordert. Dieser Forderung wurde entgegengehalten, dass eine Herabsetzung der Promillegrenze allein die ohnehin hohe Dunkelziffer bei der Entdeckung derartiger Verstöße noch weiter erhöhen, die Chance also, nicht entdeckt zu werden, vergrößern und damit auch die abschreckende Wirkung einer solchen Norm noch mehr schwächen könnte, zumal nach einer solchen Gesetzesänderung nicht ohne weiteres auch mit einer verstärkten Überwachung zu rechnen wäre, deren Fehlen aber ganz allgemein schon jetzt eine (viel zu) große Zahl von Verkehrsteilnehmern zur Missachtung vieler Verkehrsregeln (wie zB auch der Geschwindigkeitsregelungen und Überholverbote) geradezu ermuntert. Da schließlich selbst die Null-Promille-Regelung in der früheren DDR und anderen Ländern keine besseren Ergebnisse in der Unfallentwicklung gezeigt hatte, stand man solchen Forderungen verständlicherweise bislang skeptisch gegenüber, bis sich der Gesetzgeber letztlich aber doch zur Herabsetzung der Promillegrenze in § 24a StVG auf 0,5 Promille durchgerungen hat. Ein weiterer wichtiger Schritt war die Einführung des § 24c StVG (Alkoholverbot für Fahranfänger und Fahranfängerinnen). Die künftige Entwicklung des Unfallgeschehens auf dem Alkoholsektor wird zeigen, ob allein die Senkung der Promillegrenze und das besondere Signal des § 24c StVG an die Fahranfänger durch den Gesetzgeber eine Hebung der Verkehrssicherheit zu erreichen vermag, wenn nicht zugleich auch die Überwachungsintensität verstärkt wird. Da Letzteres aber wohl auch in Zukunft aus vielerlei Gründen nicht zu erwarten sein dürfte, wird inzwischen auch weiterhin der **Verkehrserziehung und -aufklärung besondere Bedeutung** zukommen.

Hervorzuheben ist außerdem, dass im **Zulassungsrecht,** über den bereits erfolgten Erlass der Fahrzeug-Zulassungsverordnung (FZV; s. oben Kap. VII.) hinaus, mit einer grundlegenden **Reform der StVZO** und mit einer **Neuveröffentlichung als „Fahrzeugtechnik-Verordnung"** zu rechnen ist (s. dazu die „Entschließung zur Verordnung zum Neuerlass der Straßenverkehrs-Zulassungs-Ordnung", BR-Drs. 861/11 (Beschluss), Anlage).

Diskutiert wird, in Anlehnung an den Gefahrengrenzwert von 0,5 Promille in § 24a StVG für Kraftfahrzeugführer (Bußgeldtatbestand), die **Einführung eines Gefahrengrenzwertes von 1,1 Promille für Fahrradfahrer** (näher dazu 53. Deutscher Verkehrsgerichtstag 2015, Arbeitskreis III – Neue Promillegrenzen für Radfahrer?, Empfehlung; siehe dazu www.deutscher-verkehrsgerichtstag.de).

Besonders erwähnenswert ist auch die (sehr kontroverse) **Diskussion über die Einführung einer einkommensabhängigen Staffelung der Bußgelder** (s. dazu BR-Drs. 636/16; 636/1/16 und 636/2/16).

Die rasante technische Entwicklung im Hinblick auf **automatisiertes bzw. autonomes Fahren** wird den Gesetz- und Verordnungsgeber, auch auf europäischer Ebene, **in den nächsten Jahren** vor **besondere Herausforderungen** stellen.

2. Bedeutung des europäischen Rechts

Darüber hinaus ist zukünftig dem **Recht der Europäischen Union** immer mehr an Bedeutung und Einfluss auf das nationale Recht beizumessen. Genannt seien hier beispielhaft nur die Fahrzeug-Zulassungsverordnung (FZV; s. oben Kap. VII.), die u. a. der Umsetzung der Richtlinie 1999/37/EG des Rates vom 29.4.1999 über Zulassungsdokumente für Fahrzeuge diente (s. Fn. * in BGBl. 2006 I S. 988) oder auch die Erste Verordnung zur Änderung der FeV (s. oben Kap. VI. 1.), die u. a. der Umsetzung der Richtlinie 91/439/ EWG des Rates vom 29.7.1991 (2. EU-Führerscheinrichtlinie; s. auch oben Kap. III. 1.) über den Führerschein diente, nachdem der Europäische Gerichtshof mit Urteil vom 15.9.2005 (Rechtssache C-372/03; NJW 2005, 3128 = DAR 2005, 614) das damalige Mindestalter für den Erwerb einer Fahrerlaubnis der Klassen C1 und C1E von 17 Jahren im Rahmen einer Berufsausbildung als unvereinbar mit der 2. EU-Führerscheinrichtlinie ansah. § 10 Abs. 2 FeV wurde nach den Vorgaben des EuGH angepasst, so dass eine Fahrerlaubnis der Klassen C1 und C1E erst ab dem vollendeten 18. Lebensjahr erteilt werden kann, auch wenn sie im Rahmen einer Ausbildung zum Berufskraftfahrer erworben wird (vgl. auch amtl. Begr. BR-Drs. 212/06, S. 3). Erheblichen Einfluss hatte die 3. EU-Führerscheinrichtlinie vom 20.12.2006 (ABl. EU L 403, S. 18), die teilweise bereits am 19.1.2007 und vollständig am 19.1.2009 in Kraft getreten ist und deren Regelungen spätestens bis 19.1.2011 in nationales Recht umzusetzen und ab 19.1.2013 anzuwenden sind. Diese Umsetzung ist fristgerecht und mit teilweise weitreichenden Korrekturen Ende 2016 (BGBl. I S. 3083; s. dazu auch Kap. VI. 1.) vorerst abschließend zum 19.1.2013 erfolgt. Umgesetzt wurden damit insbesondere Regelungen zur zeitlichen Befristung von Führerscheinen (Gültigkeit neuer Führerscheine nur noch maximal 15 Jahre) und zur Einführung zusätzlicher Fahrerlaubnisklassen wie zB Klasse AM für Kleinkrafträder (siehe näher dazu Kap. VI. 1.). Wichtige Bestimmungen, die den sog. „Führerscheintourismus" betreffen, wurden schon zum 19.1.2009 fristgerecht umgesetzt (s. dazu Kap. VI. 1.).

Besonders erwähnenswert ist aus europarechtlicher Sicht außerdem noch der Rahmenbeschluss 2005/214/JI des EU-Rates vom 24.2.2005 über die Anwendung des Grundsatzes der gegenseitigen Anerkennung von Geldstrafen und

Geldbußen (ABl. EU 2005 Nr. L 76, S. 16), dessen Umsetzung zum 28.11.2010 erfolgte (BGBl. I S. 1408 ff.), wonach **Bußgelder ab 70 Euro aus EU-Staaten in Deutschland vollstreckt** werden können (die entsprechenden Regelungen sind vor allem in §§ 86 ff. IRG enthalten).

Am 8.6.2015 ist die Verordnung (EU) 2015 des Europäischen Parlaments und des Rates vom 29.4.2015 über die Anforderungen für die Typengenehmigung zur **Einführung des auf dem 112-Notruf basierenden bordeigenene Call-Systems** in Fahrzeugen zur Änderung der Richtlinie 2007/46/EG in Kraft getreten (Abl. EU L 123/77 vom 19.5.2015). Danach müssen ab dem **31.3.2018 neue Typen von Pkw und leichten Nutzfahrzeugen** (Fahrzeugklassen M1 und N1) mit einem auf dem 112-Notruf basierenden bordeigenen Call-System ausgerüstet sein (Art. 7 VO (EU) 2015/758). Alle neuen Fahrzeugtypen müssen so konstruiert sein, dass bei einem schweren Unfall, der durch Aktivierung eines oder mehrerer Sensoren oder Prozessoren im Fahrzeug erkannt wird und der sich auf dem Gebiet der Europäischen Union ereignet, automatisch ein eCall über die einheitliche europäische Notrufnummer 112 ausgelöst wird (Art. 5 II 2 VO (EU) 2015/758). Darüber hinaus müssen die neuen Fahrzeugtypen so konstruiert sein, dass ein eCall über die einheitliche europäische Notrufnummer 112 auch von Hand ausgelöst werden kann und die Betätigungseinrichtung so gestaltet ist, dass eine Fehlbedienung vermieden wird (Art. 5 II 2, 3 VO (EU) 2015/758). Umfassende Regelungen zum Datenschutz enthält Art. 6 VO (EU) 2015/758.

„Am 5.1.2020 ist die **EU-Verordnung Nr. 2019/2144 über die Typgenehmigung von Kraftfahrzeugen und Kraftfahrzeuganhängern sowie von Systemen, Bauteilen und selbstständigen technischen Einheiten für diese Fahrzeuge im Hinblick auf ihre allgemeine Sicherheit und den Schutz der Fahrzeuginsassen und von ungeschützten Verkehrsteilnehmern** in Kraft getreten. Die Verordnung ist **ab dem 6.7.2022 in allen EU-Mitgliedstaaten verpflichtend anzuwenden**.

Ein wesentliches Ziel dieser Verordnung ist, die Anzahl der Getöteten und Verletzten, durch die verpflichtende Einführung von Fahrzeugsicherheitssystemen, weiter zu senken. Mit dieser Verordnung werden eine Reihe neuer Technologien und Sicherheitsmaßnahmen nach einem festgelegten Zeitschema (Stufen A-D) verpflichtend eingeführt. Zu einzelnen Sicherheitsmaßnahmen werden derzeit auf EU- und UNECE-Ebene die erforderlichen detaillierten technischen Anforderungen erarbeitet bzw. sind teilweise bereits in Kraft.“ (Quelle: https://www.bmvi.de – Suchbegriff: Fahrzeugsicherheitssysteme => Artikel: „Neue Fahrzeugsicherheitssysteme“)

Zeitstufe	A	B	C	D
Alle neuen Fahrzeugtypen	–	6.7.2022	7.7.2024	7.1.2026
Alle Erstzulassungen	6.7.2022	7.7.2024	7.7.2026	7.1.2029

Zu den neuen Fahrzeugsicherheitssystemen gehören Notbremsassistenzsysteme, Notfall-Spurhalteassistenten, Intelligenter Geschwindigkeitsassistent (ISA), Warnsystem bei Müdigkeit und nachlassender Aufmerksamkeit des Fahrers, Rückfahrassistent, Abbiegeassistenzsysteme und Kollisionswarnsysteme, Ereignisbezogene Datenspeicherung („Black-Box"), Reifendrucküberwachungssysteme, erweiterter Kopfaufprallschutz, Verbesserung des unmittelbaren Sichtbereichs schwerer Nutzfahrzeuge. (Quelle: https://www.bmvi.de – Suchbegriff: Fahrzeugsicherheitssysteme => Artikel: „Neue Fahrzeugsicherheitssysteme" – dort mit weiterführenden Links)

Weitere Änderungen und wichtige Schritte zu einem möglichst einheitlichen europäischen Verkehrsrecht sind wünschenswert und werden folgen. Grenzüberschreitendes automatisiertes bzw. autonomes Fahren sowie grenzüberschreitende Elektromobilität geben hier große Ziele und Aufgaben vor.

1. Straßenverkehrsgesetz (StVG)

In der Fassung der Bekanntmachung vom 5. März 2003[1)]
(BGBl. I S. 310, 919)

FNA 9231-1

zuletzt geänd. durch Art. 70 Viertes Bürokratieentlastungsgesetz v. 23.10.2024 (BGBl. 2024 I Nr. 323)

I. Verkehrsvorschriften

§ 1 Zulassung. (1) [1] Kraftfahrzeuge und ihre Anhänger, die auf öffentlichen Straßen in Betrieb gesetzt werden sollen, müssen von der zuständigen Behörde (Zulassungsbehörde) zum Verkehr zugelassen sein. [2] Die Zulassung erfolgt auf Antrag des Verfügungsberechtigten des Fahrzeugs bei Vorliegen einer Betriebserlaubnis, Einzelgenehmigung oder EG-Typgenehmigung durch Zuteilung eines amtlichen Kennzeichens.

(2) Als Kraftfahrzeuge im Sinne dieses Gesetzes gelten Landfahrzeuge, die durch Maschinenkraft bewegt werden, ohne an Bahngleise gebunden zu sein.

(3) [1] Keine Kraftfahrzeuge im Sinne dieses Gesetzes sind Landfahrzeuge, die durch Muskelkraft fortbewegt werden und mit einem elektromotorischen Hilfsantrieb mit einer Nenndauerleistung von höchstens 0,25 kW ausgestattet sind, dessen Unterstützung sich mit zunehmender Fahrzeuggeschwindigkeit progressiv verringert und

1. beim Erreichen einer Geschwindigkeit von 25 km/h oder früher,
2. wenn der Fahrer im Treten einhält,

unterbrochen wird. [2] Satz 1 gilt auch dann, soweit die in Satz 1 bezeichneten Fahrzeuge zusätzlich über eine elektromotorische Anfahr- oder Schiebehilfe verfügen, die eine Beschleunigung des Fahrzeuges auf eine Geschwindigkeit von bis zu 6 km/h, auch ohne gleichzeitiges Treten des Fahrers, ermöglicht. [3] Für Fahrzeuge im Sinne der Sätze 1 und 2 sind die Vorschriften über Fahrräder anzuwenden.

§ 1a Kraftfahrzeuge mit hoch- oder vollautomatisierter Fahrfunktion.

(1) Der Betrieb eines Kraftfahrzeugs mittels hoch- oder vollautomatisierter Fahrfunktion ist zulässig, wenn die Funktion bestimmungsgemäß verwendet wird.

(2) [1] Kraftfahrzeuge mit hoch- oder vollautomatisierter Fahrfunktion im Sinne dieses Gesetzes sind solche, die über eine technische Ausrüstung verfügen,

1. die zur Bewältigung der Fahraufgabe – einschließlich Längs- und Querführung – das jeweilige Kraftfahrzeug nach Aktivierung steuern (Fahrzeugsteuerung) kann,
2. die in der Lage ist, während der hoch- oder vollautomatisierten Fahrzeugsteuerung den an die Fahrzeugführung gerichteten Verkehrsvorschriften zu entsprechen,

---

[1)] Neubekanntmachung des StVG v. 19.12.1952 (BGBl. I S. 837) in der ab 18.9.2002 geltenden Fassung.

3. die jederzeit durch den Fahrzeugführer manuell übersteuerbar oder deaktivierbar ist,
4. die die Erforderlichkeit der eigenhändigen Fahrzeugsteuerung durch den Fahrzeugführer erkennen kann,
5. die dem Fahrzeugführer das Erfordernis der eigenhändigen Fahrzeugsteuerung mit ausreichender Zeitreserve vor der Abgabe der Fahrzeugsteuerung an den Fahrzeugführer optisch, akustisch, taktil oder sonst wahrnehmbar anzeigen kann und
6. die auf eine der Systembeschreibung zuwiderlaufende Verwendung hinweist.

[2] Der Hersteller eines solchen Kraftfahrzeugs hat in der Systembeschreibung verbindlich zu erklären, dass das Fahrzeug den Voraussetzungen des Satzes 1 entspricht.

(3) Die vorstehenden Absätze sind nur auf solche Fahrzeuge anzuwenden, die nach § 1 Absatz 1 zugelassen sind, den in Absatz 2 Satz 1 enthaltenen Vorgaben entsprechen und deren hoch- oder vollautomatisierte Fahrfunktionen

1. in internationalen, im Geltungsbereich dieses Gesetzes anzuwendenden Vorschriften beschrieben sind und diesen entsprechen oder
2. eine Typgenehmigung gemäß Artikel 20 der Richtlinie 2007/46/EG des Europäischen Parlaments und des Rates vom 5. September 2007 zur Schaffung eines Rahmens für die Genehmigung von Kraftfahrzeugen und Kraftfahrzeuganhängern sowie von Systemen, Bauteilen und selbstständigen technischen Einheiten für diese Fahrzeuge (Rahmenrichtlinie) (ABl. L 263 vom 9.10.2007, S. 1) erteilt bekommen haben.

(4) Fahrzeugführer ist auch derjenige, der eine hoch- oder vollautomatisierte Fahrfunktion im Sinne des Absatzes 2 aktiviert und zur Fahrzeugsteuerung verwendet, auch wenn er im Rahmen der bestimmungsgemäßen Verwendung dieser Funktion das Fahrzeug nicht eigenhändig steuert.

§ 1b Rechte und Pflichten des Fahrzeugführers bei Nutzung hoch- oder vollautomatisierter Fahrfunktionen. (1) Der Fahrzeugführer darf sich während der Fahrzeugführung mittels hoch- oder vollautomatisierter Fahrfunktionen gemäß § 1a vom Verkehrsgeschehen und der Fahrzeugsteuerung abwenden; dabei muss er derart wahrnehmungsbereit bleiben, dass er seiner Pflicht nach Absatz 2 jederzeit nachkommen kann.

(2) Der Fahrzeugführer ist verpflichtet, die Fahrzeugsteuerung unverzüglich wieder zu übernehmen,

1. wenn das hoch- oder vollautomatisierte System ihn dazu auffordert oder
2. wenn er erkennt oder auf Grund offensichtlicher Umstände erkennen muss, dass die Voraussetzungen für eine bestimmungsgemäße Verwendung der hoch- oder vollautomatisierten Fahrfunktionen nicht mehr vorliegen.

§ 1c Evaluierung. [1] Das Bundesministerium für Digitales und Verkehr wird die Anwendung der Regelungen in Artikel 1 des Gesetzes vom 16. Juni 2017 (BGBl. I S. 1648) nach Ablauf des Jahres 2019 auf wissenschaftlicher Grundlage evaluieren. [2] Die Bundesregierung unterrichtet den Deutschen Bundestag über die Ergebnisse der Evaluierung.

§ 1d Kraftfahrzeuge mit autonomer Fahrfunktion in festgelegten Betriebsbereichen. (1) Ein Kraftfahrzeug mit autonomer Fahrfunktion im Sinne dieses Gesetzes ist ein Kraftfahrzeug, das

1. die Fahraufgabe ohne eine fahrzeugführende Person selbstständig in einem festgelegten Betriebsbereich erfüllen kann und
2. über eine technische Ausrüstung gemäß § 1e Absatz 2 verfügt.

(2) Ein festgelegter Betriebsbereich im Sinne dieses Gesetzes bezeichnet den örtlich und räumlich bestimmten öffentlichen Straßenraum, in dem ein Kraftfahrzeug mit autonomer Fahrfunktion bei Vorliegen der Voraussetzungen gemäß § 1e Absatz 1 betrieben werden darf.

(3) Technische Aufsicht eines Kraftfahrzeugs mit autonomer Fahrfunktion im Sinne dieses Gesetzes ist diejenige natürliche Person, die dieses Kraftfahrzeug während des Betriebs gemäß § 1e Absatz 2 Nummer 8 deaktivieren und für dieses Kraftfahrzeug gemäß § 1e Absatz 2 Nummer 4 und Absatz 3 Fahrmanöver freigeben kann.

(4) Risikominimaler Zustand im Sinne dieses Gesetzes ist ein Zustand, in dem sich das Kraftfahrzeug mit autonomer Fahrfunktion auf eigene Veranlassung oder auf Veranlassung der Technischen Aufsicht an einer möglichst sicheren Stelle in den Stillstand versetzt und die Warnblinkanlage aktiviert, um unter angemessener Beachtung der Verkehrssituation die größtmögliche Sicherheit für die Fahrzeuginsassen, andere Verkehrsteilnehmende und Dritte zu gewährleisten.

§ 1e Betrieb von Kraftfahrzeugen mit autonomer Fahrfunktion; Widerspruch und Anfechtungsklage. (1) [1]Der Betrieb eines Kraftfahrzeugs mittels autonomer Fahrfunktion ist zulässig, wenn

1. das Kraftfahrzeug den technischen Voraussetzungen gemäß Absatz 2 entspricht,
2. für das Kraftfahrzeug eine Betriebserlaubnis nach Absatz 4 erteilt worden ist,
3. das Kraftfahrzeug in einem von der nach Bundes- oder Landesrecht zuständigen Behörde oder auf Bundesfernstraßen, soweit dem Bund die Verwaltung zusteht, von der Gesellschaft privaten Rechts im Sinne des Infrastrukturgesellschaftserrichtungsgesetzes genehmigten, festgelegten Betriebsbereich eingesetzt wird und
4. das Kraftfahrzeug zur Teilnahme am öffentlichen Straßenverkehr gemäß § 1 Absatz 1 zugelassen ist.

[2]Ein Betrieb eines Kraftfahrzeugs gemäß § 1h und die Zulassung im Übrigen gemäß § 1 Absatz 1 bleiben hiervon unberührt.

(2) Kraftfahrzeuge mit autonomer Fahrfunktion müssen über eine technische Ausrüstung verfügen, die in der Lage ist,

1. die Fahraufgabe innerhalb des jeweiligen festgelegten Betriebsbereichs selbstständig zu bewältigen, ohne dass eine fahrzeugführende Person in die Steuerung eingreift oder die Fahrt des Kraftfahrzeugs permanent von der Technischen Aufsicht überwacht wird,
2. selbstständig den an die Fahrzeugführung gerichteten Verkehrsvorschriften zu entsprechen und die über ein System der Unfallvermeidung verfügt, das
   a) auf Schadensvermeidung und Schadensreduzierung ausgelegt ist,

b) bei einer unvermeidbaren alternativen Schädigung unterschiedlicher Rechtsgüter die Bedeutung der Rechtsgüter berücksichtigt, wobei der Schutz menschlichen Lebens die höchste Priorität besitzt, und
c) für den Fall einer unvermeidbaren alternativen Gefährdung von Menschenleben keine weitere Gewichtung anhand persönlicher Merkmale vorsieht,

3. das Kraftfahrzeug selbstständig in einen risikominimalen Zustand zu versetzen, wenn die Fortsetzung der Fahrt nur durch eine Verletzung des Straßenverkehrsrechts möglich wäre,
4. im Fall der Nummer 3 der Technischen Aufsicht selbstständig
   a) mögliche Fahrmanöver zur Fortsetzung der Fahrt vorzuschlagen sowie
   b) Daten zur Beurteilung der Situation zu liefern, damit die Technische Aufsicht über eine Freigabe des vorgeschlagenen Fahrmanövers entscheiden kann,
5. ein von der Technischen Aufsicht vorgegebenes Fahrmanöver zu überprüfen und dieses nicht auszuführen, sondern das Kraftfahrzeug selbstständig in einen risikominimalen Zustand zu versetzen, wenn das Fahrmanöver am Verkehr teilnehmende oder unbeteiligte Personen gefährden würde,
6. eine Beeinträchtigung ihrer Funktionalität der Technischen Aufsicht unverzüglich anzuzeigen,
7. ihre Systemgrenzen zu erkennen und beim Erreichen einer Systemgrenze, beim Auftreten einer technischen Störung, die die Ausübung der autonomen Fahrfunktion beeinträchtigt, oder beim Erreichen der Grenzen des festgelegten Betriebsbereichs das Kraftfahrzeug selbstständig in einen risikominimalen Zustand zu versetzen,
8. jederzeit durch die Technische Aufsicht oder durch Fahrzeuginsassen deaktiviert zu werden und im Falle einer Deaktivierung das Kraftfahrzeug selbstständig in den risikominimalen Zustand zu versetzen,
9. der Technischen Aufsicht das Erfordernis der Freischaltung eines alternativen Fahrmanövers, der Deaktivierung mit ausreichender Zeitreserve sowie Signale zum eigenen Funktionsstatus optisch, akustisch oder sonst wahrnehmbar anzuzeigen und
10. ausreichend stabile und vor unautorisierten Eingriffen geschützte Funkverbindungen, insbesondere zur Technischen Aufsicht, sicherzustellen und das Kraftfahrzeug selbstständig in einen risikominimalen Zustand zu versetzen, wenn diese Funkverbindung abbricht oder darauf unerlaubt zugegriffen wird.

(3) Zur Erfüllung der Anforderungen nach Absatz 2 Nummer 1 bis 4 ist es im Falle sonstiger Beeinträchtigungen, die dazu führen, dass die technische Ausrüstung die Fahraufgabe nicht selbstständig bewältigen kann, auch ausreichend, wenn

1. die technische Ausrüstung in der Lage ist sicherzustellen, dass alternative Fahrmanöver durch die Technische Aufsicht vorgegeben werden können,
2. die alternativen Fahrmanöver gemäß Nummer 1 durch die technische Ausrüstung selbstständig ausgeführt werden und
3. die technische Ausrüstung in der Lage ist, die Technische Aufsicht mit ausreichender Zeitreserve optisch, akustisch oder sonst wahrnehmbar zur Vorgabe eines Fahrmanövers aufzufordern.

(4) [1] Liegen die technischen Voraussetzungen gemäß Absatz 2 und die Erklärung des Herstellers nach § 1f Absatz 3 Nummer 4 vor, erteilt das Kraftfahrt-Bundesamt auf Antrag des Herstellers eine Betriebserlaubnis für ein Kraftfahrzeug mit autonomer Fahrfunktion. [2] Laufende Genehmigungsverfahren, die sachlich unter § 1d bis § 1g fallen und in denen der Antrag auf Erteilung einer Betriebserlaubnis inklusive einer Ausnahmegenehmigung bereits gestellt worden ist, bleiben unberührt.

(5) Widerspruch und Anfechtungsklage gegen den Widerruf oder die Rücknahme einer Betriebserlaubnis für ein Kraftfahrzeug mit autonomer Fahrfunktion haben keine aufschiebende Wirkung.

(6) Widerspruch und Anfechtungsklage gegen den Widerruf oder die Rücknahme einer Genehmigung eines festgelegten Betriebsbereichs haben keine aufschiebende Wirkung.

§ 1f Pflichten der Beteiligten beim Betrieb von Kraftfahrzeugen mit autonomer Fahrfunktion. (1) [1] Der Halter eines Kraftfahrzeugs mit autonomer Fahrfunktion ist zur Erhaltung der Verkehrssicherheit und der Umweltverträglichkeit des Kraftfahrzeugs verpflichtet und hat die hierfür erforderlichen Vorkehrungen zu treffen. [2] Er hat

1. die regelmäßige Wartung der für die autonome Fahrfunktion erforderlichen Systeme sicherzustellen,
2. Vorkehrungen zu treffen, dass die sonstigen, nicht an die Fahrzeugführung gerichteten Verkehrsvorschriften eingehalten werden und
3. zu gewährleisten, dass die Aufgaben der Technischen Aufsicht erfüllt werden.

(2) Die Technische Aufsicht über ein Kraftfahrzeug mit autonomer Fahrfunktion ist verpflichtet,

1. ein alternatives Fahrmanöver nach § 1e Absatz 2 Nummer 4 und Absatz 3 zu bewerten und das Kraftfahrzeug hierfür freizuschalten, sobald ihr ein solches optisch, akustisch oder sonst wahrnehmbar durch das Fahrzeugsystem angezeigt wird, die vom Fahrzeugsystem bereitgestellten Daten ihr eine Beurteilung der Situation ermöglichen und die Durchführung des alternativen Fahrmanövers nicht die Verkehrssicherheit gefährdet,
2. die autonome Fahrfunktion unverzüglich zu deaktivieren, sobald dies optisch, akustisch oder sonst wahrnehmbar durch das Fahrzeugsystem angezeigt wird,
3. Signale der technischen Ausrüstung zum eigenen Funktionsstatus zu bewerten und gegebenenfalls erforderliche Maßnahmen zur Verkehrssicherung einzuleiten und
4. unverzüglich Kontakt mit den Insassen des Kraftfahrzeugs herzustellen und die zur Verkehrssicherung notwendigen Maßnahmen einzuleiten, wenn das Kraftfahrzeug in den risikominimalen Zustand versetzt wird.

(3) Der Hersteller eines Kraftfahrzeugs mit autonomer Fahrfunktion hat

1. über den gesamten Entwicklungs- und Betriebszeitraum des Kraftfahrzeugs gegenüber dem Kraftfahrt-Bundesamt und der zuständigen Behörde nachzuweisen, dass die elektronische und elektrische Architektur des Kraftfahrzeugs und die mit dem Kraftfahrzeug in Verbindung stehende elektronische und elektrische Architektur vor Angriffen gesichert ist,

2. eine Risikobeurteilung für das Kraftfahrzeug vorzunehmen und gegenüber dem Kraftfahrt- Bundesamt und der zuständigen Behörde nachzuweisen, wie die Risikobeurteilung durchgeführt wurde und dass kritische Elemente des Kraftfahrzeugs gegen Gefahren, die im Rahmen der Risikobeurteilung festgestellt wurden, geschützt werden,
3. eine für das autonome Fahren ausreichend sichere Funkverbindung nachzuweisen,
4. für jedes Kraftfahrzeug eine Systembeschreibung vorzunehmen, ein Betriebshandbuch zu erstellen und gegenüber dem Kraftfahrt-Bundesamt und im Betriebshandbuch verbindlich zu erklären, dass das Kraftfahrzeug die Voraussetzungen nach § 1e Absatz 2, auch in Verbindung mit Absatz 3, erfüllt,
5. für das Kraftfahrzeug eine Schulung für die am Betrieb beteiligten Personen anzubieten, in der die technische Funktionsweise insbesondere im Hinblick auf die Fahrfunktionen und die Aufgabenwahrnehmung der Technischen Aufsicht vermittelt werden, und
6. sobald er Manipulationen am Kraftfahrzeug oder an dessen elektronischer oder elektrischer Architektur oder an der mit dem Kraftfahrzeug in Verbindung stehenden elektronischen oder elektrischen Architektur erkennt, insbesondere bei einem unerlaubten Zugriff auf die Funkverbindungen des Kraftfahrzeugs, diese unverzüglich dem Kraftfahrt-Bundesamt und der nach Bundes- oder Landesrecht zuständigen Behörde oder auf Bundesfernstraßen, soweit dem Bund die Verwaltung zusteht, der Gesellschaft privaten Rechts im Sinne des Infrastrukturgesellschaftserrichtungsgesetzes mitzuteilen und erforderliche Maßnahmen einzuleiten.

§ 1g Datenverarbeitung. (1) [1]Der Halter eines Kraftfahrzeugs mit autonomer Fahrfunktion ist verpflichtet, folgende Daten beim Betrieb des Kraftfahrzeugs zu speichern:

1. Fahrzeugidentifizierungsnummer,
2. Positionsdaten,
3. Anzahl und Zeiten der Nutzung sowie der Aktivierung und der Deaktivierung der autonomen Fahrfunktion,
4. Anzahl und Zeiten der Freigabe von alternativen Fahrmanövern,
5. Systemüberwachungsdaten einschließlich Daten zum Softwarestand,
6. Umwelt- und Wetterbedingungen,
7. Vernetzungsparameter wie beispielsweise Übertragungslatenz und verfügbare Bandbreite,
8. Name der aktivierten und deaktivierten passiven und aktiven Sicherheitssysteme, Daten zum Zustand dieser Sicherheitssysteme sowie die Instanz, die das Sicherheitssystem ausgelöst hat,
9. Fahrzeugbeschleunigung in Längs- und Querrichtung,
10. Geschwindigkeit,
11. Status der lichttechnischen Einrichtungen,
12. Spannungsversorgung des Kraftfahrzeugs mit autonomer Fahrfunktion,
13. von extern an das Kraftfahrzeug gesendete Befehle und Informationen.

[2]Der Halter ist verpflichtet, dem Kraftfahrt-Bundesamt und der nach Bundes- oder Landesrecht zuständigen Behörde oder auf Bundesfernstraßen, soweit dem Bund die Verwaltung zusteht, der Gesellschaft privaten Rechts im Sinne des

Infrastrukturgesellschaftserrichtungsgesetzes auf Verlangen die Daten nach Satz 1 zu übermitteln, soweit dies erforderlich ist

1. bezüglich des Kraftfahrt-Bundesamts für dessen Aufgabenerfüllung nach den Absätzen 4 und 5 und
2. bezüglich der nach Bundes- oder Landesrecht zuständigen Behörde oder auf Bundesfernstraßen, soweit dem Bund die Verwaltung zusteht, der Gesellschaft privaten Rechts im Sinne des Infrastrukturgesellschaftserrichtungsgesetzes für deren Aufgabenerfüllung nach Absatz 6

(2) Die Daten gemäß Absatz 1 sind bei den folgenden Anlässen zu speichern:

1. bei Eingriffen durch die Technische Aufsicht,
2. bei Konfliktszenarien, insbesondere bei Unfällen und Fast-Unfall-Szenarien,
3. bei nicht planmäßigem Spurwechsel oder Ausweichen,
4. bei Störungen im Betriebsablauf.

(3) [1] Der Hersteller eines Kraftfahrzeugs mit autonomer Fahrfunktion hat das Fahrzeug so auszustatten, dass die Speicherung der Daten gemäß Absatz 1 und 2 dem Halter tatsächlich möglich ist. [2] Der Hersteller muss den Halter präzise, klar und in leichter Sprache über die Einstellungsmöglichkeiten zur Privatsphäre und zur Verarbeitung der Daten, die beim Betrieb des Kraftfahrzeugs in der autonomen Fahrfunktion verarbeitet werden, informieren. [3] Die diesbezügliche Software des Kraftfahrzeugs muss Wahlmöglichkeiten zur Art und Weise der Speicherung und der Übermittlung der in der autonomen Fahrfunktion verarbeiteten Daten vorsehen und dem Halter entsprechende Einstellungen ermöglichen.

(4) [1] Das Kraftfahrt-Bundesamt ist berechtigt, folgende Daten beim Halter zu erheben, zu speichern und zu verwenden, soweit dies für die Überwachung des sicheren Betriebs des Kraftfahrzeugs mit autonomer Fahrfunktion erforderlich ist:

1. Daten nach Absatz 1 und
2. Vor- und Nachname der als Technische Aufsicht eingesetzten Person sowie Nachweise über ihre fachliche Qualifikation.

[2] Setzt der Halter seinerseits Beschäftigte gemäß § 26 des Bundesdatenschutzgesetzes als Technische Aufsicht ein, findet § 26 des Bundesdatenschutzgesetzes Anwendung. [3] Das Kraftfahrt-Bundesamt hat die Daten unverzüglich zu löschen, sobald sie für die Zwecke nach Satz 1 nicht mehr erforderlich sind, spätestens nach Ablauf von drei Jahren nach Einstellung des Betriebs des entsprechenden Kraftfahrzeugs.

(5) [1] Sofern es sich nicht um ein Kraftfahrzeug im Sinne des § 1k handelt, ist das Kraftfahrt-Bundesamt berechtigt, die nach Absatz 4 Nummer 1 in Verbindung mit Absatz 1 beim Halter erhobenen nicht personenbezogenen Daten für verkehrsbezogene Gemeinwohlzwecke, insbesondere zum Zweck der wissenschaftlichen Forschung im Bereich der Digitalisierung, Automatisierung und Vernetzung sowie zum Zweck der Unfallforschung im Straßenverkehr, folgenden Stellen zugänglich zu machen:

1. Hochschulen und Universitäten,
2. außeruniversitäre Forschungseinrichtungen,
3. Bundes-, Landes- und Kommunalbehörden mit Forschungs-, Entwicklungs-, Verkehrsplanungs- oder Stadtplanungsaufgaben.

[2] Die in Satz 1 genannten Stellen dürfen die Daten ausschließlich für die in Satz 1 genannten Zwecke verwenden. [3] Absatz 4 Satz 2 gilt entsprechend. [4] Allgemeine Übermittlungsvorschriften bleiben unberührt.

(6) [1] Die für die Genehmigung von festgelegten Betriebsbereichen nach Bundes- oder Landesrecht zuständigen Behörden oder auf Bundesfernstraßen, soweit dem Bund die Verwaltung zusteht, die Gesellschaft privaten Rechts im Sinne des Infrastrukturgesellschaftserrichtungsgesetzes sind berechtigt, folgende Daten beim Halter zu erheben, zu speichern und zu verwenden, soweit dies für die Prüfung und Überwachung erforderlich ist, ob der festgelegte Betriebsbereich für den Betrieb des Kraftfahrzeugs mit autonomer Fahrfunktion geeignet ist, insbesondere für die Überprüfung und Überwachung, ob die Voraussetzungen der jeweiligen Genehmigung vorliegen und die damit verbundenen Auflagen eingehalten werden:

1. Daten nach Absatz 1 und
2. Vor- und Nachname der als Technische Aufsicht eingesetzten Person sowie Nachweise über ihre fachliche Qualifikation.

[2] Die für die Genehmigung von festgelegten Betriebsbereichen nach Bundes- oder Landesrecht zuständigen Behörden oder auf Bundesfernstraßen, soweit dem Bund die Verwaltung zusteht, die Gesellschaft privaten Rechts im Sinne des Infrastrukturgesellschaftserrichtungsgesetzes haben diese Daten unverzüglich zu löschen, sobald sie für die Zwecke nach Satz 1 nicht mehr erforderlich sind, spätestens nach Ablauf von drei Jahren nach Einstellung des Betriebs des entsprechenden Kraftfahrzeugs.

(7) [1] Unbeschadet der Absätze 1 bis 6 können Dritte vom Halter Auskunft über die gemäß Absatz 1 und 2 gespeicherten Daten verlangen, soweit diese Daten zur Geltendmachung, Befriedigung oder Abwehr von Rechtsansprüchen im Zusammenhang mit einem in § 7 Absatz 1 geregelten Ereignis erforderlich sind und das entsprechende Kraftfahrzeug mit autonomer Fahrfunktion an diesem Ereignis beteiligt war. [2] Die Dritten haben die Daten unverzüglich zu löschen, sobald sie zur Geltendmachung von Rechtsansprüchen nicht mehr erforderlich sind, spätestens mit Verjährung der Ansprüche, für deren Geltendmachung, Befriedigung oder Abwehr die Daten erhoben wurden. [3] Eine Verwendung dieser Daten durch die Dritten ist nur zu den in Satz 1 genannten Zwecken zulässig.

§ 1h Nachträgliche Aktivierung von automatisierten und autonomen Fahrfunktionen. (1) Ist in einem Kraftfahrzeug eine automatisierte oder autonome Fahrfunktion verbaut, die in internationalen, im Geltungsbereich dieses Gesetzes anzuwendenden Vorschriften nicht beschrieben ist, so ist die Erteilung einer Genehmigung für den Betrieb dieses Kraftfahrzeugs nach den einschlägigen Genehmigungsvorschriften unter Außerachtlassung der automatisierten oder autonomen Fahrfunktion nur zulässig, wenn bei Deaktivierung der automatisierten oder autonomen Fahrfunktion die Einflussnahme dieser Fahrfunktionen auf die genehmigten Systeme ausgeschlossen ist.

(2) [1] Die Aktivierung einer automatisierten oder autonomen Fahrfunktion im Sinne des Absatzes 1 in einem zugelassenen Kraftfahrzeug für den Betrieb dieser Funktionen im öffentlichen Straßenverkehr im Geltungsbereich dieses Gesetzes darf nur auf der Grundlage einer besonderen durch das Kraftfahrt-Bundesamt erteilten Genehmigung erfolgen. [2] Diese Genehmigung darf nur

erteilt werden, sofern die Fahrfunktion genehmigungsfähig gemäß § 1a Absatz 3, § 1e Absatz 2 oder anderer einschlägiger Genehmigungsvorschriften ist. [3]Das Kraftfahrt-Bundesamt veröffentlicht die insofern zu beachtenden technischen Anforderungen.

§ 1i Erprobung von automatisierten und autonomen Fahrfunktionen.

(1) Kraftfahrzeuge, die zur Erprobung von Entwicklungsstufen für die Entwicklung automatisierter oder autonomer Fahrfunktionen dienen, dürfen auf öffentlichen Straßen nur betrieben werden, wenn

1. für das Kraftfahrzeug eine Erprobungsgenehmigung durch das Kraftfahrt-Bundesamt nach Absatz 2 erteilt worden ist,
2. das Kraftfahrzeug nach § 1 Absatz 1 zugelassen ist,
3. das Kraftfahrzeug ausschließlich zur Erprobung betrieben wird und
4. das Kraftfahrzeug im Betrieb wie folgt permanent überwacht wird:
   a) bei automatisierten Fahrfunktionen erfolgt die Überwachung durch einen in Bezug auf technische Entwicklungen für den Kraftfahrzeugverkehr zuverlässigen Fahrzeugführer,
   b) bei autonomen Fahrfunktionen erfolgt die Überwachung durch eine vor Ort anwesende, in Bezug auf technische Entwicklungen für den Kraftfahrzeugverkehr zuverlässige Technische Aufsicht.

(2) [1]Eine Erprobungsgenehmigung gemäß Absatz 1 Nummer 1 wird vom Kraftfahrt-Bundesamt auf Antrag des Halters erteilt. [2]Das Kraftfahrt-Bundesamt kann die Erprobungsgenehmigung jederzeit mit Nebenbestimmungen versehen, die den sicheren Betrieb des Fahrzeugs sicherstellen. [3]Zu Nebenbestimmungen, die den Betrieb auf einen bestimmten Betriebsbereich beschränken, ist die nach Landesrecht zuständige Behörde des örtlich betroffenen Landes anzuhören. [4]Die Gesellschaft privaten Rechts im Sinne des Infrastrukturgesellschaftserrichtungsgesetzes ist anzuhören, soweit der Betriebsbereich Bundesautobahnen oder Bundesstraßen in Bundesverwaltung umfasst oder dies vorgesehen ist.

(3) Das Kraftfahrt-Bundesamt beteiligt das Bundesamt für Sicherheit in der Informationstechnik zu Fragen der Sicherheit in der Informationstechnik bei der Erstellung, Umsetzung und bei der Weiterentwicklung und Bewertung technischer Anforderungen.

(4) Bis sechs Monate nach Inkrafttreten der Regelungen in der auf Grundlage von § 1j Absatz 1 Nummer 7 erlassenen Verordnung gelten die bisherigen straßenverkehrsrechtlichen Vorschriften zur Erprobung, auch für Entwicklungsstufen automatisierter oder autonomer Fahrfunktionen, unverändert fort, sofern nicht bereits von den Regelungen in der auf Grundlage von § 1j Absatz 1 Nummer 7 erlassenen Verordnung Gebrauch gemacht wird.

§ 1j Verordnungsermächtigung. (1) Das Bundesministerium für Digitales und Verkehr wird ermächtigt, durch Rechtsverordnung mit Zustimmung des Bundesrates Einzelheiten der Zulassung und des Betriebs von Kraftfahrzeugen mit autonomer Fahrfunktion auf öffentlichen Straßen nach den §§ 1d bis 1i zu regeln betreffend

1. die technischen Anforderungen und das Verfahren zur Erteilung einer Betriebserlaubnis gemäß § 1e Absatz 2 bis 4 durch das Kraftfahrt-Bundesamt, einschließlich

a) der vom Hersteller zu beachtenden technischen Anforderungen an den Bau, die Beschaffenheit und die technische Ausrüstung des Kraftfahrzeugs, der vom Hersteller zu beachtenden Anforderungen an die Datenspeicherung, die Sicherheit der eingesetzten Informationstechnik und die funktionale Sicherheit des Kraftfahrzeugs, der vom Hersteller zu beachtenden Anforderungen an die Erklärung gemäß § 1f Absatz 3 Nummer 4 sowie der vom Hersteller zu beachtenden Dokumentationspflichten,
b) der Anforderungen an die Prüfung und Validierung des Kraftfahrzeugs durch das Kraftfahrt- Bundesamt,
c) der Anforderungen an den Betrieb des Kraftfahrzeugs,
d) der Anforderungen an die Begutachtung des Kraftfahrzeugs durch das Kraftfahrt-Bundesamt,
e) der Marktüberwachung einschließlich Vorgaben zur Beteiligung weiterer Behörden bei der Bewertung der informationstechnischen Sicherheit von Kraftfahrzeugen und Fahrzeugteilen sowie der Regelung von Mitwirkungspflichten für Hersteller und Halter von Kraftfahrzeugen mit autonomer Fahrfunktion und
f) der Anerkennung und Bewertung der Wirkungsgleichheit von Erlaubnissen und Genehmigungen von automatisierten und autonomen Kraftfahrzeugen, die in einem anderen Mitgliedstaat der Europäischen Union auf Grundlage der jeweils geltenden nationalen Bestimmungen erteilt worden sind,

2. die Eignung von Betriebsbereichen und das Verfahren für die Bewertung und die Genehmigung von festgelegten Betriebsbereichen durch die nach Bundes- oder Landesrecht zuständigen Behörden oder auf Bundesfernstraßen, soweit dem Bund die Verwaltung zusteht, die Gesellschaft privaten Rechts im Sinne des Infrastrukturgesellschaftserrichtungsgesetzes
3. Besonderheiten des Verfahrens der Zulassung, einschließlich der Kennzeichnung der Kraftfahrzeuge und Fahrzeugteile, um deren Betriebsweisen kenntlich zu machen und um die Verkehrssicherheit zu gewährleisten,
4. Anforderungen an und Pflichten für Hersteller, Halter und die Technische Aufsicht zur Gewährleistung der Verkehrssicherheit und eines sicheren Betriebs, einschließlich von
   a) Anforderungen zur Freigabe von Fahrmanövern und zur Deaktivierung eines Kraftfahrzeugs durch die Technische Aufsicht gemäß § 1f Absatz 2 Nummer 1 und 2,
   b) technischen und organisatorischen Anforderungen an den Halter und
   c) Anforderungen an die fachliche Qualifikation und die Zuverlässigkeit der am Betrieb eines Kraftfahrzeugs mit autonomer Fahrfunktion beteiligten Personen einschließlich der hierfür erforderlichen Nachweise,
5. die technischen Einzelheiten der Speicherung der beim Betrieb des Kraftfahrzeugs mittels der autonomen Fahrfunktion erzeugten Daten nach § 1g Absatz 1, insbesondere über die genauen Zeitpunkte der Datenspeicherungen, die Parameter der Datenkategorien und die Datenformate,
6. das Verfahren zur Erteilung einer Genehmigung bei der nachträglichen Aktivierung von automatisierten und autonomen Fahrfunktionen nach § 1h einschließlich technischer Anforderungen an die Erteilung einer Betriebserlaubnis,

7. die Anforderungen und das Verfahren zur Erteilung einer Erprobungsgenehmigung nach § 1i Absatz 2 durch das Kraftfahrt-Bundesamt, einschließlich weiterer Pflichten des Halters, Ausnahmen von Anforderungen nach diesem Gesetz zu Erprobungszwecken sowie die Befugnis des Kraftfahrt-Bundesamts, Daten, die zur Schaffung einer Datenbasis zur Beurteilung der Sicherheit im Straßenverkehr und des technischen Fortschritts sowie zur evidenzbasierten Entwicklung der Regulierung von Entwicklungsstufen automatisierter oder autonomer Fahrfunktionen erforderlich sind, in anonymisierter Form zu erheben, zu speichern und zu verwenden,
8. Abweichungen von den §§ 1d bis 1i in Bezug auf Kraftfahrzeuge der Bundeswehr, der Bundespolizei, des Bundeskriminalamts, des Bundesnachrichtendienstes, des Zollkriminalamts, des Bundesamts für Verfassungsschutz, der Gesellschaft privaten Rechts im Sinne des Infrastrukturgesellschaftserrichtungsgesetzes, der Landespolizei, der Landeskriminalämter, der Landesämter für Verfassungsschutz, des Zivil- und Katastrophenschutzes, der Feuerwehren, der Rettungsdienste und der Straßenbauverwaltungen.

(2) [1] Das Bundesministerium für Digitales und Verkehr wird ermächtigt, durch Rechtsverordnung ohne Zustimmung des Bundesrates Ausnahmen von den auf Grundlage des Absatzes 1 erlassenen Rechtsverordnungen zur Erprobung neuartiger Fahrzeugsteuerungseinrichtungen zu regeln. [2] Es wird ermächtigt, durch Rechtsverordnung ohne Zustimmung des Bundesrates diese Ermächtigung auf das Kraftfahrt-Bundesamt zu übertragen.

§ 1k Ausnahmen. (1) Für Kraftfahrzeuge mit autonomer Fahrfunktion gemäß § 1d Absatz 1, die für militärische, nachrichtendienstliche oder polizeiliche Zwecke, für Zwecke der Zollfahndung, des Zivil- oder Katastrophenschutzes, der Brandbekämpfung, der Straßenbauverwaltung oder der Rettungsdienste bestimmt sind, können das Bundesministerium der Finanzen, das Bundesministerium des Innern und für Heimat, das Bundesministerium der Verteidigung, das Bundesministerium für Digitales und Verkehr, das Bundeskanzleramt und die nach Landesrecht zuständigen Behörden Dienststellen in ihren jeweiligen Geschäftsbereichen, das Bundesministerium der Verteidigung Dienststellen der Bundeswehr bestimmen, die die Aufgaben des Kraftfahrt-Bundesamts an dessen Stelle für den jeweiligen Geschäftsbereich wahrnehmen.

(2) [1] Kraftfahrzeuge mit autonomer Fahrfunktion, die in der Bundeswehr, in der Bundespolizei, im Bundeskriminalamt, im Bundesnachrichtendienst, im Bundesamt für Verfassungsschutz, im Zollkriminalamt, in der Gesellschaft privaten Rechts im Sinne des Infrastrukturgesellschaftserrichtungsgesetzes, in der Landespolizei, in den Landeskriminalämtern, in den Landesämtern für Verfassungsschutz, im Zivil- und Katastrophenschutz, in den Feuerwehren, in den Rettungsdiensten oder in den Straßenbauverwaltungen eingesetzt werden, dürfen von den technischen Vorgaben, von Regelungen zur Festlegung von Betriebsbereichen und von Betriebsvorschriften sowie von den gemäß § 1j Absatz 1 erlassenen Verordnungen abweichen, wenn die Kraftfahrzeuge zur Erfüllung hoheitlicher Aufgaben bestimmt, für diese Zwecke gebaut oder ausgerüstet sind und wenn gewährleistet ist, dass die Kraftfahrzeuge unter gebührender Berücksichtigung der öffentlichen Sicherheit eingesetzt werden. [2] Technische Voraussetzungen, Regelungen zur Festlegung von Betriebsbereichen und Betriebsvorschriften sind dabei sinngemäß anzuwenden, sofern es der

jeweilige Zweck nach Absatz 1 zulässt; Abweichungen sind auf das zwingend erforderliche Maß zu beschränken.

§ 1l Evaluierung. [1] Das Bundesministerium für Digitales und Verkehr wird die Anwendung der Regelungen des Gesetzes vom 12. Juli 2021 (BGBl. I S. 3108) nach Ablauf des Jahres 2023 insbesondere im Hinblick auf die Auswirkungen auf die Entwicklung des autonomen Fahrens, die Vereinbarkeit mit Datenschutzvorschriften sowie die aufgrund von Erprobungsgenehmigungen im Sinne des § 1i Absatz 2 gewonnenen Erkenntnisse auf wissenschaftlicher Grundlage in nicht personenbezogener Form evaluieren und den Deutschen Bundestag über die Ergebnisse der Evaluierung unterrichten. [2] Sofern erforderlich, soll das Bundesministerium für Digitales und Verkehr die Evaluierung zu einem von ihm festzulegenden Zeitpunkt bis zum Jahr 2030 erneut durchführen.

§ 2 Fahrerlaubnis und Führerschein. (1) [1] Wer auf öffentlichen Straßen ein Kraftfahrzeug führt, bedarf der Erlaubnis (Fahrerlaubnis) der zuständigen Behörde (Fahrerlaubnisbehörde). [2] Die Fahrerlaubnis wird in bestimmten Klassen erteilt. [3] Sie ist durch eine amtliche Bescheinigung (Führerschein) nachzuweisen. [4] Nach näherer Bestimmung durch Rechtsverordnung auf Grund des § 6 Absatz 1 Satz 1 Nummer 1 Buchstabe a und Absatz 3 Nummer 2 kann die Gültigkeitsdauer der Führerscheine festgelegt werden.

(2) [1] Die Fahrerlaubnis ist für die jeweilige Klasse zu erteilen, wenn der Bewerber

1. seinen ordentlichen Wohnsitz im Sinne des Artikels 12 der Richtlinie 2006/126/EG des Europäischen Parlaments und des Rates vom 20. Dezember 2006 über den Führerschein (ABl. L 403 vom 30.12.2006, S. 26) im Inland hat,
2. das erforderliche Mindestalter erreicht hat,
3. zum Führen von Kraftfahrzeugen geeignet ist,
4. zum Führen von Kraftfahrzeugen nach dem Fahrlehrergesetz und den auf ihm beruhenden Rechtsvorschriften ausgebildet worden ist,
5. die Befähigung zum Führen von Kraftfahrzeugen in einer theoretischen und praktischen Prüfung nachgewiesen hat,
6. Erste Hilfe leisten kann und
7. keine in einem Mitgliedstaat der Europäischen Union oder einem anderen Vertragsstaat des Abkommens über den Europäischen Wirtschaftsraum erteilte Fahrerlaubnis dieser Klasse besitzt.

[2] Nach näherer Bestimmung durch Rechtsverordnung gemäß § 6 Absatz 1 Satz 1 Nummer 1 Buchstabe b können als weitere Voraussetzungen der Vorbesitz anderer Klassen oder Fahrpraxis in einer anderen Klasse festgelegt werden. [3] Die Fahrerlaubnis kann für die Klassen C und D sowie ihre Unterklassen und Anhängerklassen befristet erteilt werden. [4] Sie ist auf Antrag zu verlängern, wenn der Bewerber zum Führen von Kraftfahrzeugen geeignet ist und kein Anlass zur Annahme besteht, dass eine der aus den Sätzen 1 und 2 ersichtlichen sonstigen Voraussetzungen fehlt.

(3) [1] Nach näherer Bestimmung durch Rechtsverordnung gemäß § 6 Absatz 1 Satz 1 Nummer 1 Buchstabe a und b kann für die Personenbeförderung in anderen Fahrzeugen als Kraftomnibussen zusätzlich zur Fahrerlaubnis nach

Absatz 1 eine besondere Erlaubnis verlangt werden. [2]Die Erlaubnis wird befristet erteilt. [3]Für die Erteilung und Verlängerung können dieselben Voraussetzungen bestimmt werden, die für die Fahrerlaubnis zum Führen von Kraftomnibussen gelten. [4]Außerdem kann ein Fachkundenachweis verlangt werden. [5]Im Übrigen gelten die Bestimmungen für Fahrerlaubnisse entsprechend, soweit gesetzlich nichts anderes bestimmt ist.

(4) [1]Geeignet zum Führen von Kraftfahrzeugen ist, wer die notwendigen körperlichen und geistigen Anforderungen erfüllt und nicht erheblich oder nicht wiederholt gegen verkehrsrechtliche Vorschriften oder gegen Strafgesetze verstoßen hat. [2]Ist der Bewerber auf Grund körperlicher oder geistiger Mängel nur bedingt zum Führen von Kraftfahrzeugen geeignet, so erteilt die Fahrerlaubnisbehörde die Fahrerlaubnis mit Beschränkungen oder unter Auflagen, wenn dadurch das sichere Führen von Kraftfahrzeugen gewährleistet ist.

(5) Befähigt zum Führen von Kraftfahrzeugen ist, wer

1. ausreichende Kenntnisse der für das Führen von Kraftfahrzeugen maßgebenden gesetzlichen Vorschriften hat,
2. mit den Gefahren des Straßenverkehrs und den zu ihrer Abwehr erforderlichen Verhaltensweisen vertraut ist,
3. die zum sicheren Führen eines Kraftfahrzeugs, gegebenenfalls mit Anhänger, erforderlichen technischen Kenntnisse besitzt und zu ihrer praktischen Anwendung in der Lage ist und
4. über ausreichende Kenntnisse einer umweltbewussten und energiesparenden Fahrweise verfügt und zu ihrer praktischen Anwendung in der Lage ist.

(6) [1]Wer die Erteilung, Erweiterung, Verlängerung oder Änderung einer Fahrerlaubnis oder einer besonderen Erlaubnis nach Absatz 3, die Aufhebung einer Beschränkung oder Auflage oder die Ausfertigung oder Änderung eines Führerscheins beantragt, hat der Fahrerlaubnisbehörde nach näherer Bestimmung durch Rechtsverordnung gemäß § 6 Absatz 1 Satz 1 Nummer 1 und Absatz 3 Nummer 1 mitzuteilen und nachzuweisen

1. Familiennamen, Geburtsnamen, sonstige frühere Namen, Vornamen, Ordens- oder Künstlernamen, Doktorgrad, Geschlecht, Tag und Ort der Geburt, Anschrift, Staatsangehörigkeit, Art des Ausweisdokumentes und
2. das Vorliegen der Voraussetzungen nach Absatz 2 Satz 1 Nr. 1 bis 6 und Satz 2 und Absatz 3

sowie ein Lichtbild abzugeben. [2]Außerdem hat der Antragsteller eine Erklärung darüber abzugeben, ob er bereits eine in- oder ausländische Fahrerlaubnis der beantragten Klasse oder einen entsprechenden Führerschein besitzt.

(7) [1]Die Fahrerlaubnisbehörde hat zu ermitteln, ob der Antragsteller zum Führen von Kraftfahrzeugen, gegebenenfalls mit Anhänger, geeignet und befähigt ist, und ob er bereits eine in- oder ausländische Fahrerlaubnis oder einen entsprechenden Führerschein besitzt. [2]Sie hat dazu Auskünfte aus dem Fahreignungsregister und dem Zentralen Fahrerlaubnisregister nach den Vorschriften dieses Gesetzes einzuholen. [3]Sie kann außerdem insbesondere entsprechende Auskünfte aus ausländischen Registern oder von ausländischen Stellen einholen sowie die Beibringung eines Führungszeugnisses zur Vorlage bei der Verwaltungsbehörde nach den Vorschriften des Bundeszentralregistergesetzes verlangen.

(8) [1] Werden Tatsachen bekannt, die Bedenken gegen die Eignung oder Befähigung des Bewerbers begründen, so kann die Fahrerlaubnisbehörde anordnen, dass der Antragsteller ein Gutachten oder Zeugnis eines Facharztes oder Amtsarztes, ein Gutachten einer amtlich anerkannten Begutachtungsstelle für Fahreignung oder eines amtlich anerkannten Sachverständigen oder Prüfers für den Kraftfahrzeugverkehr innerhalb einer angemessenen Frist beibringt. [2] Anstelle eines erneuten Gutachtens einer amtlich anerkannten Begutachtungsstelle für Fahreignung genügt zum Nachweis der Wiederherstellung der Eignung in der Regel die Vorlage einer Bescheinigung über die Teilnahme an einem amtlich anerkannten Kurs zur Wiederherstellung der Kraftfahreignung, wenn

1. auf Grund eines Gutachtens einer amtlich anerkannten Begutachtungsstelle für Fahreignung die Teilnahme des Betroffenen an dieser Art von Kursen als geeignete Maßnahme angesehen wird, bestehende Eignungsmängel zu beseitigen,
2. der Betroffene nicht Inhaber einer Fahrerlaubnis ist und
3. die Fahrerlaubnisbehörde der Kursteilnahme zugestimmt hat.

[3] Satz 2 gilt nicht, wenn die Beibringung eines Gutachtens einer amtlich anerkannten Begutachtungsstelle für Fahreignung nach § 4 Absatz 10 Satz 4 oder wegen erheblichen oder wiederholten Verstoßes gegen verkehrsrechtliche Vorschriften oder gegen Strafgesetze angeordnet wird.

(9) [1] Die Registerauskünfte, Führungszeugnisse, Gutachten und Gesundheitszeugnisse dürfen nur zur Feststellung oder Überprüfung der Eignung oder Befähigung verwendet werden. [2] Sie sind nach spätestens zehn Jahren zu vernichten, es sei denn, mit ihnen im Zusammenhang stehende Eintragungen im Fahreignungsregister oder im Zentralen Fahrerlaubnisregister sind nach den Bestimmungen für diese Register zu einem früheren oder späteren Zeitpunkt zu tilgen oder zu löschen. [3] In diesem Fall ist für die Vernichtung oder Löschung der frühere oder spätere Zeitpunkt maßgeblich. [4] Die Zehnjahresfrist nach Satz 2 beginnt mit der rechts- oder bestandskräftigen Entscheidung oder mit der Rücknahme des Antrags durch den Antragsteller. [5] Die Sätze 1 bis 4 gelten auch für entsprechende Unterlagen, die der Antragsteller nach Absatz 6 Satz 1 Nr. 2 beibringt. [6] Anstelle einer Vernichtung der Unterlagen ist die Verarbeitung der darin enthaltenen Daten einzuschränken, wenn die Vernichtung wegen der besonderen Art der Führung der Akten nicht oder nur mit unverhältnismäßigem Aufwand möglich ist.

(10) [1] Bundeswehr, Bundespolizei und Polizei können durch ihre Dienststellen Fahrerlaubnisse für das Führen von Dienstfahrzeugen erteilen (Dienstfahrerlaubnisse). [2] Diese Dienststellen nehmen die Aufgaben der Fahrerlaubnisbehörde wahr. [3] Für Dienstfahrerlaubnisse gelten die Bestimmungen dieses Gesetzes und der auf ihm beruhenden Rechtsvorschriften, soweit gesetzlich nichts anderes bestimmt ist. [4] Mit Dienstfahrerlaubnissen dürfen nur Dienstfahrzeuge geführt werden.

(10a) [1] Die nach Landesrecht zuständige Behörde kann Angehörigen der Freiwilligen Feuerwehren, der nach Landesrecht anerkannten Rettungsdienste, des Technischen Hilfswerks und sonstiger Einheiten des Katastrophenschutzes, die ihre Tätigkeit ehrenamtlich ausüben, Fahrberechtigungen zum Führen von Einsatzfahrzeugen auf öffentlichen Straßen bis zu einer zulässigen Gesamtmasse von 4,75 t – auch mit Anhängern, sofern die zulässige Gesamtmasse der

Kombination 4,75 t nicht übersteigt – erteilen. [2]Der Bewerber um die Fahrberechtigung muss

1. mindestens seit zwei Jahren eine Fahrerlaubnis der Klasse B besitzen,
2. in das Führen von Einsatzfahrzeugen bis zu einer zulässigen Gesamtmasse von 4,75 t eingewiesen worden sein und
3. in einer praktischen Prüfung seine Befähigung nachgewiesen haben.

[3]Die Fahrberechtigung gilt im gesamten Hoheitsgebiet der Bundesrepublik Deutschland zur Aufgabenerfüllung der in Satz 1 genannten Organisationen oder Einrichtungen. [4]Die Sätze 1 bis 3 gelten entsprechend für den Erwerb der Fahrberechtigung zum Führen von Einsatzfahrzeugen bis zu einer zulässigen Gesamtmasse von 7,5 t – auch mit Anhängern, sofern die zulässige Gesamtmasse der Kombination 7,5 t nicht übersteigt.

(11) Nach näherer Bestimmung durch Rechtsverordnung gemäß § 6 Absatz 1 Satz 1 Nummer 1 in Verbindung mit Absatz 3 Nummer 1 und 2 berechtigen auch ausländische Fahrerlaubnisse zum Führen von Kraftfahrzeugen im Inland.

(12) [1]Die Polizei hat Informationen über Tatsachen, die auf nicht nur vorübergehende Mängel hinsichtlich der Eignung oder auf Mängel hinsichtlich der Befähigung einer Person zum Führen von Kraftfahrzeugen schließen lassen, den Fahrerlaubnisbehörden zu übermitteln, soweit dies für die Überprüfung der Eignung oder Befähigung aus der Sicht der übermittelnden Stelle erforderlich ist. [2]Soweit die mitgeteilten Informationen für die Beurteilung der Eignung oder Befähigung nicht erforderlich sind, sind die Unterlagen unverzüglich zu vernichten.

(13) [1]Stellen oder Personen, die die Eignung oder Befähigung zur Teilnahme am Straßenverkehr oder Fachkundenachweise zwecks Vorbereitung einer verwaltungsbehördlichen Entscheidung beurteilen oder prüfen oder die in Erster Hilfe (§ 2 Abs. 2 Satz 1 Nr. 6) ausbilden, müssen für diese Aufgaben gesetzlich oder amtlich anerkannt oder beauftragt sein. [2]Personen, die die Befähigung zum Führen von Kraftfahrzeugen nach § 2 Abs. 5 prüfen, müssen darüber hinaus einer Technischen Prüfstelle für den Kraftfahrzeugverkehr nach § 10 des Kraftfahrsachverständigengesetzes angehören. [3]Voraussetzungen, Inhalt, Umfang und Verfahren für die Anerkennung oder Beauftragung und die Aufsicht werden – soweit nicht bereits im Kraftfahrsachverständigengesetz oder in auf ihm beruhenden Rechtsvorschriften geregelt – durch Rechtsverordnung gemäß § 6 Absatz 1 Satz 1 Nummer 1 Buchstabe c und d in Verbindung mit Absatz 3 Nummer 3 näher bestimmt. [4]Abweichend von den Sätzen 1 bis 3 sind Personen, die die Voraussetzungen des Absatzes 16 für die Begleitung erfüllen, berechtigt, die Befähigung zum Führen von Einsatzfahrzeugen der in Absatz 10a Satz 1 genannten Organisationen oder Einrichtungen zu prüfen.

(14) [1]Die Fahrerlaubnisbehörden dürfen den in Absatz 13 Satz 1 genannten Stellen und Personen die Daten übermitteln, die diese zur Erfüllung ihrer Aufgaben benötigen. [2]Die betreffenden Stellen und Personen dürfen diese Daten und nach näherer Bestimmung durch Rechtsverordnung gemäß § 6 Absatz 1 Satz 1 Nummer 1 Buchstabe c und d in Verbindung mit Absatz 3 Nummer 3 die bei der Erfüllung ihrer Aufgaben anfallenden Daten verarbeiten.

(15) [1]Wer zur Ausbildung, zur Ablegung der Prüfung oder zur Begutachtung der Eignung oder Befähigung ein Kraftfahrzeug auf öffentlichen Straßen führt, muss dabei von einem Fahrlehrer oder einem Fahrlehreranwärter im Sinne des Fahrlehrergesetzes begleitet werden. [2]Bei den Fahrten nach Satz 1

sowie bei der Hin- und Rückfahrt zu oder von einer Prüfung oder einer Begutachtung gilt im Sinne dieses Gesetzes der Fahrlehrer oder der Fahrlehreranwärter als Führer des Kraftfahrzeugs, wenn der Kraftfahrzeugführer keine entsprechende Fahrerlaubnis besitzt.

(16) [1] Wer zur Einweisung oder zur Ablegung der Prüfung nach Absatz 10a ein entsprechendes Einsatzfahrzeug auf öffentlichen Straßen führt, muss von einem Fahrlehrer im Sinne des Fahrlehrergesetzes oder abweichend von Absatz 15 Satz 1 von einem Angehörigen der in Absatz 10a Satz 1 genannten Organisationen oder Einrichtungen, der

1. das 30. Lebensjahr vollendet hat,
2. mindestens seit fünf Jahren eine gültige Fahrerlaubnis der Klasse C1 besitzt und
3. zum Zeitpunkt der Einweisungs- und Prüfungsfahrten im Fahreignungsregister mit nicht mehr als zwei Punkten belastet ist,

begleitet werden. [2] Absatz 15 Satz 2 gilt entsprechend. [3] Die nach Landesrecht zuständige Behörde kann überprüfen, ob die Voraussetzungen des Satzes 1 erfüllt sind; sie kann die Auskunft nach Satz 1 Nummer 3 beim Fahreignungsregister einholen. [4] Die Fahrerlaubnis nach Satz 1 Nummer 2 ist durch einen gültigen Führerschein nachzuweisen, der während der Einweisungs- und Prüfungsfahrten mitzuführen und zur Überwachung des Straßenverkehrs berechtigten Personen auszuhändigen ist.

§ 2a Fahrerlaubnis auf Probe. (1) [1] Bei erstmaligem Erwerb einer Fahrerlaubnis wird diese auf Probe erteilt; die Probezeit dauert zwei Jahre vom Zeitpunkt der Erteilung an. [2] Bei Erteilung einer Fahrerlaubnis an den Inhaber einer im Ausland erteilten Fahrerlaubnis ist die Zeit seit deren Erwerb auf die Probezeit anzurechnen. [3] Die Regelungen über die Fahrerlaubnis auf Probe finden auch Anwendung auf Inhaber einer gültigen Fahrerlaubnis aus einem Mitgliedstaat der Europäischen Union oder einem anderen Vertragsstaat des Abkommens über den Europäischen Wirtschaftsraum, die ihren ordentlichen Wohnsitz in das Inland verlegt haben. [4] Die Zeit seit dem Erwerb der Fahrerlaubnis ist auf die Probezeit anzurechnen. [5] Die Beschlagnahme, Sicherstellung oder Verwahrung von Führerscheinen nach § 94 der Strafprozessordnung[1)], die vorläufige Entziehung nach § 111a der Strafprozessordnung und die sofort vollziehbare Entziehung durch die Fahrerlaubnisbehörde hemmen den Ablauf der Probezeit. [6] Die Probezeit endet vorzeitig, wenn die Fahrerlaubnis entzogen wird oder der Inhaber auf sie verzichtet. [7] In diesem Fall beginnt mit der Erteilung einer neuen Fahrerlaubnis eine neue Probezeit, jedoch nur im Umfang der Restdauer der vorherigen Probezeit.

(2) [1] Ist gegen den Inhaber einer Fahrerlaubnis wegen einer innerhalb der Probezeit begangenen Straftat oder Ordnungswidrigkeit eine rechtskräftige Entscheidung ergangen, die nach § 28 Absatz 3 Nummer 1 oder 3 Buchstabe a oder c in das Fahreignungsregister einzutragen ist, so hat, auch wenn die Probezeit zwischenzeitlich abgelaufen oder die Fahrerlaubnis nach § 6e Absatz 2 widerrufen worden ist, die Fahrerlaubnisbehörde

1) Nr. 7.

1. seine Teilnahme an einem Aufbauseminar anzuordnen und hierfür eine Frist zu setzen, wenn er eine schwerwiegende oder zwei weniger schwerwiegende Zuwiderhandlungen begangen hat,
2. ihn schriftlich zu verwarnen und ihm nahezulegen, innerhalb von zwei Monaten an einer verkehrspsychologischen Beratung nach Absatz 7 teilzunehmen, wenn er nach Teilnahme an einem Aufbauseminar innerhalb der Probezeit eine weitere schwerwiegende oder zwei weitere weniger schwerwiegende Zuwiderhandlungen begangen hat,
3. ihm die Fahrerlaubnis zu entziehen, wenn er nach Ablauf der in Nummer 2 genannten Frist innerhalb der Probezeit eine weitere schwerwiegende oder zwei weitere weniger schwerwiegende Zuwiderhandlungen begangen hat.

[2] Die Fahrerlaubnisbehörde ist bei den Maßnahmen nach den Nummern 1 bis 3 an die rechtskräftige Entscheidung über die Straftat oder Ordnungswidrigkeit gebunden.

(2a) [1] Die Probezeit verlängert sich um zwei Jahre, wenn die Teilnahme an einem Aufbauseminar nach Absatz 2 Satz 1 Nr. 1 angeordnet worden ist. [2] Die Probezeit verlängert sich außerdem um zwei Jahre, wenn die Anordnung nur deshalb nicht erfolgt ist, weil die Fahrerlaubnis entzogen worden ist oder der Inhaber der Fahrerlaubnis auf sie verzichtet hat.

(3) Ist der Inhaber einer Fahrerlaubnis einer vollziehbaren Anordnung der zuständigen Behörde nach Absatz 2 Satz 1 Nr. 1 in der festgesetzten Frist nicht nachgekommen, so ist die Fahrerlaubnis zu entziehen.

(4) [1] Die Entziehung der Fahrerlaubnis nach § 3 bleibt unberührt; die zuständige Behörde kann insbesondere auch die Beibringung eines Gutachtens einer amtlich anerkannten Begutachtungsstelle für Fahreignung anordnen, wenn der Inhaber einer Fahrerlaubnis innerhalb der Probezeit Zuwiderhandlungen begangen hat, die nach den Umständen des Einzelfalls bereits Anlass zu der Annahme geben, dass er zum Führen von Kraftfahrzeugen ungeeignet ist. [2] Hält die Behörde auf Grund des Gutachtens seine Nichteignung nicht für erwiesen, so hat sie die Teilnahme an einem Aufbauseminar anzuordnen, wenn der Inhaber der Fahrerlaubnis an einem solchen Kurs nicht bereits teilgenommen hatte. [3] Absatz 3 gilt entsprechend.

(5) [1] Ist eine Fahrerlaubnis entzogen worden

1. nach § 3 oder nach § 4 Absatz 5 Satz 1 Nummer 3 dieses Gesetzes, weil innerhalb der Probezeit Zuwiderhandlungen begangen wurden, oder nach § 69 oder § 69b des Strafgesetzbuches[1)],
2. nach Absatz 3, weil einer Anordnung zur Teilnahme an einem Aufbauseminar nicht nachgekommen wurde,

oder wurde die Fahrerlaubnis nach § 6e Absatz 2 widerrufen, so darf eine neue Fahrerlaubnis unbeschadet der übrigen Voraussetzungen nur erteilt werden, wenn der Antragsteller nachweist, dass er an einem Aufbauseminar teilgenommen hat. [2] Das Gleiche gilt, wenn der Antragsteller nur deshalb nicht an einem angeordneten Aufbauseminar teilgenommen hat oder die Anordnung nur deshalb nicht erfolgt ist, weil die Fahrerlaubnis aus anderen Gründen entzogen worden ist oder er zwischenzeitlich auf die Fahrerlaubnis verzichtet hat. [3] Ist die Fahrerlaubnis nach Absatz 2 Satz 1 Nr. 3 entzogen worden, darf eine neue

---

[1)] Nr. **6**.

Fahrerlaubnis frühestens drei Monate nach Wirksamkeit der Entziehung erteilt werden; die Frist beginnt mit der Ablieferung des Führerscheins. [4] Auf eine mit der Erteilung einer Fahrerlaubnis nach vorangegangener Entziehung gemäß Absatz 1 Satz 7 beginnende neue Probezeit ist Absatz 2 nicht anzuwenden. [5] Die zuständige Behörde hat in diesem Fall in der Regel die Beibringung eines Gutachtens einer amtlich anerkannten Begutachtungsstelle für Fahreignung anzuordnen, sobald der Inhaber einer Fahrerlaubnis innerhalb der neuen Probezeit erneut eine schwerwiegende oder zwei weniger schwerwiegende Zuwiderhandlungen begangen hat.

(6) Widerspruch und Anfechtungsklage gegen die Anordnung des Aufbauseminars nach Absatz 2 Satz 1 Nr. 1 und Absatz 4 Satz 2 sowie die Entziehung der Fahrerlaubnis nach Absatz 2 Satz 1 Nr. 3 und Absatz 3 haben keine aufschiebende Wirkung.

(7) [1] In der verkehrspsychologischen Beratung soll der Inhaber einer Fahrerlaubnis auf Probe veranlasst werden, Mängel in seiner Einstellung zum Straßenverkehr und im verkehrssicheren Verhalten zu erkennen und die Bereitschaft zu entwickeln, diese Mängel abzubauen. [2] Die Beratung findet in Form eines Einzelgesprächs statt. [3] Sie kann durch eine Fahrprobe ergänzt werden, wenn der Berater dies für erforderlich hält. [4] Der Berater soll die Ursachen der Mängel aufklären und Wege zu ihrer Beseitigung aufzeigen. [5] Erkenntnisse aus der Beratung sind nur für den Inhaber einer Fahrerlaubnis auf Probe bestimmt und nur diesem mitzuteilen. [6] Der Inhaber einer Fahrerlaubnis auf Probe erhält jedoch eine Bescheinigung über die Teilnahme zur Vorlage bei der nach Landesrecht zuständigen Behörde. [7] Die Beratung darf nur von einer Person durchgeführt werden, die hierfür amtlich anerkannt ist. [8] Die amtliche Anerkennung ist zu erteilen, wenn der Bewerber

1. persönlich zuverlässig ist,
2. über den Abschluss eines Hochschulstudiums als Diplom-Psychologe oder eines gleichwertigen Masterabschlusses in Psychologie verfügt und
3. eine Ausbildung und Erfahrungen in der Verkehrspsychologie nach näherer Bestimmung durch Rechtsverordnung nach § 6 Absatz 1 Satz 1 Nummer 1 Buchstabe a und c in Verbindung mit Absatz 3 Nummer 3 nachweist.

§ 2b Aufbauseminar bei Zuwiderhandlungen innerhalb der Probezeit.

(1) [1] Die Teilnehmer an Aufbauseminaren sollen durch Mitwirkung an Gruppengesprächen und an einer Fahrprobe veranlasst werden, eine risikobewusstere Einstellung im Straßenverkehr zu entwickeln und sich dort sicher und rücksichtsvoll zu verhalten. [2] Auf Antrag kann die anordnende Behörde der betroffenen Person die Teilnahme an einem Einzelseminar gestatten.

(2) [1] Die Aufbauseminare dürfen nur von Fahrlehrern durchgeführt werden, die Inhaber einer entsprechenden Erlaubnis nach dem Fahrlehrergesetz sind. [2] Besondere Aufbauseminare für Inhaber einer Fahrerlaubnis auf Probe, die unter dem Einfluss von Alkohol oder anderer berauschender Mittel am Verkehr teilgenommen haben, werden nach näherer Bestimmung durch Rechtsverordnung gemäß § 6 Absatz 1 Satz 1 Nummer 1 Buchstabe a und c und Absatz 3 Nummer 3 von hierfür amtlich anerkannten anderen Seminarleitern durchgeführt.

(3) Ist der Teilnehmer an einem Aufbauseminar nicht Inhaber einer Fahrerlaubnis oder unterliegt er einem rechtskräftig angeordneten Fahrverbot, so gilt hinsichtlich der Fahrprobe § 2 Abs. 15 entsprechend.

§ 2c Unterrichtung der Fahrerlaubnisbehörden durch das Kraftfahrt-Bundesamt. [1] Das Kraftfahrt-Bundesamt hat die zuständige Behörde zu unterrichten, wenn über den Inhaber einer Fahrerlaubnis Entscheidungen in das Fahreignungsregister eingetragen werden, die zu Anordnungen nach § 2a Abs. 2, 4 und 5 führen können. [2] Hierzu übermittelt es die notwendigen Daten aus dem Zentralen Fahrerlaubnisregister sowie den Inhalt der Eintragungen im Fahreignungsregister über die innerhalb der Probezeit begangenen Straftaten und Ordnungswidrigkeiten. [3] Hat bereits eine Unterrichtung nach Satz 1 stattgefunden, so hat das Kraftfahrt-Bundesamt bei weiteren Unterrichtungen auch hierauf hinzuweisen.

§ 3 Entziehung der Fahrerlaubnis. (1) [1] Erweist sich jemand als ungeeignet oder nicht befähigt zum Führen von Kraftfahrzeugen, so hat ihm die Fahrerlaubnisbehörde die Fahrerlaubnis zu entziehen. [2] Bei einer ausländischen Fahrerlaubnis hat die Entziehung – auch wenn sie nach anderen Vorschriften erfolgt – die Wirkung einer Aberkennung des Rechts, von der Fahrerlaubnis im Inland Gebrauch zu machen. [3] § 2 Abs. 7 und 8 gilt entsprechend.

(2) [1] Mit der Entziehung erlischt die Fahrerlaubnis. [2] Bei einer ausländischen Fahrerlaubnis erlischt das Recht zum Führen von Kraftfahrzeugen im Inland. [3] Nach der Entziehung ist der Führerschein der Fahrerlaubnisbehörde abzuliefern oder zur Eintragung der Entscheidung vorzulegen. [4] Die Sätze 1 bis 3 gelten auch, wenn die Fahrerlaubnisbehörde die Fahrerlaubnis auf Grund anderer Vorschriften entzieht.

(3) [1] Solange gegen den Inhaber der Fahrerlaubnis ein Strafverfahren anhängig ist, in dem die Entziehung der Fahrerlaubnis nach § 69 des Strafgesetzbuchs[1)] in Betracht kommt, darf die Fahrerlaubnisbehörde den Sachverhalt, der Gegenstand des Strafverfahrens ist, in einem Entziehungsverfahren nicht berücksichtigen. [2] Dies gilt nicht, wenn die Fahrerlaubnis von einer Dienststelle der Bundeswehr, der Bundespolizei oder der Polizei für Dienstfahrzeuge erteilt worden ist.

(4) [1] Will die Fahrerlaubnisbehörde in einem Entziehungsverfahren einen Sachverhalt berücksichtigen, der Gegenstand der Urteilsfindung in einem Strafverfahren gegen den Inhaber der Fahrerlaubnis gewesen ist, so kann sie zu dessen Nachteil vom Inhalt des Urteils insoweit nicht abweichen, als es sich auf die Feststellung des Sachverhalts oder die Beurteilung der Schuldfrage oder der Eignung zum Führen von Kraftfahrzeugen bezieht. [2] Der Strafbefehl und die gerichtliche Entscheidung, durch welche die Eröffnung des Hauptverfahrens oder der Antrag auf Erlass eines Strafbefehls abgelehnt wird, stehen einem Urteil gleich; dies gilt auch für Bußgeldentscheidungen, soweit sie sich auf die Feststellung des Sachverhalts und die Beurteilung der Schuldfrage beziehen.

(5) Die Fahrerlaubnisbehörde darf der Polizei die verwaltungsbehördliche oder gerichtliche Entziehung der Fahrerlaubnis oder das Bestehen eines Fahrverbots übermitteln, soweit dies im Einzelfall für die polizeiliche Überwachung im Straßenverkehr erforderlich ist.

[1)] Nr. 6.

(6) Für die Erteilung des Rechts, nach vorangegangener Entziehung oder vorangegangenem Verzicht von einer ausländischen Fahrerlaubnis im Inland wieder Gebrauch zu machen, an Personen mit ordentlichem Wohnsitz im Ausland gelten die Vorschriften über die Neuerteilung einer Fahrerlaubnis nach vorangegangener Entziehung oder vorangegangenem Verzicht entsprechend.

(7) Durch Rechtsverordnung auf Grund des § 6 Absatz 1 Satz 1 Nummer 1 können Fristen und Voraussetzungen

1. für die Erteilung einer neuen Fahrerlaubnis nach vorangegangener Entziehung oder nach vorangegangenem Verzicht oder
2. für die Erteilung des Rechts, nach vorangegangener Entziehung oder vorangegangenem Verzicht von einer ausländischen Fahrerlaubnis im Inland wieder Gebrauch zu machen, an Personen mit ordentlichem Wohnsitz im Ausland

bestimmt werden.

§ 4 Fahreignungs-Bewertungssystem. (1) [1] Zum Schutz vor Gefahren, die von Inhabern einer Fahrerlaubnis ausgehen, die wiederholt gegen die die Sicherheit des Straßenverkehrs betreffenden straßenverkehrsrechtlichen oder gefahrgutbeförderungsrechtlichen Vorschriften verstoßen, hat die nach Landesrecht zuständige Behörde die in Absatz 5 genannten Maßnahmen (Fahreignungs-Bewertungssystem) zu ergreifen. [2] Den in Satz 1 genannten Vorschriften stehen jeweils Vorschriften gleich, die dem Schutz

1. von Maßnahmen zur Rettung aus Gefahren für Leib und Leben von Menschen oder
2. zivilrechtlicher Ansprüche Unfallbeteiligter

dienen. [3] Das Fahreignungs-Bewertungssystem ist nicht anzuwenden, wenn sich die Notwendigkeit früherer oder anderer die Fahreignung betreffender Maßnahmen nach den Vorschriften über die Entziehung der Fahrerlaubnis nach § 3 Absatz 1 oder einer auf Grund § 6 Absatz 1 Satz 1 Nummer 1 erlassenen Rechtsverordnung ergibt. [4] Das Fahreignungs-Bewertungssystem und die Regelungen über die Fahrerlaubnis auf Probe sind nebeneinander anzuwenden.

(2) [1] Für die Anwendung des Fahreignungs-Bewertungssystems sind die in einer Rechtsverordnung nach § 6 Absatz 1 Satz 1 Nummer 4 Buchstabe b bezeichneten Straftaten und Ordnungswidrigkeiten maßgeblich. [2] Sie werden nach Maßgabe der in Satz 1 genannten Rechtsverordnung wie folgt bewertet:

1. Straftaten mit Bezug auf die Verkehrssicherheit oder gleichgestellte Straftaten, sofern in der Entscheidung über die Straftat die Entziehung der Fahrerlaubnis nach den §§ 69 und 69b des Strafgesetzbuches[1)] oder eine Sperre nach § 69a Absatz 1 Satz 3 des Strafgesetzbuches[1)] angeordnet worden ist, mit drei Punkten,
2. Straftaten mit Bezug auf die Verkehrssicherheit oder gleichgestellte Straftaten, sofern sie nicht von Nummer 1 erfasst sind, und besonders verkehrssicherheitsbeeinträchtigende oder gleichgestellte Ordnungswidrigkeiten jeweils mit zwei Punkten und
3. verkehrssicherheitsbeeinträchtigende oder gleichgestellte Ordnungswidrigkeiten mit einem Punkt.

---

1) Nr. **6**.

[3]Punkte ergeben sich mit der Begehung der Straftat oder Ordnungswidrigkeit, sofern sie rechtskräftig geahndet wird. [4]Soweit in Entscheidungen über Straftaten oder Ordnungswidrigkeiten auf Tateinheit entschieden worden ist, wird nur die Zuwiderhandlung mit der höchsten Punktzahl berücksichtigt.

(3) [1]Wird eine Fahrerlaubnis erteilt, dürfen Punkte für vor der Erteilung rechtskräftig gewordene Entscheidungen über Zuwiderhandlungen nicht mehr berücksichtigt werden. [2]Diese Punkte werden gelöscht. [3]Die Sätze 1 und 2 gelten auch, wenn

1. die Fahrerlaubnis entzogen,
2. eine Sperre nach § 69a Absatz 1 Satz 3 des Strafgesetzbuches[1)] angeordnet oder
3. auf die Fahrerlaubnis verzichtet

worden ist und die Fahrerlaubnis danach neu erteilt wird. [4]Die Sätze 1 und 2 gelten nicht bei

1. Entziehung der Fahrerlaubnis nach § 2a Absatz 3,
2. Verlängerung einer Fahrerlaubnis,
3. Erteilung nach Erlöschen einer befristet erteilten Fahrerlaubnis,
4. Erweiterung einer Fahrerlaubnis oder
5. vereinfachter Erteilung einer Fahrerlaubnis an Inhaber einer Dienstfahrerlaubnis oder Inhaber einer ausländischen Fahrerlaubnis.

(4) Inhaber einer Fahrerlaubnis mit einem Punktestand von einem Punkt bis zu drei Punkten sind mit der Speicherung der zugrunde liegenden Entscheidungen nach § 28 Absatz 3 Nummer 1 oder 3 Buchstabe a oder c für die Zwecke des Fahreignungs-Bewertungssystems vorgemerkt.

(5) [1]Die nach Landesrecht zuständige Behörde hat gegenüber den Inhabern einer Fahrerlaubnis folgende Maßnahmen stufenweise zu ergreifen, sobald sich in der Summe folgende Punktestände ergeben:

1. Ergeben sich vier oder fünf Punkte, ist der Inhaber einer Fahrerlaubnis beim Erreichen eines dieser Punktestände schriftlich zu ermahnen;
2. ergeben sich sechs oder sieben Punkte, ist der Inhaber einer Fahrerlaubnis beim Erreichen eines dieser Punktestände schriftlich zu verwarnen;
3. ergeben sich acht oder mehr Punkte, gilt der Inhaber einer Fahrerlaubnis als ungeeignet zum Führen von Kraftfahrzeugen und die Fahrerlaubnis ist zu entziehen.

[2]Die Ermahnung nach Satz 1 Nummer 1 und die Verwarnung nach Satz 1 Nummer 2 enthalten daneben den Hinweis, dass ein Fahreignungsseminar nach § 4a freiwillig besucht werden kann, um das Verkehrsverhalten zu verbessern; im Fall der Verwarnung erfolgt zusätzlich der Hinweis, dass hierfür kein Punktabzug gewährt wird. [3]In der Verwarnung nach Satz 1 Nummer 2 ist darüber zu unterrichten, dass bei Erreichen von acht Punkten die Fahrerlaubnis entzogen wird. [4]Die nach Landesrecht zuständige Behörde ist bei den Maßnahmen nach Satz 1 an die rechtskräftige Entscheidung über die Straftat oder die Ordnungswidrigkeit gebunden. [5]Sie hat für das Ergreifen der Maßnahmen nach Satz 1 auf den Punktestand abzustellen, der sich zum Zeitpunkt der Begehung der letzten zur Ergreifung der Maßnahme führenden Straftat oder Ordnungswid-

---

[1)] Nr. **6**.

rigkeit ergeben hat. [6] Bei der Berechnung des Punktestandes werden Zuwiderhandlungen

1. unabhängig davon berücksichtigt, ob nach deren Begehung bereits Maßnahmen ergriffen worden sind,
2. nur dann berücksichtigt, wenn deren Tilgungsfrist zu dem in Satz 5 genannten Zeitpunkt noch nicht abgelaufen war.

[7] Spätere Verringerungen des Punktestandes auf Grund von Tilgungen bleiben unberücksichtigt.

(6) [1] Die nach Landesrecht zuständige Behörde darf eine Maßnahme nach Absatz 5 Satz 1 Nummer 2 oder 3 erst ergreifen, wenn die Maßnahme der jeweils davor liegenden Stufe nach Absatz 5 Satz 1 Nummer 1 oder 2 bereits ergriffen worden ist. [2] Sofern die Maßnahme der davor liegenden Stufe noch nicht ergriffen worden ist, ist diese zu ergreifen. [3] Im Fall des Satzes 2 verringert sich der Punktestand mit Wirkung vom Tag des Ausstellens der ergriffenen

1. Ermahnung auf fünf Punkte,
2. Verwarnung auf sieben Punkte,

wenn der Punktestand zu diesem Zeitpunkt nicht bereits durch Tilgungen oder Punktabzüge niedriger ist. [4] Punkte für Zuwiderhandlungen, die vor der Verringerung nach Satz 3 begangen worden sind und von denen die nach Landesrecht zuständige Behörde erst nach der Verringerung Kenntnis erhält, erhöhen den sich nach Satz 3 ergebenden Punktestand. [5] Späteren Tilgungen oder Punktabzügen wird der sich nach Anwendung der Sätze 3 und 4 ergebende Punktestand zugrunde gelegt.

(7) [1] Nehmen Inhaber einer Fahrerlaubnis freiwillig an einem Fahreignungsseminar teil und legen sie hierüber der nach Landesrecht zuständigen Behörde innerhalb von zwei Wochen nach Beendigung des Seminars eine Teilnahmebescheinigung vor, wird ihnen bei einem Punktestand von ein bis fünf Punkten ein Punkt abgezogen; maßgeblich ist der Punktestand zum Zeitpunkt der Ausstellung der Teilnahmebescheinigung. [2] Der Besuch eines Fahreignungsseminars führt jeweils nur einmal innerhalb von fünf Jahren zu einem Punktabzug. [3] Für den zu verringernden Punktestand und die Berechnung der Fünfjahresfrist ist jeweils das Ausstellungsdatum der Teilnahmebescheinigung maßgeblich.

(8) [1] Zur Vorbereitung der Maßnahmen nach Absatz 5 hat das Kraftfahrt-Bundesamt bei Erreichen der jeweiligen Punktestände nach Absatz 5, auch in Verbindung mit den Absätzen 6 und 7, der nach Landesrecht zuständigen Behörde die vorhandenen Eintragungen aus dem Fahreignungsregister zu übermitteln. [2] Unabhängig von Satz 1 hat das Kraftfahrt-Bundesamt bei jeder Entscheidung, die wegen einer Zuwiderhandlung nach

1. § 315c Absatz 1 Nummer 1 Buchstabe a des Strafgesetzbuches[1)],
2. den §§ 316 oder 323a des Strafgesetzbuches[1)] oder
3. den §§ 24a oder 24c

ergangen ist, der nach Landesrecht zuständigen Behörde die vorhandenen Eintragungen aus dem Fahreignungsregister zu übermitteln.

[1)] Nr. **6**.

(9) Widerspruch und Anfechtungsklage gegen die Entziehung nach Absatz 5 Satz 1 Nummer 3 haben keine aufschiebende Wirkung.

(10) [1] Ist die Fahrerlaubnis nach Absatz 5 Satz 1 Nummer 3 entzogen worden, darf eine neue Fahrerlaubnis frühestens sechs Monate nach Wirksamkeit der Entziehung erteilt werden. [2] Das gilt auch bei einem Verzicht auf die Fahrerlaubnis, wenn zum Zeitpunkt der Wirksamkeit des Verzichtes mindestens zwei Entscheidungen nach § 28 Absatz 3 Nummer 1 oder 3 Buchstabe a oder c gespeichert waren. [3] Die Frist nach Satz 1, auch in Verbindung mit Satz 2, beginnt mit der Ablieferung des Führerscheins nach § 3 Absatz 2 Satz 3 in Verbindung mit dessen Satz 4. [4] In den Fällen des Satzes 1, auch in Verbindung mit Satz 2, hat die nach Landesrecht zuständige Behörde unbeschadet der Erfüllung der sonstigen Voraussetzungen für die Erteilung der Fahrerlaubnis zum Nachweis, dass die Eignung zum Führen von Kraftfahrzeugen wiederhergestellt ist, in der Regel die Beibringung eines Gutachtens einer amtlich anerkannten Begutachtungsstelle für Fahreignung anzuordnen.

§ 4a Fahreignungsseminar. (1) [1] Mit dem Fahreignungsseminar soll erreicht werden, dass die Teilnehmer sicherheitsrelevante Mängel in ihrem Verkehrsverhalten und insbesondere in ihrem Fahrverhalten erkennen und abbauen. [2] Hierzu sollen die Teilnehmer durch die Vermittlung von Kenntnissen zum Straßenverkehrsrecht, zu Gefahrenpotenzialen und zu verkehrssicherem Verhalten im Straßenverkehr, durch Analyse und Korrektur verkehrssicherheitsgefährdender Verhaltensweisen sowie durch Aufzeigen der Bedingungen und Zusammenhänge des regelwidrigen Verkehrsverhaltens veranlasst werden.

(2) [1] Das Fahreignungsseminar besteht aus einer verkehrspädagogischen und aus einer verkehrspsychologischen Teilmaßnahme, die aufeinander abzustimmen sind. [2] Zur Durchführung sind berechtigt

1. für die verkehrspädagogische Teilmaßnahme Fahrlehrer, die über eine Seminarerlaubnis Verkehrspädagogik nach § 46 des Fahrlehrergesetzes und
2. für die verkehrspsychologische Teilmaßnahme Personen, die über eine Seminarerlaubnis Verkehrspsychologie nach Absatz 3

verfügen.

(3) [1] Wer die verkehrspsychologische Teilmaßnahme des Fahreignungsseminars im Sinne des Absatzes 2 Satz 2 Nummer 2 durchführt, bedarf der Erlaubnis (Seminarerlaubnis Verkehrspsychologie). [2] Die Seminarerlaubnis Verkehrspsychologie wird durch die nach Landesrecht zuständige Behörde erteilt. [3] Die nach Landesrecht zuständige Behörde kann nachträglich Auflagen anordnen, soweit dies erforderlich ist, um die Einhaltung der Anforderungen an Fahreignungsseminare und deren ordnungsgemäße Durchführung sicherzustellen. [4] § 13 des Fahrlehrergesetzes gilt entsprechend.

(4) [1] Die Seminarerlaubnis Verkehrspsychologie wird auf Antrag erteilt, wenn der Bewerber

1. über einen Abschluss eines Hochschulstudiums als Diplom-Psychologe oder einen gleichwertigen Master-Abschluss in Psychologie verfügt,
2. eine verkehrspsychologische Ausbildung an einer Universität oder gleichgestellten Hochschule oder Stelle, die sich mit der Begutachtung oder Wiederherstellung der Kraftfahreignung befasst, oder eine fachpsychologische Qualifikation nach dem Stand der Wissenschaft durchlaufen hat,
3. über Erfahrungen in der Verkehrspsychologie

a) durch eine mindestens dreijährige Begutachtung von Kraftfahrern an einer Begutachtungsstelle für Fahreignung oder eine mindestens dreijährige Durchführung von besonderen Aufbauseminaren oder von Kursen zur Wiederherstellung der Kraftfahreignung,
b) durch eine mindestens fünfjährige freiberufliche verkehrspsychologische Tätigkeit, deren Nachweis durch Bestätigungen von Behörden oder Begutachtungsstellen für Fahreignung oder durch die Dokumentation von zehn Therapiemaßnahmen für verkehrsauffällige Kraftfahrer, die mit einer positiven Begutachtung abgeschlossen wurden, erbracht werden kann, oder
c) durch eine mindestens dreijährige freiberufliche verkehrspsychologische Tätigkeit nach vorherigem Erwerb einer Qualifikation als klinischer Psychologe oder Psychotherapeut nach dem Stand der Wissenschaft

verfügt,

4. im Fahreignungsregister mit nicht mehr als zwei Punkten belastet ist und
5. eine zur Durchführung der verkehrspsychologischen Teilmaßnahme geeignete räumliche und sachliche Ausstattung nachweist.

[2] Die Erlaubnis ist zu versagen, wenn Tatsachen vorliegen, die Bedenken gegen die Zuverlässigkeit des Antragstellers begründen.

(5) [1] Die Seminarerlaubnis Verkehrspsychologie ist zurückzunehmen, wenn bei ihrer Erteilung eine der Voraussetzungen des Absatzes 4 nicht vorgelegen hat. [2] Die nach Landesrecht zuständige Behörde kann von der Rücknahme absehen, wenn der Mangel nicht mehr besteht. [3] Die Seminarerlaubnis Verkehrspsychologie ist zu widerrufen, wenn nachträglich eine der in Absatz 4 genannten Voraussetzungen weggefallen ist. [4] Bedenken gegen die Zuverlässigkeit bestehen insbesondere dann, wenn der Seminarleiter wiederholt die Pflichten grob verletzt hat, die ihm nach diesem Gesetz oder den auf ihm beruhenden Rechtsverordnungen obliegen.

(6) [1] Der Inhaber einer Seminarerlaubnis Verkehrspsychologie hat die personenbezogenen Daten, die ihm als Seminarleiter der verkehrspsychologischen Teilmaßnahme bekannt geworden sind, zu speichern und fünf Jahre nach der Ausstellung einer vorgeschriebenen Teilnahmebescheinigung unverzüglich zu löschen. [2] Die Daten nach Satz 1 dürfen

1. vom Inhaber der Seminarerlaubnis Verkehrspsychologie längstens neun Monate nach der Ausstellung der Teilnahmebescheinigung für die Durchführung des jeweiligen Fahreignungsseminars verwendet werden,
2. vom Inhaber der Seminarerlaubnis Verkehrspsychologie der Bundesanstalt für Straßenwesen übermittelt und von dieser zur Evaluierung nach § 4b verwendet werden,
3. von der Bundesanstalt für Straßenwesen oder in ihrem Auftrag an Dritte, die die Evaluierung nach § 4b im Auftrag der Bundesanstalt für Straßenwesen durchführen oder an ihr beteiligt sind, übermittelt und von den Dritten für die Evaluierung verwendet werden,
4. vom Inhaber der Seminarerlaubnis Verkehrspsychologie ausschließlich in Gestalt von Name, Vorname, Geburtsdatum und Anschrift des Seminarteilnehmers sowie dessen Unterschrift zur Teilnahmebestätigung
   a) der nach Landesrecht zuständigen Behörde übermittelt und von dieser zur Überwachung nach Absatz 8 verwendet werden,

b) an Dritte, die ein von der zuständigen Behörde genehmigtes Qualitätssicherungssystem nach Absatz 8 Satz 6 betreiben und an dem der Inhaber der Seminarerlaubnis Verkehrspsychologie teilnimmt, übermittelt und im Rahmen dieses Qualitätssicherungssystems verwendet werden.

[3] Die Empfänger nach Satz 2 haben die Daten unverzüglich zu löschen, wenn sie nicht mehr für die in Satz 2 jeweils genannten Zwecke benötigt werden, spätestens jedoch fünf Jahre nach der Ausstellung der Teilnahmebescheinigung nach Satz 1.

(7) Jeder Inhaber einer Seminarerlaubnis Verkehrspsychologie hat alle zwei Jahre an einer insbesondere die Fahreignung betreffenden verkehrspsychologischen Fortbildung von mindestens sechs Stunden teilzunehmen.

(8) [1] Die Durchführung der verkehrspsychologischen Teilmaßnahme des Fahreignungsseminars unterliegt der Überwachung der nach Landesrecht zuständigen Behörde. [2] Die nach Landesrecht zuständige Behörde kann sich bei der Überwachung geeigneter Personen oder Stellen nach Landesrecht bedienen. [3] Die nach Landesrecht zuständige Behörde hat mindestens alle zwei Jahre an Ort und Stelle zu prüfen, ob die gesetzlichen Anforderungen an die Durchführung der verkehrspsychologischen Teilmaßnahme eingehalten werden. [4] Der Inhaber der Seminarerlaubnis Verkehrspsychologie hat die Prüfung zu ermöglichen. [5] Die in Satz 3 genannte Frist kann von der nach Landesrecht zuständigen Behörde auf vier Jahre verlängert werden, wenn in zwei aufeinanderfolgenden Überprüfungen keine oder nur geringfügige Mängel festgestellt worden sind. [6] Die nach Landesrecht zuständige Behörde kann von der wiederkehrenden Überwachung nach den Sätzen 1 bis 5 absehen, wenn der Inhaber einer Seminarerlaubnis Verkehrspsychologie sich einem von der nach Landesrecht zuständigen Behörde anerkannten Qualitätssicherungssystem angeschlossen hat. [7] Im Fall des Satzes 6 bleibt die Befugnis der nach Landesrecht zuständigen Behörde zur Überwachung im Sinne der Sätze 1 bis 5 unberührt. [8] Das Bundesministerium für Digitales und Verkehr soll durch Rechtsverordnung mit Zustimmung des Bundesrates Anforderung an Qualitätssicherungssysteme und Regeln für die Durchführung der Qualitätssicherung bestimmen.

§ 4b Evaluierung. [1] Das Fahreignungsseminar, die Vorschriften hierzu und der Vollzug werden von der Bundesanstalt für Straßenwesen wissenschaftlich begleitet und evaluiert. [2] Die Evaluierung hat insbesondere zu untersuchen, ob das Fahreignungsseminar eine verhaltensverbessernde Wirkung im Hinblick auf die Verkehrssicherheit hat. [3] Die Bundesanstalt für Straßenwesen legt das Ergebnis der Evaluierung bis zum 1. Mai 2019 dem Bundesministerium für Digitales und Verkehr in einem Bericht zur Weiterleitung an den Deutschen Bundestag vor.

§ 5 Verlust von Dokumenten und Kennzeichen. [1] Besteht eine Verpflichtung zur Ablieferung oder Vorlage eines Führerscheins, Fahrzeugscheins, Anhängerverzeichnisses, Fahrzeugbriefs, Nachweises über die Zuteilung des amtlichen Kennzeichens oder über die Betriebserlaubnis oder EG-Typgenehmigung, eines ausländischen Führerscheins oder Zulassungsscheins oder eines internationalen Führerscheins oder Zulassungsscheins oder amtlicher Kennzeichen oder Versicherungskennzeichen und behauptet der Verpflichtete, der Ablieferungs- oder Vorlagepflicht deshalb nicht nachkommen zu können, weil ihm der Schein, das Verzeichnis, der Brief, der Nachweis oder die Kennzeichen verloren gegangen oder sonst abhanden gekommen sind, so hat er auf Verlangen der Verwaltungsbehörde eine Versicherung an Eides statt über den Verbleib des Scheins, Verzeichnisses, Briefs, Nachweises oder der Kennzeichen abzugeben. [2]Dies gilt auch, wenn jemand für einen verloren gegangenen oder sonst abhanden gekommenen Schein, Brief oder Nachweis oder ein verloren gegangenes oder sonst abhanden gekommenes Anhängerverzeichnis oder Kennzeichen eine neue Ausfertigung oder ein neues Kennzeichen beantragt.

§ 5a (weggefallen)

§ 5b Unterhaltung der Verkehrszeichen. (1) [1]Die Kosten der Beschaffung, Anbringung, Entfernung, Unterhaltung und des Betriebs der amtlichen Verkehrszeichen und -einrichtungen sowie der sonstigen vom Bundesministerium für Digitales und Verkehr zugelassenen Verkehrszeichen und -einrichtungen trägt der Träger der Straßenbaulast für diejenige Straße, in deren Verlauf sie angebracht werden oder angebracht worden sind, bei geteilter Straßenbaulast der für die durchgehende Fahrbahn zuständige Träger der Straßenbaulast. [2]Ist ein Träger der Straßenbaulast nicht vorhanden, so trägt der Eigentümer der Straße die Kosten.

(2) Diese Kosten tragen abweichend vom Absatz 1

a) die Unternehmer der Schienenbahnen für Andreaskreuze, Schranken, Blinklichter mit oder ohne Halbschranken;

b) die Unternehmer im Sinne des Personenbeförderungsgesetzes für Haltestellenzeichen;

c) die Gemeinden in der Ortsdurchfahrt für Parkuhren und andere Vorrichtungen oder Einrichtungen zur Überwachung der Parkzeit, Straßenschilder, Geländer, Wegweiser zu innerörtlichen Zielen und Verkehrszeichen für Laternen, die nicht die ganze Nacht brennen;

d) die Bauunternehmer und die sonstigen Unternehmer von Arbeiten auf und neben der Straße für Verkehrszeichen und -einrichtungen, die durch diese Arbeiten erforderlich werden;

e) die Unternehmer von Werkstätten, Tankstellen sowie sonstigen Anlagen und Veranstaltungen für die entsprechenden amtlichen oder zugelassenen Hinweiszeichen;

f) die Träger der Straßenbaulast der Straßen, von denen der Verkehr umgeleitet werden soll, für Wegweiser für Bedarfsumleitungen.

(3) Das Bundesministerium für Digitales und Verkehr wird ermächtigt, durch Rechtsverordnung mit Zustimmung des Bundesrates bei der Einführung neuer amtlicher Verkehrszeichen und -einrichtungen zu bestimmen, dass abweichend von Absatz 1 die Kosten entsprechend den Regelungen des Absatzes 2 ein anderer zu tragen hat.

(4) Kostenregelungen auf Grund kreuzungsrechtlicher Vorschriften nach Bundes- und Landesrecht bleiben unberührt.

(5) Diese Kostenregelung umfasst auch die Kosten für Verkehrszählungen, Lärmmessungen, Lärmberechnungen und Abgasmessungen.

(6) [1]Können Verkehrszeichen oder Verkehrseinrichtungen aus technischen Gründen oder wegen der Sicherheit und Leichtigkeit des Straßenverkehrs nicht auf der Straße angebracht werden, haben die Eigentümer der Anliegergrundstücke das Anbringen zu dulden. [2]Schäden, die durch das Anbringen oder

Entfernen der Verkehrszeichen oder Verkehrseinrichtungen entstehen, sind zu beseitigen. [3]Wird die Benutzung eines Grundstücks oder sein Wert durch die Verkehrszeichen oder Verkehrseinrichtungen nicht unerheblich beeinträchtigt oder können Schäden, die durch das Anbringen oder Entfernen der Verkehrszeichen oder Verkehrseinrichtungen entstanden sind, nicht beseitigt werden, so ist eine angemessene Entschädigung in Geld zu leisten. [4]Zur Schadensbeseitigung und zur Entschädigungsleistung ist derjenige verpflichtet, der die Kosten für die Verkehrszeichen und Verkehrseinrichtungen zu tragen hat. [5]Kommt eine Einigung nicht zustande, so entscheidet die höhere Verwaltungsbehörde. [6]Vor der Entscheidung sind die Beteiligten zu hören. [7]Die Landesregierungen werden ermächtigt, durch Rechtsverordnung die zuständige Behörde abweichend von Satz 5 zu bestimmen. [8]Sie können diese Ermächtigung auf oberste Landesbehörden übertragen.

§ 6 Verordnungsermächtigungen. (1) [1]Das Bundesministerium für Digitales und Verkehr wird ermächtigt, soweit es zur Abwehr von Gefahren für die Sicherheit oder Leichtigkeit des Verkehrs auf öffentlichen Straßen erforderlich ist, Rechtsverordnungen mit Zustimmung des Bundesrates über Folgendes zu erlassen:

1. die Zulassung von Personen zum Straßenverkehr, insbesondere über
   a) den Inhalt und die Gültigkeitsdauer von Fahrerlaubnissen, insbesondere unterschieden nach Fahrerlaubnisklassen, über die Probezeit sowie über Auflagen und Beschränkungen zu Fahrerlaubnissen,
   b) die erforderliche Befähigung und Eignung von Personen für ihre Teilnahme am Straßenverkehr, das Mindestalter und die sonstigen Anforderungen und Voraussetzungen zur Teilnahme am Straßenverkehr,
   c) die Ausbildung und die Fortbildung von Personen zur Herstellung und zum Erhalt der Voraussetzungen nach Buchstabe b und die sonstigen Maßnahmen, um die sichere Teilnahme von Personen am Straßenverkehr zu gewährleisten, insbesondere hinsichtlich Personen, die nur bedingt geeignet oder ungeeignet oder nicht befähigt zur Teilnahme am Straßenverkehr sind,
   d) die Prüfung und Beurteilung des Erfüllens der Voraussetzungen nach den Buchstaben b und c,
   e) Ausnahmen von einzelnen Anforderungen und Inhalten der Zulassung von Personen, insbesondere von der Fahrerlaubnispflicht und von einzelnen Erteilungsvoraussetzungen,
2. das Verhalten im Verkehr, auch im ruhenden Verkehr,
3. das Verhalten der Beteiligten nach einem Verkehrsunfall, das geboten ist, um
   a) den Verkehr zu sichern und Verletzten zu helfen,
   b) Feststellungen zu ermöglichen, die zur Geltendmachung oder Abwehr von zivilrechtlichen Schadensersatzansprüchen erforderlich sind, insbesondere Feststellungen zur Person der Beteiligten, zur Art ihrer Beteiligung, zum Unfallhergang und zum Versicherer der unfallbeteiligten Fahrzeuge,
4. die Bezeichnung von im Fahreignungsregister zu speichernden Straftaten und Ordnungswidrigkeiten

a) für die Maßnahmen nach den Regelungen der Fahrerlaubnis auf Probe nebst der Bewertung dieser Straftaten und Ordnungswidrigkeiten als schwerwiegend oder weniger schwerwiegend,
b) für die Maßnahmen des Fahreignungsbewertungssystems, wobei
aa) bei der Bezeichnung von Straftaten deren Bedeutung für die Sicherheit im Straßenverkehr zugrunde zu legen ist,
bb) Ordnungswidrigkeiten mit Punkten bewertet werden und bei der Bezeichnung und Bewertung von Ordnungswidrigkeiten deren jeweilige Bedeutung für die Sicherheit des Straßenverkehrs und die Höhe des angedrohten Regelsatzes der Geldbuße oder eines Regelfahrverbotes zugrunde zu legen sind,
5. die Anforderungen an
a) Bau, Einrichtung, Ausrüstung, Beschaffenheit, Prüfung und Betrieb von Fahrzeugen,
b) die in oder auf Fahrzeugen einzubauenden oder zu verwendenden Fahrzeugteile, insbesondere Anlagen, Bauteile, Instrumente, Geräte und sonstige Ausrüstungsgegenstände, einschließlich deren Prüfung,
6. die Zulassung von Fahrzeugen zum Straßenverkehr, insbesondere über
a) die Voraussetzungen für die Zulassung, die Vorgaben für das Inbetriebsetzen zulassungspflichtiger und zulassungsfreier Fahrzeuge, die regelmäßige Untersuchung der Fahrzeuge sowie über die Verantwortung, die Pflichten und die Rechte der Halter,
b) Ausnahmen von der Pflicht zur Zulassung sowie Ausnahmen von einzelnen Anforderungen nach Buchstabe a,
7. die Einrichtung einer zentralen Stelle zur Erarbeitung und Evaluierung von verbindlichen Prüfvorgaben bei regelmäßigen Fahrzeuguntersuchungen,
8. die zur Verhütung von Belästigungen anderer, zur Verhütung von schädlichen Umwelteinwirkungen im Sinne des Bundes-Immissionsschutzgesetzes oder zur Unterstützung einer geordneten städtebaulichen Entwicklung erforderlichen Maßnahmen,
9. die Maßnahmen
a) über den Straßenverkehr, die zur Erhaltung der öffentlichen Sicherheit oder zu Verteidigungszwecken erforderlich sind,
b) zur Durchführung von Großraum- und Schwertransporten,
c) im Übrigen, die zur Erhaltung der Sicherheit und Ordnung auf öffentlichen Straßen oder zur Verhütung einer über das verkehrsübliche Maß hinausgehenden Abnutzung der Straßen erforderlich sind, insbesondere bei Großveranstaltungen,
10. das Anbieten zum Verkauf, das Veräußern, das Verwenden, das Erwerben oder das sonstige Inverkehrbringen von Fahrzeugen und Fahrzeugteilen,
11. die Kennzeichnung und die Anforderungen an die Kennzeichnung von Fahrzeugen und Fahrzeugteilen,
12. den Nachweis über die Entsorgung oder den sonstigen Verbleib von Fahrzeugen und Fahrzeugteilen, auch nach ihrer Außerbetriebsetzung,
13. die Ermittlung, das Auffinden und die Sicherstellung von gestohlenen, verlorengegangenen oder sonst abhanden gekommenen Fahrzeugen, Fahrzeugkennzeichen sowie Führerscheinen und Fahrzeugpapieren einschließ-

lich ihrer Vordrucke, soweit nicht die Strafverfolgungsbehörden hierfür zuständig sind,

14. die Überwachung der gewerbsmäßigen Vermietung von Kraftfahrzeugen und Anhängern an Selbstfahrer,
15. die Beschränkung des Straßenverkehrs einschließlich des ruhenden Verkehrs
    a) zugunsten schwerbehinderter Menschen mit außergewöhnlicher Gehbehinderung, mit beidseitiger Amelie oder Phokomelie oder vergleichbaren Funktionseinschränkungen sowie zugunsten blinder Menschen,
    b) zugunsten der Bewohner städtischer Quartiere mit erheblichem Parkraummangel, der nachweislich besteht oder auf Grund konkretisierter städtebaulich-verkehrsplanerischer Erwägungen zu erwarten ist,
    c) zur Erforschung des Unfallgeschehens, des Verkehrsverhaltens, der Verkehrsabläufe oder zur Erprobung geplanter verkehrssichernder oder verkehrsregelnder Maßnahmen,
16. die Einrichtung von Sonderfahrspuren für Linienomnibusse und Taxen sowie zur Erprobung neuer Mobilitätsformen oder der Verringerung der Anzahl von Fahrten,
17. die Einrichtung und Nutzung von fahrzeugführerlosen Parksystemen im niedrigen Geschwindigkeitsbereich auf Parkflächen,
18. allgemeine Ausnahmen von den Verkehrsvorschriften nach Abschnitt I oder von auf Grund dieser Verkehrsvorschriften erlassener Rechtsverordnungen zur Durchführung von Versuchen, die eine Weiterentwicklung dieser Rechtsnormen zum Gegenstand haben.

[2] Rechtsverordnungen nach Satz 1 Nummer 18 über allgemeine Ausnahmen von Verkehrsvorschriften nach diesem Gesetz sind für die Dauer von längstens fünf Jahren zu befristen; eine einmalige Verlängerung der Geltungsdauer um längstens fünf Jahre ist zulässig. [3] Rechtsverordnungen können nicht nach Satz 1 erlassen werden über solche Regelungsgegenstände, über die Rechtsverordnungen nach Absatz 2 erlassen werden dürfen. [4] Die Abwehr von Gefahren für die Sicherheit oder Leichtigkeit des Verkehrs auf öffentlichen Straßen nach Satz 1 umfasst auch den straßenverkehrsrechtlichen Schutz von Maßnahmen zur Rettung aus Gefahren für Leib und Leben von Menschen oder den Schutz zivilrechtlicher Schadensersatzansprüche Unfallbeteiligter.

(2) Das Bundesministerium für Digitales und Verkehr wird ermächtigt, soweit es zur Abwehr von Gefahren für die Sicherheit oder Leichtigkeit des Verkehrs auf öffentlichen Straßen erforderlich ist, Rechtsverordnungen ohne Zustimmung des Bundesrates über Folgendes zu erlassen:

1. die Typgenehmigung von Fahrzeugen, Systemen, Bauteilen und selbstständigen technischen Einheiten für diese Fahrzeuge, sofern sie unionsrechtlichen Vorgaben unterliegt, über die Fahrzeugeinzelgenehmigung, sofern ihr nach Unionrecht eine Geltung in allen Mitgliedstaaten der Europäischen Union zukommt, sowie über das Anbieten zum Verkauf, das Inverkehrbringen, die Inbetriebnahme, das Veräußern oder die Einfuhr von derart genehmigten oder genehmigungspflichtigen Fahrzeugen, Systemen, Bauteilen und selbstständigen technischen Einheiten für diese Fahrzeuge, insbesondere über
    a) die Systematisierung von Fahrzeugen,

b) die technischen und baulichen Anforderungen an Fahrzeuge, Systeme, Bauteile und selbstständige technische Einheiten, einschließlich der durchzuführenden Prüfverfahren zur Feststellung der Konformität,
c) die Sicherstellung der Übereinstimmung von Fahrzeugen, Systemen, Bauteilen und selbstständigen technischen Einheiten für diese Fahrzeuge mit einem genehmigten Typ bei ihrer Herstellung,
d) den Zugang zu technischen Informationen sowie zu Reparatur- und Wartungsinformationen,
e) die Bewertung, Benennung und Überwachung von technischen Diensten,
f) die Kennzeichnung und Verpackung von Systemen, Bauteilen und selbstständigen technischen Einheiten für Fahrzeuge oder
g) die Zulassung von Teilen und Ausrüstungen, von denen eine ernste Gefahr für das einwandfreie Funktionieren wesentlicher Systeme von Fahrzeugen ausgehen kann,

2. die Marktüberwachung von Fahrzeugen, Systemen, Bauteilen und selbstständigen technischen Einheiten für diese Fahrzeuge,
3. die Pflichten der Hersteller und ihrer Bevollmächtigten, der Einführer sowie der Händler im Rahmen
   a) des Typgenehmigungsverfahrens im Sinne der Nummer 1,
   b) des Fahrzeugeinzelgenehmigungsverfahrens im Sinne der Nummer 1 oder
   c) des Anbietens zum Verkauf, des Inverkehrbringens, der Inbetriebnahme, des Veräußerns, der Einfuhr sowie der Marktüberwachung von Fahrzeugen, Systemen, Bauteilen und selbstständigen technischen Einheiten für diese Fahrzeuge oder
4. die Technologien, Strategien und andere Mittel, für die festgestellt ist, dass
   a) sie die Leistungen der Fahrzeuge, Systeme, Bauteile oder selbstständigen technischen Einheiten für Fahrzeuge bei Prüfverfahren unter ordnungsgemäßen Betriebsbedingungen verfälschen oder
   b) ihre Verwendung im Rahmen des Typgenehmigungsverfahrens oder des Fahrzeugeinzelgenehmigungsverfahrens im Sinne der Nummer 1 aus anderen Gründen nicht zulässig ist.

(3) In Rechtsverordnungen nach Absatz 1 oder Absatz 2 können hinsichtlich der dort genannten Gegenstände jeweils auch geregelt werden:

1. die Erteilung, Beschränkung oder Entziehung von Rechten, die sonstigen Maßnahmen zur Anordnung oder Umsetzung, die Anerkennung ausländischer Berechtigungen oder Maßnahmen, die Verwaltungsverfahren einschließlich der erforderlichen Nachweise sowie die Zuständigkeiten und die Ausnahmebefugnisse der vollziehenden Behörden im Einzelfall,
2. Art, Inhalt, Herstellung, Gestaltung, Lieferung, Ausfertigung, Beschaffenheit und Gültigkeit von Kennzeichen, Plaketten, Urkunden, insbesondere von Führerscheinen, und sonstigen Bescheinigungen,
3. die Anerkennung, Zulassung, Registrierung, Akkreditierung, Begutachtung, Beaufsichtigung oder Überwachung von natürlichen oder juristischen Personen des Privatrechts oder von sonstigen Einrichtungen im Hinblick auf ihre Tätigkeiten
   a) der Prüfung, Untersuchung, Beurteilung und Begutachtung von Personen, Fahrzeugen oder Fahrzeugteilen sowie der Herstellung und Lieferung nach Nummer 2,

b) des Anbietens von Maßnahmen zur Herstellung oder zum Erhalt der Voraussetzungen nach Absatz 1 Satz 1 Nummer 1 Buchstabe b oder

c) der Prüfung und Zertifizierung von Qualitätssicherungssystemen,

einschließlich der jeweiligen Voraussetzungen, insbesondere der Anforderungen an die natürlichen oder juristischen Personen des Privatrechts oder an die Einrichtungen, an ihre Träger und an ihre verantwortlichen oder ausführenden Personen, einschließlich der Vorgabe eines Erfahrungsaustausches sowie einschließlich der Verarbeitung von personenbezogenen Daten über die die Tätigkeiten ausführenden oder hieran teilnehmenden Personen durch die zuständigen Behörden, durch die natürlichen oder juristischen Personen des Privatrechts oder durch die Einrichtungen in dem Umfang, der für ihre jeweilige Tätigkeit und deren Qualitätssicherung erforderlich ist,

4. Emissionsgrenzwerte unter Berücksichtigung der technischen Entwicklung zum Zeitpunkt des Erlasses der jeweiligen Rechtsverordnung,

5. die Mitwirkung natürlicher oder juristischer Personen des Privatrechts bei der Aufgabenwahrnehmung in Form ihrer Beauftragung, bei der Durchführung von bestimmten Aufgaben zu helfen (Verwaltungshilfe), oder in Form der Übertragung bestimmter Aufgaben nach Absatz 1 Satz 1 Nummer 1, 5, 6, 7 oder 9 Buchstabe b oder Absatz 2 auf diese Personen (Beleihung), insbesondere

   a) die Bestimmung der Aufgaben und die Art und Weise der Aufgabenerledigung,

   b) die Anforderungen an diese Personen und ihre Überwachung einschließlich des Verfahrens und des Zusammenwirkens der zuständigen Behörden bei der Überwachung oder

   c) die Verarbeitung von personenbezogenen Daten durch diese Personen, insbesondere die Übermittlung solcher Daten an die zuständige Behörde,

6. die Übertragung der Wahrnehmung von einzelnen Aufgaben auf die Bundesanstalt für Straßenwesen oder das Kraftfahrt-Bundesamt oder

7. die notwendige Versicherung der natürlichen oder juristischen Personen des Privatrechts oder der sonstigen Einrichtungen in den Fällen der Nummer 3 oder Nummer 5 zur Deckung aller im Zusammenhang mit den dort genannten Tätigkeiten entstehenden Ansprüche sowie die Freistellung der für die Anerkennung, Zulassung, Registrierung, Akkreditierung, Begutachtung, Beaufsichtigung, Überwachung, Beauftragung oder Aufgabenübertragung zuständigen Bundes- oder Landesbehörde von Ansprüchen Dritter wegen Schäden, die diese Personen oder Einrichtungen verursachen.

(4) [1] Rechtsverordnungen nach Absatz 1 Satz 1 Nummer 1, 2, 5 und 8 oder Absatz 2, jeweils auch in Verbindung mit Absatz 3, können auch erlassen werden

1. zur Abwehr von Gefahren, die vom Verkehr auf öffentlichen Straßen ausgehen,
2. zum Schutz vor schädlichen Umwelteinwirkungen, die von Fahrzeugen ausgehen, oder
3. zum Schutz der Verbraucher.

[2] Rechtsverordnungen nach Absatz 1 Satz 1 Nummer 1, 2, 5 und 8, auch in Verbindung mit Absatz 3, können auch erlassen werden

1. zum Schutz der Bevölkerung in Fußgängerbereichen oder verkehrsberuhigten Bereichen, der Wohnbevölkerung oder der Erholungssuchenden vor Emissionen, die vom Verkehr auf öffentlichen Straßen ausgehen, insbesondere zum Schutz vor Lärm oder vor Abgasen,
2. für Sonderregelungen an Sonn- und Feiertagen oder
3. für Sonderregelungen über das Parken in der Zeit von 22 Uhr bis 6 Uhr.

(4a) [1] Rechtsverordnungen nach Absatz 1 Satz 1 Nummer 2, 8, 15 Buchstabe b oder c, Nummer 16 oder 18 können auch erlassen werden zur Verbesserung des Schutzes der Umwelt, darunter des Klimaschutzes, zum Schutz der Gesundheit oder zur Unterstützung der städtebaulichen Entwicklung, soweit sie nicht bereits nach Absatz 4 erlassen werden können. [2] Diese Rechtsverordnungen sollen insbesondere vorsehen, dass Gemeinden bei den nach Landesrecht für die Ausführung der Rechtsverordnungen bestimmten Behörden den Erlass von Anordnungen zur Gewährleistung der Sicherheit und Leichtigkeit des Verkehrs, zur Verbesserung des Schutzes der Umwelt, zum Schutz der Gesundheit oder zur Unterstützung der städtebaulichen Entwicklung beantragen können. [3] Die nach Satz 1 erlassenen Rechtsverordnungen und auf ihnen beruhenden Anordnungen müssen neben der Verbesserung des Schutzes der Umwelt, des Schutzes der Gesundheit oder der Unterstützung der städtebaulichen Entwicklung die Leichtigkeit des Verkehrs berücksichtigen und dürfen die Sicherheit des Verkehrs nicht beeinträchtigen.

(5) Rechtsverordnungen nach Absatz 1 oder 2 können auch zur Durchführung von Rechtsakten der Europäischen Gemeinschaft oder der Europäischen Union und zur Durchführung von zwischenstaatlichen Vereinbarungen im Anwendungsbereich dieses Gesetzes erlassen werden.

(6) [1] Rechtsverordnungen nach Absatz 1 Satz 1 Nummer 1, 5 oder 8 oder nach Absatz 2, sofern sie jeweils in Verbindung mit Absatz 4 Satz 1 Nummer 2 oder Satz 2 Nummer 1 erlassen werden, oder Rechtsverordnungen nach Absatz 1 Satz 1 Nummer 12 werden vom Bundesministerium für Digitales und Verkehr und vom Bundesministerium für Umwelt, Naturschutz, nukleare Sicherheit und Verbraucherschutz gemeinsam erlassen. [2] Rechtsverordnungen nach Absatz 1 Satz 1 Nummer 11, 13 oder 14 oder nach Absatz 3 Nummer 2 in Verbindung mit Absatz 1 Nummer 1 oder 6 können auch zum Zweck der Bekämpfung von Straftaten erlassen werden. [3] Im Fall des Satzes 2 werden diese Rechtsverordnungen vom Bundesministerium für Digitales und Verkehr und vom Bundesministerium des Innern und für Heimat gemeinsam erlassen. [4] Rechtsverordnungen nach Absatz 1 Satz 1 Nummer 1, 2, 5 oder 8 oder nach Absatz 2, sofern sie jeweils in Verbindung mit Absatz 4 Satz 1 Nummer 3 erlassen werden, werden vom Bundesministerium für Digitales und Verkehr und vom Bundesministerium für Umwelt, Naturschutz, nukleare Sicherheit und Verbraucherschutz gemeinsam erlassen. [5] Rechtsverordnungen nach Absatz 1 Satz 1 Nummer 2, 8, 15 Buchstabe b oder c, Nummer 16 oder 18, sofern sie jeweils in Verbindung mit Absatz 4a erlassen werden, werden vom Bundesministerium für Digitales und Verkehr, vom Bundesministerium für Umwelt, Naturschutz, nukleare Sicherheit und Verbraucherschutz und vom Bundesministerium für Wirtschaft und Klimaschutz gemeinsam erlassen.

(7) [1] Keiner Zustimmung des Bundesrates bedürfen Rechtsverordnungen

1. zur Durchführung der Vorschriften nach Absatz 1 Satz 1 Nummer 5 in Verbindung mit Absatz 3 oder

2. über allgemeine Ausnahmen nach Absatz 1 Satz 1 Nummer 18, auch in Verbindung mit den Absätzen 3 bis 6.

[2] Vor ihrem Erlass sind die zuständigen obersten Landesbehörden zu hören.

(8) Das Bundesministerium für Digitales und Verkehr wird ermächtigt, durch Rechtsverordnung ohne Zustimmung des Bundesrates, jedoch unbeschadet des Absatzes 6,

1. sofern Verordnungen nach diesem Gesetz geändert oder abgelöst werden, Verweisungen in Gesetzen und Rechtsverordnungen auf diese geänderten oder abgelösten Vorschriften durch Verweisungen auf die jeweils inhaltsgleichen neuen Vorschriften zu ersetzen,
2. in den auf Grund des Absatzes 1 oder 2, jeweils auch in Verbindung mit den Absätzen 3 bis 7 erlassenen Rechtsverordnungen enthaltene Verweisungen auf Vorschriften in Rechtsakten der Europäischen Gemeinschaft oder der Europäischen Union zu ändern, soweit es zur Anpassung an Änderungen jener Vorschriften erforderlich ist, oder
3. Vorschriften der auf Grund des Absatzes 1 oder 2, jeweils auch in Verbindung mit den Absätzen 3 bis 7 erlassenen Rechtsverordnungen zu streichen oder in ihrem Wortlaut einem verbleibenden Anwendungsbereich anzupassen, sofern diese Vorschriften durch den Erlass entsprechender Vorschriften in unmittelbar im Anwendungsbereich dieses Gesetzes geltenden Rechtsakten der Europäischen Gemeinschaft oder der Europäischen Union unanwendbar geworden oder in ihrem Anwendungsbereich beschränkt worden sind.

(9) [1] In den Rechtsverordnungen nach Absatz 1, jeweils auch in Verbindung mit den Absätzen 3 bis 6, kann mit Zustimmung des Bundesrates die jeweilige Ermächtigung ganz oder teilweise auf die Landesregierungen übertragen werden, um besonderen regionalen Bedürfnissen angemessen Rechnung zu tragen. [2] Soweit eine nach Satz 1 erlassene Rechtsverordnung die Landesregierungen zum Erlass von Rechtsverordnungen ermächtigt, sind diese befugt, die Ermächtigung durch Rechtsverordnung ganz oder teilweise auf andere Landesbehörden zu übertragen.

§ 6a Gebühren. (1) Kosten (Gebühren und Auslagen) werden erhoben

1. für Amtshandlungen, einschließlich Prüfungen und Überprüfungen im Rahmen der Qualitätssicherung, Abnahmen, Begutachtungen, Untersuchungen, Verwarnungen – ausgenommen Verwarnungen im Sinne des Gesetzes über Ordnungwidrigkeiten –, Informationserteilungen und Registerauskünften
   a) nach diesem Gesetz und nach den auf diesem Gesetz beruhenden Rechtsvorschriften,
   b) nach dem Gesetz zu dem Übereinkommen vom 20. März 1958 über die Annahme einheitlicher Bedingungen für die Genehmigung der Ausrüstungsgegenstände und Teile von Kraftfahrzeugen und über die gegenseitige Anerkennung der Genehmigung vom 12. Juni 1965 (BGBl. 1965 II S. 857) in der Fassung des Gesetzes vom 20. Dezember 1968 (BGBl. 1968 II S. 1224) und nach den auf diesem Gesetz beruhenden Rechtsvorschriften,
   c) nach dem Gesetz zu dem Europäischen Übereinkommen vom 30. September 1957 über die internationale Beförderung gefährlicher Güter auf der Straße (ADR) vom 18. August 1969 (BGBl. 1969 II S. 1489) und nach den auf diesem Gesetz beruhenden Rechtsvorschriften,

d) nach dem Fahrpersonalgesetz und den darauf beruhenden Rechtsverordnungen, soweit die Amtshandlungen vom Kraftfahrt-Bundesamt vorgenommen werden,

e) nach dem Berufskraftfahrerqualifikationsgesetz und den darauf beruhenden Rechtsverordnungen,

2. für Untersuchungen von Fahrzeugen nach dem Personenbeförderungsgesetz in der im Bundesgesetzblatt Teil III, Gliederungsnummer 9240–1, veröffentlichten bereinigten Fassung, zuletzt geändert durch Artikel 7 des Gesetzes über die unentgeltliche Beförderung Schwerbehinderter im öffentlichen Personenverkehr vom 9. Juli 1979 (BGBl. I S. 989), und nach den auf diesem Gesetz beruhenden Rechtsvorschriften,
3. für Maßnahmen im Zusammenhang mit der Außerbetriebsetzung von Kraftfahrzeugen und Kraftfahrzeuganhängern.

(2) [1] Das Bundesministerium für Digitales und Verkehr wird ermächtigt, die gebührenpflichtigen Amtshandlungen sowie die Gebührensätze für die einzelnen Amtshandlungen, einschließlich Prüfungen und Überprüfungen im Rahmen der Qualitätssicherung, Abnahmen, Begutachtungen, Untersuchungen, Verwarnungen – ausgenommen Verwarnungen im Sinne des Gesetzes über Ordnungswidrigkeiten –, Informationserteilungen und Registerauskünften im Sinne des Absatzes 1 durch Rechtsverordnung zu bestimmen und dabei feste Sätze, auch in Form von Zeitgebühren, oder Rahmensätze vorzusehen. [2] Die Gebührensätze sind so zu bemessen, dass der mit den Amtshandlungen, einschließlich Prüfungen, Abnahmen, Begutachtungen, Untersuchungen, Verwarnungen – ausgenommen Verwarnungen im Sinne des Gesetzes über Ordnungswidrigkeiten –, Informationserteilungen und Registerauskünften verbundene Personal- und Sachaufwand gedeckt wird; der Sachaufwand kann den Aufwand für eine externe Begutachtung umfassen; bei begünstigenden Amtshandlungen kann daneben die Bedeutung, der wirtschaftliche Wert oder der sonstige Nutzen für den Gebührenschuldner angemessen berücksichtigt werden. [3] Im Bereich der Gebühren der Landesbehörden übt das Bundesministerium für Digitales und Verkehr die Ermächtigung auf der Grundlage eines Antrags oder einer Stellungnahme von mindestens fünf Ländern beim Bundesministerium für Digitales und Verkehr aus. [4] Der Antrag oder die Stellungnahme sind mit einer Schätzung des Personal- und Sachaufwands zu begründen. [5] Das Bundesministerium für Digitales und Verkehr kann die übrigen Länder ebenfalls zur Beibringung einer Schätzung des Personal- und Sachaufwands auffordern.

(3) [1] Im Übrigen findet das Verwaltungskostengesetz in der bis zum 14. August 2013 geltenden Fassung Anwendung. [2] In den Rechtsverordnungen nach Absatz 2 können jedoch die Kostenbefreiung, die Kostengläubigerschaft, die Kostenschuldnerschaft, der Umfang der zu erstattenden Auslagen und die Kostenerhebung abweichend von den Vorschriften des Verwaltungskostengesetzes geregelt werden.

(4) In den Rechtsverordnungen nach Absatz 2 kann bestimmt werden, dass die für die einzelnen Amtshandlungen, einschließlich Prüfungen, Abnahmen, Begutachtungen und Untersuchungen, zulässigen Gebühren auch erhoben werden dürfen, wenn die Amtshandlungen aus Gründen, die nicht von der Stelle, die die Amtshandlungen hätte durchführen sollen, zu vertreten sind, und ohne ausreichende Entschuldigung des Bewerbers oder Antragstellers am festgesetzten Termin nicht stattfinden konnten oder abgebrochen werden mussten.

(5) Rechtsverordnungen über Kosten, deren Gläubiger der Bund ist, bedürfen nicht der Zustimmung des Bundesrates.

(5a) [1] Für das Ausstellen von Parkausweisen für Bewohner städtischer Quartiere mit erheblichem Parkraummangel können die nach Landesrecht zuständigen Behörden Gebühren erheben. [2] Für die Festsetzung der Gebühren werden die Landesregierungen ermächtigt, Gebührenordnungen zu erlassen. [3] In den Gebührenordnungen können auch die Bedeutung der Parkmöglichkeiten, deren wirtschaftlicher Wert oder der sonstige Nutzen der Parkmöglichkeiten für die Bewohner angemessen berücksichtigt werden. [4] In den Gebührenordnungen kann auch ein Höchstsatz festgelegt werden. [5] Die Ermächtigung kann durch Rechtsverordnung weiter übertragen werden.

(6) [1] Für das Parken auf öffentlichen Wegen und Plätzen können in Ortsdurchfahrten die Gemeinden, im Übrigen die Träger der Straßenbaulast, Gebühren erheben. [2] Für die Festsetzung der Gebühren werden die Landesregierungen ermächtigt, Gebührenordnungen zu erlassen. [3] In diesen kann auch ein Höchstsatz festgelegt werden. [4] Die Ermächtigung kann durch Rechtsverordnung weiter übertragen werden.

(7) Die Regelung des Absatzes 6 Satz 2 bis 4 ist auf die Erhebung von Gebühren für die Benutzung von bei Großveranstaltungen im Interesse der Ordnung und Sicherheit des Verkehrs eingerichteter gebührenpflichtiger Parkplätze entsprechend anzuwenden.

(8) [1] Die Zulassung eines Fahrzeugs oder die Zuteilung eines Kennzeichens für ein zulassungsfreies Fahrzeug kann durch Rechtsvorschriften davon abhängig gemacht werden, dass die nach Absatz 1 in Verbindung mit einer Rechtsverordnung nach Absatz 2 für die Zulassung des Fahrzeugs oder Zuteilung des Kennzeichens vorgesehenen Gebühren und Auslagen, einschließlich rückständiger Gebühren und Auslagen aus vorausgegangenen Zulassungsvorgängen, entrichtet sind. [2] Eine solche Regelung darf

1. für den Fall eines in bundesrechtlichen Vorschriften geregelten internetbasierten Zulassungsverfahrens vom Bundesministerium für Digitales und Verkehr durch Rechtsverordnung mit Zustimmung des Bundesrates,
2. von den Ländern in den übrigen Fällen sowie im Fall der Nummer 1, solange und soweit das Bundesministerium für Digitales und Verkehr von seiner Ermächtigung nach Nummer 1 nicht Gebrauch gemacht hat,

getroffen werden.

§ 6b Herstellung, Vertrieb und Ausgabe von Kennzeichen. (1) Wer Kennzeichen für Fahrzeuge herstellen, vertreiben oder ausgeben will, hat dies der Zulassungsbehörde vorher anzuzeigen.

(2) (weggefallen)

(3) Über die Herstellung, den Vertrieb und die Ausgabe von Kennzeichen sind nach näherer Bestimmung (§ 6 Absatz 1 Satz 1 Nummer 6 in Verbindung mit Absatz 3 Nummer 2) Einzelnachweise zu führen, aufzubewahren und zuständigen Personen auf Verlangen zur Prüfung auszuhändigen.

(4) Die Herstellung, der Vertrieb oder die Ausgabe von Kennzeichen ist zu untersagen, wenn diese ohne die vorherige Anzeige hergestellt, vertrieben oder ausgegeben werden.

(5) Die Herstellung, der Vertrieb oder die Ausgabe von Kennzeichen kann untersagt werden, wenn

1. Tatsachen vorliegen, aus denen sich die Unzuverlässigkeit des Verantwortlichen oder der von ihm mit Herstellung, Vertrieb oder Ausgabe von Kennzeichen beauftragten Personen ergibt, oder
2. gegen die Vorschriften über die Führung, Aufbewahrung oder Aushändigung von Nachweisen über die Herstellung, den Vertrieb oder die Ausgabe von Kennzeichen verstoßen wird.

§ 6c Herstellung, Vertrieb und Ausgabe von Kennzeichenvorprodukten. § 6b Abs. 1, 3, 4 Nr. 1 sowie Abs. 5 gilt entsprechend für die Herstellung, den Vertrieb oder die Ausgabe von bestimmten – nach näherer Bestimmung durch das Bundesministerium für Digitales und Verkehr festzulegenden (§ 6 Absatz 1 Satz 1 Nummer 6 in Verbindung mit Absatz 3 Nummer 2) – Kennzeichenvorprodukten, bei denen nur noch die Beschriftung fehlt.

§ 6d Auskunft und Prüfung. (1) Die mit der Herstellung, dem Vertrieb oder der Ausgabe von Kennzeichen befassten Personen haben den zuständigen Behörden oder den von ihnen beauftragten Personen über die Beachtung der in § 6b Abs. 1 bis 3 bezeichneten Pflichten die erforderlichen Auskünfte unverzüglich zu erteilen.

(2) Die mit der Herstellung, dem Vertrieb oder der Ausgabe von Kennzeichenvorprodukten im Sinne des § 6c befassten Personen haben den zuständigen Behörden oder den von ihnen beauftragten Personen über die Beachtung der in § 6b Abs. 1 und 3 bezeichneten Pflichten die erforderlichen Auskünfte unverzüglich zu erteilen.

(3) Die von der zuständigen Behörde beauftragten Personen dürfen im Rahmen der Absätze 1 und 2 Grundstücke, Geschäftsräume, Betriebsräume und Transportmittel der Auskunftspflichtigen während der Betriebs- oder Geschäftszeit zum Zwecke der Prüfung und Besichtigung betreten.

§ 6e Führen von Kraftfahrzeugen in Begleitung. (1) Das Bundesministerium für Digitales und Verkehr wird ermächtigt, durch Rechtsverordnung mit Zustimmung des Bundesrates zur Senkung des Unfallrisikos junger Fahranfänger die erforderlichen Vorschriften zu erlassen, insbesondere über

1. das Herabsetzen des allgemein vorgeschriebenen Mindestalters zum Führen von Kraftfahrzeugen mit einer Fahrerlaubnis der Klassen B und BE,
2. die zur Erhaltung der Sicherheit und Ordnung auf den öffentlichen Straßen notwendigen Auflagen, insbesondere dass der Fahrerlaubnisinhaber während des Führens eines Kraftfahrzeuges von mindestens einer namentlich benannten Person begleitet sein muss,
3. die Aufgaben und Befugnisse der begleitenden Person nach Nummer 2, insbesondere über die Möglichkeit, dem Fahrerlaubnisinhaber als Ansprechpartner beratend zur Verfügung zu stehen,
4. die Anforderungen an die begleitende Person nach Nummer 2, insbesondere über
   a) das Lebensalter,
   b) den Besitz einer Fahrerlaubnis sowie über deren Mitführen und Aushändigung an zur Überwachung zuständige Personen,
   c) ihre Belastung mit Eintragungen im Fahreignungsregister sowie

d) über Beschränkungen oder das Verbot des Genusses alkoholischer Getränke und berauschender Mittel,

5. die Ausstellung einer Prüfungsbescheinigung, die abweichend von § 2 Abs. 1 Satz 3 ausschließlich im Inland längstens bis drei Monate nach Erreichen des allgemein vorgeschriebenen Mindestalters zum Nachweis der Fahrberechtigung dient, sowie über deren Mitführen und Aushändigung an zur Überwachung des Straßenverkehrs berechtigte Personen,
6. die Kosten in entsprechender Anwendung des § 6a Abs. 2 in Verbindung mit Abs. 4 und
7. das Verfahren.

(2) [1] Eine auf der Grundlage der Rechtsverordnung nach Absatz 1 erteilte Fahrerlaubnis der Klassen B und BE ist zu widerrufen, wenn der Fahrerlaubnisinhaber entgegen einer vollziehbaren Auflage nach Absatz 1 Nummer 2 ein Kraftfahrzeug ohne Begleitung durch eine namentlich benannte Person führt. [2] Die Erteilung einer neuen Fahrerlaubnis erfolgt unbeschadet der übrigen Voraussetzungen nach den Vorschriften des § 2a.

(3) [1] Im Übrigen gelten die allgemeinen Vorschriften über die Fahrerlaubnispflicht, die Erteilung, die Entziehung oder die Neuerteilung der Fahrerlaubnis, die Regelungen für die Fahrerlaubnis auf Probe, das Fahrerlaubnisregister und die Zulassung von Personen zum Straßenverkehr. [2] Für die Prüfungsbescheinigung nach Absatz 1 Nr. 5 gelten im Übrigen die Vorschriften über den Führerschein entsprechend.

§ 6f Entgelte für Begutachtungsstellen für Fahreignung. [1] Das Bundesministerium für Digitales und Verkehr kann durch Rechtsverordnung mit Zustimmung des Bundesrates die Entgelte der Begutachtungsstellen für Fahreignung festsetzen, soweit

1. die Begutachtungsstellen aus Anlass von Verwaltungsverfahren nach straßenverkehrsrechtlichen Vorschriften medizinisch-psychologische Untersuchungen durchführen und
2. die Festsetzung erforderlich ist, um die Qualität der Begutachtung zu fördern.

[2] Bei der Festsetzung der Entgelte ist den berechtigten Interessen der Leistungsbringer und der zur Zahlung der Entgelte Verpflichteten Rechnung zu tragen. [3] Soweit der Leistungsumfang nicht einheitlich geregelt ist, sind dabei Mindest- und Höchstsätze festzusetzen.

§ 6g Internetbasierte Zulassungsverfahren bei Kraftfahrzeugen.

(1) [1] In Ergänzung der allgemeinen Vorschriften über die Zulassung von Fahrzeugen zum Straßenverkehr, die Zuteilung von Kennzeichen für zulassungsfreie Fahrzeuge und die Außerbetriebsetzung von Fahrzeugen können diese Verwaltungsverfahren nach Maßgabe der nachstehenden Vorschriften internetbasiert durchgeführt werden (internetbasierte Zulassung). [2] Für dieses Verwaltungsverfahren ist das Verwaltungsverfahrensgesetz anzuwenden.

(2) [1] Ein Verwaltungsakt kann nach näherer Bestimmung einer Rechtsverordnung nach Absatz 4 Satz 1 Nummer 1 vollständig durch automatische Einrichtungen erlassen werden, wenn

1. die maschinelle Prüfung der Entscheidungsvoraussetzungen auf der Grundlage eines automatisierten Prüfprogrammes erfolgt, das bei der zuständigen Behörde eingerichtet ist und ausschließlich von ihr betrieben wird, und
2. sichergestellt ist, dass das Ergebnis der Prüfung nur die antragsgemäße Bescheidung oder die Ablehnung des Antrages sein kann.

[2]Ein nach Satz 1 erlassener Verwaltungsakt steht einen Monat, beginnend mit dem Tag, an dem der Verwaltungsakt wirksam wird, unter dem Vorbehalt der Nachprüfung. [3]Solange der Vorbehalt wirksam ist, kann der Verwaltungsakt jederzeit aufgehoben oder geändert werden.

(3) [1]Nach näherer Bestimmung einer Rechtsverordnung nach Absatz 4 Satz 1 Nummer 3 bis 5 können

1. natürlichen oder juristischen Personen des Privatrechts bestimmte Aufgaben eines internetbasierten Zulassungsverfahrens, ausgenommen die Entscheidung über den Antrag, oder bei der Inbetriebnahme derart zugelassener Fahrzeuge übertragen werden (Beleihung) oder
2. natürliche oder juristische Personen des Privatrechts beauftragt werden, an der Durchführung von Aufgaben im Sinne der Nummer 1 mitzuwirken (Verwaltungshilfe).

[2]Personen im Sinne des Satzes 1 müssen fachlich geeignet, zuverlässig, auch hinsichtlich ihrer Finanzen, und unabhängig von den Interessen der sonstigen Beteiligten sein.

(4) [1]Das Bundesministerium für Digitales und Verkehr wird ermächtigt, durch Rechtsverordnung mit Zustimmung des Bundesrates

1. die Einzelheiten des Erlasses und der Aufhebung eines Verwaltungsaktes im Sinne des Absatzes 2 zu regeln, insbesondere
   a) die Anforderungen an das Prüfprogramm,
   b) besondere Bestimmungen zur Bekanntgabe, zur Wirksamkeit sowie zur Rücknahme und zum Widerruf des Verwaltungsaktes,
2. das für die Identifizierung von Antragstellern zu wahrende Vertrauensniveau zu regeln,
3. die Aufgaben im Sinne des Absatzes 3 zu bestimmen,
   a) mit denen Personen beliehen oder
   b) an deren Durchführung Verwaltungshelfer beteiligt

   werden können, sowie die Art und Weise der Aufgabenerledigung,
4. die näheren Anforderungen an Personen im Sinne des Absatzes 3 zu bestimmen, einschließlich deren Überwachung, des Verfahrens und des Zusammenwirkens der zuständigen Behörden bei der Überwachung,
5. die notwendige Haftpflichtversicherung der beliehenen oder beauftragten Person zur Deckung aller im Zusammenhang mit der Wahrnehmung der übertragenen Aufgabe oder der Hilfe zur Erfüllung der Aufgabe entstandenen Schäden sowie die Freistellung der für Übertragung oder Beauftragung und Aufsicht zuständigen Bundesbehörde oder Landesbehörde von Ansprüchen Dritter wegen etwaiger Schäden, die die beliehene oder beauftragte Person verursacht, zu regeln,
6. bestimmte Aufgaben eines internetbasierten Zulassungsverfahrens dem Kraftfahrt-Bundesamt zu übertragen, soweit die Aufgaben eine bundesein-

heitliche Durchführung erfordern, und das Zusammenwirken mit den für die Zulassung zuständigen Behörden zu regeln,

7. besondere Anforderungen an die Inbetriebnahme von Fahrzeugen, die internetbasiert zugelassen sind, zu regeln, insbesondere hinsichtlich
   a) des Verwendens befristet gültiger Kennzeichenschilder einschließlich deren Herstellung, Ausstellung, Anbringung und Gültigkeitsdauer,
   b) des Versandes von Zulassungsunterlagen und der endgültigen Kennzeichenschilder
8. die Ausstellung befristet gültiger elektronischer Fahrzeugdokumente, insbesondere zum Nachweis der Zulassung, und deren Umwandlung in körperliche Dokumente zu regeln, insbesondere
   a) die Art und Weise der Erstellung, der Verwendung und der Speicherung solcher Dokumente,
   b) die Speicherung der Dokumente in einem Dateisystem, das beim Kraftfahrt-Bundesamt errichtet und von diesem betrieben wird,
9. die Errichtung und den Betrieb eines zentralen Dateisystems beim Kraftfahrt-Bundesamt
   a) mit fahrzeugbezogenen Daten, die für die Prüfung der Zulassungsfähigkeit der Fahrzeuge erforderlich sind, insbesondere mit den Daten der unionsrechtlich vorgeschriebenen Übereinstimmungsbescheinigungen einschließlich der Fahrzeug-Identifizierungsnummer,
   b) mit den Daten der Fahrzeuge, die Auskunft über nach oder auf Grund von Unionsrecht einzuhaltende Fahrzeugeigenschaften geben,

   sowie die Pflicht zur Übermittlung dieser Daten durch die Hersteller oder Einführer der Fahrzeuge zu regeln,
10. die Durchführung anderer als straßenverkehrsrechtlicher Rechtsvorschriften bei einer internetbasierten Zulassung zu regeln.

[2] Das in Satz 1 Nummer 9 vorgesehene Dateisystem darf weder mit dem Zentralen Fahrzeugregister des Kraftfahrt-Bundesamtes noch mit den örtlichen Fahrzeugregistern der Zulassungsbehörden verknüpft werden.

(5) [1] Für Vorschriften des Verwaltungsverfahrens in den Absätzen 1 bis 3 und in Rechtsverordnungen auf Grund des Absatzes 4 kann durch Rechtsverordnung des Bundesministeriums für Digitales und Verkehr mit Zustimmung des Bundesrates vorgeschrieben werden, dass von diesen Vorschriften durch Landesrecht nicht abgewichen werden kann. [2] Die Vorschriften, von denen durch Landesrecht nicht abgewichen werden kann, sind dabei zu nennen.

II. Haftpflicht

§ 7 Haftung des Halters, Schwarzfahrt. (1) Wird bei dem Betrieb eines Kraftfahrzeugs ein Mensch getötet, der Körper oder die Gesundheit eines Menschen verletzt oder eine Sache beschädigt, so ist der Halter verpflichtet, dem Verletzten den daraus entstehenden Schaden zu ersetzen.

(2) Die Ersatzpflicht ist ausgeschlossen, wenn der Unfall durch höhere Gewalt verursacht wird.

(3) [1] Benutzt jemand das Kraftfahrzeug ohne Wissen und Willen des Fahrzeughalters, so ist er anstelle des Halters zum Ersatz des Schadens verpflichtet; daneben bleibt der Halter zum Ersatz des Schadens verpflichtet, wenn die

Benutzung des Kraftfahrzeugs durch sein Verschulden ermöglicht worden ist. [2] Satz 1 findet keine Anwendung, wenn der Benutzer vom Fahrzeughalter für den Betrieb des Kraftfahrzeugs angestellt ist oder wenn ihm das Kraftfahrzeug vom Halter überlassen worden ist.

§ 8 Ausnahmen. Die Vorschriften des § 7 gelten nicht,

1. wenn der Unfall durch ein Kraftfahrzeug verursacht wurde, das auf ebener Bahn mit keiner höheren Geschwindigkeit als 20 Kilometer in der Stunde fahren kann, es sei denn, es handelt sich um ein Kraftfahrzeug mit autonomer Fahrfunktion im Sinne des § 1d Absatz 1 und 2, das sich im autonomen Betrieb befindet,
2. wenn der Verletzte bei dem Betrieb des Kraftfahrzeugs tätig war oder
3. wenn eine Sache beschädigt worden ist, die durch das Kraftfahrzeug befördert worden ist, es sei denn, dass eine beförderte Person die Sache an sich trägt oder mit sich führt.

§ 8a Entgeltliche Personenbeförderung, Verbot des Haftungsausschlusses. [1] Im Fall einer entgeltlichen, geschäftsmäßigen Personenbeförderung darf die Verpflichtung des Halters, wegen Tötung oder Verletzung beförderter Personen Schadensersatz nach § 7 zu leisten, weder ausgeschlossen noch beschränkt werden. [2] Die Geschäftsmäßigkeit einer Personenbeförderung wird nicht dadurch ausgeschlossen, dass die Beförderung von einer Körperschaft oder Anstalt des öffentlichen Rechts betrieben wird.

§ 9 Mitverschulden. Hat bei der Entstehung des Schadens ein Verschulden des Verletzten mitgewirkt, so finden die Vorschriften des § 254 des Bürgerlichen Gesetzbuchs mit der Maßgabe Anwendung, dass im Fall der Beschädigung einer Sache das Verschulden desjenigen, welcher die tatsächliche Gewalt über die Sache ausübt, dem Verschulden des Verletzten gleichsteht.

§ 10 Umfang der Ersatzpflicht bei Tötung. (1) [1] Im Fall der Tötung ist der Schadensersatz durch Ersatz der Kosten einer versuchten Heilung sowie des Vermögensnachteils zu leisten, den der Getötete dadurch erlitten hat, dass während der Krankheit seine Erwerbsfähigkeit aufgehoben oder gemindert oder eine Vermehrung seiner Bedürfnisse eingetreten war. [2] Der Ersatzpflichtige hat außerdem die Kosten der Beerdigung demjenigen zu ersetzen, dem die Verpflichtung obliegt, diese Kosten zu tragen.

(2) [1] Stand der Getötete zur Zeit der Verletzung zu einem Dritten in einem Verhältnis, vermöge dessen er diesem gegenüber kraft Gesetzes unterhaltspflichtig war oder unterhaltspflichtig werden konnte, und ist dem Dritten infolge der Tötung das Recht auf Unterhalt entzogen, so hat der Ersatzpflichtige dem Dritten insoweit Schadensersatz zu leisten, als der Getötete während der mutmaßlichen Dauer seines Lebens zur Gewährung des Unterhalts verpflichtet gewesen sein würde. [2] Die Ersatzpflicht tritt auch dann ein, wenn der Dritte zur Zeit der Verletzung gezeugt, aber noch nicht geboren war.

(3) [1] Der Ersatzpflichtige hat dem Hinterbliebenen, der zur Zeit der Verletzung zu dem Getöteten in einem besonderen persönlichen Näheverhältnis stand, für das dem Hinterbliebenen zugefügte seelische Leid eine angemessene Entschädigung in Geld zu leisten. [2] Ein besonderes persönliches Näheverhältnis

wird vermutet, wenn der Hinterbliebene der Ehegatte, der Lebenspartner, ein Elternteil oder ein Kind des Getöteten war.

§ 11 Umfang der Ersatzpflicht bei Körperverletzung. [1] Im Fall der Verletzung des Körpers oder der Gesundheit ist der Schadensersatz durch Ersatz der Kosten der Heilung sowie des Vermögensnachteils zu leisten, den der Verletzte dadurch erleidet, dass infolge der Verletzung zeitweise oder dauernd seine Erwerbsfähigkeit aufgehoben oder gemindert oder eine Vermehrung seiner Bedürfnisse eingetreten ist. [2] Wegen des Schadens, der nicht Vermögensschaden ist, kann auch eine billige Entschädigung in Geld gefordert werden.

§ 12 Höchstbeträge. (1) [1] Der Ersatzpflichtige haftet

1. im Fall der Tötung oder Verletzung eines oder mehrerer Menschen durch dasselbe Ereignis nur bis zu einem Betrag von insgesamt fünf Millionen Euro, bei Verursachung des Schadens auf Grund der Verwendung einer hoch- oder vollautomatisierten Fahrfunktion gemäß § 1a oder beim Betrieb einer autonomen Fahrfunktion gemäß § 1e nur bis zu einem Betrag von insgesamt zehn Millionen Euro; im Fall einer entgeltlichen, geschäftsmäßigen Personenbeförderung erhöht sich für den ersatzpflichtigen Halter des befördernden Kraftfahrzeugs bei der Tötung oder Verletzung von mehr als acht beförderten Personen dieser Betrag um 600 000 Euro für jede weitere getötete oder verletzte beförderte Person;
2. im Fall der Sachbeschädigung, auch wenn durch dasselbe Ereignis mehrere Sachen beschädigt werden, nur bis zu einem Betrag von insgesamt einer Million Euro, bei Verursachung des Schadens auf Grund der Verwendung einer hoch- oder vollautomatisierten Fahrfunktion gemäß § 1a oder beim Betrieb einer autonomen Fahrfunktion gemäß § 1e, nur bis zu einem Betrag von insgesamt zwei Millionen Euro.

[2] Die Höchstbeträge nach Satz 1 Nr. 1 gelten auch für den Kapitalwert einer als Schadensersatz zu leistenden Rente.

(2) Übersteigen die Entschädigungen, die mehreren auf Grund desselben Ereignisses zu leisten sind, insgesamt die in Absatz 1 bezeichneten Höchstbeträge, so verringern sich die einzelnen Entschädigungen in dem Verhältnis, in welchem ihr Gesamtbetrag zu dem Höchstbetrag steht.

§ 12a Höchstbeträge bei Beförderung gefährlicher Güter. (1) [1] Werden gefährliche Güter befördert, haftet der Ersatzpflichtige

1. im Fall der Tötung oder Verletzung eines oder mehrerer Menschen durch dasselbe Ereignis nur bis zu einem Betrag von insgesamt zehn Millionen Euro,
2. im Fall der Sachbeschädigung an unbeweglichen Sachen, auch wenn durch dasselbe Ereignis mehrere Sachen beschädigt werden, nur bis zu einem Betrag von insgesamt zehn Millionen Euro,

sofern der Schaden durch die die Gefährlichkeit der beförderten Güter begründenden Eigenschaften verursacht wird. [2] Im Übrigen bleibt § 12 Abs. 1 unberührt.

(2) Gefährliche Güter im Sinne dieses Gesetzes sind Stoffe und Gegenstände, deren Beförderung auf der Straße nach den Anlagen A und B zu dem Europäischen Übereinkommen vom 30. September 1957 über die internationale

Beförderung gefährlicher Güter auf der Straße (ADR) (BGBl. 1969 II S. 1489) in der jeweils geltenden Fassung verboten oder nur unter bestimmten Bedingungen gestattet ist.

(3) Absatz 1 ist nicht anzuwenden, wenn es sich um freigestellte Beförderungen gefährlicher Güter oder um Beförderungen in begrenzten Mengen unterhalb der im Unterabschnitt 1.1.3.6. zu dem in Absatz 2 genannten Übereinkommen festgelegten Grenzen handelt.

(4) Absatz 1 ist nicht anzuwenden, wenn der Schaden bei der Beförderung innerhalb eines Betriebs entstanden ist, in dem gefährliche Güter hergestellt, bearbeitet, verarbeitet, gelagert, verwendet oder vernichtet werden, soweit die Beförderung auf einem abgeschlossenen Gelände stattfindet.

(5) § 12 Abs. 2 gilt entsprechend.

§ 12b Nichtanwendbarkeit der Höchstbeträge. Die §§ 12 und 12a sind nicht anzuwenden, wenn ein Schaden bei dem Betrieb eines gepanzerten Gleiskettenfahrzeugs verursacht wird.

§ 13 Geldrente. (1) Der Schadensersatz wegen Aufhebung oder Minderung der Erwerbsfähigkeit und wegen Vermehrung der Bedürfnisse des Verletzten sowie der nach § 10 Abs. 2 einem Dritten zu gewährende Schadensersatz ist für die Zukunft durch Entrichtung einer Geldrente zu leisten.

(2) Die Vorschriften des § 843 Abs. 2 bis 4 des Bürgerlichen Gesetzbuchs finden entsprechende Anwendung.

(3) Ist bei der Verurteilung des Verpflichteten zur Entrichtung einer Geldrente nicht auf Sicherheitsleistung erkannt worden, so kann der Berechtigte gleichwohl Sicherheitsleistung verlangen, wenn die Vermögensverhältnisse des Verpflichteten sich erheblich verschlechtert haben; unter der gleichen Voraussetzung kann er eine Erhöhung der in dem Urteil bestimmten Sicherheit verlangen.

§ 14 Verjährung. Auf die Verjährung finden die für unerlaubte Handlungen geltenden Verjährungsvorschriften des Bürgerlichen Gesetzbuchs entsprechende Anwendung.

§ 15 Verwirkung. [1] Der Ersatzberechtigte verliert die ihm auf Grund der Vorschriften dieses Gesetzes zustehenden Rechte, wenn er nicht spätestens innerhalb zweier Monate, nachdem er von dem Schaden und der Person des Ersatzpflichtigen Kenntnis erhalten hat, dem Ersatzpflichtigen den Unfall anzeigt. [2] Der Rechtsverlust tritt nicht ein, wenn die Anzeige infolge eines von dem Ersatzberechtigten nicht zu vertretenden Umstands unterblieben ist oder der Ersatzpflichtige innerhalb der bezeichneten Frist auf andere Weise von dem Unfall Kenntnis erhalten hat.

§ 16 Sonstige Gesetze. Unberührt bleiben die bundesrechtlichen Vorschriften, nach welchen der Fahrzeughalter für den durch das Fahrzeug verursachten Schaden in weiterem Umfang als nach den Vorschriften dieses Gesetzes haftet oder nach welchen ein anderer für den Schaden verantwortlich ist.

§ 17 Schadensverursachung durch mehrere Kraftfahrzeuge. (1) Wird ein Schaden durch mehrere Kraftfahrzeuge verursacht und sind die beteiligten Fahrzeughalter einem Dritten kraft Gesetzes zum Ersatz des Schadens verpflichtet, so hängt im Verhältnis der Fahrzeughalter zueinander die Verpflichtung zum Ersatz sowie der Umfang des zu leistenden Ersatzes von den Umständen, insbesondere davon ab, inwieweit der Schaden vorwiegend von dem einen oder dem anderen Teil verursacht worden ist.

(2) Wenn der Schaden einem der beteiligten Fahrzeughalter entstanden ist, gilt Absatz 1 auch für die Haftung der Fahrzeughalter untereinander.

(3) [1] Die Verpflichtung zum Ersatz nach den Absätzen 1 und 2 ist ausgeschlossen, wenn der Unfall durch ein unabwendbares Ereignis verursacht wird, das weder auf einem Fehler in der Beschaffenheit des Kraftfahrzeugs noch auf einem Versagen seiner Vorrichtungen beruht. [2] Als unabwendbar gilt ein Ereignis nur dann, wenn sowohl der Halter als auch der Führer des Kraftfahrzeugs jede nach den Umständen des Falles gebotene Sorgfalt beobachtet hat. [3] Der Ausschluss gilt auch für die Ersatzpflicht gegenüber dem Eigentümer eines Kraftfahrzeugs, der nicht Halter ist.

(4) Die Vorschriften der Absätze 1 bis 3 sind entsprechend anzuwenden, wenn der Schaden durch ein Kraftfahrzeug und ein Tier oder durch ein Kraftfahrzeug und eine Eisenbahn verursacht wird.

§ 18 Ersatzpflicht des Fahrzeugführers. (1) [1] In den Fällen des § 7 Abs. 1 ist auch der Führer des Kraftfahrzeugs zum Ersatz des Schadens nach den Vorschriften der §§ 8 bis 15 verpflichtet. [2] Die Ersatzpflicht ist ausgeschlossen, wenn der Schaden nicht durch ein Verschulden des Führers verursacht ist.

(2) Die Vorschrift des § 16 findet entsprechende Anwendung.

(3) Ist in den Fällen des § 17 auch der Führer eines Kraftfahrzeugs zum Ersatz des Schadens verpflichtet, so sind auf diese Verpflichtung in seinem Verhältnis zu den Haltern und Führern der anderen beteiligten Kraftfahrzeuge, zu dem Tierhalter oder Eisenbahnunternehmer die Vorschriften des § 17 entsprechend anzuwenden.

§ 19 Haftung des Halters bei Unfällen mit Anhängern und Gespannen. (1) [1] Wird bei dem Betrieb eines Anhängers, der dazu bestimmt ist, von einem Kraftfahrzeug (Zugfahrzeug) gezogen zu werden, ein Mensch getötet, der Körper oder die Gesundheit eines Menschen verletzt oder eine Sache beschädigt, ist der Halter des Anhängers verpflichtet, dem Verletzten den daraus entstehenden Schaden zu ersetzen. [2] Die Regelungen zur Haftung des Halters eines Kraftfahrzeugs nach § 7 Absatz 2 und 3, § 8 Nummer 2 und 3 sowie den §§ 8a bis 16 gelten entsprechend. [3] Die Sätze 1 und 2 gelten nicht, wenn der Unfall durch einen Anhänger verursacht wurde, der im Unfallzeitpunkt mit einem Kraftfahrzeug verbunden war, das auf ebener Bahn mit keiner höheren Geschwindigkeit als 20 Kilometer in der Stunde fahren kann, es sei denn, es handelt sich um ein Kraftfahrzeug mit autonomer Fahrfunktion im Sinne des § 1d Absatz 1 und 2, das sich im autonomen Betrieb befindet.

(2) [1] Wird der Schaden eines anderen durch ein Zugfahrzeug mit Anhänger (Gespann) verursacht, haftet der Halter jedes dieser Fahrzeuge dem anderen für die Betriebsgefahr des gesamten Gespanns als Gesamtschuldner. [2] Die Ersatzpflicht des gesamtschuldnerisch haftenden Halters ist auf die Höchstbeträge der §§ 12 und 12a beschränkt.

(3) Wird ein Schaden durch ein Gespann und ein weiteres Kraftfahrzeug verursacht und sind die beteiligten Fahrzeughalter einem Dritten kraft Gesetzes zum Ersatz des Schadens verpflichtet oder ist der Schaden einem der beteiligten

Fahrzeughalter entstanden, gilt für die Ersatzpflichten im Verhältnis der Halter von Zugfahrzeug und Anhänger zu dem Halter des weiteren beteiligten Kraftfahrzeugs § 17 Absatz 1 bis 3 entsprechend.

(4) [1] Ist in den Fällen der Absätze 2 und 3 der Halter des Zugfahrzeugs oder des Anhängers zum Ersatz des Schadens verpflichtet, kann er nach § 426 des Bürgerlichen Gesetzbuchs von dem Halter des zu dem Gespann verbundenen anderen Fahrzeugs Ausgleich verlangen. [2] Im Verhältnis dieser Halter zueinander ist nur der Halter des Zugfahrzeugs verpflichtet. [3] Satz 2 gilt nicht, soweit sich durch den Anhänger eine höhere Gefahr verwirklicht hat als durch das Zugfahrzeug allein; in diesem Fall hängt die Verpflichtung zum Ausgleich davon ab, inwieweit der Schaden vorwiegend von dem Zugfahrzeug oder dem Anhänger verursacht worden ist. [4] Das Ziehen des Anhängers allein verwirklicht im Regelfall keine höhere Gefahr. [5] Der Ersatz für Schäden der Halter des Zugfahrzeugs und des Anhängers richtet sich im Verhältnis zueinander nach den allgemeinen Vorschriften.

(5) Die Absätze 3 und 4 sind entsprechend anzuwenden, wenn der Schaden durch ein Gespann und ein Tier oder durch ein Gespann und eine Eisenbahn verursacht wird.

(6) Wird ein Schaden eines Dritten oder eines beteiligten Kraftfahrzeughalters durch einen Anhänger verursacht, der im Unfallzeitpunkt nicht mit einem Zugfahrzeug verbunden war, oder ist der Schaden an einem solchen Anhänger entstanden, ist § 17 entsprechend anzuwenden.

§ 19a Ersatzpflicht des Führers von Anhängern und Gespannen.

(1) [1] Der Führer eines Gespanns haftet wie der Führer eines Kraftfahrzeugs. [2] § 18 Absatz 1 und 2 ist entsprechend anzuwenden.

(2) [1] Ist in den Fällen des § 19 Absatz 3 und 5 auch der Führer des Gespanns zum Ersatz des Schadens verpflichtet, ist im Verhältnis zu den Haltern und Führern der weiteren beteiligten Kraftfahrzeuge, zu dem Tierhalter oder zu dem Eisenbahnunternehmer § 17 entsprechend anzuwenden. [2] Ist der Führer des Gespanns in den Fällen des § 19 Absatz 2, 3 und 5 zum Ersatz des Schadens verpflichtet, kann er von den Haltern des Zugfahrzeugs und des Anhängers nach § 426 des Bürgerlichen Gesetzbuchs Ausgleich verlangen. [3] Der Ersatz für Schäden des Führers des Gespanns richtet sich im Verhältnis zu den Haltern des Zugfahrzeugs und des Anhängers nach den allgemeinen Vorschriften.

(3) Im Fall des § 19 Absatz 6 haftet der Führer eines Anhängers wie der Führer eines Kraftfahrzeugs.

§ 20 Örtliche Zuständigkeit. Für Klagen, die auf Grund dieses Gesetzes erhoben werden, ist auch das Gericht zuständig, in dessen Bezirk das schädigende Ereignis stattgefunden hat.

III. Straf- und Bußgeldvorschriften

§ 21 Fahren ohne Fahrerlaubnis. (1) Mit Freiheitsstrafe bis zu einem Jahr oder mit Geldstrafe wird bestraft, wer

1. ein Kraftfahrzeug führt, obwohl er die dazu erforderliche Fahrerlaubnis nicht hat oder ihm das Führen des Fahrzeugs nach § 44 des Strafgesetzbuchs[1] oder nach § 25 dieses Gesetzes verboten ist, oder
2. als Halter eines Kraftfahrzeugs anordnet oder zulässt, dass jemand das Fahrzeug führt, der die dazu erforderliche Fahrerlaubnis nicht hat oder dem das Führen des Fahrzeugs nach § 44 des Strafgesetzbuchs oder nach § 25 dieses Gesetzes verboten ist.

(2) Mit Freiheitsstrafe bis zu sechs Monaten oder mit Geldstrafe bis zu 180 Tagessätzen wird bestraft, wer

1. eine Tat nach Absatz 1 fahrlässig begeht,
2. vorsätzlich oder fahrlässig ein Kraftfahrzeug führt, obwohl der vorgeschriebene Führerschein nach § 94 der Strafprozessordnung[2] in Verwahrung genommen, sichergestellt oder beschlagnahmt ist, oder
3. vorsätzlich oder fahrlässig als Halter eines Kraftfahrzeugs anordnet oder zulässt, dass jemand das Fahrzeug führt, obwohl der vorgeschriebene Führerschein nach § 94 der Strafprozessordnung in Verwahrung genommen, sichergestellt oder beschlagnahmt ist.

(3) In den Fällen des Absatzes 1 kann das Kraftfahrzeug, auf das sich die Tat bezieht, eingezogen werden, wenn der Täter

1. das Fahrzeug geführt hat, obwohl ihm die Fahrerlaubnis entzogen oder das Führen des Fahrzeugs nach § 44 des Strafgesetzbuchs oder nach § 25 dieses Gesetzes verboten war oder obwohl eine Sperre nach § 69a Abs. 1 Satz 3 des Strafgesetzbuchs gegen ihn angeordnet war,
2. als Halter des Fahrzeugs angeordnet oder zugelassen hat, dass jemand das Fahrzeug führte, dem die Fahrerlaubnis entzogen oder das Führen des Fahrzeugs nach § 44 des Strafgesetzbuchs oder nach § 25 dieses Gesetzes verboten war oder gegen den eine Sperre nach § 69a Abs. 1 Satz 3 des Strafgesetzbuchs angeordnet war, oder
3. in den letzten drei Jahren vor der Tat schon einmal wegen einer Tat nach Absatz 1 verurteilt worden ist.

§ 22 Kennzeichenmissbrauch. (1) Wer in rechtswidriger Absicht

1. ein Kraftfahrzeug oder einen Kraftfahrzeuganhänger, für die ein amtliches Kennzeichen nicht ausgegeben oder zugelassen worden ist, mit einem Zeichen versieht, das geeignet ist, den Anschein amtlicher Kennzeichnung hervorzurufen,
2. ein Kraftfahrzeug oder einen Kraftfahrzeuganhänger mit einer anderen als der amtlich für das Fahrzeug ausgegebenen oder zugelassenen Kennzeichnung versieht,
3. das an einem Kraftfahrzeug oder einem Kraftfahrzeuganhänger angebrachte amtliche Kennzeichen verändert, beseitigt, verdeckt oder sonst in seiner Erkennbarkeit beeinträchtigt,

wird, wenn die Tat nicht in anderen Vorschriften mit schwererer Strafe bedroht ist, mit Freiheitsstrafe bis zu einem Jahr oder mit Geldstrafe bestraft.

---

[1] Nr. **6**.
[2] Nr. **7**.

(2) Die gleiche Strafe trifft Personen, welche auf öffentlichen Wegen oder Plätzen von einem Kraftfahrzeug oder einem Kraftfahrzeuganhänger Gebrauch machen, von denen sie wissen, dass die Kennzeichnung in der in Absatz 1 Nr. 1 bis 3 bezeichneten Art gefälscht, verfälscht oder unterdrückt worden ist.

§ 22a Missbräuchliches Herstellen, Vertreiben oder Ausgeben von Kennzeichen. (1) Mit Freiheitsstrafe bis zu einem Jahr oder mit Geldstrafe wird bestraft, wer

1. Kennzeichen ohne vorherige Anzeige bei der zuständigen Behörde herstellt, vertreibt oder ausgibt oder
2. (weggefallen)
3. Kennzeichen in der Absicht nachmacht, dass sie als amtlich zugelassene Kennzeichen verwendet oder in Verkehr gebracht werden oder dass ein solches Verwenden oder Inverkehrbringen ermöglicht werde, oder Kennzeichen in dieser Absicht so verfälscht, dass der Anschein der Echtheit hervorgerufen wird, oder
4. nachgemachte oder verfälschte Kennzeichen feilhält oder in den Verkehr bringt.

(2) [1] Nachgemachte oder verfälschte Kennzeichen, auf die sich eine Straftat nach Absatz 1 bezieht, können eingezogen werden. [2] § 74a des Strafgesetzbuchs[1)] ist anzuwenden.

§ 22b Missbrauch von Wegstreckenzählern und Geschwindigkeitsbegrenzern. (1) Mit Freiheitsstrafe bis zu einem Jahr oder mit Geldstrafe wird bestraft, wer

1. die Messung eines Wegstreckenzählers, mit dem ein Kraftfahrzeug ausgerüstet ist, dadurch verfälscht, dass er durch Einwirkung auf das Gerät oder den Messvorgang das Ergebnis der Messung beeinflusst,
2. die bestimmungsgemäße Funktion eines Geschwindigkeitsbegrenzers, mit dem ein Kraftfahrzeug ausgerüstet ist, durch Einwirkung auf diese Einrichtung aufhebt oder beeinträchtigt oder
3. eine Straftat nach Nummer 1 oder 2 vorbereitet, indem er Computerprogramme, deren Zweck die Begehung einer solchen Tat ist, herstellt, sich oder einem anderen verschafft, feilhält oder einem anderen überlässt.

(2) In den Fällen des Absatzes 1 Nr. 3 gilt § 149 Abs. 2 und 3 des Strafgesetzbuches entsprechend.

(3) [1] Gegenstände, auf die sich die Straftat nach Absatz 1 bezieht, können eingezogen werden. [2] § 74a des Strafgesetzbuches ist anzuwenden.

§ 23 *(aufgehoben)*

§ 24 Bußgeldvorschriften. (1) Ordnungswidrig handelt, wer vorsätzlich oder fahrlässig einer Rechtsverordnung nach § 1j Absatz 1 Nummer 1, 2, 4, 5 oder 6, § 6 Absatz 1 Satz 1 Nummer 1 Buchstabe a bis c oder d, Nummer 2, 3, 5, 6 Buchstabe a, Nummer 8 bis 16 oder 17, jeweils auch in Verbindung mit § 6 Absatz 3 Nummer 1 bis 5 oder 7, nach § 6e Absatz 1 Nummer 1 bis 5 oder 7 oder nach § 6g Absatz 4 Satz 1 Nummer 3, 5, 7 oder 9 oder einer vollzieh-

---

1) Nr. **6**.

baren Anordnung auf Grund einer solchen Rechtsverordnung zuwiderhandelt, soweit die Rechtsverordnung für einen bestimmten Tatbestand auf diese Bußgeldvorschrift verweist.

(2) [1] Ordnungswidrig handelt, wer vorsätzlich oder fahrlässig

1. einer Rechtsverordnung nach § 6 Absatz 2
   a) Nummer 1 Buchstabe a bis e oder g,
   b) Nummer 1 Buchstabe f, Nummer 2 oder 3 Buchstabe b,
   c) Nummer 3 Buchstabe a oder c oder
   d) Nummer 4,

   jeweils auch in Verbindung mit § 6 Absatz 3 Nummer 1, 2, 3 Buchstabe a oder c, Nummer 4, 5 oder 7 oder einer vollziehbaren Anordnung auf Grund einer solchen Rechtsverordnung zuwiderhandelt, soweit die Rechtsverordnung für einen bestimmten Tatbestand auf diese Bußgeldvorschrift verweist, oder
2. einer unmittelbar geltenden Vorschrift in Rechtsakten der Europäischen Gemeinschaft oder der Europäischen Union zuwiderhandelt, die inhaltlich einer Regelung entspricht, zu der die in Nummer 1
   a) Buchstabe a,
   b) Buchstabe b,
   c) Buchstabe c oder
   d) Buchstabe d

   genannten Vorschriften ermächtigen, soweit eine Rechtsverordnung nach Satz 2 für einen bestimmten Tatbestand auf diese Bußgeldvorschrift verweist.

[2] Das Bundesministerium für Digitales und Verkehr wird ermächtigt, soweit dies zur Durchsetzung der Rechtsakte der Europäischen Gemeinschaft oder der Europäischen Union erforderlich ist, durch Rechtsverordnung ohne Zustimmung des Bundesrates die Tatbestände zu bezeichnen, die als Ordnungswidrigkeit nach Satz 1 Nummer 2 geahndet werden können.

(3) Die Ordnungswidrigkeit kann in den Fällen

1. des Absatzes 2 Satz 1 Nummer 1 Buchstabe d und Nummer 2 Buchstabe d mit einer Geldbuße bis zu fünfhunderttausend Euro,
2. des Absatzes 2 Satz 1 Nummer 1 Buchstabe c und Nummer 2 Buchstabe c mit einer Geldbuße bis zu dreihunderttausend Euro,
3. des Absatzes 2 Satz 1 Nummer 1 Buchstabe a und Nummer 2 Buchstabe a mit einer Geldbuße bis zu hunderttausend Euro,
4. des Absatzes 2 Satz 1 Nummer 1 Buchstabe b und Nummer 2 Buchstabe b mit einer Geldbuße bis zu fünfzigtausend Euro,
5. des Absatzes 1 mit einer Geldbuße bis zu zweitausend Euro

geahndet werden.

(4) In den Fällen des Absatzes 3 Nummer 1 und 2 ist § 30 Absatz 2 Satz 3 des Gesetzes über Ordnungswidrigkeiten anzuwenden.

(5) Fahrzeuge, Fahrzeugteile und Ausrüstungen, auf die sich eine Ordnungswidrigkeit nach Absatz 1 in Verbindung mit § 6 Absatz 1 Satz 1 Nummer 5 oder 10 oder eine Ordnungswidrigkeit nach Absatz 2 Satz 1 bezieht, können eingezogen werden.

§ 24a 0,5 Promille-Grenze, Tetrahydrocannabinol-Grenzwert.

(1) Ordnungswidrig handelt, wer vorsätzlich oder fahrlässig im Straßenverkehr ein Kraftfahrzeug führt, obwohl er 0,25 mg/l oder mehr Alkohol in der Atemluft oder 0,5 Promille oder mehr Alkohol im Blut oder eine Alkoholmenge im Körper hat, die zu einer solchen Atem- oder Blutalkoholkonzentration führt.

(1a) Ordnungswidrig handelt, wer vorsätzlich oder fahrlässig im Straßenverkehr ein Kraftfahrzeug führt, obwohl er 3,5 ng/ml oder mehr Tetrahydrocannabinol im Blutserum hat.

(2) [1] Ordnungswidrig handelt, wer vorsätzlich oder fahrlässig unter der Wirkung eines in der Anlage zu dieser Vorschrift genannten berauschenden Mittels im Straßenverkehr ein Kraftfahrzeug führt. [2] Eine solche Wirkung liegt vor, wenn eine in dieser Anlage genannte Substanz im Blutserum nachgewiesen wird.

(2a) Ordnungswidrig handelt, wer vorsätzlich oder fahrlässig eine in Absatz 1a genannte Handlung begeht und

1. ein alkoholisches Getränk zu sich nimmt oder
2. die Fahrt antritt, obwohl er unter der Wirkung eines alkoholischen Getränks steht.

(3) Die Ordnungswidrigkeit kann in den Fällen der Absätze 1, 1a und 2 Satz 1 mit einer Geldbuße bis zu dreitausend Euro und in den Fällen des Absatzes 2a mit einer Geldbuße bis zu fünftausend Euro geahndet werden.

(4) Die Absätze 1a, 2 Satz 1 und Absatz 2a sind nicht anzuwenden, wenn eine dort oder in der Anlage zu dieser Vorschrift genannte Substanz aus der bestimmungsgemäßen Einnahme eines für einen konkreten Krankheitsfall verschriebenen Arzneimittels herrührt.

(5) Das Bundesministerium für Digitales und Verkehr wird ermächtigt, durch Rechtsverordnung im Einvernehmen mit dem Bundesministerium für Gesundheit und Soziale Sicherung und dem Bundesministerium der Justiz mit Zustimmung des Bundesrates die Liste der berauschenden Mittel und Substanzen in der Anlage zu dieser Vorschrift zu ändern oder zu ergänzen, wenn dies nach wissenschaftlicher Erkenntnis im Hinblick auf die Sicherheit des Straßenverkehrs erforderlich ist.

§ 24b *(aufgehoben)*

§ 24c Alkohol- und Cannabisverbot für Fahranfänger und Fahranfängerinnen. (1) Ordnungswidrig handelt, wer vorsätzlich oder fahrlässig in der Probezeit nach § 2a oder vor Vollendung des 21. Lebensjahres als Führer eines Kraftfahrzeugs im Straßenverkehr

1. ein alkoholisches Getränk oder die Substanz Tetrahydrocannabinol zu sich nimmt oder
2. die Fahrt antritt, obwohl er unter der Wirkung eines alkoholischen Getränks oder der Substanz Tetrahydrocannabinol steht.

(2) Die Ordnungswidrigkeit kann mit einer Geldbuße geahndet werden.

(3) Absatz 1 ist nicht anzuwenden, wenn die Substanz Tetrahydrocannabinol aus der bestimmungsgemäßen Einnahme eines für einen konkreten Krankheitsfall verschriebenen Arzneimittels herrührt.

§ 25 Fahrverbot. (1) [1] Wird gegen die betroffene Person wegen einer Ordnungswidrigkeit nach § 24 Absatz 1, die sie unter grober oder beharrlicher Verletzung der Pflichten eines Kraftfahrzeugführers begangen hat, eine Geldbuße festgesetzt, so kann ihr die Verwaltungsbehörde oder das Gericht in der Bußgeldentscheidung für die Dauer von einem Monat bis zu drei Monaten verbieten, im Straßenverkehr Kraftfahrzeuge jeder oder einer bestimmten Art zu führen. [2] Wird gegen die betroffene Person wegen einer Ordnungswidrigkeit nach § 24a Absatz 1 bis 2a eine Geldbuße festgesetzt, so ist in der Regel auch ein Fahrverbot anzuordnen.

(2) [1] Das Fahrverbot wird mit der Rechtskraft der Bußgeldentscheidung wirksam. [2] Für seine Dauer werden von einer deutschen Behörde ausgestellte nationale und internationale Führerscheine amtlich verwahrt. [3] Dies gilt auch, wenn der Führerschein von einer Behörde eines Mitgliedstaates der Europäischen Union oder eines anderen Vertragsstaates des Abkommens über den Europäischen Wirtschaftsraum ausgestellt worden ist, sofern der Inhaber seinen ordentlichen Wohnsitz im Inland hat. [4] Wird er nicht freiwillig herausgegeben, so ist er zu beschlagnahmen.

(2a) Ist in den zwei Jahren vor der Ordnungswidrigkeit ein Fahrverbot gegen die betroffene Person nicht verhängt worden und wird auch bis zur Bußgeldentscheidung ein Fahrverbot nicht verhängt, so bestimmt die Verwaltungsbehörde oder das Gericht abweichend von Absatz 2 Satz 1, dass das Fahrverbot erst wirksam wird, wenn der Führerschein nach Rechtskraft der Bußgeldentscheidung in amtliche Verwahrung gelangt, spätestens jedoch mit Ablauf von vier Monaten seit Eintritt der Rechtskraft.

(2b) [1] Werden gegen die betroffene Person mehrere Fahrverbote rechtskräftig verhängt, so sind die Verbotsfristen nacheinander zu berechnen. [2] Die Verbotsfrist auf Grund des früher wirksam gewordenen Fahrverbots läuft zuerst. [3] Werden Fahrverbote gleichzeitig wirksam, so läuft die Verbotsfrist auf Grund des früher angeordneten Fahrverbots zuerst, bei gleichzeitiger Anordnung ist die frühere Tat maßgebend.

(3) [1] In anderen als in Absatz 2 Satz 3 genannten ausländischen Führerscheinen wird das Fahrverbot vermerkt. [2] Zu diesem Zweck kann der Führerschein beschlagnahmt werden.

(4) [1] Wird der Führerschein in den Fällen des Absatzes 2 Satz 4 oder des Absatzes 3 Satz 2 bei der betroffenen Person nicht vorgefunden, so hat sie auf Antrag der Vollstreckungsbehörde (§ 92 des Gesetzes über Ordnungswidrigkeiten) bei dem Amtsgericht eine eidesstattliche Versicherung über den Verbleib des Führerscheins abzugeben. [2] § 883 Abs. 2 und 3 der Zivilprozessordnung gilt entsprechend.

(5) [1] Ist ein Führerschein amtlich zu verwahren oder das Fahrverbot in einem ausländischen Führerschein zu vermerken, so wird die Verbotsfrist erst von dem Tag an gerechnet, an dem dies geschieht. [2] In die Verbotsfrist wird die Zeit nicht eingerechnet, in welcher der Täter auf behördliche Anordnung in einer Anstalt verwahrt wird.

(6) [1] Die Dauer einer vorläufigen Entziehung der Fahrerlaubnis (§ 111a der Strafprozessordnung[1)]) wird auf das Fahrverbot angerechnet. [2] Es kann jedoch angeordnet werden, dass die Anrechnung ganz oder zum Teil unterbleibt, wenn

---

[1)] Nr. 7.

sie im Hinblick auf das Verhalten der betroffenen Person nach Begehung der Ordnungswidrigkeit nicht gerechtfertigt ist. [3]Der vorläufigen Entziehung der Fahrerlaubnis steht die Verwahrung, Sicherstellung oder Beschlagnahme des Führerscheins (§ 94 der Strafprozessordnung) gleich.

(7) [1]Wird das Fahrverbot nach Absatz 1 im Strafverfahren angeordnet (§ 82 des Gesetzes über Ordnungswidrigkeiten), so kann die Rückgabe eines in Verwahrung genommenen, sichergestellten oder beschlagnahmten Führerscheins aufgeschoben werden, wenn die betroffene Person nicht widerspricht. [2]In diesem Fall ist die Zeit nach dem Urteil unverkürzt auf das Fahrverbot anzurechnen.

(8) Über den Zeitpunkt der Wirksamkeit des Fahrverbots nach Absatz 2 oder 2a Satz 1 und über den Beginn der Verbotsfrist nach Absatz 5 Satz 1 ist die betroffene Person bei der Zustellung der Bußgeldentscheidung oder im Anschluss an deren Verkündung zu belehren.

§ 25a Kostentragungspflicht des Halters. (1) [1]Kann in einem Bußgeldverfahren wegen eines Halt- oder Parkverstoßes der Führer des Kraftfahrzeugs, der den Verstoß begangen hat, nicht vor Eintritt der Verfolgungsverjährung ermittelt werden oder würde seine Ermittlung einen unangemessenen Aufwand erfordern, so werden dem Halter des Kraftfahrzeugs oder seinem Beauftragten die Kosten des Verfahrens auferlegt; er hat dann auch seine Auslagen zu tragen. [2]Entsprechendes gilt für den Halter eines Kraftfahrzeuganhängers, wenn mit diesem Kraftfahrzeuganhänger, ohne dass dieser an ein Kraftfahrzeug angehängt ist, ein Halt- oder Parkverstoß begangen wurde und derjenige, der den Verstoß begangen hat, nicht vor Eintritt der Verfolgungsverjährung ermittelt werden kann oder seine Ermittlung einen unangemessenen Aufwand erfordern würde. [3]Von einer Entscheidung nach Satz 1 oder 2 wird abgesehen, wenn es unbillig wäre, den Halter oder seinen Beauftragten mit den Kosten zu belasten.

(2) Die Kostenentscheidung ergeht mit der Entscheidung, die das Verfahren abschließt; vor der Entscheidung ist derjenige zu hören, dem die Kosten auferlegt werden sollen.

(3) [1]Gegen die Kostenentscheidung der Verwaltungsbehörde und der Staatsanwaltschaft kann innerhalb von zwei Wochen nach Zustellung gerichtliche Entscheidung beantragt werden. [2]§ 62 Abs. 2 des Gesetzes über Ordnungswidrigkeiten gilt entsprechend; für die Kostenentscheidung der Staatsanwaltschaft gelten auch § 50 Abs. 2 und § 52 des Gesetzes über Ordnungswidrigkeiten entsprechend. [3]Die Kostenentscheidung des Gerichts ist nicht anfechtbar.

§ 26 Zuständige Verwaltungsbehörde; Verjährung. (1) [1]Bei Ordnungswidrigkeiten nach den § 24 Absatz 1, § 24a Absatz 1 bis 2a und § 24c Absatz 1 ist Verwaltungsbehörde im Sinne des § 36 Abs. 1 Nr. 1 des Gesetzes über Ordnungswidrigkeiten die Behörde oder Dienststelle der Polizei, die von der Landesregierung durch Rechtsverordnung näher bestimmt wird. [2]Die Landesregierung kann die Ermächtigung auf die zuständige oberste Landesbehörde übertragen.

(2) Verwaltungsbehörde im Sinne des § 36 Absatz 1 Nummer 1 des Gesetzes über Ordnungswidrigkeiten ist das Kraftfahrt-Bundesamt

1. abweichend von Absatz 1 bei Ordnungswidrigkeiten nach § 24 Absatz 1, soweit es für den Vollzug der bewehrten Vorschriften zuständig ist, oder

2. bei Ordnungswidrigkeiten nach § 24 Absatz 2 Satz 1.

(3) [1]Die Frist der Verfolgungsverjährung beträgt bei Ordnungswidrigkeiten nach § 24 Absatz 1 drei Monate, solange wegen der Handlung weder ein Bußgeldbescheid ergangen ist noch öffentliche Klage erhoben worden ist, danach sechs Monate. [2]Abweichend von Satz 1 beträgt die Frist der Verfolgungsverjährung bei Ordnungswidrigkeiten nach § 24 Absatz 1 in Verbindung mit § 6 Absatz 1 Satz 1 Nummer 5 oder 10 zwei Jahre, soweit diese Ordnungswidrigkeiten Zuwiderhandlungen gegen Vorschriften mit Anforderungen an Fahrzeuge oder Fahrzeugteile betreffen, die der Genehmigung ihrer Bauart bedürfen. [3]Die Frist der Verfolgungsverjährung beträgt bei Ordnungswidrigkeiten nach § 24 Absatz 2 Satz 1 Nummer 1 Buchstabe c und d und Nummer 2 Buchstabe c und d fünf Jahre.

§ 26a Bußgeldkatalog. (1) Das Bundesministerium für Digitales und Verkehr wird ermächtigt, durch Rechtsverordnung mit Zustimmung des Bundesrates Vorschriften zu erlassen über

1. die Erteilung einer Verwarnung (§ 56 des Gesetzes über Ordnungswidrigkeiten) wegen einer Ordnungswidrigkeit nach § 24 Absatz 1,
2. Regelsätze für Geldbußen wegen einer Ordnungswidrigkeit nach den § 24 Absatz 1, § 24a Absatz 1 bis 2a und § 24c Absatz 1,
3. die Anordnung des Fahrverbots nach § 25.

(2) Die Vorschriften nach Absatz 1 bestimmen unter Berücksichtigung der Bedeutung der Ordnungswidrigkeit, in welchen Fällen, unter welchen Voraussetzungen und in welcher Höhe das Verwarnungsgeld erhoben, die Geldbuße festgesetzt und für welche Dauer das Fahrverbot angeordnet werden soll.

§ 27 Informationsschreiben. (1) [1]Hat die Verwaltungsbehörde in einem Bußgeldverfahren den Halter oder Eigentümer eines Kraftfahrzeugs auf Grund einer Abfrage im Sinne des Artikels 4 der Richtlinie (EU) 2015/413 des Europäischen Parlaments und des Rates vom 11. März 2015 zur Erleichterung des grenzüberschreitenden Austauschs von Informationen über die Straßenverkehrssicherheit gefährdende Verkehrsdelikte (ABl. L 68 vom 13.3.2015, S. 9) ermittelt, übersendet sie der ermittelten Person ein Informationsschreiben. [2]In diesem Schreiben werden die Art des Verstoßes, Zeit und Ort seiner Begehung, das gegebenenfalls verwendete Überwachungsgerät, die anwendbaren Bußgeldvorschriften sowie die für einen solchen Verstoß vorgesehene Sanktion angegeben. [3]Das Informationsschreiben ist in der Sprache des Zulassungsdokuments des Kraftfahrzeugs oder in einer der Amtssprachen des Mitgliedstaates zu übermitteln, in dem das Kraftfahrzeug zugelassen ist.

(2) Absatz 1 gilt nicht, wenn die ermittelte Person ihren ordentlichen Wohnsitz im Inland hat.

IV. Fahreignungsregister

§ 28 Führung und Inhalt des Fahreignungsregisters. (1) Das Kraftfahrt-Bundesamt führt das Fahreignungsregister nach den Vorschriften dieses Abschnitts.

(2) Das Fahreignungsregister wird geführt zur Speicherung von Daten, die erforderlich sind

1. für die Beurteilung der Eignung und der Befähigung von Personen zum Führen von Kraftfahrzeugen oder zum Begleiten eines Kraftfahrzeugführers entsprechend einer nach § 6e Abs. 1 erlassenen Rechtsverordnung,
2. für die Prüfung der Berechtigung zum Führen von Fahrzeugen,
3. für die Ahndung der Verstöße von Personen, die wiederholt Straftaten oder Ordnungswidrigkeiten, die im Zusammenhang mit dem Straßenverkehr stehen, begehen oder
4. für die Beurteilung von Personen im Hinblick auf ihre Zuverlässigkeit bei der Wahrnehmung der ihnen durch Gesetz, Satzung oder Vertrag übertragenen Verantwortung für die Einhaltung der zur Sicherheit im Straßenverkehr bestehenden Vorschriften.

(3) Im Fahreignungsregister werden Daten gespeichert über

1. rechtskräftige Entscheidungen der Strafgerichte wegen einer Straftat, die in der Rechtsverordnung nach § 6 Absatz 1 Satz 1 Nummer 4 bezeichnet ist, soweit sie auf Strafe, Verwarnung mit Strafvorbehalt erkennen oder einen Schuldspruch enthalten,
2. rechtskräftige Entscheidungen der Strafgerichte, die die Entziehung der Fahrerlaubnis, eine isolierte Sperre oder ein Fahrverbot anordnen, sofern sie nicht von Nummer 1 erfasst sind, sowie Entscheidungen der Strafgerichte, die die vorläufige Entziehung der Fahrerlaubnis anordnen,
3. rechtskräftige Entscheidungen wegen einer Ordnungswidrigkeit
   a) nach den § 24 Absatz 1, § 24a oder § 24c, soweit sie in der Rechtsverordnung nach § 6 Absatz 1 Satz 1 Nummer 4 bezeichnet ist und gegen die betroffene Person
      aa) ein Fahrverbot nach § 25 angeordnet worden ist oder
      bb) eine Geldbuße von mindestens sechzig Euro festgesetzt worden ist und § 28a nichts anderes bestimmt,
   b) nach den § 24 Absatz 1, § 24a oder § 24c, soweit kein Fall des Buchstaben a vorliegt und ein Fahrverbot angeordnet worden ist,
   c) nach § 10 des Gefahrgutbeförderungsgesetzes, soweit sie in der Rechtsverordnung nach § 6 Absatz 1 Satz 1 Nummer 4 bezeichnet ist,
4. unanfechtbare oder sofort vollziehbare Verbote oder Beschränkungen, ein fahrerlaubnisfreies Fahrzeug zu führen,
5. unanfechtbare Versagungen einer Fahrerlaubnis,
6. unanfechtbare oder sofort vollziehbare
   a) Entziehungen, Widerrufe oder Rücknahmen einer Fahrerlaubnis,
   b) Feststellungen über die fehlende Berechtigung, von einer ausländischen Fahrerlaubnis im Inland Gebrauch zu machen,
7. Verzichte auf die Fahrerlaubnis,
8. unanfechtbare Ablehnungen eines Antrags auf Verlängerung der Geltungsdauer einer Fahrerlaubnis,
9. die Beschlagnahme, Sicherstellung oder Verwahrung von Führerscheinen nach § 94 der Strafprozessordnung[1],
10. *(aufgehoben)*

---

[1] Nr. **7**.

11. Maßnahmen der Fahrerlaubnisbehörde nach § 2a Abs. 2 Satz 1 Nr. 1 und 2 und § 4 Absatz 5 Satz 1 Nr. 1 und 2,
12. die Teilnahme an einem Aufbauseminar, an einem besonderen Aufbauseminar und an einer verkehrspsychologischen Beratung, soweit dies für die Anwendung der Regelungen der Fahrerlaubnis auf Probe (§ 2a) erforderlich ist,
13. die Teilnahme an einem Fahreignungsseminar, soweit dies für die Anwendung der Regelungen des Fahreignungs-Bewertungssystems (§ 4) erforderlich ist,
14. Entscheidungen oder Änderungen, die sich auf eine der in den Nummern 1 bis 13 genannten Eintragungen beziehen.

(4) [1] Die Gerichte, Staatsanwaltschaften und anderen Behörden teilen dem Kraftfahrt-Bundesamt unverzüglich die nach Absatz 3 zu speichernden oder zu einer Änderung oder Löschung einer Eintragung führenden Daten mit. [2] Die Datenübermittlung nach Satz 1 kann auch im Wege der Datenfernübertragung durch Direkteinstellung unter Beachtung des § 30a Absatz 2 bis 4 erfolgen.

(5) [1] Bei Zweifeln an der Identität einer eingetragenen Person mit der Person, auf die sich eine Mitteilung nach Absatz 4 bezieht, dürfen die Datenbestände des Zentralen Fahrerlaubnisregisters und des Zentralen Fahrzeugregisters zur Identifizierung dieser Personen verwendet werden. [2] Ist die Feststellung der Identität der betreffenden Personen auf diese Weise nicht möglich, dürfen die auf Anfrage aus den Melderegistern übermittelten Daten zur Behebung der Zweifel verwendet werden. [3] Die Zulässigkeit der Übermittlung durch die Meldebehörden richtet sich nach den Meldegesetzen der Länder. [4] Können die Zweifel an der Identität der betreffenden Personen nicht ausgeräumt werden, werden die Eintragungen über beide Personen mit einem Hinweis auf die Zweifel an deren Identität versehen.

(6) Die regelmäßige Verwendung der auf Grund des § 50 Abs. 1 im Zentralen Fahrerlaubnisregister gespeicherten Daten ist zulässig, um Fehler und Abweichungen bei den Personendaten sowie den Daten über Fahrerlaubnisse und Führerscheine der betreffenden Person im Fahreignungsregister festzustellen und zu beseitigen und um das Fahreignungsregister zu vervollständigen.

§ 28a Eintragung beim Abweichen vom Bußgeldkatalog. [1] Wird die Geldbuße wegen einer Ordnungswidrigkeit nach den § 24 Absatz 1, § 24a und § 24c lediglich mit Rücksicht auf die wirtschaftlichen Verhältnisse der betroffenen Person abweichend von dem Regelsatz der Geldbuße festgesetzt, der für die zugrunde liegende Ordnungswidrigkeit im Bußgeldkatalog (§ 26a) vorgesehen ist, so ist in der Entscheidung dieser Paragraph bei den angewendeten Bußgeldvorschriften aufzuführen, wenn der Regelsatz der Geldbuße

1. sechzig Euro oder mehr beträgt und eine geringere Geldbuße festgesetzt wird oder
2. weniger als sechzig Euro beträgt und eine Geldbuße von sechzig Euro oder mehr festgesetzt wird.

[2] In diesen Fällen ist für die Eintragung in das Fahreignungsregister der im Bußgeldkatalog vorgesehene Regelsatz maßgebend.

§ 28b (weggefallen)

§ 29 Tilgung der Eintragungen. (1) [1]Die im Register gespeicherten Eintragungen werden nach Ablauf der in Satz 2 bestimmten Fristen getilgt. [2]Die Tilgungsfristen betragen

1. zwei Jahre und sechs Monate
   bei Entscheidungen über eine Ordnungswidrigkeit,
   a) die in der Rechtsverordnung nach § 6 Absatz 1 Satz 1 Nummer 4 Buchstabe b als verkehrssicherheitsbeeinträchtigende oder gleichgestellte Ordnungswidrigkeit mit einem Punkt bewertet ist oder
   b) soweit weder ein Fall des Buchstaben a noch der Nummer 2 Buchstabe b vorliegt und in der Entscheidung ein Fahrverbot angeordnet worden ist,
2. fünf Jahre
   a) bei Entscheidungen über eine Straftat, vorbehaltlich der Nummer 3 Buchstabe a,
   b) bei Entscheidungen über eine Ordnungswidrigkeit, die in der Rechtsverordnung nach § 6 Absatz 1 Satz 1 Nummer 4 Buchstabe b als besonders verkehrssicherheitsbeeinträchtigende oder gleichgestellte Ordnungswidrigkeit mit zwei Punkten bewertet ist,
   c) bei von der nach Landesrecht zuständigen Behörde verhängten Verboten oder Beschränkungen, ein fahrerlaubnisfreies Fahrzeug zu führen,
   d) bei Mitteilungen über die Teilnahme an einem Fahreignungsseminar, einem Aufbauseminar, einem besonderen Aufbauseminar oder einer verkehrspsychologischen Beratung,
3. zehn Jahre
   a) bei Entscheidungen über eine Straftat, in denen die Fahrerlaubnis entzogen oder eine isolierte Sperre angeordnet worden ist,
   b) bei Entscheidungen über Maßnahmen oder Verzichte nach § 28 Absatz 3 Nummer 5 bis 8.

[3]Eintragungen über Maßnahmen der nach Landesrecht zuständigen Behörde nach § 2a Absatz 2 Satz 1 Nummer 1 und 2 und § 4 Absatz 5 Satz 1 Nummer 1 und 2 werden getilgt, wenn dem Inhaber einer Fahrerlaubnis die Fahrerlaubnis entzogen wird. [4]Sonst erfolgt eine Tilgung bei den Maßnahmen nach § 2a Absatz 2 Satz 1 Nummer 1 und 2 ein Jahr nach Ablauf der Probezeit und bei Maßnahmen nach § 4 Absatz 5 Satz 1 Nummer 1 und 2 dann, wenn die letzte Eintragung wegen einer Straftat oder Ordnungswidrigkeit getilgt ist. [5]Verkürzungen der Tilgungsfristen nach Absatz 1 können durch Rechtsverordnung gemäß § 30c Abs. 1 Nr. 2 zugelassen werden, wenn die eingetragene Entscheidung auf körperlichen oder geistigen Mängeln oder fehlender Befähigung beruht.

(2) Die Tilgungsfristen gelten nicht, wenn die Erteilung einer Fahrerlaubnis oder die Erteilung des Rechts, von einer ausländischen Fahrerlaubnis wieder Gebrauch zu machen, für immer untersagt ist.

(3) Ohne Rücksicht auf den Lauf der Fristen nach Absatz 1 und das Tilgungsverbot nach Absatz 2 werden getilgt

1. Eintragungen über Entscheidungen, wenn ihre Tilgung im Bundeszentralregister angeordnet oder wenn die Entscheidung im Wiederaufnahmeverfahren oder nach den §§ 86, 102 Abs. 2 des Gesetzes über Ordnungswidrigkeiten rechtskräftig aufgehoben wird,

2. Eintragungen, die in das Bundeszentralregister nicht aufzunehmen sind, wenn ihre Tilgung durch die nach Landesrecht zuständige Behörde angeordnet wird, wobei die Anordnung nur ergehen darf, wenn dies zur Vermeidung ungerechtfertigter Härten erforderlich ist und öffentliche Interessen nicht gefährdet werden,
3. Eintragungen, bei denen die zugrunde liegende Entscheidung aufgehoben wird oder bei denen nach näherer Bestimmung durch Rechtsverordnung gemäß § 30c Abs. 1 Nr. 2 eine Änderung der zugrunde liegenden Entscheidung Anlass gibt,
4. sämtliche Eintragungen, wenn eine amtliche Mitteilung über den Tod der betroffenen Person eingeht.

(4) Die Tilgungsfrist (Absatz 1) beginnt

1. bei strafgerichtlichen Verurteilungen und bei Strafbefehlen mit dem Tag der Rechtskraft, wobei dieser Tag auch dann maßgebend bleibt, wenn eine Gesamtstrafe oder eine einheitliche Jugendstrafe gebildet oder nach § 30 Abs. 1 des Jugendgerichtsgesetzes auf Jugendstrafe erkannt wird oder eine Entscheidung im Wiederaufnahmeverfahren ergeht, die eine registerpflichtige Verurteilung enthält,
2. bei Entscheidungen der Gerichte nach den §§ 59, 60 des Strafgesetzbuchs und § 27 des Jugendgerichtsgesetzes mit dem Tag der Rechtskraft,
3. bei gerichtlichen und verwaltungsbehördlichen Bußgeldentscheidungen sowie bei anderen Verwaltungsentscheidungen mit dem Tag der Rechtskraft oder Unanfechtbarkeit der beschwerenden Entscheidung,
4. bei Aufbauseminaren nach § 2a Absatz 2 Satz 1 Nummer 1, verkehrspsychologischen Beratungen nach § 2a Absatz 2 Satz 1 Nummer 2 und Fahreignungsseminaren nach § 4 Absatz 7 mit dem Tag der Ausstellung der Teilnahmebescheinigung.

(5) [1] Bei der Versagung oder Entziehung der Fahrerlaubnis wegen mangelnder Eignung, der Anordnung einer Sperre nach § 69a Abs. 1 Satz 3 des Strafgesetzbuchs oder bei einem Verzicht auf die Fahrerlaubnis beginnt die Tilgungsfrist erst mit der Erteilung oder Neuerteilung der Fahrerlaubnis, spätestens jedoch fünf Jahre nach der Rechtskraft der beschwerenden Entscheidung oder dem Tag des Zugangs der Verzichtserklärung bei der zuständigen Behörde. [2] Bei von der nach Landesrecht zuständigen Behörde verhängten Verboten oder Beschränkungen, ein fahrerlaubnisfreies Fahrzeug zu führen, beginnt die Tilgungsfrist fünf Jahre nach Ablauf oder Aufhebung des Verbots oder der Beschränkung.

(6) [1] Nach Eintritt der Tilgungsreife wird eine Eintragung vorbehaltlich der Sätze 2 und 4 gelöscht. [2] Eine Eintragung nach § 28 Absatz 3 Nummer 1 oder 3 Buchstabe a oder c wird nach Eintritt der Tilgungsreife erst nach einer Überliegefrist von einem Jahr gelöscht. [3] Während dieser Überliegefrist darf der Inhalt dieser Eintragung nur noch zu folgenden Zwecken übermittelt, verwendet oder über ihn eine Auskunft erteilt werden:

1. zur Übermittlung an die nach Landesrecht zuständige Behörde zur dortigen Verwendung zur Anordnung von Maßnahmen im Rahmen der Fahrerlaubnis auf Probe nach § 2a,

2. zur Übermittlung an die nach Landesrecht zuständige Behörde zur dortigen Verwendung zum Ergreifen von Maßnahmen nach dem Fahreignungs-Bewertungssystem nach § 4 Absatz 5,
3. zur Auskunftserteilung an die betroffene Person nach § 30 Absatz 8,
4. zur Verwendung für die Durchführung anderer als der in den Nummern 1 oder 2 genannten Verfahren zur Erteilung oder Entziehung einer Fahrerlaubnis, wenn die Tat als Grundlage in einer noch gespeicherten Maßnahme nach § 28 Absatz 3 Nummer 5, 6 oder 8 genannt ist.

4 Die Löschung einer Eintragung nach § 28 Absatz 3 Nummer 3 Buchstabe a oder c unterbleibt in jedem Fall so lange, wie die betroffene Person im Zentralen Fahrerlaubnisregister als Inhaber einer Fahrerlaubnis auf Probe gespeichert ist; während dieser Zeit gilt Satz 3 Nummer 1, 3 und 4 nach Ablauf der Überliegefrist entsprechend.

(7) 1 Ist eine Eintragung im Fahreignungsregister gelöscht, dürfen die Tat und die Entscheidung der betroffenen Person für die Zwecke des § 28 Absatz 2 nicht mehr vorgehalten und nicht zu ihrem Nachteil verwertet werden. 2 Abweichend von Satz 1 darf eine Tat und die hierauf bezogene Entscheidung trotz ihrer Löschung aus dem Fahreignungsregister für die Durchführung anderer als der in Absatz 6 Satz 3 Nummer 4 genannten Verfahren zur Erteilung oder Entziehung einer Fahrerlaubnis verwendet werden, solange die Tat als Grundlage in einer noch gespeicherten Maßnahme nach § 28 Absatz 3 Nummer 5, 6 oder 8 genannt ist. 3 Unterliegt eine Eintragung im Fahreignungsregister über eine gerichtliche Entscheidung nach Absatz 1 Satz 2 Nummer 3 Buchstabe a einer zehnjährigen Tilgungsfrist, darf sie nach Ablauf eines Zeitraums, der einer fünfjährigen Tilgungsfrist nach den vorstehenden Vorschriften entspricht, nur noch für folgende Zwecke an die nach Landesrecht zuständige Behörde übermittelt und dort verwendet werden:
1. zur Durchführung von Verfahren, die eine Erteilung oder Entziehung einer Fahrerlaubnis zum Gegenstand haben,
2. zum Ergreifen von Maßnahmen nach dem Fahreignungs-Bewertungssystem nach § 4 Absatz 5.

4 Außerdem dürfen für die Prüfung der Berechtigung zum Führen von Kraftfahrzeugen Entscheidungen der Gerichte nach den §§ 69 bis 69b des Strafgesetzbuches[1)] an die nach Landesrecht zuständige Behörde übermittelt und dort verwendet werden. 5 Die Sätze 1 bis 3 gelten nicht für Eintragungen wegen strafgerichtlicher Entscheidungen, die für die Ahndung von Straftaten herangezogen werden. 6 Insoweit gelten die Regelungen des Bundeszentralregistergesetzes.

§ 30 Übermittlung. (1) Die Eintragungen im Fahreignungsregister dürfen an die Stellen, die
1. für die Verfolgung von Straftaten, zur Vollstreckung oder zum Vollzug von Strafen,
2. für die Verfolgung von Ordnungswidrigkeiten und die Vollstreckung von Bußgeldbescheiden und ihren Nebenfolgen nach diesem Gesetz und dem Gesetz über das Fahrpersonal im Straßenverkehr oder

---

[1)] Nr. **6**.

3. für Verwaltungsmaßnahmen auf Grund dieses Gesetzes oder der auf ihm beruhenden Rechtsvorschriften

zuständig sind, übermittelt werden, soweit dies für die Erfüllung der diesen Stellen obliegenden Aufgaben zu den in § 28 Abs. 2 genannten Zwecken jeweils erforderlich ist.

(2) Die Eintragungen im Fahreignungsregister dürfen an die Stellen, die für Verwaltungsmaßnahmen auf Grund des Gesetzes über die Beförderung gefährlicher Güter, des Kraftfahrsachverständigengesetzes, des Fahrlehrergesetzes, des Personenbeförderungsgesetzes, der gesetzlichen Bestimmungen über die Notfallrettung und den Krankentransport, des Güterkraftverkehrsgesetzes einschließlich der Verordnung (EWG) Nr. 881/92 des Rates vom 26. März 1992 über den Zugang zum Güterkraftverkehrsmarkt in der Gemeinschaft für Beförderungen aus oder nach einem Mitgliedstaat oder durch einen oder mehrere Mitgliedstaaten (ABl. EG Nr. L 95 S. 1), des Gesetzes über das Fahrpersonal im Straßenverkehr oder der auf Grund dieser Gesetze erlassenen Rechtsvorschriften zuständig sind, übermittelt werden, soweit dies für die Erfüllung der diesen Stellen obliegenden Aufgaben zu den in § 28 Abs. 2 Nr. 2 und 4 genannten Zwecken jeweils erforderlich ist.

(3) Die Eintragungen im Fahreignungsregister dürfen an die für Verkehrs- und Grenzkontrollen zuständigen Stellen übermittelt werden, soweit dies zu dem in § 28 Abs. 2 Nr. 2 genannten Zweck erforderlich ist.

(4) Die Eintragungen im Fahreignungsregister dürfen außerdem für die Erteilung, Verlängerung, Erneuerung, Rücknahme oder den Widerruf einer Erlaubnis für Luftfahrer oder sonstiges Luftfahrpersonal nach den Vorschriften des Luftverkehrsgesetzes oder der auf Grund dieses Gesetzes erlassenen Rechtsvorschriften an die hierfür zuständigen Stellen übermittelt werden, soweit dies für die genannten Maßnahmen erforderlich ist.

(4a) Die Eintragungen im Fahreignungsregister dürfen außerdem an die hierfür zuständigen Stellen übermittelt werden für die Erteilung, den Entzug oder das Anordnen des Ruhens von Befähigungszeugnissen und Erlaubnissen für Kapitäne, Schiffsoffiziere oder sonstige Seeleute nach den Vorschriften des Seeaufgabengesetzes und für Schiffs- und Sportbootführer und sonstige Besatzungsmitglieder nach dem Seeaufgabengesetz oder dem Binnenschifffahrtsaufgabengesetz oder der aufgrund dieser Gesetze erlassenen Rechtsvorschriften, soweit dies für die genannten Maßnahmen erforderlich ist.

(4b) Die Eintragungen im Fahreignungsregister dürfen außerdem für die Erteilung, Aussetzung, Einschränkung und Entziehung des Triebfahrzeugführerscheins auf Grund des Allgemeinen Eisenbahngesetzes oder der auf Grund dieses Gesetzes erlassenen Rechtsvorschriften an die hierfür zuständigen Stellen übermittelt werden, soweit die Eintragungen für die dortige Prüfung der Voraussetzungen für die Erteilung, Aussetzung, Einschränkung und Entziehung des Triebfahrzeugführerscheins erforderlich sind.

(5) [1] Die Eintragungen im Fahreignungsregister dürfen für die wissenschaftliche Forschung entsprechend § 38 und für statistische Zwecke entsprechend § 38a übermittelt und verwendet werden. [2] Zur Vorbereitung von Rechts- und allgemeinen Verwaltungsvorschriften auf dem Gebiet des Straßenverkehrs dürfen die Eintragungen entsprechend § 38b übermittelt und verwendet werden.

(6) [1] Der Empfänger darf die übermittelten Daten nur zu dem Zweck verarbeiten, zu dessen Erfüllung sie ihm übermittelt worden sind. [2] Der Empfänger

darf die übermittelten Daten auch für andere Zwecke verarbeiten, soweit sie ihm auch für diese Zwecke hätten übermittelt werden dürfen. [3]Ist der Empfänger eine nichtöffentliche Stelle, hat die übermittelnde Stelle ihn darauf hinzuweisen. [4]Eine Verarbeitung für andere Zwecke durch nichtöffentliche Stellen bedarf der Zustimmung der übermittelnden Stelle.

(7) [1]Die Eintragungen im Fahreignungsregister dürfen an die zuständigen Stellen anderer Staaten übermittelt werden, soweit dies

1. für Verwaltungsmaßnahmen auf dem Gebiet des Straßenverkehrs,
2. zur Verfolgung von Zuwiderhandlungen gegen Rechtsvorschriften auf dem Gebiet des Straßenverkehrs oder
3. zur Verfolgung von Straftaten, die im Zusammenhang mit dem Straßenverkehr oder sonst mit Kraftfahrzeugen, Anhängern oder Fahrzeugpapieren, Fahrerlaubnissen oder Führerscheinen stehen,

erforderlich ist. [2]Der Empfänger ist darauf hinzuweisen, dass die übermittelten Daten nur zu dem Zweck verarbeitet werden dürfen, zu dessen Erfüllung sie ihm übermittelt werden. [3]Die Übermittlung unterbleibt, wenn durch sie schutzwürdige Interessen der betroffenen Person beeinträchtigt würden, insbesondere wenn im Empfängerland ein angemessener Datenschutzstandard nicht gewährleistet ist.

(8) [1]Der betroffenen Person wird auf Antrag schriftlich über den sie betreffenden Inhalt des Fahreignungsregisters und über die Anzahl der Punkte unentgeltlich Auskunft erteilt. [2]Der Antragsteller hat dem Antrag einen Identitätsnachweis beizufügen und den Antrag, wenn er schriftlich gestellt wird, eigenhändig zu unterschreiben. [3]Die Auskunft kann elektronisch erteilt werden, wenn der Antrag unter Nutzung des elektronischen Identitätsnachweises nach § 18 des Personalausweisgesetzes, nach § 12 des eID-Karte-Gesetzes oder nach § 78 Absatz 5 des Aufenthaltsgesetzes gestellt wird. [4]Hinsichtlich der Protokollierung gilt § 30a Absatz 3 entsprechend.

(9) [1]Übermittlungen von Daten aus dem Fahreignungsregister sind nur auf Ersuchen zulässig, es sei denn, auf Grund besonderer Rechtsvorschrift wird bestimmt, dass die Registerbehörde bestimmte Daten von Amts wegen zu übermitteln hat. [2]Die Verantwortung für die Zulässigkeit der Übermittlung trägt die übermittelnde Stelle. [3]Erfolgt die Übermittlung auf Ersuchen des Empfängers, trägt dieser die Verantwortung. [4]In diesem Fall prüft die übermittelnde Stelle nur, ob das Übermittlungsersuchen im Rahmen der Aufgaben des Empfängers liegt, es sei denn, dass besonderer Anlass zur Prüfung der Zulässigkeit der Übermittlung besteht. [5]Begründet sich der besondere Anlass nach Satz 4 in Zweifeln an der Identität einer Person, auf die sich ein Ersuchen auf Datenübermittlung bezieht, gilt § 28 Absatz 5 Satz 1 bis 3 entsprechend.

(10) [1]Die Eintragungen über rechtskräftige oder unanfechtbare Entscheidungen nach § 28 Absatz 3 Nummer 1 bis 3 und 6, in denen Inhabern ausländischer Fahrerlaubnisse die Fahrerlaubnis entzogen oder ein Fahrverbot angeordnet wird oder die fehlende Berechtigung von der Fahrerlaubnis im Inland Gebrauch zu machen festgestellt wird, werden vom Kraftfahrt-Bundesamt an die zuständigen Stellen der Mitgliedstaaten der Europäischen Union übermittelt, um ihnen die Einleitung eigener Maßnahmen zu ermöglichen. [2]Der Umfang der zu übermittelnden Daten wird durch Rechtsverordnung bestimmt (§ 30c Absatz 1 Nummer 3).

§ 30a Direkteinstellung und Abruf im automatisierten Verfahren.

(1) Den Stellen, denen die Aufgaben nach § 30 Absatz 1 bis 4b obliegen, dürfen die für die Erfüllung dieser Aufgaben jeweils erforderlichen Daten aus dem Fahreignungsregister durch Abruf im automatisierten Verfahren übermittelt werden.

(2) Die Einrichtung von Anlagen zur Datenfernübertragung durch Direkteinstellung oder zum Abruf im automatisierten Verfahren ist nur zulässig, wenn nach näherer Bestimmung durch Rechtsverordnung (§ 30c Absatz 1 Nummer 5) gewährleistet ist, dass

1. die erforderlichen technischen und organisatorischen Maßnahmen nach den Artikeln 24, 25 und 32 der Verordnung (EU) 2016/679 des Europäischen Parlaments und des Rates vom 27. April 2016 zum Schutz natürlicher Personen bei der Verarbeitung personenbezogener Daten, zum freien Datenverkehr und zur Aufhebung der Richtlinie 95/46/EG (Datenschutz-Grundverordnung) (ABl. L 119 vom 4.5.2016, S. 1; L 314 vom 22.11.2016, S. 72; L 127 vom 23.5.2018, S. 2) in der jeweils geltenden Fassung zur Sicherstellung des Datenschutzes und der Datensicherheit getroffen werden und
2. die Zulässigkeit der Direkteinstellungen oder der Abrufe nach Maßgabe des Absatzes 3 kontrolliert werden kann.

(2a) (weggefallen)

(3) [1]Das Kraftfahrt-Bundesamt fertigt über die Direkteinstellungen und die Abrufe Aufzeichnungen an, die die bei der Durchführung der Direkteinstellungen oder Abrufe verwendeten Daten, den Tag und die Uhrzeit der Direkteinstellungen oder Abrufe, die Kennung der einstellenden oder abrufenden Dienststelle und die eingestellten oder abgerufenen Daten enthalten müssen. [2]Die Zulässigkeit der Direkteinstellungen und Abrufe personenbezogener Daten wird durch Stichproben durch das Kraftfahrt-Bundesamt festgestellt und überprüft. [3]Die Protokolldaten nach Satz 1 dürfen nur für Zwecke der Datenschutzkontrolle, der Datensicherung oder zur Sicherstellung eines ordnungsgemäßen Betriebs der Datenverarbeitungsanlage verwendet werden. [4]Liegen Anhaltspunkte dafür vor, dass ohne ihre Verwendung die Verhinderung oder Verfolgung einer schwerwiegenden Straftat gegen Leib, Leben oder Freiheit einer Person aussichtslos oder wesentlich erschwert wäre, dürfen die Protokolldaten auch für diesen Zweck verwendet werden, sofern das Ersuchen der Strafverfolgungsbehörde unter Verwendung von Personendaten einer bestimmten Person gestellt wird. [5]Die Protokolldaten sind durch geeignete Vorkehrungen gegen zweckfremde Verwendung und gegen sonstigen Missbrauch zu schützen und nach sechs Monaten zu löschen.

(4) [1]Das Kraftfahrt-Bundesamt fertigt weitere Aufzeichnungen, die sich auf den Anlass der Direkteinstellung oder des Abrufs erstrecken und die Feststellung der für die Direkteinstellung oder den Abruf verantwortlichen Person ermöglichen. [2]Das Nähere wird durch Rechtsverordnung (§ 30c Absatz 1 Nummer 5) bestimmt.

(5) [1]Durch Abruf im automatisierten Verfahren dürfen aus dem Fahreignungsregister für die in § 30 Abs. 7 genannten Maßnahmen an die hierfür zuständigen öffentlichen Stellen in einem Mitgliedstaat der Europäischen Union oder einem anderen Vertragsstaat des Abkommens über den Europäischen Wirtschaftsraum übermittelt werden:

1. die Tatsache folgender Entscheidungen der Verwaltungsbehörden:
   a) die unanfechtbare Versagung einer Fahrerlaubnis, einschließlich der Ablehnung der Verlängerung einer befristeten Fahrerlaubnis,
   b) die unanfechtbaren oder sofort vollziehbaren Entziehungen, Widerrufe oder Rücknahmen einer Fahrerlaubnis oder Feststellungen über die fehlende Berechtigung, von einer ausländischen Fahrerlaubnis im Inland Gebrauch zu machen,
   c) die rechtskräftige Anordnung eines Fahrverbots,
2. die Tatsache folgender Entscheidungen der Gerichte:
   a) die rechtskräftige oder vorläufige Entziehung einer Fahrerlaubnis,
   b) die rechtskräftige Anordnung einer Fahrerlaubnissperre,
   c) die rechtskräftige Anordnung eines Fahrverbots,
3. die Tatsache der Beschlagnahme, Sicherstellung oder Verwahrung des Führerscheins nach § 94 der Strafprozessordnung[1)],
4. die Tatsache des Verzichts auf eine Fahrerlaubnis und
5. zusätzlich
   a) Klasse, Art und etwaige Beschränkungen der Fahrerlaubnis, die Gegenstand der Entscheidung nach Nummer 1 oder Nummer 2 oder des Verzichts nach Nummer 4 ist, und
   b) Familiennamen, Geburtsnamen, sonstige frühere Namen, Vornamen, Ordens- oder Künstlernamen, Tag und Ort der Geburt der Person, zu der eine Eintragung nach den Nummern 1 bis 3 vorliegt.

[2] Der Abruf ist nur zulässig, wenn
1. diese Form der Datenübermittlung unter Berücksichtigung der schutzwürdigen Interessen der betroffenen Personen wegen der Vielzahl der Übermittlungen oder wegen ihrer besonderen Eilbedürftigkeit angemessen ist und
2. der Empfängerstaat die Verordnung (EU) 2016/679 anwendet.

[3] Die Absätze 2 und 3 sowie Absatz 4 wegen des Anlasses der Abrufe sind entsprechend anzuwenden.

§ 30b Automatisiertes Anfrage- und Auskunftsverfahren beim Kraftfahrt-Bundesamt. (1) [1] Die Übermittlung von Daten aus dem Fahreignungsregister nach § 30 Abs. 1 bis 4b und 7 darf nach näherer Bestimmung durch Rechtsverordnung gemäß § 30c Abs. 1 Nr. 6 in einem automatisierten Anfrage- und Auskunftsverfahren erfolgen. [2] Die anfragende Stelle hat die Zwecke anzugeben, für die die zu übermittelnden Daten benötigt werden.

(2) Solche Verfahren dürfen nur eingerichtet werden, wenn gewährleistet ist, dass
1. die zur Sicherung gegen Missbrauch erforderlichen technischen und organisatorischen Maßnahmen ergriffen werden und
2. die Zulässigkeit der Übermittlung nach Maßgabe des Absatzes 3 kontrolliert werden kann.

(3) [1] Das Kraftfahrt-Bundesamt als übermittelnde Behörde hat Aufzeichnungen zu führen, die die übermittelten Daten, den Zeitpunkt der Übermittlung,

---

1) Nr. 7.

den Empfänger der Daten und den vom Empfänger angegebenen Zweck enthalten. [2] § 30a Absatz 3 Satz 3 und 4 gilt entsprechend.

§ 30c Verordnungsermächtigungen, Ausführungsvorschriften. [1] Das Bundesministerium für Digitales und Verkehr wird ermächtigt, Rechtsverordnungen mit Zustimmung des Bundesrates zu erlassen über

1. den Inhalt der Eintragungen einschließlich der Personendaten nach § 28 Abs. 3,
2. Verkürzungen der Tilgungsfristen nach § 29 Abs. 1 Satz 5 und über Tilgungen ohne Rücksicht auf den Lauf der Fristen nach § 29 Abs. 3 Nr. 3,
3. die Art und den Umfang der zu übermittelnden Daten nach § 30 Absatz 1 bis 4b, 7 und 10 sowie die Bestimmung der Empfänger und den Geschäftsweg bei Übermittlungen nach § 30 Abs. 7 und 10,
4. den Identitätsnachweis bei Auskünften nach § 30 Abs. 8,
5. die Art und den Umfang der zu übermittelnden Daten nach § 28 Absatz 4 Satz 2 und § 30a Abs. 1, die Maßnahmen zur Sicherung gegen Missbrauch nach § 30a Abs. 2, die weiteren Aufzeichnungen nach § 30a Abs. 4 beim Abruf im automatisierten Verfahren und die Bestimmung der Empfänger bei Übermittlungen nach § 30a Abs. 5,
6. die Art und den Umfang der zu übermittelnden Daten nach § 30b Abs. 1 und die Maßnahmen zur Sicherung gegen Missbrauch nach § 30b Abs. 2 Nr. 1,
7. die Art und Weise der Durchführung von Datenübermittlungen,
8. die Zusammenarbeit zwischen Bundeszentralregister und Fahreignungsregister.

[2] Die Rechtsverordnungen nach Satz 1 Nummer 7, soweit Justizbehörden betroffen sind, und nach Satz 1 Nummer 8 werden im Einvernehmen mit dem Bundesministerium der Justiz erlassen.

V. Fahrzeugregister

§ 31 Registerführung und Registerbehörden. (1) Die Zulassungsbehörden führen ein Register über die Fahrzeuge, für die ein Kennzeichen ihres Bezirks zugeteilt oder ausgegeben wurde (örtliches Fahrzeugregister der Zulassungsbehörden).

(2) Das Kraftfahrt-Bundesamt führt ein Register über die Fahrzeuge, für die im Geltungsbereich dieses Gesetzes ein Kennzeichen zugeteilt oder ausgegeben wurde oder die nach Maßgabe von Vorschriften auf Grund des § 6 Absatz 1 Satz 1 Nummer 6 regelmäßig untersucht oder geprüft wurden (Zentrales Fahrzeugregister des Kraftfahrt-Bundesamtes).

(3) [1] Soweit die Dienststellen der Bundeswehr, der Polizeien des Bundes und der Länder, der Wasserstraßen- und Schifffahrtsverwaltung des Bundes eigene Register für die jeweils von ihnen zugelassenen Fahrzeuge führen, finden die Vorschriften dieses Abschnitts keine Anwendung. [2] Satz 1 gilt entsprechend für Fahrzeuge, die von den Nachfolgeunternehmen der Deutschen Bundespost zugelassen sind.

§ 32 Zweckbestimmung der Fahrzeugregister. (1) Die Fahrzeugregister werden geführt zur Speicherung von Daten

1. für die Zulassung und Überwachung von Fahrzeugen nach diesem Gesetz oder den darauf beruhenden Rechtsvorschriften,
2. für Maßnahmen zur Gewährleistung des Versicherungsschutzes im Rahmen der Kraftfahrzeughaftpflichtversicherung,
3. für Maßnahmen zur Durchführung des Kraftfahrzeugsteuerrechts,
4. für Maßnahmen nach dem Bundesleistungsgesetz, dem Verkehrssicherstellungsgesetz, dem Verkehrsleistungsgesetz oder den darauf beruhenden Rechtsvorschriften,
5. für Maßnahmen des Katastrophenschutzes nach den hierzu erlassenen Gesetzen der Länder oder den darauf beruhenden Rechtsvorschriften,
6. für Maßnahmen zur Durchführung des Altfahrzeugrechts,
7. *(aufgehoben)*
8. für Maßnahmen zur Durchführung der Datenverarbeitung bei Kraftfahrzeugen mit hoch- oder vollautomatisierter Fahrfunktion nach diesem Gesetz oder nach den auf diesem Gesetz beruhenden Rechtsvorschriften und
9. für Maßnahmen nach oder zur Umsetzung von unionsrechtlichen Vorschriften, soweit diese die Verwendung von in den Fahrzeugregistern gespeicherten Daten erfordern.

(2) Die Fahrzeugregister werden außerdem geführt zur Speicherung von Daten für die Erteilung von Auskünften, um

1. Personen in ihrer Eigenschaft als Halter von Fahrzeugen,
2. Fahrzeuge eines Halters oder
3. Fahrzeugdaten

festzustellen oder zu bestimmen.

(3) [1] Das Zentrale Fahrzeugregister wird außerdem geführt zur Verwendung und Übermittlung der nach § 33 Absatz 1 gespeicherten Daten, um im Einzelfall Halter von Fahrzeugen zu informieren über fahrzeugbezogene Maßnahmen,

1. die für ihre Fahrzeuge in Betracht kommen und
2. die dem Schutz der Verkehrssicherheit, der Gesundheit von Personen oder der Umwelt dienen.

[2] Fahrzeugbezogene Maßnahmen können insbesondere auf die Verbesserung von Fahrzeugeigenschaften, insbesondere auf die Verbesserung des Abgasverhaltens, des Geräuschverhaltens, des Kraftstoffverbrauchs oder des Fahrverhaltens abzielen.

§ 33 Inhalt der Fahrzeugregister. (1) [1] Im örtlichen und im Zentralen Fahrzeugregister werden, soweit dies zur Erfüllung der in § 32 genannten Aufgaben jeweils erforderlich ist, gespeichert

1. nach näherer Bestimmung durch Rechtsverordnung (§ 47 Nummer 1 und 1a) Daten über Beschaffenheit, Ausrüstung, Identifizierungsmerkmale, Zulassungsmerkmale, Prüfung und Untersuchung einschließlich der durchführenden Stelle und einer Kennung für die Feststellung des für die Durchführung der Prüfung oder Untersuchung Verantwortlichen, Kennzeichnung und Papiere des Fahrzeugs sowie über tatsächliche und rechtliche Verhältnisse in Bezug auf das Fahrzeug, insbesondere auch über die Haftpflichtversicherung,

die Kraftfahrzeugbesteuerung des Fahrzeugs und die Verwertung oder Nichtentsorgung des Fahrzeugs als Abfall im Inland (Fahrzeugdaten), sowie

2. Daten über denjenigen, dem ein Kennzeichen für das Fahrzeug zugeteilt oder ausgegeben wird (Halterdaten), und zwar
   a) bei natürlichen Personen:
   Familienname, Geburtsname, Vornamen, vom Halter für die Zuteilung oder die Ausgabe des Kennzeichens angegebener Ordens- oder Künstlername, Tag sowie Staat und Ort der Geburt, Geschlecht, Anschrift; bei Fahrzeugen mit Versicherungskennzeichen entfällt die Speicherung von Geburtsnamen, Ort der Geburt und Geschlecht des Halters,
   b) bei juristischen Personen und Behörden:
   Name oder Bezeichnung und Anschrift und
   c) bei Vereinigungen:
   benannter Vertreter mit den Angaben nach Buchstabe a oder b und gegebenenfalls Name der Vereinigung.

[2] Im örtlichen und im Zentralen Fahrzeugregister werden zur Erfüllung der in § 32 genannten Aufgaben außerdem Daten über denjenigen gespeichert, an den ein Fahrzeug mit einem amtlichen Kennzeichen veräußert wurde (Halterdaten), und zwar

a) bei natürlichen Personen:
Familienname, Vornamen und Anschrift,
b) bei juristischen Personen und Behörden:
Name oder Bezeichnung und Anschrift und
c) bei Vereinigungen:
benannter Vertreter mit den Angaben nach Buchstabe a oder b und gegebenenfalls Name der Vereinigung.

(2) Im örtlichen und im Zentralen Fahrzeugregister werden über beruflich Selbständige, denen ein amtliches Kennzeichen für ein Fahrzeug zugeteilt wird, für die Aufgaben nach § 32 Abs. 1 Nr. 4 und 5 Berufsdaten gespeichert, und zwar

1. bei natürlichen Personen der Beruf oder das Gewerbe (Wirtschaftszweig) und
2. bei juristischen Personen und Vereinigungen gegebenenfalls das Gewerbe (Wirtschaftszweig).

(3) Im örtlichen und im Zentralen Fahrzeugregister darf die Anordnung einer Fahrtenbuchauflage wegen Zuwiderhandlungen gegen Verkehrsvorschriften gespeichert werden.

(4) Ferner werden für Daten, die nicht übermittelt werden dürfen (§ 41), in den Fahrzeugregistern Übermittlungssperren gespeichert.

§ 34 Erhebung der Daten. (1) [1] Wer die Zuteilung oder die Ausgabe eines Kennzeichens für ein Fahrzeug beantragt, hat der hierfür zuständigen Stelle

1. von den nach § 33 Abs. 1 Satz 1 Nr. 1 zu speichernden Fahrzeugdaten bestimmte Daten nach näherer Regelung durch Rechtsverordnung (§ 47 Nummer 1) und
2. die nach § 33 Abs. 1 Satz 1 Nr. 2 zu speichernden Halterdaten

mitzuteilen und auf Verlangen nachzuweisen. [2] Zur Mitteilung und zum Nachweis der Daten über die Haftpflichtversicherung ist gegenüber der Zulassungsbehörde auch der jeweilige Versicherer befugt. [3] Die Zulassungsbehörde kann durch Einholung von Auskünften aus dem Melderegister die Richtigkeit und Vollständigkeit der vom Antragsteller mitgeteilten Daten überprüfen.

(2) Wer die Zuteilung eines amtlichen Kennzeichens für ein Fahrzeug beantragt, hat der Zulassungsbehörde außerdem die Daten über Beruf oder Gewerbe (Wirtschaftszweig) mitzuteilen, soweit sie nach § 33 Abs. 2 zu speichern sind.

(3) [1] Wird ein Fahrzeug veräußert, für das ein amtliches Kennzeichen zugeteilt ist, so hat der Veräußerer der Zulassungsbehörde, die dieses Kennzeichen zugeteilt hat, die in § 33 Abs. 1 Satz 2 aufgeführten Daten des Erwerbers (Halterdaten) mitzuteilen. [2] Die Mitteilung ist nicht erforderlich, wenn der neue Eigentümer bereits seiner Meldepflicht nach Absatz 4 nachgekommen ist.

(4) Der Halter und der Eigentümer, wenn dieser nicht zugleich Halter ist, haben der Zulassungsbehörde jede Änderung der Daten mitzuteilen, die nach Absatz 1 erhoben wurden; dies gilt nicht für die Fahrzeuge, die ein Versicherungskennzeichen führen müssen.

(5) [1] Die Versicherer dürfen der zuständigen Zulassungsbehörde Folgendes mitteilen:

1. das Nichtbestehen oder die Beendigung des Versicherungsverhältnisses über die vorgeschriebene Haftpflichtversicherung für das betreffende Fahrzeug oder
2. die Halterdaten, sofern die Zulassungsbehörde dem Versicherer gegenüber dargelegt hat, dass sie die Mitteilung dieser Daten zur Erfüllung ihrer gesetzlichen Aufgaben für erforderlich hält.

[2] Die Versicherer haben dem Kraftfahrt-Bundesamt im Rahmen der Zulassung von Fahrzeugen mit Versicherungskennzeichen die erforderlichen Fahrzeugdaten nach näherer Bestimmung durch Rechtsverordnung (§ 47 Nummer 2) und die Halterdaten nach § 33 Absatz 1 Satz 1 Nummer 2 sowie jede Änderung dieser Daten mitzuteilen.

(6) [1] Die Technischen Prüfstellen, amtlich anerkannten Überwachungsorganisationen und anerkannten Kraftfahrzeugwerkstätten, soweit diese Werkstätten Sicherheitsprüfungen durchführen, haben dem Kraftfahrt-Bundesamt nach näherer Bestimmung durch Rechtsverordnung auf Grund des § 47 Nummer 1a die nach § 33 Absatz 1 Satz 1 Nummer 1 zu speichernden oder zu einer Änderung oder Löschung einer Eintragung führenden Daten über Prüfungen und Untersuchungen einschließlich der durchführenden Stellen und Kennungen zur Feststellung der für die Durchführung der Prüfung oder Untersuchung Verantwortlichen zu übermitteln. [2] Im Fall der anerkannten Kraftfahrzeugwerkstätten erfolgt die Übermittlung über Kopfstellen; im Fall der Technischen Prüfstellen und anerkannten Überwachungsorganisationen kann die Übermittlung über Kopfstellen erfolgen. [3] Eine Speicherung der nach Satz 2 zur Übermittlung an das Kraftfahrt-Bundesamt erhaltenen Daten bei den Kopfstellen erfolgt ausschließlich zu diesem Zweck. [4] Nach erfolgter Übermittlung haben die Kopfstellen die nach Satz 3 gespeicherten Daten unverzüglich, bei elektronischer Speicherung automatisiert, zu löschen.

§ 35 Übermittlung von Fahrzeugdaten und Halterdaten. (1) Die nach § 33 Absatz 1 gespeicherten Fahrzeugdaten und Halterdaten dürfen an Behörden und sonstige öffentliche Stellen im Geltungsbereich dieses Gesetzes sowie im Rahmen einer internetbasierten Zulassung an Personen im Sinne des § 6g Absatz 3 zur Erfüllung der Aufgaben der Zulassungsbehörde, des Kraftfahrt-Bundesamtes oder der Aufgaben des Empfängers nur übermittelt werden, wenn dies für die Zwecke nach § 32 Absatz 2 jeweils erforderlich ist

1. zur Durchführung der in § 32 Abs. 1 angeführten Aufgaben,
2. zur Verfolgung von Straftaten, zur Vollstreckung oder zum Vollzug von Strafen, von Maßnahmen im Sinne des § 11 Abs. 1 Nr. 8 des Strafgesetzbuchs oder von Erziehungsmaßregeln oder Zuchtmitteln im Sinne des Jugendgerichtsgesetzes,
3. zur Verfolgung von Ordnungswidrigkeiten,
4. zur Abwehr von Gefahren für die öffentliche Sicherheit oder Ordnung,
5. zur Erfüllung der den Verfassungsschutzbehörden, dem Militärischen Abschirmdienst und dem Bundesnachrichtendienst durch Gesetz übertragenen Aufgaben,
6. für Maßnahmen nach dem Abfallbeseitigungsgesetz oder den darauf beruhenden Rechtsvorschriften,
7. für Maßnahmen nach dem Wirtschaftssicherstellungsgesetz oder den darauf beruhenden Rechtsvorschriften,
8. für Maßnahmen nach dem Energiesicherungsgesetz 1975 oder den darauf beruhenden Rechtsvorschriften,
9. für die Erfüllung der gesetzlichen Mitteilungspflichten zur Sicherung des Steueraufkommens nach § 93 der Abgabenordnung,
10. zur Feststellung der Maut für die Benutzung mautpflichtiger Straßen im Sinne des § 1 des Bundesfernstraßenmautgesetzes und zur Verfolgung von Ansprüchen nach diesem Gesetz,
11. zur Ermittlung der Mautgebühr für die Benutzung von Bundesfernstraßen und zur Verfolgung von Ansprüchen nach dem Fernstraßenbauprivatfinanzierungsgesetz vom 30. August 1994 (BGBl. I S. 2243) in der jeweils geltenden Fassung,
12. zur Ermittlung der Mautgebühr für die Benutzung von Straßen nach Landesrecht und zur Verfolgung von Ansprüchen nach den Gesetzen der Länder über den gebührenfinanzierten Neu- und Ausbau von Straßen,
13. zur Überprüfung von Personen, die Sozialhilfe, Leistungen der Grundsicherung für Arbeitsuchende oder Leistungen nach dem Asylbewerberleistungsgesetz beziehen, zur Vermeidung rechtswidriger Inanspruchnahme solcher Leistungen,
14. für die in § 17 des Auslandsunterhaltsgesetzes genannten Zwecke,
15. für die in § 802l der Zivilprozessordnung genannten Zwecke soweit kein Grund zu der Annahme besteht, dass dadurch schutzwürdige Interessen des Betroffenen beeinträchtigt werden,
16. zur Erfüllung der den Behörden der Zollverwaltung in § 2 Absatz 1 des Schwarzarbeitsbekämpfungsgesetzes übertragenen Prüfungsaufgaben,
17. zur Durchführung eines Vollstreckungsverfahrens an die für die Vollstreckung nach dem Verwaltungs-Vollstreckungsgesetz oder nach den Verwaltungsvollstreckungsgesetzen der Länder zuständige Behörde, wenn der Voll-

streckungsschuldner als Halter des Fahrzeugs eingetragen ist, kein Grund zu der Annahme besteht, dass dadurch schutzwürdige Interessen des Betroffenen beeinträchtigt werden, und

a) die Ladung zu dem Termin zur Abgabe der Vermögensauskunft an den Vollstreckungsschuldner nicht zustellbar ist und

aa) die Anschrift, unter der die Zustellung ausgeführt werden sollte, mit der Anschrift übereinstimmt, die von einer der in § 755 Absatz 1 und 2 der Zivilprozessordnung genannten Stellen innerhalb von drei Monaten vor oder nach dem Zustellungsversuch mitgeteilt wurde, oder

bb) die Meldebehörde nach dem Zustellungsversuch die Auskunft erteilt, dass ihr keine derzeitige Anschrift des Vollstreckungsschuldners bekannt ist, oder

cc) die Meldebehörde innerhalb von drei Monaten vor Erlass der Vollstreckungsanordnung die Auskunft erteilt hat, dass ihr keine derzeitige Anschrift des Vollstreckungsschuldners bekannt ist;

b) der Vollstreckungsschuldner seiner Pflicht zur Abgabe der Vermögensauskunft in dem dem Ersuchen zugrundeliegenden Vollstreckungsverfahren nicht nachkommt oder

c) bei einer Vollstreckung in die in der Vermögensauskunft aufgeführten Vermögensgegenstände eine vollständige Befriedigung der Forderung nicht zu erwarten ist,

18. zur Überprüfung der Einhaltung von Verkehrsbeschränkungen und Verkehrsverboten, die aufgrund des § 40 des Bundes-Immissionsschutzgesetzes nach Maßgabe der straßenverkehrsrechtlichen Vorschriften angeordnet worden oder aufgrund straßenverkehrsrechtlicher Vorschriften zum Schutz der Wohnbevölkerung oder der Bevölkerung vor Abgasen ergangen sind,
19. zur Überprüfung und Ergänzung der Angaben in Anträgen und Verwendungsnachweisen zu einer Förderung hinsichtlich der Einhaltung der Regelungen über die Förderung des Absatzes von elektrisch betriebenen Fahrzeugen (Umweltbonus),
20. für die in § 98 Absatz 1a Satz 1 der Insolvenzordnung genannten Zwecke, soweit kein Grund zu der Annahme besteht, dass dadurch schutzwürdige Interessen des Betroffenen beeinträchtigt werden oder
21. für Maßnahmen nach dem Außenwirtschaftsgesetz, dem Sanktionsdurchsetzungsgesetz oder den jeweils auf den genannten Gesetzen beruhenden Rechtsvorschriften.

[Nr. 22 angef. ab 15.4.2025]

22. für das Ausstellen von Parkausweisen für Bewohner städtischer Quartiere mit erheblichem Parkraummangel.

(1a) Die nach § 33 Absatz 1 Nummer 1 gespeicherten Daten über Beschaffenheit, Ausrüstung und Identifizierungsmerkmale von Fahrzeugen dürfen den Zentralen Leitstellen für Brandschutz, Katastrophenschutz und Rettungsdienst, wenn dies für Zwecke nach § 32 Absatz 2 Nummer 3 erforderlich ist, zur Rettung von Unfallopfern übermittelt werden.

(2) [1]Die nach § 33 Absatz 1 gespeicherten Fahrzeugdaten und Halterdaten dürfen, soweit dies jeweils erforderlich ist, übermittelt werden

1. für die Zwecke des § 32 Absatz 1 Nummer 1 an Inhaber von Betriebserlaubnissen für Fahrzeuge, an Fahrzeughersteller oder an für den Mangel verantwortliche Teilehersteller, Werkstätten oder sonstige Produktverantwortliche, um Folgendes zu ermöglichen:
   a) Rückrufmaßnahmen zur Beseitigung von sicherheitsgefährdenden Mängeln an bereits ausgelieferten Fahrzeugen,
   b) Rückrufmaßnahmen zur Beseitigung von für die Umwelt erheblichen Mängeln an bereits ausgelieferten Fahrzeugen oder
   c) Rückrufmaßnahmen, die die Typgenehmigungsbehörde oder die Marktüberwachungsbehörde zur Beseitigung von sonstigen Unvorschriftsmäßigkeiten an bereits ausgelieferten Fahrzeugen für erforderlich erachtet,
2. für die Zwecke des § 32 Absatz 1 Nummer 6 an Fahrzeughersteller und Importeure von Fahrzeugen sowie an deren Rechtsnachfolger zur Überprüfung der Angaben über die Verwertung des Fahrzeugs nach dem Altfahrzeugrecht,
3. für die Zwecke des § 32 Absatz 1 Nummer 2 an Versicherer zur Gewährleistung des vorgeschriebenen Versicherungsschutzes oder
4. für die Zwecke des § 32 Absatz 1 Nummer 1 unmittelbar oder über Kopfstellen an Technische Prüfstellen und amtlich anerkannte Überwachungsorganisationen sowie über Kopfstellen an anerkannte Kraftfahrzeugwerkstätten, soweit diese Werkstätten Sicherheitsprüfungen durchführen, für die Durchführung der regelmäßigen Untersuchungen und Prüfungen, um die Verkehrssicherheit der Fahrzeuge und den Schutz der Verkehrsteilnehmer zu gewährleisten; § 34 Absatz 6 Satz 3 und 4 gilt entsprechend.

[2]Bei Übermittlungen nach Satz 1 Nummer 3 erfolgt eine Speicherung der Daten bei den Kopfstellen ausschließlich zum Zweck der Übermittlung an Technische Prüfstellen, amtlich anerkannte Überwachungsorganisationen und anerkannte Kraftfahrzeugwerkstätten, soweit diese Werkstätten Sicherheitsprüfungen durchführen. [3]Nach erfolgter Übermittlung haben die Kopfstellen die nach Satz 2 gespeicherten Daten unverzüglich, bei elektronischer Speicherung automatisiert, zu löschen.

(2a) Die nach § 33 Absatz 3 gespeicherten Daten über die Fahrtenbuchauflagen dürfen

1. den Zulassungsbehörden in entsprechender Anwendung des Absatzes 5 Nummer 1 zur Überwachung der Fahrtenbuchauflage,
2. dem Kraftfahrt-Bundesamt in entsprechender Anwendung des Absatzes 5 Nummer 1 für die Unterstützung der Zulassungsbehörden im Rahmen der Überwachung der Fahrtenbuchauflage oder
3. den hierfür zuständigen Behörden oder Gerichten zur Verfolgung von Straftaten oder von Ordnungswidrigkeiten nach § 24 Absatz 1, § 24a oder § 24c

jeweils im Einzelfall übermittelt werden.

(3) [1]Die Übermittlung von Fahrzeugdaten und Halterdaten zu anderen Zwecken als der Feststellung oder Bestimmung von Haltern oder Fahrzeugen (§ 32 Abs. 2) ist, unbeschadet der Absätze 4, 4a bis 4c, unzulässig, es sei denn, die Daten sind

1. unerlässlich zur
   a) Verfolgung von Straftaten oder zur Vollstreckung oder zum Vollzug von Strafen,

b) Abwehr einer im Einzelfall bestehenden Gefahr für die öffentliche Sicherheit,

c) Erfüllung der den Verfassungsschutzbehörden, dem Militärischen Abschirmdienst und dem Bundesnachrichtendienst durch Gesetz übertragenen Aufgaben,

d) Erfüllung der gesetzlichen Mitteilungspflichten zur Sicherung des Steueraufkommens nach § 93 der Abgabenordnung, soweit diese Vorschrift unmittelbar anwendbar ist, oder

e) Erfüllung gesetzlicher Mitteilungspflichten nach § 118 Abs. 4 Satz 4 Nr. 6 des Zwölften Buches Sozialgesetzbuch

und

2. auf andere Weise nicht oder nicht rechtzeitig oder nur mit unverhältnismäßigem Aufwand zu erlangen.

[2] Die ersuchende Behörde hat Aufzeichnungen über das Ersuchen mit einem Hinweis auf dessen Anlass zu führen. [3] Die Aufzeichnungen sind gesondert aufzubewahren, durch technische und organisatorische Maßnahmen zu sichern und am Ende des Kalenderjahres, das dem Jahr der Erstellung der Aufzeichnung folgt, zu vernichten. [4] Die Aufzeichnungen dürfen nur zur Kontrolle der Zulässigkeit der Übermittlungen verwertet werden, es sei denn, es liegen Anhaltspunkte dafür vor, dass ihre Verwertung zur Aufklärung oder Verhütung einer schwerwiegenden Straftat gegen Leib, Leben oder Freiheit einer Person führen kann und die Aufklärung oder Verhütung ohne diese Maßnahme aussichtslos oder wesentlich erschwert wäre.

(4) [1] Auf Ersuchen des Bundeskriminalamtes kann das Kraftfahrt-Bundesamt die im Zentralen Fahrzeugregister gespeicherten Halterdaten mit dem polizeilichen Fahndungsbestand der mit Haftbefehl gesuchten Personen abgleichen. [2] Die dabei ermittelten Daten gesuchter Personen dürfen dem Bundeskriminalamt übermittelt werden. [3] Das Ersuchen des Bundeskriminalamtes erfolgt durch Übersendung eines Datenträgers.

(4a) Auf Ersuchen der Auskunftsstelle nach § 8a des Pflichtversicherungsgesetzes[1)] übermitteln die Zulassungsbehörden und das Kraftfahrt-Bundesamt die nach § 33 Abs. 1 gespeicherten Fahrzeugdaten und Halterdaten zu den in § 8a Abs. 1 des Pflichtversicherungsgesetzes genannten Zwecken.

(4b) Zu den in § 7 Absatz 2 des Internationalen Familienrechtsverfahrensgesetzes, § 4 Abs. 3 Satz 2 des Erwachsenenschutzübereinkommens-Ausführungsgesetzes vom 17. März 2007 (BGBl. I S. 314) und den in den §§ 16 und 17 des Auslandsunterhaltsgesetzes vom 23. Mai 2011 (BGBl. I S. 898) bezeichneten Zwecken übermittelt das Kraftfahrt-Bundesamt der in diesen Vorschriften bezeichneten Zentralen Behörde auf Ersuchen die nach § 33 Abs. 1 Satz 1 Nr. 2 gespeicherten Halterdaten.

(4c) Auf Ersuchen übermittelt das Kraftfahrt-Bundesamt

1. dem Gerichtsvollzieher zu den in § 755 der Zivilprozessordnung genannten Zwecken und

2. der für die Vollstreckung nach dem Verwaltungs-Vollstreckungsgesetz oder nach den Verwaltungsvollstreckungsgesetzen der Länder zuständigen Behör-

---

1) Nr. **5**.

de, soweit diese die Angaben nicht durch Anfrage bei der Meldebehörde ermitteln kann, zur Durchführung eines Vollstreckungsverfahrens

die nach § 33 Absatz 1 Satz 1 Nummer 2 gespeicherten Halterdaten, soweit kein Grund zu der Annahme besteht, dass dadurch schutzwürdige Interessen des Betroffenen beeinträchtigt werden.

(5) Die nach § 33 Absatz 1 oder 3 gespeicherten Fahrzeugdaten und Halterdaten dürfen nach näherer Bestimmung durch Rechtsverordnung (§ 47 Nummer 3) regelmäßig übermittelt werden

1. von den Zulassungsbehörden an das Kraftfahrt-Bundesamt für das Zentrale Fahrzeugregister und vom Kraftfahrt-Bundesamt an die Zulassungsbehörden für die örtlichen Fahrzeugregister,
2. von den Zulassungsbehörden an andere Zulassungsbehörden, wenn diese mit dem betreffenden Fahrzeug befasst sind oder befasst waren,
3. von den Zulassungsbehörden an die Versicherer zur Gewährleistung des vorgeschriebenen Versicherungsschutzes (§ 32 Abs. 1 Nr. 2),
4. von den Zulassungsbehörden an die für die Ausübung der Verwaltung der Kraftfahrzeugsteuer zuständigen Behörden zur Durchführung des Kraftfahrzeugsteuerrechts (§ 32 Abs. 1 Nr. 3),
5. von den Zulassungsbehörden und vom Kraftfahrt-Bundesamt für Maßnahmen nach dem Bundesleistungsgesetz, dem Verkehrssicherstellungsgesetz, dem Verkehrsleistungsgesetz oder des Katastrophenschutzes nach den hierzu erlassenen Gesetzen der Länder oder den darauf beruhenden Rechtsvorschriften an die hierfür zuständigen Behörden (§ 32 Abs. 1 Nr. 4 und 5),
6. von den Zulassungsbehörden für Prüfungen nach § 118 Abs. 4 Satz 4 Nr. 6 des Zwölften Buches Sozialgesetzbuch an die Träger der Sozialhilfe nach dem Zwölften Buch Sozialgesetzbuch.

(6) [1]Das Kraftfahrt-Bundesamt als übermittelnde Behörde hat Aufzeichnungen zu führen, die die übermittelten Daten, den Zeitpunkt der Übermittlung, den Empfänger der Daten und den vom Empfänger angegebenen Zweck enthalten. [2]Die Aufzeichnungen dürfen nur zur Kontrolle der Zulässigkeit der Übermittlungen verwertet werden, sind durch technische und organisatorische Maßnahmen gegen Missbrauch zu sichern und am Ende des Kalenderhalbjahres, das dem Halbjahr der Übermittlung folgt, zu löschen oder zu vernichten. [3]Bei Übermittlung nach Absatz 5 sind besondere Aufzeichnungen entbehrlich, wenn die Angaben nach Satz 1 aus dem Register oder anderen Unterlagen entnommen werden können. [4]Die Sätze 1 und 2 gelten auch für die Übermittlungen durch das Kraftfahrt-Bundesamt nach den §§ 37 bis 40.

§ 36 Abruf im automatisierten Verfahren. (1) Die Übermittlung nach § 35 Absatz 1 Nummer 1, soweit es sich um Aufgaben nach § 32 Absatz 1 Nummer 1 handelt, aus dem Zentralen Fahrzeugregister

1. an die Zulassungsbehörden oder
2. im Rahmen einer internetbasierten Zulassung an Personen im Sinne des § 6g Absatz 3

darf durch Abruf im automatisierten Verfahren erfolgen.

(2) [1]Die Übermittlung nach § 35 Abs. 1 Nr. 1 bis 5 aus dem Zentralen Fahrzeugregister darf durch Abruf im automatisierten Verfahren erfolgen

1. an die Polizeien des Bundes und der Länder sowie an Dienststellen der Zollverwaltung, soweit sie Befugnisse nach § 10 des Zollverwaltungsgesetzes ausüben oder grenzpolizeiliche Aufgaben wahrnehmen,
   a) zur Kontrolle, ob die Fahrzeuge einschließlich ihrer Ladung und die Fahrzeugpapiere vorschriftsmäßig sind,
   b) zur Verfolgung von Ordnungswidrigkeiten nach § 24 Absatz 1, § 24a oder § 24c,
   c) zur Verfolgung von Straftaten oder zur Vollstreckung oder zum Vollzug von Strafen oder
   d) zur Abwehr von Gefahren für die öffentliche Sicherheit,

1a. an die Verwaltungsbehörden im Sinne des § 26 Abs. 1 für die Verfolgung von Ordnungswidrigkeiten nach §§ 24, 24a oder § 24c,

2. an die Zollfahndungsdienststellen zur Verhütung oder Verfolgung von Steuer- und Wirtschaftsstraftaten sowie an die mit der Steuerfahndung betrauten Dienststellen der Landesfinanzbehörden zur Verhütung oder Verfolgung von Steuerstraftaten,

2a. an die Behörden der Zollverwaltung zur Verfolgung von Straftaten, die mit einem der in § 2 Absatz 1 des Schwarzarbeitsbekämpfungsgesetzes genannten Prüfgegenstände unmittelbar zusammenhängen, und

3. an die Verfassungsschutzbehörden, den Militärischen Abschirmdienst und den Bundesnachrichtendienst zur Erfüllung ihrer durch Gesetz übertragenen Aufgaben und

4. an die Zentralstelle für Finanztransaktionsuntersuchungen zur Erfüllung ihrer Aufgaben nach dem Geldwäschegesetz.

[2] Satz 1 gilt entsprechend für den Abruf der örtlich zuständigen Polizeidienststellen der Länder und Verwaltungsbehörden im Sinne des § 26 Abs. 1 aus den jeweiligen örtlichen Fahrzeugregistern.

(2a) Die Übermittlung nach § 35 Absatz 1 Nummer 9 aus dem Zentralen Fahrzeugregister darf durch Abruf im automatisierten Verfahren erfolgen

1. an die mit der Kontrolle und Erhebung der Umsatzsteuer betrauten Dienststellen der Finanzbehörden, soweit ein Abruf im Einzelfall zur Verhinderung einer missbräuchlichen Anwendung der Vorschriften des Umsatzsteuergesetzes beim Handel, Erwerb oder bei der Übertragung von Fahrzeugen erforderlich ist,
2. an die mit der Durchführung einer Außenprüfung nach § 193 der Abgabenordnung betrauten Dienststellen der Finanzbehörden, soweit ein Abruf für die Ermittlung der steuerlichen Verhältnisse im Rahmen einer Außenprüfung erforderlich ist und
3. an die mit der Vollstreckung betrauten Dienststellen der Finanzbehörden nach § 249 der Abgabenordnung, soweit ein Abruf für die Vollstreckung von Ansprüchen aus dem Steuerschuldverhältnis erforderlich ist.

(2b) Die Übermittlung nach § 35 Abs. 1 Nr. 11 und 12 aus dem Zentralen Fahrzeugregister darf durch Abruf im automatisierten Verfahren an den Privaten, der mit der Erhebung der Mautgebühr beliehen worden ist, erfolgen.

(2c) Die Übermittlung nach § 35 Abs. 1 Nr. 10 aus dem Zentralen Fahrzeugregister darf durch Abruf im automatisierten Verfahren an das Bundesamt für Logistik und Mobilität und an eine sonstige öffentliche Stelle, die mit der

Erhebung der Maut nach dem Bundesfernstraßenmautgesetz beauftragt ist, erfolgen.

(2d) Die Übermittlung nach § 35 Absatz 1 Nummer 14 aus dem Zentralen Fahrzeugregister darf durch Abruf im automatisierten Verfahren an die zentrale Behörde (§ 4 des Auslandsunterhaltsgesetzes) erfolgen.

(2e) Die Übermittlung nach § 35 Absatz 1 Nr. 15 aus dem Zentralen Fahrzeugregister darf durch Abruf im automatisierten Verfahren an den Gerichtsvollzieher erfolgen.

(2f) Die Übermittlung aus dem Zentralen Fahrzeugregister nach § 35 Absatz 2 Satz 1 Nummer 4 darf durch Abruf im automatisierten Verfahren erfolgen.

(2g) Die Übermittlung nach § 35 Absatz 2a darf durch Abruf im automatisierten Verfahren erfolgen.

(2h) Die Übermittlung nach § 35 Absatz 1 Nummer 16 darf durch Abruf im automatisierten Verfahren an die Behörden der Zollverwaltung zur Erfüllung der ihnen in § 2 Absatz 1 des Schwarzarbeitsbekämpfungsgesetzes übertragenen Prüfungsaufgaben erfolgen.

(2i) [1] In einem solchen Verfahren darf auch die Übermittlung nach § 35 Absatz 1 Nummer 18 aus dem Zentralen Fahrzeugregister an die nach Landesrecht für die Überprüfung der Einhaltung dieser Verkehrsbeschränkungen und Verkehrsverbote zuständigen Behörden erfolgen. [2] Die Einrichtung von Anlagen zum Abruf nach Satz 1 ist für den Abruf der nach § 33 Absatz 1 Satz 1 Nummer 1 gespeicherten und für die Überprüfung der Einhaltung der jeweiligen Verkehrsbeschränkungen und Verkehrsverbote erforderlichen Fahrzeugdaten aus dem Zentralen Fahrzeugregister durch die Behörden nach Satz 1 zulässig; einer Rechtsverordnung nach Absatz 5 bedarf es nicht; die Maßgaben nach Absatz 5 Nummer 2 und 3 gelten unmittelbar.

(2j) Die Übermittlung nach § 35 Absatz 1 Nummer 19 darf durch Abruf im automatisierten Verfahren an das Bundesamt für Wirtschaft und Ausfuhrkontrolle erfolgen.

(2k) Die Übermittlung nach § 35 Absatz 1 Nummer 20 aus dem Zentralen Fahrzeugregister darf durch Abruf im automatisierten Verfahren an das Insolvenzgericht erfolgen.

(2l) Die Übermittlung nach § 35 Absatz 1 Nummer 21 darf durch Abruf im automatisierten Verfahren an die nach dem Außenwirtschaftsgesetz zuständigen Behörden und an die Zentralstelle zur Sanktionsdurchsetzung erfolgen.

[Abs. 2m eingef. ab 15.4.2025]

(2m) Die Übermittlung nach § 35 Absatz 1 Nummer 22 darf durch Abruf im automatisierten Verfahren an die nach Landesrecht für das Ausstellen von Parkausweisen für Bewohner städtischer Quartiere mit erheblichem Parkraummangel zuständigen Behörden erfolgen.

(3) Die Übermittlung nach § 35 Abs. 3 Satz 1 aus dem Zentralen Fahrzeugregister darf ferner durch Abruf im automatisierten Verfahren an die Polizeien des Bundes und der Länder zur Verfolgung von Straftaten oder zur Vollstreckung oder zum Vollzug von Strafen oder zur Abwehr einer im Einzelfall bestehenden Gefahr für die öffentliche Sicherheit, an die Zollfahndungsdienststellen zur Verhütung oder Verfolgung von Steuer- und Wirtschaftsstraftaten, an die mit der Steuerfahndung betrauten Dienststellen der Landesfinanzbehör-

den zur Verhütung oder Verfolgung von Steuerstraftaten sowie an die Verfassungsschutzbehörden, den Militärischen Abschirmdienst und den Bundesnachrichtendienst zur Erfüllung ihrer durch Gesetz übertragenen Aufgaben vorgenommen werden.

(3a) Die Übermittlung aus dem Zentralen Fahrzeugregister nach § 35 Abs. 4a darf durch Abruf im automatisierten Verfahren an die Auskunftsstelle nach § 8a des Pflichtversicherungsgesetzes[1)] erfolgen.

(3b) [1] Die Übermittlung aus dem Zentralen Fahrzeugregister nach § 35 Absatz 1 Nummer 1 an die für die Ausübung der Verwaltung der Kraftfahrzeugsteuer zuständigen Behörden darf durch Abruf im automatisierten Verfahren erfolgen. [2] Der Abruf ist nur zulässig, wenn die von den Zulassungsbehörden nach § 35 Absatz 5 Nummer 4 übermittelten Datenbestände unrichtig oder unvollständig sind.

(3c) Die Übermittlung aus dem Zentralen Fahrzeugregister nach § 35 Absatz 1a darf an die Zentralen Leitstellen für Brandschutz, Katastrophenschutz und Rettungsdienst zur Vorbereitung der Rettung von Personen aus Fahrzeugen durch Abruf im automatisierten Verfahren erfolgen.

(4) Der Abruf darf sich nur auf ein bestimmtes Fahrzeug oder einen bestimmten Halter richten und in den Fällen der Absätze 1 und 2 Satz 1 Nr. 1 Buchstabe a und b nur unter Verwendung von Fahrzeugdaten durchgeführt werden.

(5) Die Einrichtung von Anlagen zum Abruf im automatisierten Verfahren ist nur zulässig, wenn nach näherer Bestimmung durch Rechtsverordnung (§ 47 Nummer 4) gewährleistet ist, dass

1. die zum Abruf bereitgehaltenen Daten ihrer Art nach für den Empfänger erforderlich sind und ihre Übermittlung durch automatisierten Abruf unter Berücksichtigung der schutzwürdigen Interessen der betroffenen Person und der Aufgabe des Empfängers angemessen ist,
2. die erforderlichen technischen und organisatorischen Maßnahmen nach den Artikeln 24, 25 und 32 der Verordnung (EU) 2016/679 zur Sicherstellung des Datenschutzes und der Datensicherheit getroffen werden und
3. die Zulässigkeit der Abrufe nach Maßgabe des Absatzes 6 kontrolliert werden kann.

(5a) (weggefallen)

(6) [1] Das Kraftfahrt-Bundesamt oder die Zulassungsbehörde als übermittelnde Stelle hat über die Abrufe Aufzeichnungen zu fertigen, die die bei der Durchführung der Abrufe verwendeten Daten, den Tag und die Uhrzeit der Abrufe, die Kennung der abrufenden Dienststelle und die abgerufenen Daten enthalten müssen. [2] Die protokollierten Daten dürfen nur für Zwecke der Datenschutzkontrolle, der Datensicherung oder zur Sicherstellung eines ordnungsgemäßen Betriebs der Datenverarbeitungsanlage verwendet werden. [3] Die nach Satz 1 protokollierten Daten dürfen auch dazu verwendet werden, der betroffenen Person darüber Auskunft zu erteilen, welche ihrer in Anhang I, Abschnitt I und II der Richtlinie (EU) 2015/413 enthaltenen personenbezogenen Daten an Stellen in anderen Mitgliedstaaten der Europäischen Union zum Zweck der dortigen Verfolgung der in Artikel 2 der Richtlinie (EU) 2015/413

[1)] Nr. 5.

aufgeführten, die Straßenverkehrssicherheit gefährdenden Delikte übermittelt wurden. [4]Das Datum des Ersuchens und die zuständige Stelle nach Satz 1, an die die Übermittlung erfolgte, sind der betroffenen Person ebenfalls mitzuteilen. [5]§ 36a gilt für das Verfahren nach den Sätzen 3 und 4 entsprechend. [6]Liegen Anhaltspunkte dafür vor, dass ohne ihre Verwendung die Verhinderung oder Verfolgung einer schwerwiegenden Straftat gegen Leib, Leben oder Freiheit einer Person aussichtslos oder wesentlich erschwert wäre, dürfen die Daten auch für diesen Zweck verwendet werden, sofern das Ersuchen der Strafverfolgungsbehörde unter Verwendung von Halterdaten einer bestimmten Person oder von Fahrzeugdaten eines bestimmten Fahrzeugs gestellt wird. [7]Die Protokolldaten sind durch geeignete Vorkehrungen gegen zweckfremde Verwendung und gegen sonstigen Missbrauch zu schützen und nach sechs Monaten zu löschen.

(7) [1]Bei Abrufen aus dem Zentralen Fahrzeugregister sind vom Kraftfahrt-Bundesamt weitere Aufzeichnungen zu fertigen, die sich auf den Anlass des Abrufs erstrecken und die Feststellung der für den Abruf verantwortlichen Personen ermöglichen. [2]Das Nähere wird durch Rechtsverordnung (§ 47 Nummer 5) bestimmt. [3]Dies gilt entsprechend für Abrufe aus den örtlichen Fahrzeugregistern.

(8) [1]Soweit örtliche Fahrzeugregister nicht im automatisierten Verfahren geführt werden, ist die Übermittlung der nach § 33 Abs. 1 gespeicherten Fahrzeugdaten und Halterdaten durch Einsichtnahme in das örtliche Fahrzeugregister außerhalb der üblichen Dienstzeiten an die für den betreffenden Zulassungsbezirk zuständige Polizeidienststelle zulässig, wenn

1. dies für die Erfüllung der in Absatz 2 Satz 1 Nr. 1 bezeichneten Aufgaben erforderlich ist und
2. ohne die sofortige Einsichtnahme die Erfüllung dieser Aufgaben gefährdet wäre.

[2]Die Polizeidienststelle hat die Tatsache der Einsichtnahme, deren Datum und Anlass sowie den Namen des Einsichtnehmenden aufzuzeichnen; die Aufzeichnungen sind für die Dauer eines Jahres aufzubewahren und nach Ablauf des betreffenden Kalenderjahres zu vernichten. [3]Die Sätze 1 und 2 finden entsprechende Anwendung auf die Einsichtnahme durch die Zollfahndungsämter zur Erfüllung der in Absatz 2 Satz 1 Nr. 2 bezeichneten Aufgaben.

§ 36a Automatisiertes Anfrage- und Auskunftsverfahren beim Kraftfahrt-Bundesamt. [1]Die Übermittlung der Daten aus dem Zentralen Fahrzeugregister nach den §§ 35 und 37 darf nach näherer Bestimmung durch Rechtsverordnung nach § 47 Nummer 4a auch in einem automatisierten Anfrage- und Auskunftsverfahren erfolgen. [2]Für die Einrichtung und Durchführung des Verfahrens gilt § 30b Abs. 1 Satz 2, Abs. 2 und 3 entsprechend.

§ 36b Abgleich mit den Sachfahndungsdaten des Bundeskriminalamtes. (1) [1]Das Bundeskriminalamt übermittelt regelmäßig dem Kraftfahrt-Bundesamt die im Polizeilichen Informationssystem gespeicherten Daten von Fahrzeugen, Kennzeichen, Fahrzeugpapieren und Führerscheinen, die zur Beweissicherung, Einziehung, Beschlagnahme, Sicherstellung, Eigentumssicherung und Eigentümer- oder Besitzerermittlung ausgeschrieben sind. [2]Die Daten dienen zum Abgleich mit den im Zentralen Fahrzeugregister erfassten

Fahrzeugen und Fahrzeugpapieren sowie mit den im Zentralen Fahrerlaubnisregister erfassten Führerscheinen.

(2) Die Übermittlung der Daten nach Absatz 1 darf auch im automatisierten Verfahren erfolgen.

§ 37 Übermittlung von Fahrzeugdaten und Halterdaten an Stellen außerhalb des Geltungsbereiches dieses Gesetzes. (1) Die nach § 33 Absatz 1 gespeicherten Fahrzeugdaten und Halterdaten dürfen vom Kraftfahrt-Bundesamt an die zuständigen Stellen anderer Staaten übermittelt werden, soweit dies nach unionsrechtlichen Vorschriften vorgeschrieben ist oder soweit dies

1. für Verwaltungsmaßnahmen auf dem Gebiet des Straßenverkehrs,
2. zur Überwachung des Versicherungsschutzes im Rahmen der Kraftfahrzeughaftpflichtversicherung,
3. zur Verfolgung von Zuwiderhandlungen gegen Rechtsvorschriften auf dem Gebiet des Straßenverkehrs oder
4. zur Verfolgung von Straftaten, die im Zusammenhang mit dem Straßenverkehr oder sonst mit Kraftfahrzeugen, Anhängern, Kennzeichen oder Fahrzeugpapieren, Fahrerlaubnissen oder Führerscheinen stehen,

erforderlich ist und keine Anhaltspunkte für Zweifel an der Gegenseitigkeit einer solchen Auskunftserteilung hinsichtlich des jeweiligen Anfragegrundes nach den Nummern 1 bis 4 und hinsichtlich der den Anfragegrund begründenden Sachverhalte durch den anderen Staat gegeben sind.

(1a) Nach Maßgabe völkerrechtlicher Verträge zwischen Mitgliedstaaten der Europäischen Union oder mit den anderen Vertragsstaaten des Abkommens über den Europäischen Wirtschaftsraum, die der Mitwirkung der gesetzgebenden Körperschaften nach Artikel 59 Absatz 2 des Grundgesetzes bedürfen, sowie nach Artikel 12 des Beschlusses des Rates 2008/615/JI vom 23. Juni 2008 (ABl. L 210 vom 6.8.2008, S. 1) dürfen die nach § 33 Absatz 1 gespeicherten Fahrzeugdaten und Halterdaten vom Kraftfahrt-Bundesamt an die zuständigen Stellen dieser Staaten auch übermittelt werden, soweit dies erforderlich ist

1. zur Verfolgung von Ordnungswidrigkeiten, die nicht von Absatz 1 Nummer 3 erfasst werden,
2. zur Verfolgung von Straftaten, die nicht von Absatz 1 Nummer 4 erfasst werden, oder
3. zur Abwehr von Gefahren für die öffentliche Sicherheit.

(2) Der Empfänger ist darauf hinzuweisen, dass die übermittelten Daten nur zu dem Zweck verwendet werden dürfen, zu dessen Erfüllung sie ihm übermittelt werden.

(3) Die Übermittlung unterbleibt, wenn durch sie schutzwürdige Interessen der betroffenen Person beeinträchtigt würden, insbesondere, wenn im Empfängerland ein angemessener Datenschutzstandard nicht gewährleistet ist.

(4) [1] Die Übermittlung unterbleibt, wenn die Übermittlung bei entsprechender Anfrage auf Grund von § 37a erfolgen könnte. [2] Die Übermittlung kann ferner unterbleiben, wenn das Kraftfahrt-Bundesamt den Aufwand für die Bearbeitung der Anfragen als nicht vertretbar beurteilt.

§ 37a Abruf im automatisierten Verfahren durch Stellen außerhalb des Geltungsbereiches dieses Gesetzes. (1) [1]Durch Abruf im automatisierten Verfahren dürfen aus dem Zentralen Fahrzeugregister für die in § 37 Abs. 1 und 1a genannten Maßnahmen an die hierfür zuständigen öffentlichen Stellen in einem Mitgliedstaat der Europäischen Union oder einem anderen Vertragsstaat des Abkommens über den Europäischen Wirtschaftsraum die zu deren Aufgabenerfüllung erforderlichen Daten nach näherer Bestimmung durch Rechtsverordnung nach § 47 Nummer 5b und 5c durch das Kraftfahrt-Bundesamt übermittelt werden. [2]Dieses automatisierte Verfahren setzt jedoch voraus, dass das Europäische Fahrzeug- und Führerschein-Informationssystem oder ein anderes informationstechnisches Verfahren genutzt wird, das vom Kraftfahrt-Bundesamt als mit vertretbarem Aufwand betreibbar beurteilt wird.

(2) [1]Der Abruf darf nur unter Verwendung von Fahrzeugdaten, bei Abrufen für die in § 37 Abs. 1a genannten Zwecke nur unter Verwendung der vollständigen Fahrzeug-Identifizierungsnummer oder des vollständigen Kennzeichens, erfolgen und sich nur auf ein bestimmtes Fahrzeug oder einen bestimmten Halter richten. [2]Ein unionsrechtlich vorgeschriebener Abruf darf ergänzend zu Satz 1

1. auch unter Verwendung von Halterdaten erfolgen oder
2. sich auf mehrere Fahrzeuge eines bestimmten Halters oder auf alle aktuellen oder früheren Halter eines bestimmten Fahrzeugs richten,

soweit dies unionsrechtlich vorgesehen ist.

(3) [1]Der Abruf ist nur zulässig, wenn

1. diese Form der Datenübermittlung unter Berücksichtigung der schutzwürdigen Interessen der betroffenen Personen wegen der Vielzahl der Übermittlungen oder wegen ihrer besonderen Eilbedürftigkeit angemessen ist,
2. der Empfängerstaat die Verordnung (EU) 2016/679 anwendet und
3. die Gegenseitigkeit der Auskunftserteilung im Sinne von § 37 Absatz 1 durch geeignete Mittel sichergestellt ist.

[2]§ 36 Abs. 5 und 6 sowie Abs. 7 wegen des Anlasses der Abrufe ist entsprechend anzuwenden.

§ 37b Übermittlung von Fahrzeug- und Halterdaten nach der Richtlinie (EU) 2015/413. (1) Das Kraftfahrt-Bundesamt unterstützt nach Absatz 2 die in Artikel 4 Absatz 3 der Richtlinie (EU) 2015/413 genannten nationalen Kontaktstellen der anderen Mitgliedstaaten der Europäischen Union bei den Ermittlungen in Bezug auf folgende in den jeweiligen Mitgliedstaaten begangenen, die Straßenverkehrssicherheit gefährdenden Verkehrsdelikte:

1. Geschwindigkeitsübertretungen,
2. Nicht-Anlegen des Sicherheitsgurtes,
3. Überfahren eines roten Lichtzeichens,
4. Trunkenheit im Straßenverkehr,
5. Fahren unter Einfluss von berauschenden Mitteln,
6. Nicht-Tragen eines Schutzhelmes,
7. unbefugte Benutzung eines Fahrstreifens,
8. rechtswidrige Benutzung eines Mobiltelefons oder anderer Kommunikationsgeräte beim Fahren.

(2) Auf Anfrage teilt das Kraftfahrt-Bundesamt der nationalen Kontaktstelle eines anderen Mitgliedstaates der Europäischen Union folgende nach § 33 gespeicherten Daten zu Fahrzeug und Halter mit:

1. amtliches Kennzeichen,
2. Fahrzeug-Identifizierungsnummer,
3. Land der Zulassung,
4. Marke des Fahrzeugs,
5. Handelsbezeichnung,
6. EU-Fahrzeugklasse,
7. Name des Halters,
8. Vorname des Halters,
9. Anschrift des Halters,
10. Geschlecht,
11. Geburtsdatum,
12. Rechtsperson,
13. Geburtsort,

wenn dies im Einzelfall für die Erfüllung einer Aufgabe der nationalen Kontaktstelle des anfragenden Mitgliedstaates der Europäischen Union oder der zuständigen Behörde des anfragenden Mitgliedstaates der Europäischen Union erforderlich ist.

§ 37c Übermittlung von Fahrzeugdaten und Halterdaten an die Europäische Kommission. Das Kraftfahrt-Bundesamt übermittelt zur Erfüllung der Berichtspflicht nach Artikel 5 Absatz 1 Unterabsatz 4 der Richtlinie 2009/103/EG des Europäischen Parlaments und des Rates vom 16. September 2009 über die Kraftfahrzeug-Haftpflichtversicherung und die Kontrolle der entsprechenden Versicherungspflicht (ABl. L 263 vom 7.10.2009, S. 11) bis zum 31. März eines jeden Jahres an die Europäische Kommission die nach § 33 Absatz 1 gespeicherten Namen oder Bezeichnungen und Anschriften der Fahrzeughalter, die nach § 2 Absatz 1 Nummer 1 bis 5 des Pflichtversicherungsgesetzes[1)] von der Versicherungspflicht befreit sind.

§ 38 Übermittlung an und Verwendung durch den Empfänger für wissenschaftliche Zwecke. (1) Die nach § 33 Abs. 1 gespeicherten Fahrzeugdaten und Halterdaten dürfen an Hochschulen, andere Einrichtungen, die wissenschaftliche Forschung betreiben, und öffentliche Stellen übermittelt werden, soweit

1. dies für die Durchführung bestimmter wissenschaftlicher Forschungsarbeiten erforderlich ist,
2. eine Nutzung anonymisierter Daten zu diesem Zweck nicht möglich ist und
3. das öffentliche Interesse an der Forschungsarbeit das schutzwürdige Interesse der betroffenen Person an dem Ausschluss der Übermittlung erheblich überwiegt.

(2) Die Übermittlung der Daten erfolgt durch Erteilung von Auskünften, wenn hierdurch der Zweck der Forschungsarbeit erreicht werden kann und die Erteilung keinen unverhältnismäßigen Aufwand erfordert.

[1)] Nr. **5**.

(3) [1] Personenbezogene Daten werden nur an solche Personen übermittelt, die Amtsträger oder für den öffentlichen Dienst besonders Verpflichtete sind oder die zur Geheimhaltung verpflichtet worden sind. [2] § 1 Abs. 2, 3 und 4 Nr. 2 des Verpflichtungsgesetzes findet auf die Verpflichtung zur Geheimhaltung entsprechende Anwendung.

(4) [1] Die personenbezogenen Daten dürfen nur für die Forschungsarbeit verwendet werden, für die sie übermittelt worden sind. [2] Die Verwendung für andere Forschungsarbeiten oder die Übermittlung richtet sich nach den Absätzen 1 und 2 und bedarf der Zustimmung der Stelle, die die Daten übermittelt hat.

(5) [1] Die Daten sind gegen unbefugte Kenntnisnahme durch Dritte zu schützen. [2] Die wissenschaftliche Forschung betreibende Stelle hat dafür zu sorgen, dass die Verwendung der personenbezogenen Daten räumlich und organisatorisch getrennt von der Erfüllung solcher Verwaltungsaufgaben oder Geschäftszwecke erfolgt, für die diese Daten gleichfalls von Bedeutung sein können.

(6) [1] Sobald der Forschungszweck es erlaubt, sind die personenbezogenen Daten zu anonymisieren. [2] Solange dies noch nicht möglich ist, sind die Merkmale gesondert aufzubewahren, mit denen Einzelangaben über persönliche oder sachliche Verhältnisse einer bestimmten oder bestimmbaren Person zugeordnet werden können. [3] Sie dürfen mit den Einzelangaben nur zusammengeführt werden, soweit der Forschungszweck dies erfordert.

(7) Wer nach den Absätzen 1 und 2 personenbezogene Daten erhalten hat, darf diese nur veröffentlichen, wenn dies für die Darstellung von Forschungsergebnissen über Ereignisse der Zeitgeschichte unerlässlich ist.

§ 38a Übermittlung an und Verwendung durch den Empfänger für statistische Zwecke. (1) Die nach § 33 Abs. 1 gespeicherten Fahrzeug- und Halterdaten dürfen zur Vorbereitung und Durchführung von Statistiken, soweit sie durch Rechtsvorschriften angeordnet sind, übermittelt werden, wenn die Vorbereitung und Durchführung des Vorhabens allein mit anonymisierten Daten (§ 45) nicht möglich ist.

(2) Für die Verwendung der Daten nach Absatz 1 finden die Vorschriften des Bundesstatistikgesetzes und der Statistikgesetze der Länder Anwendung.

§ 38b Übermittlung an und Verwendung durch den Empfänger für planerische Zwecke. (1) Die nach § 33 Abs. 1 gespeicherten Fahrzeug- und Halterdaten dürfen für im öffentlichen Interesse liegende Verkehrsplanungen an öffentliche Stellen übermittelt werden, wenn die Durchführung des Vorhabens allein mit anonymisierten Daten (§ 45) nicht oder nur mit unverhältnismäßigem Aufwand möglich ist und die betroffene Person eingewilligt hat oder schutzwürdige Interessen der betroffenen Person nicht beeinträchtigt werden.

(2) Der Empfänger der Daten hat sicherzustellen, dass

1. die Kontrolle zur Sicherstellung schutzwürdiger Interessen der betroffenen Person jederzeit gewährleistet wird,
2. die Daten nur für das betreffende Vorhaben verwendet werden,
3. zu den Daten nur die Personen Zugang haben, die mit dem betreffenden Vorhaben befasst sind,

4. diese Personen verpflichtet werden, die Daten gegenüber Unbefugten nicht zu offenbaren, und
5. die Daten anonymisiert oder gelöscht werden, sobald der Zweck des Vorhabens dies gestattet.

§ 39 Übermittlung von Fahrzeugdaten und Halterdaten zur Verfolgung von Rechtsansprüchen. (1) Von den nach § 33 Abs. 1 gespeicherten Fahrzeugdaten und Halterdaten sind

1. Familienname (bei juristischen Personen, Behörden oder Vereinigungen: Name oder Bezeichnung),
2. Vornamen,
3. Ordens- und Künstlername,
4. Anschrift,
5. Art, Hersteller und Typ des Fahrzeugs,
6. Name und Anschrift des Versicherers,
7. Nummer des Versicherungsscheins, oder, falls diese noch nicht gespeichert ist, Nummer der Versicherungsbestätigung,
8. gegebenenfalls Zeitpunkt der Beendigung des Versicherungsverhältnisses,
9. gegebenenfalls Befreiung von der gesetzlichen Versicherungspflicht,
10. Zeitpunkt der Zuteilung oder Ausgabe des Kennzeichens für den Halter sowie
11. Kraftfahrzeugkennzeichen

durch die Zulassungsbehörde oder durch das Kraftfahrt-Bundesamt zu übermitteln, wenn der Empfänger unter Angabe des betreffenden Kennzeichens oder der betreffenden Fahrzeug-Identifizierungsnummer darlegt, dass er die Daten zur Geltendmachung, Sicherung oder Vollstreckung oder zur Befriedigung oder Abwehr von Rechtsansprüchen im Zusammenhang mit der Teilnahme am Straßenverkehr oder zur Erhebung einer Privatklage wegen im Straßenverkehr begangener Verstöße benötigt (einfache Registerauskunft).

(2) Weitere Fahrzeugdaten und Halterdaten als die nach Absatz 1 zulässigen sind zu übermitteln, wenn der Empfänger unter Angabe von Fahrzeugdaten oder Personalien des Halters glaubhaft macht, dass er

1. die Daten zur Geltendmachung, Sicherung oder Vollstreckung, zur Befriedigung oder Abwehr von Rechtsansprüchen im Zusammenhang mit der Teilnahme am Straßenverkehr, dem Diebstahl, dem sonstigen Abhandenkommen des Fahrzeugs oder zur Erhebung einer Privatklage wegen im Straßenverkehr begangener Verstöße benötigt und
2. *(aufgehoben)*
3. die Daten auf andere Weise entweder nicht oder nur mit unverhältnismäßigem Aufwand erlangen könnte.

(3) [1]Die in Absatz 1 Nr. 1 bis 5 und 11 angeführten Halterdaten und Fahrzeugdaten dürfen übermittelt werden, wenn der Empfänger unter Angabe von Fahrzeugdaten oder Personalien des Halters glaubhaft macht, dass er

1. die Daten zur Geltendmachung, Sicherung oder Vollstreckung
   a) von nicht mit der Teilnahme am Straßenverkehr im Zusammenhang stehenden öffentlich-rechtlichen Ansprüchen oder

b) von gemäß § 7 des Unterhaltsvorschussgesetzes, § 33 des Zweiten Buches Sozialgesetzbuch oder § 94 des Zwölften Buches Sozialgesetzbuch übergegangenen Ansprüchen

in Höhe von jeweils mindestens 500 Euro benötigt,

2. ohne Kenntnis der Daten zur Geltendmachung, Sicherung oder Vollstreckung des Rechtsanspruchs nicht in der Lage wäre und
3. die Daten auf andere Weise entweder nicht oder nur mit unverhältnismäßigem Aufwand erlangen könnte.

[2] § 35 Abs. 3 Satz 2 und 3 gilt entsprechend. [3] Die Aufzeichnungen dürfen nur zur Kontrolle der Zulässigkeit der Übermittlungen verwendet werden.

(4) Ist der Empfänger eine öffentlich-rechtliche Stelle mit Sitz im Ausland oder handelt er im Namen oder im Auftrag einer solchen Stelle, ist für den Antrag und die Auskunft nur das Kraftfahrt-Bundesamt zuständig.

§ 39a Auskunft über Daten. (1) [1] Einer Person wird auf Antrag schriftlich über die zu ihrer Person im örtlichen oder im Zentralen Fahrzeugregister gespeicherten Daten und über die zu ihr als Halter gespeicherten Fahrzeugdaten unentgeltlich Auskunft erteilt. [2] Die Auskunft kann elektronisch erteilt werden, wenn der Antrag unter Nutzung des elektronischen Identitätsnachweises nach § 18 des Personalausweisgesetzes, nach § 12 des eID-Karte-Gesetzes oder nach § 78 Absatz 5 des Aufenthaltsgesetzes gestellt wird; in diesen Fällen gilt abweichend von § 35 Absatz 6 Satz 4 hinsichtlich der Protokollierung § 36 Absatz 6 entsprechend.

(2) [1] Einer Person darf auf Antrag schriftlich über die zu einem Dritten als Halter im örtlichen oder im Zentralen Fahrzeugregister gespeicherten Fahrzeugdaten unentgeltlich Auskunft erteilt werden, wenn

1. der Antragsteller
   a) nachweist, dass die Verfügungsbefugnis des Halters über dessen Fahrzeuge gesetzlich oder in Folge gerichtlicher Anordnung auf den Antragsteller übergegangen ist oder auch vom Antragsteller ausgeübt werden kann, und
   b) glaubhaft macht, dass er die Daten zur Wahrnehmung straßenverkehrsrechtlicher Angelegenheiten des Halters benötigt,
2. der Antragsteller die Daten auf andere Weise entweder nicht oder nur mit unverhältnismäßigem Aufwand erlangen könnte und
3. kein Grund zu der Annahme besteht, dass durch die Auskunft schutzwürdige Interessen des Halters beeinträchtigt werden.

[2] Für die sichere Identifizierung bei der Antragstellung und für die elektronische Auskunftserteilung gilt § 30 Absatz 8 Satz 2 und 3 entsprechend; abweichend von § 35 Absatz 6 Satz 4 gilt hinsichtlich der Protokollierung § 36 Absatz 6 entsprechend.

§ 40 Übermittlung sonstiger Daten. [1] Die nach § 33 Abs. 2 gespeicherten Daten über Beruf und Gewerbe (Wirtschaftszweig) dürfen nur für die Zwecke nach § 32 Abs. 1 Nr. 4 und 5 an die hierfür zuständigen Behörden übermittelt werden. [2] Außerdem dürfen diese Daten für Zwecke der Statistik (§ 38a Abs. 1) übermittelt werden; die Zulässigkeit und die Durchführung von statistischen Vorhaben richten sich nach § 38a.

§ 41 Übermittlungssperren. (1) Die Anordnung von Übermittlungssperren in den Fahrzeugregistern ist zulässig, wenn erhebliche öffentliche Interessen gegen die Offenbarung der Halterdaten bestehen.

(2) Außerdem sind Übermittlungssperren auf Antrag der betroffenen Person anzuordnen, wenn sie glaubhaft macht, dass durch die Übermittlung ihre schutzwürdigen Interessen beeinträchtigt würden.

(3) [1] Die Übermittlung trotz bestehender Sperre ist im Einzelfall zulässig, wenn an der Kenntnis der gesperrten Daten ein überwiegendes öffentliches Interesse, insbesondere an der Verfolgung von Straftaten besteht. [2] Vor der Übermittlung ist der betroffenen Person Gelegenheit zur Stellungnahme zu geben, es sei denn, die Anhörung würde dem Zweck der Übermittlung zuwiderlaufen.

(4) [1] Die Übermittlung trotz bestehender Sperre ist im Einzelfall außerdem zulässig, wenn die Geltendmachung, Sicherung oder Vollstreckung oder die Befriedigung oder Abwehr von Rechtsansprüchen im Sinne des § 39 Abs. 1 und 2 sonst nicht möglich wäre. [2] Vor der Übermittlung ist der betroffenen Person Gelegenheit zur Stellungnahme zu geben.

(5) [1] Über die Aufhebung im Einzelfall nach den Absätzen 3 und 4 entscheidet die für die Anordnung der Sperre zuständige Behörde (sperrende Behörde). [2] Will diese an der Sperre festhalten, weil sie das die Sperre begründende öffentliche Interesse im Sinne des Absatzes 1 für überwiegend hält oder weil sie die Beeinträchtigung schutzwürdiger Interessen der betroffenen Person im Sinne des Absatzes 2 als vorrangig ansieht, führt sie die Entscheidung der nach Landesrecht hierfür zuständigen Behörde oder, wenn eine solche Regelung nicht getroffen ist, der obersten Landesbehörde herbei. [3] Im Fall der Aufhebung im Einzelfall wird die Übermittlung der für das Ersuchen erforderlichen Fahrzeug- und Halterdaten durch die sperrende Behörde vorgenommen. [4] Hierfür dürfen der sperrenden Behörde bei von ihr festgestellter Erforderlichkeit auf ihr Verlangen die Fahrzeug- und Halterdaten von den Registerbehörden übermittelt werden. [5] Die sperrende Behörde hat diese übermittelten Daten nach Abschluss des Verfahrens unverzüglich zu löschen.

§ 42 Datenabgleich zur Beseitigung von Fehlern. (1) [1] Bei Zweifeln an der Identität eines eingetragenen Halters mit dem Halter, auf den sich eine neue Mitteilung bezieht, dürfen die Datenbestände des Fahreignungsregisters und des Zentralen Fahrerlaubnisregisters zur Identifizierung dieser Halter verwendet werden. [2] Ist die Feststellung der Identität der betreffenden Halter auf diese Weise nicht möglich, dürfen die auf Anfrage aus den Melderegistern übermittelten Daten zur Behebung der Zweifel verwendet werden. [3] Die Zulässigkeit der Übermittlung durch die Meldebehörden richtet sich nach den Meldegesetzen der Länder. [4] Können die Zweifel an der Identität der betreffenden Halter nicht ausgeräumt werden, werden die Eintragungen über beide Halter mit einem Hinweis auf die Zweifel an deren Identität versehen.

(2) [1] Die nach § 33 im Zentralen Fahrzeugregister gespeicherten Daten dürfen den Zulassungsbehörden übermittelt werden, soweit dies erforderlich ist, um Fehler und Abweichungen in deren Register festzustellen und zu beseitigen und um diese örtlichen Register zu vervollständigen. [2] Die nach § 33 im örtlichen Fahrzeugregister gespeicherten Daten dürfen dem Kraftfahrt-Bundesamt übermittelt werden, soweit dies erforderlich ist, um Fehler und Abweichungen im Zentralen Fahrzeugregister festzustellen und zu beseitigen

sowie das Zentrale Fahrzeugregister zu vervollständigen. [3] Die nach § 33 im örtlichen oder im Zentralen Fahrzeugregister gespeicherten Daten dürfen an die Versicherer im Sinne des § 34 Absatz 5 übermittelt werden, soweit dies erforderlich ist, um Fehler und Abweichungen im örtlichen oder im Zentralen Fahrzeugregister festzustellen und zu beseitigen sowie um diese Register zu vervollständigen. [4] Die nach § 33 im Zentralen Fahrzeugregister gespeicherten Daten dürfen an die Technischen Prüfstellen, die amtlich anerkannten Überwachungsorganisationen und die anerkannten Kraftfahrzeugwerkstätten, soweit diese Werkstätten Sicherheitsprüfungen durchführen, sowie an ihre jeweiligen Kopfstellen im Sinne des § 34 Absatz 6 übermittelt werden, soweit dies erforderlich ist, um Fehler und Abweichungen im Zentralen Fahrzeugregister festzustellen und zu beseitigen sowie um dieses Register zu vervollständigen. [5] Die Übermittlung nach den Sätzen 1 bis 4 ist nur zulässig, wenn Anlass zu der Annahme besteht, dass die Register unrichtig oder unvollständig sind.

(3) [1] Die nach § 33 im Zentralen Fahrzeugregister oder im zuständigen örtlichen Fahrzeugregister gespeicherten Halter- und Fahrzeugdaten dürfen der für die Ausübung der Verwaltung der Kraftfahrzeugsteuer zuständigen Behörde übermittelt werden, soweit dies für Maßnahmen zur Durchführung des Kraftfahrzeugsteuerrechts erforderlich ist, um Fehler und Abweichungen in den Datenbeständen der für die Ausübung der Verwaltung der Kraftfahrzeugsteuer zuständigen Behörden festzustellen und zu beseitigen und um diese Datenbestände zu vervollständigen. [2] Die Übermittlung nach Satz 1 ist nur zulässig, wenn Anlass zu der Annahme besteht, dass die Datenbestände unrichtig oder unvollständig sind.

§ 43 Allgemeine Vorschriften für die Datenübermittlung an und die Verarbeitung der Daten durch den Empfänger. (1) [1] Übermittlungen von Daten aus den Fahrzeugregistern sind nur auf Ersuchen zulässig, es sei denn, auf Grund besonderer Rechtsvorschrift wird bestimmt, dass die Registerbehörde bestimmte Daten von Amts wegen zu übermitteln hat. [2] Die Verantwortung für die Zulässigkeit der Übermittlung trägt die übermittelnde Stelle. [3] Erfolgt die Übermittlung auf Ersuchen des Empfängers, trägt dieser die Verantwortung. [4] In diesem Fall prüft die übermittelnde Stelle nur, ob das Übermittlungsersuchen im Rahmen der Aufgaben des Empfängers liegt, es sei denn, dass besonderer Anlass zur Prüfung der Zulässigkeit der Übermittlung besteht. [5] Begründet sich der besondere Anlass nach Satz 4 in Zweifeln an der Identität einer Person, auf die sich ein Ersuchen auf Datenübermittlung bezieht, gilt § 42 Absatz 1 Satz 1 bis 3 entsprechend.

(2) [1] Der Empfänger darf die übermittelten Daten nur zu dem Zweck verarbeiten, zu dessen Erfüllung sie ihm übermittelt worden sind. [2] Der Empfänger darf die übermittelten Daten auch für andere Zwecke verarbeiten, soweit sie ihm auch für diese Zwecke hätten übermittelt werden dürfen. [3] Ist der Empfänger eine nichtöffentliche Stelle, hat die übermittelnde Stelle ihn darauf hinzuweisen. [4] Eine Verarbeitung für andere Zwecke durch nichtöffentliche Stellen bedarf der Zustimmung der übermittelnden Stelle.

§ 44 Löschung der Daten in den Fahrzeugregistern. (1) Die nach § 33 Abs. 1 und 2 gespeicherten Daten sind in den Fahrzeugregistern spätestens zu löschen, wenn sie für die Aufgaben nach § 32 nicht mehr benötigt werden.

(2) Die Daten über Fahrtenbuchauflagen (§ 33 Abs. 3) sind nach Wegfall der Auflage zu löschen.

§ 45 Anonymisierte Daten. [1] Auf die Verarbeitung von Daten, die keinen Bezug zu einer bestimmten oder bestimmbaren Person ermöglichen, finden die Vorschriften dieses Abschnitts keine Anwendung. [2] Zu den Daten, die einen Bezug zu einer bestimmten oder bestimmbaren Person ermöglichen, gehören auch das Kennzeichen eines Fahrzeugs, die Fahrzeug-Identifizierungsnummer und die Fahrzeugbriefnummer.

§ 46 (weggefallen)

§ 47 Verordnungsermächtigungen, Ausführungsvorschriften. Das Bundesministerium für Digitales und Verkehr wird ermächtigt, Rechtsverordnung mit Zustimmung des Bundesrates zu erlassen

1. darüber,
   a) welche im Einzelnen zu bestimmenden Fahrzeugdaten (§ 33 Abs. 1 Satz 1 Nr. 1) und
   b) welche Halterdaten nach § 33 Abs. 1 Satz 1 Nr. 2 in welchen Fällen der Zuteilung oder Ausgabe des Kennzeichens unter Berücksichtigung der in § 32 genannten Aufgaben

   im örtlichen und im Zentralen Fahrzeugregister jeweils gespeichert (§ 33 Abs. 1) und zur Speicherung erhoben (§ 34 Abs. 1) werden,

1a. darüber, welche im Einzelnen zu bestimmenden Fahrzeugdaten und Daten über Prüfungen und Untersuchungen einschließlich der durchführenden Stellen und Kennungen zur Feststellung der für die Durchführung der Prüfung oder Untersuchung Verantwortlichen die Technischen Prüfstellen, amtlich anerkannten Überwachungsorganisationen und anerkannten Kraftfahrzeugwerkstätten, soweit diese Werkstätten Sicherheitsprüfungen durchführen, zur Speicherung im Zentralen Fahrzeugregister nach § 34 Absatz 6 mitzuteilen haben, und über die Einzelheiten des Mitteilungs- sowie des Auskunftsverfahrens,

2. darüber, welche im Einzelnen zu bestimmenden Fahrzeugdaten die Versicherer zur Speicherung im Zentralen Fahrzeugregister nach § 34 Abs. 5 Satz 2 mitzuteilen haben,

3. über die regelmäßige Übermittlung der Daten nach § 35 Abs. 5, insbesondere über die Art der Übermittlung sowie die Art und den Umfang der zu übermittelnden Daten,

4. über die Art und den Umfang der zu übermittelnden Daten und die Maßnahmen zur Sicherung gegen Missbrauch beim Abruf im automatisierten Verfahren nach § 36 Abs. 5,

4a. über die Art und den Umfang der zu übermittelnden Daten und die Maßnahmen zur Sicherung gegen Mißbrauch nach § 36a,

5. über Einzelheiten des Verfahrens nach § 36 Abs. 7 Satz 2,

5a. über die Art und den Umfang der zu übermittelnden Daten, die Bestimmung der Empfänger und den Geschäftsweg bei Übermittlungen nach § 37 Abs. 1 und 1a,

5b. darüber, welche Daten nach § 37a Abs. 1 durch Abruf im automatisierten Verfahren übermittelt werden dürfen,

5c. über die Bestimmung, welche ausländischen öffentlichen Stellen zum Abruf im automatisierten Verfahren nach § 37a Abs. 1 befugt sind,
6. über das Verfahren bei Übermittlungssperren sowie über die Speicherung, Änderung und die Aufhebung der Sperren nach § 33 Abs. 4 und § 41 und
7. über die Löschung der Daten nach § 44, insbesondere über die Voraussetzungen und Fristen für die Löschung.

VI. Fahrerlaubnisregister

§ 48 Registerführung und Registerbehörden. (1) [1]Die Fahrerlaubnisbehörden (§ 2 Abs. 1) führen im Rahmen ihrer örtlichen Zuständigkeit ein Register (örtliche Fahrerlaubnisregister) über

1. von ihnen erteilte Fahrerlaubnisse sowie die entsprechenden Führerscheine,
2. Entscheidungen, die Bestand, Art und Umfang von Fahrerlaubnissen oder sonstige Berechtigungen, ein Fahrzeug zu führen, betreffen.

[2]Abweichend von Satz 1 Nr. 2 darf die zur Erteilung einer Prüfbescheinigung zuständige Stelle Aufzeichnungen über von ihr ausgegebene Bescheinigungen für die Berechtigung zum Führen fahrerlaubnisfreier Fahrzeuge führen. [3]Sobald ein örtliches Fahrerlaubnisregister nach Maßgabe des § 65 Absatz 2 Satz 1 nicht mehr geführt werden darf, gilt Satz 1 in Verbindung mit Satz 2 nur noch für die in § 65 Absatz 2a bezeichneten Daten.

(2) Das Kraftfahrt-Bundesamt führt ein Register über Fahrerlaubnisse und die entsprechenden Führerscheine (Zentrales Fahrerlaubnisregister), die von den nach Landesrecht für den Vollzug des Fahrerlaubnisrechtes zuständigen Behörden (Fahrerlaubnisbehörden) erteilt sind.

(3) [1]Bei einer zentralen Herstellung der Führscheine übermittelt die Fahrerlaubnisbehörde dem Hersteller die hierfür notwendigen Daten. [2]Der Hersteller darf ausschließlich zum Nachweis des Verbleibs der Führerscheine alle Führerscheinnummern der hergestellten Führerscheine speichern. [3]Die Speicherung der übrigen im Führerschein enthaltenen Angaben beim Hersteller ist unzulässig, soweit sie nicht ausschließlich und vorübergehend der Herstellung des Führerscheins dient; die Angaben sind anschließend zu löschen. [4]Die Daten nach den Sätzen 1 und 2 dürfen nach näherer Bestimmung durch Rechtsverordnung gemäß § 63 Nummer 1 an das Kraftfahrt-Bundesamt zur Speicherung im Zentralen Fahrerlaubnisregister übermittelt werden; sie sind dort spätestens nach Ablauf von zwölf Monaten zu löschen, sofern dem Amt die Erteilung oder Änderung der Fahrerlaubnis innerhalb dieser Frist nicht mitgeteilt wird; beim Hersteller sind die Daten nach der Übermittlung zu löschen. [5]Vor Eingang der Mitteilung beim Kraftfahrt-Bundesamt über die Erteilung oder Änderung der Fahrerlaubnis darf das Amt über die Daten keine Auskunft erteilen.

§ 49 Zweckbestimmung der Register. (1) Die örtlichen Fahrerlaubnisregister und das Zentrale Fahrerlaubnisregister werden geführt zur Speicherung von Daten, die erforderlich sind, um feststellen zu können, welche Fahrerlaubnisse und welche Führerscheine eine Person besitzt oder für welche sie die Neuerteilung beantragen kann.

(2) Die örtlichen Fahrerlaubnisregister werden außerdem geführt zur Speicherung von Daten, die erforderlich sind

1. für die Beurteilung der Eignung und Befähigung von Personen zum Führen von Kraftfahrzeugen und
2. für die Prüfung der Berechtigung zum Führen von Fahrzeugen.

§ 50 Inhalt der Fahrerlaubnisregister. (1) In den örtlichen Fahrerlaubnisregistern und im Zentralen Fahrerlaubnisregister werden gespeichert

1. Familiennamen, Geburtsnamen, sonstige frühere Namen, Vornamen, Ordens- oder Künstlername, Doktorgrad, Geschlecht, Tag und Ort der Geburt,
2. nach näherer Bestimmung durch Rechtsverordnung gemäß § 63 Nummer 2 Daten über Erteilung und Registrierung (einschließlich des Umtausches oder der Registrierung einer deutschen Fahrerlaubnis im Ausland), Bestand, Art, Umfang, Gültigkeitsdauer, Verlängerung und Änderung der Fahrerlaubnis, Datum des Beginns und des Ablaufs der Probezeit, Nebenbestimmungen zur Fahrerlaubnis, über Führerscheine und deren Geltung einschließlich der Ausschreibung zur Sachfahndung, sonstige Berechtigungen, ein Kraftfahrzeug zu führen, sowie Hinweise auf Eintragungen im Fahreignungsregister, die die Berechtigung zum Führen von Kraftfahrzeugen berühren.

(2) In den örtlichen Fahrerlaubnisregistern dürfen außerdem gespeichert werden

1. die Anschrift und die E-Mail-Adresse, soweit vom Antragsteller angegeben, der betroffenen Person, Staatsangehörigkeit, Art des Ausweisdokuments sowie
2. nach näherer Bestimmung durch Rechtsverordnung gemäß § 63 Nummer 2 Daten über
   a) Versagung, Entziehung, Widerruf und Rücknahme der Fahrerlaubnis, Verzicht auf die Fahrerlaubnis, isolierte Sperren, Fahrverbote sowie die Beschlagnahme, Sicherstellung und Verwahrung von Führerscheinen sowie Maßnahmen nach § 2a Abs. 2 und § 4 Absatz 5,
   b) Verbote oder Beschränkungen, ein Fahrzeug zu führen.

(3) Im Zentralen Fahrerlaubnisregister dürfen zusätzlich zu Absatz 1 der Grund des Erlöschens der Fahrerlaubnis oder einer Fahrerlaubnisklasse, die Dauer der Probezeit einschließlich der Restdauer nach vorzeitiger Beendigung der Probezeit, Beginn und Ende einer Hemmung der Probezeit und die Behörde, die die Unterlagen im Zusammenhang mit dem Erteilen, dem Entziehen oder dem Erlöschen einer Fahrerlaubnis oder Fahrerlaubnisklasse (Fahrerlaubnisakte) führt, gespeichert werden.

(4) Sobald ein örtliches Fahrerlaubnisregister nach Maßgabe des § 65 Absatz 2 Satz 1 nicht mehr geführt werden darf, gelten die Absätze 1 und 2 im Hinblick auf die örtlichen Fahrerlaubnisregister nur noch für die in § 65 Absatz 2a bezeichneten Daten.

§ 51 Mitteilung an das Zentrale Fahrerlaubnisregister. Die Fahrerlaubnisbehörden teilen dem Kraftfahrt-Bundesamt zur Speicherung im Zentralen Fahrerlaubnisregister unverzüglich die auf Grund des § 50 Abs. 1 zu speichernden oder zu einer Änderung oder Löschung einer Eintragung führenden Daten mit.

§ 52 Übermittlung. (1) Die in den Fahrerlaubnisregistern gespeicherten Daten dürfen an die Stellen, die

1. für die Verfolgung von Straftaten, zur Vollstreckung oder zum Vollzug von Strafen,
2. für die Verfolgung von Ordnungswidrigkeiten und die Vollstreckung von Bußgeldbescheiden und ihren Nebenfolgen nach diesem Gesetz oder
3. für Verwaltungsmaßnahmen auf Grund dieses Gesetzes oder der auf ihm beruhenden Rechtsvorschriften, soweit es um Fahrerlaubnisse, Führerscheine oder sonstige Berechtigungen, ein Fahrzeug zu führen, geht,

zuständig sind, übermittelt werden, soweit dies zur Erfüllung der diesen Stellen obliegenden Aufgaben zu den in § 49 genannten Zwecken jeweils erforderlich ist.

(2) Die in den Fahrerlaubnisregistern gespeicherten Daten dürfen zu den in § 49 Abs. 1 und 2 Nr. 2 genannten Zwecken an die für Verkehrs- und Grenzkontrollen zuständigen Stellen sowie an die für Straßenkontrollen zuständigen Stellen übermittelt werden, soweit dies zur Erfüllung ihrer Aufgaben erforderlich ist.

(3) Das Kraftfahrt-Bundesamt hat entsprechend § 35 Abs. 6 Satz 1 und 2 Aufzeichnungen über die Übermittlungen nach den Absätzen 1 und 2 zu führen.

§ 53 Direkteinstellung und Abruf im automatisierten Verfahren.

(1) Den Stellen, denen die Aufgaben nach § 52 obliegen, dürfen die hierfür jeweils erforderlichen Daten aus dem Zentralen Fahrerlaubnisregister und den örtlichen Fahrerlaubnisregistern zu den in § 49 genannten Zwecken durch Abruf im automatisierten Verfahren übermittelt werden.

(1a) Die Fahrerlaubnisbehörden dürfen die Daten, die sie nach § 51 dem Kraftfahrt-Bundesamt mitzuteilen haben, im Wege der Datenfernübertragung durch Direkteinstellung übermitteln.

(2) Die Einrichtung von Anlagen zur Direkteinstellung oder zum Abruf im automatisierten Verfahren ist nur zulässig, wenn nach näherer Bestimmung durch Rechtsverordnung gemäß § 63 Nummer 4 gewährleistet ist, dass

1. die erforderlichen technischen und organisatorischen Maßnahmen nach den Artikeln 24, 25 und 32 der Verordnung (EU) 2016/679 zur Sicherstellung des Datenschutzes und der Datensicherheit getroffen werden und
2. die Zulässigkeit der Direkteinstellung oder der Abrufe nach Maßgabe des Absatzes 3 kontrolliert werden kann.

(3) [1] Das Kraftfahrt-Bundesamt oder die Fahrerlaubnisbehörde als übermittelnde Stellen haben über die Direkteinstellungen und die Abrufe Aufzeichnungen zu fertigen, die die bei der Durchführung der Direkteinstellungen oder der Abrufe verwendeten Daten, den Tag und die Uhrzeit der Direkteinstellungen oder der Abrufe, die Kennung der einstellenden oder abrufenden Dienststelle und die eingestellten oder abgerufenen Daten enthalten müssen. [2] Die protokollierten Daten dürfen nur für Zwecke der Datenschutzkontrolle, der Datensicherung oder zur Sicherstellung eines ordnungsgemäßen Betriebs der Datenverarbeitungsanlage verwendet werden, es sei denn, es liegen Anhaltspunkte dafür vor, dass ohne ihre Verwendung die Verhinderung oder Verfolgung einer schwerwiegenden Straftat gegen Leib, Leben oder Freiheit einer Person aussichtslos oder wesentlich erschwert wäre. [3] Die Protokolldaten sind durch geeignete Vorkehrungen gegen zweckfremde Verwendung und gegen

sonstigen Missbrauch zu schützen und beim Abruf nach sechs Monaten und bei der Direkteinstellung mit Vollendung des 110. Lebensjahres der betroffenen Person zu löschen.

(4) [1]Bei Direkteinstellungen in das und bei Abrufen aus dem Zentralen Fahrerlaubnisregister sind vom Kraftfahrt-Bundesamt weitere Aufzeichnungen zu fertigen, die sich auf den Anlass der Direkteinstellung oder des Abrufs erstrecken und die Feststellung der für die Direkteinstellung oder den Abruf verantwortlichen Person ermöglichen. [2]Das Nähere wird durch Rechtsverordnung (§ 63 Nummer 4) bestimmt. [3]Dies gilt entsprechend für Abrufe aus den örtlichen Fahrerlaubnisregistern.

(5) [1]Aus den örtlichen Fahrerlaubnisregistern ist die Übermittlung der Daten durch Einsichtnahme in das Register außerhalb der üblichen Dienstzeiten an die für den betreffenden Bezirk zuständige Polizeidienststelle zulässig, wenn

1. dies im Rahmen der in § 49 Abs. 1 und 2 Nr. 2 genannten Zwecke für die Erfüllung der Polizei obliegenden Aufgaben erforderlich ist und
2. ohne die sofortige Einsichtnahme die Erfüllung dieser Aufgaben gefährdet wäre.

[2]Die Polizeidienststelle hat die Tatsache der Einsichtnahme, deren Datum und Anlass sowie den Namen des Einsichtnehmenden aufzuzeichnen; die Aufzeichnungen sind für die Dauer eines Jahres aufzubewahren und nach Ablauf des betreffenden Kalenderjahres zu vernichten.

§ 54 Automatisiertes Mitteilungs-, Anfrage- und Auskunftsverfahren beim Kraftfahrt-Bundesamt. [1]Die Übermittlung der Daten an das Zentrale Fahrerlaubnisregister und aus dem Zentralen Fahrerlaubnisregister nach den §§ 51, 52 und 55 darf nach näherer Bestimmung durch Rechtsverordnung gemäß § 63 Nummer 5 auch in einem automatisierten Mitteilungs-, Anfrage- und Auskunftsverfahren erfolgen. [2]Für die Einrichtung und Durchführung des Verfahrens gilt § 30b Abs. 1 Satz 2, Abs. 2 und 3 entsprechend. [3]Die Protokolldaten der Mitteilungen sind mit Vollendung des 110. Lebensjahres der betroffenen Person zu löschen.

§ 55 Übermittlung von Daten an Stellen außerhalb des Geltungsbereiches dieses Gesetzes. (1) Die auf Grund des § 50 gespeicherten Daten dürfen von den Registerbehörden an die hierfür zuständigen Stellen anderer Staaten übermittelt werden, soweit dies

1. für Verwaltungsmaßnahmen auf dem Gebiet des Straßenverkehrs,
2. zur Verfolgung von Zuwiderhandlungen gegen Rechtsvorschriften auf dem Gebiet des Straßenverkehrs oder
3. zur Verfolgung von Straftaten, die im Zusammenhang mit dem Straßenverkehr oder sonst mit Kraftfahrzeugen oder Anhängern oder Fahrzeugpapieren, Fahrerlaubnissen oder Führerscheinen stehen,

erforderlich ist.

(2) Der Empfänger ist darauf hinzuweisen, dass die übermittelten Daten nur zu dem Zweck verarbeitet werden dürfen, zu dessen Erfüllung sie ihm übermittelt werden.

(3) Die Übermittlung unterbleibt, wenn durch sie schutzwürdige Interessen der betroffenen Person beeinträchtigt würden, insbesondere wenn im Empfängerland ein angemessener Datenschutzstandard nicht gewährleistet ist.

§ 56 Abruf im automatisierten Verfahren durch Stellen außerhalb des Geltungsbereiches dieses Gesetzes. (1) Durch Abruf im automatisierten Verfahren dürfen aus dem Zentralen Fahrerlaubnisregister für die in § 55 Abs. 1 genannten Maßnahmen an die hierfür zuständigen öffentlichen Stellen in einem Mitgliedstaat der Europäischen Union oder einem anderen Vertragsstaat des Abkommens über den Europäischen Wirtschaftsraum die zu deren Aufgabenerfüllung erforderlichen Daten nach näherer Bestimmung durch Rechtsverordnung gemäß § 63 Nummer 6 übermittelt werden.

(2) [1] Der Abruf ist nur zulässig, wenn

1. diese Form der Datenübermittlung unter Berücksichtigung der schutzwürdigen Interessen der betroffenen Personen wegen der Vielzahl der Übermittlungen oder wegen ihrer besonderen Eilbedürftigkeit angemessen ist und
2. der Empfängerstaat die Verordnung (EU) 2016/679 anwendet.

[2] § 53 Abs. 2 und 3 sowie Abs. 4 wegen des Anlasses der Abrufe ist entsprechend anzuwenden.

§ 57 Übermittlung an und Verwendung durch den Empfänger für wissenschaftliche, statistische und gesetzgeberische Zwecke. Für die Übermittlung und Verwendung der nach § 50 gespeicherten Daten für wissenschaftliche Zwecke gilt § 38, für statistische Zwecke § 38a und für gesetzgeberische Zwecke § 38b jeweils entsprechend.

§ 58 Auskunft über eigene Daten aus den Registern. [1] Einer Privatperson wird auf Antrag schriftlich über den sie betreffenden Inhalt des örtlichen oder des Zentralen Fahrerlaubnisregisters unentgeltlich Auskunft erteilt. [2] Der Antragsteller hat dem Antrag einen Identitätsnachweis beizufügen und den Antrag, wenn er schriftlich gestellt wird, eigenhändig zu unterschreiben. [3] Die Auskunft kann elektronisch erteilt werden, wenn der Antrag unter Nutzung des elektronischen Identitätsnachweises nach § 18 des Personalausweisgesetzes, nach § 12 des eID-Karte-Gesetzes oder nach § 78 Absatz 5 des Aufenthaltsgesetzes gestellt wird. [4] Hinsichtlich der Protokollierung gilt § 53 Absatz 3 entsprechend.

§ 59 Datenabgleich zur Beseitigung von Fehlern. (1) [1] Bei Zweifeln an der Identität einer eingetragenen Person mit der Person, auf die sich eine Mitteilung nach § 51 bezieht, dürfen die Datenbestände des Fahreignungsregisters und des Zentralen Fahrzeugregisters zur Identifizierung dieser Personen verwendet werden. [2] Ist die Feststellung der Identität der betreffenden Personen auf diese Weise nicht möglich, dürfen die auf Anfrage aus den Melderegistern übermittelten Daten zur Behebung der Zweifel verwendet werden. [3] Die Zulässigkeit der Übermittlung durch die Meldebehörden richtet sich nach den Meldegesetzen der Länder. [4] Können die Zweifel an der Identität der betreffenden Personen nicht ausgeräumt werden, werden die Eintragungen über beide Personen mit einem Hinweis auf die Zweifel an deren Identität versehen.

(2) Die regelmäßige Verwendung der auf Grund des § 28 Abs. 3 im Fahreignungsregister gespeicherten Daten ist zulässig, um Fehler und Abweichungen bei den Personendaten sowie den Daten über Fahrerlaubnisse und Führerscheine der betreffenden Person im Zentralen Fahrerlaubnisregister festzustellen und zu beseitigen und um dieses Register zu vervollständigen.

(3) [1]Die nach § 50 Abs. 1 im Zentralen Fahrerlaubnisregister gespeicherten Daten dürfen den Fahrerlaubnisbehörden übermittelt werden, soweit dies erforderlich ist, um Fehler und Abweichungen in deren Registern festzustellen und zu beseitigen und um diese örtlichen Register zu vervollständigen. [2]Die nach § 50 Abs. 1 im örtlichen Fahrerlaubnisregister gespeicherten Daten dürfen dem Kraftfahrt-Bundesamt übermittelt werden, soweit dies erforderlich ist, um Fehler und Abweichungen im Zentralen Fahrerlaubnisregister festzustellen und zu beseitigen und um dieses Register zu vervollständigen. [3]Die Übermittlungen nach den Sätzen 1 und 2 sind nur zulässig, wenn Anlass zu der Annahme besteht, dass die Register unrichtig oder unvollständig sind.

§ 60 Allgemeine Vorschriften für die Datenübermittlung an und die Verarbeitung der Daten durch den Empfänger. (1) [1]Übermittlungen von Daten aus den Fahrerlaubnisregistern sind nur auf Ersuchen zulässig, es sei denn, auf Grund besonderer Rechtsvorschrift wird bestimmt, dass die Registerbehörde bestimmte Daten von Amts wegen zu übermitteln hat. [2]Die Verantwortung für die Zulässigkeit der Übermittlung trägt die übermittelnde Stelle. [3]Erfolgt die Übermittlung auf Ersuchen des Empfängers, trägt dieser die Verantwortung. [4]In diesem Fall prüft die übermittelnde Stelle nur, ob das Übermittlungsersuchen im Rahmen der Aufgaben des Empfängers liegt, es sei denn, dass besonderer Anlass zur Prüfung der Zulässigkeit der Übermittlung besteht. [5]Begründet sich der besondere Anlass nach Satz 4 in Zweifeln an der Identität einer Person, auf die sich ein Ersuchen auf Datenübermittlung bezieht, gilt § 59 Absatz 1 Satz 1 bis 3 entsprechend.

(2) Für die Verarbeitung der Daten durch den Empfänger gilt § 43 Abs. 2.

§ 61 Löschung der Daten. (1) [1]Die auf Grund des § 50 im Zentralen Fahrerlaubnisregister gespeicherten Daten sind zu löschen, soweit

1. die zugrunde liegende Fahrerlaubnis vollständig oder hinsichtlich einzelner Fahrerlaubnisklassen erloschen ist oder
2. eine amtliche Mitteilung über den Tod der betroffenen Person eingeht.

[2]Die Angaben zur Probezeit werden ein Jahr nach deren Ablauf gelöscht. [3]Satz 1 Nummer 1 gilt nicht für die nach § 50 Absatz 1 Nummer 1 gespeicherten Daten, eine erloschene Fahrerlaubnis oder Fahrerlaubnisklasse, das Datum der jeweiligen Erteilung, das Datum des jeweiligen Erlöschens, den Grund des Erlöschens einer Fahrerlaubnis oder einer Fahrerlaubnisklasse, den Beginn und das Ende der Probezeit, die Dauer der Probezeit einschließlich der Restdauer nach einer vorzeitigen Beendigung, den Beginn und das Ende der Hemmung der Probezeit, die Beschränkungen und Auflagen zur Fahrerlaubnis oder Fahrerlaubnisklasse, die Fahrerlaubnisnummer und die Behörde, die die Fahrerlaubnisakte führt.

(2) Über die in Absatz 1 Satz 1 Nummer 1 genannten Daten darf nach dem Erlöschen der Fahrerlaubnis nur

1. den betroffenen Personen und
2. den Fahrerlaubnisbehörden zur Überprüfung im Verfahren zur Neuerteilung oder Erweiterung einer Fahrerlaubnis

Auskunft erteilt werden.

(3) [1] Soweit die örtlichen Fahrerlaubnisregister Entscheidungen enthalten, die auch im Fahreignungsregister einzutragen sind, gilt für die Löschung § 29 entsprechend. [2] Für die Löschung der übrigen Daten gilt Absatz 1.

(4) Unbeschadet der Absätze 1 bis 3 sind die im Zentralen Fahrerlaubnisregister und den örtlichen Fahrerlaubnisregistern gespeicherten Daten mit Vollendung des 110. Lebensjahres der betroffenen Person zu löschen.

§ 62 Register über die Dienstfahrerlaubnisse der Bundeswehr.

(1) [1] Die durch das Bundesministerium der Verteidigung bestimmte Dienststelle führt ein zentrales Register über die von den Dienststellen der Bundeswehr erteilten Dienstfahrerlaubnisse und ausgestellten Dienstführerscheine. [2] In dem Register dürfen auch die Daten gespeichert werden, die in den örtlichen Fahrerlaubnisregistern gespeichert werden dürfen.

(2) Im Zentralen Fahrerlaubnisregister beim Kraftfahrt-Bundesamt werden nur die in § 50 Abs. 1 Nr. 1 genannten Daten, die Tatsache des Bestehens einer Dienstfahrerlaubnis mit der jeweiligen Klasse und das Datum von Beginn und Ablauf einer Probezeit sowie die Fahrerlaubnisnummer gespeichert.

(3) Die im zentralen Register gemäß Absatz 1 und die gemäß Absatz 2 im zentralen Fahrerlaubnisregister beim Kraftfahrt-Bundesamt gespeicherten Daten sind nach Ablauf eines Jahres seit Ende der Möglichkeit zur Dienstleistung der betroffenen Person (§ 4 des Reservistinnen- und Reservistengesetzes), bei Grundwehrdienst Leistenden nach Ablauf eines Jahres seit Ende der Wehrpflicht der betroffenen Person (§ 3 Absatz 3 und 4 des Wehrpflichtgesetzes) zu löschen.

(4) [1] Im Übrigen finden die Vorschriften dieses Abschnitts mit Ausnahme der §§ 53 und 56 sinngemäß Anwendung. [2] Durch Rechtsverordnung gemäß § 63 Nummer 9 können Abweichungen von den Vorschriften dieses Abschnitts zugelassen werden, soweit dies zur Erfüllung der hoheitlichen Aufgaben erforderlich ist.

§ 63 Verordnungsermächtigungen, Ausführungsvorschriften. Das Bundesministerium für Digitales und Verkehr wird ermächtigt, Rechtsverordnungen mit Zustimmung des Bundesrates zu erlassen

1. über die Übermittlung der Daten durch den Hersteller von Führerscheinen an das Kraftfahrt-Bundesamt und die dortige Speicherung nach § 48 Abs. 3 Satz 4,
2. darüber, welche Daten nach § 50 Abs. 1 Nr. 2 und Abs. 2 Nr. 2 im örtlichen und im Zentralen Fahrerlaubnisregister jeweils gespeichert werden dürfen,
3. über die Art und den Umfang der zu übermittelnden Daten nach den §§ 52 und 55 sowie die Bestimmung der Empfänger und den Geschäftsweg bei Übermittlungen nach § 55,
4. über die Art und den Umfang der zu übermittelnden Daten, die Maßnahmen zur Sicherung gegen Missbrauch und die weiteren Aufzeichnungen beim Abruf im automatisierten Verfahren nach § 53,
5. über die Art und den Umfang der zu übermittelnden Daten und die Maßnahmen zur Sicherung gegen Missbrauch nach § 54,
6. darüber, welche Daten durch Abruf im automatisierten Verfahren nach § 56 übermittelt werden dürfen,

7. über die Bestimmung, welche ausländischen öffentlichen Stellen zum Abruf im automatisierten Verfahren nach § 56 befugt sind,
8. über den Identitätsnachweis bei Auskünften nach § 58 und
9. über Sonderbestimmungen für die Fahrerlaubnisregister der Bundeswehr nach § 62 Abs. 4 Satz 2.

VIa. Datenverarbeitung

§ 63a Datenverarbeitung bei Kraftfahrzeugen mit hoch- oder vollautomatisierter Fahrfunktion. (1) [1]Kraftfahrzeuge gemäß § 1a speichern die durch ein Satellitennavigationssystem ermittelten Positions- und Zeitangaben, wenn ein Wechsel der Fahrzeugsteuerung zwischen Fahrzeugführer und dem hoch- oder vollautomatisierten System erfolgt. [2]Eine derartige Speicherung erfolgt auch, wenn der Fahrzeugführer durch das System aufgefordert wird, die Fahrzeugsteuerung zu übernehmen oder eine technische Störung des Systems auftritt.

(2) [1]Die gemäß Absatz 1 gespeicherten Daten dürfen den nach Landesrecht für die Ahndung von Verkehrsverstößen zuständigen Behörden auf deren Verlangen übermittelt werden. [2]Die übermittelten Daten dürfen durch diese gespeichert und verwendet werden. [3]Der Umfang der Datenübermittlung ist auf das Maß zu beschränken, das für den Zweck der Feststellung des Absatzes 1 im Zusammenhang mit dem durch diese Behörden geführten Verfahren der eingeleiteten Kontrolle notwendig ist. [4]Davon unberührt bleiben die allgemeinen Regelungen zur Verarbeitung personenbezogener Daten.

(3) Der Fahrzeughalter hat die Übermittlung der gemäß Absatz 1 gespeicherten Daten an Dritte zu veranlassen, wenn

1. die Daten zur Geltendmachung, Befriedigung oder Abwehr von Rechtsansprüchen im Zusammenhang mit einem in § 7 Absatz 1 geregelten Ereignis erforderlich sind und
2. das entsprechende Kraftfahrzeug mit automatisierter Fahrfunktion an diesem Ereignis beteiligt war. Absatz 2 Satz 3 findet entsprechend Anwendung.

(4) Die gemäß Absatz 1 gespeicherten Daten sind nach sechs Monaten zu löschen, es sei denn, das Kraftfahrzeug war an einem in § 7 Absatz 1 geregelten Ereignis beteiligt; in diesem Fall sind die Daten nach drei Jahren zu löschen.

(5) Im Zusammenhang mit einem in § 7 Absatz 1 geregelten Ereignis können die gemäß Absatz 1 gespeicherten Daten in anonymisierter Form zu Zwecken der Unfallforschung an Dritte übermittelt werden.

§ 63b Verordnungsermächtigungen. [1]Das Bundesministerium für Digitales und Verkehr wird ermächtigt, im Benehmen mit der Beauftragten für den Datenschutz und die Informationsfreiheit, zur Durchführung von § 63a Rechtsverordnungen zu erlassen über

1. die technische Ausgestaltung und den Ort des Speichermediums sowie die Art und Weise der Speicherung gemäß § 63a Absatz 1,
2. den Adressaten der Speicherpflicht nach § 63a Absatz 1,
3. Maßnahmen zur Sicherung der gespeicherten Daten gegen unbefugten Zugriff bei Verkauf des Kraftfahrzeugs.

[2] Rechtsverordnungen nach Satz 1 sind vor Verkündung dem Deutschen Bundestag zur Kenntnis zuzuleiten.

§ 63c Datenverarbeitung im Rahmen der Überprüfung der Einhaltung von Verkehrsbeschränkungen und Verkehrsverboten aufgrund immissionsschutzrechtlicher Vorschriften oder aufgrund straßenverkehrsrechtlicher Vorschriften zum Schutz vor Abgasen. (1) [1] Zur Überprüfung der Einhaltung von Verkehrsbeschränkungen und Verkehrsverboten, die aufgrund des § 40 des Bundes-Immissionsschutzgesetzes nach Maßgabe der straßenverkehrsrechtlichen Vorschriften angeordnet worden sind oder aufgrund straßenverkehrsrechtlicher Vorschriften zum Schutz der Wohnbevölkerung oder der Bevölkerung vor Abgasen zur Abwehr von immissionsbedingten Gefahren ergangen sind, darf die nach Landesrecht zuständige Behörde im Rahmen von stichprobenartigen Überprüfungen mit mobilen Geräten folgende Daten, auch durch selbsttätiges Wirken des von ihr verwendeten Gerätes, erheben, speichern und verwenden:

1. das Kennzeichen des Fahrzeugs oder der Fahrzeugkombination, die in einem Gebiet mit Verkehrsbeschränkungen oder Verkehrsverboten am Verkehr teilnehmen,
2. die für die Berechtigung zur Teilnahme am Verkehr in Gebieten mit Verkehrsbeschränkungen oder Verkehrsverboten erforderlichen Merkmale des Fahrzeugs oder der Fahrzeugkombination,
3. das durch eine Einzelaufnahme hergestellte Bild des Fahrzeugs und des Fahrers,
4. den Ort und die Zeit der Teilnahme am Verkehr im Gebiet mit Verkehrsbeschränkungen oder Verkehrsverboten.

[2] Eine verdeckte Datenerhebung ist unzulässig.

(2) [1] Die nach Landesrecht zuständige Behörde darf anhand der Daten nach Absatz 1 Satz 1 Nummer 1 beim Zentralen Fahrzeugregister die nach § 33 Absatz 1 Satz 1 Nummer 1 für das jeweilige Fahrzeug gespeicherten und für die Überprüfung der Einhaltung der jeweiligen Verkehrsbeschränkungen und Verkehrsverbote erforderlichen Fahrzeugdaten in dem in § 36 Absatz 2i vorgesehenen Verfahren abrufen, um festzustellen, ob für das Fahrzeug eine Verkehrsbeschränkung oder ein Verkehrsverbot gilt. [2] Der Abruf und die Feststellung haben unverzüglich zu erfolgen.

(3) [1] Die Daten nach Absatz 1 Satz 1 Nummer 1 bis 4 und Absatz 2 dürfen ausschließlich zum Zweck der Verfolgung von diesbezüglichen Ordnungswidrigkeiten an die hierfür zuständige Verwaltungsbehörde übermittelt werden. [2] Diese Datenübermittlung hat unverzüglich nach Abschluss der Prüfung nach Absatz 2 zu erfolgen.

(4) [1] Die Daten nach Absatz 1 Satz 1 Nummer 1 bis 4 und Absatz 2 sind von der in Absatz 1 genannten Behörde unverzüglich zu löschen,

1. sobald die nach Absatz 2 vorzunehmende Prüfung ergibt, dass das Fahrzeug berechtigt ist, am Verkehr im Gebiet mit Verkehrsbeschränkungen oder Verkehrsverboten teilzunehmen, oder
2. nach der Übermittlung an die in Absatz 3 genannte, für die Verfolgung von diesbezüglichen Ordnungswidrigkeiten zuständige Verwaltungsbehörde, wenn die nach Absatz 2 vorzunehmende Prüfung ergibt, dass das Fahrzeug

nicht berechtigt ist, am Verkehr im Gebiet mit Verkehrsbeschränkungen oder Verkehrsverboten teilzunehmen.

[2] Alle Daten sind von der in Absatz 1 genannten Behörde, sofern sie nach den vorgenannten Vorschriften nicht vorher zu löschen sind, spätestens zwei Wochen nach ihrer erstmaligen Erhebung zu löschen.

(5) Für die Löschung der Daten nach Absatz 1 Satz 1 Nummer 1 bis 4 und Absatz 2 durch die für die Verfolgung von diesbezüglichen Ordnungswidrigkeiten zuständige Verwaltungsbehörde gelten die Vorschriften für das Bußgeldverfahren.

(6) Sonstige Regelungen über die Überprüfung der Einhaltung des Straßenverkehrsrechts, insbesondere des Landesrechts, bleiben unberührt.

§ 63d Informationen an die Halter. [1] Das Kraftfahrt-Bundesamt darf die nach § 33 Absatz 1 gespeicherten Fahrzeugdaten und Halterdaten im Einvernehmen mit dem Bundesministerium für Digitales und Verkehr zu den in § 32 Absatz 3 genannten Zwecken verwenden und im Einzelfall schriftliche Informationen an die Fahrzeughalter übermitteln, um sie über Maßnahmen im Sinne des § 32 Absatz 3 zu informieren. [2] Das Bundesministerium für Digitales und Verkehr erteilt sein Einvernehmen nach Satz 1, wenn es die jeweilige Maßnahme für geeignet hält, die in § 32 Absatz 3 Nummer 2 genannten Zwecke unter Berücksichtigung der Umstände des Einzelfalls und unter Abwägung dieser Zwecke mit den Interessen der betroffenen Fahrzeughalter angemessen zu fördern. [3] Die Eignung der angemessenen Zweckförderung wird bei staatlich geförderten Maßnahmen vermutet, so dass das Einvernehmen ohne nähere Prüfung erteilt werden darf.

§ 63e Datenerhebung, Datenspeicherung und Datenverwendung für das Verkehrsmanagement. (1) Der jeweils zuständige Straßenbaulastträger oder die abweichend hiervon nach Landesrecht für das Verkehrsmanagement zuständige Behörde darf folgende Daten, soweit sie von Kraftfahrzeugen regelmäßig oder ereignisbezogen auf elektronischem Weg erhoben werden und soweit sie aus diesen Fahrzeugen an andere Kraftfahrzeuge oder an die informationstechnische Straßeninfrastruktur automatisiert versenden werden, zum Zweck des Verkehrsmanagements erheben, speichern und verwenden:

1. Position des Fahrzeugs,
2. Zeitangabe,
3. Fahrtrichtung,
4. Geschwindigkeit,
5. Beschleunigung oder Verzögerung,
6. Lenkwinkel,
7. Lenkradwinkel,
8. Fahrzeugbreite,
9. Fahrzeuglänge,
10. Status der Fahrzeugbeleuchtungseinrichtungen und der Scheibenwischer,
11. Drehbewegung um die Fahrzeughochachse,
12. Fahrzeugcharakteristik: Pkw, Lkw, Krad, öffentliches Verkehrsmittel, Fahrzeug mit Sonderrechten oder Fahrzeug des öffentlichen Personennahverkehrs,

13. plötzlich eintretende Ereignisse mit Sicherheitsrelevanz, auf Grund derer ereignisbasierte Fahrzeugmeldungen generiert werden: Stauende, Notbremsung, vorübergehend rutschige Fahrbahn, Tiere, Personen, Hindernisse, Gegenstände auf der Fahrbahn, ungesicherte Unfallstellen, Kurzzeitbaustellen, eingeschränkte Sicht, Falschfahrer, nicht ausgeschilderte Straßenblockierungen oder außergewöhnliche Witterungsbedingungen, sowie
14. ZertifikatsID der in den Nummern 1 bis 13 genannten Daten.

(2) [1] Verkehrsmanagement im Sinne dieser Vorschrift ist

1. die Erfassung der Verkehrsstärke und der sonstigen Verkehrssituation einschließlich sicherheitsrelevanter Umfeldsituationen anhand
   a) der Anzahl der Fahrzeuge,
   b) der Fahrzeuggeschwindigkeit,
   c) der Art und Maße des Fahrzeugs,
   d) der Lenkung, des Beleuchtungs- und des Scheibenwischerstatus des Fahrzeugs,
   e) der zum Durchfahren eines bestimmten Abschnitts erforderlichen Zeit (Reisezeit),
   f) abrupter Fahrzeugverzögerungen und
   g) des Liegenbleibens von Fahrzeugen auf der Fahrbahn sowie
2. die unverzügliche statistische Auswertung der erfassten Daten zum Zwecke der Verkehrslenkung sowie der Verbesserung des Verkehrsflusses und der Verkehrssicherheit.

[2] Die Verarbeitung der Daten zu anderen Zwecken ist unzulässig.

(3) Der jeweils für das Verkehrsmanagement zuständige Straßenbaulastträger oder die abweichend hiervon nach Landesrecht für das Verkehrsmanagement zuständige Behörde hat die in Absatz 1 genannten Daten zu dem in Absatz 2 genannten Zweck

1. unverzüglich hinsichtlich Vollständigkeit und Mehrfachempfang zu prüfen und unbrauchbar unvollständige Datensätze oder mehr als einmal empfangene Datensätze bis auf den zuerst empfangenen Datensatz vor Beginn der Auswertung automatisiert zu löschen,
2. vor Beginn der Auswertung durch unverzügliche Löschung des Datums nach Absatz 1 Nummer 14 zu anonymisieren, dies gilt nicht im Fall der Auswertung von Reisezeiten zur Optimierung der Netzsteuerung, und
3. nach vollzogener Anonymisierung gemäß Nummer 2 unverzüglich auszuwerten.

(4) [1] Nach der Auswertung sind die in Absatz 1 genannten Daten unverzüglich zu löschen. [2] Das Erstellen von Verkehrsstatistiken gilt als Auswertung.

§ 63f Verkehrsunfallforschung, Verordnungsermächtigung. (1) Die Bundesanstalt für Straßenwesen darf zum Zweck der Verkehrsunfallforschung die folgenden personenbezogenen Daten der Unfallbeteiligten, der Mitfahrer zum Unfallzeitpunkt und der sonstigen Verletzten nach Maßgabe der Absätze 2 und 3 sowie nach näherer Bestimmung durch Rechtsverordnung nach Absatz 4 Nummer 2 erheben, übermitteln, speichern und verwenden:

1. Vornamen, Name, Anschrift, Telefonnummern, Geburtsdatum, Erreichbarkeit in einer medizinischen Versorgungseinrichtung,

2. Geschlecht, Familienstand, Nationalität,
3. folgende Gesundheitsdaten der Verletzten, soweit sie unfallrelevant sind: Körpergröße, Körpergewicht, Statur und Medikation zum Unfallzeitpunkt, Vorerkrankungen, Art und Schwere der erlittenen Einzelverletzungen und deren Folgen, Art und Durchführung der Behandlung,
4. Einfluss von Medikamenten, Alkohol und anderen berauschenden Mitteln auf Unfallbeteiligte zum Unfallzeitpunkt,
5. Art der Verkehrsbeteiligung, Position im oder auf dem Fahrzeug, Bekleidung, Körpergröße, Körpergewicht und Statur zum Unfallzeitpunkt,
6. amtliches Kennzeichen und Fahrzeugidentifikationsnummer der beteiligten Fahrzeuge,
7. polizeiliche Verkehrsunfallanzeigen, Unfallgutachten von Sachverständigen.

(2) [1] Eine Erhebung, Übermittlung, Speicherung und Verwendung personenbezogener Straßenverkehrs- und Unfalldaten nach Absatz 1 ist nur zulässig,

1. soweit dies zur Erfüllung des in Absatz 1 genannten Zwecks erforderlich ist und
2. soweit eine Einwilligung der betroffenen Person gemäß Artikel 4 Nummer 11 der Verordnung (EU) 2016/679 vorliegt.

[2] Die Bundesanstalt für Straßenwesen darf die personenbezogenen Daten nach Absatz 1 Nummer 1 der jeweils betroffenen Person und die amtlichen Kennzeichen der beteiligten Fahrzeuge zunächst ohne Einwilligung bei der Stelle, die den Unfall aufgenommen hat, erheben sowie die erhobenen Daten speichern und verwenden, um die Einwilligung nach Satz 1 Nummer 2 einzuholen. [3] Wird die Einwilligung nicht innerhalb von drei Monaten erteilt oder wird die Einwilligung verweigert, so hat die Bundesanstalt für Straßenwesen die personenbezogenen Daten der betroffenen Person unverzüglich zu löschen.

(3) [1] Die personenbezogenen Daten nach Absatz 1 dürfen von der Bundesanstalt für Straßenwesen ausschließlich für den in Absatz 1 genannten Zweck verarbeitet werden und nur zum Zweck der Erhebung weiterer Daten nach Absatz 1 übermittelt werden. [2] Sie sind unverzüglich nach Erreichen des Erhebungsumfangs in der Unfallakte oder nach sonstiger Beendigung der Erhebung zu anonymisieren. [3] Eine Verarbeitung der personenbezogenen Daten durch Dritte zu anderen Zwecken oder eine Beschlagnahme dieser Daten bei der Bundesanstalt für Straßenwesen nach anderen Rechtsvorschriften ist unzulässig.

(4) Das Bundesministerium für Digitales und Verkehr wird ermächtigt, Rechtsverordnungen zu erlassen über die Verarbeitung von Straßenverkehrs- und Unfalldaten durch die Bundesanstalt für Straßenwesen zum Zweck der Verkehrsunfallforschung, insbesondere über

1. die Art und den Umfang der zu verarbeitenden nichtpersonenbezogenen Daten und
2. die näheren technischen Bestimmungen der Art und Weise der Erhebung und der sonstigen Verarbeitung der personenbezogenen Daten nach Absatz 1.

VII. Gemeinsame Vorschriften, Übergangsbestimmungen

§ 64 Gemeinsame Vorschriften. (1) [1]Die Meldebehörden haben dem Kraftfahrt-Bundesamt bei der Änderung des Geburtsnamens oder des Vornamens einer Person, die das 14. Lebensjahr vollendet hat, für den in Satz 2 genannten Zweck neben dem bisherigen Namen folgende weitere Daten zu übermitteln:

1. Geburtsname,
2. Familienname,
3. Vornamen,
4. Tag der Geburt,
5. Geburtsort,
6. Geschlecht,
7. Bezeichnung der Behörde, die die Namensänderung im Melderegister veranlasst hat, sowie
8. Datum und Aktenzeichen des zugrunde liegenden Rechtsakts.

[2]Enthält das Fahreignungsregister oder das Zentrale Fahrerlaubnisregister eine Eintragung über diese Person, so ist der neue Name bei der Eintragung zu vermerken. [3]Eine Mitteilung nach Satz 1 darf nur für den in Satz 2 genannten Zweck verwendet werden. [4]Enthalten die Register keine Eintragung über diese Person, ist die Mitteilung vom Kraftfahrt-Bundesamt unverzüglich zu vernichten.

(2) Unbeschadet anderer landesrechtlicher Regelungen können durch Landesrecht Aufgaben der Zulassung von Kraftfahrzeugen auf die für das Meldewesen zuständigen Behörden übertragen werden, sofern kein neues Kennzeichen erteilt werden muss oder sich die technischen Daten des Fahrzeugs nicht ändern.

(3) Die Vorschriften der Abschnitte IV bis VI sind für den Zugang zu amtlichen Informationen abschließend.

§ 65 Übergangsbestimmungen. (1) [1]Registerauskünfte, Führungszeugnisse, Gutachten und Gesundheitszeugnisse, die sich am 1. Januar 1999 bereits in den Akten befinden, brauchen abweichend von § 2 Abs. 9 Satz 2 bis 4 erst dann vernichtet zu werden, wenn sich die Fahrerlaubnisbehörde aus anderem Anlass mit dem Vorgang befasst. [2]Eine Überprüfung der Akten muss jedoch spätestens bis zum 1. Januar 2014 durchgeführt werden. [3]Anstelle einer Vernichtung der Unterlagen sind die darin enthaltenen Daten zu sperren, wenn die Vernichtung wegen der besonderen Art der Führung der Akten nicht oder nur mit unverhältnismäßigem Aufwand möglich ist.

(2) [1]Ein örtliches Fahrerlaubnisregister (§ 48 Abs. 1) darf nicht mehr geführt werden, sobald

1. sein Datenbestand mit den in § 50 Abs. 1 genannten Daten in das Zentrale Fahrerlaubnisregister übernommen worden ist,
2. die getroffenen Maßnahmen der Fahrerlaubnisbehörde nach § 2a Abs. 2 und § 4 Absatz 5 in das Fahreignungsregister übernommen worden sind und

3. der Fahrerlaubnisbehörde die Daten, die ihr nach § 30 Abs. 1 Nr. 3 und § 52 Abs. 1 Nr. 3 aus den zentralen Registern mitgeteilt werden dürfen, durch Abruf im automatisierten Verfahren mitgeteilt werden können.

[2]Die Fahrerlaubnisbehörden löschen aus ihrem örtlichen Fahrerlaubnisregister spätestens bis zum 31. Dezember 2014 die im Zentralen Fahrerlaubnisregister gespeicherten Daten, nachdem sie sich von der Vollständigkeit und Richtigkeit der in das Zentrale Fahrerlaubnisregister übernommenen Einträge überzeugt haben. [3]Die noch nicht im Zentralen Fahrerlaubnisregister gespeicherten Daten der Fahrerlaubnisbehörden werden bis zur jeweiligen Übernahme im örtlichen Register gespeichert. [4]Maßnahmen der Fahrerlaubnisbehörde nach § 2a Abs. 2 Satz 1 Nr. 1 und 2 und § 4 Absatz 5 Satz 1 Nr. 1 und 2 werden erst dann im Fahreignungsregister gespeichert, wenn eine Speicherung im örtlichen Fahrerlaubnisregister nicht mehr vorgenommen wird.

(2a) Absatz 2 ist nicht auf die Daten anzuwenden, die vor dem 1. Januar 1999 in örtlichen Fahrerlaubnisregistern gespeichert worden sind.

(3) Die Regelungen über das Verkehrszentralregister und das Punktsystem werden in die Regelungen über das Fahreignungsregister und das Fahreignungs-Bewertungssystem nach folgenden Maßgaben überführt:

1. Entscheidungen, die nach § 28 Absatz 3 in der bis zum Ablauf des 30. April 2014 anwendbaren Fassung im Verkehrszentralregister gespeichert worden sind und nach § 28 Absatz 3 in der ab dem 1. Mai 2014 anwendbaren Fassung nicht mehr zu speichern wären, werden am 1. Mai 2014 gelöscht. Für die Feststellung nach Satz 1, ob eine Entscheidung nach § 28 Absatz 3 in der ab dem 1. Mai 2014 anwendbaren Fassung nicht mehr zu speichern wäre, bleibt die Höhe der festgesetzten Geldbuße außer Betracht.
2. Entscheidungen, die nach § 28 Absatz 3 in der bis zum Ablauf des 30. April 2014 anwendbaren Fassung im Verkehrszentralregister gespeichert worden und nicht von Nummer 1 erfasst sind, werden bis zum Ablauf des 30. April 2019 nach den Bestimmungen des § 29 in der bis zum Ablauf des 30. April 2014 anwendbaren Fassung getilgt und gelöscht. Dabei kann eine Ablaufhemmung nach § 29 Absatz 6 Satz 2 in der bis zum Ablauf des 30. April 2014 anwendbaren Fassung nicht durch Entscheidungen, die erst ab dem 1. Mai 2014 im Fahreignungsregister gespeichert werden, ausgelöst werden. Für Entscheidungen wegen Ordnungswidrigkeiten nach § 24a gilt Satz 1 mit der Maßgabe, dass sie spätestens fünf Jahre nach Rechtskraft der Entscheidung getilgt werden. Ab dem 1. Mai 2019 gilt
   a) für die Berechnung der Tilgungsfrist § 29 Absatz 1 bis 5 in der ab dem 1. Mai 2014 anwendbaren Fassung mit der Maßgabe, dass die nach Satz 1 bisher abgelaufene Tilgungsfrist angerechnet wird,
   b) für die Löschung § 29 Absatz 6 in der ab dem 1. Mai 2014 anwendbaren Fassung.
3. Auf Entscheidungen, die bis zum Ablauf des 30. April 2014 begangene Zuwiderhandlungen ahnden und erst ab dem 1. Mai 2014 im Fahreignungsregister gespeichert werden, sind dieses Gesetz und die auf Grund des § 6 Absatz 1 Nummer 1 Buchstabe s in der bis zum 27. Juli 2021 geltenden Fassung erlassenen Rechtsverordnungen in der ab dem 1. Mai 2014 geltenden Fassung anzuwenden. Dabei sind § 28 Absatz 3 Nummer 3 Buchstabe a Doppelbuchstabe bb und § 28a in der ab dem 1. Mai 2014 geltenden Fassung

mit der Maßgabe anzuwenden, dass jeweils anstelle der dortigen Grenze von sechzig Euro die Grenze von vierzig Euro gilt.

4. Personen, zu denen bis zum Ablauf des 30. April 2014 im Verkehrszentralregister eine oder mehrere Entscheidungen nach § 28 Absatz 3 Satz 1 Nummer 1 bis 3 in der bis zum Ablauf des 30. April 2014 anwendbaren Fassung gespeichert worden sind, sind wie folgt in das Fahreignungs-Bewertungssystem einzuordnen:

Punktestand vor dem 1. Mai 2014	Fahreignungs-Bewertungssystem ab dem 1. Mai 2014	
	Punktestand	Stufe
1 – 3	1	Vormerkung (§ 4 Absatz 4)
4 – 5	2	
6 – 7	3	
8 – 10	4	**1**: Ermahnung (§ 4 Absatz 5 Satz 1 Nummer 1)
11 – 13	5	
14 – 15	6	**2**: Verwarnung (§ 4 Absatz 5 Satz 1 Nummer 2)
16 – 17	7	
> = 18	8	**3**: Entzug (§ 4 Absatz 5 Satz 1 Nummer 3)

Die am 1. Mai 2014 erreichte Stufe wird für Maßnahmen nach dem Fahreignungs-Bewertungssystem zugrunde gelegt. Die Einordnung nach Satz 1 führt allein nicht zu einer Maßnahme nach dem Fahreignungs-Bewertungssystem.

5. Die Regelungen über Punkteabzüge und Aufbauseminare werden wie folgt überführt:

   a) Punkteabzüge nach § 4 Absatz 4 Satz 1 und 2 in der bis zum Ablauf des 30. April 2014 anwendbaren Fassung sind vorzunehmen, wenn die Bescheinigung über die Teilnahme an einem Aufbauseminar oder einer verkehrspsychologischen Beratung bis zum Ablauf des 30. April 2014 der nach Landesrecht zuständigen Behörde vorgelegt worden ist. Punkteabzüge nach § 4 Absatz 4 Satz 1 und 2 in der bis zum Ablauf des 30. April 2014 anwendbaren Fassung bleiben bis zur Tilgung der letzten Eintragung wegen einer Straftat oder einer Ordnungswidrigkeit nach § 28 Absatz 3 Nummer 1 bis 3 in der bis zum Ablauf des 30. April 2014 anwendbaren Fassung, längstens aber zehn Jahre ab dem 1. Mai 2014 im Fahreignungsregister gespeichert.

   b) Bei der Berechnung der Fünfjahresfrist nach § 4 Absatz 7 Satz 2 und 3 sind auch Punkteabzüge zu berücksichtigen, die nach § 4 Absatz 4 Satz 1 und 2 in der bis zum Ablauf des 30. April 2014 anwendbaren Fassung vorgenommen worden sind.

   c) Aufbauseminare, die bis zum Ablauf des 30. April 2014 nach § 4 Absatz 3 Satz 1 Nummer 2 in der bis zum Ablauf des 30. April 2014 anwendbaren Fassung angeordnet, aber bis zum Ablauf des 30. April 2014 nicht abgeschlossen worden sind, sind bis zum Ablauf des 30. November 2014 nach dem bis zum Ablauf des 30. April 2014 anwendbaren Recht durchzuführen.

d) Abweichend von Buchstabe c kann anstelle von Aufbauseminaren, die bis zum Ablauf des 30. April 2014 nach § 4 Absatz 3 Satz 1 Nummer 2 in der bis zum Ablauf des 30. April 2014 anwendbaren Fassung angeordnet, aber bis zum Ablauf des 30. April 2014 noch nicht begonnen worden sind, die verkehrspädagogische Teilmaßnahme des Fahreignungsseminars absolviert werden.

e) Die nach Landesrecht zuständige Behörde hat dem Kraftfahrt-Bundesamt unverzüglich die Teilnahme an einem Aufbauseminar oder einer verkehrspsychologischen Beratung mitzuteilen.

6. Nachträgliche Veränderungen des Punktestandes nach den Nummern 2 oder 5 führen zu einer Aktualisierung der nach der Tabelle zu Nummer 4 erreichten Stufe im Fahreignungs-Bewertungssystem.
7. Sofern eine Fahrerlaubnis nach § 4 Absatz 7 in der bis zum 30. April 2014 anwendbaren Fassung entzogen worden ist, ist § 4 Absatz 3 Satz 1 bis 3 auf die Erteilung einer neuen Fahrerlaubnis nicht anwendbar.

(4) *(aufgehoben)*

(5) [1] Bis zum Erlass einer Rechtsverordnung nach § 6f Absatz 2, längstens bis zum Ablauf des 31. Juli 2018, gelten die in den Gebührennummern 451 bis 455 der Anlage der Gebührenordnung für Maßnahmen im Straßenverkehr vom 25. Januar 2011 (BGBl. I S. 98), die zuletzt durch Artikel 3 der Verordnung vom 15. September 2015 (BGBl. I S. 1573) geändert worden ist, in der am 6. Dezember 2016 geltenden Fassung festgesetzten Gebühren als Entgelte im Sinne des § 6f Absatz 1. [2] Die Gebührennummern 403 und 451 bis 455 der Anlage der Gebührenordnung für Maßnahmen im Straßenverkehr sind nicht mehr anzuwenden.

(6) Die durch das Gesetz zur Haftung bei Unfällen mit Anhängern und Gespannen im Straßenverkehr vom 10. Juli 2020 (BGBl. I S. 1653) geänderten Vorschriften des Straßenverkehrsgesetzes sind nicht anzuwenden, sofern der Unfall vor dem 17. Juli 2020 eingetreten ist.

(7) Ordnungswidrigkeiten nach § 23 in der bis zum Ablauf des 27. Juli 2021 geltenden Fassung können abweichend von § 4 Absatz 3 des Gesetzes über Ordnungswidrigkeiten nach den zum Zeitpunkt der Tat geltenden Bestimmungen geahndet werden.

§ 66 *(aufgehoben)*

Anlage
(zu § 24a)

§ 24aListe der berauschenden Mittel und Substanzen

Berauschende Mittel	Substanzen
Heroin	Morphin
Morphin	Morphin
Cocain	Cocain
Cocain	Benzoylecgonin
Amfetamin	Amfetamin
Designer-Amfetamin	Methylendioxyamfetamin (MDA)
Designer-Amfetamin	Methylendioxyethylamfetamin (MDE)
Designer-Amfetamin	Methylendioxymetamfetamin (MDMA)
Metamfetamin	Metamfetamin

1a. Verordnung zur Durchführung des Fahrpersonalgesetzes (Fahrpersonalverordnung – FPersV)

Vom 27. Juni 2005
(BGBl. I S. 1882)

FNA 9231-8-3

zuletzt geänd. durch Art. 37 Postrechtsmodernisierungsgesetz v. 15.7.2024 (BGBl. 2024 I Nr. 236)

– Auszug –

Abschnitt 1. Lenk- und Ruhezeiten im nationalen Bereich

§ 1 Lenk- und Ruhezeiten im Straßenverkehr. (1) Fahrer

1. von Fahrzeugen, die zur Güterbeförderung dienen und deren zulässige Höchstmasse einschließlich Anhänger oder Sattelanhänger mehr als 2,8 Tonnen und nicht mehr als 3,5 Tonnen beträgt, sowie
2. von Fahrzeugen, die zur Personenbeförderung dienen, nach ihrer Bauart und Ausstattung geeignet und dazu bestimmt sind, mehr als neun Personen einschließlich Fahrer zu befördern, und im Linienverkehr mit einer Linienlänge bis zu 50 Kilometern eingesetzt sind,

haben Lenkzeiten, Fahrtunterbrechungen und Ruhezeiten nach Maßgabe der Artikel 4, 6 bis 9 und 12 der Verordnung (EG) Nr. 561/2006[1] des Europäischen Parlaments und des Rates vom 15. März 2006 zur Harmonisierung bestimmter Sozialvorschriften im Straßenverkehr und zur Änderung der Verordnungen (EWG) Nr. 3821/85 und (EG) Nr. 2135/98 des Rates sowie zur Aufhebung der Verordnung (EWG) Nr. 3820/85 des Rates (ABl. EU Nr. L 102 S. 1) einzuhalten.

(2) Absatz 1 findet keine Anwendung auf

1. Fahrzeuge, die in § 18 genannt sind,
2. Fahrzeuge, die in Artikel 3 Buchstabe b bis i der Verordnung (EG) Nr. 561/2006 genannt sind,
3. Fahrzeuge, die zur Beförderung von Material, Ausrüstungen oder Maschinen, die der Fahrer zur Ausübung seiner beruflichen Tätigkeit benötigt, verwendet werden, soweit das Lenken des Fahrzeugs nicht die Haupttätigkeit des Fahrers darstellt,

3a. Fahrzeuge, die zur Beförderung von Gütern, die im Betrieb, dem der Fahrer angehört, in handwerklicher Fertigung oder Kleinserie hergestellt wurden oder deren Reparatur im Betrieb vorgesehen ist oder durchgeführt wurde, verwendet werden, soweit das Lenken des Fahrzeugs nicht die Haupttätigkeit des Fahrers darstellt,

4. Fahrzeuge, die als Verkaufswagen auf öffentlichen Märkten oder für den ambulanten Verkauf verwendet werden und für diese Zwecke besonders ausgestattet sind, soweit das Lenken des Fahrzeugs nicht die Haupttätigkeit des Fahrers darstellt, und

---

[1] Nr. **1b**.

5. selbstfahrende Arbeitsmaschinen nach § 2 Nr. 17 der Fahrzeug-Zulassungsverordnung.

(3) Abweichend von Absatz 1 in Verbindung mit Artikel 7 der Verordnung (EG) Nr. 561/2006 haben Fahrer von Kraftomnibussen im Linienverkehr mit einer Linienlänge bis zu 50 Kilometern Fahrtunterbrechungen nach Maßgabe der folgenden Vorschriften einzuhalten:

1. Beträgt der durchschnittliche Haltestellenabstand mehr als drei Kilometer, so ist nach einer Lenkzeit von viereinhalb Stunden eine Fahrtunterbrechung von mindestens 30 zusammenhängenden Minuten einzulegen. Diese Fahrtunterbrechung kann durch zwei Teilunterbrechungen von jeweils mindestens 20 zusammenhängenden Minuten oder drei Teilunterbrechungen von jeweils mindestens 15 Minuten ersetzt werden. Die Teilunterbrechungen müssen innerhalb der Lenkzeit von höchstens viereinhalb Stunden oder teils innerhalb dieser Zeit und teils unmittelbar danach liegen.
2. Beträgt der durchschnittliche Haltestellenabstand nicht mehr als drei Kilometer, sind als Fahrtunterbrechungen auch Arbeitsunterbrechungen ausreichend, soweit diese nach den Dienst- und Fahrplänen in der Arbeitsschicht enthalten sind (z.B. Wendezeiten). Voraussetzung hierfür ist, dass die Gesamtdauer der Arbeitsunterbrechungen mindestens ein Sechstel der vorgesehenen Lenkzeit beträgt. Nach einer ununterbrochenen Lenkzeit von viereinhalb Stunden ist eine Fahrtunterbrechung von mindestens 45 Minuten erforderlich. Arbeitsunterbrechungen unter zehn Minuten werden bei der Berechnung der Gesamtdauer nicht berücksichtigt. Durch Tarifvertrag kann vereinbart werden, dass Arbeitsunterbrechungen von mindestens acht Minuten berücksichtigt werden können, wenn ein Ausgleich vorgesehen ist, der die ausreichende Erholung des Fahrers erwarten lässt. Für Fahrer, die nicht in einem Arbeitsverhältnis stehen, kann die nach Landesrecht zuständige Behörde entsprechende Abweichungen bewilligen.

(4) [1] Abweichend von Absatz 1 in Verbindung mit Artikel 8 Abs. 6 der Verordnung (EG) Nr. 561/2006 sind Fahrer der in Absatz 1 Nr. 2 genannten Fahrzeuge nicht zur Einlegung einer wöchentlichen Ruhezeit nach höchstens sechs 24-Stunden-Zeiträumen verpflichtet. [2] Sie können die wöchentlich einzuhaltenden Ruhezeiten auf einen Zweiwochenzeitraum verteilen.

(5) [1] Der Unternehmer hat dafür zu sorgen, dass die Vorschriften über die Lenkzeiten, die Fahrtunterbrechungen und die Ruhezeiten gemäß den Artikeln 4, 6 bis 9 und 12 der Verordnung (EG) Nr. 561/2006 eingehalten werden. [2] Artikel 10 Abs. 2 der Verordnung (EG) Nr. 561/2006 findet entsprechende Anwendung.

(6) [1] Der Fahrer eines in Absatz 1 Nr. 1 genannten Fahrzeugs hat, sofern dieses Fahrzeug nicht nach Absatz 2 ausgenommen ist, folgende Zeiten aufzuzeichnen:

1. Lenkzeiten,
2. alle sonstigen Arbeitszeiten einschließlich der Bereitschaftszeiten,
3. Fahrtunterbrechungen und
4. tägliche und wöchentliche Ruhezeiten.

[2] Die Aufzeichnungen sind für jeden Tag getrennt zu fertigen und müssen folgende Angaben enthalten:

1. Vor- und Familienname,
2. Datum,
3. amtliche Kennzeichen der benutzten Fahrzeuge,
4. Ort des Fahrtbeginns,
5. Ort des Fahrtendes und
6. Kilometerstände der benutzten Fahrzeuge bei Fahrtbeginn und Fahrtende.

[3]Der Fahrer hat alle Eintragungen jeweils unverzüglich zu Beginn und am Ende der Lenkzeiten, Fahrtunterbrechungen und Ruhezeiten vorzunehmen. [4]Die Aufzeichnungen des laufenden Tages und der vorausgegangenen 28 Kalendertage sind vom Fahrer mitzuführen und den zuständigen Personen auf Verlangen zur Prüfung auszuhändigen. [5]Hat der Fahrer während des in Satz 4 genannten Zeitraums ein Fahrzeug gelenkt, für das

1. die Verordnung (EU) Nr. 165/2014 des Europäischen Parlaments und des Rates vom 4. Februar 2014 über Fahrtenschreiber im Straßenverkehr, zur Aufhebung der Verordnung (EWG) Nr. 3821/85 des Rates über das Kontrollgerät im Straßenverkehr und zur Änderung der Verordnung (EG) Nr. 561/2006 des Europäischen Parlaments und des Rates zur Harmonisierung bestimmter Sozialvorschriften im Straßenverkehr (ABl. L 60 vom 28.2. 2014, S. 1) in der jeweils geltenden Fassung oder
2. das Europäische Übereinkommen vom 1. Juli 1970 über die Arbeit des im internationalen Straßenverkehr beschäftigten Fahrpersonals (AETR) (BGBl. 1974 II S. 1473, 1475) in der jeweils geltenden Fassung

gilt, sind für dieses Fahrzeug Nachweise nach Maßgabe von Artikel 36 Absatz 1 und 2 der Verordnung (EU) Nr. 165/2014 oder von Artikel 12 Absatz 7 des Anhangs zum Europäischen Übereinkommen vom 1. Juli 1970 über die Arbeit des im internationalen Straßenverkehr beschäftigten Fahrpersonals (AETR) an Stelle der Aufzeichnungen mitzuführen. [6]Der Fahrer hat dem Unternehmer alle Aufzeichnungen unverzüglich nach Ablauf der Mitführungspflicht auszuhändigen. [7]Der Unternehmer hat

1. dem Fahrer entsprechend dem Muster der Anlage 1 geeignete Vordrucke zur Fertigung der Aufzeichnungen in ausreichender Anzahl auszuhändigen,
2. die Aufzeichnungen unverzüglich nach Aushändigung durch den Fahrer zu prüfen und unverzüglich Maßnahmen zu ergreifen, die notwendig sind, um die Beachtung der Sätze 1 bis 5 zu gewährleisten,
3. die Aufzeichnungen ein Jahr lang nach Aushändigung durch den Fahrer in chronologischer Reihenfolge und in lesbarer Form außerhalb des Fahrzeugs aufzubewahren und den zuständigen Personen auf Verlangen vorzulegen und
4. die Aufzeichnungen nach Ablauf der Aufbewahrungsfrist bis zum 31. März des folgenden Kalenderjahres zu vernichten, soweit sie nicht zur Erfüllung der Aufbewahrungspflichten nach § 16 Abs. 2 und § 21a Abs. 7 des Arbeitszeitgesetzes, § 147 Abs. 1 Nr. 5 in Verbindung mit Abs. 3 der Abgabenordnung, § 28f Abs. 1 Satz 1 des Vierten Buches Sozialgesetzbuch, § 17 Absatz 2 des Mindestlohngesetzes, § 19 Absatz 2 des Arbeitnehmer-Entsendegesetzes oder § 17c Absatz 2 des Arbeitnehmerüberlassungsgesetzes benötigt werden.

(7) [1]Ist das Fahrzeug mit einem analogen Fahrtenschreiber nach Artikel 2 Absatz 2 Buchstabe g der Verordnung (EU) Nr. 165/2014 oder einem digitalen Fahrtenschreiber nach Artikel 2 Absatz 2 Buchstabe h der Verordnung (EU)

Nr. 165/2014 oder einem Fahrtschreiber nach § 57a Absatz 1 Satz 1 der Straßenverkehrs-Zulassungs-Ordnung[1)] ausgerüstet, haben Fahrer der in Absatz 1 Nummer 1 genannten Fahrzeuge diese entsprechend Artikel 27 Absatz 2, Artikel 32 Absatz 1 bis 4, Artikel 33 Absatz 1 Unterabsatz 3, Artikel 34 Absatz 1 bis 3 Unterabsatz 1, Absatz 4 bis 7, Artikel 35 Absatz 2 und Artikel 37 Absatz 2 der Verordnung (EU) Nr. 165/2014 oder § 57a Absatz 2 Satz 1 der Straßenverkehrs-Zulassungs-Ordnung zu betreiben. [2]Im Falle der Verwendung eines Fahrtschreibers gemäß § 57a der Straßenverkehrs-Zulassungs-Ordnung hat der Fahrer die Schicht und die Pausen jeweils bei Beginn und Ende auf dem Schaublatt zu vermerken. [3]Der Unternehmer hat bei Verwendung eines analogen Fahrtenschreibers oder eines Fahrtschreibers nach § 57a Absatz 1 Satz 1 der Straßenverkehrs-Zulassungs-Ordnung dem Fahrer vor Beginn der Fahrt die für das Gerät zugelassenen Schaublätter entsprechend Artikel 33 Absatz 1 Unterabsatz 2 der Verordnung (EU) Nr. 165/2014 in ausreichender Anzahl auszuhändigen, bei Verwendung eines digitalen Fahrtenschreibers dafür zu sorgen, dass entsprechend Artikel 33 Absatz 1 Unterabsatz 3 der Verordnung (EU) Nr. 165/2014 der Ausdruck von Daten aus dem Fahrtenschreiber im Falle einer Nachprüfung ordnungsgemäß erfolgen kann und entsprechend Artikel 33 Absatz 1 Unterabsatz 1 der Verordnung (EU) Nr. 165/2014 dafür zu sorgen, dass der analoge oder digitale Fahrtenschreiber oder der Fahrtschreiber nach § 57a Absatz 1 Satz 1 der Straßenverkehrs-Zulassungs-Ordnung ordnungsgemäß benutzt wird; Absatz 6 Satz 4 bis 6 und 7 Nummer 2 bis 4 gilt entsprechend. [4]Hat der Fahrer eines mit einem digitalen Fahrtenschreiber ausgerüsteten Fahrzeugs in dem in Absatz 6 Satz 4 genannten Zeitraum ein Fahrzeug gelenkt, das mit einem analogen Fahrtenschreiber ausgerüstet ist, hat er die Schaublätter dieses Fahrtenschreibers während der Fahrt ebenfalls mitzuführen und den zuständigen Personen auf Verlangen zur Prüfung auszuhändigen.

(8) [1]Der Unternehmer, der Fahrer mit Fahrzeugen nach Absatz 1 Nummer 2 einsetzt, hat zum Nachweis der in Absatz 1 genannten Zeiten vor Fahrtantritt Fahrpläne und Arbeitszeitpläne nach Maßgabe des Artikels 16 Absatz 2 Satz 1 und Absatz 3 Buchstabe a und b der Verordnung (EG) Nr. 561/2006 aufzustellen und ein Jahr nach Ablauf des Gültigkeitszeitraums aufzubewahren. [2]Fahrer von Fahrzeugen nach Absatz 1 Nummer 2 haben einen Auszug aus dem Arbeitszeitplan und eine Ausfertigung des Fahrplans, der die gerade durchgeführte Fahrt betrifft, mitzuführen.

(9) [1]Absatz 8 gilt nicht, wenn das Fahrzeug mit einem Fahrtschreiber nach § 57a Absatz 1 der Straßenverkehrs-Zulassungs-Ordnung in der bis zum 31. Dezember 2012 geltenden Fassung ausgerüstet ist. [2]In diesem Fall findet § 57a Absatz 2 und § 57b der Straßenverkehrs-Zulassungs-Ordnung Anwendung.

(10) [1]Absatz 8 gilt nicht, wenn das Fahrzeug mit einem analogen oder digitalen Fahrtenschreiber ausgerüstet ist. [2]In diesem Fall findet § 57a Absatz 3 der Straßenverkehrs-Zulassungs-Ordnung Anwendung.

[1)] Nr. **3**.

Abschnitt 5. Ausnahmen

§ 18 Ausnahmen nach den Verordnungen (EG) Nr. 561/2006[1] und (EU) Nr. 165/2014. (1) Nach Artikel 13 Absatz 1 der Verordnung (EG) Nr. 561/2006 und nach Artikel 3 Absatz 2 der Verordnung (EU) Nr. 165/2014 werden im Geltungsbereich des Fahrpersonalgesetzes folgende Fahrzeugkategorien von der Anwendung der Artikel 5 bis 9 der Verordnung (EG) Nr. 561/2006 und der Anwendung der Verordnung (EU) Nr. 165/2014 ausgenommen:

1. Fahrzeuge, die im Eigentum von Behörden stehen oder von diesen ohne Fahrer angemietet oder geleast sind, um Beförderungen im Straßenverkehr durchzuführen, die nicht im Wettbewerb mit privatwirtschaftlichen Verkehrsunternehmen stehen,
2. Fahrzeuge, die von Landwirtschafts-, Gartenbau-, Forstwirtschaft- oder Fischereiunternehmen zur Güterbeförderung, insbesondere auch zur Beförderung lebender Tiere, im Rahmen der eigenen unternehmerischen Tätigkeit in einem Umkreis von bis zu 100 Kilometern vom Standort des Unternehmens verwendet oder von diesen ohne Fahrer angemietet werden,
3. Land- und forstwirtschaftliche Zugmaschinen, die für land- oder forstwirtschaftliche Tätigkeiten in einem Umkreis von bis zu 100 Kilometern vom Standort des Unternehmens verwendet werden, das das Fahrzeug besitzt, anmietet oder least,
4. Fahrzeuge oder Fahrzeugkombinationen mit einer zulässigen Höchstmasse von nicht mehr als 7,5 Tonnen, die von Postdienstleistern, die Universaldienstleistungen im Sinne des § 16 Absatz 1 des Postgesetzes in der jeweils geltenden Fassung erbringen, in einem Umkreis von 100 Kilometern vom Standort des Unternehmens zum Zwecke der Zustellung von Sendungen im Rahmen des Universaldienstes verwendet werden, soweit das Lenken des Fahrzeugs nicht die Haupttätigkeit des Fahrers darstellt,
5. Fahrzeuge, die ausschließlich auf Inseln mit einer Fläche von nicht mehr als 2 300 Quadratkilometern verkehren, die mit den übrigen Teilen des Hoheitsgebiets weder durch eine befahrbare Brücke, Furt oder einen befahrbaren Tunnel verbunden sind,
6. Fahrzeuge, die im Umkreis von 100 Kilometern vom Standort des Unternehmens zur Güterbeförderung mit Druckerdgas-, Flüssiggas- oder Elektroantrieb verwendet werden und deren zulässige Höchstmasse einschließlich Anhänger oder Sattelanhänger 7,5 Tonnen nicht übersteigt,
7. Fahrzeuge, die zum Fahrschulunterricht und zur Fahrprüfung zwecks Erlangung der Fahrerlaubnis oder eines beruflichen Befähigungsnachweises dienen, sofern diese Fahrzeuge nicht für die gewerbliche Personen- oder Güterbeförderung verwendet werden,
8. Fahrzeuge, die in Verbindung mit der Instandhaltung von Kanalisation, Hochwasserschutz, Wasser-, Gas- und Elektrizitätsversorgung, Straßenunterhaltung und -kontrolle, Hausmüllabfuhr, Telegramm- und Telefondienstleistungen, Rundfunk und Fernsehen sowie zur Erfassung von Radio- beziehungsweise Fernsehsendern oder -geräten eingesetzt werden,

---

[1] Nr. **1b**.

9. Fahrzeuge mit zehn bis 17 Sitzen, die ausschließlich zur nicht gewerblichen Personenbeförderung verwendet werden,
10. Spezialfahrzeuge, die zum Transport von Ausrüstungen des Zirkus- oder Schaustellergewerbes verwendet werden,
11. speziell für mobile Projekte ausgerüstete Fahrzeuge, die hauptsächlich im Stand zu Lehrzwecken verwendet werden,
12. Fahrzeuge, die innerhalb eines Umkreises von bis zu 100 Kilometern vom Standort des Unternehmens zum Abholen von Milch bei landwirtschaftlichen Betrieben, zur Rückgabe von Milchbehältern oder zur Lieferung von Milcherzeugnissen für Futterzwecke an diese Betriebe verwendet werden,
13. Spezialfahrzeuge für Geld- und/oder Werttransporte,
14. Fahrzeuge, die in einem Umkreis von 250 Kilometern vom Standort des Unternehmens zum Transport tierischer Nebenprodukte im Sinne des Artikels 3 Nummer 1 der Verordnung (EG) Nr. 1069/2009 des Europäischen Parlaments und des Rates vom 21. Oktober 2009 mit Hygienevorschriften für nicht für den menschlichen Verzehr bestimmte tierische Nebenprodukte und zur Aufhebung der Verordnung (EG) Nr. 1774/2002 (Verordnung über tierische Nebenprodukte) (ABl. L 300 vom 14.11.2009, S. 1) in der jeweils geltenden Fassung verwendet werden,
15. Fahrzeuge, die ausschließlich auf Straßen in Güterverteilzentren wie Häfen, Umschlaganlagen des Kombinierten Verkehrs und Eisenbahnterminals verwendet werden, und
16. Fahrzeuge, die innerhalb eines Umkreises von bis zu 100 Kilometern vom Standort des Unternehmens für die Beförderung lebender Tiere von den landwirtschaftlichen Betrieben zu den lokalen Märkten und umgekehrt oder von den Märkten zu den lokalen Schlachthäusern verwendet werden.

(2) Abweichend von Artikel 5 Abs. 2 Satz 1 der Verordnung (EG) Nr. 561/2006 beträgt bei Beförderungen in einem Umkreis von 50 Kilometern vom Standort des Fahrzeugs das Mindestalter der Beifahrer zum Zwecke der Berufsausbildung 16 Jahre.

1b. Verordnung (EG) Nr. 561/2006 des Europäischen Parlaments und des Rates vom 15. März 2006 zur Harmonisierung bestimmter Sozialvorschriften im Straßenverkehr und zur Änderung der Verordnungen (EWG) Nr. 3821/85 und (EG) Nr. 2135/98 des Rates sowie zur Aufhebung der Verordnung (EWG) Nr. 3820/85 des Rates

(Text von Bedeutung für den EWR)

(ABl. L 102 S. 1, ber. ABl. 2009 L 70 S. 19, ABl. 2015 L 101 S. 62, ABl. 2016 L 195 S. 83, 2023 ABl. L 90039 S. 1)

Celex-Nr. 3 2006 R 0561

zuletzt geänd. durch Art. 1 VO (EU) 2024/1258 v. 24.4.2024 (ABl. L, 2024/1258, 2.5.2024, ELI: http://data.europa.eu/eli/reg/2024/1258/oj)

DER RAT DER EUROPÄISCHEN GEMEINSCHAFTEN –

gestützt auf den Vertrag zur Gründung der Europäischen Gemeinschaft, insbesondere auf Artikel 71,

auf Vorschlag der Kommission[1)],

nach Stellungnahme des Europäischen Wirtschafts- und Sozialausschusses[2)],

nach Anhörung des Ausschusses der Regionen,

gemäß dem Verfahren des Artikels 251 des Vertrags[3)], im Hinblick auf den vom Vermittlungsausschuss am 8. Dezember 2005 gebilligten Gemeinsamen Entwurf,

in Erwägung nachstehender Gründe:

(1) Durch die Verordnung (EWG) Nr. 3820/85 des Rates vom 20. Dezember 1985 über die Harmonisierung bestimmter Sozialvorschriften im Straßenverkehr[4)] sollten die Wettbewerbsbedingungen zwischen Binnenverkehrsträgern, insbesondere im Straßenverkehrsgewerbe, harmonisiert und die Arbeitsbedingungen und die Sicherheit im Straßenverkehr verbessert werden. Die in diesen Bereichen erzielten Fortschritte sollten gewahrt und ausgebaut werden.

(2) Nach der Richtlinie 2002/15/EG des Europäischen Parlaments und des Rates vom 11. März 2002 zur Regelung der Arbeitszeit von Personen, die Fahrtätigkeiten im Bereich des Straßentransports ausüben[5)], sind die Mit-

---

[1)] **Amtl. Anm.:** ABl. C 51 E vom 26.2.2002, S. 234.

[2)] **Amtl. Anm.:** ABl. C 221 vom 17.9.2002, S. 19.

[3)] **Amtl. Anm.:** Stellungnahme des Europäischen Parlaments vom 14. Januar 2003 (ABl. C 38 E vom 12.2.2004, S. 152), Gemeinsamer Standpunkt des Rates vom 9. Dezember 2004 (ABl. C 63 E vom 15.3.2005, S. 11) und Standpunkt des Europäischen Parlaments vom 13. April 2005 (ABl. C 33 E vom 9.2.2006, S. 425). Legislative Entschließung des Europäischen Parlaments vom 2. Februar 2006 und Beschluss des Rates vom 2. Februar 2006.

[4)] **Amtl. Anm.:** ABl. L 370 vom 31.12.1985, S. 1. Geändert durch die Richtlinie 2003/59/EG des Europäischen Parlaments und des Rates (ABl. L 226 vom 10.9.2003, S. 4).

[5)] **Amtl. Anm.:** ABl. L 80 vom 23.3.2002, S. 35.

gliedstaaten verpflichtet, Maßnahmen zur Beschränkung der wöchentlichen Höchstarbeitszeit des Fahrpersonals zu erlassen.

(3) Es hat sich als schwierig erwiesen, gewisse Bestimmungen der Verordnung (EWG) Nr. 3820/85 über Lenkzeiten, Fahrtunterbrechungen und Ruhezeiten von Fahrern im nationalen und grenzüberschreitenden Straßenverkehr innerhalb der Gemeinschaft in allen Mitgliedstaaten einheitlich auszulegen, anzuwenden, durchzusetzen und zu überwachen, weil die Bestimmungen zu allgemein gehalten sind.

(4) Eine wirksame und einheitliche Durchführung dieser Bestimmungen ist wünschenswert, damit ihre Ziele erreicht werden und ihre Anwendung nicht in Misskredit gerät. Daher sind klarere und einfachere Vorschriften nötig, die sowohl vom Straßenverkehrsgewerbe als auch den Vollzugsbehörden leichter zu verstehen, auszulegen und anzuwenden sind.

(5) Durch die in dieser Verordnung vorgesehenen Maßnahmen in Bezug auf die Arbeitsbedingungen sollte das Recht der Sozialpartner, im Zuge von Tarifverhandlungen oder in anderer Weise günstigere Bedingungen für die Arbeitnehmer festzulegen, nicht beeinträchtigt werden.

(6) Es ist wünschenswert, den Geltungsbereich dieser Verordnung klar zu bestimmen, indem die Hauptarten der von ihr erfassten Fahrzeuge aufgeführt werden.

(7) Diese Verordnung sollte für Beförderungen im Straßenverkehr, die entweder ausschließlich innerhalb der Gemeinschaft oder aber zwischen der Gemeinschaft, der Schweiz und den Vertragsstaaten des Abkommens über den Europäischen Wirtschaftsraum getätigt werden, gelten.

(8) Das Europäische Übereinkommen über die Arbeit des im internationalen Straßenverkehr beschäftigten Fahrpersonals (im Folgenden „AETR" genannt) vom 1. Juli 1970 in seiner geänderten Fassung sollte weiterhin Anwendung finden auf die Beförderung von Gütern und Personen im Straßenverkehr mit Fahrzeugen, die in einem Mitgliedstaat oder einem Staat, der Vertragspartei des AETR ist, zugelassen sind, und zwar für die gesamte Strecke von Fahrten zwischen der Gemeinschaft und einem Drittstaat außer der Schweiz und der Vertragsstaaten des Abkommens über den Europäischen Wirtschaftsraum oder durch einen solchen Staat hindurch. Es ist unabdingbar, dass das AETR so schnell wie möglich, im Idealfall innerhalb von zwei Jahren nach Inkrafttreten dieser Verordnung, geändert wird, um dessen Bestimmungen an diese Verordnung anzupassen.

(9) Bei Beförderungen im Straßenverkehr mit Fahrzeugen, die in einem Drittstaat zugelassen sind, der nicht Vertragspartei des AETR ist, sollte das AETR für den Teil der Fahrstrecke gelten, der innerhalb der Gemeinschaft oder innerhalb von Staaten liegt, die Vertragsparteien des AETR sind.

(10) Da der Gegenstand des AETR in den Geltungsbereich dieser Verordnung fällt, ist die Gemeinschaft für die Aushandlung und den Abschluss dieses Übereinkommens zuständig.

(11) Erfordert eine Änderung der innergemeinschaftlichen Regeln auf dem betreffenden Gebiet eine entsprechende Änderung des AETR, so sollten die Mitgliedstaaten gemeinsam handeln, um eine solche Änderung des AETR nach dem darin vorgesehenen Verfahren so schnell wie möglich zu erreichen.

(12) Das Verzeichnis der Ausnahmen sollte aktualisiert werden, um den Entwicklungen im Kraftverkehrssektor im Laufe der letzten neunzehn Jahre Rechnung zu tragen.

(13) Alle wesentlichen Begriffe sollten umfassend definiert werden, um die Auslegung zu erleichtern und eine einheitliche Anwendung dieser Verordnung zu gewährleisten. Daneben muss eine einheitliche Auslegung und Anwendung dieser Verordnung seitens der einzelstaatlichen Kontrollbehörden angestrebt werden. Die Definition des Begriffs „Woche" in dieser Verordnung sollte Fahrer nicht daran hindern, ihre Arbeitswoche an jedem beliebigen Tag der Woche aufzunehmen.

(14) Um eine wirksame Durchsetzung zu gewährleisten, ist es von wesentlicher Bedeutung, dass die zuständigen Behörden bei Straßenkontrollen nach einer Übergangszeit in der Lage sein sollten, die ordnungsgemäße Einhaltung der Lenk- und Ruhezeiten des laufenden Tages und der vorausgehenden 28 Tage zu kontrollieren.

(15) Die grundlegenden Vorschriften über die Lenkzeiten müssen klarer und einfacher werden, um eine wirksame und einheitliche Durchsetzung mit Hilfe des digitalen Fahrtenschreibers nach der Verordnung (EWG) Nr. 3821/85 des Rates vom 20. Dezember 1985 über das Kontrollgerät im Straßenverkehr[1)] und der vorliegenden Verordnung zu ermöglichen. Außerdem sollten sich die Vollzugsbehörden der Mitgliedstaaten in einem Ständigen Ausschuss um Einvernehmen über die Durchführung dieser Verordnung bemühen.

(16) Nach den Vorschriften der Verordnung (EWG) Nr. 3820/85 war es möglich, die täglichen Lenkzeiten und Fahrtunterbrechungen so zu planen, dass Fahrer zu lange ohne eine vollständige Fahrtunterbrechung fahren konnten, was zu Beeinträchtigungen der Straßenverkehrssicherheit und schlechteren Arbeitsbedingungen für die Fahrer geführt hat. Es ist daher angebracht, sicherzustellen, dass aufgeteilte Fahrtunterbrechungen so angeordnet werden, dass Missbrauch verhindert wird.

(17) Mit dieser Verordnung sollen die sozialen Bedingungen für die von ihr erfassten Arbeitnehmer sowie die allgemeine Straßenverkehrssicherheit verbessert werden. Dazu dienen insbesondere die Bestimmungen über die maximale Lenkzeit pro Tag, pro Woche und pro Zeitraum von zwei aufeinander folgenden Wochen, die Bestimmung über die Verpflichtung der Fahrer, mindestens einmal in jedem Zeitraum von zwei aufeinander folgenden Wochen eine regelmäßige wöchentliche Ruhezeit zu nehmen, und die Bestimmungen, wonach eine tägliche Ruhezeit unter keinen Umständen einen ununterbrochenen Zeitraum von neun Stunden unterschreiten sollte. Da diese Bestimmungen angemessene Ruhepausen garantieren, ist unter Berücksichtigung der Erfahrungen mit der praktischen Durchführung in den vergangenen Jahren ein Ausgleichssystem für reduzierte tägliche Ruhezeiten nicht mehr notwendig.

(18) Viele Beförderungen im innergemeinschaftlichen Straßenverkehr enthalten Streckenabschnitte, die mit Fähren oder auf der Schiene zurückgelegt werden. Für solche Beförderungen sollten deshalb klare und sachgemäße

---

[1)] **Amtl. Anm.:** ABl. L 370 vom 31.12.1985, S. 8. Zuletzt geändert durch die Verordnung (EG) Nr. 432/2004 der Kommission (ABl. L 71 vom 10.3.2004, S. 3).

Bestimmungen über die täglichen Ruhezeiten und Fahrtunterbrechungen festgelegt werden.

(19) Angesichts der Zunahme des grenzüberschreitenden Güter- und Personenverkehrs ist es im Interesse der Straßenverkehrssicherheit und einer besseren Durchsetzung von Straßenkontrollen und Kontrollen auf dem Betriebsgelände von Unternehmen wünschenswert, dass auch die in anderen Mitgliedstaaten oder Drittstaaten angefallenen Lenkzeiten, Ruhezeiten und Fahrtunterbrechungen kontrolliert werden und festgestellt wird, ob die entsprechenden Vorschriften in vollem Umfang und ordnungsgemäß eingehalten wurden.

(20) Die Haftung von Verkehrsunternehmen sollte zumindest für Verkehrsunternehmen gelten, die juristische oder natürliche Personen sind, ohne jedoch die Verfolgung natürlicher Personen auszuschließen, die Verstöße gegen diese Verordnung begehen, dazu anstiften oder Beihilfe leisten.

(21) Fahrer, die für mehrere Verkehrsunternehmen tätig sind, müssen jedes dieser Unternehmen angemessen informieren, damit diese ihren Pflichten aus dieser Verordnung nachkommen können.

(22) Zur Förderung des sozialen Fortschritts und zur Verbesserung der Straßenverkehrssicherheit sollte jeder Mitgliedstaat das Recht behalten, bestimmte zweckmäßige Maßnahmen zu treffen.

(23) Nationale Abweichungen sollten die Änderungen im Kraftverkehrssektor widerspiegeln und sich auf jene Elemente beschränken, die derzeit keinem Wettbewerbsdruck unterliegen.

(24) Die Mitgliedstaaten sollten Vorschriften für Fahrzeuge erlassen, die zur Personenbeförderung im Linienverkehr dienen, wenn die Strecke nicht mehr als 50 km beträgt. Diese Vorschriften sollten einen angemessenen Schutz in Form von erlaubten Lenkzeiten und vorgeschriebenen Fahrtunterbrechungen und Ruhezeiten bieten.

(25) Im Interesse einer wirksamen Durchsetzung dieser Verordnung ist es wünschenswert, dass alle inländischen und grenzüberschreitenden Personenlinienverkehrsdienste unter Einsatz eines Standardkontrollgeräts kontrolliert werden.

(26) Die Mitgliedstaaten sollten Sanktionen festlegen, die bei Verstößen gegen diese Verordnung zu verhängen sind, und deren Durchsetzung gewährleisten. Diese Sanktionen müssen wirksam, verhältnismäßig, abschreckend und nicht diskriminierend sein. Die Möglichkeit, ein Fahrzeug bei einem schweren Verstoß stillzulegen, sollte in das gemeinsame Spektrum möglicher Maßnahmen der Mitgliedstaaten aufgenommen werden. Die in dieser Verordnung enthaltenen Bestimmungen über Sanktionen oder Verfahren sollten nationale Beweislastregeln unberührt lassen.

(27) Im Interesse einer klaren und wirksamen Durchsetzung dieser Verordnung sind einheitliche Bestimmungen über die Haftung von Verkehrsunternehmen und Fahrern bei Verstößen gegen diese Verordnung wünschenswert. Diese Haftung kann in den Mitgliedstaaten gegebenenfalls strafrechtliche, zivilrechtliche oder verwaltungsrechtliche Sanktionen zur Folge haben.

(28) Da das Ziel dieser Verordnung, nämlich die Festlegung eindeutiger gemeinsamer Vorschriften über Lenk- und Ruhezeiten, auf Ebene der Mitgliedstaaten nicht ausreichend erreicht werden kann und daher wegen der Notwendigkeit koordinierter Maßnahmen besser auf Gemeinschaftsebene

zu erreichen ist, kann die Gemeinschaft im Einklang mit dem in Artikel 5 des Vertrags niedergelegten Subsidiaritätsprinzip tätig werden. Entsprechend dem in demselben Artikel genannten Verhältnismäßigkeitsprinzip geht diese Verordnung nicht über das für die Erreichung dieses Ziels erforderliche Maß hinaus.

(29) Die zur Durchführung dieser Verordnung erforderlichen Maßnahmen sollten gemäß dem Beschluss 1999/468/EG des Rates vom 28. Juni 1999 zur Festlegung der Modalitäten für die Ausübung der der Kommission übertragenen Durchführungsbefugnisse[1)] erlassen werden.

(30) Da die Bestimmungen zum Mindestalter der Fahrer in der Richtlinie 2003/59/EG[2)] geregelt worden sind und bis 2009 umgesetzt werden müssen, braucht diese Verordnung lediglich Übergangsbestimmungen für das Mindestalter des Fahrpersonals zu enthalten.

(31) Die Verordnung (EWG) Nr. 3821/85 sollte geändert werden, um die besonderen Verpflichtungen der Verkehrsunternehmen und der Fahrer klar herauszustellen sowie um die Rechtssicherheit zu fördern und die Durchsetzung der maximalen Lenk- und Ruhezeiten durch Straßenkontrollen zu erleichtern.

(32) Die Verordnung (EWG) Nr. 3821/85 sollte auch geändert werden, um die Rechtssicherheit hinsichtlich der neuen Termine für die Einführung digitaler Fahrtenschreiber und für die Verfügbarkeit von Fahrerkarten zu fördern.

(33) Mit der Einführung des Aufzeichnungsgeräts gemäß Verordnung (EG) Nr. 2135/98 und somit der elektronischen Aufzeichnung der Tätigkeiten des Fahrers auf seiner Fahrerkarte über einen Zeitraum von 28 Tagen und des Fahrzeugs über einen Zeitraum von 365 Tagen wird in Zukunft eine schnellere und umfassendere Kontrolle auf der Straße ermöglicht.

(34) Die Richtlinie 88/599/EWG[3)] schreibt für Kontrollen auf der Straße lediglich die Kontrolle der täglichen Lenkzeiten, der täglichen Ruhezeit sowie der Fahrtunterbrechungen vor. Mit der Einführung eines digitalen Aufzeichnungsgeräts werden die Daten des Fahrers und des Fahrzeuges elektronisch gespeichert und erlauben eine elektronische Auswertung der Daten vor Ort. Dies sollte mit der Zeit eine einfache Kontrolle der regelmäßigen und reduzierten täglichen Ruhezeiten und der regelmäßigen und reduzierten wöchentlichen Ruhezeiten sowie der Ausgleichsruhepausen ermöglichen.

(35) Die Erfahrung zeigt, dass eine Einhaltung der Bestimmungen dieser Verordnung und insbesondere der vorgeschriebenen maximalen Lenkzeit über einen Zeitraum von zwei Wochen nur durchgesetzt werden kann, wenn

---

[1)] **Amtl. Anm.:** ABl. L 184 vom 17.7.1999, S. 23.

[2)] **Amtl. Anm.:** Richtlinie 2003/59/EG des Europäischen Parlaments und des Rates vom 15. Juli 2003 über die Grundqualifikation und Weiterbildung der Fahrer bestimmter Kraftfahrzeuge für den Güter- oder Personenkraftverkehr und zur Änderung der Verordnung (EWG) Nr. 3820/85 und der Richtlinie 91/439/EWG des Rates sowie zur Aufhebung der Richtlinie 76/914/EWG des Rates (ABl. L 226 vom 10.9.2003, S. 4). Geändert durch die Richtlinie 2004/66/EG des Rates (ABl. L 168 vom 1.5.2004, S. 35).

[3)] **Amtl. Anm.:** Richtlinie 88/599/EWG des Rates vom 23. November 1988 über einheitliche Verfahren zur Anwendung der Verordnung (EWG) Nr. 3820/85 über die Harmonisierung bestimmter Sozialvorschriften im Straßenverkehr und der Verordnung (EWG) Nr. 3821/85 über das Kontrollgerät im Straßenverkehr (ABl. L 325 vom 29.11.1988, S. 55).

wirksame und effektive Kontrollen des gesamten Zeitraums durchgeführt werden.

(36) Die Anwendung der gesetzlichen Vorschriften betreffend digitale Tachografen sollte im Einklang mit dieser Verordnung erfolgen, um eine optimale Wirksamkeit bei der Überwachung und Durchsetzung bestimmter Sozialvorschriften im Straßenverkehr zu erreichen.

(37) Aus Gründen der Klarheit und Rationalisierung sollte die Verordnung (EWG) Nr. 3820/85 aufgehoben und durch diese Verordnung ersetzt werden –

HABEN FOLGENDE VERORDNUNG ERLASSEN:

Kapitel I. Einleitende Bestimmungen

Art. 1 [Einleitende Bestimmungen] [1] Durch diese Verordnung werden Vorschriften zu den Lenkzeiten, Fahrtunterbrechungen und Ruhezeiten für Kraftfahrer im Straßengüter- und -personenverkehr festgelegt, um die Bedingungen für den Wettbewerb zwischen Landverkehrsträgern, insbesondere im Straßenverkehrsgewerbe, anzugleichen und die Arbeitsbedingungen sowie die Straßenverkehrssicherheit zu verbessern. [2] Ziel dieser Verordnung ist es ferner, zu einer besseren Kontrolle und Durchsetzung durch die Mitgliedstaaten sowie zu einer besseren Arbeitspraxis innerhalb des Straßenverkehrsgewerbes beizutragen.

Art. 2 [Sachlicher und räumlicher Geltungsbereich] (1) Diese Verordnung gilt für folgende Beförderungen im Straßenverkehr:

a) Güterbeförderung mit Fahrzeugen, deren zulässige Höchstmasse einschließlich Anhänger oder Sattelanhänger 3,5 t übersteigt, oder

aa) ab dem 1. Juli 2026 bei grenzüberschreitenden Güterbeförderungen oder bei Kabotagebeförderungen mit Fahrzeugen, deren zulässige Höchstmasse einschließlich Anhänger oder Sattelanhänger 2,5 Tonnen übersteigt, oder

b) Personenbeförderung mit Fahrzeugen, die für die Beförderung von mehr als neun Personen einschließlich des Fahrers konstruiert oder dauerhaft angepasst und zu diesem Zweck bestimmt sind.

(2) Diese Verordnung gilt unabhängig vom Land der Zulassung des Fahrzeugs für Beförderungen im Straßenverkehr

a) ausschließlich innerhalb der Gemeinschaft oder

b) zwischen der Gemeinschaft, der Schweiz und den Vertragsstaaten des Abkommens über den Europäischen Wirtschaftsraum.

(3) *[1]* Das AETR gilt anstelle dieser Verordnung für grenzüberschreitende Beförderungen im Straßenverkehr, die teilweise außerhalb der in Absatz 2 genannten Gebiete erfolgen,

a) im Falle von Fahrzeugen, die in der Gemeinschaft oder in Staaten, die Vertragsparteien des AETR sind, zugelassen sind, für die gesamte Fahrstrecke;

b) im Falle von Fahrzeugen, die in einem Drittstaat, der nicht Vertragspartei des AETR ist, zugelassen sind, nur für den Teil der Fahrstrecke, der im Gebiet der Gemeinschaft oder von Staaten liegt, die Vertragsparteien des AETR sind.

[2] Die Bestimmungen des AETR sollten an die Bestimmungen dieser Verordnung angepasst werden, damit die wesentlichen Bestimmungen dieser Verordnung über das AETR auf solche Fahrzeuge für den auf Gemeinschaftsgebiet liegenden Fahrtabschnitt angewendet werden können.

Art. 3 [Ausnahmen vom Geltungsbereich] Diese Verordnung gilt nicht für Beförderungen im Straßenverkehr mit folgenden Fahrzeugen:

a) Fahrzeuge, die zur Personenbeförderung im Linienverkehr verwendet werden, wenn die Linienstrecke nicht mehr als 50 km beträgt;

aa) Fahrzeuge oder Fahrzeugkombinationen mit einer zulässigen Höchstmasse von nicht mehr als 7,5 Tonnen, die

 i) zur Beförderung von Material, Ausrüstungen oder Maschinen benutzt werden, die der Fahrer zur Ausübung seines Berufes benötigt, oder

 ii) zur Auslieferung von handwerklich hergestellten Gütern,

 ausschließlich in einem Umkreis von 100 km vom Standort des Unternehmens, und unter der Bedingung, dass das Lenken des Fahrzeugs für den Fahrer nicht die Haupttätigkeit darstellt und dass die Beförderung nicht gewerblich erfolgt;

b) Fahrzeuge mit einer zulässigen Höchstgeschwindigkeit von nicht mehr als 40 km/h;

c) Fahrzeuge, die Eigentum der Streitkräfte, des Katastrophenschutzes, der Feuerwehr oder der für die Aufrechterhaltung der öffentlichen Ordnung zuständigen Kräfte sind oder von ihnen ohne Fahrer angemietet werden, sofern die Beförderung aufgrund der diesen Diensten zugewiesenen Aufgaben stattfindet und ihrer Aufsicht unterliegt;

d) Fahrzeuge – einschließlich Fahrzeuge, die für nichtgewerbliche Transporte für humanitäre Hilfe verwendet werden –, die in Notfällen oder bei Rettungsmaßnahmen verwendet werden;

e) Spezialfahrzeuge für medizinische Zwecke;

f) spezielle Pannenhilfefahrzeuge, die innerhalb eines Umkreises von 100 km um ihren Standort eingesetzt werden;

g) Fahrzeuge, mit denen zum Zweck der technischen Entwicklung oder im Rahmen von Reparatur- oder Wartungsarbeiten Probefahrten auf der Straße durchgeführt werden, sowie neue oder umgebaute Fahrzeuge, die noch nicht in Betrieb genommen worden sind;

h) Fahrzeuge oder Fahrzeugkombinationen mit einer zulässigen Höchstmasse von nicht mehr als 7,5 t, die zur nichtgewerblichen Güterbeförderung verwendet werden;

ha) Fahrzeuge mit einer zulässigen Höchstmasse einschließlich Anhänger oder Sattelanhänger von mehr als 2,5 aber nicht mehr als 3,5 Tonnen, die für die Güterbeförderung eingesetzt werden, wenn die Beförderung nicht als gewerbliche Beförderung, sondern durch das Unternehmen oder den Fahrer im Werkverkehr erfolgt und das Fahren nicht die Haupttätigkeit der Person darstellt, die das Fahrzeug führt;

i) Nutzfahrzeuge, die nach den Rechtsvorschriften des Mitgliedstaats, in dem sie verwendet werden, als historisch eingestuft werden und die zur nichtgewerblichen Güter- oder Personenbeförderung verwendet werden.

Art. 4 [Begriffsbestimmungen] Im Sinne dieser Verordnung bezeichnet der Ausdruck

a) „Beförderung im Straßenverkehr" jede ganz oder teilweise auf einer öffentlichen Straße durchgeführte Fahrt eines zur Personen- oder Güterbeförderung verwendeten leeren oder beladenen Fahrzeugs;

b) „Fahrzeug" ein Kraftfahrzeug, eine Zugmaschine, einen Anhänger oder Sattelanhänger oder eine Kombination dieser Fahrzeuge gemäß den nachstehenden Definitionen:
   - „Kraftfahrzeug": jedes auf der Straße verkehrende Fahrzeug mit Eigenantrieb, das normalerweise zur Personen- oder Güterbeförderung verwendet wird, mit Ausnahme von dauerhaft auf Schienen verkehrenden Fahrzeugen;
   - „Zugmaschine": jedes auf der Straße verkehrende Fahrzeug mit Eigenantrieb, das speziell dafür ausgelegt ist, Anhänger, Sattelanhänger, Geräte oder Maschinen zu ziehen, zu schieben oder zu bewegen, mit Ausnahme von dauerhaft auf Schienen verkehrenden Fahrzeugen;
   - „Anhänger": jedes Fahrzeug, das dazu bestimmt ist, an ein Kraftfahrzeug oder eine Zugmaschine angehängt zu werden;
   - „Sattelanhänger": ein Anhänger ohne Vorderachse, der so angehängt wird, dass ein beträchtlicher Teil seines Eigengewichts und des Gewichts seiner Ladung von der Zugmaschine oder vom Kraftfahrzeug getragen wird;

c) „Fahrer" jede Person, die das Fahrzeug, sei es auch nur kurze Zeit, selbst lenkt oder sich in einem Fahrzeug befindet, um es – als Bestandteil seiner Pflichten – gegebenenfalls lenken zu können;

d) „Fahrtunterbrechung" jeden Zeitraum, in dem der Fahrer keine Fahrtätigkeit ausüben und keine anderen Arbeiten ausführen darf und der ausschließlich zur Erholung genutzt wird;

e) „andere Arbeiten" alle in Artikel 3 Buchstabe a der Richtlinie 2002/15/EG als „Arbeitszeit" definierten Tätigkeiten mit Ausnahme der Fahrtätigkeit sowie jegliche Arbeit für denselben oder einen anderen Arbeitgeber, sei es inner- oder außerhalb des Verkehrssektors;

f) „Ruhepause" jeden ununterbrochenen Zeitraum, in dem ein Fahrer frei über seine Zeit verfügen kann;

g) „tägliche Ruhezeit" den täglichen Zeitraum, in dem ein Fahrer frei über seine Zeit verfügen kann und der eine „regelmäßige tägliche Ruhezeit" und eine „reduzierte tägliche Ruhezeit" umfasst;
   - „regelmäßige tägliche Ruhezeit" eine Ruhepause von mindestens 11 Stunden. Diese regelmäßige tägliche Ruhezeit kann auch in zwei Teilen genommen werden, wobei der erste Teil einen ununterbrochenen Zeitraum von mindestens 3 Stunden und der zweite Teil einen ununterbrochenen Zeitraum von mindestens 9 Stunden umfassen muss;
   - „reduzierte tägliche Ruhezeit" eine Ruhepause von mindestens 9 Stunden, aber weniger als 11 Stunden;

h) „wöchentliche Ruhezeit" den wöchentlichen Zeitraum, in dem ein Fahrer frei über seine Zeit verfügen kann und der eine „regelmäßige wöchentliche Ruhezeit" und eine „reduzierte wöchentliche Ruhezeit" umfasst;
   - „regelmäßige wöchentliche Ruhezeit" eine Ruhepause von mindestens 45 Stunden;

– „reduzierte wöchentliche Ruhezeit" eine Ruhepause von weniger als 45 Stunden, die vorbehaltlich der Bedingungen des Artikels 8 Absatz 6 auf eine Mindestzeit von 24 aufeinander folgenden Stunden reduziert werden kann;

i) „Woche" den Zeitraum zwischen Montag 00.00 Uhr und Sonntag 24.00 Uhr;

j) „Lenkzeit" die Dauer der Lenktätigkeit, aufgezeichnet entweder:
– vollautomatisch oder halbautomatisch durch Kontrollgeräte im Sinne der Anhänge I und I B der Verordnung (EWG) Nr. 3821/85, oder
– von Hand gemäß den Anforderungen des Artikels 16 Absatz 2 der Verordnung (EWG) Nr. 3821/85;

k) „tägliche Lenkzeit" die summierte Gesamtlenkzeit zwischen dem Ende einer täglichen Ruhezeit und dem Beginn der darauf folgenden täglichen Ruhezeit oder zwischen einer täglichen und einer wöchentlichen Ruhezeit;

l) „wöchentliche Lenkzeit" die summierte Gesamtlenkzeit innerhalb einer Woche;

m) „zulässige Höchstmasse" die höchstzulässige Masse eines fahrbereiten Fahrzeugs einschließlich Nutzlast;

n) „Personenlinienverkehr" den „Linienverkehr" und die „Sonderformen des Linienverkehrs" im Sinne von Artikel 2 Nummern 2 bzw. 3 der Verordnung (EG) Nr. 1073/2009 des Europäischen Parlaments und des Rates[1)], unabhängig davon, ob sie inländisch oder grenzüberschreitend durchgeführt werden;

na) „Personengelegenheitsverkehr" den „Gelegenheitsverkehr" im Sinne von Artikel 2 Nummer 4 der Verordnung (EG) Nr. 1073/2009, unabhängig davon, ob er inländisch oder grenzüberschreitend durchgeführt wird;

o) „Mehrfahrerbetrieb" den Fall, in dem während der Lenkdauer zwischen zwei aufeinander folgenden täglichen Ruhezeiten oder zwischen einer täglichen und einer wöchentlichen Ruhezeit mindestens zwei Fahrer auf dem Fahrzeug zum Lenken eingesetzt sind. Während der ersten Stunde des Mehrfahrerbetriebs ist die Anwesenheit eines anderen Fahrers oder anderer Fahrer fakultativ, während der restlichen Zeit jedoch obligatorisch;

p) „Verkehrsunternehmen" jede natürliche oder juristische Person und jede Vereinigung oder Gruppe von Personen ohne Rechtspersönlichkeit mit oder ohne Erwerbszweck sowie jede eigene Rechtspersönlichkeit besitzende oder einer Behörde mit Rechtspersönlichkeit unterstehende offizielle Stelle, die Beförderungen im Straßenverkehr gewerblich oder im Werkverkehr vornimmt;

q) „Lenkdauer" die Gesamtlenkzeit zwischen dem Zeitpunkt, zu dem ein Fahrer nach einer Ruhezeit oder einer Fahrtunterbrechung beginnt, ein Fahrzeug zu lenken, und dem Zeitpunkt, zu dem er eine Ruhezeit oder Fahrtunterbrechung einlegt. Die Lenkdauer kann ununterbrochen oder unterbrochen sein;

[1)] **Amtl. Anm.:** Verordnung (EG) Nr. 1073/2009 des Europäischen Parlaments und des Rates vom 21. Oktober 2009 über gemeinsame Regeln für den Zugang zum grenzüberschreitenden Personenkraftverkehrsmarkt und zur Änderung der Verordnung (EG) Nr. 561/2006 (ABl. L 300 vom 14.11. 2009, S. 88).

r) „nichtgewerbliche Beförderung" jede Beförderung im Straßenverkehr, außer Beförderungen auf eigene oder fremde Rechnung die weder direkt noch indirekt entlohnt wird und durch die weder direkt noch indirekt ein Einkommen für den Fahrer des Fahrzeugs oder für Dritte erzielt wird und die nicht im Zusammenhang mit einer beruflichen oder gewerblichen Tätigkeit steht.

Kapitel II. Fahrpersonal, Lenkzeiten, Fahrtunterbrechungen und Ruhezeiten

Art. 5 [Anforderungen an das Fahrpersonal] (1) Das Mindestalter für Schaffner beträgt 18 Jahre.

(2) [1]Das Mindestalter für Beifahrer beträgt 18 Jahre. [2]Die Mitgliedstaaten können jedoch das Mindestalter für Beifahrer unter folgenden Bedingungen auf 16 Jahre herabsetzen:

a) Die Beförderung im Straßenverkehr erfolgt innerhalb eines Mitgliedstaats in einem Umkreis von 50 km vom Standort des Fahrzeugs, einschließlich des Verwaltungsgebiets von Gemeinden, deren Zentrum innerhalb dieses Umkreises liegt,
b) die Herabsetzung erfolgt zum Zwecke der Berufsausbildung und
c) die von den arbeitsrechtlichen Bestimmungen des jeweiligen Mitgliedstaates vorgegebenen Grenzen werden eingehalten.

Art. 6 [Lenkzeiten] (1) *[1]* Die tägliche Lenkzeit darf 9 Stunden nicht überschreiten.

[2] Die tägliche Lenkzeit darf jedoch höchstens zweimal in der Woche auf höchstens 10 Stunden verlängert werden.

(2) Die wöchentliche Lenkzeit darf 56 Stunden nicht überschreiten und nicht dazu führen, dass die in der Richtlinie 2002/15/EG festgelegte wöchentliche Höchstarbeitszeit überschritten wird.

(3) Die summierte Gesamtlenkzeit während zweier aufeinander folgender Wochen darf 90 Stunden nicht überschreiten.

(4) Die tägliche und die wöchentliche Lenkzeit umfassen alle Lenkzeiten im Gebiet der Gemeinschaft oder im Hoheitsgebiet von Drittstaaten.

(5) [1]Der Fahrer muss die Zeiten im Sinne des Artikels 4 Buchstabe e sowie alle Lenkzeiten in einem Fahrzeug, das für gewerbliche Zwecke außerhalb des Anwendungsbereichs der vorliegenden Verordnung verwendet wird, als andere Arbeiten festhalten; ferner muss er gemäß Artikel 34 Absatz 5 Buchstabe b Ziffer iii der Verordnung (EU) Nr. 165/2014 die Bereitschaftszeiten im Sinne des Artikels 3 Buchstabe b der Richtlinie 2002/15/EG des Europäischen Parlaments und des Rates[1)] festhalten. [2]Diese Zeiten sind entweder handschriftlich auf einem Schaublatt oder einem Ausdruck einzutragen oder manuell in den Fahrtenschreiber einzugeben.

[1)] **Amtl. Anm.:** Verordnung (EU) Nr. 165/2014 des Europäischen Parlaments und des Rates vom 4. Februar 2014 über Fahrtenschreiber im Straßenverkehr, zur Aufhebung der Verordnung (EWG) Nr. 3821/85 des Rates über das Kontrollgerät im Straßenverkehr und zur Änderung der Verordnung (EG) Nr. 561/2006 des Europäischen Parlaments und des Rates zur Harmonisierung bestimmter Sozialvorschriften im Straßenverkehr (ABl. L 60 vom 28.2.2014, S. 1).

Art. 7 [Unterbrechung] *[1]* Nach einer Lenkdauer von viereinhalb Stunden hat ein Fahrer eine ununterbrochene Fahrtunterbrechung von wenigstens 45 Minuten einzulegen, sofern er keine Ruhezeit einlegt.

[2] Diese Unterbrechung kann durch eine Unterbrechung von mindestens 15 Minuten, gefolgt von einer Unterbrechung von mindestens 30 Minuten, ersetzt werden, die in die Lenkzeit so einzufügen sind, dass die Bestimmungen des Absatzes 1 eingehalten werden.

[3] Für Fahrer, die im Personengelegenheitsverkehr eingesetzt werden, kann die Fahrtunterbrechung nach Absatz 1 auch durch zwei Fahrtunterbrechungen von jeweils mindestens 15 Minuten ersetzt werden, die in die in Absatz 1 genannte Lenkzeit so einzufügen sind, dass die Bestimmungen des Absatz 1 eingehalten werden.

[4] Ein im Mehrfahrerbetrieb eingesetzter Fahrer kann eine Fahrtunterbrechung von 45 Minuten in einem Fahrzeug einlegen, das von einem anderen Fahrer gelenkt wird, sofern der Fahrer, der die Fahrtunterbrechung einlegt, den das Fahrzeug lenkenden Fahrer dabei nicht unterstützt.

Art. 8 [Ruhezeit] (1) Der Fahrer muss tägliche und wöchentliche Ruhezeiten einhalten.

(2) *[1]* Innerhalb von 24 Stunden nach dem Ende der vorangegangenen täglichen oder wöchentlichen Ruhezeit muss der Fahrer eine neue tägliche Ruhezeit genommen haben.

[2] Beträgt der Teil der täglichen Ruhezeit, die in den 24-Stunden-Zeitraum fällt, mindestens 9 Stunden, jedoch weniger als 11 Stunden, so ist die fragliche tägliche Ruhezeit als reduzierte tägliche Ruhezeit anzusehen.

(2a) [1] Sofern die Straßenverkehrssicherheit und die Arbeitsbedingungen des Fahrers dadurch nicht beeinträchtigt werden, kann ein Fahrer, der für einen einzelnen Gelegenheitsdienst im Personenverkehr mit einer Dauer von mindestens sechs aufeinanderfolgenden 24-Stunden-Zeiträumen eingesetzt wird, von Absatz 2 Unterabsatz 1 abweichen, indem er einmal die tägliche Ruhezeit innerhalb von höchstens 25 Stunden nach Ende der vorangegangenen täglichen oder wöchentlichen Ruhezeit einlegt, sofern die summierte Gesamtlenkzeit an dem betreffenden Tag sieben Stunden nicht überschritten hat. [2] Unter Einhaltung derselben Bedingungen kann diese Ausnahme zweimal bei einem einzelnen Gelegenheitsdienst im Personenverkehr mit einer Dauer von mindestens acht aufeinanderfolgenden 24-Stunden-Zeiträumen angewandt werden. [3] Die Anwendung dieser Ausnahme lässt die Höchstarbeitszeit nach geltendem Recht unberührt.

(3) Eine tägliche Ruhezeit kann verlängert werden, so dass sich eine regelmäßige wöchentliche Ruhezeit oder eine reduzierte wöchentliche Ruhezeit ergibt.

(4) Der Fahrer darf zwischen zwei wöchentlichen Ruhezeiten höchstens drei reduzierte tägliche Ruhezeiten einlegen.

(5) Abweichend von Absatz 2 muss ein im Mehrfahrerbetrieb eingesetzter Fahrer innerhalb von 30 Stunden nach dem Ende einer täglichen oder wöchentlichen Ruhezeit eine neue tägliche Ruhezeit von mindestens 9 Stunden genommen haben.

(6) *[1]* In zwei jeweils aufeinander folgenden Wochen hat der Fahrer mindestens folgende Ruhezeiten einzuhalten:

a) zwei regelmäßige wöchentliche Ruhezeiten oder

b) eine regelmäßige wöchentliche Ruhezeit und eine reduzierte wöchentliche Ruhezeit von mindestens 24 Stunden.

[2] Eine wöchentliche Ruhezeit beginnt spätestens am Ende von sechs 24-Stunden-Zeiträumen nach dem Ende der vorangegangenen wöchentlichen Ruhezeit.

[3] Abweichend von Unterabsatz 1 kann ein im grenzüberschreitenden Güterverkehr tätiger Fahrer außerhalb des Mitgliedstaats der Niederlassung zwei aufeinanderfolgende reduzierte wöchentliche Ruhezeiten einlegen, sofern der Fahrer in vier jeweils aufeinanderfolgenden Wochen mindesten vier wöchentliche Ruhezeiten einlegt, von denen mindestens zwei regelmäßige wöchentliche Ruhezeiten sein müssen.

[4] Für die Zwecke dieses Absatzes gilt ein Fahrer als im grenzüberschreitenden Verkehr tätig, wenn der Fahrer die zwei aufeinanderfolgenden reduzierten wöchentlichen Ruhezeiten außerhalb des Mitgliedstaats der Niederlassung des Arbeitgebers und des Landes des Wohnsitzes des Fahrers beginnt.

(6a) *[1]* [1]Abweichend von Absatz 6 darf ein Fahrer, der für einen einzelnen Gelegenheitsdienst im Personenverkehr eingesetzt wird, die wöchentliche Ruhezeit auf bis zu zwölf aufeinanderfolgende 24-Stunden-Zeiträume nach einer vorhergehenden regelmäßigen wöchentlichen Ruhezeit unter folgenden Voraussetzungen verschieben:

a) *(aufgehoben)*

b) nach der Inanspruchnahme der Ausnahmeregelung nimmt der Fahrer

   i) entweder zwei regelmäßige wöchentliche Ruhezeiten oder

   ii) eine regelmäßige wöchentliche Ruhezeit und eine reduzierte wöchentliche Ruhezeit von mindestens 24 Stunden. Dabei wird jedoch die Reduzierung durch eine gleichwertige Ruhepause ausgeglichen, die ohne Unterbrechung vor dem Ende der dritten Woche nach dem Ende des Ausnahmezeitraums genommen werden muss;

c) ab dem 1. Januar 2014 ist das Fahrzeug mit einem Kontrollgerät entsprechend den Anforderungen des Anhangs IB der Verordnung (EWG) Nr. 3821/85 ausgestattet und

d) ab dem 1. Januar 2014, sofern das Fahrzeug bei Fahrten während des Zeitraums von 22.00 Uhr bis 6.00 Uhr mit mehreren Fahrern besetzt ist oder die Lenkdauer nach Artikel 7 auf drei Stunden vermindert wird.

[2]Die Kommission überwacht die Inanspruchnahme dieser Ausnahmeregelung genau, um die Aufrechterhaltung der Sicherheit im Straßenverkehr unter sehr strengen Voraussetzungen sicherzustellen, insbesondere indem sie darauf achtet, dass die summierte Gesamtlenkzeit während des unter die Ausnahmeregelung fallenden Zeitraums nicht zu lang ist. [3]Bis zum 4. Dezember 2012 erstellt die Kommission einen Bericht, in dem sie die Folgen der Ausnahmeregelung in Bezug auf die Sicherheit im Straßenverkehr sowie soziale Aspekte bewertet. [4]Wenn sie es für sinnvoll erachtet, schlägt die Kommission diesbezügliche Änderungen der vorliegenden Verordnung vor.

[2] Die Kommission prüft die Optionen für die Digitalisierung des in Artikel 16 Absatz 4 genannten Fahrtenblatts im Zusammenhang mit umfassenderen Digitalisierungsbemühungen im Straßenverkehrssektor.

(6b) *[1]* Jede Reduzierung der wöchentlichen Ruhezeit ist durch eine gleichwertige Ruhepause auszugleichen, die ohne Unterbrechung vor dem Ende der dritten Woche nach der betreffenden Woche zu nehmen ist.

[2] Wurden zwei reduzierte wöchentliche Ruhezeiten gemäß Absatz 6 Unterabsatz 3 nacheinander eingelegt, ist die nächste Ruhezeit – als Ausgleich für diese zwei reduzierten wöchentlichen Ruhezeiten – vor der darauffolgenden wöchentlichen Ruhezeit einzulegen.

(7) Jede Ruhepause, die als Ausgleich für eine reduzierte wöchentliche Ruhezeit eingelegt wird, ist an eine andere Ruhezeit von mindestens 9 Stunden anzuhängen.

(8) *[1]* [1] Die regelmäßigen wöchentlichen Ruhezeiten und jede wöchentliche Ruhezeit von mehr als 45 Stunden, die als Ausgleich für die vorherige verkürzte wöchentliche Ruhezeit eingelegt wird, dürfen nicht in einem Fahrzeug verbracht werden. [2] Sie sind in einer geeigneten geschlechtergerechten Unterkunft mit angemessenen Schlafgelegenheiten und sanitären Einrichtungen zu verbringen.

[2] Alle Kosten für die Unterbringung außerhalb des Fahrzeugs werden vom Arbeitgeber getragen.

(8a) *[1]* Verkehrsunternehmen planen die Arbeit der Fahrer so, dass jeder Fahrer in der Lage ist, innerhalb jedes Zeitraums von vier aufeinanderfolgenden Wochen zu der im Mitgliedstaat der Niederlassung des Arbeitgebers gelegenen Betriebsstätte des Arbeitgebers, der der Fahrer normalerweise zugeordnet ist und an der er seine wöchentliche Ruhezeit beginnt, oder zu seinem Wohnsitz zurückzukehren, um dort mindestens eine regelmäßige wöchentliche Ruhezeit oder eine wöchentliche Ruhezeit von mehr als 45 Stunden als Ausgleich für eine reduzierte wöchentliche Ruhezeit zu verbringen.

[2] Hat der Fahrer jedoch zwei aufeinanderfolgende reduzierte wöchentliche Ruhezeiten gemäß Absatz 6 eingelegt, muss das Verkehrsunternehmen die Arbeit des Fahrers so planen, dass dieser in der Lage ist, bereits vor Beginn der regelmäßigen wöchentlichen Ruhezeit von mehr als 45 Stunden, die als Ausgleich eingelegt wird, zurückzukehren.

[3] Das Unternehmen dokumentiert, wie es diese Verpflichtung erfüllt, und es bewahrt die betreffenden Unterlagen in seinen Geschäftsräumen auf, damit sie auf Verlangen der Kontrollbehörden vorgelegt werden können.

(9) Eine wöchentliche Ruhezeit, die in zwei Wochen fällt, kann für eine der beiden Wochen gezählt werden, nicht aber für beide.

(10) Die Kommission prüft spätestens am 21. August 2022, ob geeignetere Vorschriften für Fahrer erlassen werden können, die für Gelegenheitsdienste im Personenverkehr im Sinne von Artikel 2 Nummer 4 der Verordnung (EG) Nr. 1073/2009 eingesetzt werden, und teilt das Ergebnis dem Parlament und dem Rat mit.

Art. 8a [Zertifizierte Parkflächen] (1) *[1]* [1] Die Kommission stellt sicher, dass Kraftfahrer im Straßengüter- und -personenverkehr leichten Zugang zu Informationen über sichere und gesicherte Parkflächen haben. [2] Die Kommission veröffentlicht eine Liste aller zertifizierten Parkflächen, damit den Fahrern Folgendes in angemessener Form geboten wird:

– Erkennen und Verhindern von unberechtigtem Eindringen,
– Beleuchtung und Sichtverhältnisse,

– Kontaktstelle und Verfahren für Notfälle,
– geschlechtergerechte sanitäre Einrichtungen,
– Möglichkeiten zum Kauf von Lebensmitteln und Getränken,
– Kommunikationsverbindungen,
– Stromversorgung.

[2] Die Liste dieser Parkflächen wird auf einer einheitlichen amtlichen Internetseite veröffentlicht und regelmäßig aktualisiert.

(2) Die Kommission erlässt delegierte Rechtsakte gemäß Artikel 23a, um Normen festzulegen, mit denen das Dienstleistungs- und Sicherheitsniveau der in Absatz 1 genannten Flächen und die Verfahren für die Zertifizierung von Parkflächen detaillierter vorgegeben werden.

(3) *[1]* An allen zertifizierten Parkflächen kann darauf hingewiesen werden, dass sie gemäß den Normen und Verfahren der Union zertifiziert sind.

[2] Gemäß Artikel 39 Absatz 2 Buchstabe c der Verordnung (EU) Nr. 1315/2013 des Europäischen Parlaments und des Rates[1)] sind die Mitgliedstaaten gehalten, die Schaffung von Parkflächen für gewerbliche Straßennutzer zu fördern.

(4) [1] Die Kommission legt dem Europäischen Parlament und dem Rat bis zum 31. Dezember 2024 einen Bericht über die Verfügbarkeit geeigneter Ruheeinrichtungen für Fahrer und über die Verfügbarkeit gesicherter Parkeinrichtungen sowie über den Ausbau sicherer und gesicherter Parkflächen, die gemäß den delegierten Rechtsakten zertifiziert sind, vor. [2] Dieser Bericht kann eine Liste mit Maßnahmen zur Erhöhung der Zahl und der Qualität sicherer und gesicherter Parkflächen enthalten.

Art. 9 [Ausnahmen von der Ruhezeit] (1) *[1]* [1] Legt ein Fahrer, der ein Fahrzeug begleitet, das auf einem Fährschiff oder mit der Eisenbahn befördert wird, eine regelmäßige tägliche Ruhezeit oder eine reduzierte wöchentliche Ruhezeit ein, so darf diese Ruhezeit abweichend von Artikel 8 nicht mehr als zwei Mal durch andere Tätigkeiten unterbrochen werden, deren Gesamtdauer eine Stunde nicht überschreiten darf. [2] Während dieser regelmäßigen täglichen Ruhezeit oder reduzierten wöchentlichen Ruhezeit muss dem Fahrer eine Schlafkabine, eine Schlafkoje oder ein Liegeplatz zur Verfügung stehen.

[2] In Bezug auf regelmäßige wöchentliche Ruhezeiten gilt diese Ausnahme für Fähr- oder Zugreisen nur, wenn

a) die geplante Reisedauer 8 Stunden oder mehr beträgt und

b) der Fahrer Zugang zu einer Schlafkabine auf der Fähre oder im Zug hat.

(2) Die von einem Fahrer verbrachte Zeit, um zu einem in den Geltungsbereich dieser Verordnung fallenden Fahrzeug, das sich nicht am Wohnsitz des Fahrers oder der Betriebstätte des Arbeitgebers befindet, der der Fahrer normalerweise zugeordnet ist, anzureisen oder von diesem zurückzureisen, ist nur dann als Ruhepause oder Fahrtunterbrechung anzusehen, wenn sich der Fahrer in einem Zug oder auf einem Fährschiff befindet und Zugang zu einer Schlafkabine, einer Koje oder einem Liegewagen hat.

[1)] **Amtl. Anm.:** Verordnung (EU) Nr. 1315/2013 des Europäischen Parlaments und des Rates vom 11. Dezember 2013 über Leitlinien der Union für den Aufbau eines transeuropäischen Verkehrsnetzes und zur Aufhebung des Beschlusses Nr. 661/2010/EU (ABl. L 348 vom 20.12.2013, S. 1).

(3) Die von einem Fahrer verbrachte Zeit, um mit einem nicht in den Geltungsbereich dieser Richtlinie fallenden Fahrzeug zu einem in den Geltungsbereich dieser Verordnung fallenden Fahrzeug, das sich nicht am Wohnsitz des Fahrers oder der Betriebsstätte des Arbeitgebers, dem der Fahrer normalerweise zugeordnet ist, befindet, anzureisen oder von diesem zurückzureisen, ist als andere Arbeiten anzusehen.

Art. 9a [Bericht über die Nutzung autonomer Fahrsysteme] [1] Die Kommission erstellt bis zum 31. Dezember 2025 einen Bericht über die Nutzung autonomer Fahrsysteme in den Mitgliedstaaten und legt ihn dem Europäischen Parlament und dem Rat vor. [2] In dem Bericht geht sie insbesondere auf die möglichen Auswirkungen dieser Systeme auf die Vorschriften über Lenk- und Ruhezeiten ein. [3] Diesem Bericht ist gegebenenfalls ein Gesetzgebungsvorschlag zur Änderung dieser Verordnung beizufügen.

Kapitel III. Haftung von Verkehrsunternehmen

Art. 10 [Haftung von Verkehrsunternehmen] (1) Verkehrsunternehmen dürfen beschäftigten oder ihnen zur Verfügung gestellten Fahrern keine Zahlungen in Abhängigkeit von der zurückgelegten Strecke, der Schnelligkeit der Auslieferung und/oder der Menge der beförderten Güter leisten, auch nicht in Form von Prämien oder Lohnzuschlägen, falls diese Zahlungen geeignet sind, die Sicherheit im Straßenverkehr zu gefährden, und/oder zu Verstößen gegen diese Verordnung verleiten.

(2) [1] Das Verkehrsunternehmen organisiert die Arbeit der in Absatz 1 genannten Fahrer so, dass diese die Bestimmungen der Verordnung (EWG) Nr. 3821/85 sowie des Kapitels II der vorliegenden Verordnung einhalten können. [2] Das Verkehrsunternehmen hat den Fahrer ordnungsgemäß anzuweisen und regelmäßig zu überprüfen, dass die Verordnung (EWG) Nr. 3821/85 und Kapitel II der vorliegenden Verordnung eingehalten werden.

(3) *[1]* Das Verkehrsunternehmen haftet für Verstöße von Fahrern des Unternehmens, selbst wenn der Verstoß im Hoheitsgebiet eines anderen Mitgliedstaates oder eines Drittstaates begangen wurde.

[2] [1] Unbeschadet des Rechts der Mitgliedstaaten, Verkehrsunternehmen uneingeschränkt haftbar zu machen, können die Mitgliedstaaten diese Haftung von einem Verstoß des Unternehmens gegen die Absätze 1 und 2 abhängig machen. [2] Die Mitgliedstaaten können alle Beweise prüfen, die belegen, dass das Verkehrsunternehmen billigerweise nicht für den begangenen Verstoß haftbar gemacht werden kann.

(4) Unternehmen, Verlader, Spediteure, Reiseveranstalter, Hauptauftragnehmer, Unterauftragnehmer und Fahrervermittlungsagenturen stellen sicher, dass die vertraglich vereinbarten Beförderungszeitpläne nicht gegen diese Verordnung verstoßen.

(5)

a) Ein Verkehrsunternehmen, das Fahrzeuge einsetzt, die unter die vorliegende Verordnung fallen und die mit einem Kontrollgerät ausgestattet sind, das dem Anhang I B der Verordnung (EWG) Nr. 3821/85 entspricht, stellt Folgendes sicher:

i) Alle Daten werden von dem Bordgerät und der Fahrerkarte so regelmäßig heruntergeladen, wie es der Mitgliedstaat vorschreibt; diese relevanten Daten werden in kürzeren Abständen heruntergeladen, damit sichergestellt ist, dass alle von dem Unternehmen oder für das Unternehmen durchgeführten Tätigkeiten heruntergeladen werden;

ii) alle sowohl vom Bordgerät als auch von der Fahrerkarte heruntergeladenen Daten werden nach ihrer Aufzeichnung mindestens zwölf Monate lang aufbewahrt und müssen für einen Kontrollbeamten auf Verlangen entweder direkt oder zur Fernabfrage von den Geschäftsräumen des Unternehmens zugänglich sein.

b) Im Sinne dieses Absatzes wird der Ausdruck „heruntergeladen" entsprechend der Begriffsbestimmung in Anhang I B Kapitel I Buchstabe s der Verordnung (EWG) Nr. 3821/85 ausgelegt.

c) Die Kommission entscheidet nach dem in Artikel 24 Absatz 2 genannten Verfahren über den Höchstzeitraum für das Herunterladen der relevanten Daten gemäß Buchstabe a Ziffer i.

Kapitel IV. Ausnahmen

Art. 11 [Ausnahmen von der Ruhezeit] [1] Ein Mitgliedstaat kann für Beförderungen im Straßenverkehr, die vollständig in seinem Hoheitsgebiet durchgeführt werden, längere Mindestfahrtunterbrechungen und Ruhezeiten oder kürzere Höchstlenkzeiten als nach den Artikeln 6 bis 9 festlegen. [2] In einem solchen Fall muss der Mitgliedstaat die relevanten kollektiven oder anderen Vereinbarungen zwischen den Sozialpartnern berücksichtigen. [3] Für Fahrer im grenzüberschreitenden Verkehr gilt jedoch weiterhin diese Verordnung.

Art. 12 [Sicherer Halteplatz] *[1]* [1] Sofern die Sicherheit im Straßenverkehr nicht gefährdet wird, kann der Fahrer von den Artikeln 6 bis 9 abweichen, um einen geeigneten Halteplatz zu erreichen, soweit dies erforderlich ist, um die Sicherheit von Personen, des Fahrzeugs oder seiner Ladung zu gewährleisten. [2] Der Fahrer hat Art und Grund dieser Abweichung spätestens bei Erreichen des geeigneten Halteplatzes handschriftlich auf dem Schaublatt des Kontrollgeräts oder einem Ausdruck aus dem Kontrollgerät oder im Arbeitszeitplan zu vermerken.

[2] Sofern die Sicherheit im Straßenverkehr nicht gefährdet wird, kann der Fahrer unter außergewöhnlichen Umständen auch von Artikel 6 Absätze 1 und 2 und von Artikel 8 Absatz 2 abweichen, indem er die tägliche und die wöchentliche Lenkzeit um bis zu eine Stunde überschreitet, um die Betriebsstätte des Arbeitgebers oder den Wohnsitz des Fahrers zu erreichen, um eine wöchentliche Ruhezeit einzulegen.

[3] Unter den gleichen Bedingungen kann der Fahrer die tägliche und die wöchentliche Lenkzeit um bis zu zwei Stunden überschreiten, sofern eine ununterbrochene Fahrtunterbrechung von 30 Minuten eingelegt wurde, die der zusätzlichen Lenkzeit zur Erreichung der Betriebsstätte des Arbeitgebers oder des Wohnsitzes des Fahrers, um dort eine regelmäßige wöchentliche Ruhezeit einzulegen, unmittelbar vorausgeht.

[4] Der Fahrer hat Art und Grund dieser Abweichung spätestens bei Erreichen des Bestimmungsorts oder des geeigneten Halteplatzes handschriftlich auf

dem Schaublatt des Kontrollgeräts, einem Ausdruck aus dem Kontrollgerät oder im Arbeitszeitplan zu vermerken.

[5] Jede Lenkzeitverlängerung wird durch eine gleichwertige Ruhepause ausgeglichen, die zusammen mit einer beliebigen Ruhezeit ohne Unterbrechung bis zum Ende der dritten Woche nach der betreffenden Woche genommen werden muss.

Art. 13 [Individuelle Bedingungen] (1) Sofern die Verwirklichung der in Artikel 1 genannten Ziele nicht beeinträchtigt wird, kann jeder Mitgliedstaat für sein Hoheitsgebiet oder mit Zustimmung der betreffenden Mitgliedstaaten für das Hoheitsgebiet eines anderen Mitgliedstaats Abweichungen von den Artikeln 5 bis 9 zulassen und solche Abweichungen für die Beförderung mit folgenden Fahrzeugen an individuelle Bedingungen knüpfen:

a) Fahrzeuge, die Eigentum von Behörden sind oder von diesen ohne Fahrer angemietet sind, um Beförderungen im Straßenverkehr durchzuführen, die nicht im Wettbewerb mit privatwirtschaftlichen Verkehrsunternehmen stehen;

b) Fahrzeuge, die von Landwirtschafts-, Gartenbau-, Forstwirtschafts- oder Fischereiunternehmen zur Güterbeförderung im Rahmen ihrer eigenen unternehmerischen Tätigkeit in einem Umkreis von bis zu 100 km vom Standort des Unternehmens benutzt oder ohne Fahrer angemietet werden;

c) land- und forstwirtschaftliche Zugmaschinen, die für land- oder forstwirtschaftliche Tätigkeiten eingesetzt werden, und zwar in einem Umkreis von bis zu 100 km vom Standort des Unternehmens, das das Fahrzeug besitzt, anmietet oder least;

d) Fahrzeuge oder Fahrzeugkombinationen mit einer zulässigen Höchstmasse von nicht mehr als 7,5 t, die von Universaldienstanbietern im Sinne des Artikels 2 Absatz 13 der Richtlinie 97/67/EG des Europäischen Parlaments und des Rates vom 15. Dezember 1997 über gemeinsame Vorschriften für die Entwicklung des Binnenmarktes der Postdienste der Gemeinschaft und die Verbesserung der Dienstequalität[1] zum Zweck der Zustellung von Sendungen im Rahmen des Universaldienstes benutzt werden.
Diese Fahrzeuge dürfen nur in einem Umkreis von 100 km vom Standort des Unternehmens und unter der Bedingung benutzt werden, dass das Lenken des Fahrzeugs für den Fahrer nicht die Haupttätigkeit darstellt;

e) Fahrzeuge, die ausschließlich auf Inseln oder vom Rest des Hoheitsgebiets isolierten Binnengebieten mit einer Fläche von nicht mehr als 2 300 km^2 verkehren, die mit den übrigen Teilen des Hoheitsgebiets nicht durch eine Brücke, eine Furt oder einen Tunnel, die von Kraftfahrzeugen benutzt werden können, verbunden sind und auch nicht an einen anderen Mitgliedstaat angrenzen;

f) Fahrzeuge, die im Umkreis von 100 km vom Standort des Unternehmens zur Güterbeförderung mit Druckerdgas-, Flüssiggas- oder Elektroantrieb benutzt werden und deren zulässige Höchstmasse einschließlich Anhänger oder Sattelanhänger 7,5 t nicht übersteigt;

g) Fahrzeuge, die zum Fahrschulunterricht und zur Fahrprüfung zwecks Erlangung des Führerscheins oder eines beruflichen Befähigungsnachweises

---

[1] **Amtl. Anm.:** ABl. L 15 vom 21.1.1998, S. 14.

dienen, sofern diese Fahrzeuge nicht für die gewerbliche Personen- oder Güterbeförderung benutzt werden;

h) Fahrzeuge, die in Verbindung mit Kanalisation, Hochwasserschutz, Wasser-, Gas- und Elektrizitätsversorgung, Straßenunterhaltung und -kontrolle, Hausmüllabfuhr, Telegramm- und Telefondienstleistungen, Rundfunk und Fernsehen sowie zur Erfassung von Radio- bzw. Fernsehsendern oder -geräten eingesetzt werden;

i) Fahrzeuge mit 10 bis 17 Sitzen, die ausschließlich zur nichtgewerblichen Personenbeförderung verwendet werden;

j) Spezialfahrzeuge, die Ausrüstungen des Zirkus- oder Schaustellergewerbes transportieren;

k) speziell ausgerüstete Projektfahrzeuge für mobile Projekte, die hauptsächlich im Stand zu Lehrzwecken dienen;

l) Fahrzeuge, die zum Abholen von Milch bei landwirtschaftlichen Betrieben und/oder zur Rückgabe von Milchbehältern oder von Milcherzeugnissen für Futterzwecke an diese Betriebe verwendet werden;

m) Spezialfahrzeuge für Geld- und/oder Werttransporte;

n) Fahrzeuge, die zur Beförderung von tierischen Abfällen oder von nicht für den menschlichen Verzehr bestimmten Tierkörpern verwendet werden;

o) Fahrzeuge, die ausschließlich auf Straßen in Güterverteilzentren wie Häfen, Umschlaganlagen des Kombinierten Verkehrs und Eisenbahnterminals benutzt werden;

p) Fahrzeuge, die innerhalb eines Umkreises von bis zu 100 km für die Beförderung lebender Tiere von den landwirtschaftlichen Betrieben zu den lokalen Märkten und umgekehrt oder von den Märkten zu den lokalen Schlachthäusern verwendet werden;

q) Fahrzeuge oder Fahrzeugkombinationen zur Beförderung von Baumaschinen für ein Bauunternehmen, die in einem Umkreis von höchstens 100 km vom Standort des Unternehmens benutzt werden, vorausgesetzt dass das Lenken der Fahrzeuge für den Fahrer nicht die Haupttätigkeit darstellt;

r) Fahrzeuge, die für die Lieferung von Transportbeton verwendet werden.

(2) Die Mitgliedstaaten teilen der Kommission die Ausnahmen mit, die sie nach Absatz 1 gewähren, und die Kommission unterrichtet die übrigen Mitgliedstaaten hiervon.

(3) [1] Sofern die Verwirklichung der in Artikel 1 genannten Ziele nicht beeinträchtigt wird und ein angemessener Schutz der Fahrer sichergestellt ist, kann ein Mitgliedstaat mit Genehmigung der Kommission in seinem Hoheitsgebiet in geringem Umfang Ausnahmen von dieser Verordnung für Fahrzeuge, die in zuvor festgelegten Gebieten mit einer Bevölkerungsdichte von weniger als 5 Personen pro Quadratkilometer eingesetzt werden, in folgenden Fällen zulassen:

– Bei inländischen Personenlinienverkehrsdiensten, sofern ihr Fahrplan von den Behörden bestätigt wurde (in diesem Fall dürfen nur Ausnahmen in Bezug auf Fahrtunterbrechungen zugelassen werden) und

– im inländischen Werkverkehr oder gewerblich durchgeführten Güterkraftverkehr, soweit sich diese Tätigkeiten nicht auf den Binnenmarkt auswirken und für den Erhalt bestimmter Wirtschaftszweige in dem betroffenen Gebiet notwendig sind und die Ausnahmebestimmungen dieser Verordnung einen Umkreis von höchstens 100 km vorschreiben.

[2] Eine Beförderung im Straßenverkehr nach dieser Ausnahme kann eine Fahrt zu einem Gebiet mit einer Bevölkerungsdichte von 5 Personen pro Quadratkilometer oder mehr nur einschließen, wenn damit eine Fahrt beendet oder begonnen wird. [3] Solche Maßnahmen müssen ihrer Art und ihrem Umfang nach verhältnismäßig sein.

Art. 14 [Mitteilung der Kommission] (1) Sofern die Verwirklichung der in Artikel 1 genannten Ziele nicht beeinträchtigt wird, können die Mitgliedstaaten nach Genehmigung durch die Kommission Ausnahmen von den Artikeln 6 bis 9 für unter außergewöhnlichen Umständen durchgeführte Beförderungen zulassen.

(2) [1] Die Mitgliedstaaten können in dringenden Fällen, die mit außergewöhnlichen Umständen einhergehen, eine vorübergehende Ausnahme für einen Zeitraum von höchstens 30 Tagen zulassen, die hinreichend zu begründen und der Kommission sofort mitzuteilen ist. [2] Die Kommission veröffentlicht diese Informationen unverzüglich auf einer öffentlichen Internetseite.

(3) Die Kommission teilt den übrigen Mitgliedstaaten alle nach diesem Artikel gewährten Ausnahmen mit.

Art. 15 [Nationale Vorschriften] [1] Die Mitgliedstaaten stellen sicher, dass Fahrer der in Artikel 3 Buchstabe a genannten Fahrzeuge unter nationale Vorschriften fallen, die einen angemessenen Schutz bei den erlaubten Lenkzeiten sowie den vorgeschriebenen Fahrtunterbrechungen und Ruhezeiten bieten. [2] Die Mitgliedstaaten teilen der Kommission die für diese Fahrer geltenden einschlägigen nationalen Vorschriften mit.

Kapitel V. Überwachung und Sanktionen

Art. 16 [Fahrzeuge ohne Kontrollgerät] (1) Verfügt ein Fahrzeug nicht über ein mit der Verordnung (EWG) Nr. 3821/85 übereinstimmendes Kontrollgerät, so gelten die Absätze 2 und 3 des vorliegenden Artikels für:

a) nationale Personenlinienverkehrsdienste und

b) grenzüberschreitende Personenlinienverkehrsdienste, deren Endpunkte in der Luftlinie höchstens 50 km von einer Grenze zwischen zwei Mitgliedstaaten entfernt sind und deren Fahrstrecke höchstens 100 km beträgt.

(2) *[1]* Das Verkehrsunternehmen erstellt einen Fahrplan und einen Arbeitszeitplan, in dem für jeden Fahrer der Name, der Standort und der im Voraus festgelegte Zeitplan für die verschiedenen Zeiträume der Lenktätigkeit, der anderen Arbeiten und der Fahrtunterbrechungen sowie die Bereitschaftszeiten angegeben werden.

[2] Jeder Fahrer, der in einem Dienst im Sinne des Absatzes 1 eingesetzt ist, muss einen Auszug aus dem Arbeitszeitplan und eine Ausfertigung des Linienfahrplans mit sich führen.

(3) Der Arbeitszeitplan muss

a) alle in Absatz 2 aufgeführten Angaben mindestens für den Zeitraum des Tages der Kontrolle und der vorausgehenden 56 Tage enthalten; diese Angaben sind in regelmäßigen Abständen von höchstens einem Monat zu aktualisieren;

b) die Unterschrift des Leiters des Verkehrsunternehmens oder seines Beauftragten tragen;

c) vom Verkehrsunternehmen nach Ablauf des Geltungszeitraums ein Jahr lang aufbewahrt werden. Das Verkehrsunternehmen händigt den betreffenden Fahrern auf Verlangen einen Auszug aus dem Arbeitszeitplan aus; und

d) auf Verlangen einem dazu befugten Kontrollbeamten vorgelegt und ausgehändigt werden.

(4) *[1]* Bis ein digitales Fahrtenblatt zur Verfügung steht muss der Fahrer für die Zwecke von Straßenkontrollen in der Lage sein, die Inanspruchnahme der Ausnahmen gemäß Artikel 7 Absatz 3 und Artikel 8 Absätze 2a und 6a zu begründen, indem er:

a) ein ausgefülltes Fahrtenblatt im Fahrzeug mitführt, das die gemäß der Verordnung (EG) Nr. 1073/2009 erforderlichen Angaben enthält und dem Fahrer vor Antritt jeder Fahrt durch das verantwortliche Verkehrsunternehmen auszuhändigen ist; und

b) Kopien dieser Fahrtenblätter für die vorangegangenen 28 Tage und ab dem 31. Dezember 2024 für die vorangegangenen 56 Tage in Papierform oder elektronischer Form im Fahrzeug mitführt.

[2] Die in Unterabsatz 1 Buchstabe b genannte Verpflichtung gilt spätestens dann nicht mehr, wenn im Fahrzeug gemäß Absatz 5 ein Fahrtenschreiber, bei dem die Art des Personenverkehrsdienstes eingegeben werden kann, verwendet wird.

[3] [1] Für inländische Verkehrsdienste kann das Fahrtenblatt für grenzüberschreitende Verkehrsdienste verwendet werden, sofern darauf vermerkt wird, dass es für inländische Verkehrsdienste verwendet wird. [2] Die Kommission kann, soweit angemessen, im Wege eines Durchführungsrechtsakts das Format des Fahrtenblatts für inländische Verkehrsdienste festlegen, um die Kontrolle der Einhaltung zu erleichtern. [3] Dieser Durchführungsrechtsakt wird gemäß dem in Artikel 24 Absatz 2a genannten Prüfverfahren erlassen.

[4] Die Kommission bewertet spätestens bis zum 31. Dezember 2026 die Optionen für die Digitalisierung des Fahrtenblatts für Fahrer, die im Personengelegenheitsverkehr eingesetzt werden, im Hinblick auf Durchführbarkeit, Kosteneffizienz und ihre Auswirkungen auf die Durchsetzbarkeit und die Arbeitsbedingungen der Fahrer und legt dem Europäischen Parlament und dem Rat gegebenenfalls einen Gesetzgebungsvorschlag für diese Digitalisierung vor.

[5] [1] Diese Bewertung erstreckt sich auf die Entwicklung eines digitalen Fahrtenblatts, das die gemäß der Verordnung (EG) Nr. 1073/2009 erforderlichen Angaben enthält, damit diese Angaben vor Antritt der Fahrt in einer mehrsprachigen Schnittstelle, zu der die Betreiber Zugang haben, elektronisch registriert werden können. [2] Zu diesem Zweck kann die Kommission auch prüfen, ob die Entwicklung eines oder mehrerer neuer Module für das durch

die Verordnung (EU) Nr. 1024/2012 des Europäischen Parlaments und des Rates[1] eingerichtete Binnenmarkt-Informationssystem möglich ist.

(5) [1]Um eine einheitliche Anwendung und Durchsetzung von Artikel 7 Absatz 3 und Artikel 8 Absätze 2a und 6a zu gewährleisten, erlässt die Kommission zum frühestmöglichen Zeitpunkt der Überprüfung der Durchführungsverordnung (EU) 2016/799 der Kommission[2] oder eines an deren Stelle tretenden Durchführungsrechtsakts, spätestens jedoch bis zum 23. November 2025 Durchführungsrechtsakte zur Festlegung geeigneter technischer Spezifikationen, die es ermöglichen, auf dem Fahrtenschreiber Daten zur Art des Personenverkehrsdienstes – d.h., ob es sich um einen Dienst im Personenlinienverkehr oder einen Gelegenheitsdienst im Personenverkehr handelt – aufzuzeichnen und zu speichern. [2]Der Geltungsbeginn dieser Durchführungsrechtsakte wird nach Konsultation der einschlägigen Interessenträger festgelegt. [3]Diese Durchführungsrechtsakte werden gemäß dem in Artikel 24 Absatz 2a genannten Prüfverfahren erlassen.

Art. 17 [Bericht der Kommission] (1) Die Mitgliedstaaten übermitteln der Kommission unter Verwendung des in der Entscheidung 93/173/EWG[3] vorgesehenen Berichtsmusters die notwendigen Informationen, damit diese alle zwei Jahre einen Bericht über die Durchführung der vorliegenden Verordnung und der Verordnung (EWG) Nr. 3821/85 und über die Entwicklungen auf dem betreffenden Gebiet erstellen kann.

(2) Diese Angaben müssen bei der Kommission spätestens am 30. September des Jahres nach Ende des betreffenden Zweijahreszeitraums mitgeteilt werden.

(3) In dem Bericht wird zugleich angegeben, inwieweit von den Ausnahmeregelungen gemäß Artikel 13 Gebrauch gemacht wird.

(4) Die Kommission leitet den Bericht innerhalb von 13 Monaten nach Ende des betreffenden Zweijahreszeitraums dem Europäischen Parlament und dem Rat zu.

Art. 17a [Auswirkungen auf Straßenverkehrssicherheit und soziale Aspekte] [1]Die Kommission erstellt bis zum 31. Dezember 2028 einen Bericht, in dem die Auswirkungen der für den Bereich des Personengelegenheitsverkehrs geltenden Bestimmungen dieser Verordnung auf die Straßenverkehrssicherheit und soziale Aspekte, insbesondere die Arbeitsbedingungen der Fahrer, bewertet werden. [2]Die Kommission übermittelt diesen Bericht an das Europäische Parlament und den Rat. [3]Wenn die Kommission es für angemessen hält, legt sie entsprechende Gesetzgebungsvorschläge vor.

Art. 18 [Maßnahmen] Die Mitgliedstaaten ergreifen die zur Durchführung dieser Verordnung erforderlichen Maßnahmen.

---

[1] **Amtl. Anm.:** Verordnung (EU) Nr. 1024/2012 des Europäischen Parlaments und des Rates vom 25. Oktober 2012 über die Verwaltungszusammenarbeit mit Hilfe des Binnenmarkt-Informationssystems und zur Aufhebung der Entscheidung 2008/49/EG der Kommission („IMI-Verordnung") (ABl. L 316 vom 14.11.2012, S. 1).

[2] **Amtl. Anm.:** Durchführungsverordnung (EU) 2016/799 der Kommission vom 18. März 2016 zur Durchführung der Verordnung (EU) Nr. 165/2014 des Europäischen Parlaments und des Rates zur Festlegung der Vorschriften über Bauart, Prüfung, Einbau, Betrieb und Reparatur von Fahrtenschreibern und ihren Komponenten (ABl. L 139 vom 26.5.2016, S. 1).

[3] **Amtl. Anm.:** ABl. L 72 vom 25.3.1993, S. 33.

Art. 19 [Sanktionen] (1) [1]Die Mitgliedstaaten erlassen Vorschriften über Sanktionen für Verstöße gegen die vorliegende Verordnung und die Verordnung (EU) Nr. 165/2014 und treffen alle erforderlichen Maßnahmen, um deren Anwendung zu gewährleisten. [2]Diese Sanktionen müssen wirksam und verhältnismäßig zum Schweregrad der Verstöße gemäß Anhang III der Richtlinie 2006/22/EG des Europäischen Parlaments und des Rates[1)], sowie abschreckend und nicht-diskriminierend sein. [3]Kein Verstoß gegen die vorliegende Verordnung oder gegen die Verordnung (EU) Nr. 165/2014 darf mehrmals Gegenstand von Sanktionen oder Verfahren sein. [4]Die Mitgliedstaaten teilen der Kommission diese Maßnahmen und Regeln sowie das Verfahren und die Kriterien, die auf einzelstaatlicher Ebene zur Bewertung der Verhältnismäßigkeit herangezogen wurden, mit. [5]Die Mitgliedstaaten teilen etwaige spätere Änderungen daran, die Auswirkungen darauf haben, unverzüglich mit. [6]Die Kommission informiert die Mitgliedstaaten über diese Regeln und Maßnahmen sowie über etwaige Änderungen. [7]Die Kommission stellt sicher, dass diese Informationen in allen Amtssprachen der Union auf einer eigens hierfür eingerichteten öffentlichen Internetseite veröffentlicht werden, die detaillierte Informationen über die in den Mitgliedstaaten geltenden Sanktionen enthält.

(2) *[1]* Ein Mitgliedstaat ermächtigt die zuständigen Behörden, gegen ein Unternehmen und/oder einen Fahrer bei einem in seinem Hoheitsgebiet festgestellten Verstoß gegen die vorliegende Verordnung oder gegen die Verordnung (EU) Nr. 165/2014 eine Sanktion zu verhängen, sofern hierfür noch keine Sanktion verhängt wurde, und zwar selbst dann, wenn der Verstoß im Hoheitsgebiet eines anderen Mitgliedstaats oder eines Drittstaats begangen wurde.

[2] Dabei gilt folgende Ausnahmeregelung: Wird ein Verstoß festgestellt,

– der nicht im Hoheitsgebiet des betreffenden Mitgliedstaats begangen wurde und

– der von einem Unternehmen, das seinen Sitz in einem anderen Mitgliedstaat oder einem Drittstaat hat, oder von einem Fahrer, der seinen Arbeitsplatz in einem anderen Mitgliedstaat oder einem Drittstaat hat, begangen wurde,

so kann ein Mitgliedstaat bis zum 1. Januar 2009, anstatt eine Sanktion zu verhängen, der zuständigen Behörde des Mitgliedstaats oder des Drittstaats, in dem das Unternehmen seinen Sitz oder der Fahrer seinen Arbeitsplatz hat, den Verstoß melden.

(3) Leitet ein Mitgliedstaat in Bezug auf einen bestimmten Verstoß ein Verfahren ein oder verhängt er eine Sanktion, so muss er dem Fahrer gegenüber angemessene schriftliche Belege beibringen.

(4) Die Mitgliedstaaten stellen sicher, dass ein System verhältnismäßiger Sanktionen, die finanzielle Sanktionen umfassen können, für den Fall besteht, dass Unternehmen oder mit ihnen verbundene Verlader, Spediteure, Reiseveranstalter, Hauptauftragnehmer, Unterauftragnehmer und Fahrervermittlungsagenturen gegen die vorliegende Verordnung oder die Verordnung (EWG) Nr. 3821/85 verstoßen.

[1)] **Amtl. Anm.:** Richtlinie 2006/22/EG des Europäischen Parlaments und des Rates vom 15. März 2006 über Mindestbedingungen für die Durchführung der Verordnungen (EG) Nr. 561/2006 und (EU) Nr. 165/2014 und der Richtlinie 2002/15/EG über Sozialvorschriften für Tätigkeiten im Kraftverkehr sowie zur Aufhebung der Richtlinie 88/599/EWG des Rates (ABl. L 102 vom 11.4. 2006, S. 35).

Art. 20 [Belege; Aufbewahrung] (1) Der Fahrer muss alle von einem Mitgliedstaat zu Sanktionen oder zur Einleitung von Verfahren beigebrachten Belege so lange aufbewahren, bis derselbe Verstoß gegen diese Verordnung nicht mehr in ein zweites Verfahren oder eine zweite Sanktion gemäß dieser Verordnung münden kann.

(2) Der Fahrer hat die in Absatz 1 genannten Belege auf Verlangen vorzuweisen.

(3) Ein Fahrer, der bei mehreren Verkehrsunternehmen beschäftigt ist oder mehreren Verkehrsunternehmen zur Verfügung steht, verschafft jedem Unternehmen ausreichende Informationen, um diesem die Einhaltung der Bestimmungen des Kapitels II zu ermöglichen.

Art. 21 [Stillegung von Fahrzeugen] [1] In Fällen, in denen ein Mitgliedstaat der Auffassung ist, dass ein Verstoß gegen diese Verordnung vorliegt, der die Straßenverkehrssicherheit eindeutig gefährden könnte, ermächtigt er die betreffende zuständige Behörde, das betreffende Fahrzeug so lange stillzulegen, bis die Ursache des Verstoßes behoben ist. [2] Die Mitgliedstaaten können dem Fahrer auferlegen, eine tägliche Ruhezeit einzulegen. [3] Die Mitgliedstaaten können ferner gegebenenfalls die Zulassung eines Unternehmens entziehen, aussetzen oder einschränken, falls es seinen Sitz in diesem Mitgliedstaat hat, oder sie können die Fahrerlaubnis eines Fahrers entziehen, aussetzen oder einschränken. [4] Die Kommission entwickelt nach dem in Artikel 24 Absatz 2 genannten Verfahren Leitlinien, um eine harmonisierte Anwendung dieses Artikels zu erreichen.

Art. 22 [Gegenseitiger Beistand der Mitgliedstaaten] (1) Die Mitgliedstaaten arbeiten eng miteinander zusammen und leisten einander ohne unangemessene Verzögerung Amtshilfe, um die einheitliche Anwendung dieser Verordnung und ihre wirksame Durchsetzung gemäß den Anforderungen des Artikels 8 der Richtlinie 2006/22/EG zu erleichtern.

(2) Die zuständigen Behörden der Mitgliedstaaten tauschen regelmäßig alle verfügbaren Informationen aus über

a) die von Gebietsfremden begangenen Verstöße gegen die Bestimmungen des Kapitels II und die gegen diese Verstöße verhängten Sanktionen;

b) die von einem Mitgliedstaat verhängten Sanktionen für Verstöße, die seine Gebietsansässigen in anderen Mitgliedstaaten begangen haben;

c) sonstige spezielle Informationen, darunter die Risikoeinstufung des Unternehmens, die sich auf die Einhaltung dieser Verordnung auswirken können.

(3) Die Mitgliedstaaten übermitteln der Kommission regelmäßig relevante Informationen über die nationale Auslegung und Anwendung dieser Verordnung; die Kommission stellt diese Informationen den anderen Mitgliedstaaten in elektronischer Form zur Verfügung.

(3a) Für die Zwecke des Informationsaustauschs im Rahmen dieser Verordnung nutzen die Mitgliedstaaten die gemäß Artikel 7 der Richtlinie 2006/22/EG benannten Stellen für die innergemeinschaftliche Verbindung.

(3b) Verwaltungszusammenarbeit und gegenseitige Amtshilfe erfolgen unentgeltlich.

(4) Die Kommission unterstützt durch den in Artikel 24 Absatz 1 genannten Ausschuss den Dialog zwischen den Mitgliedstaaten über die einzelstaatliche Auslegung und Anwendung dieser Verordnung.

Art. 23 [Drittländer] Die Gemeinschaft wird mit Drittländern die Verhandlungen aufnehmen, die zur Durchführung dieser Verordnung gegebenenfalls erforderlich sind.

Art. 23a [Befugnis zum Erlass delegierter Rechtsakte] (1) Die Befugnis zum Erlass delegierter Rechtsakte wird der Kommission unter den in diesem Artikel festgelegten Bedingungen übertragen.

(2) *[1]* Die Befugnis zum Erlass delegierter Rechtsakte gemäß Artikel 8a wird der Kommission für einen Zeitraum von fünf Jahren ab dem 20. August 2020 übertragen.

[2] [1] Die Kommission erstellt spätestens neun Monate vor Ablauf des Zeitraums von fünf Jahren einen Bericht über die Befugnisübertragung. [2] Die Befugnisübertragung verlängert sich stillschweigend um Zeiträume gleicher Länge, es sei denn, das Europäische Parlament oder der Rat widersprechen einer solchen Verlängerung spätestens drei Monate vor Ablauf des jeweiligen Zeitraums.

(3) [1] Die Befugnisübertragung gemäß Artikel 8a kann vom Europäischen Parlament oder vom Rat jederzeit widerrufen werden. [2] Der Beschluss über den Widerruf beendet die Übertragung der in diesem Beschluss angegebenen Befugnis. [3] Er wird am Tag nach seiner Veröffentlichung im *Amtsblatt der Europäischen Union* oder zu einem im Beschluss über den Widerruf angegebenen späteren Zeitpunkt wirksam. [4] Die Gültigkeit von delegierten Rechtsakten, die bereits in Kraft sind, wird von dem Beschluss über den Widerruf nicht berührt.

(4) Vor dem Erlass eines delegierten Rechtsakts konsultiert die Kommission die von den einzelnen Mitgliedstaaten benannten Sachverständigen im Einklang mit den in der Interinstitutionellen Vereinbarung vom 13. April 2016 über bessere Rechtsetzung[1)] enthaltenen Grundsätzen.

(5) Sobald die Kommission einen delegierten Rechtsakt erlässt, übermittelt sie ihn gleichzeitig dem Europäischen Parlament und dem Rat.

(6) [1] Ein delegierter Rechtsakt, der gemäß Artikel 8a erlassen wurde, tritt nur in Kraft, wenn weder das Europäische Parlament noch der Rat innerhalb einer Frist von zwei Monaten nach Übermittlung dieses Rechtsakts an das Europäische Parlament und den Rat Einwände erhoben haben oder wenn vor Ablauf dieser Frist sowohl das Europäische Parlament als auch der Rat der Kommission mitgeteilt haben, dass sie keine Einwände erheben werden. [2] Auf Initiative des Europäischen Parlaments oder des Rates wird diese Frist um zwei Monate verlängert.

Art. 24 [Ausschuss] (1) Die Kommission wird von dem durch Artikel 18 Absatz 1 der Verordnung (EWG) Nr. 3821/85 eingesetzten Ausschuss unterstützt.

[1)] **Amtl. Anm.:** ABl. L 123 vom 12.5.2016, S. 1.

(2) Wird auf diesen Absatz Bezug genommen, so gilt Artikel 4 der Verordnung (EU) Nr. 182/2011 des Europäischen Parlaments und des Rates[1)].

(2a) Wird auf diesen Absatz Bezug genommen, so gilt Artikel 5 der Verordnung (EU) Nr. 182/2011.

(3) Der Ausschuss gibt sich eine Geschäftsordnung.

Art. 25 [Prüfung von Einzelfällen] (1) Auf Antrag eines Mitgliedstaates oder von sich aus

a) prüft die Kommission die Fälle, in denen die Bestimmungen dieser Verordnung, insbesondere bezüglich der Lenkzeiten, Fahrtunterbrechungen und Ruhezeiten, unterschiedlich angewandt und durchgesetzt werden;

b) klärt die Kommission die Bestimmungen dieser Verordnung, um einen gemeinsamen Ansatz sicherzustellen.

(2) *[1]* In den in Absatz 1 Buchstabe b genannten Fällen erlässt die Kommission Durchführungsrechtsakte zur Festlegung gemeinsamer Ansätze.

[2] Diese Durchführungsrechtsakte werden nach dem in Artikel 24 Absatz 2a genannten Prüfverfahren erlassen.

Kapitel VI. Schlussbestimmungen

Art. 26, 27 *(nicht wiedergegebene Änderungsvorschriften)*

Art. 28 [Übergangsvorschriften] *[1]* Die Verordnung (EWG) Nr. 3820/85 wird aufgehoben und durch die vorliegende Verordnung ersetzt.

[2] Artikel 5 Absätze 1, 2 und 4 der Verordnung (EWG) Nr. 3820/85 gelten jedoch bis zu den in Artikel 15 Absatz 1 der Richtlinie 2003/59/EG genannten Terminen.

Art. 29 [Inkrafttreten] Diese Verordnung tritt am 11. April 2007 in Kraft, ausgenommen Artikel 10 Absatz 5, Artikel 26 Absätze 3 und 4 und Artikel 27, die am 1. Mai 2006 in Kraft treten.

[1)] **Amtl. Anm.:** Verordnung (EU) Nr. 182/2011 des Europäischen Parlaments und des Rates vom 16. Februar 2011 zur Festlegung der allgemeinen Regeln und Grundsätze, nach denen die Mitgliedstaaten die Wahrnehmung der Durchführungsbefugnisse durch die Kommission kontrollieren (ABl. L 55 vom 28.2.2011, S. 13).

2. Straßenverkehrs-Ordnung (StVO)[1) 2)]

Vom 6. März 2013
(BGBl. I S. 367)

FNA 9233-2

zuletzt geänd. durch Art. 24 VO zur Entlastung der Bürgerinnen und Bürger, der Wirtschaft sowie der Verwaltung von Bürokratie v. 11.12.2024 (BGBl. 2024 I Nr. 411)

Nichtamtliche Inhaltsübersicht

I. Allgemeine Verkehrsregeln

§ 1 Grundregeln
§ 2 Straßenbenutzung durch Fahrzeuge
§ 3 Geschwindigkeit
§ 4 Abstand
§ 5 Überholen
§ 6 Vorbeifahren
§ 7 Benutzung von Fahrstreifen durch Kraftfahrzeuge
§ 7a Abgehende Fahrstreifen, Einfädelungs- und Ausfädelungsstreifen
§ 8 Vorfahrt
§ 9 Abbiegen, Wenden und Rückwärtsfahren
§ 10 Einfahren und Anfahren
§ 11 Besondere Verkehrslagen
§ 12 Halten und Parken
§ 13 Einrichtungen zur Überwachung der Parkzeit
§ 14 Sorgfaltspflichten beim Ein- und Aussteigen
§ 15 Liegenbleiben von Fahrzeugen
§ 15a Abschleppen von Fahrzeugen
§ 16 Warnzeichen
§ 17 Beleuchtung
§ 18 Autobahnen und Kraftfahrstraßen
§ 19 Bahnübergänge
§ 20 Öffentliche Verkehrsmittel und Schulbusse
§ 21 Personenbeförderung
§ 21a Sicherheitsgurte, Rollstuhl-Rückhaltesysteme, Rollstuhlnutzer-Rückhaltesysteme, Schutzhelme
§ 22 Ladung
§ 23 Sonstige Pflichten von Fahrzeugführenden
§ 24 Besondere Fortbewegungsmittel
§ 25 Fußgänger
§ 26 Fußgängerüberwege
§ 27 Verbände
§ 28 Tiere
§ 29 Übermäßige Straßenbenutzung
§ 30 Umweltschutz, Sonn- und Feiertagsfahrverbot
§ 31 Sport und Spiel
§ 32 Verkehrshindernisse
§ 33 Verkehrsbeeinträchtigungen
§ 34 Unfall
§ 35 Sonderrechte

II. Zeichen und Verkehrseinrichtungen

§ 36 Zeichen und Weisungen der Polizeibeamten
§ 36a Zeichen und Weisungen bei Transportbegleitung mit Anordnungsbefugnis

---

[1)] Verkündet durch VO zur Neufassung der Straßenverkehrs-Ordnung (StVO) v. 6.3.2013 (BGBl. I S. 367).

[2)] Die StVO wurde erlassen auf Grund des § 5b Absatz 3 sowie § 6 Absatz 1 des Straßenverkehrsgesetzes idF der Bek. v. 5.3.2003 (BGBl. I S. 310, ber. S. 919).

§ 37 Wechsellichtzeichen, Dauerlichtzeichen und Grünpfeil
§ 38 Blaues Blinklicht und gelbes Blinklicht
§ 39 Verkehrszeichen
§ 40 Gefahrzeichen
§ 41 Vorschriftzeichen
§ 42 Richtzeichen
§ 43 Verkehrseinrichtungen

III. Durchführungs-, Bußgeld- und Schlussvorschriften

§ 44 Sachliche Zuständigkeit
§ 44a Besondere sachliche Zuständigkeit des Fernstraßen-Bundesamtes
§ 45 Verkehrszeichen und Verkehrseinrichtungen
§ 46 Ausnahmegenehmigungen, Erlaubnisse und Bewohnerparkausweise
§ 47 Örtliche Zuständigkeit
§ 48 Verkehrsunterricht
§ 49 Ordnungswidrigkeiten
§ 50 Sonderregelung für die Insel Helgoland
§ 51 Besondere Kostenregelung
§ 51a Überleitung
§ 52 Übergangs- und Anwendungsbestimmungen
§ 53 Inkrafttreten, Außerkrafttreten

Anlage 1 Allgemeine und Besondere Gefahrzeichen
Anlage 2 Vorschriftzeichen
Anlage 3 Richtzeichen
Anlage 4 Verkehrseinrichtungen

I. Allgemeine Verkehrsregeln

§ 1 Grundregeln. (1) Die Teilnahme am Straßenverkehr erfordert ständige Vorsicht und gegenseitige Rücksicht.

(2) Wer am Verkehr teilnimmt hat sich so zu verhalten, dass kein Anderer geschädigt, gefährdet oder mehr, als nach den Umständen unvermeidbar, behindert oder belästigt wird.

§ 2 Straßenbenutzung durch Fahrzeuge. (1) [1] Fahrzeuge müssen die Fahrbahnen benutzen, von zwei Fahrbahnen die rechte. [2] Seitenstreifen sind nicht Bestandteil der Fahrbahn.

(2) Es ist möglichst weit rechts zu fahren, nicht nur bei Gegenverkehr, beim Überholtwerden, an Kuppen, in Kurven oder bei Unübersichtlichkeit.

(3) Fahrzeuge, die in der Längsrichtung einer Schienenbahn verkehren, müssen diese, soweit möglich, durchfahren lassen.

(3a) [1] Der Führer eines Kraftfahrzeuges darf dies bei Glatteis, Schneeglätte, Schneematsch, Eisglätte oder Reifglätte nur fahren, wenn alle Räder mit Reifen ausgerüstet sind, die unbeschadet der allgemeinen Anforderungen an die Bereifung den Anforderungen des § 36 Absatz 4 der Straßenverkehrs-Zulassungs-Ordnung[1)] genügen. [2] Satz 1 gilt nicht für

1. Nutzfahrzeuge der Land- und Forstwirtschaft,
2. einspurige Kraftfahrzeuge,
3. Stapler im Sinne des § 2 Nummer 18 der Fahrzeug-Zulassungsverordnung[2)],
4. motorisierte Krankenfahrstühle im Sinne des § 2 Nummer 13 der Fahrzeug-Zulassungsverordnung,

---

[1)] Nr. **3**.
[2)] Nr. **3.2**.

5. Einsatzfahrzeuge der in § 35 Absatz 1 genannten Organisationen, soweit für diese Fahrzeuge bauartbedingt keine Reifen verfügbar sind, die den Anforderungen des § 36 Absatz 4 der Straßenverkehrs-Zulassungs-Ordnung genügen und
6. Spezialfahrzeuge, für die bauartbedingt keine Reifen der Kategorien C1, C2 oder C3 verfügbar sind.

[3] Kraftfahrzeuge der Klassen M2, M3, N2, N3 dürfen bei solchen Wetterbedingungen auch gefahren werden, wenn mindestens die Räder

1. der permanent angetriebenen Achsen und
2. der vorderen Lenkachsen

mit Reifen ausgerüstet sind, die unbeschadet der allgemeinen Anforderungen an die Bereifung den Anforderungen des § 36 Absatz 4 der Straßenverkehrs-Zulassungs-Ordnung genügen. [4] Soweit ein Kraftfahrzeug während einer der in Satz 1 bezeichneten Witterungslagen ohne eine den Anforderungen des § 36 Absatz 4 der Straßenverkehrs-Zulassungs-Ordnung genügende Bereifung geführt werden darf, hat der Führer des Kraftfahrzeuges über seine allgemeinen Verpflichtungen hinaus

1. vor Antritt jeder Fahrt zu prüfen, ob es erforderlich ist, die Fahrt durchzuführen, da das Ziel mit anderen Verkehrsmitteln nicht erreichbar ist,
2. während der Fahrt
   a) einen Abstand in Metern zu einem vorausfahrenden Fahrzeug von mindestens der Hälfte des auf dem Geschwindigkeitsmesser in km/h angezeigten Zahlenwertes der gefahrenen Geschwindigkeit einzuhalten,
   b) nicht schneller als 50 km/h zu fahren, wenn nicht eine geringere Geschwindigkeit geboten ist.

[5] Wer ein kennzeichnungspflichtiges Fahrzeug mit gefährlichen Gütern führt, muss bei einer Sichtweite unter 50 m, bei Schneeglätte oder Glatteis jede Gefährdung Anderer ausschließen und wenn nötig den nächsten geeigneten Platz zum Parken aufsuchen.

(4) [1] Mit Fahrrädern darf nebeneinander gefahren werden, wenn dadurch der Verkehr nicht behindert wird; anderenfalls muss einzeln hintereinander gefahren werden. [2] Eine Pflicht, Radwege in der jeweiligen Fahrtrichtung zu benutzen, besteht nur, wenn dies durch Zeichen 237, 240 oder 241 angeordnet ist. [3] Rechte Radwege ohne die Zeichen 237, 240 oder 241 dürfen benutzt werden. [4] Linke Radwege ohne die Zeichen 237, 240 oder 241 dürfen nur benutzt werden, wenn dies durch das allein stehende Zusatzzeichen „Radverkehr frei“ angezeigt ist. [5] Wer mit dem Rad fährt, darf ferner rechte Seitenstreifen benutzen, wenn keine Radwege vorhanden sind und zu Fuß Gehende nicht behindert werden. [6] Außerhalb geschlossener Ortschaften darf man mit Mofas und E-Bikes Radwege benutzen.

(5) [1] Kinder bis zum vollendeten achten Lebensjahr müssen, Kinder bis zum vollendeten zehnten Lebensjahr dürfen mit Fahrrädern Gehwege benutzen. [2] Ist ein baulich von der Fahrbahn getrennter Radweg vorhanden, so dürfen abweichend von Satz 1 Kinder bis zum vollendeten achten Lebensjahr auch diesen Radweg benutzen. [3] Soweit ein Kind bis zum vollendeten achten Lebensjahr von einer geeigneten Aufsichtsperson begleitet wird, darf diese Aufsichtsperson für die Dauer der Begleitung den Gehweg ebenfalls mit dem Fahrrad benutzen; eine Aufsichtsperson ist insbesondere geeignet, wenn diese

mindestens 16 Jahre alt ist. [4] Auf zu Fuß Gehende ist besondere Rücksicht zu nehmen. [5] Der Fußgängerverkehr darf weder gefährdet noch behindert werden. [6] Soweit erforderlich, muss die Geschwindigkeit an den Fußgängerverkehr angepasst werden. [7] Wird vor dem Überqueren einer Fahrbahn ein Gehweg benutzt, müssen die Kinder und die diese begleitende Aufsichtsperson absteigen.

§ 3 Geschwindigkeit. (1) [1] Wer ein Fahrzeug führt, darf nur so schnell fahren, dass das Fahrzeug ständig beherrscht wird. [2] Die Geschwindigkeit ist insbesondere den Straßen-, Verkehrs-, Sicht- und Wetterverhältnissen sowie den persönlichen Fähigkeiten und den Eigenschaften von Fahrzeug und Ladung anzupassen. [3] Beträgt die Sichtweite durch Nebel, Schneefall oder Regen weniger als 50 m, darf nicht schneller als 50 km/h gefahren werden, wenn nicht eine geringere Geschwindigkeit geboten ist. [4] Es darf nur so schnell gefahren werden, dass innerhalb der übersehbaren Strecke gehalten werden kann. [5] Auf Fahrbahnen, die so schmal sind, dass dort entgegenkommende Fahrzeuge gefährdet werden könnten, muss jedoch so langsam gefahren werden, dass mindestens innerhalb der Hälfte der übersehbaren Strecke gehalten werden kann.

(2) Ohne triftigen Grund dürfen Kraftfahrzeuge nicht so langsam fahren, dass sie den Verkehrsfluss behindern.

(2a) Wer ein Fahrzeug führt, muss sich gegenüber Kindern, hilfsbedürftigen und älteren Menschen, insbesondere durch Verminderung der Fahrgeschwindigkeit und durch Bremsbereitschaft, so verhalten, dass eine Gefährdung dieser Verkehrsteilnehmer ausgeschlossen ist.

(3) Die zulässige Höchstgeschwindigkeit beträgt auch unter günstigsten Umständen

1. innerhalb geschlossener Ortschaften für alle Kraftfahrzeuge 50 km/h,
2. außerhalb geschlossener Ortschaften
   a) für
      aa) Kraftfahrzeuge mit einer zulässigen Gesamtmasse über 3,5 t bis 7,5 t, ausgenommen Personenkraftwagen,
      bb) Personenkraftwagen mit Anhänger,
      cc) Lastkraftwagen und Wohnmobile jeweils bis zu einer zulässigen Gesamtmasse von 3,5 t mit Anhänger sowie
      dd) Kraftomnibusse, auch mit Gepäckanhänger,

      80 km/h,
   b) für
      aa) Kraftfahrzeuge mit einer zulässigen Gesamtmasse über 7,5 t,
      bb) alle Kraftfahrzeuge mit Anhänger, ausgenommen Personenkraftwagen, Lastkraftwagen und Wohnmobile jeweils bis zu einer zulässigen Gesamtmasse von 3,5 t, sowie
      cc) Kraftomnibusse mit Fahrgästen, für die keine Sitzplätze mehr zur Verfügung stehen,

      60 km/h,
   c) für Personenkraftwagen sowie für andere Kraftfahrzeuge mit einer zulässigen Gesamtmasse bis 3,5 t
      100 km/h.

Diese Geschwindigkeitsbeschränkung gilt nicht auf Autobahnen (Zeichen 330.1) sowie auf anderen Straßen mit Fahrbahnen für eine Richtung, die durch Mittelstreifen oder sonstige bauliche Einrichtungen getrennt sind. Sie gilt ferner nicht auf Straßen, die mindestens zwei durch Fahrstreifenbegrenzung (Zeichen 295) oder durch Leitlinien (Zeichen 340) markierte Fahrstreifen für jede Richtung haben.

(4) Die zulässige Höchstgeschwindigkeit beträgt für Kraftfahrzeuge mit Schneeketten auch unter günstigsten Umständen 50 km/h.

§ 4 Abstand. (1) [1] Der Abstand zu einem vorausfahrenden Fahrzeug muss in der Regel so groß sein, dass auch dann hinter diesem gehalten werden kann, wenn es plötzlich gebremst wird. [2] Wer vorausfährt, darf nicht ohne zwingenden Grund stark bremsen.

(2) [1] Wer ein Kraftfahrzeug führt, für das eine besondere Geschwindigkeitsbeschränkung gilt, sowie einen Zug führt, der länger als 7 m ist, muss außerhalb geschlossener Ortschaften ständig so großen Abstand von dem vorausfahrenden Kraftfahrzeug halten, dass ein überholendes Kraftfahrzeug einscheren kann. [2] Das gilt nicht,

1. wenn zum Überholen ausgeschert wird und dies angekündigt wurde,
2. wenn in der Fahrtrichtung mehr als ein Fahrstreifen vorhanden ist oder
3. auf Strecken, auf denen das Überholen verboten ist.

(3) Wer einen Lastkraftwagen mit einer zulässigen Gesamtmasse über 3,5 t oder einen Kraftomnibus führt, muss auf Autobahnen, wenn die Geschwindigkeit mehr als 50 km/h beträgt, zu vorausfahrenden Fahrzeugen einen Mindestabstand von 50 m einhalten.

§ 5 Überholen. (1) Es ist links zu überholen.

(2) [1] Überholen darf nur, wer übersehen kann, dass während des ganzen Überholvorgangs jede Behinderung des Gegenverkehrs ausgeschlossen ist. [2] Überholen darf ferner nur, wer mit wesentlich höherer Geschwindigkeit als der zu Überholende fährt.

(3) Das Überholen ist unzulässig:

1. bei unklarer Verkehrslage oder
2. wenn es durch ein angeordnetes Verkehrszeichen (Zeichen 276, 277) untersagt ist.

(3a) Wer ein Kraftfahrzeug mit einer zulässigen Gesamtmasse über 7,5 t führt, darf unbeschadet sonstiger Überholverbote nicht überholen, wenn die Sichtweite durch Nebel, Schneefall oder Regen weniger als 50 m beträgt.

(4) [1] Wer zum Überholen ausscheren will, muss sich so verhalten, dass eine Gefährdung des nachfolgenden Verkehrs ausgeschlossen ist. [2] Beim Überholen muss ein ausreichender Seitenabstand zu den anderen Verkehrsteilnehmern eingehalten werden. [3] Beim Überholen mit Kraftfahrzeugen von zu Fuß Gehenden, Rad Fahrenden und Elektrokleinstfahrzeug Führenden beträgt der ausreichende Seitenabstand innerorts mindestens 1,5 m und außerorts mindestens 2 m. [4] An Kreuzungen und Einmündungen kommt Satz 3 nicht zur Anwendung, sofern Rad Fahrende dort wartende Kraftfahrzeuge nach Absatz 8 rechts überholt haben oder neben ihnen zum Stillstand gekommen sind. [5] Wer

überholt, muss sich so bald wie möglich wieder nach rechts einordnen. [6] Wer überholt, darf dabei denjenigen, der überholt wird, nicht behindern.

(4a) Das Ausscheren zum Überholen und das Wiedereinordnen sind rechtzeitig und deutlich anzukündigen; dabei sind die Fahrtrichtungsanzeiger zu benutzen.

(5) [1] Außerhalb geschlossener Ortschaften darf das Überholen durch kurze Schall- oder Leuchtzeichen angekündigt werden. [2] Wird mit Fernlicht geblinkt, dürfen entgegenkommende Fahrzeugführende nicht geblendet werden.

(6) [1] Wer überholt wird, darf seine Geschwindigkeit nicht erhöhen. [2] Wer ein langsameres Fahrzeug führt, muss die Geschwindigkeit an geeigneter Stelle ermäßigen, notfalls warten, wenn nur so mehreren unmittelbar folgenden Fahrzeugen das Überholen möglich ist. [3] Hierzu können auch geeignete Seitenstreifen in Anspruch genommen werden; das gilt nicht auf Autobahnen.

(7) [1] Wer seine Absicht, nach links abzubiegen, ankündigt und sich eingeordnet hat, ist rechts zu überholen. [2] Schienenfahrzeuge sind rechts zu überholen. [3] Nur wer das nicht kann, weil die Schienen zu weit rechts liegen, darf links überholen. [4] Auf Fahrbahnen für eine Richtung dürfen Schienenfahrzeuge auch links überholt werden.

(8) Ist ausreichender Raum vorhanden, dürfen Rad Fahrende und Mofa Fahrende die Fahrzeuge, die auf dem rechten Fahrstreifen warten, mit mäßiger Geschwindigkeit und besonderer Vorsicht rechts überholen.

§ 6 Vorbeifahren. [1] Wer an einer Fahrbahnverengung, einem Hindernis auf der Fahrbahn oder einem haltenden Fahrzeug links vorbeifahren will, muss entgegenkommende Fahrzeuge durchfahren lassen. [2] Satz 1 gilt nicht, wenn der Vorrang durch Verkehrszeichen (Zeichen 208, 308) anders geregelt ist. [3] Muss ausgeschert werden, ist auf den nachfolgenden Verkehr zu achten und das Ausscheren sowie das Wiedereinordnen – wie beim Überholen – anzukündigen.

§ 7 Benutzung von Fahrstreifen durch Kraftfahrzeuge. (1) [1] Auf Fahrbahnen mit mehreren Fahrstreifen für eine Richtung dürfen Kraftfahrzeuge von dem Gebot möglichst weit rechts zu fahren (§ 2 Absatz 2) abweichen, wenn die Verkehrsdichte das rechtfertigt. [2] Fahrstreifen ist der Teil einer Fahrbahn, den ein mehrspuriges Fahrzeug zum ungehinderten Fahren im Verlauf der Fahrbahn benötigt.

(2) Ist der Verkehr so dicht, dass sich auf den Fahrstreifen für eine Richtung Fahrzeugschlangen gebildet haben, darf rechts schneller als links gefahren werden.

(2a) Wenn auf der Fahrbahn für eine Richtung eine Fahrzeugschlange auf dem jeweils linken Fahrstreifen steht oder langsam fährt, dürfen Fahrzeuge diese mit geringfügig höherer Geschwindigkeit und mit äußerster Vorsicht rechts überholen.

(3) [1] Innerhalb geschlossener Ortschaften – ausgenommen auf Autobahnen (Zeichen 330.1) – dürfen Kraftfahrzeuge mit einer zulässigen Gesamtmasse bis zu 3,5 t auf Fahrbahnen mit mehreren markierten Fahrstreifen für eine Richtung (Zeichen 296 oder 340) den Fahrstreifen frei wählen, auch wenn die Voraussetzungen des Absatzes 1 Satz 1 nicht vorliegen. [2] Dann darf rechts schneller als links gefahren werden.

(3a) [1] Sind auf einer Fahrbahn für beide Richtungen insgesamt drei Fahrstreifen durch Leitlinien (Zeichen 340) markiert, dann dürfen der linke, dem Gegenverkehr vorbehaltene, und der mittlere Fahrstreifen nicht zum Überholen benutzt werden. [2] Dasselbe gilt für Fahrbahnen, wenn insgesamt fünf Fahrstreifen für beide Richtungen durch Leitlinien (Zeichen 340) markiert sind, für die zwei linken, dem Gegenverkehr vorbehaltenen, und den mittleren Fahrstreifen. [3] Wer nach links abbiegen will, darf sich bei insgesamt drei oder fünf Fahrstreifen für beide Richtungen auf dem jeweils mittleren Fahrstreifen in Fahrtrichtung einordnen.

(3b) [1] Auf Fahrbahnen für beide Richtungen mit vier durch Leitlinien (Zeichen 340) markierten Fahrstreifen sind die beiden in Fahrtrichtung linken Fahrstreifen ausschließlich dem Gegenverkehr vorbehalten; sie dürfen nicht zum Überholen benutzt werden. [2] Dasselbe gilt auf sechsstreifigen Fahrbahnen für die drei in Fahrtrichtung linken Fahrstreifen.

(3c) [1] Sind außerhalb geschlossener Ortschaften für eine Richtung drei Fahrstreifen mit Zeichen 340 gekennzeichnet, dürfen Kraftfahrzeuge, abweichend von dem Gebot möglichst weit rechts zu fahren, den mittleren Fahrstreifen dort durchgängig befahren, wo – auch nur hin und wieder – rechts davon ein Fahrzeug hält oder fährt. [2] Dasselbe gilt auf Fahrbahnen mit mehr als drei so markierten Fahrstreifen für eine Richtung für den zweiten Fahrstreifen von rechts. [3] Den linken Fahrstreifen dürfen außerhalb geschlossener Ortschaften Lastkraftwagen mit einer zulässigen Gesamtmasse von mehr als 3,5 t sowie alle Kraftfahrzeuge mit Anhänger nur benutzen, wenn sie sich dort zum Zwecke des Linksabbiegens einordnen.

(4) Ist auf Straßen mit mehreren Fahrstreifen für eine Richtung das durchgehende Befahren eines Fahrstreifens nicht möglich oder endet ein Fahrstreifen, ist den am Weiterfahren gehinderten Fahrzeugen der Übergang auf den benachbarten Fahrstreifen in der Weise zu ermöglichen, dass sich diese Fahrzeuge unmittelbar vor Beginn der Verengung jeweils im Wechsel nach einem auf dem durchgehenden Fahrstreifen fahrenden Fahrzeug einordnen können (Reißverschlussverfahren).

(5) [1] In allen Fällen darf ein Fahrstreifen nur gewechselt werden, wenn eine Gefährdung anderer Verkehrsteilnehmer ausgeschlossen ist. [2] Jeder Fahrstreifenwechsel ist rechtzeitig und deutlich anzukündigen; dabei sind die Fahrtrichtungsanzeiger zu benutzen.

§ 7a Abgehende Fahrstreifen, Einfädelungs- und Ausfädelungsstreifen. (1) Gehen Fahrstreifen, insbesondere auf Autobahnen und Kraftfahrstraßen, von der durchgehenden Fahrbahn ab, darf beim Abbiegen vom Beginn einer breiten Leitlinie (Zeichen 340) rechts von dieser schneller als auf der durchgehenden Fahrbahn gefahren werden.

(2) Auf Autobahnen und anderen Straßen außerhalb geschlossener Ortschaften darf auf Einfädelungsstreifen schneller gefahren werden als auf den durchgehenden Fahrstreifen.

(3) [1] Auf Ausfädelungsstreifen darf nicht schneller gefahren werden als auf den durchgehenden Fahrstreifen. [2] Stockt oder steht der Verkehr auf den durchgehenden Fahrstreifen, darf auf dem Ausfädelungsstreifen mit mäßiger Geschwindigkeit und besonderer Vorsicht überholt werden.

§ 8 Vorfahrt. (1) [1] An Kreuzungen und Einmündungen hat die Vorfahrt, wer von rechts kommt. [2] Das gilt nicht,

1. wenn die Vorfahrt durch Verkehrszeichen besonders geregelt ist (Zeichen 205, 206, 301, 306) oder
2. für Fahrzeuge, die aus einem Feld- oder Waldweg auf eine andere Straße kommen.

(1a) [1] Ist an der Einmündung in einen Kreisverkehr Zeichen 215 (Kreisverkehr) unter dem Zeichen 205 (Vorfahrt gewähren) angeordnet, hat der Verkehr auf der Kreisfahrbahn Vorfahrt. [2] Bei der Einfahrt in einen solchen Kreisverkehr ist die Benutzung des Fahrtrichtungsanzeigers unzulässig.

(2) [1] Wer die Vorfahrt zu beachten hat, muss rechtzeitig durch sein Fahrverhalten, insbesondere durch mäßige Geschwindigkeit, erkennen lassen, dass gewartet wird. [2] Es darf nur weitergefahren werden, wenn übersehen werden kann, dass wer die Vorfahrt hat, weder gefährdet noch wesentlich behindert wird. [3] Kann das nicht übersehen werden, weil die Straßenstelle unübersichtlich ist, so darf sich vorsichtig in die Kreuzung oder Einmündung hineingetastet werden, bis die Übersicht gegeben ist. [4] Wer die Vorfahrt hat, darf auch beim Abbiegen in die andere Straße nicht wesentlich durch den Wartepflichtigen behindert werden.

§ 9 Abbiegen, Wenden und Rückwärtsfahren. (1) [1] Wer abbiegen will, muss dies rechtzeitig und deutlich ankündigen; dabei sind die Fahrtrichtungsanzeiger zu benutzen. [2] Wer nach rechts abbiegen will, hat sein Fahrzeug möglichst weit rechts, wer nach links abbiegen will, bis zur Mitte, auf Fahrbahnen für eine Richtung möglichst weit links, einzuordnen, und zwar rechtzeitig. [3] Wer nach links abbiegen will, darf sich auf längs verlegten Schienen nur einordnen, wenn kein Schienenfahrzeug behindert wird. [4] Vor dem Einordnen und nochmals vor dem Abbiegen ist auf den nachfolgenden Verkehr zu achten; vor dem Abbiegen ist es dann nicht nötig, wenn eine Gefährdung nachfolgenden Verkehrs ausgeschlossen ist.

(2) [1] Wer mit dem Fahrrad nach links abbiegen will, braucht sich nicht einzuordnen, wenn die Fahrbahn hinter der Kreuzung oder Einmündung vom rechten Fahrbahnrand aus überquert werden soll. [2] Beim Überqueren ist der Fahrzeugverkehr aus beiden Richtungen zu beachten. [3] Wer über eine Radverkehrsführung abbiegt, muss dieser im Kreuzungs- oder Einmündungsbereich folgen.

(3) [1] Wer abbiegen will, muss entgegenkommende Fahrzeuge durchfahren lassen, Schienenfahrzeuge, Fahrräder mit Hilfsmotor, Fahrräder und Elektrokleinstfahrzeuge auch dann, wenn sie auf oder neben der Fahrbahn in der gleichen Richtung fahren. [2] Dies gilt auch gegenüber Linienomnibussen und sonstigen Fahrzeugen, die gekennzeichnete Sonderfahrstreifen benutzen. [3] Auf zu Fuß Gehende ist besondere Rücksicht zu nehmen; wenn nötig, ist zu warten.

(4) [1] Wer nach links abbiegen will, muss entgegenkommende Fahrzeuge, die ihrerseits nach rechts abbiegen wollen, durchfahren lassen. [2] Einander entgegenkommende Fahrzeuge, die jeweils nach links abbiegen wollen, müssen voreinander abbiegen, es sei denn, die Verkehrslage oder die Gestaltung der Kreuzung erfordern, erst dann abzubiegen, wenn die Fahrzeuge aneinander vorbeigefahren sind.

(5) Wer ein Fahrzeug führt, muss sich beim Abbiegen in ein Grundstück, beim Wenden und beim Rückwärtsfahren darüber hinaus so verhalten, dass eine Gefährdung anderer Verkehrsteilnehmer ausgeschlossen ist; erforderlichenfalls muss man sich einweisen lassen.

(6) Wer ein Kraftfahrzeug mit einer zulässigen Gesamtmasse über 3,5 t innerorts führt, muss beim Rechtsabbiegen mit Schrittgeschwindigkeit fahren, wenn auf oder neben der Fahrbahn mit geradeaus fahrendem Radverkehr oder im unmittelbaren Bereich des Einbiegens mit die Fahrbahn überquerendem Fußgängerverkehr zu rechnen ist.

§ 10 Einfahren und Anfahren. [1] Wer aus einem Grundstück, aus einer Fußgängerzone (Zeichen 242.1 und 242.2), aus einem verkehrsberuhigten Bereich (Zeichen 325.1 und 325.2) auf die Straße oder von anderen Straßenteilen oder über einen abgesenkten Bordstein hinweg auf die Fahrbahn einfahren oder vom Fahrbahnrand anfahren will, hat sich dabei so zu verhalten, dass eine Gefährdung anderer Verkehrsteilnehmer ausgeschlossen ist; erforderlichenfalls muss man sich einweisen lassen. [2] Die Absicht einzufahren oder anzufahren ist rechtzeitig und deutlich anzukündigen; dabei sind die Fahrtrichtungsanzeiger zu benutzen. [3] Dort, wo eine Klarstellung notwendig ist, kann Zeichen 205 stehen.

§ 11 Besondere Verkehrslagen. (1) Stockt der Verkehr, darf trotz Vorfahrt oder grünem Lichtzeichen nicht in die Kreuzung oder Einmündung eingefahren werden, wenn auf ihr gewartet werden müsste.

(2) Sobald Fahrzeuge auf Autobahnen sowie auf Außerortsstraßen mit mindestens zwei Fahrstreifen für eine Richtung mit Schrittgeschwindigkeit fahren oder sich die Fahrzeuge im Stillstand befinden, müssen diese Fahrzeuge für die Durchfahrt von Polizei- und Hilfsfahrzeugen zwischen dem äußerst linken und dem unmittelbar rechts daneben liegenden Fahrstreifen für eine Richtung eine freie Gasse bilden.

(3) Auch wer sonst nach den Verkehrsregeln weiterfahren darf oder anderweitig Vorrang hat, muss darauf verzichten, wenn die Verkehrslage es erfordert; auf einen Verzicht darf man nur vertrauen, wenn man sich mit dem oder der Verzichtenden verständigt hat.

§ 12 Halten und Parken. (1) Das Halten ist unzulässig

1. an engen und an unübersichtlichen Straßenstellen,
2. im Bereich von scharfen Kurven,
3. auf Einfädelungs- und auf Ausfädelungsstreifen,
4. auf Bahnübergängen,
5. vor und in amtlich gekennzeichneten Feuerwehrzufahrten.

(2) Wer sein Fahrzeug verlässt oder länger als drei Minuten hält, der parkt.

(3) Das Parken ist unzulässig

1. vor und hinter Kreuzungen und Einmündungen bis zu je 5 m von den Schnittpunkten der Fahrbahnkanten, soweit in Fahrtrichtung rechts neben der Fahrbahn ein Radweg baulich angelegt ist, vor Kreuzungen und Einmündungen bis zu je 8 m von den Schnittpunkten der Fahrbahnkanten,
2. wenn es die Benutzung gekennzeichneter Parkflächen verhindert,

3. vor Grundstücksein- und -ausfahrten, auf schmalen Fahrbahnen auch ihnen gegenüber,
4. über Schachtdeckeln und anderen Verschlüssen, wo durch Zeichen 315 oder eine Parkflächenmarkierung (Anlage 2 Nummer 74) das Parken auf Gehwegen erlaubt ist,
5. vor Bordsteinabsenkungen.

(3a) [1] Mit Kraftfahrzeugen mit einer zulässigen Gesamtmasse über 7,5 t sowie mit Kraftfahrzeuganhängern über 2 t zulässiger Gesamtmasse ist innerhalb geschlossener Ortschaften

1. in reinen und allgemeinen Wohngebieten,
2. in Sondergebieten, die der Erholung dienen,
3. in Kurgebieten und
4. in Klinikgebieten

das regelmäßige Parken in der Zeit von 22.00 bis 06.00 Uhr sowie an Sonn- und Feiertagen unzulässig. [2] Das gilt nicht auf entsprechend gekennzeichneten Parkplätzen sowie für das Parken von Linienomnibussen an Endhaltestellen.

(3b) [1] Mit Kraftfahrzeuganhängern ohne Zugfahrzeug darf nicht länger als zwei Wochen geparkt werden. [2] Das gilt nicht auf entsprechend gekennzeichneten Parkplätzen.

(4) [1] Zum Parken ist der rechte Seitenstreifen, dazu gehören auch entlang der Fahrbahn angelegte Parkstreifen, zu benutzen, wenn er dazu ausreichend befestigt ist, sonst ist an den rechten Fahrbahnrand heranzufahren. [2] Das gilt in der Regel auch, wenn man nur halten will; jedenfalls muss man auch dazu auf der rechten Fahrbahnseite rechts bleiben. [3] Taxen dürfen, wenn die Verkehrslage es zulässt, neben anderen Fahrzeugen, die auf dem Seitenstreifen oder am rechten Fahrbahnrand halten oder parken, Fahrgäste ein- oder aussteigen lassen. [4] Soweit auf der rechten Seite Schienen liegen sowie in Einbahnstraßen (Zeichen 220) darf links gehalten und geparkt werden. [5] Im Fahrraum von Schienenfahrzeugen darf nicht gehalten werden.

(4a) Ist das Parken auf dem Gehweg erlaubt, ist hierzu nur der rechte Gehweg, in Einbahnstraßen der rechte oder linke Gehweg, zu benutzen.

(5) [1] An einer Parklücke hat Vorrang, wer sie zuerst unmittelbar erreicht; der Vorrang bleibt erhalten, wenn der Berechtigte an der Parklücke vorbeifährt, um rückwärts einzuparken oder wenn sonst zusätzliche Fahrbewegungen ausgeführt werden, um in die Parklücke einzufahren. [2] Satz 1 gilt entsprechend, wenn an einer frei werdenden Parklücke gewartet wird.

(6) Es ist platzsparend zu parken; das gilt in der Regel auch für das Halten.

§ 13 Einrichtungen zur Überwachung der Parkzeit. (1) [1] An Parkuhren darf nur während des Laufens der Uhr, an Parkscheinautomaten nur mit einem Parkschein, der am oder im Fahrzeug von außen gut lesbar angebracht sein muss, für die Dauer der zulässigen Parkzeit gehalten werden. [2] Ist eine Parkuhr oder ein Parkscheinautomat nicht funktionsfähig, darf nur bis zur angegebenen Höchstparkdauer geparkt werden. [3] In diesem Fall ist die Parkscheibe zu verwenden (Absatz 2 Satz 1 Nummer 2). [4] Die Parkzeitregelungen können auf bestimmte Stunden oder Tage beschränkt sein.

(2) [1] Wird im Bereich eines eingeschränkten Haltverbots für eine Zone (Zeichen 290.1 und 290.2) oder einer Parkraumbewirtschaftungszone (Zeichen

314.1 und 314.2) oder bei den Zeichen 314 oder 315 durch ein Zusatzzeichen die Benutzung einer Parkscheibe (Bild 318) vorgeschrieben, ist das Halten und Parken nur erlaubt

1. für die Zeit, die auf dem Zusatzzeichen angegeben ist, und,
2. soweit das Fahrzeug eine von außen gut lesbare Parkscheibe hat und der Zeiger der Scheibe auf den Strich der halben Stunde eingestellt ist, die dem Zeitpunkt des Anhaltens folgt.

[2] Sind in einem eingeschränkten Haltverbot für eine Zone oder einer Parkraumbewirtschaftungszone Parkuhren oder Parkscheinautomaten aufgestellt, gelten deren Anordnungen. [3] Im Übrigen bleiben die Vorschriften über die Halt- und Parkverbote unberührt.

(3) [1] Die in den Absätzen 1 und 2 genannten Einrichtungen zur Überwachung der Parkzeit müssen nicht betätigt werden, soweit die Entrichtung der Parkgebühren und die Überwachung der Parkzeit auch durch elektronische Einrichtungen oder Vorrichtungen, insbesondere Taschenparkuhren oder Mobiltelefone, sichergestellt werden kann. [2] Satz 1 gilt nicht, soweit eine dort genannte elektronische Einrichtung oder Vorrichtung nicht funktionsfähig ist.

(4) Einrichtungen und Vorrichtungen zur Überwachung der Parkzeit brauchen nicht betätigt zu werden

1. beim Ein- oder Aussteigen sowie
2. zum Be- oder Entladen.

(5) [1] Wer ein elektrisch betriebenes Fahrzeug im Sinne des Elektromobilitätsgesetzes oder ein Carsharingfahrzeug im Sinne des Carsharinggesetzes und der entsprechenden Länderregelungen führt, muss Einrichtungen und Vorrichtungen zur Überwachung der Parkzeit nicht betätigen, soweit dies durch bevorrechtigende Zusatzzeichen zu Zeichen 290.1, 314, 314.1 oder 315 angeordnet ist. [2] Sind im Geltungsbereich einer Anordnung im Sinne des Satzes 1 Parkuhren oder Parkscheinautomaten aufgestellt, gelten deren Anordnungen. [3] Im Übrigen bleiben die Vorschriften über die Halt- und Parkverbote unberührt.

§ 14 Sorgfaltspflichten beim Ein- und Aussteigen. (1) Wer ein- oder aussteigt, muss sich so verhalten, dass eine Gefährdung anderer am Verkehr Teilnehmenden ausgeschlossen ist.

(2) [1] Wer ein Fahrzeug führt, muss die nötigen Maßnahmen treffen, um Unfälle oder Verkehrsstörungen zu vermeiden, wenn das Fahrzeug verlassen wird. [2] Kraftfahrzeuge sind auch gegen unbefugte Benutzung zu sichern.

§ 15 Liegenbleiben von Fahrzeugen. [1] Bleibt ein mehrspuriges Fahrzeug an einer Stelle liegen, an der es nicht rechtzeitig als stehendes Hindernis erkannt werden kann, ist sofort Warnblinklicht einzuschalten. [2] Danach ist mindestens ein auffällig warnendes Zeichen gut sichtbar in ausreichender Entfernung aufzustellen, und zwar bei schnellem Verkehr in etwa 100 m Entfernung; vorgeschriebene Sicherungsmittel, wie Warndreiecke, sind zu verwenden. [3] Darüber hinaus gelten die Vorschriften über die Beleuchtung haltender Fahrzeuge.

§ 15a Abschleppen von Fahrzeugen. (1) Beim Abschleppen eines auf der Autobahn liegen gebliebenen Fahrzeugs ist die Autobahn (Zeichen 330.1) bei der nächsten Ausfahrt zu verlassen.

(2) Beim Abschleppen eines außerhalb der Autobahn liegen gebliebenen Fahrzeugs darf nicht in die Autobahn (Zeichen 330.1) eingefahren werden.

(3) Während des Abschleppens haben beide Fahrzeuge Warnblinklicht einzuschalten.

(4) Krafträder dürfen nicht abgeschleppt werden.

§ 16 Warnzeichen. (1) Schall- und Leuchtzeichen darf nur geben,
1. wer außerhalb geschlossener Ortschaften überholt (§ 5 Absatz 5) oder
2. wer sich oder Andere gefährdet sieht.

(2) [1] Wer einen Omnibus des Linienverkehrs oder einen gekennzeichneten Schulbus führt, muss Warnblinklicht einschalten, wenn er sich einer Haltestelle nähert und solange Fahrgäste ein- oder aussteigen, soweit die für den Straßenverkehr nach Landesrecht zuständige Behörde (Straßenverkehrsbehörde) für bestimmte Haltestellen ein solches Verhalten angeordnet hat. [2] Im Übrigen darf außer beim Liegenbleiben (§ 15) und beim Abschleppen von Fahrzeugen (§ 15a) Warnblinklicht nur einschalten, wer Andere durch sein Fahrzeug gefährdet oder Andere vor Gefahren warnen will, zum Beispiel bei Annäherung an einen Stau oder bei besonders langsamer Fahrgeschwindigkeit auf Autobahnen und anderen schnell befahrenen Straßen.

(3) Schallzeichen dürfen nicht aus einer Folge verschieden hoher Töne bestehen.

(4) Keine Schallzeichen im Sinne der Absätze 1 und 3 sind akustische Fahrzeugwarnsysteme im Sinne der Artikel 3 Satz 2 Nummer 22, Artikel 8 und Anhang VIII der Verordnung (EU) Nr. 540/2014 des Europäischen Parlaments und des Rates vom 16. April 2014 über den Geräuschpegel von Kraftfahrzeugen und von Austauschschalldämpferanlagen sowie zur Änderung der Richtlinie 2007/46/EG und zur Aufhebung der Richtlinie 70/157/EWG (ABl. L 158 vom 27.5.2014, S. 131) in der jeweils geltenden Fassung.

§ 17 Beleuchtung. (1) [1] Während der Dämmerung, bei Dunkelheit oder wenn die Sichtverhältnisse es sonst erfordern, sind die vorgeschriebenen Beleuchtungseinrichtungen zu benutzen. [2] Die Beleuchtungseinrichtungen dürfen nicht verdeckt oder verschmutzt sein.

(2) [1] Mit Begrenzungsleuchten (Standlicht) allein darf nicht gefahren werden. [2] Auf Straßen mit durchgehender, ausreichender Beleuchtung darf auch nicht mit Fernlicht gefahren werden. [3] Es ist rechtzeitig abzublenden, wenn ein Fahrzeug entgegenkommt oder mit geringem Abstand vorausfährt oder wenn es sonst die Sicherheit des Verkehrs auf oder neben der Straße erfordert. [4] Wenn nötig ist entsprechend langsamer zu fahren.

(2a) [1] Wer ein Kraftrad führt, muss auch am Tag mit Abblendlicht oder eingeschalteten Tagfahrleuchten fahren. [2] Während der Dämmerung, bei Dunkelheit oder wenn die Sichtverhältnisse es sonst erfordern, ist Abblendlicht einzuschalten.

(3) [1] Behindert Nebel, Schneefall oder Regen die Sicht erheblich, dann ist auch am Tage mit Abblendlicht zu fahren. [2] Nur bei solcher Witterung dürfen Nebelscheinwerfer eingeschaltet sein. [3] Bei zwei Nebelscheinwerfern genügt statt des Abblendlichts die zusätzliche Benutzung der Begrenzungsleuchten. [4] An Krafträdern ohne Beiwagen braucht nur der Nebelscheinwerfer benutzt zu

werden. [5] Nebelschlussleuchten dürfen nur dann benutzt werden, wenn durch Nebel die Sichtweite weniger als 50 m beträgt.

(4) [1] Haltende Fahrzeuge sind außerhalb geschlossener Ortschaften mit eigener Lichtquelle zu beleuchten. [2] Innerhalb geschlossener Ortschaften genügt es, nur die der Fahrbahn zugewandte Fahrzeugseite durch Parkleuchten oder auf andere zugelassene Weise kenntlich zu machen; eigene Beleuchtung ist entbehrlich, wenn die Straßenbeleuchtung das Fahrzeug auf ausreichende Entfernung deutlich sichtbar macht. [3] Auf der Fahrbahn haltende Fahrzeuge, ausgenommen Personenkraftwagen, mit einer zulässigen Gesamtmasse von mehr als 3,5 t und Anhänger sind innerhalb geschlossener Ortschaften stets mit eigener Lichtquelle zu beleuchten oder durch andere zugelassene lichttechnische Einrichtungen kenntlich zu machen. [4] Fahrzeuge, die ohne Schwierigkeiten von der Fahrbahn entfernt werden können, wie Krafträder, Fahrräder mit Hilfsmotor, Fahrräder, Krankenfahrstühle, einachsige Zugmaschinen, einachsige Anhänger, Handfahrzeuge oder unbespannte Fuhrwerke, dürfen bei Dunkelheit dort nicht unbeleuchtet stehen gelassen werden.

(4a) [1] Soweit bei Militärfahrzeugen von den allgemeinen Beleuchtungsvorschriften abgewichen wird, sind gelb-rote retroreflektierende Warntafeln oder gleichwertige Absicherungsmittel zu verwenden. [2] Im Übrigen können sie an diesen Fahrzeugen zusätzlich verwendet werden.

(5) Wer zu Fuß geht und einachsige Zug- oder Arbeitsmaschinen an Holmen oder Handfahrzeuge mitführt, hat mindestens eine nach vorn und hinten gut sichtbare, nicht blendende Leuchte mit weißem Licht auf der linken Seite anzubringen oder zu tragen.

(6) Suchscheinwerfer dürfen nur kurz und nicht zum Beleuchten der Fahrbahn benutzt werden.

§ 18 Autobahnen und Kraftfahrstraßen. (1) [1] Autobahnen (Zeichen 330.1) und Kraftfahrstraßen (Zeichen 331.1) dürfen nur mit Kraftfahrzeugen benutzt werden, deren durch die Bauart bestimmte Höchstgeschwindigkeit mehr als 60 km/h beträgt; werden Anhänger mitgeführt, gilt das Gleiche auch für diese. [2] Fahrzeug und Ladung dürfen zusammen nicht höher als 4 m und nicht breiter als 2,55 m sein. [3] Kühlfahrzeuge dürfen nicht breiter als 2,60 m sein.

(2) Auf Autobahnen darf nur an gekennzeichneten Anschlussstellen (Zeichen 330.1) eingefahren werden, auf Kraftfahrstraßen nur an Kreuzungen oder Einmündungen.

(3) Der Verkehr auf der durchgehenden Fahrbahn hat die Vorfahrt.

(4) (weggefallen)

(5) [1] Auf Autobahnen darf innerhalb geschlossener Ortschaften schneller als 50 km/h gefahren werden. [2] Auf ihnen sowie außerhalb geschlossener Ortschaften auf Kraftfahrstraßen mit Fahrbahnen für eine Richtung, die durch Mittelstreifen oder sonstige bauliche Einrichtungen getrennt sind, beträgt die zulässige Höchstgeschwindigkeit auch unter günstigsten Umständen

1. für
   a) Kraftfahrzeuge mit einer zulässigen Gesamtmasse von mehr als 3,5 t, ausgenommen Personenkraftwagen,
   b) Personenkraftwagen mit Anhänger, Lastkraftwagen mit Anhänger, Wohnmobile mit Anhänger und Zugmaschinen mit Anhänger sowie

c) Kraftomnibusse ohne Anhänger oder mit Gepäckanhänger

80 km/h,

2. für

a) Krafträder mit Anhänger und selbstfahrende Arbeitsmaschinen mit Anhänger,

b) Zugmaschinen mit zwei Anhängern sowie

c) Kraftomnibusse mit Anhänger oder mit Fahrgästen, für die keine Sitzplätze mehr zur Verfügung stehen,

60 km/h,

3. für Kraftomnibusse ohne Anhänger, die

a) nach Eintragung in der Zulassungsbescheinigung Teil I für eine Höchstgeschwindigkeit von 100 km/h zugelassen sind,

b) hauptsächlich für die Beförderung von sitzenden Fahrgästen gebaut und die Fahrgastsitze als Reisebestuhlung ausgeführt sind,

c) auf allen Sitzen sowie auf Rollstuhlplätzen, wenn auf ihnen Rollstuhlfahrer befördert werden, mit Sicherheitsgurten ausgerüstet sind,

d) mit einem Geschwindigkeitsbegrenzer ausgerüstet sind, der auf eine Höchstgeschwindigkeit von maximal 100 km/h (Vset) eingestellt ist,

e) den Vorschriften der Richtlinie 2001/85/EG des Europäischen Parlaments und des Rates vom 20. November 2001 über besondere Vorschriften für Fahrzeuge zur Personenbeförderung mit mehr als acht Sitzplätzen außer dem Fahrersitz und zur Änderung der Richtlinien 70/156/EWG und 97/27/EG (ABl. L 42 vom 13.2.2002, S. 1) in der jeweils zum Zeitpunkt der Erstzulassung des jeweiligen Kraftomnibusses geltenden Fassung entsprechen und

f) auf der vorderen Lenkachse nicht mit nachgeschnittenen Reifen ausgerüstet sind, oder

g) für nicht in Mitgliedstaaten der Europäischen Union oder in Vertragsstaaten des Abkommens über den Europäischen Wirtschaftsraum zugelassene Kraftomnibusse, wenn jeweils eine behördliche Bestätigung des Zulassungsstaates in deutscher Sprache über die Übereinstimmung mit den vorgenannten Bestimmungen und über jährlich stattgefundene Untersuchungen mindestens im Umfang der Richtlinie 96/96/EG des Rates vom 20. Dezember 1996 zur Angleichung der Rechtsvorschriften der Mitgliedstaaten über die technische Überwachung der Kraftfahrzeuge und Kraftfahrzeuganhänger (ABl. L 46 vom 17.2.1997, S. 1) in der jeweils geltenden Fassung vorgelegt werden kann,

100 km/h.

(6) Wer auf der Autobahn mit Abblendlicht fährt, braucht seine Geschwindigkeit nicht der Reichweite des Abblendlichts anzupassen, wenn

1. die Schlussleuchten des vorausfahrenden Kraftfahrzeugs klar erkennbar sind und ein ausreichender Abstand von ihm eingehalten wird oder
2. der Verlauf der Fahrbahn durch Leiteinrichtungen mit Rückstrahlern und, zusammen mit fremdem Licht, Hindernisse rechtzeitig erkennbar sind.

(7) Wenden und Rückwärtsfahren sind verboten.

(8) Halten, auch auf Seitenstreifen, ist verboten.

(9) [1] Zu Fuß Gehende dürfen Autobahnen nicht betreten. [2] Kraftfahrstraßen dürfen sie nur an Kreuzungen, Einmündungen oder sonstigen dafür vorgesehenen Stellen überschreiten; sonst ist jedes Betreten verboten.

(10) [1] Die Ausfahrt von Autobahnen ist nur an Stellen erlaubt, die durch die Ausfahrttafel (Zeichen 332) und durch das Pfeilzeichen (Zeichen 333) oder durch eins dieser Zeichen gekennzeichnet sind. [2] Die Ausfahrt von Kraftfahrstraßen ist nur an Kreuzungen oder Einmündungen erlaubt.

(11) Lastkraftwagen mit einer zulässigen Gesamtmasse über 7,5 t, einschließlich ihrer Anhänger, sowie Zugmaschinen dürfen, wenn die Sichtweite durch erheblichen Schneefall oder Regen auf 50 m oder weniger eingeschränkt ist, sowie bei Schneeglätte oder Glatteis den äußerst linken Fahrstreifen nicht benutzen.

§ 19 Bahnübergänge. (1) [1] Schienenfahrzeuge haben Vorrang

1. auf Bahnübergängen mit Andreaskreuz (Zeichen 201),
2. auf Bahnübergängen über Fuß-, Feld-, Wald- oder Radwege und
3. in Hafen- und Industriegebieten, wenn an den Einfahrten das Andreaskreuz mit dem Zusatzzeichen „Hafengebiet, Schienenfahrzeuge haben Vorrang" oder „Industriegebiet, Schienenfahrzeuge haben Vorrang" steht.

[2] Der Straßenverkehr darf sich solchen Bahnübergängen nur mit mäßiger Geschwindigkeit nähern. [3] Wer ein Fahrzeug führt, darf an Bahnübergängen vom Zeichen 151, 156 an bis einschließlich des Kreuzungsbereichs von Schiene und Straße Kraftfahrzeuge nicht überholen.

(2) [1] Fahrzeuge haben vor dem Andreaskreuz, zu Fuß Gehende in sicherer Entfernung vor dem Bahnübergang zu warten, wenn

1. sich ein Schienenfahrzeug nähert,
2. rotes Blinklicht oder gelbe oder rote Lichtzeichen gegeben werden,
3. die Schranken sich senken oder geschlossen sind,
4. ein Bahnbediensteter Halt gebietet oder
5. ein hörbares Signal, wie ein Pfeifsignal des herannahenden Zuges, ertönt.

[2] Hat das rote Blinklicht oder das rote Lichtzeichen die Form eines Pfeils, hat nur zu warten, wer in die Richtung des Pfeils fahren will. [3] Das Senken der Schranken kann durch Glockenzeichen angekündigt werden.

(3) Kann der Bahnübergang wegen des Straßenverkehrs nicht zügig und ohne Aufenthalt überquert werden, ist vor dem Andreaskreuz zu warten.

(4) Wer einen Fuß-, Feld-, Wald- oder Radweg benutzt, muss sich an Bahnübergängen ohne Andreaskreuz entsprechend verhalten.

(5) [1] Vor Bahnübergängen ohne Vorrang der Schienenfahrzeuge ist in sicherer Entfernung zu warten, wenn ein Bahnbediensteter mit einer weiß-rot-weißen Fahne oder einer roten Leuchte Halt gebietet. [2] Werden gelbe oder rote Lichtzeichen gegeben, gilt § 37 Absatz 2 Nummer 1 entsprechend.

(6) Die Scheinwerfer wartender Kraftfahrzeuge dürfen niemanden blenden.

§ 20 Öffentliche Verkehrsmittel und Schulbusse. (1) An Omnibussen des Linienverkehrs, an Straßenbahnen und an gekennzeichneten Schulbussen, die an Haltestellen (Zeichen 224) halten, darf, auch im Gegenverkehr, nur vorsichtig vorbeigefahren werden.

(2) [1] Wenn Fahrgäste ein- oder aussteigen, darf rechts nur mit Schrittgeschwindigkeit und nur in einem solchen Abstand vorbeigefahren werden, dass eine Gefährdung von Fahrgästen ausgeschlossen ist. [2] Sie dürfen auch nicht behindert werden. [3] Wenn nötig, muss, wer ein Fahrzeug führt, warten.

(3) Omnibusse des Linienverkehrs und gekennzeichnete Schulbusse, die sich einer Haltestelle (Zeichen 224) nähern und Warnblinklicht eingeschaltet haben, dürfen nicht überholt werden.

(4) [1] An Omnibussen des Linienverkehrs und an gekennzeichneten Schulbussen, die an Haltestellen (Zeichen 224) halten und Warnblinklicht eingeschaltet haben, darf nur mit Schrittgeschwindigkeit und nur in einem solchen Abstand vorbeigefahren werden, dass eine Gefährdung von Fahrgästen ausgeschlossen ist. [2] Die Schrittgeschwindigkeit gilt auch für den Gegenverkehr auf derselben Fahrbahn. [3] Die Fahrgäste dürfen auch nicht behindert werden. [4] Wenn nötig, muss, wer ein Fahrzeug führt, warten.

(5) [1] Omnibussen des Linienverkehrs und Schulbussen ist das Abfahren von gekennzeichneten Haltestellen zu ermöglichen. [2] Wenn nötig, müssen andere Fahrzeuge warten.

(6) Personen, die öffentliche Verkehrsmittel benutzen wollen, müssen sie auf den Gehwegen, den Seitenstreifen oder einer Haltestelleninsel, sonst am Rand der Fahrbahn erwarten.

§ 21 Personenbeförderung. (1) [1] In Kraftfahrzeugen dürfen nicht mehr Personen befördert werden, als mit Sicherheitsgurten ausgerüstete Sitzplätze vorhanden sind. [2] Abweichend von Satz 1 dürfen in Kraftfahrzeugen, für die Sicherheitsgurte nicht für alle Sitzplätze vorgeschrieben sind, so viele Personen befördert werden, wie Sitzplätze vorhanden sind. [3] Die Sätze 1 und 2 gelten nicht in Kraftomnibussen, bei denen die Beförderung stehender Fahrgäste zugelassen ist. [4] Es ist verboten, Personen mitzunehmen

1. auf Krafträdern ohne besonderen Sitz,
2. auf Zugmaschinen ohne geeignete Sitzgelegenheit oder
3. in Wohnanhängern hinter Kraftfahrzeugen.

(1a) [1] Kinder bis zum vollendeten 12. Lebensjahr, die kleiner als 150 cm sind, dürfen in Kraftfahrzeugen auf Sitzen, für die Sicherheitsgurte vorgeschrieben sind, nur mitgenommen werden, wenn Rückhalteeinrichtungen für Kinder benutzt werden, die den in Artikel 2 Absatz 1 Buchstabe c der Richtlinie 91/671/EWG des Rates vom 16. Dezember 1991 über die Gurtanlegepflicht und die Pflicht zur Benutzung von Kinderrückhalteeinrichtungen in Kraftfahrzeugen (ABl. L 373 vom 31.12.1991, S. 26), der zuletzt durch Artikel 1 Absatz 2 der Durchführungsrichtlinie 2014/37/EU vom 27. Februar 2014 (ABl. L 59 vom 28.2.2014, S. 32) neu gefasst worden ist, genannten Anforderungen genügen und für das Kind geeignet sind. [2] Abweichend von Satz 1

1. ist in Kraftomnibussen mit einer zulässigen Gesamtmasse von mehr als 3,5 t Satz 1 nicht anzuwenden,
2. dürfen Kinder ab dem vollendeten dritten Lebensjahr auf Rücksitzen mit den vorgeschriebenen Sicherheitsgurten gesichert werden, soweit wegen der Sicherung anderer Kinder mit Kinderrückhalteeinrichtungen für die Befestigung weiterer Rückhalteeinrichtungen für Kinder keine Möglichkeit besteht,

3. ist
   a) beim Verkehr mit Taxen und
   b) bei sonstigen Verkehren mit Personenkraftwagen, wenn eine Beförderungspflicht im Sinne des § 22 des Personenbeförderungsgesetzes besteht,

   auf Rücksitzen die Verpflichtung zur Sicherung von Kindern mit amtlich genehmigten und geeigneten Rückhalteeinrichtungen auf zwei Kinder mit einem Gewicht ab 9 kg beschränkt, wobei wenigstens für ein Kind mit einem Gewicht zwischen 9 und 18 kg eine Sicherung möglich sein muss; diese Ausnahmeregelung gilt nicht, wenn eine regelmäßige Beförderung von Kindern gegeben ist.

(1b) [1] In Fahrzeugen, die nicht mit Sicherheitsgurten ausgerüstet sind, dürfen Kinder unter drei Jahren nicht befördert werden. [2] Kinder ab dem vollendeten dritten Lebensjahr, die kleiner als 150 cm sind, müssen in solchen Fahrzeugen auf dem Rücksitz befördert werden. [3] Die Sätze 1 und 2 gelten nicht für Kraftomnibusse.

(2) [1] Die Mitnahme von Personen auf der Ladefläche oder in Laderäumen von Kraftfahrzeugen ist verboten. [2] Dies gilt nicht, soweit auf der Ladefläche oder in Laderäumen mitgenommene Personen dort notwendige Arbeiten auszuführen haben. [3] Das Verbot gilt ferner nicht für die Beförderung von Baustellenpersonal innerhalb von Baustellen. [4] Auf der Ladefläche oder in Laderäumen von Anhängern darf niemand mitgenommen werden. [5] Jedoch dürfen auf Anhängern, wenn diese für land- oder forstwirtschaftliche Zwecke eingesetzt werden, Personen auf geeigneten Sitzgelegenheiten mitgenommen werden. [6] Das Stehen während der Fahrt ist verboten, soweit es nicht zur Begleitung der Ladung oder zur Arbeit auf der Ladefläche erforderlich ist.

(3) [1] Auf Fahrrädern dürfen Personen von mindestens 16 Jahre alten Personen nur mitgenommen werden, wenn die Fahrräder auch zur Personenbeförderung gebaut und eingerichtet sind. [2] Kinder bis zum vollendeten siebten Lebensjahr dürfen auf Fahrrädern von mindestens 16 Jahre alten Personen mitgenommen werden, wenn für die Kinder besondere Sitze vorhanden sind und durch Radverkleidungen oder gleich wirksame Vorrichtungen dafür gesorgt ist, dass die Füße der Kinder nicht in die Speichen geraten können. [3] Hinter Fahrrädern dürfen in Anhängern, die zur Beförderung von Kindern eingerichtet sind, bis zu zwei Kinder bis zum vollendeten siebten Lebensjahr von mindestens 16 Jahre alten Personen mitgenommen werden. [4] Die Begrenzung auf das vollendete siebte Lebensjahr gilt nicht für die Beförderung eines behinderten Kindes.

§ 21a Sicherheitsgurte, Rollstuhl-Rückhaltesysteme, Rollstuhlnutzer-Rückhaltesysteme, Schutzhelme. (1) [1] Vorgeschriebene Sicherheitsgurte müssen während der Fahrt angelegt sein; dies gilt ebenfalls für vorgeschriebene Rollstuhl-Rückhaltesysteme und vorgeschriebene Rollstuhlnutzer-Rückhaltesysteme. [2] Das gilt nicht für

1. *(aufgehoben)*
2. Personen beim Haus-zu-Haus-Verkehr, wenn sie im jeweiligen Leistungs- oder Auslieferungsbezirk regelmäßig in kurzen Zeitabständen ihr Fahrzeug verlassen müssen,

3. Fahrten mit Schrittgeschwindigkeit wie Rückwärtsfahren, Fahrten auf Parkplätzen,
4. Fahrten in Kraftomnibussen, bei denen die Beförderung stehender Fahrgäste zugelassen ist,
5. das Betriebspersonal in Kraftomnibussen und das Begleitpersonal von besonders betreuungsbedürftigen Personengruppen während der Dienstleistungen, die ein Verlassen des Sitzplatzes erfordern,
6. Fahrgäste in Kraftomnibussen mit einer zulässigen Gesamtmasse von mehr als 3,5 t beim kurzzeitigen Verlassen des Sitzplatzes.

(2) [1] Wer Krafträder oder offene drei- oder mehrrädrige Kraftfahrzeuge mit einer bauartbedingten Höchstgeschwindigkeit von über 20 km/h führt sowie auf oder in ihnen mitfährt, muss während der Fahrt einen geeigneten Schutzhelm tragen. [2] Dies gilt nicht, wenn vorgeschriebene Sicherheitsgurte angelegt sind.

§ 22 Ladung. (1) [1] Die Ladung einschließlich Geräte zur Ladungssicherung sowie Ladeeinrichtungen sind so zu verstauen und zu sichern, dass sie selbst bei Vollbremsung oder plötzlicher Ausweichbewegung nicht verrutschen, umfallen, hin- und herrollen, herabfallen oder vermeidbaren Lärm erzeugen können. [2] Dabei sind die anerkannten Regeln der Technik zu beachten.

(2) [1] Fahrzeug und Ladung dürfen zusammen nicht breiter als 2,55 m und nicht höher als 4 m sein. [2] Fahrzeuge, die für land- oder forstwirtschaftliche Zwecke eingesetzt werden, dürfen, wenn sie mit land- oder forstwirtschaftlichen Erzeugnissen oder Arbeitsgeräten beladen sind, samt Ladung nicht breiter als 3 m sein. [3] Sind sie mit land- oder forstwirtschaftlichen Erzeugnissen beladen, dürfen sie samt Ladung höher als 4 m sein. [4] Kühlfahrzeuge dürfen nicht breiter als 2,60 m sein.

(3) [1] Die Ladung darf bis zu einer Höhe von 2,50 m nicht nach vorn über das Fahrzeug, bei Zügen über das ziehende Fahrzeug hinausragen. [2] Im Übrigen darf der Ladungsüberstand nach vorn bis zu 50 cm über das Fahrzeug, bei Zügen bis zu 50 cm über das ziehende Fahrzeug betragen.

(4) [1] Nach hinten darf die Ladung bis zu 1,50 m hinausragen, jedoch bei Beförderung über eine Wegstrecke bis zu einer Entfernung von 100 km bis zu 3 m; die außerhalb des Geltungsbereichs dieser Verordnung zurückgelegten Wegstrecken werden nicht berücksichtigt. [2] Fahrzeug oder Zug samt Ladung darf nicht länger als 20,75 m sein. [3] Ragt das äußerste Ende der Ladung mehr als 1 m über die Rückstrahler des Fahrzeugs nach hinten hinaus, so ist es kenntlich zu machen durch mindestens

1. eine hellrote, nicht unter 30 x 30 cm große, durch eine Querstange auseinandergehaltene Fahne,
2. ein gleich großes, hellrotes, quer zur Fahrtrichtung pendelnd aufgehängtes Schild oder
3. einen senkrecht angebrachten zylindrischen Körper gleicher Farbe und Höhe mit einem Durchmesser von mindestens 35 cm.

[4] Diese Sicherungsmittel dürfen nicht höher als 1,50 m über der Fahrbahn angebracht werden. [5] Wenn nötig (§ 17 Absatz 1), ist mindestens eine Leuchte mit rotem Licht an gleicher Stelle anzubringen, außerdem ein roter Rückstrahler nicht höher als 90 cm.

(5) [1] Ragt die Ladung seitlich mehr als 40 cm über die Fahrzeugleuchten, bei Kraftfahrzeugen über den äußeren Rand der Lichtaustrittsflächen der Begrenzungs- oder Schlussleuchten hinaus, so ist sie, wenn nötig (§ 17 Absatz 1), kenntlich zu machen, und zwar seitlich höchstens 40 cm von ihrem Rand und höchstens 1,50 m über der Fahrbahn nach vorn durch eine Leuchte mit weißem, nach hinten durch eine mit rotem Licht. [2] Einzelne Stangen oder Pfähle, waagerecht liegende Platten und andere schlecht erkennbare Gegenstände dürfen seitlich nicht herausragen.

§ 23 Sonstige Pflichten von Fahrzeugführenden. (1) [1] Wer ein Fahrzeug führt, ist dafür verantwortlich, dass seine Sicht und das Gehör nicht durch die Besetzung, Tiere, die Ladung, Geräte oder den Zustand des Fahrzeugs beeinträchtigt werden. [2] Wer ein Fahrzeug führt, hat zudem dafür zu sorgen, dass das Fahrzeug, der Zug, das Gespann sowie die Ladung und die Besetzung vorschriftsmäßig sind und dass die Verkehrssicherheit des Fahrzeugs durch die Ladung oder die Besetzung nicht leidet. [3] Ferner ist dafür zu sorgen, dass die vorgeschriebenen Kennzeichen stets gut lesbar sind. [4] Vorgeschriebene Beleuchtungseinrichtungen müssen an Kraftfahrzeugen und ihren Anhängern auch am Tage vorhanden und betriebsbereit sein.

(1a) [1] Wer ein Fahrzeug führt, darf ein elektronisches Gerät, das der Kommunikation, Information oder Organisation dient oder zu dienen bestimmt ist, nur benutzen, wenn

1. hierfür das Gerät weder aufgenommen noch gehalten wird und
2. entweder
   a) nur eine Sprachsteuerung und Vorlesefunktion genutzt wird oder
   b) zur Bedienung und Nutzung des Gerätes nur eine kurze, den Straßen-, Verkehrs-, Sicht- und Wetterverhältnissen angepasste Blickzuwendung zum Gerät bei gleichzeitig entsprechender Blickabwendung vom Verkehrsgeschehen erfolgt oder erforderlich ist.

[2] Geräte im Sinne des Satzes 1 sind auch Geräte der Unterhaltungselektronik oder Geräte zur Ortsbestimmung, insbesondere Mobiltelefone oder Autotelefone, Berührungsbildschirme, tragbare Flachrechner, Navigationsgeräte, Fernseher oder Abspielgeräte mit Videofunktion oder Audiorekorder. [3] Handelt es sich bei dem Gerät im Sinne des Satzes 1, auch in Verbindung mit Satz 2, um ein auf dem Kopf getragenes visuelles Ausgabegerät, insbesondere eine Videobrille, darf dieses nicht benutzt werden. [4] Verfügt das Gerät im Sinne des Satzes 1, auch in Verbindung mit Satz 2, über eine Sichtfeldprojektion, darf diese für fahrzeugbezogene, verkehrszeichenbezogene, fahrtbezogene oder fahrtbegleitende Informationen benutzt werden. [5] Absatz 1c und § 1b des Straßenverkehrsgesetzes[1)] bleiben unberührt.

(1b) [1] Absatz 1a Satz 1 bis 3 gilt nicht für

1. ein stehendes Fahrzeug, im Falle eines Kraftfahrzeuges vorbehaltlich der Nummer 3 nur, wenn der Motor vollständig ausgeschaltet ist,
2. den bestimmungsgemäßen Betrieb einer atemalkoholgesteuerten Wegfahrsperre, soweit ein für den Betrieb bestimmtes Handteil aufgenommen und gehalten werden muss,

---

[1)] Nr. **1**.

3. stehende Straßenbahnen oder Linienbusse an Haltestellen (Zeichen 224).

[2]Das fahrzeugseitige automatische Abschalten des Motors im Verbrennungsbetrieb oder das Ruhen des elektrischen Antriebes ist kein Ausschalten des Motors in diesem Sinne. [3]Absatz 1a Satz 1 Nummer 2 Buchstabe b gilt nicht für

1. die Benutzung eines Bildschirms oder einer Sichtfeldprojektion zur Bewältigung der Fahraufgabe des Rückwärtsfahrens oder Einparkens, soweit das Fahrzeug nur mit Schrittgeschwindigkeit bewegt wird, oder
2. die Benutzung elektronischer Geräte, die vorgeschriebene Spiegel ersetzen oder ergänzen.

(1c) [1]Wer ein Fahrzeug führt, darf ein technisches Gerät nicht betreiben oder betriebsbereit mitführen, das dafür bestimmt ist, Verkehrsüberwachungsmaßnahmen anzuzeigen oder zu stören. [2]Das gilt insbesondere für Geräte zur Störung oder Anzeige von Geschwindigkeitsmessungen (Radarwarn- oder Laserstörgeräte). [3]Bei anderen technischen Geräten, die neben anderen Nutzungszwecken auch zur Anzeige oder Störung von Verkehrsüberwachungsmaßnahmen verwendet werden können, dürfen die entsprechenden Gerätefunktionen nicht verwendet werden.

(1d) [1]Wer ein Kraftfahrzeug mit einer zulässigen Gesamtmasse über 3,5 t führt, hat sicherzustellen, dass bei einer Geschwindigkeit von mehr als 30 km/h ein für das Kraftfahrzeug vorgeschriebenes Notbremsassistenzsystem eingeschaltet ist. [2]Satz 1 gilt nicht

1. beim Führen von Kraftfahrzeugen, die dem Bau, der Unterhaltung oder Reinigung der Straßen und Anlagen im Straßenraum dienen, bei denen vorderseitig montierte Anbauten die Funktion des Notbremsassistenzsystems dauerhaft beeinträchtigen und der Fahrende die Funktionsfähigkeit des Notbremsassistenzsystems aufgrund dieser Anbauten nicht herstellen kann,

1a. beim Führen von Kraftfahrzeugen der Polizei, der Feuerwehr, des Katastrophenschutzes und des Rettungsdienstes, die aufgrund von Anbauteilen einen Überstand über die Kabinenfront hinaus aufweisen, die die Funktion des Notbremsassistenzsystems dauerhaft beeinträchtigen und der Fahrende die Funktionsfähigkeit des Notbremsassistenzsystems aufgrund dieser Anbauten nicht herstellen kann und

2. während der Fahrzeugführung im Sinne des § 1a Absatz 4 des Straßenverkehrsgesetzes.

[3]Satz 2 Nummer 1 und 1a gelten auch während Fahrten, die nicht dem bestimmungsgemäßen Gebrauch dienen.

(2) Wer ein Fahrzeug führt, muss das Fahrzeug, den Zug oder das Gespann auf dem kürzesten Weg aus dem Verkehr ziehen, falls unterwegs auftretende Mängel, welche die Verkehrssicherheit wesentlich beeinträchtigen, nicht alsbald beseitigt werden; dagegen dürfen Krafträder und Fahrräder dann geschoben werden.

(3) [1]Wer ein Fahrrad oder ein Kraftrad fährt, darf sich nicht an Fahrzeuge anhängen. [2]Es darf nicht freihändig gefahren werden. [3]Die Füße dürfen nur dann von den Pedalen oder den Fußrasten genommen werden, wenn der Straßenzustand das erfordert.

(4) [1] Wer ein Kraftfahrzeug führt, darf sein Gesicht nicht so verhüllen oder verdecken, dass er nicht mehr erkennbar ist. [2] Dies gilt nicht in Fällen des § 21a Absatz 2 Satz 1.

§ 24 Besondere Fortbewegungsmittel. (1) [1] Schiebe- und Greifreifenrollstühle, Rodelschlitten, Kinderwagen, Roller, Kinderfahrräder, Inline-Skates, Rollschuhe und ähnliche nicht motorbetriebene Fortbewegungsmittel sind nicht Fahrzeuge im Sinne der Verordnung. [2] Für den Verkehr mit diesen Fortbewegungsmitteln gelten die Vorschriften für den Fußgängerverkehr entsprechend.

(2) Mit Krankenfahrstühlen oder mit anderen als in Absatz 1 genannten Rollstühlen darf dort, wo Fußgängerverkehr zulässig ist, gefahren werden, jedoch nur mit Schrittgeschwindigkeit.

§ 25 Fußgänger. (1) [1] Wer zu Fuß geht, muss die Gehwege benutzen. [2] Auf der Fahrbahn darf nur gegangen werden, wenn die Straße weder einen Gehweg noch einen Seitenstreifen hat. [3] Wird die Fahrbahn benutzt, muss innerhalb geschlossener Ortschaften am rechten oder linken Fahrbahnrand gegangen werden; außerhalb geschlossener Ortschaften muss am linken Fahrbahnrand gegangen werden, wenn das zumutbar ist. [4] Bei Dunkelheit, bei schlechter Sicht oder wenn die Verkehrslage es erfordert, muss einzeln hintereinander gegangen werden.

(2) [1] Wer zu Fuß geht und Fahrzeuge oder sperrige Gegenstände mitführt, muss die Fahrbahn benutzen, wenn auf dem Gehweg oder auf dem Seitenstreifen andere zu Fuß Gehende erheblich behindert würden. [2] Benutzen zu Fuß Gehende, die Fahrzeuge mitführen, die Fahrbahn, müssen sie am rechten Fahrbahnrand gehen; vor dem Abbiegen nach links dürfen sie sich nicht links einordnen.

(3) [1] Wer zu Fuß geht, hat Fahrbahnen unter Beachtung des Fahrzeugverkehrs zügig auf kurzem Weg quer zur Fahrtrichtung zu überschreiten. [2] Wenn die Verkehrsdichte, Fahrgeschwindigkeit, Sichtverhältnisse oder der Verkehrsablauf es erfordern, ist eine Fahrbahn nur an Kreuzungen oder Einmündungen, an Lichtzeichenanlagen innerhalb von Markierungen, an Fußgängerquerungshilfen oder auf Fußgängerüberwegen (Zeichen 293) zu überschreiten. [3] Wird die Fahrbahn an Kreuzungen oder Einmündungen überschritten, sind dort vorhandene Fußgängerüberwege oder Markierungen an Lichtzeichenanlagen stets zu benutzen.

(4) [1] Wer zu Fuß geht, darf Absperrungen, wie Stangen- oder Kettengeländer, nicht überschreiten. [2] Absperrschranken (Zeichen 600) verbieten das Betreten der abgesperrten Straßenfläche.

(5) Gleisanlagen, die nicht zugleich dem sonstigen öffentlichen Straßenverkehr dienen, dürfen nur an den dafür vorgesehenen Stellen betreten werden.

§ 26 Fußgängerüberwege. (1) [1] An Fußgängerüberwegen haben Fahrzeuge mit Ausnahme von Schienenfahrzeugen den zu Fuß Gehenden sowie Fahrenden von Krankenfahrstühlen oder Rollstühlen, welche den Überweg erkennbar benutzen wollen, das Überqueren der Fahrbahn zu ermöglichen. [2] Dann dürfen sie nur mit mäßiger Geschwindigkeit heranfahren; wenn nötig, müssen sie warten.

(2) Stockt der Verkehr, dürfen Fahrzeuge nicht auf den Überweg fahren, wenn sie auf ihm warten müssten.

(3) An Überwegen darf nicht überholt werden.

(4) Führt die Markierung über einen Radweg oder einen anderen Straßenteil, gelten diese Vorschriften entsprechend.

§ 27 Verbände. (1) [1] Für geschlossene Verbände gelten die für den gesamten Fahrverkehr einheitlich bestehenden Verkehrsregeln und Anordnungen sinngemäß. [2] Mehr als 15 Rad Fahrende dürfen einen geschlossenen Verband bilden. [3] Dann dürfen sie zu zweit nebeneinander auf der Fahrbahn fahren. [4] Kinder- und Jugendgruppen zu Fuß müssen, soweit möglich, die Gehwege benutzen.

(2) Geschlossene Verbände, Leichenzüge und Prozessionen müssen, wenn ihre Länge dies erfordert, in angemessenen Abständen Zwischenräume für den übrigen Verkehr frei lassen; an anderen Stellen darf dieser sie nicht unterbrechen.

(3) [1] Geschlossen ist ein Verband, wenn er für andere am Verkehr Teilnehmende als solcher deutlich erkennbar ist. [2] Bei Kraftfahrzeugverbänden muss dazu jedes einzelne Fahrzeug als zum Verband gehörig gekennzeichnet sein.

(4) [1] Die seitliche Begrenzung geschlossen reitender oder zu Fuß marschierender Verbände muss, wenn nötig (§ 17 Absatz 1), mindestens nach vorn durch nicht blendende Leuchten mit weißem Licht, nach hinten durch Leuchten mit rotem Licht oder gelbem Blinklicht kenntlich gemacht werden. [2] Gliedert sich ein solcher Verband in mehrere deutlich voneinander getrennte Abteilungen, dann ist jede auf diese Weise zu sichern. [3] Eigene Beleuchtung brauchen die Verbände nicht, wenn sie sonst ausreichend beleuchtet sind.

(5) Wer einen Verband führt, hat dafür zu sorgen, dass die für geschlossene Verbände geltenden Vorschriften befolgt werden.

(6) Auf Brücken darf nicht im Gleichschritt marschiert werden.

§ 28 Tiere. (1) [1] Haus- und Stalltiere, die den Verkehr gefährden können, sind von der Straße fernzuhalten. [2] Sie sind dort nur zugelassen, wenn sie von geeigneten Personen begleitet sind, die ausreichend auf sie einwirken können. [3] Es ist verboten, Tiere von Kraftfahrzeugen aus zu führen. [4] Von Fahrrädern aus dürfen nur Hunde geführt werden.

(2) [1] Wer reitet, Pferde oder Vieh führt oder Vieh treibt, unterliegt sinngemäß den für den gesamten Fahrverkehr einheitlich bestehenden Verkehrsregeln und Anordnungen. [2] Zur Beleuchtung müssen mindestens verwendet werden:

1. beim Treiben von Vieh vorn eine nicht blendende Leuchte mit weißem Licht und am Ende eine Leuchte mit rotem Licht,
2. beim Führen auch nur eines Großtieres oder von Vieh eine nicht blendende Leuchte mit weißem Licht, die auf der linken Seite nach vorn und hinten gut sichtbar mitzuführen ist.

§ 29 Übermäßige Straßenbenutzung. (1) *(aufgehoben)*

(2) [1] Veranstaltungen, für die Straßen mehr als verkehrsüblich in Anspruch genommen werden, insbesondere Kraftfahrzeugrennen, bedürfen der Erlaubnis. [2] Das ist der Fall, wenn die Benutzung der Straße für den Verkehr wegen

der Zahl oder des Verhaltens der Teilnehmenden oder der Fahrweise der beteiligten Fahrzeuge eingeschränkt wird; Kraftfahrzeuge in geschlossenem Verband nehmen die Straße stets mehr als verkehrsüblich in Anspruch. [3] Veranstaltende haben dafür zu sorgen, dass die Verkehrsvorschriften sowie etwaige Bedingungen und Auflagen befolgt werden.

(3) [1] Einer Erlaubnis bedarf der Verkehr mit Fahrzeugen und Zügen, deren Abmessungen, Achslasten oder Gesamtmassen die gesetzlich allgemein zugelassenen Grenzen tatsächlich überschreiten. [2] Das gilt auch für den Verkehr mit Fahrzeugen, deren Bauart den Fahrzeugführenden kein ausreichendes Sichtfeld lässt.

§ 30 Umweltschutz, Sonn- und Feiertagsfahrverbot. (1) [1] Bei der Benutzung von Fahrzeugen sind unnötiger Lärm und vermeidbare Abgasbelästigungen verboten. [2] Es ist insbesondere verboten, Fahrzeugmotoren unnötig laufen zu lassen und Fahrzeugtüren übermäßig laut zu schließen. [3] Unnützes Hin- und Herfahren ist innerhalb geschlossener Ortschaften verboten, wenn Andere dadurch belästigt werden.

(2) Veranstaltungen mit Kraftfahrzeugen bedürfen der Erlaubnis, wenn sie die Nachtruhe stören können.

(3) [1] An Sonntagen und Feiertagen dürfen in der Zeit von 0.00 bis 22.00 Uhr zur geschäftsmäßigen oder entgeltlichen Beförderung von Gütern einschließlich damit verbundener Leerfahrten Lastkraftwagen mit einer zulässigen Gesamtmasse über 7,5 t sowie Anhänger hinter Lastkraftwagen nicht geführt werden. [2] Das Verbot gilt nicht für

1. kombinierten Güterverkehr Schiene-Straße vom Versender bis zum nächstgelegenen geeigneten Verladebahnhof oder vom nächstgelegenen geeigneten Entladebahnhof bis zum Empfänger, jedoch nur bis zu einer Entfernung von 200 km,

1a. kombinierten Güterverkehr Hafen-Straße zwischen Belade- oder Entladestelle und einem innerhalb eines Umkreises von höchstens 150 Kilometern gelegenen Hafen (An- oder Abfuhr),

2. die Beförderung von
   a) frischer Milch und frischen Milcherzeugnissen,
   b) frischem Fleisch und frischen Fleischerzeugnissen,
   c) frischen Fischen, lebenden Fischen und frischen Fischerzeugnissen,
   d) leicht verderblichem Obst und Gemüse,

3. die Beförderung von Material der Kategorie 1 nach Artikel 8 und Material der Kategorie 2 nach Artikel 9 Buchstabe f Ziffer i der Verordnung (EG) Nr. 1069/2009 des Europäischen Parlaments und des Rates vom 21. Oktober 2009 mit Hygienevorschriften für nicht für den menschlichen Verzehr bestimmte tierische Nebenprodukte und zur Aufhebung der Verordnung (EG) Nr. 1774/2002 (Verordnung über tierische Nebenprodukte) (ABl. L 300 vom 14.11.2009, S. 1; L 348 vom 4.12.2014, S. 31),

4. den Einsatz von Bergungs-, Abschlepp- und Pannenhilfsfahrzeugen im Falle eines Unfalles oder eines sonstigen Notfalles,

5. den Transport von lebenden Bienen,

6. Leerfahrten, die im Zusammenhang mit Fahrten nach den Nummern 2 bis 5 stehen,

7. Fahrten mit Fahrzeugen, die nach dem Bundesleistungsgesetz herangezogen werden, wobei der Leistungsbescheid mitzuführen und auf Verlangen zuständigen Personen zur Prüfung auszuhändigen ist,
8. die Bundeswehr sowie die von ihr beauftragten gewerblichen Transportdienstunternehmen im Falle militärischer Erfordernisse,
9. die Truppen der Vertragsstaaten des Nordatlantikvertrages, der Mitgliedstaaten der Europäischen Union und weiterer verbündeter Streitkräfte sowie die von den jeweiligen Truppen beauftragten gewerblichen Transportdienstunternehmen im Falle militärischer Erfordernisse.

(4) Feiertage im Sinne des Absatzes 3 sind

Neujahr;

Karfreitag;

Ostermontag;

Tag der Arbeit (1. Mai);

Christi Himmelfahrt;

Pfingstmontag;

Fronleichnam, jedoch nur in Baden-Württemberg, Bayern, Hessen, Nordrhein-Westfalen, Rheinland-Pfalz und im Saarland;

Tag der deutschen Einheit (3. Oktober);

Reformationstag (31. Oktober) in Brandenburg, Bremen, Hamburg, Mecklenburg-Vorpommern, Niedersachsen, Sachsen, Sachsen-Anhalt, Schleswig-Holstein und Thüringen;

Allerheiligen (1. November), jedoch nur in Baden-Württemberg, Bayern, Nordrhein-Westfalen, Rheinland-Pfalz und im Saarland;

1. und 2. Weihnachtstag.

§ 31 Sport und Spiel. (1) [1] Sport und Spiel auf der Fahrbahn, den Seitenstreifen und auf Radwegen sind nicht erlaubt. [2] Satz 1 gilt nicht, soweit dies durch ein die zugelassene Sportart oder Spielart kennzeichnendes Zusatzzeichen angezeigt ist.

(2) [1] Durch das Zusatzzeichen

wird das Inline-Skaten und Rollschuhfahren zugelassen. [2] Das Zusatzzeichen kann auch allein angeordnet sein. [3] Wer sich dort mit Inline-Skates oder Rollschuhen fortbewegt, hat sich mit äußerster Vorsicht und unter besonderer Rücksichtnahme auf den übrigen Verkehr am rechten Rand in Fahrtrichtung zu bewegen und Fahrzeugen das Überholen zu ermöglichen.

§ 32 Verkehrshindernisse. (1) [1] Es ist verboten, die Straße zu beschmutzen oder zu benetzen oder Gegenstände auf Straßen zu bringen oder dort liegen zu lassen, wenn dadurch der Verkehr gefährdet oder erschwert werden kann. [2] Wer für solche verkehrswidrigen Zustände verantwortlich ist, hat diese unverzüglich zu beseitigen und diese bis dahin ausreichend kenntlich zu machen. [3] Verkehrshindernisse sind, wenn nötig (§ 17 Absatz 1), mit eigener Lichtquelle zu beleuchten oder durch andere zugelassene lichttechnische Einrichtungen kenntlich zu machen.

(2) Sensen, Mähmesser oder ähnlich gefährliche Geräte sind wirksam zu verkleiden.

§ 33 Verkehrsbeeinträchtigungen. (1) [1] Verboten ist

1. der Betrieb von Lautsprechern,
2. das Anbieten von Waren und Leistungen aller Art auf der Straße,
3. außerhalb geschlossener Ortschaften jede Werbung und Propaganda durch Bild, Schrift, Licht oder Ton,

wenn dadurch am Verkehr Teilnehmende in einer den Verkehr gefährdenden oder erschwerenden Weise abgelenkt oder belästigt werden können. [2] Auch durch innerörtliche Werbung und Propaganda darf der Verkehr außerhalb geschlossener Ortschaften nicht in solcher Weise gestört werden.

(2) [1] Einrichtungen, die Zeichen oder Verkehrseinrichtungen (§§ 36 bis 43 in Verbindung mit den Anlagen 1 bis 4) gleichen, mit ihnen verwechselt werden können oder deren Wirkung beeinträchtigen können, dürfen dort nicht angebracht oder sonst verwendet werden, wo sie sich auf den Verkehr auswirken können. [2] Werbung und Propaganda in Verbindung mit Verkehrszeichen und Verkehrseinrichtungen sind unzulässig.

(3) Ausgenommen von den Verboten des Absatzes 1 Satz 1 Nummer 3 und des Absatzes 2 Satz 2 sind in der Hinweisbeschilderung für Nebenbetriebe an den Bundesautobahnen und für Autohöfe die Hinweise auf Dienstleistungen, die unmittelbar den Belangen der am Verkehr Teilnehmenden auf den Bundesautobahnen dienen.

§ 34 Unfall. (1) Nach einem Verkehrsunfall hat, wer daran beteiligt ist,

1. unverzüglich zu halten,
2. den Verkehr zu sichern und bei geringfügigem Schaden unverzüglich beiseite zu fahren,
3. sich über die Unfallfolgen zu vergewissern,
4. Verletzten zu helfen (§ 323c des Strafgesetzbuchs[1)]),
5. anderen am Unfallort anwesenden Beteiligten und Geschädigten
   a) anzugeben, dass man am Unfall beteiligt war und
   b) auf Verlangen den eigenen Namen und die eigene Anschrift anzugeben sowie den eigenen Führerschein und den Fahrzeugschein vorzuweisen und nach bestem Wissen Angaben über die Haftpflichtversicherung zu machen,
6. a) so lange am Unfallort zu bleiben, bis zugunsten der anderen Beteiligten und Geschädigten die Feststellung der Person, des Fahrzeugs und der Art der Beteiligung durch eigene Anwesenheit ermöglicht wurde oder
   b) eine nach den Umständen angemessene Zeit zu warten und am Unfallort den eigenen Namen und die eigene Anschrift zu hinterlassen, wenn niemand bereit war, die Feststellung zu treffen,

---

[1)] Nr. **6**.

7. unverzüglich die Feststellungen nachträglich zu ermöglichen, wenn man sich berechtigt, entschuldigt oder nach Ablauf der Wartefrist (Nummer 6 Buchstabe b) vom Unfallort entfernt hat. Dazu ist mindestens den Berechtigten (Nummer 6 Buchstabe a) oder einer nahe gelegenen Polizeidienststelle mitzuteilen, dass man am Unfall beteiligt gewesen ist, und die eigene Anschrift, den Aufenthalt sowie das Kennzeichen und den Standort des beteiligten Fahrzeugs anzugeben und dieses zu unverzüglichen Feststellungen für eine zumutbare Zeit zur Verfügung zu halten.

(2) Beteiligt an einem Verkehrsunfall ist jede Person, deren Verhalten nach den Umständen zum Unfall beigetragen haben kann.

(3) Unfallspuren dürfen nicht beseitigt werden, bevor die notwendigen Feststellungen getroffen worden sind.

§ 35 Sonderrechte. (1) Von den Vorschriften dieser Verordnung sind die Bundeswehr und die von ihr beauftragten gewerblichen Transportdienstunternehmen, die Bundespolizei, die Feuerwehr, der Katastrophenschutz, die Polizei und der Zolldienst befreit, soweit das zur Erfüllung hoheitlicher Aufgaben dringend geboten ist.

(1a) Absatz 1 gilt entsprechend für ausländische Beamte, die auf Grund völkerrechtlicher Vereinbarungen zur Nacheile oder Observation im Inland berechtigt sind.

(2) Dagegen bedürfen diese Organisationen auch unter den Voraussetzungen des Absatzes 1 der Erlaubnis,

1. wenn sie mehr als 30 Kraftfahrzeuge im geschlossenen Verband (§ 27) fahren lassen wollen,
2. im Übrigen bei jeder sonstigen übermäßigen Straßenbenutzung mit Ausnahme der nach § 29 Absatz 3 Satz 2.

(3) Die Bundeswehr ist über Absatz 2 hinaus auch zu übermäßiger Straßenbenutzung befugt, soweit Vereinbarungen getroffen sind.

(4) [1] Die Beschränkungen der Sonderrechte durch die Absätze 2 und 3 gelten nicht bei Einsätzen anlässlich von Unglücksfällen, Katastrophen und Störungen der öffentlichen Sicherheit oder Ordnung sowie in den Fällen der Artikel 91 und 87a Absatz 4 des Grundgesetzes sowie im Verteidigungsfall und im Spannungsfall. [2] Für die Bundeswehr und die von ihr beauftragten gewerblichen Transportdienstunternehmen gilt Satz 1 auch im Fall einer krisenhaften Entwicklung.

(5) Die Truppen der Vertragsstaaten des Nordatlantikpaktes sowie der Mitgliedstaaten der Europäischen Union und weiterer verbündeter Streitkräfte sowie die von den jeweiligen Truppen beauftragten gewerblichen Transportdienstunternehmen sind im Falle dringender militärischer Erfordernisse von den Vorschriften dieser Verordnung befreit; von den Vorschriften des § 29 allerdings nur, soweit für diese Truppen und diese Transportdienstunternehmen Sonderregelungen oder anderweitige Vereinbarungen bestehen.

(5a) Fahrzeuge des Rettungsdienstes sind von den Vorschriften dieser Verordnung befreit, wenn höchste Eile geboten ist, um Menschenleben zu retten oder schwere gesundheitliche Schäden abzuwenden.

(6) [1] Fahrzeuge, die dem Bau, der Unterhaltung oder Reinigung der Straßen und Anlagen im Straßenraum oder der Müllabfuhr dienen und durch weiß-rot-

weiße Warneinrichtungen gekennzeichnet sind, dürfen auf allen Straßen und Straßenteilen und auf jeder Straßenseite in jeder Richtung zu allen Zeiten fahren und halten, soweit ihr Einsatz dies erfordert, zur Reinigung der Gehwege jedoch nur, wenn die zulässige Gesamtmasse bis zu 2,8 t beträgt. [2]Dasselbe gilt auch für Fahrzeuge zur Reinigung der Gehwege, deren zulässige Gesamtmasse 3,5 t nicht übersteigt und deren Reifeninnendruck nicht mehr als 3 bar beträgt. [3]Dabei ist sicherzustellen, dass keine Beschädigung der Gehwege und der darunter liegenden Versorgungsleitungen erfolgen kann. [4]Personen, die hierbei eingesetzt sind oder Straßen oder in deren Raum befindliche Anlagen zu beaufsichtigen haben, müssen bei ihrer Arbeit außerhalb von Gehwegen und Absperrungen auffällige Warnkleidung tragen.

(7) Messfahrzeuge der Bundesnetzagentur für Elektrizität, Gas, Telekommunikation, Post und Eisenbahn (§ 1 des Gesetzes über die Bundesnetzagentur) dürfen auf allen Straßen und Straßenteilen zu allen Zeiten fahren und halten, soweit ihr hoheitlicher Einsatz dies erfordert.

(7a) [1]Fahrzeuge von Unternehmen, die Universaldienstleistungen nach § 17 Absatz 1 des Postgesetzes erbringen oder Fahrzeuge von Unternehmen, die in deren Auftrag diese Universaldienstleistungen erbringen (Subunternehmer), dürfen abweichend von Anlage 2 Nummer 21 (Zeichen 242.1) Fußgängerzonen auch außerhalb der durch Zusatzzeichen angeordneten Zeiten für Anlieger- und Anlieferverkehr benutzen, soweit dies zur zeitgerechten Leerung von Briefkästen oder zur Abholung von Briefen in Universaldienstfilialen nach § 17 Absatz 1 des Postgesetzes oder diese ersetzende Stationen nach § 17 Absatz 2 des Postgesetzes erforderlich ist. [2]Ferner dürfen die in Satz 1 genannten Fahrzeuge abweichend von § 12 Absatz 4 Satz 1 und Anlage 2 Nummer 62 (Zeichen 283), Nummer 63 (Zeichen 286) und Nummer 64 (Zeichen 290.1) in einem Bereich von 10 m vor oder hinter einem Briefkasten auf der Fahrbahn auch in zweiter Reihe kurzfristig parken, soweit dies mangels geeigneter anderweitiger Parkmöglichkeiten in diesem Bereich zum Zwecke der Leerung von Briefkästen erforderlich ist. [3]Die Sätze 1 und 2 gelten nur, soweit ein Nachweis zum Erbringen der Universaldienstleistung oder zusätzlich ein Nachweis über die Beauftragung als Subunternehmer im Fahrzeug jederzeit gut sichtbar ausgelegt oder angebracht ist. [4]§ 2 Absatz 3 in Verbindung mit Anhang 3 Nummer 7 der Verordnung zur Kennzeichnung der Kraftfahrzeuge mit geringem Beitrag zur Schadstoffbelastung vom 10. Oktober 2006 (BGBl. I S. 2218), die durch Artikel 1 der Verordnung vom 5. Dezember 2007 (BGBl. I S. 2793) geändert worden ist, ist für die in Satz 1 genannten Fahrzeuge nicht anzuwenden.

(8) Die Sonderrechte dürfen nur unter gebührender Berücksichtigung der öffentlichen Sicherheit und Ordnung ausgeübt werden.

(9) Wer ohne Beifahrer ein Einsatzfahrzeug der Behörden und Organisationen mit Sicherheitsaufgaben (BOS) führt und zur Nutzung des BOS-Funks berechtigt ist, darf unbeschadet der Absätze 1 und 5a abweichend von § 23 Absatz 1a ein Funkgerät oder das Handteil eines Funkgerätes aufnehmen und halten.

II. Zeichen und Verkehrseinrichtungen

§ 36 Zeichen und Weisungen der Polizeibeamten. (1) [1] Die Zeichen und Weisungen der Polizeibeamten sind zu befolgen. [2] Sie gehen allen anderen Anordnungen und sonstigen Regeln vor, entbinden den Verkehrsteilnehmer jedoch nicht von seiner Sorgfaltspflicht.

(2) An Kreuzungen ordnet an:

1. Seitliches Ausstrecken eines Armes oder beider Arme quer zur Fahrtrichtung: „Halt vor der Kreuzung".
   Der Querverkehr ist freigegeben.
   Wird dieses Zeichen gegeben, gilt es fort, solange in der gleichen Richtung gewinkt oder nur die Grundstellung beibehalten wird. Der freigegebene Verkehr kann nach den Regeln des § 9 abbiegen, nach links jedoch nur, wenn er Schienenfahrzeuge dadurch nicht behindert.
2. Hochheben eines Arms:
   „Vor der Kreuzung auf das nächste Zeichen warten",
   für Verkehrsteilnehmer in der Kreuzung: „Kreuzung räumen".

(3) Diese Zeichen können durch Weisungen ergänzt oder geändert werden.

(4) An anderen Straßenstellen, wie an Einmündungen und an Fußgängerüberwegen, haben die Zeichen entsprechende Bedeutung.

(5) [1] Polizeibeamte dürfen Verkehrsteilnehmer zur Verkehrskontrolle einschließlich der Kontrolle der Verkehrstüchtigkeit und zu Verkehrserhebungen anhalten. [2] Das Zeichen zum Anhalten kann auch durch geeignete technische Einrichtungen am Einsatzfahrzeug, eine Winkerkelle oder eine rote Leuchte gegeben werden. [3] Mit diesen Zeichen kann auch ein vorausfahrender Verkehrsteilnehmer angehalten werden. [4] Die Verkehrsteilnehmer haben die Anweisungen der Polizeibeamten zu befolgen.

§ 36a Zeichen und Weisungen bei Transportbegleitung mit Anordnungsbefugnis. [1] Die Zeichen und Weisungen eines Transportbegleiters nach § 3 Absatz 1 Nummer 2 der Straßenverkehr-Transportbegleitungsverordnung, die dieser in entsprechender Anwendung des § 36 Absatz 1 bis 4 gibt, sind zu befolgen. [2] Zeichen und Weisungen der Polizei gehen den Zeichen und Weisungen eines Transportbegleiters vor.

§ 37 Wechsellichtzeichen, Dauerlichtzeichen und Grünpfeil. (1) [1] Lichtzeichen gehen Vorrangregeln und Vorrang regelnden Verkehrszeichen vor. [2] Wer ein Fahrzeug führt, darf bis zu 10 m vor einem Lichtzeichen nicht halten, wenn es dadurch verdeckt wird.

(2) [1] Wechsellichtzeichen haben die Farbfolge Grün – Gelb – Rot – Rot und Gelb (gleichzeitig) – Grün. [2] Rot ist oben, Gelb in der Mitte und Grün unten.

1. An Kreuzungen bedeuten:
   Grün: „Der Verkehr ist freigegeben".
   Er kann nach den Regeln des § 9 abbiegen, nach links jedoch nur, wenn er Schienenfahrzeuge dadurch nicht behindert.
   Grüner Pfeil: „Nur in Richtung des Pfeils ist der Verkehr freigegeben".
   Ein grüner Pfeil links hinter der Kreuzung zeigt an, dass der Gegenverkehr durch Rotlicht angehalten ist und dass, wer links abbiegt, die Kreuzung in Richtung des grünen Pfeils ungehindert befahren und räumen kann.

Gelb ordnet an: „Vor der Kreuzung auf das nächste Zeichen warten".
Keines dieser Zeichen entbindet von der Sorgfaltspflicht.
Rot ordnet an: „Halt vor der Kreuzung".
Nach dem Anhalten ist das Abbiegen nach rechts auch bei Rot erlaubt, wenn rechts neben dem Lichtzeichen Rot ein Schild mit grünem Pfeil auf schwarzem Grund (Grünpfeil) angebracht ist. Durch das Zeichen

wird der Grünpfeil auf den Radverkehr beschränkt. Wer ein Fahrzeug führt, darf nur aus dem rechten Fahrstreifen abbiegen. Soweit der Radverkehr die Lichtzeichen für den Fahrverkehr zu beachten hat, dürfen Rad Fahrende auch aus einem am rechten Fahrbahnrand befindlichen Radfahrstreifen oder aus straßenbegleitenden, nicht abgesetzten, baulich angelegten Radwegen abbiegen. Dabei muss man sich so verhalten, dass eine Behinderung oder Gefährdung anderer Verkehrsteilnehmer, insbesondere des Fußgänger- und Fahrzeugverkehrs der freigegebenen Verkehrsrichtung, ausgeschlossen ist.
Schwarzer Pfeil auf Rot ordnet das Halten, schwarzer Pfeil auf Gelb das Warten nur für die angegebene Richtung an.
Ein einfeldiger Signalgeber mit Grünpfeil zeigt an, dass bei Rot für die Geradeaus-Richtung nach rechts abgebogen werden darf.

2. An anderen Straßenstellen, wie an Einmündungen und an Markierungen für den Fußgängerverkehr, haben die Lichtzeichen entsprechende Bedeutung.
3. Lichtzeichenanlagen können auf die Farbfolge Gelb – Rot beschränkt sein.
4. Für jeden von mehreren markierten Fahrstreifen (Zeichen 295, 296 oder 340) kann ein eigenes Lichtzeichen gegeben werden. Für Schienenbahnen können besondere Zeichen, auch in abweichenden Phasen, gegeben werden; das gilt auch für Omnibusse des Linienverkehrs und nach dem Personenbeförderungsrecht mit dem Schulbus-Zeichen zu kennzeichnende Fahrzeuge des Schüler- und Behindertenverkehrs, wenn diese einen vom übrigen Verkehr freigehaltenen Verkehrsraum benutzen; dies gilt zudem für Krankenfahrzeuge, Fahrräder, Taxen und Busse im Gelegenheitsverkehr, soweit diese durch Zusatzzeichen dort ebenfalls zugelassen sind.
5. Gelten die Lichtzeichen nur für zu Fuß Gehende oder nur für Rad Fahrende, wird das durch das Sinnbild „Fußgänger" oder „Radverkehr" angezeigt. Für zu Fuß Gehende ist die Farbfolge Grün – Rot – Grün; für Rad Fahrende kann sie so sein. Wechselt Grün auf Rot, während zu Fuß Gehende die Fahrbahn überschreiten, haben sie ihren Weg zügig fortzusetzen.
6. Wer ein Rad fährt, hat die Lichtzeichen für den Fahrverkehr zu beachten. Davon abweichend sind auf Radverkehrsführungen die besonderen Lichtzeichen für den Radverkehr zu beachten. An Lichtzeichenanlagen mit Radverkehrsführungen ohne besondere Lichtzeichen für Rad Fahrende müssen

Rad Fahrende bis zum 31. Dezember 2016 weiterhin die Lichtzeichen für zu Fuß Gehende beachten, soweit eine Radfahrerfurt an eine Fußgängerfurt grenzt.

(3) [1] Dauerlichtzeichen über einem Fahrstreifen sperren ihn oder geben ihn zum Befahren frei.
[2] Rote gekreuzte Schrägbalken ordnen an:
„Der Fahrstreifen darf nicht benutzt werden".
[3] Ein grüner, nach unten gerichteter Pfeil bedeutet:
„Der Verkehr auf dem Fahrstreifen ist freigegeben".
[4] Ein gelb blinkender, schräg nach unten gerichteter Pfeil ordnet an:
„Fahrstreifen in Pfeilrichtung wechseln".

(4) Wo Lichtzeichen den Verkehr regeln, darf nebeneinander gefahren werden, auch wenn die Verkehrsdichte das nicht rechtfertigt.

(5) Wer ein Fahrzeug führt, darf auf Fahrstreifen mit Dauerlichtzeichen nicht halten.

§ 38 Blaues Blinklicht und gelbes Blinklicht. (1) [1] Blaues Blinklicht zusammen mit dem Einsatzhorn darf nur verwendet werden, wenn höchste Eile geboten ist, um Menschenleben zu retten oder schwere gesundheitliche Schäden abzuwenden, eine Gefahr für die öffentliche Sicherheit oder Ordnung abzuwenden, flüchtige Personen zu verfolgen oder bedeutende Sachwerte zu erhalten.
[2] Es ordnet an:
„Alle übrigen Verkehrsteilnehmer haben sofort freie Bahn zu schaffen".

(2) Blaues Blinklicht allein darf nur von den damit ausgerüsteten Fahrzeugen und nur zur Warnung an Unfall- oder sonstigen Einsatzstellen, bei Einsatzfahrten oder bei der Begleitung von Fahrzeugen oder von geschlossenen Verbänden verwendet werden.

(3) [1] Gelbes Blinklicht warnt vor Gefahren. [2] Es kann ortsfest oder von Fahrzeugen aus verwendet werden. [3] Die Verwendung von Fahrzeugen aus ist nur zulässig, um vor Arbeits- oder Unfallstellen, vor ungewöhnlich langsam fahrenden Fahrzeugen oder vor Fahrzeugen mit ungewöhnlicher Breite oder Länge oder mit ungewöhnlich breiter oder langer Ladung zu warnen.

§ 39 Verkehrszeichen. (1) Angesichts der allen Verkehrsteilnehmern obliegenden Verpflichtung, die allgemeinen und besonderen Verhaltensvorschriften dieser Verordnung eigenverantwortlich zu beachten, werden örtliche Anordnungen durch Verkehrszeichen nur dort getroffen, wo dies auf Grund der besonderen Umstände zwingend geboten ist.

(1a) Innerhalb geschlossener Ortschaften ist abseits der Vorfahrtstraßen (Zeichen 306) mit der Anordnung von Tempo 30-Zonen (Zeichen 274.1) zu rechnen.

(1b) Innerhalb geschlossener Ortschaften ist abseits der Vorfahrtstraßen (Zeichen 306) mit der Anordnung von Fahrradzonen (Zeichen 244.3) zu rechnen.

(2) [1] Regelungen durch Verkehrszeichen gehen den allgemeinen Verkehrsregeln vor. [2] Verkehrszeichen sind Gefahrzeichen, Vorschriftzeichen und Richtzeichen. [3] Als Schilder stehen sie regelmäßig rechts. [4] Gelten sie nur für einzelne markierte Fahrstreifen, sind sie in der Regel über diesen angebracht.

(3) [1] Auch Zusatzzeichen sind Verkehrszeichen. [2] Zusatzzeichen zeigen auf weißem Grund mit schwarzem Rand schwarze Sinnbilder, Zeichnungen oder Aufschriften, soweit nichts anderes bestimmt ist. [3] Sie sind unmittelbar, in der Regel unter dem Verkehrszeichen, auf das sie sich beziehen, angebracht.

(4) [1] Verkehrszeichen können auf einer weißen Trägertafel aufgebracht sein. [2] Abweichend von den abgebildeten Verkehrszeichen können in Wechselverkehrszeichen die weißen Flächen schwarz und die schwarzen Sinnbilder und der schwarze Rand weiß sein, wenn diese Zeichen nur durch Leuchten erzeugt werden.

(5) [1] Auch Markierungen und Radverkehrsführungsmarkierungen sind Verkehrszeichen. [2] Sie sind grundsätzlich weiß. [3] Nur als vorübergehend gültige Markierungen sind sie gelb; dann heben sie die weißen Markierungen auf. [4] Gelbe Markierungen können auch in Form von Markierungsknopfreihen, Markierungsleuchtknopfreihen oder als Leitschwellen oder Leitborde ausgeführt sein. [5] Leuchtknopfreihen gelten nur, wenn sie eingeschaltet sind. [6] Alle Linien können durch gleichmäßig dichte Markierungsknopfreihen ersetzt werden. [7] In verkehrsberuhigten Geschäftsbereichen (§ 45 Absatz 1d) können Fahrbahnbegrenzungen auch mit anderen Mitteln, insbesondere durch Pflasterlinien, ausgeführt sein. [8] Schriftzeichen und die Wiedergabe von Verkehrszeichen auf der Fahrbahn dienen dem Hinweis auf ein angebrachtes Verkehrszeichen.

(6) [1] Verkehrszeichen können an einem Fahrzeug angebracht sein. [2] Sie gelten auch während das Fahrzeug sich bewegt. [3] Sie gehen den Anordnungen der ortsfest angebrachten Verkehrszeichen vor.

(7) Werden Sinnbilder auf anderen Verkehrszeichen als den in den Anlagen 1 bis 3 zu den §§ 40 bis 42 dargestellten gezeigt, so bedeuten die Sinnbilder:

Kraftwagen und sonstige mehrspurige Kraftfahrzeuge

Kraftfahrzeuge mit einer zulässigen Gesamtmasse über 3,5 t, einschließlich ihrer Anhänger, und Zugmaschinen, ausgenommen Personenkraftwagen und Kraftomnibusse

Radverkehr

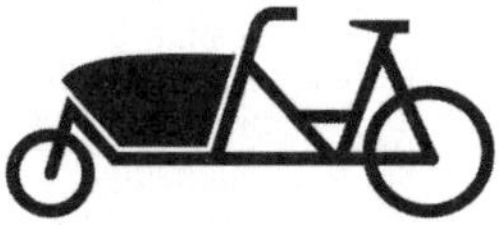

Fahrrad zum Transport von Gütern oder Personen – Lastenfahrrad

Fußgänger

Reiter

Viehtrieb

Straßenbahn

Kraftomnibus

Personenkraftwagen

Personenkraftwagen oder Krafträder mit Beiwagen, die mit mindestens drei Personen besetzt sind – mehrfachbesetzte Personenkraftwagen

Personenkraftwagen mit Anhänger

Lastkraftwagen mit Anhänger

Wohnmobil

Kraftfahrzeuge und Züge, die nicht schneller als 25 km/h fahren können oder dürfen

Krafträder, auch mit Beiwagen, Kleinkrafträder und Mofas

Mofas

Einsitzige zweirädrige Kleinkrafträder mit elektrischem Antrieb, der sich auf eine bauartbedingte Geschwindigkeit von nicht mehr als 25 km/h selbsttätig abregelt – E-Bikes –

Elektrokleinstfahrzeug im Sinne der Elektrokleinstfahrzeuge-Verordnung (eKFV)

Gespannfuhrwerke

(8) Bei besonderen Gefahrenlagen können als Gefahrzeichen nach Anlage 1 auch die Sinnbilder „Viehtrieb“ und „Reiter“ und Sinnbilder mit folgender Bedeutung angeordnet sein:

Schnee- oder Eisglätte

Steinschlag

Splitt, Schotter

Bewegliche Brücke

Ufer

Fußgängerüberweg

Amphibienwanderung

Unzureichendes Lichtraumprofil

Flugbetrieb

(9) [1]Die in den Anlagen 1 bis 4 abgebildeten Verkehrszeichen und Verkehrseinrichtungen können auch mit den im Verkehrszeichenkatalog dargestellten Varianten angeordnet sein. [2]Der Verkehrszeichenkatalog wird vom Bundesministerium für Verkehr und digitale Infrastruktur im Verkehrsblatt veröffentlicht.

(10) [1]Zur Bevorrechtigung elektrisch betriebener Fahrzeuge kann das Sinnbild

als Inhalt eines Zusatzzeichens angeordnet sein. [2]Zur Unterstützung einer Parkflächenvorhaltung für elektrisch betriebene Fahrzeuge kann das Sinnbild zusätzlich auf der Parkfläche aufgebracht sein. [3]Elektrisch betriebene Fahrzeuge sind die nach § 11 Absatz 2 und 4, jeweils auch in Verbindung mit Absatz 5, der Fahrzeug-Zulassungsverordnung[1)] gekennzeichneten Fahrzeuge.

(11) [1]Zur Parkbevorrechtigung von Carsharingfahrzeugen kann das Sinnbild

Carsharing

als Inhalt eines Zusatzzeichens zu Zeichen 314 oder 315 angeordnet sein. [2]Carsharingfahrzeuge sind Fahrzeuge im Sinne des § 2 Nummer 1 und des § 4 Absatz 1 und 2 des Carsharinggesetzes, in denen die Plakette

---

[1)] Nr. **3.2**.

deutlich sichtbar auf der Innenseite der Windschutzscheibe anzubringen ist.

§ 40 Gefahrzeichen. (1) Gefahrzeichen mahnen zu erhöhter Aufmerksamkeit, insbesondere zur Verringerung der Geschwindigkeit im Hinblick auf eine Gefahrsituation (§ 3 Absatz 1).

(2) [1] Außerhalb geschlossener Ortschaften stehen sie im Allgemeinen 150 bis 250 m vor den Gefahrstellen. [2] Ist die Entfernung erheblich geringer, kann sie auf einem Zusatzzeichen angegeben sein, wie

(3) Innerhalb geschlossener Ortschaften stehen sie im Allgemeinen kurz vor der Gefahrstelle.

(4) Ein Zusatzzeichen wie

kann die Länge der Gefahrstrecke angeben.

(5) Steht ein Gefahrzeichen vor einer Einmündung, weist auf einem Zusatzzeichen ein schwarzer Pfeil in die Richtung der Gefahrstelle, falls diese in der anderen Straße liegt.

(6) Allgemeine Gefahrzeichen ergeben sich aus der Anlage 1 Abschnitt 1.

(7) Besondere Gefahrzeichen vor Übergängen von Schienenbahnen mit Vorrang ergeben sich aus der Anlage 1 Abschnitt 2.

§ 41 Vorschriftzeichen. (1) Wer am Verkehr teilnimmt, hat die durch Vorschriftzeichen nach Anlage 2 angeordneten Ge- oder Verbote zu befolgen.

(2) [1]Vorschriftzeichen stehen vorbehaltlich des Satzes 2 dort, wo oder von wo an die Anordnung zu befolgen ist. [2]Soweit die Zeichen aus Gründen der Leichtigkeit oder der Sicherheit des Verkehrs in einer bestimmten Entfernung zum Beginn der Befolgungspflicht stehen, ist die Entfernung zu dem maßgeblichen Ort auf einem Zusatzzeichen angegeben. [3]Andere Zusatzzeichen enthalten nur allgemeine Beschränkungen der Gebote oder Verbote oder allgemeine Ausnahmen von ihnen. [4]Die besonderen Zusatzzeichen zu den Zeichen 283, 286, 277, 290.1 und 290.2 können etwas anderes bestimmen, zum Beispiel den Geltungsbereich erweitern.

§ 42 Richtzeichen. (1) [1]Richtzeichen geben besondere Hinweise zur Erleichterung des Verkehrs. [2]Sie können auch Ge- oder Verbote enthalten.

(2) Wer am Verkehr teilnimmt, hat die durch Richtzeichen nach Anlage 3 angeordneten Ge- oder Verbote zu befolgen.

(3) [1]Richtzeichen stehen vorbehaltlich des Satzes 2 dort, wo oder von wo an die Anordnung zu befolgen ist. [2]Soweit die Zeichen aus Gründen der Leichtigkeit oder der Sicherheit des Verkehrs in einer bestimmten Entfernung zum Beginn der Befolgungspflicht stehen, ist die Entfernung zu dem maßgeblichen Ort auf einem Zusatzzeichen angegeben.

§ 43 Verkehrseinrichtungen. (1) [1]Verkehrseinrichtungen sind Schranken, Sperrpfosten, Absperrgeräte sowie Leiteinrichtungen, die bis auf Leitpfosten, Leitschwellen und Leitborde rot-weiß gestreift sind. [2]Leitschwellen und Leitborde haben die Funktion einer vorübergehend gültigen Markierung und sind gelb. [3]Verkehrseinrichtungen sind außerdem Absperrgeländer, Parkuhren, Parkscheinautomaten, Blinklicht- und Lichtzeichenanlagen sowie Verkehrsbeeinflussungsanlagen. [4]§ 39 Absatz 1 gilt entsprechend.

(2) Regelungen durch Verkehrseinrichtungen gehen den allgemeinen Verkehrsregeln vor.

(3) [1]Verkehrseinrichtungen nach Absatz 1 Satz 1 ergeben sich aus Anlage 4. [2]Die durch Verkehrseinrichtungen (Anlage 4 Nummer 1 bis 7) gekennzeichneten Straßenflächen darf der Verkehrsteilnehmer nicht befahren.

(4) Zur Kennzeichnung nach § 17 Absatz 4 Satz 2 und 3 von Fahrzeugen und Anhängern, die innerhalb geschlossener Ortschaften auf der Fahrbahn halten, können amtlich geprüfte Park-Warntafeln verwendet werden.

III. Durchführungs-, Bußgeld- und Schlussvorschriften

§ 44 Sachliche Zuständigkeit. (1) [1]Zuständig zur Ausführung dieser Verordnung sind, soweit nichts anderes bestimmt ist, die Straßenverkehrsbehörden. [2]Nach Maßgabe des Landesrechts kann die Zuständigkeit der obersten Landesbehörden und der höheren Verwaltungsbehörden im Einzelfall oder allgemein auf eine andere Stelle übertragen werden.

(2) [1]Die Polizei ist befugt, den Verkehr durch Zeichen und Weisungen (§ 36) und durch Bedienung von Lichtzeichenanlagen zu regeln. [2]Bei Gefahr im Verzug kann zur Aufrechterhaltung der Sicherheit oder Ordnung des Straßenverkehrs die Polizei an Stelle der an sich zuständigen Behörden tätig werden und vorläufige Maßnahmen treffen; sie bestimmt dann die Mittel zur Sicherung und Lenkung des Verkehrs.

(2a) Transportbegleiter nach § 1 Nummer 6 der Straßenverkehr-Transportbegleitungsverordnung sind befugt, den Verkehr nach Maßgabe des § 3 der Straßenverkehr-Transportbegleitungsverordnung zu regeln.

(3) [1] Die Erlaubnis nach § 29 Absatz 2 und nach § 30 Absatz 2 erteilt die Straßenverkehrsbehörde, dagegen die höhere Verwaltungsbehörde, wenn die Veranstaltung über den Bezirk einer Straßenverkehrsbehörde hinausgeht, und die oberste Landesbehörde, wenn die Veranstaltung sich über den Verwaltungsbezirk einer höheren Verwaltungsbehörde hinaus erstreckt. [2] Berührt die Veranstaltung mehrere Länder, ist diejenige oberste Landesbehörde zuständig, in deren Land die Veranstaltung beginnt. [3] Nach Maßgabe des Landesrechts kann die Zuständigkeit der obersten Landesbehörden und der höheren Verwaltungsbehörden im Einzelfall oder allgemein auf eine andere Stelle übertragen werden.

(3a) [1] Die Erlaubnis nach § 29 Absatz 3 erteilt die Straßenverkehrsbehörde, dagegen die höhere Verwaltungsbehörde, welche Abweichungen von den Abmessungen, den Achslasten, den zulässigen Gesamtmassen und dem Sichtfeld des Fahrzeugs über eine Ausnahme zulässt, sofern kein Anhörverfahren stattfindet; sie ist dann auch zuständig für Ausnahmen nach § 46 Absatz 1 Nummer 2 und 5 im Rahmen einer solchen Erlaubnis. [2] Dasselbe gilt, wenn eine andere Behörde diese Aufgaben der höheren Verwaltungsbehörde wahrnimmt.

(4) Vereinbarungen über die Benutzung von Straßen durch den Militärverkehr werden von der Bundeswehr oder den Truppen der nichtdeutschen Vertragsstaaten des Nordatlantikpaktes oder der Mitgliedstaaten der Europäischen Union ausgenommen Deutschland mit der obersten Landesbehörde oder der von ihr bestimmten Stelle abgeschlossen.

(5) Soweit keine Vereinbarungen oder keine Sonderregelungen für ausländische Streitkräfte bestehen, erteilen die höheren Verwaltungsbehörden oder die nach Landesrecht bestimmten Stellen die Erlaubnis für übermäßige Benutzung der Straße durch die Bundeswehr oder durch die Truppen der nichtdeutschen Vertragsstaaten des Nordatlantikpaktes oder der Mitgliedstaaten der Europäischen Union ausgenommen Deutschland; sie erteilen auch die Erlaubnis für die übermäßige Benutzung der Straße durch die Bundespolizei, die Polizei und den Katastrophenschutz.

§ 44a Besondere sachliche Zuständigkeit des Fernstraßen-Bundesamtes. (1) [1] Zuständig für den Erlass von verkehrsrechtlichen Anordnungen nach dieser Verordnung für die mit Zeichen 330.1 und 330.2 gekennzeichneten Autobahnen in der Baulast des Bundes ist das Fernstraßen-Bundesamt. [2] Die Zuständigkeit der Polizei bleibt unberührt. [3] Abweichend von § 44 Absatz 3 erteilt das Fernstraßen-Bundesamt die Erlaubnis nach § 29 Absatz 2, wenn die Veranstaltung ausschließlich auf den mit Zeichen 330.1 und 330.2 gekennzeichneten Autobahnen in der Baulast des Bundes stattfindet. [4] § 46 Absatz 2a bleibt unberührt. [5] Das Fernstraßen-Bundesamt ist Straßenverkehrsbehörde ausschließlich im Rahmen seiner Zuständigkeit nach dieser Verordnung.

(2) Soweit mit den Zeichen 330.1 und 330.2 gekennzeichnete Autobahnen in der Baulast des Bundes betroffen sind, werden abweichend von § 44 Absatz 4 die dort genannten Vereinbarungen mit dem Fernstraßen-Bundesamt abgeschlossen.

(3) [1] Das Fernstraßen-Bundesamt kann nach § 4 Absatz 2 des Fernstraßen-Bundesamt-Errichtungsgesetzes seine Aufgaben der aufgrund des Infrastruktur-

gesellschaftserrichtungsgesetzes beliehenen Gesellschaft privaten Rechts ganz oder teilweise übertragen. [2]Soweit das Fernstraßen-Bundesamt von dieser Möglichkeit Gebrauch macht, gelten die Regelungen dieser Verordnung in Bezug auf das Fernstraßen-Bundesamt für die aufgrund des Infrastrukturgesellschaftserrichtungsgesetzes beliehene Gesellschaft privaten Rechts in dem Umfang der erfolgten Aufgabenübertragung. [3]Die Aufgabenübertragung ist im Bundesanzeiger bekannt zu geben.

§ 45 Verkehrszeichen und Verkehrseinrichtungen. (1) [1]Die Straßenverkehrsbehörden können die Benutzung bestimmter Straßen oder Straßenstrecken aus Gründen der Sicherheit oder Ordnung des Verkehrs beschränken oder verbieten und den Verkehr umleiten. [2]Das gleiche Recht haben sie

1. zur Durchführung von Arbeiten im Straßenraum,
2. zur Verhütung außerordentlicher Schäden an der Straße,
3. zum Schutz der Wohnbevölkerung vor Lärm und Abgasen,
4. zum Schutz der Gewässer und Heilquellen,
5. hinsichtlich der zur Erhaltung der öffentlichen Sicherheit erforderlichen Maßnahmen sowie
6. zur Erforschung des Unfallgeschehens, des Verkehrsverhaltens, der Verkehrsabläufe sowie zur Erprobung geplanter verkehrssichernder oder verkehrsregelnder Maßnahmen,
7. zur Verbesserung des Schutzes der Umwelt, darunter des Klimaschutzes, zum Schutz der Gesundheit oder zur Unterstützung der geordneten städtebaulichen Entwicklung, sofern die Leichtigkeit des Verkehrs berücksichtigt ist und die Sicherheit des Verkehrs nicht beeinträchtigt wird, hinsichtlich
   a) der Einrichtung von Sonderfahrstreifen und bevorrechtigenden Lichtzeichenregelungen für Linienbusse und
   b) der Bereitstellung angemessener Flächen für den fließenden und ruhenden Fahrradverkehr sowie für den Fußverkehr.

(1a) Das gleiche Recht haben sie ferner

1. in Bade- und heilklimatischen Kurorten,
2. in Luftkurorten,
3. in Erholungsorten von besonderer Bedeutung,
4. in Landschaftsgebieten und Ortsteilen, die überwiegend der Erholung dienen,

4a. hinsichtlich örtlich begrenzter Maßnahmen aus Gründen des Arten- oder Biotopschutzes,

4b. hinsichtlich örtlich und zeitlich begrenzter Maßnahmen zum Schutz kultureller Veranstaltungen, die außerhalb des Straßenraums stattfinden und durch den Straßenverkehr, insbesondere durch den von diesem ausgehenden Lärm, erheblich beeinträchtigt werden,

5. in der Nähe von Krankenhäusern und Pflegeanstalten sowie
6. in unmittelbarer Nähe von Erholungsstätten außerhalb geschlossener Ortschaften,

wenn dadurch anders nicht vermeidbare Belästigungen durch den Fahrzeugverkehr verhütet werden können.

(1b) [1] Die Straßenverkehrsbehörden treffen auch die notwendigen Anordnungen

1. im Zusammenhang mit der Einrichtung von gebührenpflichtigen Parkplätzen für Großveranstaltungen,
2. im Zusammenhang mit der Kennzeichnung von Parkmöglichkeiten für schwerbehinderte Menschen mit außergewöhnlicher Gehbehinderung, beidseitiger Amelie oder Phokomelie oder mit vergleichbaren Funktionseinschränkungen sowie für blinde Menschen,

2a. im Zusammenhang mit der Kennzeichnung von Parkmöglichkeiten für Bewohner städtischer Quartiere mit einem drohenden oder bestehenden erheblichen Parkraummangel durch vollständige oder zeitlich beschränkte Reservierung des Parkraums für die Berechtigten oder durch Anordnung der Freistellung von angeordneten Parkraumbewirtschaftungsmaßnahmen,

3. zur Kennzeichnung von Fußgängerbereichen und verkehrsberuhigten Bereichen,
4. zur Erhaltung der Sicherheit oder Ordnung in diesen Bereichen sowie
5. zum Schutz der Bevölkerung vor Lärm und Abgasen oder zur Unterstützung einer geordneten städtebaulichen Entwicklung.

[2] Anordnungen nach Satz 1 Nummer 2a sind auch auf Grundlage eines städtebaulich-verkehrsplanerischen Konzepts zur Vermeidung von schädlichen Auswirkungen auf die Umwelt oder zur Unterstützung der geordneten städtebaulichen Entwicklung zulässig, sofern die Leichtigkeit des Verkehrs berücksichtigt ist und die Sicherheit des Verkehrs nicht beeinträchtigt wird. [3] Die Straßenverkehrsbehörden ordnen die Parkmöglichkeiten für Bewohner, die Kennzeichnung von Fußgängerbereichen, verkehrsberuhigten Bereichen und Maßnahmen zum Schutze der Bevölkerung vor Lärm und Abgasen oder zur Unterstützung einer geordneten städtebaulichen Entwicklung im Einvernehmen mit der Gemeinde an.

(1c) [1] Die Straßenverkehrsbehörden ordnen ferner innerhalb geschlossener Ortschaften, insbesondere in Wohngebieten und Gebieten mit hoher Fußgänger- und Fahrradverkehrsdichte sowie hohem Querungsbedarf, Tempo 30-Zonen im Einvernehmen mit der Gemeinde an. [2] Die Zonen-Anordnung darf sich weder auf Straßen des überörtlichen Verkehrs (Bundes-, Landes- und Kreisstraßen) noch auf weitere Vorfahrtstraßen (Zeichen 306) erstrecken. [3] Sie darf nur Straßen ohne Lichtzeichen geregelte Kreuzungen oder Einmündungen, Fahrstreifenbegrenzungen (Zeichen 295), Leitlinien (Zeichen 340) und benutzungspflichtige Radwege (Zeichen 237, 240, 241 oder Zeichen 295 in Verbindung mit Zeichen 237) umfassen. [4] An Kreuzungen und Einmündungen innerhalb der Zone muss grundsätzlich die Vorfahrtregel nach § 8 Absatz 1 Satz 1 („rechts vor links") gelten. [5] Abweichend von Satz 3 bleiben vor dem 1. November 2000 angeordnete Tempo 30-Zonen mit Lichtzeichenanlagen zum Schutz der Fußgänger zulässig.

(1d) In zentralen städtischen Bereichen mit hohem Fußgängeraufkommen und überwiegender Aufenthaltsfunktion (verkehrsberuhigte Geschäftsbereiche) können auch Zonen-Geschwindigkeitsbeschränkungen von weniger als 30 km/h angeordnet werden.

(1e) [1] Die Straßenverkehrsbehörden ordnen die für den Betrieb von mautgebührenpflichtigen Strecken erforderlichen Verkehrszeichen und Verkehrseinrichtungen auf der Grundlage des vom Konzessionsnehmer vorgelegten Verkehrszeichenplans an. [2]Die erforderlichen Anordnungen sind spätestens drei Monate nach Eingang des Verkehrszeichenplans zu treffen.

(1f) Zur Kennzeichnung der in einem Luftreinhalteplan oder einem Plan für kurzfristig zu ergreifende Maßnahmen nach § 47 Absatz 1 oder 2 des Bundes-Immissionsschutzgesetzes festgesetzten Umweltzonen ordnet die Straßenverkehrsbehörde die dafür erforderlichen Verkehrsverbote mittels der Zeichen 270.1 und 270.2 in Verbindung mit dem dazu vorgesehenen Zusatzzeichen an.

(1g) Zur Bevorrechtigung elektrisch betriebener Fahrzeuge ordnet die Straßenverkehrsbehörde unter Beachtung der Anforderungen des § 3 Absatz 1 des Elektromobilitätsgesetzes die dafür erforderlichen Zeichen 314, 314.1 und 315 in Verbindung mit dem dazu vorgesehenen Zusatzzeichen an.

(1h) [1]Zur Parkbevorrechtigung von Carsharingfahrzeugen ordnet die Straßenverkehrsbehörde unter Beachtung der Anforderungen der §§ 2 und 3 des Carsharinggesetzes die dafür erforderlichen Zeichen 314, 314.1 und 315 in Verbindung mit dem dazu vorgesehenen Zusatzzeichen mit dem Carsharingsinnbild nach § 39 Absatz 11 an. [2]Soll die Parkfläche nur für ein bestimmtes Carsharingunternehmen vorgehalten werden, ist auf einem weiteren Zusatzzeichen unterhalb dieses Zusatzzeichens die Firmenbezeichnung des Carsharingunternehmens namentlich in schwarzer Schrift auf weißem Grund anzuordnen.

(1i) [1]Die Straßenverkehrsbehörden ordnen ferner innerhalb geschlossener Ortschaften, insbesondere in Gebieten mit hoher Fahrradverkehrsdichte, Fahrradzonen im Einvernehmen mit der Gemeinde an. [2]Die Zonen-Anordnung darf sich weder auf Straßen des überörtlichen Verkehrs (Bundes-, Landes- und Kreisstraßen) noch auf weitere Vorfahrtstraßen (Zeichen 306) erstrecken. [3]Sie darf nur Straßen ohne Lichtzeichen geregelte Kreuzungen oder Einmündungen, Fahrstreifenbegrenzungen (Zeichen 295), Leitlinien (Zeichen 340) und benutzungspflichtige Radwege (Zeichen 237, 240, 241 oder Zeichen 295 in Verbindung mit Zeichen 237) umfassen. [4]An Kreuzungen und Einmündungen innerhalb der Zone muss grundsätzlich die Vorfahrtregel nach § 8 Absatz 1 Satz 1 („rechts vor links") gelten. [5]Die Anordnung einer Fahrradzone darf sich nicht mit der Anordnung einer Tempo 30-Zone überschneiden. [6]Innerhalb der Fahrradzone ist in regelmäßigen Abständen das Zeichen 244.3 als Sinnbild auf der Fahrbahn aufzubringen.

(1j) Die Gemeinde kann bei der nach Landesrecht zuständigen Behörde Anordnungen nach den Absätzen 1 bis 1i beantragen.

(2) [1]Zur Durchführung von Straßenbauarbeiten und zur Verhütung von außerordentlichen Schäden an der Straße, die durch deren baulichen Zustand bedingt sind, können die nach Landesrecht für den Straßenbau bestimmten Behörden (Straßenbaubehörde) – vorbehaltlich anderer Maßnahmen der Straßenverkehrsbehörden – Verkehrsverbote und -beschränkungen anordnen, den Verkehr umleiten und ihn durch Markierungen und Leiteinrichtungen lenken. [2]Für Bahnübergänge von Eisenbahnen des öffentlichen Verkehrs können nur die Bahnunternehmen durch Blinklicht- oder Lichtzeichenanlagen, durch rotweiß gestreifte Schranken oder durch Aufstellung des Andreaskreuzes ein bestimmtes Verhalten der Verkehrsteilnehmer vorschreiben. [3]Für Bahnübergänge von Straßenbahnen auf unabhängigem Bahnkörper gilt Satz 2 mit der Maßgabe entsprechend, dass die Befugnis zur Anordnung der Maßnahmen der nach

personenbeförderungsrechtlichen Vorschriften zuständigen Technischen Aufsichtsbehörde des Straßenbahnunternehmens obliegt. [4]Alle Gebote und Verbote sind durch Zeichen und Verkehrseinrichtungen nach dieser Verordnung anzuordnen.

(3) [1]Im Übrigen bestimmen die Straßenverkehrsbehörden, wo und welche Verkehrszeichen und Verkehrseinrichtungen anzubringen und zu entfernen sind, bei Straßennamensschildern nur darüber, wo diese so anzubringen sind, wie Zeichen 437 zeigt. [2]Die Straßenbaubehörden legen – vorbehaltlich anderer Anordnungen der Straßenverkehrsbehörden – die Art der Anbringung und der Ausgestaltung, wie Übergröße, Beleuchtung fest; ob Leitpfosten anzubringen sind, bestimmen sie allein. [3]Sie können auch – vorbehaltlich anderer Maßnahmen der Straßenverkehrsbehörden – Gefahrzeichen anbringen, wenn die Sicherheit des Verkehrs durch den Zustand der Straße gefährdet wird.

(4) Die genannten Behörden dürfen den Verkehr nur durch Verkehrszeichen und Verkehrseinrichtungen regeln und lenken; in dem Fall des Absatzes 1 Satz 2 Nummer 5 jedoch auch durch Anordnungen, die durch Rundfunk, Fernsehen, Tageszeitungen oder auf andere Weise bekannt gegeben werden, sofern die Aufstellung von Verkehrszeichen und -einrichtungen nach den gegebenen Umständen nicht möglich ist.

(5) [1]Zur Beschaffung, Anbringung, Unterhaltung und Entfernung der Verkehrszeichen und Verkehrseinrichtungen und zu deren Betrieb einschließlich ihrer Beleuchtung ist der Baulastträger verpflichtet, sonst der Eigentümer der Straße. [2]Das gilt auch für die von der Straßenverkehrsbehörde angeordnete Beleuchtung von Fußgängerüberwegen.

(6) [1]Vor dem Beginn von Arbeiten, die sich auf den Straßenverkehr auswirken, müssen die Unternehmer – die Bauunternehmer unter Vorlage eines Verkehrszeichenplans – von der zuständigen Behörde Anordnungen nach den Absätzen 1 bis 3 darüber einholen, wie ihre Arbeitsstellen abzusperren und zu kennzeichnen sind, ob und wie der Verkehr, auch bei teilweiser Straßensperrung, zu beschränken, zu leiten und zu regeln ist, ferner ob und wie sie gesperrte Straßen und Umleitungen zu kennzeichnen haben. [2]Sie haben diese Anordnungen zu befolgen und Lichtzeichenanlagen zu bedienen.

(7) [1]Sind Straßen als Vorfahrtstraßen oder als Verkehrsumleitungen gekennzeichnet, bedürfen Baumaßnahmen, durch welche die Fahrbahn eingeengt wird, der Zustimmung der Straßenverkehrsbehörde; ausgenommen sind die laufende Straßenunterhaltung sowie Notmaßnahmen. [2]Die Zustimmung gilt als erteilt, wenn sich die Behörde nicht innerhalb einer Woche nach Eingang des Antrags zu der Maßnahme geäußert hat.

(7a) Die Besatzung von Fahrzeugen, die im Pannenhilfsdienst, bei Bergungsarbeiten und bei der Vorbereitung von Abschleppmaßnahmen eingesetzt wird, darf bei Gefahr im Verzug zur Eigensicherung, zur Absicherung des havarierten Fahrzeugs und zur Sicherung des übrigen Verkehrs an der Pannenstelle Leitkegel (Zeichen 610) aufstellen.

(8) [1]Die Straßenverkehrsbehörden können innerhalb geschlossener Ortschaften die zulässige Höchstgeschwindigkeit auf bestimmten Straßen durch Zeichen 274 erhöhen. [2]Außerhalb geschlossener Ortschaften können sie mit Zustimmung der zuständigen obersten Landesbehörden die nach § 3 Absatz 3 Nummer 2 Buchstabe c zulässige Höchstgeschwindigkeit durch Zeichen 274 auf 120 km/h anheben.

(9) [1] Verkehrszeichen und Verkehrseinrichtungen sind nur dort anzuordnen, wo dies auf Grund der besonderen Umstände zwingend erforderlich ist. [2] Dabei dürfen Gefahrzeichen nur dort angeordnet werden, wo es für die Sicherheit des Verkehrs erforderlich ist, weil auch ein aufmerksamer Verkehrsteilnehmer die Gefahr nicht oder nicht rechtzeitig erkennen kann und auch nicht mit ihr rechnen muss. [3] Insbesondere Beschränkungen und Verbote des fließenden Verkehrs dürfen nur angeordnet werden, wenn auf Grund der besonderen örtlichen Verhältnisse eine Gefahrenlage besteht, die das allgemeine Risiko einer Beeinträchtigung der in den vorstehenden Absätzen genannten Rechtsgüter erheblich übersteigt. [4] Satz 3 gilt nicht für die Anordnung von

1. Schutzstreifen für den Radverkehr (Zeichen 340),
2. Fahrradstraßen (Zeichen 244.1),
3. Sonderwegen außerhalb geschlossener Ortschaften (Zeichen 237, Zeichen 240, Zeichen 241) oder Radfahrstreifen innerhalb geschlossener Ortschaften (Zeichen 237 in Verbindung mit Zeichen 295),
4. Tempo 30-Zonen nach Absatz 1c und kurzen streckenbezogenen Geschwindigkeitsbeschränkungen von 30 km/h (Zeichen 274) auf Streckenabschnitten von bis zu 500 Metern zwischen zwei Tempo 30-Strecken,
5. verkehrsberuhigten Geschäftsbereichen nach Absatz 1d,
6. innerörtlichen streckenbezogenen Geschwindigkeitsbeschränkungen von 30 km/h (Zeichen 274) nach Absatz 1 Satz 1 auf Straßen des überörtlichen Verkehrs (Bundes-, Landes- und Kreisstraßen) oder auf weiteren Vorfahrtsstraßen (Zeichen 306) im unmittelbaren Bereich von an diesen Straßen gelegenen Fußgängerüberwegen, Kindergärten, Kindertagesstätten, Spielplätzen, hochfrequentierten Schulwegen, allgemeinbildenden Schulen, Förderschulen, Alten- und Pflegeheimen, Einrichtungen für Menschen mit Behinderungen oder Krankenhäusern,
7. Erprobungsmaßnahmen nach Absatz 1 Satz 2 Nummer 6 zweiter Halbsatz,

7a. Sonderfahrstreifen,

8. Fahrradzonen nach Absatz 1i,
9. Bussonderfahrstreifen (Zeichen 245),
10. Fußgängerüberwegen (Zeichen 293).

[5] Satz 3 gilt ferner nicht für Beschränkungen oder Verbote des fließenden Verkehrs nach Absatz 1 Satz 1 oder 2 Nummer 3 zur Beseitigung oder Abmilderung von erheblichen Auswirkungen veränderter Verkehrsverhältnisse, die durch die Erhebung der Maut nach dem Bundesfernstraßenmautgesetz hervorgerufen worden sind. [6] Satz 3 gilt zudem nicht zur Kennzeichnung der in einem Luftreinhalteplan oder einem Plan für kurzfristig zu ergreifende Maßnahmen nach § 47 Absatz 1 oder 2 des Bundes-Immissionsschutzgesetzes festgesetzten Umweltzonen nach Absatz 1f.

(10) Absatz 9 gilt nicht,

1. soweit Verkehrszeichen angeordnet werden, die zur Förderung der Elektromobilität nach dem Elektromobilitätsgesetz oder zur Förderung des Carsharing nach dem Carsharinggesetz getroffen werden dürfen, und
2. für Anordnungen nach Absatz 1 Satz 2 Nummer 7.

(11) [1] Absatz 1 Satz 1 und 2 Nummer 1 bis 3, 5 und 6, Absatz 1a, 1f, 2 Satz 1 und 4, Absatz 3, 4, 5 Satz 2 in Verbindung mit Satz 1, Absatz 7 sowie Absatz 9

Satz 1 bis 3, 4 Nummer 7 und Satz 6 gelten entsprechend für mit den Zeichen 330.1 und 330.2 gekennzeichnete Autobahnen in der Baulast des Bundes für das Fernstraßen-Bundesamt. [2]Absatz 2 Satz 1 und 4 sowie Absatz 3, 4 und 7 gelten entsprechend für Bundesstraßen in Bundesverwaltung für das Fernstraßen-Bundesamt.

§ 46 Ausnahmegenehmigungen, Erlaubnisse und Bewohnerparkausweise. (1) [1]Die Straßenverkehrsbehörden können in bestimmten Einzelfällen oder allgemein für bestimmte Antragsteller Ausnahmen genehmigen

1. von den Vorschriften über die Straßenbenutzung (§ 2);
2. vorbehaltlich Absatz 2a Satz 1 Nummer 3 vom Verbot, eine Autobahn oder eine Kraftfahrstraße zu betreten oder mit dort nicht zugelassenen Fahrzeugen zu benutzen (§ 18 Absatz 1 und 9);
3. von den Halt- und Parkverboten (§ 12 Absatz 4);
4. vom Verbot des Parkens vor oder gegenüber von Grundstücksein- und -ausfahrten (§ 12 Absatz 3 Nummer 3);

4a. von der Vorschrift, an Parkuhren nur während des Laufens der Uhr, an Parkscheinautomaten nur mit einem Parkschein zu halten (§ 13 Absatz 1);

4b. von der Vorschrift, im Bereich eines Zonenhaltverbots (Zeichen 290.1 und 290.2) nur während der dort vorgeschriebenen Zeit zu parken (§ 13 Absatz 2);

4c. von den Vorschriften über das Abschleppen von Fahrzeugen (§ 15a);

5. von den Vorschriften über Höhe, Länge und Breite von Fahrzeug und Ladung (§ 18 Absatz 1 Satz 2, § 22 Absatz 2 bis 4);

5a. von dem Verbot der unzulässigen Mitnahme von Personen (§ 21);

5b. von den Vorschriften über das Anlegen von Sicherheitsgurten und das Tragen von Schutzhelmen (§ 21a);

6. vom Verbot, Tiere von Kraftfahrzeugen und andere Tiere als Hunde von Fahrrädern aus zu führen (§ 28 Absatz 1 Satz 3 und 4);
7. vom Sonn- und Feiertagsfahrverbot (§ 30 Absatz 3);
8. vom Verbot, Hindernisse auf die Straße zu bringen (§ 32 Absatz 1);
9. von den Verboten, Lautsprecher zu betreiben, Waren oder Leistungen auf der Straße anzubieten (§ 33 Absatz 1 Nummer 1 und 2);
10. vom Verbot der Werbung und Propaganda in Verbindung mit Verkehrszeichen (§ 33 Absatz 2 Satz 2) nur für die Flächen von Leuchtsäulen, an denen Haltestellenschilder öffentlicher Verkehrsmittel angebracht sind;
11. von den Verboten oder Beschränkungen, die durch Vorschriftzeichen (Anlage 2), Richtzeichen (Anlage 3), Verkehrseinrichtungen (Anlage 4) oder Anordnungen (§ 45 Absatz 4) erlassen sind;
12. von dem Nacht- und Sonntagsparkverbot (§ 12 Absatz 3a).

[2]Vom Verbot, Personen auf der Ladefläche oder in Laderäumen mitzunehmen (§ 21 Absatz 2), können für die Dienstbereiche der Bundeswehr, der auf Grund des Nordatlantik-Vertrages errichteten internationalen Hauptquartiere, der Bundespolizei und der Polizei deren Dienststellen, für den Katastrophenschutz die zuständigen Landesbehörden, Ausnahmen genehmigen. [3]Dasselbe gilt für die Vorschrift, dass vorgeschriebene Sicherheitsgurte angelegt sein oder Schutzhelme getragen werden müssen (§ 21a).

(1a) [1]Die Straßenverkehrsbehörden können zur Bevorrechtigung elektrisch betriebener Fahrzeuge allgemein durch Zusatzzeichen Ausnahmen von Verkehrsbeschränkungen, Verkehrsverboten oder Verkehrsumleitungen nach § 45 Absatz 1 Nummer 3, Absatz 1a und 1b Nummer 5 erste Alternative zulassen. [2]Das gleiche Recht haben sie für die Benutzung von Busspuren durch elektrisch betriebene Fahrzeuge. [3]Die Anforderungen des § 3 Absatz 1 des Elektromobilitätsgesetzes sind zu beachten.

(2) [1]Die zuständigen obersten Landesbehörden oder die nach Landesrecht bestimmten Stellen können von allen Vorschriften dieser Verordnung Ausnahmen für bestimmte Einzelfälle oder allgemein für bestimmte Antragsteller genehmigen. [2]Vom Sonn- und Feiertagsfahrverbot (§ 30 Absatz 3) können sie darüber hinaus für bestimmte Straßen oder Straßenstrecken Ausnahmen zulassen, soweit diese im Rahmen unterschiedlicher Feiertagsregelung in den Ländern (§ 30 Absatz 4) notwendig werden. [3]Erstrecken sich die Auswirkungen der Ausnahme über ein Land hinaus und ist eine einheitliche Entscheidung notwendig, ist das Bundesministerium für Verkehr und digitale Infrastruktur zuständig; die Ausnahme erlässt dieses Bundesministerium durch Verordnung.

(2a) [1]Abweichend von Absatz 1 und 2 Satz 1 kann für mit Zeichen 330.1 und 330.2 gekennzeichnete Autobahnen in der Baulast des Bundes das Fernstraßen-Bundesamt in bestimmten Einzelfällen oder allgemein für bestimmte Antragsteller folgende Ausnahmen genehmigen:

1. Ausnahmen von der Vorschrift, die Fahrbahn zu benutzen (§ 2 Absatz 1);

1a. Ausnahmen vom Verbot, an nicht gekennzeichneten Anschlussstellen ein- oder auszufahren (§ 18 Absatz 2 und 10 Satz 1), im Benehmen mit der nach Landesrecht zuständigen Straßenverkehrsbehörde;

2. Ausnahmen vom Verbot zu halten (§ 18 Absatz 8);

3. Ausnahmen vom Verbot, eine Autobahn zu betreten oder mit dort nicht zugelassenen Fahrzeugen zu benutzen (§ 18 Absatz 1 und 9);

4. Ausnahmen vom Verbot, Werbung und Propaganda durch Bild, Schrift, Licht oder Ton zu betreiben (§ 33 Absatz 1 Satz 1 Nummer 3 und Satz 2);

5. Ausnahmen von der Regelung, dass ein Autohof nur einmal angekündigt werden darf (Zeichen 448.1);

6. Ausnahmen von den Verboten oder Beschränkungen, die durch Vorschriftzeichen (Anlage 2), Richtzeichen (Anlage 3), Verkehrseinrichtungen (Anlage 4) oder Anordnungen (§ 45 Absatz 4) erlassen sind (Absatz 1 Satz 1 Nummer 11).

[2]Wird neben einer Ausnahmegenehmigung nach Satz 1 Nummer 3 auch eine Erlaubnis nach § 29 Absatz 3 oder eine Ausnahmegenehmigung nach Absatz 1 Satz 1 Nummer 5 beantragt, ist die Verwaltungsbehörde zuständig, die die Erlaubnis nach § 29 Absatz 3 oder die Ausnahmegenehmigung nach Absatz 1 Satz 1 Nummer 5 erlässt. [3]Werden Anlagen nach Satz 1 Nummer 4 mit Wirkung auf den mit Zeichen 330.1 und 330.2 gekennzeichneten Autobahnen in der Baulast des Bundes im Widerspruch zum Verbot, Werbung und Propaganda durch Bild, Schrift, Licht oder Ton zu betreiben (§ 33 Absatz 1 Satz 1 Nummer 3 und Satz 2), errichtet oder geändert, wird über deren Zulässigkeit

1. von der Baugenehmigungsbehörde, wenn ein Land hierfür ein bauaufsichtliches Verfahren vorsieht, oder

2. von der zuständigen Genehmigungsbehörde, wenn ein Land hierfür ein anderes Verfahren vorsieht,

im Benehmen mit dem Fernstraßen-Bundesamt entschieden. [4]Das Fernstraßen-Bundesamt kann verlangen, dass ein Antrag auf Erteilung einer Ausnahmegenehmigung gestellt wird. [5]Sieht ein Land kein eigenes Genehmigungsverfahren für die Zulässigkeit nach Satz 3 vor, entscheidet das Fernstraßen-Bundesamt.

(3) [1]Ausnahmegenehmigung und Erlaubnis können unter dem Vorbehalt des Widerrufs erteilt werden und mit Nebenbestimmungen (Bedingungen, Befristungen, Auflagen) versehen werden. [2]Erforderlichenfalls kann die zuständige Behörde die Beibringung eines Sachverständigengutachtens auf Kosten des Antragstellers verlangen. [3]Die Bescheide sind mitzuführen und auf Verlangen zuständigen Personen auszuhändigen. [4]Bei Erlaubnissen nach § 29 Absatz 3 und Ausnahmegenehmigungen nach § 46 Absatz 1 Nummer 5 genügt das Mitführen fernkopierter Bescheide oder von Ausdrucken elektronisch erteilter und signierter Bescheide sowie deren digitalisierte Form auf einem Speichermedium, wenn diese derart mitgeführt wird, dass sie bei einer Kontrolle auf Verlangen zuständigen Personen lesbar gemacht werden kann. [5]Bei der Erteilung von Parkausweisen für Bewohner kann die zuständige Behörde bestimmen, dass die Parkausweise nicht in den Fahrzeugen ausgelegt oder angebracht werden müssen.

(4) Ausnahmegenehmigungen und Erlaubnisse der zuständigen Behörde sind für den Geltungsbereich dieser Verordnung wirksam, sofern sie nicht einen anderen Geltungsbereich nennen.

(5) Bewohnerparkausweise und Ausnahmegenehmigungen nach dieser Vorschrift, die als Parkausweise ausgegeben werden, können vollständig durch automatische Einrichtungen erteilt werden, sofern kein Anlass besteht, den Einzelfall durch Amtsträger zu bearbeiten.

§ 47 Örtliche Zuständigkeit. (1) [1]Die Erlaubnisse nach § 29 Absatz 2 und nach § 30 Absatz 2 erteilt für eine Veranstaltung, die im Ausland beginnt, die nach § 44 Absatz 3 sachlich zuständige Behörde, in deren Gebiet die Grenzübergangsstelle liegt. [2]Diese Behörde ist auch zuständig, wenn sonst erlaubnis- und genehmigungspflichtiger Verkehr im Ausland beginnt. [3]Die Erlaubnis nach § 29 Absatz 3 erteilt die Straßenverkehrsbehörde, in deren Bezirk der erlaubnispflichtige Verkehr beginnt, oder die Straßenverkehrsbehörde, in deren Bezirk das den Transport durchführende Unternehmen seinen Sitz oder eine Zweigniederlassung, bei der eine Pflicht zur Eintragung in das Handels-, Genossenschafts- oder Partnerschaftsregister besteht, hat. [4]Befindet sich der Sitz im Ausland, so ist die Behörde zuständig, in deren Bezirk erstmalig von der Erlaubnis Gebrauch gemacht wird.

(2) Zuständig sind für die Erteilung von Ausnahmegenehmigungen

1. nach § 46 Absatz 1 Nummer 2 für eine Ausnahme von § 18 Absatz 1 die Straßenverkehrsbehörde, in deren Bezirk auf die Autobahn oder Kraftfahrstraße eingefahren werden soll. Wird jedoch eine Erlaubnis nach § 29 Absatz 3 oder eine Ausnahmegenehmigung nach § 46 Absatz 1 Nummer 5 erteilt, ist die Verwaltungsbehörde zuständig, die diese Verfügung erlässt;
2. nach § 46 Absatz 1 Nummer 4a für kleinwüchsige Menschen sowie nach § 46 Absatz 1 Nummer 4a und 4b für Ohnhänder die Straßenverkehrs-

behörde, in deren Bezirk der Antragsteller seinen Wohnort hat, auch für die Bereiche, die außerhalb ihres Bezirks liegen;

3. nach § 46 Absatz 1 Nummer 4c die Straßenverkehrsbehörde, in deren Bezirk der Antragsteller seinen Wohnort, seinen Sitz oder eine Zweigniederlassung hat;
4. nach § 46 Absatz 1 Nummer 5 die Straßenverkehrsbehörde, in deren Bezirk der zu genehmigende Verkehr beginnt, oder die Straßenverkehrsbehörde, in deren Bezirk das den Transport durchführende Unternehmen seinen Sitz oder eine Zweigniederlassung, bei der eine Pflicht zur Eintragung in das Handels-, Genossenschafts- oder Partnerschaftsregister besteht, hat. Befindet sich der Sitz im Ausland, so ist die Behörde zuständig, in deren Bezirk erstmalig von der Genehmigung Gebrauch gemacht wird;
5. nach § 46 Absatz 1 Nummer 5b die Straßenverkehrsbehörde, in deren Bezirk der Antragsteller seinen Wohnort hat, auch für die Bereiche, die außerhalb ihres Bezirks liegen;
6. nach § 46 Absatz 1 Nummer 7 die Straßenverkehrsbehörde, in deren Bezirk die Ladung aufgenommen wird, im Falle einer flächendeckenden Ausnahmegenehmigung die Straßenverkehrsbehörde, in deren Bezirk die den Transport durchführende Person ihren Wohnort oder Sitz oder das den Transport durchführende Unternehmen seinen Sitz oder eine Zweigniederlassung, bei der eine Pflicht zur Eintragung in das Handels-, Genossenschafts- oder Partnerschaftsregister besteht, hat. Die Behörde ist dann auch für die Genehmigung der Leerfahrt zum Beladungsort zuständig, ferner, wenn in ihrem Land von der Ausnahmegenehmigung kein Gebrauch gemacht wird oder wenn dort kein Fahrverbot besteht. Befindet sich der Wohnort oder der Sitz im Ausland, so ist die Behörde zuständig, in deren Bezirk erstmalig von der Genehmigung Gebrauch gemacht wird;
7. nach § 46 Absatz 1 Nummer 11 die Straßenverkehrsbehörde, in deren Bezirk die Verbote, Beschränkungen und Anordnungen erlassen sind, für schwerbehinderte Menschen jedoch jede Straßenverkehrsbehörde auch für solche Maßnahmen, die außerhalb ihres Bezirks angeordnet sind;
8. in allen übrigen Fällen die Straßenverkehrsbehörde, in deren Bezirk von der Ausnahmegenehmigung Gebrauch gemacht werden soll.

(3) Die Erlaubnisse für die übermäßige Benutzung der Straße durch die Bundeswehr, die in § 35 Absatz 5 genannten Truppen, die Bundespolizei, die Polizei und den Katastrophenschutz erteilen die höhere Verwaltungsbehörde oder die nach Landesrecht bestimmte Stelle, in deren Bezirk der erlaubnispflichtige Verkehr beginnt.

§ 48 Verkehrsunterricht. Wer Verkehrsvorschriften nicht beachtet, ist auf Vorladung der Straßenverkehrsbehörde oder der von ihr beauftragten Beamten verpflichtet, an einem Unterricht über das Verhalten im Straßenverkehr teilzunehmen.

§ 49 Ordnungswidrigkeiten. (1) Ordnungswidrig im Sinne des § 24 Absatz 1 des Straßenverkehrsgesetzes[1] handelt, wer vorsätzlich oder fahrlässig gegen eine Vorschrift über

[1] Nr. **1**.

1. das allgemeine Verhalten im Straßenverkehr nach § 1 Absatz 2,
2. die Straßenbenutzung durch Fahrzeuge nach § 2 Absatz 1 bis 3a, Absatz 4 Satz 1, 4, 5 oder 6 oder Absatz 5,
3. die Geschwindigkeit nach § 3,
4. den Abstand nach § 4,
5. das Überholen nach § 5 Absatz 1 oder 2, Absatz 3 Nummer 1, Absatz 3a bis 4a, Absatz 5 Satz 2, Absatz 6 oder 7,
6. das Vorbeifahren nach § 6,
7. das Benutzen linker Fahrstreifen nach § 7 Absatz 3a Satz 1, auch in Verbindung mit Satz 2, Absatz 3b, Absatz 3c Satz 3 oder den Fahrstreifenwechsel nach § 7 Absatz 5,

7a. das Verhalten auf Ausfädelungsstreifen nach § 7a Absatz 3,

8. die Vorfahrt nach § 8,
9. das Abbiegen, Wenden oder Rückwärtsfahren nach § 9 Absatz 1, Absatz 2 Satz 2 oder 3, Absatz 3 bis 6,
10. das Einfahren oder Anfahren nach § 10 Satz 1 oder Satz 2,
11. das Verhalten bei besonderen Verkehrslagen nach § 11 Absatz 1 oder 2,
12. das Halten oder Parken nach § 12 Absatz 1, 3, 3a Satz 1, Absatz 3b Satz 1, Absatz 4 Satz 1, 2 zweiter Halbsatz, Satz 3 oder 5 oder Absatz 4a bis 6,
13. Parkuhren, Parkscheine oder Parkscheiben nach § 13 Absatz 1 oder 2,
14. die Sorgfaltspflichten beim Ein- oder Aussteigen nach § 14,
15. das Liegenbleiben von Fahrzeugen nach § 15,

15a. das Abschleppen nach § 15a,

16. die Abgabe von Warnzeichen nach § 16,
17. die Beleuchtung und das Stehenlassen unbeleuchteter Fahrzeuge nach § 17 Absatz 1 bis 4, Absatz 4a Satz 1, Absatz 5 oder 6,
18. die Benutzung von Autobahnen und Kraftfahrstraßen nach § 18 Absatz 1 bis 3, Absatz 5 Satz 2 oder Absatz 6 bis 11,
19. das Verhalten
    a) an Bahnübergängen nach § 19 Absatz 1 Satz 1 Nummer 2 oder 3, Satz 2, Satz 3 oder Absatz 2 Satz 1, auch in Verbindung mit Satz 2 oder Absatz 3 bis 6 oder
    b) an und vor Haltestellen von öffentlichen Verkehrsmitteln und Schulbussen nach § 20,
20. die Personenbeförderung nach § 21 Absatz 1 Satz 1 oder 4, Absatz 1a Satz 1, auch in Verbindung mit Satz 2 Nummer 2, Absatz 2 Satz 1, 4 oder 6 oder Absatz 3 Satz 1 bis 3,

20a. das Anlegen von Sicherheitsgurten, Rollstuhl-Rückhaltesystemen oder Rollstuhlnutzer-Rückhaltesystemen nach § 21a Absatz 1 Satz 1 oder das Tragen von Schutzhelmen nach § 21a Absatz 2 Satz 1,

21. die Ladung nach § 22,
22. sonstige Pflichten des Fahrzeugführers nach § 23 Absatz 1, Absatz 1a Satz 1, auch in Verbindung mit den Sätzen 2 bis 4, oder Absatz 1c, Absatz 1d Satz 1, Absatz 2 erster Halbsatz, Absatz 3 oder Absatz 4 Satz 1,
23. das Fahren mit Krankenfahrstühlen oder anderen als in § 24 Absatz 1 genannten Rollstühlen nach § 24 Absatz 2,
24. das Verhalten

a) als zu Fuß Gehender nach § 25 Absatz 1 bis 4,
b) an Fußgängerüberwegen nach § 26 oder
c) auf Brücken nach § 27 Absatz 6,

25. den Umweltschutz nach § 30 Absatz 1 oder 2 oder das Sonn- und Feiertagsfahrverbot nach § 30 Absatz 3 Satz 1 oder 2 Nummer 7 Satz 2,
26. das Sporttreiben oder Spielen nach § 31 Absatz 1 Satz 1, Absatz 2 Satz 3,
27. das Bereiten, Beseitigen oder Kenntlichmachen von verkehrswidrigen Zuständen oder die wirksame Verkleidung gefährlicher Geräte nach § 32,
28. Verkehrsbeeinträchtigungen nach § 33 Absatz 1 oder 2 oder
29. das Verhalten nach einem Verkehrsunfall nach § 34 Absatz 1 Nummer 1, Nummer 2, Nummer 5 oder Nummer 6 Buchstabe b – sofern in diesem letzten Fall zwar eine nach den Umständen angemessene Frist gewartet, aber nicht Name und Anschrift am Unfallort hinterlassen wird – oder nach § 34 Absatz 3,

verstößt.

(2) Ordnungswidrig im Sinne des § 24 Absatz 1 des Straßenverkehrsgesetzes handelt auch, wer vorsätzlich oder fahrlässig

1. als Führer eines geschlossenen Verbandes entgegen § 27 Absatz 5 nicht dafür sorgt, dass die für geschlossene Verbände geltenden Vorschriften befolgt werden,

1a. entgegen § 27 Absatz 2 einen geschlossenen Verband unterbricht,

2. als Führer einer Kinder- oder Jugendgruppe entgegen § 27 Absatz 1 Satz 4 diese nicht den Gehweg benutzen lässt,
3. als Tierhalter oder sonst für die Tiere Verantwortlicher einer Vorschrift nach § 28 Absatz 1 oder Absatz 2 Satz 2 zuwiderhandelt,
4. als Reiter, Führer von Pferden, Treiber oder Führer von Vieh entgegen § 28 Absatz 2 einer für den gesamten Fahrverkehr einheitlich bestehenden Verkehrsregel oder Anordnung zuwiderhandelt,
5. *(aufgehoben)*
6. entgegen § 29 Absatz 2 Satz 1 eine Veranstaltung durchführt oder als Veranstaltender entgegen § 29 Absatz 2 Satz 3 nicht dafür sorgt, dass die in Betracht kommenden Verkehrsvorschriften oder Auflagen befolgt werden, oder
7. entgegen § 29 Absatz 3 ein dort genanntes Fahrzeug oder einen Zug führt.

(3) Ordnungswidrig im Sinne des § 24 Absatz 1 des Straßenverkehrsgesetzes handelt ferner, wer vorsätzlich oder fahrlässig

1. entgegen § 36 Absatz 1 Satz 1, auch in Verbindung mit Absatz 3 oder Absatz 4, oder entgegen § 36 Absatz 5 Satz 4 oder § 36a Satz 1 ein Zeichen, eine Weisung oder eine Anweisung nicht befolgt,
2. einer Vorschrift des § 37 über das Verhalten an Wechsellichtzeichen, Dauerlichtzeichen oder beim Rechtsabbiegen mit Grünpfeil zuwiderhandelt,
3. entgegen § 38 Absatz 1, 2 oder 3 Satz 3 blaues Blinklicht zusammen mit dem Einsatzhorn oder allein oder gelbes Blinklicht verwendet oder entgegen § 38 Absatz 1 Satz 2 nicht sofort freie Bahn schafft,
4. entgegen § 41 Absatz 1 ein durch Vorschriftzeichen angeordnetes Ge- oder Verbot der Anlage 2 Spalte 3 nicht befolgt,

5. entgegen § 42 Absatz 2 ein durch Richtzeichen angeordnetes Ge- oder Verbot der Anlage 3 Spalte 3 nicht befolgt,
6. entgegen § 43 Absatz 3 Satz 2 eine abgesperrte Straßenfläche befährt oder
7. einer den Verkehr verbietenden oder beschränkenden Anordnung, die nach § 45 Absatz 4 zweiter Halbsatz bekannt gegeben worden ist, zuwiderhandelt.

(4) Ordnungswidrig im Sinne des § 24 Absatz 1 des Straßenverkehrsgesetzes handelt schließlich, wer vorsätzlich oder fahrlässig

1. dem Verbot des § 35 Absatz 6 Satz 1, 2 oder 3 über die Reinigung von Gehwegen zuwiderhandelt,

1a. entgegen § 35 Absatz 6 Satz 4 keine auffällige Warnkleidung trägt,

2. entgegen § 35 Absatz 8 Sonderrechte ausübt, ohne die öffentliche Sicherheit und Ordnung gebührend zu berücksichtigen,
3. entgegen § 45 Absatz 6 mit Arbeiten beginnt, ohne zuvor Anordnungen eingeholt zu haben, diese Anordnungen nicht befolgt oder Lichtzeichenanlagen nicht bedient,
4. entgegen § 46 Absatz 3 Satz 1 eine vollziehbare Auflage der Ausnahmegenehmigung oder Erlaubnis nicht befolgt,
5. entgegen § 46 Absatz 3 Satz 3, auch in Verbindung mit Satz 4, die Bescheide, Ausdrucke oder deren digitalisierte Form nicht mitführt oder auf Verlangen nicht aushändigt oder sichtbar macht,
6. entgegen § 48 einer Vorladung zum Verkehrsunterricht nicht folgt oder
7. entgegen § 50 auf der Insel Helgoland ein Kraftfahrzeug führt oder mit einem Fahrrad fährt.

§ 50 Sonderregelung für die Insel Helgoland. Auf der Insel Helgoland sind der Verkehr mit Kraftfahrzeugen und das Radfahren verboten.

§ 51 Besondere Kostenregelung. Die Kosten der Zeichen 386.1, 386.2 und 386.3 trägt abweichend von § 5b Absatz 1 des Straßenverkehrsgesetzes[1)] derjenige, der die Aufstellung dieses Zeichens beantragt.

§ 51a Überleitung. [1] Der Bund, vertreten durch das Bundesministerium für Verkehr und digitale Infrastruktur und das Fernstraßen-Bundesamt, tritt im Rahmen seiner Zuständigkeit nach dieser Verordnung in vor dem 1. Januar 2021 eingeleitete Verwaltungsverfahren ein. [2] Er tritt mit Wirkung zum 1. Januar 2021 im Rahmen seiner Zuständigkeit nach dieser Verordnung in die Rechte und Pflichten aus den zu diesem Zeitpunkt bestehenden verkehrsrechtlichen Anordnungen ein, die von den zuständigen Straßenverkehrsbehörden der Länder bis zum 31. Dezember 2020 im eigenen Namen im Rahmen der Wahrnehmung von straßenverkehrsrechtlichen Aufgaben erlassen wurden. [3] Gleiches gilt für Vereinbarungen oder Stellungnahmen zum künftigen Handeln, wenn die straßenverkehrsrechtlichen Vorschriften beachtet wurden.

§ 52 Übergangs- und Anwendungsbestimmungen. (1) Mit Ablauf des 31. Dezember 2026 sind nicht mehr anzuwenden:

1. § 39 Absatz 10,
2. § 45 Absatz 1g,

[1)] Nr. **1**.

3. § 46 Absatz 1a,
4. Anlage 2 Nummer 25 Spalte 3 Nummer 4 sowie Nummer 25.1, 27.1, 63.5 und 64.1,
5. Anlage 3 Nummer 7 Spalte 3 Nummer 3, Nummer 8 Spalte 3 Nummer 4, Nummer 10 Spalte 3 Nummer 3 und Nummer 11 Spalte 3.

(2) [1] Abweichend von § 2 Absatz 3a Satz 1 darf der Führer eines Kraftfahrzeuges dieses bis zum Ablauf des 30. September 2024 bei Glatteis, Schneeglätte, Schneematsch, Eisglätte oder Reifglätte auch fahren, wenn alle Räder mit Reifen ausgerüstet sind, die unbeschadet der allgemeinen Anforderungen an die Bereifung

1. die in Anhang II Nummer 2.2 der Richtlinie 92/23/EWG des Rates vom 31. März 1992 über Reifen von Kraftfahrzeugen und Kraftfahrzeuganhängern und über ihre Montage (ABl. L 129 vom 14.5.1992, S. 95), die zuletzt durch die Richtlinie 2005/11/EG (ABl. L 46 vom 17.2.2005, S. 42) geändert worden ist, beschriebenen Eigenschaften erfüllen (M+S Reifen) und
2. nicht nach dem 31. Dezember 2017 hergestellt worden sind.

[2] Im Falle des Satzes 1 Nummer 2 maßgeblich ist das am Reifen angegebene Herstellungsdatum.

(3) § 2 Absatz 3a Satz 3 Nummer 2 ist erstmals am ersten Tag des sechsten Monats, der auf den Monat folgt, in dem das Bundesministerium für Verkehr und digitale Infrastruktur dem Bundesrat einen Bericht über eine Felduntersuchung der Bundesanstalt für Straßenwesen über die Eignung der Anforderung des § 2 Absatz 3a Satz 3 Nummer 2 vorlegt, spätestens jedoch ab dem 1. Juli 2020, anzuwenden.

(4) § 23 Absatz 1a ist im Falle der Verwendung eines Funkgerätes erst ab dem 1. Juli 2021 anzuwenden.

(5) § 44a sowie die Änderungen des § 45 Absatz 11, § 46 Absatz 1 Satz 1 Nummer 2 und Absatz 2a durch die Verordnung zur Änderung der Straßenverkehrs-Ordnung und der Vierundfünfzigsten Verordnung zur Änderung straßenverkehrsrechtlicher Vorschriften vom 18. Dezember 2020 (BGBl. I S. 3047) sind erst ab dem 1. Januar 2021 anzuwenden.

(6) Anordnungen im Sinne des § 45 Absatz 1 Satz 2 Nummer 7 Buchstabe a in Verbindung mit Absatz 9 Satz 4 Nummer 7a sind befristet bis zum Ablauf des 31. Dezember 2028, soweit die Sonderfahrstreifen zur Erprobung verkehrssichernder oder verkehrsregelnder Maßnahmen hinsichtlich unterschiedlicher Mobilitätsformen angeordnet werden.

§ 53 Inkrafttreten, Außerkrafttreten. (1) Diese Verordnung tritt am 1. April 2013 in Kraft.

(2) Die Straßenverkehrs-Ordnung vom 16. November 1970 (BGBl. I S. 1565; 1971 I S. 38), die zuletzt durch Artikel 1 der Verordnung vom 1. Dezember 2010 (BGBl. I S. 1737) geändert worden ist, tritt mit folgenden Maßgaben an dem in Absatz 1 bezeichneten Tag außer Kraft:

1. Verkehrszeichen in der Gestaltung nach der bis zum 1. Juli 1992 geltenden Fassung behalten weiterhin ihre Gültigkeit.
2. Für Kraftomnibusse, die vor dem 8. Dezember 2007 erstmals in den Verkehr gekommen sind, ist § 18 Absatz 5 Nummer 3 in der vor dem 8. Dezember 2007 geltenden Fassung weiter anzuwenden.

3. Zusatzzeichen zu Zeichen 220, durch die nach den bis zum 1. April 2013 geltenden Vorschriften der Fahrradverkehr in der Gegenrichtung zugelassen werden konnte, soweit in einer Einbahnstraße mit geringer Verkehrsbelastung die zulässige Höchstgeschwindigkeit durch Verkehrszeichen auf 30 km/h oder weniger beschränkt ist, bleiben bis zum 1. April 2017 gültig.
4. Die bis zum 1. April 2013 angeordneten Zeichen 150, 153, 353, 380, 381, 388 und 389 bleiben bis zum 31. Oktober 2022 gültig.
5. Bereits angeordnete Zeichen 311, die im oberen Teil weiß sind, wenn die Ortschaft, auf die hingewiesen wird, zu derselben Gemeinde wie die zuvor durchfahrene Ortschaft gehört, bleiben weiterhin gültig.

Der Bundesrat hat zugestimmt.

Anlage 1
(zu § 40 Absatz 6 und 7)

Allgemeine und Besondere Gefahrzeichen

1	2	3
lfd. Nr.	Zeichen	Erläuterungen
Abschnitt 1 Allgemeine Gefahrzeichen (zu § 40 Absatz 6)		
1	Zeichen 101  Gefahrstelle	Ein Zusatzzeichen kann die Gefahr näher bezeichnen.
2	Zeichen 102  Kreuzung oder Einmündung	Kreuzung oder Einmündung mit Vorfahrt von rechts
3	Zeichen 103  Kurve	
4	Zeichen 105  Doppelkurve	

1	2	3
lfd. Nr.	Zeichen	Erläuterungen
5	Zeichen 108  Gefälle	
6	Zeichen 110  Steigung	
7	Zeichen 112  Unebene Fahrbahn	
8	Zeichen 114  Schleuder- oder Rutschgefahr	Schleuder- oder Rutschgefahr bei Nässe oder Schmutz
9	Zeichen 117  Seitenwind	

1	2	3
lfd. Nr.	Zeichen	Erläuterungen
10	Zeichen 120  Verengte Fahrbahn	
11	Zeichen 121  Einseitig verengte Fahrbahn	
12	Zeichen 123  Arbeitsstelle	
13	Zeichen 124  Stau	
14	Zeichen 125  Gegenverkehr	

1	2	3
lfd. Nr.	Zeichen	Erläuterungen
15	Zeichen 131  Lichtzeichenanlage	
16	Zeichen 133  Fußgänger	
17	Zeichen 136  Kinder	
18	Zeichen 138  Radverkehr	
19	Zeichen 142  Wildwechsel	

1	2	3
lfd. Nr.	Zeichen	Erläuterungen
Abschnitt 2 Besondere Gefahrzeichen vor Übergängen von Schienenbahnen mit Vorrang (zu § 40 Absatz 7)		
20	Zeichen 151  Bahnübergang	
21	Zeichen 156  Bahnübergang mit dreistreifiger Bake	Bahnübergang mit dreistreifiger Bake etwa 240 m vor dem Bahnübergang. Die Angabe erheblich abweichender Abstände kann an der dreistreifigen, zweistreifigen und einstreifigen Bake oberhalb der Schrägstreifen in schwarzen Ziffern erfolgen.
22	Zeichen 159  Zweistreifige Bake	Zweistreifige Bake etwa 160 m vor dem Bahnübergang
23	Zeichen 162  Einstreifige Bake	Einstreifige Bake etwa 80 m vor dem Bahnübergang

Anlage 2
(zu § 41 Absatz 1)

Vorschriftzeichen

1	2	3
lfd. Nr.	Zeichen und Zusatzzeichen	Ge- oder Verbote Erläuterungen
Abschnitt 1 Wartegebote und Haltgebote		
1	Zeichen 201  Andreaskreuz	**Ge- oder Verbot** 1. Wer ein Fahrzeug führt, muss dem Schienenverkehr Vorrang gewähren. 2. Wer ein Fahrzeug führt, darf bis zu 10 m vor diesem Zeichen nicht halten, wenn es dadurch verdeckt wird. 3. Wer ein Fahrzeug führt, darf vor und hinter diesem Zeichen a) innerhalb geschlossener Ortschaften (Zeichen 310 und 311) bis zu je 5 m, b) außerhalb geschlossener Ortschaften bis zu je 50 m nicht parken. 4. Ein Zusatzzeichen mit schwarzem Pfeil zeigt an, dass das Andreaskreuz nur für den Straßenverkehr in Richtung dieses Pfeils gilt. **Erläuterung** Das Zeichen (auch liegend) befindet sich vor dem Bahnübergang, in der Regel unmittelbar davor. Ein Blitzpfeil in der Mitte des Andreaskreuzes zeigt an, dass die Bahnstrecke eine Spannung führende Fahrleitung hat.
2	Zeichen 205  Vorfahrt gewähren.	**Ge- oder Verbot** 1. Wer ein Fahrzeug führt, muss Vorfahrt gewähren. 2. Wer ein Fahrzeug führt, darf bis zu 10 m vor diesem Zeichen nicht halten, wenn es dadurch verdeckt wird. **Erläuterung** Das Zeichen steht unmittelbar vor der Kreuzung oder Einmündung. Es kann durch dasselbe Zeichen mit Zusatzzeichen, das die Entfernung angibt, angekündigt sein.
2.1		**Ge- oder Verbot** Ist das Zusatzzeichen zusammen mit dem Zeichen 205 angeordnet, bedeutet es: Wer ein Fahrzeug führt, muss Vorfahrt gewähren und dabei auf Radverkehr und Elektrokleinstfahrzeuge im Sinne der eKFV von links und rechts achten. **Erläuterung** Das Zusatzzeichen steht über dem Zeichen 205.
2.2		**Ge- oder Verbot** Ist das Zusatzzeichen zusammen mit dem Zeichen 205 angeordnet, bedeutet es: Wer ein Fahrzeug führt, muss der Straßenbahn Vorfahrt gewähren. **Erläuterung** Das Zusatzzeichen steht über dem Zeichen 205.

1	2	3
lfd. Nr.	Zeichen und Zusatzzeichen	Ge- oder Verbote Erläuterungen
3	Zeichen 206  Halt. Vorfahrt gewähren.	**Ge- oder Verbot** 1. Wer ein Fahrzeug führt, muss anhalten und Vorfahrt gewähren. 2. Wer ein Fahrzeug führt, darf bis zu 10 m vor diesem Zeichen nicht halten, wenn es dadurch verdeckt wird. 3. Ist keine Haltlinie (Zeichen 294) vorhanden, ist dort anzuhalten, wo die andere Straße zu übersehen ist.
3.1		**Erläuterung** Das Zusatzzeichen kündigt zusammen mit dem Zeichen 205 das Haltgebot in der angegebenen Entfernung an.
3.2		**Ge- oder Verbot** Ist das Zusatzzeichen zusammen mit dem Zeichen 206 angeordnet, bedeutet es: Wer ein Fahrzeug führt, muss anhalten und Vorfahrt gewähren und dabei auf Radverkehr und Elektrokleinstfahrzeuge im Sinne der eKFV von links und rechts achten. **Erläuterung** Das Zusatzzeichen steht über dem Zeichen 206.
Zu 2 und 3		**Erläuterung** Das Zusatzzeichen gibt zusammen mit den Zeichen 205 oder 206 den Verlauf der Vorfahrtstraße (abknickende Vorfahrt) bekannt.
4	Zeichen 208  Vorrang des Gegenverkehrs	**Ge- oder Verbot** Wer ein Fahrzeug führt, hat dem Gegenverkehr Vorrang zu gewähren.

1	2	3
lfd. Nr.	Zeichen und Zusatzzeichen	Ge- oder Verbote Erläuterungen
Abschnitt 2 Vorgeschriebene Fahrtrichtungen		
zu 5 bis 7		**Ge- oder Verbot** Wer ein Fahrzeug führt, muss der vorgeschriebenen Fahrtrichtung folgen. **Erläuterung** Andere als die dargestellten Fahrtrichtungen werden entsprechend vorgeschrieben. Auf Anlage 2 laufende Nummer 70 wird hingewiesen.
5	Zeichen 209  Rechts	
6	Zeichen 211  Hier rechts	
7	Zeichen 214  Geradeaus oder rechts	
8	Zeichen 215  Kreisverkehr	**Ge- oder Verbot** 1. Wer ein Fahrzeug führt, muss der vorgeschriebenen Fahrtrichtung im Kreisverkehr rechts folgen. 2. Wer ein Fahrzeug führt, darf die Mittelinsel des Kreisverkehrs nicht überfahren. Ausgenommen von diesem Verbot sind nur Fahrzeuge, denen wegen ihrer Abmessungen das Befahren sonst nicht möglich wäre. Mit ihnen darf die Mittelinsel und Fahrbahnbegrenzung überfahren werden, wenn eine Gefährdung anderer am Verkehr Teilnehmenden ausgeschlossen ist. 3. Es darf innerhalb des Kreisverkehrs auf der Fahrbahn nicht gehalten werden.

1	2	3
lfd. Nr.	Zeichen und Zusatzzeichen	Ge- oder Verbote Erläuterungen
9	Zeichen 220  Einbahnstraße	**Ge- oder Verbot** Wer ein Fahrzeug führt, darf die Einbahnstraße nur in Richtung des Pfeils befahren. **Erläuterung** Das Zeichen schreibt für den Fahrzeugverkehr auf der Fahrbahn die Fahrtrichtung vor.
9.1		**Ge- oder Verbot** Ist Zeichen 220 mit diesem Zusatzzeichen angeordnet, bedeutet dies: Wer ein Fahrzeug führt, muss beim Einbiegen und im Verlauf einer Einbahnstraße auf Radverkehr und Elektrokleinstfahrzeuge im Sinne der eKFV entgegen der Fahrtrichtung achten. **Erläuterung** Das Zusatzzeichen zeigt an, dass Radverkehr in der Gegenrichtung zugelassen ist. Beim Vorbeifahren an einer für den gegenläufigen Radverkehr freigegebenen Einbahnstraße bleibt gegenüber dem ausfahrenden Radfahrer der Grundsatz, dass Vorfahrt hat, wer von rechts kommt (§ 8 Absatz 1 Satz 1) unberührt. Dies gilt auch für den ausfahrenden Radverkehr. Mündet eine Einbahnstraße für den gegenläufig zugelassenen Radverkehr in eine Vorfahrtstraße, steht für den aus der Einbahnstraße ausfahrenden Radverkehr das Zeichen 205.
Abschnitt 3 Vorgeschriebene Vorbeifahrt		
10	Zeichen 222  Rechts vorbei	**Ge- oder Verbot** Wer ein Fahrzeug führt, muss der vorgeschriebenen Vorbeifahrt folgen. **Erläuterung** „Links vorbei" wird entsprechend vorgeschrieben.
Abschnitt 4 Seitenstreifen als Fahrstreifen, Haltestellen und Taxenstände		
Zu 11 bis 13		**Erläuterung** Wird das Zeichen 223.1, 223.2 oder 223.3 für eine Fahrbahn mit mehr als zwei Fahrstreifen angeordnet, zeigen die Zeichen die entsprechende Anzahl der Pfeile.

1	2	3
lfd. Nr.	Zeichen und Zusatzzeichen	Ge- oder Verbote Erläuterungen
11	Zeichen 223.1  Seitenstreifen befahren	**Ge- oder Verbot** Das Zeichen gibt den Seitenstreifen als Fahrstreifen frei; dieser ist wie ein rechter Fahrstreifen zu befahren.
11.1	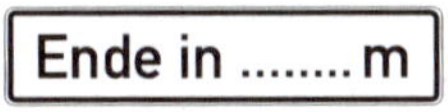	**Erläuterung** Das Zeichen 223.1 mit dem Zusatzzeichen kündigt die Aufhebung der Anordnung an.
12	Zeichen 223.2  Seitenstreifen nicht mehr befahren	**Ge- oder Verbot** Das Zeichen hebt die Freigabe des Seitenstreifens als Fahrstreifen auf.
13	Zeichen 223.3  Seitenstreifen räumen	**Ge- oder Verbot** Das Zeichen ordnet die Räumung des Seitenstreifens an.
14	Zeichen 224  Haltestelle	**Ge- oder Verbot** Wer ein Fahrzeug führt, darf bis zu 15 m vor und hinter dem Zeichen nicht parken. **Erläuterung** Das Zeichen kennzeichnet eine Haltestelle des Linienverkehrs und für Schulbusse. Das Zeichen mit dem Zusatzzeichen „Schulbus" (Angabe der tageszeitlichen Benutzung) auf einer gemeinsamen weißen Trägerfläche kennzeichnet eine Haltestelle nur für Schulbusse.

1	2	3
lfd. Nr.	Zeichen und Zusatzzeichen	Ge- oder Verbote Erläuterungen
15	Zeichen 229  Taxenstand	**Ge- oder Verbot** Wer ein Fahrzeug führt, darf an Taxenständen nicht halten, ausgenommen sind für die Fahrgastbeförderung bereitgehaltene Taxen. **Erläuterung** Die Länge des Taxenstandes wird durch die Angabe der Zahl der vorgesehenen Taxen oder das am Anfang der Strecke aufgestellte Zeichen mit einem zur Fahrbahn weisenden waagerechten weißen Pfeil und durch ein am Ende aufgestelltes Zeichen mit einem solchen von der Fahrbahn wegweisenden Pfeil oder durch eine Grenzmarkierung für Halt- und Parkverbote (Zeichen 299) gekennzeichnet.
15.1	Zeichen 230  Ladebereich	**Ge- oder Verbot** 1. Das Halten und Parken ist nur zum Be- und Entladen von Fahrzeugen zulässig. 2. Das Be- und Entladen muss ohne Verzögerung durchgeführt werden. **Erläuterung** Die Länge des Ladebereichs wird durch das am Anfang der Strecke aufgestellte Zeichen mit einem zur Fahrbahn weisenden waagerechten weißen Pfeil und durch ein am Ende aufgestelltes Zeichen mit einem solchen von der Fahrbahn wegweisenden Pfeil oder durch Markierung gekennzeichnet.
Abschnitt 5 Sonderwege		
16	Zeichen 237  Radweg	**Ge- oder Verbot** 1. Der Radverkehr darf nicht die Fahrbahn, sondern muss den Radweg benutzen (Radwegbenutzungspflicht). 2. Anderer Verkehr darf ihn nicht benutzen. 3. Ist durch Zusatzzeichen die Benutzung eines Radwegs für eine andere Verkehrsart erlaubt, muss diese auf den Radverkehr Rücksicht nehmen und der andere Fahrzeugverkehr muss erforderlichenfalls die Geschwindigkeit an den Radverkehr anpassen. 4. § 2 Absatz 4 Satz 6 bleibt unberührt.
17	Zeichen 238  Reitweg	**Ge- oder Verbot** 1. Wer reitet, darf nicht die Fahrbahn, sondern muss den Reitweg benutzen. Dies gilt auch für das Führen von Pferden (Reitwegbenutzungspflicht). 2. Anderer Verkehr darf ihn nicht benutzen. 3. Ist durch Zusatzzeichen die Benutzung eines Reitwegs für eine andere Verkehrsart erlaubt, muss diese auf den Reitverkehr Rücksicht nehmen und der Fahrzeugverkehr muss erforderlichenfalls die Geschwindigkeit an den Reitverkehr anpassen.

1	2	3
lfd. Nr.	Zeichen und Zusatzzeichen	Ge- oder Verbote Erläuterungen
18	Zeichen 239  Gehweg	**Ge- oder Verbot** 1. Anderer als Fußgängerverkehr darf den Gehweg nicht nutzen. 2. Ist durch Zusatzzeichen die Benutzung eines Gehwegs für eine andere Verkehrsart erlaubt, muss diese auf den Fußgängerverkehr Rücksicht nehmen. Der Fußgängerverkehr darf weder gefährdet noch behindert werden. Wenn nötig, muss der Fahrverkehr warten; er darf nur mit Schrittgeschwindigkeit fahren. **Erläuterung** Das Zeichen kennzeichnet einen Gehweg (§ 25 Absatz 1 Satz 1), wo eine Klarstellung notwendig ist.
19	Zeichen 240  Gemeinsamer Geh- und Radweg	**Ge- oder Verbot** 1. Der Radverkehr darf nicht die Fahrbahn, sondern muss den gemeinsamen Geh- und Radweg benutzen (Radwegbenutzungspflicht). Dabei ist auf den Fußverkehr Rücksicht zu nehmen. Der Fußverkehr darf weder gefährdet noch behindert werden. Erforderlichenfalls ist die Geschwindigkeit an den Fußverkehr anzupassen. 2. Anderer Verkehr darf ihn nicht benutzen. 3. Ist durch Zusatzzeichen die Benutzung eines gemeinsamen Geh- und Radwegs für eine andere Verkehrsart erlaubt, muss diese auf den Fußgänger- und Radverkehr Rücksicht nehmen. Erforderlichenfalls muss der Fahrverkehr die Geschwindigkeit an den Fußgängerverkehr anpassen. 4. § 2 Absatz 4 Satz 6 bleibt unberührt. **Erläuterung** Das Zeichen kennzeichnet auch den Gehweg (§ 25 Absatz 1 Satz 1).
20	Zeichen 241  Getrennter Rad- und Gehweg	**Ge- oder Verbot** 1. Der Radverkehr darf nicht die Fahrbahn, sondern muss den Radweg des getrennten Rad- und Gehwegs benutzen (Radwegbenutzungspflicht). 2. Anderer Verkehr darf ihn nicht benutzen. 3. Ist durch Zusatzzeichen die Benutzung eines getrennten Geh- und Radwegs für eine andere Verkehrsart erlaubt, darf diese nur den für den Radverkehr bestimmten Teil des getrennten Geh- und Radwegs befahren. 4. Die andere Verkehrsart muss auf den Radverkehr Rücksicht nehmen. Erforderlichenfalls muss anderer Fahrzeugverkehr die Geschwindigkeit an den Radverkehr anpassen. 5. § 2 Absatz 4 Satz 6 bleibt unberührt. **Erläuterung** Das Zeichen kennzeichnet auch den Gehweg (§ 25 Absatz 1 Satz 1).

1	2	3
lfd. Nr.	Zeichen und Zusatzzeichen	Ge- oder Verbote Erläuterungen
21	Zeichen 242.1  Beginn einer Fußgängerzone	**Ge- oder Verbot** 1. Anderer als Fußgängerverkehr darf die Fußgängerzone nicht benutzen. 2. Ist durch Zusatzzeichen die Benutzung einer Fußgängerzone für eine andere Verkehrsart erlaubt, dann gilt für den Fahrverkehr Nummer 2 zu Zeichen 239 entsprechend.
22	Zeichen 242.2  Ende einer Fußgängerzone	
23	Zeichen 244.1  Beginn einer Fahrradstraße	**Ge- oder Verbot** 1. Anderer Fahrzeugverkehr als Radverkehr sowie Elektrokleinstfahrzeuge im Sinne der eKFV darf Fahrradstraßen nicht benutzen, es sei denn, dies ist durch Zusatzzeichen erlaubt. Die freigegebenen Verkehrsarten können auch gemeinsam auf einem Zusatzzeichen abgebildet sein. Das Überqueren einer Fahrradstraße durch anderen Fahrzeugverkehr an einer Kreuzung zum Erreichen der weiterführenden Straße ist gestattet. 2. Für den Fahrverkehr gilt eine Höchstgeschwindigkeit von 30 km/h. Der Radverkehr darf weder gefährdet noch behindert werden. Wenn nötig, muss der Kraftfahrzeugverkehr die Geschwindigkeit weiter verringern. 3. Das Nebeneinanderfahren mit Fahrrädern ist erlaubt 4. Im Übrigen gelten die Vorschriften über die Fahrbahnbenutzung und über die Vorfahrt.
24	Zeichen 244.2  Ende einer Fahrradstraße	

1	2	3
lfd. Nr.	Zeichen und Zusatzzeichen	Ge- oder Verbote Erläuterungen
24.1	Zeichen 244.3  Beginn einer Fahrradzone	**Ge- oder Verbot** 1. Anderer Fahrzeugverkehr als Radverkehr sowie Elektrokleinstfahrzeuge im Sinne der eKFV darf Fahrradzonen nicht benutzen, es sei denn, dies ist durch Zusatzzeichen erlaubt. Die freigegebenen Verkehrsarten können auch gemeinsam auf einem Zusatzzeichen abgebildet sein. 2. Für den Fahrverkehr gilt eine Höchstgeschwindigkeit von 30 km/h. Der Radverkehr darf weder gefährdet noch behindert werden. Wenn nötig, muss der Kraftfahrzeugverkehr die Geschwindigkeit weiter verringern. 3. Das Nebeneinanderfahren mit Fahrrädern und Elektrokleinstfahrzeugen im Sinne der eKFV ist erlaubt. 4. Im Übrigen gelten die Vorschriften über die Fahrbahnbenutzung und über die Vorfahrt.
24.2	Zeichen 244.4  Ende einer Fahrradzone	
25	Zeichen 245  Bussonderfahrstreifen	**Ge- oder Verbot** 1. Anderer Fahrverkehr als Omnibusse des Linienverkehrs sowie nach dem Personenbeförderungsrecht mit dem Schulbus-Schild zu kennzeichnende Fahrzeuge des Schüler- und Behindertenverkehrs dürfen Bussonderfahrstreifen nicht benutzen. 2. Mit Krankenfahrzeugen, Taxen, Fahrrädern und Bussen im Gelegenheitsverkehr darf der Sonderfahrstreifen nur benutzt werden, wenn dies durch Zusatzzeichen angezeigt ist. 3. Taxen dürfen an Bushaltestellen (Zeichen 224) zum sofortigen Ein- und Aussteigen von Fahrgästen halten. 4. Mit elektrisch betriebenen Fahrzeugen darf der Bussonderfahrstreifen nur benutzt werden, wenn dies durch Zusatzzeichen angezeigt ist. 5. Zur Erprobung unterschiedlicher Mobilitätsformen (§ 45 Absatz 9 Satz 4 Nummer 7a) darf der Bussonderfahrstreifen nur benutzt werden, wenn dies durch Zusatzzeichen, welches die besondere Mobilitätsform näher bezeichnet, angezeigt ist.

1	2	3
lfd. Nr.	Zeichen und Zusatzzeichen	Ge- oder Verbote Erläuterungen
25.1		**Ge- oder Verbot** Mit diesem Zusatzzeichen sind elektrisch betriebene Fahrzeuge auf dem Bussonderfahrstreifen zugelassen.
Abschnitt 6 Verkehrsverbote		
26		**Ge- oder Verbot** Die nachfolgenden Zeichen 250 bis 261 (Verkehrsverbote) untersagen die Verkehrsteilnahme ganz oder teilweise mit dem angegebenen Inhalt. **Erläuterung** Für die Zeichen 250 bis 259 gilt: 1. Durch Verkehrszeichen gleicher Art mit Sinnbildern nach § 39 Absatz 7 können andere Verkehrsarten verboten werden. 2. Zwei der nachstehenden Verbote können auf einem Schild vereinigt sein.
27	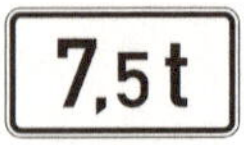	**Ge- oder Verbot** Ist auf einem Zusatzzeichen eine Masse, wie „7,5 t", angegeben, gilt das Verbot nur, soweit die zulässige Gesamtmasse dieser Verkehrsmittel einschließlich ihrer Anhänger die angegebene Grenze überschreitet.
27.1		**Ge- oder Verbot** Mit diesem Zusatzzeichen sind elektrisch betriebene Fahrzeuge von Verkehrsverboten (Zeichen 250, 251, 253, 255, 260) ausgenommen.
28	Zeichen 250  Verbot für Fahrzeuge aller Art	**Ge- oder Verbot** 1. Verbot für Fahrzeuge aller Art. Das Zeichen gilt nicht für Handfahrzeuge, abweichend von § 28 Absatz 2 auch nicht für Reiter, Führer von Pferden sowie Treiber und Führer von Vieh. 2. Krafträder und Fahrräder dürfen geschoben werden. 3. Durch Zusatzzeichen können besondere Mobilitätsformen zu Erprobungszwecken (§ 45 Absatz 9 Satz 4 Nummer 7a) befristet bis zum 31. Dezember 2028 vom Verkehrsverbot ausgenommen werden.
29	Zeichen 251  Verbot für Kraftwagen	**Ge- oder Verbot** Verbot für Kraftwagen und sonstige mehrspurige Kraftfahrzeuge

1	2	3
lfd. Nr.	Zeichen und Zusatzzeichen	Ge- oder Verbote Erläuterungen
30	Zeichen 253  Verbot für Kraftfahrzeuge über 3,5 t	**Ge- oder Verbot** Verbot für Kraftfahrzeuge mit einer zulässigen Gesamtmasse über 3,5 t, einschließlich ihrer Anhänger, und für Zugmaschinen. Ausgenommen sind Personenkraftwagen und Kraftomnibusse. **Erläuterung** Das Zeichen kann in einer Überleitungstafel oder in einer Verschwenkungstafel oder in einer Fahrstreifentafel integriert sein. Dann bezieht sich das Verbot nur auf den jeweiligen Fahrstreifen, für den das Verbot angeordnet ist.
30.1	 	**Ge- oder Verbot** Wird Zeichen 253 mit diesen Zusatzzeichen angeordnet, bedeutet dies: 1. Das Verbot ist auf den Durchgangsverkehr mit Nutzfahrzeugen, einschließlich ihrer Anhänger, mit einer zulässigen Gesamtmasse ab 7,5 t beschränkt. 2. Durchgangsverkehr liegt nicht vor, soweit die jeweilige Fahrt a) dazu dient, ein Grundstück an der vom Verkehrsverbot betroffenen Straße oder an einer Straße, die durch die vom Verkehrsverbot betroffene Straße erschlossen wird, zu erreichen oder zu verlassen, b) dem Güterverkehr im Sinne des § 1 Absatz 1 des Güterkraftverkehrsgesetzes in einem Gebiet innerhalb eines Umkreises von 75 km, gerechnet in der Luftlinie vom Mittelpunkt des zu Beginn einer Fahrt ersten Beladeorts des jeweiligen Fahrzeugs (Ortsmittelpunkt), dient; dabei gehören alle Gemeinden, deren Ortsmittelpunkt innerhalb des Gebietes liegt, zu dem Gebiet, oder c) mit im Bundesfernstraßenmautgesetz bezeichneten Fahrzeugen, die nicht der Mautpflicht unterliegen, durchgeführt wird. 3. Ausgenommen von dem Verkehrsverbot ist eine Fahrt, die auf ausgewiesenen Umleitungsstrecken (Zeichen 421, 442, 454 bis 457.2 oder Zeichen 460 und 466) durchgeführt wird, um besonderen Verkehrslagen Rechnung zu tragen. **Erläuterung** Diese Kombination ist nur mit Zeichen 253 zulässig.

1	2	3
lfd. Nr.	Zeichen und Zusatzzeichen	Ge- oder Verbote Erläuterungen
31	Zeichen 254  Verbot für Radverkehr	**Ge- oder Verbot** Verbot für den Radverkehr und den Verkehr mit Elektrokleinstfahrzeugen im Sinne der eKFV
32	Zeichen 255  Verbot für Krafträder	**Ge- oder Verbot** Verbot für Krafträder, auch mit Beiwagen, Kleinkrafträder und Mofas
33	Zeichen 259  Verbot für Fußgänger	**Ge- oder Verbot** Verbot für den Fußgängerverkehr
34	Zeichen 260  Verbot für Kraftfahrzeuge	**Ge- oder Verbot** Verbot für Krafträder, auch mit Beiwagen, Kleinkrafträder und Mofas sowie für Kraftwagen und sonstige mehrspurige Kraftfahrzeuge

1	2	3
lfd. Nr.	Zeichen und Zusatzzeichen	Ge- oder Verbote Erläuterungen
35	Zeichen 261  Verbot für kennzeichnungspflichtige Kraftfahrzeuge mit gefährlichen Gütern	**Ge- oder Verbot** Verbot für kennzeichnungspflichtige Kraftfahrzeuge mit gefährlichen Gütern
zu 36 bis 40		**Ge- oder Verbot** Die nachfolgenden Zeichen 262 bis 266 verbieten die Verkehrsteilnahme für Fahrzeuge, deren Maße oder Massen, einschließlich Ladung, eine auf dem jeweiligen Zeichen angegebene tatsächliche Grenze überschreiten. **Erläuterung** Die angegebenen Grenzen stellen nur Beispiele dar.
36	Zeichen 262  Tatsächliche Masse	**Ge- oder Verbot** Die Beschränkung durch Zeichen 262 gilt bei Fahrzeugkombinationen für das einzelne Fahrzeug, bei Sattelkraftfahrzeugen gesondert für die Sattelzugmaschine einschließlich Sattellast und für die tatsächlich vorhandenen Achslasten des Sattelanhängers. **Erläuterung** Das Zeichen kann in einer Überleitungstafel oder in einer Verschwenkungstafel oder in einer Fahrstreifentafel integriert sein. Dann bezieht sich das Verbot nur auf den jeweiligen Fahrstreifen, für den das Verbot angeordnet ist.
37	Zeichen 263  Tatsächliche Achslast	**Erläuterung** Das Zeichen kann in einer Überleitungstafel oder in einer Verschwenkungstafel oder in einer Fahrstreifentafel integriert sein. Dann bezieht sich das Verbot nur auf den jeweiligen Fahrstreifen, für den das Verbot angeordnet ist.

1	2	3
lfd. Nr.	Zeichen und Zusatzzeichen	Ge- oder Verbote Erläuterungen
38	Zeichen 264  Tatsächliche Breite	**Erläuterung** Die tatsächliche Breite gibt das Maß einschließlich der Fahrzeugaußenspiegel an. Das Zeichen kann in einer Überleitungstafel oder in einer Verschwenkungstafel oder in einer Fahrstreifentafel integriert sein. Dann bezieht sich das Verbot nur auf den jeweiligen Fahrstreifen, für den das Verbot angeordnet ist.
39	Zeichen 265  Tatsächliche Höhe	**Erläuterung** Das Zeichen kann in einer Überleitungstafel oder in einer Verschwenkungstafel oder in einer Fahrstreifentafel integriert sein. Dann bezieht sich das Verbot nur auf den jeweiligen Fahrstreifen, für den das Verbot angeordnet ist.
40	Zeichen 266  Tatsächliche Länge	**Ge- oder Verbot** Das Verbot gilt bei Fahrzeugkombinationen für die Gesamtlänge.
41	Zeichen 267  Verbot der Einfahrt	**Ge- oder Verbot** Wer ein Fahrzeug führt, darf nicht in die Fahrbahn einfahren, für die das Zeichen angeordnet ist. **Erläuterung** Das Zeichen steht auf der rechten Seite der Fahrbahn, für die es gilt, oder auf beiden Seiten dieser Fahrbahn.
41.1		**Ge- oder Verbot** Durch das Zusatzzeichen zu dem Zeichen 267 ist die Einfahrt für den Radverkehr und Elektrokleinstfahrzeuge im Sinne der eKFV zugelassen.

1	2	3
lfd. Nr.	Zeichen und Zusatzzeichen	Ge- oder Verbote Erläuterungen
42	Zeichen 268  Schneeketten vorgeschrieben	**Ge- oder Verbot** Wer ein Fahrzeug führt, darf die Straße nur mit Schneeketten befahren.
43	Zeichen 269  Verbot für Fahrzeuge mit wassergefährdender Ladung	**Ge- oder Verbot** Wer ein Fahrzeug führt, darf die Straße mit mehr als 20 l wassergefährdender Ladung nicht benutzen.
44	Zeichen 270.1  Beginn einer Verkehrsverbotszone zur Verminderung schädlicher Luftverunreinigungen in einer Zone	**Ge- oder Verbot** 1. Die Teilnahme am Verkehr mit einem Kraftfahrzeug innerhalb einer so gekennzeichneten Zone ist verboten. 2. § 1 Absatz 2 sowie § 2 Absatz 3 in Verbindung mit Anhang 3 der Verordnung zur Kennzeichnung der Kraftfahrzeuge mit geringem Beitrag zur Schadstoffbelastung vom 10. Oktober 2006 (BGBl. I S. 2218), die durch Artikel 1 der Verordnung vom 5. Dezember 2007 (BGBl. I S. 2793) geändert worden ist, bleiben unberührt. Die Ausnahmen können im Einzelfall oder allgemein durch Zusatzzeichen oder Allgemeinverfügung zugelassen sein. 3. Von dem Verbot der Verkehrsteilnahme sind zudem Kraftfahrzeuge zur Beförderung schwerbehinderter Menschen mit außergewöhnlicher Gehbehinderung, beidseitiger Amelie oder Phokomelie oder mit vergleichbaren Funktionseinschränkungen sowie blinde Menschen ausgenommen. **Erläuterung** Die Umweltzone ist zur Vermeidung von schädlichen Umwelteinwirkungen durch Luftverunreinigungen in einem Luftreinhalteplan oder einem Plan für kurzfristig zu ergreifende Maßnahmen nach § 47 Absatz 1 oder 2 des Bundes-Immissionsschutzgesetzes festgesetzt und auf Grund des § 40 Absatz 1 des Bundes-Immissionsschutzgesetzes angeordnet. Die Kennzeichnung der Umweltzone erfolgt auf Grund von § 45 Absatz 1f.

1	2	3
lfd. Nr.	Zeichen und Zusatzzeichen	Ge- oder Verbote Erläuterungen
45	Zeichen 270.2  Ende einer Verkehrsverbotszone zur Verminderung schädlicher Luftverunreinigungen in einer Zone	
46	 Freistellung vom Verkehrsverbot nach § 40 Absatz 1 des Bundes-Immissionsschutzgesetzes	**Ge- oder Verbot** Das Zusatzzeichen zum Zeichen 270.1 nimmt Kraftfahrzeuge vom Verkehrsverbot aus, die mit einer auf dem Zusatzzeichen in der jeweiligen Farbe angezeigten Plakette nach § 3 der Verordnung zur Kennzeichnung der Kraftfahrzeuge mit geringem Beitrag zur Schadstoffbelastung ausgestattet sind.
47	Zeichen 272  Verbot des Wendens	**Ge- oder Verbot** Wer ein Fahrzeug führt, darf hier nicht wenden.
48	Zeichen 273  Verbot des Unterschreitens des angegebenen Mindestabstandes	**Ge- oder Verbot** Wer ein Kraftfahrzeug mit einer zulässigen Gesamtmasse über 3,5 t oder eine Zugmaschine führt, darf den angegebenen Mindestabstand zu einem vorausfahrenden Kraftfahrzeug gleicher Art nicht unterschreiten. Personenkraftwagen und Kraftomnibusse sind ausgenommen.

1	2	3
lfd. Nr.	Zeichen und Zusatzzeichen	Ge- oder Verbote Erläuterungen
Abschnitt 7 Geschwindigkeitsbeschränkungen und Überholverbote		
49	Zeichen 274  Zulässige Höchstgeschwindigkeit	**Ge- oder Verbot** 1. Wer ein Fahrzeug führt, darf nicht schneller als mit der jeweils angegebenen Höchstgeschwindigkeit fahren. 2. Sind durch das Zeichen innerhalb geschlossener Ortschaften bestimmte Geschwindigkeiten über 50 km/h zugelassen, gilt das für Fahrzeuge aller Art. 3. Außerhalb geschlossener Ortschaften bleiben die für bestimmte Fahrzeugarten geltenden Höchstgeschwindigkeiten (§ 3 Absatz 3 Nummer 2 Buchstabe a und b und § 18 Absatz 5) unberührt, wenn durch das Zeichen eine höhere Geschwindigkeit zugelassen ist. **Erläuterung** Das Zeichen kann in einer Fahrstreifentafel oder einer Einengungstafel oder einer Aufweitungstafel integriert sein. Dann bezieht sich die zulässige Höchstgeschwindigkeit nur auf den jeweiligen Fahrstreifen, für den die Höchstgeschwindigkeit angeordnet ist.
49.1		**Ge- oder Verbot** Das Zusatzzeichen zu dem Zeichen 274 verbietet Fahrzeugführenden, bei nasser Fahrbahn die angegebene Geschwindigkeit zu überschreiten.
50	Zeichen 274.1  Beginn einer Tempo 30-Zone	**Ge- oder Verbot** Wer ein Fahrzeug führt, darf innerhalb dieser Zone nicht schneller als mit der angegebenen Höchstgeschwindigkeit fahren. **Erläuterung** Mit dem Zeichen können in verkehrsberuhigten Geschäftsbereichen auch Zonengeschwindigkeitsbeschränkungen von weniger als 30 km/h angeordnet sein.
51	Zeichen 274.2  Ende einer Tempo 30-Zone	

1	2	3
lfd. Nr.	Zeichen und Zusatzzeichen	Ge- oder Verbote Erläuterungen
52	Zeichen 275  Vorgeschriebene Mindestgeschwindigkeit	**Ge- oder Verbot** Wer ein Fahrzeug führt, darf nicht langsamer als mit der angegebenen Mindestgeschwindigkeit fahren, sofern nicht Straßen-, Verkehrs-, Sicht- oder Wetterverhältnisse dazu verpflichten. Es verbietet, mit Fahrzeugen, die nicht so schnell fahren können oder dürfen, einen so gekennzeichneten Fahrstreifen zu benutzen. **Erläuterung** Das Zeichen kann in einer Fahrstreifentafel oder einer Aufweitungstafel integriert sein. Dann bezieht sich die vorgeschriebene Mindestgeschwindigkeit nur auf den jeweiligen Fahrstreifen, für den die Mindestgeschwindigkeit angeordnet ist.
Zu 53, 54 und 54.4		**Ge- oder Verbot** Die nachfolgenden Zeichen 276 und 277 verbieten Kraftfahrzeugen das Überholen von mehrspurigen Kraftfahrzeugen und Krafträdern mit Beiwagen. Ist auf einem Zusatzzeichen eine Masse, wie „7,5 t“ angegeben, gilt das Verbot nur, soweit die zulässige Gesamtmasse dieser Kraftfahrzeuge, einschließlich ihrer Anhänger, die angegebene Grenze überschreitet. Soll mehrspurigen Kraftfahrzeugen und Krafträdern mit Beiwagen das Überholen von einspurigen Fahrzeugen verboten werden, ist Zeichen 277.1 angeordnet.
53	Zeichen 276  Überholverbot für Kraftfahrzeuge aller Art	
54	Zeichen 277  Überholverbot für Kraftfahrzeuge über 3,5 t	**Ge- oder Verbot** Überholverbot für Kraftfahrzeuge mit einer zulässigen Gesamtmasse über 3,5 t, einschließlich ihrer Anhänger, und für Zugmaschinen. Ausgenommen sind Personenkraftwagen und Kraftomnibusse.

1	2	3
lfd. Nr.	Zeichen und Zusatzzeichen	Ge- oder Verbote Erläuterungen
54.1	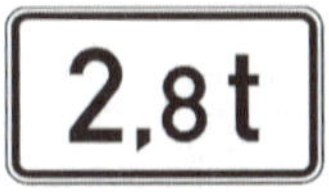	**Ge- oder Verbot** Mit dem Zusatzzeichen gilt das durch Zeichen 277 angeordnete Überholverbot auch für Kraftfahrzeuge über 2,8 t, einschließlich ihrer Anhänger.
54.2		**Ge- oder Verbot** Mit dem Zusatzzeichen gilt das durch Zeichen 277 angeordnete Überholverbot auch für Kraftomnibusse und Personenkraftwagen mit Anhänger.
54.3		**Erläuterung** Das Zusatzzeichen zu dem Zeichen 274, 276, 277 oder 277.1 gibt die Länge einer Geschwindigkeitsbeschränkung oder eines Überholverbots an.
54.4	Zeichen 277.1  Verbot des Überholens von einspurigen Fahrzeugen für mehrspurige Kraftfahrzeuge und Krafträder mit Beiwagen	**Ge- oder Verbot** Wer ein mehrspuriges Kraftfahrzeug führt, darf ein- und mehrspurige Fahrzeuge nicht überholen.
55		**Erläuterung** Das Ende einer streckenbezogenen Geschwindigkeitsbeschränkung oder eines Überholverbots ist nicht gekennzeichnet, wenn das Verbot nur für eine kurze Strecke gilt und auf einem Zusatzzeichen die Länge des Verbots angegeben ist. Es ist auch nicht gekennzeichnet, wenn das Verbotszeichen zusammen mit einem Gefahrzeichen angebracht ist und sich aus der Örtlichkeit zweifelsfrei ergibt, von wo an die angezeigte Gefahr nicht mehr besteht. Sonst ist es gekennzeichnet durch die Zeichen 278 bis 282.

1	2	3
lfd. Nr.	Zeichen und Zusatzzeichen	Ge- oder Verbote Erläuterungen
56	Zeichen 278  Ende der zulässigen Höchstgeschwindigkeit	**Erläuterung** Das Zeichen kann in einer Fahrstreifentafel oder einer Einengungstafel oder Aufweitungstafel integriert sein. Dann bezieht sich das Zeichen nur auf den jeweiligen Fahrstreifen, für den die zulässige Höchstgeschwindigkeit vorher angeordnet worden war.
57	Zeichen 279  Ende der vorgeschriebenen Mindestgeschwindigkeit	**Erläuterung** Das Zeichen kann in einer Fahrstreifentafel oder einer Einengungstafel integriert sein. Dann bezieht sich das Zeichen nur auf den jeweiligen Fahrstreifen, für den die vorgeschriebene Mindestgeschwindigkeit vorher angeordnet worden war.
58	Zeichen 280  Ende des Überholverbots für Kraftfahrzeuge aller Art	
59	Zeichen 281  Ende des Überholverbots für Kraftfahrzeuge über 3,5 t	

1	2	3
lfd. Nr.	Zeichen und Zusatzzeichen	Ge- oder Verbote Erläuterungen
59.1	Zeichen 281.1  Ende des Verbots des Überholens von einspurigen Fahrzeugen für mehrspurige Kraftfahrzeuge und Krafträder mit Beiwagen	
60	Zeichen 282  Ende sämtlicher streckenbezogener Geschwindigkeitsbeschränkungen und Überholverbote	**Erläuterung** Das Zeichen kann in einer Fahrstreifentafel oder einer Aufweitungstafel integriert sein. Dann bezieht sich das Zeichen nur auf den jeweiligen Fahrstreifen, für den die streckenbezogenen Geschwindigkeitsbeschränkungen und Überholverbote vorher angeordnet worden waren.
Abschnitt 8 Halt- und Parkverbote		
61		**Ge- oder Verbot** 1. Die durch die nachfolgenden Zeichen 283 und 286 angeordneten Haltverbote gelten nur auf der Straßenseite, auf der die Zeichen angebracht sind. Sie gelten bis zur nächsten Kreuzung oder Einmündung auf der gleichen Straßenseite oder bis durch Verkehrszeichen für den ruhenden Verkehr eine andere Regelung vorgegeben wird. 2. Mobile, vorübergehend angeordnete Haltverbote durch Zeichen 283 und 286 heben Verkehrszeichen auf, die das Parken erlauben. **Erläuterung** Der Anfang der Verbotsstrecke kann durch einen zur Fahrbahn weisenden waagerechten weißen Pfeil im Zeichen, das Ende durch einen solchen von der Fahrbahn wegweisenden Pfeil gekennzeichnet sein. Bei in der Verbotsstrecke wiederholten Zeichen weist eine Pfeilspitze zur Fahrbahn, die zweite Pfeilspitze von ihr weg.

1	2	3
lfd. Nr.	Zeichen und Zusatzzeichen	Ge- oder Verbote Erläuterungen
62	Zeichen 283  Absolutes Haltverbot	**Ge- oder Verbot** Das Halten auf der Fahrbahn ist verboten.
62.1		**Ge- oder Verbot** Das mit dem Zeichen 283 angeordnete Zusatzzeichen verbietet das Halten von Fahrzeugen auch auf dem Seitenstreifen.
62.2		**Ge- oder Verbot** Das mit dem Zeichen 283 angeordnete Zusatzzeichen verbietet das Halten von Fahrzeugen nur auf dem Seitenstreifen.
63	Zeichen 286  Eingeschränktes Haltverbot	**Ge- oder Verbot** 1. Wer ein Fahrzeug führt, darf nicht länger als drei Minuten auf der Fahrbahn halten, ausgenommen zum Ein- oder Aussteigen oder zum Be- oder Entladen. 2. Ladegeschäfte müssen ohne Verzögerung durchgeführt werden.
63.1		**Ge- oder Verbot** Mit dem Zusatzzeichen zu Zeichen 286 darf auch auf dem Seitenstreifen nicht länger als drei Minuten gehalten werden, ausgenommen zum Ein- oder Aussteigen oder zum Be- oder Entladen.
63.2		**Ge- oder Verbot** Mit dem Zusatzzeichen zu Zeichen 286 darf nur auf dem Seitenstreifen nicht länger als drei Minuten gehalten werden, ausgenommen zum Ein- oder Aussteigen oder zum Be- oder Entladen.

1	2	3
lfd. Nr.	Zeichen und Zusatzzeichen	Ge- oder Verbote Erläuterungen
63.3		**Ge- oder Verbot** 1. Das Zusatzzeichen zu Zeichen 286 nimmt schwerbehinderte Menschen mit außergewöhnlicher Gehbehinderung, beidseitiger Amelie oder Phokomelie oder mit vergleichbaren Funktionseinschränkungen sowie blinde Menschen, jeweils mit besonderem Parkausweis Nummer …, vom Haltverbot aus. 2. Die Ausnahme gilt nur, soweit der Parkausweis gut lesbar ausgelegt oder angebracht ist.
63.4		**Ge- oder Verbot** 1. Das Zusatzzeichen zu Zeichen 286 nimmt Bewohner mit besonderem Parkausweis vom Haltverbot aus. 2. Die Ausnahme gilt nur, soweit der Parkausweis gut lesbar ausgelegt oder angebracht ist.
63.5		**Ge- oder Verbot** Durch das Zusatzzeichen zu Zeichen 286 wird das Parken für elektrisch betriebene Fahrzeuge innerhalb der gekennzeichneten Flächen erlaubt.
63.6		**Ge- oder Verbot** Durch das Zusatzzeichen zu Zeichen 286 wird das Parken für Carsharingfahrzeuge (§ 39 Absatz 11) innerhalb der gekennzeichneten Flächen erlaubt.
64	Zeichen 290.1  Beginn eines Eingeschränkten Haltverbots für eine Zone	**Ge- oder Verbot** 1. Wer ein Fahrzeug führt, darf innerhalb der gekennzeichneten Zone nicht länger als drei Minuten halten, ausgenommen zum Ein- oder Aussteigen oder zum Be- oder Entladen. 2. Innerhalb der gekennzeichneten Zone gilt das eingeschränkte Haltverbot auf allen öffentlichen Verkehrsflächen, sofern nicht abweichende Regelungen durch Verkehrszeichen oder Verkehrseinrichtungen getroffen sind. 3. Durch Zusatzzeichen kann das Parken für Bewohner mit Parkausweis oder mit Parkschein oder Parkscheibe (Bild 318) innerhalb gekennzeichneter Flächen erlaubt sein. 4. Durch Zusatzzeichen kann das Parken mit Parkschein oder Parkscheibe (Bild 318) innerhalb gekennzeichneter Flächen erlaubt sein. Dabei ist der Parkausweis, der Parkschein oder die Parkscheibe gut lesbar auszulegen oder anzubringen.

1	2	3
lfd. Nr.	Zeichen und Zusatzzeichen	Ge- oder Verbote Erläuterungen
64.1		**Ge- oder Verbot** Durch das Zusatzzeichen zu Zeichen 290.1 wird das Parken für elektrisch betriebene Fahrzeuge innerhalb der gekennzeichneten Flächen erlaubt.
64.2		**Ge- oder Verbot** Durch das Zusatzzeichen zu Zeichen 290.1 wird das Parken für Carsharingfahrzeuge (§ 39 Absatz 11) innerhalb der gekennzeichneten Flächen erlaubt.
65	Zeichen 290.2  Ende eines eingeschränkten Haltverbots für eine Zone	
Abschnitt 9 Markierungen		
66	Zeichen 293  Fußgängerüberweg	**Ge- oder Verbot** Wer ein Fahrzeug führt, darf auf Fußgängerüberwegen sowie bis zu 5 m davor nicht halten.
67	Zeichen 294 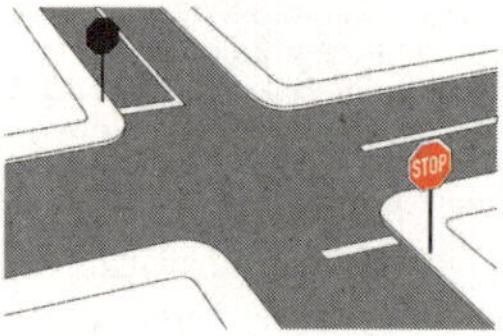 Haltlinie	**Ge- oder Verbot** Ergänzend zu Halt- oder Wartegeboten, die durch Zeichen 206, durch Polizeibeamte, Lichtzeichen oder Schranken gegeben werden, ordnet sie an: Wer ein Fahrzeug führt, muss hier anhalten. Erforderlichenfalls ist an der Stelle, wo die Straße eingesehen werden kann, in die eingefahren werden soll (Sichtlinie), erneut anzuhalten.

1	2	3
lfd. Nr.	Zeichen und Zusatzzeichen	Ge- oder Verbote Erläuterungen
68	Zeichen 295  Fahrstreifenbegrenzung, Begrenzung von Fahrbahnen und Sonderwegen	**Ge- oder Verbot** 1. a) Wer ein Fahrzeug führt, darf die durchgehende Linie auch nicht teilweise überfahren. b) Trennt die durchgehende Linie den Teil der Fahrbahn oder des Sonderwegs für den Gegenverkehr ab, ist rechts von ihr zu fahren. c) Grenzt sie einen befestigten Seitenstreifen ab, müssen außerorts landwirtschaftliche Zug- und Arbeitsmaschinen, Fuhrwerke und ähnlich langsame Fahrzeuge möglichst rechts von ihr fahren. d) Wer ein Fahrzeug führt, darf auf der Fahrbahn nicht parken, wenn zwischen dem abgestellten Fahrzeug und der Fahrstreifenbegrenzungslinie kein Fahrstreifen von mindestens 3 m mehr verbleibt. 2. a) Wer ein Fahrzeug führt, darf links von der durchgehenden Fahrbahnbegrenzungslinie nicht halten, wenn rechts ein Seitenstreifen oder Sonderweg vorhanden ist. b) Wer ein Fahrzeug führt, darf die Fahrbahnbegrenzung der Mittelinsel des Kreisverkehrs nicht überfahren. c) Ausgenommen von dem Verbot zum Überfahren der Fahrbahnbegrenzung der Mittelinsel des Kreisverkehrs sind nur Fahrzeuge, denen wegen ihrer Abmessungen das Befahren sonst nicht möglich wäre. Mit ihnen darf die Mittelinsel überfahren werden, wenn eine Gefährdung anderer am Verkehr Teilnehmenden ausgeschlossen ist. 3. a) Wird durch Zeichen 223.1 das Befahren eines Seitenstreifens angeordnet, darf die Fahrbahnbegrenzung wie eine Leitlinie zur Markierung von Fahrstreifen einer durchgehenden Fahrbahn (Zeichen 340) überfahren werden. b) Grenzt sie einen Sonderweg ab, darf sie nur überfahren werden, wenn dahinter anders nicht erreichbare Parkstände angelegt sind oder sich Grundstückszufahrten befinden und das Benutzen von Sonderwegen weder gefährdet noch behindert wird. c) Die Linie zur Begrenzung von Fahrbahnen oder Sonderwegen darf überfahren werden, wenn sich dahinter eine nicht anders erreichbare Grundstückszufahrt befindet. **Erläuterung** 1. Als Fahrstreifenbegrenzung trennt das Zeichen den für den Gegenverkehr bestimmten Teil der Fahrbahn oder mehrere Fahrstreifen für den gleichgerichteten Verkehr voneinander ab. Die Fahrstreifenbegrenzung kann zur Abtrennung des Gegenverkehrs aus einer Doppellinie bestehen. Die Doppellinie kann voneinander abgesetzt aufgebracht sein, dann kann der verbleibende Zwischenraum in grüner Farbe ausgefüllt sein, was

1	2	3
lfd. Nr.	Zeichen und Zusatzzeichen	Ge- oder Verbote Erläuterungen
		weder einen Mittelstreifen noch eine bauliche Trennung darstellt. 2. Als Fahrbahnbegrenzung kann die durchgehende Linie auch einen Seitenstreifen oder Sonderweg abgrenzen. 3. Als Begrenzung eines Sonderwegs kennzeichnet sie den Verlauf des für den Radverkehr bestimmten Teils des Sonderwegs.
69	Zeichen 296  Fahrstreifen B Fahrstreifen A Einseitige Fahrstreifenbegrenzung	**Ge- oder Verbot** 1. Wer ein Fahrzeug führt, darf die durchgehende Linie nicht überfahren oder auf ihr fahren. 2. Wer ein Fahrzeug führt, darf nicht auf der Fahrbahn parken, wenn zwischen dem parkenden Fahrzeug und der durchgehenden Fahrstreifenbegrenzungslinie kein Fahrstreifen von mindestens 3 m mehr verbleibt. 3. Für Fahrzeuge auf dem Fahrstreifen B ordnet die Markierung an: Fahrzeuge auf dem Fahrstreifen B dürfen die Markierung überfahren, wenn der Verkehr dadurch nicht gefährdet wird.
70	Zeichen 297  Pfeilmarkierungen	**Ge- oder Verbot** 1. Wer ein Fahrzeug führt, muss der Fahrtrichtung auf der folgenden Kreuzung oder Einmündung folgen, wenn zwischen den Pfeilen Leitlinien (Zeichen 340) oder Fahrstreifenbegrenzungen (Zeichen 295) markiert sind. 2. Wer ein Fahrzeug führt, darf auf der mit Pfeilen markierten Strecke der Fahrbahn nicht halten (§ 12 Absatz 1). **Erläuterung** Pfeile empfehlen, sich rechtzeitig einzuordnen und in Fahrstreifen nebeneinander zu fahren. Fahrzeuge, die sich eingeordnet haben, dürfen auch rechts überholt werden.
71	Zeichen 297.1 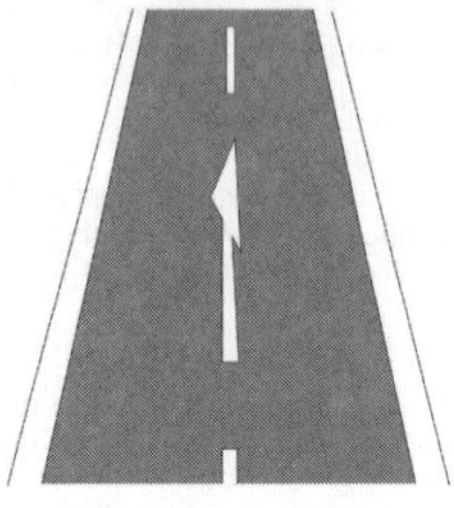 Vorankündigungspfeil	**Erläuterung** Mit dem Vorankündigungspfeil wird eine Fahrstreifenbegrenzung angekündigt oder das Ende eines Fahrstreifens angezeigt. Die Ausführung des Pfeils kann von der gezeigten abweichen.

1	2	3
lfd. Nr.	Zeichen und Zusatzzeichen	Ge- oder Verbote Erläuterungen
72	Zeichen 298 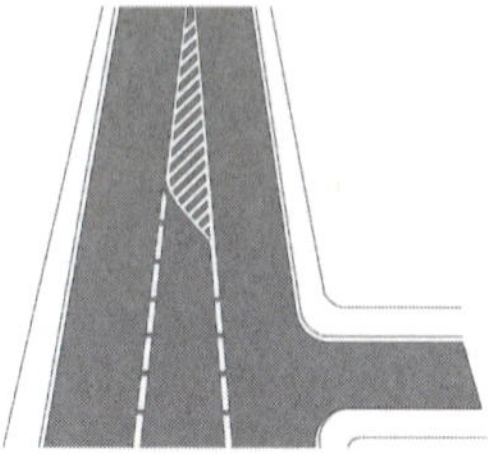 Sperrfläche	**Ge- oder Verbot** Wer ein Fahrzeug führt, darf Sperrflächen nicht benutzen.
73	Zeichen 299 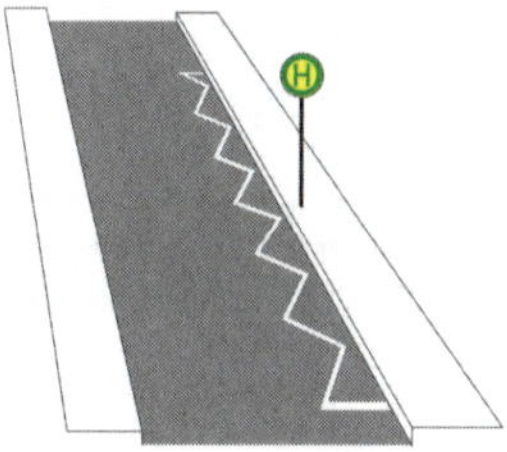 Grenzmarkierung für Halt- oder Parkverbote	**Ge- oder Verbot** Wer ein Fahrzeug führt, darf innerhalb einer Grenzmarkierung für Halt- oder Parkverbote nicht halten oder parken. **Erläuterung** Grenzmarkierungen bezeichnen, verlängern oder verkürzen ein an anderer Stelle vorgeschriebenes Halt- oder Parkverbot.
74	Parkflächenmarkierung	**Ge- oder Verbot** Eine Parkflächenmarkierung erlaubt das Parken; auf Gehwegen aber nur Fahrzeugen mit einer zulässigen Gesamtmasse bis zu 2,8 t. Die durch die Parkflächenmarkierung angeordnete Aufstellung ist einzuhalten. Wo sie mit durchgehenden Linien markiert ist, darf diese überfahren werden. **Erläuterung** Sind Parkflächen auf Straßen erkennbar abgegrenzt, wird damit angeordnet, wie Fahrzeuge aufzustellen sind.

Anlage 3
(zu § 42 Absatz 2)

Richtzeichen

1	2	3
lfd. Nr.	Zeichen und Zusatzzeichen	Ge- oder Verbote Erläuterungen
Abschnitt 1 Vorrangzeichen		
1	Zeichen 301  Vorfahrt	**Ge- oder Verbot** Das Zeichen zeigt an, dass an der nächsten Kreuzung oder Einmündung Vorfahrt besteht.
2	Zeichen 306  Vorfahrtstraße	**Ge- oder Verbot** Wer ein Fahrzeug führt, darf außerhalb geschlossener Ortschaften auf Fahrbahnen von Vorfahrtstraßen nicht parken. Das Zeichen zeigt an, dass Vorfahrt besteht bis zum nächsten Zeichen 205 „Vorfahrt gewähren.", 206 „Halt. Vorfahrt gewähren." oder 307 „Ende der Vorfahrtstraße".
2.1		**Ge- oder Verbot** 1. Wer ein Fahrzeug führt und dem Verlauf der abknickenden Vorfahrtstraße folgen will, muss dies rechtzeitig und deutlich ankündigen; dabei sind die Fahrtrichtungsanzeiger zu benutzen. 2. Auf den Fußgängerverkehr ist besondere Rücksicht zu nehmen. Wenn nötig, muss gewartet werden. **Erläuterung** Das Zusatzzeichen zum Zeichen 306 zeigt den Verlauf der Vorfahrtstraße an.
3	Zeichen 307  Ende der Vorfahrtstraße	

1	2	3
lfd. Nr.	Zeichen und Zusatzzeichen	Ge- oder Verbote Erläuterungen
4	Zeichen 308  Vorrang vor dem Gegenverkehr	**Ge- oder Verbot** Wer ein Fahrzeug führt, hat Vorrang vor dem Gegenverkehr.
Abschnitt 2 Ortstafel		
zu 5 und 6		**Erläuterung** Ab der Ortstafel gelten jeweils die für den Verkehr innerhalb oder außerhalb geschlossener Ortschaften bestehenden Vorschriften.
5	Zeichen 310  Ortstafel Vorderseite	Die Ortstafel bestimmt: Hier beginnt eine geschlossene Ortschaft.
6	Zeichen 311  Ortstafel Rückseite	Die Ortstafel bestimmt: Hier endet eine geschlossene Ortschaft.
Abschnitt 3 Parken		
7	Zeichen 314  Parken	**Ge- oder Verbot** 1. Wer ein Fahrzeug führt, darf hier parken. 2. a) Durch ein Zusatzzeichen kann die Parkerlaubnis insbesondere nach der Dauer, nach Fahrzeugarten, zugunsten der mit besonderem Parkausweis versehenen Bewohner oder auf das Parken mit Parkschein oder Parkscheibe beschränkt sein. b) Ein Zusatzzeichen mit Bild 318 (Parkscheibe) und Angabe der Stundenzahl schreibt das Parken mit Parkscheibe und dessen zulässige Höchstdauer vor. c) Durch Zusatzzeichen können Bewohner mit Parkausweis von der Verpflichtung zum Parken mit Parkschein oder Parkscheibe freigestellt sein.

1	2	3
lfd. Nr.	Zeichen und Zusatzzeichen	Ge- oder Verbote Erläuterungen
		d) Durch ein Zusatzzeichen mit Rollstuhlfahrersinnbild kann die Parkerlaubnis beschränkt sein auf schwerbehinderte Menschen mit außergewöhnlicher Gehbehinderung, beidseitiger Amelie oder Phokomelie oder mit vergleichbaren Funktionseinschränkungen sowie auf blinde Menschen. e) Die Parkerlaubnis gilt nur, wenn der Parkschein, die Parkscheibe oder der Parkausweis gut lesbar ausgelegt oder angebracht ist. f) Durch Zusatzzeichen kann ein Parkplatz als gebührenpflichtig ausgewiesen sein. 3. a) Durch Zusatzzeichen kann die Parkerlaubnis zugunsten elektrisch betriebener Fahrzeuge beschränkt sein. b) Durch Zusatzzeichen können elektrisch betriebene Fahrzeuge von der Verpflichtung zum Parken mit Parkschein oder Parkscheibe freigestellt sein. Sind Parkscheinautomaten aufgestellt, kann die Freistellung auch allein am Automaten angegeben sein. c) Durch Zusatzzeichen kann die Parkerlaubnis für elektrisch betriebene Fahrzeuge nach der Dauer beschränkt sein. Der Nachweis zur Einhaltung der zeitlichen Dauer erfolgt durch Auslegen der Parkscheibe. Die Parkerlaubnis gilt nur, wenn die Parkscheibe gut lesbar ausgelegt oder angebracht ist. 4. a) Durch Zusatzzeichen kann die Parkerlaubnis zugunsten von mit einem Carsharingausweis versehenen Carsharingfahrzeugen beschränkt sein. Eine Beschränkung auf Fahrzeuge nur eines Carsharingunternehmens oder auf bestimmte Carsharingunternehmen ist nach Maßgabe des Carsharinggesetzes zulässig. Die Beschränkung erfolgt durch die Angabe der entsprechenden Firmenbezeichnung in schwarzer Schrift auf weißem Grund auf einem weiteren Zusatzzeichen. Die Parkerlaubnis gilt nur, wenn der Carsharingausweis im Fahrzeug gut lesbar ausgelegt oder angebracht ist. b) Durch Zusatzzeichen können Carsharingfahrzeuge von der Verpflichtung zum Parken mit Parkschein oder Parkscheibe freigestellt sein. Sind Parkscheinautomaten aufgestellt, kann die Freistellung auch allein am Automaten angegeben sein. **Erläuterung** 1. Der Anfang des erlaubten Parkens kann durch einen zur Fahrbahn weisenden waagerechten weißen Pfeil im Zeichen, das Ende durch einen solchen von der Fahrbahn wegweisenden Pfeil gekennzeichnet sein. Bei in der Strecke wiederholten Zeichen weist eine Pfeilspitze zur Fahrbahn, die zweite Pfeilspitze von ihr weg. 2. Das Zeichen mit einem Zusatzzeichen mit schwarzem Pfeil weist auf die Zufahrt zu größe-

1	2	3
lfd. Nr.	Zeichen und Zusatzzeichen	Ge- oder Verbote Erläuterungen
		ren Parkplätzen oder Parkhäusern hin. Das Zeichen kann auch durch Hinweise ergänzt werden, ob es sich um ein Parkhaus handelt.
8	Zeichen 314.1  Beginn einer Parkraumbewirtschaftungszone	**Ge- oder Verbot** 1. Wer ein Fahrzeug führt, darf innerhalb der Parkraumbewirtschaftungszone nur mit Parkschein oder mit Parkscheibe (Bild 318) parken, soweit das Halten und Parken nicht gesetzlich oder durch Verkehrszeichen verboten ist. 2. Durch Zusatzzeichen können Bewohner mit Parkausweis von der Verpflichtung zum Parken mit Parkschein oder Parkscheibe freigestellt sein. 3. Die Parkerlaubnis gilt nur, wenn der Parkschein, die Parkscheibe oder der Parkausweis gut lesbar ausgelegt oder angebracht ist. 4. a) Durch Zusatzzeichen kann die Parkerlaubnis zugunsten elektrisch betriebener Fahrzeuge beschränkt sein. b) Durch Zusatzzeichen können elektrisch betriebene Fahrzeuge von der Verpflichtung zum Parken mit Parkschein oder Parkscheibe freigestellt sein. Sind Parkscheinautomaten aufgestellt, kann die Freistellung auch allein am Automaten angegeben sein. c) Durch Zusatzzeichen kann die Parkerlaubnis für elektrisch betriebene Fahrzeuge nach der Dauer beschränkt sein. Der Nachweis zur Einhaltung der zeitlichen Dauer erfolgt durch Auslegen der Parkscheibe. Die Parkerlaubnis gilt nur, wenn die Parkscheibe gut lesbar ausgelegt oder angebracht ist. 5. a) Durch Zusatzzeichen kann die Parkerlaubnis zugunsten von mit einem Carsharingausweis versehenen Carsharingfahrzeugen beschränkt sein. Eine Beschränkung auf Fahrzeuge nur eines Carsharingunternehmens oder auf bestimmte Carsharingunternehmen ist nach Maßgabe des Carsharinggesetzes zulässig. Die Beschränkung erfolgt durch eine zusätzliche Angabe der entsprechenden Firmenbezeichnung in schwarzer Schrift auf weißem Grund auf einem weiteren Zusatzzeichen. Die Parkerlaubnis gilt nur, wenn der Carsharingausweis gut lesbar im Fahrzeug ausgelegt oder angebracht ist. b) Durch Zusatzzeichen können Carsharingfahrzeuge von der Verpflichtung zum Parken mit Parkschein oder Parkscheibe freigestellt sein. Sind Parkscheinautomaten aufgestellt, kann die Freistellung auch allein am Automaten angegeben sein. **Erläuterung** Die Art der Parkbeschränkung wird durch Zusatzzeichen angezeigt.

1	2	3
lfd. Nr.	Zeichen und Zusatzzeichen	Ge- oder Verbote Erläuterungen
9	Zeichen 314.2  Ende einer Parkraumbewirtschaftungszone	
10	Zeichen 315  Parken auf Gehwegen	**Ge- oder Verbot** 1. Wer ein Fahrzeug führt, darf auf Gehwegen mit Fahrzeugen mit einer zulässigen Gesamtmasse über 2,8 t nicht parken. Dann darf auch nicht entgegen der angeordneten Aufstellungsart des Zeichens oder entgegen Beschränkungen durch Zusatzzeichen geparkt werden. 2. a) Durch ein Zusatzzeichen kann die Parkerlaubnis insbesondere nach der Dauer, nach Fahrzeugarten, zugunsten der mit besonderem Parkausweis versehenen Bewohner oder auf das Parken mit Parkschein oder Parkscheibe beschränkt sein. b) Ein Zusatzzeichen mit Bild 318 (Parkscheibe) und Angabe der Stundenzahl schreibt das Parken mit Parkscheibe und dessen zulässige Höchstdauer vor. c) Durch Zusatzzeichen können Bewohner mit Parkausweis von der Verpflichtung zum Parken mit Parkschein oder Parkscheibe freigestellt sein. d) Durch ein Zusatzzeichen mit Rollstuhlfahrersinnbild kann die Parkerlaubnis beschränkt sein für schwerbehinderte Menschen mit außergewöhnlicher Gehbehinderung, beidseitiger Amelie oder Phokomelie oder mit vergleichbaren Funktionseinschränkungen sowie für blinde Menschen. e) Die Parkerlaubnis gilt nur, wenn der Parkschein, die Parkscheibe oder der Parkausweis gut lesbar ausgelegt oder angebracht ist. 3. a) Durch Zusatzzeichen kann die Parkerlaubnis zugunsten elektrisch betriebener Fahrzeuge beschränkt sein. b) Durch Zusatzzeichen können elektrisch betriebene Fahrzeuge von der Verpflichtung zum Parken mit Parkschein oder Parkscheibe freigestellt sein. Sind Parkscheinautomaten aufgestellt, kann die Freistellung auch allein am Automaten angegeben sein. c) Durch Zusatzzeichen kann die Parkerlaubnis für elektrisch betriebene Fahrzeuge nach der Dauer beschränkt sein. Der Nachweis zur Einhaltung der zeitlichen Dauer erfolgt durch Auslegen der Parkscheibe. Die Parkerlaubnis

1	2	3
lfd. Nr.	Zeichen und Zusatzzeichen	Ge- oder Verbote Erläuterungen
		gilt nur, wenn die Parkscheibe gut lesbar ausgelegt oder angebracht ist. 4. a) Durch Zusatzzeichen kann die Parkerlaubnis zugunsten von mit einem Carsharingausweis versehenen Carsharingfahrzeugen beschränkt sein. Eine Beschränkung auf Fahrzeuge nur eines Carsharingunternehmens oder auf bestimmte Carsharingunternehmen ist nach Maßgabe des Carsharinggesetzes zulässig. Die Beschränkung erfolgt durch eine zusätzliche Angabe der entsprechenden Firmenbezeichnung in schwarzer Schrift auf weißem Grund auf einem weiteren Zusatzzeichen. Die Parkerlaubnis gilt nur, wenn der Carsharingausweis gut lesbar im Fahrzeug ausgelegt oder angebracht ist. b) Durch Zusatzzeichen können Carsharingfahrzeuge von der Verpflichtung zum Parken mit Parkschein oder Parkscheibe freigestellt sein. Sind Parkscheinautomaten aufgestellt, kann die Freistellung auch allein am Automaten angegeben sein. **Erläuterung** 1. Der Anfang des erlaubten Parkens kann durch einen zur Fahrbahn weisenden waagerechten weißen Pfeil im Zeichen, das Ende durch einen solchen von der Fahrbahn wegweisenden Pfeil gekennzeichnet sein. Bei in der Strecke wiederholten Zeichen weist eine Pfeilspitze zur Fahrbahn, die zweite Pfeilspitze von ihr weg. 2. Im Zeichen ist bildlich dargestellt, wie die Fahrzeuge aufzustellen sind.
11	Bild 318  Parkscheibe	**Ge- oder Verbot** Ist die Parkzeit bei elektrisch betriebenen Fahrzeugen beschränkt, so ist der Nachweis durch Auslegen der Parkscheibe zu erbringen.

1	2	3
lfd. Nr.	Zeichen und Zusatzzeichen	Ge- oder Verbote Erläuterungen
Abschnitt 4 Verkehrsberuhigter Bereich		
12	Zeichen 325.1  Beginn eines verkehrsberuhigten Bereichs	**Ge- oder Verbot** 1. Wer ein Fahrzeug führt, muss mit Schrittgeschwindigkeit fahren. 2. Wer ein Fahrzeug führt, darf den Fußgängerverkehr weder gefährden noch behindern; wenn nötig, muss gewartet werden. 3. Wer zu Fuß geht, darf den Fahrverkehr nicht unnötig behindern. 4. Wer ein Fahrzeug führt, darf außerhalb der dafür gekennzeichneten Flächen nicht parken, ausgenommen zum Ein- oder Aussteigen und zum Be- oder Entladen. 5. Wer zu Fuß geht, darf die Straße in ihrer ganzen Breite benutzen; Kinderspiele sind überall erlaubt.
13	Zeichen 325.2  Ende eines verkehrsberuhigten Bereichs	**Erläuterung** Beim Ausfahren ist § 10 zu beachten.
Abschnitt 5 Tunnel		
14	Zeichen 327  Tunnel	**Ge- oder Verbote** 1. Wer ein Fahrzeug führt, muss beim Durchfahren des Tunnels Abblendlicht benutzen und darf im Tunnel nicht wenden. 2. Im Falle eines Notfalls oder einer Panne sollen nur vorhandene Nothalte- und Pannenbuchten genutzt werden.
Abschnitt 6 Nothalte- und Pannenbucht		
15	Zeichen 328  Nothalte- und Pannenbucht	**Ge- oder Verbot** Wer ein Fahrzeug führt, darf nur im Notfall oder bei einer Panne in einer Nothalte- und Pannenbucht halten.

1	2	3
lfd. Nr.	Zeichen und Zusatzzeichen	Ge- oder Verbote Erläuterungen
Abschnitt 7 Autobahnen und Kraftfahrstraßen		
16	Zeichen 330.1  Autobahn	**Erläuterung** Ab diesem Zeichen gelten die Regeln für den Verkehr auf Autobahnen.
17	Zeichen 330.2  Ende der Autobahn	
18	Zeichen 331.1  Kraftfahrstraße	**Erläuterung** Ab diesem Zeichen gelten die Regeln für den Verkehr auf Kraftfahrstraßen.
19	Zeichen 331.2  Ende der Kraftfahrstraße	
20	Zeichen 333  Ausfahrt von der Autobahn	**Erläuterung** Auf Kraftfahrstraßen oder autobahnähnlich ausgebauten Straßen weist das entsprechende Zeichen mit schwarzer Schrift auf gelbem Grund auf die Ausfahrt hin. Das Zeichen kann auch auf weißem Grund ausgeführt sein.

1	2	3
lfd. Nr.	Zeichen und Zusatzzeichen	Ge- oder Verbote Erläuterungen
21	Zeichen 450  Ankündigungsbake	**Erläuterung** Das Zeichen steht 300 m, 200 m (wie abgebildet) und 100 m vor einem Autobahnknotenpunkt (Autobahnanschlussstelle, Autobahnkreuz oder Autobahndreieck). Es steht auch vor einer bewirtschafteten Rastanlage. Vor einem Knotenpunkt kann auf der 300 m-Bake die Nummer des Knotenpunktes angezeigt sein.
Abschnitt 8 Markierungen		
22	Zeichen 340  Leitlinie	**Ge- oder Verbot** 1. Wer ein Fahrzeug führt, darf Leitlinien nicht überfahren, wenn dadurch der Verkehr gefährdet wird. 2. Wer ein Fahrzeug führt, darf auf der Fahrbahn durch Leitlinien markierte Schutzstreifen für den Radverkehr nur bei Bedarf überfahren, insbesondere um dem Gegenverkehr auszuweichen. Der Radverkehr darf dabei nicht gefährdet werden. 3. Auf durch Leitlinien markierten Schutzstreifen für den Radverkehr darf nicht gehalten werden. Satz 1 gilt nicht für Fahrräder und Elektrokleinstfahrzeuge im Sinne der eKFV. **Erläuterung** Der Schutzstreifen für den Radverkehr ist in regelmäßigen Abständen mit dem Sinnbild „Radverkehr“ auf der Fahrbahn gekennzeichnet.
23	Zeichen 341 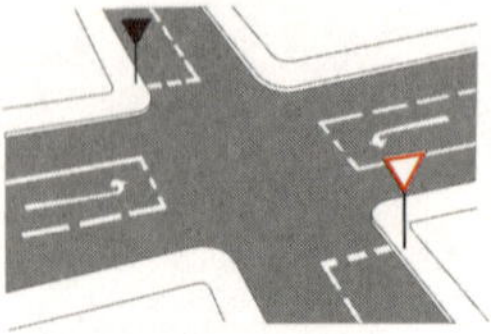 Wartelinie	**Erläuterung** Die Wartelinie empfiehlt dem Wartepflichtigen, an dieser Stelle zu warten.
23.1	Zeichen 342  Haifischzähne	**Erläuterung** Die Markierung hebt eine Wartepflicht infolge einer bestehenden Rechts-vor-links-Regelung abseits der Bundes-, Landes- und Kreisstraßen sowie weiterer Hauptverkehrsstraßen und eine durch Zeichen 205 oder 206 angeordnete Vorfahrtberechtigung des Radverkehrs im Zuge von Kreuzungen oder Einmündungen von Radschnellwegen hervor. Im Fall dieser Vorfahrtberechtigung des Radverkehrs sind die Markierungen auf beiden Seiten entlang der Fahrbahnkanten des Radschnellwegs mit den Spitzen in Richtung des wartepflichtigen Verkehrs anzuordnen.

1	2	3
lfd. Nr.	Zeichen und Zusatzzeichen	Ge- oder Verbote Erläuterungen
Abschnitt 9 Hinweise		
24	Zeichen 350  Fußgängerüberweg	
24.1	Zeichen 350.1  Radschnellweg	**Erläuterung** Das Zeichen steht an Radschnellwegen. Es dient der Unterrichtung über den Beginn von Radschnellwegen und der Führung von Radschnellwegen an Knotenpunkten.
24.2	Zeichen 350.2  Ende des Radschnellwegs	
25	Zeichen 354  Wasserschutzgebiet	

1	2	3
lfd. Nr.	Zeichen und Zusatzzeichen	Ge- oder Verbote Erläuterungen
26	Zeichen 356  Verkehrshelfer	
27	Zeichen 357  Sackgasse	**Erläuterung** Im oberen Teil des Verkehrszeichens kann die Durchlässigkeit der Sackgasse für den Radverkehr und/oder Fußgängerverkehr durch Piktogramme angezeigt sein.
zu 28 und 29		**Erläuterung** 1. Durch solche Zeichen mit entsprechenden Sinnbildern können auch andere Hinweise gegeben werden, wie auf Fußgängerunter- oder -überführung, Fernsprecher, Notrufsäule, Pannenhilfe, Tankstellen, Zelt- und Wohnwagenplätze, Autobahnhotel, Autobahngasthaus, Autobahnkiosk. 2. Auf Hotels, Gasthäuser und Kioske wird nur auf Autobahnen und nur dann hingewiesen, wenn es sich um Autobahnanlagen oder Autohöfe handelt.
28	Zeichen 358  Erste Hilfe	

1	2	3
lfd. Nr.	Zeichen und Zusatzzeichen	Ge- oder Verbote Erläuterungen
29	Zeichen 363  Polizei	
30	Zeichen 385  Ortshinweistafel	
zu 31 und 32		**Erläuterung** Die Zeichen stehen außerhalb von Autobahnen. Sie dienen dem Hinweis auf touristisch bedeutsame Ziele und der Kennzeichnung des Verlaufs touristischer Routen. Sie können auch als Wegweiser ausgeführt sein.
31	Zeichen 386.1  Touristischer Hinweis	
32	Zeichen 386.2  Touristische Route	
33	Zeichen 386.3  Touristische Unterrichtungstafel	**Erläuterung** Das Zeichen steht an der Autobahn. Es dient der Unterrichtung über touristisch bedeutsame Ziele.

1	2	3
lfd. Nr.	Zeichen und Zusatzzeichen	Ge- oder Verbote Erläuterungen
34	Zeichen 390  Mautpflicht nach dem Bundesfernstraßenmautgesetz	
35	Zeichen 391  Mautpflichtige Strecke	
36	Zeichen 392  Zollstelle	
37	Zeichen 393  Informationstafel an Grenzübergangsstellen	

1	2	3
lfd. Nr.	Zeichen und Zusatzzeichen	Ge- oder Verbote Erläuterungen
38	Zeichen 394 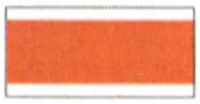 Laternenring	**Erläuterung** Das Zeichen kennzeichnet innerhalb geschlossener Ortschaften Laternen, die nicht die ganze Nacht leuchten. In dem roten Feld kann in weißer Schrift angegeben sein, wann die Laterne erlischt.
Abschnitt 10 Wegweisung		
		1. Nummernschilder
39	Zeichen 401  Bundesstraßen	
40	Zeichen 405  Autobahnen	
41	Zeichen 406  Knotenpunkte der Autobahnen	**Erläuterung** So sind Knotenpunkte der Autobahnen (Autobahnausfahrten, Autobahnkreuze und Autobahndreiecke) beziffert.
42	Zeichen 410  Europastraßen	
		2. Wegweiser außerhalb von Autobahnen
		a) Vorwegweiser
43	Zeichen 438 	

1	2	3
lfd. Nr.	Zeichen und Zusatzzeichen	Ge- oder Verbote Erläuterungen
44	Zeichen 439 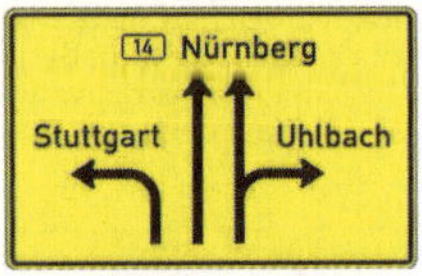	
45	Zeichen 440 	
46	Zeichen 441 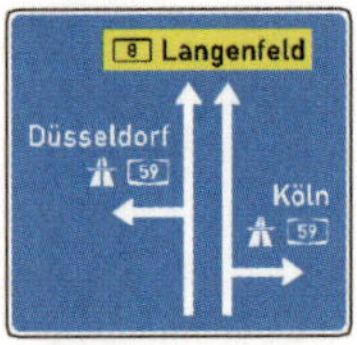	
		b) Pfeilwegweiser
zu 47 bis 49		**Erläuterung** Das Zusatzzeichen „Nebenstrecke“ oder der Zusatz „Nebenstrecke“ im Wegweiser weist auf eine Straßenverbindung von untergeordneter Bedeutung hin.
47	Zeichen 415 	**Erläuterung** Pfeilwegweiser auf Bundesstraßen
48	Zeichen 418 	**Erläuterung** Pfeilwegweiser auf sonstigen Straßen

1	2	3
lfd. Nr.	Zeichen und Zusatzzeichen	Ge- oder Verbote Erläuterungen
49	Zeichen 419 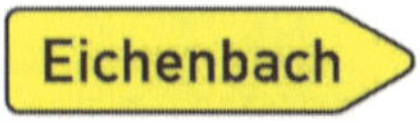	**Erläuterung** Pfeilwegweiser auf sonstigen Straßen mit geringerer Verkehrsbedeutung
50	Zeichen 430 	**Erläuterung** Pfeilwegweiser zur Autobahn
51	Zeichen 432 	**Erläuterung** Pfeilwegweiser zu Zielen mit erheblicher Verkehrsbedeutung.
		c) Tabellenwegweiser
52	Zeichen 434 	**Erläuterung** Der Tabellenwegweiser kann auch auf einer Tafel zusammengefasst sein. Die Zielangaben in einer Richtung können auch auf separaten Tafeln gezeigt werden.
		d) Ausfahrttafel
53	Zeichen 332.1 	**Erläuterung** Ausfahrt von der Kraftfahrstraße oder einer autobahnähnlich ausgebauten Straße. Das Zeichen kann innerhalb geschlossener Ortschaften auch mit weißem Grund ausgeführt sein.

1	2	3
lfd. Nr.	Zeichen und Zusatzzeichen	Ge- oder Verbote Erläuterungen
		e) Straßennamensschilder
54	Zeichen 437 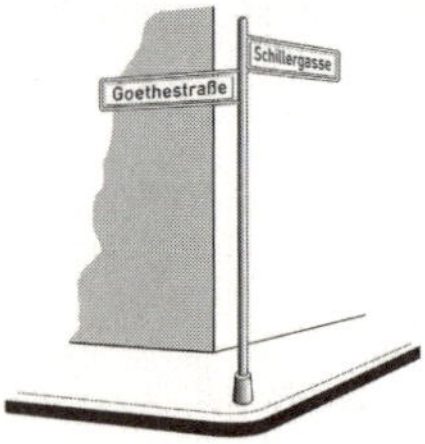	**Erläuterung** Das Zeichen hat entweder weiße Schrift auf dunklem Grund oder schwarze Schrift auf hellem Grund. Es kann auch an Bauwerken angebracht sein.
		3. Wegweiser auf Autobahnen
		a) Ankündigungstafeln
zu 55 und 58		**Erläuterung** Die Nummer (Zeichen 406) ist die laufende Nummer der Autobahnausfahrten, Autobahnkreuze und Autobahndreiecke der gerade befahrenen Autobahn. Sie dient der besseren Orientierung.
55	Zeichen 448 	**Erläuterung** Das Zeichen weist auf eine Autobahnausfahrt, ein Autobahnkreuz oder Autobahndreieck hin. Es schließt Zeichen 406 ein.
56		**Erläuterung** Das Sinnbild weist auf eine Ausfahrt hin.
57		**Erläuterung** Das Sinnbild weist auf ein Autobahnkreuz oder Autobahndreieck hin; es weist auch auf Kreuze und Dreiecke von Autobahnen mit autobahnähnlich ausgebauten Straßen des nachgeordneten Netzes hin.

1	2	3
lfd. Nr.	Zeichen und Zusatzzeichen	Ge- oder Verbote Erläuterungen
58	Zeichen 448.1  	**Erläuterung** 1. Mit dem Zeichen wird ein Autohof in unmittelbarer Nähe einer Autobahnausfahrt angekündigt. 2. Der Autohof wird einmal am rechten Fahrbahnrand 500 bis 1 000 m vor dem Zeichen 448 angekündigt. Auf einem Zusatzzeichen wird durch grafische Symbole der Leistungsumfang des Autohofs dargestellt.
		b) Vorwegweiser
59	Zeichen 449 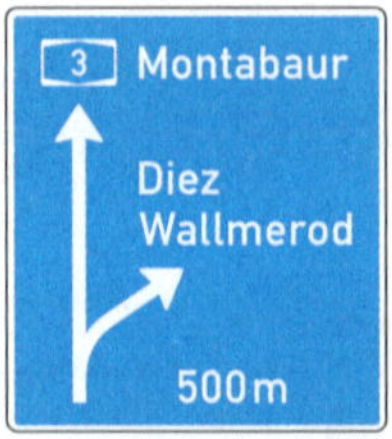 	
		c) Ausfahrttafel
60	Zeichen 332  	
		d) Entfernungstafel
61	Zeichen 453  	**Erläuterung** Die Entfernungstafel gibt Fernziele und die Entfernung zur jeweiligen Ortsmitte an. Ziele, die über eine andere als die gerade befahrene Autobahn zu erreichen sind, werden unterhalb des waagerechten Striches angegeben.

1	2	3
lfd. Nr.	Zeichen und Zusatzzeichen	Ge- oder Verbote Erläuterungen
Abschnitt 11 Umleitungsbeschilderung		
		1. Umleitung außerhalb von Autobahnen
		a) Umleitungen für bestimmte Verkehrsarten
62	Zeichen 442  Vorwegweiser	**Erläuterung** Vorwegweiser für bestimmte Verkehrsarten
63	Zeichen 421 	**Erläuterung** Pfeilwegweiser für bestimmte Verkehrsarten
64	Zeichen 422 	**Erläuterung** Wegweiser für bestimmte Verkehrsarten
		b) Temporäre Umleitungen (z.B. infolge von Baumaßnahmen)
65		**Erläuterung** Der Verlauf der Umleitungsstrecke kann gekennzeichnet werden durch
66	Zeichen 454 	**Erläuterung** Umleitungswegweiser oder
67	Zeichen 455.1 	**Erläuterung** Fortsetzung der Umleitung

1	2	3
lfd. Nr.	Zeichen und Zusatzzeichen	Ge- oder Verbote Erläuterungen
zu 66 und 67		**Erläuterung** Die Zeichen 454 und 455.1 können durch eine Zielangabe auf einem Schild über den Zeichen ergänzt sein. Werden nur bestimmte Verkehrsarten umgeleitet, sind diese auf einem Zusatzzeichen über dem Zeichen angegeben.
68		**Erläuterung** Die temporäre Umleitung kann angekündigt sein durch Zeichen 455.1 oder
69	Zeichen 457.1 	**Erläuterung** Umleitungsankündigung
70		**Erläuterung** jedoch nur mit Entfernungsangabe auf einem Zusatzzeichen und bei Bedarf mit Zielangabe auf einem zusätzlichen Schild über dem Zeichen. Soll die Ankündigung nur für bestimmte Verkehrsarten gelten, sind diese auf einem Zusatzzeichen über dem Zeichen angegeben.
71		**Erläuterung** Die Ankündigung kann auch erfolgen durch
72	Zeichen 458 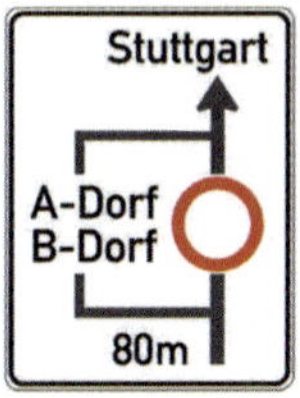	**Erläuterung** eine Planskizze
73		**Erläuterung** Das Ende der Umleitung kann angezeigt werden durch
74	Zeichen 457.2 	**Erläuterung** Ende der Umleitung oder

1	2	3
lfd. Nr.	Zeichen und Zusatzzeichen	Ge- oder Verbote Erläuterungen
75	Zeichen 455.2 	**Erläuterung** Ende der Umleitung
		2. Bedarfsumleitung für den Autobahnverkehr
76	Zeichen 460  Bedarfsumleitung	**Erläuterung** Das Zeichen kennzeichnet eine alternative Streckenführung im nachgeordneten Straßennetz zwischen Autobahnanschlussstellen.
77	Zeichen 466 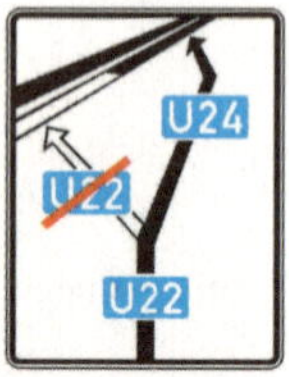 Weiterführende Bedarfsumleitung	**Erläuterung** Kann der umgeleitete Verkehr an der nach Zeichen 460 vorgesehenen Anschlussstelle noch nicht auf die Autobahn zurückgeleitet werden, wird er durch dieses Zeichen über die nächste Bedarfsumleitung weitergeführt.
Abschnitt 12 Sonstige Verkehrsführung		
		1. Umlenkungspfeil
78	Zeichen 467.1 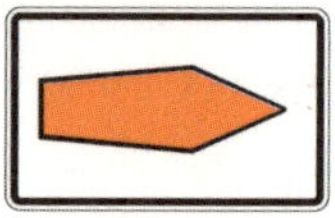 Umlenkungspfeil	**Erläuterung** Das Zeichen kennzeichnet Alternativstrecken auf Autobahnen, deren Benutzung im Bedarfsfall empfohlen wird (Streckenempfehlung).

1	2	3
lfd. Nr.	Zeichen und Zusatzzeichen	Ge- oder Verbote Erläuterungen
79	Zeichen 467.2 	**Erläuterung** Das Zeichen kennzeichnet das Ende einer Streckenempfehlung.
		2. Verkehrslenkungstafeln
80		**Erläuterung** Verkehrslenkungstafeln geben den Verlauf und die Anzahl der Fahrstreifen an, wie beispielsweise:
81	Zeichen 501  Überleitungstafel	**Erläuterung** Das Zeichen kündigt die Überleitung des Verkehrs auf die Gegenfahrbahn an.
82	Zeichen 531  Einengungstafel	
82.1		**Erläuterung** Bei Einengungstafeln wird mit dem Zusatzzeichen der Ort angekündigt, an dem der Fahrstreifenwechsel nach dem Reißverschlussverfahren (§ 7 Absatz 4) erfolgen soll.

1	2	3
lfd. Nr.	Zeichen und Zusatzzeichen	Ge- oder Verbote Erläuterungen
		3. Blockumfahrung
83	Zeichen 590 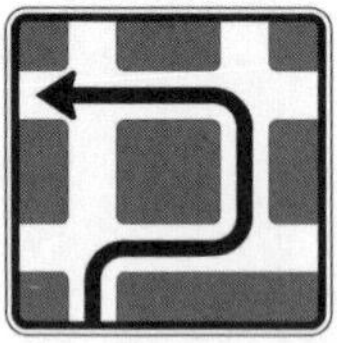 Blockumfahrung	**Erläuterung** Das Zeichen kündigt eine durch die Zeichen „Vorgeschriebene Fahrtrichtung“ (Zeichen 209 bis 214) vorgegebene Verkehrsführung an.

Anlage 4
(zu § 43 Absatz 3)

Verkehrseinrichtungen

1	2	3
lfd. Nr.	Zeichen	Ge- oder Verbot Erläuterungen
Abschnitt 1 Einrichtungen zur Kennzeichnung von Arbeits- und Unfallstellen oder sonstigen vorübergehenden Hindernissen		
1	Zeichen 600  Absperrschranke	
2	Zeichen 605  Leitbake Pfeilbake Schraffenbake	
3	Zeichen 628  Leitschwelle mit Pfeilbake mit Schraffenbake	
4	Zeichen 629  Leitbord mit Pfeilbake mit Schraffenbake	

1	2	3
lfd. Nr.	Zeichen	Ge- oder Verbot Erläuterungen
5	Zeichen 610  Leitkegel	
6	Zeichen 615  Fahrbare Absperrtafel	
7	Zeichen 616  Fahrbare Absperrtafel mit Blinkpfeil	
zu 1 bis 7		**Ge- oder Verbot** Die Einrichtungen verbieten das Befahren der so gekennzeichneten Straßenfläche und leiten den Verkehr an dieser Fläche vorbei. **Erläuterung** 1. Warnleuchten an diesen Einrichtungen zeigen rotes Licht, wenn die ganze Fahrbahn gesperrt ist, sonst gelbes Licht oder gelbes Blinklicht. 2. Zusammen mit der Absperrtafel können überfahrbare Warnschwellen verwendet sein, die quer zur Fahrtrichtung vor der Absperrtafel ausgelegt sind.

1	2	3
lfd. Nr.	Zeichen	Ge- oder Verbot Erläuterungen
Abschnitt 2 Einrichtungen zur Kennzeichnung von dauerhaften Hindernissen oder sonstigen gefährlichen Stellen		
8	Zeichen 625  Richtungstafel in Kurven	Die Richtungstafel in Kurven kann auch in aufgelöster Form angebracht sein.
9	Zeichen 626  Leitplatte	
10	Zeichen 627 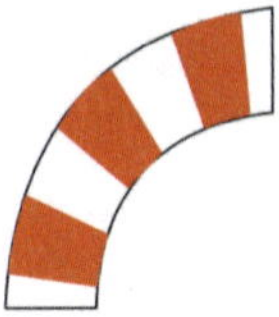 Leitmal	Leitmale kennzeichnen in der Regel den Verkehr einschränkende Gegenstände. Ihre Ausführung richtet sich nach der senkrechten, waagerechten oder gewölbten Anbringung beispielsweise an Bauwerken, Bauteilen und Gerüsten.
Abschnitt 3 Einrichtung zur Kennzeichnung des Straßenverlaufs		
11	Zeichen 620 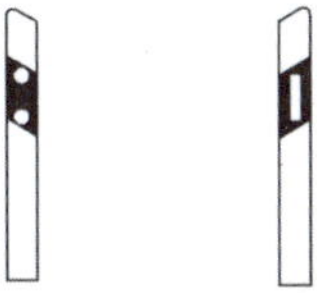 Leitpfosten (links) (rechts)	Um den Verlauf der Straße kenntlich zu machen, können an den Straßenseiten Leitpfosten in der Regel im Abstand von 50 m und in Kurven verdichtet stehen.

1	2	3
lfd. Nr.	Zeichen	Ge- oder Verbot Erläuterungen
Abschnitt 4 Warntafel zur Kennzeichnung von Fahrzeugen und Anhängern bei Dunkelheit		
12	Zeichen 630  Parkwarntafel	

2a. Katalog der Verkehrszeichen (VzKat)

In der Fassung der Bekanntmachung vom 22.5.2017[1]
(BAnz AT 29.05.2017 B8)
(VkBl S. 565)
geänd. durch Art. 1 ÄndVwV v. 8.11.2021 (BAnz AT 15.11.2021 B1)

Inhaltsübersicht

Teil 1. Allgemeines
Gefahrzeichen nach Anlage 1 (zu § 40 Absatz 6 und 7 StVO)
Vorschriftzeichen nach Anlage 2 (zu § 41 Absatz 1 StVO)
Teil 4. Richtzeichen nach Anlage 3 (zu § 42 Absatz 2 StVO)
Teil 5. Verkehrseinrichtungen nach Anlage 4 (zu § 43 Absatz 3 StVO)
Teil 6. Sonstige Zeichen nach StVO
Teil 7. Zusatzzeichen nach § 39 Absatz 3 StVO, § 41 Absatz 2 StVO
Anhang Komplettübersicht

Teil 1. Allgemeines

1. Grundlagen
2. Neuerungen
3. Nummernsystem
4. Größen der Verkehrszeichen
5. Materialien und Ausführung von Verkehrszeichen

1. Grundlagen

(1) [1] Der VzKat enthält alle Verkehrszeichen[2] (inkl. Zusatzzeichen) und Verkehrseinrichtungen gemäß den §§ 39 bis 43 der Straßenverkehrs-Ordnung (StVO[3]) sowie zulässige Varianten von diesen. [2] Außerdem enthält er Verkehrszeichen, die von dem für Verkehr zuständigen Bundesministerium nach Anhörung der zuständigen obersten Landesbehörden durch Verkehrsblattverlautbarung eingeführt sind. [3] Der VzKat umfasst alle bundesweit eingeführten und damit amtlich zugelassenen Verkehrszeichen. [4] Als Anlage zur Allgemeinen Verwaltungsvorschrift zur StVO (VwV-StVO zu den §§ 39 bis 43 Randnummer 8) ist er Bestandteil der VwV-StVO und wird mit ihr eingeführt.

(2) Im Sinne der Einheitlichkeit und Verständlichkeit der Verkehrszeichen für den nationalen sowie internationalen Straßenverkehr sind neben den Ausführungen des VzKat besonders die Vorschriften zu den §§ 39 bis 43 VwV-StVO zu beachten.

(3) [1] Bei Verkehrszeichen mit variablen Inhalten (z.B. Richtzeichen) werden im VzKat in der Regel nicht alle möglichen Ausführungsvarianten wiedergegeben. [2] Die bildliche Darstellung beschränkt sich dann auf das in der StVO enthaltene Verkehrszeichenbeispiel, bei Bedarf um bedeutsame Ausführungsvarianten ergänzt. [3] Im Hinblick auf die konkrete Ausführung solcher Verkehrszeichen und ihre möglichen Varianten findet sich ein Hinweis auf das entsprechende Regelwerk:

---

[1] Neubekanntmachung des VzKat 1992 v. 19.3.1992 in der ab 30.5.2017 geltenden Fassung.

[2] **Amtl. Anm.:** Der Begriff Verkehrszeichen schließt im folgenden Zusatzzeichen und Verkehrseinrichtungen in der Regel mit ein.

[3] Nr. **2**.

– Richtlinien für die wegweisende Beschilderung außerhalb von Autobahnen (RWB)
– Richtlinien für die wegweisende Beschilderung auf Autobahnen (RWBA)
– Richtlinien für die touristische Beschilderung (RtB)
– Richtlinien für Umleitungsbeschilderungen (RUB)
– Richtlinien für Wechselverkehrszeichen an Bundesfernstraßen (RWVZ)
– Richtlinien für die Sicherung von Arbeitsstellen an Straßen (RSA)
– Richtlinien für die Anordnung von verkehrsregelnden Maßnahmen für den Transport gefährlicher Güter auf Straßen
– Richtlinien für die Kennzeichnung von Ingenieurbauwerken mit beschränkter Durchfahrtshöhe über Straßen
– Eisenbahn-Bau- und Betriebsordnung (EBO)

(4) [1] Damit alle Verkehrszeichen stets ein einheitliches Erscheinungsbild haben, muss auf ein standardisiertes Datenmaterial für Verkehrszeichenhersteller, Druckereien, etc. zurückgegriffen werden können. [2] Hierfür erstellt die Bundesanstalt für Straßenwesen (BASt) von allen Verkehrszeichen digitalisierte Vorlagen und hält diese für PC-gestütztes Zeichnen, Konstruieren und Fertigen vor. [3] Die Digitaldaten sämtlicher amtlicher Verkehrszeichen und Verkehrseinrichtungen können bei der BASt bezogen werden.

(5) [1] Der VzKat ist als Loseblattsammlung konzipiert. [2] Für etwaige Änderungen/Ergänzungen bietet jede Seite den Raum für mindestens ein weiteres Zeichen.

(6) [1] Verkehrszeichen mit einem veränderlichen numerischen Inhalt werden nicht in allen möglichen Varianten dargestellt. [2] Es wird lediglich ein Zeichen abgebildet. [3] Die Varianten werden über die Unternummer festgelegt. [4] Die Unternummer steht dabei für den Zahlenwert im Zeichen (vgl. Nummer 3 Abschnitt (3)).

2. Neuerungen

(1) Die nachstehend aufgeführten Änderungen passen den im Rahmen der Allgemeinen Verwaltungsvorschrift zur Straßenverkehrs-Ordnung (VwV-StVO) in der Fassung vom 22. Mai 2017 eingeführten VzKat an.

(2) Die folgenden neu eingeführten Verkehrszeichen sind im VzKat neu enthalten:

– Z 244.3 Beginn einer Fahrradzone
– Z 244.4 Ende einer Fahrradzone
– Z 277.1 Verbot des Überholens von einspurigen Fahrzeugen für mehrspurige Kraftfahrzeuge und Krafträder mit Beiwagen
– Z 281.1 Ende des Verbots des Überholens von einspurigen Fahrzeugen für mehrspurige Kraftfahrzeuge und Krafträder mit Beiwagen
– Z 342 Haifischzähne
– Z 350.1 Radschnellweg
– Z 350.2 Ende des Radschnellwegs
– Z 365-69 Tankstelle mit Flüssigerdgas
– Z 365-70 Tankstelle mit Tankmöglichkeit verschiedener Kraftstoffarten
– Z 365-71 Tankstelle mit Tankmöglichkeit aller Kraftstoffarten

– Z 442-14, -15, -16, -17, -24, -25, -26, -27, -30, -31, -32, -33 Vorwegweiser für bestimmte Verkehrsarten im Kreisverkehr
– Z 455.1-13, -23, -31 Ankündigung oder Fortsetzung der Umleitung im Kreisverkehr
– Z 460-13, -23, -31 Bedarfsumleitung im Kreisverkehr
– Z 501 diverse Überleitungstafeln – ohne Gegenverkehr
– Z 511 diverse Verschwenkungstafeln – ohne Gegenverkehr
– Z 512 diverse Verschwenkungstafeln – mit Gegenverkehr
– Z 513 diverse Verschwenkungstafeln kurzer Verschwenkungen – ohne Gegenverkehr
– Z 514 diverse Verschwenkungstafeln kurzer Verschwenkungen – mit Gegenverkehr
– Z 527-30, -31 Fahrstreifentafel – ohne Gegenverkehr mit integriertem Zeichen 262
– Z 528-30, -31 Fahrstreifentafel – ohne Gegenverkehr mit integriertem Zeichen 263
– Z 529-30, -31 Fahrstreifentafel – ohne Gegenverkehr mit integriertem Zeichen 265
– Z 531 diverse Einengungstafeln – ohne Gegenverkehr
– Z 533 diverse Trennungstafeln – ohne Gegenverkehr
– Z 538-30, -31 Fahrstreifentafel – ohne Gegenverkehr mit integriertem Zeichen 282
– Z 541 diverse Aufweitungstafeln – ohne Gegenverkehr
– Z 542 diverse Aufweitungstafeln – mit Gegenverkehr
– Z 550 diverse Zusammenführungstafeln – an durchgehender Strecke
– Z 551 diverse Zusammenführungstafeln – an einmündender Strecke
– Z 721 Grünpfeilschild mit Beschränkung auf den Radverkehr
– Z 1010-68 Elektrokleinstfahrzeuge
– Z 1010-69 Lastenfahrräder
– Z 1010-70 Carsharingfahrzeuge
– Z 1010-71 Personenkraftwagen oder Krafträder mit Beiwagen, die mit mindestens drei Personen besetzt sind – mehrfachbesetzte Personenkraftwagen
– Z 1010-72 Krafträder, auch mit Beiwagen, Kleinkrafträder und Mofas und Kraftwagen und sonstige mehrspurige Fahrzeuge
– Z 1012-54 Seniorenheim
– Z 1022-16 Elektrokleinstfahrzeuge frei
– Z 1022-17 Lastenfahrräder frei
– Z 1024-21 Carsharingfahrzeuge frei

3. Nummernsystem

(1) [1] Zur eindeutigen Unterscheidung der Verkehrszeichen wird jedes Hauptverkehrszeichen mit einer Hauptverkehrszeichennummer versehen. [2] Für die in der StVO[1)] enthaltenen Zeichen sind dies die dort definierten Zeichennummern gemäß den §§ 40 bis 43. [3] Hierbei sind bestimmte Hauptnummernbereiche für bestimmte Gruppen von Verkehrszeichen reserviert:

[1)] Nr. **2**.

- Gefahrzeichen (§ 40 StVO):
  Z 101 bis 199
- Vorschriftzeichen (§ 41 StVO):
  Z 201 bis 299
- Richtzeichen (§ 42 StVO):
  Z 301 bis 599
- Verkehrseinrichtungen (§ 43 StVO):
  Z 600 bis 699
- sonstige Zeichen der StVO:
  Z 701 bis 799
- Zusatzzeichen (§ 39 bzw. 41 StVO):
  ab Z 1000

(2) [1]Da es zu Verkehrszeichen zum Teil vielfältige Ausführungsvarianten gibt, wird der Hauptzeichennummer eine Unternummer hinzugefügt. [2]Haupt- und Unternummer sind durch einen Bindestrich verknüpft. [3]Diese numerische Festlegung ist für die Erstellung von Beschilderungsplänen, das Beschaffungswesen sowie für die Schilderfertigung und -lagerung und nicht zuletzt für die Anordnung von Verkehrszeichen von Bedeutung. [4]Die Einteilung der Unternummern erfolgt in der Regel nach dem Richtungsbezug, der im Bild des Verkehrszeichens ausgedrückt wird, oder nach der Seite der Aufstellung:

- für linksweisend, gleichzeitig geradeaus und linksweisend oder bei Aufstellung rechts:

Unternummer -10 bis -19

Bsp.: Zeichen 133-10 (Aufstellung rechts)

- für rechtsweisend, gleichzeitig geradeaus und rechtsweisend oder bei Aufstellung links:

Unternummer -20 bis -29

Beispiel: Zeichen 220-20 (rechtsweisend)

– für beidseitig weisend, geradeausweisend oder richtungsneutral (z.B. auch sperrend):

Unternummer -30 bis -39

Bsp.: Zeichen 283-30 (beidseitig weisend)

– für doppelseitig wirksam (z.B. beidseitig bedruckt):

Unternummer -40 bis -49

Bsp.: Zeichen 310-40 (Rückseite Zeichen 311)

– für Zeichen, die sich in das System der o. g. Unternummern nicht einordnen lassen (z.B. Zeichen ohne richtungsweisendes Element):

Unternummer -50 bis -99

Bsp.: Zeichen 314-50 Parkhaus, Parkgarage (Variante von Zeichen 314

(3) [1] Bei Verkehrszeichen mit variablen Zahlenwerten steht die Unternummer für den im Verkehrszeichen enthaltenen Zahlenwert. [2] Bei Zusatzzeichen gilt dies nur für Zeichen mit Entfernungsangaben – dabei werden die Werte hinter der Unternummer angefügt.

Beispiel:

Beispiel: Zeichen 108-**12**

Beispiel: Zeichen 265-**4,2**

Beispiel: Zeichen 274-**90**

Beispiel: Zeichen 1001-30-**800**

(4) [1] Um die Anzahl der Abbildungen im VzKat auf das notwendige Maß zu beschränken, ist in der Regel nur das Hauptzeichen abgebildet. [2] Wo nötig, werden Ausführungsvarianten mit Unternummern tabellarisch erläutert.

4. Größen der Verkehrszeichen

(1) [1] Die Größe der Verkehrszeichen richtet sich nach den Vorgaben der VwV-StVO zu den §§ 39 bis 43 Randnummern 12 ff.). [2] Demnach sind lediglich Größenangaben zu Sonderformen von Verkehrszeichen (z.B. Zeichen 201 Andreaskreuz) im VzKat festgelegt. [3] Eine entsprechende Maßangabe wird jeweils beim Verkehrszeichen angegeben [Höhe x Breite in Millimeter].

(2) [1] Damit auf Zonenzeichen dargestellte Hauptzeichen (z.B. Zeichen 274 in Zeichen 274.1 Beginn einer Tempo 30-Zone) im Vergleich zu Nicht-Zonenzeichen nicht zu klein ausfallen, sollten Zonenzeichen in der Regel in der nächstgrößeren Größe als nach VwV-StVO vorgesehen, ausgeführt sein. [2] Dies bedeutet für Zonenzeichen in der Regel Größe 3. [3] (VwV-StVO zu den §§ 39 bis 43 Randnummer 17a).

5. Materialien und Ausführung von Verkehrszeichen

[1] Verkehrszeichen sind material- und ausführungstechnisch nach den einschlägigen internationalen und nationalen Vorschriften herzustellen und zu unterhalten. [2] Die Ausführung der Verkehrszeichen darf nicht unter den Anforderungen anerkannter Gütebedingungen liegen (vgl. VwV-StVO zu den §§ 39 bis 43 Randnummer 18).

[1] Werden Verkehrszeichen als Wechselverkehrszeichen nur durch Leuchten erzeugt, können abweichend von der im VzKat abgebildeten Darstellung die weißen Flächen schwarz und die schwarzen Sinnbilder und der schwarze Rand weiß sein. [2] Einzelheiten enthalten die „Richtlinien für Wechselverkehrszeichen an Bundesfernstraßen (RWVZ)“ und die „Richtlinien für Wechselverkehrszeichenanlagen an Bundesfernstraßen (RWVA)“ (vgl. VwV-StVO zu den §§ 39 bis 43 Randnummer 23).

Teil 2. Gefahrzeichen nach Anlage 1 (zu § 40 Absatz 6 und 7 StVO)

Zeichen 101

Gefahrstelle

---

weitere Gefahrzeichen mit Sinnbildern nach § 39 Absatz 8 StVO

Flugbetrieb
-10: Aufstellung rechts
-20: Aufstellung links

Fußgängerüberweg
-11: Aufstellung rechts
-21: Aufstellung links

Viehtrieb
-12: Aufstellung rechts
-22: Aufstellung links

Reiter
-13: Aufstellung rechts
-23: Aufstellung links

Amphibienwanderung
-14: Aufstellung rechts
-24: Aufstellung links

Steinschlag
-15: Aufstellung rechts
-25: Aufstellung links

Schnee- oder Eisglätte
-51

Splitt, Schotter
–52

Ufer
-53

Unzureichendes Lichtraumprofil
-54

Bewegliche Brücke
-55

Zeichen 102

Kreuzung oder Einmündung

Zeichen 103

Kurve

Unternummer Z 103–

10: links

20: rechts

-10

Zeichen 105

Doppelkurve

Unternummer Z 105–

10: zunächst links

20: zunächst rechts

-10

Zeichen 108

Gefälle

Unternummer Z 108–

4 – 25: mit jeweiligem Gefälle in %

Unternummer steht jeweils für den Zahlenwert

-10

Zeichen 110

Steigung

Unternummer Z 110–

4 – 25: mit jeweiliger Steigung in %

Unternummer steht jeweils für den Zahlenwert

-12

Zeichen 112

Unebene Fahrbahn

Zeichen 114

Schleuder- oder Rutschgefahr

Zeichen 117

Seitenwind

Unternummer Z 117–

10: Seitenwind von rechts

20: Seitenwind von links

-10

Zeichen 120

Verengte Fahrbahn

Zeichen 121

Einseitig verengte
Fahrbahn

<u>**Unternummer Z 121–**</u>
10: Verengung rechts
20: Verengung links

-10

Zeichen 123

Arbeitsstelle

Zeichen 124

Stau

Zeichen 125

Gegenverkehr

Zeichen 131

Lichtzeichenanlage

Zeichen 133

Fußgänger

<u>**Unternummer Z 133–**</u>
10: Aufstellung rechts
20: Aufstellung links

-10

Zeichen 136

Kinder

<u>**Unternummer Z 136–**</u>
10: Aufstellung rechts
20: Aufstellung links

-10

Zeichen 138

Radverkehr

-10

Unternummer Z 138–

10: Aufstellung rechts

20: Aufstellung links

Zeichen 142

Wildwechsel

-10

Unternummer Z 142–

10: Aufstellung rechts

20: Aufstellung links

Zeichen 151

Bahnübergang

Zeichen 156

Bahnübergang mit dreistreifiger Bake

-10

Unternummer Z 156–

10: Aufstellung rechts

11: mit Entfernungsangabe – Aufstellung rechts

20: Aufstellung links

21: mit Entfernungsangabe – Aufstellung links

1000 x 300

Zeichen 157

Dreistreifige Bake

-10

Unternummer Z 157–

10: Aufstellung rechts

11: mit Entfernungsangabe – Aufstellung rechts

20: Aufstellung links

21: mit Entfernungsangabe – Aufstellung links

1000 x 300

Zeichen 159

Zweistreifige Bake

-10

<u>Unternummer Z 159–</u> 1000 x 300

10: Aufstellung rechts

11: mit Entfernungsangabe – Aufstellung rechts

20: Aufstellung links

21: mit Entfernungsangabe – Aufstellung links

Zeichen 162

Einstreifige Bake

-10

<u>Unternummer Z 162–</u> 1000 x 300

10: Aufstellung rechts

11: mit Entfernungsangabe – Aufstellung rechts

20: Aufstellung links

21: mit Entfernungsangabe – Aufstellung links

Teil 3. Vorschriftzeichen nach Anlage 2 (zu § 41 Absatz 1 StVO)

Zeichen 201

Andreaskreuz

Unternummer Z 201 –

50: stehend

51: stehend mit Blitzpfeil

52: liegend

53: liegend mit Blitzpfeil

1350 x 180 (Schenkelmaß) -50

Ausführung nach Eisenbahn-Bau- und Betriebsordnung (EBO)

Zeichen 205

Vorfahrt gewähren

Zeichen 206

Halt. Vorfahrt gewähren

h= 900 mm (Standardgröße)

h= 1050 mm (Übergröße)

Zeichen 208

Vorrang des Gegenverkehrs

Zeichen 209

Vorgeschriebene Fahrtrichtung

Rechts

Unternummer Z 209 –

10: Links

30: Geradeaus

Zeichen 211

Vorgeschriebene Fahrtrichtung

Hier rechts

Unternummer Z 211 –

10: Hier links

Zeichen 214

Vorgeschriebene Fahrtrichtung

Geradeaus oder rechts

Unternummer Z 214 –

10: Geradeaus oder links

30: Rechts oder links

Zeichen 215 Kreisverkehr			
Zeichen 220 Einbahnstraße	**Unternummer Z 220 –** 10: linksweisend 20: rechtsweisend 40: doppelseitig (-10/-20)	300 x 800	 -20
Zeichen 222 Vorgeschriebene Vorbeifahrt Rechts vorbei	**Unternummer Z 222 –** 10: Links vorbei		
Zeichen 223.1 Seitenstreifen befahren	**Unternummer Z 223.1 –** 50: 2 Fahrstreifen + Seitenstreifen 51: 3 Fahrstreifen + Seitenstreifen 52: 4 Fahrstreifen + Seitenstreifen	2250 x 2250	 -50
Zeichen 223.2 Seitenstreifen nicht mehr befahren	**Unternummer Z 223.2 –** 50: 2 Fahrstreifen + Seitenstreifen 51: 3 Fahrstreifen + Seitenstreifen 52: 4 Fahrstreifen + Seitenstreifen	2250 x 2250	 -50
Zeichen 223.3 Seitenstreifen räumen	**Unternummer Z 223.3 –** 50: 2 Fahrstreifen + Seitenstreifen 51: 3 Fahrstreifen + Seitenstreifen 52: 4 Fahrstreifen + Seitenstreifen	2250 x 2250	 -50
Zeichen 224 Haltestelle	**Unternummer Z 224 –** 40: Haltestelle (doppelseitig)		

Schulbushaltestelle
(mit Zz 1042–36)

Unternummer Z 224 –
51: Schulbushaltestelle
41: Schulbushaltestelle (doppelseitig)

-51

Zeichen 229

Taxenstand

Pfeile entsprechend Zeichen 283

Unternummer Z 229 –
10: Anfang – Aufstellung rechts
20: Ende – Aufstellung rechts
30: Mitte – Aufstellung rechts
11: Ende – Aufstellung links
21: Anfang – Aufstellung links
31: Mitte – Aufstellung links

Zeichen 237

Radweg

Zeichen 238

Reitweg

Zeichen 239

Gehweg

Zeichen 240

Gemeinsamer Geh- und Radweg

Zeichen 241

Getrennter Rad- und Geweg

Unternummer Z 241 –
30: Radweg links
31: Radweg rechts

-30

Zeichen 242.1

Beginn einer Fußgängerzone

Unternummer Z 242.1 –
40: doppelseitig (Rückseite Z 242.2)

Zeichen 242.2

Ende einer Fußgängerzone

Zeichen 244.1

Beginn einer Fahrradstraße

Unternummer Z 244.1 –
40: doppelseitig (Rückseite Z 244.2)

Zeichen 244.2

Ende einer Fahrradstraße

Zeichen 244.3

Beginn einer Fahrradzone

Unternummer Z 244.3 –
40: doppelseitig (Rückseite Z 244.4)

Zeichen 244.4

Ende einer Fahrradzone

Zeichen 245

Bussonderfahrstrei-
fen

Zeichen 250

Verbot für Fahrzeuge aller Art

Zeichen 251[1)]

Verbot für Kraft-
wagen

Zeichen 253[1)]

Verbot für Kraftfahrzeuge über 3,5 t

Zeichen 254[1)]

Verbot für Radverkehr

Zeichen 255[1)]

Verbot für Krafträder

Zeichen 257

weitere Verbotszeichen mit Sinnbildern nach § 39 StVO[2)]

Verbot für Mofas
-50

Verbot für Reiter
-51

Verbot für Gespannfuhrwerke
-52

Verbot für Viehtrieb
-53

Verbot für Kraftomnibusse
-54

Verbot für Personenkraftwagen
-55

[1)] **Amtl. Anm.:** Die Sinnbilder in den Zeichen 251 bis 255 sowie 259 können auch doppelt nach dem Vorbild von Zeichen 260 angeordnet werden.
[2)] Nr. **2**.

Verbot für Personenkraftwagen mit Anhänger

-56

Verbot für Lastkraftwagen mit Anhänger

-57

Verbot für Kraftfahrzeuge und Züge, die nicht schneller als 25 km/h fahren können oder dürfen

-58

Zeichen 259[1)]

Verbot für Fußgänger

Zeichen 260

Verbot für Kraftfahrzeuge

Zeichen 261

Verbot für kennzeichnungspflichtige Kraftfahrzeuge mit gefährlichen Gütern

Zeichen 262

Tatsächliche Masse

Unternummer steht jeweils für den Zahlenwert

-5,5

Zeichen 263

Tatsächliche Achslast

Unternummer steht jeweils für den Zahlenwert

-8

---

1) **Amtl. Anm.:** Die Sinnbilder in den Zeichen 251 bis 255 sowie 259 können auch doppelt nach dem Vorbild von Zeichen 260 angeordnet werden.

Zeichen 264

Tatsächliche Breite

-2,3

Unternummer steht jeweils für den Zahlenwert

-2

Zeichen 265

Tatsächliche Höhe

Unternummer steht jeweils für den Zahlenwert

-3,8

Zeichen 266

Tatsächliche Länge

Unternummer steht jeweils für den Zahlenwert

-10

Zeichen 267

Verbot der Einfahrt

Zeichen 268

Schneeketten vorgeschrieben

Zeichen 269

Verbot für Fahrzeuge mit wassergefährdender Ladung

Zeichen 270.1

Beginn einer Verkehsverbotszone zur Verminderung schädlicher Luftverunreinigungen in einer Zone

Unternummer Z 270.1 –

40: doppelseitig (Rückseite Z 270.2)

Zeichen 270.2

Ende einer Verkehsverbotszone zur Verminderung schädlicher Luftverunreinigungen in einer Zone

Zeichen 272

Verbot des Wendens

Zeichen 273

Verbot des Unterschreitens des angegebenen Mindestabstandes

Unternummer steht jeweils für den Zahlenwert

-70

Zeichen 274

Zulässige Höchstgeschwindigkeit

<u>Unternummer Z 274 –</u>

5 - 130: ab 10 in vollen Zehnern, jeweilige Geschwindigkeit in km/h

Unternummer steht jeweils für den Zahlenwert

-60

Zeichen 274.1

Beginn einer Tempo 30-Zone

Unternummer Z 274.1 –

40: Beginn einer Tempo 30-Zone – doppelseitig (Rückseite Z 274.2)

41: Beginn einer Tempo 20-Zone in verkehrsberuhigten Geschäftsbereichen – doppelseitig (Rückseite Z 274.2–20)

20: Beginn einer Tempo 20-Zone in verkehrsberuhigten Geschäftsbereichen (einseitig)

Zeichen 274.2

Ende einer Tempo 30-Zone

Unternummer Z 274.2 –

20: Ende einer Tempo 20-Zone in verkehrsberuhigten Geschäftsbereichen (einseitig)

Zeichen 275

Vorgeschriebene Mindestgeschwindigkeit

Unternummer (nur volle Zehner) steht jeweils für den Zahlenwert

-30

Zeichen 276

Überholverbot für Kraftfahrzeuge aller Art

Zeichen 277

Überholverbot für Kraftfahrzeuge über 3,5 t

Zeichen 277.1

Verbot des Überholens von einspurigen Fahrzeugen für mehrspurige Kraftfahrzeuge und Krafträder mit Beiwagen

Zeichen 278

Ende der zulässigen Höchstgeschwindigkeit

Unternummer Z 278 –

5 – 130: ab 10 in vollen Zehnern, jeweilige Geschwindigkeit in km/h

Unternummer steht jeweils für den Zahlenwert

-60

Zeichen 279

Ende der vorgeschriebenen Mindestgeschwindigkeit

Unternummer (nur volle Zehner) steht jeweils für den Zahlenwert

-30

Zeichen 280

Ende des Überholverbots für Kraftfahrzeuge aller Art

Zeichen 281

Ende des Überholverbots für Kraftfahrzeuge über 3,5 t

Zeichen 281.1

Ende des Verbots des Überholens von einspurigen Fahrzeugen für mehrspurige Kraftfahrzeuge und Krafträder mit Beiwagen

Zeichen 282

Ende sämtlicher streckenbezogener Geschwindigkeitsbeschränkungen und Überholverbote

Zeichen 283

Absolutes Haltverbot

-10

-20

-30

-11

-21

-31

Unternummer Z 283 –

10: Anfang – Aufstellung rechts 11: Ende – Aufstellung links
20: Ende – Aufstellung rechts 21: Anfang – Aufstellung links
30: Mitte – Aufstellung rechts 31: Mitte – Aufstellung links

Zeichen 286

Eingeschränktes Haltverbot

-10

-20

-30

-11

-21

-31

Unternummer Z 286 –

10: Anfang – Aufstellung rechts 11: Ende – Aufstellung links
20: Ende – Aufstellung rechts 21: Anfang – Aufstellung links
30: Mitte – Aufstellung rechts 31: Mitte –Aufstellung links

Zeichen 290.1

Beginn eines eingeschränkten Haltverbots für eine Zone

Unternummer Z 290.1 –

40: doppelseitig (Rückseite Z 290.2)

Zeichen 290.2

Ende eines eingeschränkten Haltverbotes für eine Zone

Zeichen 293

Fußgängerüberweg

Ausführung nach RMS

Zeichen 294

Haltlinie

Ausführung nach RMS

Zeichen 295

Fahrstreifenbegrenzung und Fahrbahnbegrenzung

Ausführung nach RMS

Zeichen 296

Einseitige Fahrstreifenbegrenzung

Ausführung nach RMS

Zeichen 297

Pfeilmarkierungen

Ausführung nach RMS

Zeichen 297.1

Vorankündigungspfeil

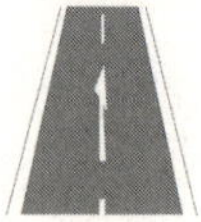

Unternummer Z 297.1 –

21: zur Anzeige eines Fahrstreifenendes

-21

Ausführung nach RMS

Zeichen 298

Sperrfläche

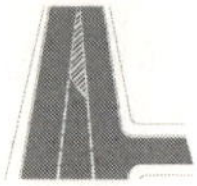

Ausführung nach RMS

Zeichen 299

Grenzmarkierung für Halt- oder Parkverbote

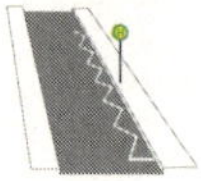

Ausführung nach RMS

Teil 4. Richtzeichen nach Anlage 3 (zu § 42 Absatz 2 StVO)

Zeichen 301

Vorfahrt

Zeichen 306

Vorfahrtstraße

Zeichen 307

Ende der Vorfahrtstraße

Zeichen 308

Vorrang vor dem Gegenverkehr

Zeichen 310

Ortstafel Vorderseite

<u>**Unternummer Z 310 –**</u>
40: doppelseitig (Rückseite Z 311)

Ausführung nach RWB

Zeichen 311

Ortstafel Rückseite

Ausführung nach RWB

Zeichen 314*1)

Parken

-10

-20

-30

-31

<u>**Unternummer Z 314 –**</u>
10: Anfang (Aufstellung rechts) oder Ende (Aufstellung links)
20: Ende (Aufstellung rechts) oder Anfang (Aufstellung links)
30: Mitte (Aufstellung rechts) 31: Mitte (Aufstellung links)

---

*1) **Amtl. Anm.:** Die Art einer Parkbeschränkung wird durch Zusatzzeichen angezeigt

Parkhaus

Unternummer Z 314 –
50: Parkhaus, Parkgarage

-50

Zeichen 314.1[*1)]

Beginn einer Parkraumbewirtschaftungszone

Unternummer Z 314.1 –
40: doppelseitig (Rückseite Z 314.2)

Zeichen 314.2[*1)]

Ende einer Parkraumbewirtschaftungszone

Zeichen 315[*1)]
Parken auf Gehwegen

Die Pfeile in Klammern bei den Unternummern geben jeweils die Pfeildarstellung auf dem Zeichen an.

Unternummer Z 315 –
50: halb in Fahrtr. links
51: halb in Fahrtr. links Anfang (→)
52: halb in Fahrtr. links Ende (←)
53: halb in Fahrtr. links Mitte (⇆)

Unternummer Z 315 –
55: halb in Fahrtr. rechts
56: halb in Fahrtr. rechts Anfang (←)
57: halb in Fahrtr. rechts Ende (→)
58: halb in Fahrtr. rechts Mitte (⇆)

-55

Unternummer Z 315 –
60: ganz in Fahrtr. links
61: ganz in Fahrtr. links Anfang (→)
62: ganz in Fahrtr. links Ende (←)
63: ganz in Fahrtr. links Mitte (⇄)

Unternummer Z 315 –
65: ganz in Fahrtr. rechts
66: ganz in Fahrtr. rechts Anfang (←)
67: ganz in Fahrtr. rechts Ende (→)
68: ganz in Fahrtr. rechts Mitte (⇆)

-66

Unternummer Z 315 –
70: halb quer zur Fahrtr. links
71: halb quer zur Fahrtr. links Anfang (→)
72: halb quer zur Fahrtr. links Ende (←)
73: halb quer zur Fahrtr. links Mitte (⇄)

Unternummer Z 315 –
75: halb quer zur Fahrtr. rechts
76: halb quer zur Fahrtr. rechts Anfang (←)
77: halb quer zur Fahrtr. rechts Ende (→)
78: halb quer zur Fahrtr. rechts Mitte (⇆)

-71

[*1)] **Amtl. Anm.:** Die Art einer Parkbeschränkung wird durch Zusatzzeichen angezeigt

Unternummer Z 315 –
80: ganz quer zur Fahrtr. links
81: ganz quer zur Fahrtr. links Anfang (→)
82: ganz quer zur Fahrtr. links Ende (←)
83: ganz quer zur Fahrtr. links Mitte (⇄)

Unternummer Z 315 –
85: ganz quer zur Fahrtr. rechts
86: ganz quer zur Fahrtr. rechts Anfang (←)
87: ganz quer zur Fahrtr. rechts Ende (→)
88: ganz quer zur Fahrtr. rechts Mitte (⇆)

-88

Zeichen 316
Parken und Reisen

Parken und Mitfahren

Unternummer Z 316 –
50: Parken und Mitfahren

Zeichen 317
Wandererparkplatz

Zeichen 318
Parkscheibe

Ausführung gemäß VkBl. 1981 S. 447

Zeichen 325.1
Beginn eines verkehrsberuhigten Bereichs

Unternummer Z 325.1 –
40: doppelseitig (Rückseite Z 325.2)

Zeichen 325.2
Ende eines verkehrsberuhigten Bereichs

Zeichen 327
Tunnel

<u>Unternummer Z 327 –</u>
50: mit Längenangabe in m
51: mit Längenangabe in km

-50

Zeichen 328
Nothalte- und Pannenbucht

Zeichen 330.1
Autobahn

Zeichen 330.2
Ende der Autobahn

Zeichen 331.1
Kraftfahrstraße

Zeichen 331.2
Ende der Kraftfahrstraße

Zeichen 332
Ausfahrttafel auf der Autobahn

Zeichen 332.1
Ausfahrttafel auf anderen Straßen außerhalb der Autobahn

<u>Unternummer Z 332.1 –</u>
20: in Weiß mit Zielen nach Zeichen 432

-20

Zeichen 333
Ausfahrt von der Autobahn

950 x 3450

Zeichen 333.1

Ausfahrt von anderen Straßen außerhalb der Autobahn

500 x 2000

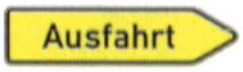

<u>Unternummer Z 333.1 –</u>
20: in Weiß (in Verb. m. Z 332.1-20)

500 x 2000

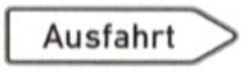

-20

Zeichen 340

Leitlinie

Ausführung nach RMS

Zeichen 341

Wartelinie

Ausführung nach RMS

Zeichen 342

Haifischzähne

Ausführung nach RMS

Zeichen 350

Fußgängerüberweg

<u>Unternummer Z 350 –</u>
10: Aufstellung rechts
20: Aufstellung links
40: doppelseitig (-10 / -20)

-10
Ausführung nach R-FGÜ

Zeichen 350.1

Radschnellweg

<u>Unternummer Z 350.1 –</u>
10: Aufstellung rechts
20: Aufstellung links

-10

Zeichen 350.2

Ende des Radschnellwegs

<u>Unternummer Z 350.2 –</u>
10: Aufstellung rechts
20: Aufstellung links

-10

Zeichen 354
Wasserschutzgebiet

Zeichen 356
Verkehrshelfer

Zeichen 357
Sackgasse

Unternummer Z 357 –
50: für Radverkehr und Fußgänger durchlässige Sackgasse
51: für Fußgänger durchlässige Sackgasse
52: für Radverkehr durchlässige Sackgasse

-50

Zeichen 358
Erste Hilfe

Zeichen 363
Polizei

Zeichen 365

weitere Hinweise mit grafischen Symbolen

Fernsprecher
-50

Notrufsäule
-51

Tankstelle
-52

Tankstelle mit Autogas
-53

Tankstelle mit Erdgas
-54

Autobahnhotel
-55

Autobahngasthaus
-56

Autobahnkiosk
-57

Toilette
-58

Autobahnkapelle
-59

Zelt- und Wohnwagenplatz
-60

Informationsstelle
-61

Pannenhilfe
-62

Fußgängerunterführung
-63

Fußgängerüberführung
-64

Zeichen 365

weitere Hinweise mit grafischen Symbolen

Ladestation für Elektrofahrzeuge
-65

Wasserstofftankstelle
-66

Wohnmobilplatz
-67

Wohnmobil- und Wohnwagenplatz
-68

Tankstelle mit Flüssigerdgas
-69

Tankmöglichkeit verschiedene Kraftstoffarten[1)]
-70

600 x 750

Tankmöglichkeit alle Kraftstoffarten
-71

600 × 900

Zeichen 385

Ortshinweistafel

Ausführung nach RWB

Zeichen 386.1

Touristischer Hinweis

Ausführung nach RWB

Touristischer Hinweis als Wegweiser

-10

[1)] **Amtl. Anm.:** Es sind nur die vorhandenen Kraftstoffarten anzuzeigen.

-11

-12

Unternummer Z 386.1 –
10: Wegweiser linksweisend
11: Vorwegweiser linksw.
12: Pfeilwegweiser linksw.
20: Wegweiser rechtsw.
21: Vorwegweiser rechtsw.
22: Pfeilwegweiser rechtsw.
30: Vor-/ Wegweiser geradeaus
40: Pfeilwegweiser doppels.

Touristischer Hinweis mit Bezugsziel

Unternummer Z 386.1 –
50: Variante "in"
51: Variante "via"
52: Variante "Richtung"

-50

Touristischer Hinweis

Fluss oder Kanal

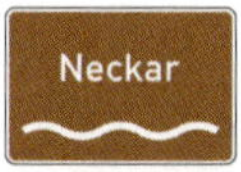

-53

Zeichen 386.2

Touristische Route

Ausführung nach RtB

Touristische Route als Wegweiser

-10

-11

-12

Unternummer Z 386.2 –
10: Wegweiser linksweisend
11: Vorwegweiser linksw.
12: Pfeilwegweiser linksw.
20: Wegweiser rechtsweisend
21: Vorwegweiser rechtsweisend
22: Pfeilwegweiser rechtsw.
30: Vor-/ Wegweiser geradeaus
40: Pfeilwegweiser doppels.

Touristische Route mit Bezugsziel

Unternummer Z 386.2 –

51: Variante "via"

52: Variante "Richtung"

-51

Touristische Route als Hinweisschild

-53

Zeichen 386.3

Touristische Unterrichtungstafel

Unternummer Z 386.3 –

50: Erinnerungstafel gemäß "Brocken-Erklärung" (VkBl. 2008 S. 438, 503)

-50

Ausführung nach RtB

Zeichen 390

Mautpflicht nach dem Bundesfernstraßenmautgesetz

Zeichen 390.2

Ende der Mautpflicht nach dem Bundesfernstraßenmautgesetz

Zeichen 391

Mautpflichtige Strecke

Zeichen 392

Zollstelle

Zeichen 393

Informationstafel an Grenzübergangsstellen

an der Autobahn (3600 x 2500)
an anderen Straßen (2400 x 1650)

Ausführung gemäß VkBl. 1981 S. 241

Zeichen 394
Laternenring

Unternummer Z 394 –
50: Schild (70 x 150)

Höhe: 70

Zeichen 401
Bundesstraßen

Ausführung nach RWBA oder RWB

Zeichen 405
Autobahnen

Ausführung nach RWBA oder RWB

Zeichen 406
Knotenpunkte der Autobahnen
(in Kombination mit Zeichen 450-52)

-51

-50
Ausführung nach RWBA

Unternummer Z 406 –
50: ein- oder zweistellige Nummer
51: drei- oder mehrstellige Nummer

Zeichen 410
Europastraßen

Ausführung nach RWBA oder RWB

Zeichen 415
Pfeilwegweiser auf Bundesstraßen

Unternummer Z 415 –
10: linksweisend
20: rechtsweisend
40: doppelseitig

-10
Ausführung nach RWB

Zeichen 418
Pfeilwegweiser auf sonstigen Straßen

Unternummer Z 418 –
10: linksweisend
20: rechtsweisend
40: doppelseitig

-20
Ausführung nach RWB

Zeichen 419
Pfeilwegweiser auf sonstigen Straßen mit geringerer Verkehrsbedeutung

Unternummer Z 419 –
10: linksweisend
20: rechtsweisend
40: doppelseitig

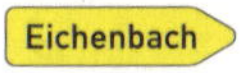

-20
Ausführung nach RWB

Zeichen 421

Pfeilwegweiser für bestimmte Verkehrsarten

Ausführung nach RUB oder gemäß den Richtlinien für die Anordnung von verkehrsregelnden Maßnahmen für den Transport gefährlicher Güter auf Straßen

KFZ mit einer zulässigen Gesamtmasse über 3,5 t

-20

Unternummer Z 421 –
10: linksweisend
20: rechtsweisend
40: doppelseitig

kennzeichnungspfl. Fahrzeuge mit gefährlichen Gütern

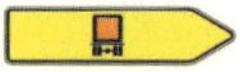

-21

Unternummer Z 421 –
11: linksweisend
21: rechtsweisend
41: doppelseitig

Fahrzeuge mit wassergefährdender Ladung

-22

Unternummer Z 421 –
12: linksweisend
22: rechtsweisend
42: doppelseitig

Zeichen 422

Wegweiser für bestimmte Verkehrsarten

Ausführung nach RUB oder gemäß den Richtlinien für die Anordnung von verkehrsregelnden Maßnahmen für den Transport gefährlicher Güter auf Straßen

KFZ mit einer zulässigen Gesamtmasse über 3,5 t

Unternummer Z 422 –
10: hier links
11: links einordnen
20: hier rechts
21: rechts einordnen
30: geradeaus

-30

-11

-20

kennzeichnungspfl. Fahrz. mit gefährlichen Gütern

Unternummer Z 422 –
12: hier links
13: links einordnen
22: hier rechts
23: rechts einordnen
32: geradeaus

-32

-13

-22

Fahrzeuge mit wassergefährdender Ladung

Unternummer Z 422 –
14: hier links
15: links einordnen
24: hier rechts
25: rechts einordnen
34: geradeaus

-34

-15

-24

Radverkehr

Unternummer Z 422 –
16: hier links
17: links einordnen
26: hier rechts
27: rechts einordnen
36: geradeaus

-36

-17

-26

Zeichen 430

Pfeilwegweiser zur Autobahn

Unternummer Z 430 –
10: linksweisend
20: rechtsweisend
40: doppelseitig

-20
Ausführung nach RWB

Zeichen 432

Pfeilwegweiser zu Zielen mit erheblicher Verkehrsbedeutung

Unternummer Z 432 –
10: linksweisend
20: rechtsweisend
40: doppelseitig

-20
Ausführung nach RWB

Zeichen 434

Tabellenwegweiser

Unternummer Z 434 –
50: kompakte Form
51: teilaufgelöste Form

-50

-51

Ausführung nach RWB

Unternummer Z 434 –
aufgelöste Form (nur innerorts)
52: mit Bundesstraßennummer
53: ohne Bundesstraßennummer

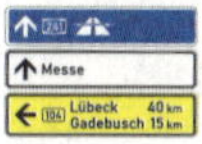

-52

-53

Ausführung nach RWB

Zeichen 437

Straßennamensschild

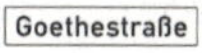

Ausführung nach RWB

Zeichen 438

Vorwegweiser außerhalb von Autobahnen

Ausführung nach RWB

Zeichen 439

Gegliederter Vorwegweiser außerhalb von Autobahnen

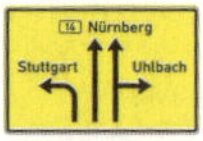

Ausführung nach RWB

Zeichen 440

Vorwegweiser zur Autobahn

Ausführung nach RWBA

Zeichen 441

Gegliederter Vorwegweiser zur Autobahn

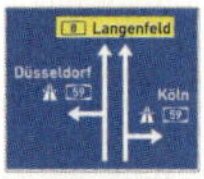

Ausführung nach RWBA

Zeichen 442[*1)]

Vorwegweiser für bestimmte Verkehrsarten

Ausführung nach RUB oder gemäß den Richtlinien für die Anordnung von verkehrsregelnden Maßnahmen für den Transport gefährlicher Güter auf Straßen

KFZ mit einer zulässigen Gesamtmasse über 3,5 t

Unternummer Z 442 –

10: linksweisend

20: rechtsweisend

50: ohne Pfeilsymbol

im Kreisverkehr

Unternummer Z 442 –

14: linksweisend

24: rechtsweisend

30: geradeausweisend

-24

-20

kennzeichnungspfl. Fahrz. mit gefährlichen Gütern

Unternummer Z 442 –

11: linksweisend

21: rechtsweisend

51: ohne Pfeilsymbol

im Kreisverkehr

Unternummer Z 442 –

15: linksweisend

25: rechtsweisend

31: geradeausweisend

-15

-21

[*1)] **Amtl. Anm.:** Vorwegweiser geradeaus gemäß Zeichen 422

Fahrzeuge mit wassergefährdender Ladung

Unternummer Z 442 –

12: linksweisend

22: rechtsweisend

52: ohne Pfeilsymbol

im Kreisverkehr

Unternummer Z 442 –

16: linksweisend

26: rechtsweisend

32: geradeausweisend

-32

-22

Radverkehr

Unternummer Z 442 –

13: linksweisend

23: rechtsweisend

53: ohne Pfeilsymbol

im Kreisverkehr

Unternummer Z 442 –

17: linksweisend

27: rechtsweisend

33: geradeausweisend

-33

-23

Zeichen 448

Ankündigungstafel

-50

Unternummer Z 448 –

50: auf anderen Straßen außerhalb von Autobahnen (Ausführung nach RWB)

Ausführung nach RWBA

Ausführung nach RWBA

Zeichen 448.1

Autohof

2000 x 2800

Ausführung nach RWBA

Zeichen 449

Vorwegweiser auf Autobahnen

Unternummer Z 449 –

50: auf anderen Straßen außerhalb von Autobahnen (Ausführung nach RWB)

-50

Ausführung nach RWBA

Zeichen 450

Ankündigungsbake

1500 x 650

-54

-51

Ausführung nach RWBA/RWB

Unternummer Z 450 –
50: einstreifig (100 m)
51: zweistreifig (200 m)
52: dreistreifig (300 m)
53: einstreifig (100 m, gelb)
54: zweistreifig (200 m, gelb)
55: dreistreifig (300 m, gelb)

Zeichen 453

Entfernungstafel

Unternummer Z 453 –
50: auf autobahnähnlich ausgebauten, zweibahnigen Straßen
(Ausführung nach RWB)

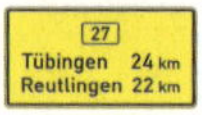

-50

Ausführung nach RWBA

Zeichen 454

Umleitungsweg-weiser

Unternummer Z 454 –
10: linksweisend
20: rechtsweisend
40: doppelseitig

350 x 1250

-20

Ausführung nach RUB

Zeichen 455.1

Ankündigung oder Fortsetzung der Umleitung

Ausführung nach RUB, bei Bedarf mit Nummerierung

-10

-50

-30

-12

-11

-31

-13

-23

Unternummer Z 455.1 –
10: Vorankündigung links
11: hier links
12: links einordnen
13: im Kreisverkehr links
20: Vorankündigung rechts
21: hier rechts
22: rechts einordnen
23: im Kreisverkehr rechts
30: geradeaus
31: im Kreisverkehr geradeaus
50: ohne Pfeilsymbol

Zeichen 455.2

Ende der Umleitung (in Verbind. m. Z 455.1)

Ausführung nach RUB, bei Bedarf mit Nummerierung

Zeichen 457.1

Umleitungsankündigung

350 x 1050

Ausführung nach RUB

Zeichen 457.2

Ende der Umleitung

350 x 1050

Ausführung nach RUB

Zeichen 458

Planskizze

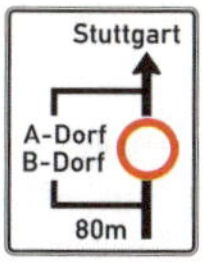

Ausführung nach RUB
Die Entfernungsangabe ist variabel.

Zeichen 460

Bedarfsumleitung

-30

Ausführung nach RUB

-50

-20

-21

-22

-31

-13

-23

Unternummer Z 460 –

10: Vorankündigung links
11: hier links
12: links einordnen
13: im Kreisverkehr links

20: Vorankündigung rechts
21: hier rechts
22: rechts einordnen
23: im Kreisverkehr rechts

30: geradeaus
31: im Kreisverkehr geradeaus
50: ohne Pfeilsymbol

Zeichen 466

Weiterführende Bedarfsumleitung

1600 x 1250

Ausführung nach RUB

Zeichen 467.1

Umlenkungspfeil (Streckenempfehlung)

Unternummer Z 467.1 –

10: linksweisend
20: rechtsweisend
30: geradeaus

1600 x 2500 (800 x 1250 für Bestätigung)

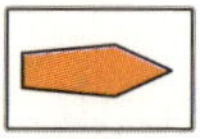

Ausführung nach RWVZ

Zeichen 467.2

Umlenkungspfeil Ende (Ende einer Streckenempfehlung)

2500 x 1600

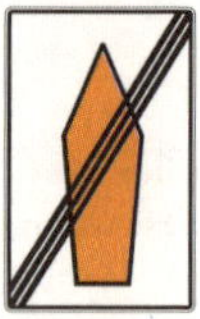

Ausführung nach RWVZ

Zeichen 501

1600x1250

Überleitungstafel

– ohne Gegenverkehr

Sind weitere Fahrstreifen vorhanden, ist die Darstellung entsprechend anzupassen.

Unternummer Z 501 –

10: 1-streifig nach links
11: 2-streifig nach links
12: 3-streifig nach links

20: 1-streifig nach rechts
21: 2-streifig nach rechts
22: 3-streifig nach rechts

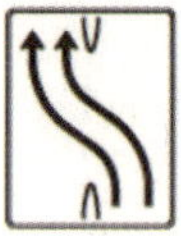

-11

Unternummer Z 501 –
13: 2-streifig nach links, davon 1 Fahrstreifen übergeleitet
14: 3-streifig nach links, davon 1 Fahrstreifen übergeleitet
15: 3-streifig nach links, davon 2 Fahrstreifen übergeleitet
52: 4-streifig nach links, davon 1 Fahrstreifen übergeleitet*
53: 4-streifig nach links, davon 2 Fahrstreifen übergeleitet*
54: 4-streifig nach links, davon 3 Fahrstreifen übergeleitet*

-14

Unternummer Z 501 –
23: 2-streifig nach rechts, davon 1 Fahrstreifen übergeleitet
24: 3-streifig nach rechts, davon 1 Fahrstreifen übergeleitet
25: 3-streifig nach rechts, davon 2 Fahrstreifen übergeleitet
62: 4-streifig nach rechts, davon 1 Fahrstreifen übergeleitet*
63: 4-streifig nach rechts, davon 2 Fahrstreifen übergeleitet*
64: 4-streifig nach rechts, davon 3 Fahrstreifen übergeleitet*

-24

Unternummer Z 501 –
16: 2-streifig, davon linker Fahrstreifen nach links übergeleitet und rechter Fahrstreifen geradeaus
17: 3-streifig, davon linker Fahrstreifen nach links übergeleitet und die beiden rechten Fahrstreifen geradeaus
18: 3-streifig, davon die beiden linken Fahrstreifen nach links übergeleitet und rechter Fahrstreifen geradeaus
19: 4-streifig, davon linker Fahrstreifen nach links übergeleitet und die drei rechten Fahrstreifen geradeaus*
50: 4-streifig, davon die beiden linken Fahrstreifen nach links übergeleitet und die beiden rechten Fahrstreifen geradeaus*
51: 4-streifig, davon die drei linken Fahrstreifen nach links übergeleitet und rechter Fahrstreifen geradeaus*

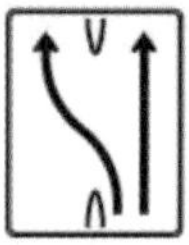

-16

Unternummer Z 501 –
26: 2-streifig, davon linker Fahrstreifen nach rechts übergeleitet und rechter Fahrstreifen geradeaus
27: 3-streifig, davon linker Fahrstreifen nach rechts übergeleitet und die beiden rechten Fahrstreifen geradeaus
28: 3-streifig, davon die beiden linken Fahrstreifen nach rechts übergeleitet und rechter Fahrstreifen geradeaus
29: 4-streifig, davon linker Fahrstreifen nach rechts übergeleitet und die drei rechten Fahrstreifen geradeaus*
60: 4-streifig, davon die beiden linken Fahrstreifen nach rechts übergeleitet und die beiden rechten Fahrstreifen geradeaus*
61: 4-streifig, davon die drei linken Fahrstreifen nach rechts übergeleitet und rechter Fahrstreifen geradeaus*

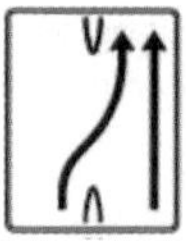

-26

Zeichen 501 1600x1600

Überleitungstafel

– ohne Gegenverkehr

Unternummer Z 501 –
70: 2-streifig, davon linker Fahrstreifen nach links übergeleitet und rechter Fahrstreifen nach rechts verschwenkt
71: 3-streifig, davon linker Fahrstreifen nach links übergeleitet

---

* **Amtl. Anm.:** Größe abweichend vom Standard gemäß VwV-StVO zu den Zeichen 501 bis 546 Randnummer 6: 1600 × 1600 mm

und die beiden rechten Fahrstreifen nach rechts verschwenkt*

72: 3-streifig, davon die beiden linken Fahrstreifen nach links übergeleitet und rechter Fahrstreifen nach rechts verschwenkt*,

73: 4-streifig, davon linker Fahrstreifen nach links übergeleitet und die drei rechten Fahrstreifen nach rechts verschwenkt*

74: 4-streifig, davon die beiden linken Fahrstreifen nach links übergeleitet, und die beiden rechten Fahrstreifen nach rechts verschwenkt*

75: 4-streifig, davon die drei linken Fahrstreifen nach links übergeleitet und rechter Fahrstreifen nach rechts verschwenkt*

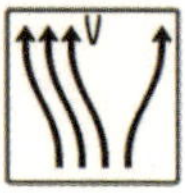

-75

1600x1600

Unternummer Z 501 –

80: 2-streifig, davon linker Fahrstreifen nach rechts übergeleitet, und rechter Fahrstreifen nach links verschwenkt

81: 3-streifig davon linker Fahrstreifen nach rechts übergeleitet, und die beiden rechten Fahrstreifen nach links verschwenkt*

82: 3-streifig, davon die beiden linken Fahrstreifen nach rechts übergeleitet und rechter Fahrstreifen nach links verschwenkt*

83: 4-streifig, davon linker Fahrstreifen nach rechts übergeleitet, und die drei rechten Fahrstreifen nach links verschwenkt*

84: 4-streifig, davon die beiden linken Fahrstreifen nach rechts übergeleitet und die beiden rechten Fahrstreifen nach links verschwenkt*

85: 4-streifig, davon die drei linken Fahrstreifen nach rechts übergeleitet und rechter Fahrstreifen nach links verschwenkt*

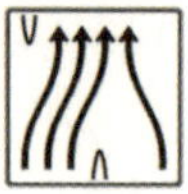

-85

Zeichen 505

Überleitungstafel

– ohne Gegenverkehr mit integriertem Zeichen 264

Unternummer Z 505 –

11: 2-streifig nach links

12: 3-streifig nach links

-12

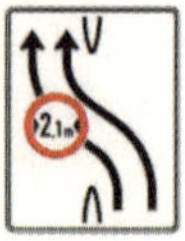

-11

Unternummer Z 505 –

21: 2-streifig nach rechts

22: 3-streifig nach rechts

-21

Z 264 kann gemäß Anlage 2 lfd. Nr. 38 StVO auch in anderen Tafeln integriert sein

---

* **Amtl. Anm.:** Größe abweichend vom Standard gemäß VwV-StVO zu den Zeichen 501 bis 546 Randnummer 6: 1600 × 1600 mm

Zeichen 511

Verschwenkungstafel

– ohne Gegenverkehr

Sind weitere Fahrstreifen vorhanden, ist die Darstellung entsprechend anzupassen.

Unternummer Z 511 –

10: 1-streifig nach links

11: 2-streifig nach links

12: 3-streifig nach links

13: 4-streifig nach links

20: 1-streifig nach rechts

21: 2-streifig nach rechts

22: 3-streifig nach rechts

23: 4-streifig nach rechts

-11

Unternummer Z 511 –

25: 1-streifige Verschwenkung auf den Seitenstreifen

26: 2-streifige Verschwenkung, 1-streifig auf den Seitenstreifen

27: 3-streifige Verschwenkung, 1-streifig auf den Seitenstreifen

28: 4-streifige Verschwenkung, 1-streifig auf den Seitenstreifen*

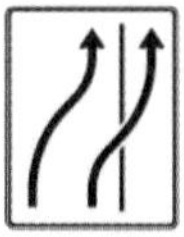

-26

Zeichen 512

Verschwenkungstafel

– mit Gegenverkehr

Sind weitere Fahrstreifen vorhanden, ist die Darstellung entsprechend anzupassen.

Unternummer Z 512 –

10: Verschwenkung nach links 1-streifig in Fahrtrichtung, und 1-streifig in Gegenrichtung,

11: Verschwenkung nach links 1-streifig in Fahrtrichtung und 2-streifig in Gegenrichtung

12: Verschwenkung nach links 2-streifig in Fahrtrichtung und 1-streifig in Gegenrichtung,

20: Verschwenkung nach rechts 1-streifig in Fahrtrichtung und 1-streifig in Gegenrichtung,

21: Verschwenkung nach rechts 1-streifig in Fahrtrichtung, und 2-streifig in Gegenrichtung,

22: Verschwenkung nach rechts 2-streifig in Fahrtrichtung, und 1-streifig in Gegenrichtung

-12

Zeichen 513

Verschwenkungstafel kurze Verschwenkung

– ohne Gegenverkehr

Sind weitere Fahrstreifen vorhanden, ist die Darstellung entsprechend anzupassen.

Unternummer Z 513 –

10: 1-streifig nach links

11: 2-streifig nach links

12: 3-streifig nach links

13: 4-streifig nach links

14: 5-streifig nach links*

20: 1-streifig nach rechts

21: 2-streifig nach rechts

22: 3-streifig nach rechts

23: 4-streifig nach rechts

24: 5-streiftg nach rechts*

-10

* **Amtl. Anm.:** Größe abweichend vom Standard gemäß VwV-StVO zu den Zeichen 501 bis 546 Rn 6: 1600 × 1600 mm

Zeichen 514

Verschwenkungstafel kurze Verschwenkung

– mit Gegenverkehr

Sind weitere Fahrstreifen vorhanden, ist die Darstellung entsprechend anzupassen.

Unternummer Z 514 –

10: nach links 1-streifig in Fahrtrichtung und 1-streifig in Gegenrichtung

11: nach links 2-streifig in Fahrtrichtung und 1-streifig in Gegenrichtung

12: nach links 3-streifig in Fahrtrichtung und 1-streifig in Gegenrichtung

13: nach links 1-streifig in Fahrtrichtung und 2-streifig in Gegenrichtung

14: nach links 2-streifig in Fahrtrichtung und 2-streifig in Gegenrichtung

15: nach links 3-streifig in Fahrtrichtung und 2-streifig in Gegenrichtung*

16: nach links 1-streifig in Fahrtrichtung und 3-streifig in Gegenrichtung

17: nach links 2-streifig in Fahrtrichtung und 3-streifig in Gegenrichtung*

18: nach links 3-streifig in Fahrtrichtung und 3-streifig in Gegenrichtung*

-10

Unternummer Z 514 –

20: nach rechts 1-streifig in Fahrtrichtung und 1-streifig in Gegenrichtung

21: nach rechts 2-streifig in Fahrtrichtung und 1-streifig in Gegenrichtung

22: nach rechts 3-streifig in Fahrtrichtung und 1-streifig in Gegenrichtung

23: nach rechts 1-streifig in Fahrtrichtung und 2-streifig in Gegenrichtung

24: nach rechts 2-streifig in Fahrtrichtung und 2-streifig in Gegenrichtung

25: nach rechts 3-streifig in Fahrtrichtung und 2-streifig in Gegenrichtung*

26: nach rechts 1-streifig in Fahrtrichtung und 3-streifig in Gegenrichtung

27: nach rechts 2-streifig in Fahrtrichtung und 3-streifig in Gegenrichtung*

28: nach rechts 3-streifig in Fahrtrichtung und 3-streifig in Gegenrichtung*

-20

Zeichen 515

Verschwenkungstafel

– ohne Gegenverkehr mit integriertem Zeichen 264

Unternummer Z 515 –

11: 2-streifig nach links

12: 3-streifig nach links

21: 2-streifig nach rechts

22: 3-streifig nach rechts

-11

Z 264 kann gemäß Anlage 2 lfd. Nummer 38 StVO auch in anderen Tafeln integriert sein.

* **Amtl. Anm.:** Größe abweichend vom Standard gemäß VwV-StVO zu den Zeichen 501 bis 546 Randnummer 6: 1600 × 1600 mm

Zeichen 521

Fahrstreifentafel

– ohne Gegenverkehr

-30

Sind weitere Fahrstreifen vorhanden, ist die Darstellung entsprechend anzupassen.

Unternummer Z 521 –

30: 2-streifig in Fahrtrichtung
31: 3-streifig in Fahrtrichtung
32: 4-streifig in Fahrtrichtung
33: 5-streifig in Fahrtrichtung

Zeichen 522

Fahrstreifentafel

– mit Gegenverkehr

-31

Sind weitere Fahrstreifen vorhanden, ist die Darstellung entsprechend anzupassen.

Unternummer Z 522 –

30: 1-streifig in Fahrtr. u. 1-streifig in Gegenr.
31: 2-streifig in Fahrtr. u. 1-streifig in Gegenr.
32: 1-streifig in Fahrtr. u. 2-streifig in Gegenr.
33: 2-streifig in Fahrtr. u. 2-streifig in Gegenr.
34: 3-streifig in Fahrtr. u. 2-streifig in Gegenr.
35: 2-streifig in Fahrtr. u. 3-streifig in Gegenr.
36: 3-streifig in Fahrtr. u. 3-streifig in Gegenr.
37: 3-streifig in Fahrtr. u. 1-streifig in Gegenr.
38: 1-streifig in Fahrtr. u. 3-streifig in Gegenr.

Zeichen 523

Fahrstreifentafel

– ohne Gegenverkehr mit integriertem Zeichen 274

-30

Unternummer Z 523 –

30: 2-streifig in Fahrtrichtung
31: 3-streifig in Fahrtrichtung

Z 274 kann gemäß Anlage 2 lfd. Nummer 49 StVO auch in anderen Tafeln integriert sein.

Zeichen 524*1)

Fahrstreifentafel

– ohne Gegenverkehr mit integriertem Zeichen 253

-31

Unternummer Z 524 –

30: 2-streifig in Fahrtrichtung
31: 3-streifig in Fahrtrichtung
32: 4-streifig in Fahrtrichtung
33: 5-streifig in Fahrtrichtung

Z 253 kann gemäß Anlage 2 lfd. Nummer 30 StVO auch in anderen Tafeln integriert sein.
Anordnung in Verbindung mit Zeichen 1001-34 oder 1001-35.

---

*1) **Amtl. Anm.:** Anordnung in Verbindung mit Zeichen 1001-34 oder 1001-35

Zeichen 525

Fahrstreifentafel

– ohne Gegenverkehr mit integriertem Zeichen 275

Unternummer Z 525 –

31: 3-streifig in Fahrtrichtung

-31

Z 275 kann gemäß Anlage 2 lfd. Nummer 52 StVO auch in anderen Tafeln integriert sein.

Zeichen 526

Fahrstreifentafel

– mit Gegenverkehr mit integriertem Zeichen 275

Unternummer Z 526 –

31: 2-streifig in Fahrtr. u. 1-streifig in Gegenr.

33: 2-streifig in Fahrtr. u. 2-streifig in Gegenr.

-31

Z 275 kann gemäß Anlage 2 lfd. Nummer 52 StVO auch in anderen Tafeln integriert sein.

Zeichen 527

Fahrstreifentafel

– ohne Gegenverkehr mit integrierten Zeichen 262

Unternummer Z 527 –

30: 2-streifig in Fahrtrichtung

31: 3-streifig in Fahrtrichtung

Z 262 kann gemäß Anlage 2 lfd. Nr. 36 StVO auch in anderen Tafeln integriert sein

Anordnung in Verbindung mit Zeichen 1001-34 oder 1001-35

-30

Zeichen 528

Fahrstreifentafel

– ohne Gegenverkehr mit integrierten Zeichen 263

Unternummer Z 528 –

30: 2-streifig in Fahrtrichtung

31: 3-streifig in Fahrtrichtung

Z 263 kann gemäß Anlage 2 lfd. Nr. 37 StVO auch in anderen Tafeln integriert sein

Anordnung in Verbindung mit Zeichen 1001-34 oder 1001-35

-30

Zeichen 529

Fahrstreifentafel

– ohne Gegenverkehr mit integrierten Zeichen 265

Unternummer Z 529 –

30: 2-streifig in Fahrtrichtung

31: 3-streifig in Fahrtrichtung

Z 265 kann gemäß Anlage 2 lfd. Nr. 39 StVO auch in anderen Tafeln integriert sein Anordnung in Verbindung mit Zeichen 1001-34 oder 1001-35

-30

Zeichen 531

Einengungstafel

– ohne Gegenverkehr

Sind weitere Fahrstreifen vorhanden, ist die Darstellung entsprechend anzupassen.

Unternummer Z 531 –

10: Einzug rechts, von 2 auf 1 Fahrstr

11: Einzug rechts, von 3 auf 2 Fahrstr.

12: Einzug rechts, von 4 auf 3 Fahrstr.

13: Einzug rechts, von 5 auf 4 Fahrstr

20: Einzug links, von 2 auf 1 Fahrstr.

21: Einzug links, von 3 auf 2 Fahrstr.

22: Einzug links, von 4 auf 3 Fahrstr.

23: Einzug links, von 5 auf 4 Fahrstr.

-10

<u>Unternummer Z 531 –</u>
14: Einzug rechts, von 3 auf 1 Fahrstr.
15: Einzug rechts, von 4 auf 2 Fahrstr.
16: Einzug rechts, von 5 auf 3 Fahrstr.*

24: Einzug links, von 3 auf 1 Fahrstr.
25: Einzug links, von 4 auf 2 Fahrstr.
26: Einzug links, von 5 auf 3 Fahrstr.*

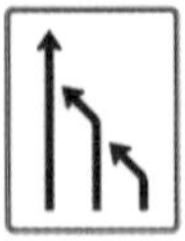
-14

Zeichen 532

Einengungstafel
– mit Gegenverkehr

-10

Sind weitere Fahrstreifen vorhanden, ist die Darstellung entsprechend anzupassen.

<u>Unternummer Z 532 –</u>
10: Einzug rechts, noch 1 Fahrstr. u. 1 Fahrstr. in Gegenr.
20: Einzug links, noch 1 Fahrstr. u. 1 Fahrstr. in Gegenr.
21: Einzug links, noch 1 Fahrstr. u. 2 Fahrstr. in Gegenr.

Zeichen 533

Trennungstafel
– ohne Gegenverkehr

Sind weitere Fahrstreifen vorhanden, ist die Darstellung entsprechend anzupassen.

<u>Unternummer Z 533 –</u>
20: 2-streifig durchgehend u. 1-streifig rechts ab
21: 3-streifig durchgehend u. 1-strerfig rechts ab
22: 2-streifig durchgehend u. 2-streifig rechts ab
23: 3-streifig durchgehend u. 2-streifig rechts ab
24: 4-streifig durchgehend u. 1-streifig rechts ab*
25: 4-streifig durchgehend u. 2-streifig rechts ab*
26: 4-streifig durchgehend u. 3-streifig rechts ab*
27: 5-streifig durchgehend u. 1-streifig rechts ab*
28: 5-streifig durchgehend u. 2-streifig rechts ab**
29: 5-streifig durchgehend u. 3-streifig rechts ab**

1600 × 2000

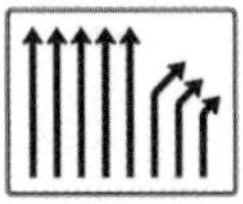
-29

---

* **Amtl. Anm.:** Größe abweichend vom Standard gemäß VwV-StVO zu den Zeichen 501 bis 546 Rn 6: 1600 × 1600 mm

* **Amtl. Anm.:** Größe abweichend vom Standard gemäß VwV-StVO zu den Zeichen 501 bis 546 Randnummer 6: 1600 × 1600 mm

** **Amtl. Anm.:** Größe abweichend vom Standard gemäß VwV-StVO zu den Zeichen 501 bis 546 Randnummer 6: 1600 × 2000 mm

<u>**Unternummer Z 533 –**</u>

60: 2-streifig durchgehend u. 1-streifig
sowie aus dem rechten durchgehenden Fahrstreifen rechts ab

61: 3-streifig durchgehend u. 1-streifig
sowie aus dem rechten durchgehenden Fahrstreifen rechts ab

62: 4-streifig durchgehend u. 1-streifig
sowie aus dem rechten durchgehenden Fahrstreifen rechts ab*

63: 5-streifig durchgehend u. 1-streifig
sowie aus dem rechten durchgehenden Fahrstreifen rechts ab*

-61

Zeichen 535

Einengungstafel

– ohne Gegenverkehr mit integriertem Zeichen 279

<u>**Unternummer Z 535 –**</u>

11: Einzug rechts, noch 2 Fahrstr. in Fahrtr.

21: Einzug links, noch 2 Fahrstr. in Fahrtr.

-11

Z 279 kann gemäß Anlage 2 lfd. Nummer 57 StVO auch in anderen Tafeln integriert sein.

Zeichen 536

Einengungstafel

– mit Gegenverkehr mit integriertem Zeichen 279

<u>**Unternummer Z 536 –**</u>

20: Einzug links, noch 1 Fahrstr. u. 1 Fahrstr. in Gegenr.

21: Einzug links, noch 1 Fahrstr. u. 2 Fahrstr. in Gegenr.

-20

Z 279 kann gemäß Anlage 2 lfd. Nummer 57 StVO auch in anderen Tafeln integriert sein.

Zeichen 537

Einengungstafel

– ohne Gegenverkehr mit integriertem Zeichen 278

<u>**Unternummer Z 537 –**</u>

30: 2-streifig in Fahrtrichtung

31: 3-streifig in Fahrtrichtung

-30

Z 278 kann gemäß Anlage 2 lfd. Nummer 56 StVO auch in anderen Tafeln integriert sein.

Zeichen 538

Fahrstreifentafel

– ohne Gegenverkehr mit integriertem Zeichen 282

<u>**Unternummer Z 537 –**</u>

30: 2-streifig in Fahrtrichtung

31: 3-streifig in Fahrtrichtung

-30

---

* **Amtl. Anm.:** Größe abweichend vom Standard gemäß VwV-StVO zu den Zeichen 501 bis 546 Randnummer 6: 1600 × 1600 mm

Z 282 kann gemäß Anlage 2 lfd. Nr. 60 StVO auch in anderen Tafeln integriert sein

Zeichen 541

Aufweitungstafel

– ohne Gegenverkehr

Sind weitere Fahrstreifen vorhanden, ist die Darstellung entsprechend anzupassen.

__Unternummer Z 541 –__

10: 1-streifig plus Fahrstreifen links
11: 2-streifig plus Fahrstreifen links
12: 3-streifig plus Fahrstreifen links
13: 4-streifig plus Fahrstreifen links
20: 1-streifig plus Fahrstreifen rechts
21: 2-streifig plus Fahrstreifen rechts
22: 3-streifig plus Fahrstreifen rechts
23: 4-streifig plus Fahrstreifen rechts

-11

Zeichen 542

Aufweitungstafel

– mit Gegenverkehr

Sind weitere Fahrstreifen vorhanden, ist die Darstellung entsprechend anzupassen.

__Unternummer Z 542 –__

10: 1-streifig plus Fahrstreifen links u. 1 Fahrstr. in Gegenr.
11: 1-streifig plus Fahrstreifen links u. 2 Fahrstr. in Gegenr.
12: 2-streifig plus Fahrstreifen links u. 1 Fahrstr. in Gegenr.
13: 2-streifig plus Fahrstreifen links u. 2 Fahrstr. in Gegenr.
14: 1-streifig plus Fahrstreifen links u. 3 Fahrstr. in Gegenr.
15: 2-streifig plus Fahrstreifen links u. 3 Fahrstr. in Gegenr.*

-10

Zeichen 545

Aufweitungstafel

– ohne Gegenverkehr mit integriertem Zeichen 275

__Unternummer Z 545 –__

11: 2-streifig plus Fahrstreifen links

-11

Z 275 kann gemäß Anlage 2 lfd. Nummer 52 StVO auch in anderen Tafeln integriert sein.

Zeichen 546

Aufweitungstafel

– mit Gegenverkehr mit integriertem Zeichen 275

__Unternummer Z 546 –__

10: 1-streifig plus Fahrstreifen links u. 1 Fahrstr. in Gegenr.
11: 1-streifig plus Fahrstreifen links u. 2 Fahrstr. in Gegenr.

-10

Z 275 kann gemäß Anlage 2 lfd. Nummer 52 StVO auch in anderen Tafeln integriert sein.

Zeichen 550

Zusammenführungstafel

– an durchgehender Strecke

Sind weitere Fahrstreifen vorhanden, ist die Darstellung entsprechend anzupassen.

__Unternummer Z 550 –__

20: 1-streifig plus 1 Fahrstr. von rechts
21: 2-streifig plus 1 Fahrstr. von rechts
22: 3-streifig plus 1 Fahrstr. von rechts
23: 2-streifig plus 2 Fahrstr. von rechts
24: 3-streifig plus 2 Fahrstr. von rechts
25: 4-streifig plus 1 Fahrstr. von rechts
26: 4-streifig plus 2 Fahrstr. von rechts*

-21

* **Amtl. Anm.:** Größe abweichend vom Standard gemäß VwV-StVO zu den Zeichen 501 bis 546 Randnummer 6: 1600 × 1600 mm

27: 4-streifig plus 3 Fahrstr. von rechts**
28: 5-streifig plus 1 Fahrstr. von rechts*
29: 5-streifig plus 2 Fahrstr. von rechts**
60: 5-streifig plus 3 Fahrstr. von rechts**

Zeichen 551

Zusammenführungstafel

– an einmündender Strecke

Sind weitere Fahrstreifen vorhanden, ist die Darstellung entsprechend anzupassen.

Unternummer Z 551 –

20: 1-streifig einmündend plus 1-streifig durchgehend.
21: 1-streifig einmündend plus 2-streifig durchgehend
22: 2-streifig einmündend plus 2-streifig durchgehend.
23: 2-streifig einmündend plus 3-streifig durchgehend.
24: 1-streifig einmündend plus 3-streifig durchgehend.
25: 1-streifig einmündend plus 4-streifig durchgehend.
26: 2-streifig einmündend plus 4-streifig durchgehend*
27: 3-streifig einmündend plus 4-streifig durchgehend*
28: 1-streifig einmündend plus 5-streifig durchgehend*
29: 2-streifig einmündend plus 5-streifig durchgehend*.
60: 3-streifig einmündend plus 5-streifig durchgehend*.

-21

Zeichen 590

Blockumfahrung

Unternummer Z 590 –

10: Blockumfahrung rechts, links, links
11: Blockumfahrung rechts, rechts, rechts

-10

** **Amtl. Anm.:** Größe abweichend vom Standard gemäß VwV-StVO zu den Zeichen 501 bis 546 Randnummer 6: 1600 × 2000 mm

* **Amtl. Anm.:** Größe abweichend vom Standard gemäß VwV-StVO zu den Zeichen 501 bis 546 Randnummer 6: 1600 × 1600 mm

Teil 5. Verkehrseinrichtungen nach Anlage 4 (zu § 43 Absatz 3 StVO)

Zeichen 600

Absperrschranke

Unternummer Z 600 –

30: 100 x 800	35: 250 x 2000
31: 100 x 1200	36: 250 x 2400
32: 100 x 1600	37: 500 x 1600
33: 250 x 1200	38: 500 x 2000
34: 250 x 1600	39: 500 x 2400

Unternummer Z 600 –

60: Sperrpfosten (Schraffur waagerecht) -60

Zeichen 605

Leitbake

Schraffenbake[*1)]

Unternummer Z 605 –

10: Aufstellung rechts

20: Aufstellung links

40: doppelseitig (-10 / -20)

41: doppelseitig (-20 / -20)

1000 x 250

-10

Pfeilbake[*1)]

Unternummer Z 605 –

11: Aufstellung rechts

21: Aufstellung links

42: doppelseitig (-11 / -21)

43: doppelseitig (-21 / -21)

1000 x 250

-11

[*1)] **Amtl. Anm.:** weitere Ausführungen nach TL-Leitbake

	Warnbake **<u>Unternummer Z 605 –</u>** 12: Aufstellung rechts 22: Aufstellung links 44: doppelseitig (-12 / -22) 45: doppelseitig (-22 / -22)	2000 x 250	 -12
	Warnlichtbake **<u>Unternummer Z 605 –</u>** 13: Aufstellung rechts 23: Aufstellung links	2500 x 500	 -13
	Warnlichtbake mit integriertem Zeichen 222 **<u>Unternummer Z 605 –</u>** 14: Aufstellung rechts mit Zeichen 222-10 24: Aufstellung links mit Zeichen 222	2500 x 500	 -14
Zeichen 610 Leitkegel	**<u>Unternummer Z 610 –</u>** 40: Größe = 300 (Ringhöhe 55 mm) 41: Größe = 500 (Ringhöhe 85 mm) 42: Größe = 750 (Ringhöhe 130 mm) 43: Größe = 1000 (Ringhöhe 180 mm)		 Ausführung nach TL-Leitkegel
Zeichen 615 Fahrbare Absperrtafel			 Prinzipskizze

Zeichen 616

Fahrbare Absperrtafel mit Blinkpfeil

Unternummer Z 616 –

30: große Ausführung (3600 x 2200)

31: kleine Ausführung (2500 x 1700)

Prinzipskizze

Zeichen 620

Leitpfosten

Unternummer Z 620 –

40: rechts

41: links

-41

-40

Zeichen 625

Richtungstafel in Kurven

Unternummer Z 625 –

linksweisend:	rechtsweisend:
10: 500 x 500	20: 500 x 500
11: 500 x 1500	21: 500 x 1500
12: 500 x 2000	22: 500 x 2000
13: 500 x 2500	23: 500 x 2500

-11

Zeichen 626

Leitplatte

Unternummer Z 626 –

10: Aufstellung rechts

20: Aufstellung links

750 x 500

-10

Unternummer Z 626 –

30: 750 x 500

31: 1200 x 600

32: 2500 x 500

-30

Zeichen 627

Leitmal

Unternummer Z 627 –

10: Anbringung rechts (senkrecht)

20: Anbringung links (senkrecht)

30: waagerecht

50: gebogen

Ausführung nach den Richtlinien für die Kennzeichnung von Ingenieurbauwerken mit beschränkter Durchfahrtshöhe über Straßen, VkBl. S. 337

-50

Zeichen 628

Leitschwelle mit Leitbake (Z 605)

Unternummer Z 628 –

10: Aufst. rechts (m. 605-10)	11: Aufst. rechts (m. 605-11)
20: Aufs. links (m. 605-20)	21: Aufst. links (m. 605-21)
40: doppelseitig (m. 605-40)	42: doppelseitig (m. 605-42)
41: doppelseitig (m. 605-41)	43: doppelseitig (m. 605-43)

Ausführung nach RSA

-10

-11

Zeichen 629

Leitbord mit Leitbake (Z 605)

Unternummer Z 629 –

10: Aufst. rechts (m. 605-10)	11: Aufst. rechts (m. 605-11)
20: Aufst. links (m. 605-20)	21: Aufst. links (m. 605-21)
40: doppelseitig (m. 605-40)	42: doppelseitig (m. 605-42)
41: doppelseitig (m. 605-41)	43: doppelseitig (m. 605-43)

Ausführung nach RSA

-10

-11

Zeichen 630

Parkwarntafel

Unternummer Z 630 –

10: links vorbei

20: rechts vorbei

432 x 423

-10

Teil 6. Sonstige Zeichen nach StVO

Zeichen 720

Grünpfeilschild

250 x 250

Ausführung nach VkBl. 1994 S. 294

Zeichen 721

Grünpfeilschild mit Beschränkung auf den Radverkehr

420 × 315

Teil 7. Zusatzzeichen nach § 39 Absatz 3 StVO, § 41 Absatz 2 StVO

Zeichen 1000

Richtungsangaben durch Pfeile

-10

-20

-11

-21

-12

-22

-13

-23

-34

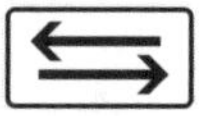

-30

-31

-32

Zeichen 1001[*2]

Länge einer Strecke

(zweiter Teil der Unternummer steht jeweils für den Zahlenwert)

-33-2

-32-500

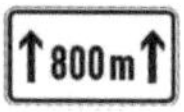

-30-800

Unternummer Z 1001 –

30: auf … m	gem. VwV-StVO in Tunneln	32: noch … m
31: auf… km		33: noch … km

[*2] **Amtl. Anm.:** Entfernungsangaben sind auf- oder abzurunden: bis 100 m auf volle 10 m, 100 m bis 500 m auf volle 50 m, 500 m bis 1000 m auf volle 100 m, darüber in km mit maximal einer Dezimale.

500 × 1250

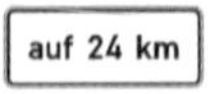

-35-24

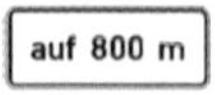

-34-800

Unternummer Z 1001 –
in Verb. m. Fahrstreifentafeln (Zeichen 521 ff.)
34 auf… m
35: auf… km

Zeichen 1002

Verlauf der Vorfahrtstraße

Unternummer Z 1002 –
an Kreuzungen
10: von unten nach links
11: von oben nach links
20: von unten nach rechts
21: von oben nach rechts

-10

Unternummer Z 1002 –
an Einmündungen
12: von unten nach links, Einmündung von oben
13: von unten nach links, Einmündung von rechts
14: von oben nach links, Einmündung von unten
22: von unten nach rechts, Einmündung von oben
23: von unten nach rechts, Einmündung von links
24: von oben nach rechts, Einmündung von unten

-12

Zeichen 1004

Entfernungsangaben *2

-32

-30-100

Unternummer Z 1004 –
30: Entfernungsangabe in m*1
31: Entfernungsangabe in km*1
(zweiter Teil der Unternummer steht jeweils für den Zahlenwert)
32: Stop in 100 m

Zeichen 1005

Entfernungsangaben mit verbalem Zusatz

Unternummer Z 1005 –
30: Reißverschluss erst in „… m“
(in Verb. m. Einengungstafel Zeichen 531 ff. – zweiter Teil der Unternummer steht jeweils für den Zahlenwert)

500 × 1250

-30-200

---

*2 **Amtl. Anm.:** Entfernungsangaben sind auf- oder abzurunden: bis 100 m auf volle 10 m, 100 m bis 500 m auf volle 50 m, 500 m bis 1000 m auf volle 100 m, darüber in km mit maximal einer Dezimale.

*1 **Amtl. Anm.:** in Verb. m. Verkehrslenkungstafeln (Zeichen 501 ff.) auch in 500 × 1250

Zeichen 1006

Hinweis auf Gefahren durch Sinnbild

-30

-31

Zeichen 1007

Hinweis auf Gefahren durch verbale Angabe

Ölspur	Rauch	Rollsplitt
-30	-31	-32
Baustellen-ausfahrt	Straßen-schäden	Verschmutzte Fahrbahn
-33	-34	-35
Spreng-arbeiten	Ausfahrt	Baustellen-verkehr
-36	-37	-38
fehlende Fahrbahn-markierung	Unfall	Hoch-wasser
-39	-50	-51
neuer Fahrbahn-belag	Spurrinnen	Links-abbieger
-52	-53	-54
Skiabfahrt kreuzt	Skiwander-weg kreuzt	Kuppe
-55	-56	-57
Polizei-kontrolle	Ende Seitenstreifen in 200m	Seitenstreifen nicht befahrbar
-58	-59-200	-60
Anordnung auch in Verbindung mit Zeichen 274, möglichst mit Zeitangabe	Zweiter Teil der Unternummer steht jeweils für den Zahlenwert	

Zeichen 1007

Hinweis auf Gefahren durch verbale Angabe

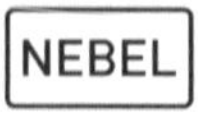

-61
Ausführung nach RWVZ 1997

-62

Zeichen 1008

Hinweis auf geänderte Vorfahrt, Verkehrsführung oder besondere Verkehrsregelung

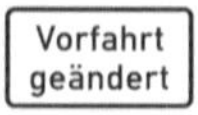

-30

-31

-32

-33

-34

Zeichen 1010

Hinweis durch Sinnbild*2

-10

-11

-12

-13

-14

-15

Ausführung nach RWBA

-50

-51*1)

-52*1)

-53

-54

-55

*2 **Amtl. Anm.:** Die Sinnbilder können auch doppelt nach dem Vorbild von Zeichen 1010-72 angeordnet werden.

*1) **Amtl. Anm.:** kann auch Teil eines beschränkenden Zusatzzeichen nach § 41 Absatz 2 StVO sein

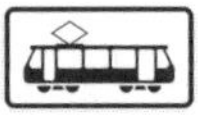

-56*1)

-57*1)

-58*1)

-59*1)

-60*1)

-61*1)

-62*1)

-63*1)

-64

-65*1)

-66
nach EmoG

-67*1)

-68*1)

-69*1)

-70*1)

-71

-72

Zeichen 1012
Hinweis durch verbale Angabe

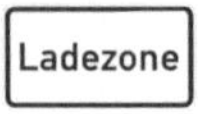

-30

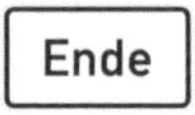

-31

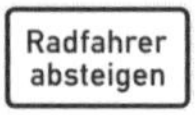

-32

-33

-34

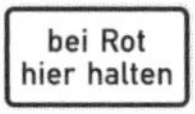

-35

*1) **Amtl. Anm.:** kann auch Teil eines beschränkenden Zusatzzeichen nach § 41 Absatz 2 StVO sein

*1) **Amtl. Anm.:** Kann auch Teil eines beschränkenden Zusatzzeichens nach § 41 Absatz 2 StVO *[Nr. 2]* sein.

-36

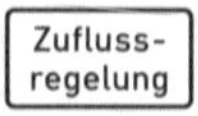

-37

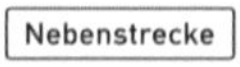

-38
Ausführung nach RWB

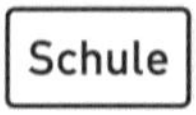

-50

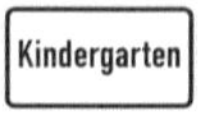

-51

-52

-53

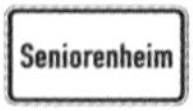

-54

Zeichen 1013

besondere Hinweise zur Seitenstreifenfreigabe

(in Verb. mit Zeichen 223.1 bis 223.3)

800 × 2250

-50

800 × 2250

-51

<u>**Unternummer Z 1013 –**</u>

50: Seitenstreifen befahren

51: Seitenstreifen räumen

52: Ende in … m

500 × 253250

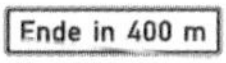

-52-400
zweiter Teil der Unternummer steht jeweils für den Zahlenwert

Zeichen 1014

Tunnelkategorien gemäß ADR-Übereinkommen

<u>**Unternummer Z 1014 –**</u>

50: Kategorie B

51: Kategorie C

52: Kategorie D

53: Kategorie E

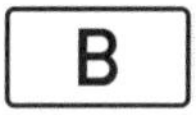

-50
Ausführung nach VkBl. 2007 S. 703

Zeichen 1020

Personengruppen frei (verbal oder mit Sinnbild)

-11

-12

-13

-14

-30

-31

-32

Zeichen 1022 *1

einspurige Fahrzeuge frei

-10

-11

-12

-13

-14

-15

-16

-17

Zeichen 1024*1

mehrspurige Fahrzeuge frei

-10

-11

-12

-13

-14

-15

-16

-17

-18

*1 **Amtl. Anm.:** Die Sinnbilder können auch doppelt nach dem Vorbild von Zeichen 1022-14 bzw. 1022-15 angeordnet werden.

-19

-20
nach EmoG

-21

Zeichen 1026

besondere Fahrzeuge und Transportgüter frei (verbalte Angabe)

-30

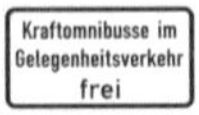

-31

-32

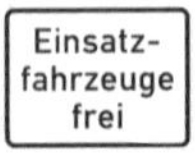

-33

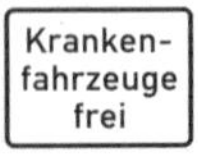

-34

-35

-36

-37

-38

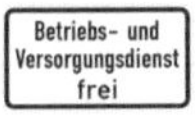

-39

-60*1)

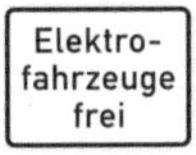

-61*1)

-62

-63

Zeichen 1028

sonstige Fahrzeug-, Personengruppen frei (verbale Angabe)

-30

-31

-32

-33

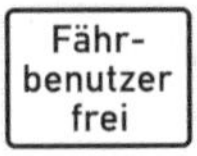

-34

*1) **Amtl. Anm.:** nach StVG

Zeichen 1031

Freistellung vom Verkehrsverbot nach § 40 Absatz 1 BImSchG (in Verb. mit Zeichen 270.1)

Unternummer Z 1031 –

50: rote, gelbe und grüne Plakette
51: gelbe und grüne Plakette
52: grüne Plakette

-52

-51

-50

Zeichen 1040

Zeitangaben

Stunden ohne Beschränkung auf Wochentage

-10

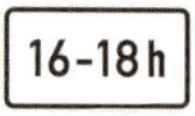

-30

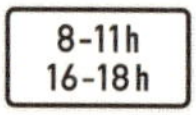

-31

-32

-33

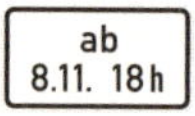

-34

-35

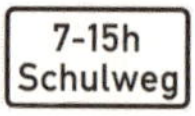

-36
zu Zeichen 101 oder 274

Zeichen 1042

Zeitangaben

mit Beschränkung auf Wochentage

-30

-31

-32

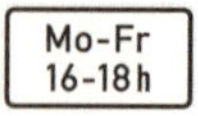

-33

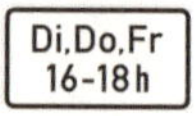

-34

-35

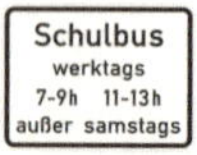

-36

-37

-38

-50

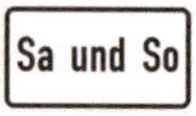

-51

-52

-53
zu Zeichen 101
oder 274

Zeichen 1044
Personengruppen

-10

-11

-12

-30

Zeichen 1046
einspurige Fahrzeuge

Als beschränkende Zusatzzeichen nach § 41 Absatz 2 StVO können für einspurige Fahrzeuge die Zeichen 1010-52, 1010-62, 1010-63, 1010-65, 1010-68 und 1010-69 angeordnet werden.

Zeichen 1048
mehrspurige Fahrzeuge

-14

-15

-18

-20

Als beschränkende Zusatzzeichen nach § 41 Absatz 2 StVO können für mehrspurige Fahrzeuge außerdem die Zeichen 1010-51, 1010-56, 1010-57, 1010-58, 1010-59, 1010-60 , 1010-67 und 1010-70 angeordnet werden.

Zeichen 1049
sonstige oder mehrere mehrspurige Fahrzeuge

-11

-12

-13

Als beschränkendes Zusatzzeichen nach § 41 Absatz 2 StVO kann für sonstige oder mehrere mehrspurige Fahrzeuge außerdem Zeichen 1010-61 angeordnet werden.

Zeichen 1050
Fahrzeuge
(verbale Angabe)

-30

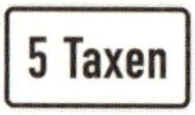

-31

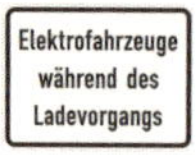

-32
nach StVG

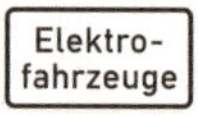

-33
nach StVG

Zeichen 1052
Fahrzeuge mit besonderer Ladung

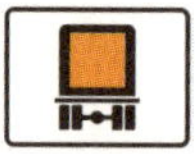

-30

-31

Zeichen 1053
sonstige Beschränkungen

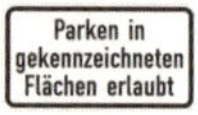

-30

-31

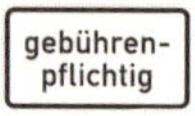

-32

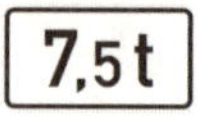

-33

-34

-35

-36

-37

Anordnung als Kombination der Zeichen 1053-36 und -37 nur in Verbindung mit Zeichen 253

-38

-39

-52

-53

Zeichen 1060
erweiternde Zusatzzeichen

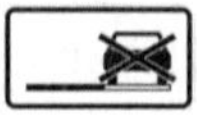

-31

-32

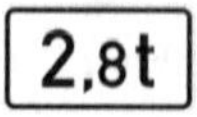

-33
Anordnung nur in Verbindung mit Zeichen 277

Anhang

Gefahrzeichen nach Anlage 1 (zu § 40 Absatz 6 und 7 StVO)

Nr.:	Bezeichnung
101	Gefahrstelle
101-10	Flugbetrieb – Aufstellung rechts
101-11	Fußgängerüberweg – Aufstellung rechts
101-12	Viehtrieb – Aufstellung rechts
101-13	Reiter – Aufstellung rechts
101-14	Amphibienwanderung – Aufstellung rechts
101-15	Steinschlag – Aufstellung rechts
101-20	Flugbetrieb – Aufstellung links
101-21	Fußgängerüberweg – Aufstellung links
101-22	Viehtrieb – Aufstellung links
101-23	Reiter – Aufstellung links
101-24	Amphibienwanderung – Aufstellung links
101-25	Steinschlag – Aufstellung links
101-51	Schnee- oder Eisglätte
101-52	Splitt, Schotter
101-53	Ufer
101-54	Unzureichendes Lichtraumprofil
101-55	Bewegliche Brücke
102	Kreuzung oder Einmündung
103	Kurve
103-10	Kurve – links
103-20	Kurve – rechts
105	Doppelkurve
105-10	Doppelkurve – zunächst links
105-20	Doppelkurve – zunächst rechts
108	Gefälle
108-4	Gefälle 4 %
108-5	Gefälle 5 %
108-6	Gefälle 6 %
108-7	Gefälle 7 %
108-8	Gefälle 8 %
108-9	Gefälle 9 %
108-10	Gefälle 10 %
108-11	Gefälle 11 %
108-12	Gefälle 12 %
108-13	Gefälle 13 %
108-14	Gefälle 14 %
108-15	Gefälle 15 %
108-16	Gefälle 16 %
108-17	Gefälle 17 %
108-18	Gefälle 18 %
108-19	Gefälle 19 %
108-20	Gefälle 20 %
108-21	Gefälle 21 %
108-22	Gefälle 22 %
108-23	Gefälle 23 %
108-24	Gefälle 24 %
108-25	Gefälle 25 %
110	Steigung

Nr.:	Bezeichnung
110-4	Steigung 4 %
110-5	Steigung 5 %
110-6	Steigung 6 %
110-7	Steigung 7 %
110-8	Steigung 8 %
110-9	Steigung 9 %
110-10	Steigung 10 %
110-11	Steigung 11 %
110-12	Steigung 12 %
110-13	Steigung 13 %
110-14	Steigung 14 %
110-15	Steigung 15 %
110-16	Steigung 16 %
110-17	Steigung 17 %
110-18	Steigung 18 %
110-19	Steigung 19 %
110-20	Steigung 20 %
110-21	Steigung 21 %
110-22	Steigung 22 %
110-23	Steigung 23 %
110-24	Steigung 24 %
110-25	Steigung 25 %
112	Unebene Fahrbahn
114	Schleuder- oder Rutschgefahr
117	Seitenwind
117-10	Seitenwind von rechts
117-20	Seitenwind von links
120	Verengte Fahrbahn
121	Einseitig verengte Fahrbahn
121-10	Einseitig verengte Fahrbahn – Verengung rechts
121-20	Einseitig verengte Fahrbahn – Verengung links
123	Arbeitsstelle
124	Stau
125	Gegenverkehr
131	Lichtzeichenanlage
133	Fußgänger
133-10	Fußgänger – Aufstellung rechts
133-20	Fußgänger – Aufstellung links
136	Kinder
136-10	Kinder – Aufstellung rechts
136-20	Kinder – Aufstellung links
138	Radverkehr
138-10	Radverkehr – Aufstellung rechts
138-20	Radverkehr – Aufstellung links
142	Wildwechsel
142-10	Wildwechsel – Aufstellung rechts
142-20	Wildwechsel – Aufstellung links
151	Bahnübergang
156	Bahnübergang mit dreistreifiger Bake
156-10	Bahnübergang mit dreistreifiger Bake – Aufstellung rechts
156-11	Bahnübergang mit dreistreifiger Bake mit Entfernungsangabe – Aufstellung rechts

Nr.:	Bezeichnung
156-20	Bahnübergang mit dreistreifiger Bake – Aufstellung links
156-21	Bahnübergang mit dreistreifiger Bake mit Entfernungsangabe – Aufstellung links
157	Dreistreifige Bake
157-10	Dreistreifige Bake – Aufstellung rechts
157-11	Dreistreifige Bake mit Entfernungsangabe – Aufstellung rechts
157-20	Dreistreifige Bake – Aufstellung links
157-21	Dreistreifige Bake mit Entfernungsangabe – Aufstellung links
159	Zweistreifige Bake
159-10	Zweistreifige Bake – Aufstellung rechts
159-11	Zweistreifige Bake mit Entfernungsangabe – Aufstellung rechts
159-20	Zweistreifige Bake – Aufstellung links
159-21	Zweistreifige Bake mit Entfernungsangabe – Aufstellung links
162	Einstreifige Bake
162-10	Einstreifige Bake – Aufstellung rechts
162-11	Einstreifige Bake mit Entfernungsangabe – Aufstellung rechts
162-20	Einstreifige Bake – Aufstellung links
162-21	Einstreifige Bake mit Entfernungsangabe – Aufstellung links

Vorschriftzeichen nach Anlage 2 (zu § 41 Absatz 1 StVO)

Nr.:	Bezeichnung
201	Andreaskreuz
201-50	Andreaskreuz – stehend
201-51	Andreaskreuz – stehend mit Blitzpfeil
201-52	Andreaskreuz – liegend
201-53	Andreaskreuz – liegend mit Blitzpfeil
205	Vorfahrt gewähren
206	Halt. Vorfahrt gewähren
208	Vorrang des Gegenverkehrs
209	Vorgeschriebene Fahrtrichtung – rechts
209-10	Vorgeschriebene Fahrtrichtung – links
209-30	Vorgeschriebene Fahrtrichtung – geradeaus
211	Vorgeschriebene Fahrtrichtung – hier rechts
211-10	Vorgeschriebene Fahrtrichtung – hier links
214	Vorgeschriebene Fahrtrichtung – geradeaus oder rechts
214-10	Vorgeschriebene Fahrtrichtung – geradeaus oder links
214-30	Vorgeschriebene Fahrtrichtung – rechts oder links
215	Kreisverkehr
220	Einbahnstraße
220-10	Einbahnstraße – linksweisend
220-20	Einbahnstraße – rechtsweisend
220-40	Einbahnstraße – doppelseitig (-10/-20)
222	Vorgeschriebene Vorbeifahrt – rechts vorbei
222-10	Vorgeschriebene Vorbeifahrt – links vorbei
223.1	Seitenstreifen befahren
223.1-50	Seitenstreifen befahren – 2 Fahrstreifen + Seitenstreifen
223.1-51	Seitenstreifen befahren – 3 Fahrstreifen + Seitenstreifen
223.1-52	Seitenstreifen befahren – 4 Fahrstreifen + Seitenstreifen
223.2	Seitenstreifen nicht mehr befahren
223.2-50	Seitenstreifen nicht mehr befahren – 2 Fahrstreifen + Seitenstreifen
223.2-51	Seitenstreifen nicht mehr befahren – 3 Fahrstreifen + Seitenstreifen
223.2-52	Seitenstreifen nicht mehr befahren – 4 Fahrstreifen + Seitenstreifen

Nr.:	Bezeichnung
223.3	Seitenstreifen räumen
223.3-50	Seitenstreifen räumen – 2 Fahrstreifen + Seitenstreifen
223.3-51	Seitenstreifen räumen – 3 Fahrstreifen + Seitenstreifen
223.3-52	Seitenstreifen räumen – 4 Fahrstreifen + Seitenstreifen
224	Haltestelle
224-40	Haltestelle – doppelseitig
224-41	Schulbushaltestelle – doppelseitig
224-51	Schulbushaltestelle
229	Taxenstand
229-10	Taxenstand – Anfang – Aufstellung rechts
229-11	Taxenstand – Ende – Aufstellung links
229-20	Taxenstand – Ende – Aufstellung rechts
229-21	Taxenstand – Anfang – Aufstellung links
229-30	Taxenstand – Mitte – Aufstellung rechts
229-31	Taxenstand – Mitte – Aufstellung links
237	Radweg
238	Reitweg
239	Gehweg
240	Gemeinsamer Geh- und Radweg
241	Getrennter Rad- und Gehweg
241-30	Getrennter Rad- und Gehweg – Radweg links
241-31	Getrennter Rad- und Gehweg – Radweg rechts
242.1	Beginn einer Fußgängerzone
242.1-40	Beginn einer Fußgängerzone – doppelseitig (Rückseite Z 242.2)
242.2	Ende einer Fußgängerzone
244.1	Beginn einer Fahrradstraße
244.1-40	Beginn einer Fahrradstraße – doppelseitig (Rückseite Z 244.2)
244.2	Ende einer Fahrradstraße
244.3	Beginn einer Fahradzone
244.3-40	Beginn einer Fahradzone – doppelseitig (Rückseite Z 244.4)
244.4	Ende einer Fahrradzone
245	Bussonderfahrstreifen
250	Verbot für Fahrzeuge aller Art
251	Verbot für Kraftwagen
253	Verbot für Kraftfahrzeuge über 3,5 t
254	Verbot für Radverkehr
255	Verbot für Krafträder
257-50	Verbot für Mofas
257-51	Verbot für Reiter
257-52	Verbot für Gespannfuhrwerke
257-53	Verbot für Viehtrieb
257-54	Verbot für Kraftomnibusse
257-55	Verbot für Personenkraftwagen
257-56	Verbot für Personenkraftwagen mit Anhänger
257-57	Verbot für Lastkraftwagen mit Anhänger
257-58	Verbot für Kraftfahrzeuge und Züge, die nicht schneller als 25 km/h fahren können oder dürfen
259	Verbot für Fußgänger
260	Verbot für Kraftfahrzeuge
261	Verbot für kennzeichnungspflichtige Kraftfahrzeuge mit gefährlichen Gütern
262	Tatsächliche Masse (Unternummer steht jeweils für den Zahlenwert)

Nr.:	Bezeichnung
263	Tatsächliche Achslast (Unternummer steht jeweils für den Zahlenwert)
264	Tatsächliche Breite (Unternummer steht jeweils für den Zahlenwert)
265	Tatsächliche Höhe (Unternummer steht jeweils für den Zahlenwert)
266	Tatsächliche Länge (Unternummer steht jeweils für den Zahlenwert)
267	Verbot der Einfahrt
268	Schneeketten vorgeschrieben
269	Verbot für Fahrzeuge mit wassergefährdender Ladung
270.1	Beginn einer Verkehrsverbotszone zur Verminderung schädlicher Luftverunreinigungen in einer Zone
270.1-40	Beginn einer Verkehrsverbotszone zur Verminderung schädlicher Luftverunreinigungen in einer Zone – doppelseitig (Rückseite Z 270.2)
270.2	Ende einer Verkehrsverbotszone zur Verminderung schädlicher Luftverunreinigungen in einer Zone
272	Verbot des Wendens
273	Verbot des Unterschreitens des angegebenen Mindestabstandes (Unternummer steht jeweils für den Zahlenwert)
274	Zulässige Höchstgeschwindigkeit
274-5	Zulässige Höchstgeschwindigkeit 5 km/h
274-10	Zulässige Höchstgeschwindigkeit 10 km/h
274-20	Zulässige Höchstgeschwindigkeit 20 km/h
274-30	Zulässige Höchstgeschwindigkeit 30 km/h
274-40	Zulässige Höchstgeschwindigkeit 40 km/h
274-50	Zulässige Höchstgeschwindigkeit 50 km/h
274-60	Zulässige Höchstgeschwindigkeit 60 km/h
274-70	Zulässige Höchstgeschwindigkeit 70 km/h
274-80	Zulässige Höchstgeschwindigkeit 80 km/h
274-90	Zulässige Höchstgeschwindigkeit 90 km/h
274-100	Zulässige Höchstgeschwindigkeit 100 km/h
274-110	Zulässige Höchstgeschwindigkeit 110 km/h
274-120	Zulässige Höchstgeschwindigkeit 120 km/h
274-130	Zulässige Höchstgeschwindigkeit 130 km/h
274.1	Beginn einer Tempo 30-Zone
274.1-20	Beginn einer Tempo 20-Zone in verkehrsberuhigten Geschäftsbereichen – einseitig
274.1-40	Beginn einer Tempo 30-Zone – doppelseitig (Rückseite Z 274.2)
274.1-41	Beginn einer Tempo 20-Zone in verkehrsberuhigten Geschäftsbereichen – doppelseitig (Rückseite Z 274.2-20)
274.2	Ende einer Tempo 30-Zone
274.2-20	Ende einer Tempo 20-Zone in verkehrsberuhigten Geschäftsbereichen
275	Vorgeschriebene Mindestgeschwindigkeit (Unternummer (nur volle Zehner) steht jeweils für den Zahlenwert)
276	Überholverbot für Kraftfahrzeuge aller Art
277	Überholverbot für Kraftfahrzeuge über 3,5 t
277.1	Verbot des Überholens von einspurigen Fahrzeugen für mehrspurige Kraftfahrzeuge und Krafträdern mit Beiwagen
278	Ende der zulässigen Höchstgeschwindigkeit
278-5	Ende der zulässigen Höchstgeschwindigkeit 5 km/h
278-10	Ende der zulässigen Höchstgeschwindigkeit 10 km/h
278-20	Ende der zulässigen Höchstgeschwindigkeit 20 km/h
278-30	Ende der zulässigen Höchstgeschwindigkeit 30 km/h
278-40	Ende der zulässigen Höchstgeschwindigkeit 40 km/h
278-50	Ende der zulässigen Höchstgeschwindigkeit 50 km/h
278-60	Ende der zulässigen Höchstgeschwindigkeit 60 km/h

Nr.:	Bezeichnung
278-70	Ende der zulässigen Höchstgeschwindigkeit 70 km/h
278-80	Ende der zulässigen Höchstgeschwindigkeit 80 km/h
278-90	Ende der zulässigen Höchstgeschwindigkeit 90 km/h
278-100	Ende der zulässigen Höchstgeschwindigkeit 100 km/h
278-110	Ende der zulässigen Höchstgeschwindigkeit 110 km/h
278-120	Ende der zulässigen Höchstgeschwindigkeit 120 km/h
278-130	Ende der zulässigen Höchstgeschwindigkeit 130 km/h
279	Ende der vorgeschriebenen Mindestgeschwindigkeit (Unternummer (nur volle Zehner) steht jeweils für den Zahlenwert)
280	Ende des Überholverbots für Kraftfahrzeuge aller Art
281	Ende des Überholverbots für Kraftfahrzeuge über 3,5 t
281.1	Ende des Verbots des Überholens von einspurigen Fahrzeugen für mehrspurige Kraftfahrzeuge und Krafträder mit Beiwagen
282	Ende sämtlicher streckenbezogener Geschwindigkeitsbeschränkungen und Überholverbote
283	Absolutes Haltverbot
283-10	Absolutes Haltverbot – Anfang – Aufstellung rechts
283-11	Absolutes Haltverbot – Ende – Aufstellung links
283-20	Absolutes Haltverbot – Ende – Aufstellung rechts
283-21	Absolutes Haltverbot – Anfang – Aufstellung links
283-30	Absolutes Haltverbot – Mitte – Aufstellung rechts
283-31	Absolutes Haltverbot – Mitte – Aufstellung links
286	Eingeschränktes Haltverbot
286-10	Eingeschränktes Haltverbot – Anfang – Aufstellung rechts
286-11	Eingeschränktes Haltverbot – Ende – Aufstellung links
286-20	Eingeschränktes Haltverbot – Ende – Aufstellung rechts
286-21	Eingeschränktes Haltverbot – Anfang – Aufstellung links
286-30	Eingeschränktes Haltverbot – Mitte – Aufstellung rechts
286-31	Eingeschränktes Haltverbot – Mitte – Aufstellung links
290.1	Beginn eines eingeschränkten Haltverbots für eine Zone
290.1-40	Beginn eines eingeschränkten Haltverbots für eine Zone – doppelseitig (Rückseite Z 290.2)
290.2	Ende eines eingeschränkten Haltverbotes für eine Zone
	Markierungen
293	Fußgängerüberweg
294	Haltlinie
295	Fahrstreifenbegrenzung und Fahrbahnbegrenzung
296	Einseitige Fahrstreifenbegrenzung
297	Pfeilmarkierungen
297.1	Vorankündigungspfeil
297.1-21	Vorankündigungspfeil – zur Anzeige eines Fahrstreifenendes
298	Sperrfläche
299	Grenzmarkierung für Halt- oder Parkverbote

Richtzeichen nach Anlage 3 (zu § 42 Absatz 2 StVO)

Nr.:	Bezeichnung
301	Vorfahrt
306	Vorfahrtstraße
307	Ende der Vorfahrtstraße
308	Vorrang vor dem Gegenverkehr
310	Ortstafel Vorderseite
310-40	Ortstafel Vorderseite – doppelseitig (Rückseite Z 311)

Nr.:	Bezeichnung
311	Ortstafel Rückseite
314	Parken
314-10	Parken – Anfang (Aufstellung rechts) oder Ende (Aufstellung links)
314-20	Parken – Ende (Aufstellung rechts) oder Anfang (Aufstellung links)
314-30	Parken – Mitte (Aufstellung rechts)
314-31	Parken – Mitte (Aufstellung links)
314-50	Parkhaus, Parkgarage
314.1	Beginn einer Parkraumbewirtschaftungszone
314.1-40	Beginn einer Parkraumbewirtschaftungszone – doppelseitig (Rückseite Z 314.2)
314.2	Ende einer Parkraumbewirtschaftungszone
315	Parken auf Gehwegen
315-50	Parken auf Gehwegen – halb in Fahrtrichtung links
315-51	Parken auf Gehwegen – halb in Fahrtrichtung links Anfang
315-52	Parken auf Gehwegen – halb in Fahrtrichtung links Ende
315-53	Parken auf Gehwegen – halb in Fahrtrichtung links Mitte
315-55	Parken auf Gehwegen – halb in Fahrtrichtung rechts
315-56	Parken auf Gehwegen – halb in Fahrtrichtung rechts Anfang
315-57	Parken auf Gehwegen – halb in Fahrtrichtung rechts Ende
315-58	Parken auf Gehwegen – halb in Fahrtrichtung rechts Mitte
315-60	Parken auf Gehwegen – ganz in Fahrtrichtung links
315-61	Parken auf Gehwegen – ganz in Fahrtrichtung links Anfang
315-62	Parken auf Gehwegen – ganz in Fahrtrichtung links Ende
315-63	Parken auf Gehwegen – ganz in Fahrtrichtung links Mitte
315-65	Parken auf Gehwegen – ganz in Fahrtrichtung rechts
315-66	Parken auf Gehwegen – ganz in Fahrtrichtung rechts Anfang
315-67	Parken auf Gehwegen – ganz in Fahrtrichtung rechts Ende
315-68	Parken auf Gehwegen – ganz in Fahrtrichtung rechts Mitte
315-70	Parken auf Gehwegen – halb quer zur Fahrtrichtung links
315-71	Parken auf Gehwegen – halb quer zur Fahrtrichtung links Anfang
315-72	Parken auf Gehwegen – halb quer zur Fahrtrichtung links Ende
315-73	Parken auf Gehwegen – halb quer zur Fahrtrichtung links Mitte
315-75	Parken auf Gehwegen – halb quer zur Fahrtrichtung rechts
315-76	Parken auf Gehwegen – halb quer zur Fahrtrichtung rechts Anfang
315-77	Parken auf Gehwegen – halb quer zur Fahrtrichtung rechts Ende
315-78	Parken auf Gehwegen – halb quer zur Fahrtrichtung rechts Mitte
315-80	Parken auf Gehwegen – ganz quer zur Fahrtrichtung links
315-81	Parken auf Gehwegen – ganz quer zur Fahrtrichtung links Anfang
315-82	Parken auf Gehwegen – ganz quer zur Fahrtrichtung links Ende
315-83	Parken auf Gehwegen – ganz quer zur Fahrtrichtung links Mitte
315-85	Parken auf Gehwegen – ganz quer zur Fahrtrichtung rechts
315-86	Parken auf Gehwegen – ganz quer zur Fahrtrichtung rechts Anfang
315-87	Parken auf Gehwegen – ganz quer zur Fahrtrichtung rechts Ende
315-88	Parken auf Gehwegen – ganz quer zur Fahrtrichtung rechts Mitte
316	Parken und Reisen
316-50	Parken und Mitfahren
317	Wandererparkplatz
318	Parkscheibe
325.1	Beginn eines verkehrsberuhigten Bereichs
325.1-40	Beginn eines verkehrsberuhigten Bereichs – doppelseitig (Rückseite Z 325.2)
325.2	Ende eines verkehrsberuhigten Bereichs

Nr.:	Bezeichnung
327	Tunnel
327-50	Tunnel mit Längenangabe in m
327-51	Tunnel mit Längenangabe in km
328	Nothalte- und Pannenbucht
330.1	Autobahn
330.2	Ende der Autobahn
331.1	Kraftfahrstraße
331.2	Ende der Kraftfahrstraße
332	Ausfahrttafel auf der Autobahn
332.1	Ausfahrttafel auf anderen Straßen außerhalb der Autobahn
332.1-20	Ausfahrttafel auf anderen Straßen außerhalb der Autobahn – in weiß
333	Ausfahrt von der Autobahn
333.1	Ausfahrt von anderen Straßen außerhalb der Autobahn
333.1-20	Ausfahrt von anderen Straßen außerhalb der Autobahn – in weiß
340	Leitlinie
341	Wartelinie
342	Haifischzähne
350	Fußgängerüberweg
350-10	Fußgängerüberweg – Aufstellung rechts
350-20	Fußgängerüberweg – Aufstellung links
350-40	Fußgängerüberweg – doppelseitig (-10/-20)
350.1	Radschnellweg
350.1-10	Radschnellweg – Aufstellung rechts
350.1-20	Radschnellweg – Aufstellung links
350.2	Ende des Radschnellwegs
350.2-10	Ende des Radschnellwegs – Aufstellung rechts
350.2-20	Ende des Radschnellwegs – Aufstellung links
354	Wasserschutzgebiet
356	Verkehrshelfer
357	Sackgasse
357-50	Sackgasse – für Radverkehr und Fußgänger durchlässige Sackgasse
357-51	Sackgasse – für Fußgänger durchlässige Sackgasse
357-52	Sackgasse – für Radverkehr durchlässige Sackgasse
358	Erste Hilfe
363	Polizei
365-50	Fernsprecher
365-51	Notrufsäule
365-52	Tankstelle
365-53	Tankstelle mit Autogas
365-54	Tankstelle mit Erdgas
365-55	Autobahnhotel
365-56	Autobahngasthaus
365-57	Autobahnkiosk
365-58	Toilette
365-59	Autobahnkapelle
365-60	Zelt- und Wohnwagenplatz
365-61	Informationsstelle
365-62	Pannenhilfe
365-63	Fußgängerunterführung
365-64	Fußgängerüberführung
365-65	Ladestation für Elektrofahrzeuge
365-66	Wasserstofftankstelle

Nr.:	Bezeichnung
365-67	Wohnmobilplatz
365-68	Wohnmobil- und Wohnwagenplatz
365-69	Tankstelle mit Flüssigerdgas
365-70	Tankmöglichkeit verschiedene Kraftstoffarten
365-71	Tankmöglichkeit alle Kraftstoffarten
385	Ortshinweistafel
386.1	Touristischer Hinweis
386.1-10	Touristischer Hinweis als Wegweiser – Wegweiser linksweisend
386.1-11	Touristischer Hinweis als Wegweiser – Vorwegweiser linksweisend
386.1-12	Touristischer Hinweis als Wegweiser – Pfeilwegweiser linksweisend
386.1-20	Touristischer Hinweis als Wegweiser – Wegweiser rechtsweisend
386.1-21	Touristischer Hinweis als Wegweiser – Vorwegweiser rechtsweisend
386.1-22	Touristischer Hinweis als Wegweiser – Pfeilwegweiser rechtsweisend
386.1-30	Touristischer Hinweis als Wegweiser – Vor-/Wegweiser geradeaus
386.1-40	Touristischer Hinweis als Wegweiser – Pfeilwegweiser doppelseitig
386.1-50	Touristischer Hinweis mit Bezugsziel – Variante „in“
386.1-51	Touristischer Hinweis mit Bezugsziel – Variante „via“
386.1-52	Touristischer Hinweis mit Bezugsziel – Variante „Richtung“
386.1-53	Touristischer Hinweis Fluss oder Kanal
386.2	Touristische Route
386.2-10	Touristische Route – Wegweiser linksweisend
386.2-11	Touristische Route – Vorwegweiser linksweisend
386.2-12	Touristische Route – Pfeilwegweiser linksweisend
386.2-20	Touristische Route – Wegweiser rechtsweisend
386.2-21	Touristische Route – Vorwegweiser rechtsweisend
386.2-22	Touristische Route – Pfeilwegweiser rechtsweisend
386.2-30	Touristische Route – Vor-/Wegweiser geradeaus
386.2-40	Touristische Route – Pfeilwegweiser doppelseitig
386.2-51	Touristische Route – Hinweis mit Bezugsziel, Variante „via“
386.2-52	Touristische Route – Hinweis mit Bezugsziel, Variante „Richtung“
386.2-53	Touristische Route als Hinweisschild
386.3	Touristische Unterrichtungstafel
386.3-50	Touristische Unterrichtungstafel – Erinnerungstafel gemäß „Brocken-Erklärung“
390	Mautpflicht nach dem Bundesfernstraßenmautgesetz
390.2	Ende der Mautpflicht nach dem Bundesfernstraßenmautgesetz
391	Mautpflichtige Strecke
392	Zollstelle
393	Informationstafel an Grenzübergangsstellen
394	Laternenring
394-50	Laternenring – Schild
401	Bundesstraßen
405	Autobahnen
406	Knotenpunkte der Autobahnen
406-50	Knotenpunkte der Autobahnen – ein- oder zweistellige Nummer
406-51	Knotenpunkte der Autobahnen – drei- oder mehrstellige Nummer
410	Europastraßen
415	Pfeilwegweiser auf Bundesstraßen
415-10	Pfeilwegweiser auf Bundesstraßen – linksweisend
415-20	Pfeilwegweiser auf Bundesstraßen – rechtsweisend
415-40	Pfeilwegweiser auf Bundesstraßen – doppelseitig
418	Pfeilwegweiser auf sonstigen Straßen

Nr.:	Bezeichnung
418-10	Pfeilwegweiser auf sonstigen Straßen – linksweisend
418-20	Pfeilwegweiser auf sonstigen Straßen – rechtsweisend
418-40	Pfeilwegweiser auf sonstigen Straßen – doppelseitig
419	Pfeilwegweiser auf sonstigen Straßen mit geringerer Verkehrsbedeutung
419-10	Pfeilwegweiser auf sonstigen Straßen mit geringerer Verkehrsbedeutung – linksweisend
419-20	Pfeilwegweiser auf sonstigen Straßen mit geringerer Verkehrsbedeutung – rechtsweisend
419-40	Pfeilwegweiser auf sonstigen Straßen mit geringerer Verkehrsbedeutung – doppelseitig
421	Pfeilwegweiser für bestimmte Verkehrsarten
421-10	Pfeilwegweiser für bestimmte Verkehrsarten, KFZ mit einer zulässigen Gesamtmasse über 3,5 t – linksweisend
421-11	Pfeilwegweiser für bestimmte Verkehrsarten, kennzeichnungspflichtige Fahrzeuge mit gefährlichen Gütern – linksweisend
421-12	Pfeilwegweiser für bestimmte Verkehrsarten, Fahrzeuge mit wassergefährdender Ladung – linksweisend
421-20	Pfeilwegweiser für bestimmte Verkehrsarten, KFZ mit einer zulässigen Gesamtmasse über 3,5 t – rechtsweisend
421-21	Pfeilwegweiser für bestimmte Verkehrsarten, kennzeichnungspflichtige Fahrzeuge mit gefährlichen Gütern – rechtsweisend
421-22	Pfeilwegweiser für bestimmte Verkehrsarten, Fahrzeuge mit wassergefährdender Ladung – rechtsweisend
421-40	Pfeilwegweiser für bestimmte Verkehrsarten, KFZ mit einer zulässigen Gesamtmasse über 3,5 t – doppelseitig
421-41	Pfeilwegweiser für bestimmte Verkehrsarten, kennzeichnungspflichtige Fahrzeuge mit gefährlichen Gütern – doppelseitig
421-42	Pfeilwegweiser für bestimmte Verkehrsarten, Fahrzeuge mit wassergefährdender Ladung – doppelseitig
422	Wegweiser für bestimmte Verkehrsarten
422-10	Wegweiser für bestimmte Verkehrsarten, KFZ mit einer zulässigen Gesamtmasse über 3,5 t – hier links
422-11	Wegweiser für bestimmte Verkehrsarten, KFZ mit einer zulässigen Gesamtmasse über 3,5 t – links einordnen
422-12	Wegweiser für bestimmte Verkehrsarten, Kennzeichnungspflichtige Fahrzeuge mit gefährlichen Gütern – hier links
422-13	Wegweiser für bestimmte Verkehrsarten, Kennzeichnungspflichtige Fahrzeuge mit gefährlichen Gütern – links einordnen
422-14	Wegweiser für bestimmte Verkehrsarten, Fahrzeuge mit wassergefährdender Ladung – hier links
422-15	Wegweiser für bestimmte Verkehrsarten, Fahrzeuge mit wassergefährdender Ladung – links einordnen
422-16	Wegweiser für bestimmte Verkehrsarten, Radverkehr – hier links
422-17	Wegweiser für bestimmte Verkehrsarten, Radverkehr – links einordnen
422-20	Wegweiser für bestimmte Verkehrsarten, KFZ mit einer zulässigen Gesamtmasse über 3,5 t – hier rechts
422-21	Wegweiser für bestimmte Verkehrsarten, KFZ mit einer zulässigen Gesamtmasse über 3,5 t – rechts einordnen
422-22	Wegweiser für bestimmte Verkehrsarten, Kennzeichnungspflichtige Fahrzeuge mit gefährlichen Gütern – hier rechts
422-23	Wegweiser für bestimmte Verkehrsarten, Kennzeichnungspflichtige Fahrzeuge mit gefährlichen Gütern – rechts einordnen
422-24	Wegweiser für bestimmte Verkehrsarten, Fahrzeuge mit wassergefährdender Ladung – hier rechts

Nr.:	Bezeichnung
422-25	Wegweiser für bestimmte Verkehrsarten, Fahrzeuge mit wassergefährdender Ladung – rechts einordnen
422-26	Wegweiser für bestimmte Verkehrsarten, Radverkehr – hier rechts
422-27	Wegweiser für bestimmte Verkehrsarten, Radverkehr – rechts einordnen
422-30	Wegweiser für bestimmte Verkehrsarten, KFZ mit einer zulässigen Gesamtmasse über 3,5 t – geradeaus
422-32	Wegweiser für bestimmte Verkehrsarten, Kennzeichnungspflichtige Fahrzeuge mit gefährlichen Gütern – geradeaus
422-34	Wegweiser für bestimmte Verkehrsarten, Fahrzeuge mit wassergefährdender Ladung – geradeaus
422-36	Wegweiser für bestimmte Verkehrsarten, Radverkehr – geradeaus
430	Pfeilwegweiser zur Autobahn
430-10	Pfeilwegweiser zur Autobahn – linksweisend
430-20	Pfeilwegweiser zur Autobahn – rechtsweisend
430-40	Pfeilwegweiser zur Autobahn – doppelseitig
432	Pfeilwegweiser zu Zielen mit erheblicher Verkehrsbedeutung
432-10	Pfeilwegweiser zu Zielen mit erheblicher Verkehrsbedeutung – linksweisend
432-20	Pfeilwegweiser zu Zielen mit erheblicher Verkehrsbedeutung – rechtsweisend
432-40	Pfeilwegweiser zu Zielen mit erheblicher Verkehrsbedeutung – doppelseitig
434	Tabellenwegweiser
434-50	Tabellenwegweiser – kompakte Form
434-51	Tabellenwegweiser – teilaufgelöste Form
434-52	Tabellenwegweiser – aufgelöste Form (nur innerorts) mit Bundesstraßennummer
434-53	Tabellenwegweiser – aufgelöste Form (nur innerorts) ohne Bundesstraßennummer
437	Straßennamensschild
438	Vorwegweiser außerhalb von Autobahnen
439	Gegliederter Vorwegweiser außerhalb von Autobahnen
440	Vorwegweiser zur Autobahn
441	Gegliederter Vorwegweiser zur Autobahn
442	Vorwegweiser für bestimmte Verkehrsarten
442-10	KFZ mit einer zulässigen Gesamtmasse über 3,5 t – linksweisend
442-11	Kennzeichnungspflichtige Fahrzeuge mit gefährlichen Gütern – linksweisend
442-12	Fahrzeuge mit wassergefährdender Ladung – linksweisend
442-13	Radverkehr – linksweisend
442-14	KFZ mit einer zulässigen Gesamtmasse über 3,5 t – im Kreisverkehr linksweisend
442-15	Kennzeichnungspflichtige Fahrzeuge mit gefährlichen Gütern – im Kreisverkehr linksweisend
442-16	Fahrzeuge mit wassergefährdender Ladung – im Kreisverkehr linksweisend
442-17	Radverkehr – im Kreisverkehr linksweisend
442-20	KFZ mit einer zulässigen Gesamtmasse über 3,5 t – rechtsweisend
442-21	Kennzeichnungspflichtige Fahrzeuge mit gefährlichen Gütern – rechtsweisend
442-22	Fahrzeuge mit wassergefährdender Ladung – rechtsweisend
442-23	Radverkehr – rechtsweisend
442-24	KFZ mit einer zulässigen Gesamtmasse über 3,5 t – im Kreisverkehr rechtsweisend
442-25	Kennzeichnungspflichtige Fahrzeuge mit gefährlichen Gütern – im Kreisverkehr rechtsweisend

Nr.:	Bezeichnung
442-26	Fahrzeuge mit wassergefährdender Ladung – im Kreisverkehr rechtsweisend
442-27	Radverkehr – im Kreisverkehr rechtsweisend
442-30	KFZ mit einer zulässigen Gesamtmasse über 3,5 t – im Kreisverkehr geradeausweisend
442-31	Kennzeichnungspflichtige Fahrzeuge mit gefährlichen Gütern – im Kreisverkehr geradeausweisend
442-32	Fahrzeuge mit wassergefährdender Ladung – im Kreisverkehr geradeausweisend
442-33	Radverkehr – im Kreisverkehr geradeausweisend
442-50	KFZ mit einer zulässigen Gesamtmasse über 3,5 t – ohne Pfeilsymbol
442-51	Kennzeichnungspflichtige Fahrzeuge mit gefährlichen Gütern – ohne Pfeilsymbol
442-52	Fahrzeuge mit wassergefährdender Ladung – ohne Pfeilsymbol
442-53	Radverkehr – ohne Pfeilsymbol
448	Ankündigungstafel
448-50	Ankündigungstafel – auf anderen Straßen außerhalb von Autobahnen
448.1	Autohof
449	Vorwegweiser auf Autobahnen
449-50	Vorwegweiser – auf anderen Straßen außerhalb von Autobahnen
450	Ankündigungsbake
450-50	Ankündigungsbake – einstreifig (100 m)
450-51	Ankündigungsbake – zweistreifig (200 m)
450-52	Ankündigungsbake – dreistreifig (300 m)
450-53	Ankündigungsbake – einstreifig (100 m, gelb)
450-54	Ankündigungsbake – zweistreifig (200 m, gelb)
450-55	Ankündigungsbake – dreistreifig (300 m, gelb)
453	Entfernungstafel
453-50	Entfernungstafel auf autobahnähnlich ausgebauten, zweibahnigen Straßen
454	Umleitungswegweiser
454-10	Umleitungswegweiser – linksweisend
454-20	Umleitungswegweiser – rechtsweisend
454-40	Umleitungswegweiser – doppelseitig
455.1	Ankündigung oder Fortsetzung der Umleitung
455.1-10	Ankündigung oder Fortsetzung der Umleitung – Vorankündigung links
455.1-11	Ankündigung oder Fortsetzung der Umleitung – hier links
455.1-12	Ankündigung oder Fortsetzung der Umleitung – links einordnen
455.1-13	Ankündigung oder Fortsetzung der Umleitung – im Kreisverkehr links
455.1-20	Ankündigung oder Fortsetzung der Umleitung – Vorankündigung rechts
455.1-21	Ankündigung oder Fortsetzung der Umleitung – hier rechts
455.1-22	Ankündigung oder Fortsetzung der Umleitung – rechts einordnen
455.1-23	Ankündigung oder Fortsetzung der Umleitung – im Kreisverkehr rechts
455.1-30	Ankündigung oder Fortsetzung der Umleitung – geradeaus
455.1-31	Ankündigung oder Fortsetzung der Umleitung – im Kreisverkehr geradeaus
455.1-50	Ankündigung oder Fortsetzung der Umleitung – ohne Pfeilsymbol
455.2	Ende der Umleitung (in Verbindung mit Z 455.1)
457.1	Umleitungsankündigung
457.2	Ende der Umleitung
458	Planskizze
460	Bedarfsumleitung
460-10	Bedarfsumleitung – Vorankündigung links
460-11	Bedarfsumleitung – hier links
460-12	Bedarfsumleitung – links einordnen

Nr.:	Bezeichnung
460-13	Bedarfsumleitung – im Kreisverkehr links
460-20	Bedarfsumleitung – Vorankündigung rechts
460-21	Bedarfsumleitung – hier rechts
460-22	Bedarfsumleitung – rechts einordnen
460-23	Bedarfsumleitung – im Kreisverkehr rechts
460-30	Bedarfsumleitung – geradeaus
460-31	Bedarfsumleitung – im Kreisverkehr geradeaus
460-50	Bedarfsumleitung – ohne Pfeilsymbol
466	Weiterführende Bedarfsumleitung
467.1	Umlenkungspfeil (Streckenempfehlung)
467.1-10	Umlenkungspfeil (Streckenempfehlung) – linksweisend
467.1-20	Umlenkungspfeil (Streckenempfehlung) – rechtsweisend
467.1-30	Umlenkungspfeil (Streckenempfehlung) – geradeaus
467.2	Umlenkungspfeil Ende (Ende einer Streckenempfehlung)
501	Überleitungstafel – ohne Gegenverkehr
501-10	Überleitungstafel – ohne Gegenverkehr – 1-streifig nach links
501-11	Überleitungstafel – ohne Gegenverkehr – 2-streifig nach links
501-12	Überleitungstafel – ohne Gegenverkehr – 3-streifig nach links
501-13	Überleitungstafel – ohne Gegenverkehr – 2-streifig nach links, davon 1 Fahrstreifen übergeleitet
501-14	Überleitungstafel – ohne Gegenverkehr – 3-streifig nach links, davon 1 Fahrstreifen übergeleitet
501-15	Überleitungstafel – ohne Gegenverkehr – 3-streifig nach links, davon 2 Fahrstreifen übergeleitet
501-16	Überleitungstafel – ohne Gegenverkehr – 2-streifig, davon linker Fahrstreifen nach links übergeleitet und rechter Fahrstreifen geradeaus
501-17	Überleitungstafel – ohne Gegenverkehr – 3-streifig, davon linker Fahrstreifen nach links übergeleitet und die beiden rechten Fahrstreifen geradeaus
501-18	Überleitungstafel – ohne Gegenverkehr – 3-streifig, davon die beiden linken Fahrstreifen nach links übergeleitet und rechter Fahrstreifen geradeaus
501-19	Überleitungstafel – ohne Gegenverkehr – 4-streifig, davon linker Fahrstreifen nach links übergeleitet und die drei rechten Fahrstreifen geradeaus
501-20	Überleitungstafel – ohne Gegenverkehr – 1-streifig nach rechts
501-21	Überleitungstafel – ohne Gegenverkehr – 2-streifig nach rechts
501-22	Überleitungstafel – ohne Gegenverkehr – 3-streifig nach rechts
501-23	Überleitungstafel – ohne Gegenverkehr – 2-streifig nach rechts, davon 1 Fahrstreifen übergeleitet
501-24	Überleitungstafel – ohne Gegenverkehr – 3-streifig nach rechts, davon 1 Fahrstreifen übergeleitet
501-25	Überleitungstafel – ohne Gegenverkehr – 3-streifig nach rechts, davon 2 Fahrstreifen übergeleitet
501-26	Überleitungstafel – ohne Gegenverkehr – 2-streifig, davon linker Fahrstreifen nach rechts übergeleitet und rechter Fahrstreifen geradeaus
501-27	Überleitungstafel – ohne Gegenverkehr – 3-streifig, davon linker Fahrstreifen nach rechts übergeleitet und die beiden rechten Fahrstreifen geradeaus
501-28	Überleitungstafel – ohne Gegenverkehr – 3-streifig, davon die beiden linken Fahrstreifen nach rechts übergeleitet und rechter Fahrstreifen geradeaus
501-29	Überleitungstafel – ohne Gegenverkehr – 4-streifig, davon linker Fahrstreifen nach rechts übergeleitet und die drei rechten Fahrstreifen geradeaus
501-50	Überleitungstafel – ohne Gegenverkehr – 4-streifig, davon die beiden linken Fahrstreifen nach links übergeleitet und die beiden rechten Fahrstreifen geradeaus
501-51	Überleitungstafel – ohne Gegenverkehr – 4-streifig, davon die drei linken Fahrstreifen nach links übergeleitet und rechter Fahrstreifen geradeaus

Nr.:	Bezeichnung
501-52	Überleitungstafel – ohne Gegenverkehr – 4-streifig nach links, davon 1 Fahrstreifen übergeleitet
501-53	Überleitungstafel – ohne Gegenverkehr – 4-streifig nach links, davon 2 Fahrstreifen übergeleitet
501-54	Überleitungstafel – ohne Gegenverkehr – 4-streifig nach links, davon 3 Fahrstreifen übergeleitet
501-60	Überleitungstafel – ohne Gegenverkehr – 4-streifig, davon die beiden linken Fahrstreifen nach rechts übergeleitet und die beiden rechten Fahrstreifen geradeaus
501-61	Überleitungstafel – ohne Gegenverkehr – 4-streifig, davon die drei linken Fahrstreifen nach rechts übergeleitet und rechter Fahrstreifen geradeaus
501-62	Überleitungstafel – ohne Gegenverkehr – 4-streifig nach rechts, davon 1 Fahrstreifen übergeleitet
501-63	Überleitungstafel – ohne Gegenverkehr – 4-streifig nach rechts, davon 2 Fahrstreifen übergeleitet
501-64	Überleitungstafel – ohne Gegenverkehr – 4-streifig nach rechts, davon 3 Fahrstreifen übergeleitet
501-70	Überleitungstafel – ohne Gegenverkehr – 2-streifig, davon linker Fahrstreifen nach links übergeleitet und rechter Fahrstreifen nach rechts verschwenkt
501-71	Überleitungstafel – ohne Gegenverkehr – 3-streifig, davon linker Fahrstreifen nach links übergeleitet und die beiden rechten Fahrstreifen nach rechts verschwenkt
501-72	Überleitungstafel – ohne Gegenverkehr – 3-streifig, davon die beiden linken Fahrstreifen nach links übergeleitet und rechter Fahrstreifen nach rechts verschwenkt
501-73	Überleitungstafel – ohne Gegenverkehr – 4-streifig, davon linker Fahrstreifen nach links übergeleitet und die drei rechten Fahrstreifen nach rechts verschwenkt
501-74	Überleitungstafel – ohne Gegenverkehr – 4-streifig, davon die beiden linken Fahrstreifen nach links übergeleitet und die beiden rechten Fahrstreifen nach rechts verschwenkt
501-75	Überleitungstafel – ohne Gegenverkehr – 4-streifig, davon die drei linken Fahrstreifen nach links übergeleitet und rechter Fahrstreifen nach rechts verschwenkt
501-80	Überleitungstafel – ohne Gegenverkehr – 2-streifig, davon linker Fahrstreifen nach rechts übergeleitet und rechter Fahrstreifen nach links verschwenkt
501-81	Überleitungstafel – ohne Gegenverkehr – 3-streifig, davon linker Fahrstreifen nach rechts übergeleitet und die beiden rechten Fahrstreifen nach links verschwenkt
501-82	Überleitungstafel – ohne Gegenverkehr – 3-streifig, davon die beiden linken Fahrstreifen nach rechts übergeleitet und rechter Fahrstreifen nach links verschwenkt
501-83	Überleitungstafel – ohne Gegenverkehr – 4-streifig, davon linker Fahrstreifen nach rechts übergeleitet und die drei rechten Fahrstreifen nach links verschwenkt
501-84	Überleitungstafel – ohne Gegenverkehr – 4-streifig, davon die beiden linken Fahrstreifen nach rechts übergeleitet und die beiden rechten Fahrstreifen nach links verschwenkt
501-85	Überleitungstafel – ohne Gegenverkehr – 4-streifig, davon die drei linken Fahrstreifen nach rechts übergeleitet und rechter Fahrstreifen nach links verschwenkt
505	Überleitungstafel – ohne Gegenverkehr mit integriertem Zeichen 264 StVO
505-11	Überleitungstafel – ohne Gegenverkehr mit integriertem Zeichen 264 StVO – 2-streifig nach links

Nr.:	Bezeichnung
505-12	Überleitungstafel – ohne Gegenverkehr mit integriertem Zeichen 264 StVO – 3-streifig nach links
505-21	Überleitungstafel – ohne Gegenverkehr mit integriertem Zeichen 264 StVO – 2-streifig nach rechts
505-22	Überleitungstafel – ohne Gegenverkehr mit integriertem Zeichen 264 StVO – 3-streifig nach rechts
511	Verschwenkungstafel – ohne Gegenverkehr
511-10	Verschwenkungstafel – ohne Gegenverkehr – 1-streifig nach links
511-11	Verschwenkungstafel – ohne Gegenverkehr – 2-streifig nach links
511-12	Verschwenkungstafel – ohne Gegenverkehr – 3-streifig nach links
511-13	Verschwenkungstafel – ohne Gegenverkehr – 4-streifig nach links
511-20	Verschwenkungstafel – ohne Gegenverkehr – 1-streifig nach rechts
511-21	Verschwenkungstafel – ohne Gegenverkehr – 2-streifig nach rechts
511-22	Verschwenkungstafel – ohne Gegenverkehr – 3-streifig nach rechts
511-23	Verschwenkungstafel – ohne Gegenverkehr – 4-streifig nach rechts
511-25	Verschwenkungstafel – ohne Gegenverkehr – 1-streifige Verschwenkung auf den Seitenstreifen
511-26	Verschwenkungstafel – ohne Gegenverkehr – 2-streifige Verschwenkung, 1-streifig auf den Seitenstreifen
511-27	Verschwenkungstafel – ohne Gegenverkehr – 3-streifige Verschwenkung, 1-streifig auf den Seitenstreifen
511-28	Verschwenkungstafel – ohne Gegenverkehr – 4-streifige Verschwenkung, 1-streifig auf den Seitenstreifen
512	Verschwenkungstafel – mit Gegenverkehr
512-10	Verschwenkungstafel – mit Gegenverkehr – Verschwenkung nach links 1-streifig in Fahrtrichtung und 1-streifig in Gegenrichtung
512-11	Verschwenkungstafel – mit Gegenverkehr – Verschwenkung nach links 1-streifig in Fahrtrichtung und 2-streifig in Gegenrichtung
512-12	Verschwenkungstafel – mit Gegenverkehr – Verschwenkung nach links 2-streifig in Fahrtrichtung und 1-streifig in Gegenrichtung
512-20	Verschwenkungstafel – mit Gegenverkehr – Verschwenkung nach rechts 1-streifig in Fahrtrichtung und 1-streifig in Gegenrichtung
512-21	Verschwenkungstafel – mit Gegenverkehr – Verschwenkung nach rechts 1-streifig in Fahrtrichtung und 2-streifig in Gegenrichtung
512-22	Verschwenkungstafel – mit Gegenverkehr – Verschwenkung nach rechts 2-streifig in Fahrtrichtung und 1-streifig in Gegenrichtung
513	Verschwenkungstafel kurze Verschwenkung – ohne Gegenverkehr
513-10	Verschwenkungstafel kurze Verschwenkung – ohne Gegenverkehr – 1-streifig nach links
513-11	Verschwenkungstafel kurze Verschwenkung – ohne Gegenverkehr – 2-streifig nach links
513-12	Verschwenkungstafel kurze Verschwenkung – ohne Gegenverkehr – 3-streifig nach links
513-13	Verschwenkungstafel kurze Verschwenkung – ohne Gegenverkehr – 4-streifig nach links
513-14	Verschwenkungstafel kurze Verschwenkung – ohne Gegenverkehr – 5-streifig nach links
513-20	Verschwenkungstafel kurze Verschwenkung – ohne Gegenverkehr – 1-streifig nach rechts
513-21	Verschwenkungstafel kurze Verschwenkung – ohne Gegenverkehr – 2-streifig nach rechts
513-22	Verschwenkungstafel kurze Verschwenkung – ohne Gegenverkehr – 3-streifig nach rechts
513-23	Verschwenkungstafel kurze Verschwenkung – ohne Gegenverkehr – 4-streifig nach rechts

Nr.:	Bezeichnung
513-24	Verschwenkungstafel kurze Verschwenkung – ohne Gegenverkehr – 5-streifig nach rechts
514	Verschwenkungstafel kurze Verschwenkung – mit Gegenverkehr
514-10	Verschwenkungstafel kurze Verschwenkung – mit Gegenverkehr – nach links 1-streifig in Fahrtrichtung und 1-streifig in Gegenrichtung
514-11	Verschwenkungstafel kurze Verschwenkung – mit Gegenverkehr – nach links 2-streifig in Fahrtrichtung und 1-streifig in Gegenrichtung
514-12	Verschwenkungstafel kurze Verschwenkung – mit Gegenverkehr – nach links 3-streifig in Fahrtrichtung und 1-streifig in Gegenrichtung
514-13	Verschwenkungstafel kurze Verschwenkung – mit Gegenverkehr – nach links 1-streifig in Fahrtrichtung und 2-streifig in Gegenrichtung
514-14	Verschwenkungstafel kurze Verschwenkung – mit Gegenverkehr – nach links 2-streifig in Fahrtrichtung und 2-streifig in Gegenrichtung
514-15	Verschwenkungstafel kurze Verschwenkung – mit Gegenverkehr – nach links 3-streifig in Fahrtrichtung und 2-streifig in Gegenrichtung
514-16	Verschwenkungstafel kurze Verschwenkung – mit Gegenverkehr – nach links 1-streifig in Fahrtrichtung und 3-streifig in Gegenrichtung
514-17	Verschwenkungstafel kurze Verschwenkung – mit Gegenverkehr – nach links 2-streifig in Fahrtrichtung und 3-streifig in Gegenrichtung
514-18	Verschwenkungstafel kurze Verschwenkung – mit Gegenverkehr – nach links 3-streifig in Fahrtrichtung und 3-streifig in Gegenrichtung
514-20	Verschwenkungstafel kurze Verschwenkung – mit Gegenverkehr – nach rechts 1-streifig in Fahrtrichtung und 1-streifig in Gegenrichtung
514-21	Verschwenkungstafel kurze Verschwenkung – mit Gegenverkehr – nach rechts 2-streifig in Fahrtrichtung und 1-streifig in Gegenrichtung
514-22	Verschwenkungstafel kurze Verschwenkung – mit Gegenverkehr – nach rechts 3-streifig in Fahrtrichtung und 1-streifig in Gegenrichtung
514-23	Verschwenkungstafel kurze Verschwenkung – mit Gegenverkehr – nach rechts 1-streifig in Fahrtrichtung und 2-streifig in Gegenrichtung
514-24	Verschwenkungstafel kurze Verschwenkung – mit Gegenverkehr – nach rechts 2-streifig in Fahrtrichtung und 2-streifig in Gegenrichtung
514-25	Verschwenkungstafel kurze Verschwenkung – mit Gegenverkehr – nach rechts 3-streifig in Fahrtrichtung und 2-streifig in Gegenrichtung
514-26	Verschwenkungstafel kurze Verschwenkung – mit Gegenverkehr – nach rechts 1-streifig in Fahrtrichtung und 3-streifig in Gegenrichtung
514-27	Verschwenkungstafel kurze Verschwenkung – mit Gegenverkehr – nach rechts 2-streifig in Fahrtrichtung und 3-streifig in Gegenrichtung
514-28	Verschwenkungstafel kurze Verschwenkung – mit Gegenverkehr – nach rechts 3-streifig in Fahrtrichtung und 3-streifig in Gegenrichtung
515	Verschwenkungstafel – ohne Gegenverkehr mit integriertem Zeichen 264
515-11	Verschwenkungstafel – ohne Gegenverkehr mit integriertem Zeichen 264 – 2-streifig nach links
515-12	Verschwenkungstafel – ohne Gegenverkehr mit integriertem Zeichen 264 – 3-streifig nach links
515-21	Verschwenkungstafel – ohne Gegenverkehr mit integriertem Zeichen 264 – 2-streifig nach rechts
515-22	Verschwenkungstafel – ohne Gegenverkehr mit integriertem Zeichen 264 – 3-streifig nach rechts
521	Fahrstreifentafel – ohne Gegenverkehr
521-30	Fahrstreifentafel – ohne Gegenverkehr – 2-streifig in Fahrtrichtung
521-31	Fahrstreifentafel – ohne Gegenverkehr – 3-streifig in Fahrtrichtung
521-32	Fahrstreifentafel – ohne Gegenverkehr – 4-streifig in Fahrtrichtung
521-33	Fahrstreifentafel – ohne Gegenverkehr – 5-streifig in Fahrtrichtung
522	Fahrstreifentafel – mit Gegenverkehr

Nr.:	Bezeichnung
522-30	Fahrstreifentafel – mit Gegenverkehr – 1-streifig in Fahrtrichtung und 1-streifig in Gegenrichtung
522-31	Fahrstreifentafel – mit Gegenverkehr – 2-streifig in Fahrtrichtung und 1-streifig in Gegenrichtung
522-32	Fahrstreifentafel – mit Gegenverkehr – 1-streifig in Fahrtrichtung und 2-streifig in Gegenrichtung
522-33	Fahrstreifentafel – mit Gegenverkehr – 2-streifig in Fahrtrichtung und 2-streifig in Gegenrichtung
522-34	Fahrstreifentafel – mit Gegenverkehr – 3-streifig in Fahrtrichtung und 2-streifig in Gegenrichtung
522-35	Fahrstreifentafel – mit Gegenverkehr – 2-streifig in Fahrtrichtung und 3-streifig in Gegenrichtung
522-36	Fahrstreifentafel – mit Gegenverkehr – 3-streifig in Fahrtrichtung und 3-streifig in Gegenrichtung
522-37	Fahrstreifentafel – mit Gegenverkehr – 3-streifig in Fahrtrichtung und 1-streifig in Gegenrichtung
522-38	Fahrstreifentafel – mit Gegenverkehr – 1-streifig in Fahrtrichtung und 3-streifig in Gegenrichtung
523	Fahrstreifentafel – ohne Gegenverkehr mit integriertem Zeichen 274
523-30	Fahrstreifentafel – ohne Gegenverkehr mit integriertem Zeichen 274 – 2-streifig in Fahrtrichtung
523-31	Fahrstreifentafel – ohne Gegenverkehr mit integriertem Zeichen 274 – 3-streifig in Fahrtrichtung
524	Fahrstreifentafel – ohne Gegenverkehr mit integriertem Zeichen 253
524-30	Fahrstreifentafel – ohne Gegenverkehr mit integriertem Zeichen 253 – 2-streifig in Fahrtrichtung
524-31	Fahrstreifentafel – ohne Gegenverkehr mit integriertem Zeichen 253 – 3-streifig in Fahrtrichtung
524-32	Fahrstreifentafel – ohne Gegenverkehr mit integriertem Zeichen 253 – 4-streifig in Fahrtrichtung
524-33	Fahrstreifentafel – ohne Gegenverkehr mit integriertem Zeichen 253 – 5-streifig in Fahrtrichtung
525	Fahrstreifentafel – ohne Gegenverkehr mit integriertem Zeichen 275
525-31	Fahrstreifentafel – ohne Gegenverkehr mit integriertem Zeichen 275 – 3-streifig in Fahrtrichtung
526	Fahrstreifentafel – mit Gegenverkehr mit integriertem Zeichen 275
526-31	Fahrstreifentafel – mit Gegenverkehr mit integriertem Zeichen 275 – 2-streifig in Fahrtrichtung und 1-streifig in Gegenrichtung
526-33	Fahrstreifentafel – mit Gegenverkehr mit integriertem Zeichen 275 – 2-streifig in Fahrtrichtung und 2-streifig in Gegenrichtung
527	Fahrstreifentafel – ohne Gegenverkehr mit integriertem Zeichen 262
527-30	Fahrstreifentafel – ohne Gegenverkehr mit integriertem Zeichen 262 – 2-streifig in Fahrtrichtung
527-31	Fahrstreifentafel – ohne Gegenverkehr mit integriertem Zeichen 262 – 3-streifig in Fahrtrichtung
528	Fahrstreifentafel – ohne Gegenverkehr mit integriertem Zeichen 263
528-30	Fahrstreifentafel – ohne Gegenverkehr mit integriertem Zeichen 263 – 2-streifig in Fahrtrichtung
528-31	Fahrstreifentafel – ohne Gegenverkehr mit integriertem Zeichen 263 – 3-streifig in Fahrtrichtung
529	Fahrstreifentafel – ohne Gegenverkehr mit integriertem Zeichen 265
529-30	Fahrstreifentafel – ohne Gegenverkehr mit integriertem Zeichen 265 – 2-streifig in Fahrtrichtung
529-31	Fahrstreifentafel – ohne Gegenverkehr mit integriertem Zeichen 265 – 3-streifig in Fahrtrichtung

Nr.:	Bezeichnung
531	Einengungstafel – ohne Gegenverkehr
531-10	Einengungstafel – ohne Gegenverkehr – Einzug rechts, von 2 auf 1 Fahrstreifen
531-11	Einengungstafel – ohne Gegenverkehr – Einzug rechts, von 3 auf 2 Fahrstreifen
531-12	Einengungstafel – ohne Gegenverkehr – Einzug rechts, von 4 auf 3 Fahrstreifen
531-13	Einengungstafel – ohne Gegenverkehr – Einzug rechts, von 5 auf 4 Fahrstreifen
531-14	Einengungstafel – ohne Gegenverkehr – Einzug rechts, von 3 auf 1 Fahrstreifen
531-15	Einengungstafel – ohne Gegenverkehr – Einzug rechts, von 4 auf 2 Fahrstreifen
531-16	Einengungstafel – ohne Gegenverkehr – Einzug rechts, von 5 auf 3 Fahrstreifen
531-20	Einengungstafel – ohne Gegenverkehr – Einzug links, von 2 auf 1 Fahrstreifen
531-21	Einengungstafel – ohne Gegenverkehr – Einzug links, von 3 auf 2 Fahrstreifen
531-22	Einengungstafel – ohne Gegenverkehr – Einzug links, von 4 auf 3 Fahrstreifen
531-23	Einengungstafel – ohne Gegenverkehr – Einzug links, von 5 auf 4 Fahrstreifen
531-24	Einengungstafel – ohne Gegenverkehr – Einzug links, von 3 auf 1 Fahrstreifen
531-25	Einengungstafel – ohne Gegenverkehr – Einzug links, von 4 auf 2 Fahrstreifen
531-26	Einengungstafel – ohne Gegenverkehr – Einzug links, von 5 auf 3 Fahrstreifen
532	Einengungstafel – mit Gegenverkehr
532-10	Einengungstafel – mit Gegenverkehr – Einzug rechts, noch 1 Fahrstreifen und 1 Fahrstreifen in Gegenrichtung
532-20	Einengungstafel – mit Gegenverkehr – Einzug links, noch 1 Fahrstreifen und 1 Fahrstreifen in Gegenrichtung
532-21	Einengungstafel – mit Gegenverkehr – Einzug links, noch 1 Fahrstreifen und 2 Fahrstreifen in Gegenrichtung
533	Trennungstafel
533-20	Trennungstafel – 2-streifig durchgehend und 1-streifig rechts ab
533-21	Trennungstafel – 3-streifig durchgehend und 1-streifig rechts ab
533-22	Trennungstafel – 2-streifig durchgehend und 2-streifig rechts ab
533-23	Trennungstafel – 3-streifig durchgehend und 2-streifig rechts ab
533-24	Trennungstafel – 4-streifig durchgehend und 1-streifig rechts ab
533-25	Trennungstafel – 4-streifig durchgehend und 2-streifig rechts ab
533-26	Trennungstafel – 4-streifig durchgehend und 3-streifig rechts ab
533-27	Trennungstafel – 5-streifig durchgehend und 1-streifig rechts ab
533-28	Trennungstafel – 5-streifig durchgehend und 2-streifig rechts ab
533-29	Trennungstafel – 5-streifig durchgehend und 3-streifig rechts ab
533-60	Trennungstafel – 2-streifig durchgehend und 1-streifig sowie aus dem rechten durchgehenden Fahrstreifen rechts ab
533-61	Trennungstafel – 3-streifig durchgehend und 1-streifig sowie aus dem rechten durchgehenden Fahrstreifen rechts ab
533-62	Trennungstafel – 4-streifig durchgehend und 1-streifig sowie aus dem rechten durchgehenden Fahrstreifen rechts ab
533-63	Trennungstafel – 5-streifig durchgehend und 1-streifig sowie aus dem rechten durchgehenden Fahrstreifen rechts ab

Nr.:	Bezeichnung
535	Einengungstafel – ohne Gegenverkehr mit integriertem Zeichen 279
535-11	Einengungstafel – ohne Gegenverkehr mit integriertem Zeichen 279 – Einzug rechts, noch 2 Fahrstreifen in Fahrtrichtung
535-21	Einengungstafel – ohne Gegenverkehr mit integriertem Zeichen 279 – Einzug links, noch 2 Fahrstreifen in Fahrtrichtung
536	Einengungstafel – mit Gegenverkehr mit integriertem Zeichen 279
536-20	Einengungstafel – mit Gegenverkehr mit integriertem Zeichen 279 – Einzug links, noch 1 Fahrstreifen und 1 Fahrstreifen in Gegenrichtung
536-21	Einengungstafel – mit Gegenverkehr mit integriertem Zeichen 279 – Einzug links, noch 1 Fahrstreifen und 2 Fahrstreifen in Gegenrichtung
537	Fahrstreifentafel – ohne Gegenverkehr mit integriertem Zeichen 278
537-30	Fahrstreifentafel – ohne Gegenverkehr mit integriertem Zeichen 278 – 2-streifig in Fahrtrichtung
537-31	Fahrstreifentafel – ohne Gegenverkehr mit integriertem Zeichen 278 – 3-streifig in Fahrtrichtung
538	Fahrstreifentafel – ohne Gegenverkehr mit integriertem Zeichen 282
538-30	Fahrstreifentafel – ohne Gegenverkehr mit integriertem Zeichen 282 – 2-streifig in Fahrtrichtung
538-31	Fahrstreifentafel – ohne Gegenverkehr mit integriertem Zeichen 282 – 3-streifig in Fahrtrichtung
541	Aufweitungstafel – ohne Gegenverkehr
541-10	Aufweitungstafel – ohne Gegenverkehr – 1-streifig plus Fahrstreifen links
541-11	Aufweitungstafel – ohne Gegenverkehr – 2-streifig plus Fahrstreifen links
541-12	Aufweitungstafel – ohne Gegenverkehr – 3-streifig plus Fahrstreifen links
541-13	Aufweitungstafel – ohne Gegenverkehr – 4-streifig plus Fahrstreifen links
541-20	Aufweitungstafel – ohne Gegenverkehr – 1-streifig plus Fahrstreifen rechts
541-21	Aufweitungstafel – ohne Gegenverkehr – 2-streifig plus Fahrstreifen rechts
541-22	Aufweitungstafel – ohne Gegenverkehr – 3-streifig plus Fahrstreifen rechts
541-23	Aufweitungstafel – ohne Gegenverkehr – 4-streifig plus Fahrstreifen rechts
542	Aufweitungstafel – mit Gegenverkehr
542-10	Aufweitungstafel – mit Gegenverkehr – 1-streifig plus Fahrstreifen links und 1 Fahrstreifen in Gegenrichtung
542-11	Aufweitungstafel – mit Gegenverkehr – 1-streifig plus Fahrstreifen links und 2 Fahrstreifen in Gegenrichtung
542-12	Aufweitungstafel – mit Gegenverkehr – 2-streifig plus Fahrstreifen links und 1 Fahrstreifen in Gegenrichtung
542-13	Aufweitungstafel – mit Gegenverkehr – 2-streifig plus Fahrstreifen links und 2 Fahrstreifen in Gegenrichtung
542-14	Aufweitungstafel – mit Gegenverkehr – 1-streifig plus Fahrstreifen links und 3 Fahrstreifen in Gegenrichtung
542-15	Aufweitungstafel – mit Gegenverkehr – 2-streifig plus Fahrstreifen links und 3 Fahrstreifen in Gegenrichtung
545	Aufweitungstafel – ohne Gegenverkehr mit integriertem Zeichen 275
545-11	Aufweitungstafel – ohne Gegenverkehr mit integriertem Zeichen 275 – 2-streifig plus Fahrstreifen links
546	Aufweitungstafel – mit Gegenverkehr mit integriertem Zeichen 275
546-10	Aufweitungstafel – mit Gegenverkehr mit integriertem Zeichen 275 – 1-streifig plus Fahrstreifen links und 1 Fahrstreifen in Gegenrichtung
546-11	Aufweitungstafel – mit Gegenverkehr mit integriertem Zeichen 275 – 1-streifig plus Fahrstreifen links und 2 Fahrstreifen in Gegenrichtung
550	Zusammenführungstafel – an durchgehender Strecke
550-20	Zusammenführungstafel – an durchgehender Strecke – 1-streifig plus 1 Fahrstreifen von rechts

Nr.:	Bezeichnung
550-21	Zusammenführungstafel – an durchgehender Strecke – 2-streifig plus 1 Fahrstreifen von rechts
550-22	Zusammenführungstafel – an durchgehender Strecke – 3-streifig plus 1 Fahrstreifen von rechts
550-23	Zusammenführungstafel – an durchgehender Strecke – 2-streifig plus 2 Fahrstreifen von rechts
550-24	Zusammenführungstafel – an durchgehender Strecke – 3-streifig plus 2 Fahrstreifen von rechts
550-25	Zusammenführungstafel – an durchgehender Strecke – 4-streifig plus 1 Fahrstreifen von rechts
550-26	Zusammenführungstafel – an durchgehender Strecke – 4-streifig plus 2 Fahrstreifen von rechts
550-27	Zusammenführungstafel – an durchgehender Strecke – 4-streifig plus 3 Fahrstreifen von rechts
550-28	Zusammenführungstafel – an durchgehender Strecke – 5-streifig plus 1 Fahrstreifen von rechts
550-29	Zusammenführungstafel – an durchgehender Strecke – 5-streifig plus 2 Fahrstreifen von rechts
550-60	Zusammenführungstafel – an durchgehender Strecke – 5-streifig plus 3 Fahrstreifen von rechts
551	Zusammenführungstafel – an einmündender Strecke
551-20	Zusammenführungstafel – an einmündender Strecke – 1-streifig einmündend plus 1-streifig durchgehend
551-21	Zusammenführungstafel – an einmündender Strecke – 1-streifig einmündend plus 2-streifig durchgehend
551-22	Zusammenführungstafel – an einmündender Strecke – 2-streifig einmündend plus 2-streifig durchgehend
551-23	Zusammenführungstafel – an einmündender Strecke – 2-streifig einmündend plus 3-streifig durchgehend
551-24	Zusammenführungstafel – an einmündender Strecke – 1-streifig einmündend plus 3-streifig durchgehend
551-25	Zusammenführungstafel – an einmündender Strecke – 1-streifig einmündend plus 4-streifig durchgehend
551-26	Zusammenführungstafel – an einmündender Strecke – 2-streifig einmündend plus 4-streifig durchgehend
551-27	Zusammenführungstafel – an einmündender Strecke – 3-streifig einmündend plus 4-streifig durchgehend
551-28	Zusammenführungstafel – an einmündender Strecke – 1-streifig einmündend plus 5-streifig durchgehend
551-29	Zusammenführungstafel – an einmündender Strecke – 2-streifig einmündend plus 5-streifig durchgehend
551-60	Zusammenführungstafel – an einmündender Strecke – 3-streifig einmündend plus 5-streifig durchgehend
590	Blockumfahrung
590-10	Blockumfahrung rechts, links, links
590-11	Blockumfahrung rechts, rechts, rechts

Verkehrseinrichtungen nach Anlage 4 (zu § 43 Absatz 3 StVO)

Nr.:	Bezeichnung
600	Absperrschranke
600-30	Absperrschranke – 100 × 800
600-31	Absperrschranke – 100 × 1200
600-32	Absperrschranke – 100 × 1600
600-33	Absperrschranke – 250 × 1200

Nr.:	Bezeichnung
600-34	Absperrschranke – 250 × 1600
600-35	Absperrschranke – 250 × 2000
600-36	Absperrschranke – 250 × 2400
600-37	Absperrschranke – 500 × 1600
600-38	Absperrschranke – 500 × 2000
600-39	Absperrschranke – 500 × 2400
600-60	Sperrpfosten (Schraffur waagerecht)
605	Leitbake
605-10	Leitbake – Schraffenbake – Aufstellung rechts
605-11	Leitbake – Pfeilbake – Aufstellung rechts
605-12	Leitbake – Warnbake – Aufstellung rechts
605-13	Leitbake – Warnlichtbake – Aufstellung rechts
605-14	Leitbake – Warnlichtbake mit integriertem Zeichen 222 – Aufstellung rechts mit Zeichen 222-10
605-20	Leitbake – Schraffenbake – Aufstellung links
605-21	Leitbake – Pfeilbake – Aufstellung links
605-22	Leitbake – Warnbake – Aufstellung links
605-23	Leitbake – Warnlichtbake – Aufstellung links
605-24	Leitbake – Warnlichtbake mit integriertem Zeichen 222 – Aufstellung links mit Zeichen 222
605-40	Leitbake – Schraffenbake – doppelseitig (-10/-20)
605-41	Leitbake – Schraffenbake – doppelseitig (-20/-20)
605-42	Leitbake – Pfeilbake – doppelseitig (-11/-21)
605-43	Leitbake – Pfeilbake – doppelseitig (-21/-21)
605-44	Leitbake – Warnbake – doppelseitig (-12/-22)
605-45	Leitbake – Warnbake – doppelseitig (-22/-22)
610	Leitkegel
610-40	Leitkegel – Höhe = 300 (Ringhöhe 55 mm)
610-41	Leitkegel – Höhe = 500 (Ringhöhe 85 mm)
610-42	Leitkegel – Höhe = 750 (Ringhöhe 130 mm)
610-43	Leitkegel – Höhe = 1000 (Ringhöhe 180 mm)
615	Fahrbare Absperrtafel
616	Fahrbare Absperrtafel mit Blinkpfeil
616-30	Fahrbare Absperrtafel mit Blinkpfeil – große Ausführung (3600 × 2200)
616-31	Fahrbare Absperrtafel mit Blinkpfeil – kleine Ausführung (2500 × 1700)
620	Leitpfosten
620-40	Leitpfosten – rechts
620-41	Leitpfosten – links
625	Richtungstafel in Kurven
625-10	Richtungstafel in Kurven – linksweisend: 500 × 500
625-11	Richtungstafel in Kurven – linksweisend: 500 × 1500
625-12	Richtungstafel in Kurven – linksweisend: 500 × 2000
625-13	Richtungstafel in Kurven – linksweisend: 500 × 2500
625-20	Richtungstafel in Kurven – rechtsweisend: 500 × 500
625-21	Richtungstafel in Kurven – rechtsweisend: 500 × 1500
625-22	Richtungstafel in Kurven – rechtsweisend: 500 × 2000
625-23	Richtungstafel in Kurven – rechtsweisend: 500 × 2500
626	Leitplatte
626-10	Leitplatte – Aufstellung rechts
626-20	Leitplatte – Aufstellung links
626-30	Leitplatte – 750 × 500
626-31	Leitplatte – 1200 × 600

Nr.:	Bezeichnung
626-32	Leitplatte – 2500 × 500
627	Leitmal
627-10	Leitmal – Anbringung rechts (senkrecht)
627-20	Leitmal – Anbringung links (senkrecht)
627-30	Leitmal – waagerecht
627-50	Leitmal – gebogen
628	Leitschwelle mit Leitbake (Z 605)
628-10	Leitschwelle mit Leitbake (Z 605) – Aufstellung rechts (mit 605-10)
628-11	Leitschwelle mit Leitbake (Z 605) – Aufstellung rechts (mit 605-11)
628-20	Leitschwelle mit Leitbake (Z 605) – Aufstellung links (mit 605-20)
628-21	Leitschwelle mit Leitbake (Z 605) – Aufstellung links (mit 605-21)
628-40	Leitschwelle mit Leitbake (Z 605) – doppelseitig (mit 605-40)
628-41	Leitschwelle mit Leitbake (Z 605) – doppelseitig (mit 605-41)
628-42	Leitschwelle mit Leitbake (Z 605) – doppelseitig (mit 605-42)
628-43	Leitschwelle mit Leitbake (Z 605) – doppelseitig (mit 605-43)
629	Leitbord mit Leitbake
629-10	Leitbord mit Leitbake – Aufstellung rechts (mit 605-10)
629-11	Leitbord mit Leitbake – Aufstellung rechts (mit 605-11)
629-20	Leitbord mit Leitbake – Aufstellung links (mit 605-20)
629-21	Leitbord mit Leitbake – Aufstellung links (mit 605-21)
629-40	Leitbord mit Leitbake – doppelseitig (mit 605-40)
629-41	Leitbord mit Leitbake – doppelseitig (mit 605-41)
629-42	Leitbord mit Leitbake – doppelseitig (mit 605-42)
629-43	Leitbord mit Leitbake – doppelseitig (mit 605-43)
630	Parkwarntafel
630-10	Parkwarntafel – links vorbei
630-20	Parkwarntafel – rechts vorbei

Sonstige Zeichen der StVO

Nr.:	Bezeichnung
720	Grünpfeilschild
721	Grünpfeilschild mit Beschränkung auf den Radverkehr

Zusatzzeichen nach § 39 Absatz 3 StVO

Nr.:	Bezeichnung
	Allgemeine Zusatzzeichen
1000	Richtungsangaben durch Pfeile
1000-10	Richtung, linksweisend
1000-11	Vorankündigung, linksweisend
1000-12	Fußgänger Gehweg gegenüber benutzen, linksweisend
1000-13	Umleitungsbeschilderung Dreiviertelkreis
1000-20	Richtung, rechtsweisend
1000-21	Vorankündigung, rechtsweisend
1000-22	Fußgänger Gehweg gegenüber benutzen, rechtsweisend
1000-23	Umleitungsbeschilderung Viertelkreis
1000-30	Beide Richtungen, zwei gegengerichtete waagerechte Pfeile
1000-31	Beide Richtungen, zwei gegengerichtete senkrechte Pfeile
1000-32	Radverkehr kreuzt von links und rechts oder Radverkehr ist in der Gegenrichtung zugelassen
1000-34	Umleitungsbeschilderung Halbkreis
1001	Länge einer Strecke

Nr.:	Bezeichnung
1001-30	Auf ... m (zweiter Teil der Unternummer steht jeweils für den Zahlenwert)
1001-31	Auf ... km (zweiter Teil der Unternummer steht jeweils für den Zahlenwert)
1001-32	noch ... m (zweiter Teil der Unternummer steht jeweils für den Zahlenwert)
1001-33	noch ... km (zweiter Teil der Unternummer steht jeweils für den Zahlenwert)
1001-34	auf ... m (verbal, zweiter Teil der Unternummer steht jeweils für den Zahlenwert)
1001-35	auf ... km (verbal, zweiter Teil der Unternummer steht jeweils für den Zahlenwert)
1002	Verlauf der Vorfahrtstraße
1002-10	Verlauf der Vorfahrtstraße an Kreuzungen – von unten nach links
1002-11	Verlauf der Vorfahrtstraße an Kreuzungen – von oben nach links
1002-12	Verlauf der Vorfahrtstraße an Einmündungen – von unten nach links, Einmündung von oben
1002-13	Verlauf der Vorfahrtstraße an Einmündungen – von unten nach links, Einmündung von rechts
1002-14	Verlauf der Vorfahrtstraße an Einmündungen – von oben nach links, Einmündung von unten
1002-20	Verlauf der Vorfahrtstraße an Kreuzungen – von unten nach rechts
1002-21	Verlauf der Vorfahrtstraße an Kreuzungen – von oben nach rechts
1002-22	Verlauf der Vorfahrtstraße an Einmündungen – von unten nach rechts, Einmündung von oben
1002-23	Verlauf der Vorfahrtstraße an Einmündungen – von unten nach rechts, Einmündung von links
1002-24	Verlauf der Vorfahrtstraße an Einmündungen – von oben nach rechts, Einmündung von unten
1004	Entfernungsangaben
1004-30	Entfernungsangabe in… m (zweiter Teil der Unternummer steht jeweils für den Zahlenwert)
1004-31	Entfernungsangabe in… km (zweiter Teil der Unternummer steht jeweils für den Zahlenwert)
1004-32	Stop in 100 m
1005	Entfernungsangaben mit verbalem Zusatz
1005-30	Reißverschluss erst in ... m (zweiter Teil der Unternummer steht jeweils für den Zahlenwert)
1006	Hinweis auf Gefahren durch Sinnbild
1006-30	Schleudergefahr für Wohnwagengespanne an Gefällestrecken mit starkem Seitenwind auf Autobahnen
1006-31	Unfallgefahr
1007	Hinweis auf Gefahren durch verbale Angabe
1007-30	Ölspur
1007-31	Rauch
1007-32	Rollsplitt
1007-33	Baustellenausfahrt
1007-34	Straßenschäden
1007-35	Verschmutzte Fahrbahn
1007-36	Sprengarbeiten
1007-37	Ausfahrt
1007-38	Baustellenverkehr
1007-39	Fehlende Fahrbahnmarkierung
1007-50	Unfall
1007-51	Hochwasser
1007-52	Neuer Fahrbahnbelag

Nr.:	Bezeichnung
1007-53	Spurrinnen
1007-54	Linksabbieger
1007-55	Skiabfahrt kreuzt
1007-56	Skiwanderweg kreuzt
1007-57	Kuppe
1007-58	Polizeikontrolle
1007-59	Ende Seitenstreifen in … m (zweiter Teil der Unternummer steht jeweils für den Zahlenwert)
1007-60	Seitenstreifen nicht befahrbar
1007-61	Nebel
1007-62	Zufahrt
1008	Hinweise auf geänderte Vorfahrt, Verkehrsführung oder besondere Verkehrsregelung
1008-30	Vorfahrt geändert
1008-31	Verkehrsführung geändert
1008-32	Industriegebiet Schienenfahrzeuge haben Vorrang (zu Zeichen 201 StVO)
1008-33	Hafengebiet Schienenfahrzeuge haben Vorrang (zu Zeichen 201 StVO)
1008-34	Keine Wendemöglichkeit
1010	Hinweise durch Sinnbild
1010-10	Erlaubt Kindern auch auf der Fahrbahn und dem Seitenstreifen zu spielen
1010-11	Wintersport erlaubt
1010-12	Kennzeichnung von Parkflächen, auf denen Anhänger auch länger als 14 Tage parken dürfen
1010-13	Kennzeichnung von Parkflächen, auf denen Wohnwagen auch länger als 14 Tage parken dürfen
1010-14	Information Rollende Landstraße
1010-15	Information Leistungsumfang (zu Z 448.1)
1010-50	Kraftwagen und sonstige mehrspurige Fahrzeuge
1010-51	Kraftfahrzeuge mit einer zulässigen Gesamtmasse über 3,5 t, einschließlich ihrer Anhänger, und Zugmaschinen, ausgenommen Personenkraftwagen und Kraftomnibusse
1010-52	Radverkehr
1010-53	Fußgänger
1010-54	Reiter
1010-55	Viehtrieb
1010-56	Straßenbahn
1010-57	Kraftomnibus
1010-58	Personenkraftwagen
1010-59	Personenkraftwagen mit Anhänger
1010-60	Lastkraftwagen mit Anhänger
1010-61	Kraftfahrzeuge und Züge, die nicht schneller als 25 km/h fahren können oder dürfen
1010-62	Krafträder, auch mit Beiwagen, Kleinkrafträder und Mopeds
1010-63	Mofas
1010-64	Gespannfuhrwerk
1010-65	E-Bikes
1010-66	Elektrisch betriebene Fahrzeuge
1010-67	Wohnmobile
1010-68	Elektrokleinstfahrzeug im Sinne der Elektrokleinstfahrzeuge-Verordnung (eKFV)
1010-69	Fahrrad zum Transport von Gütern oder Personen – Lastenfahrrad
1010-70	Carsharing

Nr.:	Bezeichnung
1010-71	Personenkraftwagen oder Krafträder mit Beiwagen, die mit mindestens drei Personen besetzt sind – mehrfachbesetzte Personenkraftwagen
1010-72	Krafträder, auch mit Beiwagen, Kleinkrafträder und Mopeds und Kraftwagen und sonstige mehrspurige Fahrzeuge
1012	Sonstige Hinweise durch verbale Angaben
1012-30	Ladezone
1012-31	Ende
1012-32	Radfahrer absteigen
1012-33	Keine Mofas
1012-34	Grüne Welle bei … km/h
1012-35	Bei Rot hier halten
1012-36	Lärmschutz
1012-37	Zuflussregelung
1012-38	Nebenstrecke
1012-50	Schule
1012-51	Kindergarten
1012-52	Altenheim
1012-53	Krankenhaus
1012-54	Seniorenheim
1013	Besondere Hinweise zur Seitenstreifenfreigabe
1013-50	Seitenstreifen befahren
1013-51	Seitenstreifen räumen
1013-52	Ende in ... m (zweiter Teil der Unternummer steht jeweils für den Zahlenwert)
1014	Tunnelkategorie gemäß ADR-Übereinkommen
1014-50	Tunnelkategorie gemäß ADR-Übereinkommen – B
1014-51	Tunnelkategorie gemäß ADR-Übereinkommen – C
1014-52	Tunnelkategorie gemäß ADR-Übereinkommen – D
1014-53	Tunnelkategorie gemäß ADR-Übereinkommen – E

Zusatzzeichen nach § 41 Absatz 2 StVO

Nr.:	Bezeichnung
	Zusatzzeichen mit Ausnahmen („frei“)
1020	Personengruppen frei
1020-11	Schwerbehinderte mit Parkausweis Nr. ... frei
1020-12	Radverkehr und Anlieger frei
1020-13	Inline-Skaten und Rollschuhfahren zugelassen
1020-14	Wintersport frei
1020-30	Anlieger frei
1020-31	Anlieger oder Parken frei
1020-32	Bewohner mit Parkausweis Nr. ... frei
1022	Einspurige Fahrzeuge frei
1022-10	Radverkehr frei
1022-11	Mofas frei
1022-12	Krafträder, auch mit Beiwagen, Kleinkrafträder und Mofas frei
1022-13	E-Bikes frei
1022-14	Radverkehr und Mofas frei
1022-15	E-Bikes und Mofas frei
1022-16	Elektrokleinstfahrzeuge frei
1022-17	Fahrräder zum Transport von Gütern oder Personen – Lastenfahrräder – frei
1024	Mehrspurige Fahrzeuge frei
1024-10	Personenkraftwagen frei

Nr.:	Bezeichnung
1024-11	Personenkraftwagen mit Anhänger frei
1024-12	Kraftfahrzeuge mit einer zulässigen Gesamtmasse über 3,5 t, einschließlich ihrer Anhänger, und Zugmaschinen, ausgenommen Personenkraftwagen und Kraftomnibusse frei
1024-13	Lastkraftwagen mit Anhänger frei
1024-14	Kraftomnibus frei
1024-15	Schienenbahn frei
1024-16	Straßenbahn frei
1024-17	Kraftfahrzeuge und Züge, die nicht schneller als 25 km/h fahren können oder dürfen frei
1024-18	Gespannfuhrwerke frei
1024-19	Wohnmobile mit einer zulässigen Gesamtmasse bis 7,5 t ausgenommen
1024-20	Elektrisch betriebene Fahrzeuge frei
1024-21	Carsharingfahrzeuge frei
1026	Besondere Fahrzeuge und Transportgüter frei (verbale Angabe)
1026-30	Taxi frei
1026-31	Kraftomnibusse im Gelegenheitsverkehr frei
1026-32	Linienverkehr frei
1026-33	Einsatzfahrzeuge frei
1026-34	Krankenfahrzeuge frei
1026-35	Lieferverkehr frei
1026-36	Landwirtschaftlicher Verkehr frei
1026-37	Forstwirtschaftlicher Verkehr frei
1026-38	Land- und forstwirtschaftlicher Verkehr frei
1026-39	Betriebs- und Versorgungsdienst frei
1026-60	Elektrofahrzeuge während des Ladevorgangs frei
1026-61	Elektrofahrzeuge frei
1026-62	Gülletransport frei
1026-63	E-Bikes frei
1028	Sonstige Fahrzeug-, Personengruppen frei (verbale Angabe)
1028-30	Baustellenfahrzeuge frei
1028-31	Bis Baustelle frei
1028-32	Anlieger bis Baustelle frei
1028-33	Zufahrt bis ... frei
1028-34	Fährbenutzer frei
1031	Freistellung vom Verkehrsverbot nach § 40 Absatz 1 BImSchG
1031-50	Freistellung vom Verkehrsverbot nach § 40 Absatz 1 BImSchG – rote, gelbe und grüne Plakette
1031-51	Freistellung vom Verkehrsverbot nach § 40 Absatz 1 BImSchG – gelbe und grüne Plakette
1031-52	Freistellung vom Verkehrsverbot nach § 40 Absatz 1 BImSchG – grüne Plakette Beschränkende Zusatzzeichen
1040	Zeitangaben ohne Beschränkung auf Wochentage
1040-10	Wintersport erlaubt, zeitlich beschränkt (10 – 16 h)
1040-30	Zeitliche Beschränkung (16 – 18 h)
1040-31	Zeitliche Beschränkung (8 – 11 h, 16 – 18 h)
1040-32	Parkscheibe 2 Stunden
1040-33	Parken mit Parkscheibe in gekennzeichneten Flächen 2 Stunden
1040-34	Ab Zeitpunkt
1040-35	Lärmschutz (mit Zeitangabe)
1040-36	Schulweg in Verbindung mit zeitlicher Begrenzung (zu Z 101 oder 274)
1042	Zeitangaben mit Beschränkung auf Wochentage

Nr.:	Bezeichnung
1042-30	Zeitliche Beschränkung (werktags)
1042-31	Zeitliche Beschränkung (werktags 18 – 19 h)
1042-32	Zeitliche Beschränkung (werktags 8.30 – 11.30 h, 16 – 18 h)
1042-33	Zeitliche Beschränkung (Montag – Freitag, 16 – 18 h)
1042-34	Zeitliche Beschränkung (Dienstag, Donnerstag, Freitag, 16 – 18 h)
1042-35	Zeitliche Beschränkung (6 – 22 h an Sonn- und Feiertagen)
1042-36	Schulbus (tageszeitliche Benutzung)
1042-37	Parken Samstag und Sonntag erlaubt
1042-38	Werktags außer samstags
1042-50	Straßenreinigung (mit Zeit- und Datumsangabe)
1042-51	Samstag und Sonntag
1042-52	Samstag, Sonntag und an Feiertagen
1042-53	Schulweg in Verbindung mit zeitlicher Begrenzung an Werktagen (zu Z 101 oder 274)
1044	Personengruppen
1044-10	Nur Schwerbehinderte mit außergewöhnlicher Gehbehinderung und Blinde
1044-11	Nur Schwerbehinderte mit Parkausweis Nr. ...
1044-12	Nur Schwerbehinderte mit außergewöhnlicher Gehbehinderung und Blinde, mit Anzahl der Parkstände
1044-30	Nur Bewohner mit Parkausweis Nr. ...
1048	Mehrspurige Fahrzeuge
1048-14	Nur Sattelkraftfahrzeuge
1048-15	Nur Sattelkraftfahrzeuge und Lastkraftwagen mit Anhänger
1048-18	Nur Schienenbahnen
1048-20	Nur Personenkraftwagen mit Anhänger und Kraftfahrzeuge mit einer zulässigen Gesamtmasse über 3,5 t, einschließlich ihrer Anhänger, und Zugmaschinen, ausgenommen Personenkraftwagen und Kraftomnibusse
1049	Sonstige oder mehrere mehrspurige Fahrzeuge
1049-11	Kraftfahrzeuge und Züge, die nicht schneller als 25 km/h fahren können oder dürfen, dürfen überholt werden
1049-12	Nur militärische Kettenfahrzeuge
1049-13	Nur Lkw (Zeichen 1010-51), Kraftomnibus (Zeichen 1010-57) und Pkw mit Anhänger (Zeichen 1010-59)
1050	Fahrzeuge (verbale Angabe)
1050-30	Taxi
1050-31	Taxen
1050-32	Elektrofahrzeuge während des Ladevorgangs
1050-33	Elektrofahrzeuge
1052	Fahrzeuge mit besonderer Ladung
1052-30	Nur kennzeichnungspflichtige Kraftfahrzeuge mit gefährlichen Gütern
1052-31	Nur Fahrzeuge mit wassergefährdender Ladung
1053	Sonstige Beschränkungen
1053-30	Parken in gekennzeichneten Flächen erlaubt
1053-31	Mit Parkschein
1053-32	Gebührenpflichtig
1053-33	Massenangabe – 7,5 t
1053-34	Auf dem Seitenstreifen
1053-35	Bei Nässe
1053-36	Durchgangsverkehr
1053-37	Massenangabe – 12 t
1053-38	Querparken als Sinnbild
1053-39	Schrägparken als Sinnbild

Nr.:	Bezeichnung
1053-52	Nur innerhalb gekennzeichneter Parkflächen
1053-53	Parken mit Parkschein in gekennzeichneten Flächen Erweiternde Zusatzzeichen
1060	Erweiternde Zusatzzeichen
1060-31	Haltverbot auch auf dem Seitenstreifen
1060-32	Auch Kraftomnibusse und PKW mit Anhängern (im Bereich von LKW-Kontrollen)
1060-33	Massenangabe – 2,8 t.

3. Straßenverkehrs-Zulassungs-Ordnung (StVZO)

Vom 26. April 2012
(BGBl. I S. 679)

FNA 9232-16

zuletzt geänd. durch Art. 1 56. VO zur Änd. straßenverkehrsrechtlicher Vorschriften v. 10.6.2024 (BGBl. 2024 I Nr. 191)

Inhaltsübersicht

A. Personen

§§ 1 bis 15l (weggefallen)

B. Fahrzeuge

I. Zulassung von Fahrzeugen im Allgemeinen

§ 16 Grundregel der Zulassung
§ 17 Einschränkung und Entziehung der Zulassung

II. Betriebserlaubnis und Bauartgenehmigung

§ 18 (weggefallen)
§ 19 Erteilung und Wirksamkeit der Betriebserlaubnis
§ 20 Allgemeine Betriebserlaubnis für Typen
§ 21 Betriebserlaubnis für Einzelfahrzeuge
§ 21a Anerkennung von Genehmigungen und Prüfzeichen auf Grund internationaler Vereinbarungen und von Rechtsakten der Europäischen Gemeinschaften
§ 21b Anerkennung von Prüfungen auf Grund von Rechtsakten der Europäischen Gemeinschaften
§ 21c (weggefallen)
§ 22 Betriebserlaubnis für Fahrzeugteile
§ 22a Bauartgenehmigung für Fahrzeugteile
§ 23 Gutachten für die Einstufung eines Fahrzeugs als Oldtimer
§§ 24 bis 28 (weggefallen)
§ 29 Untersuchung der Kraftfahrzeuge und Anhänger
§ 29a Datenübermittlung

IIa. Pflichtversicherung

§§ 29b bis 29h (weggefallen)

III. Bau- und Betriebsvorschriften

1. Allgemeine Vorschriften

§ 30 Beschaffenheit der Fahrzeuge
§ 30a Durch die Bauart bestimmte Höchstgeschwindigkeit sowie maximales Drehmoment und maximale Nutzleistung des Motors
§ 30b Berechnung des Hubraums
§ 30c Vorstehende Außenkanten, Frontschutzsysteme
§ 30d Kraftomnibusse
§ 31 Verantwortung für den Betrieb der Fahrzeuge
§ 31a Fahrtenbuch
§ 31b Überprüfung mitzuführender Gegenstände
§ 31c Überprüfung von Fahrzeuggewichten
§ 31d Gewichte, Abmessungen und Beschaffenheit ausländischer Fahrzeuge
§ 31e Geräuscharme ausländische Kraftfahrzeuge

2. Kraftfahrzeuge und ihre Anhänger

§ 32 Abmessungen von Fahrzeugen und Fahrzeugkombinationen
§ 32a Mitführen von Anhängern
§ 32b Unterfahrschutz
§ 32c Seitliche Schutzvorrichtungen
§ 32d Kurvenlaufeigenschaften
§ 32e Schutzstrukturen an land- oder forstwirtschaftlichen Zugmaschinen
§ 33 Schleppen von Fahrzeugen

§ 34 Achslast und Gesamtgewicht
§ 34a Besetzung, Beladung und Kennzeichnung von Kraftomnibussen
§ 34b Laufrollenlast und Gesamtgewicht von Gleiskettenfahrzeugen
§ 35 Motorleistung
§ 35a Sitze, Sicherheitsgurte, Rückhaltesysteme, Rückhalteeinrichtungen für Kinder, Rollstuhlnutzer und Rollstühle
§ 35b Einrichtungen zum sicheren Führen der Fahrzeuge
§ 35c Heizung und Lüftung
§ 35d Einrichtungen zum Auf- und Absteigen an Fahrzeugen und Betätigungsraum
§ 35e Türen
§ 35f Notausstiege in Kraftomnibussen
§ 35g Feuerlöscher in Kraftomnibussen
§ 35h Erste-Hilfe-Material in Kraftfahrzeugen
§ 35i Gänge, Anordnung von Fahrgastsitzen und Beförderung von Fahrgästen in Kraftomnibussen
§ 35j Brennverhalten der Innenausstattung bestimmter Kraftomnibusse
§ 36 Bereifung und Laufflächen
§ 36a Radabdeckungen, Ersatzräder
§ 37 Gleitschutzeinrichtungen und Schneeketten
§ 38 Lenkeinrichtung
§ 38a Sicherungseinrichtungen gegen unbefugte Benutzung von Kraftfahrzeugen
§ 38b Fahrzeug-Alarmsysteme
§ 39 Rückwärtsgang
§ 39a Betätigungseinrichtungen, Kontrollleuchten und Anzeiger
§ 40 Scheiben, Scheibenwischer, Scheibenwascher, Entfrostungs- und Trocknungsanlagen für Scheiben
§ 41 Bremsen und Unterlegkeile
§ 41a Druckgasanlagen und Druckbehälter
§ 41b Automatischer Blockierverhinderer
§ 42 Anhängelast hinter Kraftfahrzeugen und Leergewicht
§ 43 Einrichtungen zur Verbindung von Fahrzeugen
§ 44 Stützeinrichtung und Stützlast
§ 45 Kraftstoffbehälter
§ 46 Kraftstoffleitungen
§ 47 Abgase
§ 47a *(aufgehoben)*
§ 47b (weggefallen)
§ 47c Ableitung von Abgasen
§ 47d Kohlendioxidemissionen, Kraftstoffverbrauch, Reichweite, Stromverbrauch
§ 47e Genehmigung, Nachrüstung und Nachfüllen von Klimaanlagen
§ 47f Kraftstoffe, emissionsbedeutsame Betriebsstoffe und Systeme zur Verringerung der Stickoxid-Emissionen
§ 48 Emissionsklassen für Kraftfahrzeuge
§ 49 Geräuschentwicklung und Schalldämpferanlage
§ 49a Lichttechnische Einrichtungen, allgemeine Grundsätze
§ 50 Scheinwerfer für Fern- und Abblendlicht
§ 51 Begrenzungsleuchten, vordere Rückstrahler, Spurhalteleuchten
§ 51a Seitliche Kenntlichmachung
§ 51b Umrissleuchten
§ 51c Parkleuchten, Park-Warntafeln
§ 52 Zusätzliche Scheinwerfer und Leuchten
§ 52a Rückfahrscheinwerfer
§ 53 Schlussleuchten, Bremsleuchten, Rückstrahler
§ 53a Warndreieck, Warnleuchte, Warnblinkanlage, Warnweste
§ 53b Ausrüstung und Kenntlichmachung von Anbaugeräten und Hubladebühnen
§ 53c Tarnleuchten
§ 53d Nebelschlussleuchten
§ 54 Fahrtrichtungsanzeiger
§ 54a Innenbeleuchtung in Kraftomnibussen
§ 54b Windsichere Handlampe
§ 55 Einrichtungen für Schallzeichen
§ 55a Elektromagnetische Verträglichkeit

§ 56 Spiegel und andere Einrichtungen für indirekte Sicht
§ 57 Geschwindigkeitsmessgerät und Wegstreckenzähler
§ 57a Fahrtschreiber und Kontrollgerät
§ 57b Prüfung der Fahrtenschreiber und Kontrollgeräte
§ 57c Ausrüstung von Kraftfahrzeugen mit Geschwindigkeitsbegrenzern und ihre Benutzung
§ 57d Einbau und Prüfung von Geschwindigkeitsbegrenzern
§ 58 Geschwindigkeitsschilder
§ 59 Fabrikschilder, sonstige Schilder, Fahrzeug-Identifizierungsnummer
§ 59a Nachweis der Übereinstimmung mit der Richtlinie 96/53/EG
§ 60 Flüssiggasanlagen in Fahrzeugen
§ 60a (weggefallen)
§ 61 Halteeinrichtungen für Beifahrer sowie Fußstützen und Ständer von zweirädrigen Kraftfahrzeugen
§ 61a Besondere Vorschriften für Anhänger hinter Fahrrädern mit Hilfsmotor
§ 62 Elektrische Einrichtungen von elektrisch angetriebenen Kraftfahrzeugen

3. Andere Straßenfahrzeuge

§ 63 Anwendung der für Kraftfahrzeuge geltenden Vorschriften
§ 63a Fahrräder und Fahrradanhänger
§ 64 Lenkeinrichtung, sonstige Ausrüstung und Bespannung
§ 64a Einrichtungen für Schallzeichen
§ 64b Kennzeichnung
§ 65 Bremsen
§ 66 Rückspiegel
§ 66a Lichttechnische Einrichtungen
§ 67 Lichttechnische Einrichtungen an Fahrrädern
§ 67a Lichttechnische Einrichtungen an Fahrradanhängern

C. Durchführungs-, Bußgeld- und Schlussvorschriften

§ 68 Zuständigkeiten
§ 69 (weggefallen)
§ 69a Ordnungswidrigkeiten
§ 69b (weggefallen)
§ 70 Ausnahmen
§ 71 Auflagen bei Ausnahmegenehmigungen
§ 72 Übergangsbestimmungen
§ 73 Technische Festlegungen

Anlagen[1)]

Anlage I (weggefallen)
Anlage II (weggefallen)
Anlage III (weggefallen)
Anlage IV (weggefallen)
Anlage V (weggefallen)
Anlage Va (weggefallen)
Anlage Vb (weggefallen)
Anlage Vc (weggefallen)
Anlage Vd (weggefallen)
Anlage VI (weggefallen)
Anlage VII (weggefallen)
Anlage VIII Untersuchung der Fahrzeuge
Anlage VIIIa Durchführung der Hauptuntersuchung
Anlage VIIIb Anerkennung der Überwachungsorganisationen
Anlage VIIIc Anerkennung von Kraftfahrzeugwerkstätten zur Durchführung von Sicherheitsprüfungen und/oder Untersuchungen der Abgase sowie Schulung der verantwortlichen Personen und Fachkräfte
Anlage VIIId Untersuchungsstellen zur Durchführung von Hauptuntersuchungen, Sicherheitsprüfungen, Untersuchungen der Abgase und wiederkehrenden Gasanlagenprüfungen

---

[1)] Die Anlagen sind hier nicht abgedruckt. Sie sind vollständig enthalten in der im Verlag C.H. Beck erschienenen Loseblatt-Textausgabe „Straßenverkehrsrecht".

Anlage VIIIe	Bereitstellung von Vorgaben für die Durchführung von Hauptuntersuchungen und Sicherheitsprüfungen; Auswertung von Erkenntnissen
Anlage IX	Prüfplakette für die Untersuchung von Kraftfahrzeugen und Anhängern
Anlage IXa	*(aufgehoben)*
Anlage IXb	Prüfmarke und SP-Schild für die Durchführung von Sicherheitsprüfungen
Anlage X	Fahrgasttüren, Notausstiege, Gänge und Anordnung von Fahrgastsitzen in Kraftomnibussen
Anlage XI	(weggefallen)
Anlage XIa	(weggefallen)
Anlage XIb	(weggefallen)
Anlage XII	Bedingungen für die Gleichwertigkeit von Luftfederungen und bestimmten anderen Federungssystemen an der (den) Antriebsachse(n) des Fahrzeugs
Anlage XIII	Zulässige Zahl von Sitzplätzen und Stehplätzen in Kraftomnibussen
Anlage XIV	Emissionsklassen für Kraftfahrzeuge
Anlage XV	Zeichen „Geräuscharmes Kraftfahrzeug"
Anlage XVI	Maßnahmen gegen die Emission verunreinigender Stoffe aus Dieselmotoren zum Antrieb von land- oder forstwirtschaftlichen Zugmaschinen
Anlage XVII	Gassystemeinbauprüfungen und sonstige Gasanlagenprüfungen
Anlage XVIIa	Anerkennung von Kraftfahrzeugwerkstätten zur Durchführung von Gassystemeinbauprüfungen oder von wiederkehrenden und sonstigen Gasanlagenprüfungen sowie Schulung der verantwortlichen Personen und Fachkräfte
Anlage XVIII	Prüfung der Fahrtenschreiber
Anlage XVIIIa	Durchführung der Prüfungen der Fahrtenschreiber
Anlage XVIIIb	Prüfstellen für die Durchführung von Prüfungen der Fahrtenschreiber und der Geschwindigkeitsbegrenzer
Anlage XVIIIc	Anerkennung von Fahrtenschreiberherstellern für die Durchführung von Prüfungen der Fahrtenschreiber oder der Geschwindigkeitsbegrenzer sowie von Fahrzeugherstellern oder Fahrzeugimporteuren für die Durchführung von Einbauprüfungen der Fahrtenschreiber
Anlage XVIIId	Beauftragung von Kraftfahrzeugwerkstätten zur Durchführung von Prüfungen der Fahrtenschreiber oder der Geschwindigkeitsbegrenzer
Anlage XIX	(weggefallen)
Anlage XX	(weggefallen)
Anlage XXI	Kriterien für lärmarme Kraftfahrzeuge
Anlage XXII	Anforderungen an Stickoxid-Minderungssysteme (NO_x-Minderungssysteme) mit hoher Minderungsleistung zur Einhaltung eines Emissionswerts von weniger als 270 mg/km NO_x für Kraftfahrzeuge mit Selbstzündungsmotor (NO_xMS-Pkw)
Anlage XXIII	Maßnahmen gegen die Verunreinigung der Luft durch Gase und Partikel von Kraftfahrzeugen mit Fremdzündungsmotoren und Selbstzündungsmotoren (Definition schadstoffarmer Personenkraftwagen)
Anlage XXIV	Maßnahmen gegen die Verunreinigung der Luft durch Gase von Kraftfahrzeugen mit Fremd- und Selbstzündungsmotoren (Definition bedingt schadstoffarmer Personenkraftwagen)
Anlage XXV	Maßnahmen gegen die Verunreinigung der Luft durch Gase von Kraftfahrzeugen mit Fremd- oder Selbstzündungsmotoren (Definition schadstoffarmer Personenkraftwagen gemäß Europa-Norm)
Anlage XXVI	Maßnahmen gegen die Verunreinigung der Luft durch Partikel von Kraftfahrzeugen mit Selbstzündungsmotor
Anlage XXVII	Maßnahmen gegen die Verunreinigung der Luft durch Partikel von Nutzfahrzeugen sowie von mobilen Maschinen und Geräten mit Selbstzündungsmotor
Anlage XXVIII	Beispiel für einen Warnhinweis vor der Verwendung einer nach hinten gerichteten Rückhalteeinrichtung für Kinder auf Beifahrerplätzen mit Airbag
Anlage XXIX	EG-Fahrzeugklassen
Anhang[1]	

[1] Abgedruckt im Anschluss an § 73; die Muster sind hier nicht wiedergegeben.

A. Personen
(weggefallen)

§§ 1 bis 15 (weggefallen)

B. Fahrzeuge

I. Zulassung von Fahrzeugen im Allgemeinen

§ 16 Grundregel der Zulassung. (1) Zum Verkehr auf öffentlichen Straßen sind alle Fahrzeuge zugelassen, die den Vorschriften dieser Verordnung und der Straßenverkehrs-Ordnung[1] entsprechen, soweit nicht für die Zulassung einzelner Fahrzeugarten ein Erlaubnisverfahren vorgeschrieben ist.

(2) Schiebe- und Greifreifenrollstühle, Rodelschlitten, Kinderwagen, Roller, Kinderfahrräder und ähnliche nicht motorbetriebene oder mit einem Hilfsantrieb ausgerüstete ähnliche Fortbewegungsmittel mit einer bauartbedingten Höchstgeschwindigkeit von nicht mehr als 6 km/h sind nicht Fahrzeuge im Sinne dieser Verordnung.

§ 17 Einschränkung und Entziehung der Zulassung. (1) Erweist sich ein Fahrzeug, das nicht in den Anwendungsbereich der Fahrzeug-Zulassungsverordnung[2] fällt, als nicht vorschriftsmäßig, so kann die Verwaltungsbehörde dem Eigentümer oder Halter eine angemessene Frist zur Behebung der Mängel setzen und nötigenfalls den Betrieb des Fahrzeugs im öffentlichen Verkehr untersagen oder beschränken; der Betroffene hat das Verbot oder die Beschränkung zu beachten.

(2) (weggefallen)

(3) Besteht Anlass zur Annahme, dass das Fahrzeug den Vorschriften dieser Verordnung nicht entspricht, so kann die Verwaltungsbehörde zur Vorbereitung einer Entscheidung nach Absatz 1 je nach den Umständen

1. die Beibringung eines Sachverständigengutachtens darüber, ob das Fahrzeug den Vorschriften dieser Verordnung entspricht, oder
2. die Vorführung des Fahrzeugs

anordnen und wenn nötig mehrere solcher Anordnungen treffen.

II. Betriebserlaubnis und Bauartgenehmigung

§ 18 (weggefallen)

§ 19 Erteilung und Wirksamkeit der Betriebserlaubnis. (1) [1] Die Betriebserlaubnis ist zu erteilen, wenn das Fahrzeug den Vorschriften der Verordnung (EU) Nr. 165/2014 des Europäischen Parlaments und des Rates vom 4. Februar 2014 über Fahrtenschreiber im Straßenverkehr, zur Aufhebung der Verordnung (EWG) Nr. 3821/85 des Rates über das Kontrollgerät im Straßenverkehr und zur Änderung der Verordnung (EG) Nr. 561/2006 des Europäischen Parlaments und des Rates zur Harmonisierung bestimmter Sozialvorschriften im Straßenverkehr (ABl. L 60 vom 28.2.2014, S. 1; L 93 vom 9.4.

---

[1] Nr. 2.
[2] Nr. 3.2.

2015, S. 103; L 246 vom 23.9.2015, S. 11), die durch die Verordnung (EU) 2020/1054 (ABl. L 249 vom 31.7.2020, S. 1) geändert worden ist, entspricht und das Fahrzeug die Anforderungen der Einzelrechtsakte und Einzelregelungen erfüllt, die in

1. Anhang II der Verordnung (EU) 2018/858 des Europäischen Parlaments und des Rates vom 30. Mai 2018 über die Genehmigung und die Marktüberwachung von Kraftfahrzeugen und Kraftfahrzeuganhängern sowie von Systemen, Bauteilen und selbstständigen technischen Einheiten für diese Fahrzeuge, zur Änderung der Verordnungen (EG) Nr. 715/2007 und (EG) Nr. 595/2009 und zur Aufhebung der Richtlinie 2007/46/EG (ABl. L 151 vom 14.6.2018, S. 1; L 210 vom 11.8.2022, S. 19), die zuletzt durch die Delegierte Verordnung (EU) 2022/2236 (ABl. L 296 vom 16.11.2022, S. 1) geändert worden ist,
2. Anhang I der Verordnung (EU) Nr. 167/2013 des Europäischen Parlaments und des Rates vom 5. Februar 2013 über die Genehmigung und Marktüberwachung von land- und forstwirtschaftlichen Fahrzeugen (ABl. L 60 vom 2.3.2013, S. 1), die zuletzt durch die Verordnung (EU) 2019/519 (ABl. L 91 vom 29.3.2019, S. 42) geändert worden ist, oder
3. Anhang II der Verordnung (EU) Nr. 168/2013 des Europäischen Parlaments und des Rates vom 15. Januar 2013 über die Genehmigung und Marktüberwachung von zwei- oder dreirädrigen und vierrädrigen Fahrzeugen (ABl. L 60 vom 2.3.2013, S. 52; L 77 vom 23.3.2016, S. 65; L 64 vom 10.3.2017, S. 116; L 398 vom 11.11.2021, S. 54), die zuletzt durch die Verordnung (EU) 2020/1694 (ABl. L 381 vom 13.11.2020, S. 4) geändert worden ist,

genannt sind. [2]Die Betriebserlaubnis nach den Vorschriften dieser Verordnung ist nur zu erteilen, wenn die Einzelrechtsakte und Einzelregelungen, die in den in Satz 1 Nummer 1, 2 oder 3 genannten Vorschriften angegeben sind, nicht anwendbar sind. [3]Die Einzelrechtsakte und Einzelregelungen, die in den in Satz 1 Nummer 1 bis 3 genannten Vorschriften angegeben sind, sind jeweils ab dem Zeitpunkt anzuwenden, zu dem sie in Kraft treten. [4]Soweit in einem Einzelrechtsakt die verbindliche Anwendung vorgeschrieben ist, ist nur dieser Einzelrechtsakt maßgeblich. [5]Gehört ein solches Fahrzeug zu einem genehmigten Typ oder liegt eine Einzelbetriebserlaubnis nach dieser Verordnung oder eine Einzelgenehmigung nach § 13 der EG-Fahrzeuggenehmigungsverordnung vor, ist die Erteilung einer neuen Betriebserlaubnis nur zulässig, wenn die Betriebserlaubnis nach Absatz 2 Satz 2 erloschen ist.

(2) [1]Die Betriebserlaubnis des Fahrzeugs bleibt, wenn sie nicht ausdrücklich entzogen wird, bis zu seiner endgültigen Außerbetriebsetzung wirksam. [2]Sie erlischt, wenn Änderungen vorgenommen werden, durch die

1. die in der Betriebserlaubnis genehmigte Fahrzeugart geändert wird,
2. eine Gefährdung von Verkehrsteilnehmern zu erwarten ist oder
3. das Abgas- oder Geräuschverhalten verschlechtert wird.

[3]Fahrzeughersteller, Importeure oder Gewerbetreibende dürfen keine Änderungen vornehmen oder vornehmen lassen, die nach Satz 2 zum Erlöschen der Betriebserlaubnis führen. [4]Satz 3 gilt nicht, wenn unverzüglich eine Betriebserlaubnis nach § 21 für das Gesamtfahrzeug eingeholt wird. [5]Sie erlischt ferner für Fahrzeuge der Bundeswehr, für die § 20 Absatz 3b oder § 21 Absatz 6 angewendet worden ist, sobald die Fahrzeuge nicht mehr für die Bundeswehr

zugelassen sind. [6] Für die Erteilung einer neuen Betriebserlaubnis gilt § 21 entsprechend. [7] Besteht Anlass zur Annahme, dass die Betriebserlaubnis erloschen ist, kann die Verwaltungsbehörde zur Vorbereitung einer Entscheidung

1. die Beibringung eines Gutachtens eines amtlich anerkannten Sachverständigen, Prüfers für den Kraftfahrzeugverkehr oder eines Prüfingenieurs darüber, ob das Fahrzeug den Vorschriften dieser Verordnung entspricht, oder
2. die Vorführung des Fahrzeugs

anordnen und wenn nötig mehrere solcher Anordnungen treffen; auch darf eine Prüfplakette nach Anlage IX nicht zugeteilt werden. [8] Für Softwareänderungen von im Verkehr befindlichen Fahrzeugen sind zusätzlich die hierzu amtlich bekannt gemachten Vorschriften zur Durchführung sowie der Stand der Technik zu beachten. [9] Softwareänderungen nicht genehmigungspflichtiger Erweiterungen sind hiervon nicht betroffen.

(2a) [1] Die Betriebserlaubnis für Fahrzeuge, die nach ihrer Bauart speziell für militärische oder polizeiliche Zwecke sowie für Zwecke des Brandschutzes, des Katastrophenschutzes oder des Rettungsdienstes bestimmt sind, bleibt nur so lange wirksam, wie die Fahrzeuge für die Bundeswehr, die Bundespolizei, die Polizeien der Länder, die Feuerwehr oder Einrichtungen des Katastrophenschutzes oder des Rettungsdienstes zugelassen oder eingesetzt werden. [2] Für Fahrzeuge nach Satz 1 darf eine Betriebserlaubnis nach § 21 nur der Bundeswehr, der Bundespolizei, den Polizeien der Länder, der Feuerwehr oder Einrichtungen des Katastrophenschutzes oder des Rettungsdienstes erteilt werden; dies gilt auch, wenn die für die militärischen oder die polizeilichen Zwecke sowie die Zwecke des Brandschutzes, des Katastrophenschutzes und des Rettungsdienstes vorhandene Ausstattung oder Ausrüstung entfernt, verändert oder unwirksam gemacht worden ist. [3] Ausnahmen von Satz 2 für bestimmte Einsatzzwecke können nach § 70 genehmigt werden.

(3) [1] Abweichend von Absatz 2 Satz 2 erlischt die Betriebserlaubnis des Fahrzeugs jedoch nicht, wenn bei Änderungen durch Ein- oder Anbau von Teilen

1. für diese Teile
   a) eine Betriebserlaubnis nach § 22 oder eine Bauartgenehmigung nach § 22a erteilt worden ist oder
   b) der nachträgliche Ein- oder Anbau im Rahmen einer Betriebserlaubnis oder eines Nachtrags dazu für das Fahrzeug nach § 20 oder § 21 genehmigt worden ist

   und die Wirksamkeit der Betriebserlaubnis, der Bauartgenehmigung oder der Genehmigung nicht von der Abnahme des Ein- oder Anbaus abhängig gemacht worden ist oder
2. für diese Teile
   a) eine EWG-Betriebserlaubnis, eine EWG-Bauartgenehmigung oder eine EG-Typgenehmigung nach Europäischem Gemeinschaftsrecht oder
   b) eine Genehmigung nach Regelungen in der jeweiligen Fassung entsprechend dem Übereinkommen vom 20. März 1958 über die Annahme einheitlicher Bedingungen für die Genehmigung der Ausrüstungsgegenstände und Teile von Kraftfahrzeugen und über die gegenseitige Anerkennung der Genehmigung (BGBl. 1965 II S. 857, 858), soweit diese von der Bundesrepublik Deutschland angewendet werden,

erteilt worden ist und eventuelle Einschränkungen oder Einbauanweisungen beachtet sind oder

3. die Wirksamkeit der Betriebserlaubnis, der Bauartgenehmigung oder der Genehmigung dieser Teile nach Nummer 1 Buchstabe a oder b von einer Abnahme des Ein- oder Anbaus abhängig gemacht ist und die Abnahme unverzüglich durchgeführt und nach § 22 Absatz 1 Satz 5, auch in Verbindung mit § 22a Absatz 1a, bestätigt worden ist oder
4. *(aufgehoben)*

[2] Werden bei Teilen nach Nummer 1 oder 2 in der Betriebserlaubnis, der Bauartgenehmigung oder der Genehmigung aufgeführte Einschränkungen oder Einbauanweisungen nicht eingehalten, erlischt die Betriebserlaubnis des Fahrzeugs.

(4) [1] Der Führer des Fahrzeugs hat in den Fällen

1. des Absatzes 3 Satz 1 Nummer 1 den Abdruck oder die Ablichtung der betreffenden Betriebserlaubnis, Bauartgenehmigung, Genehmigung im Rahmen der Betriebserlaubnis oder eines Auszugs dieser Erlaubnis oder Genehmigung, der die für die Verwendung wesentlichen Angaben enthält,
2. des Absatzes 3 Satz 1 Nummer 3 einen Nachweis nach einem vom Bundesministerium für Digitales und Verkehr im Verkehrsblatt bekannt gemachten Muster über die Erlaubnis oder die Genehmigung mit der Bestätigung des ordnungsgemäßen Ein- oder Anbaus sowie den zu beachtenden Beschränkungen oder Auflagen,

mitzuführen und zuständigen Personen auf Verlangen vorzulegen. [2] Satz 1 gilt nicht, wenn die Zulassungsbescheinigung Teil I, das Anhängerverzeichnis nach § 13 Absatz 2 Satz 1 der Fahrzeug-Zulassungsverordnung[1)] oder ein nach § 4 Absatz 5 der Fahrzeug-Zulassungsverordnung mitzuführender oder aufzubewahrender Nachweis einen entsprechenden Eintrag einschließlich zu beachtender Beschränkungen oder Auflagen enthält; anstelle der zu beachtenden Beschränkungen oder Auflagen kann auch ein Vermerk enthalten sein, dass diese in einer mitzuführenden Erlaubnis, Genehmigung oder einem mitzuführenden Nachweis aufgeführt sind. [3] Die Pflicht zur Mitteilung von Änderungen nach § 15 der Fahrzeug-Zulassungsverordnung bleibt unberührt.

(5) [1] Ist die Betriebserlaubnis nach Absatz 2 Satz 2 oder Absatz 3 Satz 2 erloschen, so darf das Fahrzeug nicht auf öffentlichen Straßen in Betrieb genommen werden oder dessen Inbetriebnahme durch den Halter angeordnet oder zugelassen werden. [2] Ausnahmen von Satz 1 sind nur nach Maßgabe der Sätze 3 bis 6 zulässig. [3] Ist die Betriebserlaubnis nach Absatz 2 Satz 2 erloschen, dürfen nur solche Fahrten durchgeführt werden, die in unmittelbarem Zusammenhang mit der Erlangung einer neuen Betriebserlaubnis stehen. [4] Am Fahrzeug sind die bisherigen Kennzeichen oder rote Kennzeichen zu führen. [5] Die Sätze 3 und 4 gelten auch für Fahrten, die der amtlich anerkannte Sachverständige für den Kraftfahrzeugverkehr oder der Ersteller des Gutachtens des nach § 30 der EG-Fahrzeuggenehmigungsverordnung zur Prüfung von Gesamtfahrzeugen benannten Technischen Dienstes im Rahmen der Erstellung des Gutachtens durchführt. [6] Kurzzeitkennzeichen dürfen nur nach Maßgabe des § 42 Absatz 6 der Fahrzeug-Zulassungsverordnung verwendet werden.

---

1) Nr. **3.2**.

(6) [1] Werden an Fahrzeugen von Fahrzeugherstellern, die Inhaber einer Betriebserlaubnis oder einer EU-Genehmigung für Typen sind, im Sinne des Absatzes 2 Teile verändert, so bleibt die Betriebserlaubnis wirksam, solange die Fahrzeuge ausschließlich zur Erprobung verwendet werden; insoweit ist auch keine Mitteilung an die Zulassungsbehörde erforderlich. [2] Satz 1 gilt nur, wenn die Zulassungsbehörde im Fahrzeugschein bestätigt hat, dass ihr das Fahrzeug als Erprobungsfahrzeug gemeldet worden ist. [3] Sofern für die Verwendung als Erprobungsfahrzeug die Genehmigung einer Ausnahme nach § 70 von den Bau- und Betriebsvorschriften der §§ 30 bis 62 erforderlich ist, ist diese einzuholen und der Hinweis hierauf in die Zulassungsbescheinigung einzutragen. [4] Die Sätze 1 bis 3 gelten auch für Fahrzeuge, die von Herstellern von Fahrzeugteilen oder Fahrzeugsystemen zur Erprobung verwendet werden, sofern diese selbst Genehmigungsinhaber für Fahrzeugteile oder Fahrzeugsysteme sind oder sie die Anfangsbewertung nach Anhang IV Nummer 2 der in Absatz 1 Satz 1 Nummer 1 genannten Verordnung zur Zufriedenheit der Genehmigungsbehörde abgeschlossen haben.

(7) Die Absätze 2 bis 6 gelten entsprechend für die EG-Typgenehmigung, die EG-Genehmigung oder die EU- Einzelgenehmigung.

§ 20 Allgemeine Betriebserlaubnis für Typen. (1) [1] Für reihenweise zu fertigende oder gefertigte Fahrzeuge kann die Betriebserlaubnis dem Hersteller nach einer auf seine Kosten vorgenommenen Prüfung allgemein erteilt werden (Allgemeine Betriebserlaubnis), wenn er die Gewähr für zuverlässige Ausübung der dadurch verliehenen Befugnisse bietet. [2] Bei Herstellung eines Fahrzeugtyps durch mehrere Beteiligte kann die Allgemeine Betriebserlaubnis diesen gemeinsam erteilt werden. [3] Für die Fahrzeuge, die außerhalb des Geltungsbereichs dieser Verordnung hergestellt worden sind, kann die Allgemeine Betriebserlaubnis erteilt werden

1. dem Hersteller oder seinem Beauftragten, wenn die Fahrzeuge in einem Staat hergestellt worden sind, in dem der Vertrag zur Gründung der Europäischen Wirtschaftsgemeinschaft oder das Abkommen über den Europäischen Wirtschaftsraum gilt,
2. dem Beauftragten des Herstellers, wenn die Fahrzeuge zwar in einem Staat hergestellt worden sind, in dem der Vertrag zur Gründung der Europäischen Wirtschaftsgemeinschaft oder das Abkommen über den Europäischen Wirtschaftsraum nicht gilt, sie aber in den Geltungsbereich dieser Verordnung aus einem Staat eingeführt worden sind, in dem der Vertrag zur Gründung der Europäischen Wirtschaftsgemeinschaft oder das Abkommen über den Europäischen Wirtschaftsraum gilt,
3. in den anderen Fällen dem Händler, der seine Berechtigung zum alleinigen Vertrieb der Fahrzeuge im Geltungsbereich dieser Verordnung nachweist.

[4] In den Fällen des Satzes 3 Nummer 2 muss der Beauftragte des Herstellers in einem Staat ansässig sein, in dem der Vertrag zur Gründung der Europäischen Wirtschaftsgemeinschaft oder das Abkommen über den Europäischen Wirtschaftsraum gilt. [5] In den Fällen des Satzes 3 Nummer 3 muss der Händler im Geltungsbereich dieser Verordnung ansässig sein.

(2) [1] Über den Antrag auf Erteilung der Allgemeinen Betriebserlaubnis entscheidet das Kraftfahrt-Bundesamt. [2] Das Kraftfahrt-Bundesamt kann einen amtlich anerkannten Sachverständigen für den Kraftfahrzeugverkehr oder eine

andere Stelle mit der Begutachtung beauftragen. [3] Es bestimmt, welche Unterlagen für den Antrag beizubringen sind.

(2a) Umfasst der Antrag auf Erteilung einer Allgemeinen Betriebserlaubnis auch die Genehmigung für eine wahlweise Ausrüstung, so kann das Kraftfahrt-Bundesamt auf Antrag in die Allgemeine Betriebserlaubnis aufnehmen, welche Teile auch nachträglich an- oder eingebaut werden dürfen (§ 19 Absatz 3 Nummer 1 Buchstabe b und Nummer 3); § 22 Absatz 3 ist anzuwenden.

(3) [1] Der Inhaber einer Allgemeinen Betriebserlaubnis für Fahrzeuge hat für jedes dem Typ entsprechende, zulassungspflichtige Fahrzeug einen Fahrzeugbrief auszufüllen. [2] Die Vordrucke für die Briefe werden vom Kraftfahrt-Bundesamt ausgegeben. [3] In dem Brief sind die Angaben über das Fahrzeug von dem Inhaber der Allgemeinen Betriebserlaubnis für das Fahrzeug einzutragen oder, wenn mehrere Hersteller beteiligt sind, von jedem Beteiligten für die von ihm hergestellten Teile, sofern nicht ein Beteiligter die Ausfüllung des Briefs übernimmt; war die Erteilung der Betriebserlaubnis von der Genehmigung einer Ausnahme abhängig, so müssen die Ausnahme und die genehmigende Behörde im Brief bezeichnet werden. [4] Der Brief ist von dem Inhaber der Allgemeinen Betriebserlaubnis unter Angabe der Firmenbezeichnung und des Datums mit seiner Unterschrift zu versehen; eine Nachbildung der eigenhändigen Unterschrift durch Druck oder Stempel ist zulässig.

(3a) [1] Der Inhaber einer Allgemeinen Betriebserlaubnis für Fahrzeuge ist verpflichtet, für jedes dem Typ entsprechende zulassungspflichtige Fahrzeug eine Datenbestätigung nach Muster 2d auszufüllen. [2] In die Datenbestätigung sind vom Inhaber der Allgemeinen Betriebserlaubnis die Angaben über die Beschaffenheit des Fahrzeugs einzutragen oder, wenn mehrere Hersteller beteiligt sind, von jedem Beteiligten die Angaben für die von ihm hergestellten Teile, sofern nicht ein Beteiligter die Ausfüllung der Datenbestätigung übernimmt. [3] Die Richtigkeit der Angaben über die Beschaffenheit des Fahrzeugs und über dessen Übereinstimmung mit dem genehmigten Typ hat der für die Ausfüllung der Datenbestätigung jeweils Verantwortliche unter Angabe des Datums zu bescheinigen. [4] Gehört das Fahrzeug zu einer in Anlage XXIX benannten EG-Fahrzeugklasse, kann zusätzlich die Bezeichnung der Fahrzeugklasse eingetragen werden. [5] Die Datenbestätigung ist für die Zulassung dem Fahrzeug mitzugeben. [6] Hat der Inhaber einer Allgemeinen Betriebserlaubnis auch einen Fahrzeugbrief nach Absatz 3 Satz 1 ausgefüllt, ist dieser der Datenbestätigung beizufügen. [7] Die Datenbestätigung nach Satz 1 ist entbehrlich, wenn

1. das Kraftfahrt-Bundesamt für den Fahrzeugtyp Typdaten zur Verfügung gestellt hat und
2. der Inhaber einer Allgemeinen Betriebserlaubnis durch Eintragung der vom Kraftfahrt-Bundesamt für den Abruf der Typdaten zugeteilten Typ- sowie Varianten-/Versionsschlüsselnummer im Fahrzeugbrief bestätigt hat, dass das im Fahrzeugbrief genannte Fahrzeug mit den Typdaten, die dieser Schlüsselnummer entsprechen, übereinstimmt.

(3b) Für Fahrzeuge, die für die Bundeswehr zugelassen werden sollen, braucht die Datenbestätigung abweichend von Absatz 3a Satz 1 nur für eine Fahrzeugserie ausgestellt zu werden, wenn der Inhaber der Allgemeinen Betriebserlaubnis die Fahrzeug-Identifizierungsnummer jedes einzelnen Fahrzeugs der Fahrzeugserie der Zentralen Militärkraftfahrtstelle mitteilt.

(4) Abweichungen von den technischen Angaben, die das Kraftfahrt-Bundesamt bei Erteilung der Allgemeinen Betriebserlaubnis durch schriftlichen oder elektronischen Bescheid für den genehmigten Typ festgelegt hat, sind dem Inhaber der Allgemeinen Betriebserlaubnis nur gestattet, wenn diese durch einen entsprechenden Nachtrag ergänzt worden ist oder wenn das Kraftfahrt-Bundesamt auf Anfrage erklärt hat, dass für die vorgesehene Änderung eine Nachtragserlaubnis nicht erforderlich ist.

(5) [1] Die Allgemeine Betriebserlaubnis erlischt nach Ablauf einer etwa festgesetzten Frist, bei Widerruf durch das Kraftfahrt-Bundesamt und wenn der genehmigte Typ den Rechtsvorschriften nicht mehr entspricht. [2] Der Widerruf kann ausgesprochen werden, wenn der Inhaber der Allgemeinen Betriebserlaubnis gegen die mit dieser verbundenen Pflichten verstößt oder sich als unzuverlässig erweist oder wenn sich herausstellt, dass der genehmigte Fahrzeugtyp den Erfordernissen der Verkehrssicherheit nicht entspricht.

(6) [1] Das Kraftfahrt-Bundesamt kann jederzeit bei Herstellern oder deren Beauftragten oder bei Händlern die Erfüllung der mit der Allgemeinen Betriebserlaubnis verbundenen Pflichten nachprüfen oder nachprüfen lassen. [2] In den Fällen des Absatzes 1 Satz 3 Nummer 1 und 2 kann das Kraftfahrt-Bundesamt die Erteilung der Allgemeinen Betriebserlaubnis davon abhängig machen, dass der Hersteller oder sein Beauftragter sich verpflichtet, die zur Nachprüfung nach Satz 1 notwendigen Maßnahmen zu ermöglichen. [3] Die Kosten der Nachprüfung trägt der Inhaber der Allgemeinen Betriebserlaubnis, wenn ihm ein Verstoß gegen die mit der Erlaubnis verbundenen Pflichten nachgewiesen wird.

§ 21 Betriebserlaubnis für Einzelfahrzeuge. (1) [1] Gehört ein Fahrzeug nicht zu einem genehmigten Typ, so hat der Verfügungsberechtigte die Betriebserlaubnis bei der nach Landesrecht zuständigen Behörde zu beantragen. [2] Mit dem Antrag auf Erteilung der Betriebserlaubnis ist der nach Landesrecht zuständigen Behörde das Gutachten eines amtlich anerkannten Sachverständigen für den Kraftfahrzeugverkehr oder eines nach § 30 der EG-Fahrzeuggenehmigungsverordnung zur Prüfung von Gesamtfahrzeugen der jeweiligen Fahrzeugklasse benannten Technischen Dienstes vorzulegen. [3] Das Gutachten muss die technische Beschreibung des Fahrzeugs in dem Umfang enthalten, der für die Ausfertigung der Zulassungsbescheinigung Teil I und Teil II erforderlich ist. [4] Dem Gutachten ist eine Anlage beizufügen, in der die technischen Vorschriften angegeben sind, auf deren Grundlage dem Fahrzeug eine Betriebserlaubnis erteilt werden kann. [5] In den Fällen des § 19 Absatz 2 sind in dieser Anlage zusätzlich die Änderungen darzustellen, die zum Erlöschen der früheren Betriebserlaubnis geführt haben. [6] In dem Gutachten bescheinigt die oder der amtlich anerkannte Sachverständige für den Kraftfahrzeugverkehr oder der nach § 30 der EG-Fahrzeuggenehmigungsverordnung zur Prüfung von Gesamtfahrzeugen der jeweiligen Fahrzeugklasse benannte Technische Dienst, dass sie oder er das Fahrzeug im Gutachten richtig beschrieben hat und dass das Fahrzeug gemäß § 19 Absatz 1 vorschriftsmäßig ist; die Angaben aus dem Gutachten überträgt die Genehmigungsbehörde in die Zulassungsbescheinigung Teil I und, soweit vorgesehen, in die Zulassungsbescheinigung Teil II.

(1a) Gehört ein Fahrzeug zu einem genehmigten Typ oder liegt eine Einzelbetriebserlaubnis nach dieser Verordnung oder eine Einzelgenehmigung nach § 13 der EG-Fahrzeuggenehmigungsverordnung vor, ist eine Begutachtung nur zulässig, wenn die Betriebserlaubnis nach § 19 Absatz 2 erloschen ist.

(2) [1] Für die im Gutachten zusammengefassten Ergebnisse müssen Prüfprotokolle vorliegen, aus denen hervorgeht, dass die notwendigen Prüfungen durchgeführt und die geforderten Ergebnisse erreicht wurden. [2] Auf Anforderung sind die Prüfprotokolle der Genehmigungs- oder der zuständigen Aufsichtsbehörde vorzulegen. [3] Die Aufbewahrungsfrist für die Gutachten und Prüfprotokolle beträgt zehn Jahre.

(3) [1] Der Leiter der Technischen Prüfstelle ist für die Sicherstellung der gleichmäßigen Qualität aller Tätigkeiten des befugten Personenkreises verantwortlich. [2] Er hat der zuständigen Aufsichtsbehörde jährlich sowie zusätzlich auf konkrete Anforderung hin einen Qualitätssicherungsbericht vorzulegen. [3] Der Bericht muss in transparenter Form Aufschluss über die durchgeführten Qualitätskontrollen und die eingeleiteten Qualitätsmaßnahmen geben, sofern diese aufgrund eines Verstoßes erforderlich waren. [4] Der Leiter der Technischen Prüfstelle hat sicherzustellen, dass fehlerhafte Begutachtungen aufgrund derer ein Fahrzeug in Verkehr gebracht wurde oder werden soll, von dem ein erhebliches Risiko für die Verkehrssicherheit, die öffentliche Gesundheit oder die Umwelt ausgeht, nach Feststellung unverzüglich der zuständigen Genehmigungsbehörde und der zuständigen Aufsichtsbehörde gemeldet werden.

(4) [1] Bei zulassungspflichtigen Fahrzeugen ist der Behörde mit dem Antrag eine Zulassungsbescheinigung Teil II vorzulegen. [2] Wenn diese noch nicht vorhanden ist, ist nach § 14 der Fahrzeug-Zulassungsverordnung[1)] zu beantragen, dass diese ausgefertigt wird.

(5) Ist für die Erteilung einer Genehmigung für Fahrzeuge zusätzlich die Erteilung einer Ausnahmegenehmigung nach § 70 erforderlich, hat die begutachtende Stelle diese im Gutachten zu benennen und stichhaltig zu begründen.

(6) Abweichend von Absatz 4 Satz 1 bedarf es für Fahrzeuge, die für die Bundeswehr zugelassen werden, nicht der Vorlage einer Zulassungsbescheinigung Teil II, wenn ein amtlich anerkannter Sachverständiger für den Kraftfahrzeugverkehr oder ein nach § 30 der EG-Fahrzeuggenehmigungsverordnung zur Prüfung von Gesamtfahrzeugen der jeweiligen Fahrzeugklasse benannter Technischer Dienst eine Datenbestätigung entsprechend Muster 2d ausgestellt hat.

§ 21a Anerkennung von Genehmigungen und Prüfzeichen auf Grund internationaler Vereinbarungen und von Rechtsakten der Europäischen Gemeinschaften. (1) [1] Im Verfahren auf Erteilung der Betriebserlaubnis werden Genehmigungen und Prüfzeichen anerkannt, die ein ausländischer Staat für Ausrüstungsgegenstände oder Fahrzeugteile oder in Bezug auf solche Gegenstände oder Teile für bestimmte Fahrzeugtypen unter Beachtung der mit der Bundesrepublik Deutschland vereinbarten Bedingungen erteilt hat. [2] Dasselbe gilt für Genehmigungen und Prüfzeichen, die das Kraftfahrt-Bundesamt für solche Gegenstände oder Teile oder in Bezug auf diese für bestimmte Fahrzeugtypen erteilt, wenn das Genehmigungsverfahren unter Beachtung der

---

[1)] Nr. **3.2**.

von der Bundesrepublik Deutschland mit ausländischen Staaten vereinbarten Bedingungen durchgeführt worden ist. [3] § 22a bleibt unberührt.

(1a) Absatz 1 gilt entsprechend für Genehmigungen und Prüfzeichen, die auf Grund von Rechtsakten der Europäischen Gemeinschaften erteilt werden oder anzuerkennen sind.

(2) [1] Das Prüfzeichen nach Absatz 1 besteht aus einem Kreis, in dessen Innerem sich der Buchstabe „E" und die Kennzahl des Staates befinden, der die Genehmigung erteilt hat, sowie aus der Genehmigungsnummer in der Nähe dieses Kreises, gegebenenfalls aus der Nummer der internationalen Vereinbarung mit dem Buchstaben „R" und gegebenenfalls aus zusätzlichen Zeichen. [2] Das Prüfzeichen nach Absatz 1a besteht aus einem Rechteck, in dessen Innerem sich der Buchstabe „e" und die Kennzahl oder die Kennbuchstaben des Staates befinden, der die Genehmigung erteilt hat, aus der Bauartgenehmigungsnummer in der Nähe dieses Rechtecks sowie gegebenenfalls aus zusätzlichen Zeichen. [3] Die Kennzahl für die Bundesrepublik Deutschland ist in allen Fällen „1".

(3) [1] Mit einem Prüfzeichen der in den Absätzen 1 bis 2 erwähnten Art darf ein Ausrüstungsgegenstand oder ein Fahrzeugteil nur gekennzeichnet sein, wenn er der Genehmigung in jeder Hinsicht entspricht. [2] Zeichen, die zu Verwechslungen mit einem solchen Prüfzeichen Anlass geben können, dürfen an Ausrüstungsgegenständen oder Fahrzeugteilen nicht angebracht sein.

§ 21b Anerkennung von Prüfungen auf Grund von Rechtsakten der Europäischen Gemeinschaften. Im Verfahren auf Erteilung der Betriebserlaubnis werden Prüfungen anerkannt, die auf Grund harmonisierter Vorschriften nach § 19 Absatz 1 Satz 2 durchgeführt und bescheinigt worden sind.

§ 21c (weggefallen)

§ 22 Betriebserlaubnis für Fahrzeugteile. (1) [1] Die Betriebserlaubnis kann – auch als nationale Teiletypgenehmigung – gesondert für Teile von Fahrzeugen erteilt werden, wenn der Teil eine technische Einheit bildet, die im Erlaubnisverfahren selbstständig behandelt werden kann. [2] Dürfen die Teile nur an Fahrzeugen bestimmter Art, eines bestimmten Typs oder nur bei einer bestimmten Art des Ein- oder Anbaus verwendet werden, ist die Betriebserlaubnis dahingehend zu beschränken. [3] Die Wirksamkeit der Betriebserlaubnis kann davon abhängig gemacht werden, dass der Ein- oder Anbau abgenommen worden ist. [4] Die Abnahme ist von einem amtlich anerkannten Sachverständigen oder Prüfer für den Kraftfahrzeugverkehr oder von einem Kraftfahrzeugsachverständigen oder Angestellten nach Nummer 4 der Anlage VIIIb durchführen zu lassen. [5] In den Fällen des Satzes 3 ist durch die abnehmende Stelle nach Satz 4 auf dem Nachweis (§ 19 Absatz 4 Satz 1) darüber der ordnungsgemäße Ein- oder Anbau unter Angabe des Fahrzeugherstellers und -typs sowie der Fahrzeug-Identifizierungsnummer zu bestätigen.

(2) [1] Für das Verfahren gelten die Vorschriften über die Erteilung der Betriebserlaubnis für Fahrzeuge entsprechend. [2] Bei reihenweise zu fertigenden oder gefertigten Teilen ist sinngemäß nach § 20 zu verfahren; der Inhaber einer Allgemeinen Betriebserlaubnis für Fahrzeugteile hat durch Anbringung des ihm vorgeschriebenen Typzeichens auf jedem dem Typ entsprechenden Teil dessen Übereinstimmung mit dem genehmigten Typ zu bestätigen. [3] Außerdem

hat er jedem gefertigten Teil einen Abdruck oder eine Ablichtung der Betriebserlaubnis oder den Auszug davon und gegebenenfalls den Nachweis darüber (§ 19 Absatz 4 Satz 1) beizufügen. [4]Bei Fahrzeugteilen, die nicht zu einem genehmigten Typ gehören, ist nach § 21 zu verfahren; das Gutachten des amtlich anerkannten Sachverständigen für den Kraftfahrzeugverkehr ist, falls es sich nicht gegen die Erteilung der Betriebserlaubnis ausspricht, in den Fahrzeugschein einzutragen, wenn der Teil an einem bestimmten zulassungspflichtigen Fahrzeug an- oder eingebaut werden soll. [5]Unter dem Gutachten hat die Zulassungsbehörde gegebenenfalls einzutragen:

„Betriebserlaubnis erteilt".

[6]Der gleiche Vermerk ist unter kurzer Bezeichnung des genehmigten Teils in dem nach § 4 Absatz 5 der Fahrzeug-Zulassungsverordnung[1)] mitzuführenden oder aufzubewahrenden Nachweis und in dem Anhängerverzeichnis, sofern ein solches ausgestellt worden ist, einzutragen.

(3) [1]Anstelle einer Betriebserlaubnis nach Absatz 1 können auch Teile zum nachträglichen An- oder Einbau (§ 19 Absatz 3 Nummer 1 Buchstabe b oder Nummer 3) im Rahmen einer Allgemeinen Betriebserlaubnis für ein Fahrzeug oder eines Nachtrags dazu (§ 20) genehmigt werden; die Absätze 1, 2 Satz 2 und 3 gelten entsprechend. [2]Der Nachtrag kann sich insoweit auch auf Fahrzeuge erstrecken, die vor Genehmigung des Nachtrags hergestellt worden sind.

§ 22a Bauartgenehmigung für Fahrzeugteile. (1) Die nachstehend aufgeführten Einrichtungen, gleichgültig ob sie an zulassungspflichtigen oder an zulassungsfreien Fahrzeugen verwendet werden, müssen in einer amtlich genehmigten Bauart ausgeführt sein:

1. Heizungen in Kraftfahrzeugen, ausgenommen elektrische Heizungen sowie Warmwasserheizungen, bei denen als Wärmequelle das Kühlwasser des Motors verwendet wird (§ 35c Absatz 1);

1a. Luftreifen (§ 36 Absatz 2);

2. Gleitschutzeinrichtungen (§ 37 Absatz 1 Satz 2);

3. Scheiben aus Sicherheitsglas (§ 40) und Folien für Scheiben aus Sicherheitsglas;

4. Frontschutzsysteme (§ 30c Absatz 4);

5. Auflaufbremsen (§ 41 Absatz 10), ausgenommen ihre Übertragungseinrichtungen und Auflaufbremsen, die nach den im Anhang zu § 41 Absatz 18 genannten Bestimmungen über Bremsanlagen geprüft sind und deren Übereinstimmung in der vorgesehenen Form bescheinigt ist;

6. Einrichtungen zur Verbindung von Fahrzeugen (§ 43 Absatz 1), mit Ausnahme von
   a) Einrichtungen, die aus technischen Gründen nicht selbstständig im Genehmigungsverfahren behandelt werden können (zum Beispiel Deichseln an einachsigen Anhängern, wenn sie Teil des Rahmens und nicht verstellbar sind),
   b) Ackerschienen (Anhängeschienen), ihrer Befestigungseinrichtung und dem Dreipunktanbau an land- oder forstwirtschaftlichen Zug- oder Arbeitsmaschinen,

---

[1)] Nr. **3.2**.

c) Zugeinrichtungen an land- oder forstwirtschaftlichen Arbeitsgeräten, die hinter Kraftfahrzeugen mitgeführt werden und nur im Fahren eine ihrem Zweck entsprechende Arbeit leisten können, wenn sie zur Verbindung mit den unter Buchstabe b genannten Einrichtungen bestimmt sind,

d) Abschlepp- und Rangiereinrichtungen einschließlich Abschleppstangen und Abschleppseilen,

e) Langbäumen,

f) Verbindungseinrichtungen an Anbaugeräten, die an land- oder forstwirtschaftlichen Zugmaschinen angebracht werden;

7. Scheinwerfer für Fernlicht und für Abblendlicht sowie für Fern- und Abblendlicht (§ 50);
8. Begrenzungsleuchten (§ 51 Absatz 1 und 2, § 53b Absatz 1);

8a. Spurhalteleuchten (§ 51 Absatz 4);

8b. Seitenmarkierungsleuchten (§ 51a Absatz 6);

9. Parkleuchten, Park-Warntafeln (§ 51c);

9a. Umrissleuchten (§ 51b);

10. Nebelscheinwerfer (§ 52 Absatz 1);
11. Warnleuchten für blaues Blinklicht (§ 52 Absatz 3);

11a. nach vorn wirkende Warnleuchten für rotes Blinklicht mit nur einer Hauptausstrahlrichtung (Anhaltesignal) (§ 52 Absatz 3a);

12. Warnleuchten für gelbes Blinklicht (§ 52 Absatz 4);

12a. Rückfahrscheinwerfer (§ 52a);

13. Schlussleuchten (§ 53 Absatz 1 und 6, § 53b);
14. Bremsleuchten (§ 53 Absatz 2);
15. Rückstrahler (§ 51 Absatz 2, § 51a Absatz 1, § 53 Absatz 4, 6 und 7, § 53b, § 66a Absatz 4 dieser Verordnung, § 22 Absatz 4 der Straßenverkehrs-Ordnung[1]);
16. Warndreiecke und Warnleuchten (§ 53a Absatz 1 und 3);

16a. Nebelschlussleuchten (§ 53d);

17. Fahrtrichtungsanzeiger (Blinkleuchten) (§ 53b Absatz 5, § 54);

17a. Tragbare Blinkleuchten und rot-weiße Warnmarkierungen für Hubladebühnen (§ 53b Absatz 5);

18. Lichtquellen für bauartgenehmigungspflichtige lichttechnische Einrichtungen, soweit die Lichtquellen nicht fester Bestandteil der Einrichtungen sind (§ 49a Absatz 6, § 67 Absatz 6 dieser Verordnung, § 22 Absatz 4 und 5 der Straßenverkehrs-Ordnung);
19. Warneinrichtungen mit einer Folge von Klängen verschiedener Grundfrequenz – Einsatzhorn – (§ 55 Absatz 3);

19a. Warneinrichtungen mit einer Folge von Klängen verschiedener Grundfrequenz (Anhaltehorn) (§ 55 Absatz 3a);

20. Fahrtschreiber (§ 57a);
21. Beleuchtungseinrichtungen für Kennzeichen (§ 12 der Fahrzeug-Zulassungsverordnung[2]);

---

[1] Nr. **2**.
[2] Nr. **3.2**.

21a. Beleuchtungseinrichtungen für transparente amtliche Kennzeichen (§ 12 Fahrzeug-Zulassungsverordnung);

22. Lichtmaschinen, Systeme zur automatischen Scheinwerferausrichtung, Scheinwerfer für Abblendlicht, auch mit Fernlichtfunktion oder auch mit Tagfahrlichtfunktion oder auch mit Standlichtfunktion, Schlussleuchten, auch mit Bremslichtfunktion oder auch mit Standlichtfunktion, Leuchten für weißes Licht, Leuchten für rotes Licht, Fahrtrichtungsanzeiger, rote, gelbe und weiße Rückstrahler, Pedalrückstrahler und retroreflektierende Streifen an Reifen, Felgen oder in den Speichen, weiß retroreflektierende Speichen oder Speichenhülsen für Fahrräder und Fahrradanhänger (§ 67 Absatz 1 bis 6, § 67a Absatz 1 bis 4);

23. (weggefallen)

24. (weggefallen)

25. Sicherheitsgurte und andere Rückhaltesysteme in Kraftfahrzeugen;

26. Leuchten zur Sicherung hinausragender Ladung (§ 22 Absatz 4 und 5 der Straßenverkehrs-Ordnung);

27. Rückhalteeinrichtungen für Kinder in Kraftfahrzeugen (§ 35a Absatz 12 dieser Verordnung sowie § 21 Absatz 1a der Straßenverkehrs-Ordnung).

(1a) § 22 Absatz 1 Satz 2 bis 5 ist entsprechend anzuwenden.

(2) [1] Fahrzeugteile, die in einer amtlich genehmigten Bauart ausgeführt sein müssen, dürfen zur Verwendung im Geltungsbereich dieser Verordnung nur feilgeboten, veräußert, erworben oder verwendet werden, wenn sie mit einem amtlich vorgeschriebenen und zugeteilten Prüfzeichen gekennzeichnet sind. [2] Die Ausgestaltung der Prüfzeichen und das Verfahren bestimmt das Bundesministerium für Verkehr und digitale Infrastruktur; insoweit gilt die Fahrzeugteileverordnung vom 12. August 1998 (BGBl. I S. 2142).

(3) Die Absätze 1 und 2 sind nicht anzuwenden auf

1. Einrichtungen, die zur Erprobung im Straßenverkehr verwendet werden, wenn der Führer des Fahrzeugs eine entsprechende amtliche Bescheinigung mit sich führt und zuständigen Personen auf Verlangen zur Prüfung aushändigt,
2. Einrichtungen – ausgenommen lichttechnische Einrichtungen für Fahrräder und Lichtquellen für Scheinwerfer –, die in den Geltungsbereich dieser Verordnung verbracht worden sind, an Fahrzeugen verwendet werden, die außerhalb des Geltungsbereichs dieser Verordnung gebaut worden sind, und in ihrer Wirkung etwa den nach Absatz 1 geprüften Einrichtungen gleicher Art entsprechen und als solche erkennbar sind,
3. Einrichtungen, die an Fahrzeugen verwendet werden, deren Zulassung auf Grund eines Verwaltungsverfahrens erfolgt, in welchem ein Mitgliedstaat der Europäischen Union bestätigt, dass der Typ eines Fahrzeugs, eines Systems, eines Bauteils oder einer selbstständigen technischen Einheit die einschlägigen technischen Anforderungen der Richtlinie 70/156/EWG des Rates vom 6. Februar 1970 zur Angleichung der Rechtsvorschriften der Mitgliedstaaten über die Betriebserlaubnis für Kraftfahrzeuge und Kraftfahrzeuganhänger (ABl. L 42 vom 23.2.1970, S. 1), die zuletzt durch die Richtlinie 2004/104/EG (ABl. L 337 vom 13.11.2004, S. 13) geändert worden ist, der Richtlinie 92/61/EWG des Rates vom 30. Juni 1992 über die Betriebserlaubnis für zweirädrige oder dreirädrige Kraftfahrzeuge (ABl. L 225 vom

10.8.1992, S. 72), die durch die Richtlinie 2000/7/EG (ABl. L 106 vom 3.5. 2000, S. 1) geändert worden ist, oder der Richtlinie 2007/46/EG oder der Richtlinie 2002/24/EG oder der Richtlinie 2003/37/EG oder der Verordnung (EU) Nr. 167/2013 oder der Verordnung (EU) Nr. 168/2013 oder der Verordnung (EU) 2018/858 in ihrer jeweils geltenden Fassung oder eines Einzelrechtsaktes oder einer Einzelregelung erfüllt.

(4) [1] Absatz 2 ist nicht anzuwenden auf Einrichtungen, für die eine Einzelgenehmigung im Sinne der Fahrzeugteileverordnung erteilt worden ist. [2] Werden solche Einrichtungen im Verkehr verwendet, so ist die Urkunde über die Genehmigung mitzuführen und zuständigen Personen auf Verlangen zur Prüfung auszuhändigen; dies gilt nicht, wenn die Genehmigung aus dem Fahrzeugschein, aus dem Nachweis nach § 4 Absatz 5 der Fahrzeug-Zulassungsverordnung oder aus dem statt der Zulassungsbescheinigung Teil II mitgeführten Anhängerverzeichnis hervorgeht.

(5) [1] Mit einem amtlich zugeteilten Prüfzeichen der in Absatz 2 erwähnten Art darf ein Fahrzeugteil nur gekennzeichnet sein, wenn es der Bauartgenehmigung in jeder Hinsicht entspricht. [2] Zeichen, die zu Verwechslungen mit einem amtlich zugeteilten Prüfzeichen Anlass geben können, dürfen an den Fahrzeugteilen nicht angebracht sein.

(6) Die Absätze 2 und 5 gelten entsprechend für Einrichtungen, die einer EWG-Bauartgenehmigung bedürfen.

§ 23 Gutachten für die Einstufung eines Fahrzeugs als Oldtimer.

[1] Zur Einstufung eines Fahrzeugs als Oldtimer im Sinne des § 2 Nummer 22 der Fahrzeug-Zulassungsverordnung[1)] ist ein Gutachten eines amtlich anerkannten Sachverständigen oder Prüfers oder Prüfingenieurs erforderlich. [2] Die Begutachtung ist nach einer im Verkehrsblatt nach Zustimmung der zuständigen obersten Landesbehörden bekannt gemachten Richtlinie durchzuführen und das Gutachten nach einem in der Richtlinie festgelegten Muster auszufertigen. [3] Im Rahmen der Begutachtung ist auch eine Untersuchung im Umfang einer Hauptuntersuchung nach § 29 durchzuführen, es sei denn, dass mit der Begutachtung gleichzeitig ein Gutachten nach § 21 erstellt wird. [4] Für das Erteilen der Prüfplakette gilt § 29 Absatz 3.

§§ 24 bis 28 (weggefallen)

§ 29 Untersuchung der Kraftfahrzeuge und Anhänger. (1) [1] Die Halter von zulassungspflichtigen Fahrzeugen im Sinne des § 3 Absatz 1 der Fahrzeug-Zulassungsverordnung[1)] und kennzeichenpflichtigen Fahrzeugen nach § 4 Absatz 2 und 3 Satz 2 der Fahrzeug-Zulassungsverordnung haben ihre Fahrzeuge auf ihre Kosten nach Maßgabe der Anlage VIII in Verbindung mit Anlage VIIIa in regelmäßigen Zeitabständen untersuchen zu lassen. [2] Ausgenommen sind

1. Fahrzeuge mit rotem Kennzeichen nach den §§ 41 und 43 der Fahrzeug-Zulassungsverordnung,
2. Fahrzeuge der Bundeswehr und der Bundespolizei.

[1)] Nr. **3.2**.

[3] Über die Untersuchung der Fahrzeuge der Feuerwehren und des Katastrophenschutzes entscheiden die zuständigen obersten Landesbehörden im Einzelfall oder allgemein.

(2) [1] Der Halter hat den Monat, in dem das Fahrzeug spätestens zur

1. Hauptuntersuchung vorgeführt werden muss, durch eine Prüfplakette nach Anlage IX auf dem Kennzeichen nachzuweisen, es sei denn, es handelt sich um ein Kurzzeitkennzeichen oder Ausfuhrkennzeichen,
2. Sicherheitsprüfung vorgeführt werden muss, durch eine Prüfmarke in Verbindung mit einem SP-Schild nach Anlage IXb nachzuweisen.

[2] Prüfplaketten sind von der nach Landesrecht zuständigen Behörde oder den zur Durchführung von Hauptuntersuchungen berechtigten Personen zuzuteilen und auf dem hinteren amtlichen Kennzeichen dauerhaft und gegen Missbrauch gesichert anzubringen. [3] Prüfplaketten in Verbindung mit Plakettenträgern sind von der nach Landesrecht zuständigen Behörde zuzuteilen und von dem Halter oder seinem Beauftragten auf dem hinteren amtlichen Kennzeichen dauerhaft und gegen Missbrauch gesichert anzubringen. [4] Abgelaufene Prüfplaketten sowie gegebenenfalls vorhandene Plakettenträger sind vor Anbringung neuer Prüfplaketten oder neuer Prüfplaketten in Verbindung mit Plakettenträgern zu entfernen. [5] Prüfmarken sind von der nach Landesrecht zuständigen Behörde zuzuteilen und von dem Halter oder seinem Beauftragten auf dem SP-Schild nach den Vorschriften der Anlage IXb anzubringen oder von den zur Durchführung von Hauptuntersuchungen oder Sicherheitsprüfungen berechtigten Personen zuzuteilen und von diesen nach den Vorschriften der Anlage IXb auf dem SP-Schild anzubringen. [6] SP-Schilder dürfen von der nach Landesrecht zuständigen Behörde, von den zur Durchführung von Hauptuntersuchungen berechtigten Personen, dem Fahrzeughersteller, dem Halter oder seinem Beauftragten nach den Vorschriften der Anlage IXb angebracht werden.

(3) [1] Eine Prüfplakette darf nur dann zugeteilt und angebracht werden, wenn die Vorschriften der Anlage VIII eingehalten sind. [2] Durch die nach durchgeführter Hauptuntersuchung zugeteilte und angebrachte Prüfplakette wird bescheinigt, dass das Fahrzeug zum Zeitpunkt dieser Untersuchung vorschriftsmäßig nach Nummer 1.2 der Anlage VIII ist. [3] Weist das Fahrzeug lediglich geringe Mängel auf, so kann abweichend von Satz 1 die Prüfplakette zugeteilt und angebracht werden, wenn die unverzügliche Beseitigung der Mängel zu erwarten ist.

(4) [1] Eine Prüfmarke darf zugeteilt und angebracht werden, wenn das Fahrzeug nach Abschluss der Sicherheitsprüfung nach Maßgabe der Nummer 1.3 der Anlage VIII keine Mängel aufweist. [2] Die Vorschriften von Nummer 2.6 der Anlage VIII bleiben unberührt.

(5) Der Halter hat dafür zu sorgen, dass sich die nach Absatz 3 angebrachte Prüfplakette und die nach Absatz 4 angebrachte Prüfmarke und das SP-Schild in ordnungsgemäßem Zustand befinden; sie dürfen weder verdeckt noch verschmutzt sein.

(6) Monat und Jahr des Ablaufs der Frist für die nächste

1. Hauptuntersuchung müssen von demjenigen, der die Prüfplakette zugeteilt und angebracht hat,

a) bei den im üblichen Zulassungsverfahren behandelten Fahrzeugen in der Zulassungsbescheinigung Teil I oder

b) bei anderen Fahrzeugen auf dem nach § 4 Absatz 5 der Fahrzeug-Zulassungsverordnung mitzuführenden oder aufzubewahrenden Nachweis in Verbindung mit dem Prüfstempel der untersuchenden Stelle oder dem HU-Code und der Kennnummer der untersuchenden Person oder Stelle,

2. Sicherheitsprüfung müssen von demjenigen, der die Prüfmarke zugeteilt hat, im Prüfprotokoll

vermerkt werden.

(7) [1]Die Prüfplakette und die Prüfmarke werden mit Ablauf des jeweils angegebenen Monats ungültig. [2]Ihre Gültigkeit verlängert sich um einen Monat, wenn bei der Durchführung der Hauptuntersuchung oder Sicherheitsprüfung Mängel festgestellt werden, die vor der Zuteilung einer neuen Prüfplakette oder Prüfmarke zu beheben sind. [3]Satz 2 gilt auch, wenn bei geringen Mängeln keine Prüfplakette nach Absatz 3 Satz 3 zugeteilt wird, und für Prüfmarken in den Fällen der Anlage VIII Nummer 2.4 Satz 6. [4]Befindet sich an einem Fahrzeug, das mit einer Prüfplakette oder einer Prüfmarke in Verbindung mit einem SP-Schild versehen sein muss, keine gültige Prüfplakette oder keine gültige Prüfmarke, so kann die nach Landesrecht zuständige Behörde für die Zeit bis zur Anbringung der vorgenannten Nachweise den Betrieb des Fahrzeugs im öffentlichen Verkehr untersagen oder beschränken. [5]Die betroffene Person hat das Verbot oder die Beschränkung zu beachten.

(8) Einrichtungen aller Art, die zu Verwechslungen mit der in Anlage IX beschriebenen Prüfplakette oder der in Anlage IXb beschriebenen Prüfmarke in Verbindung mit dem SP-Schild Anlass geben können, dürfen an Kraftfahrzeugen und ihren Anhängern nicht angebracht sein.

(9) Der für die Durchführung von Hauptuntersuchungen oder Sicherheitsprüfungen Verantwortliche hat für Hauptuntersuchungen einen Untersuchungsbericht und für Sicherheitsprüfungen ein Prüfprotokoll nach Maßgabe der Anlage VIII zu erstellen und dem Fahrzeughalter oder seinem Beauftragten auszuhändigen.

(10) [1]Der Halter hat den Untersuchungsbericht mindestens bis zur nächsten Hauptuntersuchung und das Prüfprotokoll mindestens bis zur nächsten Sicherheitsprüfung aufzubewahren. [2]Der Halter oder sein Beauftragter hat den Untersuchungsbericht, bei Fahrzeugen, bei denen nach Nummer 2.1 Anlage VIII eine Sicherheitsprüfung durchzuführen ist, zusammen mit dem Prüfprotokoll, zuständigen Personen und der nach Landesrecht zuständigen Behörde auf deren Anforderung hin, auszuhändigen. [3]Kann der letzte Untersuchungsbericht oder das letzte Prüfprotokoll nicht ausgehändigt werden, hat der Halter auf seine Kosten Zweitschriften von den prüfenden Stellen zu beschaffen oder eine Hauptuntersuchung oder eine Sicherheitsprüfung durchführen zu lassen. [4]Die Sätze 2 und 3 gelten nicht für den Hauptuntersuchungsbericht bei der Fahrzeugzulassung, wenn die Fälligkeit der nächsten Hauptuntersuchung für die Zulassungsbehörde aus einem anderen amtlichen Dokument ersichtlich ist.

§ 29a Datenübermittlung. [1]Die zur Durchführung von Hauptuntersuchungen oder Sicherheitsprüfungen nach § 29 berechtigten Personen sind verpflichtet, nach Abschluss einer Hauptuntersuchung oder einer Sicherheitsprüfung die in § 61 Absatz 1 der Fahrzeug-Zulassungsverordnung[1)] genannten Daten an das Kraftfahrt-Bundesamt zur Speicherung im Zentralen Fahrzeugregister zu übermitteln. [2]Darüber hinaus müssen die zur Durchführung von Hauptuntersuchungen nach § 29 berechtigten Personen nach Abschluss einer Hauptuntersuchung die in § 61 Absatz 2 der Fahrzeug-Zulassungsverordnung genannten Daten an das Kraftfahrt-Bundesamt zur Speicherung im Zentralen Fahrzeugregister übermitteln. [3]Die jeweilige Übermittlung hat

1. bei verkehrsunsicheren Fahrzeugen nach Anlage VIII Nummer 3.1.4.4 oder 3.2.3.3 am selben Tag,
2. sonst unverzüglich, spätestens aber innerhalb von zwei Wochen nach Abschluss der Hauptuntersuchung oder Sicherheitsprüfung

zu erfolgen.

IIa. Pflichtversicherung

(weggefallen)

§§ 29b bis 29h (weggefallen)

III. Bau- und Betriebsvorschriften

1. Allgemeine Vorschriften

§ 30 Beschaffenheit der Fahrzeuge. (1) Fahrzeuge müssen so gebaut und ausgerüstet sein, dass

1. ihr verkehrsüblicher Betrieb niemanden schädigt oder mehr als unvermeidbar gefährdet, behindert oder belästigt,
2. die Insassen insbesondere bei Unfällen vor Verletzungen möglichst geschützt sind und das Ausmaß und die Folgen von Verletzungen möglichst gering bleiben.

(2) Fahrzeuge müssen in straßenschonender Bauweise hergestellt sein und in dieser erhalten werden.

(3) Für die Verkehrs- oder Betriebssicherheit wichtige Fahrzeugteile, die besonders leicht abgenutzt oder beschädigt werden können, müssen einfach zu überprüfen und leicht auswechselbar sein.

(4) [1]Anstelle der Vorschriften dieser Verordnung können die Einzelrechtsakte und Einzelregelungen in ihrer jeweils geltenden Fassung angewendet werden, die

1. in Anhang IV der Richtlinie 2007/46/EG oder in Anhang II der Verordnung (EU) 2018/858 oder
2. in Anhang I der Verordnung (EU) Nr. 167/2013 oder
3. in Anhang II der Verordnung (EU) Nr. 168/2013

in ihrer jeweils geltenden Fassung genannt sind. [2]Die in Satz 1 genannten Einzelrechtsakte und Einzelregelungen sind jeweils ab dem Zeitpunkt anzuwenden, zu dem sie in Kraft treten.

---

1) Nr. **3.2.**

§ 30a Durch die Bauart bestimmte Höchstgeschwindigkeit sowie maximales Drehmoment und maximale Nutzleistung des Motors.

(1) [1] Kraftfahrzeuge müssen entsprechend dem Stand der Technik so gebaut und ausgerüstet sein, dass technische Veränderungen, die zu einer Änderung der durch die Bauart bestimmten Höchstgeschwindigkeit (Geschwindigkeit, die von einem Kraftfahrzeug nach seiner vom Hersteller konstruktiv vorgegebenen Bauart oder infolge der Wirksamkeit zusätzlicher technischer Maßnahmen auf ebener Bahn bei bestimmungsgemäßer Benutzung nicht überschritten werden kann) führen, wesentlich erschwert sind. [2] Sofern dies nicht möglich ist, müssen Veränderungen leicht erkennbar gemacht werden.

(1a) Zweirädrige Kleinkrafträder und Krafträder müssen hinsichtlich der Maßnahmen gegen unbefugte Eingriffe den Vorschriften von Kapitel 7 der Richtlinie 97/24/EG des Europäischen Parlaments und des Rates vom 17. Juni 1997 über bestimmte Bauteile und Merkmale von zweirädrigen oder dreirädrigen Kraftfahrzeugen (ABl. L 226 vom 18.8.1997, S. 1), die zuletzt durch die Richtlinie 2009/108/EG (ABl. L 213 vom 18.8.2009, S. 10) geändert worden ist, jeweils in der aus dem Anhang zu dieser Vorschrift ersichtlichen Fassung, entsprechen.

(2) [1] Anhänger müssen für eine Geschwindigkeit von mindestens 100 km/h gebaut und ausgerüstet sein. [2] Sind sie für eine niedrigere Geschwindigkeit gebaut oder ausgerüstet, müssen sie entsprechend § 58 für diese Geschwindigkeit gekennzeichnet sein.

(3) Bei Kraftfahrzeugen nach Artikel 1 der Richtlinie 2002/24/EG sind zur Ermittlung der durch die Bauart bestimmten Höchstgeschwindigkeit sowie zur Ermittlung des maximalen Drehmoments und der maximalen Nutzleistung des Motors die im Anhang zu dieser Vorschrift genannten Bestimmungen anzuwenden.

§ 30b Berechnung des Hubraums. Der Hubraum ist wie folgt zu berechnen:

1. Für pi wird der Wert von 3,1416 eingesetzt.
2. Die Werte für Bohrung und Hub werden in Millimeter eingesetzt, wobei auf die erste Dezimalstelle hinter dem Komma auf- oder abzurunden ist.
3. Der Hubraum ist auf volle Kubikzentimeter auf- oder abzurunden.
4. Folgt der zu rundenden Stelle eine der Ziffern 0 bis 4, so ist abzurunden, folgt eine der Ziffern 5 bis 9, so ist aufzurunden.

§ 30c Vorstehende Außenkanten, Frontschutzsysteme. (1) Am Umriss der Fahrzeuge dürfen keine Teile so hervorragen, dass sie den Verkehr mehr als unvermeidbar gefährden.

(2) Vorstehende Außenkanten von Personenkraftwagen müssen den im Anhang zu dieser Vorschrift genannten Bestimmungen entsprechen.

(3) Vorstehende Außenkanten von zweirädrigen oder dreirädrigen Kraftfahrzeugen nach § 30a Absatz 3 müssen den im Anhang zu dieser Vorschrift genannten Bestimmungen entsprechen.

(4) An Personenkraftwagen, Lastkraftwagen, Zugmaschinen und Sattelzugmaschinen mit mindestens vier Rädern, einer durch die Bauart bestimmten Höchstgeschwindigkeit von mehr als 25 km/h und einer zulässigen Gesamt-

masse von nicht mehr als 3,5 t angebrachte Frontschutzsysteme müssen den im Anhang zu dieser Vorschrift genannten Bestimmungen entsprechen.

§ 30d Kraftomnibusse. (1) Kraftomnibusse sind Kraftfahrzeuge zur Personenbeförderung mit mehr als acht Sitzplätzen außer dem Fahrersitz.

(2) Kraftomnibusaufbauten, die als selbstständige technische Einheiten die gesamte innere und äußere Spezialausrüstung dieser Kraftfahrzeugart umfassen, gelten als Kraftomnibusse nach Absatz 1.

(3) Kraftomnibusse müssen den im Anhang zu dieser Vorschrift genannten Bestimmungen entsprechen.

(4) [1] Kraftomnibusse mit Stehplätzen, die die Beförderung von Fahrgästen auf Strecken mit zahlreichen Haltestellen ermöglichen und mehr als 22 Fahrgastplätze haben, müssen zusätzlich den Vorschriften über technische Einrichtungen für die Beförderung von Personen mit eingeschränkter Mobilität nach den im Anhang zu dieser Vorschrift genannten Bestimmungen entsprechen. [2] Dies gilt für andere Kraftomnibusse, die mit technischen Einrichtungen für die Beförderung von Personen mit eingeschränkter Mobilität ausgestattet sind, entsprechend.

§ 31 Verantwortung für den Betrieb der Fahrzeuge. (1) Wer ein Fahrzeug oder einen Zug miteinander verbundener Fahrzeuge führt, muss zur selbstständigen Leitung geeignet sein.

(2) Der Halter darf die Inbetriebnahme nicht anordnen oder zulassen, wenn ihm bekannt ist oder bekannt sein muss, dass der Führer nicht zur selbstständigen Leitung geeignet oder das Fahrzeug, der Zug, das Gespann, die Ladung oder die Besetzung nicht vorschriftsmäßig ist oder dass die Verkehrssicherheit des Fahrzeugs durch die Ladung oder die Besetzung leidet.

§ 31a Fahrtenbuch. (1) [1] Die nach Landesrecht zuständige Behörde kann gegenüber einem Fahrzeughalter für ein oder mehrere auf ihn zugelassene oder künftig zuzulassende Fahrzeuge die Führung eines Fahrtenbuchs anordnen, wenn die Feststellung eines Fahrzeugführers nach einer Zuwiderhandlung gegen Verkehrsvorschriften nicht möglich war. [2] Die Verwaltungsbehörde kann ein oder mehrere Ersatzfahrzeuge bestimmen.

(2) Der Fahrzeughalter oder sein Beauftragter hat in dem Fahrtenbuch für ein bestimmtes Fahrzeug und für jede einzelne Fahrt

1. vor deren Beginn
   a) Name, Vorname und Anschrift des Fahrzeugführers,
   b) amtliches Kennzeichen des Fahrzeugs,
   c) Datum und Uhrzeit des Beginns der Fahrt und
2. nach deren Beendigung unverzüglich Datum und Uhrzeit mit Unterschrift einzutragen.

(3) Der Fahrzeughalter hat

a) der das Fahrtenbuch anordnenden oder der von ihr bestimmten Stelle oder
b) sonst zuständigen Personen

das Fahrtenbuch auf Verlangen jederzeit an dem von der anordnenden Stelle festgelegten Ort zur Prüfung auszuhändigen und es sechs Monate nach Ablauf der Zeit, für die es geführt werden muss, aufzubewahren.

§ 31b Überprüfung mitzuführender Gegenstände. Führer von Fahrzeugen sind verpflichtet, zuständigen Personen auf Verlangen folgende mitzuführende Gegenstände vorzuzeigen und zur Prüfung des vorschriftsmäßigen Zustands auszuhändigen:

1. Feuerlöscher (§ 35g Absatz 1),
2. Erste-Hilfe-Material (§ 35h Absatz 1, 3 und 4),
3. Unterlegkeile (§ 41 Absatz 14),
4. Warndreiecke und Warnleuchten (§ 53a Absatz 2),

4a. Warnweste (§ 53a Absatz 2),

5. tragbare Blinkleuchten (§ 53b Absatz 5) und windsichere Handlampen (§ 54b),
6. Leuchten und Rückstrahler (§ 53b Absatz 1 Satz 4 Halbsatz 2 und Absatz 2 Satz 4 Halbsatz 2).

§ 31c Überprüfung von Fahrzeuggewichten. [1] Kann der Führer eines Fahrzeugs auf Verlangen einer zuständigen Person die Einhaltung der für das Fahrzeug zugelassenen Achslasten und Gesamtgewichte nicht glaubhaft machen, so ist er verpflichtet, sie nach Weisung dieser Person auf einer Waage oder einem Achslastmesser (Radlastmesser) feststellen zu lassen. [2] Nach der Wägung ist dem Führer eine Bescheinigung über das Ergebnis der Wägung zu erteilen. [3] Die Kosten der Wägung fallen dem Halter des Fahrzeugs zur Last, wenn ein zu beanstandendes Übergewicht festgestellt wird. [4] Die prüfende Person kann von dem Führer des Fahrzeugs eine der Überlastung entsprechende Um- oder Entladung fordern; dieser Auflage hat der Fahrzeugführer nachzukommen; die Kosten hierfür hat der Halter zu tragen.

§ 31d Gewichte, Abmessungen und Beschaffenheit ausländischer Fahrzeuge. (1) Ausländische Kraftfahrzeuge und ihre Anhänger müssen in Gewicht und Abmessungen den §§ 32 und 34 entsprechen.

(2) Ausländische Kraftfahrzeuge müssen an Sitzen, für die das Recht des Zulassungsstaates Sicherheitsgurte vorschreibt, über diese Sicherheitsgurte verfügen.

(3) [1] Ausländische Kraftfahrzeuge, deren Zulassungsbescheinigung oder Internationaler Zulassungsschein von einem Mitgliedstaat der Europäischen Union oder von einem anderen Vertragsstaat des Abkommens über den Europäischen Wirtschaftsraum ausgestellt worden ist und die in der Richtlinie 92/6/EWG des Rates vom 10. Februar 1992 über Einbau und Benutzung von Geschwindigkeitsbegrenzern für bestimmte Kraftfahrzeugklassen in der Gemeinschaft (ABl. L 57 vom 2.3.1992, S. 27), die durch die Richtlinie 2002/85/EG (ABl. L 327 vom 4.12.2002, S. 8) geändert worden ist, genannt sind, müssen mit Geschwindigkeitsbegrenzern nach Maßgabe des Rechts des Zulassungsstaates ausgestattet sein. [2] Die Geschwindigkeitsbegrenzer müssen benutzt werden.

(4) Die Luftreifen ausländischer Kraftfahrzeuge und Anhänger, deren Zulassungsbescheinigung oder Internationaler Zulassungsschein von einem Mitgliedstaat der Europäischen Union oder von einem anderen Vertragsstaat des Abkommens über den Europäischen Wirtschaftsraum ausgestellt worden ist und die in der Richtlinie 89/459/EWG des Rates vom 18. Juli 1989 zur Angleichung der Rechtsvorschriften der Mitgliedstaaten über die Profiltiefe der

Reifen an bestimmten Klassen von Kraftfahrzeugen und deren Anhängern (ABl. L 226 vom 3.8.1989, S. 4) genannt sind, müssen beim Hauptprofil der Lauffläche eine Profiltiefe von mindestens 1,6 Millimeter aufweisen; als Hauptprofil gelten dabei die breiten Profilrillen im mittleren Bereich der Lauffläche, der etwa drei Viertel der Laufflächenbreite einnimmt.

§ 31e Geräuscharme ausländische Kraftfahrzeuge. [1] Ausländische Kraftfahrzeuge, die zur Geräuschklasse G 1 im Sinne der Nummer 3.2.1 der Anlage XIV gehören, gelten als geräuscharm; sie dürfen mit dem Zeichen „Geräuscharmes Kraftfahrzeug" gemäß Anlage XV gekennzeichnet sein. [2] Für andere ausländische Fahrzeuge gilt § 49 Absatz 3 Satz 2 und 3 entsprechend.

2. Kraftfahrzeuge und ihre Anhänger

§ 32 Abmessungen von Fahrzeugen und Fahrzeugkombinationen.

(1) [1] Bei Kraftfahrzeugen und Anhängern einschließlich mitgeführter austauschbarer Ladungsträger (§ 42 Absatz 3) darf die höchstzulässige Breite über alles – ausgenommen bei Schneeräumgeräten und Winterdienstfahrzeugen – folgende Maße nicht überschreiten:

1.	allgemein	2,55 m,
2.	bei land- oder forstwirtschaftlichen Arbeitsgeräten, bei selbstfahrenden land- oder forstwirtschaftlichen Arbeitsmaschinen und bei Zugmaschinen und Sonderfahrzeugen mit auswechselbaren land- oder forstwirtschaftlichen Anbaugeräten, wenn sie für land- oder forstwirtschaftliche Zwecke gemäß § 6 Absatz 5 der Fahrerlaubnis-Verordnung[1)] eingesetzt werden	3,00 m,
3.	bei Anhängern hinter Krafträdern	1,00 m,
4.	bei festen oder abnehmbaren Aufbauten von klimatisierten Fahrzeugen, die für die Beförderung von Gütern in temperaturgeführtem Zustand ausgerüstet sind und deren Seitenwände einschließlich Wärmedämmung mindestens 45 mm dick sind	2,60 m,
5.	bei Personenkraftwagen	2,50 m,
6.	bei Fahrzeugen mit angebauten Geräten für die Straßenunterhaltung	3,00 m.

[2] Die Fahrzeugbreite ist nach der ISO-Norm 612-1978, Definition Nummer 6.2 zu ermitteln. [3] Abweichend von dieser Norm sind bei der Messung der Fahrzeugbreite die folgenden Einrichtungen nicht zu berücksichtigen:

1. Einrichtungen für indirekte Sicht,
2. der am Aufstandspunkt auf der Fahrbahnoberfläche liegende Teil der Ausbauchung der Reifenwände,
3. Reifenschadensanzeiger,
4. Reifendruckanzeiger,
5. lichttechnische Einrichtungen,
6. von Fahrzeugen beförderte klimatisierte Container oder Wechselaufbauten in einem Bereich von bis zu 5 cm über der nach Absatz 1 Satz 1 Nummer 1 allgemein zulässigen Breite von 2,55 m,

---

1) Nr. **3.1**.

7. Ladebrücken, Hubladebühnen und vergleichbare Einrichtungen in nicht betriebsbereitem Zustand, die höchstens 10 mm seitlich des Fahrzeugs hervorragen und deren nach vorne oder nach hinten liegende Ecken mit einem Radius von mindestens 5 mm und deren Kanten mit einem Radius von mindestens 2,5 mm abgerundet sind,
8. einziehbare Spurführungseinrichtungen, die für die Verwendung in Spurbussystemen gedacht sind, in nicht eingezogener Stellung,
9. einziehbare Stufen, sofern betriebsbereit und bei Fahrzeugstillstand,
10. Sichthilfen und Ortungseinrichtungen einschließlich Radargeräten,
11. aerodynamische Luftleiteinrichtungen und Ausrüstungen, die gemäß Verordnung (EU) Nr. 1230/2012 der Kommission vom 12. Dezember 2012 zur Durchführung der Verordnung (EG) Nr. 661/2009 des Europäischen Parlaments und des Rates hinsichtlich der Anforderungen an die Typgenehmigung von Kraftfahrzeugen und Kraftfahrzeuganhängern bezüglich ihrer Massen und Abmessungen und zur Änderung der Richtlinie 2007/46/EG des Europäischen Parlaments und des Rates (ABl. L 353 vom 21.12.2012, S. 31; L 130 vom 15.5.2013, S. 60; L 28 vom 4.2.2016, S. 18), die zuletzt durch die Verordnung (EU) 2019/1892 vom 31. Oktober 2019 (ABl. L 291 vom 12.11.2019, S. 17) geändert worden ist, typgenehmigt sind, sofern die Fahrzeugbreite inklusive eines klimatisierten Aufbaus mit isolierten Wänden einschließlich der gemessenen vorstehenden Teile höchstens 2 600 mm beträgt, wobei die Einrichtungen und Ausrüstungen sowohl in der eingezogenen beziehungsweise eingeklappten Stellung als auch in der Gebrauchsstellung arretiert sein müssen,
12. Befestigungs- und Schutzeinrichtungen für Zollplomben,
13. Einrichtungen zur Sicherung der Plane und Schutzvorrichtungen hierfür, die bei einer Höhe von höchstens 2,0 m über dem Boden höchstens 20 mm und bei einer Höhe von mehr als 2,0 m über dem Boden höchstens 50 mm hervorragen dürfen und deren Kanten mit einem Radius von mindestens 2,5 mm abgerundet sind,
14. vorstehende flexible Teile eines Spritzschutzsystems gemäß Verordnung (EU) Nr. 109/2011 der Kommission vom 27. Januar 2011 zur Durchführung der Verordnung (EG) Nr. 661/2009 des Europäischen Parlaments und des Rates über die Typgenehmigung bestimmter Klassen von Kraftfahrzeugen und ihrer Anhänger hinsichtlich der Spritzschutzsysteme (ABl. L 34 vom 9.2.2011, S. 2; L 234 vom 10.9.2012, S. 48), die durch die Verordnung (EU) Nr. 519/2013 (ABl. L 158 vom 10.6.2013, S. 74) geändert worden ist,
15. flexible Radabdeckungen, die nicht unter Nummer 14 fallen,
16. Schneeketten,
17. Sicherheitsgeländer auf Fahrzeugtransportern, die für den Transport von mindestens zwei Fahrzeugen ausgelegt und gebaut sind und deren Sicherheitsgeländer sich mindestens 2,0 m und höchstens 3,70 m über dem Boden befinden und höchstens 50 mm vom äußersten Punkt der Fahrzeugseite hinausragen und wenn die Fahrzeugbreite höchstens 2 650 mm beträgt,
18. Antennen für die Kommunikation zwischen Fahrzeugen beziehungsweise zwischen Fahrzeugen und Infrastrukturen und

19. Schläuche der Reifendrucküberwachungssysteme, sofern sie an den beiden Seiten des Fahrzeugs höchstens 70 mm über die größte Breite des Fahrzeugs hinausragen.

[4] Gemessen wird bei geschlossenen Türen und Fenstern und bei Geradeausstellung der Räder.

(2) [1] Bei Kraftfahrzeugen, Fahrzeugkombinationen und Anhängern einschließlich mitgeführter austauschbarer Ladungsträger (§ 42 Absatz 3) darf die höchstzulässige Höhe über alles folgendes Maß nicht überschreiten: 4,00 m.

[2] Die Fahrzeughöhe ist nach der ISO-Norm 612-1978, Definition Nummer 6.3 zu ermitteln. [3] Abweichend von dieser Norm sind bei der Messung der Fahrzeughöhe die folgenden Einrichtungen nicht zu berücksichtigen:

1. Antennen für Rundfunk, Navigation, die Kommunikation zwischen Fahrzeugen beziehungsweise zwischen Fahrzeugen und Infrastrukturen und
2. Scheren- oder Stangenstromabnehmer in gehobener Stellung.

[4] Bei Fahrzeugen mit Achshubeinrichtung ist die Auswirkung dieser Einrichtung zu berücksichtigen.

(3) [1] Bei Kraftfahrzeugen und Anhängern einschließlich mitgeführter austauschbarer Ladungsträger und aller im Betrieb mitgeführter Ausrüstungsteile (§ 42 Absatz 3) darf die höchstzulässige Länge über alles folgende Maße nicht überschreiten:

1.	bei Kraftfahrzeugen und Anhängern – ausgenommen Kraftomnibusse und Sattelanhänger –	12,00 m,
2.	bei zweiachsigen Kraftomnibussen – einschließlich abnehmbarer Zubehörteile –	13,50 m,
3.	bei Kraftomnibussen mit mehr als zwei Achsen – einschließlich abnehmbarer Zubehörteile –	15,00 m,
4.	bei Kraftomnibussen, die als Gelenkfahrzeug ausgebildet sind (Kraftfahrzeuge, deren Nutzfläche durch ein Gelenk unterteilt ist, bei denen der angelenkte Teil jedoch kein selbstständiges Fahrzeug darstellt)	18,75 m.

[2] Abweichend von Satz 1 Nummer 1 darf die höchstzulässige Länge von 12,00 m überschritten werden, wenn die Überschreitung ausschließlich durch das verlängerte Führerhaus gemäß Verordnung (EU) Nr. 1230/2012 erfolgt.

(4) Bei Fahrzeugkombinationen einschließlich mitgeführter austauschbarer Ladungsträger und aller im Betrieb mitgeführter Ausrüstungsteile (§ 42 Absatz 3) darf die höchstzulässige Länge, unter Beachtung der Vorschriften in Absatz 3 Nummer 1, folgende Maße nicht überschreiten:

1.	bei Sattelkraftfahrzeugen (Sattelzugmaschine mit Sattelanhänger) und Fahrzeugkombinationen (Zügen) nach Art eines Sattelkraftfahrzeugs – ausgenommen Sattelkraftfahrzeugen nach Nummer 2 –	15,50 m,
2.	bei Sattelkraftfahrzeugen (Sattelzugmaschine mit Sattelanhänger), wenn die höchstzulässigen Teillängen des Sattelanhängers	

a) Achse Zugsattelzapfen bis zur hinteren Begrenzung 12,00 m und

b) vorderer Überhangradius 2,04 m
nicht überschritten werden, 16,50 m,

3. bei Zügen, ausgenommen Züge nach Nummer 4:
a) Kraftfahrzeuge außer Zugmaschinen mit Anhängern 18,00 m,
b) Zugmaschinen mit Anhängern 18,75 m,

4. bei Zügen, die aus einem Lastkraftwagen und einem Anhänger zur Güterbeförderung bestehen, 18,75 m.

Dabei dürfen die höchstzulässigen Teillängen folgende Maße nicht überschreiten:

a) größter Abstand zwischen dem vordersten äußeren Punkt der Ladefläche hinter dem Führerhaus des Lastkraftwagens und dem hintersten äußeren Punkt der Ladefläche des Anhängers der Fahrzeugkombination, abzüglich des Abstands zwischen der hinteren Begrenzung des Kraftfahrzeugs und der vorderen Begrenzung des Anhängers 15,65 m

und

b) größter Abstand zwischen dem vordersten äußeren Punkt der Ladefläche hinter dem Führerhaus des Lastkraftwagens und dem hintersten äußeren Punkt der Ladefläche des Anhängers der Fahrzeugkombination 16,40 m.

Bei Fahrzeugen mit Aufbau – bei Lastkraftwagen jedoch ohne Führerhaus – gelten die Teillängen einschließlich Aufbau.

(4a)
Bei Fahrzeugkombinationen, die aus einem Kraftomnibus und einem Anhänger bestehen, beträgt die höchstzulässige Länge, unter Beachtung der Vorschriften in Absatz 3 Nummer 1 bis 3 18,75 m.

(4b) Abweichend von Absatz 4 darf die höchstzulässige Länge von Fahrzeugkombinationen überschritten werden, wenn die Überschreitung ausschließlich durch das verlängerte Führerhaus bei Kraftfahrzeugen nach Absatz 3 Satz 2 erfolgt.

(4c) Bei Sattelkraftfahrzeugen nach § 34 Absatz 6 Nummer 6 mit einer höchstzulässigen Teillänge nach Absatz 4 Nummer 2 Buchstabe b darf die höchstzulässige Länge der Fahrzeugkombination und die höchstzulässige Teillänge nach Absatz 4 Nummer 2 Buchstabe a beim Transport eines Containers oder Wechselaufbaus von 45 Fuß Länge um 15 cm überschritten werden.

(5) [1] Die Länge oder Teillänge eines Einzelfahrzeugs oder einer Fahrzeugkombination – mit Ausnahme der in Absatz 7 genannten Fahrzeugkombinationen und deren Einzelfahrzeuge – ist die Länge, die bei voll nach vorn oder hinten ausgezogenen, ausgeschobenen oder ausgeklappten Ladestützen, Ladepritschen, Aufbauwänden oder Teilen davon einschließlich aller im Betrieb mitgeführter Ausrüstungsteile (§ 42 Absatz 3) gemessen wird; dabei müssen bei Fahrzeugkombinationen die Längsmittellinien des Kraftfahrzeugs und seines Anhängers bzw. seiner Anhänger eine gerade Linie bilden. [2] Bei Fahrzeugkombinationen mit nicht selbsttätig längenveränderlichen Zugeinrichtungen ist dabei die Position zugrunde zu legen, in der § 32d (Kurvenlaufeigenschaften) ohne weiteres Tätigwerden des Fahrzeugführers oder anderer Personen erfüllt ist. [3] Soweit selbsttätig längenveränderliche Zugeinrichtungen verwendet wer-

den, müssen diese nach Beendigung der Kurvenfahrt die Ausgangslänge ohne Zeitverzug wiederherstellen.

(6) [1] Die Längen und Teillängen eines Einzelfahrzeugs oder einer Fahrzeugkombination sind nach der ISO-Norm 612-1978, Definition Nummer 6.1 zu ermitteln. [2] Abweichend von dieser Norm sind bei der Messung der Länge oder Teillänge die folgenden Einrichtungen nicht zu berücksichtigen:

1. Einrichtungen für indirekte Sicht,
2. Wischer- und Wascheinrichtungen,
3. äußere Sonnenblenden,
4. Frontschutzsysteme, die gemäß Verordnung (EG) Nr. 78/2009 des Europäischen Parlaments und des Rates vom 14. Januar 2009 über die Typgenehmigung von Kraftfahrzeugen im Hinblick auf den Schutz von Fußgängern und anderen ungeschützten Verkehrsteilnehmern, zur Änderung der Richtlinie 2007/46/EG und zur Aufhebung der Richtlinien 2003/102/EG und 2005/66/EG (ABl. L 35 vom 4.2.2009, S. 1), die durch die Verordnung (EU) Nr. 517/2013 (ABl. L 158 vom 10.6.2013, S. 1) geändert worden ist, typgenehmigt sind,
5. Trittstufen und Handgriffe,
6. mechanische Verbindungseinrichtungen an Kraftfahrzeugen,
7. zusätzliche abnehmbare Verbindungseinrichtung an der Hinterseite eines Anhängers,
8. abnehmbare oder einklappbare Fahrradträger,
9. Hubladebühnen, Ladebrücken und vergleichbare Einrichtungen in nicht betriebsbereitem Zustand, die höchstens 300 mm hervorragen und die Ladekapazität des Fahrzeugs nicht erhöhen,
10. Sichthilfen und Ortungseinrichtungen einschließlich Radargeräten,
11. elastische Stoßdämpfer und vergleichbare Einrichtungen,
12. Befestigungs- und Schutzeinrichtungen für Zollplomben,
13. Einrichtungen zur Sicherung der Plane und Schutzvorrichtungen hierfür,
14. Längsanschläge für Wechselaufbauten,
15. Stangenstromabnehmer von Elektrofahrzeugen,
16. vordere oder hintere Kennzeichenschilder,
17. zulässige Leuchten gemäß der Begriffsbestimmung von Nummer 2 der Regelung Nr. 48 der Wirtschaftskommission der Vereinten Nationen für Europa (UNECE) – Einheitliche Bedingungen für die Genehmigung von Fahrzeugen hinsichtlich des Anbaus der Beleuchtungs- und Lichtsignaleinrichtungen (ABl. L 135 vom 23.5.2008, S. 1),
18. aerodynamische Luftleiteinrichtungen und Ausrüstungen, die gemäß Verordnung (EU) Nr. 1230/2012 typgenehmigt sind,
19. Antennen für die Kommunikation zwischen Fahrzeugen beziehungsweise zwischen Fahrzeugen und Infrastrukturen,
20. Luftansaugleitungen,
21. Stoßfängergummis und ähnliche Vorrichtungen und
22. bei anderen Fahrzeugen als Sattelkraftfahrzeugen Kühl- und andere Nebenaggregate, die sich vor der Ladefläche befinden.

[3] Dies gilt jedoch nur, wenn durch die genannten Einrichtungen die Ladefläche weder direkt noch indirekt verlängert wird. [4] Einrichtungen, die bei Fahrzeug-

kombinationen hinten am Zugfahrzeug oder vorn am Anhänger angebracht sind, sind dagegen bei den Längen oder Teillängen von Fahrzeugkombinationen mit zu berücksichtigen; sie dürfen diesen Längen nicht zugeschlagen werden.

(7) [1] Bei Fahrzeugkombinationen nach Art von Zügen zum Transport von Fahrzeugen gelten hinsichtlich der Länge die Vorschriften des Absatzes 4 Nummer 4, bei Sattelkraftfahrzeugen zum Transport von Fahrzeugen gelten die Vorschriften des Absatzes 4 Nummer 2. [2] Längenüberschreitungen durch Ladestützen zur zusätzlichen Sicherung und Stabilisierung des zulässigen Überhangs von Ladungen bleiben bei diesen Fahrzeugkombinationen und Sattelkraftfahrzeugen unberücksichtigt, sofern die Ladung auch über die Ladestützen hinausragt. [3] Bei der Ermittlung der Teillängen bleiben Überfahrbrücken zwischen Lastkraftwagen und Anhänger in Fahrtstellung unberücksichtigt.

(8) Auf die in den Absätzen 1 bis 4 genannten Maße dürfen keine Toleranzen gewährt werden.

(9) Abweichend von den Absätzen 1 bis 8 dürfen Kraftfahrzeuge nach § 30a Absatz 3 folgende Maße nicht überschreiten:

1. Breite:
   a) bei Krafträdern sowie dreirädrigen und vierrädrigen Kraftfahrzeugen 2,00 m,
   b) bei zweirädrigen Kleinkrafträdern und Fahrrädern mit Hilfsmotor jedoch 1,00 m,
2. Höhe: 2,50 m,
3. Länge: 4,00 m.

§ 32a Mitführen von Anhängern. [1] Hinter Kraftfahrzeugen darf nur ein Anhänger, jedoch nicht zur Personenbeförderung (Omnibusanhänger), mitgeführt werden. [2] Es dürfen jedoch hinter Zugmaschinen zwei Anhänger mitgeführt werden, wenn die für Züge mit einem Anhänger zulässige Länge nicht überschritten wird. [3] Hinter Sattelkraftfahrzeugen darf kein Anhänger mitgeführt werden. [4] Hinter Kraftomnibussen darf nur ein lediglich für die Gepäckbeförderung bestimmter Anhänger mitgeführt werden. [5] Hinter selbstfahrenden Arbeitsmaschinen dürfen keine Anhänger zum Zwecke der Güter- oder Personenbeförderung mitgeführt werden, mit Ausnahme von Beförderungen, die ausschließlich der Zweckbestimmung der selbstfahrenden Arbeitsmaschine dienen.

§ 32b Unterfahrschutz. (1) Kraftfahrzeuge, Anhänger und Fahrzeuge mit austauschbaren Ladungsträgern mit einer durch die Bauart bestimmten Höchstgeschwindigkeit von mehr als 25 km/h, bei denen der Abstand von der hinteren Begrenzung bis zur letzten Hinterachse mehr als 1 000 mm beträgt und bei denen in unbeladenem Zustand entweder das hintere Fahrgestell in seiner ganzen Breite oder die Hauptteile der Karosserie eine lichte Höhe von mehr als 550 mm über der Fahrbahn haben, müssen mit einem hinteren Unterfahrschutz ausgerüstet sein.

(2) Der hintere Unterfahrschutz muss der Richtlinie 70/221/EWG des Rates vom 20. März 1970 zur Angleichung der Rechtsvorschriften der Mitgliedstaaten über die Behälter für flüssigen Kraftstoff und den Unterfahrschutz von Kraftfahrzeugen und Kraftfahrzeuganhängern (ABl. L 76 vom 6.4.1970,

S. 23), die zuletzt durch die Richtlinie 2006/96/EG (ABl. L 363 vom 20.12. 2006, S. 81) geändert worden ist, in der nach § 30 Absatz 4 Satz 3 jeweils anzuwendenden Fassung entsprechen.

(3) Die Absätze 1 und 2 gelten nicht für

1. land- oder forstwirtschaftliche Zugmaschinen,
2. Arbeitsmaschinen und Stapler,
3. Sattelzugmaschinen,
4. zweirädrige Anhänger, die zum Transport von Langmaterial bestimmt sind,
5. Fahrzeuge, bei denen das Vorhandensein eines hinteren Unterfahrschutzes mit dem Verwendungszweck des Fahrzeugs unvereinbar ist.

(4) Kraftfahrzeuge zur Güterbeförderung mit mindestens vier Rädern und mit einer durch die Bauart bestimmten Höchstgeschwindigkeit von mehr als 25 km/h und einer zulässigen Gesamtmasse von mehr als 3,5 t müssen mit einem vorderen Unterfahrschutz ausgerüstet sein, der den im Anhang zu dieser Vorschrift genannten Bestimmungen entspricht.

(5) Absatz 4 gilt nicht für

1. Geländefahrzeuge,
2. Fahrzeuge, deren Verwendungszweck mit den Bestimmungen für den vorderen Unterfahrschutz nicht vereinbar ist.

§ 32c Seitliche Schutzvorrichtungen. (1) Seitliche Schutzvorrichtungen sind Einrichtungen, die verhindern sollen, dass Fußgänger, Rad- oder Kraftradfahrer seitlich unter das Fahrzeug geraten und dann von den Rädern überrollt werden können.

(2) Lastkraftwagen, Zugmaschinen und Kraftfahrzeuge, die hinsichtlich der Baumerkmale ihres Fahrgestells den Lastkraftwagen oder Zugmaschinen gleichzusetzen sind, mit einer durch die Bauart bestimmten Höchstgeschwindigkeit von mehr als 25 km/h und ihre Anhänger müssen, wenn ihr zulässiges Gesamtgewicht jeweils mehr als 3,5 t beträgt, an beiden Längsseiten mit seitlichen Schutzvorrichtungen ausgerüstet sein.

(3) Absatz 2 gilt nicht für

1. land- oder forstwirtschaftliche Zugmaschinen und ihre Anhänger,
2. Sattelzugmaschinen,
3. Anhänger, die besonders für den Transport sehr langer Ladungen, die sich nicht in der Länge teilen lassen, gebaut sind,
4. Fahrzeuge, die für Sonderzwecke gebaut und bei denen seitliche Schutzvorrichtungen mit dem Verwendungszweck des Fahrzeugs unvereinbar sind.

(4) Die seitlichen Schutzvorrichtungen müssen den im Anhang zu dieser Vorschrift genannten Bestimmungen entsprechen.

§ 32d Kurvenlaufeigenschaften. (1) [1] Kraftfahrzeuge und Fahrzeugkombinationen müssen so gebaut und eingerichtet sein, dass einschließlich mitgeführter austauschbarer Ladungsträger (§ 42 Absatz 3) die bei einer Kreisfahrt von 360 Grad überstrichene Ringfläche mit einem äußeren Radius von 12,50 m keine größere Breite als 7,20 m hat. [2] Dabei muss die vordere – bei hinterradgelenkten Fahrzeugen die hintere – äußerste Begrenzung des Kraftfahrzeugs auf dem Kreis von 12,50 m Radius geführt werden.

(2) [1] Beim Einfahren aus der tangierenden Geraden in den Kreis nach Absatz 1 darf kein Teil des Kraftfahrzeugs oder der Fahrzeugkombination diese Gerade um mehr als 0,8 m nach außen überschneiden. [2] Abweichend davon dürfen selbstfahrende Mähdrescher beim Einfahren aus der tangierenden Geraden in den Kreis diese Gerade um bis zu 1,60 m nach außen überschreiten.

(3) [1] Bei Kraftomnibussen ist bei stehendem Fahrzeug auf dem Boden eine Linie entlang der senkrechten Ebene zu ziehen, die die zur Außenseite des Kreises gerichtete Fahrzeugseite tangiert. [2] Bei Kraftomnibussen, die als Gelenkfahrzeug ausgebildet sind, müssen die zwei starren Teile parallel zu dieser Ebene ausgerichtet sein. [3] Fährt das Fahrzeug aus einer Geradeausbewegung in die in Absatz 1 beschriebene Kreisringfläche ein, so darf kein Teil mehr als 0,60 m über die senkrechte Ebene hinausragen.

§ 32e Schutzstrukturen an land- oder forstwirtschaftlichen Zugmaschinen. (1) Land- oder forstwirtschaftliche Zugmaschinen müssen mit Überrollschutzstrukturen ausgerüstet sein, die den im Anhang zu dieser Vorschrift genannten Bestimmungen entsprechen, wenn sie hinsichtlich ihrer Merkmale den Fahrzeugen folgender Klassen gemäß Anlage XXIX entsprechen

1. T1, T4.2,
2. T2, T3 mit einer Leermasse größer als 400 kg,
3. T4.3 mit einer Leermasse größer als 400 kg,
4. C1, C2, C3, C4.1, C4.2 und C4.3 mit einer Leermasse größer als 600 kg.

(2) Land- oder forstwirtschaftliche Zugmaschinen, die hinsichtlich ihrer Merkmale den Fahrzeugen der Klassen T1, T2, T3, T4.1, T4.2, T4.3, C1, C2, C3, C4.1, C4.2 und C4.3 gemäß Anlage XXIX entsprechen, können mit Schutzaufbauten gegen herabfallende Gegenstände ausgerüstet sein, die den im Anhang zu dieser Vorschrift genannten Bestimmungen entsprechen.

(3) [1] Zum Nachweis der Erfüllung der in Absatz 1 und 2 genannten Anforderungen werden Prüfberichte nach Artikel 9 der Durchführungsverordnung (EU) 2015/504 der Kommission vom 11. März 2015 zur Durchführung der Verordnung (EU) Nr. 167/2013 des Europäischen Parlaments und des Rates hinsichtlich der Verwaltungsvorschriften für die Genehmigung und Marktüberwachung von land- und forstwirtschaftlichen Fahrzeugen (ABl. L 85 vom 28.3.2015, S. 1; L 300 vom 8.11.2016, S. 26), die zuletzt durch die Durchführungsverordnung (EU) 2018/986 (ABl. L 182 vom 18.7.2018, S. 16) geändert worden ist, anerkannt. [2] Alternativ werden auch Prüfberichte nach Maßgabe von Anhang II der Delegierten Verordnung (EU) Nr. 1322/2014 der Kommission vom 19. September 2014 zur Ergänzung und Änderung der Verordnung (EU) Nr. 167/2013 des Europäischen Parlaments und des Rates hinsichtlich der Anforderungen an die Bauweise von Fahrzeugen und der allgemeinen Anforderungen im Zusammenhang mit der Typgenehmigung von land- und forstwirtschaftlichen Fahrzeugen (ABl. L 364 vom 18.12.2014, S. 1; L 300 vom 8.11.2016, S. 29; L 209 vom 12.8.2017, S. 59; L 13 vom 18.1.2018, S. 27), die zuletzt durch die Delegierte Verordnung (EU) 2018/830 (ABl. L 140 vom 6.6.2018, S. 15) geändert worden ist, anerkannt.

§ 33 Schleppen von Fahrzeugen. Fahrzeuge, die nach ihrer Bauart zum Betrieb als Kraftfahrzeug bestimmt sind, dürfen nicht als Anhänger betrieben werden.

§ 34 Achslast und Gesamtgewicht. (1) Die Achslast ist die Gesamtlast, die von den Rädern einer Achse oder einer Achsgruppe auf die Fahrbahn übertragen wird.

(2) [1] Die technisch zulässige Achslast ist die Achslast, die unter Berücksichtigung der Werkstoffbeanspruchung und nachstehender Vorschriften nicht überschritten werden darf:

§ 36	(Bereifung und Laufflächen);
§ 41 Absatz 11	(Bremsen an einachsigen Anhängern und zweiachsigen Anhängern mit einem Achsabstand von weniger als 1,0 m).

[2] Das technisch zulässige Gesamtgewicht ist das Gewicht, das unter Berücksichtigung der Werkstoffbeanspruchung und nachstehender Vorschriften nicht überschritten werden darf:

§ 35	(Motorleistung);
§ 41 Absatz 10 und 18	(Auflaufbremse);
§ 41 Absatz 15 und 18	(Dauerbremse).

(3) [1] Die zulässige Achslast ist die Achslast, die unter Berücksichtigung der Bestimmungen des Absatzes 2 Satz 1 und des Absatzes 4 nicht überschritten werden darf. [2] Das zulässige Gesamtgewicht ist das Gewicht, das unter Berücksichtigung der Bestimmungen des Absatzes 2 Satz 2 und der Absätze 5 und 6 nicht überschritten werden darf. [3] Die zulässige Achslast und das zulässige Gesamtgewicht sind beim Betrieb des Fahrzeugs und der Fahrzeugkombination einzuhalten.

(4) [1] Bei Kraftfahrzeugen und Anhängern mit Luftreifen oder den in § 36 Absatz 8 für zulässig erklärten Gummireifen – ausgenommen Straßenwalzen – darf die zulässige Achslast folgende Werte nicht übersteigen:

1. Einzelachslast
   a) Einzelachsen 10,00 t
   b) Einzelachsen (angetrieben) 11,50 t;
2. Doppelachslast von Kraftfahrzeugen unter Beachtung der Vorschriften für die Einzelachslast
   a) Achsabstand weniger als 1,0 m 11,50 t
   b) Achsabstand 1,0 m bis weniger als 1,3 m 16,00 t
   c) Achsabstand 1,3 m bis weniger als 1,8 m 18,00 t
   d) Achsabstand 1,3 m bis weniger als 1,8 m, wenn die Antriebsachse mit Doppelbereifung und Luftfederung oder einer als gleichwertig anerkannten Federung nach Anlage XII ausgerüstet ist oder jede Antriebsachse mit Doppelbereifung ausgerüstet ist und dabei die höchstzulässige Achslast von 9,50 t je Achse nicht überschritten wird, 19,00 t;
3. Doppelachslast von Anhängern unter Beachtung der Vorschriften für die Einzelachslast

a) Achsabstand weniger als 1,0 m 11,00 t
b) Achsabstand 1,0 m bis weniger als 1,3 m 16,00 t
c) Achsabstand 1,3 m bis weniger als 1,8 m 18,00 t
d) Achsabstand 1,8 m oder mehr 20,00 t;

4. Dreifachachslast unter Beachtung der Vorschriften für die Doppelachslast
   a) Achsabstände nicht mehr als 1,3 m 21,00 t
   b) Achsabstände mehr als 1,3 m und nicht mehr als 1,4 m 24,00 t.

[2] Sind Fahrzeuge mit anderen Reifen als den in Satz 1 genannten versehen, so darf die Achslast höchstens 4,00 t betragen.

(5) Bei Kraftfahrzeugen und Anhängern – ausgenommen Sattelanhänger und Starrdeichselanhänger (einschließlich Zentralachsanhänger) – mit Luftreifen oder den in § 36 Absatz 8 für zulässig erklärten Gummireifen darf das zulässige Gesamtgewicht unter Beachtung der Vorschriften für die Achslasten folgende Werte nicht übersteigen:

1. Fahrzeuge mit nicht mehr als zwei Achsen
   a) Kraftfahrzeuge – ausgenommen Kraftomnibusse – und Anhänger jeweils 18,00 t
   b) Kraftomnibusse 19,50 t;
2. Fahrzeuge mit mehr als zwei Achsen – ausgenommen Kraftfahrzeuge nach Nummern 3 und 4 –
   a) Kraftfahrzeuge 25,00 t
   b) Kraftfahrzeuge mit einer Doppelachslast nach Absatz 4 Nummer 2 Buchstabe d 26,00 t
   c) Anhänger 24,00 t
   d) Kraftomnibusse, die als Gelenkfahrzeuge gebaut sind 28,00 t;
3. Kraftfahrzeuge mit mehr als drei Achsen – ausgenommen Kraftfahrzeuge nach Nummer 4 –
   a) Kraftfahrzeuge mit zwei Doppelachsen, deren Mitten mindestens 4,0 m voneinander entfernt sind 32,00 t
   b) Kraftfahrzeuge mit zwei gelenkten Achsen und mit einer Doppelachslast nach Absatz 4 Nummer 2 Buchstabe d und deren höchstzulässige Belastung, bezogen auf den Abstand zwischen den Mitten der vordersten und der hintersten Achse, 5,00 t je Meter nicht übersteigen darf, nicht mehr als 32,00 t;
4. Kraftfahrzeuge mit mehr als vier Achsen unter Beachtung der Vorschriften in Nummer 3 32,00 t.

(5a) Abweichend von Absatz 5 gelten für die zulässigen Gewichte von Kraftfahrzeugen nach § 30a Absatz 3 die im Anhang zu dieser Vorschrift genannten Bestimmungen.

(5b) [1] Abweichend von Absatz 5 Nummer 1 Buchstabe a sowie Nummer 2 Buchstabe a, b und d darf das zulässige Gesamtgewicht des jeweiligen Kraftfahrzeugs unter Beachtung der Achslasten um bis zu 1,00 t überschritten werden, wenn es sich um ein Kraftfahrzeug mit alternativem Antrieb im Sinne der

Artikel 1 und 2 der Richtlinie 96/53/EG des Rates vom 25. Juli 1996 zur Festlegung der höchstzulässigen Abmessungen für bestimmte Straßenfahrzeuge im innerstaatlichen und grenzüberschreitenden Verkehr in der Gemeinschaft sowie zur Festlegung der höchstzulässigen Gewichte im grenzüberschreitenden Verkehr (ABl. L 235 vom 17.9.1996, S. 59), die zuletzt durch die Verordnung (EU) 2019/1242 (ABl. L 198 vom 25.7.2019, S. 202) geändert worden ist, handelt und wenn das Mehrgewicht durch den alternativen Antrieb begründet ist. [2]Abweichend von Absatz 5 Nummer 1 Buchstabe a sowie Nummer 2 Buchstabe a, b und d darf das zulässige Gesamtgewicht des jeweiligen Kraftfahrzeugs unter Beachtung der Achslasten um bis zu 2,00 t überschritten werden, wenn es sich um ein emissionsfreies Fahrzeug im Sinne der Artikel 1 und 2 der Richtlinie 96/53/EG handelt und wenn das Mehrgewicht durch die emissionsfreie Technologie begründet ist.

(6) [1]Bei Fahrzeugkombinationen (Züge und Sattelkraftfahrzeuge) darf das zulässige Gesamtgewicht unter Beachtung der Vorschriften für Achslasten, Anhängelasten und Einzelfahrzeuge folgende Werte nicht übersteigen:

1. Fahrzeugkombinationen mit weniger als vier Achsen 28,00 t;
2. Züge mit vier Achsen
   zweiachsiges Kraftfahrzeug mit zweiachsigem Anhänger 36,00 t;
3. zweiachsige Sattelzugmaschine mit zweiachsigem Sattelanhänger
   a) bei einem Achsabstand des Sattelanhängers von 1,3 m und mehr 36,00 t
   b) bei einem Achsabstand des Sattelanhängers von mehr als 1,8 m, wenn die Antriebsachse mit Doppelbereifung und Luftfederung oder einer als gleichwertig anerkannten Federung nach Anlage XII ausgerüstet ist, 38,00 t;
4. andere Fahrzeugkombinationen mit vier Achsen
   a) mit Kraftfahrzeug nach Absatz 5 Nummer 2 Buchstabe a 35,00 t
   b) mit Kraftfahrzeug nach Absatz 5 Nummer 2 Buchstabe b 36,00 t;
5. Fahrzeugkombinationen mit mehr als vier Achsen oder mit Gleiskettenfahrzeugen 40,00 t;
6. Sattelkraftfahrzeug im Rahmen intermodaler Beförderungsvorgänge im Sinne des Artikels 2 der Richtlinie 96/53/EG, bestehend aus
   a) zweiachsigem Kraftfahrzeug mit dreiachsigem Sattelanhänger, das einen oder mehrere Container oder Wechselaufbauten mit einer maximalen Gesamtlänge von bis zu 45 Fuß befördert 42,00 t,
   b) dreiachsigem Kraftfahrzeug mit zwei- oder dreiachsigem Sattelanhänger, das einen oder mehrere Container oder Wechselaufbauten mit einer maximalen Gesamtlänge von bis zu 45 Fuß befördert 44,00 t.

[2]Bei intermodalen Beförderungsvorgängen mit Nutzung des Schiffsverkehrs gilt Satz 1 Nummer 6 nur, sofern die Streckenlänge des Vor- oder Nachlaufs auf der Straße nicht 150 km im Gebiet der Europäischen Union überschreitet.

(6a) [1] Abweichend von Absatz 6 darf das zulässige Gesamtgewicht der jeweiligen Fahrzeugkombinationen unter Beachtung der Achslasten um bis zu 1,00 t überschritten werden, wenn die Fahrzeugkombination ein Kraftfahrzeug gemäß Absatz 5b Satz 1 umfasst und wenn das Mehrgewicht durch den alternativen Antrieb begründet ist. [2] Abweichend von Absatz 6 darf das zulässige Gesamtgewicht der jeweiligen Fahrzeugkombinationen unter Beachtung der Achslasten um bis zu 2,00 t überschritten werden, wenn die Fahrzeugkombination ein Kraftfahrzeug gemäß Absatz 5b Satz 2 umfasst und wenn das Mehrgewicht durch die emissionsfreie Technologie begründet ist.

(7) [1] Das nach Absatz 6 zulässige Gesamtgewicht errechnet sich

1. bei Zügen aus der Summe der zulässigen Gesamtgewichte des ziehenden Fahrzeugs und des Anhängers,
2. bei Zügen mit Starrdeichselanhängern (einschließlich Zentralachsanhängern) aus der Summe der zulässigen Gesamtgewichte des ziehenden Fahrzeugs und des Starrdeichselanhängers, vermindert um den jeweils höheren Wert
   a) der zulässigen Stützlast des ziehenden Fahrzeugs oder
   b) der zulässigen Stützlast des Starrdeichselanhängers,

   bei gleichen Werten um diesen Wert,
3. bei Sattelkraftfahrzeugen aus der Summe der zulässigen Gesamtgewichte der Sattelzugmaschine und des Sattelanhängers, vermindert um den jeweils höheren Wert
   a) der zulässigen Sattellast der Sattelzugmaschine oder
   b) der zulässigen Aufliegelast des Sattelanhängers,

   bei gleichen Werten um diesen Wert.

[2] Ergibt sich danach ein höherer Wert als

28,00 t	(Absatz 6 Nummer 1),
36,00 t	(Absatz 6 Nummer 2 und 3 Buchstabe a und Nummer 4 Buchstabe b),
38,00 t	(Absatz 6 Nummer 3 Buchstabe b),
35,00 t	(Absatz 6 Nummer 4 Buchstabe a),
40,00 t	(Absatz 6 Nummer 5) oder
44,00 t	(Absatz 6 Nummer 6),

so gelten als zulässiges Gesamtgewicht 28,00 t, 36,00 t, 38,00 t, 35,00 t, 40,00 t bzw. 44,00 t.

(8) Bei Lastkraftwagen, Sattelkraftfahrzeugen und Lastkraftwagenzügen darf das Gewicht auf der oder den Antriebsachsen im grenzüberschreitenden Verkehr nicht weniger als 25 Prozent des Gesamtgewichts des Fahrzeugs oder der Fahrzeugkombination betragen.

(9) [1] Der Abstand zwischen dem Mittelpunkt der letzten Achse eines Kraftfahrzeugs und dem Mittelpunkt der ersten Achse seines Anhängers muss mindestens 3,0 m, bei Sattelkraftfahrzeugen und bei land- und forstwirtschaftlichen Zügen sowie bei Zügen, die aus einem Zugfahrzeug und Anhänger-Arbeitsmaschinen bestehen, mindestens 2,5 m betragen. [2] Dies gilt nicht für Züge, bei denen das zulässige Gesamtgewicht des Zugfahrzeugs nicht mehr als 7,50 t oder das des Anhängers nicht mehr als 3,50 t beträgt.

(10) *(aufgehoben)*

(11) Für Hubachsen oder Lastverlagerungsachsen sind die im Anhang zu dieser Vorschrift genannten Bestimmungen anzuwenden.

§ 34a Besetzung, Beladung und Kennzeichnung von Kraftomnibussen. (1) In Kraftomnibussen dürfen nicht mehr Personen und Gepäck befördert werden, als in der Zulassungsbescheinigung Teil I Sitz- und Stehplätze eingetragen sind und die jeweilige Summe der im Fahrzeug angeschriebenen Fahrgastplätze sowie die Angaben für die Höchstmasse des Gepäcks ausweisen.

(2) [1] Auf Antrag des Verfügungsberechtigten oder auf Grund anderer Vorschriften können abweichend von den nach Absatz 1 jeweils zulässigen Platzzahlen auf die Einsatzart der Kraftomnibusse abgestimmte verminderte Platzzahlen festgelegt werden. [2] Die verminderten Platzzahlen sind in der Zulassungsbescheinigung Teil I einzutragen und im Fahrzeug an gut sichtbarer Stelle in gut sichtbarer Schrift anzuschreiben.

§ 34b Laufrollenlast und Gesamtgewicht von Gleiskettenfahrzeugen.

(1) [1] Bei Fahrzeugen, die ganz oder teilweise auf endlosen Ketten oder Bändern laufen (Gleiskettenfahrzeuge), darf die Last einer Laufrolle auf ebener Fahrbahn 2,00 t nicht übersteigen. [2] Gefederte Laufrollen müssen bei Fahrzeugen mit einem Gesamtgewicht von mehr als 8 t so angebracht sein, dass die Last einer um 60 mm angehobenen Laufrolle bei stehendem Fahrzeug nicht mehr als doppelt so groß ist wie die auf ebener Fahrbahn zulässige Laufrollenlast. [3] Bei Fahrzeugen mit ungefederten Laufrollen und Gleisketten, die außen vollständig aus Gummiband bestehen, darf der Druck der Auflagefläche der Gleiskette auf die ebene Fahrbahn 0,8 N/mm^2 nicht übersteigen. [4] Als Auflagefläche gilt nur derjenige Teil einer Gleiskette, der tatsächlich auf einer ebenen Fahrbahn aufliegt. [5] Die Laufrollen von Gleiskettenfahrzeugen können sowohl einzeln als auch über das gesamte Laufwerk abgefedert werden. [6] Das Gesamtgewicht von Gleiskettenfahrzeugen darf 32,00 t nicht übersteigen.

(2) Gleiskettenfahrzeuge dürfen die Fahrbahn zwischen der ersten und letzten Laufrolle höchstens mit 9,00 t je Meter belasten.

§ 35 Motorleistung. Bei Lastkraftwagen sowie Kraftomnibussen einschließlich Gepäckanhänger, bei Sattelkraftfahrzeugen und Lastkraftwagenzügen muss eine Motorleistung von mindestens 5,0 kW, bei Zugmaschinen und Zugmaschinenzügen – ausgenommen für land- oder forstwirtschaftliche Zwecke – von mindestens 2,2 kW je Tonne des zulässigen Gesamtgewichts des Kraftfahrzeugs und der jeweiligen Anhängelast vorhanden sein; dies gilt nicht für die mit elektrischer Energie angetriebenen Fahrzeuge sowie für Kraftfahrzeuge – auch mit Anhänger – mit einer durch die Bauart bestimmten Höchstgeschwindigkeit von nicht mehr als 25 km/h.

§ 35a Sitze, Sicherheitsgurte, Rückhaltesysteme, Rückhalteeinrichtungen für Kinder, Rollstuhlnutzer und Rollstühle. (1) Der Sitz des Fahrzeugführers und sein Betätigungsraum sowie die Einrichtungen zum Führen des Fahrzeugs müssen so angeordnet und beschaffen sein, dass das Fahrzeug – auch bei angelegtem Sicherheitsgurt oder Verwendung eines anderen Rückhaltesystems – sicher geführt werden kann.

(2) Personenkraftwagen, Kraftomnibusse und zur Güterbeförderung bestimmte Kraftfahrzeuge mit einer durch die Bauart bestimmten Höchstgeschwindigkeit von mehr als 25 km/h müssen entsprechend den im Anhang

zu dieser Vorschrift genannten Bestimmungen mit Sitzverankerungen, Sitzen und, soweit ihre zulässige Gesamtmasse nicht mehr als 3,5 t beträgt, an den vorderen Außensitzen zusätzlich mit Kopfstützen ausgerüstet sein.

(3) Die in Absatz 2 genannten Kraftfahrzeuge müssen mit Verankerungen zum Anbringen von Sicherheitsgurten ausgerüstet sein, die den im Anhang zu dieser Vorschrift genannten Bestimmungen entsprechen.

(4) Außerdem müssen die in Absatz 2 genannten Kraftfahrzeuge mit Sicherheitsgurten oder Rückhaltesystemen ausgerüstet sein, die den im Anhang zu dieser Vorschrift genannten Bestimmungen entsprechen.

(4a) [1] Personenkraftwagen, in denen Rollstuhlnutzer in einem Rollstuhl sitzend befördert werden, müssen mit Rollstuhlstellplätzen ausgerüstet sein. [2] Jeder Rollstuhlstellplatz muss mit einem Rollstuhl-Rückhaltesystem und einem Rollstuhlnutzer-Rückhaltesystem ausgerüstet sein. [3] Rollstuhl-Rückhaltesysteme und Rollstuhlnutzer-Rückhaltesysteme, ihre Verankerungen und Sicherheitsgurte müssen den im Anhang zu dieser Vorschrift genannten Bestimmungen entsprechen. [4] Werden vorgeschriebene Rollstuhl-Rückhaltesysteme und Rollstuhlnutzer-Rückhaltesysteme beim Betrieb des Fahrzeugs genutzt, sind diese in der vom Hersteller des Rollstuhl-Rückhaltesystems, Rollstuhlnutzer-Rückhaltesystems sowie des Rollstuhls vorgesehenen Weise zu betreiben. [5] Die im Anhang genannten Bestimmungen gelten nur für diejenigen Rollstuhlstellplätze, die nicht anstelle des Sitzplatzes für den Fahrzeugführer angeordnet sind. [6] Ist wahlweise anstelle des Rollstuhlstellplatzes der Einbau eines oder mehrerer Sitze vorgesehen, gelten die Anforderungen der Absätze 1 bis 4 und 5 bis 10 für diese Sitze unverändert. [7] Für Rollstuhl-Rückhaltesysteme und Rollstuhlnutzer-Rückhaltesysteme kann die DIN-Norm 75078-2:2015-04 als Alternative zu den im Anhang zu dieser Vorschrift genannten Bestimmungen angewendet werden.

(4b) [1] Der Fahrzeughalter hat der Zulassungsbehörde unverzüglich über den vorschriftsgemäßen Einbau oder die vorschriftsgemäße Änderung eines Rollstuhlstellplatzes, Rollstuhl-Rückhaltesystems, Rollstuhlnutzer-Rückhaltesystems sowie deren Verankerungen und Sicherheitsgurte ein Gutachten gemäß § 19 Absatz 2 Satz 5 Nummer 1 in Verbindung mit § 21 Absatz 1 oder einen Nachweis gemäß § 19 Absatz 3 Nummer 1 bis 4 vorzulegen. [2] Auf der Grundlage des Gutachtens oder des Nachweises vermerkt die Zulassungsbehörde in der Zulassungsbescheinigung Teil I das Datum des Einbaus oder der letzten Änderung.

(5) [1] Die Absätze 2 bis 4 gelten für Kraftfahrzeuge, ausgenommen land- oder forstwirtschaftliche Zugmaschinen, mit einer durch die Bauart bestimmten Höchstgeschwindigkeit von mehr als 25 km/h, die hinsichtlich des Insassenraumes und des Fahrgestells den Baumerkmalen der in Absatz 2 genannten Kraftfahrzeuge gleichzusetzen sind, entsprechend. [2] Bei Wohnmobilen mit einer zulässigen Gesamtmasse von mehr als 2,5 t genügt für die hinteren Sitze die Ausrüstung mit Verankerungen zur Anbringung von Beckengurten und mit Beckengurten.

(5a) [1] Die Absätze 2 bis 4 gelten nur für diejenigen Sitze, die zum üblichen Gebrauch während der Fahrt bestimmt sind. [2] Sitze, die nicht benutzt werden dürfen, während das Fahrzeug im öffentlichen Straßenverkehr betrieben wird, sind durch ein Bilderschriftzeichen oder ein Schild mit entsprechendem Text zu kennzeichnen.

(6) [1]Die Absätze 3 und 4 gelten nicht für Kraftomnibusse, die sowohl für den Einsatz im Nahverkehr als auch für stehende Fahrgäste gebaut sind. [2]Dies sind Kraftomnibusse ohne besonderen Gepäckraum sowie Kraftomnibusse mit zugelassenen Stehplätzen im Gang und auf einer Fläche, die größer oder gleich der Fläche für zwei Doppelsitze ist.

(7) Sicherheitsgurte und Rückhaltesysteme müssen so eingebaut sein, dass ihr einwandfreies Funktionieren bei vorschriftsmäßigem Gebrauch und auch bei Benutzung aller ausgewiesenen Sitzplätze gewährleistet ist und sie die Gefahr von Verletzungen bei Unfällen verringern.

(8) [1]Auf Beifahrerplätzen, vor denen ein betriebsbereiter Airbag eingebaut ist, dürfen nach hinten gerichtete Rückhalteeinrichtungen für Kinder nicht angebracht sein. [2]Diese Beifahrerplätze müssen mit einem Warnhinweis vor der Verwendung einer nach hinten gerichteten Rückhalteeinrichtung für Kinder auf diesem Platz versehen sein. [3]Der Warnhinweis in Form eines Piktogramms kann auch einen erläuternden Text enthalten. [4]Er muss dauerhaft angebracht und so angeordnet sein, dass er für eine Person, die eine nach hinten gerichtete Rückhalteeinrichtung für Kinder einbauen will, deutlich sichtbar ist. [5]Anlage XXVIII zeigt ein Beispiel für ein Piktogramm. [6]Falls der Warnhinweis bei geschlossener Tür nicht sichtbar ist, soll ein dauerhafter Hinweis auf das Vorhandensein eines Beifahrerairbags vom Beifahrerplatz aus gut zu sehen sein.

(9) [1]Krafträder, auf denen ein Beifahrer befördert wird, müssen mit einem Sitz für den Beifahrer ausgerüstet sein. [2]Dies gilt nicht bei der Mitnahme eines Kindes unter sieben Jahren, wenn für das Kind ein besonderer Sitz vorhanden und durch Radverkleidungen oder gleich wirksame Einrichtungen dafür gesorgt ist, dass die Füße des Kindes nicht in die Speichen geraten können.

(10) [1]Sitze, ihre Lehnen und ihre Befestigungen in und an Fahrzeugen, ausgenommen land- oder forstwirtschaftliche Zugmaschinen, die nicht unter die Vorschriften der Absätze 2 und 5 fallen, müssen sicheren Halt bieten und allen im Betrieb auftretenden Beanspruchungen standhalten. [2]Klappbare Sitze und Rückenlehnen, hinter denen sich weitere Sitze befinden und die auch hinten nicht durch eine Wand von anderen Sitzen getrennt sind, müssen sich in normaler Fahr- oder Gebrauchsstellung selbsttätig verriegeln. [3]Die Entriegelungseinrichtung muss von dem dahinterliegenden Sitz aus leicht zugänglich und bei geöffneter Tür auch von außen einfach zu betätigen sein. [4]Rückenlehnen müssen so beschaffen sein, dass für die Insassen Verletzungen nicht zu erwarten sind.

(11) Abweichend von den Absätzen 2 bis 5 gelten für Verankerungen der Sicherheitsgurte und Sicherheitsgurte von dreirädrigen oder vierrädrigen Kraftfahrzeugen nach § 30a Absatz 3 die im Anhang zu dieser Vorschrift genannten Bestimmungen.

(12) In Kraftfahrzeugen integrierte Rückhalteeinrichtungen für Kinder müssen den im Anhang zu dieser Vorschrift genannten Bestimmungen entsprechen.

(13) Rückhalteeinrichtungen für Kinder bis zu einem Lebensalter von 15 Monaten, die der im Anhang zu dieser Vorschrift genannten Bestimmung entsprechen, dürfen entsprechend ihrem Verwendungszweck nur nach hinten oder seitlich gerichtet angebracht sein.

(14) Land- oder forstwirtschaftliche Zugmaschinen, die gemäß § 32e Absatz 1 mit Überrollschutzstrukturen ausgerüstet sind, müssen entsprechend den

im Anhang zu dieser Vorschrift genannten Bestimmungen mit Verankerungen zum Anbringen von Sicherheitsgurten und Sicherheitsgurten ausgerüstet sein.

(15) [1] Land- oder forstwirtschaftliche Zugmaschinen müssen mit einem Fahrersitz entsprechend den im Anhang zu dieser Vorschrift genannten Bestimmungen ausgerüstet sein. [2] Sind ein oder mehrere Beifahrersitze vorhanden, so müssen diese den im Anhang zu dieser Vorschrift genannten Bestimmungen entsprechen.

(16) [1] Zum Nachweis der Erfüllung der in Absatz 1 genannten Anforderungen werden Prüfberichte nach Artikel 9 der Durchführungsverordnung (EU) 2015/504 anerkannt. [2] Alternativ werden auch Prüfberichte nach Maßgabe von Anhang II der Delegierten Verordnung (EU) Nr. 1322/2014 anerkannt.

§ 35b Einrichtungen zum sicheren Führen der Fahrzeuge. (1) Die Einrichtungen zum Führen der Fahrzeuge müssen leicht und sicher zu bedienen sein.

(2) Für den Fahrzeugführer muss ein ausreichendes Sichtfeld unter allen Betriebs- und Witterungsverhältnissen gewährleistet sein.

§ 35c Heizung und Lüftung. (1) Geschlossene Führerräume in Kraftfahrzeugen mit einer durch die Bauart bestimmten Höchstgeschwindigkeit von mehr als 25 km/h müssen ausreichend beheizt und belüftet werden können.

(2) Für Heizanlagen in Fahrzeugen der Klassen M, N und O und ihren Einbau gelten die im Anhang zu dieser Vorschrift genannten Bestimmungen.

(3) Während der Fahrt dürfen mit Flüssiggas (LPG) betriebene Heizanlagen in Kraftfahrzeugen und Anhängern, deren Verbrennungsheizgeräte und Gasversorgungssysteme ausschließlich für den Betrieb bei stillstehendem Fahrzeug bestimmt sind, nicht in Betrieb sein und die Ventile der Flüssiggasflaschen müssen geschlossen sein.

§ 35d Einrichtungen zum Auf- und Absteigen an Fahrzeugen und Betätigungsraum. (1) Die Beschaffenheit der Fahrzeuge muss sicheres Auf- und Absteigen ermöglichen.

(2) Der Betätigungsraum und der Zugang zum Fahrerplatz bei land- oder forstwirtschaftlichen Zugmaschinen muss den im Anhang zu dieser Vorschrift genannten Bestimmungen entsprechen.

§ 35e Türen. (1) Türen und Türverschlüsse müssen so beschaffen sein, dass beim Schließen störende Geräusche vermeidbar sind.

(2) Türverschlüsse müssen so beschaffen sein, dass ein unbeabsichtigtes Öffnen der Türen nicht zu erwarten ist.

(3) [1] Die Türbänder (Scharniere) von Drehtüren – ausgenommen Falttüren – an den Längsseiten von Kraftfahrzeugen mit einer durch die Bauart bestimmten Höchstgeschwindigkeit von mehr als 25 km/h müssen auf der in der Fahrtrichtung vorn liegenden Seite der Türen angebracht sein. [2] Dies gilt bei Doppeltüren für den Türflügel, der zuerst geöffnet wird; der andere Türflügel muss für sich verriegelt werden können. [3] Türen müssen bei Gefahr von jedem erwachsenen Fahrgast geöffnet werden können.

(4) Türen müssen während der Fahrt geschlossen sein.

§ 35f Notausstiege in Kraftomnibussen. [1]Notausstiege in Kraftomnibussen sind innen und außen am Fahrzeug zu kennzeichnen. [2]Notausstiege und hand- oder fremdkraftbetätigte Betriebstüren müssen sich in Notfällen bei stillstehendem oder mit einer Geschwindigkeit von maximal 5 km/h fahrendem Kraftomnibus jederzeit öffnen lassen; ihre Zugänglichkeit ist beim Betrieb der Fahrzeuge sicherzustellen. [3]Besondere Einrichtungen zum Öffnen der Notausstiege und der Betriebstüren in Notfällen (Notbetätigungseinrichtungen) müssen als solche gekennzeichnet und ständig betriebsbereit sein; an diesen Einrichtungen oder in ihrer Nähe sind eindeutige Bedienungsanweisungen anzubringen.

§ 35g Feuerlöscher in Kraftomnibussen. (1) [1]In Kraftomnibussen muss mindestens ein Feuerlöscher, in Doppeldeckfahrzeugen müssen mindestens zwei Feuerlöscher mit einer Füllmasse von jeweils 6 kg in betriebsfertigem Zustand mitgeführt werden. [2]Zulässig sind nur Feuerlöscher, die mindestens für die Brandklassen

A: Brennbare feste Stoffe (flammen- und glutbildend),

B: Brennbare flüssige Stoffe (flammenbildend) und

C: Brennbare gasförmige Stoffe (flammenbildend)

amtlich zugelassen sind.

(2) Ein Feuerlöscher ist in unmittelbarer Nähe des Fahrersitzes und in Doppeldeckfahrzeugen der zweite Feuerlöscher auf der oberen Fahrgastebene unterzubringen.

(3) Das Fahrpersonal muss mit der Handhabung der Löscher vertraut sein; hierfür ist neben dem Fahrpersonal auch der Halter des Fahrzeugs verantwortlich.

(4) [1]Die Fahrzeughalter müssen die Feuerlöscher durch fachkundige Prüfer mindestens einmal innerhalb von zwölf Monaten auf Gebrauchsfähigkeit prüfen lassen. [2]Beim Prüfen, Nachfüllen und bei Instandsetzung der Feuerlöscher müssen die Leistungswerte und technischen Merkmale, die dem jeweiligen Typ zugrunde liegen, gewährleistet bleiben. [3]Auf einem am Feuerlöscher befestigten Schild müssen der Name des Prüfers und der Tag der Prüfung angegeben sein.

§ 35h Erste-Hilfe-Material in Kraftfahrzeugen. (1) In Kraftomnibussen sind Verbandkästen, die selbst und deren Inhalt an Erste-Hilfe-Material dem Normblatt DIN 13 164, Ausgabe Januar 1998 oder Ausgabe Januar 2014 entsprechen, mitzuführen, und zwar mindestens

1. ein Verbandkasten in Kraftomnibussen mit nicht mehr als 22 Fahrgastplätzen,
2. zwei Verbandkästen in anderen Kraftomnibussen.

(2) Verbandkästen in Kraftomnibussen müssen an den dafür vorgesehenen Stellen untergebracht sein; die Unterbringungsstellen sind deutlich zu kennzeichnen.

(3) [1]In anderen als den in Absatz 1 genannten Kraftfahrzeugen mit einer durch die Bauart bestimmten Höchstgeschwindigkeit von mehr als 6 km/h mit Ausnahme von Krankenfahrstühlen, Krafträdern, Zug- oder Arbeitsmaschinen in land- oder forstwirtschaftlichen Betrieben sowie anderen Zug- oder Arbeitsmaschinen, wenn sie einachsig sind, ist Erste-Hilfe-Material mitzuführen, das nach Art, Menge und Beschaffenheit mindestens dem Normblatt DIN 13 164,

Ausgabe Januar 1998 oder Ausgabe Januar 2014 entspricht. [2]Das Erste-Hilfe-Material ist in einem Behältnis verpackt zu halten, das so beschaffen sein muss, dass es den Inhalt vor Staub und Feuchtigkeit sowie vor Kraft- und Schmierstoffen ausreichend schützt.

(4) Abweichend von den Absätzen 1 und 3 darf auch anderes Erste-Hilfe-Material mitgeführt werden, das bei gleicher Art, Menge und Beschaffenheit mindestens denselben Zweck zur Erste-Hilfe-Leistung erfüllt.

§ 35i Gänge, Anordnung von Fahrgastsitzen und Beförderung von Fahrgästen in Kraftomnibussen. (1) [1]In Kraftomnibussen müssen die Fahrgastsitze so angeordnet sein, dass der Gang in Längsrichtung frei bleibt. [2]Im Übrigen müssen die Anordnung der Fahrgastsitze und ihre Mindestabmessungen sowie die Mindestabmessungen der für Fahrgäste zugänglichen Bereiche der Anlage X entsprechen.

(2) [1]In Kraftomnibussen dürfen Fahrgäste nicht liegend befördert werden. [2]Dies gilt nicht für Kinder in Kinderwagen.

§ 35j Brennverhalten der Innenausstattung bestimmter Kraftomnibusse. Die Innenausstattung von Kraftomnibussen, die weder für Stehplätze ausgelegt noch für die Benutzung im städtischen Verkehr bestimmt und mit mehr als 22 Sitzplätzen ausgestattet sind, muss den im Anhang zu dieser Vorschrift genannten Bestimmungen über das Brennverhalten entsprechen.

§ 36 Bereifung und Laufflächen. (1) [1]Maße und Bauart der Reifen von Fahrzeugen müssen den Betriebsbedingungen, besonders der Belastung und der durch die Bauart bestimmten Höchstgeschwindigkeit des Fahrzeugs, entsprechen. [2]Sind land- oder forstwirtschaftliche Kraftfahrzeuge und Kraftfahrzeuge des Straßenunterhaltungsdienstes mit Reifen ausgerüstet, die nur eine niedrigere Höchstgeschwindigkeit zulassen, müssen diese Fahrzeuge entsprechend § 58 für diese Geschwindigkeit gekennzeichnet sein. [3]Reifen oder andere Laufflächen dürfen keine Unebenheiten haben, die eine feste Fahrbahn beschädigen können. [4]Eiserne Reifen müssen abgerundete Kanten haben und daran verwendete Nägel müssen eingelassen sein.

(2) Luftreifen, auf die sich die im Anhang zu dieser Vorschrift genannten Bestimmungen beziehen, müssen diesen Bestimmungen entsprechen.

(3) [1]Die Räder der Kraftfahrzeuge und Anhänger müssen mit Luftreifen versehen sein, soweit nicht nachstehend andere Bereifungen zugelassen sind. [2]Als Luftreifen gelten Reifen, deren Arbeitsvermögen überwiegend durch den Überdruck des eingeschlossenen Luftinhalts bestimmt wird. [3]Luftreifen an Kraftfahrzeugen und Anhängern müssen am ganzen Umfang und auf der ganzen Breite der Lauffläche mit Profilrillen oder Einschnitten versehen sein. [4]Das Hauptprofil muss am ganzen Umfang eine Profiltiefe von mindestens 1,6 mm aufweisen; als Hauptprofil gelten dabei die breiten Profilrillen im mittleren Bereich der Lauffläche, der etwa 3/4 der Laufflächenbreite einnimmt. [5]Jedoch genügt bei Fahrrädern mit Hilfsmotor, Kleinkrafträdern und Leichtkrafträdern eine Profiltiefe von mindestens 1 mm.

(4) Reifen für winterliche Wetterverhältnisse sind Luftreifen im Sinne des Absatzes 2,

1. durch deren Laufflächenprofil, Laufflächenmischung oder Bauart vor allem die Fahreigenschaften bei Schnee gegenüber normalen Reifen hinsichtlich

ihrer Eigenschaft beim Anfahren, bei der Stabilisierung der Fahrzeugbewegung und beim Abbremsen des Fahrzeugs verbessert werden, und

2. die mit dem Alpine-Symbol  (Bergpiktogramm mit Schneeflocke) nach der Regelung Nr. 117 der Wirtschaftskommission der Vereinten Nationen für Europa (UNECE) – Einheitliche Bedingungen für die Genehmigung der Reifen hinsichtlich der Rollgeräuschemissionen und der Haftung auf nassen Oberflächen und/oder des Rollwiderstandes (ABl. L 218 vom 12.8.2016, S. 1) gekennzeichnet sind.

(5) Bei Verwendung von Reifen im Sinne des Absatzes 4 oder Geländereifen für den gewerblichen Einsatz mit der Kennzeichnung „POR“, deren zulässige Höchstgeschwindigkeit unter der durch die Bauart bestimmten Höchstgeschwindigkeit des Fahrzeugs liegt, ist die Anforderung des Absatzes 1 Satz 1 hinsichtlich der Höchstgeschwindigkeit erfüllt, wenn

1. die für die Reifen zulässige Höchstgeschwindigkeit
   a) für die Dauer der Verwendung der Reifen an dem Fahrzeug durch ein Schild oder einen Aufkleber oder
   b) durch eine Anzeige im Fahrzeug, zumindest rechtzeitig vor Erreichen der für die verwendeten Reifen zulässigen Höchstgeschwindigkeit,

   im Blickfeld des Fahrzeugführers angegeben oder angezeigt wird und
2. diese Geschwindigkeit im Betrieb nicht überschritten wird.

(6) [1] An Kraftfahrzeugen – ausgenommen Personenkraftwagen – mit einem zulässigen Gesamtgewicht von mehr als 3,5 t und einer durch die Bauart bestimmten Höchstgeschwindigkeit von mehr als 40 km/h und an ihren Anhängern dürfen die Räder einer Achse entweder nur mit Diagonal- oder nur mit Radialreifen ausgerüstet sein. [2] Personenkraftwagen sowie andere Kraftfahrzeuge mit einem zulässigen Gesamtgewicht von nicht mehr als 3,5 t und einer durch die Bauart bestimmten Höchstgeschwindigkeit von mehr als 40 km/h und ihre Anhänger dürfen entweder nur mit Diagonal- oder nur mit Radialreifen ausgerüstet sein; im Zug gilt dies nur für das jeweilige Einzelfahrzeug. [3] Die Sätze 1 und 2 gelten nicht für die nach § 58 für eine Höchstgeschwindigkeit von nicht mehr als 25 km/h gekennzeichneten Anhänger hinter Kraftfahrzeugen, die mit einer Geschwindigkeit von nicht mehr als 25 km/h gefahren werden (Betriebsvorschrift). [4] Satz 2 gilt nicht für Krafträder – ausgenommen Leichtkrafträder, Kleinkrafträder und Fahrräder mit Hilfsmotor.

(7) [1] Reifenhersteller und Reifenerneuerer müssen Luftreifen für Fahrzeuge mit einer durch die Bauart bestimmten Höchstgeschwindigkeit von mehr als 40 km/h mit ihrer Fabrik- oder Handelsmarke sowie mit Angaben kennzeichnen, aus denen Reifengröße, Reifenbauart, Tragfähigkeit, Geschwindigkeitskategorie, Herstellungs- bzw. Reifenerneuerungsdatum hervorgehen. [2] Die Art und Weise der Angaben werden im Verkehrsblatt bekannt gegeben.

(8) [1] Statt Luftreifen sind für Fahrzeuge mit Geschwindigkeiten von nicht mehr als 25 km/h (für Kraftfahrzeuge ohne gefederte Triebachse jedoch nur bei Höchstgeschwindigkeiten von nicht mehr als 16 km/h) Gummireifen zulässig, die folgenden Anforderungen genügen: Auf beiden Seiten des Reifens muss eine 10 mm breite, hervorstehende und deutlich erkennbare Rippe die Grenze angeben, bis zu welcher der Reifen abgefahren werden darf; die Rippe

darf nur durch Angaben über den Hersteller, die Größe und dergleichen sowie durch Aussparungen des Reifens unterbrochen sein. [2]Der Reifen muss an der Abfahrgrenze noch ein Arbeitsvermögen von mindestens 60 J haben. [3]Die Flächenpressung des Reifens darf unter der höchstzulässigen statischen Belastung 0,8 N/qmm nicht übersteigen. [4]Der Reifen muss zwischen Rippe und Stahlband beiderseits die Aufschrift tragen: „60 J". [5]Das Arbeitsvermögen von 60 J ist noch vorhanden, wenn die Eindrückung der Gummibereifung eines Rades mit Einzel- oder Doppelreifen beim Aufbringen einer Mehrlast von 1 000 kg auf die bereits mit der höchstzulässigen statischen Belastung beschwerte Bereifung um einen Mindestbetrag zunimmt, der sich nach folgender Formel errechnet:

$$f = \frac{6\,000}{P + 500};$$

dabei bedeutet f den Mindestbetrag der Zunahme des Eindrucks in Millimetern und P die höchstzulässige statische Belastung in Kilogramm. [6]Die höchstzulässige statische Belastung darf 100 N/mm der Grundflächenbreite des Reifens nicht übersteigen; sie darf jedoch 125 N/mm betragen, wenn die Fahrzeuge eine Höchstgeschwindigkeit von 8 km/h nicht überschreiten und entsprechende Geschwindigkeitsschilder (§ 58) angebracht sind. [7]Die Flächenpressung ist unter der höchstzulässigen statischen Belastung ohne Berücksichtigung der Aussparung auf der Lauffläche zu ermitteln. [8]Die Vorschriften über das Arbeitsvermögen gelten nicht für Gummireifen an Elektrokarren mit gefederter Triebachse und einer durch die Bauart bestimmten Höchstgeschwindigkeit von nicht mehr als 20 km/h sowie deren Anhänger.

(9) Eiserne Reifen mit einem Auflagedruck von nicht mehr als 125 N/mm Reifenbreite sind zulässig

1. für Zugmaschinen in land- oder forstwirtschaftlichen Betrieben, deren zulässiges Gesamtgewicht 4 t und deren durch die Bauart bestimmte Höchstgeschwindigkeit 8 km/h nicht übersteigt,
2. für Arbeitsmaschinen und Stapler (§ 3 Absatz 3 Satz 1 Nummer 1 Buchstabe a der Fahrzeug-Zulassungsverordnung[1)]), deren durch die Bauart bestimmte Höchstgeschwindigkeit 8 km/h nicht übersteigt, und für Fahrzeuge, die von ihnen mitgeführt werden,
3. hinter Zugmaschinen mit einer Geschwindigkeit von nicht mehr als 8 km/h (Betriebsvorschrift)
   a) für Möbelwagen,
   b) für Wohn- und Schaustellerwagen, wenn sie nur zwischen dem Festplatz oder Abstellplatz und dem nächstgelegenen Bahnhof oder zwischen dem Festplatz und einem in der Nähe gelegenen Abstellplatz befördert werden,
   c) für Unterkunftswagen der Bauarbeiter, wenn sie von oder nach einer Baustelle befördert werden und nicht gleichzeitig zu einem erheblichen Teil der Beförderung von Gütern dienen,
   d) für die beim Wegebau und bei der Wegeunterhaltung verwendeten fahrbaren Geräte und Maschinen bei der Beförderung von oder nach einer Baustelle,

---

[1)] Nr. **3.2.**

e) für land- oder forstwirtschaftliche Arbeitsgeräte und für Fahrzeuge zur Beförderung von land- oder forstwirtschaftlichen Bedarfsgütern, Arbeitsgeräten oder Erzeugnissen.

(10) [1] Bei Gleiskettenfahrzeugen (§ 34b Absatz 1 Satz 1) darf die Kette oder das Band (Gleiskette) keine schädlichen Kratzbewegungen gegen die Fahrbahn ausführen. [2] Die Kanten der Bodenplatten und ihrer Rippen müssen rund sein. [3] Die Rundungen metallischer Bodenplatten und Rippen müssen an den Längsseiten der Gleisketten einen Halbmesser von mindestens 60 mm haben. [4] Der Druck der durch gefederte Laufrollen belasteten Auflagefläche von Gleisketten auf die ebene Fahrbahn darf 1,5 N/qmm, bei Fahrzeugen mit ungefederten Laufrollen und Gleisketten, die außen vollständig aus Gummiband bestehen, 0,8 N/qmm nicht übersteigen. [5] Als Auflagefläche gilt nur derjenige Teil einer Gleiskette, der tatsächlich auf einer ebenen Fahrbahn aufliegt. [6] Im Hinblick auf die Beschaffenheit der Laufflächen und der Federung wird für Gleiskettenfahrzeuge und Züge, in denen Gleiskettenfahrzeuge mitgeführt werden,

1. allgemein die Geschwindigkeit auf 8 km/h,
2. wenn die Laufrollen der Gleisketten mit 40 mm hohen Gummireifen versehen sind oder die Auflageflächen der Gleisketten ein Gummipolster haben, die Geschwindigkeit auf 16 km/h,
3. wenn die Laufrollen ungefedert sind und die Gleisketten außen vollständig aus Gummiband bestehen, die Geschwindigkeit auf 30 km/h

beschränkt; sind die Laufflächen von Gleisketten gummigepolstert oder bestehen die Gleisketten außen vollständig aus Gummiband und sind die Laufrollen mit 40 mm hohen Gummireifen versehen oder besonders abgefedert, so ist die Geschwindigkeit nicht beschränkt.

(11) Absatz 5 gilt entsprechend für solche Luftreifen, die die in Nummer 2.29 der Regelung Nummer 75 der Wirtschaftskommission der Vereinten Nationen für Europa (UNECE) – Einheitliche Bedingungen für die Genehmigung der Luftreifen für Krafträder und Mopeds (ABl. L 84 vom 30.3.2011, S. 46) beschriebenen Eigenschaften erfüllen (M+S Reifen), sofern diese Luftreifen an Fahrzeugen der Klasse L verwendet werden.

§ 36a Radabdeckungen, Ersatzräder. (1) Die Räder von Kraftfahrzeugen und ihren Anhängern müssen mit hinreichend wirkenden Abdeckungen (Kotflügel, Schmutzfänger oder Radeinbauten) versehen sein.

(2) Absatz 1 gilt nicht für

1. Kraftfahrzeuge mit einer durch die Bauart bestimmten Höchstgeschwindigkeit von nicht mehr als 25 km/h,
2. die Hinterräder von Sattelzugmaschinen, wenn ein Sattelanhänger mitgeführt wird, dessen Aufbau die Räder überdeckt und die Anbringung einer vollen Radabdeckung nicht zulässt; in diesem Falle genügen Abdeckungen vor und hinter dem Rad, die bis zur Höhe der Radoberkante reichen,
3. eisenbereifte Fahrzeuge,
4. Anhänger zur Beförderung von Eisenbahnwagen auf der Straße (Straßenroller),
5. Anhänger, die in der durch § 58 vorgeschriebenen Weise für eine Höchstgeschwindigkeit von nicht mehr als 25 km/h gekennzeichnet sind,

6. land- oder forstwirtschaftliche Arbeitsgeräte,
7. die hinter land- oder forstwirtschaftlichen einachsigen Zug- oder Arbeitsmaschinen mitgeführten Sitzkarren,
8. die Vorderräder von mehrachsigen Anhängern für die Beförderung von Langholz.

(3) [1] Für außen an Fahrzeugen mitgeführte Ersatzräder müssen Halterungen vorhanden sein, die die Ersatzräder sicher aufnehmen und allen betriebsüblichen Beanspruchungen standhalten können. [2] Die Ersatzräder müssen gegen Verlieren durch zwei voneinander unabhängige Einrichtungen gesichert sein. [3] Die Einrichtungen müssen so beschaffen sein, dass eine von ihnen wirksam bleibt, wenn die andere – insbesondere durch Bruch, Versagen oder Bedienungsfehler – ausfällt.

§ 37 Gleitschutzeinrichtungen und Schneeketten. (1) [1] Einrichtungen, die die Greifwirkung der Räder bei Fahrten außerhalb befestigter Straßen erhöhen sollen (so genannte Bodengreifer und ähnliche Einrichtungen), müssen beim Befahren befestigter Straßen abgenommen werden, sofern nicht durch Auflegen von Schutzreifen oder durch Umklappen der Greifer oder durch Anwendung anderer Mittel nachteilige Wirkungen auf die Fahrbahn vermieden werden. [2] Satz 1 gilt nicht, wenn zum Befahren befestigter Straßen Gleitschutzeinrichtungen verwendet werden, die so beschaffen und angebracht sind, dass sie die Fahrbahn nicht beschädigen können; die Verwendung kann durch die Bauartgenehmigung (§ 22a) auf Straßen mit bestimmten Decken und auf bestimmte Zeiten beschränkt werden.

(2) [1] Einrichtungen, die das sichere Fahren auf schneebedeckter oder vereister Fahrbahn ermöglichen sollen (Schneeketten), müssen so beschaffen und angebracht sein, dass sie die Fahrbahn nicht beschädigen können. [2] Schneeketten aus Metall dürfen nur bei elastischer Bereifung (§ 36 Absatz 3 und 8) verwendet werden. [3] Schneeketten müssen die Lauffläche des Reifens so umspannen, dass bei jeder Stellung des Rades ein Teil der Kette die ebene Fahrbahn berührt. [4] Die die Fahrbahn berührenden Teile der Ketten müssen kurze Glieder haben, deren Teilung etwa das Drei- bis Vierfache der Drahtstärke betragen muss. [5] Schneeketten müssen sich leicht auflegen und abnehmen lassen und leicht nachgespannt werden können.

§ 38 Lenkeinrichtung. (1) [1] Die Lenkeinrichtung muss leichtes und sicheres Lenken des Fahrzeugs gewährleisten; sie ist, wenn nötig, mit einer Lenkhilfe zu versehen. [2] Bei Versagen der Lenkhilfe muss die Lenkbarkeit des Fahrzeugs erhalten bleiben.

(2) Personenkraftwagen, Kraftomnibusse, Lastkraftwagen und Sattelzugmaschinen, mit mindestens vier Rädern und einer durch die Bauart bestimmten Höchstgeschwindigkeit von mehr als 25 km/h, sowie ihre Anhänger müssen den im Anhang zu dieser Vorschrift genannten Bestimmungen entsprechen.

(3) [1] Land- oder forstwirtschaftliche Zugmaschinen auf Rädern mit einer durch die Bauart bestimmten Höchstgeschwindigkeit von nicht mehr als 40 km/h dürfen abweichend von Absatz 1 den im Anhang zu dieser Vorschrift genannten Bestimmungen entsprechen. [2] Land- oder forstwirtschaftliche Zugmaschinen mit einer durch die Bauart bestimmten Höchstgeschwindigkeit von mehr als 40 km/h dürfen abweichend von Absatz 1 den Vorschriften über

Lenkanlagen entsprechen, die nach Absatz 2 für Lastkraftwagen anzuwenden sind.

(4) [1] Selbstfahrende Arbeitsmaschinen und Stapler mit einer durch die Bauart bestimmten Höchstgeschwindigkeit von nicht mehr als 40 km/h dürfen abweichend von Absatz 1 entsprechend den Baumerkmalen ihres Fahrgestells entweder den Vorschriften, die nach Absatz 2 für Lastkraftwagen oder nach Absatz 3 Satz 1 für land- oder forstwirtschaftliche Zugmaschinen angewendet werden dürfen, entsprechen. [2] Selbstfahrende Arbeitsmaschinen und Stapler mit einer durch die Bauart bestimmten Höchstgeschwindigkeit von mehr als 40 km/h dürfen abweichend von Absatz 1 den Vorschriften, die nach Absatz 2 für Lastkraftwagen anzuwenden sind, entsprechen.

§ 38a Sicherungseinrichtungen gegen unbefugte Benutzung von Kraftfahrzeugen. (1) [1] Personenkraftwagen sowie Lastkraftwagen, Zugmaschinen und Sattelzugmaschinen mit einem zulässigen Gesamtgewicht von nicht mehr als 3,5 t – ausgenommen land- oder forstwirtschaftliche Zugmaschinen und Dreirad-Kraftfahrzeuge – müssen mit einer Sicherungseinrichtung gegen unbefugte Benutzung, Personenkraftwagen zusätzlich mit einer Wegfahrsperre ausgerüstet sein. [2] Die Sicherungseinrichtung gegen unbefugte Benutzung und die Wegfahrsperre müssen den im Anhang zu dieser Vorschrift genannten Bestimmungen entsprechen.

(2) Krafträder und Dreirad-Kraftfahrzeuge mit einem Hubraum von mehr als 50 ccm oder einer durch die Bauart bestimmten Höchstgeschwindigkeit von mehr als 45 km/h, ausgenommen Kleinkrafträder und Fahrräder mit Hilfsmotor (§ 3 Absatz 2 Satz 1 Nummer 1 Buchstabe d der Fahrzeug-Zulassungsverordnung[1)]), müssen mit einer Sicherungseinrichtung gegen unbefugte Benutzung ausgerüstet sein, die den im Anhang zu dieser Vorschrift genannten Bestimmungen entspricht.

(3) Sicherungseinrichtungen gegen unbefugte Benutzung und Wegfahrsperren an Kraftfahrzeugen, für die sie nicht vorgeschrieben sind, müssen den vorstehenden Vorschriften entsprechen.

§ 38b Fahrzeug-Alarmsysteme. [1] In Personenkraftwagen sowie in Lastkraftwagen, Zugmaschinen und Sattelzugmaschinen mit einem zulässigen Gesamtgewicht von nicht mehr als 2,00 t eingebaute Fahrzeug-Alarmsysteme müssen den im Anhang zu dieser Vorschrift genannten Bestimmungen entsprechen. [2] Fahrzeug-Alarmsysteme in anderen Kraftfahrzeugen müssen sinngemäß den vorstehenden Vorschriften entsprechen.

§ 39 Rückwärtsgang. Kraftfahrzeuge – ausgenommen einachsige Zug- oder Arbeitsmaschinen mit einem zulässigen Gesamtgewicht von nicht mehr als 400 kg sowie Krafträder mit oder ohne Beiwagen – müssen vom Führersitz aus zum Rückwärtsfahren gebracht werden können.

§ 39a Betätigungseinrichtungen, Kontrollleuchten und Anzeiger.

(1) Die in Personenkraftwagen und Kraftomnibussen sowie Lastkraftwagen, Zugmaschinen und Sattelzugmaschinen – ausgenommen land- oder forstwirtschaftliche Zugmaschinen – eingebauten Betätigungseinrichtungen, Kontroll-

---

[1)] Nr. **3.2**.

leuchten und Anzeiger müssen eine Kennzeichnung haben, die den im Anhang zu dieser Vorschrift genannten Bestimmungen entspricht.

(2) Die in Kraftfahrzeuge nach § 30a Absatz 3 eingebauten Betätigungseinrichtungen, Kontrollleuchten und Anzeiger müssen eine Kennzeichnung haben, die den im Anhang zu dieser Vorschrift genannten Bestimmungen entspricht.

(3) Land- oder forstwirtschaftliche Zugmaschinen müssen Betätigungseinrichtungen haben, deren Einbau, Position, Funktionsweise und Kennzeichnung den im Anhang zu dieser Vorschrift genannten Bestimmungen entspricht.

§ 40 Scheiben, Scheibenwischer, Scheibenwascher, Entfrostungs- und Trocknungsanlagen für Scheiben. (1) [1] Sämtliche Scheiben – ausgenommen Spiegel sowie Abdeckscheiben von lichttechnischen Einrichtungen und Instrumenten – müssen aus Sicherheitsglas bestehen. [2] Als Sicherheitsglas gilt Glas oder ein glasähnlicher Stoff, deren Bruchstücke keine ernstlichen Verletzungen verursachen können. [3] Scheiben aus Sicherheitsglas, die für die Sicht des Fahrzeugführers von Bedeutung sind, müssen klar, lichtdurchlässig und verzerrungsfrei sein.

(2) [1] Windschutzscheiben müssen mit selbsttätig wirkenden Scheibenwischern versehen sein. [2] Der Wirkungsbereich der Scheibenwischer ist so zu bemessen, dass ein ausreichendes Blickfeld für den Führer des Fahrzeugs geschaffen wird.

(3) Dreirädrige Kleinkrafträder und dreirädrige oder vierrädrige Kraftfahrzeuge mit Führerhaus nach § 30a Absatz 3 müssen mit Scheiben, Scheibenwischer, Scheibenwascher, Entfrostungs- und Trocknungsanlagen ausgerüstet sein, die den im Anhang zu dieser Vorschrift genannten Bestimmungen entsprechen.

§ 41 Bremsen und Unterlegkeile. (1) [1] Kraftfahrzeuge müssen zwei voneinander unabhängige Bremsanlagen haben oder eine Bremsanlage mit zwei voneinander unabhängigen Bedienungseinrichtungen, von denen jede auch dann wirken kann, wenn die andere versagt. [2] Die voneinander unabhängigen Bedienungseinrichtungen müssen durch getrennte Übertragungsmittel auf verschiedene Bremsflächen wirken, die jedoch in oder auf derselben Bremstrommel liegen können. [3] Können mehr als zwei Räder gebremst werden, so dürfen gemeinsame Bremsflächen und (ganz oder teilweise) gemeinsame mechanische Übertragungseinrichtungen benutzt werden; diese müssen jedoch so gebaut sein, dass beim Bruch eines Teils noch mindestens zwei Räder, die nicht auf derselben Seite liegen, gebremst werden können. [4] Alle Bremsflächen müssen auf zwangsläufig mit den Rädern verbundene, nicht auskuppelbare Teile wirken. [5] Ein Teil der Bremsflächen muss unmittelbar auf die Räder wirken oder auf Bestandteile, die mit den Rädern ohne Zwischenschaltung von Ketten oder Getriebeteilen verbunden sind. [6] Dies gilt nicht, wenn die Getriebeteile (nicht Ketten) so beschaffen sind, dass ihr Versagen nicht anzunehmen und für jedes in Frage kommende Rad eine besondere Bremsfläche vorhanden ist. [7] Die Bremsen müssen leicht nachstellbar sein oder eine selbsttätige Nachstelleinrichtung haben.

(1a) Absatz 1 Satz 2 bis 6 gilt nicht für Bremsanlagen von Kraftfahrzeugen, bei denen die Bremswirkung ganz oder teilweise durch die Druckdifferenz im hydrostatischen Kreislauf (hydrostatische Bremswirkung) erzeugt wird.

(2) [1]Bei einachsigen Zug- oder Arbeitsmaschinen genügt eine Bremse (Betriebsbremse), die so beschaffen sein muss, dass beim Bruch eines Teils der Bremsanlage noch mindestens ein Rad gebremst werden kann. [2]Beträgt das zulässige Gesamtgewicht nicht mehr als 250 kg und wird das Fahrzeug von Fußgängern an Holmen geführt, so ist keine Bremsanlage erforderlich; werden solche Fahrzeuge mit einer weiteren Achse verbunden und vom Sitz aus gefahren, so genügt eine an der Zug- oder Arbeitsmaschine oder an dem einachsigen Anhänger befindliche Bremse nach § 65, sofern die durch die Bauart bestimmte Höchstgeschwindigkeit 20 km/h nicht übersteigt.

(3) [1]Bei Gleiskettenfahrzeugen, bei denen nur die beiden Antriebsräder der Laufketten gebremst werden, dürfen gemeinsame Bremsflächen für die Betriebsbremse und für die Feststellbremse benutzt werden, wenn mindestens 70 Prozent des Gesamtgewichts des Fahrzeugs auf dem Kettenlaufwerk ruht und die Bremsen so beschaffen sind, dass der Zustand der Bremsbeläge von außen leicht überprüft werden kann. [2]Hierbei dürfen auch die Bremsnocken, die Nockenwellen mit Hebel oder ähnliche Übertragungsteile für beide Bremsen gemeinsam benutzt werden.

(4) Bei Kraftfahrzeugen – ausgenommen Krafträder – muss mit der einen Bremse (Betriebsbremse) eine mittlere Vollverzögerung von mindestens 5,0 m/s^2 erreicht werden; bei Kraftfahrzeugen mit einer durch die Bauart bestimmten Höchstgeschwindigkeit von nicht mehr als 25 km/h genügt jedoch eine mittlere Vollverzögerung von 3,5 m/s^2.

(4a) Bei Kraftfahrzeugen – ausgenommen Kraftfahrzeuge nach § 30a Absatz 3 – muss es bei Ausfall eines Teils der Bremsanlage möglich sein, mit dem verbleibenden funktionsfähigen Teil der Bremsanlage oder mit der anderen Bremsanlage des Kraftfahrzeugs nach Absatz 1 Satz 1 mindestens 44 Prozent der in Absatz 4 vorgeschriebenen Bremswirkung zu erreichen, ohne dass das Kraftfahrzeug seine Spur verlässt.

(5) [1]Bei Kraftfahrzeugen – ausgenommen Krafträder – muss die Bedienungseinrichtung einer der beiden Bremsanlagen feststellbar sein; bei Krankenfahrstühlen und bei Fahrzeugen, die die Baumerkmale von Krankenfahrstühlen aufweisen, deren Geschwindigkeit aber 30 km/h übersteigt, darf jedoch die Betriebsbremse anstatt der anderen Bremse feststellbar sein. [2]Die festgestellte Bremse muss ausschließlich durch mechanische Mittel und ohne Zuhilfenahme der Bremswirkung des Motors das Fahrzeug auf der größten von ihm befahrbaren Steigung am Abrollen verhindern können. [3]Mit der Feststellbremse muss eine mittlere Verzögerung von mindestens 1,5 m/s^2 erreicht werden.

(6) (weggefallen)

(7) Bei Kraftfahrzeugen, die mit gespeicherter elektrischer Energie angetrieben werden, kann eine der beiden Bremsanlagen eine elektrische Widerstands- oder Kurzschlussbremse sein; in diesem Fall findet Absatz 1 Satz 5 keine Anwendung.

(8) [1]Betriebsfußbremsen an Zugmaschinen – ausgenommen an Gleiskettenfahrzeugen –, die zur Unterstützung des Lenkens als Einzelradbremsen ausgebildet sind, müssen auf öffentlichen Straßen so gekoppelt sein, dass eine gleichmäßige Bremswirkung gewährleistet ist, sofern sie nicht mit einem besonderen Bremshebel gemeinsam betätigt werden können. [2]Eine unterschiedliche Abnutzung der Bremsen muss durch eine leicht bedienbare Nachstelleinrichtung ausgleichbar sein oder sich selbsttätig ausgleichen.

(9) [1] Zwei- oder mehrachsige Anhänger – ausgenommen zweiachsige Anhänger mit einem Achsabstand von weniger als 1,0 m – müssen eine ausreichende, leicht nachstellbare oder sich selbsttätig nachstellende Bremsanlage haben; mit ihr muss eine mittlere Vollverzögerung von mindestens 5,0 m/s² – bei Sattelanhängern von mindestens 4,5 m/s² – erreicht werden. [2] Bei Anhängern hinter Kraftfahrzeugen mit einer Geschwindigkeit von nicht mehr als 25 km/h (Betriebsvorschrift) genügt eine eigene mittlere Vollverzögerung von 3,5 m/s², wenn die Anhänger für eine Höchstgeschwindigkeit von nicht mehr als 25 km/h gekennzeichnet sind (§ 58). [3] Die Bremse muss feststellbar sein. [4] Die festgestellte Bremse muss ausschließlich durch mechanische Mittel den vollbelasteten Anhänger auch bei einer Steigung von 18 Prozent und in einem Gefälle von 18 Prozent auf trockener Straße am Abrollen verhindern können. [5] Die Betriebsbremsanlagen von Kraftfahrzeug und Anhänger müssen vom Führersitz aus mit einer einzigen Betätigungseinrichtung abstufbar bedient werden können oder die Betriebsbremsanlage des Anhängers muss selbsttätig wirken; die Bremsanlage des Anhängers muss diesen, wenn dieser sich vom ziehenden Fahrzeug trennt, auch bei einer Steigung von 18 Prozent und in einem Gefälle von 18 Prozent selbsttätig zum Stehen bringen. [6] Anhänger hinter Kraftfahrzeugen mit einer durch die Bauart bestimmten Höchstgeschwindigkeit von mehr als 25 km/h müssen eine auf alle Räder wirkende Bremsanlage haben; dies gilt nicht für die nach § 58 für eine Höchstgeschwindigkeit von nicht mehr als 25 km/h gekennzeichneten Anhänger hinter Fahrzeugen, die mit einer Geschwindigkeit von nicht mehr als 25 km/h gefahren werden.

(10) [1] Auflaufbremsen sind nur bei Anhängern zulässig mit einem zulässigen Gesamtgewicht von nicht mehr als

1. 8,00 t und einer durch die Bauart bestimmten Höchstgeschwindigkeit von nicht mehr als 25 km/h,
2. 8,00 t und einer durch die Bauart bestimmten Höchstgeschwindigkeit von nicht mehr als 40 km/h, wenn die Bremse auf alle Räder wirkt,
3. 3,50 t, wenn die Bremse auf alle Räder wirkt.

[2] Bei Sattelanhängern sind Auflaufbremsen nicht zulässig. [3] In einem Zug darf nur ein Anhänger mit Auflaufbremse mitgeführt werden; jedoch sind hinter Zugmaschinen zwei Anhänger mit Auflaufbremse zulässig, wenn

1. beide Anhänger mit Geschwindigkeitsschildern nach § 58 für eine Höchstgeschwindigkeit von nicht mehr als 25 km/h gekennzeichnet sind,
2. der Zug mit einer Geschwindigkeit von nicht mehr als 25 km/h gefahren wird,
3. nicht das Mitführen von mehr als einem Anhänger durch andere Vorschriften untersagt ist.

(11) [1] An einachsigen Anhängern und zweiachsigen Anhängern mit einem Achsabstand von weniger als 1,0 m ist eine eigene Bremse nicht erforderlich, wenn der Zug die für das ziehende Fahrzeug vorgeschriebene Bremsverzögerung erreicht und die Achslast des Anhängers die Hälfte des Leergewichts des ziehenden Fahrzeugs, jedoch 0,75 t nicht übersteigt. [2] Beträgt jedoch bei diesen Anhängern die durch die Bauart bestimmte Höchstgeschwindigkeit nicht mehr als 30 km/h, so darf unter den in Satz 1 festgelegten Bedingungen die Achslast mehr als 0,75 t, aber nicht mehr als 3,0 t betragen. [3] Soweit Anhänger nach

Satz 1 mit einer eigenen Bremse ausgerüstet sein müssen, gelten die Vorschriften des Absatzes 9 entsprechend; bei Sattelanhängern muss die Wirkung der Betriebsbremse dem von der Achse oder der Achsgruppe (§ 34 Absatz 1) getragenen Anteil des zulässigen Gesamtgewichts des Sattelanhängers entsprechen.

(12) [1] Die vorgeschriebenen Bremsverzögerungen müssen auf ebener, trockener Straße mit gewöhnlichem Kraftaufwand bei voll belastetem Fahrzeug, erwärmten Bremstrommeln und, außer bei der im Absatz 5 vorgeschriebenen Bremse, auch bei Höchstgeschwindigkeit erreicht werden, ohne dass das Fahrzeug seine Spur verlässt. [2] Die in den Absätzen 4, 6 und 7 vorgeschriebenen Verzögerungen müssen auch beim Mitführen von Anhängern erreicht werden. [3] Die mittlere Vollverzögerung wird entweder

1. nach Abschnitt 1.1.2 des Anhangs II der Richtlinie 71/320/EWG des Rates vom 26. Juli 1971 zur Angleichung der Rechtsvorschriften der Mitgliedstaaten über die Bremsanlagen bestimmter Klassen von Kraftfahrzeugen und deren Anhängern (ABl. L 202 vom 6.9.1971, S. 37), die zuletzt durch die Richtlinie 2006/96/EG (ABl. L 363 vom 20.12.2006, S. 81) geändert worden ist, oder
2. aus der Geschwindigkeit v_1 und dem Bremsweg s_1 ermittelt, wobei v_1 die Geschwindigkeit ist, die das Fahrzeug bei der Abbremsung nach einer Ansprech- und Schwellzeit von höchstens 0,6 s hat, und s_1 der Weg ist, den das Fahrzeug ab der Geschwindigkeit v_1 bis zum Stillstand des Fahrzeugs zurücklegt.

[4] Von dem in den Sätzen 1 bis 3 vorgeschriebenen Verfahren kann, insbesondere bei Nachprüfungen nach § 29, abgewichen werden, wenn Zustand und Wirkung der Bremsanlage auf andere Weise feststellbar sind. [5] Bei der Prüfung neu zuzulassender Fahrzeuge muss eine dem betriebsüblichen Nachlassen der Bremswirkung entsprechend höhere Verzögerung erreicht werden; außerdem muss eine ausreichende, dem jeweiligen Stand der Technik entsprechende Dauerleistung der Bremsen für längere Talfahrten gewährleistet sein.

(13) [1] Von den vorstehenden Vorschriften über Bremsen sind befreit

1. Zugmaschinen in land- oder forstwirtschaftlichen Betrieben, wenn ihr zulässiges Gesamtgewicht nicht mehr als 4 t und ihre durch die Bauart bestimmte Höchstgeschwindigkeit nicht mehr als 8 km/h beträgt,
2. selbstfahrende Arbeitsmaschinen und Stapler mit einer durch die Bauart bestimmten Höchstgeschwindigkeit von nicht mehr als 8 km/h und von ihnen mitgeführte Fahrzeuge,
3. hinter Zugmaschinen, die mit einer Geschwindigkeit von nicht mehr als 8 km/h gefahren werden, mitgeführte
   a) Möbelwagen,
   b) Wohn- und Schaustellerwagen, wenn sie nur zwischen dem Festplatz oder Abstellplatz und dem nächstgelegenen Bahnhof oder zwischen dem Festplatz und einem in der Nähe gelegenen Abstellplatz befördert werden,
   c) Unterkunftswagen der Bauarbeiter, wenn sie von oder nach einer Baustelle befördert werden und nicht gleichzeitig zu einem erheblichen Teil der Beförderung von Gütern dienen,
   d) beim Wegebau und bei der Wegeunterhaltung verwendete fahrbare Geräte und Maschinen bei der Beförderung von oder nach einer Baustelle,

e) land- oder forstwirtschaftliche Arbeitsgeräte,

f) Fahrzeuge zur Beförderung von land- oder forstwirtschaftlichen Bedarfsgütern, Geräten oder Erzeugnissen, wenn die Fahrzeuge eisenbereift oder in der durch § 58 vorgeschriebenen Weise für eine Geschwindigkeit von nicht mehr als 8 km/h gekennzeichnet sind,

4. motorisierte Krankenfahrstühle.

[2]Die Fahrzeuge müssen jedoch eine ausreichende Bremse haben, die während der Fahrt leicht bedient werden kann und feststellbar ist. [3]Ungefederte land- oder forstwirtschaftliche Arbeitsmaschinen, deren Leergewicht das Leergewicht des ziehenden Fahrzeugs nicht übersteigt, jedoch höchstens 3 t erreicht, brauchen keine eigene Bremse zu haben.

(14) [1]Die nachstehend genannten Kraftfahrzeuge und Anhänger müssen mit Unterlegkeilen ausgerüstet sein. [2]Erforderlich sind mindestens

1. ein Unterlegkeil bei

a) Kraftfahrzeugen – ausgenommen Gleiskettenfahrzeuge – mit einem zulässigen Gesamtgewicht von mehr als 4 t,

b) zweiachsigen Anhängern – ausgenommen Sattel- und Starrdeichselanhänger (einschließlich Zentralachsanhänger) – mit einem zulässigen Gesamtgewicht von mehr als 750 kg,

2. zwei Unterlegkeile bei

a) drei- und mehrachsigen Fahrzeugen,

b) Sattelanhängern,

c) Starrdeichselanhängern (einschließlich Zentralachsanhängern) mit einem zulässigen Gesamtgewicht von mehr als 750 kg.

[3]Unterlegkeile müssen sicher zu handhaben und ausreichend wirksam sein. [4]Sie müssen im oder am Fahrzeug leicht zugänglich mit Halterungen angebracht sein, die ein Verlieren und Klappern ausschließen. [5]Haken oder Ketten dürfen als Halterungen nicht verwendet werden.

(15) [1]Kraftomnibusse mit einem zulässigen Gesamtgewicht von mehr als 5,5 t sowie andere Kraftfahrzeuge mit einem zulässigen Gesamtgewicht von mehr als 9 t müssen außer mit den Bremsen nach den vorstehenden Vorschriften mit einer Dauerbremse ausgerüstet sein. [2]Als Dauerbremsen gelten Motorbremsen oder in der Bremswirkung gleichartige Einrichtungen. [3]Die Dauerbremse muss mindestens eine Leistung aufweisen, die der Bremsbeanspruchung beim Befahren eines Gefälles von 7 Prozent und 6 km Länge durch das voll beladene Fahrzeug mit einer Geschwindigkeit von 30 km/h entspricht. [4]Bei Anhängern mit einem zulässigen Gesamtgewicht von mehr als 9 t muss die Betriebsbremse den Anforderungen des Satzes 3 entsprechen, bei Sattelanhängern nur dann, wenn das um die zulässige Aufliegelast verringerte zulässige Gesamtgewicht mehr als 9 t beträgt. [5]Die Sätze 1 bis 4 gelten nicht für

1. Fahrzeuge mit einer durch die Bauart bestimmten Höchstgeschwindigkeit von nicht mehr als 25 km/h und

2. Fahrzeuge, die nach § 58 für eine Höchstgeschwindigkeit von nicht mehr als 25 km/h gekennzeichnet sind und die mit einer Geschwindigkeit von nicht mehr als 25 km/h betrieben werden.

(16) [1]Druckluftbremsen und hydraulische Bremsen von Kraftomnibussen müssen auch bei Undichtigkeit an einer Stelle mindestens zwei Räder bremsen

können, die nicht auf derselben Seite liegen. [2] Bei Druckluftbremsen von Kraftomnibussen muss das unzulässige Absinken des Drucks im Druckluftbehälter dem Führer durch eine optisch oder akustisch wirkende Warneinrichtung deutlich angezeigt werden.

(17) Beim Mitführen von Anhängern mit Druckluftbremsanlage müssen die Vorratsbehälter des Anhängers auch während der Betätigung der Betriebsbremsanlage nachgefüllt werden können (Zweileitungsbremsanlage mit Steuerung durch Druckanstieg), wenn die durch die Bauart bestimmte Höchstgeschwindigkeit mehr als 25 km/h beträgt.

(18) [1] Abweichend von den Absätzen 1 bis 11, 12 Satz 1, 2, 3 und 5, den Absätzen 13 und 15 bis 17 müssen Personenkraftwagen, Kraftomnibusse, Lastkraftwagen, Zugmaschinen – ausgenommen land- oder forstwirtschaftliche Zugmaschinen – und Sattelzugmaschinen mit mindestens vier Rädern und einer durch die Bauart bestimmten Höchstgeschwindigkeit von mehr als 25 km/h sowie ihre Anhänger – ausgenommen Anhänger nach Absatz 10 Satz 1 Nummer 1 und 2 oder Absatz 11 Satz 2, Muldenkipper, Stapler, Elektrokarren, Autoschütter – den im Anhang zu dieser Vorschrift genannten Bestimmungen über Bremsanlagen entsprechen. [2] Andere Fahrzeuge, die hinsichtlich ihrer Baumerkmale des Fahrgestells den vorgenannten Fahrzeugen gleichzusetzen sind, müssen den im Anhang zu dieser Vorschrift genannten Bestimmungen über Bremsanlagen entsprechen. [3] Austauschbremsbeläge für die in den Sätzen 1 und 2 genannten Fahrzeuge mit einem zulässigen Gesamtgewicht von nicht mehr als 3,5 t müssen den im Anhang zu dieser Vorschrift genannten Bestimmungen entsprechen.

(19) Abweichend von den Absätzen 1 bis 11, 12 Satz 1, 2, 3 und 5, den Absätzen 13, 17 und 18 müssen Kraftfahrzeuge nach § 30a Absatz 3 den im Anhang zu dieser Vorschrift genannten Bestimmungen über Bremsanlagen entsprechen.

(20) [1] Abweichend von den Absätzen 1 bis 11, 12 Satz 1, 2, 3 und 5, den Absätzen 13, 17 bis 19 müssen land- oder forstwirtschaftliche Zugmaschinen mit einer durch die Bauart bestimmten Höchstgeschwindigkeit von nicht mehr als 40 km/h den im Anhang zu dieser Vorschrift genannten Bestimmungen über Bremsanlagen entsprechen. [2] Selbstfahrende Arbeitsmaschinen und Stapler mit einer durch die Bauart bestimmten Höchstgeschwindigkeit von nicht mehr als 40 km/h dürfen den Vorschriften über Bremsanlagen nach Satz 1 entsprechen.

§ 41a Druckgasanlagen und Druckbehälter. (1) Kraftfahrzeugtypen, die mit speziellen Ausrüstungen oder Bauteilen für die Verwendung von

1. verflüssigtem Gas (LPG) oder
2. komprimiertem Erdgas (CNG) oder
3. Flüssigerdgas (LNG) oder
4. Wasserstoff

in ihrem Antriebssystem ausgestattet sind, müssen hinsichtlich des Einbaus dieser Ausrüstungen oder Bauteile nach den im Anhang zu dieser Vorschrift genannten Bestimmungen genehmigt sein.

(2) Spezielle Nachrüstsysteme für die Verwendung von

1. verflüssigtem Gas (LPG) oder

2. komprimiertem Erdgas (CNG) oder
3. Flüssigerdgas (LNG) oder
4. Wasserstoff

im Antriebssystem eines Kraftfahrzeugs müssen hinsichtlich ihrer Ausführung nach der im Anhang zu dieser Vorschrift genannten Bestimmung genehmigt sein.

(3) [1] Spezielle Bauteile für die Verwendung von

1. verflüssigtem Gas (LPG) oder
2. komprimiertem Erdgas (CNG) oder
3. Flüssigerdgas (LNG) oder
4. Wasserstoff

im Antriebssystem eines Kraftfahrzeugs müssen hinsichtlich ihrer Ausführung nach der im Anhang zu dieser Vorschrift genannten Bestimmung genehmigt sein. [2] Ferner müssen für den Einbau die Bedingungen der im Anhang zu dieser Vorschrift genannten Bestimmung erfüllt werden.

(4) [1] Hersteller von Bauteilen für Ausrüstungen nach Absatz 1 oder Nachrüstsysteme nach Absatz 2 oder von speziellen Bauteilen nach Absatz 3 müssen diesen die notwendigen Informationsunterlagen, entsprechend den im Anhang zu dieser Vorschrift genannten Bestimmungen, für den Einbau, die sichere Verwendung während der vorgesehenen Betriebsdauer und die empfohlenen Wartungen beifügen. [2] Den für den Einbau, den Betrieb und die Prüfungen verantwortlichen Personen sind diese Unterlagen bei Bedarf zur Verfügung zu stellen.

(5) [1] Halter, deren Kraftfahrzeuge mit Ausrüstungen nach Absatz 2 oder Absatz 3 ausgestattet worden sind, haben nach dem Einbau eine Gasanlagenprüfung (Gassystemeinbauprüfung) nach Anlage XVII durchführen zu lassen. [2] Gassystemeinbauprüfungen dürfen nur durchgeführt werden von

1. verantwortlichen Personen in hierfür anerkannten Kraftfahrzeugwerkstätten, sofern das Gassystem in der jeweiligen Kraftfahrzeugwerkstatt eingebaut wurde,
2. amtlich anerkannten Sachverständigen oder Prüfern für den Kraftfahrzeugverkehr,
3. Prüfingenieuren im Sinne der Anlage VIIIb Nummer 3.9.

[3] Nach der Gassystemeinbauprüfung haben Halter von Kraftfahrzeugen mit Ausrüstungen nach Absatz 3 eine Begutachtung nach § 21 zur Erlangung einer neuen Betriebserlaubnis durchführen zu lassen.

(6) [1] Halter, deren Kraftfahrzeuge mit Ausrüstungen nach den Absätzen 1 bis 3 ausgestattet sind, haben bei jeder Reparatur der Gasanlage im Niederdruckbereich eine Dichtigkeits- und Funktionsprüfung durchzuführen. [2] Bei umfangreicheren Reparaturen an der Gasanlage sowie bei deren Beeinträchtigung durch einen Brand oder einen Unfall ist eine Gasanlagenprüfung nach Anlage XVII durchzuführen. [3] Die Gasanlagenprüfungen sowie Dichtigkeits- und Funktionsprüfungen dürfen nur durchgeführt werden von

1. verantwortlichen Personen in hierfür anerkannten Kraftfahrzeugwerkstätten oder Fachkräften unter deren Aufsicht,
2. amtlich anerkannten Sachverständigen oder Prüfern für den Kraftfahrzeugverkehr,

3. Prüfingenieuren im Sinne der Anlage VIIIb Nummer 3.9.

(7) [1] Die Anerkennung der Kraftfahrzeugwerkstätten für die Durchführung der Gassystemeinbauprüfungen nach Absatz 5, der Gasanlagenprüfungen nach Absatz 6 und der Untersuchungen nach Anlage VIII Nummer 3.1.1.2 hat nach Anlage XVIIa zu erfolgen. [2] Die Schulung der in Absatz 5 Satz 2 Nummer 2 und 3 sowie Absatz 6 Satz 3 Nummer 2 und 3 genannten Personen hat in entsprechender Anwendung der Nummern 2.5, 7.3 und 7.4 der Anlage XVIIa zu erfolgen, wobei der Umfang der erstmaligen Schulung dem einer Wiederholungsschulung entsprechen kann.

(8) [1] Druckbehälter für Druckluftbremsanlagen und Nebenaggregate müssen die im Anhang zu dieser Vorschrift genannten Bestimmungen erfüllen. [2] Sie dürfen auch aus anderen Werkstoffen als Stahl und Aluminium hergestellt werden, wenn sie den im Anhang zu dieser Vorschrift genannten Bestimmungen entsprechen und für sie die gleiche Sicherheit und Gebrauchstüchtigkeit nachgewiesen ist. [3] Druckbehälter sind entsprechend des Anhangs zu kennzeichnen.

§ 41b Automatischer Blockierverhinderer. (1) Ein automatischer Blockierverhinderer ist der Teil einer Betriebsbremsanlage, der selbsttätig den Schlupf in der Drehrichtung des Rads an einem oder mehreren Rädern des Fahrzeugs während der Bremsung regelt.

(2) [1] Folgende Fahrzeuge mit einer durch die Bauart bestimmten Höchstgeschwindigkeit von mehr als 60 km/h müssen mit einem automatischen Blockierverhinderer ausgerüstet sein:

1. Lastkraftwagen und Sattelzugmaschinen mit einem zulässigen Gesamtgewicht von mehr als 3,5 t,
2. Anhänger mit einem zulässigen Gesamtgewicht von mehr als 3,5 t; dies gilt für Sattelanhänger nur dann, wenn das um die Aufliegelast verringerte zulässige Gesamtgewicht 3,5 t übersteigt,
3. Kraftomnibusse,
4. Zugmaschinen mit einem zulässigen Gesamtgewicht von mehr als 3,5 t.

[2] Andere Fahrzeuge, die hinsichtlich ihrer Baumerkmale des Fahrgestells den in den Nummern 1 bis 4 genannten Fahrzeugen gleichzusetzen sind, müssen ebenfalls mit einem automatischen Blockierverhinderer ausgerüstet sein.

(3) Fahrzeuge mit einem automatischen Blockierverhinderer müssen den im Anhang zu dieser Vorschrift genannten Bestimmungen entsprechen.

(4) Anhänger mit einem automatischen Blockierverhinderer, aber ohne automatisch-lastabhängige Bremskraftregeleinrichtung dürfen nur mit Kraftfahrzeugen verbunden werden, die die Funktion des automatischen Blockierverhinderers im Anhänger sicherstellen.

(5) Absatz 2 gilt nicht für Anhänger mit Auflaufbremse sowie für Kraftfahrzeuge mit mehr als vier Achsen.

§ 42 Anhängelast hinter Kraftfahrzeugen und Leergewicht. (1) [1] Die gezogene Anhängelast darf bei

1. Personenkraftwagen, ausgenommen solcher nach Nummer 2, und Lastkraftwagen, ausgenommen solcher nach Nummer 3, weder das zulässige Gesamtgewicht,

2. Personenkraftwagen, die gemäß der Definition in Anhang II der Richtlinie 70/156/EWG Geländefahrzeuge sind, weder das 1,5fache des zulässigen Gesamtgewichts,
3. Lastkraftwagen in Zügen mit durchgehender Bremsanlage weder das 1,5fache des zulässigen Gesamtgewichts

des ziehenden Fahrzeugs noch den etwa vom Hersteller des ziehenden Fahrzeugs angegebenen oder amtlich als zulässig erklärten Wert übersteigen. [2]Bei Personenkraftwagen nach Nummer 1 oder 2 darf das tatsächliche Gesamtgewicht des Anhängers (Achslast zuzüglich Stützlast) jedoch in keinem Fall mehr als 3 500 kg betragen. [3]Die Anhängelast bei Kraftfahrzeugen nach § 30a Absatz 3 und bei motorisierten Krankenfahrstühlen darf höchstens 50 Prozent der Leermasse des Fahrzeugs betragen.

(2) [1]Hinter Krafträdern und Personenkraftwagen dürfen Anhänger ohne ausreichende eigene Bremse nur mitgeführt werden, wenn das ziehende Fahrzeug Allradbremse und der Anhänger nur eine Achse hat; Krafträder gelten trotz getrennter Bedienungseinrichtungen für die Vorderrad- und Hinterradbremse als Fahrzeuge mit Allradbremse, Krafträder mit Beiwagen jedoch nur dann, wenn auch das Beiwagenrad eine Bremse hat. [2]Werden einachsige Anhänger ohne bauartbedingt ausreichende eigene Bremse mitgeführt, so darf die Anhängelast höchstens die Hälfte des um 75 kg erhöhten Leergewichts des ziehenden Fahrzeugs, aber nicht mehr als 750 kg betragen.

(2a) Die Absätze 1 und 2 gelten nicht für das Abschleppen von betriebsunfähigen Fahrzeugen.

(3) [1]Das Leergewicht ist das Gewicht des betriebsfertigen Fahrzeugs ohne austauschbare Ladungsträger (Behälter, die dazu bestimmt und geeignet sind, Ladungen aufzunehmen und auf oder an verschiedenen Trägerfahrzeugen verwendet zu werden, wie Container, Wechselbehälter), aber mit zu 90 Prozent gefüllten eingebauten Kraftstoffbehältern und zu 100 Prozent gefüllten Systemen für andere Flüssigkeiten (ausgenommen Systeme für gebrauchtes Wasser) einschließlich des Gewichts aller im Betrieb mitgeführten Ausrüstungsteile (zum Beispiel Ersatzräder und -bereifung, Ersatzteile, Werkzeug, Wagenheber, Feuerlöscher, Aufsteckwände, Planengestell mit Planenbügeln und Planenlatten oder Planenstangen, Plane, Gleitschutzeinrichtungen, Belastungsgewichte), bei anderen Kraftfahrzeugen als Kraftfahrzeugen nach § 30a Absatz 3 zuzüglich 75 kg als Fahrergewicht. [2]Austauschbare Ladungsträger, die Fahrzeuge miteinander verbinden oder Zugkräfte übertragen, sind Fahrzeugteile.

§ 43 Einrichtungen zur Verbindung von Fahrzeugen. (1) [1]Einrichtungen zur Verbindung von Fahrzeugen müssen so ausgebildet und befestigt sein, dass die nach dem Stand der Technik erreichbare Sicherheit – auch bei der Bedienung der Kupplung – gewährleistet ist. [2]Die Zuggabel von Mehrachsanhängern muss bodenfrei sein. [3]Die Zugöse dieser Anhänger muss jeweils in Höhe des Kupplungsmauls einstellbar sein; dies gilt bei anderen Kupplungsarten sinngemäß. [4]Die Sätze 2 und 3 gelten nicht für Anhänger hinter Elektrokarren mit einer durch die Bauart bestimmten Höchstgeschwindigkeit von nicht mehr als 25 km/h, wenn das zulässige Gesamtgewicht des Anhängers nicht mehr als 2 t beträgt.

(2) [1]Mehrspurige Kraftfahrzeuge mit mehr als einer Achse müssen vorn, Personenkraftwagen – ausgenommen solche, für die nach der Betriebserlaubnis eine Anhängelast nicht zulässig ist – auch hinten, eine ausreichend bemessene

und leicht zugängliche Einrichtung zum Befestigen einer Abschleppstange oder eines Abschleppseils haben. [2] An selbstfahrenden Arbeitsmaschinen und Staplern darf diese Einrichtung hinten angeordnet sein.

(3) [1] Bei Verwendung von Abschleppstangen oder Abschleppseilen darf der lichte Abstand vom ziehenden zum gezogenen Fahrzeug nicht mehr als 5 m betragen. [2] Abschleppstangen und Abschleppseile sind ausreichend erkennbar zu machen, zum Beispiel durch einen roten Lappen.

(4) [1] Anhängekupplungen müssen selbsttätig wirken. [2] Nicht selbsttätige Anhängekupplungen sind jedoch zulässig,

1. an Zugmaschinen und an selbstfahrenden Arbeitsmaschinen und Staplern, wenn der Führer den Kupplungsvorgang von seinem Sitz aus beobachten kann,
2. an Krafträdern und Personenkraftwagen,
3. an Anhängern hinter Zugmaschinen in land- oder forstwirtschaftlichen Betrieben,
4. zur Verbindung von anderen Kraftfahrzeugen mit einachsigen Anhängern oder zweiachsigen Anhängern mit einem Achsabstand von weniger als 1,0 m mit einem zulässigen Gesamtgewicht von nicht mehr als 3,5 t.

[3] In jedem Fall muss die Herstellung einer betriebssicheren Verbindung leicht und gefahrlos möglich sein.

(5) Einrichtungen zur Verbindung von Fahrzeugen an zweirädrigen oder dreirädrigen Kraftfahrzeugen nach § 30a Absatz 3 und ihre Anbringung an diesen Kraftfahrzeugen müssen den im Anhang zu dieser Vorschrift genannten Bestimmungen entsprechen.

§ 44 Stützeinrichtung und Stützlast. (1) [1] An Sattelanhängern muss eine Stützeinrichtung vorhanden sein oder angebracht werden können. [2] Wenn Sattelanhänger so ausgerüstet sind, dass die Verbindung der Kupplungsteile sowie der elektrischen Anschlüsse und der Bremsanschlüsse selbsttätig erfolgen kann, müssen die Anhänger eine Stützeinrichtung haben, die sich nach dem Ankuppeln des Anhängers selbsttätig vom Boden abhebt.

(2) [1] Starrdeichselanhänger (einschließlich Zentralachsanhänger) müssen eine der Höhe nach einstellbare Stützeinrichtung haben, wenn die Stützlast bei gleichmäßiger Lastverteilung mehr als 50 kg beträgt. [2] Dies gilt jedoch nicht für Starrdeichselanhänger hinter Kraftfahrzeugen mit einem zum Anheben der Deichsel geeigneten Kraftheber. [3] Stützeinrichtungen müssen unverlierbar untergebracht sein.

(3) [1] Bei Starrdeichselanhängern (einschließlich Zentralachsanhängern) mit einem zulässigen Gesamtgewicht von nicht mehr als 3,5 t darf die vom ziehenden Fahrzeug aufzunehmende Mindeststützlast nicht weniger als 4 Prozent des tatsächlichen Gesamtgewichts des Anhängers betragen; sie braucht jedoch nicht mehr als 25 kg zu betragen. [2] Die technisch zulässige Stützlast des Zugfahrzeugs ist vom Hersteller festzulegen; sie darf – ausgenommen bei Krafträdern – nicht geringer als 25 kg sein. [3] Bei Starrdeichselanhängern (einschließlich Zentralachsanhängern) mit einem zulässigen Gesamtgewicht von mehr als 3,5 t darf die vom ziehenden Fahrzeug aufzunehmende Mindeststützlast nicht weniger als 4 Prozent des tatsächlichen Gesamtgewichts des Anhängers betragen, sie braucht jedoch nicht mehr als 500 kg zu betragen. [4] Die maximal zulässige Stützlast darf bei diesen Anhängern – ausgenommen bei Starrdeichselanhängern

(einschließlich Zentralachsanhängern), die für eine Höchstgeschwindigkeit von nicht mehr als 40 km/h gekennzeichnet sind (§ 58) und land- oder forstwirtschaftlichen Arbeitsgeräten – höchstens 15 Prozent des tatsächlichen Gesamtgewichts des Starrdeichselanhängers (einschließlich Zentralachsanhängers), aber nicht mehr als 2,00 t betragen. [5]Bei allen Starrdeichselanhängern (einschließlich Zentralachsanhängern) darf weder die für die Anhängekupplung oder die Zugeinrichtung noch die vom Hersteller des ziehenden Fahrzeugs angegebene Stützlast überschritten werden.

§ 45 Kraftstoffbehälter. (1) [1]Kraftstoffbehälter müssen korrosionsfest sein. [2]Sie müssen bei doppeltem Betriebsüberdruck, mindestens aber bei einem Überdruck von 0,3 bar, dicht sein. [3]Weichgelötete Behälter müssen auch nach dem Ausschmelzen des Lotes zusammenhalten. [4]Auftretender Überdruck oder den Betriebsdruck übersteigender Druck muss sich durch geeignete Einrichtungen (Öffnungen, Sicherheitsventile und dergleichen) selbsttätig ausgleichen. [5]Entlüftungsöffnungen sind gegen Hindurchschlagen von Flammen zu sichern. [6]Am Behälter weich angelötete Teile müssen zugleich vernietet, angeschraubt oder in anderer Weise sicher befestigt sein. [7]Kraftstoff darf aus dem Füllverschluss oder den zum Ausgleich von Überdruck bestimmten Einrichtungen auch bei Schräglage, Kurvenfahrt oder Stößen nicht ausfließen.

(1a) Für den Einbau von Kraftstoffbehältern in Kraftfahrzeugen, ausgenommen solche nach § 30a Absatz 3, sind die im Anhang zu dieser Vorschrift genannten Bestimmungen anzuwenden.

(2) [1]Kraftstoffbehälter für Vergaserkraftstoff dürfen nicht unmittelbar hinter der Frontverkleidung des Fahrzeugs liegen; sie müssen so vom Motor getrennt sein, dass auch bei Unfällen eine Entzündung des Kraftstoffs nicht zu erwarten ist. [2]Dies gilt nicht für Krafträder und für Zugmaschinen mit offenem Führersitz.

(3) [1]Bei Kraftomnibussen dürfen Kraftstoffbehälter nicht im Fahrgast- oder Führerraum liegen. [2]Sie müssen so angebracht sein, dass bei einem Brand die Ausstiege nicht unmittelbar gefährdet sind. [3]Bei Kraftomnibussen müssen Behälter für Vergaserkraftstoff hinten oder seitlich unter dem Fußboden in einem Abstand von mindestens 500 mm von den Türöffnungen untergebracht sein. [4]Kann dieses Maß nicht eingehalten werden, so ist ein entsprechender Teil des Behälters mit Ausnahme der Unterseite durch eine Blechwand abzuschirmen.

(4) Für Kraftstoffbehälter in Kraftfahrzeugen nach § 30a Absatz 3 und deren Einbau sowie für den Einbau der Kraftstoffzufuhrleitungen in diesen Kraftfahrzeugen gelten die im Anhang zu dieser Vorschrift genannten Bestimmungen.

§ 46 Kraftstoffleitungen. (1) Kraftstoffleitungen sind so auszuführen, dass Verwindungen des Fahrzeugs, Bewegungen des Motors und dergleichen keinen nachteiligen Einfluss auf die Haltbarkeit ausüben.

(2) [1]Rohrverbindungen sind durch Verschraubung ohne Lötung oder mit hart aufgelötetem Nippel herzustellen. [2]In die Kraftstoffleitung muss eine vom Führersitz aus während der Fahrt leicht zu bedienende Absperreinrichtung eingebaut sein; sie kann fehlen, wenn die Födereinrichtung für den Kraftstoff den Zufluss zu dem Vergaser oder zur Einspritzpumpe bei stehendem Motor unterbricht oder wenn das Fahrzeug ausschließlich mit Dieselkraftstoff betrieben wird. [3]Als Kraftstoffleitungen können fugenlose, elastische Metallschläuche

oder kraftstofffeste andere Schläuche aus schwer brennbaren Stoffen eingebaut werden; sie müssen gegen mechanische Beschädigungen geschützt sein.

(3) Kraftstoffleitungen, Vergaser und alle anderen kraftstoffführenden Teile sind gegen betriebstörende Wärme zu schützen und so anzuordnen, dass abtropfender oder verdunstender Kraftstoff sich weder ansammeln noch an heißen Teilen oder an elektrischen Geräten entzünden kann.

(4) [1] Bei Kraftomnibussen dürfen Kraftstoffleitungen nicht im Fahrgast- oder Führerraum liegen. [2] Bei diesen Fahrzeugen darf der Kraftstoff nicht durch Schwerkraft gefördert werden.

§ 47 Abgase. (1) Kraftfahrzeuge mit Fremdzündungsmotor oder Selbstzündungsmotor mit mindestens vier Rädern, einer zulässigen Gesamtmasse von mindestens 400 kg und einer bauartbedingten Höchstgeschwindigkeit von mindestens 50 km/h – mit Ausnahme von land- oder forstwirtschaftlichen Zug- und Arbeitsmaschinen sowie anderen Arbeitsmaschinen und Staplern –, soweit sie in den Anwendungsbereich der Richtlinie 70/220/EWG des Rates vom 20. März 1970 zur Angleichung der Rechtsvorschriften der Mitgliedstaaten über Maßnahmen gegen die Verunreinigung der Luft durch Emissionen von Kraftfahrzeugmotoren (ABl. L 76 vom 6.4.1970, S. 1), die zuletzt durch die Richtlinie 2006/96//EG (ABl. L 363 vom 20.12.2006, S. 81) geändert worden ist, fallen, müssen hinsichtlich ihres Abgasverhaltens und der Anforderungen in Bezug auf die Kraftstoffe den Vorschriften dieser Richtlinie entsprechen.

(1a) Kraftfahrzeuge im Sinne des Artikels 2 Absatz 1 der Verordnung (EG) Nr. 715/2007 in der aus dem Anhang zu dieser Vorschrift ersichtlichen Fassung müssen hinsichtlich ihres Abgasverhaltens den Vorschriften der Verordnung (EG) Nr. 715/2007 in Verbindung mit der Verordnung (EU) 2017/1151, jeweils in der aus dem Anhang zu dieser Vorschrift ersichtlichen Fassung, entsprechen.

(2) [1] Kraftfahrzeuge mit Selbstzündungsmotor mit oder ohne Aufbau, mit mindestens vier Rädern und einer bauartbedingten Höchstgeschwindigkeit von mehr als 25 km/h – mit Ausnahme von landwirtschaftlichen Zug- und Arbeitsmaschinen sowie anderen Arbeitsmaschinen und Staplern – soweit sie in den Anwendungsbereich der Richtlinie 72/306/EWG des Rates vom 2. August 1972 zur Angleichung der Rechtsvorschriften der Mitgliedstaaten über Maßnahmen gegen die Emission verunreinigender Stoffe aus Dieselmotoren zum Antrieb von Fahrzeugen (ABl. L 190 vom 20.8.1972, S. 1), die zuletzt durch die Richtlinie 2005/21/EG (ABl. L 61 vom 8.3.2005, S. 25) geändert worden ist, fallen, müssen hinsichtlich der Emission verunreinigender Stoffe dieser Richtlinie entsprechen. [2] Kraftfahrzeuge mit Selbstzündungsmotor, auf die sich die Anlage XVI bezieht, müssen hinsichtlich der Emission verunreinigender Stoffe (feste Bestandteile – Dieselrauch) im Abgas der Anlage XVI oder der Richtlinie 72/306/EWG entsprechen.

(3) Personenkraftwagen sowie Wohnmobile mit Fremd- oder Selbstzündungsmotoren, die den Vorschriften

1. der Anlage XXIII oder
2. des Anhangs III A der Richtlinie 70/220/EWG in der Fassung der Richtlinie 88/76/EWG (ABl. L 36 vom 9.2.1988, S. 1) oder späteren Änderungen dieses Anhangs in der Richtlinie 88/436/EWG (ABl. L 214 vom 6.8.

1988, S. 1), berichtigt durch die Berichtigung der Richtlinie 88/436/EWG (ABl. L 303 vom 8.11.1988, S. 36), oder der Richtlinie 89/491/EWG (ABl. L 238 vom 15.8.1989, S. 43) oder
3. der Richtlinie 70/220/EWG in der Fassung der Richtlinie 91/441/EWG (ABl. L 242 vom 30.8.1991, S. 1) – ausgenommen die Fahrzeuge, die die Übergangsbestimmungen des Anhangs I Nummer 8.1 oder 8.3 in Anspruch nehmen – oder
4. der Richtlinie 70/220/EWG in der Fassung der Richtlinie 93/59/EWG (ABl. L 186 vom 28.7.1993, S. 21) – ausgenommen die Fahrzeuge, die die weniger strengen Grenzwertanforderungen der Klasse II oder III des Anhangs I in den Nummern 5.3.1.4 und 7.1.1.1 oder die Übergangsbestimmungen des Anhangs I Nummer 8.3 in Anspruch nehmen – oder
5. der Richtlinie 70/220/EWG in der Fassung der Richtlinie 94/12/EG (ABl. L 100 vom 19.4.1994, S. 42) – und die Grenzwerte der Fahrzeugklasse M in Anhang I Nummer 5.3.1.4 einhalten – oder
6. der Richtlinie 96/69/EG des Europäischen Parlaments und des Rates vom 8. Oktober 1996 zur Änderung der Richtlinie 70/220/EWG zur Angleichung der Rechtsvorschriften der Mitgliedstaaten über Maßnahmen gegen die Verunreinigung der Luft durch Emissionen von Kraftfahrzeugen (ABl. L 282 vom 1.11.1996, S. 64) oder
7. der Richtlinie 98/77/EG der Kommission vom 2. Oktober 1998 zur Anpassung der Richtlinie 70/220/EWG des Rates zur Angleichung der Rechtsvorschriften der Mitgliedstaaten über Maßnahmen gegen die Verunreinigung der Luft durch Emissionen von Kraftfahrzeugen an den technischen Fortschritt (ABl. L 286 vom 23.10.1998, S. 34) oder
8. der Richtlinie 98/69/EG des Europäischen Parlaments und des Rates vom 13. Oktober 1998 über Maßnahmen gegen die Verunreinigung der Luft durch Emissionen von Kraftfahrzeugen und zur Änderung der Richtlinie 70/220/EWG des Rates (ABl. L 350 vom 28.12.1998, S. 1) oder
9. der Richtlinie 1999/102/EG der Kommission vom 15. Dezember 1999 zur Anpassung der Richtlinie 70/220/EWG des Rates über Maßnahmen gegen die Verunreinigung der Luft durch Emissionen von Kraftfahrzeugen an den technischen Fortschritt (ABl. L 334 vom 28.12.1999, S. 43) oder
10. der Richtlinie 2001/1/EG des Europäischen Parlaments und des Rates vom 22. Januar 2001 zur Änderung der Richtlinie 70/220/EWG des Rates über Maßnahmen gegen die Verunreinigung der Luft durch Emissionen von Kraftfahrzeugen (ABl. L 35 vom 6.2.2001, S. 34) oder
11. der Richtlinie 2001/100/EG des Europäischen Parlaments und des Rates vom 7. Dezember 2001 zur Änderung der Richtlinie 70/220/EWG des Rates zur Angleichung der Rechtsvorschriften der Mitgliedstaaten gegen die Verunreinigung der Luft durch Emissionen von Kraftfahrzeugen (ABl. L 16 vom 18.1.2002, S. 32) oder
12. der Richtlinie 2002/80/EG der Kommission vom 3. Oktober 2002 zur Anpassung der Richtlinie 70/220/EWG des Rates über Maßnahmen gegen die Verunreinigung der Luft durch Emissionen von Kraftfahrzeugen an den technischen Fortschritt (ABl. L 291 vom 28.10.2002, S. 20) oder
13. der Richtlinie 2003/76/EG der Kommission vom 11. August 2003 zur Änderung der Richtlinie 70/220/EWG des Rates über Maßnahmen gegen

die Verunreinigung der Luft durch Emissionen von Kraftfahrzeugen (ABl. L 206 vom 15.8.2003, S. 29) oder

14. der Verordnung (EG) Nr. 715/2007 in Verbindung mit der Verordnung (EG) Nr. 692/2008 und mit der Verordnung (EU) 2017/1151, jeweils in der aus dem Anhang zu dieser Vorschrift ersichtlichen Fassung,

entsprechen, gelten als schadstoffarm.

(3a) Personenkraftwagen und Wohnmobile mit Selbstzündungsmotor gelten als besonders partikelreduziert, wenn sie den Anforderungen einer der in Anlage XXVI Nummer 2 festgelegten Minderungsstufen oder den Anforderungen der Verordnung (EG) Nr. 715/2007 in Verbindung mit der Verordnung (EG) Nr. 692/2008 oder der Verordnung (EU) 2017/1151, jeweils in der aus dem Anhang zu dieser Vorschrift ersichtlichen Fassung, entsprechen.

(3b) Kraftfahrzeuge mit Selbstzündungsmotor mit einer technisch zulässigen Gesamtmasse bis 2 800 Kilogramm der Klasse N1 sowie Kraftfahrzeuge mit Selbstzündungsmotor ohne Begrenzung der zulässigen Gesamtmasse der Klassen M1 und M2 der Emissionsklasse „Euro 4“, die jeweils genehmigt sind entsprechend Zeile B der Grenzwerttabelle in Anhang I Abschnitt 5.3.1.4 der Richtlinie 98/69/EG des Europäischen Parlaments und des Rates vom 13. Oktober 1998 über Maßnahmen gegen die Verunreinigung der Luft durch Emissionen von Kraftfahrzeugen und zur Änderung der Richtlinie 70/220/EWG des Rates (ABl. L 350 vom 28.12.1998, S. 1), die zuletzt durch die Richtlinie 2006/96/EG des Rates vom 20. November 2006 zur Anpassung bestimmter Richtlinien im Bereich freier Warenverkehr anlässlich des Beitritts Bulgariens und Rumäniens (ABl. L 363 vom 20.12.2006, S. 81) geändert worden ist und durch die Verordnung (EG) Nr. 715/2007 des Europäischen Parlaments und des Rates vom 20. Juni 2007 über die Typgenehmigung von Kraftfahrzeugen hinsichtlich der Emissionen von leichten Personenkraftwagen und Nutzfahrzeugen (Euro 5 und Euro 6) und über den Zugang zu Reparatur- und Wartungsinformationen für Fahrzeuge (ABl. L 171 vom 29.6.2007, S. 1) aufgehoben worden ist, stoßen im praktischen Fahrbetrieb weniger als 270 Milligramm Stickoxid pro Kilometer aus, wenn sie über ein Stickoxid-Minderungssystem mit hoher Minderungsleistung verfügen, das die in der Anlage XXII festgelegten Anforderungen erfüllt.

(3c) Kraftfahrzeuge mit Selbstzündungsmotor mit einer technisch zulässigen Gesamtmasse bis 2 800 Kilogramm der Klasse N1 sowie Kraftfahrzeuge mit Selbstzündungsmotor ohne Begrenzung der zulässigen Gesamtmasse der Klassen M1 und M2 der Emissionsklasse „Euro 5“, die genehmigt sind entsprechend

1. der Verordnung (EG) Nr. 715/2007 des Europäischen Parlaments und des Rates vom 20. Juni 2007 über die Typgenehmigung von Kraftfahrzeugen hinsichtlich der Emissionen von leichten Personenkraftwagen und Nutzfahrzeugen (Euro 5 und Euro 6) und über den Zugang zu Reparatur- und Wartungsinformationen für Fahrzeuge (ABl. L 171 vom 29.6.2007, S. 1), die zuletzt durch die Verordnung (EU) Nr. 459/2012 der Kommission vom 29. Mai 2012 zur Änderung der Verordnung (EG) Nr. 715/2007 des Europäischen Parlaments und des Rates und der Verordnung (EG) Nr. 692/2008 der Kommission hinsichtlich der Emissionen von leichten Personenkraftwagen und Nutzfahrzeugen (Euro 6) (ABl. L 142 vom 1.6.2012, S. 16) geändert worden ist, und

2. der Verordnung (EG) Nr. 692/2008 der Kommission vom 18. Juli 2008 zur Durchführung und Änderung der Verordnung (EG) Nr. 715/2007 des Europäischen Parlaments und des Rates über die Typgenehmigung von Kraftfahrzeugen hinsichtlich der Emissionen von leichten Personenkraftwagen und Nutzfahrzeugen (Euro 5 und Euro 6) und über den Zugang zu Reparatur- und Wartungsinformationen für Fahrzeuge (ABl. L 199 vom 28.7.2008, S. 1), die zuletzt durch die Verordnung (EU) 2018/1832 der Kommission vom 5. November 2018 zur Änderung der Richtlinie 2007/46/EG des Europäischen Parlaments und des Rates, der Verordnung (EG) Nr. 692/2008 der Kommission und der Verordnung (EU) 2017/1151 der Kommission im Hinblick auf die Verbesserung der emissionsbezogenen Typgenehmigungsprüfungen und -verfahren für leichte Personenkraftwagen und Nutzfahrzeuge, unter anderem in Bezug auf die Übereinstimmung in Betrieb befindlicher Fahrzeuge und auf Emissionen im praktischen Fahrbetrieb und zur Einführung von Einrichtungen zur Überwachung des Kraftstoff- und des Stromverbrauchs (ABl. L 301 vom 27.11.2018, S. 1) geändert worden ist,

stoßen im praktischen Fahrbetrieb weniger als 270 Milligramm Stickoxid pro Kilometer aus, wenn sie über ein Stickoxid-Minderungssystem mit hoher Minderungsleistung verfügen, das die in der Anlage XXII festgelegten Anforderungen erfüllt.

(4), (5) *(aufgehoben)*

(6) Fahrzeuge oder Motoren für Fahrzeuge, die in den Anwendungsbereich der Richtlinie 88/77/EWG des Rates vom 3. Dezember 1987 zur Angleichung der Rechtsvorschriften der Mitgliedstaaten über Maßnahmen gegen die Emission gasförmiger Schadstoffe und luftverunreinigender Partikel aus Selbstzündungsmotoren zum Antrieb von Fahrzeugen und die Emission gasförmiger Schadstoffe aus mit Erdgas oder Flüssiggas betriebenen Fremdzündungsmotoren zum Antrieb von Fahrzeugen (ABl. L 36 vom 9.2.1988, S. 33), die zuletzt durch die Richtlinie 2001/27/EG (ABl. L 107 vom 18.4.2001, S. 10) geändert worden ist, fallen, müssen hinsichtlich ihres Abgasverhaltens den Vorschriften dieser Richtlinie entsprechen.

(6a) Fahrzeuge oder Motoren für Fahrzeuge, die in den Anwendungsbereich der Richtlinie 2005/55/EG des Europäischen Parlaments und des Rates vom 28. September 2005 zur Angleichung der Rechtsvorschriften der Mitgliedstaaten über Maßnahmen gegen die Emission gasförmiger Schadstoffe und luftverunreinigender Partikel aus Selbstzündungsmotoren zum Antrieb von Fahrzeugen und die Emission gasförmiger Schadstoffe aus mit Flüssiggas oder Erdgas betriebenen Fremdzündungsmotoren zum Antrieb von Fahrzeugen (ABl. L 275 vom 20.10.2005, S. 1) fallen, müssen hinsichtlich ihres Abgasverhaltens den Vorschriften dieser Richtlinie und der Richtlinie 2005/78/EG der Kommission vom 14. November 2005 zur Durchführung der Richtlinie 2005/55/EG des Europäischen Parlaments und des Rates zur Angleichung der Rechtsvorschriften der Mitgliedstaaten über Maßnahmen gegen die Emission gasförmiger Schadstoffe und luftverunreinigender Partikel aus Selbstzündungsmotoren zum Antrieb von Fahrzeugen und die Emission gasförmiger Schadstoffe aus mit Flüssiggas oder Erdgas betriebenen Fremdzündungsmotoren zum Antrieb von Fahrzeugen und zur Änderung ihrer Anhänge I, II, III, IV und VI (ABl. L 313 vom 29.11.2005, S. 1), geändert durch die im Anhang zu dieser Vorschrift genannten Bestimmungen, entsprechen.

(6b) Kraftfahrzeuge im Sinne des Artikels 2 Absatz 1 Satz 1 der Verordnung (EG) Nr. 595/2009 in der aus dem Anhang zu dieser Vorschrift ersichtlichen Fassung und Kraftfahrzeuge, die hinsichtlich der Baumerkmale ihres Fahrgestells diesen Kraftfahrzeugen gleichzusetzen sind, müssen hinsichtlich ihres Abgasverhaltens den Vorschriften der Verordnung (EG) Nr. 595/2009 in Verbindung mit der Verordnung (EU) Nr. 582/2011, jeweils in der aus dem Anhang zu dieser Vorschrift ersichtlichen Fassung, entsprechen.

(7) Krafträder, auf die sich die Regelung Nummer 40 – Einheitliche Vorschriften für die Genehmigung der Krafträder hinsichtlich der Emission luftverunreinigender Gase aus Motoren mit Fremdzündung – des Übereinkommens über die Annahme einheitlicher Bedingungen für die Genehmigung der Ausrüstungsgegenstände und Teile von Kraftfahrzeugen und über die gegenseitige Anerkennung der Genehmigung, in Kraft gesetzt durch die Verordnung vom 14. September 1983 (BGBl. 1983 II S. 584), bezieht, müssen hinsichtlich ihres Abgasverhaltens den Vorschriften der Regelung Nr. 40, zuletzt geändert durch Verordnung zur Änderung 1 und zum Korrigendum 3 der ECE-Regelung Nr. 40 über einheitliche Vorschriften für die Genehmigung der Krafträder hinsichtlich der Emission luftverunreinigender Gase aus Motoren mit Fremdzündung vom 29. Dezember 1992 (BGBl. 1993 II S. 110), entsprechen; dies gilt auch für Krafträder mit einer Leermasse von mehr als 400 kg.

(8) Andere Krafträder als die in Absatz 7 genannten müssen hinsichtlich ihres Abgasverhaltens von Vorschriften der Regelung Nummer 47 – Einheitliche Vorschriften für die Genehmigung der Fahrräder mit Hilfsmotor hinsichtlich der Emission luftverunreinigender Gase aus Motoren mit Fremdzündung – des Übereinkommens über die Annahme einheitlicher Bedingungen für die Genehmigung der Ausrüstungsgegenstände und Teile von Kraftfahrzeugen und über die gegenseitige Anerkennung der Genehmigung, in Kraft gesetzt durch die Verordnung vom 26. Oktober 1981 (BGBl. 1981 II S. 930), entsprechen.

(8a) Kraftfahrzeuge, die in den Anwendungsbereich der Richtlinie 97/24/EG fallen, müssen hinsichtlich ihres Abgasverhaltens den Vorschriften dieser Richtlinie entsprechen.

(8b) Kraftfahrzeuge im Sinne des Artikels 2 Absatz 1 der Verordnung (EU) Nr. 168/2013 in der aus dem Anhang zu dieser Vorschrift ersichtlichen Fassung müssen hinsichtlich ihres Abgasverhaltens den Anforderungen entsprechen, die in der Verordnung (EU) Nr. 168/2013 in Verbindung mit der Verordnung (EU) Nr. 134/2014, jeweils in der aus dem Anhang zu dieser Vorschrift ersichtlichen Fassung, genannt sind.

(8c) Kraftfahrzeuge, deren Motoren in den Anwendungsbereich der Verordnung (EU) 2016/1628 in der aus dem Anhang zu dieser Vorschrift ersichtlichen Fassung fallen, müssen mit Motoren ausgerüstet sein, die hinsichtlich ihres Abgasverhaltens den Anforderungen der genannten Verordnung entsprechen.

(8d) Kraftfahrzeuge, die in den Anwendungsbereich der Achtundzwanzigsten Verordnung zur Durchführung des Bundes-Immissionsschutzgesetzes vom 11. November 1998 (BGBl. I S. 3411) fallen, müssen mit Motoren ausgerüstet sein, die hinsichtlich ihres Abgasverhaltens den Vorschriften der Achtundzwanzigsten Verordnung zur Durchführung des Bundes-Immissionsschutzgesetzes vom 11. November 1998 entsprechen.

(8e) Zugmaschinen oder Motoren für Zugmaschinen, die in den Anwendungsbereich der Richtlinie 2000/25/EG in der aus dem Anhang zu dieser

Vorschrift ersichtlichen Fassung fallen und vor dem 20. Juni 2024 erstmals in den Verkehr gebracht worden sind, müssen hinsichtlich ihres Abgasverhaltens den Anforderungen dieser Richtlinie zu dem Zeitpunkt entsprechen, zu dem die Zugmaschinen oder die Motoren für Zugmaschinen jeweils erstmals in den Verkehr gebracht worden sind.

(8f) Zugmaschinen oder Motoren für Zugmaschinen im Sinne des Artikels 2 Absatz 1 und 3 der Verordnung (EU) Nr. 167/2013 in der aus dem Anhang zu dieser Vorschrift ersichtlichen Fassung müssen hinsichtlich ihres Abgasverhaltens den in den folgenden Vorschriften genannten Anforderungen entsprechen:

1. Artikel 19 Absatz 2 Buchstabe a und Absatz 3 der vorgenannten Verordnung und
2. Artikel 3 der Verordnung (EU) 2018/985 in der aus dem Anhang zu dieser Vorschrift ersichtlichen Fassung.

(9) [1]Technischer Dienst und Prüfstelle im Sinne der genannten Regelwerke ist die Abgasprüfstelle der TÜV-Nord Mobilität GmbH & Co. KG, Adlerstraße 7, 45307 Essen. [2]Es können auch andere Technische Prüfstellen für den Kraftfahrzeugverkehr oder von der obersten Landesbehörde anerkannte Stellen prüfen, sofern diese über die erforderlichen eigenen Mess- und Prüfeinrichtungen verfügen. [3]Der Technische Dienst ist über alle Prüfungen zu unterrichten. [4]In Zweifelsfällen ist er zu beteiligen; bei allen Fragen der Anwendung ist er federführend. [5]Die Prüfstellen haben die verwendeten Mess- und Prüfeinrichtungen hinsichtlich der Messergebnisse und der Messgenauigkeit mit dem Technischen Dienst regelmäßig abzugleichen.

§ 47a *(aufgehoben)*

§ 47b (weggefallen)

§ 47c Ableitung von Abgasen. [1]Die Mündungen von Auspuffrohren dürfen nur nach oben, nach hinten, nach hinten unten oder nach hinten links bis zu einem Winkel von 45 Grad zur Fahrzeuglängsachse gerichtet sein; sie müssen so angebracht sein, dass das Eindringen von Abgasen in das Fahrzeuginnere nicht zu erwarten ist. [2]Auspuffrohre dürfen weder über die seitliche noch über die hintere Begrenzung der Fahrzeuge hinausragen.

§ 47d Kohlendioxidemissionen, Kraftstoffverbrauch, Reichweite, Stromverbrauch. (1) Für Kraftfahrzeuge, die in den Anwendungsbereich der Verordnung (EG) Nr. 715/2007 in Verbindung mit der Verordnung (EU) 2017/1151, jeweils in der aus dem Anhang zu dieser Vorschrift ersichtlichen Fassung, fallen, sind die Werte für die Kohlendioxidemissionen, den Kraftstoffverbrauch, die Reichweite und den Stromverbrauch nach den Vorgaben der genannten Verordnungen zu ermitteln.

(2) Für Fahrzeuge, die in den Anwendungsbereich der Verordnung (EG) Nr. 595/2009 in Verbindung mit der Verordnung (EU) 2017/2400 oder in Verbindung mit der Durchführungsverordnung (EU) 2022/1362, jeweils in der aus dem Anhang zu dieser Vorschrift ersichtlichen Fassung, fallen, sind die Werte für die Kohlendioxidemissionen und den Kraftstoffverbrauch nach den Vorgaben der genannten Verordnungen zu ermitteln.

(3) Bei Nichtvorliegen einer EG-Übereinstimmungsbescheinigung nach Anhang IX der Richtlinie 2007/46/EG oder nach Anhang VIII der Durchfüh-

rungsverordnung (EU) 2020/683, jeweils in der aus dem Anhang zu dieser Vorschrift ersichtlichen Fassung, sind die nach dieser Richtlinie ermittelten Werte in einer Bescheinigung anzugeben, die dem Fahrzeughalter beim Kauf des Fahrzeugs zu übergeben ist.

§ 47e Genehmigung, Nachrüstung und Nachfüllen von Klimaanlagen. Kraftfahrzeuge mit Klimaanlage, die in den Anwendungsbereich der Richtlinie 2006/40/EG des Europäischen Parlaments und des Rates vom 17. Mai 2006 über Emissionen aus Klimaanlagen in Kraftfahrzeugen und zur Änderung der Richtlinie 70/156/EWG (ABl. L 161 vom 14.6.2006, S. 12) und der Verordnung (EG) Nr. 706/2007 der Kommission vom 21. Juni 2007 zur Festlegung von Verwaltungsvorschriften für die EG-Typgenehmigung von Kraftfahrzeugen und eines harmonisierten Verfahrens für die Messung von Leckagen aus bestimmten Klimaanlagen nach der Richtlinie 2006/40/EG des Europäischen Parlaments und des Rates (ABl. L 161 vom 22.6.2007, S. 33) fallen, haben mit Wirkung vom 1. Juni 2012 den Vorschriften dieser Verordnung zu entsprechen.

§ 47f Kraftstoffe, emissionsbedeutsame Betriebsstoffe und Systeme zur Verringerung der Stickoxid-Emissionen. (1) [1] Ein Kraftfahrzeug darf nur mit den vom Hersteller in der Betriebsanleitung oder in anderen für den Fahrzeughalter bestimmten Unterlagen angegebenen Qualitäten von flüssigen, gasförmigen oder festen Kraftstoffen betrieben werden. [2] Abweichend von Satz 1 darf ein Kraftfahrzeug mit anderen Qualitäten von flüssigen, gasförmigen oder festen Kraftstoffen nur betrieben werden, sofern die Einhaltung der Anforderungen des § 38 Absatz 1 des Bundes-Immissionsschutzgesetzes an das Fahrzeug sichergestellt ist.

(2) [1] Absatz 1 gilt auch für ergänzende Betriebsstoffe, die zur Einhaltung von Emissionsvorschriften erforderlich sind. [2] Die Manipulation eines Systems zur Verringerung der Stickoxid-Emissionen und der Betrieb eines Kraftfahrzeugs und seiner Komponenten ohne ein sich verbrauchendes Reagens oder mit einem ungeeigneten sich verbrauchenden Reagens ist verboten, sofern das Fahrzeug über ein Emissionsminderungssystem verfügt, das die Nutzung eines sich verbrauchenden Reagens erfordert.

§ 48 Emissionsklassen für Kraftfahrzeuge. (1) Kraftfahrzeuge, für die nachgewiesen wird, dass die Emissionen gasförmiger Schadstoffe und luftverunreinigender Partikel oder die Geräuschemissionen den Anforderungen der in der Anlage XIV genannten Emissionsklassen entsprechen, werden nach Maßgabe der Anlage XIV in Emissionsklassen eingestuft.

(2) Partikelminderungssysteme, die für eine Nachrüstung von mit Selbstzündungsmotor angetriebenen Nutzfahrzeugen oder mobilen Maschinen und Geräten vorgesehen sind, müssen den Anforderungen der Anlage XXVI oder XXVII entsprechen und nach Maßgabe der jeweiligen Anlage geprüft, genehmigt und eingebaut werden.

§ 49 Geräuschentwicklung und Schalldämpferanlage. (1) Kraftfahrzeuge und ihre Anhänger müssen so beschaffen sein, dass die Geräuschentwicklung das nach dem jeweiligen Stand der Technik unvermeidbare Maß nicht übersteigt.

(2) [1] Kraftfahrzeuge nach Anlage XXIX und deren Austauschschalldämpferanlagen sowie von Kraftfahrzeugen nach Anlage XXIX abgeleitete Kraftfahrzeuge müssen den folgenden Vorschriften über den zulässigen Geräuschpegel und die Schalldämpferanlage, jeweils in der aus dem Anhang zu dieser Vorschrift ersichtlichen Fassung, entsprechen:

1. der Verordnung (EU) Nr. 540/2014,
2. der Delegierten Verordnung (EU) 2018/985 in Verbindung mit den in Artikel 19 Absatz 4 der Verordnung (EU) Nr. 167/2013 genannten Geräuschgrenzwerten und
3. der Delegierten Verordnung (EU) Nr. 134/2014 in Verbindung mit den in Anhang VI Abschnitt D der Verordnung (EU) Nr. 168/2013 genannten Geräuschgrenzwerten und mit den in Anhang IV Nummer 1.9 Tabellenspalte „Bestehende Fahrzeugtypen verbindlich" der Verordnung (EU) Nr. 168/2013 genannten maßgeblichen Zeitpunkten hinsichtlich der erstmaligen Zulassung.

[2] Selbstfahrende Arbeitsmaschinen und Stapler entsprechen der Vorschrift des Absatzes 1 auch dann, wenn sie den Vorschriften nach Satz 1 Nummer 2 entsprechen. [3] Kraftfahrzeuge, die den Vorschriften nach Satz 1 Nummer 2 entsprechen müssen, genügen den Anforderungen auch dann, wenn sie den Vorschriften nach Satz 1 Nummer 1 entsprechen.

(2a) [1] Schalldämpferanlagen für Kraftfahrzeuge im Sinne des Artikels 2 Absatz 1 der Verordnung (EU) Nr. 168/2013 in der aus dem Anhang zu dieser Vorschrift ersichtlichen Fassung sowie deren Austauschschalldämpferanlagen und Einzelteile dieser Anlagen als unabhängige technische Einheit für diese Kraftfahrzeuge dürfen im Geltungsbereich dieser Verordnung nur verwendet werden oder zur Verwendung feilgeboten oder veräußert werden, wenn sie folgendermaßen gekennzeichnet sind:

1. mit dem EWG-Betriebserlaubniszeichen nach Anhang II Nummer 3.1.3 der Richtlinie 78/1015/EWG des Rates vom 23. November 1978 zur Angleichung der Rechtsvorschriften der Mitgliedstaaten über den zulässigen Geräuschpegel und die Auspuffanlage von Krafträdern (ABl. L 349 vom 13.12. 1978, S. 21), die zuletzt durch die Richtlinie 89/235/EWG (ABl. L 98 vom 11.4.1989, S. 1) geändert worden ist,
2. mit dem Genehmigungszeichen nach Kapitel 9 Anhang VI Nummer 1.3 der Richtlinie 97/24/EG des Europäischen Parlaments und des Rates vom 17. Juni 1997 über bestimmte Bauteile und Merkmale von zweirädrigen oder dreirädrigen Kraftfahrzeugen (ABl. L 226 vom 18.8.1997, S. 1; L 65 vom 5.3.1998, S. 35; L 244 vom 3.9.1998, S. 20; L 67 vom 11.3.2008, S. 22), die zuletzt durch die Richtlinie 2013/60/EU (ABl. L 329 vom 10.12.2013, S. 15) geändert worden ist,
3. mit dem Markenzeichen „e" und dem Kennzeichen des Landes, das die Bauartgenehmigung erteilt hat, nach Kapitel 9 Anhang III Nummer 2.3.2.2 der Richtlinie 97/24/EG in der in Nummer 2 genannten Fassung oder
4. mit dem nach Artikel 39 Absatz 2 und 3 der Verordnung (EU) Nr. 168/2013 in Verbindung mit Anhang IX der Delegierten Verordnung (EU) Nr. 134/2014 jeweils in der aus dem Anhang zu dieser Vorschrift ersichtlichen Fassung oder den darin genannten einschlägigen UNECE-Regelungen vorgeschriebenen Typgenehmigungszeichen.

[2] Satz 1 gilt nicht für Schalldämpferanlagen und Austauschschalldämpferanlagen, die ausschließlich im Rennsport verwendet werden.

(3) [1] Kraftfahrzeuge, die gemäß Anlage XIV zur Geräuschklasse G 1 gehören, gelten als geräuscharm; sie dürfen mit dem Zeichen „Geräuscharmes Kraftfahrzeug" gemäß Anlage XV gekennzeichnet sein. [2] Andere Fahrzeuge dürfen mit diesem Zeichen nicht gekennzeichnet werden. [3] An Fahrzeugen dürfen keine Zeichen angebracht werden, die mit dem Zeichen nach Satz 1 verwechselt werden können.

(4) [1] Besteht Anlass zu der Annahme, dass ein Fahrzeug den Anforderungen der Absätze 1 bis 2 nicht entspricht, so ist der Führer des Fahrzeugs auf Weisung einer zuständigen Person verpflichtet, den Schallpegel im Nahfeld feststellen zu lassen. [2] Liegt die Messstelle nicht in der Fahrtrichtung des Fahrzeugs, so besteht die Verpflichtung nur, wenn der zurückzulegende Umweg nicht mehr als 6 km beträgt. [3] Nach der Messung ist dem Führer eine Bescheinigung über das Ergebnis der Messung zu erteilen. [4] Die Kosten der Messung fallen dem Halter des Fahrzeugs zur Last, wenn eine zu beanstandende Überschreitung des für das Fahrzeug zulässigen Geräuschpegels festgestellt wird.

(5) [1] Technischer Dienst und Prüfstelle im Sinne der in den Absätzen 2 und 3 genannten Regelwerke ist das Institut für Fahrzeugtechnik beim Technischen Überwachungs-Verein Bayern Sachsen e.V., Westendstr. 199, 80686 München. [2] Es können auch andere Technische Prüfstellen für den Kraftfahrzeugverkehr oder von der obersten Landesbehörde anerkannte Stellen prüfen. [3] Der Technische Dienst ist über alle Prüfungen zu unterrichten. [4] In Zweifelsfällen ist er zu beteiligen; bei allen Fragen der Anwendung ist er federführend.

§ 49a Lichttechnische Einrichtungen, allgemeine Grundsätze.

(1) [1] An Kraftfahrzeugen und ihren Anhängern dürfen nur die vorgeschriebenen und die für zulässig erklärten lichttechnischen Einrichtungen angebracht sein. [2] Als lichttechnische Einrichtungen gelten auch Leuchtstoffe und rückstrahlende Mittel sowie außenwirksame Anlagen zur variablen oder dynamischen optischen Anzeige, wenn diese selbst leuchten oder von hinten beleuchtet sind. [3] Die lichttechnischen Einrichtungen müssen vorschriftsmäßig und fest angebracht sowie ständig betriebsfertig sein. [4] Lichttechnische Einrichtungen an Kraftfahrzeugen und Anhängern im Anwendungsbereich der Regelung Nummer 48 der Wirtschaftskommission der Vereinten Nationen für Europa (UNECE) (ABl. L 14 vom 16.1.2019, S. 42) müssen hinsichtlich des Anbaus und der Genehmigung lichttechnischer Einrichtungen der Regelung in der jeweils geltenden Fassung entsprechen.

(2) Scheinwerfer dürfen abdeckbar oder versenkbar sein, wenn ihre ständige Betriebsfertigkeit dadurch nicht beeinträchtigt wird.

(3) Lichttechnische Einrichtungen müssen so beschaffen und angebracht sein, dass sie sich gegenseitig in ihrer Wirkung nicht mehr als unvermeidbar beeinträchtigen, auch wenn sie in einem Gerät vereinigt sind.

(4) [1] Sind lichttechnische Einrichtungen gleicher Art paarweise angebracht, so müssen sie in gleicher Höhe über der Fahrbahn und symmetrisch zur Längsmittelebene des Fahrzeugs angebracht sein (bestimmt durch die äußere geometrische Form und nicht durch den Rand ihrer leuchtenden Fläche), ausgenommen bei Fahrzeugen mit unsymmetrischer äußerer Form und bei Krafträdern mit Beiwagen. [2] Sie müssen gleichfarbig sein, gleich stark und – mit

Ausnahme der Parkleuchten und der Fahrtrichtungsanzeiger – gleichzeitig leuchten. [3]Die Vorschriften über die Anbringungshöhe der lichttechnischen Einrichtungen über der Fahrbahn gelten für das unbeladene Fahrzeug.

(5) [1]Alle nach vorn wirkenden lichttechnischen Einrichtungen dürfen nur zusammen mit den Schlussleuchten und der Beleuchtungseinrichtung für amtliche Kennzeichen oder transparente amtliche Kennzeichen einschaltbar sein. [2]Dies gilt nicht für

1. Parkleuchten,
2. Fahrtrichtungsanzeiger,
3. die Abgabe von Leuchtzeichen (§ 16 Absatz 1 der Straßenverkehrs-Ordnung[1)]),
4. Arbeitsscheinwerfer an
   a) land- oder forstwirtschaftlichen Zugmaschinen,
   b) land- oder forstwirtschaftlichen Arbeitsmaschinen sowie
   c) Kraftfahrzeugen der Militärpolizei, der Polizei des Bundes und der Länder, des Bundeskriminalamtes und des Zollfahndungsdienstes,
5. Tagfahrleuchten, die den im Anhang zu dieser Vorschrift genannten Bestimmungen entsprechen.

(6) In den Scheinwerfern und Leuchten dürfen nur die nach ihrer Bauart dafür bestimmten Lichtquellen verwendet werden.

(7) Für vorgeschriebene oder für zulässig erklärte Warnanstriche, Warnschilder und dergleichen an Kraftfahrzeugen und Anhängern dürfen Leuchtstoffe und rückstrahlende Mittel verwendet werden.

(8) Für alle am Kraftfahrzeug oder Zug angebrachten Scheinwerfer und Signalleuchten muss eine ausreichende elektrische Energieversorgung unter allen üblichen Betriebsbedingungen ständig sichergestellt sein.

(9) [1]Schlussleuchten, Nebelschlussleuchten, Spurhalteleuchten, Umrissleuchten, Bremsleuchten, hintere Fahrtrichtungsanzeiger, hintere nach der Seite wirkende gelbe nicht dreieckige Rückstrahler und reflektierende Mittel, hintere Seitenmarkierungsleuchten, Rückfahrscheinwerfer und Kennzeichen mit Beleuchtungseinrichtungen sowie zwei zusätzliche dreieckige Rückstrahler – für Anhänger nach § 53 Absatz 7 zwei zusätzliche Rückstrahler, wie sie für Kraftfahrzeuge vorgeschrieben sind – dürfen auf einem abnehmbaren Schild oder Gestell (Leuchtenträger) angebracht sein bei

1. Anhängern in land- oder forstwirtschaftlichen Betrieben,
2. Anhängern zur Beförderung von Eisenbahnwagen auf der Straße (Straßenroller),
3. Anhängern zur Beförderung von Booten,
4. Turmdrehkränen,
5. Förderbändern und Lastenaufzügen,
6. Abschleppachsen,
7. abgeschleppten Fahrzeugen,
8. Fahrgestellen, die zur Anbringung des Aufbaus überführt werden,
9. fahrbaren Baubuden,

[1)] Nr. 2.

10. Wohnwagen und Packwagen im Schaustellergewerbe nach § 3 Absatz 3 Satz 1 Nummer 2 Buchstabe b der Fahrzeug-Zulassungsverordnung[1)],
11. angehängten Arbeitsgeräten für die Straßenunterhaltung,
12. Nachläufern zum Transport von Langmaterial.

[2]Der Leuchtenträger muss rechtwinklig zur Fahrbahn und zur Längsmittelebene des Fahrzeugs angebracht sein; er darf nicht pendeln können.

(9a) [1]Zusätzliche Rückfahrscheinwerfer (§ 52a Absatz 2), Schlussleuchten (§ 53 Absatz 1), Bremsleuchten (§ 53 Absatz 2), Rückstrahler (§ 53 Absatz 4), Nebelschlussleuchten (§ 53d Absatz 2) und Fahrtrichtungsanzeiger (§ 54 Absatz 1) sind an Fahrzeugen oder Ladungsträgern nach Anzahl und Art wie die entsprechenden vorgeschriebenen lichttechnischen Einrichtungen fest anzubringen, wenn Ladungsträger oder mitgeführte Ladung auch nur teilweise in die in Absatz 1 Satz 4 geforderten Winkel der vorhandenen vorgeschriebenen Leuchten am Kraftfahrzeug oder Anhänger hineinragen. [2]Die elektrische Schaltung der Nebelschlussleuchten ist so auszuführen, dass am Fahrzeug vorhandene Nebelschlussleuchten abgeschaltet werden. [3]Die jeweilige Ab- und Wiedereinschaltung der Nebelschlussleuchten muss selbsttätig durch Aufstecken oder Abziehen des Steckers für die zusätzlichen Nebelschlussleuchten erfolgen.

(10) [1]Bei den in Absatz 9 Nummer 1 und § 53 Absatz 7 genannten Anhängern sowie den in § 53b Absatz 4 genannten Anbaugeräten darf der Leuchtenträger aus zwei oder – in den Fällen des § 53 Absatz 5 – aus drei Einheiten bestehen, wenn diese Einheiten und die Halterungen an den Fahrzeugen so beschaffen sind, dass eine unsachgemäße Anbringung nicht möglich ist. [2]An diesen Einheiten dürfen auch nach vorn wirkende Begrenzungsleuchten angebracht sein.

(11) Für die Bestimmung der „leuchtenden Fläche“, der „Lichtaustrittsfläche“ und der „Winkel der geometrischen Sichtbarkeit“ gelten die Begriffsbestimmungen in Anhang I der Richtlinie 76/756/EWG.

§ 50 Scheinwerfer für Fern- und Abblendlicht. (1) Für die Beleuchtung der Fahrbahn darf nur weißes Licht verwendet werden.

(2) [1]Kraftfahrzeuge müssen mit zwei nach vorn wirkenden Scheinwerfern ausgerüstet sein, Krafträder – auch mit Beiwagen – mit einem Scheinwerfer. [2]An mehrspurigen Kraftfahrzeugen, deren Breite 1 000 mm nicht übersteigt, sowie an Krankenfahrstühlen und an Fahrzeugen, die die Baumerkmale von Krankenfahrstühlen haben, deren Geschwindigkeit aber 30 km/h übersteigt, genügt ein Scheinwerfer. [3]Bei Kraftfahrzeugen mit einer durch die Bauart bestimmten Höchstgeschwindigkeit von nicht mehr als 8 km/h genügen Leuchten ohne Scheinwerferwirkung. [4]Für einachsige Zug- oder Arbeitsmaschinen, die von Fußgängern an Holmen geführt werden, gilt § 17 Absatz 5 der Straßenverkehrs-Ordnung[2)]. [5]Bei einachsigen Zugmaschinen, hinter denen ein einachsiger Anhänger mitgeführt wird, dürfen die Scheinwerfer statt an der Zugmaschine am Anhänger angebracht sein. [6]Kraftfahrzeuge des Straßendienstes, die von den öffentlichen Verwaltungen oder in deren Auftrag verwendet werden und deren zeitweise vorgebaute Arbeitsgeräte die vorschriftsmäßig

[1)] Nr. **3.2**.
[2)] Nr. **2**.

angebrachten Scheinwerfer verdecken, dürfen mit zwei zusätzlichen Scheinwerfern für Fern- und Abblendlicht oder zusätzlich mit Scheinwerfern nach Absatz 4 ausgerüstet sein, die höher als 1 000 mm (Absatz 3) über der Fahrbahn angebracht sein dürfen; es darf jeweils nur ein Scheinwerferpaar einschaltbar sein. [7]Die höher angebrachten Scheinwerfer dürfen nur dann eingeschaltet werden, wenn die unteren Scheinwerfer verdeckt sind.

(3) [1]Scheinwerfer müssen einstellbar und so befestigt sein, dass sie sich nicht unbeabsichtigt verstellen können. [2]Bei Scheinwerfern für Abblendlicht darf der niedrigste Punkt der Spiegelkante nicht unter 500 mm und der höchste Punkt der leuchtenden Fläche nicht höher als 1 200 mm über der Fahrbahn liegen. [3]Satz 2 gilt nicht für

1. Fahrzeuge des Straßendienstes, die von den öffentlichen Verwaltungen oder in deren Auftrag verwendet werden,
2. selbstfahrende Arbeitsmaschinen, Stapler und land- oder forstwirtschaftliche Zugmaschinen, deren Bauart eine vorschriftsmäßige Anbringung der Scheinwerfer nicht zulässt. Ist der höchste Punkt der leuchtenden Fläche jedoch höher als 1 500 mm über der Fahrbahn, dann dürfen sie bei eingeschalteten Scheinwerfern nur mit einer Geschwindigkeit von nicht mehr als 30 km/h gefahren werden.

(4) Für das Fernlicht und für das Abblendlicht dürfen besondere Scheinwerfer vorhanden sein; sie dürfen so geschaltet sein, dass bei Fernlicht die Abblendscheinwerfer mitbrennen.

(5) [1]Die Scheinwerfer müssen bei Dunkelheit die Fahrbahn so beleuchten (Fernlicht), dass die Beleuchtungsstärke in einer Entfernung von 100 m in der Längsachse des Fahrzeugs in Höhe der Scheinwerfermitten mindestens beträgt

1. 0,25 lx bei Krafträdern mit einem Hubraum von nicht mehr als 100 cm^3,
2. 0,50 lx bei Krafträdern mit einem Hubraum über 100 cm^3,
3. 1,00 lx bei anderen Kraftfahrzeugen.

[2]Die Einschaltung des Fernlichts muss durch eine blau leuchtende Lampe im Blickfeld des Fahrzeugführers angezeigt werden; bei Krafträdern und Zugmaschinen mit offenem Führersitz kann die Einschaltung des Fernlichts durch die Stellung des Schalthebels angezeigt werden. [3]Kraftfahrzeuge mit einer durch die Bauart bestimmten Höchstgeschwindigkeit von nicht mehr als 30 km/h brauchen nur mit Scheinwerfern ausgerüstet zu sein, die den Vorschriften des Absatzes 6 Satz 2 und 3 entsprechen.

(6) [1]Paarweise verwendete Scheinwerfer für Fern- und Abblendlicht müssen so eingerichtet sein, dass sie nur gleichzeitig und gleichmäßig abgeblendet werden können. [2]Die Blendung gilt als behoben (Abblendlicht), wenn die Beleuchtungsstärke in einer Entfernung von 25 m vor jedem einzelnen Scheinwerfer auf einer Ebene senkrecht zur Fahrbahn in Höhe der Scheinwerfermitte und darüber nicht mehr als 1 lx beträgt. [3]Liegt der höchste Punkt der leuchtenden Fläche der Scheinwerfer (Absatz 3 Satz 2) mehr als 1 200 mm über der Fahrbahn, so darf die Beleuchtungsstärke unter den gleichen Bedingungen oberhalb einer Höhe von 1 000 mm 1 lx nicht übersteigen. [4]Bei Scheinwerfern, deren Anbringungshöhe 1 400 mm übersteigt, darf die Hell-Dunkel-Grenze 15 m vor dem Scheinwerfer nur halb so hoch liegen wie die Scheinwerfermitte. [5]Bei Scheinwerfern für asymmetrisches Abblendlicht darf die 1-Lux-Grenze von dem der Scheinwerfermitte entsprechenden Punkt unter

einem Winkel von 15 Grad nach rechts ansteigen, sofern nicht in internationalen Vereinbarungen oder Rechtsakten nach § 21a etwas anderes bestimmt ist. [6]Die Scheinwerfer müssen die Fahrbahn so beleuchten, dass die Beleuchtungsstärke in einer Entfernung von 25 m vor den Scheinwerfern senkrecht zum auffallenden Licht in 150 mm Höhe über der Fahrbahn mindestens die in Absatz 5 angegebenen Werte erreicht.

(6a) [1]Die Absätze 2 bis 6 gelten nicht für Mofas. [2]Diese Fahrzeuge müssen mit einem Scheinwerfer für Dauerabblendlicht ausgerüstet sein, dessen Beleuchtungsstärke in einer Entfernung von 25 m vor dem Scheinwerfer auf einer Ebene senkrecht zur Fahrbahn in Höhe der Scheinwerfermitte und darüber nicht mehr als 1 lx beträgt. [3]Der Scheinwerfer muss am Fahrzeug einstellbar und so befestigt sein, dass er sich nicht unbeabsichtigt verstellen kann. [4]Die Nennleistung der Glühlampe im Scheinwerfer muss 15 W betragen. [5]Die Sätze 1 bis 3 gelten auch für Kleinkrafträder und andere Fahrräder mit Hilfsmotor, wenn eine ausreichende elektrische Energieversorgung der Beleuchtungs- und Lichtsignaleinrichtungen nur bei Verwendung von Scheinwerfern für Dauerabblendlicht nach den Sätzen 2 und 4 sichergestellt ist.

(7) Die Beleuchtungsstärke ist bei stehendem Motor, vollgeladener Batterie und bei richtig eingestellten Scheinwerfern zu messen.

(8) Mehrspurige Kraftfahrzeuge, ausgenommen land- oder forstwirtschaftliche Zugmaschinen, Arbeitsmaschinen und Stapler, müssen so beschaffen sein, dass die Ausrichtung des Abblendlichtbündels von Scheinwerfern, die nicht höher als 1 200 mm über der Fahrbahn (Absatz 3) angebracht sind, den im Anhang zu dieser Vorschrift genannten Bestimmungen entspricht.

(9) Scheinwerfer für Fernlicht dürfen nur gleichzeitig oder paarweise einschaltbar sein; beim Abblenden müssen alle gleichzeitig erlöschen.

(10) Kraftfahrzeuge mit Scheinwerfern für Fern- und Abblendlicht, die mit Gasentladungslampen ausgestattet sind, müssen mit

1. einer automatischen Leuchtweiteregelung im Sinne des Absatzes 8,
2. einer Scheinwerferreinigungsanlage und
3. einem System, das das ständige Eingeschaltetsein des Abblendlichtes auch bei Fernlicht sicherstellt,

ausgerüstet sein.

§ 51 Begrenzungsleuchten, vordere Rückstrahler, Spurhalteleuchten.

(1) [1]Kraftfahrzeuge – ausgenommen Krafträder ohne Beiwagen und Kraftfahrzeuge mit einer Breite von weniger als 1 000 mm – müssen zur Kenntlichmachung ihrer seitlichen Begrenzung nach vorn mit zwei Begrenzungsleuchten ausgerüstet sein, bei denen der äußerste Punkt der leuchtenden Fläche nicht mehr als 400 mm von der breitesten Stelle des Fahrzeugumrisses entfernt sein darf. [2]Zulässig sind zwei zusätzliche Begrenzungsleuchten, die Bestandteil der Scheinwerfer sein müssen. [3]Beträgt der Abstand des äußersten Punktes der leuchtenden Fläche der Scheinwerfer von den breitesten Stellen des Fahrzeugumrisses nicht mehr als 400 mm, so genügen in die Scheinwerfer eingebaute Begrenzungsleuchten. [4]Das Licht der Begrenzungsleuchten muss weiß sein; es darf nicht blenden. [5]Die Begrenzungsleuchten müssen auch bei Fernlicht und Abblendlicht ständig leuchten. [6]Bei Krafträdern mit Beiwagen muss eine Begrenzungsleuchte auf der äußeren Seite des Beiwagens angebracht sein. [7]Krafträder ohne Beiwagen dürfen im Scheinwerfer eine Leuchte nach Art der

Begrenzungsleuchten führen; Satz 5 ist nicht anzuwenden. [8] Begrenzungsleuchten an einachsigen Zug- oder Arbeitsmaschinen sind nicht erforderlich, wenn sie von Fußgängern an Holmen geführt werden oder ihre durch die Bauart bestimmte Höchstgeschwindigkeit 30 km/h nicht übersteigt und der Abstand des äußersten Punktes der leuchtenden Fläche der Scheinwerfer von der breitesten Stelle des Fahrzeugumrisses nicht mehr als 400 mm beträgt.

(2) [1] Anhänger, deren äußerster Punkt des Fahrzeugumrisses mehr als 400 mm über den äußersten Punkt der leuchtenden Fläche der Begrenzungsleuchten des Zugfahrzeugs hinausragt, müssen an der Vorderseite durch zwei Begrenzungsleuchten kenntlich gemacht werden. [2] Andere Anhänger dürfen an der Vorderseite mit zwei Begrenzungsleuchten ausgerüstet sein. [3] An allen Anhängern dürfen an der Vorderseite zwei nicht dreieckige weiße Rückstrahler angebracht sein. [4] Der äußerste Punkt der leuchtenden Fläche der Begrenzungsleuchten und der äußerste Punkt der leuchtenden Fläche der Rückstrahler dürfen nicht mehr als 150 mm, bei land- oder forstwirtschaftlichen Anhängern nicht mehr als 400 mm, vom äußersten Punkt des Fahrzeugumrisses des Anhängers entfernt sein.

(3) [1] Der niedrigste Punkt der leuchtenden Fläche der Begrenzungsleuchten darf nicht weniger als 350 mm und ihr höchster Punkt der leuchtenden Fläche nicht mehr als 1 500 mm über der Fahrbahn liegen. [2] Lässt die Bauart des Fahrzeugs eine solche Anbringung nicht zu, so dürfen die Begrenzungsleuchten höher angebracht sein, jedoch nicht höher als 2 100 mm. [3] Bei den vorderen Rückstrahlern darf der niedrigste Punkt der leuchtenden Fläche nicht weniger als 350 mm und ihr höchster Punkt der leuchtenden Fläche nicht mehr als 900 mm über der Fahrbahn liegen. [4] Lässt die Bauart des Fahrzeugs eine solche Anbringung nicht zu, so dürfen die Rückstrahler höher angebracht sein, jedoch nicht höher als 1 500 mm.

(4) An Anhängern darf am hinteren Ende der beiden Längsseiten je eine nach vorn wirkende Leuchte für weißes Licht (Spurhalteleuchte) angebracht sein.

§ 51a Seitliche Kenntlichmachung. (1) [1] Kraftfahrzeuge – ausgenommen Personenkraftwagen – mit einer Länge von mehr als 6 m sowie Anhänger müssen an den Längsseiten mit nach der Seite wirkenden gelben, nicht dreieckigen Rückstrahlern ausgerüstet sein. [2] Mindestens je einer dieser Rückstrahler muss im mittleren Drittel des Fahrzeugs angeordnet sein; der am weitesten vorn angebrachte Rückstrahler darf nicht mehr als 3 m vom vordersten Punkt des Fahrzeugs, bei Anhängern vom vordersten Punkt der Zugeinrichtung entfernt sein. [3] Zwischen zwei aufeinanderfolgenden Rückstrahlern darf der Abstand nicht mehr als 3 m betragen. [4] Der am weitesten hinten angebrachte Rückstrahler darf nicht mehr als 1 m vom hintersten Punkt des Fahrzeugs entfernt sein. [5] Die Höhe über der Fahrbahn (höchster Punkt der leuchtenden Fläche) darf nicht mehr als 900 mm betragen. [6] Lässt die Bauart des Fahrzeugs das nicht zu, so dürfen die Rückstrahler höher angebracht sein, jedoch nicht höher als 1 500 mm. [7] Krankenfahrstühle müssen an den Längsseiten mit mindestens je einem gelben Rückstrahler ausgerüstet sein, der nicht höher als 600 mm, jedoch so tief wie möglich angebracht sein muss. [8] Diese Rückstrahler dürfen auch an den Speichen der Räder angebracht sein.

(2) Die nach Absatz 1 anzubringenden Rückstrahler dürfen abnehmbar sein

1. an Fahrzeugen, deren Bauart eine dauernde feste Anbringung nicht zulässt,

2. an land- oder forstwirtschaftlichen Bodenbearbeitungsgeräten, die hinter Kraftfahrzeugen mitgeführt werden und
3. an Fahrgestellen, die zur Vervollständigung überführt werden.

(3) [1] Die seitliche Kenntlichmachung von Fahrzeugen, für die sie nicht vorgeschrieben ist, muss Absatz 1 entsprechen. [2] Jedoch genügt je ein Rückstrahler im vorderen und im hinteren Drittel.

(4) [1] Retroreflektierende gelbe waagerechte Streifen, die unterbrochen sein können, an den Längsseiten von Fahrzeugen sind zulässig. [2] Sie dürfen nicht die Form von Schriftzügen oder Emblemen haben. [3] § 53 Absatz 10 Nummer 3 ist anzuwenden.

(5) Ringförmig zusammenhängende retroreflektierende weiße Streifen an den Reifen von Krafträdern und Krankenfahrstühlen sind zulässig.

(6) [1] Fahrzeuge mit einer Länge von mehr als 6,0 m – ausgenommen Fahrgestelle mit Führerhaus, land- oder forstwirtschaftliche Zug- und Arbeitsmaschinen und deren Anhänger sowie Arbeitsmaschinen und Stapler, die hinsichtlich der Baumerkmale ihres Fahrgestells nicht den Lastkraftwagen und Zugmaschinen gleichzusetzen sind, – müssen an den Längsseiten mit nach der Seite wirkenden gelben Seitenmarkierungsleuchten nach der Richtlinie 76/756/EWG ausgerüstet sein. [2] Für andere Fahrzeuge ist die entsprechende Anbringung von Seitenmarkierungsleuchten zulässig. [3] Ist die hintere Seitenmarkierungsleuchte mit der Schlussleuchte, Umrissleuchte, Nebelschlussleuchte oder Bremsleuchte zusammengebaut, kombiniert oder ineinandergebaut oder bildet sie den Teil einer gemeinsam leuchtenden Fläche mit dem Rückstrahler, so darf sie auch rot sein.

(7) [1] Zusätzlich zu den nach Absatz 1 vorgeschriebenen Einrichtungen sind Fahrzeugkombinationen mit Nachläufern zum Transport von Langmaterial über ihre gesamte Länge (einschließlich Ladung) durch gelbes retroreflektierendes Material, das mindestens dem Typ 2 des Normblattes DIN 67 520 Teil 2, Ausgabe Juni 1994, entsprechen muss, seitlich kenntlich zu machen in Form von Streifen, Bändern, Schlauch- oder Kabelumhüllungen oder in ähnlicher Ausführung. [2] Kurze Unterbrechungen, die durch die Art der Ladung oder die Konstruktion der Fahrzeuge bedingt sind, sind zulässig. [3] Die Einrichtungen sind so tief anzubringen, wie es die konstruktive Beschaffenheit der Fahrzeuge und der Ladung zulässt. [4] Abweichend von Absatz 6 sind an Nachläufern von Fahrzeugkombinationen zum Transport von Langmaterial an den Längsseiten soweit wie möglich vorne und hinten jeweils eine Seitenmarkierungsleuchte anzubringen.

§ 51b Umrissleuchten. (1) [1] Umrissleuchten sind Leuchten, die die Breite über alles eines Fahrzeugs deutlich anzeigen. [2] Sie sollen bei bestimmten Fahrzeugen die Begrenzungs- und Schlussleuchten ergänzen und die Aufmerksamkeit auf besondere Fahrzeugumrisse lenken.

(2) [1] Fahrzeuge mit einer Breite von mehr als 2,10 m müssen und Fahrzeuge mit einer Breite von mehr als 1,80 m aber nicht mehr als 2,10 m dürfen auf jeder Seite mit einer nach vorn wirkenden weißen und einer nach hinten wirkenden roten Umrissleuchte ausgerüstet sein. [2] Die Leuchten einer Fahrzeugseite dürfen zu einer Leuchte zusammengefasst sein. [3] In allen Fällen muss der Abstand zwischen den leuchtenden Flächen dieser Leuchten und der Be-

grenzungsleuchte oder Schlussleuchte auf der gleichen Fahrzeugseite mehr als 200 mm betragen.

(3) [1] Umrissleuchten müssen entsprechend den im Anhang zu dieser Vorschrift genannten Bestimmungen an den Fahrzeugen angebracht sein. [2] Für Arbeitsmaschinen und Stapler gelten die Anbauvorschriften für Anhänger und Sattelanhänger.

(4) Umrissleuchten sind nicht erforderlich an

1. land- oder forstwirtschaftlichen Zug- und Arbeitsmaschinen und ihren Anhängern und
2. allen Anbaugeräten und Anhängegeräten hinter land- oder forstwirtschaftlichen Zugmaschinen.

(5) Werden Umrissleuchten an Fahrzeugen angebracht, für die sie nicht vorgeschrieben sind, müssen sie den Vorschriften der Absätze 1 bis 3 entsprechen.

(6) Umrissleuchten dürfen nicht an Fahrzeugen und Anbaugeräten angebracht werden, deren Breite über alles nicht mehr als 1,80 m beträgt.

§ 51c Parkleuchten, Park-Warntafeln. (1) Parkleuchten und Park-Warntafeln zeigen die seitliche Begrenzung eines geparkten Fahrzeugs an.

(2) [1] An Kraftfahrzeugen, Anhängern und Zügen dürfen angebracht sein:

1. eine nach vorn wirkende Parkleuchte für weißes Licht und eine nach hinten wirkende Parkleuchte für rotes Licht für jede Fahrzeugseite oder
2. eine Begrenzungsleuchte und eine Schlussleuchte oder
3. eine abnehmbare Parkleuchte für weißes Licht für die Vorderseite und eine abnehmbare Parkleuchte für rotes Licht für die Rückseite oder
4. je eine Park-Warntafel für die Vorderseite und die Rückseite des Fahrzeugs oder Zuges mit je 100 mm breiten unter 45 Grad nach außen und unten verlaufenden roten und weißen Streifen.

[2] An Fahrzeugen, die nicht breiter als 2 000 mm und nicht länger als 6 000 mm sind, dürfen sowohl die Parkleuchten nach Nummer 1 einer jeden Fahrzeugseite als auch die nach Nummer 3 zu einem Gerät vereinigt sein.

(3) [1] Die Leuchten nach Absatz 2 Satz 1 Nummer 1 und 3 und Satz 2 müssen so am Fahrzeug angebracht sein, dass der unterste Punkt der leuchtenden Fläche mehr als 350 mm und der höchste Punkt der leuchtenden Fläche nicht mehr als 1 500 mm von der Fahrbahn entfernt sind. [2] Der äußerste Punkt der leuchtenden Fläche der Leuchten darf vom äußersten Punkt des Fahrzeugumrisses nicht mehr als 400 mm entfernt sein.

(4) Die Leuchten nach Absatz 2 Satz 1 Nummer 3 müssen während des Betriebs am Bordnetz anschließbar oder mit aufladbaren Stromquellen ausgerüstet sein, die im Fahrbetrieb ständig am Bordnetz angeschlossen sein müssen.

(5) [1] Park-Warntafeln, deren wirksame Teile nur bei parkenden Fahrzeugen sichtbar sein dürfen, müssen auf der dem Verkehr zugewandten Seite des Fahrzeugs oder Zuges möglichst niedrig und nicht höher als 1 000 mm (höchster Punkt der leuchtenden Fläche) so angebracht sein, dass sie mit dem Umriss des Fahrzeugs, Zuges oder der Ladung abschließen. [2] Abweichungen von nicht

mehr als 100 mm nach innen sind zulässig. [3]Rückstrahler und amtliche Kennzeichen dürfen durch Park-Warntafeln nicht verdeckt werden.

§ 52 Zusätzliche Scheinwerfer und Leuchten. (1) [1]Außer mit den in § 50 vorgeschriebenen Scheinwerfern zur Beleuchtung der Fahrbahn dürfen mehrspurige Kraftfahrzeuge mit zwei Nebelscheinwerfern für weißes oder hellgelbes Licht ausgerüstet sein, Krafträder, auch mit Beiwagen, mit nur einem Nebelscheinwerfer. [2]Sie dürfen nicht höher als die am Fahrzeug befindlichen Scheinwerfer für Abblendlicht angebracht sein. [3]Sind mehrspurige Kraftfahrzeuge mit Nebelscheinwerfern ausgerüstet, bei denen der äußere Rand der Lichtaustrittsfläche mehr als 400 mm von der breitesten Stelle des Fahrzeugumrisses entfernt ist, so müssen die Nebelscheinwerfer so geschaltet sein, dass sie nur zusammen mit dem Abblendlicht brennen können. [4]Nebelscheinwerfer müssen einstellbar und an dafür geeigneten Teilen der Fahrzeuge so befestigt sein, dass sie sich nicht unbeabsichtigt verstellen können. [5]Sie müssen so eingestellt sein, dass eine Blendung anderer Verkehrsteilnehmer nicht zu erwarten ist. [6]Die Blendung gilt als behoben, wenn die Beleuchtungsstärke in einer Entfernung von 25 m vor jedem einzelnen Nebelscheinwerfer auf einer Ebene senkrecht zur Fahrbahn in Höhe der Scheinwerfermitte und darüber bei Nennspannung an den Klemmen der Scheinwerferlampe nicht mehr als 1 lx beträgt.

(2) [1]Ein Suchscheinwerfer für weißes Licht ist zulässig. [2]Die Leistungsaufnahme darf nicht mehr als 35 W betragen. [3]Er darf nur zugleich mit den Schlussleuchten und der Kennzeichenbeleuchtung einschaltbar sein.

(3) [1]Mit einer oder, wenn die horizontale und vertikale Sichtbarkeit (geometrische Sichtbarkeit) es für die Rundumwirkung erfordert, mehreren Warnleuchten für blaues Blinklicht dürfen ausgerüstet sein:

1. Kraftfahrzeuge sowie Anhänger, die dem Vollzugsdienst der Polizei, der Militärpolizei, der Bundespolizei, des Zolldienstes, des Bundesamtes für Logistik und Mobilität oder der Bundesstelle für Flugunfalluntersuchung dienen, insbesondere Kommando-, Streifen-, Mannschaftstransport-, Verkehrsunfall-, Mordkommissionsfahrzeuge,
2. Einsatz- und Kommando-Kraftfahrzeuge sowie Anhänger der Feuerwehren und der anderen Einheiten und Einrichtungen des Zivil- und Katastrophenschutzes und des Rettungsdienstes, falls sie als solche außen deutlich sichtbar gekennzeichnet sind,
3. Kraftfahrzeuge, die nach dem Fahrzeugschein als Unfallhilfswagen öffentlicher Verkehrsbetriebe mit spurgeführten Fahrzeugen, einschließlich Oberleitungsomnibussen, anerkannt sind, falls sie als solche außen deutlich sichtbar gekennzeichnet sind,
4. Kraftfahrzeuge des Rettungsdienstes, die für Krankentransport oder Notfallrettung besonders eingerichtet und nach dem Fahrzeugschein als Krankenkraftwagen anerkannt sind, falls sie als solche außen deutlich sichtbar gekennzeichnet sind.

[2]Je ein Paar Warnleuchten für blaues Blinklicht mit einer Hauptabstrahlrichtung nach vorne oder nach hinten sind an Kraftfahrzeugen nach Satz 1 zulässig, jedoch bei mehrspurigen Fahrzeugen nur in Verbindung mit Warnleuchten für blaues Blinklicht.

(3a) [1]Kraftfahrzeuge des Vollzugsdienstes der Militärpolizei, der Polizeien des Bundes und der Länder sowie des Zollfahndungsdienstes dürfen folgende Warnleuchten und Signalgeber haben:

1. Anhaltesignal,
2. nach vorn wirkende Signalgeber für rote Lichtschrift sowie
3. nach hinten wirkende Signalgeber für rote oder gelbe Lichtschrift.

[2]Kraftfahrzeuge des Vollzugsdienstes des Bundesamtes für Logistik und Mobilität dürfen mit einem nach hinten wirkenden Signalgeber für rote Lichtschrift ausgerüstet sein. [3]Die Warnleuchten für rotes Blinklicht und blaues Blinklicht dürfen nicht gemeinsam betrieben werden können. [4]Ergänzend zu den Signalgebern dürfen fluoreszierende oder retroreflektierende Folien verwendet werden.

(4) Mit einer oder, wenn die horizontale und vertikale Sichtbarkeit es erfordert, mehreren Warnleuchten für gelbes Blinklicht – Rundumlicht – dürfen ausgerüstet sein:

1. Fahrzeuge, die dem Bau, der Unterhaltung oder Reinigung von Straßen oder von Anlagen im Straßenraum oder die der Müllabfuhr dienen und durch rot-weiße Warnmarkierungen (Sicherheitskennzeichnung), die dem Normblatt DIN 30 710, Ausgabe März 1990, entsprechen müssen, gekennzeichnet sind,
2. Kraftfahrzeuge, die nach ihrer Bauart oder Einrichtung zur Pannenhilfe geeignet und nach dem Fahrzeugschein als Pannenhilfsfahrzeug anerkannt sind. Die Zulassungsbehörde kann zur Vorbereitung ihrer Entscheidung die Beibringung des Gutachtens eines amtlich anerkannten Sachverständigen oder Prüfers für den Kraftfahrzeugverkehr darüber anordnen, ob das Kraftfahrzeug nach seiner Bauart oder Einrichtung zur Pannenhilfe geeignet ist. Die Anerkennung ist nur zulässig für Fahrzeuge von Betrieben, die gewerblich oder innerbetrieblich Pannenhilfe leisten, von Automobilclubs und von Verbänden des Verkehrsgewerbes und der Autoversicherer,
3. Fahrzeuge mit ungewöhnlicher Breite oder Länge oder mit ungewöhnlich breiter oder langer Ladung, sofern die genehmigende Behörde die Führung der Warnleuchten vorgeschrieben hat,
4. Fahrzeuge, die aufgrund ihrer Ausrüstung als Schwer- oder Großraumtransport-Begleitfahrzeuge ausgerüstet und nach dem Fahrzeugschein anerkannt sind. Andere Begleitfahrzeuge dürfen mit abnehmbaren Kennleuchten ausgerüstet sein, sofern die genehmigende Behörde die Führung der Warnleuchten vorgeschrieben hat,
5. Fahrzeuge der Bodendienste von Flugplätzen oder der behördlichen Luftaufsicht.

(5) [1]Krankenkraftwagen (Absatz 3 Nummer 4) dürfen mit einer nur nach vorn wirkenden besonderen Beleuchtungseinrichtung (zum Beispiel Rot-Kreuz-Leuchte) ausgerüstet sein, um den Verwendungszweck des Fahrzeugs kenntlich zu machen. [2]Die Beleuchtungseinrichtung darf keine Scheinwerferwirkung haben.

(6) [1]An Kraftfahrzeugen, in denen ein Arzt zur Hilfeleistung in Notfällen unterwegs ist, darf während des Einsatzes ein nach vorn und nach hinten wirkendes Schild mit der in schwarzer Farbe auf gelbem Grund versehenen Aufschrift „Arzt Notfalleinsatz“ auf dem Dach angebracht sein, das gelbes

Blinklicht ausstrahlt; dies gilt nur, wenn der Arzt zum Führen des Schildes berechtigt ist. [2]Die Berechtigung zum Führen des Schildes erteilt auf Antrag die Zulassungsbehörde; sie entscheidet nach Anhörung der zuständigen Ärztekammer. [3]Der Berechtigte erhält hierüber eine Bescheinigung, die während der Einsatzfahrt mitzuführen und zuständigen Personen auf Verlangen zur Prüfung auszuhändigen ist.

(7) [1]Mehrspurige Fahrzeuge dürfen mit einer oder mehreren Leuchten zur Beleuchtung von Arbeitsgeräten und Arbeitsstellen (Arbeitsscheinwerfer) ausgerüstet sein. [2]Arbeitsscheinwerfer dürfen nicht während der Fahrt benutzt werden. [3]An Fahrzeugen, die dem Bau, der Unterhaltung oder der Reinigung von Straßen oder Anlagen im Straßenraum oder der Müllabfuhr dienen, dürfen Arbeitsscheinwerfer abweichend von Satz 2 auch während der Fahrt eingeschaltet sein, wenn die Fahrt zum Arbeitsvorgang gehört. [4]Arbeitsscheinwerfer dürfen nur dann eingeschaltet werden, wenn sie andere Verkehrsteilnehmer nicht blenden.

(8) Türsicherungsleuchten für rotes Licht, die beim Öffnen der Fahrzeugtüren nach rückwärts leuchten, sind zulässig; für den gleichen Zweck dürfen auch rote rückstrahlende Mittel verwendet werden.

(9) [1]Vorzeltleuchten an Wohnwagen und Wohnmobilen sind zulässig. [2]Sie dürfen nicht während der Fahrt benutzt und nur dann eingeschaltet werden, wenn nicht zu erwarten ist, dass sie Verkehrsteilnehmer auf öffentlichen Straßen blenden.

(10) Kraftfahrzeuge nach Absatz 3 Nummer 4 dürfen mit horizontal umlaufenden Streifen in leuchtrot nach DIN 6164, Teil 1, Ausgabe Februar 1980, ausgerüstet sein.

(11) [1]Kraftfahrzeuge nach Absatz 3 Satz 1 Nummer 1, 2 und 4 dürfen zusätzlich zu Kennleuchten für blaues Blinklicht – Rundumlicht – und Warnleuchten für blaues Blinklicht mit einer Hauptabstrahlrichtung nach vorne mit einem Heckwarnsystem bestehend aus höchstens drei Paar horizontal nach hinten wirkenden Leuchten für gelbes Blinklicht ausgerüstet sein. [2]Die Warnleuchten für gelbes Blinklicht mit einer Hauptabstrahlrichtung müssen

1. nach der Kategorie X der Nummer 1.1.2 der ECE-Regelung Nr. 65 über einheitliche Bedingungen für die Genehmigung von Kennleuchten für Blinklicht für Kraftfahrzeuge und ihre Anhänger (BGBl. 1994 II S. 108) bauartgenehmigt sein,
2. synchron blinken und
3. im oberen Bereich des Fahrzeughecks symmetrisch zur Fahrzeuglängsachse angebracht werden. Die Bezugsachse der Leuchten muss parallel zur Standfläche des Fahrzeugs auf der Fahrbahn verlaufen.

[3]Das Heckwarnsystem muss unabhängig von der übrigen Fahrzeugbeleuchtung eingeschaltet werden können und darf nur im Stand oder bei Schrittgeschwindigkeit betrieben werden. [4]Der Betrieb des Heckwarnsystems ist durch eine Kontrollleuchte im Fahrerhaus anzuzeigen. [5]Es ist ein deutlich sichtbarer Hinweis anzubringen, dass das Heckwarnsystem nur zur Absicherung der Einsatzstelle verwendet werden und das Einschalten nur im Stand oder bei Schrittgeschwindigkeit erfolgen darf.

§ 52a Rückfahrscheinwerfer. (1) Der Rückfahrscheinwerfer ist eine Leuchte, die die Fahrbahn hinter und gegebenenfalls neben dem Fahrzeug ausleuchtet und anderen Verkehrsteilnehmern anzeigt, dass das Fahrzeug rückwärts fährt oder zu fahren beginnt.

(2) [1] Kraftfahrzeuge müssen hinten mit einem oder zwei Rückfahrscheinwerfern für weißes Licht ausgerüstet sein. [2] An Anhängern sind hinten ein oder zwei Rückfahrscheinwerfer zulässig. [3] Der niedrigste Punkt der leuchtenden Fläche darf nicht weniger als 250 mm und der höchste Punkt der leuchtenden Fläche nicht mehr als 1 200 mm über der Fahrbahn liegen.

(3) [1] An mehrspurigen Kraftfahrzeugen mit einem zulässigen Gesamtgewicht von mehr als 3,5 t darf auf jeder Längsseite ein Rückfahrscheinwerfer angebaut sein. [2] Der höchste Punkt der leuchtenden Fläche darf nicht mehr als 1 200 mm über der Fahrbahn liegen. [3] Diese Rückfahrscheinwerfer dürfen seitlich nicht mehr als 50 mm über den Fahrzeugumriss hinausragen.

(4) [1] Rückfahrscheinwerfer dürfen nur bei eingelegtem Rückwärtsgang leuchten können, wenn die Einrichtung zum Anlassen oder Stillsetzen des Motors sich in der Stellung befindet, in der der Motor arbeiten kann. [2] Ist eine der beiden Voraussetzungen nicht gegeben, so dürfen sie nicht eingeschaltet werden können oder eingeschaltet bleiben.

(5) Rückfahrscheinwerfer müssen, soweit nicht über eine Bauartgenehmigung eine andere Ausrichtung vorgeschrieben ist, so geneigt sein, dass sie die Fahrbahn auf nicht mehr als 10 m hinter der Leuchte beleuchten.

(6) Rückfahrscheinwerfer sind nicht erforderlich an

1. Krafträdern,
2. land- oder forstwirtschaftlichen Zug- oder Arbeitsmaschinen,
3. einachsigen Zugmaschinen,
4. Arbeitsmaschinen und Staplern,
5. Krankenfahrstühlen.

(7) Werden Rückfahrscheinwerfer an Fahrzeugen angebracht, für die sie nicht vorgeschrieben sind, müssen sie den Vorschriften der Absätze 2, 4 und 5 entsprechen.

§ 53 Schlussleuchten, Bremsleuchten, Rückstrahler. (1) [1] Kraftfahrzeuge und ihre Anhänger müssen hinten mit zwei ausreichend wirkenden Schlussleuchten für rotes Licht ausgerüstet sein. [2] Krafträder ohne Beiwagen brauchen nur eine Schlussleuchte zu haben. [3] Der niedrigste Punkt der leuchtenden Fläche der Schlussleuchten darf nicht tiefer als 350 mm, bei Krafträdern nicht tiefer als 250 mm, und der höchste Punkt der leuchtenden Fläche nicht höher als 1 500 mm, bei Arbeitsmaschinen, Staplern und land- oder forstwirtschaftlichen Zugmaschinen nicht höher als 1 900 mm über der Fahrbahn liegen. [4] Wenn die Form des Aufbaus die Einhaltung dieser Maße nicht zulässt, darf der höchste Punkt der leuchtenden Fläche nicht höher als 2 100 mm über der Fahrbahn liegen. [5] Die Schlussleuchten müssen möglichst weit voneinander angebracht, der äußerste Punkt der leuchtenden Fläche darf nicht mehr als 400 mm von der breitesten Stelle des Fahrzeugumrisses entfernt sein. [6] Mehrspurige Kraftfahrzeuge und ihre Anhänger dürfen mit zwei zusätzlichen Schlussleuchten ausgerüstet sein. [7] Vorgeschriebene Schlussleuchten dürfen an einer gemeinsamen Sicherung nicht angeschlossen sein.

(2) [1] Kraftfahrzeuge und ihre Anhänger müssen hinten mit zwei ausreichend wirkenden Bremsleuchten für rotes Licht ausgerüstet sein, die nach rückwärts die Betätigung der Betriebsbremse, bei Fahrzeugen nach § 41 Absatz 7 der mechanischen Bremse, anzeigen. [2] Die Bremsleuchten dürfen auch bei Betätigen eines Retarders oder einer ähnlichen Einrichtung aufleuchten. [3] Bremsleuchten, die in der Nähe der Schlussleuchten angebracht oder damit zusammengebaut sind, müssen stärker als diese leuchten. [4] Bremsleuchten sind nicht erforderlich an:

1. Krafträdern mit oder ohne Beiwagen mit einer durch die Bauart bestimmten Höchstgeschwindigkeit von nicht mehr als 50 km/h,
2. Krankenfahrstühlen,
3. Anhängern hinter Fahrzeugen nach den Nummern 1 und 2 und
4. Fahrzeugen mit hydrostatischem Fahrantrieb, der als Betriebsbremse anerkannt ist.

[5] Bremsleuchten an Fahrzeugen, für die sie nicht vorgeschrieben sind, müssen den Vorschriften dieses Absatzes entsprechen. [6] An Krafträdern ohne Beiwagen ist nur eine Bremsleuchte zulässig. [7] Der niedrigste Punkt der leuchtenden Fläche der Bremsleuchten darf nicht tiefer als 350 mm und der höchste Punkt der leuchtenden Fläche nicht höher als 1 500 mm über der Fahrbahn liegen. [8] An Fahrzeugen des Straßendienstes, die von öffentlichen Verwaltungen oder in deren Auftrag verwendet werden, darf der höchste Punkt der leuchtenden Fläche der Bremsleuchten höher als 1 500 mm über der Fahrbahn liegen. [9] An Arbeitsmaschinen, Staplern und land- oder forstwirtschaftlichen Zugmaschinen darf der höchste Punkt der leuchtenden Fläche nicht höher als 1 900 mm und, wenn die Form des Aufbaus die Einhaltung dieses Maßes nicht zulässt, nicht höher als 2 100 mm über der Fahrbahn liegen. [10] Mehrspurige Kraftfahrzeuge und ihre Anhänger dürfen mit zwei zusätzlichen, höher als 1 000 mm über der Fahrbahn liegenden, innen oder außen am Fahrzeug fest angebrachten Bremsleuchten ausgerüstet sein, die abweichend von Satz 6 auch höher als 1 500 mm über der Fahrbahn angebracht sein dürfen. [11] Sie müssen so weit wie möglich voneinander entfernt angebracht sein.

(3) (weggefallen)

(4) [1] Kraftfahrzeuge müssen an der Rückseite mit zwei roten Rückstrahlern ausgerüstet sein. [2] Anhänger müssen mit zwei dreieckigen roten Rückstrahlern ausgerüstet sein; die Seitenlänge solcher Rückstrahler muss mindestens 150 mm betragen, die Spitze des Dreiecks muss nach oben zeigen. [3] Der äußerste Punkt der leuchtenden Fläche der Rückstrahler darf nicht mehr als 400 mm vom äußersten Punkt des Fahrzeugumrisses und ihr höchster Punkt der leuchtenden Fläche nicht mehr als 900 mm von der Fahrbahn entfernt sein. [4] Ist wegen der Bauart des Fahrzeugs eine solche Anbringung der Rückstrahler nicht möglich, so sind zwei zusätzliche Rückstrahler erforderlich, wobei ein Paar Rückstrahler so niedrig wie möglich und nicht mehr als 400 mm von der breitesten Stelle des Fahrzeugumrisses entfernt und das andere Paar möglichst weit auseinander und höchstens 900 mm über der Fahrbahn angebracht sein muss. [5] Krafträder ohne Beiwagen brauchen nur mit einem Rückstrahler ausgerüstet zu sein. [6] An den hinter Kraftfahrzeugen mitgeführten Schneeräumgeräten mit einer Breite von mehr als 3 m muss in der Mitte zwischen den beiden anderen Rückstrahlern ein zusätzlicher dreieckiger Rückstrahler angebracht sein. [7] Fahrräder mit

Hilfsmotor dürfen mit Pedalrückstrahlern (§ 67 Absatz 6) ausgerüstet sein. [8]Dreieckige Rückstrahler sind an Kraftfahrzeugen nicht zulässig.

(5) [1]Vorgeschriebene Schlussleuchten, Bremsleuchten und Rückstrahler müssen am äußersten Ende des Fahrzeugs angebracht sein. [2]Ist dies wegen der Bauart des Fahrzeugs nicht möglich, und beträgt der Abstand des äußersten Endes des Fahrzeugs von den zur Längsachse des Fahrzeugs senkrecht liegenden Ebenen, an denen sich die Schlussleuchten, die Bremsleuchten oder die Rückstrahler befinden, mehr als 1 000 mm, so muss je eine der genannten Einrichtungen zusätzlich möglichst weit hinten und möglichst in der nach den Absätzen 1, 2 und 4 vorgeschriebenen Höhe etwa in der Mittellinie der Fahrzeugspur angebracht sein. [3]Nach hinten hinausragende fahrbare Anhängeleitern, Förderbänder und Kräne sind außerdem am Tage wie eine Ladung nach § 22 Absatz 4 der Straßenverkehrs-Ordnung[1)] kenntlich zu machen.

(6) [1]Die Absätze 1 und 2 gelten nicht für einachsige Zug- oder Arbeitsmaschinen. [2]Sind einachsige Zug- oder Arbeitsmaschinen mit einem Anhänger verbunden, so müssen an der Rückseite des Anhängers die für Kraftfahrzeuge vorgeschriebenen Schlussleuchten angebracht sein. [3]An einspurigen Anhängern hinter einachsigen Zug- oder Arbeitsmaschinen und hinter Krafträdern – auch mit Beiwagen – genügen für die rückwärtige Sicherung eine Schlussleuchte und ein dreieckiger Rückstrahler.

(7) Abweichend von Absatz 4 Satz 2 dürfen

1. land- oder forstwirtschaftliche Arbeitsgeräte, die hinter Kraftfahrzeugen mitgeführt werden und nur im Fahren eine ihrem Zweck entsprechende Arbeit leisten können,
2. eisenbereifte Anhänger, die nur für land- oder forstwirtschaftliche Zwecke verwendet werden,

mit Rückstrahlern ausgerüstet sein, wie sie nach Absatz 4 Satz 1 und 8 für Kraftfahrzeuge vorgeschrieben sind.

(7a) Anhänger, die nur für land- oder forstwirtschaftliche Zwecke eingesetzt werden, können neben den Rückstrahlern nach Absatz 4 Satz 2 auch Rückstrahler führen, wie sie für Kraftfahrzeuge vorgeschrieben sind.

(7b) Rückstrahler an hinter Kraftfahrzeugen mitgeführten land- oder forstwirtschaftlichen Bodenbearbeitungsgeräten dürfen abnehmbar sein.

(8) [1]Mit Abschleppwagen oder Abschleppachsen abgeschleppte Fahrzeuge müssen Schlussleuchten, Bremsleuchten, Rückstrahler und Fahrtrichtungsanzeiger haben. [2]Diese Beleuchtungseinrichtungen dürfen auf einem Leuchtenträger (§ 49a Absatz 9) angebracht sein; sie müssen vom abschleppenden Fahrzeug aus betätigt werden können.

(9) [1]Schlussleuchten, Bremsleuchten und rote Rückstrahler – ausgenommen zusätzliche Bremsleuchten und zusätzliche Schlussleuchten – dürfen nicht an beweglichen Fahrzeugteilen angebracht werden. [2]Das gilt nicht für lichttechnische Einrichtungen, die nach § 49a Absatz 9 und 10 abnehmbar sein dürfen.

(10) [1]Die Kennzeichnung von

1. Kraftfahrzeugen, deren durch die Bauart bestimmte Höchstgeschwindigkeit nicht mehr als 30 km/h beträgt, und ihren Anhängern mit einer dreieckigen

---

[1)] Nr. 2.

Tafel mit abgeflachten Ecken, die der im Anhang zu dieser Vorschrift genannten Bestimmung entspricht,

2. schweren und langen Kraftfahrzeugen und Anhängern mit rechteckigen Tafeln, die der im Anhang zu dieser Vorschrift genannten Bestimmung entsprechen,
3. Fahrzeugen der Klassen M_2, M_3, O_2 und Fahrgestellen mit Fahrerhaus, unvollständigen Fahrzeugen, Sattelzugmaschinen und Fahrzeuge der Klasse N_2 mit einer Höchstmasse von nicht mehr als 7,5 t sowie Fahrzeuge der Klassen N, O_3 und O_4 mit einer Breite von nicht mehr als 2 100 mm oder mit einer Länge von nicht mehr als 6 000 mm mit weißen oder gelben auffälligen Markierungen an der Seite, mit roten oder gelben auffälligen Markierungen hinten, die den im Anhang zu dieser Vorschrift genannten Bestimmungen entsprechen, und
4. Kraftfahrzeugen, die nach § 52 Absatz 3 mit Warnleuchten für blaues Blinklicht in Form eines Rundumlichts ausgerüstet sind, mit retroreflektierenden Materialien, die den im Anhang zu dieser Vorschrift genannten Bestimmungen entsprechen,

ist zulässig. [2] An Fahrzeugen der Klassen N_2, N_3, O_3 und O_4, die in Satz 1 Nummer 3 nicht genannt sind, müssen seitlich weiße oder gelbe, hinten rote oder gelbe auffällige Markierungen, die den im Anhang zu dieser Vorschrift genannten Bestimmungen entsprechen, angebracht werden. [3] Bei den in Satz 1 Nummer 3 und Satz 2 genannten Fahrzeugen ist in Verbindung mit der Konturmarkierung Werbung auch aus andersfarbigen retroreflektierenden Materialien auf den Seitenflächen der Fahrzeuge zulässig, die den im Anhang zu dieser Vorschrift genannten Bestimmungen entspricht.

§ 53a Warndreieck, Warnleuchte, Warnblinkanlage, Warnweste.

(1) [1] Warndreiecke und Warnleuchten müssen tragbar, standsicher und so beschaffen sein, dass sie bei Gebrauch auf ausreichende Entfernung erkennbar sind. [2] Warndreiecke müssen rückstrahlend sein; Warnleuchten müssen gelbes Blinklicht abstrahlen, von der Lichtanlage des Fahrzeugs unabhängig sein und eine ausreichende Brenndauer haben. [3] Warnwesten müssen der Norm DIN EN 471:2003+A1:2007, Ausgabe März 2008 oder der Norm EN ISO 20471:2013 entsprechen. [4] Die Warneinrichtungen müssen in betriebsfertigem Zustand sein.

(2) In Kraftfahrzeugen mit Ausnahme von Krankenfahrstühlen, Krafträdern und einachsigen Zug- oder Arbeitsmaschinen müssen mindestens folgende Warneinrichtungen mitgeführt werden:

1. in Personenkraftwagen, land- oder forstwirtschaftlichen Zug- oder Arbeitsmaschinen sowie in anderen Kraftfahrzeugen mit einem zulässigen Gesamtgewicht von nicht mehr als 3,5 t:
   ein Warndreieck;
2. in Kraftfahrzeugen mit einem zulässigen Gesamtgewicht von mehr als 3,5 t:
   ein Warndreieck und getrennt davon eine Warnleuchte. Als Warnleuchte darf auch eine tragbare Blinkleuchte nach § 53b Absatz 5 Satz 7 mitgeführt werden;
3. in Personenkraftwagen, Lastkraftwagen, Zug- und Sattelzugmaschinen sowie Kraftomnibussen:
   eine Warnweste.

(3) [1] Warnleuchten, die mitgeführt werden, ohne dass sie nach Absatz 2 vorgeschrieben sind, dürfen abweichend von Absatz 1 von der Lichtanlage des Fahrzeugs abhängig, im Fahrzeug fest angebracht oder so beschaffen sein, dass sie bei Bedarf innen oder außen am Fahrzeug angebracht werden können. [2] Sie müssen der Nummer 20 der Technischen Anforderungen an Fahrzeugteile bei der Bauartprüfung nach § 22a der Straßenverkehrs-Zulassungs-Ordnung (Verkehrsblatt 1973 S. 558) entsprechen.

(4) [1] Fahrzeuge (ausgenommen Kraftfahrzeuge nach § 30a Absatz 3 mit Ausnahme von dreirädrigen Kraftfahrzeugen), die mit Fahrtrichtungsanzeigern ausgerüstet sein müssen, müssen zusätzlich eine Warnblinkanlage haben. [2] Sie muss wie folgt beschaffen sein:

1. Für die Schaltung muss im Kraftfahrzeug ein besonderer Schalter vorhanden sein.
2. Nach dem Einschalten müssen alle am Fahrzeug oder Zug vorhandenen Blinkleuchten gleichzeitig mit einer Frequenz von 1,5 Hz ± 0,5 Hz (90 Impulse ± 30 Impulse in der Minute) gelbes Blinklicht abstrahlen.
3. Dem Fahrzeugführer muss durch eine auffällige Kontrolleuchte nach § 39a angezeigt werden, dass das Warnblinklicht eingeschaltet ist.

(5) Warnblinkanlagen an Fahrzeugen, für die sie nicht vorgeschrieben sind, müssen den Vorschriften des Absatzes 4 entsprechen.

§ 53b Ausrüstung und Kenntlichmachung von Anbaugeräten und Hubladebühnen. (1) [1] Anbaugeräte, die seitlich mehr als 400 mm über den äußersten Punkt der leuchtenden Flächen der Begrenzungs- oder der Schlussleuchten des Fahrzeugs hinausragen, müssen mit Begrenzungsleuchten (§ 51 Absatz 1), Schlussleuchten (§ 53 Absatz 1) und Rückstrahlern (§ 53 Absatz 4) ausgerüstet sein. [2] Die Leuchten müssen so angebracht sein, dass der äußerste Punkt ihrer leuchtenden Fläche nicht mehr als 400 mm von der äußersten Begrenzung des Anbaugeräts und der höchste Punkt der leuchtenden Fläche nicht mehr als 1 500 mm von der Fahrbahn entfernt sind. [3] Der äußerste Punkt der leuchtenden Fläche der Rückstrahler darf nicht mehr als 400 mm von der äußersten Begrenzung des Anbaugeräts, der höchste Punkt der leuchtenden Fläche nicht mehr als 900 mm von der Fahrbahn entfernt sein. [4] Die Leuchten und die Rückstrahler dürfen außerhalb der Zeit, in der Beleuchtung nötig ist (§ 17 Absatz 1 der Straßenverkehrs-Ordnung[1)]), abgenommen sein; sie müssen im oder am Fahrzeug mitgeführt werden.

(2) [1] Anbaugeräte, deren äußerstes Ende mehr als 1 000 mm über die Schlussleuchten des Fahrzeugs nach hinten hinausragt, müssen mit einer Schlussleuchte (§ 53 Absatz 1) und einem Rückstrahler (§ 53 Absatz 4) ausgerüstet sein. [2] Schlussleuchte und Rückstrahler müssen möglichst am äußersten Ende des Anbaugeräts und möglichst in der Fahrzeuglängsmittelebene angebracht sein. [3] Der höchste Punkt der leuchtenden Fläche der Schlussleuchte darf nicht mehr als 1 500 mm und der des Rückstrahlers nicht mehr als 900 mm von der Fahrbahn entfernt sein. [4] Schlussleuchte und Rückstrahler dürfen außerhalb der Zeit, in der Beleuchtung nötig ist (§ 17 Absatz 1 der Straßenverkehrs-Ordnung), abgenommen sein; sie müssen im oder am Fahrzeug mitgeführt werden.

---

1) Nr. 2.

(3) [1] Anbaugeräte nach Absatz 1 müssen ständig nach vorn und hinten, Anbaugeräte nach Absatz 2 müssen ständig nach hinten durch Park-Warntafeln nach § 51c oder durch Folien oder Tafeln nach DIN 11 030, Ausgabe September 1994, kenntlich gemacht werden. [2] Diese Tafeln, deren Streifen nach außen und nach unten verlaufen müssen, brauchen nicht fest am Anbaugerät angebracht zu sein.

(4) Ist beim Mitführen von Anbaugeräten eine Beeinträchtigung der Wirkung lichttechnischer Einrichtungen nicht vermeidbar, so müssen während der Dauer der Beeinträchtigung zusätzlich angebrachte lichttechnische Einrichtungen (zum Beispiel auf einem Leuchtenträger nach § 49a Absatz 9 oder 10) gleicher Art ihre Funktion übernehmen.

(5) [1] Hubladebühnen und ähnliche Einrichtungen, außer solchen an Kraftomnibussen, müssen während ihres Betriebs durch zwei Blinkleuchten für gelbes Licht mit einer Lichtstärke von nicht weniger als 50 cd und nicht mehr als 500 cd und mit gut sichtbaren rot-weißen Warnmarkierungen kenntlich gemacht werden. [2] Die Blinkleuchten und die Warnmarkierungen müssen – bezogen auf die Arbeitsstellung der Einrichtung – möglichst am hinteren Ende und soweit außen wie möglich angebracht sein. [3] Die Blinkleuchten müssen in Arbeitsstellung der Einrichtung mindestens in den Winkelbereichen nach oben, hinten und zur Seite sichtbar sein, die für hinten an Fahrzeugen angeordnete Fahrtrichtungsanzeiger in § 49a Absatz 1 Satz 4 gefordert werden. [4] Die Blinkleuchten müssen eine flache Abböschung haben. [5] Die Blinkleuchten müssen während des Betriebs der Einrichtung selbsttätig und unabhängig von der übrigen Fahrzeugbeleuchtung Warnblinklicht abstrahlen. [6] Die rot-weißen Warnmarkierungen müssen retroreflektierend sein und brauchen nur nach hinten zu wirken. [7] Bei Fahrzeugen, bei denen fest angebaute Blinkleuchten mit dem Verwendungszweck oder der Bauweise der Hubladebühne unvereinbar sind und bei Fahrzeugen, bei denen eine Nachrüstung mit zumutbarem Aufwand nicht möglich ist, muss mindestens eine tragbare Blinkleuchte als Sicherungseinrichtung von Hubladebühnen oder ähnlichen Einrichtungen mitgeführt, aufgestellt und zweckentsprechend betrieben werden.

§ 53c Tarnleuchten. (1) Fahrzeuge der Bundeswehr, der Bundespolizei, der Polizei und des Katastrophenschutzes dürfen zusätzlich mit den zum Tarnlichtkreis gehörenden Leuchten – Tarnscheinwerfer, Tarnschlussleuchten, Abstandsleuchten und Tarnbremsleuchten – versehen sein.

(2) Die Tarnleuchten dürfen nur einschaltbar sein, wenn die übrige Fahrzeugbeleuchtung abgeschaltet ist.

§ 53d Nebelschlussleuchten. (1) Die Nebelschlussleuchte ist eine Leuchte, die rotes Licht abstrahlt und das Fahrzeug bei dichtem Nebel von hinten besser erkennbar macht.

(2) Mehrspurige Kraftfahrzeuge, deren durch die Bauart bestimmte Höchstgeschwindigkeit mehr als 60 km/h beträgt, und ihre Anhänger müssen hinten mit einer oder zwei, andere Kraftfahrzeuge und Anhänger dürfen hinten mit einer Nebelschlussleuchte, ausgerüstet sein.

(3) [1] Der niedrigste Punkt der leuchtenden Fläche darf nicht weniger als 250 mm und der höchste Punkt nicht mehr als 1 000 mm über der Fahrbahn liegen. [2] In allen Fällen muss der Abstand zwischen den leuchtenden Flächen der Nebelschlussleuchte und der Bremsleuchte mehr als 100 mm betragen. [3] Ist

nur eine Nebelschlussleuchte angebracht, so muss sie in der Mitte oder links davon angeordnet sein.

(4) [1] Nebelschlussleuchten müssen so geschaltet sein, dass sie nur dann leuchten können, wenn die Scheinwerfer für Fernlicht, für Abblendlicht oder die Nebelscheinwerfer oder eine Kombination dieser Scheinwerfer eingeschaltet sind. [2] Sind Nebelscheinwerfer vorhanden, so müssen die Nebelschlussleuchten unabhängig von diesen ausgeschaltet werden können. [3] Sind die Nebelschlussleuchten eingeschaltet, darf die Betätigung des Schalters für Fernlicht oder Abblendlicht die Nebelschlussleuchten nicht ausschalten.

(5) Eingeschaltete Nebelschlussleuchten müssen dem Fahrzeugführer durch eine Kontrollleuchte für gelbes Licht, die in seinem Blickfeld gut sichtbar angeordnet sein muss, angezeigt werden.

(6) [1] In einem Zug brauchen nur die Nebelschlussleuchten am letzten Anhänger zu leuchten. [2] Die Abschaltung der Nebelschlussleuchten am Zugfahrzeug oder am ersten Anhänger ist aber nur dann zulässig, wenn die jeweilige Ab- bzw. Wiedereinschaltung selbsttätig durch Aufstecken bzw. Abziehen des Steckers für die Anhängerbeleuchtung erfolgt.

§ 54 Fahrtrichtungsanzeiger. (1) [1] Kraftfahrzeuge und ihre Anhänger müssen mit Fahrtrichtungsanzeigern ausgerüstet sein. [2] Die Fahrtrichtungsanzeiger müssen nach dem Einschalten mit einer Frequenz von 1,5 Hz ± 0,5 Hz (90 Impulse ± 30 Impulse in der Minute) zwischen hell und dunkel sowie auf derselben Fahrzeugseite – ausgenommen an Krafträdern mit Wechselstromlichtanlage – in gleicher Phase blinken. [3] Sie müssen so angebracht und beschaffen sein, dass die Anzeige der beabsichtigten Richtungsänderung unter allen Beleuchtungs- und Betriebsverhältnissen von anderen Verkehrsteilnehmern, für die ihre Erkennbarkeit von Bedeutung ist, deutlich wahrgenommen werden kann. [4] Fahrtrichtungsanzeiger brauchen ihre Funktion nicht zu erfüllen, solange sie Warnblinklicht abstrahlen.

(1a) [1] Die nach hinten wirkenden Fahrtrichtungsanzeiger dürfen nicht an beweglichen Fahrzeugteilen angebracht werden. [2] Die nach vorn wirkenden Fahrtrichtungsanzeiger und die zusätzlichen seitlichen Fahrtrichtungsanzeiger dürfen an beweglichen Fahrzeugteilen angebaut sein, wenn diese Teile nur eine Normallage (Betriebsstellung) haben. [3] Die Sätze 1 und 2 gelten nicht für Fahrtrichtungsanzeiger, die nach § 49a Absatz 9 und 10 abnehmbar sein dürfen.

(2) [1] Sind Fahrtrichtungsanzeiger nicht im Blickfeld des Führers angebracht, so muss ihre Wirksamkeit dem Führer sinnfällig angezeigt werden; dies gilt nicht für Fahrtrichtungsanzeiger an Krafträdern und für seitliche Zusatzblinkleuchten. [2] Fahrtrichtungsanzeiger dürfen die Sicht des Fahrzeugführers nicht behindern.

(3) Als Fahrtrichtungsanzeiger sind nur Blinkleuchten für gelbes Licht zulässig.

(4) Erforderlich als Fahrtrichtungsanzeiger sind

1. an mehrspurigen Kraftfahrzeugen
   paarweise angebrachte Blinkleuchten an der Vorderseite und an der Rückseite. Statt der Blinkleuchten an der Vorderseite dürfen Fahrtrichtungsanzeiger am vorderen Teil der beiden Längsseiten angebracht sein. An Fahrzeugen mit einer Länge von nicht mehr als 4 m und einer Breite von nicht mehr als

1,60 m genügen Fahrtrichtungsanzeiger an den beiden Längsseiten. An Fahrzeugen, bei denen der Abstand zwischen den einander zugekehrten äußeren Rändern der Lichtaustrittsflächen der Blinkleuchten an der Vorderseite und an der Rückseite mehr als 6 m beträgt, müssen zusätzliche Fahrtrichtungsanzeiger an den beiden Längsseiten angebracht sein,

2. an Krafträdern
paarweise angebrachte Blinkleuchten an der Vorderseite und an der Rückseite. Der Abstand des inneren Randes der Lichtaustrittsfläche der Blinkleuchten muss von der durch die Längsachse des Kraftrades verlaufenden senkrechten Ebene bei den an der Rückseite angebrachten Blinkleuchten mindestens 120 mm, bei den an der Vorderseite angebrachten Blinkleuchten mindestens 170 mm und vom Rand der Lichtaustrittsfläche des Scheinwerfers mindestens 100 mm betragen. Der untere Rand der Lichtaustrittsfläche von Blinkleuchten an Krafträdern muss mindestens 350 mm über der Fahrbahn liegen. Wird ein Beiwagen mitgeführt, so müssen die für die betreffende Seite vorgesehenen Blinkleuchten an der Außenseite des Beiwagens angebracht sein,

3. an Anhängern
paarweise angebrachte Blinkleuchten an der Rückseite. Beim Mitführen von zwei Anhängern genügen Blinkleuchten am letzten Anhänger, wenn die Anhänger hinter einer Zugmaschine mit einer durch die Bauart bestimmten Höchstgeschwindigkeit von nicht mehr als 25 km/h mitgeführt werden oder wenn sie für eine Höchstgeschwindigkeit von nicht mehr als 25 km/h in der durch § 58 vorgeschriebenen Weise gekennzeichnet sind,

4. an Kraftomnibussen, die für die Schülerbeförderung besonders eingesetzt sind,
an der Rückseite zwei zusätzliche Blinkleuchten, die so hoch und so weit außen wie möglich angeordnet sein müssen,

5. an mehrspurigen Kraftfahrzeugen und Sattelanhängern – ausgenommen Arbeitsmaschinen, Stapler und land- oder forstwirtschaftliche Zugmaschinen und deren Anhänger – mit einem zulässigen Gesamtgewicht von mehr als 3,5 t an den Längsseiten im vorderen Drittel zusätzliche Blinkleuchten, deren Lichtstärke nach hinten mindestens 50 cd und höchstens 200 cd beträgt. Für diese Fahrzeuge ist die Anbringung zusätzlicher Fahrtrichtungsanzeiger nach Nummer 1 nicht erforderlich.

(5) Fahrtrichtungsanzeiger sind nicht erforderlich an

1. einachsigen Zugmaschinen,
2. einachsigen Arbeitsmaschinen,
3. offenen Krankenfahrstühlen,
4. Leichtkrafträdern, Kleinkrafträdern und Fahrrädern mit Hilfsmotor,
5. folgenden Arten von Anhängern:
   a) eisenbereiften Anhängern, die nur für land- oder forstwirtschaftliche Zwecke verwendet werden;
   b) angehängten land- oder forstwirtschaftlichen Arbeitsgeräten, soweit sie die Blinkleuchten des ziehenden Fahrzeugs nicht verdecken;
   c) einachsigen Anhängern hinter Krafträdern;

d) Sitzkarren (§ 3 Absatz 3 Satz 1 Nummer 2 Buchstabe i der Fahrzeug-Zulassungsverordnung[1]).

(6) Fahrtrichtungsanzeiger an Fahrzeugen, für die sie nicht vorgeschrieben sind, müssen den vorstehenden Vorschriften entsprechen.

§ 54a Innenbeleuchtung in Kraftomnibussen. (1) Kraftomnibusse müssen eine Innenbeleuchtung haben; diese darf die Sicht des Fahrzeugführers nicht beeinträchtigen.

(2) Die für Fahrgäste bestimmten Ein- und Ausstiege müssen ausreichend ausgeleuchtet sein, solange die jeweilige Fahrgasttür nicht geschlossen ist.

§ 54b Windsichere Handlampe. In Kraftomnibussen muss außer den nach § 53a Absatz 1 erforderlichen Warneinrichtungen eine von der Lichtanlage des Fahrzeugs unabhängige windsichere Handlampe mitgeführt werden.

§ 55 Einrichtungen für Schallzeichen. (1) [1]Kraftfahrzeuge müssen mindestens eine Einrichtung für Schallzeichen haben, deren Klang gefährdete Verkehrsteilnehmer auf das Herannahen eines Kraftfahrzeugs aufmerksam macht, ohne sie zu erschrecken und andere mehr als unvermeidbar zu belästigen. [2]Ist mehr als eine Einrichtung für Schallzeichen angebracht, so muss sichergestellt sein, dass jeweils nur eine Einrichtung betätigt werden kann. [3]Die Umschaltung auf die eine oder andere Einrichtung darf die Abgabe einer Folge von Klängen verschiedener Grundfrequenzen nicht ermöglichen.

(2) [1]Als Einrichtungen für Schallzeichen dürfen Hupen und Hörner angebracht sein, die einen Klang mit gleichbleibenden Grundfrequenzen (auch harmonischen Akkord) erzeugen, der frei von Nebengeräuschen ist. [2]Die Lautstärke darf in 7 m Entfernung von dem Anbringungsort der Schallquelle am Fahrzeug und in einem Höhenbereich von 500 mm bis 1 500 mm über der Fahrbahn an keiner Stelle 105 dB(A) übersteigen. [3]Die Messungen sind auf einem freien Platz mit möglichst glatter Oberfläche bei Windstille durchzuführen; Hindernisse (Bäume, Sträucher u.a.), die durch Widerhall oder Dämpfung stören können, müssen von der Schallquelle mindestens doppelt so weit entfernt sein wie der Schallempfänger.

(2a) Abweichend von den Absätzen 1 und 2 müssen Kraftfahrzeuge nach § 30a Absatz 3 Einrichtungen für Schallzeichen haben, die den im Anhang zu dieser Vorschrift genannten Bestimmungen entsprechen.

(3) [1]Kraftfahrzeuge, die auf Grund des § 52 Absatz 3 Warnleuchten für blaues Blinklicht führen, müssen mit mindestens einer Warneinrichtung mit einer Folge von Klängen verschiedener Grundfrequenz (Einsatzhorn) ausgerüstet sein. [2]Ist mehr als ein Einsatzhorn angebracht, so muss sichergestellt sein, dass jeweils nur eines betätigt werden kann.

(3a) [1]Kraftfahrzeuge, die auf Grund des § 52 Absatz 3a mit Anhaltesignal und mit Signalgebern für rote Lichtschrift ausgerüstet sind, dürfen neben der in Absatz 3 vorgeschriebenen Warneinrichtung, dem Einsatzhorn, mit einer zusätzlichen Warneinrichtung, dem Anhaltehorn, ausgerüstet sein. [2]Es muss sichergestellt sein, dass das Anhaltehorn nur in Verbindung mit dem Anhaltesignal und dem Signalgeber für rote Lichtschrift aktiviert werden kann. [3]Es darf nicht möglich sein, die Warneinrichtungen gemeinsam zu betreiben.

---

[1] Nr. **3.2.**

(3b) Kraftfahrzeuge im Anwendungsbereich der Verordnung (EU) Nr. 540/2014 des Europäischen Parlaments und des Rates vom 16. April 2014 über den Geräuschpegel von Kraftfahrzeugen und von Austauschschalldämpferanlagen sowie zur Änderung der Richtlinie 2007/46/EG und zur Aufhebung der Richtlinie 70/157/EWG (ABl. L 158 vom 27.5.2014, S. 131; L 360, S. 111), die zuletzt durch die Delegierte Verordnung (EU) 2019/839 (ABl. L 138 vom 24.5.2019, S. 70) geändert worden ist, die über ein akustisches Fahrzeug-Warnsystem (Acoustic Vehicle Alerting System – AVAS) verfügen dürfen, das den im Anhang zu dieser Vorschrift genannten Bestimmungen entspricht, gelten auch im Falle einer Nachrüstung als übereinstimmend mit diesem Paragraphen.

(4) [1] Ausschließlich die in den Absätzen 1 bis 3a beschriebenen Einrichtungen für Schallzeichen sowie Sirenen dürfen an Kraftfahrzeugen, mit Ausnahme von Kraftfahrzeugen nach Absatz 3b Satz 1, angebracht sein. [2] Nur die in Satz 1 der Absätze 3 und 3a genannten Kraftfahrzeuge dürfen mit dem Einsatzhorn oder zusätzlich mit dem Anhaltehorn ausgerüstet sein.

(5) Absatz 1 gilt nicht für eisenbereifte Kraftfahrzeuge mit einer durch die Bauart bestimmten Höchstgeschwindigkeit von nicht mehr als 8 km/h und für einachsige Zug- oder Arbeitsmaschinen, die von Fußgängern an Holmen geführt werden.

(6) [1] Mofas müssen mit mindestens einer helltönenden Glocke ausgerüstet sein. [2] Radlaufglocken und andere Einrichtungen für Schallzeichen sind nicht zulässig.

§ 55a Elektromagnetische Verträglichkeit. (1) [1] Personenkraftwagen, Kraftomnibusse, Lastkraftwagen, Zugmaschinen und Sattelzugmaschinen mit mindestens vier Rädern und einer durch die Bauart bestimmten Höchstgeschwindigkeit von mehr als 25 km/h – ausgenommen land- oder forstwirtschaftliche Zugmaschinen, Muldenkipper, Flurförderzeuge, Elektrokarren und Autoschütter – sowie ihre Anhänger müssen den im Anhang zu dieser Vorschrift genannten Bestimmungen über die elektromagnetische Verträglichkeit entsprechen. [2] Satz 1 gilt entsprechend für andere Fahrzeuge, die hinsichtlich ihrer Baumerkmale des Fahrgestells und ihrer elektrischen Ausrüstung den genannten Fahrzeugen gleichzusetzen sind, sowie für Bauteile und selbstständige technische Einheiten, die zum Einbau in den genannten Fahrzeugen bestimmt sind.

(2) Kraftfahrzeuge nach § 30a Absatz 3 sowie zum Einbau in diese Fahrzeuge bestimmte selbstständige technische Einheiten müssen den im Anhang zu dieser Vorschrift genannten Bestimmungen über die elektromagnetische Verträglichkeit entsprechen.

§ 56 Spiegel und andere Einrichtungen für indirekte Sicht. (1) Kraftfahrzeuge müssen nach Maßgabe der Absätze 2 bis 3 Spiegel oder andere Einrichtungen für indirekte Sicht haben, die so beschaffen und angebracht sind, dass der Fahrzeugführer nach rückwärts, zur Seite und unmittelbar vor dem Fahrzeug – auch beim Mitführen von Anhängern – alle für ihn wesentlichen Verkehrsvorgänge beobachten kann.

(2) Es sind erforderlich

1. bei Personenkraftwagen sowie Lastkraftwagen, Zugmaschinen und Sattelzugmaschinen mit einer zulässigen Gesamtmasse von nicht mehr als 3,5 t Spiegel oder andere Einrichtungen für indirekte Sicht, die in den im Anhang zu

dieser Vorschrift genannten Bestimmungen für diese Fahrzeuge als vorgeschrieben bezeichnet sind; die vorgeschriebenen sowie vorhandene gemäß Anhang III Nummer 2.1.1 der im Anhang zu dieser Vorschrift genannten Richtlinie zulässige Spiegel oder andere Einrichtungen für indirekte Sicht müssen den im Anhang zu dieser Vorschrift genannten Bestimmungen entsprechen;

2. bei Lastkraftwagen, Zugmaschinen, Sattelzugmaschinen und Fahrzeugen mit besonderer Zweckbestimmung nach Anhang II Buchstabe A Nummer 5.6 und 5.7 der Richtlinie 70/156/EWG mit einer zulässigen Gesamtmasse von mehr als 3,5 t sowie bei Kraftomnibussen Spiegel oder andere Einrichtungen für indirekte Sicht, die in den im Anhang zu dieser Vorschrift genannten Bestimmungen für diese Fahrzeuge als vorgeschrieben bezeichnet sind;

die vorgeschriebenen sowie vorhandenen gemäß Anhang III Nummer 2.1.1 der im Anhang zu dieser Vorschrift genannten Richtlinie zulässigen Spiegel oder andere Einrichtungen für indirekte Sicht müssen den im Anhang zu dieser Vorschrift genannten Bestimmungen entsprechen;

3. bei Lastkraftwagen, Zugmaschinen, Sattelzugmaschinen, selbstfahrenden Arbeitsmaschinen, die den Baumerkmalen von Lastkraftwagen hinsichtlich des Fahrgestells entsprechen, und Fahrzeugen mit besonderer Zweckbestimmung nach Anhang II Buchstabe A Nummer 5.7 und 5.8 der Richtlinie 2007/46/EG mit einer zulässigen Gesamtmasse von mehr als 3,5 t, die ab dem 1. Januar 2000 bis zum 25. Januar 2007 erstmals in den Verkehr gekommen sind, Spiegel oder andere Einrichtungen für indirekte Sicht, die in den im Anhang zu dieser Vorschrift genannten Bestimmungen für diese Fahrzeuge als vorgeschrieben bezeichnet sind; diese Spiegel oder andere Einrichtungen für indirekte Sicht müssen den im Anhang zu dieser Vorschrift oder im Anhang zu den Nummern 1 und 2 genannten Bestimmungen entsprechen;
4. bei land- oder forstwirtschaftlichen Zugmaschinen mit einer durch die Bauart bestimmten Höchstgeschwindigkeit von nicht mehr als 40 km/h Spiegel, die den im Anhang zu dieser Vorschrift genannten Bestimmungen entsprechen müssen,
5. bei Kraftfahrzeugen nach Artikel 1 der Richtlinie 2002/24/EG Spiegel, die den im Anhang zu dieser Vorschrift genannten Bestimmungen entsprechen müssen.

(2a) Bei land- oder forstwirtschaftlichen Zugmaschinen mit einer durch die Bauart bestimmten Höchstgeschwindigkeit von mehr als 40 km/h sowie bei Arbeitsmaschinen und Staplern ist § 56 Absatz 2 in der am 29. März 2005 geltenden Fassung anzuwenden.

(3) Nicht erforderlich sind Spiegel bei einachsigen Zugmaschinen, einachsigen Arbeitsmaschinen, offenen Elektrokarren mit einer durch die Bauart bestimmten Höchstgeschwindigkeit von nicht mehr als 25 km/h sowie mehrspurigen Kraftfahrzeugen mit einer durch die Bauart bestimmten Höchstgeschwindigkeit von nicht mehr als 25 km/h und mit offenem Führerplatz, der auch beim Mitführen von unbeladenen oder beladenen Anhängern nach rückwärts Sicht bietet.

§ 57 Geschwindigkeitsmessgerät und Wegstreckenzähler. (1) [1]Kraftfahrzeuge müssen mit einem im unmittelbaren Sichtfeld des Fahrzeugführers liegenden Geschwindigkeitsmessgerät ausgerüstet sein. [2]Dies gilt nicht für

1. mehrspurige Kraftfahrzeuge mit einer durch die Bauart bestimmten Höchstgeschwindigkeit von nicht mehr als 30 km/h sowie
2. mit Fahrtschreiber oder Kontrollgerät (§ 57a) ausgerüstete Kraftfahrzeuge, wenn die Geschwindigkeitsanzeige im unmittelbaren Sichtfeld des Fahrzeugführers liegt.

(2) [1] Bei Geschwindigkeitsmessgeräten muss die Geschwindigkeit in Kilometer je Stunde angezeigt werden. [2] Das Geschwindigkeitsmessgerät muss den im Anhang zu dieser Vorschrift genannten Bestimmungen entsprechen.

(3) [1] Das Geschwindigkeitsmessgerät darf mit einem Wegstreckenzähler verbunden sein, der die zurückgelegte Strecke in Kilometern anzeigt. [2] Die vom Wegstreckenzähler angezeigte Wegstrecke darf von der tatsächlich zurückgelegten Wegstrecke ± 4 Prozent abweichen.

§ 57a Fahrtschreiber und Kontrollgerät. (1) *(aufgehoben)*

(1a) Der Fahrtschreiber sowie alle lösbaren Verbindungen der Übertragungseinrichtungen müssen plombiert sein.

(2) [1] Der Fahrtschreiber muss vom Beginn bis zum Ende jeder Fahrt ununterbrochen in Betrieb sein und auch die Haltezeiten aufzeichnen. [2] Die Schaublätter – bei mehreren miteinander verbundenen Schaublättern (Schaublattbündel) das erste Blatt – sind vor Antritt der Fahrt mit dem Namen der Führer sowie dem Ausgangspunkt und Datum der ersten Fahrt zu bezeichnen; ferner ist der Stand des Wegstreckenzählers am Beginn und am Ende der Fahrt oder beim Einlegen und bei der Entnahme des Schaublatts vom Kraftfahrzeughalter oder dessen Beauftragten einzutragen; andere, durch Rechtsvorschriften weder geforderte noch erlaubte Vermerke auf der Vorderseite des Schaublatts sind unzulässig. [3] Es dürfen nur Schaublätter mit Prüfzeichen verwendet werden, die für den verwendeten Fahrtschreibertyp zugeteilt sind. [4] Die Schaublätter sind zuständigen Personen auf Verlangen jederzeit vorzulegen; der Kraftfahrzeughalter hat sie ein Jahr lang aufzubewahren. [5] Auf jeder Fahrt muss mindestens ein Ersatzschaublatt mitgeführt werden.

(3) [1] Die Absätze 1 bis 2 gelten nicht, wenn das Fahrzeug an Stelle eines vorgeschriebenen Fahrtschreibers mit einem Kontrollgerät im Sinne des Anhangs I oder des Anhangs I B der Verordnung (EWG) Nr. 3821/85 ausgerüstet ist. [2] In diesem Fall ist das Kontrollgerät nach Maßgabe des Absatzes 2 zu betreiben; bei Verwendung eines Kontrollgerätes nach Anhang I B der Verordnung (EWG) Nr. 3821/85 muss die Fahrerkarte nicht gesteckt werden. [3] Im Falle des Einsatzes von Kraftomnibussen im Linienverkehr bis 50 Kilometer kann anstelle des Namens der Führer das amtliche Kennzeichen oder die Betriebsnummer des jeweiligen Fahrzeugs auf den Ausdrucken und Schaublättern eingetragen werden. [4] Die Daten des Massespeichers sind vom Kraftfahrzeughalter alle drei Monate herunterzuladen; § 2 Absatz 5 der Fahrpersonalverordnung gilt entsprechend. [5] Wird bei Fahrzeugen zur Güterbeförderung mit einer zulässigen Gesamtmasse von mindestens 12 t oder bei Fahrzeugen zur Personenbeförderung mit mehr als acht Sitzplätzen außer dem Fahrersitz und einer zulässigen Gesamtmasse von mehr als 10 t, die ab dem 1. Januar 1996 erstmals zum Verkehr zugelassen wurden und bei denen die Übermittlung der Signale an das Kontrollgerät ausschließlich elektrisch erfolgt, das Kontrollgerät ausgetauscht, so muss dieses durch ein Gerät nach Anhang I B der Verordnung (EWG) Nr. 3821/85 ersetzt werden. [6] Ein Austausch des Kontrollgerätes im

Sinne des Satzes 5 liegt nur dann vor, wenn das gesamte System bestehend aus Registriereinheit und Geschwindigkeitsgeber getauscht wird.

(4) Weitergehende Anforderungen in Sondervorschriften bleiben unberührt.

§ 57b Prüfung der Fahrtenschreiber und Kontrollgeräte. (1) [1]Halter, deren Kraftfahrzeuge nach der Verordnung (EU) Nr. 165/2014 in der aus dem Anhang zu dieser Vorschrift ersichtlichen Fassung mit einem Fahrtenschreiber ausgerüstet sein müssen, haben auf ihre Kosten die Fahrtenschreiber nach Maßgabe des Absatzes 2 und der Anlagen XVIII und XVIIIa darauf prüfen zu lassen, dass Einbau, Zustand, Messgenauigkeit und Arbeitsweise vorschriftsmäßig sind. [2]Bestehen keine Bedenken gegen die Vorschriftsmäßigkeit, so hat der Hersteller oder die Werkstatt auf oder neben dem Fahrtenschreiber oder an der B-Säule der Fahrerseite gut sichtbar und dauerhaft ein Einbauschild anzubringen. [3]Bei Fahrzeugen ohne B-Säule ist, sofern möglich, das Einbauschild am Türrahmen der Fahrerseite des Fahrzeugs gut sichtbar und dauerhaft anzubringen und muss in jedem Fall deutlich sichtbar sein. [4]Das Einbauschild muss plombiert sein, es sei denn, dass es sich nicht ohne Vernichtung der Angaben entfernen lässt. [5]Der Halter hat dafür zu sorgen, dass das Einbauschild die vorgeschriebenen Angaben enthält, plombiert sowie vorschriftsmäßig angebracht und weder verdeckt noch verschmutzt ist.

(1a) Im Sinne dieser Verordnung ist

1. ein Fahrtenschreiber ein Gerät im Sinne des Artikels 2 Absatz 2 Buchstabe a der Verordnung (EU) Nr. 165/2014 in der aus dem Anhang zu dieser Vorschrift ersichtlichen Fassung,
2. ein analoger Fahrtenschreiber ein Gerät im Sinne des Artikels 2 Absatz 2 Buchstabe g der Verordnung (EU) Nr. 165/2014 in der aus dem Anhang zu dieser Vorschrift ersichtlichen Fassung,
3. ein digitaler Fahrtenschreiber ein Gerät im Sinne des Artikels 2 Absatz 2 Buchstabe h der Verordnung (EU) Nr. 165/2014 in der aus dem Anhang zu dieser Vorschrift ersichtlichen Fassung,
4. ein digitaler Fahrtenschreiber der ersten Generation ein Gerät im Sinne des Artikels 2 Satz 2 Nummer 1 der Durchführungsverordnung (EU) 2016/799 in der aus dem Anhang zu dieser Vorschrift ersichtlichen Fassung,
5. ein digitaler Fahrtenschreiber der zweiten Generation ein Gerät im Sinne des Artikels 2 Satz 2 Nummer 7 der Durchführungsverordnung (EU) 2016/799 in der aus dem Anhang zu dieser Vorschrift ersichtlichen Fassung.

(2) [1]Nach jedem Einbau eines Fahrtenschreibers ist eine Einbauprüfung durchzuführen. [2]Eine Nachprüfung ist durchzuführen

1. unverzüglich nach jeder Reparatur der Fahrtenschreiberanlage,
2. unverzüglich nach jeder Änderung der Wegdrehzahl oder Wegimpulszahl,
3. unverzüglich nach jeder Änderung des wirksamen Reifenumfanges des Kraftfahrzeugs, die sich aus einer Änderung der Reifengröße ergibt,
4. bei jedem Ersetzen einer Plombierung nach Artikel 22 der Verordnung (EU) Nr. 165/2014 in der aus dem Anhang zu dieser Vorschrift ersichtlichen Fassung,
5. mindestens einmal innerhalb von 24 Monaten seit der letzten Einbauprüfung oder Nachprüfung.

[3] Bei digitalen Fahrtenschreibern ist die Nachprüfung auch dann unverzüglich durchzuführen, wenn

1. die am Fahrtenschreiber als koordinierte Weltzeit eingestellte Uhrzeit von der koordinierten Weltzeit um mehr als 20 Minuten abweicht oder
2. sich das amtliche Kennzeichen des Kraftfahrzeugs geändert hat.

(3) [1] Die Einbauprüfungen und Nachprüfungen dürfen nur durchgeführt werden durch

1. einen nach Maßgabe der Anlage XVIIIc hierfür amtlich anerkannten Fahrtenschreiberhersteller,
2. von diesen nach Maßgabe der Anlage XVIIId beauftragten Kraftfahrzeugwerkstätten oder
3. die in den gemäß Artikel 24 Absatz 5 der Verordnung (EU) Nr. 165/2014 von der Kommission veröffentlichten Verzeichnissen aufgeführten zugelassenen Einbaubetrieben und Werkstätten.

[2] Einbauprüfungen und Nachprüfungen dürfen nur an einer Prüfstelle durchgeführt werden, die den in Anlage XVIIIb festgelegten Anforderungen entspricht.

(4) [1] Wird der Fahrtenschreiber vom Fahrzeughersteller eingebaut, so kann dieser, sofern er hierfür nach Anlage XVIIIc amtlich anerkannt ist, die Einbauprüfung nach Maßgabe der Anlagen XVIII und XVIIIa durchführen und das Gerät kalibrieren. [2] Die Einbauprüfung und Kalibrierung kann abweichend von Satz 1 auch durch einen nach Maßgabe der Anlage XVIII hierfür anerkannten Fahrzeugimporteur durchgeführt werden. [3] Die Einbauprüfung darf nur an einer Prüfstelle durchgeführt werden, die den in Anlage Anlage XVIIIb festgelegten Anforderungen entspricht. [4] Absatz 1 Satz 2 bis 5 gilt entsprechend.

§ 57c Ausrüstung von Kraftfahrzeugen mit Geschwindigkeitsbegrenzern und ihre Benutzung. (1) Geschwindigkeitsbegrenzer sind Einrichtungen, die im Kraftfahrzeug in erster Linie durch die Steuerung der Kraftstoffzufuhr zum Motor die Fahrzeughöchstgeschwindigkeit auf den eingestellten Wert beschränken.

(2) [1] Alle Kraftomnibusse sowie Lastkraftwagen, Zugmaschinen und Sattelzugmaschinen mit einer zulässigen Gesamtmasse von jeweils mehr als 3,5 t müssen mit einem Geschwindigkeitsbegrenzer ausgerüstet sein. [2] Der Geschwindigkeitsbegrenzer ist bei

1. Kraftomnibussen auf eine Höchstgeschwindigkeit einschließlich aller Toleranzen von 100 km/h (V_{set} + Toleranzen ≤ 100 km/h),
2. Lastkraftwagen, Zugmaschinen und Sattelzugmaschinen auf eine Höchstgeschwindigkeit – einschließlich aller Toleranzen – von 90 km/h (v_{set} + Toleranzen ≤ 90 km/h) einzustellen.

(3) Mit einem Geschwindigkeitsbegrenzer brauchen nicht ausgerüstet zu sein:

1. Kraftfahrzeuge, deren durch die Bauart bestimmte tatsächliche Höchstgeschwindigkeit nicht höher als die jeweils in Absatz 2 Satz 2 in Verbindung mit Absatz 4 genannte Geschwindigkeit ist,

2. Kraftfahrzeuge der Bundeswehr, der Bundespolizei, der Einheiten und Einrichtungen des Katastrophenschutzes, der Feuerwehren, der Rettungsdienste und der Polizei,
3. Kraftfahrzeuge, die für wissenschaftliche Versuchszwecke auf der Straße oder zur Erprobung im Sinne des § 19 Absatz 6 eingesetzt werden, und
4. Kraftfahrzeuge, die ausschließlich für öffentliche Dienstleistungen innerhalb geschlossener Ortschaften eingesetzt werden oder die überführt werden (zum Beispiel vom Aufbauhersteller zum Betrieb oder für Wartungs- und Reparaturarbeiten).

(4) Die Geschwindigkeitsbegrenzer müssen den im Anhang zu dieser Vorschrift genannten Bestimmungen über Geschwindigkeitsbegrenzer entsprechen.

(5) Der Geschwindigkeitsbegrenzer muss so beschaffen sein, dass er nicht ausgeschaltet werden kann.

§ 57d Einbau und Prüfung von Geschwindigkeitsbegrenzern.

(1) Geschwindigkeitsbegrenzer dürfen in Kraftfahrzeuge nur eingebaut und geprüft werden von hierfür amtlich anerkannten

1. Fahrzeugherstellern,
2. Herstellern von Geschwindigkeitsbegrenzern oder
3. Beauftragten der Hersteller nach Nummer 1 oder 2.

(1a) [1] Ferner dürfen Geschwindigkeitsbegrenzer von den in § 57b Absatz 3 Satz 1 genannten Stellen nach Maßgabe der Anlage XVIIIc geprüft werden. [2] Das Beauftragen von Kraftfahrzeugwerkstätten für diese Prüfung bestimmt sich nach Anlage XVIIId. [3] Die Prüfung darf nur an einer Prüfstelle durchgeführt werden, die den in Anlage XVIIIb festgelegten Anforderungen entspricht.

(2) [1] Halter, deren Kraftfahrzeuge mit einem Geschwindigkeitsbegrenzer nach § 57c Absatz 2 ausgerüstet sind, haben auf ihre Kosten die Geschwindigkeitsbegrenzer vor der Erstinbetriebnahme, nach jedem Einbau, jeder Reparatur, jeder Änderung der Wegdrehzahl oder des wirksamen Reifenumfanges des Kraftfahrzeuges, die sich aus einer Änderung der Reifengröße ergibt, sowie bei für die Begrenzung wesentlichen Änderungen an der Kraftstoff-Zuführungseinrichtung durch einen Berechtigten nach Absatz 1 oder 1a prüfen zu lassen, ob Einbau, Zustand und Arbeitsweise vorschriftsmäßig sind. [2] Bei Vorliegen der Vorschriftsmäßigkeit hat der Berechtigte nach Absatz 1 oder 1a an der B-Säule der Fahrerseite gut sichtbar und dauerhaft ein Einbauschild anzubringen. [3] Bei Fahrzeugen ohne B-Säule ist das Einbauschild gut sichtbar und dauerhaft am Türrahmen der Fahrerseite des Fahrzeuges anzubringen. [4] Das Einbauschild muss plombiert sein. [5] Der Halter hat sicherzustellen, dass das Einbauschild die in Satz 7 genannten Angaben enthält, plombiert, vorschriftsmäßig angebracht und weder verdeckt noch verschmutzt ist. [6] Abweichend von Satz 4 muss das Einbauschild nicht plombiert sein, wenn es sich nur durch Zerstörung der Angaben entfernen lässt. [7] Das Einbauschild muss mindestens folgende Angaben enthalten:

1. Name, Anschrift oder Firmenzeichen der Berechtigten nach Absatz 1,
2. die eingestellte Geschwindigkeit v_{set},
3. Wegdrehzahl oder Wegimpulszahl des Kraftfahrzeugs,

4. wirksamer Reifenumfang des Kraftfahrzeugs und Reifengröße,
5. Datum der Prüfung und
6. die letzten acht Zeichen der Fahrzeug-Identifizierungsnummer des Kraftfahrzeuges.

[8] Dieses Einbauschild kann mit dem Einbauschild nach § 57b kombiniert werden.

(3) Wird der Geschwindigkeitsbegrenzer von einem Fahrzeughersteller eingebaut, der Inhaber einer EU-Typgenehmigung oder einer Allgemeinen Betriebserlaubnis nach § 20 ist, kann dieser das nach Absatz 2 erforderliche Einbauschild ausstellen.

(4) Für die Anerkennung der Fahrzeughersteller, der Hersteller von Geschwindigkeitsbegrenzern, der Beauftragten der Fahrzeughersteller und der Beauftragten der Hersteller von Geschwindigkeitsbegrenzern für den Einbau und für die Prüfung von Geschwindigkeitsbegrenzern ist das Kraftfahrt-Bundesamt zuständig.

(5) Die Anerkennung wird erteilt, wenn

1. der Antragsteller, bei juristischen Personen die nach Gesetz oder Satzung zur Vertretung berufenen Personen, die Gewähr für zuverlässige Ausübung der dadurch verliehenen Befugnisse bietet,
2. der Antragsteller, falls er die Prüfungen selbst vornimmt, nachweist, dass er über die erforderlichen Fachkräfte sowie über die notwendigen, dem Stand der Technik entsprechenden Prüfgeräte und sonstigen Einrichtungen und Ausstattungen verfügt.

(6) Die Anerkennung ist nicht übertragbar; sie kann mit Nebenbestimmungen verbunden werden, die sicherstellen, dass der Einbau und die Prüfungen ordnungsgemäß durchgeführt werden.

(7) [1] Das Kraftfahrt-Bundesamt übt die Aufsicht über die Inhaber der Anerkennung aus. [2] Die Aufsichtsbehörde kann selbst prüfen oder durch von ihr bestimmte Sachverständige prüfen lassen, ob insbesondere die Voraussetzungen für die Anerkennung gegeben sind, ob der Einbau und die Prüfungen ordnungsgemäß durchgeführt und ob die sich sonst aus der Anerkennung oder den Nebenbestimmungen ergebenden Pflichten erfüllt werden.

§ 58 Geschwindigkeitsschilder. (1) Ein Geschwindigkeitsschild gibt die zulässige Höchstgeschwindigkeit des betreffenden Fahrzeugs in Kilometer je Stunde an.

(2) [1] Das Schild muss kreisrund mit einem Durchmesser von 200 mm sein und einen schwarzen Rand haben. [2] Die Ziffern sind auf weißem Grund in schwarzer fetter Engschrift entsprechend Anlage V Seite 4 in einer Schriftgröße von 120 mm auszuführen.

(2a) [1] Geschwindigkeitsschilder dürfen retroreflektierend sein. [2] Retroreflektierende Geschwindigkeitsschilder müssen dem Normblatt DIN 74069, Ausgabe Mai 1989, entsprechen, sowie auf der Vorderseite das DIN-Prüf- und Überwachungszeichen mit der zugehörigen Registernummer tragen.

(3) Mit Geschwindigkeitsschildern müssen gekennzeichnet sein

1. mehrspurige Kraftfahrzeuge mit einer durch die Bauart bestimmten Höchstgeschwindigkeit von nicht mehr als 60 km/h,

2. Anhänger mit einer durch die Bauart bestimmten Höchstgeschwindigkeit von weniger als 100 km/h,
3. Anhänger mit einer eigenen mittleren Bremsverzögerung von weniger als 2,5 m/s^2.

(4) [1] Absatz 3 gilt nicht für

1. die in § 36 Absatz 10 Satz 6 zweiter Halbsatz bezeichneten Gleiskettenfahrzeuge,
2. land- oder forstwirtschaftliche Zugmaschinen mit einer durch die Bauart bestimmten Höchstgeschwindigkeit von nicht mehr als 32 km/h,
3. land- oder forstwirtschaftliche Arbeitsgeräte, die hinter Kraftfahrzeugen mitgeführt werden.

[2] Die Vorschrift des § 36 Absatz 1 Satz 2 bleibt unberührt.

(5) [1] Die Geschwindigkeitsschilder müssen an beiden Längsseiten und an der Rückseite des Fahrzeugs angebracht werden. [2] An land- oder forstwirtschaftlichen Zugmaschinen und ihren Anhängern genügt ein Geschwindigkeitsschild an der Fahrzeugrückseite; wird es wegen der Art des Fahrzeugs oder seiner Verwendung zeitweise verdeckt oder abgenommen, so muss ein Geschwindigkeitsschild an der rechten Längsseite vorhanden sein.

§ 59 Fabrikschilder, sonstige Schilder, Fahrzeug-Identifizierungsnummer. (1) [1] An allen Kraftfahrzeugen und Anhängern muss an zugänglicher Stelle am vorderen Teil der rechten Seite gut lesbar und dauerhaft ein Fabrikschild mit folgenden Angaben angebracht sein:

1. Hersteller des Fahrzeugs;
2. Fahrzeugtyp;
3. Baujahr (nicht bei zulassungspflichtigen Fahrzeugen);
4. Fahrzeug-Identifizierungsnummer;
5. zulässiges Gesamtgewicht;
6. zulässige Achslasten (nicht bei Krafträdern).

[2] Dies gilt nicht für die in § 53 Absatz 7 bezeichneten Anhänger.

(1a) Abweichend von Absatz 1 ist an Personenkraftwagen, Kraftomnibussen, Lastkraftwagen und Sattelzugmaschinen mit mindestens vier Rädern und einer durch die Bauart bestimmten Höchstgeschwindigkeit von mehr als 25 km/h sowie ihren Anhängern zur Güterbeförderung ein Schild gemäß den im Anhang zu dieser Vorschrift genannten Bestimmungen anzubringen; an anderen Fahrzeugen – ausgenommen Kraftfahrzeuge nach § 30a Absatz 3 – darf das Schild angebracht sein.

(1b) Abweichend von Absatz 1 ist an zweirädrigen oder dreirädrigen Kraftfahrzeugen nach § 30a Absatz 3 ein Schild entsprechend den im Anhang zu dieser Vorschrift genannten Bestimmungen anzubringen.

(2) [1] Die Fahrzeug-Identifizierungsnummer nach der Norm DIN ISO 3779, Ausgabe Februar 1977, oder nach der Richtlinie 76/114/EWG des Rates vom 18. Dezember 1975 zur Angleichung der Rechtsvorschriften der Mitgliedstaaten über Schilder, vorgeschriebene Angaben, deren Lage und Anbringungsart an Kraftfahrzeugen und Kraftfahrzeuganhängern (ABl. L 24 vom 30.1.1976, S. 1), die zuletzt durch die Richtlinie 2006/96/EG (ABl. L 363 vom 20.12. 2006, S. 81) geändert worden ist, muss 17 Stellen haben; andere Fahrzeug-

Identifizierungsnummern dürfen nicht mehr als 14 Stellen haben. [2]Sie muss unbeschadet des Absatzes 1 an zugänglicher Stelle am vorderen Teil der rechten Seite des Fahrzeugs gut lesbar am Rahmen oder an einem ihn ersetzenden Teil eingeschlagen oder eingeprägt sein. [3]Wird nach dem Austausch des Rahmens oder des ihn ersetzenden Teils der ausgebaute Rahmen oder Teil wieder verwendet, so ist

1. die eingeschlagene oder eingeprägte Fahrzeug-Identifizierungsnummer dauerhaft so zu durchkreuzen, dass sie lesbar bleibt,
2. die Fahrzeug-Identifizierungsnummer des Fahrzeugs, an dem der Rahmen oder Teil wieder verwendet wird, neben der durchkreuzten Nummer einzuschlagen oder einzuprägen und
3. die durchkreuzte Nummer der Zulassungsbehörde zum Vermerk auf dem Brief und der Karteikarte des Fahrzeugs zu melden, an dem der Rahmen oder Teil wieder verwendet wird.

[4]Satz 3 Nummer 3 ist entsprechend anzuwenden, wenn nach dem Austausch die Fahrzeug-Identifizierungsnummer in einen Rahmen oder einen ihn ersetzenden Teil eingeschlagen oder eingeprägt wird, der noch keine Fahrzeug-Identifizierungsnummer trägt.

(3) [1]Ist eine Fahrzeug-Identifizierungsnummer nicht vorhanden oder lässt sie sich nicht mit Sicherheit feststellen, so kann die Zulassungsbehörde eine Nummer zuteilen. [2]Absatz 2 gilt für diese Nummer entsprechend.

§ 59a Nachweis der Übereinstimmung mit der Richtlinie 96/53/EG.

(1) [1]Fahrzeuge, die in Artikel 1 der Richtlinie 96/53/EG des Rates vom 25. Juli 1996 zur Festlegung der höchstzulässigen Abmessungen für bestimmte Straßenfahrzeuge im innerstaatlichen und grenzüberschreitenden Verkehr in der Gemeinschaft sowie zur Festlegung der höchstzulässigen Gewichte im grenzüberschreitenden Verkehr (ABl. L 235 vom 17.9.1996, S. 59), die durch die Richtlinie 2002/7/EG (ABl. L 67 vom 9.3.2002, S. 47) geändert worden ist, genannt sind und mit dieser Richtlinie übereinstimmen, müssen mit einem Nachweis dieser Übereinstimmung versehen sein. [2]Der Nachweis muss den im Anhang zu dieser Vorschrift genannten Bestimmungen entsprechen.

(2) Die auf dem Nachweis der Übereinstimmung angeführten Werte müssen mit den am einzelnen Fahrzeug tatsächlich gemessenen übereinstimmen.

§ 60 Flüssiggasanlagen in Fahrzeugen. (1) [1]Die Halter von zulassungspflichtigen Fahrzeugen im Sinne des § 3 Absatz 1 Satz 1 der Fahrzeug-Zulassungsverordnung[1)] und kennzeichenpflichtigen Fahrzeugen nach § 4 Absatz 2 Satz 1 und Absatz 3 Satz 2 der Fahrzeug-Zulassungsverordnung haben die Flüssiggasanlagen ihrer Fahrzeuge mit einem Höchstverbrauch von 1,5 kg/h, die nicht zum Antrieb dieser Fahrzeuge dienen, auf ihre Kosten nach Maßgabe der Technischen Regel Arbeitsblatt DVGW G 607 (A) „Flüssiggasanlagen mit einem Höchstverbrauch von 1,5 kg/h in Freizeitfahrzeugen, Mobilheimen und zu Wohnzwecken in anderen Fahrzeugen; Betrieb und Prüfung" (ISSN 0176-3490, DVGW, Bonn, August 2022) des Vereins „Deutscher Verein des Gas- und Wasserfaches e.V." Josef-Wirmer-Straße 1–3, 53123 Bonn prüfen zu lassen

[1)] Nr. **3.2**.

1. vor ihrer erstmaligen Inbetriebnahme,
2. vor einer Wiederinbetriebnahme nach prüfpflichtigen Änderungen sowie
3. danach wiederkehrend im Abstand von jeweils 24 Monaten zur vorausgegangenen Prüfung (Wiederholungsprüfung).

[2]Die Frist für die Durchführung einer Wiederholungsprüfung endet mit Ablauf des vierundzwanzigsten Monats. [3]Ausgenommen von der Pflicht nach Satz 1 sind

1. Fahrzeuge mit rotem Kennzeichen nach den §§ 41 und 43 der Fahrzeug-Zulassungsverordnung sowie Kurzzeitkennzeichen nach § 42 Absatz 3 der Fahrzeug-Zulassungsverordnung,
2. Fahrzeuge der Bundeswehr und
3. Fahrzeuge nach § 52 Absatz 3 Satz 1 Nummer 1, 2 und 4.

(2) [1]Abweichend von Absatz 1 Satz 1 haben die Halter von gewerblich genutzten Fahrzeugen mit Flüssiggasanlagen zu Brennzwecken die Flüssiggasanlagen, die im Sinne des § 2 Absatz 1 der Betriebssicherheitsverordnung vom 3. Februar 2015 (BGBl. I S. 49), die zuletzt durch Artikel 7 des Gesetzes vom 27. Juli 2021 geändert worden ist, als Arbeitsmittel verwendet werden, auf ihre Kosten nach Maßgabe des § 14 Absatz 4 in Verbindung mit Anhang 3 Abschnitt 2 der Betriebssicherheitsverordnung, zu den dort genannten Zeitpunkten prüfen zu lassen. [2]Die Ergebnisse der Prüfung sind unter Verwendung der Vorlagen des Anhanges des Grundsatzes 310-003 „Prüfaufzeichnung über die Prüfung von Flüssiggasanlagen zu Brennzwecken in oder an Fahrzeugen“ der Deutschen Gesetzlichen Unfallversicherung e.V.[1)], Ausgabe Juni 2023 und nach Maßgabe des § 14 Absatz 7 in Verbindung mit Anhang 3 Abschnitt 2 Nummer 4.2 der Betriebssicherheitsverordnung aufzuzeichnen und aufzubewahren.

(3) [1]Die Halter von gewerblich genutzten Fahrzeugen mit Flüssiggas-Verbrennungsmotoren zu Antriebszwecken haben die Flüssiggasanlagen, die im Sinne des § 2 Absatz 1 der Betriebssicherheitsverordnung als Arbeitsmittel verwendet werden und die nicht der wiederkehrenden Prüfung nach § 41a Absatz 6 unterliegen, auf ihre Kosten nach Maßgabe des § 14 Absatz 4 in Verbindung mit Anhang 3 Abschnitt 2 der Betriebssicherheitsverordnung zu den dort genannten Zeitpunkten prüfen zu lassen. [2]Die Ergebnisse der Prüfung sind unter Verwendung der Vorlage des Anhanges des Grundsatzes 310-004 „Prüfaufzeichnung über die Prüfung von Flurförderzeugen und anderen mobilen Arbeitsmitteln mit Flüssiggas-Verbrennungsmotoren“ der Deutschen Gesetzlichen Unfallversicherung e.V.[2)], Ausgabe 2023, und nach Maßgabe des § 14 Absatz 7 in Verbindung mit Anhang 3 Abschnitt 2 Nummer 4.2 der Betriebssicherheitsverordnung aufzuzeichnen und aufzubewahren.

§ 60a (weggefallen)

§ 61 Halteeinrichtungen für Beifahrer sowie Fußstützen und Ständer von zweirädrigen Kraftfahrzeugen. (1) Zweirädrige Kraftfahrzeuge, auf denen ein Beifahrer befördert werden darf, müssen mit einem Haltesystem für

---

[1)] **Amtlicher Hinweis:** Veröffentlichung und Bezug: www.dguv.de/publikationen > Webcode: p310003

[2)] **Amtlicher Hinweis:** Veröffentlichung und Bezug: www.dguv.de/publikationen > Webcode: p310004

den Beifahrer ausgerüstet sein, das den im Anhang zu dieser Vorschrift genannten Bestimmungen entspricht.

(2) Zweirädrige Kraftfahrzeuge müssen für den Fahrer und den Beifahrer beiderseits mit Fußstützen ausgerüstet sein.

(3) Jedes zweirädrige Kraftfahrzeug muss mindestens mit einem Ständer ausgerüstet sein, der den im Anhang zu dieser Vorschrift genannten Bestimmungen entspricht.

§ 61a Besondere Vorschriften für Anhänger hinter Fahrrädern mit Hilfsmotor. [1] Anhänger hinter Fahrrädern mit Hilfsmotor werden bei Anwendung der Bau- und Betriebsvorschriften wie Anhänger hinter Fahrrädern behandelt, wenn

1. die durch die Bauart bestimmte Höchstgeschwindigkeit des ziehenden Fahrzeugs 25 km/h nicht überschreitet oder
2. die Anhänger vor dem 1. April 1961 erstmals in den Verkehr gekommen sind.

[2] Auf andere Anhänger hinter Fahrrädern mit Hilfsmotor sind die Vorschriften über Anhänger hinter Kleinkrafträdern anzuwenden.

§ 62 Elektrische Einrichtungen von elektrisch angetriebenen Kraftfahrzeugen. Elektrische Einrichtungen von elektrisch angetriebenen Kraftfahrzeugen müssen so beschaffen sein, dass bei verkehrsüblichem Betrieb der Fahrzeuge durch elektrische Einwirkung weder Personen verletzt noch Sachen beschädigt werden können.

3. Andere Straßenfahrzeuge

§ 63 Anwendung der für Kraftfahrzeuge geltenden Vorschriften.

[1] Die Vorschriften über Abmessungen, Achslast, Gesamtgewicht und Bereifung von Kraftfahrzeugen und ihren Anhängern (§§ 32, 34, 36 Absatz 1) gelten für andere Straßenfahrzeuge entsprechend. [2] Für die Nachprüfung der Achslasten gilt § 31c mit der Abweichung, dass der Umweg zur Waage nicht mehr als 2 km betragen darf.

§ 63a Fahrräder und Fahrradanhänger. (1) Ein Fahrrad ist ein Fahrzeug mit mindestens zwei Rädern, das ausschließlich durch die Muskelkraft auf ihm befindlicher Personen mit Hilfe von Pedalen oder Handkurbeln angetrieben wird.

(2) [1] Als Fahrrad gilt auch ein Fahrzeug im Sinne des Absatzes 1, das mit einer elektrischen Trethilfe ausgerüstet ist, die mit einem elektromotorischen Hilfsantrieb mit einer größten Nenndauerleistung von 0,25 kW ausgestattet ist, dessen Unterstützung sich mit zunehmender Fahrzeuggeschwindigkeit progressiv verringert und beim Erreichen einer Geschwindigkeit von 25 km/h oder wenn der Fahrer mit dem Treten oder Kurbeln einhält, unterbrochen wird. [2] Die Anforderungen des Satzes 1 sind auch dann erfüllt, wenn das Fahrrad über einen Hilfsantrieb im Sinne des Satzes 1 verfügt, der eine Beschleunigung des Fahrzeugs auf eine Geschwindigkeit von bis zu 6 km/h, auch ohne gleichzeitiges Treten oder Kurbeln des Fahrers, ermöglicht (Anfahr- oder Schiebehilfe).

(3) Fahrräder und Fahrradanhänger dürfen nur dann im öffentlichen Straßenverkehr in Betrieb genommen werden, wenn sie den Vorschriften dieser Verordnung, den zu ihrer Ausführung amtlich veröffentlichten Bekanntmachungen sowie dem Stand der Technik zum Zeitpunkt der Herstellung entsprechen.

§ 64 Lenkeinrichtung, sonstige Ausrüstung und Bespannung.

(1) [1] Fahrzeuge müssen leicht lenkbar sein. [2] § 35a Absatz 1, Absatz 10 Satz 1 und 4 und § 35d Absatz 1 sind entsprechend anzuwenden, soweit nicht die Beschaffenheit der zu befördernden Güter eine derartige Ausrüstung der Fahrzeuge ausschließt.

(2) [1] Die Bespannung zweispänniger Fuhrwerke, die (nur) eine Deichsel (in der Mitte) haben, mit nur einem Zugtier ist unzulässig, wenn die sichere und schnelle Einwirkung des Gespannführers auf die Lenkung des Fuhrwerks nicht gewährleistet ist; dies kann durch Anspannung mit Kumtgeschirr oder mit Sielen mit Schwanzriemen oder Hinterzeug, durch Straffung der Steuerkette und ähnliche Mittel erreicht werden. [2] Unzulässig ist die Anspannung an den Enden der beiden Ortscheite (Schwengel) der Bracke (Waage) oder nur an einem Ortscheit der Bracke, wenn diese nicht mit einer Kette oder dergleichen festgelegt ist. [3] Bei Pferden ist die Verwendung sogenannter Zupfleinen (Stoßzügel) unzulässig.

§ 64a Einrichtungen für Schallzeichen. [1] Fahrräder und Schlitten müssen mit mindestens einer helltönenden Glocke ausgerüstet sein; ausgenommen sind Handschlitten. [2] Andere Einrichtungen für Schallzeichen dürfen an diesen Fahrzeugen nicht angebracht sein. [3] An Fahrrädern sind auch Radlaufglocken nicht zulässig.

§ 64b Kennzeichnung. An jedem Gespannfahrzeug – ausgenommen Kutschwagen, Personenschlitten und fahrbare land- oder forstwirtschaftliche Arbeitsgeräte – müssen auf der linken Seite Vorname, Zuname und Wohnort (Firma und Sitz) des Besitzers in unverwischbarer Schrift deutlich angegeben sein.

§ 65 Bremsen. (1) [1] Alle Fahrzeuge müssen eine ausreichende Bremse haben, die während der Fahrt leicht bedient werden kann und ihre Wirkung erreicht, ohne die Fahrbahn zu beschädigen. [2] Fahrräder müssen zwei voneinander unabhängige Bremsen haben. [3] Bei Handwagen und Schlitten sowie bei land- oder forstwirtschaftlichen Arbeitsmaschinen, die nur im Fahren Arbeit leisten können (zum Beispiel Pflüge, Drillmaschinen, Mähmaschinen), ist eine Bremse nicht erforderlich.

(2) Als ausreichende Bremse gilt jede am Fahrzeug fest angebrachte Einrichtung, welche die Geschwindigkeit des Fahrzeugs zu vermindern und das Fahrzeug festzustellen vermag.

(3) Sperrhölzer, Hemmschuhe und Ketten dürfen nur als zusätzliche Hilfsmittel und nur dann verwendet werden, wenn das Fahrzeug mit einer gewöhnlichen Bremse nicht ausreichend gebremst werden kann.

§ 66 Rückspiegel. [1] Lastfahrzeuge müssen einen Spiegel für die Beobachtung der Fahrbahn nach rückwärts haben. [2] Dies gilt nicht, wenn eine zweckentsprechende Anbringung des Rückspiegels an einem Fahrzeug technisch nicht möglich ist, ferner nicht für land- oder forstwirtschaftliche Maschinen.

§ 66a Lichttechnische Einrichtungen. (1) [1] Während der Dämmerung, der Dunkelheit oder wenn die Sichtverhältnisse es sonst erfordern, müssen die Fahrzeuge

1. nach vorn mindestens eine Leuchte mit weißem Licht,
2. nach hinten mindestens eine Leuchte mit rotem Licht in nicht mehr als 1 500 mm Höhe über der Fahrbahn

führen; an Krankenfahrstühlen müssen diese Leuchten zu jeder Zeit fest angebracht sein. [2] Beim Mitführen von Anhängern genügt es, wenn der Zug wie ein Fahrzeug beleuchtet wird; jedoch muss die seitliche Begrenzung von Anhängern, die mehr als 400 mm über die Leuchten des vorderen Fahrzeugs hinausragen, durch mindestens eine Leuchte mit weißem Licht kenntlich gemacht werden. [3] Für Handfahrzeuge gilt § 17 Absatz 5 der Straßenverkehrs-Ordnung[1)].

(2) [1] Die Leuchten müssen möglichst weit links und dürfen nicht mehr als 400 mm von der breitesten Stelle des Fahrzeugumrisses entfernt angebracht sein. [2] Paarweise verwendete Leuchten müssen gleich stark leuchten, nicht mehr als 400 mm von der breitesten Stelle des Fahrzeugumrisses entfernt und in gleicher Höhe angebracht sein.

(3) Bei bespannten land- oder forstwirtschaftlichen Fahrzeugen, die mit Heu, Stroh oder anderen leicht brennbaren Gütern beladen sind, genügt eine nach vorn und hinten gut sichtbare Leuchte mit weißem Licht, die auf der linken Seite anzubringen oder von Hand mitzuführen ist.

(4) [1] Alle Fahrzeuge müssen an der Rückseite mit zwei roten Rückstrahlern ausgerüstet sein. [2] Diese dürfen nicht mehr als 400 mm (äußerster Punkt der leuchtenden Fläche) von der breitesten Stelle des Fahrzeugumrisses entfernt sowie höchstens 900 mm (höchster Punkt der leuchtenden Fläche) über der Fahrbahn in gleicher Höhe angebracht sein. [3] Die Längsseiten der Fahrzeuge müssen mit mindestens je einem gelben Rückstrahler ausgerüstet sein, die nicht höher als 600 mm, jedoch so tief wie möglich angebracht sein müssen.

(5) Zusätzliche nach der Seite wirkende gelbe rückstrahlende Mittel sind zulässig.

(6) Leuchten und Rückstrahler dürfen nicht verdeckt oder verschmutzt sein; die Leuchten dürfen nicht blenden.

§ 67 Lichttechnische Einrichtungen an Fahrrädern. (1) [1] Fahrräder dürfen nur dann im öffentlichen Straßenverkehr in Betrieb genommen werden, wenn sie mit den vorgeschriebenen und bauartgenehmigten lichttechnischen Einrichtungen ausgerüstet sind. [2] Für abnehmbare Scheinwerfer und Leuchten gilt Absatz 2 Satz 4. [3] Fahrräder müssen für den Betrieb des Scheinwerfers und der Schlussleuchte mit einer Lichtmaschine, einer Batterie oder einem wieder aufladbaren Energiespeicher oder einer Kombination daraus als Energiequelle ausgerüstet sein. [4] Alle lichttechnischen Einrichtungen, mit Ausnahme von

---

[1)] Nr. 2.

Batterien und wieder aufladbaren Energiespeichern, müssen den Anforderungen des § 22a genügen. [5]Die Nennspannung der Energiequelle muss verträglich mit der Spannung der verwendeten aktiven lichttechnischen Einrichtungen sein.

(2) [1]Als lichttechnische Einrichtungen gelten auch Leuchtstoffe und rückstrahlende Mittel. [2]Die lichttechnischen Einrichtungen müssen vorschriftsmäßig im Sinne dieser Verordnung und während ihres Betriebs fest angebracht, gegen unabsichtliches Verstellen unter normalen Betriebsbedingungen gesichert sowie ständig einsatzbereit sein. [3]Lichttechnische Einrichtungen dürfen nicht verdeckt sein. [4]Scheinwerfer, Leuchten und deren Energiequelle dürfen abnehmbar sein, müssen jedoch während der Dämmerung, bei Dunkelheit oder wenn die Sichtverhältnisse es sonst erfordern, angebracht werden. [5]Lichttechnische Einrichtungen dürfen zusammengebaut, ineinander gebaut oder kombiniert sein, mit Ausnahme von Fahrtrichtungsanzeigern. [6]Lichttechnische Einrichtungen dürfen sich in ihrer Wirkung gegenseitig nicht beeinflussen. [7]Fahrräder mit einer Breite über 1 000 mm müssen nach vorne und hinten gerichtete, paarweise horizontal angebrachte Rückstrahler sowie mindestens zwei weiße Scheinwerfer und zwei rote Schlussleuchten aufweisen, die mit einem seitlichen Abstand von maximal 200 mm paarweise zur Außenkante angebracht sein müssen. [8]Abweichend davon müssen Fahrräder, die breiter als 1 800 mm sind, den Anbauvorschriften der Regelung Nr. 48 der Wirtschaftskommission der Vereinten Nationen für Europa über einheitliche Bedingungen für die Genehmigung von Fahrzeugen hinsichtlich des Anbaus der Beleuchtungs- und Lichtsignaleinrichtungen (ABl. L 265 vom 30.9.2016, S. 125) für Personenkraftwagen entsprechen.

(3) [1]Fahrräder müssen mit einem oder zwei nach vorn wirkenden Scheinwerfern für weißes Abblendlicht ausgerüstet sein. [2]Der Scheinwerfer muss so eingestellt sein, dass er andere Verkehrsteilnehmer nicht blendet. [3]Blinkende Scheinwerfer sind unzulässig. [4]Fahrräder müssen mit mindestens einem nach vorn wirkenden weißen Rückstrahler ausgerüstet sein. [5]Scheinwerfer dürfen zusätzlich mit Tagfahrlicht- und Fernlichtfunktion für weißes Licht mit einer maximalen Lichtstärke und Lichtverteilung der Tagfahrlichtfunktion nach der Regelung Nr. 87 der Wirtschaftskommission der Vereinten Nationen für Europa (UN/ECE) – Einheitliche Bedingungen für die Genehmigung von Leuchten für Tagfahrlicht für Kraftfahrzeuge (ABl. L 164 vom 30.6.2010, S. 46) ausgerüstet sein. [6]Die Umschaltung zwischen den Lichtfunktionen muss automatisch erfolgen oder von Hand mit Bedienteilen entsprechend der Lageanordnung nach der Regelung Nr. 60 der Wirtschaftskommission der Vereinten Nationen für Europa (UNECE) – Einheitliche Vorschriften für die Genehmigung zweirädriger Krafträder und Fahrräder mit Hilfsmotor hinsichtlich der vom Fahrzeugführer betätigten Bedienteile und der Kennzeichnung von Bedienteilen, Kontrollleuchten und Anzeigevorrichtungen (ABl. L 297 vom 15.10.2014, S. 23).

(4) [1]Fahrräder müssen an der Rückseite mit mindestens

1. einer Schlussleuchte für rotes Licht,
2. einem roten nicht dreieckigen Rückstrahler der Kategorie „Z" ausgerüstet sein.

[2]Schlussleuchte und Rückstrahler dürfen in einem Gerät verbaut sein. [3]Schlussleuchten dürfen zusätzlich mit einer Bremslichtfunktion für rotes Licht

mit einer Lichtstärke und Lichtverteilung der Bremslichtfunktion entsprechend der Regelung Nr. 50 der Wirtschaftskommission der Vereinten Nationen für Europa (UNECE) – Einheitliche Bedingungen für die Genehmigung von Begrenzungsleuchten, Schlussleuchten, Bremsleuchten, Fahrtrichtungsanzeigern und Beleuchtungseinrichtungen für das hintere Kennzeichenschild für Fahrzeuge der Klasse L (ABl. L 97 vom 29.3.2014, S. 1) ausgerüstet sein. [4]Blinkende Schlussleuchten sind unzulässig.

(5) [1]Fahrradpedale müssen mit nach vorn und nach hinten wirkenden gelben Rückstrahlern ausgerüstet sein. [2]Die Längsseiten eines Fahrrades müssen nach jeder Seite mit

1. ringförmig zusammenhängenden retroreflektierenden weißen Streifen an den Reifen oder Felgen oder in den Speichen des Vorderrades und des Hinterrades oder
2. Speichen an jedem Rad, alle Speichen entweder vollständig weiß retroreflektierend oder mit Speichenhülsen an jeder Speiche, oder
3. mindestens zwei um 180 Grad versetzt angebrachten, nach der Seite wirkenden gelben Speichenrückstrahlern an den Speichen des Vorderrades und des Hinterrades

kenntlich gemacht sein. [3]Zusätzlich zu der Mindestausrüstung mit einer der Absicherungsarten dürfen Sicherungsmittel aus den anderen Absicherungsarten angebracht sein. [4]Werden mehr als zwei Speichenrückstrahler an einem Rad angebracht, so sind sie am Radumfang gleichmäßig zu verteilen. [5]Zusätzliche nach der Seite wirkende bauartgenehmigte gelbe rückstrahlende Mittel sind zulässig. [6]Nach vorne und nach hinten wirkende Fahrtrichtungsanzeiger, genehmigt nach der Regelung Nr. 50 der Wirtschaftskommission der Vereinten Nationen für Europa (UNECE) – Einheitliche Bedingungen für die Genehmigung von Begrenzungsleuchten, Schlussleuchten, Bremsleuchten, Fahrtrichtungsanzeigern und Beleuchtungseinrichtungen für das hintere Kennzeichenschild für Fahrzeuge der Klasse L (ABl. L 97 vom 29.3.2014, S. 1) oder genehmigt nach der UN-Regelung Nr. 148 – Einheitliche Bedingungen für die Genehmigung von Lichtsignaleinrichtungen (Leuchten) für Kraftfahrzeuge und ihre Anhänger [2021/1719] (ABl. L 347 vom 30.9.2021, S. 123) und angebaut nach der Regelung Nr. 74 der Wirtschaftskommission der Vereinten Nationen für Europa (UN/ECE) – Einheitliche Bedingungen für die Genehmigung von Fahrzeugen der Klasse L 1 hinsichtlich des Anbaus der Beleuchtungs- und Lichtsignaleinrichtungen (ABl. L 166 vom 18.6.2013, S. 88) sowie Anordnung der Bedienteile nach der Regelung Nr. 60 der Wirtschaftskommission der Vereinten Nationen für Europa (UNECE) – Einheitliche Vorschriften für die Genehmigung zweirädriger Krafträder und Fahrräder mit Hilfsmotor hinsichtlich der vom Fahrzeugführer betätigten Bedienteile und der Kennzeichnung von Bedienteilen, Kontrollleuchten und Anzeigevorrichtungen (ABl. L 297 vom 15.10.2014, S. 23), sind zulässig.

(6) [1]Schlussleuchte und Scheinwerfer dürfen nur gemeinsam einzuschalten sein, wenn sie mit Hilfe einer Lichtmaschine betrieben werden. [2]Bei eingeschalteter Standlichtfunktion darf auch die Schlussleuchte allein leuchten. [3]In den Scheinwerfern und Leuchten dürfen nur die nach ihrer Bauart dafür bestimmten Leuchtmittel verwendet werden.

(7) [1] Bei Fahrrädern mit elektrischer Tretunterstützung kann die Versorgung der Beleuchtungsanlage über eine Kopplung an den Energiespeicher für den Antrieb erfolgen, wenn

1. nach entladungsbedingter Abschaltung des Unterstützungsantriebs noch eine ununterbrochene Stromversorgung der Beleuchtungsanlage über mindestens zwei Stunden gewährleistet ist oder
2. der Antriebsmotor als Lichtmaschine übergangsweise benutzt werden kann, um auch weiterhin die Lichtanlage mit Strom zu versorgen.

[2] Satz 1 gilt nicht für Fahrräder mit elektrischer Tretunterstützung, die vor dem 1. Januar 2019 in Verkehr gebracht werden.

(8) Für lichttechnische Einrichtungen am Fahrrad gelten folgende Anbauhöhen

Lichttechnische Einrichtung	Minimale Höhe [mm]	Maximale Höhe [mm]
Scheinwerfer für Abblendlicht	400	1 200
Rückstrahler vorne	400	1 200
Hinten: Schlussleuchte, Rückstrahler	250	1 200

.

§ 67a Lichttechnische Einrichtungen an Fahrradanhängern. (1) [1] An Fahrradanhängern dürfen nur die vorgeschriebenen und bauartgenehmigten lichttechnischen Einrichtungen angebracht sein. [2] Lichttechnische Einrichtungen dürfen nicht verdeckt sein.

(2) Fahrradanhänger müssen mindestens mit folgenden lichttechnischen Einrichtungen ausgerüstet sein:

1. nach vorn wirkend:
   a) bei einer Breite des Anhängers von mehr als 600 mm mit zwei paarweise angebauten weißen Rückstrahlern mit einem maximalen Abstand von 200 mm zur Außenkante,
   b) bei einer Breite des Anhängers von mehr als 1 000 mm zusätzlich mit einer Leuchte für weißes Licht auf der linken Seite,
2. nach hinten wirkend:
   a) mit einer Schlussleuchte für rotes Licht auf der linken Seite, falls mehr als 50 Prozent der sichtbaren leuchtenden Fläche der Schlussleuchte des Fahrrads durch den Anhänger verdeckt wird oder falls der Anhänger mehr als 600 mm breit ist und
   b) mit zwei roten Rückstrahlern der Kategorie „Z“ mit einem maximalen Abstand von 200 mm zur Außenkante,
3. nach beiden Seiten wirkend:
   a) mit ringförmig zusammenhängenden retroreflektierenden weißen Streifen an Reifen oder Felgen oder Rädern oder
   b) mit weiß retroreflektierenden Speichen (jede Speiche) oder Speichenhülsen (an jeder Speiche) an jedem Rad oder
   c) mit mindestens zwei um 180 Grad versetzt angebrachten, nach der Seite wirkenden gelben Speichenrückstrahlern an den Speichen jedes Rades.

(3) Anhänger, die nicht breiter als 1 000 mm sind, dürfen mit einer Leuchte für weißes Licht nach vorne ausgerüstet werden.

(4) Unabhängig von der Breite dürfen Anhänger mit

1. einer weiteren Leuchte für rotes Licht nach hinten auf der rechten Seite oder
2. Fahrtrichtungsanzeigern, genehmigt nach der Regelung Nr. 50 der Wirtschaftskommission der Vereinten Nationen für Europa (UNECE) – Einheitliche Bedingungen für die Genehmigung von Begrenzungsleuchten, Schlussleuchten, Bremsleuchten, Fahrtrichtungsanzeigern und Beleuchtungseinrichtungen für das hintere Kennzeichenschild für Fahrzeuge der Klasse L (ABl. L 97 vom 29.3.2014, S. 1) oder genehmigt nach der UN-Regelung Nr. 148 – Einheitliche Bedingungen für die Genehmigung von Lichtsignaleinrichtungen (Leuchten) für Kraftfahrzeuge und ihre Anhänger [2021/1719] (ABl. L 347 vom 30.9.2021, S. 123) und angebaut nach der Regelung Nr. 74 der Wirtschaftskommission der Vereinten Nationen für Europa (UN/ECE) – Einheitliche Bedingungen für die Genehmigung von Fahrzeugen der Klasse L 1 hinsichtlich des Anbaus der Beleuchtungs- und Lichtsignaleinrichtungen (ABl. L 166 vom 18.6.2013, S. 88), oder
3. zwei weiteren zusätzlichen roten nicht dreieckigen Rückstrahlern nach hinten wirkend mit einem maximalen Abstand von 200 mm zur Außenkante

ausgerüstet werden.

(5) Lichttechnische Einrichtungen dürfen zusammengebaut, ineinander gebaut oder kombiniert sein, mit Ausnahme von Fahrtrichtungsanzeigern.

(6) Absatz 2 gilt nicht für Fahrradanhänger, die vor dem 1. Januar 2018 in Verkehr gebracht werden.

C. Durchführungs-, Bußgeld- und Schlussvorschriften

§ 68 Zuständigkeiten. (1) Diese Verordnung wird von den nach Landesrecht zuständigen Behörden ausgeführt.

(2) [1] Örtlich zuständig ist, soweit nichts anderes vorgeschrieben ist, die Behörde des Wohnorts, mangels eines solchen des Aufenthaltsorts des Antragstellers oder Betroffenen, bei juristischen Personen, Handelsunternehmen oder Behörden die Behörde des Sitzes oder des Orts der beteiligten Niederlassung oder Dienststelle. [2] Anträge können mit Zustimmung der örtlich zuständigen Behörde von einer gleichgeordneten auswärtigen Behörde behandelt und erledigt werden. [3] Die Verfügungen der Behörde (Sätze 1 und 2) sind im Inland wirksam. [4] Verlangt die Verkehrssicherheit ein sofortiges Eingreifen, so kann anstelle der örtlich zuständigen Behörde jede ihr gleichgeordnete Behörde mit derselben Wirkung Maßnahmen auf Grund dieser Verordnung vorläufig treffen.

(3) [1] Die Zuständigkeiten der Verwaltungsbehörden und höheren Verwaltungsbehörden auf Grund dieser Verordnung werden für die Dienstbereiche der Bundeswehr, der Bundespolizei, der Bundesanstalt Technisches Hilfswerk und der Polizei durch deren Dienststellen nach Bestimmung der Fachminister wahrgenommen. [2] Für den Dienstbereich der Polizei kann die Zulassung von Kraftfahrzeugen und ihrer Anhänger nach Bestimmung der Fachminister durch die nach Absatz 1 zuständigen Behörden vorgenommen werden.

§ 69 (weggefallen)

§ 69a Ordnungswidrigkeiten. (1) Ordnungswidrig im Sinne des § 62 Absatz 1 Nummer 7 des Bundes-Immissionsschutzgesetzes handelt, wer vorsätzlich oder fahrlässig entgegen § 47f Absatz 1, auch in Verbindung mit Absatz 2 Satz 1, oder entgegen § 47f Absatz 2 Satz 2 ein Kraftfahrzeug betreibt.

(2) Ordnungswidrig im Sinne des § 24 Absatz 1 des Straßenverkehrsgesetzes handelt, wer vorsätzlich oder fahrlässig

1. entgegen § 17 Absatz 1 einem Verbot, ein Fahrzeug in Betrieb zu setzen, zuwiderhandelt oder Beschränkungen nicht beachtet,

1a. entgegen § 19 Absatz 2 Satz 3 eine Änderung vornimmt oder vornehmen lässt,

1b. entgegen § 19 Absatz 5 Satz 1 ein Fahrzeug in Betrieb nimmt oder als Halter dessen Inbetriebnahme anordnet oder zulässt,

2. einer vollziehbaren Anordnung oder Auflage nach § 29 Absatz 7 Satz 5 in Verbindung mit Satz 4 zuwiderhandelt,

3. bis 6. (weggefallen)

7. entgegen § 22a Absatz 2 Satz 1 oder Absatz 6 ein Fahrzeugteil ohne amtlich vorgeschriebenes und zugeteiltes Prüfzeichen zur Verwendung feilbietet, veräußert, erwirbt oder verwendet,

8. gegen eine Vorschrift des § 21a Absatz 3 Satz 1 oder § 22a Absatz 5 Satz 1 oder Absatz 6 über die Kennzeichnung von Ausrüstungsgegenständen oder Fahrzeugteilen mit Prüfzeichen oder gegen ein Verbot nach § 21a Absatz 3 Satz 2 oder § 22a Absatz 5 Satz 2 oder Absatz 6 über die Anbringung von verwechslungsfähigen Zeichen verstößt,

9. gegen eine Vorschrift über Mitführung und Aushändigung

   a) bis f) (weggefallen)

   g) eines Abdrucks oder einer Ablichtung einer Erlaubnis, Genehmigung, eines Auszugs einer Erlaubnis oder Genehmigung, eines Teilegutachtens oder eines Nachweises nach § 19 Absatz 4 Satz 1,

   h) (weggefallen)

   i) der Urkunde über die Einzelgenehmigung nach § 22a Absatz 4 Satz 2

   verstößt,

10. bis 13b. (weggefallen)

14. einer Vorschrift des § 29 Absatz 1 Satz 1 in Verbindung mit den Nummern 2.1, 2.2, 2.6, 2.7 Satz 2 oder 3, den Nummern 3.1.1, 3.1.2 oder 3.2.2 der Anlage VIII über Hauptuntersuchungen oder Sicherheitsprüfungen zuwiderhandelt,

15. einer Vorschrift des § 29 Absatz 2 Satz 1 über Prüfplaketten oder Prüfmarken in Verbindung mit einem SP-Schild, des § 29 Absatz 5 über den ordnungsgemäßen Zustand der Prüfplaketten oder der Prüfmarken in Verbindung mit einem SP-Schild, des § 29 Absatz 7 Satz 5 über das Betriebsverbot oder die Betriebsbeschränkung oder des § 29 Absatz 8 über das Verbot des Anbringens verwechslungsfähiger Zeichen zuwiderhandelt,

16. einer Vorschrift des § 29 Absatz 10 Satz 1 oder 2 über die Aufbewahrungs- und Aushändigungspflicht für Untersuchungsberichte oder Prüfprotokolle zuwiderhandelt,
17. *(aufgehoben)*
18. einer Vorschrift des § 29 Absatz 1 Satz 1 in Verbindung mit Nummer 3.1.4.2 Satz 2 Halbsatz 2 der Anlage VIII über die Behebung der geringen Mängel oder Nummer 3.1.4.3 Satz 2 Halbsatz 2 über die Behebung der erheblichen Mängel oder die Wiedervorführung zur Nachprüfung der Mängelbeseitigung zuwiderhandelt,
19. entgegen § 29 Absatz 1 Satz 1 in Verbindung mit Nummer 4.3 Satz 5 der Anlage VIII, Nummer 8.1.1 Satz 2 oder Nummer 8.2.1 Satz 2 der Anlage VIIIc die Maßnahmen nicht duldet oder die vorgeschriebenen Aufzeichnungen nicht vorlegt oder
20. entgegen § 60 Absatz 1 Satz 1, Absatz 2 Satz 1 oder Absatz 3 Satz 1 eine Flüssiggasanlage nicht, nicht richtig, nicht in der vorgeschriebenen Weise oder nicht rechtzeitig prüfen lässt.

(3) Ordnungswidrig im Sinne des § 24 Absatz 1 des Straßenverkehrsgesetzes handelt ferner, wer vorsätzlich oder fahrlässig ein Kraftfahrzeug oder ein Kraftfahrzeug mit Anhänger (Fahrzeugkombination) unter Verstoß gegen eine der folgenden Vorschriften in Betrieb nimmt:

1. des § 30 über allgemeine Beschaffenheit von Fahrzeugen;
1a. des § 30c Absatz 1 und 4 über vorstehende Außenkanten, Frontschutzsysteme;
1b. des § 30d Absatz 3 über die Bestimmungen für Kraftomnibusse oder des § 30d Absatz 4 über die technischen Einrichtungen für die Beförderung von Personen mit eingeschränkter Mobilität in Kraftomnibussen;
1c. des § 31d Absatz 2 über die Ausrüstung ausländischer Kraftfahrzeuge mit Sicherheitsgurten, des § 31d Absatz 3 über die Ausrüstung ausländischer Kraftfahrzeuge mit Geschwindigkeitsbegrenzern oder deren Benutzung oder des § 31d Absatz 4 Satz 1 über die Profiltiefe der Reifen ausländischer Kraftfahrzeuge;
2. des § 32 Absatz 1 bis 4 oder 9, auch in Verbindung mit § 31d Absatz 1, über Abmessungen von Fahrzeugen und Fahrzeugkombinationen;
3. der §§ 32a, 42 Absatz 2 Satz 1 über das Mitführen von Anhängern, des § 33 über das Schleppen von Fahrzeugen, des § 43 Absatz 1 Satz 1 bis 3, Absatz 2 Satz 1, Absatz 3, 4 Satz 1 oder 3 über Einrichtungen zur Verbindung von Fahrzeugen oder des § 44 Absatz 1, 2 Satz 1 oder Absatz 3 über Stützeinrichtungen und Stützlast von Fahrzeugen;
3a. des § 32b Absatz 1, 2 oder 4 über Unterfahrschutz;
3b. des § 32c Absatz 2 über seitliche Schutzvorrichtungen;
3c. des § 32d Absatz 1 oder 2 Satz 1 über Kurvenlaufeigenschaften;
4. des § 34 Absatz 3 Satz 3 über die zulässige Achslast oder das zulässige Gesamtgewicht bei Fahrzeugen oder Fahrzeugkombinationen, des § 34 Absatz 8 über das Gewicht auf einer oder mehreren Antriebsachsen, des § 34 Absatz 9 Satz 1 über den Achsabstand, des § 34 Absatz 11 über Hubachsen oder Lastverlagerungsachsen, jeweils auch in Verbindung mit § 31d Absatz 1, des § 34b über die Laufrollenlast oder das Gesamtgewicht

von Gleiskettenfahrzeugen oder des § 42 Absatz 1 oder Absatz 2 Satz 2 über die zulässige Anhängelast;

5. des § 34a Absatz 1 über die Besetzung, Beladung und Kennzeichnung von Kraftomnibussen;
6. des § 35 über die Motorleistung;
7. des § 35a Absatz 1 über Anordnung oder Beschaffenheit des Sitzes des Fahrzeugführers, des Betätigungsraums oder der Einrichtungen zum Führen des Fahrzeugs für den Fahrer, der Absätze 2, 3, 4, 5 Satz 1 oder Absatz 7 über Sitze und deren Verankerungen, Kopfstützen, Sicherheitsgurte und deren Verankerungen oder über Rückhaltesysteme, des Absatzes 4a über Rollstuhlstellplätze, Rollstuhl-Rückhaltesysteme, Rollstuhlnutzer-Rückhaltesysteme, Verankerungen und Sicherheitsgurte, des Absatzes 8 Satz 1 über die Anbringung von nach hinten gerichteten Rückhalteeinrichtungen für Kinder auf Beifahrersitzen, vor denen ein betriebsbereiter Airbag eingebaut ist, oder Satz 2 oder 4 über die Warnung vor der Verwendung von nach hinten gerichteten Rückhalteeinrichtungen für Kinder auf Beifahrersitzen mit Airbag, des Absatzes 9 Satz 1 über einen Sitz für den Beifahrer auf Krafträdern oder des Absatzes 10 über die Beschaffenheit von Sitzen, ihrer Lehnen und ihrer Befestigungen sowie der selbsttätigen Verriegelung von klappbaren Sitzen und Rückenlehnen und der Zugänglichkeit der Entriegelungseinrichtung oder des Absatzes 11 über Verankerungen der Sicherheitsgurte und Sicherheitsgurte von dreirädrigen oder vierrädrigen Kraftfahrzeugen oder des Absatzes 13 über die Pflicht zur nach hinten oder seitlich gerichteten Anbringung von Rückhalteeinrichtungen für Kinder bis zu einem Alter von 15 Monaten;

7a. des § 35b Absatz 1 über die Beschaffenheit der Einrichtungen zum Führen von Fahrzeugen oder des § 35b Absatz 2 über das Sichtfeld des Fahrzeugführers;

7b. des § 35c über Heizung und Belüftung, des § 35d über Einrichtungen zum Auf- und Absteigen an Fahrzeugen, des § 35e Absatz 1 bis 3 über Türen oder des § 35f über Notausstiege in Kraftomnibussen;

7c. des § 35g Absatz 1 oder 2 über Feuerlöscher in Kraftomnibussen oder des § 35h Absatz 1 bis 3 über Erste-Hilfe-Material in Kraftfahrzeugen;

7d. des § 35i Absatz 1 Satz 1 oder 2, dieser in Verbindung mit Nummer 2 Satz 2, 4, 8 oder 9, Nummer 3.1 Satz 1, Nummer 3.2 Satz 1 oder 2, Nummer 3.3, 3.4 Satz 1 oder 2 oder Nummer 3.5 Satz 2, 3 oder 4 der Anlage X, über Gänge oder die Anordnung von Fahrgastsitzen in Kraftomnibussen oder des § 35i Absatz 2 Satz 1 über die Beförderung liegender Fahrgäste ohne geeignete Rückhalteeinrichtungen;

8. des § 36 Absatz 1 Satz 1 oder 3 bis 4, Absatz 3 Satz 1 oder 3 bis 5, Absatz 5 Satz 1 oder Absatz 6 Satz 1 oder 2 über Bereifung, des § 36 Absatz 10 Satz 1 bis 4 über Gleisketten von Gleiskettenfahrzeugen oder Satz 6 über deren zulässige Höchstgeschwindigkeit, des § 36a Absatz 1 über Radabdeckungen oder Absatz 3 über die Sicherung von außen am Fahrzeug mitgeführten Ersatzrädern oder des § 37 Absatz 1 Satz 1 über Gleitschutzeinrichtungen oder Absatz 2 über Schneeketten;
9. des § 38 über Lenkeinrichtungen;
10. des § 38a über die Sicherung von Kraftfahrzeugen gegen unbefugte Benutzung;

10a. des § 38b über Fahrzeug-Alarmsysteme;
11. des § 39 über Einrichtungen zum Rückwärtsfahren;
11a. des § 39a über Betätigungseinrichtungen, Kontrollleuchten und Anzeiger;
12. des § 40 Absatz 1 über die Beschaffenheit von Scheiben, des § 40 Absatz 2 über Anordnung und Beschaffenheit von Scheibenwischern oder des § 40 Absatz 3 über Scheiben, Scheibenwischer, Scheibenwascher, Entfrostungs- und Trocknungsanlagen von dreirädrigen Kleinkrafträdern und dreirädrigen und vierrädrigen Kraftfahrzeugen mit Führerhaus;
13. des § 41 Absatz 1 bis 13, 15 Satz 1, 3 oder 4, Absatz 16 oder 17 über Bremsen oder des § 41 Absatz 14 über Ausrüstung mit Unterlegkeilen, ihre Beschaffenheit und Anbringung;
13a. des § 41a Absatz 8 über die Sicherheit und Kennzeichnung von Druckbehältern;
13b. des § 41b Absatz 2 über die Ausrüstung mit automatischen Blockierverhinderern oder des § 41b Absatz 4 über die Verbindung von Anhängern mit einem automatischen Blockierverhinderer mit Kraftfahrzeugen;
14. des § 45 Absatz 1 oder 2 Satz 1 über Kraftstoffbehälter oder des § 46 über Kraftstoffleitungen;
15. des § 47c über die Ableitung von Abgasen;
16. (weggefallen)
17. des § 49 Absatz 1 über die Geräuschentwicklung;
18. des § 49a Absatz 1 bis 4, 5 Satz 1, Absatz 6, 8, 9 Satz 2, Absatz 9a oder 10 Satz 1 über die allgemeinen Bestimmungen für lichttechnische Einrichtungen;
18a. des § 50 Absatz 1, 2 Satz 1, 6 Halbsatz 2 oder Satz 7, Absatz 3 Satz 1 oder 2, Absatz 5, 6 Satz 1, 3, 4 oder 6, Absatz 6a Satz 2 bis 5 oder Absatz 9 über Scheinwerfer für Fern- oder Abblendlicht oder Absatz 10 über Schweinwerfer mit Gasentladungslampen;
18b. des § 51 Absatz 1 Satz 1, 4 bis 6, Absatz 2 Satz 1, 4 oder Absatz 3 über Begrenzungsleuchten oder vordere Rückstrahler;
18c. des § 51a Absatz 1 Satz 1 bis 7, Absatz 3 Satz 1, Absatz 4 Satz 2, Absatz 6 Satz 1 oder Absatz 7 Satz 1 oder 3 über die seitliche Kenntlichmachung von Fahrzeugen oder des § 51b Absatz 2 Satz 1 oder 3, Absatz 5 oder 6 über Umrissleuchten;
18d. des § 51c Absatz 3 bis 5 Satz 1 oder 3 über Parkleuchten oder Park-Warntafeln;
18e. des § 52 Absatz 1 Satz 2 bis 5 über Nebelscheinwerfer, des § 52 Absatz 2 Satz 2 oder 3 über Suchscheinwerfer, des § 52 Absatz 5 Satz 2 über besondere Beleuchtungseinrichtungen an Krankenkraftwagen, des § 52 Absatz 7 Satz 2 oder 4 über Arbeitsscheinwerfer oder des § 52 Absatz 9 Satz 2 über Vorzeltleuchten an Wohnwagen oder Wohnmobilen;
18f. des § 52a Absatz 2 Satz 1 oder 3, Absatz 4, 5 oder 7 über Rückfahrscheinwerfer;
18g. des § 53 Absatz 1 Satz 1, 3 bis 5 oder 7 über Schlussleuchten, des § 53 Absatz 2 Satz 1, 5 oder 6 über Bremsleuchten, des § 53 Absatz 4 Satz 1 bis 4 oder 6 über Rückstrahler, des § 53 Absatz 5 Satz 1 oder 2 über die Anbringung von Schlussleuchten, Bremsleuchten und Rückstrahlern, des § 53 Absatz 5 Satz 3 über die Kenntlichmachung von nach hinten hinaus-

ragenden Geräten, des § 53 Absatz 6 Satz 2 über Schlussleuchten an Anhängern hinter einachsigen Zug- oder Arbeitsmaschinen, des § 53 Absatz 8 über Schlussleuchten, Bremsleuchten, Rückstrahler und Fahrtrichtungsanzeiger an abgeschleppten betriebsunfähigen Fahrzeugen oder des § 53 Absatz 9 Satz 1 über das Verbot der Anbringung von Schlussleuchten, Bremsleuchten oder Rückstrahlern an beweglichen Fahrzeugteilen;

19. des § 53a Absatz 1, 2 Satz 1, Absatz 3 Satz 2, Absatz 4 oder 5 über Warndreiecke, Warnleuchten, Warnblinkanlagen und Warnwesten oder des § 54b über die zusätzliche Mitführung einer Handlampe in Kraftomnibussen;

19a. des § 53b Absatz 1 Satz 1 bis 3, 4 Halbsatz 2, Absatz 2 Satz 1 bis 3, 4 Halbsatz 2, Absatz 3 Satz 1, Absatz 4 oder 5 über die Ausrüstung oder Kenntlichmachung von Anbaugeräten oder Hubladebühnen;

19b. des § 53c Absatz 2 über Tarnleuchten;

19c. des § 53d Absatz 2 bis 5 über Nebelschlussleuchten;

20. des § 54 Absatz 1 Satz 1 bis 3, Absatz 1a Satz 1, Absatz 2, 3, 4 Nummer 1 Satz 1, 4, Nummer 2, 3 Satz 1, Nummer 4 oder Absatz 6 über Fahrtrichtungsanzeiger;

21. des § 54a über die Innenbeleuchtung in Kraftomnibussen;

22. des § 55 Absatz 1 bis 4 über Einrichtungen für Schallzeichen;

23. des § 55a über die Elektromagnetische Verträglichkeit;

24. des § 56 Absatz 1 in Verbindung mit Absatz 2 über Spiegel oder andere Einrichtungen für indirekte Sicht;

25. des § 57 Absatz 1 Satz 1 oder Absatz 2 Satz 1 über das Geschwindigkeitsmessgerät, des § 57a Absatz 1 Satz 1, Absatz 1a oder 2 Satz 1 über Fahrtschreiber;

25a. des § 57a Absatz 3 Satz 2 über das Betreiben des Kontrollgeräts;

25b. des § 57c Absatz 2 oder 5 über die Ausrüstung oder Benutzung der Geschwindigkeitsbegrenzer;

26. des § 58 Absatz 2 oder 5 Satz 1, jeweils auch in Verbindung mit § 36 Absatz 1 Satz 2, oder Absatz 3 oder 5 Satz 2 Halbsatz 2 über Geschwindigkeitsschilder an Kraftfahrzeugen oder Anhängern oder des § 59 Absatz 1 Satz 1, Absatz 1a, 1b, 2 oder 3 Satz 2 über Fabrikschilder oder Fahrzeug-Identifizierungsnummern;

26a. des § 59a über den Nachweis der Übereinstimmung mit der Richtlinie 96/53/EG;

27. des § 61 Absatz 1 über Halteeinrichtungen für Beifahrer oder Absatz 3 über Ständer von zweirädrigen Kraftfahrzeugen;

27a. des § 61a über Anhänger hinter Fahrrädern mit Hilfsmotor oder

28. des § 62 über die Beschaffenheit von elektrischen Einrichtungen der elektrisch angetriebenen Kraftfahrzeuge.

(4) Ordnungswidrig im Sinne des § 24 Absatz 1 des Straßenverkehrsgesetzes handelt ferner, wer vorsätzlich oder fahrlässig ein anderes Straßenfahrzeug als ein Kraftfahrzeug oder einen Kraftfahrzeuganhänger oder wer vorsätzlich oder fahrlässig eine Kombination solcher Fahrzeuge unter Verstoß gegen eine der folgenden Vorschriften in Betrieb nimmt:

1. des § 30 über allgemeine Beschaffenheit von Fahrzeugen;

2. des § 63 über Abmessungen, Achslast, Gesamtgewicht und Bereifung sowie die Wiegepflicht;
3. des § 64 Absatz 1 über Lenkeinrichtungen, Anordnung und Beschaffenheit der Sitze, Einrichtungen zum Auf- und Absteigen oder des § 64 Absatz 2 über die Bespannung von Fuhrwerken;
4. des § 64a über Schallzeichen an Fahrrädern oder Schlitten;
5. des § 64b über die Kennzeichnung von Gespannfahrzeugen;
6. des § 65 Absatz 1 über Bremsen oder des § 65 Absatz 3 über Bremshilfsmittel;
7. des § 66 über Rückspiegel;
7a. des § 66a über lichttechnische Einrichtungen;
8. des § 67 über lichttechnische Einrichtungen an Fahrrädern oder
9. des § 67a über lichttechnische Einrichtungen an Fahrradanhängern.

(5) Ordnungswidrig im Sinne des § 24 Absatz 1 des Straßenverkehrsgesetzes handelt schließlich, wer vorsätzlich oder fahrlässig

1. als Inhaber einer Allgemeinen Betriebserlaubnis für Fahrzeuge gegen eine Vorschrift des § 20 Absatz 3 Satz 3 über die Ausfüllung von Fahrzeugbriefen verstößt,
2. entgegen § 31 Absatz 1 ein Fahrzeug oder einen Zug miteinander verbundener Fahrzeuge führt, ohne zur selbstständigen Leitung geeignet zu sein,
3. entgegen § 31 Absatz 2 als Halter eines Fahrzeugs die Inbetriebnahme anordnet oder zulässt, obwohl ihm bekannt ist oder bekannt sein muss, dass der Führer nicht zur selbstständigen Leitung geeignet oder das Fahrzeug, der Zug, das Gespann, die Ladung oder die Besetzung nicht vorschriftsmäßig ist oder dass die Verkehrssicherheit des Fahrzeugs durch die Ladung oder die Besetzung leidet,
4. entgegen § 31a Absatz 2 als Halter oder dessen Beauftragter im Fahrtenbuch nicht vor Beginn der betreffenden Fahrt die erforderlichen Angaben einträgt oder nicht unverzüglich nach Beendigung der betreffenden Fahrt Datum und Uhrzeit der Beendigung mit seiner Unterschrift einträgt,
4a. entgegen § 31a Absatz 3 ein Fahrtenbuch nicht aushändigt oder nicht aufbewahrt,
4b. entgegen § 31b mitzuführende Gegenstände nicht vorzeigt oder zur Prüfung nicht aushändigt,
4c. gegen eine Vorschrift des § 31c Satz 1 oder 4 Halbsatz 2 über Pflichten zur Feststellung der zugelassenen Achslasten oder über das Um- oder Entladen bei Überlastung verstößt,
4d. als Fahrpersonal oder Halter gegen eine Vorschrift des § 35g Absatz 3 über das Vertrautsein mit der Handhabung von Feuerlöschern oder als Halter gegen eine Vorschrift des § 35g Absatz 4 über die Prüfung von Feuerlöschern verstößt,
5. entgegen § 36 Absatz 7 Satz 1 einen Luftreifen nicht, nicht vollständig oder nicht in der vorgeschriebenen Weise kennzeichnet,
5a. entgegen § 41a Absatz 5 Satz 1 eine Gassystemeinbauprüfung, entgegen Absatz 5 Satz 3 eine Begutachtung oder entgegen Absatz 6 Satz 2 eine Gasanlagenprüfung nicht durchführen lässt,

5b. *(aufgehoben)*
5c. (weggefallen)
5d. entgegen § 49 Absatz 2a Satz 1 Auspuffanlagen, Austauschauspuffanlagen oder Einzelteile dieser Austauschauspuffanlagen als unabhängige technische Einheiten für Krafträder verwendet oder zur Verwendung feilbietet oder veräußert oder entgegen § 49 Absatz 4 Satz 1 den Schallpegel im Nahfeld nicht feststellen lässt,
5e. entgegen § 49 Absatz 3 Satz 2, auch in Verbindung mit § 31e Satz 2, ein Fahrzeug kennzeichnet oder entgegen § 49 Absatz 3 Satz 3, auch in Verbindung mit § 31e Satz 2, ein Zeichen anbringt,
5f. entgegen § 52 Absatz 6 Satz 3 die Bescheinigung nicht mitführt oder zur Prüfung nicht aushändigt,
6. als Halter oder dessen Beauftragter gegen eine Vorschrift des § 57a Absatz 2 Satz 2 Halbsatz 2 oder 3 oder Satz 3 über die Ausfüllung und Verwendung von Schaublättern oder als Halter gegen eine Vorschrift des § 57a Absatz 2 Satz 4 über die Vorlage und Aufbewahrung von Schaublättern verstößt,
6a. als Halter gegen eine Vorschrift des § 57a Absatz 3 Satz 2 in Verbindung mit Artikel 14 der Verordnung (EWG) Nr. 3821/85 über die Aushändigung, Aufbewahrung oder Vorlage von Schaublättern verstößt,
6b. als Halter gegen eine Vorschrift des § 57b Absatz 1 Satz 1 über die Pflicht, Fahrtschreiber oder Kontrollgeräte prüfen zu lassen, oder des § 57b Absatz 1 Satz 4 über die Pflichten bezüglich des Einbauschildes verstößt,
6c. als Kraftfahrzeugführer entgegen § 57a Absatz 2 Satz 2 Halbsatz 1 Schaublätter vor Antritt der Fahrt nicht bezeichnet oder entgegen Halbsatz 3 mit Vermerken versieht, entgegen Satz 3 andere Schaublätter verwendet, entgegen Satz 4 Halbsatz 1 Schaublätter nicht vorlegt oder entgegen Satz 5 ein Ersatzschaublatt nicht mitführt,
6d. als Halter entgegen § 57d Absatz 2 Satz 1 den Geschwindigkeitsbegrenzer nicht prüfen lässt,
6e. als Fahrzeugführer entgegen § 57d Absatz 2 Satz 3 eine Bescheinigung über die Prüfung des Geschwindigkeitsbegrenzers nicht mitführt oder nicht aushändigt,
7. gegen die Vorschrift des § 70 Absatz 3a über die Mitführung oder Aufbewahrung sowie die Aushändigung von Urkunden über Ausnahmegenehmigungen verstößt oder
8. entgegen § 71 vollziehbaren Auflagen nicht nachkommt, unter denen eine Ausnahmegenehmigung erteilt worden ist.

§ 69b (weggefallen)

§ 70 Ausnahmen. (1) Ausnahmen können genehmigen
1. die höheren Verwaltungsbehörden in bestimmten Einzelfällen oder allgemein für bestimmte einzelne Antragsteller von den Vorschriften der §§ 32, 32d, 33, 34 und 36, auch in Verbindung mit § 63, ferner der §§ 52 und 65, bei Elektrokarren und ihren Anhängern auch von den Vorschriften des § 41 Absatz 9 und der §§ 53, 58 und 59,
2. die zuständigen obersten Landesbehörden oder die von ihnen bestimmten oder nach Landesrecht zuständigen Stellen von allen Vorschriften dieser Verordnung in bestimmten Einzelfällen oder allgemein für bestimmte einzelne

Antragsteller; sofern die Ausnahmen erhebliche Auswirkungen auf das Gebiet anderer Länder haben, ergeht die Entscheidung im Einvernehmen mit den zuständigen Behörden dieser Länder,

3. das Bundesministerium für Verkehr und digitale Infrastruktur von allen Vorschriften dieser Verordnung, sofern nicht die Landesbehörden nach den Nummern 1 und 2 zuständig sind – allgemeine Ausnahmen ordnet es durch Rechtsverordnung ohne Zustimmung des Bundesrates nach Anhören der zuständigen obersten Landesbehörden an –,
4. das Kraftfahrt-Bundesamt mit Ermächtigung des Bundesministeriums für Verkehr und digitale Infrastruktur bei Erteilung oder in Ergänzung einer Allgemeinen Betriebserlaubnis oder Bauartgenehmigung,
5. das Kraftfahrt-Bundesamt für solche Lagerfahrzeuge, für die durch Inkrafttreten neuer oder geänderter Vorschriften die Allgemeine Betriebserlaubnis nicht mehr gilt. In diesem Fall hat der Inhaber der Allgemeinen Betriebserlaubnis beim Kraftfahrt-Bundesamt einen Antrag unter Beifügung folgender Angaben zu stellen:
   a) Nummer der Allgemeinen Betriebserlaubnis mit Angabe des Typs und der betroffenen Ausführung(en),
   b) genaue Beschreibung der Abweichungen von den neuen oder geänderten Vorschriften,
   c) Gründe, aus denen ersichtlich ist, warum die Lagerfahrzeuge die neuen oder geänderten Vorschriften nicht erfüllen können,
   d) Anzahl der betroffenen Fahrzeuge mit Angabe der Fahrzeugidentifizierungs-Nummern oder -Bereiche, gegebenenfalls mit Nennung der Typ- und/oder Ausführungs-Schlüsselnummern,
   e) Bestätigung, dass die Lagerfahrzeuge die bis zum Inkrafttreten der neuen oder geänderten Vorschriften geltenden Vorschriften vollständig erfüllen,
   f) Bestätigung, dass die unter Buchstabe d aufgeführten Fahrzeuge sich in Deutschland oder in einem dem Kraftfahrt-Bundesamt im Rahmen des Typgenehmigungsverfahrens benannten Lager befinden.

(1a) Genehmigen die zuständigen obersten Landesbehörden oder die von ihnen bestimmten Stellen Ausnahmen von den Vorschriften der §§ 32, 32d Absatz 1 oder § 34 für Fahrzeuge oder Fahrzeugkombinationen, die auf neuen Technologien oder Konzepten beruhen und während eines Versuchszeitraums in bestimmten örtlichen Bereichen eingesetzt werden, so unterrichten diese Stellen das Bundesministerium für Verkehr und digitale Infrastruktur im Hinblick auf Artikel 4 Absatz 5 Satz 2 der Richtlinie 96/53/EG mit einer Abschrift der Ausnahmegenehmigung.

(2) Vor der Genehmigung einer Ausnahme von den §§ 32, 32d, 33, 34, 34b und 36 und einer allgemeinen Ausnahme von § 65 sind die obersten Straßenbaubehörden der Länder und, wo noch nötig, die Träger der Straßenbaulast zu hören.

(3) Der örtliche Geltungsbereich jeder Ausnahme ist festzulegen.

(3a) [1]Durch Verwaltungsakt für ein Fahrzeug genehmigte Ausnahmen von den Bau- oder Betriebsvorschriften sind vom Fahrzeugführer durch eine Urkunde nachzuweisen, die bei Fahrten mitzuführen und zuständigen Personen auf Verlangen zur Prüfung auszuhändigen ist. [2]Bei einachsigen Zugmaschinen und Anhängern in land- oder forstwirtschaftlichen Betrieben sowie land- oder forstwirtschaftlichen Arbeitsgeräten und hinter land- oder forstwirtschaftlichen einachsigen Zug- oder Arbeitsmaschinen mitgeführten Sitzkarren, wenn sie nur für land- oder forstwirtschaftliche Zwecke verwendet werden, und von der Zulassungspflicht befreiten Elektrokarren genügt es, dass der Halter eine solche Urkunde aufbewahrt; er hat sie zuständigen Personen auf Verlangen zur Prüfung auszuhändigen.

(4) [1] Die Bundeswehr, die Polizei, die Bundespolizei, die Feuerwehr und die anderen Einheiten und Einrichtungen des Katastrophenschutzes sowie der Zolldienst sind von den Vorschriften dieser Verordnung befreit, soweit dies zur Erfüllung hoheitlicher Aufgaben unter gebührender Berücksichtigung der öffentlichen Sicherheit und Ordnung dringend geboten ist. [2] Abweichungen von den Vorschriften über die Ausrüstung mit Warnleuchten, über Warneinrichtungen mit einer Folge von Klängen verschiedener Grundfrequenz (Einsatzhorn) und über Sirenen sind nicht zulässig.

(5) [1] Die Landesregierungen werden ermächtigt, durch Rechtsverordnung zu bestimmen, dass abweichend von Absatz 1 Nummer 1 anstelle der höheren Verwaltungsbehörden und abweichend von Absatz 2 anstelle der obersten Straßenbaubehörden andere Behörden zuständig sind. [2] Sie können diese Ermächtigung auf oberste Landesbehörden übertragen.

§ 71 Auflagen bei Ausnahmegenehmigungen. Die Genehmigung von Ausnahmen von den Vorschriften dieser Verordnung kann mit Auflagen verbunden werden; der Betroffene hat den Auflagen nachzukommen.

§ 72 Übergangsbestimmungen. (1) Für Fahrzeuge sowie für Systeme, Bauteile und selbstständige technische Einheiten für diese Fahrzeuge, die vor dem 20. Juni 2024 erstmals in den Verkehr gebracht worden sind, sind die zum Zeitpunkt des jeweiligen Inverkehrbringens geltenden Vorschriften über den Bau der Fahrzeuge, der Systeme, der Bauteile und der selbstständigen technischen Einheiten für diese Fahrzeuge einschließlich der für solche Fahrzeuge erlassenen Nachrüstvorschriften anzuwenden, soweit sich aus den nachfolgenden Absätzen nicht etwas anderes ergibt.

(1a) § 19 Absatz 1 kann bis zum 31. Oktober 2024 auch in der bis zum 19. Juni 2024 geltenden Fassung angewendet werden.

(2) Teilegutachten im Sinne des § 19 Absatz 3 Satz 1 Nummer 4 Buchstabe a in Verbindung mit Anlage XIX in der am 19. Juni 2024 geltenden Fassung dürfen

1. bis einschließlich 19. Juni 2025 erweitert oder neu erstellt werden;
2. nur bis einschließlich 19. Juni 2028 für die Zwecke des Einbaus oder des Anbaus von Teilen verwendet werden.

(3) [1] § 22a Absatz 1 Nummer 22 ist für Fahrradanhänger anzuwenden, die ab dem 19. Juni 2025 erstmals in den Verkehr gebracht werden. [2] Für Fahrradanhänger, die vor dem 19. Juni 2025 erstmals in den Verkehr gebracht werden, ist § 22a Absatz 1 Nummer 22 in der am 19. Juni 2024 geltenden Fassung anzuwenden.

(4) [1] § 47 Absatz 1a ist für Fahrzeuge anzuwenden, die ab dem 19. Dezember 2024 erstmals in den Verkehr gebracht werden. [2] Für Fahrzeuge, die vor dem 19. Dezember 2024 erstmals in den Verkehr gebracht werden, ist § 47 Absatz 1a in der am 19. Juni 2024 geltenden Fassung anzuwenden.

(5) [1] § 47 Absatz 6b ist für Fahrzeuge anzuwenden, die ab dem 19. Dezember 2024 erstmals in den Verkehr gebracht werden. [2] Für Fahrzeuge, die vor dem 19. Dezember 2024 erstmals in den Verkehr gebracht werden, ist § 47 Absatz 6b in der am 19. Juni 2024 geltenden Fassung anzuwenden.

(6) § 47 Absatz 8b ist für Fahrzeuge anzuwenden, die ab dem 19. Dezember 2024 erstmals in den Verkehr gebracht werden.

(7) § 47 Absatz 8c ist für Fahrzeuge anzuwenden, die ab dem 19. Dezember 2024 erstmals in den Verkehr gebracht werden.

(8) [1] § 47 Absatz 8f ist für Zugmaschinen oder Motoren für Zugmaschinen anzuwenden, die ab dem 19. Dezember 2024 erstmals in den Verkehr gebracht werden. [2] Für Zugmaschinen oder Motoren für Zugmaschinen, die nach dem 19. Juni 2024 und vor dem 19. Dezember 2024 erstmals in den Verkehr gebracht werden, ist § 47 Absatz 8e entsprechend anzuwenden.

(9) [1] § 47d Absatz 1 ist für Fahrzeuge mit einer Einzelgenehmigung anzuwenden, die ab dem 19. Dezember 2024 erstmals in den Verkehr gebracht werden. [2] Für Fahrzeuge mit einer Einzelgenehmigung, die vor dem 19. Dezember 2024 erstmals in den Verkehr gebracht werden, ist § 47d Absatz 1 in der am 19. Juni 2024 geltenden Fassung anzuwenden.

(10) § 49 Absatz 2 Satz 1 Nummer 1 ist hinsichtlich der Geräuschgrenzwerte, die in Anhang III der Verordnung (EU) Nr. 540/2014 in der aus dem Anhang zu dieser Vorschrift ersichtlichen Fassung genannt sind, abweichend von den in Anhang III der vorgenannten Verordnung genannten Zeitpunkten anzuwenden

1. im Fall der Phase 2 für erstmalig zugelassene Fahrzeuge ab dem 1. Januar 2024,
2. im Fall der Phase 3 für erstmalig zugelassene Fahrzeuge ab dem 1. Januar 2028.

(11) § 49 Absatz 2 Satz 1 Nummer 2 ist für Fahrzeuge mit einer Einzelgenehmigung anzuwenden, die ab dem 19. Dezember 2025 erstmals in den Verkehr gebracht werden.

(12) Abweichend von § 22a, § 50 Absatz 2 und § 53 Absatz 1 dürfen an Krafträdern mit einer Erstzulassung vor dem 1. Januar 1938 alternativ oder zusätzlich zu den vorgeschriebenen lichttechnischen Einrichtungen, abnehmbare bauartgenehmigte LED-Fahrradscheinwerfer mit einer Mindestlichtstärke von 50 Lux und einer Mindestreichweite von 50 Metern, bei Bedarf auch in Verbindung mit festen oder abnehmbaren bauartgenehmigten LED-Fahrradschlussleuchten mit Fahrradrückstrahlern, verwendet werden.

(13) Abweichend von § 57 Absatz 1 und 2 dürfen an Krafträdern mit einer Erstzulassung vor dem 1. Januar 1961 abnehmbare Geschwindigkeitsmessgeräte und Wegstreckenzähler verwendet werden, wenn

1. diese während der Fahrt sicher angebracht sind,
2. der Anbau im Sichtbereich erfolgt, ohne das Sichtfeld des Fahrers einzuschränken,
3. die zulässige Abweichung der angezeigten Geschwindigkeit in den letzten Dritteln des Anzeigebereichs höchstens plus 7 Prozent des Skalenendwertes beträgt und
4. die angezeigte Geschwindigkeit nicht unter der tatsächlichen Geschwindigkeit des Fahrzeugs liegt.

(14) [1] Abweichend von Anlage VIII dürfen Fahrzeughalter, die vor dem 1. Juni 1998 nach Anlage VIII Nummer 4.1 in Verbindung mit Nummer 6 in der am 31. Mai 1998 geltenden Fassung von der Pflicht zur Vorführung ihrer Fahrzeuge zu

1. Hauptuntersuchungen bei einem Sachverständigen oder Prüfer befreit waren und deren Anerkennung für die Durchführung der Hauptuntersuchung ihrer Fahrzeuge im eigenen Betrieb fortbesteht, auch weiterhin Hauptuntersuchungen an ihren Fahrzeugen im eigenen Betrieb jeweils bis zum Ablauf des durch die Prüfplakette nachgewiesenen Monats durchführen,
2. Zwischen- und Bremsensonderuntersuchungen bei einem Sachverständigen oder Prüfer befreit waren und deren Genehmigung für die Durchführung der Zwischen- und Bremsensonderuntersuchungen ihrer Fahrzeuge im eigenen Betrieb fortbesteht, Sicherheitsprüfungen an ihren Fahrzeugen im eigenen Betrieb jeweils bis zum Ablauf des durch die Prüfmarke nachgewiesenen Monats durchführen.

[2] Die Hauptuntersuchungen nach Satz 1 Nummer 1 und die Sicherheitsprüfungen nach Satz 1 Nummer 2

1. sind mit der Maßgabe durchzuführen, dass Nummer 1.4 der Anlage VIIIc nicht anzuwenden ist und für die fortbestehenden Anerkennungen und Genehmigungen und die Aufsicht nach Anlage VIII Nummer 6 in der am 31. Mai 1998 geltenden Fassung anzuwenden ist,
2. dürfen ab dem 1. Oktober 2024 nur anerkannte Fahrzeughalter durchführen, die Aufgaben der öffentlichen Verwaltung wahrnehmen.

(15) § 60 ist ab dem 19. Juni 2025 anzuwenden.

(16) [1] Bei einem Fahrzeug im Sinne des § 60 Absatz 1 Satz 1, das bis zum Ablauf des 19. Juni 2025 in den Verkehr gebracht worden ist, ist die Flüssiggasanlage

1. für den Fall, dass die Flüssiggasanlage bereits nach Maßgabe der Technischen Regel Arbeitsblatt DVGW G 607 (A) „Flüssiggasanlagen mit einem Höchstverbrauch von 1,5 kg/h in Freizeitfahrzeugen, Mobilheimen und zu Wohnzwecken in anderen Fahrzeugen; Betrieb und Prüfung" (ISSN 0176-3490, DVGW, Bonn, August 2022) des Vereins „Deutscher Verein des Gas- und Wasserfaches e.V." Josef- Wirmer-Straße 1–3, 53123 Bonn geprüft worden ist, im Abstand von 24 Monaten zu dieser Prüfung einer ersten Wiederholungsprüfung im Sinne des § 60 Absatz 1 Satz 1 Nummer 3 zu unterziehen,
2. für den Fall, dass die Flüssiggasanlage noch nicht nach Maßgabe der in Nummer 1 bezeichneten Technischen Regel geprüft worden ist, bis zum 19. Juni 2025 einer erstmaligen Prüfung nach Maßgabe der in Nummer 1 bezeichneten Technischen Regel zu unterziehen.

[2] Für eine Prüfung im Sinne des Satzes 2 Nummer 1 oder 2 gilt § 60 Absatz 1 Satz 1 Nummer 3 und Satz 2.

§ 73 Technische Festlegungen. [1] Soweit in dieser Verordnung auf DIN- oder ISO-Normen Bezug genommen wird, sind diese im Beuth Verlag GmbH, Saatwinkler Damm 42/43, 13627 Berlin, VDE-Bestimmungen auch im VDE-Verlag GmbH, Bismarckstraße 33, 10625 Berlin, erschienen. [2] Sie sind beim Deutschen Patent- und Markenamt, Zweibrückenstraße 12, 80331 München archivmäßig gesichert niedergelegt.

Anlagen I–XXIX[1]

Anhang

Zur Vorschrift des/der	sind folgende Bestimmungen anzuwenden:	
§ 30a Absatz 1a	Kapitel 7	der Richtlinie 97/24/EG des Europäischen Parlaments und des Rates vom 17. Juni 1997 über bestimmte Bauteile und Merkmale von zweirädrigen oder dreirädrigen Kraftfahrzeugen (ABl. L 226 vom 18.8.1997, S. 1), geändert durch die a) Berichtigung vom 17. Juni 1997 (ABl. L 65 vom 5.3.1998, S. 35).
§ 30a Absatz 3	Anhang I, Anlage 1, Anhang II, Anlage 1, Anlage 2 mit Unterlage 1, Anlage 3	der Richtlinie 95/1/EG des Europäischen Parlaments und des Rates vom 2. Februar 1995 über die bauartbedingte Höchstgeschwindigkeit sowie das maximale Drehmoment und die maximale Nutzleistung des Motors von zweirädrigen oder dreirädrigen Kraftfahrzeugen (ABl. L 52 vom 8.3.1995, S. 1).
§ 30c Absatz 2	Anhang I, Nr. 1, 2, 5 und 6, Anhang II	der Richtlinie 74/483/EWG des Rates vom 17. September 1974 zur Angleichung der Rechtsvorschriften der Mitgliedstaaten über die vorstehenden Außenkanten bei Kraftfahrzeugen (ABl. L 266 vom 2.10.1974, S. 4), geändert durch a) Richtlinie 79/488/EWG der Kommission vom 18. April 1979 (ABl. L 128 vom 26.5.1979, S. 1), b) Richtlinie 87/354/EWG des Rates vom 25. Juni 1987 (ABl. L 192 vom 11.7.1987, S. 43).
§ 30c Absatz 3	Kapitel 3 Anhänge I und II	der Richtlinie 97/24/EG des Europäischen Parlaments und des Rates vom 17. Juni 1997 über bestimmte Bauteile und Merkmale von zweirädrigen oder dreirädrigen Kraftfahrzeugen (ABl. L 226 vom 18.8.1997, S. 1).
§ 30c Absatz 4	Anhang I	der Richtlinie 2005/66/EG des Europäischen Parlaments und des Rates vom 26. Oktober 2005 über die Verwendung von Frontschutzsystemen an Fahrzeugen und zur Änderung der Richtlinie 70/156/EWG des Rates (ABl. L 309 vom 25.11.2005, S. 37), Entscheidung der Kommission vom 20. März 2006 über die ausführlichen technischen Vorschriften für die Durchführung der in der Richtlinie 2005/66/EG des Europäischen Parlaments und des Rates über die Verwendung von Frontschutzsystemen an Kraftfahrzeugen genannten Prüfungen (ABl. L 140 vom 29.5.2006, S. 33).
§ 30d Absatz 1, 2, 3	Anhänge I bis VI, VIII, IX	der Richtlinie 2001/85/EG des Europäischen Parlaments und des Rates vom 20. November 2001 über besondere Vorschriften für Fahrzeuge der Personenbeförderung mit mehr als acht Sitzplätzen außer dem Fahrersitz und zur Änderung der Richtlinien 70/156/EWG und 97/27/EG (ABl. L 42 vom 13.2.2002, S. 1).

[1] Die Anlagen I–XXIX sind hier nicht abgedruckt. Sie sind vollständig enthalten in der im Verlag C.H.Beck erschienenen Loseblatt-Textausgabe „Straßenverkehrsrecht“.

Zur Vorschrift des/der	sind folgende Bestimmungen anzuwenden:	
§ 30d Absatz 4	Anhang VII	der Richtlinie 2001/85/EG des Europäischen Parlaments und des Rates vom 20. November 2001 über besondere Vorschriften für Fahrzeuge zur Personenbeförderung mit mehr als acht Sitzplätzen außer dem Fahrersitz und zur Änderung der Richtlinien 70/156/EWG und 97/27/EG (ABl. L 42 vom 13.2.2002, S. 1).
§ 32b Absatz 4	Anhang II	der Richtlinie 2000/40/EG des Europäischen Parlaments und des Rates vom 26. Juni 2000 zur Angleichung der Rechtsvorschriften der Mitgliedstaaten über den vorderen Unterfahrschutz von Kraftfahrzeugen und zur Änderung der Richtlinie 70/156/EWG des Rates (ABl. L 203 vom 10.8.2000, S. 9).
§ 32c Absatz 4	Anhang	der Richtlinie 89/297/EWG des Rates vom 13. April 1989 zur Angleichung der Rechtsvorschriften der Mitgliedstaaten über seitliche Schutzvorrichtungen (Seitenschutz) bestimmter Kraftfahrzeuge und Kraftfahrzeuganhänger (ABl. L 124 vom 5.5.1989, S. 1).
§ 32e Absatz 1 Nummer 1	Anhang VI und VIII	der Delegierten Verordnung (EU) Nr. 1322/2014.
§ 32e Absatz 1 Nummer 2	Anhang IX und X	der Delegierten Verordnung (EU) Nr. 1322/2014.
§ 32e Absatz 1 Nummer 3	Anhang VI und VIII bis X	der Delegierten Verordnung (EU) Nr. 1322/2014.
§ 32e Absatz 1 Nummer 4	Anhang VII und VIII	der Delegierten Verordnung (EU) Nr. 1322/2014.
§ 32e Absatz 2	Anhang XI	der Delegierten Verordnung (EU) Nr. 1322/2014.
§ 34 Absatz 5a	Anhang Nummer 3.2 bis 3.2.3.4.2	der Richtlinie 93/93/EWG des Rates vom 29. Oktober 1993 über Massen und Abmessungen von zweirädrigen und dreirädrigen Kraftfahrzeugen (ABl. L 311 vom 14.12.1993, S. 76).
§ 34 Absatz 11	Anhang IV	der Richtlinie 97/27/EG des Europäischen Parlaments und des Rates vom 22. Juli 1997 über die Massen und Abmessungen bestimmter Klassen von Kraftfahrzeugen und Kraftfahrzeuganhängern und zur Änderung der Richtlinie 70/156/EWG (ABl. L 233 vom 25.8.1997, S. 1), geändert durch die a) Richtlinie 2003/19/EG der Kommission vom 21. März 2003 (ABl. L 79 vom 26.3.2003, S. 6).
§ 35a Absatz 2	Anhang I, Abschnitt 6, Anhang II, III und IV	der Richtlinie 74/408/EWG des Rates vom 22. Juli 1974 zur Angleichung der Rechtsvorschriften der Mitgliedstaaten über die Innenausstattung der Kraftfahrzeuge (Widerstandsfähigkeit der Sitze und ihrer Verankerung) (ABl. L 221 vom 12.8.1974, S. 1), geändert durch die a) Richtlinie 81/577/EWG des Rates vom 20. Juli 1981 (ABl. L 209 vom 29.7.1981, S. 34), b) Richtlinie 96/37/EG der Kommission vom 17. Juni 1996 (ABl. L 186 vom 25.7.1996, S. 28, ABl. L 214 vom 23.8.1996, S. 27, ABl. L 221 vom 31.8.1996, S. 71), c) Richtlinie 2005/39/EG (ABl. L 255 vom 30.9.2005, S. 143),

Zur Vorschrift des/der	sind folgende Bestimmungen anzuwenden:	
§ 35a Absatz 3, 6 und 7	Anhang I, Abschnitt 1, 4 und 5 Anhang II und III	der Richtlinie 76/115/EWG des Rates vom 18. Dezember 1975 zur Angleichung der Rechtsvorschriften der Mitgliedstaaten über die Verankerungen der Sicherheitsgurte in Kraftfahrzeugen (ABl. L 24 vom 30.1.1976, S. 6), geändert durch die a) Richtlinie 81/575/EWG des Rates vom 20. Juli 1981 (ABl. L 209 vom 29.7.1981, S. 30), b) Richtlinie 82/318/EWG der Kommission vom 2. April 1982 (ABl. L 139 vom 19.5.1982, S. 9), c) Richtlinie 90/629/EWG der Kommission vom 30. Oktober 1990 (ABl. L 341 vom 6.12.1990, S. 14), d) Richtlinie 96/38/EG der Kommission vom 17. Juni 1996 (ABl. L 187 vom 26.7.1996, S. 95, ABl. L 76 vom 18.3.1997, S. 35), e) Richtlinie 2005/41/EG (ABl. L 255 vom 30.9.2005, S. 149).
§ 35a Absatz 4, 6, 7 und 12	Anhang I, Abschnitt 1 und 3, Anhänge XV und XVII	der Richtlinie 77/541/EWG des Rates vom 28. Juni 1977 zur Angleichung der Rechtsvorschriften der Mitgliedstaaten über Sicherheitsgurte und Haltesysteme für Kraftfahrzeuge (ABl. L 220 vom 29.8.1977, S. 95), geändert durch die a) Beitrittsakte vom 24. Mai 1979 (ABl. L 291 vom 19.11.1979, S. 110), b) Richtlinie 81/576/EWG des Rates vom 20. Juli 1981 (ABl. L 209 vom 29.7.1981, S. 32), c) Richtlinie 82/319/EWG der Kommission vom 2. April 1982 (ABl. L 139 vom 19.5.1982, S. 17, ABl. L 209 vom 17.7.1982, S. 48), d) Beitrittsakte vom 11. Juni 1985 (ABl. L 302 vom 15.11.1985, S. 211), e) Richtlinie 87/354/EWG des Rates vom 25. Juni 1987 (ABl. L 192 vom 11.7.1987, S. 43), f) Richtlinie 90/628/EWG der Kommission vom 30. Oktober 1990 (ABl. L 341 vom 6.12.1990, S. 1), g) EWR-Abkommen vom 2. Mai 1992 (ABl. L 1 vom 3.1.1994, S. 1), h) Richtlinie 96/36/EG der Kommission vom 17. Juni 1996 (ABl. L 178 vom 17.7.1996, S. 15), i) Richtlinie 2000/3/EG der Kommission vom 22. Februar 2000 (ABl. L 53 vom 25.2.2000, S. 1), j) Richtlinie 2005/40/EG (ABl. L 255 vom 30.9.2005, S. 146).
§ 35a Absatz 4a	Anhang XI Anlage 3	der Verordnung (EU) Nr. 214/2014 der Kommission vom 25. Februar 2014 zur Änderung der Anhänge II, IV, XI, XII und XVIII der Richtlinie 2007/46/EG des Europäischen Parlaments und des Rates zur Schaffung eines Rahmens für die Genehmigung von Kraftfahrzeugen und Kraftfahrzeuganhängern sowie von Systemen, Bauteilen und selbstständigen technischen Einheiten für diese Fahrzeuge (ABl. L 69 vom 8.3.2014, S. 3).

Zur Vorschrift des/der	sind folgende Bestimmungen anzuwenden:	
§ 35a Absatz 11	Kapitel 11 Anhang I bis IV und VI	der Richtlinie 97/24/EG des Europäischen Parlaments und des Rates vom 17. Juni 1997 über bestimmte Bauteile und Merkmale von zweirädrigen oder dreirädrigen Kraftfahrzeugen (ABl. L 226 vom 18.8.1997, S. 1).
§ 35a Absatz 13	Artikel 2 Absatz 1 Buchstabe c Doppelbuchstabe ii	Richtlinie 91/671/EWG des Rates vom 16. Dezember 1991 über die Gurtanlegepflicht und die Pflicht zur Benutzung von Kinderrückhalteeinrichtungen in Kraftfahrzeugen (ABl. L 373 vom 31.12.1991, S. 26), der zuletzt durch Artikel 1 Absatz 2 der Durchführungsrichtlinie 2014/37/EU vom 27. Februar 2014 (ABl. L 59 vom 28.2.2014, S. 32) geändert worden ist, hinsichtlich der ECE-Regelung Nr. 129 über einheitliche Bedingungen für die Genehmigung von verbesserten Kinderrückhalteeinrichtungen zur Nutzung in Kraftfahrzeugen (ABl. L 97 vom 29.3.2014, S. 21).
§ 35a Absatz 14	Anhang XVIII und XIX	der Delegierten Verordnung (EU) Nr. 1322/2014.
§ 35a Absatz 15	Anhang XII und XIV	der Delegierten Verordnung (EU) Nr. 1322/2014.
§ 35c Absatz 2	Anhänge II bis IX	der Richtlinie 2001/56/EG des Europäischen Parlaments und des Rates vom 27. September 2001 über Heizanlagen für Kraftfahrzeuge und Kraftfahrzeuganhänger und zur Änderung der Richtlinie 70/156/EWG des Rates sowie zur Aufhebung der Richtlinie 78/548/EWG des Rates (ABl. L 292 vom 9.11.2001, S. 21), geändert durch die a) Richtlinie 2004/78/EG (ABl. L 153 vom 30.4.2004, S. 104), b) Berichtigung der Richtlinie 2004/78/EG (ABl. L 231 vom 30.6.2004, S. 69), c) Richtlinie 2006/119/EG (ABl. L 330 vom 28.11.2006, S. 12).
§ 35d Absatz 2	Anhang XV	der Delegierten Verordnung (EU) Nr. 1322/2014.
§ 35j	Anhänge IV bis VI	der Richtlinie 95/28/EG des Europäischen Parlaments und des Rates vom 24. Oktober 1995 über das Brennverhalten von Werkstoffen der Innenausstattung bestimmter Kraftfahrzeugklassen (ABl. L 281 vom 23.11.1995, S. 1).
§ 36 Absatz 2	Anhänge II und IV	der Richtlinie 92/23 EWG des Rates vom 31. März 1992 über Reifen von Kraftfahrzeugen und Kraftfahrzeuganhängern und über ihre Montage (ABl. L 129 vom 14.5.1992, S. 95),
	Abschnitte 1, 2, 3 und 6, Anhänge 3 bis 7	der Revision 1 der ECE-Regelung Nr. 30 über einheitliche Bedingungen für die Genehmigung der Luftreifen für Kraftfahrzeuge und Anhänger vom 9. März 1995 (BGBl. 1995 II S. 228),
	Abschnitte 1, 2, 3 und 6, Anhänge 3 bis 8	der ECE-Regelung Nr. 54 über einheitliche Bedingungen für die Genehmigung von Luftreifen für Nutzfahrzeuge und ihre Anhänger vom 20. Juni 1986 (BGBl. 1986 II S. 718),
	Abschnitte 1, 2, 3 und 6, Anhänge 3 bis 9	der ECE-Regelung Nr. 75 über einheitliche Bedingungen für die Genehmigung der Luftreifen für Krafträder vom 25. Februar 1992 (BGBl. 1992 II S. 184),
	Kapitel 1 Anhang II Anhang III (ohne Anlagen)	der Richtlinie 97/24/EG des Europäischen Parlaments und des Rates vom 17. Juni 1997 über bestimmte Bauteile und Merkmale von zweirädrigen oder dreirädrigen Kraftfahrzeugen (ABl. L 226 vom 18.8.1997, S. 1),

Zur Vorschrift des/der	sind folgende Bestimmungen anzuwenden:	
	Abschnitte 1, 2, 4 und 6, Anhänge 3 bis 7	der Ergänzung 8 zur Änderungsserie 02 der Regelung Nr. 117 der Wirtschaftskommission der Vereinten Nationen für Europa (UNECE) – Einheitliche Bedingungen für die Genehmigung der Reifen hinsichtlich der Rollgeräuschemissionen und der Haftung auf nassen Oberflächen und/oder des Rollwiderstandes (ABl. L 218 vom 12.8.2016, S. 1),
	Abschnitte 1, 2, 3 und 7, Anhänge 3, 4, 5, 6, 7 und 8	der Regelung Nr. 109 der Wirtschaftskommission der Vereinten Nationen für Europa (UNECE) – Einheitliche Bedingungen für die Genehmigung der Herstellung runderneuerter Luftreifen für Nutzfahrzeuge und ihre Anhänger (ABl. L 181 vom 4.7.2006, S. 3).
§ 38 Absatz 2	Anhänge I, III, IV, V	der Richtlinie 70/311/EWG des Rates vom 8. Juni 1970 zur Angleichung der Rechtsvorschriften der Mitgliedstaaten über die Lenkanlagen von Kraftfahrzeugen und Kraftfahrzeuganhängern (ABl. L 133 vom 18.6.1970, S. 10), geändert durch die a) Berichtigung der Richtlinie 70/311/EWG (ABl. L 196 vom 3.9.1970, S. 14), b) Beitrittsakte vom 22. Januar 1972 (ABl. L 73 vom 27.3.1972, S. 116), c) Richtlinie 92/62/EWG vom 2. Juli 1992 (ABl. L 199 vom 18.7.1992, S. 33).
§ 38 Absatz 3	Anhang	der Richtlinie 75/321/EWG des Rates vom 20. Mai 1975 zur Angleichung der Rechtsvorschriften der Mitgliedstaaten über die Lenkanlage von land- oder forstwirtschaftlichen Zugmaschinen auf Rädern (ABl. L 147 vom 9.6.1975, S. 24), geändert durch die a) Richtlinie 82/890/EWG vom 17. Dezember 1982 (ABl. L 378 vom 31.12.1982, S. 45), b) Berichtigung der Richtlinie 82/890/EWG (ABl. L 118 vom 6.5.1988, S. 42), c) Richtlinie 88/411/EWG vom 21. Juni 1988 (ABl. L 200 vom 26.7.1988, S. 30), d) Richtlinie 97/54/EG vom 23. September 1997 (ABl. L 277 vom 10.10.1997, S. 24), e) Richtlinie 98/39/EG vom 5. Juni 1998 (ABl. L 170 vom 16.6.1998, S. 15).
§ 38a Absatz 1	Anhänge IV und V	der Richtlinie 74/61/EWG des Rates vom 17. Dezember 1973 zur Angleichung der Rechtsvorschriften der Mitgliedstaaten über die Sicherungseinrichtung gegen unbefugte Benutzung von Kraftfahrzeugen (ABl. L 38 vom 11.2.1974, S. 22), geändert durch die Richtlinie 95/56/EG der Kommission vom 8. November 1995 (ABl. L 286 vom 29.11.1995, S. 1).
§ 38a Absatz 2	Anhänge I und II	der Richtlinie 93/33/EWG des Rates vom 14. Juni 1993 über die Sicherungseinrichtung gegen unbefugte Benutzung von zweirädrigen oder dreirädrigen Kraftfahrzeugen (ABl. L 188 vom 29.7.1993, S. 32), geändert durch die a) Richtlinie 1999/23/EG der Kommission vom 9. April 1999 (ABl. L 104 vom 21.4.1999, S. 13).

Zur Vorschrift des/der	sind folgende Bestimmungen anzuwenden:	
§ 38b	Anhang VI	der Richtlinie 74/61/EWG des Rates vom 17. Dezember 1973 zur Angleichung der Rechtsvorschriften der Mitgliedstaaten über die Sicherungseinrichtung gegen unbefugte Benutzung von Kraftfahrzeugen (ABl. L 38 vom 11.2.1974, S. 22), geändert durch die a) Richtlinie 95/56/EG der Kommission vom 8. November 1995 (ABl. L 286 vom 29.11.1995, S. 1), b) Berichtigung der Richtlinie 95/56/EG (ABl. L 103 vom 3.4.1998, S. 38).
§ 39a Absatz 1	Anhänge I bis IV	der Richtlinie 78/316/EWG des Rates vom 21. Dezember 1977 zur Angleichung der Rechtsvorschriften der Mitgliedstaaten über die Innenausstattung der Kraftfahrzeuge (Kennzeichnung der Betätigungseinrichtungen, Kontrollleuchten und Anzeiger) (ABl. L 81 vom 28.3.1978, S. 3), geändert durch die a) Richtlinie 93/91/EWG der Kommission vom 29. Oktober 1993 (ABl. L 284 vom 19.11.1993, S. 25), b) Richtlinie 94/53/EG der Kommission vom 15. November 1994 (ABl. L 299 vom 22.11.1994, S. 26).
§ 39a Absatz 2	Anhang I	der Richtlinie 93/29/EWG des Rates vom 14. Juni 1993 über die Kennzeichnung der Betätigungseinrichtungen, Kontrollleuchten und Anzeiger von zweirädrigen oder dreirädrigen Kraftfahrzeugen (ABl. L 188 vom 29.7.1993, S. 1).
§ 39a Absatz 3	Anhänge II bis IV	der Richtlinie 86/415/EWG des Rates vom 24. Juli 1986 über Einbau, Position, Funktionsweise und Kennzeichnung der Betätigungseinrichtungen von land- oder forstwirtschaftlichen Zugmaschinen auf Rädern (ABl. L 240 vom 26.8.1986, S. 1), geändert durch die Richtlinie 97/54/EG des Europäischen Parlaments und des Rates vom 23. September 1997 (ABl. L 277 vom 10.10.1997, S. 24).
§ 40 Absatz 3	Kapitel 12, Anhang I (ohne Anlagen) Anhang II, Anlage 1 und 2	der Richtlinie 97/24/EG des Europäischen Parlaments und des Rates vom 17. Juni 1997 über bestimmte Bauteile und Merkmale von zweirädrigen oder dreirädrigen Kraftfahrzeugen (ABl. L 226 vom 18.8.1997, S. 1).
§ 41 Absatz 18 § 41b	Anhänge I bis VIII, X bis XII und XV	der Richtlinie 71/320/EWG des Rates vom 26. Juli 1971 zur Angleichung der Rechtsvorschriften der Mitgliedstaaten über die Bremsanlagen bestimmter Klassen von Kraftfahrzeugen und deren Anhängern (ABl. L 202 vom 6.9.1971, S. 37), geändert durch die a) Richtlinie 74/132/EWG der Kommission vom 11. Februar 1974 (ABl. L 74 vom 19.3.1974, S. 7), b) Richtlinie 75/524/EWG der Kommission vom 25. Juli 1975 (ABl. L 236 vom 8.9.1975, S. 3), c) Richtlinie 79/489/EWG der Kommission vom 18. April 1979 (ABl. L 128 vom 26.5.1979, S. 12),

Zur Vorschrift des/der	sind folgende Bestimmungen anzuwenden:	
		d) Richtlinie 85/647/EWG der Kommission vom 23. Dezember 1985 (ABl. L 380 vom 31.12.1985, S. 1), e) Richtlinie 88/194/EWG der Kommission vom 24. März 1988 (ABl. L 92 vom 9.4.1988, S. 47), f) Richtlinie 91/422/EWG der Kommission vom 15. Juli 1991 (ABl. L 233 vom 22.8.1991, S. 21), g) Richtlinie 98/12/EG der Kommission vom 27. Januar 1998 (ABl. L 81 vom 18.3.1998, S. 1).
§ 41 Absatz 19	Anhang	der Richtlinie 93/14/EWG des Rates vom 5. April 1993 über Bremsanlagen für zweirädrige oder dreirädrige Kraftfahrzeuge (ABl. L 121 vom 15.5.1993, S. 1).
§ 41 Absatz 20	Anhänge I bis IV	der Richtlinie 76/432/EWG des Rates vom 6. April 1976 zur Angleichung der Rechtsvorschriften der Mitgliedstaaten über die Bremsanlagen von land- und forstwirtschaftlichen Zugmaschinen auf Rädern (ABl. L 122 vom 8.5.1976, S. 1), geändert durch die a) Richtlinie 82/890/EWG des Rates vom 17. Dezember 1982 (ABl. L 378 vom 31.12.1982, S. 45), b) Berichtigung der Richtlinie 82/890/EWG (ABl. L 118 vom 6.5.1988, S. 42), c) Richtlinie 96/63/EG der Kommission vom 30. September 1996 (ABl. L 253 vom 5.10.1996, S. 13), d) Richtlinie 97/54/EG des Europäischen Parlaments und des Rates vom 23. September 1997 (ABl. L 277 vom 10.10.1997, S. 24).
§ 41a Absatz 1 Nummer 1 und Absatz 4 Satz 1	Teil II	der Regelung Nr. 67 der Wirtschaftskommission der Vereinten Nationen für Europa (UNECE) – Einheitliche Bedingungen für die I. Genehmigung der speziellen Ausrüstung von Fahrzeugen der Klassen M und N, in deren Antriebssystem verflüssigte Gase verwendet werden, II. Genehmigung von Fahrzeugen der Klassen M und N, die mit der speziellen Ausrüstung für die Verwendung von verflüssigten Gasen in ihrem Antriebssystem ausgestattet sind, in Bezug auf den Einbau dieser Ausrüstung (ABl. L 285 vom 20.10.2016, S. 1).
§ 41a Absatz 1 Nummer 2 und 3 und Absatz 4 Satz 1	Teil II	der Regelung Nr. 110 der Wirtschaftskommission der Vereinten Nationen für Europa (UNECE) – Einheitliche Bedingungen für die Genehmigung: I. der speziellen Bauteile von Kraftfahrzeugen, in deren Antriebssystem komprimiertes Erdgas (CNG) und/oder Flüssigerdgas (LNG) verwendet wird, II. von Fahrzeugen hinsichtlich des Einbaus spezieller Bauteile eines genehmigten Typs für die Verwendung von komprimiertem Erdgas (CNG) und/oder Flüssigerdgas (LNG) in ihrem Antriebssystem (ABl. L 166 vom 30.6.2015, S. 1).

Zur Vorschrift des/der	sind folgende Bestimmungen anzuwenden:	
§ 41a Absatz 1 Nummer 4 und Absatz 4 Satz 1		Verordnung (EG) Nr. 79/2009 des Europäischen Parlaments und des Rates vom 14. Januar 2009 über die Typgenehmigung von wasserstoffbetriebenen Kraftfahrzeugen und zur Änderung der Richtlinie 2007/46/EG (ABl. L 35 vom 4.2. 2009, S. 32; L 348 vom 4.12.2014, S. 31), die durch die Verordnung (EU) 2019/1243 (ABl. L 198 vom 25.7.2019, S. 241) geändert worden ist.
§ 41a Absatz 2 Nummer 1 und 2 und Absatz 4 Satz 1		Regelung Nr. 115 der Wirtschaftskommission der Vereinten Nationen für Europa (UNECE).
§ 41a Absatz 3 Satz 1 Nummer 1 und Absatz 4 Satz 1	Teil I	der Regelung Nr. 67 der Wirtschaftskommission der Vereinten Nationen für Europa (UNECE).
§ 41a Absatz 3 Satz 1 Nummer 2 und 3 und Absatz 4 Satz 1	Teil I	der Regelung Nr. 110 der Wirtschaftskommission der Vereinten Nationen für Europa (UNECE).
§ 41a Absatz 3 Satz 1 Nummer 4 und Absatz 4 Satz 1		Verordnung (EG) Nr. 79/2009.
§ 41a Absatz 3 Satz 2 und Absatz 4 Satz 1		Regelung Nr. 115 der Wirtschaftskommission der Vereinten Nationen für Europa (UNECE).
§ 41a Absatz 8		Richtlinie 87/404/EWG des Rates vom 25. Juni 1987 zur Angleichung der Rechtsvorschriften der Mitgliedstaaten für einfache Druckbehälter (ABl. L 220 vom 8.8.1987, S. 48; L 31 vom 2.2.1990, S. 46), die zuletzt durch die Richtlinie 93/68/EWG (ABl. L 220 vom 30.8.1993, S. 1) geändert worden ist, in der bis zum Ablauf des 27. Oktober 2009 geltenden Fassung.
§ 43 Absatz 5	Kapitel 10 Anhang I, Anlage 1 bis 3	der Richtlinie 97/24/EG des Europäischen Parlaments und des Rates vom 17. Juni 1997 über bestimmte Bauteile und Merkmale von zweirädrigen oder dreirädrigen Kraftfahrzeugen (ABl. L 226 vom 18.8.1997, S. 1).
§ 45 Absatz 1a	Anhang I Nummer 5.4 bis 5.8 sowie die Anlagen 1 und 2	der Richtlinie 70/221/EWG des Rates vom 20. März 1970 über die Behälter für flüssigen Kraftstoff und den Unterfahrschutz von Kraftfahrzeugen und Kraftfahrzeuganhängern (ABl. L 76 vom 6.4.1970, S. 23), geändert durch die a) Richtlinie 79/490/EWG (ABl. L 128 vom 26.5.1979, S. 22), b) Richtlinie 81/333/EWG (ABl. L 131 vom 18.5.1981, S. 4), c) Richtlinie 97/19/EWG (ABl. L 125 vom 16.5.1997, S. 1), d) Richtlinie 2000/8/EG (ABl. L 106 vom 3.5.2000, S. 7).
§ 45 Absatz 4	Kapitel 6 Anhang I, Anlage 1, Anhang II (ohne Anlagen)	der Richtlinie 97/24/EG des Europäischen Parlaments und des Rates vom 17. Juni 1997 über bestimmte Bauteile und Merkmale von zweirädrigen oder dreirädrigen Kraftfahrzeugen (ABl. L 226 vom 18.8.1997, S. 1).

Zur Vorschrift des/der	sind folgende Bestimmungen anzuwenden:	
§ 45 Absatz 4 (Forts.)	b) Kapitel 6 Anhang I Anlage 1 Anhang II (ohne Anlagen)	der Richtlinie 97/24/EG des Europäischen Parlaments und des Rates vom 17. Juni 1997 über bestimmte Bauteile und Merkmale von zweirädrigen oder dreirädrigen Kraftfahrzeugen (ABl. L 226 vom 18.8.1997, S. 1).
§ 47 Absatz 1	Artikel 1 bis 7 Anhänge	der Richtlinie 70/220/EWG des Rates vom 20. März 1970 zur Angleichung der Rechtsvorschriften der Mitgliedstaaten über Maßnahmen gegen die Verunreinigung der Luft durch Emissionen von Kraftfahrzeugmotoren (ABl. L 76 vom 6.4.1970, S. 1), geändert durch die a) Beitrittsakte vom 22. Januar 1972 (ABl. L 73 vom 27.3.1972, S. 115), b) Richtlinie 74/290/EWG des Rates vom 28. Mai 1974 (ABl. L 159 vom 15.6.1974, S. 61), c) Richtlinie 77/102/EWG der Kommission vom 30. November 1976 (ABl. L 32 vom 3.2.1977, S. 32), d) Richtlinie 78/665/EWG der Kommission vom 14. Juli 1978 (ABl. L 223 vom 14.8.1978, S. 48), e) Richtlinie 83/351/EWG des Rates vom 16. Juni 1983 (ABl. L 197 vom 20.7.1983, S. 1), f) Richtlinie 88/76/EWG des Rates vom 3. Dezember 1987 (ABl. L 36 vom 9.2.1988, S. 1), g) Richtlinie 88/436/EWG des Rates vom 16. Juni 1988 (ABl. L 214 vom 6.8.1988, S. 1), h) Berichtigung der Richtlinie 88/436/EWG (ABl. L 303 vom 8.11.1988, S. 36), i) Richtlinie 89/491/EWG der Kommission vom 17. Juli 1989 (ABl. L 238 vom 15.8.1989, S. 43), j) Richtlinie 89/458/EWG des Rates vom 18. Juli 1989 (ABl. L 226 vom 3.8.1989, S. 1), k) Berichtigung der Richtlinie 89/458/EWG (ABl. L 270 vom 19.9.1989, S. 16), l) Richtlinie 91/441/EWG des Rates vom 26. Juni 1991 (ABl. L 242 vom 30.8.1991, S. 1), m) Richtlinie 93/59/EWG des Rates vom 28. Juni 1993 (ABl. L 186 vom 28.7.1993, S. 21), n) Richtlinie 94/12/EG des Europäischen Parlaments und des Rates vom 23. März 1994 (ABl. L 100 vom 19.4.1994, S. 42), o) Richtlinie 96/44/EG der Kommission vom 1. Juli 1996 (ABl. L 210 vom 20.8.1996, S. 25), p) Richtlinie 96/69/EG des Europäischen Parlaments und des Rates vom 8. Oktober 1996 (ABl. L 282 vom 1.11.1996, S. 64), q) Berichtigung vom 8. Oktober 1996 (ABl. L 83 vom 25.3.1997, S. 23), r) Richtlinie 98/77/EG der Kommission vom 2. Oktober 1998 (ABl. L 286 vom 23.10.1998, S. 34), s) Richtlinie 98/69/EG des Europäischen Parlaments und des Rates vom 13. Oktober 1998 (ABl. L 350 vom 28.12.1998, S. 1), t) Berichtigung vom 21. April 1999

Zur Vorschrift des/der		sind folgende Bestimmungen anzuwenden:
		(ABl. L 104 vom 21.4.1999, S. 31), u) Richtlinie 1999/102/EG der Kommission vom 15. Dezember 1999 (ABl. L 334 vom 28.12.1999, S. 43), v) Richtlinie 2001/1/EG des Europäischen Parlaments und des Rates vom 22. Januar 2001 (ABl. L 35 vom 6.2.2001, S. 34), w) Richtlinie 2001/100/EG des Europäischen Parlaments und des Rates vom 7. Dezember 2001 (ABl. L 16 vom 18.1.2002, S. 32), x) Richtlinie 2002/80/EG der Kommission vom 3. Oktober 2002 (ABl. L 291 vom 28.10.2002, S. 20), y) Richtlinie 2003/76/EG der Kommission vom 11. August 2003 (ABl. L 206 vom 15.8.2003, S. 29).
§ 47 Absatz 1a		Die Verordnung (EG) Nr. 715/2007 des Europäischen Parlaments und des Rates vom 20. Juni 2007 über die Typgenehmigung von Kraftfahrzeugen hinsichtlich der Emissionen von leichten Personenkraftwagen und Nutzfahrzeugen (Euro 5 und Euro 6) (ABl. L 171 vom 29.6.2007, S. 1), geändert durch die a) Verordnung (EG) Nr. 692/2008 (ABl. L 199 vom 28.7.2008, S. 1), b) Verordnung (EG) Nr. 595/2009 (ABl. L 188 vom 18.7.2009, S. 1), c) Verordnung (EG) Nr. 566/2011 (ABl. L 158 vom 16.6.2011, S. 1), d) Verordnung (EU) Nr. 459/2012 (ABl. L 142 vom 1.6.2012, S. 16), e) Verordnung (EU) 2018/858 (ABl. L 151 vom 14.6.2018, S. 1)
	und	die Verordnung (EU) 2017/1151 der Kommission vom 1. Juni 2017 zur Ergänzung der Verordnung (EG) Nr. 715/2007 des Europäischen Parlaments und des Rates über die Typgenehmigung von Kraftfahrzeugen hinsichtlich der Emissionen von leichten Personenkraftwagen und Nutzfahrzeugen (Euro 5 und Euro 6) und über den Zugang zu Fahrzeugreparatur- und -wartungsinformationen, zur Änderung der Richtlinie 2007/46/EG des Europäischen Parlaments und des Rates, der Verordnung (EG) Nr. 692/2008 der Kommission sowie der Verordnung (EU) Nr. 1230/2012 der Kommission und zur Aufhebung der Verordnung (EG) Nr. 692/2008 der Kommission (ABl. L 175 vom 7.7.2017, S. 1), geändert durch die a) Verordnung (EU) 2017/1154 (ABl. L 175 vom 7.7.2017, S. 708), b) Verordnung (EU) 2017/1347 (ABl. L 192 vom 24.7.2017, S. 1), c) Berichtigung (ABl. L 209 vom 12.8.2017, S. 63), d) Berichtigung (ABl. L 56 vom 28.2.2018, S. 66), e) Verordnung (EU) 2018/1832 (ABl. L 301 vom 27.11.2018, S. 1), f) Berichtigung (ABl. L 2 vom 6.1.2020, S. 13), g) Verordnung (EU) 2020/49 (ABl. L 17 vom 22.1.2020, S. 1), h) Berichtigung (ABl. L 338 vom 15.10.2020, S. 12)

Zur Vorschrift des/der	sind folgende Bestimmungen anzuwenden:	
§ 47 Absatz 2	a) Artikel 1 bis 6 Anhänge I bis X	der Richtlinie 72/306/EWG des Rates vom 2. August 1972 zur Angleichung der Rechtsvorschriften der Mitgliedstaaten über Maßnahmen gegen die Emission verunreinigender Stoffe aus Dieselmotoren zum Antrieb von Fahrzeugen (ABl. L 190 vom 20.8.1972, S. 1), geändert durch die Richtlinie 89/491/EWG der Kommission vom 17. Juli 1989 (ABl. L 238 vom 15.8.1989, S. 43),
	b) Artikel 1 bis 6 Anhänge I bis VIII	der Richtlinie 72/306/EWG des Rates vom 2. August 1972 zur Angleichung der Rechtsvorschriften der Mitgliedstaaten über Maßnahmen gegen die Emission verunreinigender Stoffe aus Dieselmotoren zum Antrieb von Fahrzeugen (ABl. L 190 vom 20.8.1972, S. 1), geändert durch die Richtlinie 97/20/EG der Kommission vom 18. April 1997 (ABl. L 125 vom 16.5.1997, S. 21),
	c) Artikel 1 bis 5 Anhang	der Richtlinie 2005/21/EG der Kommission vom 7. März 2005 zur Anpassung der Richtlinie 72/306/EWG des Rates zur Angleichung der Rechtsvorschriften der Mitgliedstaaten über Maßnahmen gegen die Emission verunreinigender Stoffe aus Dieselmotoren zum Antrieb von Fahrzeugen (ABl. L 61 vom 8.3.2005, S. 25).
§ 47 Absatz 3 Nummer 14, Absatz 3a		Die Verordnung (EG) Nr. 715/2007 des Europäischen Parlaments und des Rates vom 20. Juni 2007 über die Typgenehmigung von Kraftfahrzeugen hinsichtlich der Emissionen von leichten Personenkraftwagen und Nutzfahrzeugen (Euro 5 und Euro 6) (ABl. L 171 vom 29.6.2007, S. 1), geändert durch die a) Verordnung (EG) Nr. 692/2008 (ABl. L 199 vom 28.7.2008, S. 1), b) Verordnung (EG) Nr. 595/2009 (ABl. L 188 vom 18.7.2009, S. 1), c) Verordnung (EG) Nr. 566/2011 (ABl. L 158 vom 16.6.2011, S. 1), d) Verordnung (EU) Nr. 459/2012 (ABl. L 142 vom 1.6.2012, S. 16), e) Verordnung (EU) 2018/858 (ABl. L 151 vom 14.6.2018, S. 1),
	und	die Verordnung (EG) Nr. 692/2008 der Kommission vom 18. Juli 2008 zur Durchführung und Änderung der Verordnung (EG) Nr. 715/2007 des Europäischen Parlaments und des Rates über die Typgenehmigung von Kraftfahrzeugen hinsichtlich der Emissionen von leichten Personenkraftwagen und Nutzfahrzeugen (Euro 5 und Euro 6) und über den Zugang zu Reparatur- und Wartungsinformationen für Fahrzeuge (ABl. L 199 vom 28.7.2008, S. 1), geändert durch die a) Berichtigung (ABl. L 336 vom 21.12.2010, S. 68), b) Verordnung (EG) Nr. 566/2011 (ABl. L 158 vom 16.6.2011, S. 1), c) Verordnung (EU) Nr. 459/2012 (ABl. L 142 vom 1.6.2012, S. 16), d) Verordnung (EU) Nr. 630/2012 (ABl. L 182 vom 13.7.2012, S. 14), e) Verordnung (EU) Nr. 143/2013 (ABl. L 47 vom 20.2.2013, S. 51), f) Verordnung (EU) Nr. 171/2013 (ABl. L 55 vom 27.2.2013, S. 9),

Zur Vorschrift des/der	sind folgende Bestimmungen anzuwenden:	
		g) Verordnung (EU) Nr. 195/2013 (ABl. L 65 vom 8.3.2013, S. 1), h) Verordnung (EU) Nr. 519/2013 (ABl. L 158 vom 10.6.2013, S. 74), i) Verordnung (EU) Nr. 136/2014 (ABl. L 43 vom 13.2.2014, S. 12), j) Verordnung (EU) 2015/45 (ABl. L 9 vom 15.1.2015, S. 1), k) Verordnung (EU) 2016/427 (ABl. L 82 vom 31.3.2016, S. 1), l) Verordnung (EU) 2016/646 (ABl. L 109 vom 26.4.2016, S. 1), m) Verordnung (EU) 2017/1151 (ABl. L 175 vom 7.7.2017, S. 1), n) Verordnung (EU) 2017/1221 (ABl. L 174 vom 7.7.2017, S. 3), o) Verordnung (EU) 2018/1832 (ABl. L 301 vom 27.11.2018, S. 1)
	und	die Verordnung (EU) 2017/1151 der Kommission vom 1. Juni 2017 zur Ergänzung der Verordnung (EG) Nr. 715/2007 des Europäischen Parlaments und des Rates über die Typgenehmigung von Kraftfahrzeugen hinsichtlich der Emissionen von leichten Personenkraftwagen und Nutzfahrzeugen (Euro 5 und Euro 6) und über den Zugang zu Fahrzeugreparatur- und -wartungsinformationen, zur Änderung der Richtlinie 2007/46/EG des Europäischen Parlaments und des Rates, der Verordnung (EG) Nr. 692/2008 der Kommission sowie der Verordnung (EU) Nr. 1230/2012 der Kommission und zur Aufhebung der Verordnung (EG) Nr. 692/2008 der Kommission (ABl. L 175 vom 7.7.2017, S. 1), geändert durch die a) Verordnung (EU) 2017/1154 (ABl. L 175 vom 7.7.2017, S. 708), b) Verordnung (EU) 2017/1347 (ABl. L 192 vom 24.7.2017, S. 1), c) Berichtigung (ABl. L 209 vom 12.8.2017, S. 63), d) Berichtigung (ABl. L 56 vom 28.2.2018, S. 66), e) Verordnung (EU) 2018/1832 (ABl. L 301 vom 27.11.2018, S. 1). f) Berichtigung (ABl. L 2 vom 6.1.2020, S. 13), g) Verordnung (EU) 2020/49 (ABl. L 17 vom 22.1.2020, S. 1). h) Berichtigung (ABl. L 338 vom 15.10.2020, S. 12), i) Verordnung (EU) 2023/443 (ABl. L 66 vom 2.3.2023, S. 1)
§ 47 Absatz 6	Artikel 1 bis 7 Anhänge	der Richtlinie 88/77/EWG des Rates vom 3. Dezember 1987 zur Angleichung der Rechtsvorschriften der Mitgliedstaaten über Maßnahmen gegen die Emission gasförmiger Schadstoffe und luftverunreinigender Partikel aus Selbstzündungsmotoren zum Antrieb von Fahrzeugen und die Emission gasförmiger Schadstoffe aus mit Erdgas oder Flüssiggas betriebenen Selbstzündungsmotoren zum Antrieb von Fahrzeugen (ABl. L 36 vom 9.2.1988, S. 33), geändert durch die

Zur Vorschrift des/der	sind folgende Bestimmungen anzuwenden:
	a) Richtlinie 91/542/EWG des Rates vom 1. Oktober 1991 (ABl. L 295 vom 25.10.1991, S. 1), b) Beschluss 94/1/EGKS, EG des Rates und der Kommission vom 13. Dezember 1993 (ABl. L 1 vom 3.1.1994, S. 1, 274), c) Beschluss 94/2/EGKS, EG des Rates und der Kommission vom 13. Dezember 1993 (ABl. L 1 vom 3.1.1994, S. 571, 583), d) Richtlinie 96/1/EG des Europäischen Parlaments und des Rates vom 22. Januar 1996 (ABl. L 40 vom 12.2.1996, S. 1), e) Richtlinie 1999/96/EG des Europäischen Parlaments und des Rates vom 13. Dezember 1999 (ABl. L 44 vom 16.2.2000, S. 1), f) Richtlinie 2001/27/EG der Kommission vom 10. April 2001 (ABl. L 107 vom 18.4.2001, S. 10), g) Berichtigung vom 6. Oktober 2001 (ABl. L 266 vom 6.10.2001, S. 15).
§ 47 Absatz 6a	Die Richtlinie 2005/55/EG des Europäischen Parlaments und des Rates vom 28. September 2005 zur Angleichung der Rechtsvorschriften der Mitgliedstaaten über Maßnahmen gegen die Emission gasförmiger Schadstoffe und luftverunreinigender Partikel aus Selbstzündungsmotoren zum Antrieb von Fahrzeugen und die Emission gasförmiger Schadstoffe aus mit Flüssiggas oder Erdgas betriebenen Fremdzündungsmotoren zum Antrieb von Fahrzeugen (ABl. L 275 vom 20.10.2005, S. 1), geändert durch a) die Richtlinie 2006/51/EG der Kommission vom 6. Juni 2006 zur Änderung, zwecks Anpassung an den technischen Fortschritt, von Anhang I der Richtlinie 2005/55/EG des Europäischen Parlaments und des Rates sowie der Anhänge IV und V der Richtlinie 2005/78/EG hinsichtlich der Anforderungen an Überwachungssysteme emissionsmindernder Einrichtungen zum Einbau in Fahrzeuge und hinsichtlich der Ausnahmen für Gasmotoren (ABl. L 152 vom 7.6.2006, S. 11), b) die Richtlinie 2008/74/EG der Kommission vom 18. Juli 2008 zur Änderung der Richtlinie 2005/55/EG des Europäischen Parlaments und des Rates und der Richtlinie 2005/78/EG in Bezug auf die Typgenehmigung von Kraftfahrzeugen hinsichtlich der Emissionen von leichten Personenkraftwagen und Nutzfahrzeugen (Euro 5 und Euro 6) und des Zugangs zu Reparatur- und Wartungsinformationen für Fahrzeuge (ABl. L 192 vom 19.7.2008, S. 51) und die Richtlinie 2005/78/EG der Kommission vom 14. November 2005 zur Durchführung der Richtlinie 2005/55/EG des Europäischen Parlaments und des Rates zur Angleichung der Rechtsvorschriften der Mitgliedstaaten über Maßnahmen gegen die Emission gasförmiger Schadstoffe und luftverunreinigender Partikel aus Selbstzündungsmotoren zum Antrieb von Fahrzeugen und die Emission gasförmiger Schadstoffe aus mit Flüssiggas oder Erdgas betriebenen Fremdzündungsmotoren zum Antrieb von Fahrzeugen

Zur Vorschrift des/der	sind folgende Bestimmungen anzuwenden:	
		und zur Änderung ihrer Anhänge I, II, III, IV und VI (ABl. L 313 vom 29.11.2005, S. 1), geändert durch a) die Richtlinie 2006/51/EG der Kommission vom 6. Juni 2006 zur Änderung, zwecks Anpassung an den technischen Fortschritt, von Anhang I der Richtlinie 2005/55/EG des Europäischen Parlaments und des Rates sowie der Anhänge IV und V der Richtlinie 2005/78/EG hinsichtlich der Anforderungen an Überwachungssysteme emissionsmindernder Einrichtungen zum Einbau in Fahrzeuge und hinsichtlich der Ausnahmen für Gasmotoren (ABl. L 152 vom 7.6.2006, S. 11), b) die Richtlinie 2008/74/EG der Kommission vom 18. Juli 2008 zur Änderung der Richtlinie 2005/55/EG des Europäischen Parlaments und des Rates und der Richtlinie 2005/78/EG in Bezug auf die Typgenehmigung von Kraftfahrzeugen hinsichtlich der Emissionen von leichten Personenkraftwagen und Nutzfahrzeugen (Euro 5 und Euro 6) und des Zugangs zu Reparatur- und Wartungsinformationen für Fahrzeuge (ABl. L 192 vom 19.7.2008, S. 51).
§ 47 Absatz 6b		Die Verordnung (EG) Nr. 595/2009 des europäischen Parlaments und des Rates vom 18. Juni 2009 über die Typgenehmigung von Kraftfahrzeugen und Motoren hinsichtlich der Emissionen von schweren Nutzfahrzeugen (Euro VI) und zur Änderung der Verordnung (EG) Nr. 715/2007 und der Richtlinie 2007/46/EG sowie zur Aufhebung der Richtlinien 80/1269/EWG, 2005/55/EG und 2005/78/EG (ABl. L 188 vom 18.7.2009, S. 1), geändert durch die a) Berichtigung (ABl. L 200 vom 31.7.2009, S. 52), b) Verordnung (EU) Nr. 582/2011 (ABl. L 167 vom 25.6.2011, S. 1), c) Verordnung (EU) Nr. 133/2014 (ABl. L 47 vom 18.2.2014, S. 1), d) Verordnung (EU) 2018/858 (ABl. L 151 vom 14.6.2018, S. 1), e) Verordnung (EU) 2019/1242 (ABl. L 198 vom 25.7.2019, S. 202)
	und	die Verordnung (EU) Nr. 582/2011 der Kommission vom 25. Mai 2011 zur Durchführung und Änderung der Verordnung (EG) Nr. 595/2009 des Europäischen Parlaments und des Rates hinsichtlich der Emissionen von schweren Nutzfahrzeugen (Euro VI) und zur Änderung der Anhänge I und III der Richtlinie 2007/46/EG des Europäischen Parlaments und des Rates (ABl. L 167 vom 25.6.2011, S. 1), geändert durch die a) Verordnung (EU) Nr. 64/2012 (ABl. L 28 vom 31.1.2012, S. 1), b) Verordnung (EU) Nr. 519/2013 (ABl. L 158 vom 10.6.2013, S. 74), c) Verordnung (EU) Nr. 136/2014 (ABl. L 43 vom 13.2.2014, S. 12), d) Verordnung (EU) Nr. 133/2014 (ABl. L 47 vom 18.2.2014, S. 1),

Zur Vorschrift des/der	sind folgende Bestimmungen anzuwenden:	
		e) Verordnung (EU) Nr. 627/2014 (ABl. L 174 vom 13.6. 2014, S. 28), f) Verordnung (EU) 2016/1718 (ABl. L 259 vom 27.9. 2016), g) die Verordnung (EU) 2017/1347 (ABl. L 192 vom 24.7. 2017, S. 1), h) die Verordnung (EU) 2017/2400 (ABl. L 349 vom 29.12. 2017, S. 1), i) Verordnung (EU) 2018/932 (ABl. L 165 vom 2.7.2018, S. 32), j) Verordnung (EU) 2019/1939 (ABl. L 303 vom 25.11. 2019, S. 1). k) Verordnung (EU) 2020/1181 (ABl. L 263 vom 12.8. 2020, S. 1), l) Verordnung (EU) 2022/2383 (ABl. L 315 vom 7.12. 2022, S. 63)
§ 47 Absatz 8a	Kapitel 5	der Richtlinie 97/24/EG des Europäischen Parlaments und des Rates vom 17. Juni 1997 über bestimmte Bauteile und Merkmale von zweirädrigen oder dreirädrigen Kraftfahrzeugen (ABl. L 226 vom 18.8.1997, S. 1), geändert durch die a) Berichtigung vom 17. Juni 1997 (ABl. L 65 vom 5.3.1998, S. 35), b) Richtlinie 2002/51/EG des Europäischen Parlaments und des Rates vom 19. Juli 2002 (ABl. L 252 vom 20.9.2002, S. 20), c) Richtlinie 2003/77/EG der Kommission vom 11. August 2003 (ABl. L 211 vom 21.8.2003, S. 24), d) Richtlinie 2005/30/EG der Kommission vom 22. April 2005 zur Änderung der Richtlinien 97/24/EG und 2002/24/EG des Europäischen Parlaments und des Rates über die Typgenehmigung für zweirädrige oder dreirädrige Kraftfahrzeuge im Hinblick auf die Anpassung an den technischen Fortschritt (ABl. L 106 vom 27.4.2005, S. 17), e) Richtlinie 2006/72/EG der Kommission vom 18. August 2006 zur Änderung der Richtlinie 97/24/EG des Europäischen Parlaments und des Rates über bestimmte Bauteile und Merkmale von zweirädrigen oder dreirädrigen Kraftfahrzeugen zwecks Anpassung an den technischen Fortschritt (ABl. L 227 vom 19.8.2006, S. 43), f) Richtlinie 2006/120/EG der Kommission vom 27. November 2006 zur Berichtigung und Änderung der Richtlinie 2005/30/EG zur Änderung der Richtlinien 97/24/EG und 2002/24/EG des Europäischen Parlaments und des Rates über die Typgenehmigung für zweirädrige oder dreirädrige Kraftfahrzeuge zwecks Anpassung an den technischen Fortschritt (ABl. L 330 vom 28.11.2006, S. 16), g) Richtlinie 2009/108/EG der Kommission vom 17. August 2009 (ABl. L 213 vom 18.8.2009, S. 10), h) Richtlinie 2013/60/EU der Kommission vom 27. November 2013 (ABl. L 329 vom 10.12.2013, S. 15),

Zur Vorschrift des/der	sind folgende Bestimmungen anzuwenden:	
		i) Berichtigung der Richtlinie 2013/60/EU (ABl. L 305 vom 21.11.2015, S. 51).
§ 47 Absatz 8b		Die Verordnung (EU) Nr. 168/2013 des Europäischen Parlaments und des Rates vom 15. Januar 2013 über die Genehmigung und Marktüberwachung von zwei- oder dreirädrigen und vierrädrigen Fahrzeugen (ABl. L 60 vom 2.3. 2013, S. 52), geändert durch die a) Delegierte Verordnung (EU) Nr. 134/2014 (ABl. L 53 vom 21.2.2014, S. 1), b) Berichtigung (ABl. L 77 vom 23.3.2016, S. 65), c) Berichtigung (ABl. L 64 vom 10.3.2017, S. 116), d) Verordnung (EU) 2019/129 (ABl. L 30 vom 31.1.2019, S. 106), e) Verordnung (EU) 2020/1694 (ABl. L 381 vom 13.11. 2020, S. 4), f) Berichtigung (ABl. L 398 vom 11.11.2021, S. 54)
	und	die Delegierte Verordnung (EU) Nr. 134/2014 der Kommission vom 16. Dezember 2013 zur Ergänzung der Verordnung (EU) Nr. 168/2013 des Europäischen Parlaments und des Rates in Bezug auf die Anforderungen an die Umweltverträglichkeit und die Leistung der Antriebseinheit sowie zur Änderung ihres Anhangs V (ABl. L 53 vom 21.2. 2014, S. 1), geändert durch die a) Delegierte Verordnung (EU) 2016/1824 (ABl. L 279 vom 15.10.2016, S. 1), b) Delegierte Verordnung (EU) 2018/295 (ABl. L 56 vom 28.2.2018, S. 1)
§ 47 Absatz 8c		Die Verordnung (EU) 2016/1628 des Europäischen Parlaments und des Rates vom 14. September 2016 über die Anforderungen in Bezug auf die Emissionsgrenzwerte für gasförmige Schadstoffe und luftverunreinigende Partikel und die Typgenehmigung für Verbrennungsmotoren für nicht für den Straßenverkehr bestimmte mobile Maschinen und Geräte, zur Änderung der Verordnungen (EU) Nr. 1024/2012 und (EU) Nr. 167/2013 und zur Änderung und Aufhebung der Richtlinie 97/68/EG (ABl. L 252 vom 16.9.2016, S. 53), geändert durch die a) Berichtigung (ABl. L 231 vom 6.9.2019, S. 29), b) Verordnung (EU) 2020/1040 (ABl. L 231 vom 17.7. 2020, S. 1), c) Verordnung (EU) 2021/1068 (ABl. L 230 vom 30.6. 2021, S. 1), d) Verordnung (EU) 2022/992 (ABl. L 169 vom 27.6.2022, S. 43)
§ 47 Absatz 8e		Richtlinie 2000/25/EG des Europäischen Parlaments und des Rates vom 22. Mai 2000 über Maßnahmen zur Bekämpfung der Emissionen gasförmiger Schadstoffe und luftverunreinigender Partikel aus Motoren, die für den Antrieb von land- und forstwirtschaftlichen Zugmaschinen bestimmt sind, und zur Änderung der Richtlinie 74/150/EWG des Rates (ABl. L 173 vom 12.7.2000, S. 1), geändert durch die

Zur Vorschrift des/der		sind folgende Bestimmungen anzuwenden:
		a) Richtlinie 2005/13/EG der Kommission vom 21. Februar 2005 zur Änderung der Richtlinie 2000/25/EG des Europäischen Parlaments und des Rates über Maßnahmen zur Bekämpfung der Emission gasförmiger Schadstoffe und luftverunreinigender Partikel aus Motoren, die für den Antrieb von land- oder forstwirtschaftlichen Zugmaschinen bestimmt sind, und zur Änderung von Anhang I der Richtlinie 2003/37/EG des Europäischen Parlaments und des Rates betreffend die Typgenehmigung für land- oder forstwirtschaftliche Zugmaschinen (ABl. L 55 vom 1.3.2005, S. 35), b) Richtlinie 2010/22/EU der Kommission vom 15. März 2010 zur Anpassung der Richtlinien 80/720/EWG, 86/298/EWG, 86/415/EWG und 87/402/EWG des Rates sowie der Richtlinien 2000/25/EG und 2003/37/EG des Europäischen Parlaments und des Rates über die Typgenehmigung für land- oder forstwirtschaftliche Zugmaschinen an den technischen Fortschritt (ABl. L 91 vom 10.4.2010, S. 1), c) Richtlinie 2011/72/EU des Europäischen Parlaments und des Rates vom 14. September 2011 (ABl. L 246 vom 23.9.2011, S. 1), d) Berichtigung der Richtlinie 2011/72/EU (ABl. L 254 vom 30.9.2011, S. 22), e) Richtlinie 2011/87/EU des Europäischen Parlaments und des Rates vom 16. November 2011 (ABl. L 301 vom 18.11.2011, S. 1), f) Richtlinie 2013/15/EU des Rates vom 13. Mai 2013 (ABl. L 158 vom 10.6.2013, S. 172), g) Richtlinie 2014/43/EU der Kommission vom 18. März 2014 (ABl. L 82 vom 20.3.2014, S. 12).
§ 47 Absatz 8f		Die Verordnung (EU) Nr. 167/2013 des Europäischen Parlaments und des Rates vom 5. Februar 2013 über die Genehmigung und Marktüberwachung von land- und forstwirtschaftlichen Fahrzeugen (ABl. L 60 2.3.2013, S. 1), geändert durch die a) Delegierte Verordnung (EU) Nr. 1322/2014 (ABl. L 364 vom 18.12.2014, S. 1), b) Verordnung (EU) 2016/1628 (ABl. L 252 vom 16.9.2016, S. 53), c) Delegierte Verordnung (EU) 2016/1788 (ABl. L 277 vom 13.10.2016, S. 1), d) Delegierte Verordnung (EU) 2018/830 (ABl. L 140 vom 6.6.2018, S. 15), e) Verordnung (EU) 2019/519 (ABl. L 91 vom 29.3.2019, S. 42)
	und	die Delegierte Verordnung (EU) 2018/985 der Kommission vom 12. Februar 2018 zur Ergänzung der Verordnung (EU) Nr. 167/2013 des Europäischen Parlaments und des Rates in Bezug auf die Anforderungen an die Umweltverträglichkeit und die Leistung der Antriebseinheit land- und forstwirtschaftlicher Fahrzeuge und ihrer Motoren und zur Aufhebung der Delegierten Verordnung (EU) 2015/96 der Kommission (ABl. L 182 vom 18.7.2018, S. 1), geändert durch die a) Berichtigung (ABl. L 325 vom 20.12.2018, S. 53),

Zur Vorschrift des/der	sind folgende Bestimmungen anzuwenden:	
		b) Delegierte Verordnung (EU) 2020/1564 (ABl. L 358 vom 28.10.2020, S. 1), c) Delegierte Verordnung (EU) 2022/518 (ABl. L 104 vom 1.4.2022, S. 56)
§ 47d Absatz 1		Die Verordnung (EG) Nr. 715/2007 des Europäischen Parlaments und des Rates vom 20. Juni 2007 über die Typgenehmigung von Kraftfahrzeugen hinsichtlich der Emissionen von leichten Personenkraftwagen und Nutzfahrzeugen (Euro 5 und Euro 6) (ABl. L 171 vom 29.6.2007, S. 1), geändert durch die a) Verordnung (EG) Nr. 692/2008 (ABl. L 199 vom 28.7. 2008, S. 1), b) Verordnung (EG) Nr. 595/2009 (ABl. L 188 vom 18.7. 2009, S. 1), c) Verordnung (EG) Nr. 566/2011 (ABl. L 158 vom 16.6. 2011, S. 1), d) Verordnung (EU) Nr. 459/2012 (ABl. L 142 vom 1.6. 2012, S. 16), e) Verordnung (EU) 2018/858 (ABl. L 151 vom 14.6.2018, S. 1)
	und	die Verordnung (EU) 2017/1151 der Kommission vom 1. Juni 2017 zur Ergänzung der Verordnung (EG) Nr. 715/2007 des Europäischen Parlaments und des Rates über die Typgenehmigung von Kraftfahrzeugen hinsichtlich der Emissionen von leichten Personenkraftwagen und Nutzfahrzeugen (Euro 5 und Euro 6) und über den Zugang zu Fahrzeugreparatur- und -wartungsinformationen, zur Änderung der Richtlinie 2007/46/EG des Europäischen Parlaments und des Rates, der Verordnung (EG) Nr. 692/2008 der Kommission sowie der Verordnung (EU) Nr. 1230/2012 der Kommission und zur Aufhebung der Verordnung (EG) Nr. 692/2008 der Kommission (ABl. L 175 vom 7.7.2017, S. 1), geändert durch die a) Verordnung (EU) 2017/1154 (ABl. L 175 vom 7.7.2017, S. 708), b) Verordnung (EU) 2017/1347 (ABl. L 192 vom 24.7. 2017, S. 1), c) Berichtigung (ABl. L 209 vom 12.8.2017, S. 63), d) Berichtigung (ABl. L 56 vom 28.2.2018, S. 66), e) Verordnung (EU) 2018/1832 (ABl. L 301 vom 27.11. 2018, S. 1). f) Berichtigung (ABl. L 2 vom 6.1.2020, S. 13), g) Verordnung (EU) 2020/49 (ABl. L 17 vom 22.1.2020, S. 1), h) Berichtigung (ABl. L 338 vom 15.10.2020, S. 12), i) Verordnung (EU) 2023/443 (ABl. L 66 vom 2.3.2023, S. 1)
§ 47d Absatz 2		Die Verordnung (EG) Nr. 595/2009 des europäischen Parlaments und des Rates vom 18. Juni 2009 über die Typgenehmigung von Kraftfahrzeugen und Motoren hinsichtlich der Emissionen von schweren Nutzfahrzeugen (Euro VI) und zur Änderung der Verordnung (EG) Nr. 715/2007 und der Richtlinie 2007/46/EG sowie zur Aufhebung der Richtlinien 80/1269/EWG, 2005/55/EG und 2005/78/EG (ABl. L 188 vom 18.7.2009, S. 1),

Zur Vorschrift des/der	sind folgende Bestimmungen anzuwenden:	
		geändert durch die a) Berichtigung (ABl. L 200 vom 31.7.2009, S. 52), b) Verordnung (EU) Nr. 582/2011 (ABl. L 167 vom 25.6.2011, S. 1), c) Verordnung (EU) Nr. 133/2014 (ABl. L 47 vom 18.2.2014, S. 1), d) Verordnung (EU) 2018/858 (ABl. L 151 vom 14.6.2018, S. 1), e) Verordnung (EU) 2019/1242 (ABl. L 198 vom 25.7.2019, S. 202)
	und	die Verordnung (EU) 2017/2400 der Kommission vom 12. Dezember 2017 zur Durchführung der Verordnung (EG) Nr. 595/2009 des Europäischen Parlaments und des Rates hinsichtlich der Bestimmung der CO_2-Emissionen und des Kraftstoffverbrauchs von schweren Nutzfahrzeugen sowie zur Änderung der Richtlinie 2007/46/EG des Europäischen Parlaments und des Rates sowie der Verordnung (EU) Nr. 582/2011 der Kommission (ABl. L 349 vom 29.12.2017, S. 1), geändert durch die a) Berichtigung (ABl. L 72 vom 15.3.2018, S. 42), b) Verordnung (EU) 2019/318 (ABl. L 58 vom 26.2.2019, S. 1), c) Verordnung (EU) 2020/1181 (ABl. L 263 vom 12.8.2020, S. 1), d) Verordnung (EU) 2022/1379 (ABl. L 212 vom 12.8.2022, S. 1)
	und	die Durchführungsverordnung (EU) 2022/1362 der Kommission vom 1. August 2022 zur Durchführung der Verordnung (EG) Nr. 595/2009 des Europäischen Parlaments und des Rates in Bezug auf die Leistung von schweren Anhängern im Hinblick auf deren Einfluss auf die CO_2-Emissionen, den Kraftstoff- und Energieverbrauch und die emissionsfreie Reichweite von Kraftfahrzeugen und zur Änderung der Durchführungsverordnung (EU) 2020/683 (ABl. L 205 vom 05.08.2022, S. 145), geändert durch die Berichtigung (ABl. L 100 vom 13.4.2023, S. 102)
§ 47d Absatz 3	Anhang IX	der Richtlinie 2007/46/EG des Europäischen Parlaments und des Rates vom 5. September 2007 zur Schaffung eines Rahmens für die Genehmigung von Kraftfahrzeugen und Kraftfahrzeuganhängern sowie von Systemen, Bauteilen und selbstständigen technischen Einheiten für diese Fahrzeuge (ABl. L 263 vom 9.10.2007, S. 1), geändert durch die a) Verordnung (EG) Nr. 1060/2008 (ABl. L 292 vom 31.10.2008, S. 1), b) Verordnung (EG) Nr. 78/2009 (ABl. L 35 vom 4.2.2009, S. 1), c) Verordnung (EG) Nr. 79/2009 (ABl. L 35 vom 4.2.2009, S. 32), d) Verordnung (EG) Nr. 385/2009 (ABl. L 118 vom 13.5.2009, S. 13), e) Verordnung (EG) Nr. 595/2009 (ABl. L 188 vom 18.7.2009, S. 1),

Zur Vorschrift des/der	sind folgende Bestimmungen anzuwenden:
	f) Verordnung (EG) Nr. 661/2009 (ABl. L 200 vom 31.7. 2009, S. 1), g) Richtlinie 2010/19/EU (ABl. L 72 vom 20.3.2010, S. 17), h) Verordnung (EU) Nr. 371/2010 (ABl. L 110 vom 1.5. 2010, S. 1), i) Verordnung (EU) Nr. 183/2011 (ABl. L 53 vom 26.2. 2011, S. 4), j) Verordnung (EU) Nr. 582/2011 (ABl. L 167 vom 25.6. 2011, S. 1), k) Verordnung (EU) Nr. 678/2011 (ABl. L 185 vom 15.7. 2011, S. 30), l) Verordnung (EU) Nr. 65/2012 (ABl. L 28 vom 31.1. 2012, S. 24), m) Verordnung (EU) Nr. 1229/2012 (ABl. L 353 vom 21.12.2012, S. 1), n) Verordnung (EU) Nr. 1230/2012 (ABl. L 353 vom 21.12.2012, S. 31), o) Verordnung (EU) Nr. 143/2013 (ABl. L 47 vom 20.2. 2013, S. 51), p) Verordnung (EU) Nr. 171/2013 (ABl. L 55 vom 27.2. 2013, S. 9), q) Verordnung (EU) Nr. 195/2013 (ABl. L 65 vom 8.3. 2013, S. 1), r) Richtlinie 2013/15/EU (ABl. L 158 vom 10.6.2013, S. 172), s) Verordnung (EU) Nr. 136/2014 (ABl. L 43 vom 13.2. 2014, S. 12), t) Verordnung (EU) Nr. 133/2014 (ABl. L 47 vom 18.2. 2014, S. 1), u) Verordnung (EU) Nr. 214/2014 (ABl. L 69 vom 8.3. 2014, S. 3), v) Verordnung (EU) Nr. 540/2014 (ABl. L 158 vom 27.5. 2014, S. 131), w) Verordnung (EU) Nr. 1171/2014 (ABl. L 315 vom 1.11. 2014, S. 3), x) Verordnung (EU) 2015/45 (ABl. L 9 vom 15.1.2015, S. 1), y) Verordnung (EU) 2015/166 (ABl. L 28 vom 4.2.2015, S. 3), z) Verordnung (EU) 2015/758 (ABl. L 123 vom 19.5. 2015, S. 77), aa) Verordnung (EU) 2017/1151 (ABl. L 175 vom 7.7. 2017, S. 1), ab) Verordnung (EU) 2017/1154 (ABl. L 175 vom 7.7. 2017, S. 708), ac) Verordnung (EU) 2017/1347 (ABl. L 192 vom 24.7. 2017, S. 1), ad) Verordnung (EU) 2017/2400 (ABl. L 349 vom 29.12. 2017, S. 1), ae) Verordnung (EU) 2018/1832 (ABl. L 301 vom 27.11. 2018, S. 1), af) Verordnung (EU) 2019/318 (ABl. L 58 vom 26.2.2019, S. 1), ag) Verordnung (EU) 2019/543 (ABl. L 95 vom 4.4.2019, S. 1), ah) Verordnung (EU) 2020/1181 (ABl. L 263 vom 15.8. 2020, S. 1)

Zur Vorschrift des/der	sind folgende Bestimmungen anzuwenden:	
	und Anhang VIII	der Durchführungsverordnung (EU) 2020/683 vom 15. April 2020 zur Durchführung der Verordnung (EU) 2018/858 des Europäischen Parlaments und des Rates hinsichtlich der administrativen Anforderungen für die Genehmigung und Marktüberwachung von Kraftfahrzeugen und Kraftfahrzeuganhängern sowie von Systemen, Bauteilen und selbstständigen technischen Einheiten für diese Fahrzeuge (ABl. L 163 vom 26.5.2020, S. 1), geändert durch die a) Durchführungsverordnung (EU) 2022/195 (ABl. L 31 vom 14.2.2022, S. 27), b) Durchführungsverordnung (EU) 2022/799 (ABl. L 143 vom 23.5.2022, S. 1), c) Durchführungsverordnung (EU) 2022/1177 (ABl. L 183 vom 8.7.2022, S. 54), d) Durchführungsverordnung (EU) 2022/1362 (ABl. L 205 vom 5.8.2022, S. 145)
§ 47e		Richtlinie 2006/40/EG des Europäischen Parlaments und des Rates vom 17. Mai 2006 über Emissionen aus Klimaanlagen in Kraftfahrzeugen und zur Änderung der Richtlinie 70/156/EWG (ABl. L 161 vom 14.6.2006, S. 12)
	und	Verordnung (EG) Nr. 706/2007 der Kommission vom 21. Juni 2007 zur Festlegung von Verwaltungsvorschriften für die EG-Typgenehmigung von Kraftfahrzeugen und eines harmonisierten Verfahrens für die Messung von Leckagen aus bestimmten Klimaanlagen nach der Richtlinie 2006/40/EG des Europäischen Parlaments und des Rates (ABl. L 161 vom 22.6.2007, S. 33).
§ 49 Absatz 2 Nummer 1		Die Verordnung (EU) Nr. 540/2014 des Europäischen Parlaments und des Rates vom 16. April 2014 über den Geräuschpegel von Kraftfahrzeugen und von Austauschschalldämpferanlagen sowie zur Änderung der Richtlinie 2007/46/EG und zur Aufhebung der Richtlinie 70/157/EWG (ABl. L 158 vom 27.5.2014, S. 131), geändert durch die a) Berichtigung (ABl. L 360 vom 17.12.2014, S. 111), b) Delegierte Verordnung (EU) 2017/1576 (ABl. L 239 vom 19.9.2017, S. 3), c) Delegierte Verordnung (EU) 2019/839(ABl. L 138 vom 24.5.2019, S. 70)
§ 49 Absatz 2 Nummer 2		Die Verordnung (EU) Nr. 167/2013 des Europäischen Parlaments und des Rates vom 5. Februar 2013 über die Genehmigung und Marktüberwachung von land- und forstwirtschaftlichen Fahrzeugen (ABl. L 60 2.3.2013, S. 1), geändert durch die a) Delegierte Verordnung (EU) Nr. 1322/2014 (ABl. L 364 vom 18.12.2014, S. 1), b) Verordnung (EU) 2016/1628 (ABl. L 252 vom 16.9.2016, S. 53), c) Delegierte Verordnung (EU) 2016/1788 (ABl. L 277 vom 13.10.2016, S. 1), d) Delegierte Verordnung (EU) 2018/830 (ABl. L 140 vom 6.6.2018, S. 15) e) Verordnung (EU) 2019/519 (ABl. L 91 vom 29.3.2019, S. 42)

Zur Vorschrift des/der	sind folgende Bestimmungen anzuwenden:	
	und	die Delegierte Verordnung (EU) 2018/985 der Kommission vom 12. Februar 2018 zur Ergänzung der Verordnung (EU) Nr. 167/2013 des Europäischen Parlaments und des Rates in Bezug auf die Anforderungen an die Umweltverträglichkeit und die Leistung der Antriebseinheit land- und forstwirtschaftlicher Fahrzeuge und ihrer Motoren und zur Aufhebung der Delegierten Verordnung (EU) 2015/96 der Kommission (ABl. L 182 vom 18.7.2018, S. 1), geändert durch die a) Berichtigung (ABl. L 325 vom 20.12.2018, S. 53), b) Delegierte Verordnung (EU) 2020/1564 (ABl. L 358 vom 28.10.2020, S. 1), c) Delegierte Verordnung (EU) 2022/518 (ABl. L 104 vom 1.4.2022, S. 56)
§ 49 Absatz 2 Nummer 3		Die Delegierte Verordnung (EU) Nr. 134/2014 der Kommission vom 16. Dezember 2013 zur Ergänzung der Verordnung (EU) Nr. 168/2013 des Europäischen Parlaments und des Rates in Bezug auf die Anforderungen an die Umweltverträglichkeit und die Leistung der Antriebseinheit sowie zur Änderung ihres Anhangs V (ABl. L 53 vom 21.2.2014, S. 1), geändert durch die a) Delegierte Verordnung (EU) 2016/1824 (ABl. L 279 vom 15.10.2016, S. 1), b) Delegierte Verordnung (EU) 2018/295 (ABl. L 56 vom 28.2.2018, S. 1)
	und	die Verordnung (EU) Nr. 168/2013 des Europäischen Parlaments und des Rates vom 15. Januar 2013 über die Genehmigung und Marktüberwachung von zwei- oder dreirädrigen und vierrädrigen Fahrzeugen (ABl. L 60 vom 2.3.2013, S. 52), geändert durch die a) Delegierte Verordnung (EU) Nr. 134/2014 (ABl. L 53 vom 21.2.2014, S. 1), b) Berichtigung (ABl. L 77 vom 23.3.2016, S. 65), c) Berichtigung (ABl. L 64 vom 10.3.2017, S. 116), d) Verordnung (EU) 2019/129 (ABl. L 30 vom 31.1.2019, S. 106), e) Verordnung (EU) 2020/1694 (ABl. L 381 vom 13.11.2020, S. 4), f) Berichtigung (ABl. L 398 vom 11.11.2021, S. 54)
§ 49a Absatz 5 Satz 2 Nummer 5		ECE-Regelung Nr. 87 über einheitliche Bedingungen für die Genehmigung von Tagfahrleuchten für Kraftfahrzeuge (BGBl. 1995 II S. 36).
§ 50 Absatz 8 § 51b	Anhang II	der Richtlinie 76/756/EWG des Rates vom 27. Juli 1976 zur Angleichung der Rechtsvorschriften der Mitgliedstaaten über den Anbau der Beleuchtungs- und Lichtsignaleinrichtungen für Kraftfahrzeuge und Kraftfahrzeuganhänger (ABl. L 262 vom 27.9.1976, S. 1), geändert durch die a) Richtlinie 80/233/EWG der Kommission vom 21. November 1979 (ABl. L 51 vom 25.2.1980, S. 8), b) Richtlinie 82/244/EWG der Kommission vom 17. März 1982 (ABl. L 109 vom 22.4.1982, S. 31),

Zur Vorschrift des/der	sind folgende Bestimmungen anzuwenden:	
		c) Richtlinie 83/276/EWG des Rates vom 26. Mai 1983 (ABl. L 151 vom 9.6.1983, S. 47), d) Richtlinie 84/8/EWG der Kommission vom 14. Dezember 1983 (ABl. L 9 vom 12.1.1984, S. 24), e) Richtlinie 91/663/EWG der Kommission vom 10. Dezember 1991 (ABl. L 366 vom 31.12.1991, S. 17), f) Berichtigung der Richtlinie 91/663/EWG (ABl. L 172 vom 27.6.1992, S. 87), g) Richtlinie 97/28/EG der Kommission vom 11. Juni 1997 (ABl. L 171 vom 30.6.1997, S. 1).
§ 53 Absatz 10 Nummer 1		ECE-Regelung Nr. 69 über einheitliche Bedingungen für die Genehmigung von Tafeln zur hinteren Kennzeichnung von bauartbedingt langsamfahrenden Kraftfahrzeugen und ihrer Anhänger vom 6. Juli 1994 (BGBl. 1994 II S. 1023).
§ 53 Absatz 10 Nummer 2		ECE-Regelung Nr. 70 über einheitliche Bedingungen für die Genehmigung von Tafeln zur hinteren Kennzeichnung schwerer und langer Fahrzeuge vom 27. Juni 1994 (BGBl. 1994 II S. 970).
§ 53 Absatz 10 Satz 1 Nummer 3 und Satz 2		ECE-Regelung Nr. 48 der Wirtschaftskommission der Vereinten Nationen für Europa (UN/ECE) – Einheitliche Bedingungen für die Genehmigung der Fahrzeuge hinsichtlich des Anbaus der Beleuchtungs- und Lichtsignaleinrichtungen (ABl. L 323 vom 6.12.2011, S. 46).
§ 53 Absatz 10 Satz 1 Nummer 4 und Satz 3		ECE-Regelung Nr. 104 über einheitliche Bedingungen für die Genehmigung retroreflektierender Markierungen für Fahrzeuge der Klassen M, N und O (BGBl. 1998 II S. 1134).
§ 55 Absatz 2a	Anhänge I und II (jeweils ohne Anlagen)	der Richtlinie 93/30/EWG des Rates vom 14. Juni 1993 über die Einrichtungen für Schallzeichen von zweirädrigen oder dreirädrigen Kraftfahrzeugen (ABl. L 188 vom 29.7.1993, S. 11).
§ 55 Absatz 3b	Artikel 8 Anhang VIII	der Verordnung (EU) Nr. 540/2014.
§ 55a Absatz 1	Anhänge I, IV bis IX	der Richtlinie 72/245/EWG des Rates vom 20. Juni 1972 zur Angleichung der Rechtsvorschriften der Mitgliedstaaten über die Funkentstörung von Kraftfahrzeugmotoren mit Fremdzündung (ABl. L 152 vom 6.7.1972, S. 15), geändert durch die Richtlinie 95/54/EG der Kommission vom 31. Oktober 1995 (ABl. L 266 vom 8.11.1995, S. 1).
§ 55a Absatz 2	Kapitel 8 Anhänge I bis VII	der Richtlinie 97/24/EG des Europäischen Parlaments und des Rates vom 17. Juni 1997 über bestimmte Bauteile und Merkmale von zweirädrigen oder dreirädrigen Kraftfahrzeugen (ABl. L 226 vom 18.8.1997, S. 1).
§ 56 Absatz 2 Nummer 1 und 2	Anhang I Nr. 1, Anhang II, Anhang III	der Richtlinie 2003/97/EG des Europäischen Parlaments und des Rates vom 10. November 2003 zur Angleichung der Rechtsvorschriften der Mitgliedstaaten für die Typgenehmigung von Einrichtungen für indirekte Sicht und von mit solchen Einrichtungen ausgestatteten Fahrzeugen sowie zur Änderung der Richtlinie 70/156/EWG und zur Aufhebung der Richtlinie 71/127/EWG (ABl. L 25 vom 29.1.2004, S. 1), geändert durch die a) Richtlinie 2005/27/EG der Kommission vom 29. März 2005 zur Änderung der Richtlinie 2003/97/EG des Eu-

Zur Vorschrift des/der	sind folgende Bestimmungen anzuwenden:	
		ropäischen Parlaments und des Rates über die Angleichung der Rechtsvorschriften der Mitgliedstaaten für die Typgenehmigung von Einrichtungen für indirekte Sicht und von mit solchen Einrichtungen ausgestatteten Fahrzeugen im Hinblick auf die Anpassung an den technischen Fortschritt (ABl. L 81 vom 30.3.2005, S. 44).
§ 56 Absatz 2 Nummer 3		Richtlinie 2007/38/EG des Europäischen Parlaments und des Rates vom 11. Juli 2007 über die Nachrüstung von in der Gemeinschaft zugelassenen schweren Lastkraftwagen mit Spiegeln (ABl. L 184 vom 14.7.2007, S. 25).
§ 56 Absatz 2 Nummer 4	Anhang IX	der Delegierten Verordnung (EU) 2015/208 der Kommission vom 8. Dezember 2014 zur Ergänzung der Verordnung (EU) Nr. 167/2013 des Europäischen Parlaments und des Rates hinsichtlich der Anforderungen an die funktionale Sicherheit von Fahrzeugen für die Genehmigung von land- und forstwirtschaftlichen Fahrzeugen (ABl. L 42 vom 17.2. 2015, S. 1; L 278 vom 14.10.2016, S. 52), die zuletzt durch die Delegierte Verordnung (EU) 2020/540 (ABl. L 121 vom 20.4.2020, S. 1) geändert worden ist.
§ 56 Absatz 2 Nummer 5	Kapitel 4, Anhang I, Anhang II, Anlage 1 und 2 und Anhang III (ohne Anlagen)	der Richtlinie 97/24/EG des Europäischen Parlaments und des Rates vom 17. Juni 1997 über bestimmte Bauteile und Merkmale von zweirädrigen oder dreirädrigen Kraftfahrzeugen (ABl. L 226 vom 18.8.1997, S. 1).
§ 57 Absatz 2	a) Anhang II (ohne Anlagen)	der Richtlinie 75/443/EWG des Rates vom 26. Juni 1975 zur Angleichung der Rechtsvorschriften der Mitgliedstaaten über den Rückwärtsgang und das Geschwindigkeitsmessgerät in Kraftfahrzeugen (ABl. L 196 vom 26.7.1975, S. 1), geändert durch die a) Richtlinie 97/39/EG der Kommission vom 24. Juni 1997 (ABl. L 177 vom 5.7.1997, S. 15),
	b) Anhang (ohne Anlagen)	der Richtlinie 2000/7/EG des Europäischen Parlaments und des Rates vom 20. März 2000 über den Geschwindigkeitsmesser von zweirädrigen oder dreirädrigen Kraftfahrzeugen (ABl. L 106 vom 3.5.2000, S. 1).
§ 57b Absatz 1, 1a und 2		Die Verordnung (EU) Nr. 165/2014 des Europäischen Parlaments und des Rates vom 4. Februar 2014 über Fahrtenschreiber im Straßenverkehr, zur Aufhebung der Verordnung (EWG) Nr. 3821/85 des Rates über das Kontrollgerät im Straßenverkehr und zur Änderung der Verordnung (EG) Nr. 561/2006 des Europäischen Parlaments und des Rates zur Harmonisierung bestimmter Sozialvorschriften im Straßenverkehr (ABl. L 60 vom 28.02.2014, S. 1), geändert durch die a) Berichtigung (ABl. L 93 vom 9.4.2015, S. 103), b) Berichtigung (ABl. L 246 vom 23.9.2015, S. 11), c) Verordnung (EU) 2020/1054 (ABl. L 249 vom 31.7. 2020, S. 1)
	und	die Durchführungsverordnung (EU) 2016/799 der Kommission vom 18. März 2016 zur Durchführung der Verordnung (EU) Nr. 165/2014 des Europäischen Parlaments und des Rates zur Festlegung der Vorschriften über Bauart, Prüfung, Einbau, Betrieb und Reparatur von Fahrtenschrei-

Zur Vorschrift des/der	sind folgende Bestimmungen anzuwenden:	
		bern und ihren Komponenten (ABl. L 139 vom 26.5.2016, S. 1), geändert durch die a) Berichtigung (ABl. L 146 vom 3.6.2016, S. 31), b) Berichtigung (ABl. L 27 vom 1.2.2017, S. 169), c) Durchführungsverordnung (EU) 2018/502 (ABl. L 85 vom 28.3.2018, S. 1), d) Durchführungsverordnung (EU) 2020/158 (ABl. L 34 vom 6.2.2020, S. 20), e) Durchführungsverordnung (EU) 2021/1228 (ABl. L 273 vom 30.7.2021, S. 1), f) Durchführungsverordnung (EU) 2023/980 (ABl. L 134 vom 22.5.2023, S. 28)
§ 57c Absatz 4	Anhang I und III	der Richtlinie 92/24/EWG des Rates vom 31. März 1992 zur Angleichung der Rechtsvorschriften der Mitgliedstaaten über Geschwindigkeitsbegrenzungseinrichtungen und vergleichbare Geschwindigkeitsbegrenzungssysteme (ABl. L 129 vom 14.5.1992, S. 154).
§ 59 Absatz 1a	Anhang	der Richtlinie 76/114/EWG des Rates vom 18. Dezember 1975 zur Angleichung der Rechtsvorschriften der Mitgliedstaaten über Schilder, vorgeschriebene Angaben, deren Lage und Anbringungsart an Kraftfahrzeugen und Kraftfahrzeuganhängern (ABl. L 24 vom 30.1.1976, S. 1), geändert durch die a) Richtlinie 78/507/EWG der Kommission vom 19. Mai 1978 (ABl. L 155 vom 13.6.1978, S. 31), b) Beitrittsakte vom 24. Mai 1979 (ABl. L 291 vom 19.11.1979, S. 110), c) Berichtigung der Richtlinie 76/114/EWG (ABl. L 329 vom 25.11.1982, S. 31), d) Beitrittsakte vom 11. Juni 1985 (ABl. L 302 vom 15.11.1985, S. 211), e) Richtlinie 87/354/EWG des Rates vom 25. Juni 1987 (ABl. L 192 vom 11.7.1987, S. 43).
§ 59 Absatz 1b	Anhang	der Richtlinie 93/34/EWG des Rates vom 14. Juni 1993 über vorgeschriebene Angaben an zweirädrigen oder dreirädrigen Kraftfahrzeugen (ABl. L 188 vom 29.7.1993, S. 38), geändert durch die Richtlinie 1999/25/EG der Kommission vom 9. April 1999 (ABl. L 104 vom 21.4.1999, S. 19).
§ 59a	Artikel 6	der Richtlinie 96/53/EG des Rates vom 25. Juli 1996 zur Festlegung der höchstzulässigen Abmessungen für bestimmte Straßenfahrzeuge im innerstaatlichen und grenzüberschreitenden Verkehr in der Gemeinschaft sowie zur Festlegung der höchstzulässigen Gewichte im grenzüberschreitenden Verkehr (ABl. L 235 vom 17.9.1996, S. 59), geändert durch die Richtlinie 2002/7/EG (ABl. L 67 vom 9.3.2002, S. 47).
§ 61 Absatz 1	Anhang (ohne Anlagen)	der Richtlinie 93/32/EWG des Rates vom 14. Juni 1993 über die Halteeinrichtung für Beifahrer von zweirädrigen Kraftfahrzeugen (ABl. L 188 vom 29.7.1993, S. 28), geändert durch die Richtlinie 1999/24/EG der Kommission vom 9. April 1999 (ABl. L 104 vom 21.4.1999, S. 16).

Zur Vorschrift des/der	sind folgende Bestimmungen anzuwenden:	
§ 61 Absatz 3	Anhang (ohne Anlagen)	der Richtlinie 93/31/EWG des Rates vom 14. Juni 1993 über den Ständer von zweirädrigen Kraftfahrzeugen (ABl. L 188 vom 29.7.1993, S. 19), geändert durch die a) Richtlinie 2000/72/EG der Kommission vom 22. November 2000 (ABl. L 300 vom 29.11.2000, S. 18).
§ 72 Absatz 10		Die Verordnung (EU) Nr. 540/2014 des Europäischen Parlaments und des Rates vom 16. April 2014 über den Geräuschpegel von Kraftfahrzeugen und von Austauschschalldämpferanlagen sowie zur Änderung der Richtlinie 2007/46/EG und zur Aufhebung der Richtlinie 70/157/EWG (ABl. L 158 vom 27.5.2014, S. 131), geändert durch die a) Berichtigung (ABl. L 360 vom 17.12.2014, S. 111), b) Delegierte Verordnung (EU) 2017/1576 (ABl. L 239 vom 19.9.2017, S. 3), c) Delegierte Verordnung (EU) 2019/839 (ABl. L 138 vom 24.5.2019, S. 70)
Anhänge XVIII, XVIIIa und XVIIIc		Die Verordnung (EWG) Nr. 3821/85 des Rates vom 20. Dezember 1985 über das Kontrollgerät im Straßenverkehr (ABl. L 370 vom 31.12.1985, S. 8), geändert durch die a) Verordnung (EWG) Nr. 3314/90 (ABl. L 318 vom 17.11.1990, S. 20), b) Verordnung (EWG) Nr. 3572/90 (ABl. L 353 vom 17.12.1990, S. 12), c) Verordnung (EWG) Nr. 3688/92 (ABl. L 374 vom 21.12.1992, S. 12), d) Verordnung (EG) Nr. 2479/95 (ABl. L 256 vom 26.10.1995, S. 8), e) Verordnung (EG) Nr. 1056/97 (ABl. L 154 vom 12.6.1997, S. 21), f) Verordnung (EG) Nr. 2135/98 (ABl. L 274 vom 9.10.1998, S. 1), g) Verordnung (EG) Nr. 1360/2002 (ABl. L 207 vom 5.8.2002, S. 1), h) Verordnung (EG) Nr. 1882/2003 (ABl. L 284 vom 31.10.2003, S. 1), i) Verordnung (EG) Nr. 432/2004 (ABl. L 71 vom 10.3.2004, S. 3), j) Berichtigung (ABl. L 77 vom 13.3.2004, S. 71), k) Verordnung (EG) Nr. 561/2006 (ABl. L 102 vom 11.4.2006, S. 1), l) Verordnung (EG) Nr. 1791/2006 (ABl. L 363 vom 20.12.2006, S. 1), m) Verordnung (EG) Nr. 68/2009 (ABl. L 21 vom 24.1.2009, S. 3), n) Verordnung (EG) Nr. 219/2009 (ABl. L 87 vom 31.3.2009, S. 109), o) Verordnung (EU) Nr. 1266/2009 (ABl. L 339 vom 22.12.2009, S. 3), p) Verordnung (EU) Nr. 517/2013 (ABl. L 158 vom 10.6.2013, S. 1),

Zur Vorschrift des/der	sind folgende Bestimmungen anzuwenden:	
		q) Verordnung (EU) Nr. 1161/2014 (ABl. L 311 vom 31.10.2014, S. 19), r) Verordnung (EU) 2016/130 (ABl. L 25 vom 2.2.2016, S. 46)
	und	die Verordnung (EU) Nr. 165/2014 des Europäischen Parlaments und des Rates vom 4. Februar 2014 über Fahrtenschreiber im Straßenverkehr, zur Aufhebung der Verordnung (EWG) Nr. 3821/85 des Rates über das Kontrollgerät im Straßenverkehr und zur Änderung der Verordnung (EG) Nr. 561/2006 des Europäischen Parlaments und des Rates zur Harmonisierung bestimmter Sozialvorschriften im Straßenverkehr (ABl. L 60 vom 28.2.2014, S. 1), geändert durch die a) Berichtigung (ABl. L 93 vom 9.4.2015, S. 103), b) Berichtigung (ABl. L 246 vom 23.9.2015, S. 11), c) Verordnung (EU) 2020/1054 (ABl. L 249 vom 31.7.2020, S. 1)
	und	die Durchführungsverordnung (EU) 2016/799 der Kommission vom 18. März 2016 zur Durchführung der Verordnung (EU) Nr. 165/2014 des Europäischen Parlaments und des Rates zur Festlegung der Vorschriften über Bauart, Prüfung, Einbau, Betrieb und Reparatur von Fahrtenschreibern und ihren Komponenten (ABl. L 139 vom 26.5.2016, S. 1), geändert durch die a) Berichtigung (ABl. L 146 vom 3.6.2016, S. 31), b) Berichtigung (ABl. L 27 vom 1.2.2017, S. 169), c) Durchführungsverordnung (EU) 2018/502 (ABl. L 85 vom 28.3.2018, S. 1), d) Durchführungsverordnung (EU) 2020/158 (ABl. L 34 vom 6.2.2020, S. 20), e) Durchführungsverordnung (EU) 2021/1228 (ABl. L 273 vom 30.7.2021, S. 1), f) Durchführungsverordnung (EU) 2023/980 (ABl. L 134 vom 22.5.2023, S. 28)
Anhang XVIIId		Die Verordnung (EG) Nr. 561/2006 des Europäischen Parlaments und des Rates vom 15. März 2006 zur Harmonisierung bestimmter Sozialvorschriften im Straßenverkehr und zur Änderung der Verordnungen (EWG) Nr. 3821/85 und (EG) Nr. 2135/98 des Rates sowie zur Aufhebung der Verordnung (EWG) Nr. 3820/85 des Rates (ABl. L 102 vom 14.11.2006, S. 1), geändert durch die a) Berichtigung (ABl. 70 vom 14.3.2009, S. 19), b) Verordnung (EG) Nr. 1073/2009 (ABl. L 300 vom 14.11.2009, S. 88), c) Verordnung (EU) Nr. 165/2014 (ABl. L 60 vom 28.2.2014, S. 1), d) Berichtigung (ABl. L 101 vom 18.4.2015, S. 62), e) Berichtigung (ABl. L 195 vom 20.7.2016, S. 83), f) Verordnung (EU) 2020/1054 (ABl. L 249 vom 31.7.2020, S. 1)

3.1. Verordnung über die Zulassung von Personen zum Straßenverkehr (Fahrerlaubnis-Verordnung – FeV)

Vom 13. Dezember 2010
(BGBl. I S. 1980)

FNA 9231-1-19

zuletzt geänd. durch Art. 2 57. VO zur Änd. straßenverkehrsrechtlicher Vorschriften v. 2.10.2024 (BGBl. 2024 I Nr. 299)

Das Bundesministerium für Verkehr, Bau und Stadtentwicklung verordnet auf Grund des

– § 6 Absatz 1 Nummer 1, Nummer 3 Buchstabe c und Nummer 7, § 6e Absatz 1, § 30c Absatz 1 sowie § 63 des Straßenverkehrsgesetzes[1] in der Fassung der Bekanntmachung vom 5. März 2003 (BGBl. I S. 310, 919), von denen § 6 Absatz 1 Nummer 1 zuletzt durch Artikel 1 Nummer 2 des Gesetzes vom 17. Juli 2009 (BGBl. I S. 2021), § 6e und § 30c durch Artikel 2 Nummer 4 des Gesetzes vom 14. August 2006 (BGBl. I S. 1958) und § 63 durch Artikel 2 Nummer 3 des Gesetzes vom 14. August 2006 (BGBl. I S. 1958) geändert worden ist,
– § 6 Absatz 1 Nummer 1 Buchstabe f in Verbindung mit Absatz 2a des Straßenverkehrsgesetzes in der Fassung der Bekanntmachung vom 5. März 2003 (BGBl. I S. 310, 919), von denen § 6 Absatz 2a durch Artikel 2 Nummer 4 des Gesetzes vom 14. August 2006 (BGBl. I S. 1958) geändert worden ist, gemeinsam mit dem Bundesministerium für Umwelt, Naturschutz und Reaktorsicherheit:

Inhaltsübersicht

I. Allgemeine Regelungen für die Teilnahme am Straßenverkehr

§ 1 Grundregel der Zulassung
§ 2 Eingeschränkte Zulassung
§ 3 Einschränkung und Entziehung der Zulassung

II. Führen von Kraftfahrzeugen

1. Allgemeine Regelungen

§ 4 Erlaubnispflicht und Ausweispflicht für das Führen von Kraftfahrzeugen
§ 5 Sonderbestimmungen für das Führen von Mofas und geschwindigkeitsbeschränkten Kraftfahrzeugen
§ 6 Einteilung der Fahrerlaubnisklassen
§ 6a Fahrerlaubnis der Klasse B mit der Schlüsselzahl 96
§ 6b Fahrerlaubnis der Klasse B mit der Schlüsselzahl 196
§ 6c Sonderbestimmungen für das Führen von Einsatzfahrzeugen der Freiwilligen Feuerwehren, der nach Landesrecht anerkannten Rettungsdienste, des Technischen Hilfswerks und des Katastrophenschutzes

2. Voraussetzungen für die Erteilung einer Fahrerlaubnis

§ 7 Ordentlicher Wohnsitz im Inland
§ 8 Ausschluss des Vorbesitzes einer Fahrerlaubnis der beantragten Klasse
§ 9 Voraussetzung des Vorbesitzes einer Fahrerlaubnis anderer Klassen
§ 10 Mindestalter
§ 11 Eignung
§ 12 Sehvermögen
§ 13 Klärung von Eignungszweifeln bei Alkoholproblematik

---

[1] Nr. **1**.

§ 13a Klärung von Eignungszweifeln bei Cannabisproblematik
§ 14 Klärung von Eignungszweifeln im Hinblick auf Betäubungsmittel und Arzneimittel
§ 15 Fahrerlaubnisprüfung
§ 16 Theoretische Prüfung
§ 17 Praktische Prüfung
§ 17a Beschränkung auf Fahrzeuge mit Automatikgetriebe
§ 18 Gemeinsame Vorschriften für die theoretische und die praktische Prüfung
§ 19 Schulung in Erster Hilfe
§ 20 Neuerteilung einer Fahrerlaubnis

3. Verfahren bei der Erteilung einer Fahrerlaubnis

§ 21 Antrag auf Erteilung einer Fahrerlaubnis
§ 22 Verfahren bei der Behörde und der Technischen Prüfstelle
§ 22a Abweichendes Verfahren bei Elektronischem Prüfauftrag und Vorläufigem Nachweis der Fahrerlaubnis
§ 23 Geltungsdauer der Fahrerlaubnis, Beschränkungen und Auflagen
§ 24 Verlängerung von Fahrerlaubnissen
§ 24a Gültigkeit von Führerscheinen
§ 25 Ausfertigung des Führerscheins
§ 25a Antrag auf Ausstellung eines Internationalen Führerscheins
§ 25b Ausstellung des Internationalen Führerscheins

4. Sonderbestimmungen für das Führen von Dienstfahrzeugen

§ 26 Dienstfahrerlaubnis
§ 27 Verhältnis von allgemeiner Fahrerlaubnis und Dienstfahrerlaubnis

5. Sonderbestimmungen für Inhaber ausländischer Fahrerlaubnisse

§ 28 Anerkennung von Fahrerlaubnissen aus Mitgliedstaaten der Europäischen Union oder einem anderen Vertragsstaat des Abkommens über den Europäischen Wirtschaftsraum
§ 29 Ausländische Fahrerlaubnisse
§ 29a Fahrerlaubnisse von in Deutschland stationierten Angehörigen der Streitkräfte der Vereinigten Staaten von Amerika und Kanadas
§ 30 Erteilung einer Fahrerlaubnis an Inhaber einer Fahrerlaubnis aus einem Mitgliedstaat der Europäischen Union oder einem anderen Vertragsstaat des Abkommens über den Europäischen Wirtschaftsraum
§ 30a Weitergeltung einer deutschen Fahrerlaubnis und Rücktausch von Führerscheinen
§ 31 Erteilung einer Fahrerlaubnis an Inhaber einer Fahrerlaubnis aus einem Staat außerhalb des Abkommens über den Europäischen Wirtschaftsraum

6. Fahrerlaubnis auf Probe

§ 32 Ausnahmen von der Probezeit
§ 33 Berechnung der Probezeit bei Inhabern von Dienstfahrerlaubnissen und Fahrerlaubnissen aus Staaten außerhalb des Abkommens über den Europäischen Wirtschaftsraum
§ 34 Bewertung der Straftaten und Ordnungswidrigkeiten im Rahmen der Fahrerlaubnis auf Probe und Anordnung des Aufbauseminars
§ 35 Aufbauseminare
§ 36 Besondere Aufbauseminare nach § 2b Absatz 2 Satz 2 des Straßenverkehrsgesetzes
§ 37 Teilnahmebescheinigung
§ 38 Verkehrspsychologische Beratung
§ 39 Anordnung der Teilnahme an einem Aufbauseminar und weitere Maßnahmen bei Inhabern einer Dienstfahrerlaubnis

7. Fahreignungs-Bewertungssystem

§ 40 Bezeichnung und Bewertung nach dem Fahreignungs-Bewertungssystem
§ 41 Maßnahmen der nach Landesrecht zuständigen Behörde
§ 42 Fahreignungsseminar
§ 43 Überwachung der Fahreignungsseminare nach § 42 und der Einweisungslehrgänge nach § 46 Absatz 2 Satz 1 Nummer 4 des Fahrlehrergesetzes
§ 43a Anforderungen an Qualitätssicherungssysteme für das Fahreignungsseminar
§ 44 Teilnahmebescheinigung
§ 45 (weggefallen)

8. Entziehung oder Beschränkung der Fahrerlaubnis, Anordnung von Auflagen

§ 46 Entziehung, Beschränkung, Auflagen
§ 47 Verfahrensregelungen

9. Sonderbestimmungen für das Führen von Taxen, Mietwagen und Krankenkraftwagen sowie von Personenkraftwagen im Linienverkehr und bei gewerbsmäßigen Ausflugsfahrten und Ferienziel-Reisen

§ 48 Fahrerlaubnis zur Fahrgastbeförderung

10. Begleitetes Fahren ab 17 Jahre

§ 48a Voraussetzungen
§ 48b Evaluation

III. Register

1. Zentrales Fahrerlaubnisregister und örtliche Fahrerlaubnisregister

§ 49 Speicherung der Daten im Zentralen Fahrerlaubnisregister
§ 50 Übermittlung der Daten vom Kraftfahrt-Bundesamt an die Fahrerlaubnisbehörden nach § 2c des Straßenverkehrsgesetzes
§ 51 Übermittlung von Daten aus dem Zentralen Fahrerlaubnisregister nach den §§ 52 und 55 des Straßenverkehrsgesetzes
§ 52 Abruf im automatisierten Verfahren aus dem Zentralen Fahrerlaubnisregister durch Stellen im Inland nach § 53 des Straßenverkehrsgesetzes
§ 53 Automatisiertes Anfrage- und Auskunftsverfahren beim Zentralen Fahrerlaubnisregister nach § 54 des Straßenverkehrsgesetzes
§ 54 Sicherung gegen Missbrauch
§ 55 Aufzeichnung der Abrufe
§ 56 Abruf im automatisierten Verfahren aus dem Zentralen Fahrerlaubnisregister durch Stellen im Ausland nach § 56 des Straßenverkehrsgesetzes
§ 57 Speicherung der Daten in den örtlichen Fahrerlaubnisregistern
§ 58 Übermittlung von Daten aus den örtlichen Fahrerlaubnisregistern

2. Fahreignungsregister

§ 59 Speicherung von Daten im Fahreignungsregister
§ 60 Übermittlung von Daten nach § 30 des Straßenverkehrsgesetzes
§ 61 Abruf im automatisierten Verfahren nach § 30a des Straßenverkehrsgesetzes
§ 62 Automatisiertes Anfrage- und Auskunftsverfahren nach § 30b des Straßenverkehrsgesetzes
§ 63 Vorzeitige Tilgung
§ 64 Identitätsnachweis

IV. Anerkennung und Begutachtung für bestimmte Aufgaben

§ 65 Ärztliche Gutachter
§ 66 Träger von Begutachtungsstellen für Fahreignung
§ 67 Sehteststelle
§ 68 Stellen für die Schulung in Erster Hilfe
§ 69 Stellen zur Durchführung der Fahrerlaubnisprüfung
§ 70 Träger von Kursen zur Wiederherstellung der Kraftfahreignung
§ 71 Verkehrspsychologische Beratung
§ 71a Träger von unabhängigen Stellen für die Bestätigung der Eignung von eingesetzten psychologischen Testverfahren und -geräten
§ 71b Träger von unabhängigen Stellen für die Bestätigung der Eignung von Kursen zur Wiederherstellung der Kraftfahreignung
§ 72 Begutachtung

V. Durchführungs-, Bußgeld-, Übergangs- und Schlussvorschriften

§ 73 Zuständigkeiten
§ 74 Ausnahmen
§ 75 Ordnungswidrigkeiten
§ 76 Übergangsrecht
§ 77 Verweis auf technische Regelwerke
§ 78 Inkrafttreten

Anlagen zur Fahrerlaubnis-Verordnung[1)]

Anlage 1.	Mindestanforderungen an die Ausbildung von Bewerbern um eine Prüfbescheinigung für Mofas und zwei- und dreirädrige Kraftfahrzeuge bis 25 km/h nach § 5 Absatz 2 durch Fahrlehrer (zu § 5 Absatz 2)
Anlage 2.	Ausbildungs- und Prüfbescheinigungen für Mofas und zwei- und dreirädrige Kraftfahrzeuge bis 25 km/h (zu § 5 Absatz 2 und 4)
Anlage 3.	Umstellung von Fahrerlaubnissen alten Rechts und Umtausch von Führerscheinen nach bisherigen Mustern (zu § 6 Absatz 7)
Anlage 4.	Eignung und bedingte Eignung zum Führen von Kraftfahrzeugen (zu den §§ 11, 13 und 14)
Anlage 4a.	Grundsätze für die Durchführung der Untersuchungen und die Erstellung der Gutachten (zu § 11 Absatz 5)
Anlage 5.	Eignungsuntersuchungen für Bewerber und Inhaber der Klassen C, C1, D, D1 und der zugehörigen Anhängerklassen E sowie der Fahrerlaubnis zur Fahrgastbeförderung (zu § 11 Absatz 9, § 48 Absatz 4 und 5)
Anlage 6.	Anforderungen an das Sehvermögen (zu den §§ 12, 48 Absatz 4 und 5)
Anlage 7.	Fahrerlaubnisprüfung (zu § 16 Absatz 2, § 17 Absatz 2 und 3)
Anlage 7a.	Fahrerschulung (zu § 6a Absatz 3 und 4)
Anlage 7b.	[Fahrerschulung für das Führen von Krafträdern der Klasse A1]
Anlage 8.	Allgemeiner Führerschein, Dienstführerschein, Führerschein zur Fahrgastbeförderung (zu § 25 Absatz 1, § 26 Absatz 1, § 48 Absatz 3)
Anlage 8a.	Muster des Vorläufigen Nachweises der Fahrerlaubnis (VNF) (zu § 22 Absatz 4 Satz 7)
Anlage 8b.	Muster der Prüfungsbescheinigung zum „Begleiteten Fahren ab 17 Jahre“ (zu § 48a)
Anlage 8c.	Muster eines Internationalen Führerscheins nach dem Internationalen Abkommen über Kraftfahrzeugverkehr vom 24. April 1926 (zu § 25b Absatz 2)
Anlage 8d.	Muster eines Internationalen Führerscheins nach dem Übereinkommen über den Straßenverkehr vom 8. November 1968 (zu § 25b Absatz 3)
Anlage 8e.	Umtausch vor dem 19. Januar 2013 ausgestellter Führerscheine (zu § 24a Absatz 2 Satz 1)
Anlage 9.	Verwendung von Schlüsselzahlen für Eintragungen in den Führerschein (zu § 25 Absatz 3)
Anlage 10.	Dienstfahrerlaubnisse der Bundeswehr (zu den §§ 26 und 27)
Anlage 11.	Staatenliste zu den Sonderbestimmungen für Inhaber einer ausländischen Fahrerlaubnis (zu § 31)
Anlage 12.	Bewertung der Straftaten und Ordnungswidrigkeiten im Rahmen der Fahrerlaubnis auf Probe (§ 2a des Straßenverkehrsgesetzes) (zu § 34)
Anlage 13.	Bezeichnung und Bewertung der im Rahmen des Fahreignungs-Bewertungssystems zu berücksichtigenden Straftaten und Ordnungswidrigkeiten (zu § 40)
Anlage 14.	Voraussetzungen für die amtliche Anerkennung als Träger von Begutachtungsstellen für Fahreignung (zu § 66 Absatz 2)
Anlage 14a.	Voraussetzungen für die amtliche Anerkennung als Träger einer unabhängigen Stelle für die Bestätigung der Eignung der eingesetzten psychologischen Testverfahren und -geräte und für die Begutachtung dieser Träger durch die Bundesanstalt für Straßenwesen (zu § 71b)
Anlage 15.	Voraussetzungen für die amtliche Anerkennung als Träger von Kursen zur Wiederherstellung der Kraftfahreignung (zu § 70 Absatz 2)
Anlage 15a.	Voraussetzungen für die amtliche Anerkennung als Träger einer unabhängigen Stelle für die Bestätigung der Geeignetheit von Kursen zur Wiederherstellung der Kraftfahreignung und für die Begutachtung dieser Träger durch die Bundesanstalt für Straßenwesen (zu § 71a Absatz 3)
Anlage 16.	Rahmenplan für die Durchführung der verkehrspädagogischen Teilmaßnahme des Fahreignungsseminars (zu § 42 Absatz 2)
Anlage 17.	Inhalte der Prüfung im Rahmen der Qualitätssicherung der Fahreignungsseminare und Einweisungslehrgänge (zu § 43a Nummer 3 Buchstabe a)
Anlage 18.	Teilnahmebescheinigung gemäß § 44 FeV (zu § 44 Absatz 1)

[1)] Die Anlagen 1 bis 8d, 9 bis 12 und 14 bis 18 sind hier nicht abgedruckt. Sie sind vollständig enthalten in der im Verlag C.H. Beck erschienenen Loseblatt-Textausgabe „Straßenverkehrsrecht“.

I. Allgemeine Regelungen für die Teilnahme am Straßenverkehr

§ 1 Grundregel der Zulassung. Zum Verkehr auf öffentlichen Straßen ist jeder zugelassen, soweit nicht für die Zulassung zu einzelnen Verkehrsarten eine Erlaubnis vorgeschrieben ist.

§ 2 Eingeschränkte Zulassung. (1) [1] Wer sich infolge körperlicher oder geistiger Beeinträchtigungen nicht sicher im Verkehr bewegen kann, darf am Verkehr nur teilnehmen, wenn Vorsorge getroffen ist, dass er andere nicht gefährdet. [2] Die Pflicht zur Vorsorge, namentlich durch das Anbringen geeigneter Einrichtungen an Fahrzeugen, durch den Ersatz fehlender Gliedmaßen mittels künstlicher Glieder, durch Begleitung oder durch das Tragen von Abzeichen oder Kennzeichen, obliegt dem Verkehrsteilnehmer selbst oder einem für ihn Verantwortlichen.

(2) [1] Körperlich Behinderte können ihre Behinderung durch gelbe Armbinden an beiden Armen oder andere geeignete, deutlich sichtbare, gelbe Abzeichen mit drei schwarzen Punkten kenntlich machen. [2] Die Abzeichen dürfen nicht an Fahrzeugen angebracht werden. [3] Wesentlich sehbehinderte Fußgänger können ihre Behinderung durch einen weißen Blindenstock, die Begleitung durch einen Blindenhund im weißen Führgeschirr und gelbe Abzeichen nach Satz 1 kenntlich machen.

(3) Andere Verkehrsteilnehmer dürfen die in Absatz 2 genannten Kennzeichen im Straßenverkehr nicht verwenden.

§ 3 Einschränkung und Entziehung der Zulassung. (1) [1] Erweist sich jemand als ungeeignet oder nur noch bedingt geeignet zum Führen von Fahrzeugen oder Tieren, hat die Fahrerlaubnisbehörde ihm das Führen zu untersagen, zu beschränken oder die erforderlichen Auflagen anzuordnen. [2] Nach der Untersagung, auf öffentlichen Straßen ein Mofa nach § 4 Absatz 1 Satz 2 Nummer 1 oder ein Kraftfahrzeug nach § 4 Absatz 1 Satz 2 Nummer 1b zu führen, ist die Prüfbescheinigung nach § 5 Absatz 4 Satz 1 unverzüglich der entscheidenden Behörde abzuliefern oder bei Beschränkungen oder Auflagen zur Eintragung vorzulegen. [3] Die Verpflichtung zur Ablieferung oder Vorlage der Prüfbescheinigung besteht auch, wenn die Entscheidung angefochten worden ist, die zuständige Behörde jedoch die sofortige Vollziehung ihrer Verfügung angeordnet hat.

(2) Rechtfertigen Tatsachen die Annahme, dass der Führer eines Fahrzeugs oder Tieres zum Führen ungeeignet oder nur noch bedingt geeignet ist, finden die Vorschriften der §§ 11 bis 14 entsprechend Anwendung.

II. Führen von Kraftfahrzeugen

1. Allgemeine Regelungen

§ 4 Erlaubnispflicht und Ausweispflicht für das Führen von Kraftfahrzeugen. (1) [1] Wer auf öffentlichen Straßen ein Kraftfahrzeug führt, bedarf der Fahrerlaubnis. [2] Ausgenommen sind

1. einspurige Fahrräder mit Hilfsmotor – auch ohne Tretkurbeln –, wenn ihre Bauart Gewähr dafür bietet, dass die Höchstgeschwindigkeit auf ebener

Bahn nicht mehr als 25 km/h beträgt (Mofas); besondere Sitze für die Mitnahme von Kindern unter sieben Jahren dürfen jedoch angebracht sein,

1a. Elektrokleinstfahrzeuge nach § 1 Absatz 1 der Elektrokleinstfahrzeuge-Verordnung[1)],

1b. zweirädrige Kraftfahrzeuge der Klasse L1e-B und dreirädrige Kraftfahrzeuge der Klassen L2e-P und L2e-U nach Artikel 4 Absatz 2 Buchstabe a und b der Verordnung (EU) Nr. 168/2013 des Europäischen Parlaments und des Rates vom 15. Januar 2013 über die Genehmigung und Marktüberwachung von zwei- oder dreirädrigen und vierrädrigen Fahrzeugen (ABl. L 60 vom 2.3.2013, S. 52) oder nicht EU-typgenehmigte Fahrzeuge mit den jeweils gleichen technischen Eigenschaften, wenn ihre Bauart Gewähr dafür bietet, dass die Höchstgeschwindigkeit auf ebener Bahn auf höchstens 25 km/h beschränkt ist,

2. motorisierte Krankenfahrstühle (einsitzige, nach der Bauart zum Gebrauch durch körperlich behinderte Personen bestimmte Kraftfahrzeuge mit Elektroantrieb, einer Leermasse von nicht mehr als 300 kg einschließlich Batterien jedoch ohne Fahrer, einer zulässigen Gesamtmasse von nicht mehr als 500 kg, einer bauartbedingten Höchstgeschwindigkeit von nicht mehr als 15 km/h und einer Breite über alles von maximal 110 cm),

3. Zugmaschinen, die nach ihrer Bauart für die Verwendung land- oder forstwirtschaftlicher Zwecke bestimmt sind, selbstfahrende Arbeitsmaschinen, Stapler und andere Flurförderzeuge jeweils mit einer durch die Bauart bestimmten Höchstgeschwindigkeit von nicht mehr als 6 km/h sowie einachsige Zug- und Arbeitsmaschinen, die von Fußgängern an Holmen geführt werden.

(2) [1] Die Fahrerlaubnis ist durch eine gültige amtliche Bescheinigung (Führerschein) nachzuweisen. [2] Beim Führen eines Kraftfahrzeuges ist ein dafür gültiger Führerschein mitzuführen und zuständigen Personen auf Verlangen zur Prüfung auszuhändigen. [3] Der Internationale Führerschein oder der nationale ausländische Führerschein und eine mit diesem nach § 29 Absatz 2 Satz 2 verbundene Übersetzung ist mitzuführen und zuständigen Personen auf Verlangen zur Prüfung auszuhändigen.

(3) [1] Abweichend von Absatz 2 Satz 1 kann die Fahrerlaubnis auch durch eine andere Bescheinigung als den Führerschein nachgewiesen werden, soweit dies ausdrücklich bestimmt oder zugelassen ist. [2] Absatz 2 Satz 2 gilt für eine Bescheinigung im Sinne des Satzes 1 entsprechend.

§ 5 Sonderbestimmungen für das Führen von Mofas und geschwindigkeitsbeschränkten Kraftfahrzeugen. (1) [1] Wer auf öffentlichen Straßen ein Mofa (§ 4 Absatz 1 Satz 2 Nummer 1) oder ein Kraftfahrzeug, das den Bestimmungen des § 4 Absatz 1 Satz 2 Nummer 1b entspricht, führt, muss in einer Prüfung nachgewiesen haben, dass er

1. ausreichende Kenntnisse der für das Führen eines Kraftfahrzeugs maßgebenden gesetzlichen Vorschriften hat und

2. mit den Gefahren des Straßenverkehrs und den zu ihrer Abwehr erforderlichen Verhaltensweisen vertraut ist.

---

1) Nr. **3.3**.

[2]Die Prüfung muss nicht ablegen, wer eine Fahrerlaubnis nach § 4 oder eine zum Führen von Kraftfahrzeugen im Inland berechtigende ausländische Erlaubnis besitzt. [3]Die zuständige oberste Landesbehörde oder die von ihr bestimmte oder nach Landesrecht zuständige Stelle bestimmt die prüfende Stelle.

(2) [1]Der Bewerber wird zur Prüfung zugelassen, wenn er von einem zur Ausbildung berechtigten Fahrlehrer entsprechend den Mindestanforderungen der Anlage 1 ausgebildet worden ist und hierüber der prüfenden Stelle eine Bescheinigung nach dem Muster in Anlage 2 vorlegt. [2]Ein Fahrlehrer ist zu der Ausbildung berechtigt, wenn er die Fahrlehrerlaubnis der Klasse A besitzt. [3]§ 1 Absatz 4 Satz 1 des Fahrlehrergesetzes gilt entsprechend. [4]Der Fahrlehrer darf die Ausbildungsbescheinigung nur ausstellen, wenn er eine Ausbildung durchgeführt hat, die den Mindestanforderungen der Anlage 1 entspricht.

(3) [1]Die zuständige oberste Landesbehörde oder die von ihr bestimmte oder nach Landesrecht zuständige Stelle kann als Träger der Ausbildung im Sinne des Absatzes 2 Satz 1 öffentliche Schulen oder private Ersatzschulen anerkennen. [2]In diesem Fall hat der Bewerber der prüfenden Stelle eine Ausbildungsbescheinigung einer nach Satz 1 anerkannten Schule vorzulegen, aus der hervorgeht, dass er an einem anerkannten Ausbildungskurs in der Schule teilgenommen hat.

(4) [1]Die prüfende Stelle hat über die bestandene Prüfung eine Prüfbescheinigung zum Führen von Mofas und zwei- und dreirädriger Kraftfahrzeuge bis 25 km/h nach Anlage 2 auszufertigen. [2]Die Bescheinigung ist beim Führen eines Mofas nach § 4 Absatz 1 Satz 2 Nummer 1 oder eines Kraftfahrzeugs nach § 4 Absatz 1 Satz 2 Nummer 1b mitzuführen und zuständigen Personen auf Verlangen zur Prüfung auszuhändigen. [3]Für die Inhaber einer Fahrerlaubnis gilt § 4 Absatz 2 Satz 2 entsprechend.

(5) Wer die Prüfung noch nicht abgelegt hat, darf ein Mofa nach § 4 Absatz 1 Satz 2 Nummer 1 oder ein Kraftfahrzeug nach § 4 Absatz 1 Satz 2 Nummer 1b auf öffentlichen Straßen führen, wenn er von einem zur Ausbildung berechtigten Fahrlehrer beaufsichtigt wird; der Fahrlehrer gilt als Führer des Fahrzeugs.

§ 6 Einteilung der Fahrerlaubnisklassen. (1) [1]Die Fahrerlaubnis wird in folgenden Klassen erteilt:

Klasse AM:
- leichte zweirädrige Kraftfahrzeuge der Klasse L1e-B nach Artikel 4 Absatz 2 Buchstabe a der Verordnung (EU) Nr. 168/2013 des Europäischen Parlaments und des Rates vom 15. Januar 2013 über die Genehmigung und Marktüberwachung von zwei- oder dreirädrigen und vierrädrigen Fahrzeugen (ABl. L 60 vom 2.3.2013, S. 52),
- dreirädrige Kleinkrafträder der Klasse L2e nach Artikel 4 Absatz 2 Buchstabe b der Verordnung (EU) Nr. 168/2013 des Europäischen Parlaments und des Rates vom 15. Januar 2013 über die Genehmigung und Marktüberwachung von zwei- oder dreirädrigen und vierrädrigen Fahrzeugen (ABl. L 60 vom 2.3.2013, S. 52),
- leichte vierrädrige Kraftfahrzeuge der Klasse L6e nach Artikel 4 Absatz 2 Buchstabe f der Verordnung (EU) Nr. 168/2013 des Europäischen Parlaments und des Rates vom 15. Januar 2013 über die Genehmigung und Marktüberwachung von zwei-

oder dreirädrigen und vierrädrigen Fahrzeugen (ABl. L 60 vom 2.3.2013, S. 52).

Klasse A1:
- Krafträder (auch mit Beiwagen) mit einem Hubraum von bis zu 125 cm^3, einer Motorleistung von nicht mehr als 11 kW, bei denen das Verhältnis der Leistung zum Gewicht 0,1 kW/kg nicht übersteigt,
- dreirädrige Kraftfahrzeuge mit symmetrisch angeordneten Rädern und einem Hubraum von mehr als 50 cm^3 bei Verbrennungsmotoren oder einer bauartbedingten Höchstgeschwindigkeit von mehr als 45 km/h und mit einer Leistung von bis zu 15 kW.

Klasse A2: Krafträder (auch mit Beiwagen) mit
a) einer Motorleistung von nicht mehr als 35 kW und
b) einem Verhältnis der Leistung zum Gewicht von nicht mehr als 0,2 kW/kg,

die nicht von einem Kraftrad mit einer Leistung von über 70 kW Motorleistung abgeleitet sind.

Klasse A:
- Krafträder (auch mit Beiwagen) mit einem Hubraum von mehr als 50 cm^3 oder mit einer durch die Bauart bestimmten Höchstgeschwindigkeit von mehr als 45 km/h und
- dreirädrige Kraftfahrzeuge mit einer Leistung von mehr als 15 kW und dreirädrige Kraftfahrzeuge mit symmetrisch angeordneten Rädern und einem Hubraum von mehr als 50 cm^3 bei Verbrennungsmotoren oder einer bauartbedingten Höchstgeschwindigkeit von mehr als 45 km/h und mit einer Leistung von mehr als 15 kW.

Klasse B: Kraftfahrzeuge – ausgenommen Kraftfahrzeuge der Klassen AM, A1, A2 und A – mit einer zulässigen Gesamtmasse von nicht mehr als 3 500 kg, die zur Beförderung von nicht mehr als acht Personen außer dem Fahrzeugführer ausgelegt und gebaut sind (auch mit Anhänger mit einer zulässigen Gesamtmasse von nicht mehr als 750 kg oder mit Anhänger über 750 kg zulässiger Gesamtmasse, sofern 3 500 kg zulässige Gesamtmasse der Kombination nicht überschritten wird).

Klasse BE: Fahrzeugkombinationen, die aus einem Zugfahrzeug der Klasse B und einem Anhänger oder Sattelanhänger bestehen, sofern die zulässige Gesamtmasse des Anhängers oder Sattelanhängers 3 500 kg nicht übersteigt.

Klasse C1: Kraftfahrzeuge, ausgenommen Kraftfahrzeuge der Klassen AM, A1, A2, A, D1 und D, mit einer zulässigen Gesamtmasse von mehr als 3 500 kg, aber nicht mehr als 7 500 kg, und die zur Beförderung von nicht mehr als acht Personen außer dem Fahrzeugführer ausgelegt und gebaut sind (auch mit Anhänger mit einer zulässigen Gesamtmasse von nicht mehr als 750 kg).

Klasse C1E: Fahrzeugkombinationen, die aus einem Zugfahrzeug
- der Klasse C1 und einem Anhänger oder Sattelanhänger mit einer zulässigen Gesamtmasse von mehr als 750 kg bestehen,

sofern die zulässige Gesamtmasse der Fahrzeugkombination 12 000 kg nicht übersteigt,
- der Klasse B und einem Anhänger oder Sattelanhänger mit einer zulässigen Masse von mehr als 3 500 kg bestehen, sofern die zulässige Masse der Fahrzeugkombination 12 000 kg nicht übersteigt.

Klasse C: Kraftfahrzeuge, ausgenommen Kraftfahrzeuge der Klassen AM, A1, A2, A, D1 und D, mit einer zulässigen Gesamtmasse von mehr als 3 500 kg, die zur Beförderung von nicht mehr als acht Personen außer dem Fahrzeugführer ausgelegt und gebaut sind (auch mit Anhänger mit einer zulässigen Gesamtmasse von nicht mehr als 750 kg).

Klasse CE: Fahrzeugkombinationen, die aus einem Zugfahrzeug der Klasse C und Anhängern oder einem Sattelanhänger mit einer zulässigen Gesamtmasse von mehr als 750 kg bestehen.

Klasse D1: Kraftfahrzeuge, ausgenommen Kraftfahrzeuge der Klassen AM, A1, A2, A, die zur Beförderung von nicht mehr als 16 Personen außer dem Fahrzeugführer ausgelegt und gebaut sind und deren Länge nicht mehr als 8 m beträgt (auch mit Anhänger mit einer zulässigen Gesamtmasse von nicht mehr als 750 kg).

Klasse D1E: Fahrzeugkombinationen, die aus einem Zugfahrzeug der Klasse D1 und einem Anhänger mit einer zulässigen Gesamtmasse von mehr als 750 kg bestehen.

Klasse D: Kraftfahrzeuge, ausgenommen Kraftfahrzeuge der Klassen AM, A1, A2, A, die zur Beförderung von mehr als acht Personen außer dem Fahrzeugführer ausgelegt und gebaut sind (auch mit Anhänger mit einer zulässigen Gesamtmasse von nicht mehr als 750 kg).

Klasse DE: Fahrzeugkombinationen, die aus einem Zugfahrzeug der Klasse D und einem Anhänger mit einer zulässigen Gesamtmasse von mehr als 750 kg bestehen.

Klasse T: Zugmaschinen mit einer durch die Bauart bestimmten Höchstgeschwindigkeit von nicht mehr als 60 km/h und selbstfahrende Arbeitsmaschinen oder selbstfahrende Futtermischwagen mit einer durch die Bauart bestimmten Höchstgeschwindigkeit von nicht mehr als 40 km/h, die jeweils nach ihrer Bauart zur Verwendung für land- oder forstwirtschaftliche Zwecke bestimmt sind und für solche Zwecke eingesetzt werden (jeweils auch mit Anhängern).

Klasse L: Zugmaschinen, die nach ihrer Bauart zur Verwendung für land- oder forstwirtschaftliche Zwecke bestimmt sind und für solche Zwecke eingesetzt werden, mit einer durch die Bauart bestimmten Höchstgeschwindigkeit von nicht mehr als 40 km/h und Kombinationen aus diesen Fahrzeugen und Anhängern, wenn sie mit einer Geschwindigkeit von nicht mehr als 25 km/h geführt werden, sowie selbstfahrende Arbeitsmaschinen, selbstfahrende Futtermischwagen, Stapler und andere Flurförderzeuge jeweils mit einer durch die Bauart bestimmten Höchstgeschwindigkeit von nicht mehr als 25 km/h und Kombinationen aus diesen Fahrzeugen und Anhängern.

[2] Die zulässige Gesamtmasse einer Fahrzeugkombination errechnet sich aus der Summe der zulässigen Gesamtmasse der Einzelfahrzeuge ohne Berücksichtigung von Stütz- und Aufliegelasten. [3] Die Erlaubnis kann auf einzelne Fahrzeugarten dieser Klassen beschränkt werden. [4] Beim Abschleppen eines Kraftfahrzeugs genügt die Fahrerlaubnis für die Klasse des abschleppenden Fahrzeugs.

(2) Zugmaschinen der Klasse T mit einer durch die Bauart bestimmten Höchstgeschwindigkeit von mehr als 40 km/h dürfen nur von Inhabern einer Fahrerlaubnis der Klasse T geführt werden, die das 18. Lebensjahr vollendet haben; dies gilt nicht bei der Rückfahrt von der praktischen Befähigungsprüfung, sofern der Inhaber der Fahrerlaubnis dabei von einem Fahrlehrer begleitet wird, sowie bei Fahrproben nach § 42 im Rahmen von Aufbauseminaren und auf Grund von Anordnungen nach § 46.

(3) [1] Außerdem berechtigt

1. die Fahrerlaubnis der Klasse A zum Führen von Fahrzeugen der Klassen AM, A1 und A2,
2. die Fahrerlaubnis der Klasse A2 zum Führen von Fahrzeugen der Klassen A1 und AM,
3. die Fahrerlaubnis der Klasse A1 zum Führen von Fahrzeugen der Klasse AM,
4. die Fahrerlaubnis der Klasse B zum Führen von Fahrzeugen der Klassen AM und L,
5. die Fahrerlaubnis der Klasse C zum Führen von Fahrzeugen der Klasse C1,
6. die Fahrerlaubnis der Klasse CE zum Führen von Fahrzeugen der Klassen C1E, BE und T sowie DE, sofern er zum Führen von Fahrzeugen der Klasse D berechtigt ist,
7. die Fahrerlaubnis der Klasse C1E zum Führen von Fahrzeugen der Klassen BE sowie D1E, sofern der Inhaber zum Führen von Fahrzeugen der Klasse D1 berechtigt ist,
8. die Fahrerlaubnis der Klasse D zum Führen von Fahrzeugen der Klasse D1,
9. die Fahrerlaubnis der Klasse D1E zum Führen von Fahrzeugen der Klasse BE,
10. die Fahrerlaubnis der Klasse DE zum Führen von Fahrzeugen der Klassen D1E und BE,
11. die Fahrerlaubnis der Klasse T zum Führen von Fahrzeugen der Klassen AM und L.

[2] Satz 1 Nummer 1 gilt nicht für eine Fahrerlaubnis der Klasse A, die unter Verwendung der Schlüsselzahl 79.03 oder 79.04 erteilt worden ist.

(3a) Die Fahrerlaubnis der Klasse B berechtigt auch zum Führen von dreirädrigen Kraftfahrzeugen im Inland, im Falle eines Kraftfahrzeugs mit einer Motorleistung von mehr als 15 kW jedoch nur, soweit der Inhaber der Fahrerlaubnis mindestens 21 Jahre alt ist.

(3b) Die Fahrerlaubnis der Klasse B berechtigt im Inland, sofern der Inhaber diese seit mindestens zwei Jahren besitzt, auch zum Führen von Fahrzeugen

– die ganz oder teilweise mit

a) Strom,
b) Wasserstoff,
c) Erdgas, einschließlich Biomethan, gasförmig (komprimiertes Erdgas – CNG) und flüssig (Flüssigerdgas – LNG),
d) Flüssiggas (LPG),
e) mechanischer Energie aus bordeigenen Speichern/bordeigenen Quellen, einschließlich Abwärme,

alternativ angetrieben werden,

– mit einer Gesamtmasse von mehr als 3 500 kg, jedoch nicht mehr als 4 250 kg,
– für die Güterbeförderung und
– ohne Anhänger,

sofern

– die 3 500 kg überschreitende Masse ausschließlich dem zusätzlichen Gewicht des Antriebssystems gegenüber dem Antriebssystem eines Fahrzeugs mit denselben Abmessungen, das mit einem herkömmlichen Verbrennungsmotor mit Fremd- oder Selbstzündung ausgestattet ist, geschuldet ist und
– die Ladekapazität gegenüber diesem Fahrzeug nicht erhöht ist.

(4) Fahrerlaubnisse der Klassen C, C1, CE oder C1E berechtigen im Inland auch zum Führen von Kraftomnibussen – gegebenenfalls mit Anhänger – mit einer entsprechenden zulässigen Gesamtmasse und ohne Fahrgäste, wenn die Fahrten lediglich zur Überprüfung des technischen Zustands des Fahrzeugs dienen.

(4a) [1] Eine Fahrerlaubnis der Klasse C1 berechtigt auch zum Führen von Fahrzeugen mit einer zulässigen Gesamtmasse von mehr als 3 500 kg, aber nicht mehr als 7 500 kg, und die zur Beförderung von nicht mehr als acht Personen außer dem Fahrzeugführer ausgelegt und gebaut sind mit insbesondere folgender, für die Genehmigung der Fahrzeugtypen maßgeblicher, besonderer Zweckbestimmung:

1. Einsatzfahrzeuge der Feuerwehr,
2. Einsatzfahrzeuge der Polizei,
3. Einsatzfahrzeuge der nach Landesrecht anerkannten Rettungsdienste,
4. Einsatzfahrzeuge des Technischen Hilfswerks,
5. Einsatzfahrzeuge sonstiger Einheiten des Katastrophenschutzes,
6. Krankenkraftwagen,
7. Notarzteinsatz- und Sanitätsfahrzeuge,
8. Beschussgeschützte Fahrzeuge,
9. Post-, Funk- und Fernmeldefahrzeuge,
10. Spezialisierte Verkaufswagen,
11. Rollstuhlgerechte Fahrzeuge,
12. Leichenwagen und
13. Wohnmobile.

[2] Satz 1 gilt für die Fahrerlaubnis der Klassen C1E, C und CE entsprechend.

(5) Unter land- oder forstwirtschaftliche Zwecke im Rahmen der Fahrerlaubnis der Klassen T und L fallen

1. Betrieb von Landwirtschaft, Forstwirtschaft, Weinbau, Gartenbau, Obstbau, Gemüsebau, Baumschulen, Tierzucht, Tierhaltung, Fischzucht, Teichwirtschaft, Fischerei, Imkerei, Jagd sowie den Zielen des Natur- und Umweltschutzes dienende Landschaftspflege,
2. Park-, Garten-, Böschungs- und Friedhofspflege,
3. landwirtschaftliche Nebenerwerbstätigkeit und Nachbarschaftshilfe von Landwirten,
4. Betrieb von land- und forstwirtschaftlichen Lohnunternehmen und andere überbetriebliche Maschinenverwendung,
5. Betrieb von Unternehmen, die unmittelbar der Sicherung, Überwachung und Förderung der Landwirtschaft überwiegend dienen,
6. Betrieb von Werkstätten zur Reparatur, Wartung und Prüfung von Fahrzeugen sowie Probefahrten der Hersteller von Fahrzeugen, die jeweils im Rahmen der Nummern 1 bis 5 eingesetzt werden, und
7. Winterdienst.

(6) [1] Fahrerlaubnisse, die bis zum Ablauf des 15. Juli 2019 erteilt worden sind (Fahrerlaubnisse alten Rechts) bleiben im Umfang der bisherigen Berechtigungen, wie er sich aus der Anlage 3 ergibt, bestehen und erstrecken sich vorbehaltlich der Bestimmungen in § 76 auf den Umfang der ab dem 16. Juli 2019 geltenden Fahrerlaubnisse nach Absatz 1. [2] Auf Antrag wird Inhabern von Fahrerlaubnissen alten Rechts ein neuer Führerschein mit Umstellung auf die neuen Fahrerlaubnisklassen entsprechend Satz 1 ausgefertigt.

§ 6a Fahrerlaubnis der Klasse B mit der Schlüsselzahl 96. (1) [1] Die Fahrerlaubnis der Klasse B kann mit der Schlüsselzahl 96 erteilt werden für Fahrzeugkombinationen bestehend aus einem Kraftfahrzeug der Klasse B und einem Anhänger mit einer zulässigen Gesamtmasse von mehr als 750 kg, sofern die zulässige Gesamtmasse der Fahrzeugkombination 3 500 kg überschreitet, aber 4 250 kg nicht übersteigt. [2] Die Schlüsselzahl 96 darf nur zugeteilt werden, wenn der Bewerber bereits die Fahrerlaubnis der Klasse B besitzt oder die Voraussetzungen für deren Erteilung erfüllt hat; in diesem Fall darf die Schlüsselzahl 96 frühestens mit der Fahrerlaubnis für die Klasse B zugeteilt werden.

(2) Das Mindestalter für die Erteilung der Fahrerlaubnis der Klasse B mit der Schlüsselzahl 96 beträgt 18 Jahre, im Fall des Begleiteten Fahrens ab 17 Jahre nach § 48a 17 Jahre.

(3) [1] Für die Eintragung der Schlüsselzahl 96 in die Fahrerlaubnis der Klasse B bedarf es einer Fahrerschulung. [2] Die Inhalte der Fahrerschulung ergeben sich aus Anlage 7a.

(4) Beim Antrag auf Eintragung der Schlüsselzahl 96 in die Klasse B ist vor deren Eintragung der Nachweis einer Fahrerschulung nach dem Muster nach Anlage 7a beizubringen.

§ 6b Fahrerlaubnis der Klasse B mit der Schlüsselzahl 196. (1) [1] Die Fahrerlaubnis der Klasse B kann mit der Schlüsselzahl 196 erteilt werden für Krafträder (auch mit Beiwagen) mit einem Hubraum von bis zu 125 cm^3, einer Motorleistung von nicht mehr als 11 kW, bei denen das Verhältnis der Leistung zum Gewicht 0,1 kW/kg nicht übersteigt. [2] Die Schlüsselzahl 196 darf nur zugeteilt werden, wenn der Teilnehmer bereits seit mindestens fünf Jahren die

Fahrerlaubnis der Klasse B besitzt. [3]Die Regelungen der Anlage 3 bleiben unberührt. [4]Die Berechtigung nach Satz 1 gilt nur im Inland.

(2) Das Mindestalter für die Erteilung der Fahrerlaubnis der Klasse B mit der Schlüsselzahl 196 beträgt 25 Jahre.

(3) [1]Für die Eintragung der Schlüsselzahl 196 in die Fahrerlaubnis der Klasse B bedarf es einer Fahrerschulung. [2]Die Inhalte der Fahrerschulung ergeben sich aus der Anlage 7b.

(4) Beim Antrag auf Eintragung der Schlüsselzahl 196 in die Klasse B ist vor deren Eintragung der Nachweis einer Fahrerschulung nach dem Muster nach Anlage 7b beizubringen.

(5) Der Zeitraum zwischen dem Abschluss der Fahrerschulung und der Eintragung der Schlüsselzahl 196 darf ein Jahr nicht überschreiten.

(6) [1]Die Auswirkungen der Absätze 1 bis 5 werden von der Bundesanstalt für Straßenwesen evaluiert. [2]Mit der Evaluierung wird insbesondere die Wirkung im Hinblick auf die Verkehrssicherheit untersucht. [3]Die Bundesanstalt für Straßenwesen legt das Ergebnis der Evaluierung bis zum 1. Juli 2022 dem Bundesministerium für Verkehr und digitale Infrastruktur vor. [4]Für Zwecke der Evaluation dürfen personenbezogene Daten der Teilnehmer nach Maßgabe des Bundesdatenschutzgesetzes erhoben und verwendet werden. [5]Die Daten sind spätestens am 31. Dezember 2023 zu löschen oder so zu anonymisieren oder zu pseudonymisieren, dass ein Personenbezug nicht mehr hergestellt werden kann.

§ 6c Sonderbestimmungen für das Führen von Einsatzfahrzeugen der Freiwilligen Feuerwehren, der nach Landesrecht anerkannten Rettungsdienste, des Technischen Hilfswerks und des Katastrophenschutzes. [1]Die Landesregierungen werden ermächtigt, durch Rechtsverordnung besondere Bestimmungen zu erlassen über

1. die Erteilung der Berechtigung zum Führen von Einsatzfahrzeugen der Freiwilligen Feuerwehren, der nach Landesrecht anerkannten Rettungsdienste, des Technischen Hilfswerks oder des Katastrophenschutzes auf öffentlichen Straßen nach § 2 Absatz 10a des Straßenverkehrsgesetzes[1)],
2. die Prüfung zur Erlangung dieser Berechtigung und
3. die Einweisung in das Führen solcher Einsatzfahrzeuge.

[2]Bei der näheren Ausgestaltung sind die Besonderheiten der unterschiedlichen Gewichtsklassen der Fahrberechtigung nach § 2 Absatz 10a Satz 1 und 4 des Straßenverkehrsgesetzes zu berücksichtigen.

2. Voraussetzungen für die Erteilung einer Fahrerlaubnis

§ 7 Ordentlicher Wohnsitz im Inland. (1) [1]Eine Fahrerlaubnis darf nur erteilt werden, wenn der Bewerber seinen ordentlichen Wohnsitz in der Bundesrepublik Deutschland hat. [2]Dies wird angenommen, wenn der Bewerber wegen persönlicher und beruflicher Bindungen oder – bei fehlenden beruflichen Bindungen – wegen persönlicher Bindungen, die enge Beziehungen zwischen ihm und dem Wohnort erkennen lassen, gewöhnlich, das heißt während mindestens 185 Tagen im Jahr, im Inland wohnt. [3]Ein Bewerber,

---

[1)] Nr. 1.

dessen persönliche Bindungen im Inland liegen, der sich aber aus beruflichen Gründen in einem oder mehreren anderen Staaten aufhält, hat seinen ordentlichen Wohnsitz im Sinne dieser Vorschrift im Inland, sofern er regelmäßig hierhin zurückkehrt. [4]Die Voraussetzung entfällt, wenn sich der Bewerber zur Ausführung eines Auftrags von bestimmter Dauer in einem solchen Staat aufhält.

(2) Bewerber, die bislang ihren ordentlichen Wohnsitz im Inland hatten und die sich ausschließlich zum Zwecke des Besuchs einer Hochschule oder Schule in einem anderen Mitgliedstaat der Europäischen Union oder einem anderen Vertragsstaat des Abkommens über den Europäischen Wirtschaftsraum aufhalten, behalten ihren ordentlichen Wohnsitz im Inland.

(3) [1]Bewerber, die bislang ihren ordentlichen Wohnsitz in einem anderen Mitgliedstaat der Europäischen Union oder einem anderen Vertragsstaat des Abkommens über den Europäischen Wirtschaftsraum hatten und die sich ausschließlich wegen des Besuchs einer Hochschule oder Schule im Inland aufhalten, begründen keinen ordentlichen Wohnsitz im Inland. [2]Ihnen wird die Fahrerlaubnis erteilt, wenn die Dauer des Aufenthalts mindestens sechs Monate beträgt.

§ 8 Ausschluss des Vorbesitzes einer Fahrerlaubnis der beantragten Klasse. Eine Fahrerlaubnis der beantragten Klasse darf nur erteilt werden, wenn der Bewerber keine in einem Mitgliedstaat der Europäischen Union oder einem anderen Vertragsstaat des Abkommens über den Europäischen Wirtschaftsraum erteilte Fahrerlaubnis (EU- oder EWR-Fahrerlaubnis) dieser Klasse besitzt.

§ 9 Voraussetzung des Vorbesitzes einer Fahrerlaubnis anderer Klassen. (1) Eine Fahrerlaubnis der Klassen C1, C, D1 oder D darf nur erteilt werden, wenn der Bewerber bereits die Fahrerlaubnis der Klasse B besitzt oder die Voraussetzungen für deren Erteilung erfüllt hat; in diesem Fall darf die Fahrerlaubnis für die höhere Klasse frühestens mit der Fahrerlaubnis der Klasse B erteilt werden.

(2) Eine Fahrerlaubnis der Klasse BE, C1E, CE, D1E oder DE darf nur erteilt werden, wenn der Bewerber bereits die Fahrerlaubnis für das ziehende Fahrzeug besitzt oder die Voraussetzungen für deren Erteilung erfüllt hat; in diesem Fall darf die Fahrerlaubnis der Klasse BE, C1E, CE, D1E oder DE frühestens mit der Fahrerlaubnis für das ziehende Fahrzeug erteilt werden.

(3) Absatz 1 gilt auch im Fall des § 69a Absatz 2 des Strafgesetzbuches[1)].

§ 10 Mindestalter. (1) [1]Das für die Erteilung einer Fahrerlaubnis maßgebliche Mindestalter bestimmt sich nach der folgenden Tabelle:

[1)] Nr. **6**.

lfd. Nr.	Klasse	Mindestalter	Auflagen
1[1]	AM	15 Jahre	Bis zur Vollendung des 16. Lebensjahres ist die Fahrerlaubnis mit der Auflage zu versehen, dass von ihr nur bei Fahrten im Inland Gebrauch gemacht werden darf. Die Auflage entfällt, wenn der Fahrerlaubnisinhaber das 16. Lebensjahr vollendet hat.
2	A1	16 Jahre	
3	A2	18 Jahre	
4	A	a) 24 Jahre für Krafträder bei direktem Zugang, b) 21 Jahre für dreirädrige Kraftfahrzeuge mit einer Leistung von mehr als 15 kW oder c) 20 Jahre für Krafträder bei einem Vorbesitz der Klasse A2 von mindestens zwei Jahren.	
5	B, BE	a) 18 Jahre b) 17 Jahre aa) bei der Teilnahme am Begleiteten Fahren ab 17 nach § 48a, bb) bei Erteilung der Fahrerlaubnis während oder nach Abschluss einer Berufsausbildung in aaa) dem staatlich anerkannten Ausbildungsberuf „Berufskraftfahrer / Berufskraftfahrerin“, bbb) dem staatlich anerkannten Ausbildungsberuf „Fachkraft im Fahrbetrieb“ oder ccc) einem staatlich anerkannten Ausbildungsberuf, in dem vergleichbare Fertigkeiten und Kenntnisse zum Führen von Kraftfahrzeugen auf öffentlichen Straßen vermittelt werden.	Bis zum Erreichen des nach Buchstabe a vorgeschriebenen Mindestalters ist die Fahrerlaubnis mit den Auflagen zu versehen, dass von ihr nur bei Fahrten im Inland und im Fall des Buchstaben b Doppelbuchstabe bb darüber hinaus nur im Rahmen des Ausbildungsverhältnisses Gebrauch gemacht werden darf. Die Auflagen entfallen, wenn der Fahrerlaubnisinhaber das Mindestalter nach Buchstabe a erreicht hat.
6	C1, C1E	18 Jahre	
7	C, CE	a) 21 Jahre, b) 18 Jahre nach	Im Falle des Buchstaben b Doppelbuchstabe bb ist die Fahrerlaubnis mit

[1] Siehe hierzu ua §§ 1 und 2 Dritte VO über Ausnahmen von den Vorschriften der FeV:
„**§ 1 [Abweichung]** (1) Abweichend von § 10 Absatz 1 Nummer 1 der Fahrerlaubnis-Verordnung wird für das Land Brandenburg, das Land Mecklenburg-Vorpommern, den Freistaat Sachsen, das Land Sachsen-Anhalt und den Freistaat Thüringen das Mindestalter für die Erteilung der Fahrerlaubnisklasse AM auf 15 Jahre festgesetzt; § 11 Absatz 3 Satz 1 Nummer 2 der Fahrerlaubnis-Verordnung ist insoweit nicht anzuwenden.

(2) [1] Über die Fahrerlaubnis ist eine Bescheinigung nach dem Muster der Anlage auszustellen, die bis drei Monate nach Vollendung des 16. Lebensjahres zum Nachweis der Fahrberechtigung dient. [2] Die Bescheinigung ist mitzuführen und zur Überwachung des Straßenverkehrs berechtigten Personen auf Verlangen auszuhändigen. [3] Mit Erreichen des Mindestalters nach § 10 Absatz 1 Nummer 1 der Fahrerlaubnis-Verordnung händigt die Fahrerlaubnisbehörde dem Fahrerlaubnisinhaber auf Antrag einen Führerschein nach Anlage 8 Muster 1 der Fahrerlaubnis-Verordnung aus.

§ 2 [Inkrafttreten] [1] Diese Verordnung tritt am 1. Mai 2013 in Kraft. [2] Sie tritt mit Ablauf des 30. April 2020 außer Kraft.“

lfd. Nr.	Klasse	Mindestalter	Auflagen
		aa) erfolgter Grundqualifikation nach § 2 Absatz 1 Nummer 1 des Berufskraftfahrerqualifikationsgesetzes vom 26. November 2020 (BGBl. I S. 2575) in der jeweils geltenden Fassung, bb) für Personen während oder nach Abschluss einer Berufsausbildung nach aaa) dem staatlich anerkannten Ausbildungsberuf „Berufskraftfahrer / Berufskraftfahrerin", bbb) dem staatlich anerkannten Ausbildungsberuf „Fachkraft im Fahrbetrieb" oder ccc) einem staatlich anerkannten Ausbildungsberuf, in dem vergleichbare Fertigkeiten und Kenntnisse zum Führen von Kraftfahrzeugen auf öffentlichen Straßen vermittelt werden.	den Auflagen zu versehen, dass von ihr nur bei Fahrten im Inland und im Rahmen des Ausbildungsverhältnisses Gebrauch gemacht werden darf. Die Auflagen entfallen, wenn der Inhaber der Fahrerlaubnis das 21. Lebensjahr vollendet oder die Berufsausbildung nach Buchstabe b Doppelbuchstabe bb vor Vollendung des 21. Lebensjahres erfolgreich abgeschlossen hat.
8	D1, D1E	a) 21 Jahre, b) 18 Jahre für Personen während oder nach Abschluss einer Berufsausbildung nach aa) dem staatlich anerkannten Ausbildungsberuf „Berufskraftfahrer/Berufskraftfahrerin", bb) dem staatlich anerkannten Ausbildungsberuf „Fachkraft im Fahrbetrieb" oder cc) einem staatlich anerkannten Ausbildungsberuf, in dem vergleichbare Fertigkeiten und Kenntnisse zur Durchführung von Fahrten mit Kraftfahrzeugen auf öffentlichen Straßen vermittelt werden.	Bis zum Erreichen des nach Buchstabe a vorgeschriebenen Mindestalters ist die Fahrerlaubnis mit den Auflagen zu versehen, dass von ihr nur 1. bei Fahrten im Inland und 2. im Rahmen des Ausbildungsverhältnisses Gebrauch gemacht werden darf. Die Auflage nach Nummer 1 entfällt, wenn der Fahrerlaubnisinhaber das Mindestalter nach Buchstabe a erreicht hat. Die Auflage nach Nummer 2 entfällt, wenn der Fahrerlaubnisinhaber das Mindestalter nach Buchstabe a erreicht oder die Ausbildung nach Buchstabe b abgeschlossen hat.
9	D, DE	a) 24 Jahre, b) 23 Jahre nach beschleunigter Grundqualifikation durch Ausbildung und Prüfung nach § 2 Absatz 2 des Berufskraftfahrerqualifikationsgesetzes, c) 21 Jahre aa) nach erfolgter Grundqualifikation nach § 2 Absatz 1 Nummer 1 des Berufskraftfahrerqualifikationsgesetzes oder bb) nach beschleunigter Grundqualifikation durch Ausbildung und Prüfung nach § 2 Absatz 2 des Berufskraftfahrerqualifikationsgesetzes im Linienverkehr bis 50 km, d) 20 Jahre für Personen während oder nach Abschluss einer Berufsausbildung nach aa) dem staatlich anerkannten Ausbildungsberuf „Berufskraftfahrer/Berufskraftfahrerin",	1. Im Falle des Buchstaben c Doppelbuchstabe bb ist die Fahrerlaubnis mit der Auflage zu versehen, dass von ihr nur bei Fahrten zur Personenbeförderung im Linienverkehr im Sinne der §§ 42, 43 und 44 des Personenbeförderungsgesetzes Gebrauch gemacht werden darf, sofern die Länge der jeweiligen Linie nicht mehr als 50 Kilometer beträgt. Die Auflage entfällt, wenn der Inhaber der Fahrerlaubnis das 23. Lebensjahr vollendet hat. 2. In den Fällen der Buchstaben d bis f ist die Fahrerlaubnis mit den Auflagen zu versehen, dass von ihr nur 2.1 bei Fahrten im Inland, 2.2 im Rahmen des Ausbildungsverhältnisses und 2.3 bei Fahrten zur Personenbeförderung im Sinne der §§ 42, 43 und § 44 des Personenbeför-

lfd. Nr.	Klasse	Mindestalter	Auflagen
		bb) dem staatlich anerkannten Ausbildungsberuf „Fachkraft im Fahrbetrieb“ oder cc) einem staatlich anerkannten Ausbildungsberuf, in dem vergleichbare Fertigkeiten und Kenntnisse zur Durchführung von Fahrten mit Kraftfahrzeugen auf öffentlichen Straßen vermittelt werden, e) 18 Jahre für Personen während oder nach Abschluss einer Berufsausbildung nach Buchstabe d im Linienverkehr bis 50 km, f) 18 Jahre für Personen während oder nach Abschluss einer Berufsausbildung nach Buchstabe d bei Fahrten ohne Fahrgäste.	derungsgesetzes, soweit die Länge der jeweiligen Linie nicht mehr als 50 Kilometer beträgt oder bei Fahrten ohne Fahrgäste, Gebrauch gemacht werden darf. Die Auflage nach Nummer 2.1 entfällt, wenn der Fahrerlaubnisinhaber entweder das 24. Lebensjahr vollendet oder die Berufsausbildung abgeschlossen und das 21. Lebensjahr vollendet hat. Die Auflage nach Nummer 2.2 entfällt, wenn der Fahrerlaubnisinhaber entweder das 24. Lebensjahr vollendet oder die Berufsausbildung abgeschlossen hat. Die Auflage nach Nummer 2.3 entfällt, wenn der Fahrerlaubnisinhaber das 20. Lebensjahr vollendet hat.
10	T	16 Jahre	
11	L	16 Jahre	

[2] Abweichend von den Nummern 7 und 9 der Tabelle in Satz 1 beträgt im Inland das Mindestalter für das Führen von Fahrzeugen der Klasse C 18 Jahre und der Klasse D 21 Jahre im Falle

1. von Einsatzfahrzeugen der Feuerwehr, der Polizei, der nach Landesrecht anerkannten Rettungsdienste, des Technischen Hilfswerks und sonstiger Einheiten des Katastrophenschutzes, sofern diese Fahrzeuge für Einsatzfahrten oder vom Vorgesetzten angeordnete Übungsfahrten sowie Schulungsfahrten eingesetzt werden, und
2. von Fahrzeugen, die zu Reparatur- oder Wartungszwecken in gewerbliche Fahrzeugwerkstätten verbracht und dort auf Anweisung eines Vorgesetzten Prüfungen auf der Straße unterzogen werden.

(2) Die erforderliche körperliche und geistige Eignung ist vor erstmaliger Erteilung einer Fahrerlaubnis, die nach Absatz 1 Nummer 5 Buchstabe b Doppelbuchstabe bb, Nummer 7 Buchstabe b, Nummer 8 Buchstabe b, Nummer 9 Buchstabe b, c, d, e oder f, auch in Verbindung mit Absatz 1 Satz 2 Nummer 2 erworben wird, durch Vorlage eines medizinisch-psychologischen Gutachtens nachzuweisen.

(3) [1] Das Mindestalter für das Führen eines Kraftfahrzeugs, für das eine Fahrerlaubnis nicht erforderlich ist, beträgt 15 Jahre. [2] Dies gilt nicht für das Führen

a) eines Elektrokleinstfahrzeugs nach § 4 Absatz 1 Satz 2 Nummer 1a,
b) eines motorisierten Krankenfahrstuhls nach § 4 Absatz 1 Satz 2 Nummer 2 mit einer durch die Bauart bestimmten Höchstgeschwindigkeit von nicht mehr als 10 km/h durch behinderte Menschen.

(4) Wird ein Kind unter sieben Jahren auf einem Mofa nach § 4 Absatz 1 Satz 2 Nummer 1 oder auf einem Kleinkraftrad nach § 4 Absatz 1 Satz 2 Nummer 1b mitgenommen, muss der Fahrzeugführer mindestens 16 Jahre alt sein.

§ 11 Eignung. (1) [1]Bewerber um eine Fahrerlaubnis müssen die hierfür notwendigen körperlichen und geistigen Anforderungen erfüllen. [2]Die Anforderungen sind insbesondere nicht erfüllt, wenn eine Erkrankung oder ein Mangel nach Anlage 4 oder 5 vorliegt, wodurch die Eignung oder die bedingte Eignung zum Führen von Kraftfahrzeugen ausgeschlossen wird. [3]Außerdem dürfen die Bewerber nicht erheblich oder nicht wiederholt gegen verkehrsrechtliche Vorschriften oder Strafgesetze verstoßen haben, sodass dadurch die Eignung ausgeschlossen wird. [4]Bewerber um die Fahrerlaubnis der Klasse D oder D1 und der Fahrerlaubnis zur Fahrgastbeförderung gemäß § 48 müssen auch die Gewähr dafür bieten, dass sie der besonderen Verantwortung bei der Beförderung von Fahrgästen gerecht werden. [5]Der Bewerber hat diese durch die Vorlage eines Führungszeugnisses nach § 30 Absatz 5 Satz 1 des Bundeszentralregistergesetzes nachzuweisen.

(2) [1]Werden Tatsachen bekannt, die Bedenken gegen die körperliche oder geistige Eignung des Fahrerlaubnisbewerbers begründen, kann die Fahrerlaubnisbehörde zur Vorbereitung von Entscheidungen über die Erteilung oder Verlängerung der Fahrerlaubnis oder über die Anordnung von Beschränkungen oder Auflagen die Beibringung eines ärztlichen Gutachtens durch den Bewerber anordnen. [2]Bedenken gegen die körperliche oder geistige Eignung bestehen insbesondere, wenn Tatsachen bekannt werden, die auf eine Erkrankung oder einen Mangel nach Anlage 4 oder 5 hinweisen. [3]Die Behörde bestimmt in der Anordnung auch, ob das Gutachten von einem

1. für die Fragestellung (Absatz 6 Satz 1) zuständigen Facharzt mit verkehrsmedizinischer Qualifikation,
2. Arzt des Gesundheitsamtes oder einem anderen Arzt der öffentlichen Verwaltung,
3. Arzt mit der Gebietsbezeichnung „Arbeitsmedizin" oder der Zusatzbezeichnung „Betriebsmedizin",
4. Arzt mit der Gebietsbezeichnung „Facharzt für Rechtsmedizin" oder
5. Arzt in einer Begutachtungsstelle für Fahreignung, der die Anforderungen nach Anlage 14 erfüllt,

erstellt werden soll. [4]Die Behörde kann auch mehrere solcher Anordnungen treffen. [5]Der Facharzt nach Satz 3 Nummer 1 soll nicht zugleich der den Betroffenen behandelnde Arzt sein.

(3) [1]Die Beibringung eines Gutachtens einer amtlich anerkannten Begutachtungsstelle für Fahreignung (medizinisch-psychologisches Gutachten) kann zur Klärung von Eignungszweifeln für die Zwecke nach Absatz 1 und 2 angeordnet werden,

1. wenn nach Würdigung der Gutachten gemäß Absatz 2 oder Absatz 4 ein medizinisch-psychologisches Gutachten zusätzlich erforderlich ist,

2.[1] zur Vorbereitung einer Entscheidung über die Befreiung von den Vorschriften über das Mindestalter,
3. bei erheblichen Auffälligkeiten, die im Rahmen einer Fahrerlaubnisprüfung nach § 18 Absatz 3 mitgeteilt worden sind,
4. bei einem erheblichen Verstoß oder wiederholten Verstößen gegen verkehrsrechtliche Vorschriften,
5. bei einer erheblichen Straftat, die im Zusammenhang mit dem Straßenverkehr steht, oder bei Straftaten, die im Zusammenhang mit dem Straßenverkehr stehen,
6. bei einer erheblichen Straftat, die im Zusammenhang mit der Kraftfahreignung steht, insbesondere wenn Anhaltspunkte für ein hohes Aggressionspotenzial bestehen oder die erhebliche Straftat unter Nutzung eines Fahrzeugs begangen wurde,
7. bei Straftaten, die im Zusammenhang mit der Kraftfahreignung stehen, insbesondere wenn Anhaltspunkte für ein hohes Aggressionspotenzial bestehen,
8. wenn die besondere Verantwortung bei der Beförderung von Fahrgästen nach Absatz 1 zu überprüfen ist oder
9. bei der Neuerteilung der Fahrerlaubnis, wenn
   a) die Fahrerlaubnis wiederholt entzogen war oder
   b) der Entzug der Fahrerlaubnis auf einem Grund nach den Nummern 4 bis 7 beruhte.

[2]Unberührt bleiben medizinisch-psychologische Begutachtungen nach § 2a Absatz 4 und 5 und § 4 Absatz 10 Satz 4 des Straßenverkehrsgesetzes[2] sowie § 10 Absatz 2 und den §§ 13 und 14 in Verbindung mit den Anlagen 4 und 5 dieser Verordnung.

(4) Die Beibringung eines Gutachtens eines amtlich anerkannten Sachverständigen oder Prüfers für den Kraftfahrzeugverkehr kann zur Klärung von Eignungszweifeln für die Zwecke nach Absatz 2 angeordnet werden,

1. wenn nach Würdigung der Gutachten gemäß Absatz 2 oder Absatz 3 ein Gutachten eines amtlich anerkannten Sachverständigen oder Prüfers zusätzlich erforderlich ist oder

---

[1] Siehe hierzu u.a. **ab dem 1.5.2013** die Dritte VO über Ausnahmen von den Vorschriften der FeV v. 22.4.2013 (BGBl. I S. 940):

„§ 1

(1) Abweichend von § 10 Absatz 1 Nummer 1 der Fahrerlaubnis-Verordnung wird für den Freistaat Sachsen, das Land Sachsen-Anhalt und den Freistaat Thüringen das Mindestalter für die Erteilung der Fahrerlaubnisklasse AM auf 15 Jahre festgesetzt; § 11 Absatz 3 Satz 1 Nummer 2 der Fahrerlaubnis-Verordnung ist insoweit nicht anzuwenden.

(2) Über die Fahrerlaubnis ist eine Bescheinigung nach dem Muster der Anlage auszustellen, die bis drei Monate nach Vollendung des 16. Lebensjahres zum Nachweis der Fahrberechtigung dient. Die Bescheinigung ist mitzuführen und zur Überwachung des Straßenverkehrs berechtigten Personen auf Verlangen auszuhändigen. Mit Erreichen des Mindestalters nach § 10 Absatz 1 Nummer 1 der Fahrerlaubnis-Verordnung händigt die Fahrerlaubnisbehörde dem Fahrerlaubnisinhaber auf Antrag einen Führerschein nach Anlage 8 Muster 1 der Fahrerlaubnis-Verordnung aus."

[2] Nr. **1**.

2. bei Behinderungen des Bewegungsapparates, um festzustellen, ob der Behinderte das Fahrzeug mit den erforderlichen besonderen technischen Hilfsmitteln sicher führen kann.

(5) Für die Durchführung der ärztlichen und der medizinisch-psychologischen Untersuchung sowie für die Erstellung der entsprechenden Gutachten gelten die in der Anlage 4a genannten Grundsätze.

(6) [1] Die Fahrerlaubnisbehörde legt unter Berücksichtigung der Besonderheiten des Einzelfalls und unter Beachtung der Anlagen 4 und 5 in der Anordnung zur Beibringung des Gutachtens fest, welche Fragen im Hinblick auf die Eignung des Betroffenen zum Führen von Kraftfahrzeugen zu klären sind. [2] Die Behörde teilt dem Betroffenen unter Darlegung der Gründe für die Zweifel an seiner Eignung und unter Angabe der für die Untersuchung in Betracht kommenden Stelle oder Stellen mit, dass er sich innerhalb einer von ihr festgelegten Frist auf seine Kosten der Untersuchung zu unterziehen und das Gutachten beizubringen hat; sie teilt ihm außerdem mit, dass er die zu übersendenden Unterlagen einsehen kann. [3] Der Betroffene hat die Fahrerlaubnisbehörde darüber zu unterrichten, welche Stelle er mit der Untersuchung beauftragt hat. [4] Die Fahrerlaubnisbehörde teilt der untersuchenden Stelle mit, welche Fragen im Hinblick auf die Eignung des Betroffenen zum Führen von Kraftfahrzeugen zu klären sind und übersendet ihr die vollständigen Unterlagen, soweit sie unter Beachtung der gesetzlichen Verwertungsverbote verwendet werden dürfen. [5] Die Untersuchung erfolgt auf Grund eines Auftrags durch den Betroffenen.

(7) Steht die Nichteignung des Betroffenen zur Überzeugung der Fahrerlaubnisbehörde fest, unterbleibt die Anordnung zur Beibringung des Gutachtens.

(8) [1] Weigert sich der Betroffene, sich untersuchen zu lassen, oder bringt er der Fahrerlaubnisbehörde das von ihr geforderte Gutachten nicht fristgerecht bei, darf sie bei ihrer Entscheidung auf die Nichteignung des Betroffenen schließen. [2] Der Betroffene ist hierauf bei der Anordnung nach Absatz 6 hinzuweisen.

(9) Unbeschadet der Absätze 1 bis 8 haben die Bewerber um die Erteilung oder Verlängerung einer Fahrerlaubnis der Klassen C, C1, CE, C1E, D, D1, DE oder D1E zur Feststellung ihrer Eignung der Fahrerlaubnisbehörde einen Nachweis nach Maßgabe der Anlage 5 vorzulegen.

(10) [1] Hat der Betroffene an einem Kurs teilgenommen, um festgestellte Eignungsmängel zu beheben, genügt in der Regel zum Nachweis der Wiederherstellung der Eignung statt eines erneuten medizinisch-psychologischen Gutachtens eine Teilnahmebescheinigung, wenn

1. der betreffende Kurs nach § 70 anerkannt ist,
2. auf Grund eines medizinisch-psychologischen Gutachtens einer Begutachtungsstelle für Fahreignung die Teilnahme des Betroffenen an dieser Art von Kursen als geeignete Maßnahme angesehen wird, seine Eignungsmängel zu beheben,
3. der Betroffene nicht Inhaber einer Fahrerlaubnis ist und
4. die Fahrerlaubnisbehörde der Kursteilnahme nach Nummer 2 vor Kursbeginn zugestimmt hat.

[2] Wurde die Beibringung eines Gutachtens einer amtlich anerkannten Begutachtungsstelle für Fahreignung nach § 4 Absatz 10 Satz 4 des Straßenverkehrsgesetzes oder nach § 11 Absatz 3 Nummer 4 bis 7 angeordnet, findet Satz 1 keine Anwendung.

(11) [1] Die Teilnahmebescheinigung muss

1. den Familiennamen und Vornamen, den Tag und Ort der Geburt und die Anschrift des Seminarteilnehmers,
2. die Bezeichnung des Seminarmodells und
3. Angaben über Umfang und Dauer des Seminars

enthalten. [2] Sie ist vom Seminarleiter und vom Seminarteilnehmer unter Angabe des Ausstellungsdatums zu unterschreiben. [3] Die Ausstellung der Teilnahmebescheinigung ist vom Kursleiter zu verweigern, wenn der Teilnehmer nicht an allen Sitzungen des Kurses teilgenommen oder die Anfertigung von Kursaufgaben verweigert hat.

§ 12 Sehvermögen. (1) Zum Führen von Kraftfahrzeugen sind die in der Anlage 6 genannten Anforderungen an das Sehvermögen zu erfüllen.

(2) [1] Bewerber um eine Fahrerlaubnis der Klassen AM, A1, A2, A, B, BE, L oder T haben sich einem Sehtest zu unterziehen. [2] Der Sehtest wird von einer amtlich anerkannten Sehteststelle unter Einhaltung der DIN 58220 Teil 6, Ausgabe September 2013, durchgeführt. [3] Die Sehteststelle hat sich vor der Durchführung des Sehtests von der Identität des Antragstellers durch Einsicht in den Personalausweis oder Reisepass oder in ein sonstiges Ausweisdokument zu überzeugen. [4] Der Sehtest ist bestanden, wenn die zentrale Tagessehschärfe mit oder ohne Sehhilfe mindestens den in Anlage 6 Nummer 1.1 genannten Wert erreicht. [5] Ergibt der Sehtest eine geringere Sehleistung, darf der Antragsteller den Sehtest mit Sehhilfen oder mit verbesserten Sehhilfen wiederholen.

(3) [1] Die Sehteststelle stellt dem Antragsteller eine Sehtestbescheinigung nach Anlage 6 Nummer 1.1 aus. [2] In ihr ist anzugeben, ob der Sehtest bestanden und ob er mit Sehhilfen durchgeführt worden ist. [3] Sind bei der Durchführung des Sehtests sonst Zweifel an ausreichendem Sehvermögen für das Führen von Kraftfahrzeugen aufgetreten, hat die Sehteststelle sie auf der Sehtestbescheinigung zu vermerken.

(4) Ein Sehtest ist nicht erforderlich, wenn ein Zeugnis oder ein Gutachten eines Augenarztes vorgelegt wird und sich daraus ergibt, dass der Antragsteller die Anforderungen nach Anlage 6 Nummer 1.1 erfüllt.

(5) Besteht der Bewerber den Sehtest nicht, hat er sich einer augenärztlichen Untersuchung des Sehvermögens nach Anlage 6 Nummer 1.2 zu unterziehen und hierüber der Fahrerlaubnisbehörde ein Zeugnis des Augenarztes einzureichen.

(6) Bewerber um die Erteilung oder Verlängerung einer Fahrerlaubnis der Klassen C, C1, CE, C1E, D, D1, DE oder D1E haben sich einer Untersuchung des Sehvermögens nach Anlage 6 Nummer 2 zu unterziehen und hierüber der Fahrerlaubnisbehörde eine Bescheinigung des Arztes nach Anlage 6 Nummer 2.1 oder ein Zeugnis des Augenarztes nach Anlage 6 Nummer 2.2 einzureichen.

(7) Sehtestbescheinigung, Zeugnis oder Gutachten dürfen bei Antragstellung nicht älter als zwei Jahre sein.

(8) [1]Werden Tatsachen bekannt, die Bedenken begründen, dass der Fahrerlaubnisbewerber die Anforderungen an das Sehvermögen nach Anlage 6 nicht erfüllt oder dass andere Beeinträchtigungen des Sehvermögens bestehen, die die Eignung zum Führen von Kraftfahrzeugen beeinträchtigen, kann die Fahrerlaubnisbehörde zur Vorbereitung der Entscheidung über die Erteilung oder Verlängerung der Fahrerlaubnis oder über die Anordnung von Beschränkungen oder Auflagen die Beibringung eines augenärztlichen Gutachtens anordnen. [2]§ 11 Absatz 5 bis 8 gilt entsprechend, § 11 Absatz 6 Satz 4 jedoch mit der Maßgabe, dass nur solche Unterlagen übersandt werden dürfen, die für die Beurteilung, ob Beeinträchtigungen des Sehvermögens bestehen, die die Eignung zum Führen von Kraftfahrzeugen beeinträchtigen, erforderlich sind.

§ 13 Klärung von Eignungszweifeln bei Alkoholproblematik. [1]Zur Vorbereitung von Entscheidungen über die Erteilung oder Verlängerung der Fahrerlaubnis oder über die Anordnung von Beschränkungen oder Auflagen ordnet die Fahrerlaubnisbehörde an, dass

1. ein ärztliches Gutachten (§ 11 Absatz 2 Satz 3) beizubringen ist, wenn Tatsachen die Annahme von Alkoholabhängigkeit begründen, oder
2. ein medizinisch-psychologisches Gutachten beizubringen ist, wenn
   a) nach dem ärztlichen Gutachten zwar keine Alkoholabhängigkeit, jedoch Anzeichen für Alkoholmissbrauch vorliegen oder sonst Tatsachen die Annahme von Alkoholmissbrauch begründen,
   b) wiederholt Zuwiderhandlungen im Straßenverkehr unter Alkoholeinfluss begangen wurden,
   c) ein Fahrzeug im Straßenverkehr bei einer Blutalkoholkonzentration von 1,6 Promille oder mehr oder einer Atemalkoholkonzentration von 0,8 mg/l oder mehr geführt wurde,
   d) die Fahrerlaubnis aus einem der unter den Buchstaben a bis c genannten Gründe entzogen war oder
   e) sonst zu klären ist, ob Alkoholmissbrauch oder Alkoholabhängigkeit nicht mehr besteht.

[2]Im Falle des Satzes 1 Nummer 2 Buchstabe b sind Zuwiderhandlungen, die ausschließlich gegen § 24c des Straßenverkehrsgesetzes[1)] begangen worden sind, nicht zu berücksichtigen.

§ 13a Klärung von Eignungszweifeln bei Cannabisproblematik. [1]Zur Vorbereitung von Entscheidungen über die Erteilung oder Verlängerung der Fahrerlaubnis oder über die Anordnung von Beschränkungen oder Auflagen ordnet die Fahrerlaubnisbehörde an, dass

1. ein ärztliches Gutachten (§ 11 Absatz 2 Satz 3) beizubringen ist, wenn Tatsachen die Annahme von Cannabisabhängigkeit begründen, oder
2. ein medizinisch-psychologisches Gutachten beizubringen ist, wenn
   a) nach dem ärztlichen Gutachten zwar keine Cannabisabhängigkeit, jedoch Anzeichen für Cannabismissbrauch vorliegen oder sonst Tatsachen die Annahme von Cannabismissbrauch begründen,

---

[1)] Nr. **1**.

b) wiederholt Zuwiderhandlungen im Straßenverkehr unter Cannabiseinfluss begangen wurden,
c) die Fahrerlaubnis aus einem der unter den Buchstaben a und b genannten Gründen entzogen war oder
d) sonst zu klären ist, ob Cannabismissbrauch oder Cannabisabhängigkeit nicht mehr besteht.

[2] Im Falle des Satzes 1 Nummer 2 Buchstabe b sind Zuwiderhandlungen, die ausschließlich gegen § 24c des Straßenverkehrsgesetzes[1)] begangen worden sind, nicht zu berücksichtigen.

§ 14 Klärung von Eignungszweifeln im Hinblick auf Betäubungsmittel und Arzneimittel. (1) [1] Zur Vorbereitung von Entscheidungen über die Erteilung oder die Verlängerung der Fahrerlaubnis oder über die Anordnung von Beschränkungen oder Auflagen ordnet die Fahrerlaubnisbehörde an, dass ein ärztliches Gutachten (§ 11 Absatz 2 Satz 3) beizubringen ist, wenn Tatsachen die Annahme begründen, dass

1. Abhängigkeit von Betäubungsmitteln im Sinne des Betäubungsmittelgesetzes in der Fassung der Bekanntmachung vom 1. März 1994 (BGBl. I S. 358), das zuletzt durch Artikel 1 der Verordnung vom 11. Mai 2011 (BGBl. I S. 821) geändert worden ist, in der jeweils geltenden Fassung oder von anderen psychoaktiv wirkenden Stoffen,
2. Einnahme von Betäubungsmitteln im Sinne des Betäubungsmittelgesetzes oder
3. missbräuchliche Einnahme von psychoaktiv wirkenden Arzneimitteln oder anderen psychoaktiv wirkenden Stoffen

vorliegt. [2] Die Beibringung eines ärztlichen Gutachtens kann angeordnet werden, wenn der Betroffene Betäubungsmittel im Sinne des Betäubungsmittelgesetzes widerrechtlich besitzt oder besessen hat.

(2) [1] Die Beibringung eines medizinisch-psychologischen Gutachtens ist für die Zwecke nach Absatz 1 anzuordnen, wenn

1. die Fahrerlaubnis aus einem der in Absatz 1 genannten Gründe durch die Fahrerlaubnisbehörde oder ein Gericht entzogen war,
2. zu klären ist, ob der Betroffene noch abhängig ist oder – ohne abhängig zu sein – weiterhin die in Absatz 1 genannten Mittel oder Stoffe einnimmt, oder
3. wiederholt Zuwiderhandlungen im Straßenverkehr nach § 24a des Straßenverkehrsgesetzes[1)] begangen wurden.

[2] Im Falle des Satzes 1 Nummer 3 bleiben § 13 Satz 1 Nummer 2 Buchstabe b und § 13a Satz 1 Nummer 2 Buchstabe b unberührt.

§ 15 Fahrerlaubnisprüfung. (1) Der Bewerber um eine Fahrerlaubnis hat seine Befähigung in einer theoretischen und einer praktischen Prüfung nachzuweisen.

(2) Beim Erwerb einer Fahrerlaubnis der Klasse L bedarf es nur einer theoretischen, bei der Erweiterung der Klasse B auf die Klasse BE, der Klasse C1 auf

---

1) Nr. 1.

die Klasse C1E, der Klasse D auf die Klasse DE und der Klasse D1 auf die Klasse D1E bedarf es jeweils nur einer praktischen Prüfung.

(3) [1] Bei der Erweiterung der Klasse A1 auf Klasse A2 oder der Klasse A2 auf Klasse A bedarf es jeweils nur einer praktischen Prüfung, soweit der Bewerber zum Zeitpunkt der Erteilung der jeweiligen Fahrerlaubnis für

1. die Fahrerlaubnis der Klasse A2 seit mindestens zwei Jahren Inhaber der Fahrerlaubnis der Klasse A1 und
2. die Fahrerlaubnis der Klasse A seit mindestens zwei Jahren Inhaber einer Fahrerlaubnis der Klasse A2

ist (Aufstieg). [2] Die Vorschriften über die Ausbildung sind nicht anzuwenden. [3] Satz 1 gilt nicht für eine Fahrerlaubnis der Klasse A1, die unter Verwendung der Schlüsselzahl 79.03 oder 79.04 erteilt worden ist.

(4) [1] Bewerber um eine Fahrerlaubnis der Klasse A2, die nach Maßgabe des § 6 Absatz 6 in Verbindung mit Anlage 3 Inhaber einer Fahrerlaubnis der Klasse A1 sind, wird die Fahrerlaubnis der Klasse A2 unter der Voraussetzung erteilt, dass sie ihre Befähigung in einer praktischen Prüfung nachgewiesen haben (Aufstieg). [2] Die Vorschriften über die Ausbildung sind nicht anzuwenden. [3] Satz 1 gilt nicht für eine Fahrerlaubnis der Klasse A1, die unter Verwendung der Schlüsselzahl 79.03 oder 79.04 erteilt worden ist.

(5) Die Prüfungen werden von einem amtlich anerkannten Sachverständigen oder Prüfer für den Kraftfahrzeugverkehr abgenommen.

§ 16 Theoretische Prüfung. (1) In der theoretischen Prüfung hat der Bewerber nachzuweisen, dass er

1. ausreichende Kenntnisse der für das Führen von Kraftfahrzeugen maßgebenden gesetzlichen Vorschriften sowie der umweltbewussten und energiesparenden Fahrweise hat und
2. mit den Gefahren des Straßenverkehrs und den zu ihrer Abwehr erforderlichen Verhaltensweisen vertraut ist und
3. grundlegende mechanische und technische Zusammenhänge, die für die Straßenverkehrssicherheit von Bedeutung sind, kennt.

(2) [1] Die Prüfung erfolgt anhand von Fragen, die in unterschiedlicher Form und mit Hilfe unterschiedlicher Medien gestellt werden können. [2] Der Prüfungsstoff, die Form der Prüfung, der Umfang der Prüfung, die Zusammenstellung der Fragen, die Durchführung und die Bewertung der Prüfung ergeben sich aus Anlage 7 Teil 1. [3] Bei Änderung eines bereits erteilten Prüfauftrages für die Klassen A1, A2 oder A durch die nach Landesrecht zuständige Behörde wird eine bereits fristgerecht abgelegte und bestandene theoretische Prüfung in einer der genannten Klassen anerkannt.

(3) [1] Der Sachverständige oder Prüfer bestimmt die Zeit und den Ort der theoretischen Prüfung. [2] Sie darf frühestens drei Monate vor Erreichen des Mindestalters abgenommen werden. [3] Der Sachverständige oder Prüfer hat sich vor der Prüfung durch Einsicht in den Personalausweis oder Reisepass oder in ein sonstiges Ausweisdokument von der Identität des Bewerbers zu überzeugen. [4] Bestehen Zweifel an der Identität, darf die Prüfung nicht durchgeführt werden. [5] Der Fahrerlaubnisbehörde ist davon Mitteilung zu machen. [6] Der Bewerber hat dem amtlich anerkannten Sachverständigen oder Prüfer für den Kraftfahrzeugverkehr vor der Prüfung in geeigneter Form eine Bestätigung des

Inhabers der Fahrschule oder der zur Leitung des Ausbildungsbetriebes bestellten Person zu erbringen, aus der ersichtlich ist, dass die nach § 4 Absatz 1a Satz 1 in Verbindung mit § 3 Absatz 1 Satz 1 bis 3 der Fahrschüler-Ausbildungsordnung erforderlichen Ausbildungsinhalte der zu prüfenden Klassen absolviert wurden und der Abschluss der theoretischen Ausbildung gemäß § 6 Absatz 2 Satz 1 der Fahrschüler- Ausbildungsordnung festgestellt ist. [7] Der Abschluss der Ausbildung darf nicht länger als zwei Jahre zurückliegen. [8] Liegt die Bestätigung nicht vor oder ergibt sich aus der Bestätigung nicht, dass der Abschluss der Ausbildung nicht länger als zwei Jahre zurückliegt, darf die Prüfung nicht durchgeführt werden.

§ 17 Praktische Prüfung. (1) [1] In der praktischen Prüfung hat der Bewerber nachzuweisen, dass er über die zur sicheren Führung eines Kraftfahrzeugs, gegebenenfalls mit Anhänger, im Verkehr erforderlichen technischen Kenntnisse und über ausreichende Kenntnisse einer umweltbewussten und energiesparenden Fahrweise verfügt sowie zu ihrer praktischen Anwendung fähig ist. [2] Bewerber um eine Fahrerlaubnis der Klassen D, D1, DE oder D1E müssen darüber hinaus ausreichende Fahrfertigkeiten nachweisen. [3] Der Bewerber hat ein der Anlage 7 entsprechendes Prüfungsfahrzeug für die Klasse bereitzustellen, für die er seine Befähigung nachweisen will. [4] Darüber hinaus hat er die für die Durchführung der Prüfung notwendigen Materialien bereitzustellen. [5] Die praktische Prüfung darf erst nach Bestehen der theoretischen Prüfung und frühestens einen Monat vor Erreichen des Mindestalters abgenommen werden. [6] Die praktische Prüfung für die Erweiterung der Klasse A1 auf die Klasse A2 oder der Klasse A2 auf die Klasse A darf frühestens einen Monat vor Ablauf der Frist von zwei Jahren nach Erteilung der Fahrerlaubnis der Klasse A1 oder A2 oder bei Erreichen des in § 10 Absatz 1 genannten Mindestalters abgenommen werden.

(2) Der Prüfungsstoff, die Prüfungsfahrzeuge, die Prüfungsdauer, die Durchführung der Prüfung und ihre Bewertung richten sich nach Anlage 7 Teil 2.

(3) [1] Der Bewerber hat die praktische Prüfung am Ort seiner Hauptwohnung oder am Ort seiner schulischen oder beruflichen Ausbildung, seines Studiums oder seiner Arbeitsstelle abzulegen. [2] Sind diese Orte nicht Prüforte, ist die Prüfung nach Bestimmung durch die Fahrerlaubnisbehörde an einem nahe gelegenen Prüfort abzulegen. [3] Die Fahrerlaubnisbehörde kann auch zulassen, dass der Bewerber die Prüfung an einem anderen Prüfort ablegt.

(4) [1] Die Prüfung findet grundsätzlich innerhalb und außerhalb geschlossener Ortschaften statt. [2] Das Nähere regelt Anlage 7. [3] Der innerörtliche Teil der praktischen Prüfung ist in geschlossenen Ortschaften (Zeichen 310 der Straßenverkehrs-Ordnung[1)]) durchzuführen, die auf Grund des Straßennetzes, der vorhandenen Verkehrszeichen und -einrichtungen sowie der Verkehrsdichte und -struktur die Prüfung der wesentlichen Verkehrsvorgänge ermöglichen (Prüfort). [4] Die Prüforte werden von der zuständigen obersten Landesbehörde, der von ihr bestimmten oder der nach Landesrecht zuständigen Stelle festgelegt. [5] Der außerörtliche Teil der praktischen Prüfung ist außerhalb geschlossener Ortschaften in der Umgebung des Prüfortes möglichst unter Einschluss von Autobahnen durchzuführen und muss die Prüfung aller wesentlichen Verkehrsvorgänge auch bei höheren Geschwindigkeiten ermöglichen.

[1)] Nr. 2.

(5) [1]Der Sachverständige oder Prüfer bestimmt die Zeit, den Ausgangspunkt und den Verlauf der praktischen Prüfung im Prüfort und seiner Umgebung. [2]Der Sachverständige oder Prüfer hat sich vor der Prüfung durch Einsicht in den Personalausweis oder Reisepass oder in ein sonstiges Ausweisdokument von der Identität des Bewerbers zu überzeugen. [3]Bestehen Zweifel an der Identität, darf die Prüfung nicht durchgeführt werden. [4]Der Fahrerlaubnisbehörde ist davon Mitteilung zu machen. [5]Der Bewerber hat dem amtlich anerkannten Sachverständigen oder Prüfer für den Kraftfahrzeugverkehr vor der Prüfung in geeigneter Form eine Bestätigung des Inhabers der Fahrschule oder der zur Leitung des Ausbildungsbetriebes bestellten Person zu erbringen aus der ersichtlich ist, dass alle vorgeschriebenen Ausbildungsinhalte der zu prüfenden Klasse gemäß § 5 Absatz 1 der Fahrschüler-Ausbildungsordnung absolviert wurden und der Abschluss der praktischen Ausbildung gemäß § 6 Absatz 2 Satz 1 der Fahrschüler-Ausbildungsordnung festgestellt ist. [6]§ 16 Absatz 3 Satz 7 und 8 findet entsprechende Anwendung.

§ 17a Beschränkung auf Fahrzeuge mit Automatikgetriebe. (1) [1]Wird die Prüfungsfahrt auf einem Kraftfahrzeug mit Automatikgetriebe durchgeführt, ist die Fahrerlaubnis auf das Führen von Kraftfahrzeugen mit Automatikgetriebe zu beschränken. [2]Satz 1 gilt nicht für den Erwerb einer Fahrerlaubnis der Klassen BE, C1, C1E, C, CE, D1, D1E, D oder DE, wenn der Bewerber bereits Inhaber einer auf einem Kraftfahrzeug mit Schaltgetriebe erworbenen Fahrerlaubnis der Klasse B, BE, C1, C1E, C, CE, D1, D1E, D oder DE ist. [3]Satz 1 ist nicht anzuwenden auf den Erwerb einer Fahrerlaubnis der Klassen AM oder T.

(2) [1]Die Beschränkung im Sinne des Absatzes 1 Satz 1 ist auf Antrag aufzuheben, wenn der Inhaber der Fahrerlaubnis dem amtlich anerkannten Sachverständigen oder Prüfer für den Kraftfahrzeugverkehr in einer praktischen Prüfung nachweist, dass er zur sicheren, verantwortungsvollen, umweltbewussten und energiesparenden Führung eines Kraftfahrzeuges mit Schaltgetriebe der Fahrerlaubnisklasse befähigt ist. [2]Die Beschränkung auf das Führen von Kraftfahrzeugen mit Automatikgetriebe der Fahrerlaubnis der Klassen B, BE, C1, C1E, C, CE, D1, D1E, D oder DE ist auch aufzuheben, wenn der Inhaber der Fahrerlaubnis dem amtlich anerkannten Sachverständigen oder Prüfer für den Kraftfahrzeugverkehr in einer praktischen Prüfung nachweist, dass er zur sicheren, verantwortungsvollen, umweltbewussten und energiesparenden Führung eines Kraftfahrzeuges mit Schaltgetriebe der Fahrerlaubnis der Klassen BE, C1, C1E, C, CE, D1, D1E, D oder DE befähigt ist. [3]Die Vorschriften über die Ausbildung nach der Fahrschüler- Ausbildungsordnung sind in diesem Fall nicht anzuwenden. [4]Die Beschränkung auf das Führen von Kraftfahrzeugen mit Automatikgetriebe der Fahrerlaubnis der Klasse B ist auf Antrag auch aufzuheben, wenn der Inhaber einer Fahrerlaubnis der Klasse B der nach Landesrecht zuständigen Behörde durch Vorlage einer Bescheinigung nach Anlage 7 der Fahrschüler-Ausbildungsordnung nachweist, dass er zur sicheren, verantwortungsvollen, umweltbewussten und energiesparenden Führung eines Kraftfahrzeuges der Klasse B mit Schaltgetriebe befähigt ist. [5]Satz 4 findet keine Anwendung, wenn die Beschränkung im Sinne des Absatzes 1 Satz 1 aufgrund von Eignungsmängeln für das Führen von Kraftfahrzeugen mit Schaltgetriebe erfolgt ist.

(3) [1]Abweichend von Absatz 1 Satz 1 entfällt die Beschränkung auf das Führen von Kraftfahrzeugen mit Automatikgetriebe der Fahrerlaubnis der Klasse B, wenn der Bewerber durch Vorlage einer Bescheinigung nach Anlage 7 der Fahrschüler-Ausbildungsordnung dem amtlich anerkannten Sachverständigen oder Prüfer für den Kraftfahrzeugverkehr oder der nach Landesrecht zuständigen Behörde nachweist, dass er zur sicheren, verantwortungsvollen und umweltbewussten Führung eines Kraftfahrzeuges mit Schaltgetriebe der Klasse B befähigt ist. [2]Gegenüber der Technischen Prüfstelle kann der Nachweis ersatzweise auch elektronisch unter Angabe des Datums der Aushändigung des in Satz 1 genannten Nachweises über die praktische Ausbildung zum Führen von Fahrzeugen mit Schaltgetriebe der Klasse B durch den Inhaber der Fahrschule oder die zur Leitung des Ausbildungsbetriebes bestellte Person erfolgen.

(4) [1]Der Nachweis über die Befähigung zur sicheren, verantwortungsvollen und umweltbewussten Führung eines Kraftfahrzeuges mit Schaltgetriebe der Klasse B erfolgt durch die Schlüsselzahl 197 in Spalte 12 der die Klasse B betreffenden Zeile des Führerscheins. [2]Der Eintrag der Schlüsselzahl 197 muss binnen eines Jahres nach dem Abschluss der Ausbildung erfolgt sein. [3]Die Schlüsselzahl 197 ist auf Antrag auszutragen, wenn der Inhaber der Fahrerlaubnis dem amtlich anerkannten Sachverständigen oder Prüfer für den Kraftfahrzeugverkehr in einer praktischen Prüfung nachweist, dass er zur sicheren, verantwortungsvollen und umweltbewussten Führung eines Kraftfahrzeuges mit Schaltgetriebe der Fahrerlaubnis der Klassen B, BE, C1, C1E, C, CE, D1, D1E, D oder DE befähigt ist.

(5) [1]Als Kraftfahrzeug mit Automatikgetriebe gilt ein Kraftfahrzeug, das ohne Schaltgetriebe ausgestattet ist. [2]Als Kraftfahrzeug mit Schaltgetriebe gilt ein Kraftfahrzeug, das

1. über ein Kupplungspedal verfügt, das der Fahrer jeweils beim Anfahren oder beim Anhalten des Fahrzeuges sowie beim Gangwechsel bedienen muss, oder
2. im Fall der Klassen A1, A2 und A über einen von Hand zu bedienenden Kupplungshebel verfügt, den der Fahrer jeweils beim Anfahren oder beim Anhalten des Fahrzeuges sowie beim Gangwechsel bedienen muss.

§ 18 Gemeinsame Vorschriften für die theoretische und die praktische Prüfung. (1) [1]Bei Täuschungshandlungen gilt die Prüfung als nicht bestanden. [2]Eine nicht bestandene Prüfung darf nicht vor Ablauf eines angemessenen Zeitraums, in der Regel mindestens zwei Wochen, wiederholt werden. [3]In den Fällen des Satzes 1 kann die Frist für die Wiederholung der Prüfung auf bis zu neun Monate festgelegt werden.

(2) [1]Die praktische Prüfung muss innerhalb von zwölf Monaten nach Bestehen der theoretischen Prüfung abgelegt werden. [2]Andernfalls verliert die theoretische Prüfung ihre Gültigkeit. [3]Der Zeitraum zwischen Abschluss der praktischen Prüfung oder – wenn keine praktische Prüfung erforderlich ist – zwischen Abschluss der theoretischen Prüfung und der Aushändigung des Führerscheins darf zwei Jahre nicht überschreiten. [4]Andernfalls verliert die gesamte Prüfung ihre Gültigkeit.

(3) Stellt der Sachverständige oder Prüfer Tatsachen fest, die bei ihm Zweifel über die körperliche oder geistige Eignung des Bewerbers begründen, hat er

der Fahrerlaubnisbehörde Mitteilung zu machen und den Bewerber hierüber zu unterrichten.

§ 19 Schulung in Erster Hilfe. (1) [1]Bewerber um eine Fahrerlaubnis müssen an einer Schulung in Erster Hilfe teilnehmen, die mindestens neun Unterrichtseinheiten zu je 45 Minuten umfasst. [2]Die Schulung soll dem Antragsteller durch theoretischen Unterricht und durch praktische Übungen gründliches Wissen und praktisches Können in der Ersten Hilfe vermitteln. [3]Gegenstand der Schulung ist auch die Vermittlung von Grundwissen zur Organ- und Gewebespende einschließlich der Möglichkeiten, die Entscheidung über die persönliche Spendenbereitschaft zu dokumentieren.

(2) [1]Der Nachweis über die Teilnahme an einer Schulung in Erster Hilfe wird durch die Bescheinigung einer für solche Schulungen amtlich anerkannten Stelle oder eines Trägers der öffentlichen Verwaltung, insbesondere der Bundeswehr, der Polizei oder der Bundespolizei, geführt. [2]Im Falle der Erweiterung oder der Neuerteilung einer Fahrerlaubnis ist auf einen Nachweis zu verzichten, wenn der Bewerber zuvor bereits an einer Schulung in Erster Hilfe im Sinne des Absatzes 1 teilgenommen hat.

(3) Des Nachweises über die Teilnahme an einer Schulung in Erster Hilfe im Sinne des Absatzes 1 bedarf insbesondere nicht, wer

1. ein Zeugnis über die bestandene ärztliche oder zahnärztliche Staatsprüfung oder den Nachweis über eine im Ausland erworbene abgeschlossene ärztliche oder zahnärztliche Ausbildung,
2. ein Zeugnis über eine abgeschlossene Ausbildung in einem bundesrechtlich geregelten Gesundheitsfachberuf im Sinne des Artikels 74 Absatz 1 Nummer 19 des Grundgesetzes, in einem der auf Grund des Berufsbildungsgesetzes staatlich anerkannten Ausbildungsberufe Medizinischer, Zahnmedizinischer, Tiermedizinischer oder Pharmazeutisch-kaufmännischer Fachangestellter/Medizinische, Zahnmedizinische, Tiermedizinische oder Pharmazeutisch-kaufmännische Fachangestellte oder in einem landesrechtlich geregelten Helferberuf des Gesundheits- und Sozialwesens oder
3. eine Bescheinigung über die Ausbildung als Schwesternhelferin, Pflegediensthelfer, über eine Sanitätsausbildung oder rettungsdienstliche Ausbildung oder die Ausbildung als Rettungsschwimmer mit der Befähigung für das Deutsche Rettungsschwimmer-Abzeichen in Silber oder Gold

vorlegt.

§ 20 Neuerteilung einer Fahrerlaubnis. (1) [1]Für die Neuerteilung einer Fahrerlaubnis nach vorangegangener Entziehung oder nach vorangegangenem Verzicht gelten die Vorschriften für die Ersterteilung. [2]§ 15 findet vorbehaltlich des Absatzes 2 keine Anwendung.

(2) Die Fahrerlaubnisbehörde ordnet eine Fahrerlaubnisprüfung an, wenn Tatsachen vorliegen, die die Annahme rechtfertigen, dass der Bewerber die nach § 16 Absatz 1 und § 17 Absatz 1 erforderlichen Kenntnisse und Fähigkeiten nicht mehr besitzt.

(3) Unberührt bleibt die Anordnung einer medizinisch-psychologischen Untersuchung nach § 11 Absatz 3 Satz 1 Nummer 9.

(4) Die Neuerteilung einer Fahrerlaubnis nach vorangegangener Entziehung kann frühestens sechs Monate vor Ablauf einer Sperre

1. nach § 2a Absatz 5 Satz 3 oder § 4 Absatz 10 Satz 1 des Straßenverkehrsgesetzes[1] oder
2. nach § 69 Absatz 1 Satz 1 in Verbindung mit § 69a Absatz 1 Satz 1 oder § 69a Absatz 1 Satz 3 in Verbindung mit Satz 1 des Strafgesetzbuches[2]

bei der nach Landesrecht zuständigen Behörde beantragt werden.

3. Verfahren bei der Erteilung einer Fahrerlaubnis

§ 21 Antrag auf Erteilung einer Fahrerlaubnis. (1) [1]Der Antrag auf Erteilung einer Fahrerlaubnis ist bei der nach Landesrecht zuständigen Behörde oder Stelle oder der Fahrerlaubnisbehörde schriftlich oder in elektronischer Form zu stellen. [2]Der Bewerber hat auf Verlangen dieser Behörden oder Stellen persönlich zu erscheinen. [3]Der Bewerber hat folgende Daten mitzuteilen und auf Verlangen nachzuweisen:

1. die in § 2 Absatz 6 des Straßenverkehrsgesetzes[1] bezeichneten Personendaten sowie die Daten über den ordentlichen Wohnsitz im Inland einschließlich der Anschrift, Staatsangehörigkeit und Art des Ausweisdokumentes und
2. die ausbildende Fahrschule.

(2) [1]Der Bewerber hat weiter anzugeben, ob er bereits eine Fahrerlaubnis aus einem anderen Staat besitzt oder besessen hat oder ob er sie bei einer anderen Behörde eines solchen Staates beantragt hat. [2]Beantragt der Inhaber einer Fahrerlaubnis aus einem solchen Staat eine Erweiterung der Fahrerlaubnis auf eine andere Klasse, ist dieser Antrag hinsichtlich der vorhandenen Klassen als Antrag auf Erteilung der deutschen Fahrerlaubnis gemäß den §§ 30 und 31 zu werten. [3]Der Bewerber hat in jedem Fall eine Erklärung abzugeben, dass er mit der Erteilung der beantragten Fahrerlaubnis auf eine möglicherweise bereits vorhandene Fahrerlaubnis dieser Klasse aus einem solchen Staat verzichtet.

(3) [1]Dem Antrag sind folgende Unterlagen beizufügen:

1. ein amtlicher Nachweis über Ort und Tag der Geburt,
2. ein Lichtbild, das den Bestimmungen der Passverordnung vom 19. Oktober 2007 (BGBl. I S. 2386), die zuletzt durch Artikel 2 der Verordnung vom 20. August 2021 (BGBl. I S. 3682) geändert worden ist, entspricht,
3. bei einem Antrag auf Erteilung einer Fahrerlaubnis der Klassen AM, A1, A2, A, B, BE,, L oder T eine Sehtestbescheinigung nach § 12 Absatz 3 oder ein Zeugnis oder ein Gutachten nach § 12 Absatz 4 oder ein Zeugnis nach § 12 Absatz 5,
4. bei einem Antrag auf Erteilung einer Fahrerlaubnis der Klassen C, C1, CE, C1E, D, D1, DE oder D1E ein Zeugnis oder Gutachten über die körperliche und geistige Eignung nach § 11 Absatz 9 und eine Bescheinigung oder ein Zeugnis über das Sehvermögen nach § 12 Absatz 6,
5. ein Nachweis über die Schulung in Erster Hilfe,
6. bei einem Antrag auf Erteilung einer Fahrerlaubnis der Klassen D, D1, DE und D1E ein Führungszeugnis nach § 30 Absatz 5 Satz 1 des Bundeszentralregistergesetzes.

---

[1] Nr. **1**.
[2] Nr. **6**.

[2]Die Fahrerlaubnisbehörde kann Ausnahmen von der in Satz 1 Nummer 2 vorgeschriebenen Gestaltung des Lichtbildes zulassen.

(4) Die Erteilung einer Fahrerlaubnis kann frühestens sechs Monate vor Erreichen des für die jeweilige Fahrerlaubnisklasse nach § 10 vorgeschriebenen Mindestalters bei der nach Landesrecht zuständigen Behörde beantragt werden.

§ 22 Verfahren bei der Behörde und der Technischen Prüfstelle.

(1) Die nach Landesrecht zuständige Behörde oder Stelle und die Fahrerlaubnisbehörde können durch Einholung von Auskünften aus dem Melderegister die Richtigkeit und Vollständigkeit der vom Bewerber mitgeteilten Daten überprüfen.

(2) [1]Die Fahrerlaubnisbehörde hat zu ermitteln, ob Bedenken gegen die Eignung des Bewerbers zum Führen von Kraftfahrzeugen bestehen und er bereits im Besitz einer Fahrerlaubnis ist oder war. [2]Sie hat dazu auf seine Kosten eine Auskunft aus dem Fahreignungsregister und dem Zentralen Fahrerlaubnisregister einzuholen. [3]Sie kann außerdem auf seine Kosten – in der Regel über das Kraftfahrt-Bundesamt – eine Auskunft aus den entsprechenden ausländischen Registern einholen und verlangen, dass der Bewerber die Erteilung eines Führungszeugnisses zur Vorlage bei der Fahrerlaubnisbehörde nach den Vorschriften des Bundeszentralregistergesetzes beantragt. [4]Bestehen Anhaltspunkte, dass die Angaben über den Vorbesitz einer ausländischen Fahrerlaubnis nicht zutreffen, kann die Behörde abweichend von Satz 3 einen ausländischen Registerauszug durch den Bewerber auf dessen Kosten beibringen lassen. [5]Werden Tatsachen bekannt, die Bedenken gegen die Eignung des Bewerbers begründen, verfährt die Fahrerlaubnisbehörde nach den §§ 11 bis 14.

(2a) [1]Eine Fahrerlaubnis ist nicht zu erteilen, wenn dem Bewerber zuvor in einem anderen Staat eine Fahrerlaubnis vorläufig oder rechtskräftig von einem Gericht oder sofort vollziehbar oder bestandskräftig von einer Verwaltungsbehörde entzogen worden ist. [2]Satz 1 gilt nicht, soweit die Gründe für die Entziehung nicht mehr bestehen.

(2b) [1]Zum Nachweis, dass die Gründe für die Entziehung nach Absatz 2a nicht mehr bestehen, hat der Bewerber eine Bescheinigung der Stelle, welche die frühere Fahrerlaubnis im betreffenden Staat erteilt hatte, bei der nach Landesrecht zuständigen Behörde vorzulegen. [2]Absatz 2 bleibt unberührt.

(3) Liegen alle Voraussetzungen für die Erteilung der Fahrerlaubnis vor, hat die Fahrerlaubnisbehörde den Führerschein ausfertigen zu lassen und auszuhändigen.

(4) [1]Muss der Bewerber noch die nach § 15 erforderliche Prüfung ablegen, hat die Fahrerlaubnisbehörde die zuständige Technische Prüfstelle für den Kraftfahrzeugverkehr mit der Prüfung zu beauftragen und ihr den vorbereiteten Führerschein (§ 25) ohne Angabe des Datums der Erteilung der beantragten Klasse unmittelbar zu übersenden. [2]Der Sachverständige oder Prüfer prüft, ob der Bewerber zum Führen von Kraftfahrzeugen, gegebenenfalls mit Anhänger, der beantragten Klasse befähigt ist. [3]Der Sachverständige oder Prüfer oder sonst die Fahrerlaubnisbehörde händigt, wenn die Prüfung bestanden ist, den Führerschein nach dem Einsetzen des Aushändigungsdatums aus. [4]Er darf nur ausgehändigt werden, wenn die Identität des Bewerbers zweifelsfrei feststeht. [5]Hat der Sachverständige oder Prüfer den Führerschein ausgehändigt, teilt er dies der Fahrerlaubnisbehörde unter Angabe des Aushändigungsdatums mit. [6]Die Fahr-

erlaubnis wird durch die Aushändigung des Führerscheins oder, wenn der Führerschein nicht vorliegt, ersatzweise durch eine nur im Inland als Nachweis der Fahrerlaubnis geltende befristete Prüfungsbescheinigung nach Anlage 8a erteilt.

(5) Die Technische Prüfstelle soll den Prüfauftrag an die Fahrerlaubnisbehörde zurückgeben, wenn

1. die theoretische Prüfung nicht innerhalb von zwölf Monaten nach Eingang des Prüfauftrags bestanden ist,
2. die praktische Prüfung nicht innerhalb von zwölf Monaten nach Bestehen der theoretischen Prüfung bestanden ist oder
3. in den Fällen, in denen keine theoretische Prüfung erforderlich ist, die praktische Prüfung nicht innerhalb von zwölf Monaten nach Eingang des Prüfauftrags bestanden ist.

§ 22a Abweichendes Verfahren bei Elektronischem Prüfauftrag und Vorläufigem Nachweis der Fahrerlaubnis. (1) [1] Abweichend von § 22 Absatz 4 Satz 1 kann die Fahrerlaubnisbehörde mit Zustimmung der zuständigen obersten Landesbehörde von dem Übersenden eines vorbereiteten Führerscheines an die zuständige Technische Prüfstelle für den Kraftfahrzeugverkehr nach Maßgabe der folgenden Vorschriften absehen. [2] Soweit nachstehend nichts anderes bestimmt ist, bleiben die allgemeinen Vorschriften unberührt.

(2) Die Fahrerlaubnisbehörde übermittelt der zuständigen Technischen Prüfstelle für den Kraftfahrzeugverkehr zur Durchführung der Prüfung folgende Daten in Bezug auf den Bewerber:

1. Prüfauftragsnummer,
2. Ausstellungsdatum des Prüfauftrages,
3. Name, Vorname, Geburtsdatum, Anschrift, Geburtsort, Geschlecht, Staatsangehörigkeit, Art des Ausweisdokumentes sowie, soweit angegeben, die E-Mail-Adresse,
4. eine digitale Kopie des Lichtbildes für den Führerschein,
5. Angaben zum Vorbesitz von Fahrerlaubnisklassen,
6. Prüfauftragsart (Ersterteilung, Erweiterung, Umschreibung, Neuerteilung),
7. beantragte Fahrerlaubnisklassen,
8. Auflagen und Beschränkungen zu den beantragten Fahrerlaubnisklassen,
9. Mindestalter,
10. Angaben zur theoretischen Prüfung,
11. Angaben zur praktischen Prüfung,
12. Angabe, ob der Bewerber auf das Ausstellen eines Vorläufigen Nachweises der Fahrerlaubnis verzichtet hat.

(3) [1] Der Sachverständige oder Prüfer hat im Falle einer bestandenen Prüfung abweichend von § 22 Absatz 4 Satz 3 dem Bewerber einen Vorläufigen Nachweis der Fahrerlaubnis nach Anlage 8a unter Einsetzen des Aushändigungsdatums auszuhändigen. [2] § 22 Absatz 4 Satz 4 und 5 ist mit der Maßgabe anzuwenden, dass das Ergebnis der Prüfung, die jeweils erteilte Fahrerlaubnisklasse und das Ausgabedatum des Vorläufigen Nachweises der Fahrerlaubnis der Fahrerlaubnisbehörde unter Angabe der Daten nach Absatz 2 Nummer 1 und 3 elektronisch übermittelt wird.

(4) [1] Ist der Bewerber bereits im Besitz eines Führerscheines oder eines Vorläufigen Nachweises der Fahrerlaubnis und soll die Fahrerlaubnis auf weitere Klassen erweitert werden, darf nach bestandener Prüfung der Vorläufige Nachweis der Fahrerlaubnis nur ausgehändigt werden, wenn der Bewerber dem Sachverständigen oder Prüfer seinen bisherigen Führerschein oder den ihm zuvor erteilten Vorläufigen Nachweis der Fahrerlaubnis zur Weiterleitung an die Fahrerlaubnisbehörde übergibt. [2] Die Fahrerlaubnisbehörde hat den neuen Führerschein mit den erteilten Klassen dem Bewerber alsbald auszuhändigen, zu übersenden oder übersenden zu lassen.

(5) [1] Der Bewerber kann in seinem Antrag nach § 21 erklären, dass er für alle beantragten Fahrerlaubnisklassen auf das Ausstellen eines Vorläufigen Nachweises der Fahrerlaubnis verzichtet. [2] Im Falle eines Verzichtes hat der Sachverständige oder Prüfer lediglich das Ergebnis der Prüfung der Fahrerlaubnisbehörde zu übermitteln und dem Bewerber eine Bestätigung darüber auszuhändigen. [3] Ist der Bewerber bereits im Besitz eines Führerscheines oder eines Vorläufigen Nachweises der Fahrerlaubnis, erhält er den Führerschein mit den zusätzlich erteilten Fahrerlaubnisklassen nur gegen Rückgabe des bisherigen Führerscheines oder des Vorläufigen Nachweises der Fahrerlaubnis durch die Fahrerlaubnisbehörde ausgehändigt.

(6) [1] Der Bewerber kann in seinem Antrag nach § 21 erklären, dass er den Führerschein unmittelbar nach der bestandenen Prüfung benötigt. [2] Die Fahrerlaubnisbehörde hat im Falle einer Erklärung nach Satz 1 den Führerschein bereits mit der Erteilung des Prüfauftrages an die Technische Prüfstelle herstellen zu lassen und diesen dem Bewerber, soweit alle übrigen Voraussetzungen für die Erteilung der Fahrerlaubnis vorliegen, auszuhändigen, zu übersenden oder übersenden zu lassen. [3] Absatz 5 Satz 2 und 3 gilt entsprechend.

(7) Der Vorläufige Nachweis der Fahrerlaubnis gilt als Nachweis im Sinne des § 4 Absatz 3 Satz 1 und nur im Inland; er ist bis zur Aushändigung des Führerscheines, längstens für drei Monate ab dem Tag seiner Aushändigung, gültig.

§ 23 Geltungsdauer der Fahrerlaubnis, Beschränkungen und Auflagen. (1) [1] Die Fahrerlaubnis der Klassen AM, A1, A2, A, B, BE,, L und T wird unbefristet erteilt. [2] Die Fahrerlaubnis der Klassen C1, C1E, C, CE, D1, D1E, D und DE wird längstens für fünf Jahre erteilt. [3] Grundlage für die Bemessung der Geltungsdauer ist das Datum des Tages, an dem die Fahrerlaubnisbehörde den Auftrag zur Herstellung des Führerscheins erteilt.

(2) [1] Ist der Bewerber nur bedingt zum Führen von Kraftfahrzeugen geeignet, kann die Fahrerlaubnisbehörde die Fahrerlaubnis soweit wie notwendig beschränken oder unter den erforderlichen Auflagen erteilen. [2] Die Beschränkung kann sich insbesondere auf eine bestimmte Fahrzeugart oder ein bestimmtes Fahrzeug mit besonderen Einrichtungen erstrecken.

§ 24 Verlängerung von Fahrerlaubnissen. (1) [1] Die Geltungsdauer der Fahrerlaubnis der Klassen C, C1, CE, C1E, D, D1, DE und D1E wird auf Antrag des Inhabers jeweils um die in § 23 Absatz 1 Satz 2 angegebenen Zeiträume verlängert, wenn

1. der Inhaber seine Eignung nach Maßgabe der Anlage 5 und die Erfüllung der Anforderungen an das Sehvermögen nach Anlage 6 nachweist und

2. keine Tatsachen vorliegen, die die Annahme rechtfertigen, dass eine der sonstigen aus den §§ 7 bis 19 ersichtlichen Voraussetzungen für die Erteilung der Fahrerlaubnis fehlt.

[2] Grundlage der Bemessung der Geltungsdauer der verlängerten Fahrerlaubnis ist das Datum des Tages, an dem die zu verlängernde Fahrerlaubnis endet. [3] Die Verlängerung der Klassen D, D1, DE und D1E kann nur dann über die Vollendung des 50. Lebensjahres hinaus erfolgen, wenn der Antragsteller zusätzlich seine Eignung nach Maßgabe der Anlage 5 Nummer 2 nachweist.

(2) Absatz 1 Satz 1 und 3 und § 23 Absatz 1 Satz 3 sind auch bei der Erteilung einer Fahrerlaubnis der entsprechenden Klasse anzuwenden, wenn die Geltungsdauer der vorherigen Fahrerlaubnis dieser Klasse bei Antragstellung abgelaufen ist.

(3) Die Absätze 1 und 2 sind auch anzuwenden, wenn der Inhaber der Fahrerlaubnis seinen ordentlichen Wohnsitz in einen nicht zur Europäischen Union oder zum Abkommen über den Europäischen Wirtschaftsraum gehörenden Staat verlegt hat.

(4) Die Verlängerung einer Fahrerlaubnis kann frühestens sechs Monate vor Ablauf ihrer Geltungsdauer bei der nach Landesrecht zuständigen Behörde beantragt werden.

§ 24a Gültigkeit von Führerscheinen. (1) [1] Die Gültigkeit der ab dem 19. Januar 2013 ausgestellten Führerscheine ist auf 15 Jahre befristet. [2] Die Vorschriften des § 23 Absatz 1 bleiben unberührt.

(2) [1] Ein Führerschein, der vor dem 19. Januar 2013 ausgestellt worden ist, ist bis zu dem Zeitpunkt umzutauschen, der sich aus der Anlage 8e ergibt. [2] Nach Ablauf der sich aus Satz 1 in Verbindung mit der Anlage 8e ergebenden Frist verliert der Führerschein seine Gültigkeit.

(3) [1] Bei der erstmaligen Befristung eines Führerscheins ist Grundlage für die Bemessung der Gültigkeit das Datum des Tages, an dem die Fahrerlaubnisbehörde den Auftrag zur Herstellung des Führerscheins erteilt. [2] Grundlage der Bemessung der Gültigkeit eines bereits verlängerten Führerscheins ist das Datum des Tages, an dem die vorangegangene Befristung endet. [3] Satz 2 gilt auch, wenn die Gültigkeit des Führerscheins bei Antragstellung noch gegeben oder bereits abgelaufen ist. [4] Abweichend von den Sätzen 2 und 3 ist bei der Ausstellung eines Ersatzdokuments und bei der Ausfertigung eines neuen Führerscheins wegen Erweiterung oder Verlängerung der Fahrerlaubnis oder wegen Änderung der Angaben auf dem Führerschein Satz 1 anzuwenden.

(4) [1] Die Gültigkeit eines Führerscheins, der ab dem 1. Januar 1999 als Kartenführerschein ausgestellt worden ist, kann durch die nach Landesrecht zuständige Behörde durch die Anbringung eines mit einer bestimmten Frist versehenen Gültigkeitsaufklebers mit Sicherheitsdesign der Bundesdruckerei nachträglich befristet werden, soweit der Antragsteller dies zusammen mit der Erteilung eines neuen Führerscheins beantragt und zum Zeitpunkt der Antragstellung keine Gründe gegen die sofortige Ausstellung eines neuen Führerscheins bestehen. [2] Ein nach Satz 1 befristeter Führerschein dient nur im Inland als Nachweis der Fahrberechtigung. [3] Er verliert seine Gültigkeit mit Zustellung des neuen Führerscheins, Ablauf der Frist oder wenn der Gültigkeitsaufkleber entfernt oder beschädigt wurde.

§ 25 Ausfertigung des Führerscheins. (1) [1]Der Führerschein wird nach Muster 1 der Anlage 8 ausgefertigt. [2]Er darf nur ausgestellt werden, wenn der Antragsteller

1. seinen ordentlichen Wohnsitz im Sinne des § 7 Absatz 1 oder 2 in der Bundesrepublik Deutschland hat,
2. zu dem in § 7 Absatz 3 genannten Personenkreis gehört oder
3. seinen ordentlichen Wohnsitz in einem Staat hat, der nicht Mitgliedstaat der Europäischen Union oder Vertragsstaat des Abkommens über den Europäischen Wirtschaftsraum ist und im Besitz einer deutschen Fahrerlaubnis ist.

(2) [1]Bei einer Erweiterung oder Verlängerung der Fahrerlaubnis oder Änderungen der Angaben auf dem Führerschein ist ein neuer Führerschein auszufertigen. [2]Bei einer Erweiterung der Fahrerlaubnis auf eine andere Klasse ist auf dem Führerschein der Tag zu vermerken, an dem die EU- oder EWR-Fahrerlaubnis für die bisher vorhandenen Klassen erteilt worden ist.

(3) Bei Eintragungen auf dem Führerschein, die nicht bereits im Muster vorgesehen sind, insbesondere auf Grund von Beschränkungen und Auflagen, sind die in Anlage 9 festgelegten Schlüsselzahlen zu verwenden.

(3a) [1]Ist die Gültigkeit des Führerscheins abgelaufen, hat der Inhaber einen neuen Führerschein zu beantragen, es sei denn, er verzichtet auf die Fahrerlaubnis. [2]Absatz 4 Satz 2 gilt entsprechend.

(4) [1]Ist ein Führerschein abhandengekommen oder vernichtet worden, hat der bisherige Inhaber den Verlust unverzüglich anzuzeigen und sich ein Ersatzdokument ausstellen zu lassen, sofern er nicht auf die Fahrerlaubnis verzichtet. [2]Wird ein Ersatzführerschein für einen abhandengekommenen ausgestellt, hat sich die Fahrerlaubnisbehörde auf Kosten des Antragstellers durch die Einholung einer Auskunft aus dem Zentralen Fahrerlaubnisregister und aus dem Fahreignungsregister zu vergewissern, dass der Antragsteller die entsprechende Fahrerlaubnis besitzt. [3]Sie kann außerdem – in der Regel über das Kraftfahrt-Bundesamt – auf seine Kosten eine Auskunft aus den entsprechenden ausländischen Registern einholen.

(5) [1]Bei der Aushändigung eines neuen Führerscheins ist der bisherige Führerschein einzuziehen oder ungültig zu machen. [2]Auf Wunsch des Inhabers der Fahrerlaubnis kann dieser den bisherigen Führerschein behalten. [3]Hierzu ist der Führerschein durch die nach Landesrecht zuständige Behörde sichtbar und dauerhaft zu entwerten. [4]Im Falle der Vorlage eines nach dem 1. Januar 1999 als Kartenführerschein ausgestellten Führerscheins ist der Führerschein durch eine Lochung in der unteren rechten Ecke der Vorderseite zu entwerten. [5]Er verliert mit Aushändigung des neuen Führerscheins seine Gültigkeit. [6]Wird der bisherige Führerschein nach Aushändigung des neuen wieder aufgefunden, ist er unverzüglich der zuständigen Fahrerlaubnisbehörde abzuliefern.

§ 25a Antrag auf Ausstellung eines Internationalen Führerscheins.

(1) [1]Kraftfahrzeugführer erhalten auf Antrag den Internationalen Führerschein, wenn sie das 18. Lebensjahr vollendet haben und die nach § 6 Absatz 1 für das Führen des Fahrzeugs erforderliche EU- oder EWR-Fahrerlaubnis nach einem ab dem 1. Januar 1999 zu verwendenden Muster oder eine ausländische Erlaubnis zum Führen von Kraftfahrzeugen gemäß § 29 nachweisen. [2]§ 29 Absatz 2 Satz 2 ist entsprechend anzuwenden. [3]Ein internationaler Führerschein nach § 25b Absatz 3 darf nur ausgestellt werden, wenn der Inhaber

seinen ordentlichen Wohnsitz im Inland oder in einem Staat hat, der keine Vertragspartei des Übereinkommens über den Straßenverkehr vom 8. November 1968 ist.

(2) Dem Antrag sind ein Lichtbild, das den Bestimmungen der Passverordnung entspricht, und der Führerschein beizufügen.

§ 25b Ausstellung des Internationalen Führerscheins. (1) Internationale Führerscheine müssen nach den Anlagen 8c und 8d in deutscher Sprache mit lateinischen Druck- oder Schriftzeichen ausgestellt werden.

(2) Beim Internationalen Führerschein nach Artikel 7 und Anlage E des Internationalen Abkommens über Kraftfahrzeugverkehr vom 24. April 1926 (RGBl. 1930 II S. 1233) ergeben sich die entsprechenden Fahrerlaubnisklassen und deren Beschränkungen aus Nummer 5 der Vorbemerkungen zu Anlage 8c.

(2a) [1] Erfolgt die Ausstellung des Internationalen Führerscheins nach Anlage 8b auf Grund eines Führerscheins, der zwischen dem 1. Januar 1999 und dem 18. Januar 2013 ausgefertigt wurde, ergeben sich die entsprechenden Fahrerlaubnisklassen und deren Beschränkungen aus Nummer 6 der Vorbemerkungen zu Anlage 8c. [2] Weitere Beschränkungen der Fahrerlaubnis sind zu übernehmen.

(3) [1] Beim Internationalen Führerschein nach Artikel 41 und Anhang 7 des Übereinkommens über den Straßenverkehr vom 8. November 1968 (BGBl. 1977 II S. 809) ergeben sich die entsprechenden Fahrerlaubnisklassen und deren Beschränkungen aus Nummer 5 der Vorbemerkungen zu Anlage 8d. [2] Weitere Beschränkungen der Fahrerlaubnis sind zu übernehmen.

(3a) [1] Erfolgt die Ausstellung des Internationalen Führerscheins nach Anlage 8d auf Grund eines Führerscheins, der zwischen dem 1. Januar 1999 und dem 18. Januar 2013 ausgefertigt wurde, ergeben sich die entsprechenden Fahrerlaubnisklassen und deren Beschränkungen aus Nummer 6 der Vorbemerkungen zu Anlage 8d. [2] Weitere Beschränkungen der Fahrerlaubnis sind zu übernehmen.

(4) [1] Die Gültigkeitsdauer Internationaler Führerscheine nach Anlage 8c beträgt ein Jahr, solcher nach Anlage 8d drei Jahre, jeweils vom Zeitpunkt ihrer Ausstellung. [2] Die Gültigkeitsdauer darf nicht über die Gültigkeitsdauer des nationalen Führerscheins hinausgehen; dessen Nummer muss auf dem Internationalen Führerschein vermerkt sein.

4. Sonderbestimmungen für das Führen von Dienstfahrzeugen

§ 26 Dienstfahrerlaubnis. (1) [1] Die von den Dienststellen der Bundeswehr, der Bundespolizei und der Polizei (§ 73 Absatz 4) erteilten Fahrerlaubnisse berechtigen nur zum Führen von Dienstfahrzeugen (Dienstfahrerlaubnisse). [2] Bei Erteilung der Dienstfahrerlaubnis darf auf die Vorlage des Führungszeugnisses nach § 11 Absatz 1 Satz 5 verzichtet werden. [3] Über die Dienstfahrerlaubnis der Bundeswehr wird ein Führerschein nach Muster 2 der Anlage 8, über die der Bundespolizei und der Polizei ein Führerschein nach Muster 3 der Anlage 8 ausgefertigt (Dienstführerschein). [4] Die Dienstfahrerlaubnis der Bundeswehr wird in den aus Muster 2 der Anlage 8 ersichtlichen Klassen erteilt. [5] Der Umfang der Berechtigung zum Führen von Dienstfahrzeugen der Bundeswehr ergibt sich aus Anlage 10, wenn die Dienstfahrerlaubnis der Bundeswehr bis zum Ablauf des 18. Januar 2013 erteilt worden ist. [6] Wenn die Dienstfahrerlaubnis der Bundeswehr ab dem 19. Januar 2013 erteilt worden ist, ergibt sich der Umfang der Berechtigung zum Führen von Dienstfahrzeugen der Bundeswehr aus § 6. [7]Der Dienstführerschein der Bundeswehr ist nur in Verbindung mit dem Dienstausweis gültig.

(2) [1]Der Inhaber der Dienstfahrerlaubnis darf von ihr nur während der Dauer des Dienstverhältnisses Gebrauch machen. [2]Bei Beendigung des Dienstverhältnisses ist der Dienstführerschein einzuziehen. [3]Wird das Dienstverhältnis wieder begründet, darf ein Dienstführerschein ausgehändigt werden, sofern die Dienstfahrerlaubnis noch gültig ist. [4]Ist sie nicht mehr gültig, kann die Dienstfahrerlaubnis unter den Voraussetzungen des § 24 Absatz 1 neu erteilt werden.

(3) Bei der erstmaligen Beendigung des Dienstverhältnisses nach der Erteilung oder Neuerteilung der betreffenden Klasse der Dienstfahrerlaubnis ist dem Inhaber auf Antrag zu bescheinigen, für welche Klasse von Kraftfahrzeugen ihm die Erlaubnis erteilt war.

§ 27 Verhältnis von allgemeiner Fahrerlaubnis und Dienstfahrerlaubnis. (1) [1]Beantragt der Inhaber einer Dienstfahrerlaubnis während der Dauer des Dienstverhältnisses die Erteilung einer allgemeinen Fahrerlaubnis, sind folgende Vorschriften nicht anzuwenden:

1. § 11 Absatz 9 über die ärztliche Untersuchung und § 12 Absatz 6 über die Untersuchung des Sehvermögens, es sei denn, dass in entsprechender Anwendung der Regelungen in den §§ 23 und 24 eine Untersuchung erforderlich ist,
2. § 12 Absatz 2 über den Sehtest,
3. § 15 über die Befähigungsprüfung,
4. § 19 über die Schulung in Erster Hilfe,
5. die Vorschriften über die Ausbildung.

[2]Dasselbe gilt bei Vorlage einer Bescheinigung nach § 26 Absatz 3. [3]Die Klasse der auf Grund einer bis zum Ablauf des 18. Januar 2013 erteilten Dienstfahrerlaubnis der Bundeswehr zu erteilenden allgemeinen Fahrerlaubnis ergibt sich aus Anlage 10. [4]Die Klasse der aufgrund einer ab dem 19. Januar 2013 erteilten Dienstfahrerlaubnis der Bundeswehr zu erteilenden allgemeinen Fahrerlaubnis ergibt sich aus § 6. [5]Auf dem Führerschein ist in Feld 10 der Tag zu vermerken, an dem die Dienstfahrerlaubnis für die betreffende Klasse erteilt worden ist. [6]Wenn die Geltungsdauer der betreffenden Klasse der Dienstfahrerlaubnis befristet ist, wird die im Dienstführerschein vermerkte Geltungsdauer in Feld 11 der betreffenden Klassen eingetragen.

(1a) Abweichend von Absatz 1 Satz 1 Nummer 3 ordnet die Fahrerlaubnisbehörde in dem Fall des § 26 Absatz 3 eine Fahrerlaubnisprüfung an, wenn Tatsachen vorliegen, die die Annahme rechtfertigen, dass der Bewerber die nach § 16 Absatz 1 und § 17 Absatz 1 erforderlichen Kenntnisse und Fähigkeiten nicht mehr besitzt.

(2) [1]Wird dem Inhaber einer allgemeinen Fahrerlaubnis eine Dienstfahrerlaubnis derselben oder einer entsprechenden Klasse erteilt, kann die Dienstfahrerlaubnisbehörde Absatz 1 Satz 1 entsprechend anwenden. [2]Dies gilt auch bei der Erteilung einer Dienstfahrerlaubnis der Bundeswehr in einer von § 6 Absatz 1 abweichenden Klasse, soweit die in Absatz 1 Satz 1 genannten Voraussetzungen auch Voraussetzungen für die Erteilung der Dienstfahrerlaubnis sind.

(3) [1] Die Fahrerlaubnisbehörde teilt der Dienststelle, die die Dienstfahrerlaubnis erteilt hat, die unanfechtbare Versagung der allgemeinen Fahrerlaubnis sowie deren unanfechtbare oder vorläufig wirksame Entziehung einschließlich der Gründe der Entscheidung unverzüglich mit. [2] Die Dienststelle teilt der zuständigen Fahrerlaubnisbehörde die unanfechtbare Versagung der Dienstfahrerlaubnis sowie deren unanfechtbare oder vorläufig wirksame Entziehung einschließlich der Gründe der Entscheidung unverzüglich mit, sofern die Versagung oder die Entziehung auf den Vorschriften des Straßenverkehrsgesetzes[1)] beruhen. [3] Für die Wahrnehmung der Aufgaben nach diesem Absatz können an Stelle der genannten Dienststellen auch andere Stellen bestimmt werden. [4] Für den Bereich der Bundeswehr nimmt die Zentrale Militärkraftfahrtstelle die Aufgaben wahr.

(4) Die Dienstfahrerlaubnis erlischt mit der Entziehung der allgemeinen Fahrerlaubnis.

5. Sonderbestimmungen für Inhaber ausländischer Fahrerlaubnisse

§ 28 Anerkennung von Fahrerlaubnissen aus Mitgliedstaaten der Europäischen Union oder einem anderen Vertragsstaat des Abkommens über den Europäischen Wirtschaftsraum. (1) [1] Inhaber einer gültigen EU- oder EWR-Fahrerlaubnis, die ihren ordentlichen Wohnsitz im Sinne des § 7 Absatz 1 oder 2 in der Bundesrepublik Deutschland haben, dürfen – vorbehaltlich der Einschränkungen nach den Absätzen 2 bis 4 – im Umfang ihrer Berechtigung Kraftfahrzeuge im Inland führen. [2] Auflagen zur ausländischen Fahrerlaubnis sind auch im Inland zu beachten. [3] Auf die Fahrerlaubnisse finden die Vorschriften dieser Verordnung Anwendung, soweit nichts anderes bestimmt ist.

(2) [1] Der Umfang der Berechtigung der jeweiligen Fahrerlaubnisklassen ergibt sich aus dem Beschluss (EU) 2016/1945 der Kommission vom 14. Oktober 2016 über Äquivalenzen zwischen Führerscheinklassen (ABl. L 302 vom 9.11. 2016, S. 62). [2] Die Berechtigung nach Absatz 1 gilt nicht für Fahrerlaubnisklassen, für die die Entscheidung der Kommission keine entsprechenden Klassen ausweist. [3] Für die Berechtigung zum Führen von Fahrzeugen der Klassen L und T gilt § 6 Absatz 3 entsprechend.

(3) [1] Die Vorschriften über die Geltungsdauer von Fahrerlaubnissen der Klassen C, C1, CE, C1E, D, D1, DE und D1E in § 23 Absatz 1 gelten auch für die entsprechenden EU- und EWR-Fahrerlaubnisse. [2] Grundlage für die Berechnung der Geltungsdauer ist das Datum der Erteilung der ausländischen Fahrerlaubnis. [3] Wäre danach eine solche Fahrerlaubnis ab dem Zeitpunkt der Verlegung des ordentlichen Wohnsitzes in die Bundesrepublik Deutschland nicht mehr gültig, weil seit der Erteilung mehr als fünf Jahre verstrichen sind, besteht die Berechtigung nach Absatz 1 Satz 1 noch sechs Monate, gerechnet von der Begründung des ordentlichen Wohnsitzes im Inland an. [4] Für die Erteilung einer deutschen Fahrerlaubnis ist § 30 in Verbindung mit § 24 Absatz 1 entsprechend anzuwenden.

(4) [1] Die Berechtigung nach Absatz 1 gilt nicht für Inhaber einer EU- oder EWR-Fahrerlaubnis,

---

[1)] Nr. **1**.

1. die lediglich im Besitz eines Lernführerscheins oder eines anderen vorläufig ausgestellten Führerscheins sind,
2. die ausweislich des Führerscheins oder vom Ausstellungsmitgliedstaat herrührender unbestreitbarer Informationen zum Zeitpunkt der Erteilung ihren ordentlichen Wohnsitz im Inland hatten, es sei denn, dass sie als Studierende oder Schüler im Sinne des § 7 Absatz 2 die Fahrerlaubnis während eines mindestens sechsmonatigen Aufenthalts erworben haben,
3. denen die Fahrerlaubnis im Inland vorläufig oder rechtskräftig von einem Gericht oder sofort vollziehbar oder bestandskräftig von einer Verwaltungsbehörde entzogen worden ist, denen die Fahrerlaubnis bestandskräftig versagt worden ist oder denen die Fahrerlaubnis nur deshalb nicht entzogen worden ist, weil sie zwischenzeitlich auf die Fahrerlaubnis verzichtet haben,
4. denen auf Grund einer rechtskräftigen gerichtlichen Entscheidung keine Fahrerlaubnis erteilt werden darf,
5. solange sie im Inland, in dem Staat, der die Fahrerlaubnis erteilt hatte, oder in dem Staat, in dem sie ihren ordentlichen Wohnsitz haben, einem Fahrverbot unterliegen oder der Führerschein nach § 94 der Strafprozessordnung[1)] beschlagnahmt, sichergestellt oder in Verwahrung genommen ist,
6. die zum Zeitpunkt des Erwerbs der ausländischen EU- oder EWR-Fahrerlaubnis Inhaber einer deutschen Fahrerlaubnis waren,
7. deren Fahrerlaubnis aufgrund einer Fahrerlaubnis eines Drittstaates, der nicht in der Anlage 11 aufgeführt ist, prüfungsfrei umgetauscht worden ist, oder deren Fahrerlaubnis aufgrund eines gefälschten Führerscheins eines Drittstaates erteilt wurde,
8. die zum Zeitpunkt der Erteilung einer Fahrerlaubnis eines Drittstaates, die in eine ausländische EU- oder EWR-Fahrerlaubnis umgetauscht worden ist, oder zum Zeitpunkt der Erteilung der EU- oder EWR-Fahrerlaubnis auf Grund einer Fahrerlaubnis eines Drittstaates ihren Wohnsitz im Inland hatten, es sei denn, dass sie die ausländische Erlaubnis zum Führen eines Kraftfahrzeuges als Studierende oder Schüler im Sinne des § 7 Absatz 2 in eine ausländische EU- oder EWR-Fahrerlaubnis während eines mindestens sechsmonatigen Aufenthalts umgetauscht haben, oder
9. die den Vorbesitz einer anderen Klasse voraussetzt, wenn die Fahrerlaubnis dieser Klasse nach den Nummern 1 bis 8 im Inland nicht zum Führen von Kraftfahrzeugen berechtigt.

[2] In den Fällen des Satzes 1 kann die Behörde einen feststellenden Verwaltungsakt über die fehlende Berechtigung erlassen. [3] Satz 1 Nummer 3 und 4 ist nur anzuwenden, wenn die dort genannten Maßnahmen im Fahreignungsregister eingetragen und nicht nach § 29 des Straßenverkehrsgesetzes[2)] getilgt sind. [4] Satz 1 Nummer 9 gilt auch, wenn sich das Fehlen der Berechtigung nicht unmittelbar aus dem Führerschein ergibt.

(5) [1] Das Recht, von einer EU- oder EWR-Fahrerlaubnis nach einer der in Absatz 4 Nummer 3 und 4 genannten Entscheidungen im Inland Gebrauch zu machen, wird auf Antrag erteilt, wenn die Gründe für die Entziehung oder die Sperre nicht mehr bestehen. [2] Absatz 4 Satz 3 sowie § 20 Absatz 1 und 3 gelten entsprechend.

---

1) Nr. **7**.
2) Nr. **1**.

§ 29 Ausländische Fahrerlaubnisse. (1) [1]Inhaber einer ausländischen Fahrerlaubnis dürfen im Umfang ihrer Berechtigung im Inland Kraftfahrzeuge führen, wenn sie hier keinen ordentlichen Wohnsitz nach § 7 haben. [2]Für die Berechtigung zum Führen von Fahrzeugen der Klassen AM, L und T gilt § 6 Absatz 3 entsprechend. [3]Begründet der Inhaber einer in einem anderen Mitgliedstaat der Europäischen Union oder einem anderen Vertragsstaat des Abkommens über den Europäischen Wirtschaftsraum erteilten Fahrerlaubnis einen ordentlichen Wohnsitz im Inland, richtet sich seine weitere Berechtigung zum Führen von Kraftfahrzeugen nach § 28. [4]Begründet der Inhaber einer in einem anderen Staat erteilten Fahrerlaubnis einen ordentlichen Wohnsitz im Inland, besteht die Berechtigung noch sechs Monate. [5]Die Fahrerlaubnisbehörde kann die Frist auf Antrag bis zu sechs Monate verlängern, wenn der Antragsteller glaubhaft macht, dass er seinen ordentlichen Wohnsitz nicht länger als zwölf Monate im Inland haben wird. [6]Auflagen zur ausländischen Fahrerlaubnis sind auch im Inland zu beachten.

(2) [1]Die Fahrerlaubnis ist durch einen gültigen nationalen oder Internationalen Führerschein nach Artikel 7 und Anlage E des Internationalen Abkommens über Kraftfahrzeugverkehr vom 24. April 1926, Artikel 24 und Anlage 10 des Übereinkommens über den Straßenverkehr vom 19. September 1949 (Vertragstexte der Vereinten Nationen 1552 S. 22) oder nach Artikel 41 und Anhang 7 des Übereinkommens über den Straßenverkehr vom 8. November 1968 in Verbindung mit dem zugrunde liegenden nationalen Führerschein nachzuweisen. [2]Ausländische nationale Führerscheine, die nicht in deutscher Sprache abgefasst sind, die nicht in einem anderen Mitgliedstaat der Europäischen Union oder einem anderen Vertragsstaat des Abkommens über den Europäischen Wirtschaftsraum oder der Schweiz ausgestellt worden sind oder die nicht dem Anhang 6 des Übereinkommens über den Straßenverkehr vom 8. November 1968 entsprechen, müssen mit einer Übersetzung verbunden sein, es sei denn, die Bundesrepublik Deutschland hat auf das Mitführen der Übersetzung verzichtet. [3]Die Übersetzung muss von einem international anerkannten Automobilklub des Ausstellungsstaates oder einer vom Bundesministerium für Verkehr und digitale Infrastruktur bestimmten Stelle gefertigt sein.

(3) [1]Die Berechtigung nach Absatz 1 gilt nicht für Inhaber ausländischer Fahrerlaubnisse,

1. die lediglich im Besitz eines Lernführerscheins oder eines anderen vorläufig ausgestellten Führerscheins sind,

1a. die das nach § 10 Absatz 1 für die Erteilung einer Fahrerlaubnis vorgeschriebene Mindestalter noch nicht erreicht haben und deren Fahrerlaubnis nicht von einem anderen Mitgliedstaat der Europäischen Union oder einem anderen Vertragsstaat des Abkommens über den Europäischen Wirtschaftsraum erteilt worden ist,

2. die zum Zeitpunkt der Erteilung der ausländischen Erlaubnis zum Führen von Kraftfahrzeugen eines Staates, der nicht ein Mitgliedstaat der Europäischen Union oder ein anderer Vertragsstaat des Abkommens über den Europäischen Wirtschaftsraum ist, ihren ordentlichen Wohnsitz im Inland hatten,

2a. die ausweislich des EU- oder EWR-Führerscheins oder vom Ausstellungsmitgliedstaat der Europäischen Union oder des Vertragsstaates des Europäischen Wirtschaftsraums herrührender unbestreitbarer Informationen zum

Zeitpunkt der Erteilung ihren ordentlichen Wohnsitz im Inland hatten, es sei denn, dass sie als Studierende oder Schüler im Sinne des § 7 Absatz 2 die Fahrerlaubnis während eines mindestens sechsmonatigen Aufenthalts erworben haben,

3. denen die Fahrerlaubnis im Inland vorläufig oder rechtskräftig von einem Gericht oder sofort vollziehbar oder bestandskräftig von einer Verwaltungsbehörde entzogen worden ist, denen die Fahrerlaubnis bestandskräftig versagt worden ist oder denen die Fahrerlaubnis nur deshalb nicht entzogen worden ist, weil sie zwischenzeitlich auf die Fahrerlaubnis verzichtet haben,
4. denen auf Grund einer rechtskräftigen gerichtlichen Entscheidung keine Fahrerlaubnis erteilt werden darf oder
5. solange sie im Inland, in dem Staat, der die Fahrerlaubnis erteilt hatte oder in dem Staat, in dem sie ihren ordentlichen Wohnsitz haben, einem Fahrverbot unterliegen oder der Führerschein nach § 94 der Strafprozessordnung[1)] beschlagnahmt, sichergestellt oder in Verwahrung genommen worden ist.

[2]In den Fällen des Satzes 1 kann die Behörde einen feststellenden Verwaltungsakt über die fehlende Berechtigung erlassen. [3]Satz 1 Nummer 3 und 4 ist auf eine EU- oder EWR-Fahrerlaubnis nur anzuwenden, wenn die dort genannten Maßnahmen im Fahreignungsregister eingetragen und nicht nach § 29 des Straßenverkehrsgesetzes[2)] getilgt sind.

(4) Das Recht, von einer ausländischen Fahrerlaubnis nach einer der in Absatz 3 Nummer 3 und 4 genannten Entscheidungen im Inland Gebrauch zu machen, wird auf Antrag erteilt, wenn die Gründe für die Entziehung nicht mehr bestehen.

§ 29a Fahrerlaubnisse von in Deutschland stationierten Angehörigen der Streitkräfte der Vereinigten Staaten von Amerika und Kanadas.

[1]In Deutschland stationierte Mitglieder der Streitkräfte der Vereinigten Staaten von Amerika oder Kanadas oder des zivilen Gefolges dieser Streitkräfte und deren jeweilige Angehörige sind berechtigt, mit einem im Entsendestaat ausgestellten Führerschein zum Führen privater Kraftfahrzeuge in dem Entsendestaat solche Fahrzeuge im Bundesgebiet zu führen, wenn sie

1. eine gültige Bescheinigung nach Artikel 9 Absatz 2 des Zusatzabkommens zu dem Abkommen zwischen den Parteien des Nordatlantikvertrages über die Rechtsstellung ihrer Truppen hinsichtlich der in der Bundesrepublik Deutschland stationierten ausländischen Truppen innehaben und
2. zum Zeitpunkt der Erteilung der Bescheinigung nach Nummer 1 berechtigt waren, im Entsendestaat private Kraftfahrzeuge zu führen.

[2]Die Bescheinigung ist beim Führen von Kraftfahrzeugen mitzuführen und zuständigen Personen auf Verlangen zur Prüfung auszuhändigen. [3]Eine Verlängerung der Bescheinigung durch die Truppenbehörden bleibt unberührt.

---

1) Nr. **7**.
2) Nr. **1**.

§ 30 Erteilung einer Fahrerlaubnis an Inhaber einer Fahrerlaubnis aus einem Mitgliedstaat der Europäischen Union oder einem anderen Vertragsstaat des Abkommens über den Europäischen Wirtschaftsraum.

(1) [1]Beantragt der Inhaber einer EU- oder EWR-Fahrerlaubnis, die zum Führen von Kraftfahrzeugen im Inland berechtigt oder berechtigt hat, die Erteilung einer Fahrerlaubnis für die entsprechende Klasse von Kraftfahrzeugen, sind folgende Vorschriften nicht anzuwenden:

1. § 11 Absatz 9 über die ärztliche Untersuchung und § 12 Absatz 6 über die Untersuchung des Sehvermögens, es sei denn, dass in entsprechender Anwendung der Regelungen in den §§ 23 und 24 eine Untersuchung erforderlich ist,
2. § 12 Absatz 2 über den Sehtest,
3. § 15 über die Befähigungsprüfung,
4. § 19 über die Schulung in Erster Hilfe,
5. die Vorschriften über die Ausbildung.

[2]Für die Berechtigung zum Führen von Fahrzeugen der Klassen AM, L und T gilt § 6 Absatz 3 entsprechend. [3]Ist die ausländische Fahrerlaubnis auf das Führen von Kraftfahrzeugen ohne Kupplungspedal oder im Falle von Fahrzeugen der Klassen A, A1 oder A2 ohne Schalthebel beschränkt, ist die Fahrerlaubnis auf das Führen derartiger Fahrzeuge zu beschränken. [4]§ 17a Absatz 1 und 2 ist entsprechend anzuwenden.

(2) [1]Läuft die Geltungsdauer einer EU- oder EWR-Fahrerlaubnis der Klassen AM, A1, A2, A, B, BE oder B1, die zum Führen von Kraftfahrzeugen im Inland berechtigt hat, nach Begründung des ordentlichen Wohnsitzes in der Bundesrepublik Deutschland ab, findet Absatz 1 entsprechend Anwendung; handelt es sich um eine Fahrerlaubnis der Klassen C oder D oder einer Unter- oder Anhängerklasse, wird die deutsche Fahrerlaubnis in entsprechender Anwendung von § 24 Absatz 2 erteilt. [2]Satz 1 findet auch Anwendung, wenn die Geltungsdauer bereits vor Begründung des ordentlichen Wohnsitzes abgelaufen ist. [3]In diesem Fall hat die Fahrerlaubnisbehörde jedoch eine Auskunft nach § 22 Absatz 2 Satz 3 einzuholen, die sich auch darauf erstreckt, warum die Fahrerlaubnis nicht vor der Verlegung des ordentlichen Wohnsitzes in die Bundesrepublik Deutschland verlängert worden ist.

(3) [1]Der Führerschein ist nur gegen Abgabe des ausländischen Führerscheins auszuhändigen. [2]Außerdem hat der Antragsteller sämtliche weitere Führerscheine abzuliefern, soweit sie sich auf die EU- oder EWR-Fahrerlaubnis beziehen, die Grundlage der Erteilung der entsprechenden deutschen Fahrerlaubnis ist. [3]Die Fahrerlaubnisbehörde sendet die Führerscheine unter Angabe der Gründe über das Kraftfahrt-Bundesamt an die Behörde zurück, die sie jeweils ausgestellt hatte.

(4) [1]Auf dem Führerschein ist in Feld 10 der Tag zu vermerken, an dem die ausländische Fahrerlaubnis für die betreffende Klasse erteilt worden war. [2]Auf dem Führerschein ist zu vermerken, dass der Erteilung der Fahrerlaubnis eine Fahrerlaubnis zugrunde gelegen hat, die in einem Mitgliedstaat der Europäischen Union oder einem anderen Vertragsstaat des Abkommens über den Europäischen Wirtschaftsraum ausgestellt worden war.

(5) Absatz 3 gilt nicht für entsandte Mitglieder fremder diplomatischer Missionen im Sinne des Artikels 1 Buchstabe b des Wiener Übereinkommens vom

18. April 1961 über diplomatische Beziehungen (BGBl. 1964 II S. 957) in der jeweils geltenden Fassung und entsandte Mitglieder berufskonsularischer Vertretungen im Sinne des Artikels 1 Absatz 1 Buchstabe g des Wiener Übereinkommens vom 24. April 1963 über konsularische Beziehungen (BGBl. 1969 II S. 1585) in der jeweils geltenden Fassung sowie die zu ihrem Haushalt gehörenden Familienmitglieder.

§ 30a Weitergeltung einer deutschen Fahrerlaubnis und Rücktausch von Führerscheinen. (1) [1]Wird ein auf Grund einer deutschen Fahrerlaubnis ausgestellter Führerschein in einen Führerschein eines anderen Staates umgetauscht, bleibt die Fahrerlaubnis unverändert bestehen. [2]Bei einem Rücktausch in einen deutschen Führerschein sind in diesem die noch gültigen Fahrerlaubnisklassen unverändert zu dokumentieren.

(2) [1]Der Führerschein ist nur gegen Abgabe des ausländischen Führerscheins auszuhändigen. [2]Die nach Landesrecht zuständige Behörde (Fahrerlaubnisbehörde) sendet den Führerschein unter Angabe der Gründe über das Kraftfahrt-Bundesamt an die Behörde zurück, die sie jeweils ausgestellt hatte, sofern es sich um einen EU- oder EWR-Führerschein handelt oder wenn mit dem betreffenden Staat eine entsprechende Vereinbarung besteht. [3]In den anderen Fällen nimmt sie den Führerschein in Verwahrung. [4]Er darf nur gegen Abgabe des auf seiner Grundlage ausgestellten inländischen Führerscheins wieder ausgehändigt werden. [5]In begründeten Fällen kann die Fahrerlaubnisbehörde davon absehen, den ausländischen Führerschein in Verwahrung zu nehmen oder ihn an die ausländische Stelle zurückzuschicken. [6]Verwahrte Führerscheine können nach drei Jahren vernichtet werden.

§ 31 Erteilung einer Fahrerlaubnis an Inhaber einer Fahrerlaubnis aus einem Staat außerhalb des Abkommens über den Europäischen Wirtschaftsraum. (1) [1]Beantragt der Inhaber einer Fahrerlaubnis, die in einem in Anlage 11 aufgeführten Staat und in einer in der Anlage 11 aufgeführten Klasse erteilt worden ist und die zum Führen von Kraftfahrzeugen im Inland berechtigt oder dazu berechtigt hat, die Erteilung einer Fahrerlaubnis für die entsprechende Klasse von Kraftfahrzeugen, sind folgende Vorschriften nicht anzuwenden:

1. § 11 Absatz 9 über die ärztliche Untersuchung und § 12 Absatz 6 über die Untersuchung des Sehvermögens, es sei denn, dass in entsprechender Anwendung der Regelungen in den §§ 23 und 24 eine Untersuchung erforderlich ist,
2. § 12 Absatz 2 über den Sehtest,
3. § 15 über die Befähigungsprüfung nach Maßgabe der Anlage 11,
4. § 19 über die Schulung in Erster Hilfe,
5. die Vorschriften über die Ausbildung.

[2]Für die Berechtigung zum Führen von Fahrzeugen der Klassen AM, L und T gilt § 6 Absatz 3 entsprechend. [3]Dies gilt auch, wenn die Berechtigung nur auf Grund von § 29 Absatz 3 Nummer 1a nicht bestanden hat. [4]Ist die ausländische Fahrerlaubnis auf das Führen von Kraftfahrzeugen ohne Kupplungspedal (oder Schalthebel bei Fahrzeugen der Klassen A, A1 oder A2) beschränkt, ist die Fahrerlaubnis auf das Führen von Kraftfahrzeugen ohne Kupplungspedal (oder Schalthebel bei Fahrzeugen der Klassen A, A1 oder A2) zu beschränken. [5]§ 17a

Absatz 1 und 2 ist entsprechend anzuwenden. [6]Beantragt der Inhaber einer Fahrerlaubnis, die in einem in Anlage 11 aufgeführten Staat, aber in einer in Anlage 11 nicht aufgeführten Klasse erteilt worden ist und die zum Führen von Kraftfahrzeugen im Inland berechtigt oder dazu berechtigt hat, die Erteilung einer Fahrerlaubnis für die entsprechende Klasse von Kraftfahrzeugen, ist Absatz 2 entsprechend anzuwenden.

(1a) Abweichend von Absatz 1 Satz 1 Nummer 3 ordnet die Fahrerlaubnisbehörde eine Fahrerlaubnisprüfung an, wenn Tatsachen vorliegen, die die Annahme rechtfertigen, dass der Bewerber die nach § 16 Absatz 1 und § 17 Absatz 1 erforderlichen Kenntnisse und Fähigkeiten nicht mehr besitzt.

(2) Beantragt der Inhaber einer Fahrerlaubnis aus einem nicht in Anlage 11 aufgeführten Staat unter den Voraussetzungen des Absatzes 1 Satz 1 und 2 die Erteilung einer Fahrerlaubnis für die entsprechende Klasse von Kraftfahrzeugen, sind die Vorschriften über die Ausbildung nicht anzuwenden.

(3) [1]Der Antragsteller hat den Besitz der ausländischen Fahrerlaubnis durch den nationalen Führerschein nachzuweisen. [2]Außerdem hat er seinem Antrag auf Erteilung einer inländischen Fahrerlaubnis eine Erklärung des Inhalts beizugeben, dass seine ausländische Fahrerlaubnis noch gültig ist. [3]Die Fahrerlaubnisbehörde ist berechtigt, die Richtigkeit der Erklärung zu überprüfen.

(4) [1]Auf einem auf Grund des Absatzes 1 Satz 1 ausgestellten Führerschein ist zu vermerken, dass der Erteilung der Fahrerlaubnis eine Fahrerlaubnis zugrunde gelegen hat, die nicht in einem Mitgliedstaat der Europäischen Union oder einem anderen Vertragsstaat des Abkommens über den Europäischen Wirtschaftsraum ausgestellt worden war. [2]Der auf Grund des Absatzes 1 oder 2 ausgestellte Führerschein ist nur gegen Abgabe des ausländischen Führerscheins auszuhändigen. [3]Die Fahrerlaubnisbehörde sendet ihn über das Kraftfahrt-Bundesamt an die Stelle zurück, die ihn ausgestellt hat, wenn mit dem betreffenden Staat eine entsprechende Vereinbarung besteht. [4]In den anderen Fällen nimmt sie den Führerschein in Verwahrung. [5]Er darf nur gegen Abgabe des auf seiner Grundlage ausgestellten inländischen Führerscheins wieder ausgehändigt werden. [6]In begründeten Fällen kann die Fahrerlaubnisbehörde davon absehen, den ausländischen Führerschein in Verwahrung zu nehmen oder ihn an die ausländische Stelle zurückzuschicken. [7]Verwahrte Führerscheine können nach drei Jahren vernichtet werden.

(5) [1]Absatz 1 gilt auch für den in § 30 Absatz 5 genannten Personenkreis, sofern Gegenseitigkeit besteht. [2]Der Vermerk nach Absatz 4 Satz 1 ist einzutragen. [3]Absatz 4 Satz 2 bis 7 findet keine Anwendung.

6. Fahrerlaubnis auf Probe

§ 32 Ausnahmen von der Probezeit. [1]Ausgenommen von den Regelungen über die Probezeit nach § 2a des Straßenverkehrsgesetzes[1)] sind Fahrerlaubnisse der Klassen AM, L und T. [2]Bei erstmaliger Erweiterung einer Fahrerlaubnis der Klassen AM, L oder T auf eine der anderen Klassen ist die Fahrerlaubnis der Klasse, auf die erweitert wird, auf Probe zu erteilen.

---

1) Nr. **1**.

§ 33 Berechnung der Probezeit bei Inhabern von Dienstfahrerlaubnissen und Fahrerlaubnissen aus Staaten außerhalb des Abkommens über den Europäischen Wirtschaftsraum. (1) [1]Bei erstmaliger Erteilung einer allgemeinen Fahrerlaubnis an den Inhaber einer Dienstfahrerlaubnis ist die Zeit seit deren Erwerb auf die Probezeit anzurechnen. [2]Hatte die Dienststelle vor Ablauf der Probezeit den Dienstführerschein nach § 26 Absatz 2 eingezogen, beginnt mit der Erteilung einer allgemeinen Fahrerlaubnis eine neue Probezeit, jedoch nur im Umfang der Restdauer der vorherigen Probezeit.

(2) Begründet der Inhaber einer Fahrerlaubnis aus einem Staat außerhalb des Europäischen Wirtschaftsraums seinen ordentlichen Wohnsitz im Inland und wird ihm die deutsche Fahrerlaubnis nach § 31 erteilt, wird bei der Berechnung der Probezeit der Zeitraum nicht berücksichtigt, in welchem er im Inland zum Führen von Kraftfahrzeugen nicht berechtigt war.

§ 34 Bewertung der Straftaten und Ordnungswidrigkeiten im Rahmen der Fahrerlaubnis auf Probe und Anordnung des Aufbauseminars.

(1) Die Bewertung der Straftaten und Ordnungswidrigkeiten im Rahmen der Fahrerlaubnis auf Probe erfolgt nach Anlage 12.

(2) [1]Die Anordnung der Teilnahme an einem Aufbauseminar nach § 2a Absatz 2 des Straßenverkehrsgesetzes[1)] erfolgt schriftlich unter Angabe der Verkehrszuwiderhandlungen, die zu der Anordnung geführt haben; dabei ist eine angemessene Frist zu setzen. [2]Die schriftliche Anordnung ist bei der Anmeldung zu einem Aufbauseminar dem Kursleiter vorzulegen.

§ 35 Aufbauseminare. (1) [1]Das Aufbauseminar ist in Gruppen mit mindestens sechs und höchstens zwölf Teilnehmern durchzuführen. [2]Es besteht aus einem Kurs mit vier Sitzungen von jeweils 135 Minuten Dauer in einem Zeitraum von zwei bis vier Wochen; jedoch darf an einem Tag nicht mehr als eine Sitzung stattfinden. [3]Zusätzlich ist zwischen der ersten und der zweiten Sitzung eine Fahrprobe durchzuführen, die der Beobachtung des Fahrverhaltens des Seminarteilnehmers dient. [4]Die Fahrprobe soll in Gruppen mit drei Teilnehmern durchgeführt werden, wobei die reine Fahrzeit jedes Teilnehmers 30 Minuten nicht unterschreiten darf. [5]Dabei ist ein Fahrzeug zu verwenden, das – mit Ausnahme der Anzahl der Türen – den Anforderungen des Abschnitts 2.2 der Anlage 7 entspricht. [6]Jeder Teilnehmer an der Fahrprobe soll möglichst ein Fahrzeug der Klasse führen, mit dem vor allem die zur Anordnung der Teilnahme an dem Aufbauseminar führenden Verkehrszuwiderhandlungen begangen worden sind.

(2) [1]In den Kursen sind die Verkehrszuwiderhandlungen, die bei den Teilnehmern zur Anordnung der Teilnahme an dem Aufbauseminar geführt haben, und die Ursachen dafür zu diskutieren und daraus ableitend allgemein die Probleme und Schwierigkeiten von Fahranfängern zu erörtern. [2]Durch Gruppengespräche, Verhaltensbeobachtung in der Fahrprobe, Analyse problematischer Verkehrssituationen und durch weitere Informationsvermittlung soll ein sicheres und rücksichtsvolles Fahrverhalten erreicht werden. [3]Dabei soll insbesondere die Einstellung zum Verhalten im Straßenverkehr geändert, das Risikobewusstsein gefördert und die Gefahrenerkennung verbessert werden.

[1)] Nr. 1.

(3) Für die Durchführung von Einzelseminaren nach § 2b Absatz 1 des Straßenverkehrsgesetzes[1] gelten die Absätze 1 und 2 mit der Maßgabe, dass die Gespräche in vier Sitzungen von jeweils 60 Minuten Dauer durchzuführen sind.

§ 36 Besondere Aufbauseminare nach § 2b Absatz 2 Satz 2 des Straßenverkehrsgesetzes. (1) Inhaber von Fahrerlaubnissen auf Probe, die wegen Zuwiderhandlungen nach § 315c Absatz 1 Nummer 1 Buchstabe a, den §§ 316, 323a des Strafgesetzbuches[2] oder den §§ 24a, 24c des Straßenverkehrsgesetzes[1] an einem Aufbauseminar teilzunehmen haben, sind, auch wenn sie noch andere Verkehrszuwiderhandlungen begangen haben, einem besonderen Aufbauseminar zuzuweisen.

(2) Ist die Fahrerlaubnis wegen einer innerhalb der Probezeit begangenen Zuwiderhandlung nach § 315c Absatz 1 Nummer 1 Buchstabe a, den §§ 316, 323a des Strafgesetzbuches[2] oder den §§ 24a, 24c des Straßenverkehrsgesetzes entzogen worden, darf eine neue Fahrerlaubnis unbeschadet der übrigen Voraussetzungen nur erteilt werden, wenn der Antragsteller nachweist, dass er an einem besonderen Aufbauseminar teilgenommen hat.

(3) [1] Das besondere Aufbauseminar ist in Gruppen mit mindestens zwei und höchstens zwölf Teilnehmern durchzuführen. [2] Es besteht aus einem Kurs mit einem Vorgespräch und drei Sitzungen von jeweils 180 Minuten Dauer in einem Zeitraum von zwei bis vier Wochen sowie der Anfertigung von Kursaufgaben zwischen den Sitzungen. [3] An einem Tag darf nicht mehr als eine Sitzung stattfinden.

(4) [1] In den Kursen sind die Ursachen, die bei den Teilnehmern zur Anordnung der Teilnahme an einem Aufbauseminar geführt haben, zu diskutieren und Möglichkeiten für ihre Beseitigung zu erörtern. [2] Wissenslücken der Kursteilnehmer über die Wirkung des Alkohols und anderer berauschender Mittel auf die Verkehrsteilnehmer sollen geschlossen und individuell angepasste Verhaltensweisen entwickelt und erprobt werden, um insbesondere Trinkgewohnheiten zu ändern sowie Trinken und Fahren künftig zuverlässig zu trennen. [3] Durch die Entwicklung geeigneter Verhaltensmuster sollen die Kursteilnehmer in die Lage versetzt werden, einen Rückfall und weitere Verkehrszuwiderhandlungen unter Alkoholeinfluss oder dem Einfluss anderer berauschender Mittel zu vermeiden. [4] Zusätzlich ist auf die Problematik der wiederholten Verkehrszuwiderhandlungen einzugehen.

(5) Für die Durchführung von Einzelseminaren nach § 2b Absatz 1 des Straßenverkehrsgesetzes gelten die Absätze 3 und 4 mit der Maßgabe, dass die Gespräche in drei Sitzungen von jeweils 90 Minuten Dauer durchzuführen sind.

(6) [1] Die besonderen Aufbauseminare dürfen nur von Kursleitern durchgeführt werden, die von der zuständigen obersten Landesbehörde oder der von ihr bestimmten oder der nach Landesrecht zuständigen Stelle oder von dem für die in § 26 genannten Dienstbereiche jeweils zuständigen Fachminister oder von ihm bestimmten Stellen anerkannt worden sind. [2] Die amtliche Anerkennung als Kursleiter darf nur erteilt werden, wenn der Bewerber folgende Voraussetzungen erfüllt:

---

[1] Nr. **1**.
[2] Nr. **6**.

1. Abschluss eines Hochschulstudiums als Diplom-Psychologe oder eines gleichwertigen Master-Abschlusses in Psychologie,
2. Nachweis einer verkehrspsychologischen Ausbildung an einer Universität oder gleichgestellten Hochschule oder bei einer Stelle, die sich mit der Begutachtung oder Wiederherstellung der Kraftfahreignung befasst,
3. Kenntnisse und Erfahrungen in der Untersuchung und Begutachtung der Eignung von Kraftfahrern, die Zuwiderhandlungen gegen Vorschriften über das Führen von Kraftfahrzeugen unter Einfluss von Alkohol oder anderen berauschenden Mitteln begangen haben,
4. Ausbildung und Erfahrung als Kursleiter in Kursen für Kraftfahrer, die Zuwiderhandlungen gegen Vorschriften über das Führen von Kraftfahrzeugen unter Einfluss von Alkohol oder anderen berauschenden Mitteln begangen haben,
5. Vorlage eines sachgerechten, auf wissenschaftlicher Grundlage entwickelten Seminarkonzepts und
6. Nachweis geeigneter Räumlichkeiten sowie einer sachgerechten Ausstattung.

[3] Außerdem dürfen keine Tatsachen vorliegen, die Bedenken gegen die Zuverlässigkeit des Kursleiters begründen. [4] Die Anerkennung kann mit Auflagen, insbesondere hinsichtlich der Aufsicht über die Durchführung der Aufbauseminare sowie der Teilnahme an Fortbildungsmaßnahmen, verbunden werden.

(7) Die Aufsicht obliegt den nach Absatz 6 Satz 1 für die Anerkennung zuständigen Behörden oder Stellen; diese können sich hierbei geeigneter Personen oder Stellen bedienen.

§ 37 Teilnahmebescheinigung. (1) [1] Über die Teilnahme an einem Aufbauseminar nach § 35 oder § 36 ist vom Seminarleiter eine Bescheinigung zur Vorlage bei der Fahrerlaubnisbehörde auszustellen. [2] Die Bescheinigung muss

1. den Familiennamen und Vornamen, den Tag der Geburt und die Anschrift des Seminarteilnehmers,
2. die Bezeichnung des Seminarmodells und
3. Angaben über Umfang und Dauer des Seminars

enthalten. [3] Sie ist vom Seminarleiter und vom Seminarteilnehmer unter Angabe des Ausstellungsdatums zu unterschreiben.

(2) Die Ausstellung einer Teilnahmebescheinigung ist vom Kursleiter zu verweigern, wenn der Seminarteilnehmer nicht an allen Sitzungen des Kurses und an der Fahrprobe teilgenommen oder bei einem besonderen Aufbauseminar nach § 36 die Anfertigung von Kursaufgaben verweigert hat.

(3) [1] Die für die Durchführung von Aufbauseminaren erhobenen personenbezogenen Daten dürfen nur für diesen Zweck verarbeitet und genutzt werden und sind sechs Monate nach Abschluss der jeweiligen Seminare mit Ausnahme der Daten zu löschen, die für Maßnahmen der Qualitätssicherung oder Aufsicht erforderlich sind. [2] Diese Daten sind zu sperren und spätestens bis zum Ablauf des fünften des auf den Abschluss der jeweiligen Seminare folgenden Jahres zu löschen.

§ 38 Verkehrspsychologische Beratung. [1]In der verkehrspsychologischen Beratung soll der Inhaber der Fahrerlaubnis veranlasst werden, Mängel in seiner Einstellung zum Straßenverkehr und im verkehrssicheren Verhalten zu erkennen und die Bereitschaft zu entwickeln, diese Mängel abzubauen. [2]Die Beratung findet in Form eines Einzelgesprächs statt; sie kann durch eine Fahrprobe ergänzt werden, wenn der Berater dies für erforderlich hält. [3]Der Berater soll die Ursachen der Mängel aufklären und Wege zu ihrer Beseitigung aufzeigen. [4]Das Ergebnis der Beratung ist nur für den Betroffenen bestimmt und nur diesem mitzuteilen. [5]Der Betroffene erhält jedoch eine Bescheinigung über die Teilnahme zur Vorlage bei der Fahrerlaubnisbehörde; diese Bescheinigung muss eine Bezugnahme auf die Bestätigung nach § 71 Absatz 2 enthalten.

§ 39 Anordnung der Teilnahme an einem Aufbauseminar und weiterer Maßnahmen bei Inhabern einer Dienstfahrerlaubnis. [1]Bei Inhabern von Dienstfahrerlaubnissen, die keine allgemeine Fahrerlaubnis besitzen, sind für die Anordnung von Maßnahmen nach § 2a Absatz 2, 3 bis 5 des Straßenverkehrsgesetzes innerhalb der Probezeit die in § 26 Absatz 1 genannten Dienststellen zuständig. [2]Die Zuständigkeit bestimmt der zuständige Fachminister, soweit sie nicht landesrechtlich geregelt wird. [3]Besitzen die Betroffenen daneben eine allgemeine Fahrerlaubnis, ausgenommen die Klassen AM, L und T, treffen die Anordnungen ausschließlich die nach Landesrecht zuständigen Verwaltungsbehörden.

7. Fahreignungs-Bewertungssystem

§ 40 Bezeichnung und Bewertung nach dem Fahreignungs-Bewertungssystem. Dem Fahreignungs-Bewertungssystem sind die in Anlage 13 bezeichneten Zuwiderhandlungen mit der dort jeweils festgelegten Bewertung zu Grunde zu legen.

§ 41 Maßnahmen der nach Landesrecht zuständigen Behörde.

(1) Die Ermahnung des Inhabers einer Fahrerlaubnis nach § 4 Absatz 5 Satz 1 Nummer 1 des Straßenverkehrsgesetzes, seine Verwarnung nach § 4 Absatz 5 Satz 1 Nummer 2 des Straßenverkehrsgesetzes und der jeweils gleichzeitige Hinweis auf die freiwillige Teilnahme an einem Fahreignungsseminar erfolgen schriftlich unter Angabe der begangenen Verkehrszuwiderhandlungen.

(2) Die Anordnung eines Verkehrsunterrichts nach § 48 der Straßenverkehrs-Ordnung bleibt unberührt.

§ 42 Fahreignungsseminar. (1) [1]Das Fahreignungsseminar besteht aus einer verkehrspädagogischen und aus einer verkehrspsychologischen Teilmaßnahme. [2]Die Teilmaßnahmen sind durch gegenseitige Information der jeweiligen Seminarleiter aufeinander abzustimmen.

(2) [1]Die verkehrspädagogische Teilmaßnahme zielt auf die Vermittlung von Kenntnissen zum Risikoverhalten, die Verbesserung der Gefahrenkognition, die Anregung zur Selbstreflexion und die Entwicklung von Verhaltensvarianten ab. [2]Sie umfasst zwei Module zu je 90 Minuten entsprechend der Anlage 16. [3]Neben den dort genannten Lehr- und Lernmethoden und Medien dürfen auch Methoden und Medien eingesetzt werden, die den gleichen Lernerfolg gewährleisten. [4]Über die Geeignetheit der Methoden und Medien entscheidet die nach Landesrecht zuständige Behörde, die zur Bewertung ein unabhängiges

wissenschaftliches Gutachten einer für die Bewertung geeigneten Stelle einholen kann. [5]Die verkehrspädagogische Teilmaßnahme kann als Einzelmaßnahme oder in Gruppen mit bis zu sechs Teilnehmern durchgeführt werden.

(3) Modul 1 der verkehrspädagogischen Teilmaßnahme umfasst folgende Bausteine:

1. Einzelbaustein „Seminarüberblick“,
2. teilnehmerbezogene Darstellung der individuellen Fahrerkarriere und Sicherheitsverantwortung,
3. teilnehmerbezogene Darstellung der individuellen Mobilitätsbedeutung,
4. Darstellung der individuellen Mobilitätsbedeutung als Hausaufgabe,
5. Einzelbaustein „Erläuterung des Fahreignungs-Bewertungssystems“,
6. tatbezogene Bausteine zu Verkehrsregeln und Rechtsfolgen bei Zuwiderhandlungen mit folgenden Varianten:
   a) Geschwindigkeit,
   b) Abstand,
   c) Vorfahrt und Abbiegen,
   d) Überholen,
   e) Ladung,
   f) Telefonieren im Fahrzeug,
   g) Alkohol und andere berauschende Mittel,
   h) Straftaten,
7. Festigungsbaustein „Übung zur Klärung der individuellen Mobilitätssituation“ und
8. Hausaufgabenbaustein „Übung zur Selbstbeobachtung“.

(4) Modul 2 der verkehrspädagogischen Teilmaßnahme umfasst folgende Bausteine:

1. Auswertung der Hausaufgaben,
2. tatbezogene Bausteine zu Risikoverhalten und Unfallfolgen und
3. Festigungsbaustein „individuelle Sicherheitsverantwortung“.

(5) [1]Die Auswahl der tatbezogenen Bausteine nach den Absätzen 3 und 4 wird vom Seminarleiter in Abhängigkeit von den in den individuellen Fahrerkarrieren dargestellten Verkehrszuwiderhandlungen vorgenommen. [2]Modul 2 der verkehrspädagogischen Teilmaßnahme darf frühestens nach Ablauf von einer Woche nach Abschluss des Moduls 1 begonnen werden.

(6) [1]Die verkehrspsychologische Teilmaßnahme zielt darauf ab, dem Teilnehmer Zusammenhänge zwischen auslösenden und aufrechterhaltenden Bedingungen des regelwidrigen Verkehrsverhaltens aufzuzeigen. [2]Sie soll beim Teilnehmer Reflexionsbereitschaft erzeugen und Veränderungsbereitschaft schaffen. [3]Sie umfasst zwei Sitzungen zu je 75 Minuten und ist als Einzelmaßnahme durchzuführen.

(7) [1]Sitzung 1 der verkehrspsychologischen Teilmaßnahme dient der Verhaltensanalyse, der Entwicklung eines funktionalen Bedingungsmodells und der Erarbeitung von Lösungsstrategien. [2]Sie umfasst

1. die Erarbeitung der auslösenden und aufrechterhaltenden inneren und äußeren Bedingungen der Verkehrszuwiderhandlungen als Verhaltensanalyse,

2. die Erarbeitung der Funktionalität des Fehlverhaltens in Form einer Mittel-Zweck-Relation,
3. die Aktivierung persönlicher Stärken und Unterstützungsmöglichkeiten sowie Motivationsarbeit,
4. die Ausarbeitung schriftlicher Zielvereinbarungen, diese umfassen
   a) die Spezifikation des Zielverhaltens in Form von Lösungsstrategien,
   b) die Festlegung der Verstärker, Belohnungen und positiven Konsequenzen und
   c) die Festlegung der zu erreichenden Schritte und
5. die Hausaufgaben „Selbstbeobachtung des Verhaltens in kritischen Situationen" und „Erprobung des neuen Zielverhaltens".

(8) [1] Sitzung 2 der verkehrspsychologischen Teilmaßnahme dient der Festigung der Lösungsstrategien. [2] Sie umfasst
1. die Besprechung der Erfahrungen aus der Selbstbeobachtung,
2. die Besprechung der Einhaltung der Zielvereinbarungen,
3. die Erarbeitung und Weiterentwicklung von Verhaltensstrategien und
4. die Aktivierung persönlicher Stärken und Unterstützungsmöglichkeiten sowie Motivationsarbeit.

(9) Mit Sitzung 2 der verkehrspsychologischen Teilmaßnahme darf frühestens nach Ablauf von drei Wochen nach Abschluss von Sitzung 1 begonnen werden.

§ 43 Überwachung der Fahreignungsseminare nach § 42 und der Einweisungslehrgänge nach § 46 Absatz 2 Satz 1 Nummer 4 des Fahrlehrergesetzes. (1) [1] Die nach Landesrecht zuständige Behörde hat die Durchführung der Fahreignungsseminare auf die Einhaltung von folgenden Kriterien zu prüfen:
1. das Vorliegen der Voraussetzungen für die Seminarerlaubnis
   a) Verkehrspädagogik nach § 46 Absatz 2 des Fahrlehrergesetzes oder
   b) Verkehrspsychologie nach § 4a Absatz 4 des Straßenverkehrsgesetzes[1)],
2. das Vorliegen des Nachweises der Fortbildung nach § 4a Absatz 7 des Straßenverkehrsgesetzes oder § 53 Absatz 2 des Fahrlehrergesetzes,
3. die räumliche und sachliche Ausstattung,
4. die Aufzeichnungen über die Seminarteilnehmer in Gestalt von Name, Vorname, Geburtsdatum und Anschrift sowie deren Unterschriften auf der Teilnehmerliste je Modul oder Sitzung und
5. die anonymisierte Dokumentation der durchgeführten Seminare, die Folgendes umfasst:
   a) für die verkehrspädagogische Teilmaßnahme
      aa) das Datum, die Dauer und den Ort der durchgeführten Module,
      bb) die Anzahl der Teilnehmer,
      cc) die Kurzdarstellungen der Fahrerkarrieren,
      dd) die eingesetzten Bausteine und Medien,
      ee) die Hausaufgaben und

[1)] Nr. **1**.

ff) die Seminarverträge,

b) für die verkehrspsychologische Teilmaßnahme

aa) das Datum, die Dauer und den Ort der durchgeführten Sitzungen,

bb) die auslösenden und aufrechterhaltenden Bedingungen der Verkehrszuwiderhandlungen,

cc) die Funktionalität des Problemverhaltens,

dd) die erarbeiteten Lösungsstrategien,

ee) die persönlichen Stärken des Teilnehmers,

ff) die Zielvereinbarungen und

gg) den Seminarvertrag.

[2]Die nach Landesrecht zuständige Behörde kann die Einhaltung weiterer gesetzlicher Bestimmungen in die Überwachung einbeziehen.

(2) [1]Die nach Landesrecht zuständige Behörde hat die Durchführung der Einweisungslehrgänge nach § 46 Absatz 2 Satz 1 Nummer 4 des Fahrlehrergesetzes auf die Einhaltung von folgenden Kriterien zu prüfen:

1. das Vorliegen der Voraussetzungen für die Anerkennung von Einweisungslehrgängen nach § 47 Absatz 1 des Fahrlehrergesetzes,
2. die Einhaltung des Ausbildungsprogramms nach § 47b Absatz 1 Satz 2 Nummer 1 des Fahrlehrergesetzes,
3. die Dokumentation der durchgeführten Einweisungslehrgänge, die Folgendes umfasst:

a) die Vornamen und Familiennamen des Lehrgangsleiters und der eingesetzten Lehrkräfte,

b) die Vornamen und Familiennamen und die Geburtsdaten der Teilnehmer,

c) die Kurzdarstellung des Verlaufs des Lehrgangs einschließlich der Inhalte und eingesetzten Methoden,

d) das Datum, die Dauer und den Ort der durchgeführten Kurse und

e) die Anwesenheit der Teilnehmer bei allen Kursen.

[2]Die nach Landesrecht zuständige Behörde kann die Einhaltung weiterer gesetzlicher Bestimmungen in die Überwachung einbeziehen.

§ 43a Anforderungen an Qualitätssicherungssysteme für das Fahreignungsseminar. Macht die nach Landesrecht zuständige Behörde von der Möglichkeit der Qualitätssicherungssysteme nach § 4a Absatz 8 Satz 6 des Straßenverkehrsgesetzes[1)] oder § 51 Absatz 6 des Fahrlehrergesetzes Gebrauch, hat sie ein Qualitätssicherungssystem für die verkehrspsychologische Teilmaßnahme anzuerkennen oder ein Qualitätssicherungssystem für die verkehrspädagogische Teilmaßnahme zu genehmigen, wenn

1. der Antragsteller oder bei juristischen Personen die vertretungsberechtigten Personen über die für den Betrieb des Qualitätssicherungssystems erforderliche Zuverlässigkeit verfügen,
2. die finanzielle und organisatorische Leistungsfähigkeit des Trägers des Qualitätssicherungssystems gewährleistet ist,

---

[1)] Nr. **1**.

3. Verfahren zur Qualitätssicherung vorgesehen und dokumentiert sind, die sicherstellen, dass
   a) wenigstens alle zwei Jahre eine Prüfung der Erfüllung der Anforderungen nach Anlage 17 bei dem Anbieter von Fahreignungsseminaren oder von Einweisungslehrgängen vor Ort durchgeführt wird,
   b) das zur Prüfung nach Buchstabe a eingesetzte Personal über die erforderliche Fachkunde, Unabhängigkeit und Zuverlässigkeit verfügt, um sachgerecht beurteilen zu können, ob die Anforderungen nach Anlage 17 erfüllt werden,
   c) der Anbieter von Fahreignungsseminaren oder von Einweisungslehrgängen aus dem Qualitätssicherungssystem ausgeschlossen wird, wenn er die gesetzlichen Anforderungen für die Durchführung von Fahreignungsseminaren oder Einweisungslehrgängen nicht mehr erfüllt und der Mangel nicht unverzüglich beseitigt wird,
   d) der Antragsteller der nach Landesrecht zuständigen Behörde die Aufnahme eines Anbieters von Fahreignungsseminaren oder von Einweisungslehrgängen in das Qualitätssicherungssystem und dessen Ausschluss oder Ausscheiden aus dem Qualitätssicherungssystem nebst der dafür wesentlichen Gründe unverzüglich mitteilt,
   e) bei der Durchführung der Qualitätssicherung die geltenden Datenschutzbestimmungen nach den Landesdatenschutzgesetzen sowie landesrechtliche, bereichsspezifische Datenschutzvorschriften und, soweit der Datenschutz nicht durch Landesrecht geregelt ist, nach dem Bundesdatenschutzgesetz sowie bundesrechtliche, bereichsspezifische Datenschutzvorschriften eingehalten werden,
   f) eine Dokumentation der Durchführung der Qualitätssicherung erfolgt und
   g) die nach Landesrecht zuständige Behörde jederzeit Einsicht in die Dokumentation über die Durchführung der Qualitätssicherung nehmen kann,

   und
4. mindestens eine der folgenden Maßnahmen vorgesehen und dokumentiert ist, die der Erhaltung des Qualitätsniveaus des Fahreignungsseminars dienen:
   a) ergänzende Fortbildungen,
   b) Auswertungen der Seminardurchführungen,
   c) institutionalisierter fachlicher Austausch oder
   d) eine der den vorgenannten Maßnahmen gleichwertige Maßnahme.

§ 44 Teilnahmebescheinigung. (1) [1] Nach Abschluss des Fahreignungsseminars ist vom Seminarleiter der abschließenden Teilmaßnahme eine Bescheinigung nach dem Muster der Anlage 18 zur Vorlage bei der nach Landesrecht zuständigen Behörde auszustellen. [2] Die Bescheinigung ist von den Seminarleitern beider Teilmaßnahmen und vom Seminarteilnehmer unter Angabe des Ausstellungsdatums zu unterschreiben.

(2) Die Ausstellung einer Teilnahmebescheinigung ist vom Seminarleiter zu verweigern, wenn der Seminarteilnehmer
1. nicht an allen Sitzungen des Seminars teilgenommen hat,
2. eine offene Ablehnung gegenüber den Zielen der Maßnahme zeigt oder
3. den Lehrstoff und Lernstoff nicht aktiv mitgestaltet.

§ 45 *(aufgehoben)*

8. Entziehung oder Beschränkung der Fahrerlaubnis, Anordnung von Auflagen

§ 46 Entziehung, Beschränkung, Auflagen. (1) [1] Erweist sich der Inhaber einer Fahrerlaubnis als ungeeignet zum Führen von Kraftfahrzeugen, hat ihm die Fahrerlaubnisbehörde die Fahrerlaubnis zu entziehen. [2] Dies gilt insbesondere, wenn Erkrankungen oder Mängel nach den Anlagen 4, 5 oder 6 vorliegen oder erheblich oder wiederholt gegen verkehrsrechtliche Vorschriften oder Strafgesetze verstoßen wurde und dadurch die Eignung zum Führen von Kraftfahrzeugen ausgeschlossen ist.

(2) [1] Erweist sich der Inhaber einer Fahrerlaubnis noch als bedingt geeignet zum Führen von Kraftfahrzeugen, schränkt die Fahrerlaubnisbehörde die Fahrerlaubnis so weit wie notwendig ein oder ordnet die erforderlichen Auflagen an. [2] Bei Inhabern ausländischer Fahrerlaubnisse schränkt die Fahrerlaubnisbehörde das Recht, von der ausländischen Fahrerlaubnis im Inland Gebrauch zu machen, so weit wie notwendig ein oder ordnet die erforderlichen Auflagen an. [3] Die Anlagen 4, 5 und 6 sind zu berücksichtigen.

(3) Werden Tatsachen bekannt, die Bedenken begründen, dass der Inhaber einer Fahrerlaubnis zum Führen eines Kraftfahrzeugs ungeeignet oder bedingt geeignet ist, finden die §§ 11 bis 14 entsprechend Anwendung.

(4) [1] Die Fahrerlaubnis ist auch zu entziehen, wenn der Inhaber sich als nicht befähigt zum Führen von Kraftfahrzeugen erweist. [2] Rechtfertigen Tatsachen eine solche Annahme, kann die Fahrerlaubnisbehörde zur Vorbereitung der Entscheidung über die Entziehung die Beibringung eines Gutachtens eines amtlich anerkannten Sachverständigen oder Prüfers für den Kraftfahrzeugverkehr anordnen. [3] § 11 Absatz 6 bis 8 ist entsprechend anzuwenden.

(5) Bei einer ausländischen Fahrerlaubnis hat die Entziehung die Wirkung einer Aberkennung des Rechts, von der Fahrerlaubnis im Inland Gebrauch zu machen.

(6) [1] Mit der Entziehung erlischt die Fahrerlaubnis. [2] Bei einer ausländischen Fahrerlaubnis erlischt das Recht zum Führen von Kraftfahrzeugen im Inland.

§ 47 Verfahrensregelungen. (1) [1] Nach der Entziehung sind von einer deutschen Behörde ausgestellte nationale und internationale Führerscheine unverzüglich der entscheidenden Behörde abzuliefern oder bei Beschränkungen oder Auflagen zur Eintragung vorzulegen. [2] Die Verpflichtung zur Ablieferung oder Vorlage des Führerscheins besteht auch, wenn die Entscheidung angefochten worden ist, die zuständige Behörde jedoch die sofortige Vollziehung ihrer Verfügung angeordnet hat.

(2) [1] Nach der Entziehung oder der Feststellung der fehlenden Fahrberechtigung oder bei Beschränkungen oder Auflagen sind ausländische und im Ausland ausgestellte internationale Führerscheine unverzüglich der entscheidenden Behörde vorzulegen; Absatz 1 Satz 2 gilt entsprechend. [2] Nach einer Entziehung oder der Feststellung der fehlenden Fahrberechtigung wird auf dem Führerschein vermerkt, dass von der Fahrerlaubnis im Inland kein Gebrauch gemacht werden darf. [3] Dies soll in der Regel durch die Anbringung eines roten, schräg durchgestrichenen „D“ auf einem dafür geeigneten Feld des Führerscheins, im Falle eines EU-Kartenführerscheins im Feld 13, und bei

internationalen Führerscheinen durch Ausfüllung des dafür vorgesehenen Vordrucks erfolgen. [4] Im Falle von Beschränkungen oder Auflagen werden diese in den Führerschein eingetragen. [5] Die entscheidende Behörde teilt die Aberkennung der Fahrberechtigung oder der Feststellung der fehlenden Fahrberechtigung in Deutschland der Behörde, die den Führerschein ausgestellt hat, über das Kraftfahrt-Bundesamt mit. [6] Erfolgt die Entziehung durch die erteilende oder eine sonstige zuständige ausländische Behörde, sind ausländische und im Ausland ausgestellte internationale Führerscheine unverzüglich der Fahrerlaubnisbehörde vorzulegen und dort in Verwahrung zu nehmen. [7] Die Fahrerlaubnisbehörde sendet die Führerscheine über das Kraftfahrt- Bundesamt an die entziehende Stelle zurück.

(3) [1] Ist dem Betroffenen nach § 31 eine deutsche Fahrerlaubnis erteilt worden, ist er aber noch im Besitz des ausländischen Führerscheins, ist auf diesem die Entziehung oder die Feststellung der fehlenden Fahrberechtigung zu vermerken. [2] Der Betroffene ist verpflichtet, der Fahrerlaubnisbehörde den Führerschein zur Eintragung vorzulegen.

9. Sonderbestimmungen für das Führen von Taxen, Mietwagen und Krankenkraftwagen sowie von Personenkraftwagen im Linienverkehr und bei gewerbsmäßigen Ausflugsfahrten und Ferienziel-Reisen

§ 48 Fahrerlaubnis zur Fahrgastbeförderung. (1) Einer zusätzlichen Erlaubnis (Fahrerlaubnis zur Fahrgastbeförderung) bedarf, wer einen Krankenkraftwagen führt, wenn in dem Fahrzeug entgeltlich oder geschäftsmäßig Fahrgäste befördert werden, oder wer ein Kraftfahrzeug führt, wenn in dem Fahrzeug Fahrgäste befördert werden und für diese Beförderung eine Genehmigung nach dem Personenbeförderungsgesetz erforderlich ist.

(2) Der Fahrerlaubnis zur Fahrgastbeförderung bedarf es nicht für

1. Krankenkraftwagen der Bundeswehr, der Bundespolizei, der Polizei sowie der Truppe und des zivilen Gefolges der anderen Vertragsstaaten des Nordatlantikpaktes,
2. Krankenkraftwagen des Katastrophenschutzes, wenn sie für dessen Zweck verwendet werden,
3. Krankenkraftwagen der Feuerwehren und der nach Landesrecht anerkannten Rettungsdienste,
4. Kraftfahrzeuge, mit Ausnahme von Taxen, Mietwagen und für den gebündelten Bedarfsverkehr im Sinne des § 50 Absatz 1 Satz 1 des Personenbeförderungsgesetzes, wenn der Kraftfahrzeugführer im Besitz der Klasse D oder D1 ist.

(3) [1] Die Erlaubnis ist durch einen Führerschein nach Muster 4 der Anlage 8 nachzuweisen (Führerschein zur Fahrgastbeförderung). [2] Er ist bei der Fahrgastbeförderung neben der nach einem ab dem 1. Januar 1999 aufgrund der Fahrerlaubnis-Verordnung in der jeweils geltenden Fassung zu verwendenden Muster ausgestellten EU- oder EWR-Fahrerlaubnis mitzuführen und zuständigen Personen auf Verlangen zur Prüfung auszuhändigen.

(4) Die Fahrerlaubnis zur Fahrgastbeförderung ist zu erteilen, wenn der Bewerber

1. die nach § 6 für das Führen des Fahrzeugs erforderliche EU- oder EWR-Fahrerlaubnis besitzt,

2. das 21. Lebensjahr – bei Beschränkung der Fahrerlaubnis auf Krankenkraftwagen das 19. Lebensjahr – vollendet hat,

2a. durch Vorlage eines nach Maßgabe des § 30 Absatz 5 Satz 1 des Bundeszentralregistergesetzes ausgestellten Führungszeugnisses und durch eine auf Kosten des Antragstellers eingeholte aktuelle Auskunft aus dem Fahreignungsregister nachweist, dass er die Gewähr dafür bietet, dass er der besonderen Verantwortung bei der Beförderung von Fahrgästen gerecht wird,

3. seine geistige und körperliche Eignung gemäß § 11 Absatz 9 in Verbindung mit Anlage 5 nachweist,

4. nachweist, dass er die Anforderungen an das Sehvermögen gemäß § 12 Absatz 6 in Verbindung mit Anlage 6 Nummer 2 erfüllt,

5. nachweist, dass er eine EU- oder EWR-Fahrerlaubnis der Klasse B oder eine entsprechende Fahrerlaubnis aus einem in Anlage 11 aufgeführten Staat seit mindestens zwei Jahren – bei Beschränkung der Fahrerlaubnis auf Krankenkraftwagen seit mindestens einem Jahr – besitzt oder innerhalb der letzten fünf Jahre besessen hat,

6. – falls die Erlaubnis für Krankenkraftwagen gelten soll – einen Nachweis über die Teilnahme an einer Schulung in Erster Hilfe nach § 19 beibringt und

7. – falls die Erlaubnis für Taxen, Mietwagen und den gebündelten Bedarfsverkehr gelten soll – einen Nachweis der Fachkunde vorlegt. Der Nachweis kann durch eine Bescheinigung einer geeigneten Stelle geführt werden. Die geeignete Stelle wird durch die für das Personenbeförderungsgesetz zuständige oberste Landesbehörde oder die nach Landesrecht bestimmten Stellen bestimmt.

(5) [1] Die Fahrerlaubnis zur Fahrgastbeförderung wird für eine Dauer von nicht mehr als fünf Jahren erteilt. [2] Sie wird auf Antrag des Inhabers jeweils bis zu fünf Jahren verlängert, wenn

1. er seine geistige und körperliche Eignung gemäß § 11 Absatz 9 in Verbindung mit Anlage 5 nachweist,

2. er nachweist, dass er die Anforderungen an das Sehvermögen gemäß § 12 Absatz 6 in Verbindung mit Anlage 6 Nummer 2 erfüllt und

3. er durch Vorlage der Unterlagen nach Absatz 4 Nummer 2a nachweist, dass er die Gewähr dafür bietet, dass er der besonderen Verantwortung bei der Beförderung von Fahrgästen gerecht wird.

(6) [1] Die §§ 21, 22 und 24 Absatz 1 Satz 1, Absatz 2 und 3 sind entsprechend anzuwenden. [2] Die Verlängerung der Fahrerlaubnis zur Fahrgastbeförderung kann nur dann über die Vollendung des 60. Lebensjahres hinaus erfolgen, wenn der Antragsteller zusätzlich seine Eignung nach Maßgabe der Anlage 5 Nummer 2 nachweist.

(7) Der Halter eines Fahrzeugs darf die Fahrgastbeförderung nicht anordnen oder zulassen, wenn der Führer des Fahrzeugs die erforderliche Erlaubnis zur Fahrgastbeförderung nicht besitzt oder die erforderliche Fachkunde nicht nachgewiesen hat.

(8) [1] Begründen Tatsachen Zweifel an der körperlichen und geistigen Eignung des Fahrerlaubnisinhabers oder an der Gewähr der besonderen Verantwortung bei der Beförderung von Fahrgästen des Inhabers einer Fahrerlaubnis zur Fahrgastbeförderung, finden die §§ 11 bis 14 entsprechende Anwendung.

[2]Auf Verlangen der Fahrerlaubnisbehörde hat der Inhaber der Erlaubnis seine Fachkunde erneut nachzuweisen, wenn Tatsachen Zweifel begründen, ob er diese Kenntnisse noch besitzt. [3]Bestehen Bedenken an der Gewähr für die besondere Verantwortung bei der Beförderung von Fahrgästen, kann von der Fahrerlaubnisbehörde ein medizinisch-psychologisches Gutachten einer amtlich anerkannten Begutachtungsstelle für Fahreignung angeordnet werden.

(9) [1]Die Erlaubnis ist von der Fahrerlaubnisbehörde zu entziehen, wenn eine der aus Absatz 4 ersichtlichen Voraussetzungen fehlt. [2]Die Erlaubnis erlischt mit der Entziehung sowie mit der Entziehung der in Absatz 4 Nummer 1 genannten Fahrerlaubnis. [3]§ 47 Absatz 1 ist entsprechend anzuwenden.

10. Begleitetes Fahren ab 17 Jahre

§ 48a Voraussetzungen. (1) [1]Im Falle des § 10 Absatz 1 laufende Nummer 5 Buchstabe b Doppelbuchstabe aa findet § 11 Absatz 3 Satz 1 Nummer 2 keine Anwendung. [2]§ 74 Absatz 2 findet entsprechend Anwendung.

(2) [1]Die Fahrerlaubnis ist für die Fahrerlaubnisklassen B und BE mit der Auflage zu versehen, dass von ihr nur dann Gebrauch gemacht werden darf, wenn der Fahrerlaubnisinhaber während des Führens des Kraftfahrzeugs von mindestens einer namentlich benannten Person, die den Anforderungen der Absätze 5 und 6 genügt, begleitet wird (begleitende Person). [2]Die Auflage entfällt, wenn der Fahrerlaubnisinhaber das Mindestalter nach § 10 Absatz 1 Nummer 5 Buchst. a erreicht hat.

(3) [1]Für das Verfahren bei der Erteilung einer Fahrerlaubnis für das Führen von Kraftfahrzeugen in Begleitung gelten die §§ 22 und 22a mit folgenden Maßgaben:

1. Über die Fahrerlaubnis ist eine Prüfungsbescheinigung nach dem Muster der Anlage 8b auszustellen, die bis drei Monate nach Vollendung des 18. Lebensjahres im Inland zum Nachweis im Sinne des § 4 Absatz 3 Satz 1 dient.
2. Die Prüfungsbescheinigung tritt an die Stelle des Führerscheines oder des Vorläufigen Nachweises der Fahrerlaubnis.
3. In der Prüfungsbescheinigung sind die zur Begleitung vorgesehenen Personen namentlich aufzuführen. Auf Antrag können weitere begleitende Personen namentlich auf der Prüfungsbescheinigung nachträglich durch die Fahrerlaubnisbehörde eingetragen werden.
4. Im Falle des § 22a Absatz 1 Satz 1 ist auf das Übersenden einer vorbereiteten Prüfungsbescheinigung zu verzichten.
5. Zusätzlich zu den nach § 22a Absatz 2 zu übermittelnden Daten übermittelt die Fahrerlaubnisbehörde die in die Prüfungsbescheinigung aufzunehmenden Angaben zu den Begleitpersonen.
6. Ist der Bewerber bereits im Besitz einer Fahrerlaubnis der Klasse AM, der Klasse A1, der Klasse L oder der Klasse T, ist abweichend von § 22a Absatz 4 der Führerschein nicht bei Aushändigung der Prüfungsbescheinigung zurückzugeben. In die Prüfungsbescheinigung sind die Klasse AM und die Klasse L nicht aufzunehmen.
7. Ist der Bewerber noch nicht im Besitz einer Fahrerlaubnis der Klasse AM oder der Klasse L, kann er in seinem Antrag nach § 21 erklären, dass er für die genannten Fahrerlaubnisklassen einen Führerschein erhalten möchte. In der Prüfungsbescheinigung sind diese Klassen nicht aufzunehmen.

[2]Die Prüfungsbescheinigung ist im Fahrzeug mitzuführen und zur Überwachung des Straßenverkehrs berechtigten Personen auf Verlangen auszuhändigen.

(4) [1]Die begleitende Person soll dem Fahrerlaubnisinhaber

1. vor Antritt einer Fahrt und
2. während des Führens des Fahrzeugs, soweit die Umstände der jeweiligen Fahrsituation es zulassen,

ausschließlich als Ansprechpartner zur Verfügung stehen, um ihm Sicherheit beim Führen des Kraftfahrzeugs zu vermitteln. [2]Zur Erfüllung ihrer Aufgabe soll die begleitende Person Rat erteilen oder kurze Hinweise geben.

(5) [1]Die begleitende Person

1. muss das 30. Lebensjahr vollendet haben,
2. muss mindestens seit fünf Jahren Inhaber einer gültigen Fahrerlaubnis der Klasse B oder einer entsprechenden deutschen, einer EU/EWR- oder schweizerischen Fahrerlaubnis sein; die Fahrerlaubnis ist durch einen gültigen Führerschein nachzuweisen, der während des Begleitens mitzuführen und zur Überwachung des Straßenverkehrs berechtigten Personen auf Verlangen auszuhändigen ist,
3. darf zum Zeitpunkt der Beantragung der Fahrerlaubnis im Fahreignungsregister mit nicht mehr als einem Punkt belastet sein.

[2]Die Fahrerlaubnisbehörde hat bei Beantragung der Fahrerlaubnis oder bei Beantragung der Eintragung weiterer zur Begleitung vorgesehener Personen zu prüfen, ob diese Voraussetzungen vorliegen; sie hat die Auskunft nach Nummer 3 beim Fahreignungsregister einzuholen.

(6) [1]Die begleitende Person darf den Inhaber einer Prüfungsbescheinigung nach Absatz 3 nicht begleiten, wenn sie

1. 0,25 mg/l oder mehr Alkohol in der Atemluft oder 0,5 Promille oder mehr Alkohol im Blut oder eine Alkoholmenge im Körper hat, die zu einer solchen Atem- oder Blutalkoholkonzentration führt,

1a. 3,5 ng/ml oder mehr Tetrahydrocannabinol im Blutserum hat,

2. unter der Wirkung eines in der Anlage zu § 24a des Straßenverkehrsgesetzes[1)] genannten berauschenden Mittels steht.

[2]Eine Wirkung im Sinne des Satzes 1 Nummer 2 liegt vor, wenn eine in der Anlage zu § 24a des Straßenverkehrsgesetzes genannte Substanz im Blut nachgewiesen wird. [3]Satz 1 Nummer 2 gilt nicht, wenn die Substanz aus der bestimmungsgemäßen Einnahme eines für einen konkreten Krankheitsfall verschriebenen Arzneimittels herrührt.

(7) Mit Erreichen des Mindestalters nach § 10 Absatz 1 Nummer 5 Buchstabe a händigt die Fahrerlaubnisbehörde dem Fahrerlaubnisinhaber auf Antrag einen Führerschein nach Muster 1 der Anlage 8 aus.

§ 48b Evaluation. Die für Zwecke der Evaluation erhobenen personenbezogenen Daten der teilnehmenden Fahranfänger und Begleiter sind spätestens am 31. Dezember 2015 zu löschen oder so zu anonymisieren oder zu pseudonymisieren, dass ein Personenbezug nicht mehr hergestellt werden kann.

[1)] Nr. **1**.

III. Register

1. Zentrales Fahrerlaubnisregister und örtliche Fahrerlaubnisregister

§ 49 Speicherung der Daten im Zentralen Fahrerlaubnisregister.

(1) Im Zentralen Fahrerlaubnisregister sind nach § 50 Absatz 1 des Straßenverkehrsgesetzes[1)] folgende Daten zu speichern:

1. Familiennamen, Geburtsnamen, sonstige frühere Namen, soweit dazu eine Eintragung vorliegt, Vornamen, Ordens- oder Künstlernamen, Doktorgrad, Geschlecht, Tag und Ort der Geburt und Hinweise auf Zweifel an der Identität nach § 59 Absatz 1 Satz 5 des Straßenverkehrsgesetzes,
2. die erteilten Fahrerlaubnisklassen,
3. der Tag der Erteilung und des Erlöschens der jeweiligen Fahrerlaubnisklasse und die zuständige Behörde,
4. der Grund des Erlöschens einer Fahrerlaubnis oder Fahrerlaubnisklasse,
5. der Tag des Beginns und des Ablaufs der Probezeit nach § 2a des Straßenverkehrsgesetzes,
6. die Dauer der Probezeit einschließlich der Restdauer nach vorzeitiger Beendigung der Probezeit und den Beginn und das Ende einer Hemmung der Probezeit,
7. der Tag des Ablaufs der Gültigkeit befristet erteilter Fahrerlaubnisse, der Tag der Verlängerung einer Fahrerlaubnis und die Behörde, die die Fahrerlaubnis verlängert hat,
8. Auflagen, Beschränkungen und Zusatzangaben zur Fahrerlaubnis oder einzelnen Klassen nach Anlage 9,
9. die Nummer der Fahrerlaubnis, bestehend aus dem vom Kraftfahrt-Bundesamt zugeteilten Behördenschlüssel der Fahrerlaubnisbehörde und einer fortlaufenden Nummer für die Erteilung einer Fahrerlaubnis durch diese Behörde und einer Prüfnummer (Fahrerlaubnisnummer),
10. die Nummer des Führerscheins, bestehend aus der Fahrerlaubnisnummer und der fortlaufenden Nummer des über die Fahrerlaubnis ausgestellten Führerscheins (Führerscheinnummer), oder die Nummer des Vorläufigen Nachweises der Fahrerlaubnis oder der befristeten Prüfungsbescheinigung, bestehend aus der Fahrerlaubnisnummer und einer angefügten Null,
11. die Behörde, die den Führerschein, den Ersatzführerschein, den Vorläufigen Nachweis der Fahrerlaubnis oder die befristete Prüfungsbescheinigung ausgestellt hat,
12. die Führerscheinnummer oder die Nummer des Vorläufigen Nachweises der Fahrerlaubnis oder der befristeten Prüfungsbescheinigung, der Verbleib bisheriger Führerscheine, sofern die Führerscheine nicht amtlich eingezogen oder vernichtet wurden, und ein Hinweis, ob der Führerschein zur Einziehung, Beschlagnahme oder Sicherstellung ausgeschrieben ist,
13. der Tag des Beginns und des Ablaufs der Gültigkeit des Führerscheins,
14. die Bezeichnung des Staates, in dem der Inhaber einer deutschen Fahrerlaubnis seinen Wohnsitz genommen hat und in dem diese Fahrerlaubnis umgetauscht wurde unter Angabe des Tages des Umtausches,

---

1) Nr. 1.

15. die Nummer und der Tag der Ausstellung eines internationalen Führerscheins, die Geltungsdauer und die Behörde, die diesen Führerschein ausgestellt hat,
16. der Tag der Erteilung einer Fahrerlaubnis zur Fahrgastbeförderung, die Art der Berechtigung, der Tag des Ablaufs der Geltungsdauer, die Nummer des Führerscheins zur Fahrgastbeförderung, die Behörde, die diese Fahrerlaubnis erteilt hat, und der Tag der Verlängerung,
17. der Hinweis auf eine Eintragung im Fahreignungsregister über eine bestehende Einschränkung des Rechts, von der Fahrerlaubnis Gebrauch zu machen, sowie
18. die Behörde, die die Fahrerlaubnisakte führt.

(2) Bei Dienstfahrerlaubnissen der Bundeswehr werden nur die in Absatz 1 Nummer 1 genannten Daten, die Klasse der erteilten Fahrerlaubnis, der Tag des Beginns und Ablaufs der Probezeit und die Fahrerlaubnisnummer gespeichert.

§ 50 Übermittlung der Daten vom Kraftfahrt-Bundesamt an die Fahrerlaubnisbehörden nach § 2c des Straßenverkehrsgesetzes. [1] Das Kraftfahrt-Bundesamt unterrichtet die zuständige Fahrerlaubnisbehörde von Amts wegen, wenn über den Inhaber einer Fahrerlaubnis auf Probe Entscheidungen in das Fahreignungsregister eingetragen werden, die zu Anordnungen nach § 2a Absatz 2, 4 und 5 des Straßenverkehrsgesetzes[1)] führen können. [2] Hierzu übermittelt es folgende Daten:

1. aus dem Zentralen Fahrerlaubnisregister
   a) die in § 49 Absatz 1 Nummer 1 bezeichneten Personendaten,
   b) den Tag des Beginns und des Ablaufs der Probezeit,
   c) die erteilende Fahrerlaubnisbehörde,
   d) die Fahrerlaubnisnummer,
   e) den Hinweis, dass es sich bei der Probezeit um die Restdauer einer vorherigen Probezeit handelt unter Angabe der Gründe,
   f) die Gültigkeit des Führerscheins,
2. aus dem Fahreignungsregister den Inhalt der Eintragungen über die innerhalb der Probezeit begangenen Straftaten und Ordnungswidrigkeiten.

§ 51 Übermittlung von Daten aus dem Zentralen Fahrerlaubnisregister nach den §§ 52 und 55 des Straßenverkehrsgesetzes. (1) Übermittelt werden dürfen

1. im Rahmen des § 52 Absatz 1 Nummer 1 bis 2 des Straßenverkehrsgesetzes[1)] für Maßnahmen wegen Straftaten oder Ordnungswidrigkeiten nur
   a) Familiennamen, Geburtsnamen, sonstige frühere Namen, soweit dazu eine Eintragung vorliegt, Vornamen, Ordens- oder Künstlernamen, Doktorgrad, Geschlecht, Tag und Ort der Geburt und Hinweise auf Zweifel an der Identität nach § 59 Absatz 1 Satz 5 des Straßenverkehrsgesetzes,
   b) die erteilten Fahrerlaubnisklassen,
   c) der Tag der Erteilung und des Erlöschens der jeweiligen Fahrerlaubnisklasse und die zuständige Behörde,

---

[1)] Nr. **1**.

d) der Tag des Beginns und des Ablaufs der Probezeit nach § 2a des Straßenverkehrsgesetzes,

e) der Tag des Ablaufs der Gültigkeit befristet erteilter Fahrerlaubnisse, der Tag der Verlängerung der Fahrerlaubnis und die Behörde, die die Fahrerlaubnis verlängert hat,

f) Auflagen, Beschränkungen und Zusatzangaben zur Fahrerlaubnis oder einzelnen Fahrerlaubnisklassen nach Anlage 9,

g) die Nummer der Fahrerlaubnis, bestehend aus dem vom Kraftfahrt-Bundesamt zugeteilten Behördenschlüssel der Fahrerlaubnisbehörde und einer fortlaufenden Nummer für die Erteilung einer Fahrerlaubnis durch diese Behörde und einer Prüfnummer (Fahrerlaubnisnummer),

h) die Nummer des Führerscheins oder die Nummer des Vorläufigen Nachweises der Fahrerlaubnis oder der befristeten Prüfungsbescheinigung, bestehend aus der Fahrerlaubnisnummer und der fortlaufenden Nummer des über die Fahrerlaubnis ausgestellten Führerscheins (Führerscheinnummer), oder die Nummer der befristeten Prüfungsbescheinigung, bestehend aus der Fahrerlaubnisnummer und einer angefügten Null,

i) die Behörde, die den Führerschein, den Ersatzführerschein, den Vorläufigen Nachweis der Fahrerlaubnis oder die befristete Prüfungsbescheinigung ausgestellt hat,

j) die Führerscheinnummer oder die Nummer des Vorläufigen Nachweises der Fahrerlaubnis oder der befristeten Prüfungsbescheinigung, der Verbleib bisheriger Führerscheine, sofern die Führerscheine nicht amtlich eingezogen oder vernichtet wurden, und ein Hinweis, ob der Führerschein zur Einziehung, Beschlagnahme oder Sicherstellung ausgeschrieben ist,

k) Tag des Beginns und des Ablaufs der Gültigkeit des Führerscheins,

l) die Bezeichnung des Staates, in dem der Inhaber einer deutschen Fahrerlaubnis seinen Wohnsitz genommen hat und in dem diese Fahrerlaubnis registriert oder umgetauscht wurde unter Angabe des Tages der Registrierung oder des Umtausches,

m) die Nummer und der Tag der Ausstellung eines internationalen Führerscheins, die Geltungsdauer und die Behörde, die diesen Führerschein ausgestellt hat,

n) der Tag der Erteilung einer Fahrerlaubnis zur Fahrgastbeförderung, die Art der Berechtigung, der Tag des Ablaufs der Geltungsdauer, die Nummer des Führerscheins zur Fahrgastbeförderung, die Behörde, die diese Fahrerlaubnis erteilt hat, und der Tag der Verlängerung,

o) der Hinweis auf eine Eintragung im Fahreignungsregister über eine bestehende Einschränkung des Rechts, von der Fahrerlaubnis Gebrauch zu machen,

p) bei Dienstfahrerlaubnissen der Bundeswehr nur

 aa) Familiennamen, Geburtsnamen, sonstige frühere Namen, soweit dazu eine Eintragung vorliegt, Vornamen, Ordens- oder Künstlernamen, Doktorgrad, Geschlecht, Tag und Ort der Geburt und Hinweise auf Zweifel an der Identität nach § 59 Absatz 1 Satz 5 des Straßenverkehrsgesetzes,

 bb) die erteilten Fahrerlaubnisklassen,

cc) der Tag des Beginns und Ablaufs der Probezeit,
dd) die Fahrerlaubnisnummer,

2. im Rahmen des § 52 Absatz 1 Nummer 3 des Straßenverkehrsgesetzes für Verwaltungsmaßnahmen die nach Nummer 1 zu übermittelnden Daten sowie
   a) der Grund des Erlöschens einer Fahrerlaubnis oder Fahrerlaubnisklasse,
   b) die Dauer der Probezeit einschließlich der Restdauer nach vorzeitiger Beendigung der Probezeit und den Beginn und das Ende einer Hemmung der Probezeit,
   c) die Behörde, die die Fahrerlaubnisakte im Sinne des § 61 Absatz 1 Satz 3 des Straßenverkehrsgesetzes führt,
3. im Rahmen des § 52 Absatz 2 des Straßenverkehrsgesetzes für Verkehrs- und Grenzkontrollen und für Straßenkontrollen nur die nach Nummer 1 Buchstabe a, b, c, e, f, g, h, i, j, k, m, n und o zu übermittelnden Daten,
4. im Rahmen des § 55 Absatz 1 Nummer 1 bis 3 des Straßenverkehrsgesetzes für Maßnahmen ausländischer Behörden nur die nach Nummer 1 Buchstabe a bis o zu übermittelnden Daten.

(2) Die Daten dürfen gemäß Absatz 1 Nummer 4 in das Ausland für Verwaltungsmaßnahmen auf dem Gebiet des Straßenverkehrs den Straßenverkehrsbehörden, für die Verfolgung von Zuwiderhandlungen gegen Rechtsvorschriften auf dem Gebiet des Straßenverkehrs oder für die Verfolgung von Straftaten den Polizei- und Justizbehörden unmittelbar übermittelt werden, wenn nicht der Empfängerstaat mitgeteilt hat, dass andere Behörden zuständig sind.

§ 52 Abruf im automatisierten Verfahren aus dem Zentralen Fahrerlaubnisregister durch Stellen im Inland nach § 53 des Straßenverkehrsgesetzes. (1) Zur Übermittlung aus dem Zentralen Fahrerlaubnisregister dürfen durch Abruf im automatisierten Verfahren

1. im Rahmen des § 52 Absatz 1 Nummer 1 bis 2 des Straßenverkehrsgesetzes[1] für Maßnahmen wegen Straftaten oder Ordnungswidrigkeiten nur
   a) Familiennamen, Geburtsnamen, sonstige frühere Namen, soweit dazu eine Eintragung vorliegt, Vornamen, Ordens- oder Künstlernamen, Doktorgrad, Geschlecht, Tag und Ort der Geburt und Hinweise auf Zweifel an der Identität nach § 59 Absatz 1 Satz 5 des Straßenverkehrsgesetzes,
   b) die erteilten Fahrerlaubnisklassen,
   c) der Tag der Erteilung und des Erlöschens der jeweiligen Fahrerlaubnisklasse und die zuständige Behörde,
   d) der Tag des Beginns und des Ablaufs der Probezeit nach § 2a des Straßenverkehrsgesetzes,
   e) der Tag des Ablaufs der Gültigkeit befristet erteilter Fahrerlaubnisse, der Tag der Verlängerung und die Behörde, die die Fahrerlaubnis verlängert hat,
   f) Auflagen, Beschränkungen und Zusatzangaben zur Fahrerlaubnis oder einzelnen Klassen nach Anlage 9,
   g) die Nummer der Fahrerlaubnis, bestehend aus dem vom Kraftfahrt-Bundesamt zugeteilten Behördenschlüssel der Fahrerlaubnisbehörde und einer

---

[1] Nr. **1**.

fortlaufenden Nummer für die Erteilung einer Fahrerlaubnis durch diese Behörde und einer Prüfnummer (Fahrerlaubnisnummer),

h) die Nummer des Führerscheins, bestehend aus der Fahrerlaubnisnummer und der fortlaufenden Nummer des über die Fahrerlaubnis ausgestellten Führerscheins (Führerscheinnummer), oder die Nummer des Vorläufigen Nachweises der Fahrerlaubnis oder der befristeten Prüfungsbescheinigung, bestehend aus der Fahrerlaubnisnummer und einer angefügten Null,

i) die Behörde, die den Führerschein, den Ersatzführerschein, den Vorläufigen Nachweis der Fahrerlaubnis oder die befristete Prüfungsbescheinigung ausgestellt hat,

j) die Führerscheinnummer oder die Nummer des Vorläufigen Nachweises der Fahrerlaubnis oder der befristeten Prüfungsbescheinigung, der Verbleib bisheriger Führerscheine, sofern die Führerscheine nicht amtlich eingezogen oder vernichtet wurden, und ein Hinweis, ob der Führerschein zur Einziehung, Beschlagnahme oder Sicherstellung ausgeschrieben ist,

k) Tag des Beginns und des Ablaufs der Gültigkeit des Führerscheins,

l) die Nummer und der Tag der Ausstellung eines internationalen Führerscheins, die Geltungsdauer und die Behörde, die diesen Führerschein ausgestellt hat,

m) der Tag der Erteilung einer Fahrerlaubnis zur Fahrgastbeförderung, die Art der Berechtigung, der Tag des Ablaufs der Geltungsdauer, die Nummer des Führerscheins zur Fahrgastbeförderung, die Behörde, die diese Fahrerlaubnis erteilt hat, und der Tag der Verlängerung,

n) der Hinweis auf eine Eintragung im Fahreignungsregister über eine bestehende Einschränkung des Rechts, von der Fahrerlaubnis Gebrauch zu machen,

2. im Rahmen des § 52 Absatz 1 Nummer 3 des Straßenverkehrsgesetzes für Verwaltungsmaßnahmen nur die nach Nummer 1 zu übermittelnden Daten sowie

   a) der Grund des Erlöschens einer Fahrerlaubnis oder Fahrerlaubnisklasse,

   b) die Dauer der Probezeit einschließlich der Restdauer nach vorzeitiger Beendigung der Probezeit und den Beginn und das Ende einer Hemmung der Probezeit,

   c) die Bezeichnung des Staates, in dem der Inhaber einer deutschen Fahrerlaubnis seinen Wohnsitz genommen hat und in dem diese Fahrerlaubnis registriert oder umgetauscht wurde unter Angabe des Tages der Registrierung oder des Umtausches,

   d) die Behörde, die die Fahrerlaubnisakte im Sinne des § 50 Absatz 3 des Straßenverkehrsgesetzes führt,

   e) bei Dienstfahrerlaubnissen der Bundeswehr nur

      aa) Familiennamen, Geburtsnamen, sonstige frühere Namen, soweit dazu eine Eintragung vorliegt, Vornamen, Ordens- oder Künstlernamen, Doktorgrad, Geschlecht, Tag und Ort der Geburt und Hinweise auf Zweifel an der Identität nach § 59 Absatz 1 Satz 5 des Straßenverkehrsgesetzes,

      bb) die Klasse der erteilten Fahrerlaubnis,

cc) der Tag des Beginns und Ablaufs der Probezeit,
dd) die Fahrerlaubnisnummer,

3. im Rahmen des § 52 Absatz 2 des Straßenverkehrsgesetzes für Verkehrs- und Grenzkontrollen und für Straßenkontrollen nur die nach Nummer 1 bereit zu haltenden Daten bereit gehalten werden.

(2) Der Abruf darf nur unter Verwendung der Angaben zur Person, der Fahrerlaubnisnummer oder der Führerscheinnummer erfolgen.

(3) Die Daten nach Absatz 1 Nummer 1 werden zum Abruf bereitgehalten für

1. die Bußgeldbehörden, die für die Verfolgung von Verkehrsordnungswidrigkeiten zuständig sind,
2. das Bundeskriminalamt und die Bundespolizei,
3. die mit den Aufgaben nach § 2 des Bundespolizeigesetzes betrauten Stellen der Zollverwaltung und die Zollfahndungsdienststellen,
4. die Polizeibehörden der Länder,
5. Gerichte und Staatsanwaltschaften.

(4) Die Daten nach Absatz 1 Nummer 2 werden zum Abruf für die Fahrerlaubnisbehörden bereitgehalten.

(5) Die Daten nach Absatz 1 Nummer 3 werden zum Abruf bereitgehalten für

1. die Bundespolizei,
2. die mit den Aufgaben nach § 2 des Bundespolizeigesetzes betrauten Stellen der Zollverwaltung und die Zollfahndungsdienststellen,
3. das Bundesamt für Logistik und Mobilität,
4. die Polizeibehörden der Länder.

§ 53 Automatisiertes Anfrage- und Auskunftsverfahren beim Zentralen Fahrerlaubnisregister nach § 54 des Straßenverkehrsgesetzes.

(1) Übermittelt werden dürfen nur die Daten nach § 51 unter den dort genannten Voraussetzungen.

(2) [1] Die übermittelnde Stelle darf die Übermittlung nur zulassen, wenn deren Durchführung unter Verwendung einer Kennung der zum Empfang der übermittelten Daten berechtigten Behörde erfolgt. [2] Der Empfänger hat sicherzustellen, dass die übermittelten Daten nur bei den zum Empfang bestimmten Endgeräten empfangen werden.

(3) [1] Die übermittelnde Stelle hat durch ein selbsttätiges Verfahren zu gewährleisten, dass eine Übermittlung nicht erfolgt, wenn die Kennung nicht oder unrichtig angegeben wurde. [2] Sie hat versuchte Anfragen ohne Angabe der richtigen Kennung sowie die Angabe einer fehlerhaften Kennung zu protokollieren. [3] Sie hat ferner im Zusammenwirken mit der anfragenden Stelle jedem Fehlversuch nachzugehen und die Maßnahmen zu ergreifen, die zur Sicherung des ordnungsgemäßen Verfahrens notwendig sind.

(4) Die übermittelnde Stelle hat sicherzustellen, dass die Aufzeichnungen nach § 54 Satz 2 des Straßenverkehrsgesetzes selbsttätig vorgenommen werden und die Übermittlung bei nicht ordnungsgemäßer Aufzeichnung unterbrochen wird.

§ 54 Sicherung gegen Missbrauch. (1) [1]Die übermittelnde Stelle darf den Abruf im automatisierten Verfahren aus dem Zentralen Fahrerlaubnisregister nach § 53 des Straßenverkehrsgesetzes nur zulassen, wenn dessen Durchführung unter Verwendung

1. einer Kennung des zum Abruf berechtigten Nutzers und
2. eines Passwortes

erfolgt. [2]Nutzer im Sinne des Satzes 1 Nummer 1 kann eine natürliche Person oder eine Dienststelle sein. [3]Bei Abruf über ein sicheres, geschlossenes Netz kann die Kennung nach Satz 1 Nummer 1 auf Antrag des Netzbetreibers als einheitliche Kennung für die an dieses Netz angeschlossenen Nutzer erteilt werden, sofern der Netzbetreiber selbst abrufberechtigt ist. [4]Die Verantwortung für die Sicherheit des Netzes und die Zulassung ausschließlich berechtigter Nutzer trägt bei Anwendung des Satzes 3 der Netzbetreiber. [5]Ist der Nutzer im Sinne des Satzes 1 Nummer 1 keine natürliche Person, so hat er sicherzustellen, dass zu jedem Abruf die jeweils abrufende natürliche Person festgestellt werden kann. [6]Der Nutzer oder die abrufende Person haben vor dem ersten Abruf ein eigenes Passwort zu wählen und dieses jeweils spätestens nach einem von der übermittelnden Stelle vorgegebenen Zeitraum zu ändern.

(2) [1]Die übermittelnde Stelle hat durch ein selbsttätiges Verfahren zu gewährleisten, dass keine Abrufe erfolgen können, sobald die Kennung nach Absatz 1 Satz 1 Nummer 1 oder das Passwort mehr als zweimal hintereinander unrichtig übermittelt wurde. [2]Die abrufende Stelle hat Maßnahmen zum Schutz gegen unberechtigte Nutzungen des Abrufsystems zu treffen.

(3) [1]Die übermittelnde Stelle hat sicherzustellen, dass die Aufzeichnungen nach § 53 Absatz 3 des Straßenverkehrsgesetzes über die Abrufe selbsttätig vorgenommen werden und dass der Abruf bei nicht ordnungsgemäßer Aufzeichnung unterbrochen wird. [2]Der Aufzeichnung unterliegen auch versuchte Abrufe, die unter Verwendung von fehlerhaften Kennungen mehr als einmal vorgenommen wurden. [3]Satz 1 gilt entsprechend für die weiteren Aufzeichnungen nach § 53 Absatz 4 des Straßenverkehrsgesetzes.

§ 55 Aufzeichnung der Abrufe. (1) [1]Der Anlass des Abrufs ist unter Verwendung folgender Schlüsselzeichen zu übermitteln:

A. Überwachung des Straßenverkehrs
B. Grenzkontrollen
C. Verwaltungsmaßnahmen auf dem Gebiet des Straßenverkehrs, soweit sie die Berechtigung zum Führen von Kraftfahrzeugen betreffen
D. Ermittlungsverfahren wegen Straftaten
E. Ermittlungsverfahren wegen Verkehrsordnungswidrigkeiten
F. Sonstige Anlässe.

[2]Bei Verwendung der Schlüsselzeichen D, E und F ist ein auf den bestimmten Anlass bezogenes Aktenzeichen oder eine Tagebuchnummer zusätzlich zu übermitteln, falls dies beim Abruf angegeben werden kann. [3]Ansonsten ist jeweils in Kurzform bei der Verwendung des Schlüsselzeichens D oder E die Art der Straftat oder der Verkehrsordnungswidrigkeit oder bei Verwendung des Schlüsselzeichens F die Art der Maßnahme oder des Ereignisses zu bezeichnen.

(2) [1]Zur Feststellung der für den Abruf verantwortlichen Person sind der übermittelnden Stelle die Dienstnummer, die Nummer des Dienstausweises,

ein Namenskurzzeichen unter Angabe der Organisationseinheit oder andere Hinweise mitzuteilen, die unter Hinzuziehung von Unterlagen bei der abrufenden Stelle diese Feststellung ermöglichen. [2] Als Hinweise im Sinne von Satz 1 gelten insbesondere:

1. das nach Absatz 1 übermittelte Aktenzeichen oder die Tagebuchnummer, sofern die Tatsache des Abrufs unter Bezeichnung der hierfür verantwortlichen Person aktenkundig gemacht wird,
2. der Funkrufname, sofern dieser zur nachträglichen Feststellung der für den Abruf verantwortlichen Person geeignet ist.

(3) Für die nach § 53 Absatz 4 des Straßenverkehrsgesetzes vorgeschriebenen weiteren Aufzeichnungen ist § 53 Absatz 3 Satz 2 und 3 des Straßenverkehrsgesetzes entsprechend anzuwenden.

§ 56 Abruf im automatisierten Verfahren aus dem Zentralen Fahrerlaubnisregister durch Stellen im Ausland nach § 56 des Straßenverkehrsgesetzes. (1) Zur Übermittlung aus dem Zentralen Fahrerlaubnisregister dürfen durch Abruf im automatisierten Verfahren

1. im Rahmen des § 55 Absatz 1 Nummer 1 des Straßenverkehrsgesetzes[1] für Verwaltungsmaßnahmen nur die nach § 49 Absatz 1 Nummer 1 bis 3, 5 bis 11 und 12 bis 15 gespeicherten Daten,
2. im Rahmen des § 55 Absatz 1 Nummer 2 und 3 des Straßenverkehrsgesetzes für Maßnahmen wegen Straftaten oder Zuwiderhandlungen nur die nach § 49 Absatz 1 Nummer 1 bis 3, 5 bis 11 und 13 und 15 gespeicherten Daten

bereitgehalten werden.

(2) § 51 Absatz 2 (Empfänger der Daten), § 52 Absatz 2 (für den Abruf zu verwendende Daten), § 54 (Sicherung gegen Missbrauch) und § 55 (Aufzeichnung der Abrufe) sind entsprechend anzuwenden.

§ 57 Speicherung der Daten in den örtlichen Fahrerlaubnisregistern.

Über Fahrerlaubnisinhaber sowie über Personen, denen ein Verbot erteilt wurde, ein Fahrzeug zu führen, sind im örtlichen Fahrerlaubnisregister nach § 50 des Straßenverkehrsgesetzes[1] folgende Daten zu speichern:

1. Familiennamen, Geburtsnamen, sonstige frühere Namen, Vornamen, Ordens- oder Künstlernamen, Doktorgrad, Tag und Ort der Geburt, Anschrift, Geschlecht, Staatsangehörigkeit und Art des Ausweisdokumentes sowie, soweit angegeben, die E-Mail-Adresse,
2. die Klassen der erteilten Fahrerlaubnis,
3. der Tag der Erteilung der jeweiligen Fahrerlaubnisklasse sowie die erteilende Behörde,
4. der Tag des Beginns und des Ablaufs der Probezeit gemäß § 2a des Straßenverkehrsgesetzes,
5. der Tag des Ablaufs der Gültigkeit befristet erteilter Fahrerlaubnisse sowie der Tag der Verlängerung,
6. Auflagen, Beschränkungen und Zusatzangaben zur Fahrerlaubnis oder einzelnen Klassen gemäß Anlage 9,

---

[1] Nr. **1**.

7. die Fahrerlaubnisnummer oder bei nach bisherigem Recht erteilten Fahrerlaubnissen die Listennummer,
8. die Führerscheinnummer,
9. der Tag der Ausstellung des Führerscheins oder eines Ersatzführerscheins sowie die Behörde, die den Führerschein oder den Ersatzführerschein ausgestellt hat,
10. die Führerscheinnummer, der Tag der Ausstellung und der Verbleib bisheriger Führerscheine, sofern die Führerscheine nicht amtlich eingezogen oder vernichtet wurden, sowie ein Hinweis, ob der Führerschein zur Einziehung, Beschlagnahme oder Sicherstellung ausgeschrieben ist,
11. (weggefallen)
12. die Bezeichnung des Staates, in dem der Inhaber einer deutschen Fahrerlaubnis seinen Wohnsitz genommen hat und in dem diese Fahrerlaubnis registriert oder umgetauscht wurde unter Angabe des Tages der Registrierung oder des Umtausches,
13. die Nummer und der Tag der Ausstellung eines internationalen Führerscheins, die Geltungsdauer sowie die Behörde, die diesen Führerschein ausgestellt hat,
14. der Tag der Erteilung einer Fahrerlaubnis zur Fahrgastbeförderung, die Art der Berechtigung, der Tag des Ablaufs der Geltungsdauer, die Nummer des Führerscheins zur Fahrgastbeförderung sowie der Tag der Verlängerung,
15. Hinweise zum Verbleib ausländischer Führerscheine, auf Grund derer die deutsche Fahrerlaubnis erteilt wurde,
16. der Tag der unanfechtbaren Versagung der Fahrerlaubnis, der Tag der Bestandskraft der Entscheidung, die entscheidende Stelle, der Grund der Entscheidung und das Aktenzeichen,
17. der Tag der vorläufigen, sofort vollziehbaren sowie der rechts- oder bestandskräftigen Entziehung der Fahrerlaubnis, der Tag der Rechts- oder Bestandskraft der Entscheidung, die entscheidende Stelle, der Grund der Entscheidung und der Tag des Ablaufs einer etwaigen Sperre,
18. der Tag der vorläufigen, sofort vollziehbaren sowie der rechts- und bestandskräftigen Aberkennung des Rechts, von einer ausländischen Fahrerlaubnis Gebrauch zu machen, der Tag der Rechts- oder Bestandskraft, die entscheidende Stelle, der Grund der Entscheidung und der Tag des Ablaufs einer etwaigen Sperre,
19. der Tag des Zugangs der Erklärung über den Verzicht auf die Fahrerlaubnis bei der Fahrerlaubnisbehörde und dem Erklärungsempfänger,
20. der Tag der Neuerteilung einer Fahrerlaubnis oder der Erteilung des Rechts, von einer ausländischen Fahrerlaubnis wieder Gebrauch zu machen, nach vorangegangener Entziehung oder Aberkennung oder vorangegangenem Verzicht, sowie die erteilende Behörde,
21. der Tag der Rechtskraft der Anordnung einer Sperre nach § 69a Absatz 1 Satz 3 des Strafgesetzbuches[1)], die anordnende Stelle und der Tag des Ablaufs,

---

[1)] Nr. **6**.

22. der Tag des Verbots, ein Fahrzeug zu führen, die entscheidende Stelle, der Tag der Rechts- oder Bestandskraft der Entscheidung sowie der Tag der Wiederzulassung,
23. der Tag des Widerrufs oder der Rücknahme der Fahrerlaubnis, die entscheidende Stelle sowie der Tag der Rechts- oder Bestandskraft der Entscheidung,
24. der Tag der Beschlagnahme, Sicherstellung und Verwahrung des Führerscheins nach § 94 der Strafprozessordnung, die anordnende Stelle sowie der Tag der Aufhebung dieser Maßnahmen und der Rückgabe des Führerscheins,
25. der Tag und die Art von Maßnahmen nach dem Fahreignungs-Bewertungssystem, die Teilnahme an einem Fahreignungsseminar und der Tag der Beendigung des Fahreignungsseminars sowie der Tag der Ausstellung der Teilnahmebescheinigung,
26. der Tag und die Art von Maßnahmen bei Inhabern einer Fahrerlaubnis auf Probe, die gesetzte Frist, die Teilnahme an einem Aufbauseminar, die Art des Seminars, der Tag seiner Beendigung, der Tag der Ausstellung der Teilnahmebescheinigung sowie die Teilnahme an einer verkehrspsychologischen Beratung und der Tag der Ausstellung der Teilnahmebescheinigung.

§ 58 Übermittlung von Daten aus den örtlichen Fahrerlaubnisregistern. (1) Für die Verfolgung von Straftaten, zur Vollstreckung und zum Vollzug von Strafen dürfen im Rahmen des § 52 Absatz 1 Nummer 1 des Straßenverkehrsgesetzes nur die nach § 57 Nummer 1 bis 10 und 12 bis 15 gespeicherten Daten übermittelt werden.

(2) Für die Verfolgung von Ordnungswidrigkeiten und die Vollstreckung von Bußgeldbescheiden und ihren Nebenfolgen dürfen im Rahmen des § 52 Absatz 1 Nummer 2 des Straßenverkehrsgesetzes nur die nach § 57 Nummer 1 bis 10 und 12 bis 15 gespeicherten Daten übermittelt werden.

(3) Für

1. die Erteilung, Verlängerung, Entziehung oder Beschränkung einer Fahrerlaubnis,
2. die Aberkennung oder Einschränkung des Rechts, von einer ausländischen Fahrerlaubnis Gebrauch zu machen,
3. das Verbot, ein Fahrzeug zu führen,
4. die Anordnung von Auflagen zu einer Fahrerlaubnis

dürfen die Fahrerlaubnisbehörden einander im Rahmen des § 52 Absatz 1 Nummer 3 des Straßenverkehrsgesetzes nur die nach § 57 Nummer 1 bis 10 und 12 bis 15 gespeicherten Daten übermitteln.

(4) Für Verkehrs- und Grenzkontrollen dürfen im Rahmen des § 52 Absatz 2 des Straßenverkehrsgesetzes nur die nach § 57 Nummer 1, 2, 4 bis 10 und 12 gespeicherten Daten übermittelt werden.

(5) [1] Die Daten nach den Absätzen 1, 2 und 4 dürfen für die dort genannten Zwecke aus dem örtlichen Fahrerlaubnisregister im automatisierten Verfahren abgerufen werden. [2] § 52 Absatz 2, 3 und 5, §§ 53, 54 und 55 Absatz 1 bis 3 sind entsprechend anzuwenden.

2. Fahreignungsregister

§ 59 Speicherung von Daten im Fahreignungsregister. (1) Im Fahreignungsregister sind im Rahmen von § 28 Absatz 3 des Straßenverkehrsgesetzes[1] folgende Daten zu speichern:

1. Familiennamen, Geburtsnamen, sonstige frühere Namen, soweit hierzu Eintragungen vorliegen, Vornamen, Ordens- oder Künstlernamen, Doktorgrad, Geschlecht, Tag und Ort der Geburt, Anschrift des Betroffenen, Staatsangehörigkeit sowie Hinweise auf Zweifel an der Identität gemäß § 28 Absatz 5 des Straßenverkehrsgesetzes,
2. die entscheidende Stelle, der Tag der Entscheidung, die Geschäftsnummer oder das Aktenzeichen, die mitteilende Stelle und der Tag der Mitteilung,
3. Ort, Tag und Zeit der Tat, die Angabe, ob die Tat in Zusammenhang mit einem Verkehrsunfall steht, die Art der Verkehrsteilnahme sowie die Fahrzeugart,
4. der Tag des ersten Urteils oder bei einem Strafbefehl der Tag der Unterzeichnung durch den Richter sowie der Tag der Rechtskraft oder Unanfechtbarkeit, der Tag der Maßnahme nach den §§ 94 und 111a der Strafprozessordnung[2],
5. bei Entscheidungen wegen einer Straftat oder einer Ordnungswidrigkeit die rechtliche Bezeichnung der Tat unter Angabe der angewendeten Vorschriften, bei sonstigen Entscheidungen die Art, die Rechtsgrundlagen sowie bei verwaltungsbehördlichen Entscheidungen nach § 28 Absatz 3 Nummer 4, 5, 6, und 8 des Straßenverkehrsgesetzes der Grund der Entscheidung,
6. die Haupt- und Nebenstrafen, die nach § 59 des Strafgesetzbuches vorbehaltene Strafe, das Absehen von Strafe, die Maßregeln der Besserung und Sicherung, die Erziehungsmaßregeln, die Zuchtmittel oder die Jugendstrafe, die Geldbuße und das Fahrverbot, auch bei Gesamtstrafenbildung für die einbezogene Entscheidung,
7. die vorgeschriebene Einstufung als
   a) Straftat mit Entziehung der Fahrerlaubnis oder mit isolierter Sperre mit drei Punkten,
   b) Straftat ohne Entziehung der Fahrerlaubnis und ohne isolierte Sperre oder als besonders verkehrssicherheitsbeeinträchtigende Ordnungswidrigkeit mit zwei Punkten oder
   c) verkehrssicherheitsbeeinträchtigende Ordnungswidrigkeit mit einem Punkt

   und die entsprechende Kennziffer,
8. die Fahrerlaubnisdaten unter Angabe der Fahrerlaubnisnummer, der Art der Fahrerlaubnis, der Fahrerlaubnisklassen, der erteilenden Behörde und des Tages der Erteilung, soweit sie im Rahmen von Entscheidungen wegen Straftaten oder Ordnungswidrigkeiten dem Fahreignungsregister mitgeteilt sind,
9. bei einer Versagung, Entziehung oder Aberkennung des Rechts, von der Fahrerlaubnis im Inland Gebrauch zu machen, oder einer Feststellung über die fehlende Fahrberechtigung durch eine Fahrerlaubnisbehörde der Grund

---

[1] Nr. **1**.
[2] Nr. **7**.

der Entscheidung und die entsprechende Kennziffer sowie den Tag des Ablaufs der Sperrfrist,

10. bei einem Verzicht auf die Fahrerlaubnis der Tag des Zugangs der Verzichtserklärung bei der zuständigen Behörde sowie der Tag des Ablaufs der Sperrfrist,
11. bei einem Fahrverbot der Hinweis auf § 25 Absatz 2a Satz 1 des Straßenverkehrsgesetzes und der Tag des Fristablaufs sowie bei einem Verbot oder einer Beschränkung, ein fahrerlaubnisfreies Fahrzeug zu führen, der Tag des Ablaufs oder der Aufhebung der Maßnahme,
12. bei der Teilnahme an einem Fahreignungsseminar, einem Aufbauseminar, einem besonderen Aufbauseminar oder einer verkehrspsychologischen Beratung die rechtliche Grundlage, der Tag der Beendigung des Seminars, der Tag der Ausstellung der Teilnahmebescheinigung und der Tag, an dem die Bescheinigung der zuständigen Behörde vorgelegt wurde,
13. der Punktabzug auf Grund der freiwilligen Teilnahme an einem Fahreignungsseminar,
14. bei Maßnahmen nach § 2a Absatz 2 Satz 1 Nummer 1 und 2 und § 4 Absatz 5 Satz 1 Nummer 1 und 2 des Straßenverkehrsgesetzes die Behörde, der Tag und die Art der Maßnahme sowie die gesetzte Frist, die Geschäftsnummer oder das Aktenzeichen.

(2) Über Entscheidungen und Erklärungen im Rahmen des § 59 Absatz 2 des Fahrlehrergesetzes werden gespeichert:

1. die Angaben zur Person nach Absatz 1 Nummer 1 mit Ausnahme des Hinweises auf Zweifel an der Identität,
2. die Angaben zur Entscheidung nach Absatz 1 Nummer 2,
3. Ort und Tag der Tat,
4. der Tag der Unanfechtbarkeit, sofortigen Vollziehbarkeit oder Rechtskraft der Entscheidung, des Ruhens oder des Erlöschens der Fahrlehrerlaubnis oder der Tag der Abgabe der Erklärung,
5. die Angaben zur Entscheidung nach Absatz 1 Nummer 5,
6. die Höhe der Geldbuße,
7. die Angaben zur Fahrlehrerlaubnis in entsprechender Anwendung des Absatzes 1 Nummer 8,
8. bei einer Versagung der Fahrlehrerlaubnis der Grund der Entscheidung,
9. der Hinweis aus dem Zentralen Fahrerlaubnisregister bei Erteilung einer Fahrlehrerlaubnis nach vorangegangener Versagung, Rücknahme und vorangegangenem Widerruf.

(3) [1] Enthält eine strafgerichtliche Entscheidung sowohl registerpflichtige als auch nicht registerpflichtige Teile, werden in Fällen der Tateinheit (§ 52 des Strafgesetzbuches) nur die registerpflichtigen Taten sowie die Folgen mit dem Hinweis aufgenommen, dass diese sich auch auf nicht registerpflichtige Taten beziehen. [2] In Fällen der Tatmehrheit (§ 53 des Strafgesetzbuches und § 460 der Strafprozessordnung) sind die registerpflichtigen Taten mit ihren Einzelstrafen und einem Hinweis einzutragen, dass diese in einer Gesamtstrafe aufgegangen sind; ist auf eine einheitliche Jugendstrafe (§ 31 des Jugendgerichtsgesetzes) erkannt worden, wird nur die Verurteilung wegen der registerpflichtigen Straftaten, nicht aber die Höhe der Jugendstrafe eingetragen. [3] Die Eintragung sonstiger Folgen bleibt unberührt.

(4) [1] Enthält eine Entscheidung wegen einer Ordnungswidrigkeit sowohl registerpflichtige als auch nicht registerpflichtige Teile, werden in Fällen der Tateinheit (§ 19 des Gesetzes über Ordnungswidrigkeiten) nur die registerpflichtigen Taten sowie die Folgen mit dem Hinweis eingetragen, dass sich die Geldbuße auch auf nicht registerpflichtige Taten bezieht. [2] In Fällen der Tatmehrheit (§ 20 des Gesetzes über Ordnungswidrigkeiten) sind nur die registerpflichtigen Teile einzutragen.

§ 60 Übermittlung von Daten nach § 30 des Straßenverkehrsgesetzes.

(1) Für Maßnahmen wegen Straftaten oder Ordnungswidrigkeiten werden gemäß § 30 Absatz 1 Nummer 1 und 2 des Straßenverkehrsgesetzes[1)] die auf Grund des § 28 Absatz 3 Nummer 1 bis 3 des Straßenverkehrsgesetzes nach § 59 Absatz 1 dieser Verordnung gespeicherten Daten und – soweit Kenntnis über den Besitz von Fahrerlaubnissen und Führerscheinen sowie über die Berechtigung zum Führen von Kraftfahrzeugen erforderlich ist – die auf Grund des § 28 Absatz 3 Nummer 1 bis 9 des Straßenverkehrsgesetzes nach § 59 Absatz 1 dieser Verordnung gespeicherten Daten übermittelt.

(2) [1] Für Verwaltungsmaßnahmen nach dem Straßenverkehrsgesetz oder dieser Verordnung werden gemäß § 30 Absatz 1 Nummer 3 des Straßenverkehrsgesetzes die auf Grund des § 28 Absatz 3 des Straßenverkehrsgesetzes nach § 59 Absatz 1 dieser Verordnung gespeicherten Daten übermittelt. [2] Für Verwaltungsmaßnahmen nach der Straßenverkehrs-Zulassungs-Ordnung wegen der Zustimmung der zuständigen Behörden zur Betrauung mit der Durchführung der Untersuchungen nach § 29 der Straßenverkehrs-Zulassungs-Ordnung[2)] (Nummer 3.7 der Anlage VIIIb der Straßenverkehrs-Zulassungs-Ordnung) werden gemäß § 30 Absatz 1 Nummer 3 des Straßenverkehrsgesetzes die auf Grund des § 28 Absatz 3 Nummer 1 bis 9 des Straßenverkehrsgesetzes nach § 59 Absatz 1 dieser Verordnung gespeicherten Daten übermittelt. [3] Für Verwaltungsmaßnahmen nach der Straßenverkehrs-Zulassungs-Ordnung wegen

1. der Anerkennung von Kraftfahrzeugwerkstätten zur Durchführung von Sicherheitsprüfungen nach Anlage VIIIc der Straßenverkehrs-Zulassungs-Ordnung,
2. der Anerkennung von Überwachungsorganisationen nach Anlage VIIIb der Straßenverkehrs-Zulassungs-Ordnung,
3. der Anerkennung von Kraftfahrzeugwerkstätten zur Durchführung von Abgasuntersuchungen nach Anlage VIIIc der Straßenverkehrs-Zulassungs-Ordnung und für die Zuteilung von roten Kennzeichen nach § 41 Absatz 4 oder § 43 der Fahrzeug-Zulassungsverordnung

werden gemäß § 30 Absatz 1 Nummer 3 des Straßenverkehrsgesetzes die auf Grund des § 28 Absatz 3 Nummer 1 bis 3 des Straßenverkehrsgesetzes nach § 59 Absatz 1 dieser Verordnung gespeicherten Daten übermittelt.

(3) [1] Für Verwaltungsmaßnahmen

1. nach dem Fahrlehrergesetz oder den auf Grund dieses Gesetzes erlassenen Rechtsvorschriften,
2. nach dem Kraftfahrsachverständigengesetz oder den auf Grund dieses Gesetzes erlassenen Rechtsvorschriften,

---

1) Nr. **1**.
2) Nr. **3**.

3. nach dem Gesetz über das Fahrpersonal im Straßenverkehr oder den auf Grund dieses Gesetzes erlassenen Rechtsvorschriften

werden gemäß § 30 Absatz 2 des Straßenverkehrsgesetzes die auf Grund des § 28 Absatz 3 Nummer 1 bis 9 des Straßenverkehrsgesetzes nach § 59 Absatz 1 – für Verwaltungsmaßnahmen nach Nummer 1 zusätzlich nach § 59 Absatz 2 – dieser Verordnung gespeicherten Daten übermittelt. [2] Für Verwaltungsmaßnahmen

1. auf Grund der gesetzlichen Bestimmungen über die Notfallrettung und den Krankentransport,
2. nach dem Personenbeförderungsgesetz oder den auf Grund dieses Gesetzes erlassenen Rechtsvorschriften,
3. nach dem Güterkraftverkehrsgesetz oder den auf Grund dieses Gesetzes erlassenen Rechtsvorschriften,
4. nach dem Gesetz über die Beförderung gefährlicher Güter oder den auf Grund dieses Gesetzes erlassenen Rechtsvorschriften

werden gemäß § 30 Absatz 2 des Straßenverkehrsgesetzes die auf Grund des § 28 Absatz 3 Nummer 1 bis 3 des Straßenverkehrsgesetzes nach § 59 Absatz 1 dieser Verordnung gespeicherten Daten übermittelt.

(4) Für Verkehrs- und Grenzkontrollen gemäß § 30 Absatz 3 des Straßenverkehrsgesetzes werden die auf Grund des § 28 Absatz 3 Nummer 1, sofern die Entziehung der Fahrerlaubnis, eine isolierte Sperre oder ein Fahrverbot angeordnet wurde, Nummer 2, 3 Buchstabe a Doppelbuchstabe aa, Buchstabe b und Nummer 4 bis 9 des Straßenverkehrsgesetzes nach § 59 Absatz 1 dieser Verordnung gespeicherten Daten übermittelt.

(5) Für luftverkehrsrechtliche Maßnahmen nach § 30 Absatz 4 des Straßenverkehrsgesetzes, schiffsverkehrsrechtliche Maßnahmen nach § 30 Absatz 4a des Straßenverkehrsgesetzes und eisenbahnverkehrsrechtliche Maßnahmen nach § 30 Absatz 4b des Straßenverkehrsgesetzes werden die auf Grund des § 28 Absatz 3 Nummer 1 bis 9 des Straßenverkehrsgesetzes nach § 59 Absatz 1 dieser Verordnung gespeicherten Daten übermittelt.

(6) Im Rahmen des § 30 Absatz 7 des Straßenverkehrsgesetzes werden die auf Grund des § 28 Absatz 3 Nummer 1 bis 9 des Straßenverkehrsgesetzes nach § 59 Absatz 1 dieser Verordnung gespeicherten Daten

1. für Verwaltungsmaßnahmen auf dem Gebiet des Straßenverkehrs den Straßenverkehrsbehörden und
2. für die Verfolgung von Zuwiderhandlungen gegen Rechtsvorschriften auf dem Gebiet des Straßenverkehrs oder für die Verfolgung von Straftaten den Polizei- und Justizbehörden

unmittelbar übermittelt, wenn nicht der Empfängerstaat mitgeteilt hat, dass andere Behörden zuständig sind.

§ 61 Abruf im automatisierten Verfahren nach § 30a des Straßenverkehrsgesetzes. (1) Zur Übermittlung nach § 30a Absatz 1 und 3 des Straßenverkehrsgesetzes[1] durch Abruf im automatisierten Verfahren dürfen folgende Daten bereitgehalten werden:

---

[1] Nr. **1**.

1. Familiennamen, Geburtsnamen, sonstige frühere Namen, soweit hierzu Eintragungen vorliegen, Vornamen, Ordens- oder Künstlernamen, Doktorgrad, Geschlecht, Tag und Ort der Geburt, Anschrift des Betroffenen, Staatsangehörigkeit sowie Hinweise auf Zweifel an der Identität gemäß § 28 Absatz 5 des Straßenverkehrsgesetzes,
2. die Tatsache, ob über die betreffende Person Eintragungen vorhanden sind,
3. die Eintragungen über Ordnungswidrigkeiten mit den Angaben über
   a) die entscheidende Stelle, den Tag der Entscheidung und die Geschäftsnummer oder das Aktenzeichen, die mitteilende Stelle und den Tag der Mitteilung, den Tag der Rechtskraft,
   b) Ort, Tag und Zeit der Tat, die Angabe, ob die Tat im Zusammenhang mit einem Verkehrsunfall steht, die Art der Verkehrsteilnahme sowie die Fahrzeugart,
   c) die rechtliche Bezeichnung der Tat unter Angabe der anzuwendenden Vorschriften, die Höhe der Geldbuße und das Fahrverbot,
   d) bei einem Fahrverbot den Hinweis auf § 25 Absatz 2a Satz 1 des Straßenverkehrsgesetzes und den Tag des Fristablaufs,
   e) die Fahrerlaubnis nach § 59 Absatz 1 Nummer 8,
   f) die vorgeschriebene Einstufung als besonders verkehrssicherheitsbeeinträchtigende Ordnungswidrigkeit mit zwei Punkten oder als verkehrssicherheitsbeeinträchtigende Ordnungswidrigkeit mit einem Punkt und die entsprechende Kennziffer,
4. die Angaben über die Fahrerlaubnis (Klasse, Art und etwaige Beschränkungen) sowie
   a) die unanfechtbare Versagung einer Fahrerlaubnis, einschließlich der Ablehnung der Verlängerung einer befristeten Fahrerlaubnis,
   b) die rechtskräftige Anordnung einer Fahrerlaubnissperre und der Tag des Ablaufs der Sperrfrist,
   c) die rechtskräftige oder vorläufige Entziehung einer Fahrerlaubnis und der Tag des Ablaufs der Sperrfrist,
   d) die unanfechtbare oder sofort vollziehbare Entziehung oder Rücknahme sowie der unanfechtbare oder sofort vollziehbare Widerruf einer Fahrerlaubnis,
   e) das Bestehen eines rechtskräftigen Fahrverbots unter Angabe des Tages des Ablaufs des Verbots,
   f) die rechtskräftige Aberkennung des Rechts, von einer ausländischen Fahrerlaubnis Gebrauch zu machen, und der Tag des Ablaufs der Sperrfrist sowie die Feststellung über die fehlende Fahrberechtigung,
   g) die Beschlagnahme, Sicherstellung oder Verwahrung des Führerscheins nach § 94 der Strafprozessordnung[1] und
   h) der Verzicht auf eine Fahrerlaubnis,

   jeweils mit den Angaben über die Geschäftsnummer oder das Aktenzeichen, die mitteilende Stelle und den Tag der Mitteilung, die Rechtsgrundlagen sowie den Angaben über die Fahrerlaubnis nach § 59 Absatz 1 Nummer 8 und darüber hinaus bei Buchstaben a bis g die entscheidende Stelle, den Tag

---

[1] Nr. 7.

der Entscheidung sowie den Grund der Maßnahme oder bei Buchstabe h den Tag des Zugangs des Verzichts bei der zuständigen Behörde,

5. die Eintragungen nach § 28 Absatz 3 Nummer 1 und 2 des Straßenverkehrsgesetzes über Entscheidungen der Strafgerichte mit den Angaben über
   a) die entscheidende Stelle, den Tag des ersten Urteils oder bei Strafbefehlen den Tag der Unterzeichnung durch den Richter, die Geschäftsnummer oder das Aktenzeichen, die mitteilende Stelle und den Tag der Mitteilung, den Tag der Rechtskraft,
   b) Ort, Tag und Zeit der Tat, die Angaben, ob die Tat im Zusammenhang mit einem Verkehrsunfall steht, die Art der Verkehrsteilnahme sowie die Fahrzeugart,
   c) die rechtliche Bezeichnung der Tat unter Angabe der angewendeten Vorschriften, die Haupt- und Nebenstrafe, die nach § 59 des Strafgesetzbuches vorbehaltene Strafe, das Absehen von Strafe, die Maßregeln der Besserung und Sicherung, die Erziehungsmaßregeln, die Zuchtmittel und die Jugendstrafe, die Geldstrafe, die rechtskräftige oder vorläufige Entziehung der Fahrerlaubnis und den Tag des Ablaufs der Sperrfrist, die Anordnung einer Fahrerlaubnissperre und den Tag des Ablaufs der Sperrfrist, das Bestehen eines rechtskräftigen Fahrverbots unter Angabe des Ablaufs des Verbots sowie die vorgeschriebene Einstufung als Straftat mit Entziehung der Fahrerlaubnis oder mit isolierter Sperre mit drei Punkten oder als Straftat ohne Entziehung der Fahrerlaubnis und ohne isolierte Sperre mit zwei Punkten und die entsprechende Kennziffer,
   d) bei einem Fahrverbot den Hinweis auf § 25 Absatz 2a Satz 1 des Straßenverkehrsgesetzes oder § 44 Absatz 3 Satz 1 des Strafgesetzbuches und den Tag des Fristablaufs,
   e) die Angaben über die Fahrerlaubnis nach § 59 Absatz 1 Nummer 8,
6. die Eintragungen nach § 28 Absatz 3 Nummer 9 des Straßenverkehrsgesetzes über Entscheidungen der Justizbehörden bei Beschlagnahme, Sicherstellung oder Verwahrung des Führerscheins oder über die vorläufige Entziehung des Führerscheins nach § 94 oder § 111a der Strafprozessordnung mit den Angaben über die entscheidende Stelle, den Tag der Maßnahme und die Geschäftsnummer oder das Aktenzeichen, die mitteilende Stelle und den Tag der Mitteilung und Angaben über die Fahrerlaubnis nach § 59 Absatz 1 Nummer 8.

(2) Der Abruf darf nur unter Verwendung der Angaben zur Person erfolgen.

(3) § 60 Absatz 1 bis 5 findet entsprechende Anwendung.

(4) *(aufgehoben)*

(5) *(aufgehoben)*

(6) Wegen der Sicherung gegen Missbrauch ist § 54 und wegen der Aufzeichnungen der Abrufe § 55 anzuwenden.

(7) Im Rahmen von § 30 Absatz 7 des Straßenverkehrsgesetzes dürfen die in § 30a Absatz 5 des Straßenverkehrsgesetzes genannten Daten aus dem Fahreignungsregister durch Abruf im automatisierten Verfahren den in § 60 Absatz 6 genannten Stellen in einem Mitgliedstaat der Europäischen Union oder in einem anderen Vertragsstaat des Abkommens über den Europäischen Wirtschaftsraum übermittelt werden.

§ 62 Automatisiertes Anfrage- und Auskunftsverfahren nach § 30b des Straßenverkehrsgesetzes. (1) Die Übermittlung der Daten nach § 60 ist auch in einem automatisierten Anfrage- und Auskunftsverfahren zulässig.

(2) § 53 ist anzuwenden.

§ 63 Vorzeitige Tilgung. (1) Wurde die Fahrerlaubnis durch eine Fahrerlaubnisbehörde ausschließlich wegen körperlicher oder geistiger Mängel oder wegen fehlender Befähigung entzogen oder aus den gleichen Gründen versagt, ist die Eintragung mit dem Tag der Erteilung der neuen Fahrerlaubnis zu tilgen.

(2) Eintragungen von gerichtlichen Entscheidungen über die vorläufige Entziehung der Fahrerlaubnis, von anfechtbaren Entscheidungen der Fahrerlaubnisbehörden sowie von Maßnahmen nach § 94 der Strafprozessordnung[1)] sind zu tilgen, wenn die betreffenden Entscheidungen aufgehoben wurden.

§ 64 Identitätsnachweis. (1) Als Identitätsnachweis bei Auskünften nach § 30 Absatz 8 oder § 58 des Straßenverkehrsgesetzes[2)] werden anerkannt

1. die amtliche Beglaubigung der Unterschrift,
2. die Ablichtung des Personalausweises oder des Passes,
3. bei persönlicher Antragstellung der Personalausweis, der Pass oder der behördliche Dienstausweis oder
4. bei elektronischer Antragstellung der elektronische Identitätsnachweis nach § 18 des Personalausweisgesetzes, § 12 des eID-Karte-Gesetzes oder nach § 78 Absatz 5 des Aufenthaltsgesetzes.

(2) Für die Auskunft an einen beauftragten Rechtsanwalt ist die Vorlage einer entsprechenden Vollmachtserklärung oder einer Fotokopie hiervon erforderlich.

IV. Anerkennung und Begutachtung für bestimmte Aufgaben

§ 65 Ärztliche Gutachter. [1]Der Facharzt hat seine verkehrsmedizinische Qualifikation (§ 11 Absatz 2 Satz 3 Nummer 1), die sich aus den maßgeblichen landesrechtlichen Vorschriften ergibt, auf Verlangen der Fahrerlaubnisbehörde nachzuweisen. [2]Der Nachweis erfolgt durch die Vorlage eines Zeugnisses der zuständigen Ärztekammer. [3]Abweichend von Satz 1 und 2 reicht auch eine mindestens einjährige Zugehörigkeit zu einer Begutachtungsstelle für Fahreignung (Anlage 14) aus.

§ 66 Träger von Begutachtungsstellen für Fahreignung. (1) Träger von Begutachtungsstellen für Fahreignung und ihre Begutachtungsstellen bedürfen der amtlichen Anerkennung durch die nach Landesrecht zuständige Behörde.

(2) Die Anerkennung wird auf schriftlichen Antrag des Trägers für den Träger und seine Begutachtungsstellen erteilt, wenn die Voraussetzungen der Anlage 14 sowie der Richtlinie über die Anforderungen an Träger von Begutachtungsstellen für Fahreignung (§ 66 FeV) und deren Begutachtung durch die Bundesanstalt für Straßenwesen vom 27. Januar 2014 (VkBl. S. 110), die zuletzt

---

1) Nr. **7**.
2) Nr. **1**.

durch Verlautbarung vom 11. März 2020 (VkBl. S. 217) geändert worden ist, vorliegen.

(3) Die Anerkennung kann mit Nebenbestimmungen, insbesondere mit Auflagen verbunden werden, um die ordnungsgemäße Tätigkeit des Trägers und seiner Begutachtungsstellen sicherzustellen.

(4) [1] Die Anerkennung ist auf längstens zehn Jahre zu befristen. [2] Sie wird auf Antrag für jeweils höchstens zehn Jahre verlängert. [3] Für eine Verlängerung sind die Voraussetzungen nach Absatz 2 vorbehaltlich der Bestimmungen der Anlage 14 Nummer 8 erneut nachzuweisen.

(5) Die Anerkennung ist zurückzunehmen, wenn bei ihrer Erteilung eine der Voraussetzungen nach Absatz 2 nicht vorgelegen hat und keine Ausnahme erteilt worden ist; davon kann abgesehen werden, wenn der Mangel nicht mehr besteht.

(6) Die Anerkennung ist zu widerrufen, wenn nachträglich eine der Voraussetzungen nach Absatz 2 weggefallen ist, die medizinisch-psychologische Begutachtung wiederholt nicht ordnungsgemäß durchgeführt wird oder wenn sonst ein grober Verstoß gegen die Pflichten aus der Anerkennung oder gegen Auflagen vorliegt.

(7) [1] Bei Zweifeln, ob die Voraussetzungen nach Absatz 2 vorliegen oder bei Verstößen gegen Auflagen nach Absatz 3, kann die nach Landesrecht zuständige Behörde eine Begutachtung aus besonderem Anlass anordnen. [2] Der Träger ist verpflichtet, die hierdurch entstehenden Kosten zu tragen, wenn die nach Absatz 2 erforderlichen Voraussetzungen nicht oder nicht vollständig vorliegen. [3] Gleiches gilt, wenn sich ein Verdacht nicht bestätigt, der Träger aber durch unsachgemäßes Verhalten eine Maßnahme der Behörde veranlasst hat.

(8) Widerspruch und Anfechtungsklage gegen eine Anordnung nach Absatz 5 oder 6 haben keine aufschiebende Wirkung.

§ 67 Sehteststelle. (1) Sehteststellen bedürfen – unbeschadet der Absätze 4 und 5 – der amtlichen Anerkennung durch die zuständige oberste Landesbehörde oder durch die von ihr bestimmte oder nach Landesrecht zuständige Stelle.

(2) Die Anerkennung kann erteilt werden, wenn

1. der Antragsteller, bei juristischen Personen die nach Gesetz oder Satzung zur Vertretung berufenen Personen, zuverlässig sind und
2. der Antragsteller nachweist, dass er über die erforderlichen Fachkräfte und über die notwendigen der DIN 58220 Teil 6, Ausgabe September 2013, entsprechenden Sehtestgeräte verfügt und dass eine regelmäßige ärztliche Aufsicht über die Durchführung des Sehtests gewährleistet ist.

(3) [1] Die Anerkennung kann mit Nebenbestimmungen, insbesondere mit Auflagen verbunden werden, um sicherzustellen, dass die Sehtests ordnungsgemäß durchgeführt werden. [2] Sie ist zurückzunehmen, wenn bei ihrer Erteilung eine der Voraussetzungen nach Absatz 2 nicht vorgelegen hat; davon kann abgesehen werden, wenn der Mangel nicht mehr besteht. [3] Die Anerkennung ist zu widerrufen, wenn nachträglich eine der Voraussetzungen nach Absatz 2 weggefallen ist, wenn der Sehtest wiederholt nicht ordnungsgemäß durchgeführt oder wenn sonst gegen die Pflichten aus der Anerkennung oder gegen Auflagen grob verstoßen worden ist. [4] Die oberste Landesbehörde oder die von ihr bestimmte oder nach Landesrecht zuständige Stelle übt die Aufsicht über

die Inhaber der Anerkennung aus. [5]Die die Aufsicht führende Stelle kann selbst prüfen oder durch einen von ihr bestimmten Sachverständigen prüfen lassen, ob die Voraussetzungen für die Anerkennung noch gegeben sind, ob die Sehtests ordnungsgemäß durchgeführt und ob die sich sonst aus der Anerkennung oder den Auflagen ergebenden Pflichten erfüllt werden. [6]Die Sehteststelle hat der die Aufsicht führenden Stelle auf Verlangen Angaben über Zahl und Ergebnis der durchgeführten Sehtests zu übermitteln.

(4) [1]Betriebe von Augenoptikern gelten als amtlich anerkannt; sie müssen gewährleisten, dass die Voraussetzungen des Absatzes 2, ausgenommen die ärztliche Aufsicht, gegeben sind. [2]Die Anerkennung kann durch die oberste Landesbehörde oder die von ihr bestimmte oder nach Landesrecht zuständige Stelle nachträglich mit Auflagen verbunden werden, um sicherzustellen, dass die Sehtests ordnungsgemäß durchgeführt werden. [3]Die Anerkennung ist im Einzelfall nach Maßgabe des Absatzes 3 Satz 3 zu widerrufen. [4]Hinsichtlich der Aufsicht ist Absatz 3 Satz 4 und 5 entsprechend anzuwenden. [5]Die oberste Landesbehörde kann die Befugnisse auf die örtlich zuständige Augenoptikerinnung oder deren Landesverbände nach Landesrecht übertragen.

(5) [1]Außerdem gelten

1. Begutachtungsstellen für Fahreignung (§ 66),
2. der Arzt des Gesundheitsamtes oder ein anderer Arzt der öffentlichen Verwaltung und
3. die Ärzte mit der Gebietsbezeichnung „Arbeitsmedizin“ und die Ärzte mit der Zusatzbezeichnung „Betriebsmedizin“

als amtlich anerkannte Sehteststelle. [2]Absatz 4 ist anzuwenden.

§ 68 Stellen für die Schulung in Erster Hilfe. (1) [1]Stellen, die Schulungen in Erster Hilfe für den Erwerb einer Fahrerlaubnis durchführen, bedürfen der amtlichen Anerkennung durch die für das Fahrerlaubniswesen oder das Gesundheitswesen zuständige oberste Landesbehörde oder durch die von ihr bestimmte oder nach Landesrecht zuständige Stelle. [2]Einer Anerkennung nach Satz 1 bedarf es nicht für Stellen, die ein Unfallversicherungsträger nach einer von ihm nach § 15 Absatz 1, auch in Verbindung mit Absatz 1a, des Siebten Buches Sozialgesetzbuch erlassenen Unfallverhütungsvorschrift über Grundsätze der Prävention für die Ausbildung zur Ersten Hilfe ermächtigt hat und vom Unfallversicherungsträger öffentlich bekannt gemacht sind. [3]Schulungen einer der in Satz 2 genannten Ausbildungsstellen können für die Zwecke dieser Verordnung durch die oberste Landesbehörde oder die von ihr bestimmte oder nach Landesrecht zuständige Stelle für ihren jeweiligen Zuständigkeitsbereich untersagt werden, wenn die Ausbildungsstelle wiederholt die Pflichten aus der durch den Träger der Unfallversicherung erteilten Ermächtigung verletzt hat. [4]Die zuständige Behörde gibt die in Satz 1 genannten Stellen öffentlich bekannt.

(2) [1]Die Anerkennung ist zu erteilen, wenn

1. keine Tatsachen vorliegen, die den Antragsteller, bei juristischen Personen die nach dem Gesetz oder der Satzung zur Vertretung berechtigten Personen, und das Ausbildungspersonal für die Schulung in Erster Hilfe als unzuverlässig erscheinen lassen und

2. die Befähigung für das Ausbildungspersonal nachgewiesen ist sowie geeignete Ausbildungsräume und die notwendigen Lehrmittel für den theoretischen Unterricht und die praktischen Übungen zur Verfügung stehen.

[2] Die nach Absatz 1 zuständige oberste Landesbehörde oder die von ihr bestimmte oder nach Landesrecht zuständige Stelle kann zur Vorbereitung ihrer Entscheidung die Beibringung eines Gutachtens einer fachlich geeigneten Stelle oder Person darüber anordnen, ob die Voraussetzungen für die Anerkennung gegeben sind. [3] Die Anerkennung kann befristet und mit Auflagen, insbesondere hinsichtlich der Fortbildung der mit der Schulung befassten Personen, verbunden werden, um die ordnungsgemäßen Schulungen sicherzustellen. [4] Die Anerkennung ist zurückzunehmen, wenn bei ihrer Erteilung eine der Voraussetzungen nach Satz 1 nicht vorgelegen hat; davon kann abgesehen werden, wenn der Mangel nicht mehr besteht. [5] Die Anerkennung ist zu widerrufen, wenn nachträglich eine der Voraussetzungen nach Satz 1 weggefallen ist, wenn die Schulungen wiederholt nicht ordnungsgemäß durchgeführt worden sind oder wenn sonst gegen die Pflichten aus der Anerkennung oder gegen Auflagen gröblich verstoßen worden ist. [6] Die für das Fahrerlaubniswesen oder das Gesundheitswesen zuständige oberste Landesbehörde oder die von ihr bestimmte oder nach Landesrecht zuständige Stelle übt die Aufsicht über die Inhaber der Anerkennung aus. [7] Die die Aufsicht führende Stelle kann selbst prüfen oder durch von ihr bestimmte Sachverständige prüfen lassen, ob die Voraussetzungen für die Anerkennung noch gegeben sind, ob die Schulungen ordnungsgemäß durchgeführt und ob die sich sonst aus der Anerkennung oder den Auflagen ergebenden Pflichten erfüllt werden. [8] Satz 7 gilt auch für die Stellen nach Absatz 1 Satz 2.

(3) Die Unfallversicherungsträger und die nach Absatz 2 Satz 7 Aufsicht führenden Stellen unterrichten sich gegenseitig über Untersagungen nach Absatz 1 Satz 3 sowie Rücknahmen und Widerrufe nach Absatz 2 Satz 4 und 5.

§ 69 Stellen zur Durchführung der Fahrerlaubnisprüfung. (1) Die Durchführung der Fahrerlaubnisprüfung obliegt den amtlich anerkannten Sachverständigen oder Prüfern für den Kraftfahrzeugverkehr bei den Technischen Prüfstellen für den Kraftfahrzeugverkehr nach dem Kraftfahrsachverständigengesetz im Sinne der §§ 10 und 14 des Kraftfahrsachverständigengesetzes sowie den amtlich anerkannten Prüfern und Sachverständigen im Sinne des § 16 des Kraftfahrsachverständigengesetzes.

(2) Die Fahrerlaubnisprüfung ist nach Anlage 7 durchzuführen.

(3) Die für die Durchführung der Fahrerlaubnisprüfung erhobenen personenbezogenen Daten sind nach Ablauf des fünften Kalenderjahres nach Erledigung des Prüfauftrags zu löschen.

§ 70 Träger von Kursen zur Wiederherstellung der Kraftfahreignung.

(1) [1] Träger, die Kurse zur Wiederherstellung der Kraftfahreignung von alkohol- oder drogenauffälligen Kraftfahrern durchführen, werden von der nach Landesrecht zuständigen Behörde für den Zweck des § 11 Absatz 10 anerkannt. [2] In die Kurse dürfen nur Personen aufgenommen werden, die den Anforderungen des § 11 Absatz 10 entsprechen und nicht Inhaber einer Fahrerlaubnis sind.

(2) Die Anerkennung wird auf schriftlichen Antrag des Trägers für seine Stellen, seine Kurse zur Wiederherstellung der Kraftfahreignung von alkohol-

oder drogenauffälligen Kraftfahrern und seine Kursleiter erteilt, wenn die Voraussetzungen der Anlage 15 und der Richtlinie über die Anforderungen an Träger von Kursen zur Wiederherstellung der Kraftfahreignung (§ 70 FeV) und deren Begutachtung durch die Bundesanstalt für Straßenwesen vom 27. Januar 2014 (VkBl. S. 110), die zuletzt durch Verlautbarung vom 11. März 2020 (VkBl. S. 215) geändert worden ist, vorliegen.

(3) Die Anerkennung kann mit Nebenbestimmungen, insbesondere mit Auflagen verbunden werden, um den vorgeschriebenen Bestand und die ordnungsgemäße Tätigkeit des Trägers und seiner Stellen zu gewährleisten.

(4) [1] Die Anerkennung ist auf längstens zehn Jahre zu befristen. [2] Sie wird auf Antrag für jeweils höchstens zehn Jahre verlängert. [3] Für die Verlängerung sind die Voraussetzungen nach Absatz 2 vorbehaltlich der Bestimmungen der Anlage 15 Nummer 7 erneut nachzuweisen.

(5) Die Anerkennung ist zurückzunehmen, wenn bei ihrer Erteilung eine der Voraussetzungen nach Absatz 2 nicht vorgelegen hat und keine Ausnahme erteilt worden ist; davon kann abgesehen werden, wenn der Mangel nicht mehr besteht.

(6) Die Anerkennung ist zu widerrufen, wenn nachträglich eine der Voraussetzungen nach Absatz 2 weggefallen ist, wenn die Wirksamkeit der Kurse nach dem Ergebnis eines nach dem Stand der Wissenschaft durchgeführten Bewertungsverfahrens (Evaluation) nicht nachgewiesen ist, die Kurse nicht ordnungsgemäß durchgeführt werden oder wenn sonst ein grober Verstoß gegen die Pflichten aus der Anerkennung oder gegen Auflagen vorliegt.

(7) § 66 Absatz 7 und 8 gilt entsprechend.

§ 71 Verkehrspsychologische Beratung. (1) Für die Durchführung der verkehrspsychologischen Beratung nach § 2a Absatz 7 des Straßenverkehrsgesetzes[1)] gelten die Personen im Sinne dieser Vorschrift als amtlich anerkannt, die eine Bestätigung nach Absatz 2 der Sektion Verkehrspsychologie im Berufsverband Deutscher Psychologinnen und Psychologen e.V. besitzen.

(2) Die Sektion Verkehrspsychologie im Berufsverband Deutscher Psychologinnen und Psychologen e.V. hat die Bestätigung auszustellen, wenn der Berater folgende Voraussetzungen nachweist:

1. Abschluss eines Hochschulstudiums als Diplom-Psychologe oder eines gleichwertigen Master-Abschlusses in Psychologie,
2. eine verkehrspsychologische Ausbildung an einer Universität oder gleichgestellten Hochschule oder einer Stelle, die sich mit der Begutachtung oder Wiederherstellung der Kraftfahreignung befasst, oder an einem Ausbildungsseminar, das vom Berufsverband Deutscher Psychologinnen und Psychologen e.V. veranstaltet wird,
3. Erfahrungen in der Verkehrspsychologie
   a) durch mindestens dreijährige Begutachtung von Kraftfahrern an einer Begutachtungsstelle für Fahreignung oder mindestens dreijährige Durchführung von Aufbauseminaren oder von Kursen zur Wiederherstellung der Kraftfahreignung oder
   b) im Rahmen einer mindestens fünfjährigen freiberuflichen verkehrspsychologischen Tätigkeit, welche durch Bestätigungen von Behörden oder

---

[1)] Nr. **1**.

Begutachtungsstellen für Fahreignung oder durch die Dokumentation von zehn Therapiemaßnahmen für verkehrsauffällige Kraftfahrer, die mit einer positiven Begutachtung abgeschlossen wurden, erbracht werden kann, oder

c) im Rahmen einer dreijährigen freiberuflichen verkehrspsychologischen Tätigkeit mit Zertifizierung als klinischer Psychologe/Psychotherapeut entsprechend den Richtlinien des Berufsverbandes Deutscher Psychologinnen und Psychologen e.V. oder durch eine vergleichbare psychotherapeutische Tätigkeit und

4. Teilnahme an einem vom Berufsverband Deutscher Psychologinnen und Psychologen e.V. anerkannten Qualitätssicherungssystem, soweit der Berater nicht bereits in ein anderes, vergleichbares Qualitätssicherungssystem einbezogen ist. Erforderlich sind mindestens:
   a) Nachweis einer Teilnahme an einem Einführungsseminar über Verkehrsrecht von mindestens 16 Stunden,
   b) regelmäßiges Führen einer standardisierten Beratungsdokumentation über jede Beratungssitzung,
   c) regelmäßige Kontrollen und Auswertung der Beratungsdokumente und
   d) Nachweis der Teilnahme an einer Fortbildungsveranstaltung oder Praxisberatung von mindestens 16 Stunden innerhalb jeweils von zwei Jahren.

(3) [1] Der Berater hat der Sektion Verkehrspsychologie des Berufsverbandes Deutscher Psychologinnen und Psychologen e.V. alle zwei Jahre eine Bescheinigung über die erfolgreiche Teilnahme an der Qualitätssicherung vorzulegen. [2] Die Sektion hat der nach Absatz 5 zuständigen Behörde oder Stelle unverzüglich mitzuteilen, wenn die Bescheinigung innerhalb der vorgeschriebenen Frist nicht vorgelegt wird oder sonst die Voraussetzungen nach Absatz 2 nicht mehr vorliegen oder der Berater die Beratung nicht ordnungsgemäß durchgeführt oder sonst gegen die Pflichten aus der Anerkennung oder gegen Auflagen gröblich verstoßen hat.

(4) [1] Die Anerkennung ist zurückzunehmen, wenn eine der Voraussetzungen im Zeitpunkt ihrer Bestätigung nach Absatz 2 nicht vorgelegen hat; davon kann abgesehen werden, wenn der Mangel nicht mehr besteht. [2] Die Anerkennung ist zu widerrufen, wenn nachträglich eine der Voraussetzungen nach Absatz 2 weggefallen ist, die verkehrspsychologische Beratung nicht ordnungsgemäß durchgeführt wird oder wenn sonst gegen die Pflichten aus der Anerkennung oder gegen Auflagen gröblich verstoßen wird.

(4a) [1] Die Anerkennung ist außerdem zurückzunehmen, wenn die persönliche Zuverlässigkeit nach § 2a Absatz 7 Satz 8 Nummer 1 des Straßenverkehrsgesetzes, im Zeitpunkt der Bestätigung nach Absatz 2 nicht vorgelegen hat, insbesondere weil dem Berater die Fahrerlaubnis wegen wiederholter Verstöße gegen verkehrsrechtliche Vorschriften oder Straftaten entzogen wurde oder Straftaten im Zusammenhang mit der Tätigkeit begangen wurden; davon kann abgesehen werden, wenn der Mangel nicht mehr besteht. [2] Die Anerkennung ist zu widerrufen, wenn nachträglich die persönliche Zuverlässigkeit (§ 2a Absatz 7 Satz 8 Nummer 1 des Straßenverkehrsgesetzes) weggefallen ist.

(5) [1] Zuständig für die Rücknahme und den Widerruf der Anerkennung der verkehrspsychologischen Berater ist die zuständige oberste Landesbehörde oder die von ihr bestimmte oder die nach Landesrecht zuständige Stelle. [2] Diese führt

auch die Aufsicht über die verkehrspsychologischen Berater; sie kann sich hierbei geeigneter Personen oder Stellen bedienen.

§ 71a Träger von unabhängigen Stellen für die Bestätigung der Eignung von eingesetzten psychologischen Testverfahren und -geräten.

(1) [1]Die Eignung von psychologischen Testverfahren und -geräten, die Träger von Begutachtungsstellen für die Feststellung der Fahreignung sowie Ärzte mit der Gebietsbezeichnung „Arbeitsmedizin" oder der Zusatzbezeichnung „Betriebsmedizin" zur Erstellung von Gutachten nach Anlage 5 einsetzen, muss von Trägern unabhängiger Stellen bestätigt werden. [2]Die Träger unabhängiger Stellen haben die Eignung der eingesetzten psychologischen Testverfahren und -geräte nach dem allgemein anerkannten Stand der Wissenschaft und nach Maßgabe der vom Bundesministerium für Verkehr und digitale Infrastruktur im Benehmen mit den zuständigen Obersten Landesbehörden erlassenen „Richtlinie zur Bestätigung der Eignung der Testverfahren und -geräte und der Eignung der Kurse zur Wiederherstellung der Kraftfahreignung" vom 31. März 2017 (VkBl. S. 227 ff.), die zuletzt durch Verlautbarung vom 10. Februar 2020 (VkBl. S. 164) geändert worden ist, zu prüfen.

(2) [1]Der Träger einer unabhängigen Stelle bedarf für seine Tätigkeit nach Absatz 1 der amtlichen Anerkennung durch die nach Landesrecht zuständigen Behörden in dem Bundesland, in dem er seinen Sitz hat. [2]Hat der Träger einer unabhängigen Stelle seinen Sitz außerhalb der Bundesrepublik Deutschland, kann er die amtliche Anerkennung in einem Bundesland seiner Wahl beantragen.

(3) [1]Der Träger der unabhängigen Stelle hat die amtliche Anerkennung schriftlich zu beantragen. [2]Die amtliche Anerkennung wird erteilt, wenn der Träger der unabhängigen Stelle die Voraussetzungen der Anlage 14a erfüllt und sich dies von der Bundesanstalt für Straßenwesen nach § 72 bestätigen lässt.

(4) Die amtliche Anerkennung kann mit Nebenbestimmungen, insbesondere mit Auflagen verbunden werden, um die ordnungsgemäße Tätigkeit des Trägers der unabhängigen Stelle sicherzustellen.

(5) [1]Die amtliche Anerkennung ist auf 15 Jahre zu befristen. [2]Sie wird auf Antrag um höchstens 15 Jahre verlängert. [3]Die Verlängerung kann mehrmals beantragt werden. [4]Für jede Verlängerung hat der Träger der unabhängigen Stelle die Voraussetzungen der Anlage 14a gesondert nachzuweisen.

(6) Die nach Landesrecht zuständige Behörde widerruft die amtliche Anerkennung, wenn

1. nachträglich eine Anerkennungsvoraussetzung weggefallen ist oder
2. der Träger gegen die Pflichten aus der anerkannten Tätigkeit oder gegen die erteilten Auflagen oder sonstige Nebenbestimmungen gröblich verstößt.

(7) Entstehen nach Erteilung der amtlichen Anerkennung der nach Landesrecht zuständigen Behörde ernsthafte Bedenken, ob der Träger der unabhängigen Stelle die Voraussetzungen nach Anlage 14a weiterhin erfüllt, kann die nach Landesrecht zuständige Behörde anordnen, dass der Träger der unabhängigen Stelle binnen einer angemessenen Frist ein Gutachten der Bundesanstalt für Straßenwesen beizubringen hat, dass er die Voraussetzungen nach Anlage 14a erfüllt.

(8) Der Träger der unabhängigen Stelle hat die Kosten zu tragen, die der nach Landesrecht zuständigen Behörde entstehen, wenn

1. die Anerkennungsvoraussetzungen nicht oder nicht vollständig vorliegen oder
2. er durch unsachgemäßes Verhalten eine Maßnahme der Behörde veranlasst hat.

(9) Widerspruch und Anfechtungsklage gegen eine Anordnung nach den Absätzen 6 oder 7 haben keine aufschiebende Wirkung.

§ 71b Träger von unabhängigen Stellen für die Bestätigung der Eignung von Kursen zur Wiederherstellung der Kraftfahreignung. [1] Die Eignung von Kursen, die Träger von Kursen zur Wiederherstellung der Kraftfahreignung durchführen, muss von Trägern unabhängiger Stellen bestätigt werden. [2] Für Träger von unabhängigen Stellen für die Bestätigung der Eignung von Kursen zur Wiederherstellung der Kraftfahreignung gelten die Vorschriften des § 71a entsprechend, die Absätze 3 und 5 jedoch mit der Maßgabe, dass sich die Voraussetzungen der Anerkennung nach Anlage 15a richten.

§ 72 Begutachtung. (1) [1] Die

1. Träger von Begutachtungsstellen für Fahreignung nach § 66,
2. Technischen Prüfstellen nach § 69 in Verbindung mit den §§ 10 und 14 des Kraftfahrsachverständigengesetzes,
3. Träger, die Kurse zur Wiederherstellung der Kraftfahreignung nach § 70 durchführen,
4. Träger unabhängiger Stellen für die Bestätigung der Eignung von eingesetzten psychologischen Testverfahren und -geräten nach § 71a,
5. Träger unabhängiger Stellen für die Bestätigung der Eignung von Kursen zur Wiederherstellung der Kraftfahreignung nach § 71b

müssen sich hinsichtlich der Erfüllung der jeweiligen für sie geltenden fachlichen Anforderungen von der Bundesanstalt für Straßenwesen (Bundesanstalt) begutachten lassen. [2] Die Begutachtung umfasst die Erstbegutachtung, die regelmäßige Begutachtung sowie die Begutachtung aus besonderem Anlass. [3] Bei Trägern von Begutachtungsstellen für Fahreignung umfasst dies auch die Gutachtenüberprüfung.

(2) Grundlagen für die Begutachtung nach Absatz 1 sind

1. die Richtlinie über die Anforderungen an Träger von Begutachtungsstellen für Fahreignung (§ 66 FeV) und deren Begutachtung durch die Bundesanstalt für Straßenwesen vom 27. Januar 2014 (VkBl. S. 110), die zuletzt durch Verlautbarung vom 11. März 2020 (VkBl. S. 217) geändert worden ist,
2. die Richtlinie über die Anforderungen an Technische Prüfstellen (§ 69 in Verbindung mit den §§ 10 und 14 des Kraftfahrsachverständigengesetzes) und deren Begutachtung durch die Bundesanstalt für Straßenwesen vom 27. Januar 2014 (VkBl. S. 110), die zuletzt durch Verlautbarung vom 28. Mai 2020 (VkBl. S. 326) geändert worden ist,
3. die Richtlinie über die Anforderungen an Träger von Kursen zur Wiederherstellung der Kraftfahreignung (§ 70 FeV) und deren Begutachtung durch die Bundesanstalt für Straßenwesen vom 27. Januar 2014 (VkBl. S. 110), die zuletzt durch Verlautbarung vom 11. März 2020 (VkBl. S. 215) geändert worden ist,

4. die in der Anlage 14a Absatz 2 festgelegten Anforderungen an die Träger unabhängiger Stellen für die Bestätigung der Eignung der eingesetzten psychologischen Testverfahren und -geräte nach § 71a,
5. die in der Anlage 15a Absatz 2 festgelegten Anforderungen an die Träger unabhängiger Stellen für die Bestätigung der Eignung der Kurse zur Wiederherstellung der Kraftfahreignung nach § 71b.

(3) Das unter Berücksichtigung der Stellungnahme einer der unter Absatz 1 genannten Stellen gefertigte Gutachten der Bundesanstalt für Straßenwesen mit den Ergebnissen der Begutachtungen wird diesen Stellen sowie den für die amtliche Anerkennung oder für die Aufsicht der nach Landesrecht zuständigen Behörden übersandt.

V. Durchführungs-, Bußgeld-, Übergangs- und Schlussvorschriften

§ 73 Zuständigkeiten. (1) [1] Diese Verordnung wird, soweit nicht die obersten Landesbehörden oder die höheren Verwaltungsbehörden zuständig sind oder diese Verordnung etwas anderes bestimmt, von den nach Landesrecht zuständigen unteren Verwaltungsbehörden oder den Behörden, denen durch Landesrecht die Aufgaben der unteren Verwaltungsbehörde zugewiesen werden (Fahrerlaubnisbehörden), ausgeführt. [2] Die zuständigen obersten Landesbehörden und die höheren Verwaltungsbehörden können diesen Behörden Weisungen auch für den Einzelfall erteilen.

(2) [1] Örtlich zuständig ist, soweit nichts anderes vorgeschrieben ist, die Behörde des Ortes, in dem der Antragsteller oder Betroffene seine Wohnung, bei mehreren Wohnungen seine Hauptwohnung, hat (§ 12 Absatz 2 des Melderechtsrahmengesetzes in der Fassung der Bekanntmachung vom 19. April 2002 (BGBl. I S. 1342), das zuletzt durch Artikel 3 Absatz 1 des Gesetzes vom 18. Juni 2009 (BGBl. I S. 1346) geändert worden ist, in der jeweils geltenden Fassung), mangels eines solchen die Behörde des Aufenthaltsortes, bei juristischen Personen, Handelsunternehmen oder Behörden die Behörde des Sitzes oder des Ortes der beteiligten Niederlassung oder Dienststelle. [2] Anträge können mit Zustimmung der örtlich zuständigen Behörde von einer gleichgeordneten auswärtigen Behörde behandelt und erledigt werden. [3] Die Verfügungen der Behörde nach Satz 1 und 2 sind im gesamten Inland wirksam, es sei denn, der Geltungsbereich wird durch gesetzliche Regelung oder durch behördliche Verfügung eingeschränkt. [4] Verlangt die Verkehrssicherheit ein sofortiges Eingreifen, kann anstelle der örtlich zuständigen Behörde jede ihr gleichgeordnete Behörde mit derselben Wirkung Maßnahmen auf Grund dieser Verordnung vorläufig treffen.

(3) Hat der Betroffene keinen Wohn- oder Aufenthaltsort im Inland, ist für Maßnahmen, die das Recht zum Führen von Kraftfahrzeugen betreffen, jede untere Verwaltungsbehörde (Absatz 1) zuständig.

(4) Die Zuständigkeiten der Verwaltungsbehörden, der höheren Verwaltungsbehörden und der obersten Landesbehörden werden für die Dienstbereiche der Bundeswehr, der Bundespolizei und der Polizei durch deren Dienststellen nach Bestimmung der Fachministerien wahrgenommen.

§ 74 Ausnahmen. (1) Die nach Landesrecht zuständigen Behörden können in bestimmten Einzelfällen oder allgemein für bestimmte einzelne Antragsteller Ausnahmen von den Vorschriften dieser Verordnung genehmigen.

(2) Ausnahmen vom Mindestalter setzen die Zustimmung des gesetzlichen Vertreters voraus.

(3) Die Genehmigung von Ausnahmen von den Vorschriften dieser Verordnung kann mit Auflagen verbunden werden.

(4) [1] Über erteilte Ausnahmegenehmigungen oder angeordnete Auflagen stellt die entscheidende Verwaltungsbehörde eine Bescheinigung aus, sofern die Ausnahme oder Auflage nicht im Führerschein vermerkt wird. [2] Die Bescheinigung hat das Format DIN A5 und die Farbe rosa, der Umfang beträgt 1 Blatt, ein beidseitiger Druck ist möglich. [3] Das Trägermaterial besteht aus Sicherheitspapier mit einer Stärke von 90 g/m², ohne optische Aufheller, in das die folgenden fälschungserschwerenden Sicherheitsmerkmale eingearbeitet sind:

1. als Wasserzeichen das gesetzlich für die Bundesdruckerei geschützte Motiv: „Bundesadler“,
2. nur unter UV-Licht sichtbar gelb und blau fluoreszierende Melierfasern,
3. chemische Reagenzien.

[4] Der Vordruck weist auf der Vorderseite eine fortlaufende Vordrucknummerierung auf. [5] Die Bescheinigung ist beim Führen von Kraftfahrzeugen mitzuführen und zuständigen Personen auf Verlangen zur Prüfung auszuhändigen.

(5) Die Bundeswehr, die Polizei, die Bundespolizei, die Feuerwehr und die anderen Einheiten und Einrichtungen des Katastrophenschutzes sowie der Zolldienst sind von den Vorschriften dieser Verordnung befreit, soweit dies zur Erfüllung hoheitlicher Aufgaben unter gebührender Berücksichtigung der öffentlichen Sicherheit und Ordnung dringend geboten ist.

§ 75 Ordnungswidrigkeiten. Ordnungswidrig im Sinne des § 24 Absatz 1 des Straßenverkehrsgesetzes[1)] handelt, wer vorsätzlich oder fahrlässig

1. entgegen § 2 Absatz 1 am Verkehr teilnimmt oder jemanden als für diesen Verantwortlicher am Verkehr teilnehmen lässt, ohne in geeigneter Weise Vorsorge getroffen zu haben, dass andere nicht gefährdet werden,
2. entgegen § 2 Absatz 3 ein Kennzeichen der in § 2 Absatz 2 genannten Art verwendet,
3. entgegen § 3 Absatz 1 ein Fahrzeug oder Tier führt oder einer vollziehbaren Anordnung oder Auflage zuwiderhandelt,
4. einer Vorschrift des § 4 Absatz 2 Satz 2 oder 3, § 5 Absatz 4 Satz 2 oder 3, § 25 Absatz 4 Satz 1, § 48 Absatz 3 Satz 2 oder § 74 Absatz 4 Satz 5 über die Mitführung, Aushändigung von Führerscheinen, deren Übersetzung sowie Bescheinigungen und der Verpflichtung zur Anzeige des Verlustes und Beantragung eines Ersatzdokuments zuwiderhandelt,
5. entgegen § 5 Absatz 1 Satz 1 ein Mofa nach § 4 Absatz 1 Satz 2 Nummer 1, ein Kraftfahrzeug nach § 4 Absatz 1 Satz 2 Nummer 1b oder einen motorisierten Krankenfahrstuhl führt, ohne die dazu erforderliche Prüfung abgelegt zu haben,
6. entgegen § 5 Absatz 2 Satz 2 oder 3 eine Ausbildung durchführt, ohne die dort genannte Fahrlehrerlaubnis zu besitzen oder entgegen § 5 Absatz 2 Satz 4 eine Ausbildungsbescheinigung ausstellt,

---

[1)] Nr. **1**.

7. entgegen § 10 Absatz 3 ein Kraftfahrzeug, für dessen Führung eine Fahrerlaubnis nicht erforderlich ist, vor Vollendung des 15. Lebensjahres führt,
8. entgegen § 10 Absatz 4 ein Kind unter sieben Jahren auf einem Mofa (§ 4 Absatz 1 Satz 2 Nummer 1) mitnimmt, obwohl er noch nicht 16 Jahre alt ist,
9. einer vollziehbaren Auflage nach § 10 Absatz 1 Nummer 5, 7, 8 und 9, § 23 Absatz 2 Satz 1, § 28 Absatz 1 Satz 2, § 29 Absatz 1 Satz 6, § 46 Absatz 2, § 48a Absatz 2 Satz 1 oder § 74 Absatz 3 zuwiderhandelt,
10. einer Vorschrift des § 25 Absatz 5 Satz 6, des § 30 Absatz 3 Satz 2, des § 47 Absatz 1, auch in Verbindung mit Absatz 2 Satz 1 sowie Absatz 3 Satz 2, oder des § 48 Absatz 9 Satz 3 in Verbindung mit § 47 Absatz 1 über die Ablieferung oder die Vorlage eines Führerscheins zuwiderhandelt,
11. (weggefallen)
12. entgegen § 48 Absatz 1 ein dort genanntes Kraftfahrzeug ohne Erlaubnis führt oder entgegen § 48 Absatz 7 die Fahrgastbeförderung anordnet oder zulässt,
13. entgegen § 48a Absatz 3 Satz 2 die Prüfungsbescheinigung nicht mitführt oder aushändigt.

§ 76 Übergangsrecht. Zu den nachstehend bezeichneten Vorschriften gelten folgende Bestimmungen:

1. (weggefallen)
2. § 4 Absatz 1 Nummer 2 (Krankenfahrstühle)
   Inhaber einer Prüfbescheinigung für Krankenfahrstühle nach § 5 Absatz 4 dieser Verordnung in der bis zum 1. September 2002 geltenden Fassung sind berechtigt, motorisierte Krankenfahrstühle mit einer durch die Bauart bestimmten Höchstgeschwindigkeit von mehr als 10 km/h nach § 4 Absatz 1 Satz 2 Nummer 2 dieser Verordnung in der bis zum 1. September 2002 geltenden Fassung und nach § 76 Nummer 2 dieser Verordnung in der bis zum 1. September 2002 geltenden Fassung zu führen. Wer einen motorisierten Krankenfahrstuhl mit einer durch die Bauart bestimmten Höchstgeschwindigkeit von nicht mehr als 10 km/h nach § 4 Absatz 1 Satz 2 Nummer 2 dieser Verordnung in der bis zum 1. September 2002 geltenden Fassung führt, der bis zum 1. September 2002 erstmals in den Verkehr gekommen ist, bedarf keiner Fahrerlaubnis oder Prüfbescheinigung nach § 5 Absatz 4 dieser Verordnung in der bis zum 1. September 2002 geltenden Fassung.
3. § 5 Absatz 1 (Prüfung für das Führen von Mofas nach § 4 Absatz 1 Satz 2 Nummer 1 oder eines Kraftfahrzeugs nach § 4 Absatz 1 Satz 2 Nummer 1b)
   gilt nicht für Führer der in § 4 Absatz 1 Satz 2 Nummer 1 und 1b bezeichneten Fahrzeuge, die vor dem 1. April 1980 das 15. Lebensjahr vollendet haben.
4. § 5 Absatz 2 (Berechtigung eines Fahrlehrers zur Ausbildung für Kraftfahrzeuge nach § 4 Absatz 1 Satz 2 Nummer 1 und 1b)
   Zur Ausbildung ist auch ein Fahrlehrer berechtigt, der eine Fahrlehrerlaubnis der bisherigen Klasse 3 oder eine ihr entsprechende Fahrlehrerlaubnis besitzt, diese vor dem 1. Oktober 1985 erworben und vor dem 1. Oktober 1987 an einem mindestens zweitägigen, vom Deutschen

Verkehrssicherheitsrat durchgeführten Einführungslehrgang teilgenommen hat.

5. § 5 Absatz 4 und Anlagen 1 und 2 (Prüfbescheinigung für Mofas/Krankenfahrstühle)
   Prüfbescheinigungen für Mofas und Krankenfahrstühle, die nach den bis zum 1. September 2002 vorgeschriebenen Mustern ausgefertigt worden sind, bleiben gültig. Prüfbescheinigungen für Mofas, die nach den bis zum 31. Dezember 2016 vorgeschriebenen Mustern ausgefertigt worden sind, bleiben gültig.
6. § 6 Absatz 1 zur Klasse A1
   Als Krafträder der Klasse A1 gelten auch
   a) Krafträder mit einem Hubraum von nicht mehr als 50 cm^3 und einer durch die Bauart bestimmten Höchstgeschwindigkeit von mehr als 40 km/h, wenn sie bis zum 31. Dezember 1983 erstmals in den Verkehr gekommen sind (Kleinkrafträder bisherigen Rechts) und
   b) Krafträder mit einem Hubraum von nicht mehr als 125 cm^3 und einer Nennleistung von nicht mehr als 11 kW, wenn sie bis zum 18. Januar 2013 erstmals in den Verkehr gekommen sind.

6a. § 6 Absatz 1 zu Klasse A2
   Inhaber einer ab dem 19. Januar 2013 bis zum Ablauf des 27. Dezember 2016 erteilten Berechtigung zum Führen von Krafträdern (auch mit Beiwagen) mit einer Motorleistung von nicht mehr als 35 kW, bei denen das Verhältnis der Leistung zum Gewicht 0,2 kW/kg nicht übersteigt, sind im Inland auch zum Führen von Krafträdern berechtigt, deren Leistung von über 70 kW Motorleistung abgeleitet ist.

7. § 6 Absatz 1 zu Klasse A
   Inhaber einer Fahrerlaubnis der Klasse A (beschränkt) nach § 6 Absatz 2 dieser Verordnung in der bis zum 18. Januar 2013 geltenden Fassung dürfen
   a) Krafträder der Klasse A2 und
   b) nach Ablauf von zwei Jahren nach der Erteilung Kraftfahrzeuge der Klasse A

   führen.
8. § 6 Absatz 1 zu Klasse AM
   Als zweirädrige Kleinkrafträder und Fahrräder mit Hilfsmotor gelten auch
   a) Krafträder mit einem Hubraum von nicht mehr als 50 cm^3 und einer durch die Bauart bestimmten Höchstgeschwindigkeit von mehr als 45 km/h und nicht mehr als 50 km/h, wenn sie bis zum 31. Dezember 2001 erstmals in den Verkehr gekommen sind,
   b) Kleinkrafträder und Fahrräder mit Hilfsmotor im Sinne der Vorschriften der Deutschen Demokratischen Republik, wenn sie bis zum 28. Februar 1992 erstmals in den Verkehr gekommen sind.

   Wie Fahrräder mit Hilfsmotor werden beim Vorliegen der sonstigen Voraussetzungen des § 6 Absatz 1 behandelt
   a) Fahrzeuge mit einem Hubraum von mehr als 50 cm^3, wenn sie vor dem 1. September 1952 erstmals in den Verkehr gekommen sind und die durch die Bauart bestimmte Höchstleistung ihres Motors 0,7 kW (1 PS) nicht überschreitet,

b) Fahrzeuge mit einer durch die Bauart bestimmten Höchstgeschwindigkeit von mehr als 40 km/h, wenn sie vor dem 1. Januar 1957 erstmals in den Verkehr gekommen sind und das Gewicht des betriebsfähigen Fahrzeugs mit dem Hilfsmotor, jedoch ohne Werkzeug und ohne den Inhalt des Kraftstoffbehälters – bei Fahrzeugen, die für die Beförderung von Lasten eingerichtet sind, auch ohne Gepäckträger – 33 kg nicht übersteigt; diese Gewichtsgrenze gilt nicht bei zweisitzigen Fahrzeugen (Tandems) und Fahrzeugen mit drei Rädern.

8a. § 6 Absatz 1 zu Klasse AM:
Inhaber einer Fahrerlaubnis der Klasse AM, die bis zum Ablauf des 23. August 2017 erteilt wurde, sind auch berechtigt, vierrädrige Kraftfahrzeuge der Klasse L6e mit CI-Motor mit einem Hubraum von mehr als 500 cm^3 und dreirädrige Kleinkrafträder mit einer Leermasse von mehr als 270 kg und zweirädrige Kleinkrafträder mit Beiwagen zu führen.

8b. § 6 Absatz 1 zu Klasse C1:
Inhaber einer Fahrerlaubnis der Klasse C1, die bis zum Ablauf des 18. Januar 2013 erteilt wurde, sind auch berechtigt, Kraftfahrzeuge zu führen, die

a) eine zulässige Gesamtmasse von mehr als 3 500 kg, höchstens aber eine Gesamtmasse von 7 500 kg haben und
b) zur Beförderung von höchstens acht Personen, den Fahrzeugführer ausgenommen, ausgelegt und gebaut sind.

Hinter Kraftfahrzeugen dieser Klasse darf ein Anhänger mit einer zulässigen Gesamtmasse von höchstens 750 kg mitgeführt werden. Nicht gestattet ist das Führen von Kraftfahrzeugen der Klassen AM, A1, A2 und A.
Inhaber einer Fahrerlaubnis der Klasse C1, die ab dem 19. Januar 2013 und bis zum Ablauf des 27. Dezember 2016 erteilt wurde, sind auch berechtigt, im Inland Kraftfahrzeuge zu führen, die

a) eine zulässige Gesamtmasse von mehr als 3 500 kg, höchstens aber eine Gesamtmasse von 7 500 kg haben und
b) zur Beförderung von höchstens acht Personen, den Fahrzeugführer ausgenommen, ausgelegt und gebaut sind.

Hinter Kraftfahrzeugen dieser Klasse darf ein Anhänger mit einer zulässigen Gesamtmasse von höchstens 750 kg mitgeführt werden. Nicht gestattet ist das Führen von Kraftfahrzeugen der Klassen AM, A1, A2 und A.

8c. § 6 Absatz 1 zu Klasse C:
Inhaber einer Fahrerlaubnis der Klasse C, die bis zum Ablauf des 18. Januar 2013 erteilt wurde, sind auch berechtigt, Kraftfahrzeuge zu führen, die

a) eine zulässige Gesamtmasse von mehr als 3 500 kg haben und
b) zur Beförderung von nicht mehr als acht Personen, den Fahrzeugführer ausgenommen, ausgelegt und gebaut sind.

Hinter Kraftfahrzeugen dieser Klasse darf ein Anhänger mit einer zulässigen Gesamtmasse von höchstens 750 kg mitgeführt werden. Nicht gestattet ist das Führen von Kraftfahrzeugen der Klassen AM, A1, A2 und A.
Inhaber einer Fahrerlaubnis der Klasse C, die ab dem 19. Januar 2013 bis zum Ablauf des 27. Dezember 2016 erteilt wurde, sind auch berechtigt, im Inland Kraftfahrzeuge zu führen, die

a) eine zulässige Gesamtmasse von mehr als 3 500 kg haben und
b) die zur Beförderung von nicht mehr als acht Personen, den Fahrzeugführer ausgenommen, ausgelegt und gebaut sind.

Hinter Kraftfahrzeugen dieser Klasse darf ein Anhänger mit einer zulässigen Gesamtmasse von höchstens 750 kg mitgeführt werden. Nicht gestattet ist das Führen von Kraftfahrzeugen der Klassen AM, A1, A2 und A.

8d. § 6 Absatz 1 zu Klasse D1:
Inhaber einer Fahrerlaubnis der Klasse D1, die bis zum Ablauf des 18. Januar 2013 erteilt wurde, sind auch berechtigt, Kraftfahrzeuge zu führen, die zur Beförderung von mehr als acht, aber nicht mehr als 16 Personen, den Fahrzeugführer ausgenommen, ausgelegt und gebaut sind.
Hinter Kraftfahrzeugen dieser Klasse darf ein Anhänger mit einer zulässigen Gesamtmasse von höchstens 750 kg mitgeführt werden. Nicht gestattet ist das Führen von Kraftfahrzeugen der Klassen AM, A1, A2 und A.
Inhaber einer Fahrerlaubnis der Klasse D1, die ab dem 19. Januar 2013 bis zum Ablauf des 27. Dezember 2016 erteilt wurde, sind auch berechtigt, im Inland Kraftfahrzeuge, zu führen,

a) die zur Beförderung von mehr als 8, aber nicht mehr als 16 Personen, den Fahrzeugführer ausgenommen, ausgelegt und gebaut sind und

b) deren Länge nicht mehr als 8 m beträgt.

Hinter Kraftfahrzeugen dieser Klasse darf ein Anhänger mit einer zulässigen Gesamtmasse von höchstens 750 kg mitgeführt werden. Nicht gestattet ist das Führen von Kraftfahrzeugen der Klassen AM, A1, A2 und A.

8e. § 6 Absatz 3 zu Klasse CE:
Inhaber einer Fahrerlaubnis der Klasse CE, die bis zum Ablauf des 18. Januar 2013 erteilt wurde, sind auch berechtigt, Kraftfahrzeuge der Klasse D1E zu führen, sofern sie zum Führen von Kraftfahrzeugen der Klasse D1 berechtigt sind.
Inhaber einer Fahrerlaubnis der Klasse CE, die ab dem 19. Januar 2013 bis zum Ablauf des 27. Dezember 2016 erteilt wurde, sind auch berechtigt, im Inland Kraftfahrzeuge der Klasse D1E zu führen, sofern sie zum Führen von Kraftfahrzeugen der Klasse D1 berechtigt sind.

8f. § 6 Absatz 3 zu Klasse D1E:
Inhaber einer Fahrerlaubnis der Klasse D1E, die bis zum Ablauf des 18. Januar 2013 erteilt wurde, sind auch berechtigt, Kraftfahrzeuge der Klasse C1E zu führen, sofern sie zum Führen von Kraftfahrzeugen der Klasse C1 berechtigt sind.
Inhaber einer Fahrerlaubnis der Klasse D1E, die ab dem 19. Januar 2013 bis zum Ablauf des 27. Dezember 2016 erteilt wurde, sind auch berechtigt, im Inland Kraftfahrzeuge der Klasse C1E zu führen, sofern sie zum Führen von Kraftfahrzeugen der Klasse C1 berechtigt sind.

8g. § 6 Absatz 3 zu Klasse DE:
Inhaber einer Fahrerlaubnis der Klasse DE, die bis zum Ablauf des 18. Januar 2013 erteilt wurde, sind auch berechtigt, Kraftfahrzeuge der Klasse C1E zu führen, sofern sie zum Führen von Kraftfahrzeugen der Klasse C1 berechtigt sind.
Inhaber einer Fahrerlaubnis der Klasse DE, die ab dem 19. Januar 2013 bis zum Ablauf des 27. Dezember 2016 erteilt wurde, sind auch berechtigt, im Inland Kraftfahrzeuge der Klasse C1E zu führen, sofern sie zum Führen von Kraftfahrzeugen der Klasse C1 berechtigt sind.

9. § 11 Absatz 9, § 12 Absatz 6, §§ 23, 24, 48 und Anlage 5 und 6 (ärztliche Wiederholungsuntersuchungen und Sehvermögen bei Inhabern von Fahrerlaubnissen alten Rechts)
Inhaber einer Fahrerlaubnis der Klasse 3 oder einer ihr entsprechenden Fahrerlaubnis, die bis zum 31. Dezember 1998 erteilt worden ist, brauchen sich, soweit sie keine in Klasse CE fallenden Fahrzeugkombinationen führen, keinen ärztlichen Untersuchungen zu unterziehen. Bei einer Umstellung ihrer Fahrerlaubnis werden die Klassen C1 und C1E nicht befristet. Zusätzlich wird die Klasse CE mit Beschränkung auf bisher in Klasse 3 fallende Züge zugeteilt. Die Fahrerlaubnis dieser Klasse wird bis zu dem Tag befristet, an dem der Inhaber das 50. Lebensjahr vollendet. Für die Verlängerung der Fahrerlaubnis nach Ablauf der Geltungsdauer ist § 24 entsprechend anzuwenden. Fahrerlaubnisinhaber, die bis zum 31. Dezember 1998 das 50. Lebensjahr vollenden, müssen bei der Umstellung der Fahrerlaubnis für den Erhalt der beschränkten Klasse CE ihre Eignung nach Maßgabe von § 11 Absatz 9 und § 12 Absatz 6 in Verbindung mit den Anlagen 5 und 6 nachweisen. Wird die bis zum 31. Dezember 1998 erteilte Fahrerlaubnis nicht umgestellt, darf der Inhaber ab Vollendung des 50. Lebensjahres keine in Klasse CE fallende Fahrzeugkombinationen mehr führen. Für die Erteilung einer Fahrerlaubnis dieser Klasse ist anschließend § 24 Absatz 2 entsprechend anzuwenden. Für Fahrerlaubnisinhaber, die bis zum 31. Dezember 1999 das 50. Lebensjahr vollendet haben, tritt Satz 7 am 1. Januar 2001 in Kraft. Bei der Umstellung einer bis zum 31. Dezember 1998 erteilten Fahrerlaubnis der Klasse 2 oder einer entsprechenden Fahrerlaubnis wird die Fahrerlaubnis der Klassen C und CE bis zu dem Tag befristet, an dem der Inhaber das 50. Lebensjahr vollendet. Für die Verlängerung der Fahrerlaubnis und die Erteilung nach Ablauf der Geltungsdauer ist § 24 entsprechend anzuwenden. Fahrerlaubnisinhaber, die bis zum 31. Dezember 1998 das 50. Lebensjahr vollenden, müssen bei der Umstellung der Fahrerlaubnis ihre Eignung nach Maßgabe von § 11 Absatz 9 und § 12 Absatz 6 in Verbindung mit den Anlagen 5 und 6 nachweisen. Wird die bis zum 31. Dezember 1998 erteilte Fahrerlaubnis nicht umgestellt, darf der Inhaber ab Vollendung des 50. Lebensjahres keine Fahrzeuge oder Fahrzeugkombinationen der Klassen C oder CE mehr führen, § 6 Absatz 3 Nummer 6 bleibt unberührt. Für die Erteilung einer Fahrerlaubnis dieser Klassen ist anschließend § 24 Absatz 2 entsprechend anzuwenden. Für Fahrerlaubnisinhaber, die bis zum 31. Dezember 1999 das 50. Lebensjahr vollendet haben, tritt Satz 13 am 1. Januar 2001 in Kraft. Bescheinigungen über die ärztliche Untersuchung oder Zeugnisse über die augenärztliche Untersuchung des Sehvermögens, die nach den bis zum Ablauf des 14. Juni 2007 vorgeschriebenen Mustern ausgefertigt worden sind, bleiben zwei Jahre gültig. Bescheinigungen über die ärztliche Untersuchung oder Zeugnisse über die augenärztliche Untersuchung des Sehvermögens, die den Mustern der Anlagen 5 und 6 in der bis zum Ablauf des 14. Juni 2007 geltenden Fassung entsprechen, dürfen bis zum 1. September 2007 weiter ausgefertigt werden.

10. §§ 15 bis 18 (Fahrerlaubnisprüfung)
Ab dem 19. Januar 2013 werden Fahrerlaubnisprüfungen nur noch nach den ab diesem Tag geltenden Vorschriften durchgeführt. Bewerbern, die den Antrag auf Erteilung der Fahrerlaubnis bis zum Ablauf des 18. Januar

2013 stellen und die bis zu diesem Tag das bis dahin geltende Mindestalter erreicht haben, wird die Fahrerlaubnis unter den bis zum Ablauf des 18. Januar 2013 geltenden Voraussetzungen erteilt. Wird die beantragte Fahrerlaubnis bis zum Ablauf des 18. Januar 2013 nicht erteilt, wird der Antrag wie folgt umgedeutet:

Antrag auf Klasse	in Antrag auf Klasse
M	AM
S	AM
A (beschränkt)	A2

Wird die beantragte Fahrerlaubnis nicht bis zum Ablauf des 18. Januar 2013 erteilt, gelten für eine ab dem 19. Januar 2013 erteilte Fahrerlaubnis die Mindestalterregelungen in der bis zum Ablauf des 18. Januar 2013 geltenden Fassung. Bewerbern, die den Antrag auf Erteilung der Fahrerlaubnis bis zum Ablauf des 18. Januar 2013 stellen, das bis dahin geltende Mindestalter jedoch erst nach diesem Zeitpunkt erreichen, wird die Fahrerlaubnis in den neuen Klassen erteilt, die den beantragten nach der Gegenüberstellung in der dem Satz 3 folgenden Tabelle entsprechen. Eine theoretische Prüfung, die der Bewerber bis zum Ablauf des 18. Januar 2013 für eine der Klassen alten Rechts abgelegt hat, bleibt ein Jahr auch für die in der dem Satz 3 folgenden Tabelle genannte entsprechende neue Klasse gültig.

11. § 17a Absatz 1 und 2 (Aufhebung der Beschränkung)
Auf Antrag wird eine bis zum Ablauf des 18. Januar 2013 erfolgte Beschränkung der Fahrerlaubnis der Klassen BE, C1, C1E, C, CE, D1, D1E, D und DE auf Fahrzeuge ohne Schaltgetriebe aufgehoben, sofern der Inhaber die Fahrerlaubnis der Klasse B auf einem Fahrzeug mit Schaltgetriebe erworben hat.

11a. § 19 (Weitergeltung von Bescheinigungen über Erste Hilfe)
Bescheinigungen über die Teilnahme an einer Ausbildung in Erster Hilfe gelten unbefristet bei einem Antrag auf Erteilung einer Fahrerlaubnis als Nachweis im Sinne des § 21 Absatz 3 Nummer 5.

11b. §§ 20 und 24 Absatz 2 (Neuerteilung der Fahrerlaubnis nach Entziehung einer oder Verzicht auf eine Fahrerlaubnis, erneute Erteilung einer auf Grund des Ablaufs der Geltungsdauer erloschenen Fahrerlaubnis)
Personen, denen eine Fahrerlaubnis entzogen worden ist oder die einen Verzicht auf ihre Fahrerlaubnis erklärt haben, wird im Rahmen der Neuerteilung nach § 20 vorbehaltlich der Bestimmungen des Satzes 4 sowie der Nummer 9 die Fahrerlaubnis im Umfang der Anlage 3 erteilt. Personen, deren Fahrerlaubnis auf Grund des Ablaufs der Geltungsdauer erloschen ist, wird im Rahmen der Neuerteilung nach § 24 Absatz 2 vorbehaltlich der Bestimmungen des Satzes 4 sowie der Nummer 9 die Fahrerlaubnis im Umfang der Anlage 3 erneut erteilt. Wurde vor dem 1. Januar 2015 eine Fahrerlaubnis neu erteilt, wird auf Antrag vorbehaltlich der Bestimmungen des Satzes 4 sowie der Nummer 9 die Fahrerlaubnis im Umfang der Anlage 3 erteilt. Die Fahrerlaubnisbehörde ordnet eine Fahrerlaubnisprüfung an, wenn Tatsachen vorliegen, die die Annahme rechtfertigen, dass der Bewerber die nach § 16 Absatz 1 und § 17 Absatz 1 erforderlichen Kenntnisse und Fähigkeiten nicht mehr besitzt.

11c. § 22 (Verfahren bei der Behörde und der Technischen Prüfstelle)
Sofern Führerscheine bis zum Ablauf des 18. Januar 2013 ausgestellt worden sind, können diese auch ab dem 19. Januar 2013 ausgehändigt werden, sofern die Fahrerlaubnis bis zum Ablauf des 18. Januar 2013 erworben wurde.

12. § 22 Absatz 2, § 25 Absatz 4 (Einholung von Auskünften)
Sind die Daten des Betreffenden noch nicht im Zentralen Fahrerlaubnisregister gespeichert, können die Auskünfte nach § 22 Absatz 2 Satz 2 und § 25 Absatz 4 Satz 1 aus den örtlichen Fahrerlaubnisregistern eingeholt werden.

12a. § 22 Absatz 4 Satz 7 und Anlage 8a (Vorläufiger Nachweis der Fahrerlaubnis)
Ein Vorläufiger Nachweis der Fahrerlaubnis darf bis zum 1. April 2016 nach dem bis zum Ablauf des 20. Oktober 2015 geltenden Muster ausgestellt werden.

12b. § 22a Absatz 2 Nummer 4, auch in Verbindung mit § 48a Absatz 3, ist erst ab dem 1. April 2016 anzuwenden.

12c. § 23 Absatz 1 (Geltungsdauer der Fahrerlaubnis)
Die Geltungsdauer einer Fahrerlaubnis der Klassen C1 und C1E, die ab dem 1. Januar 1999 und bis zum Ablauf des 27. Dezember 2016 erteilt wurde, endet mit Vollendung des 50. Lebensjahres des Inhabers.

13. § 25 Absatz 1 und Anlage 8, § 26 Absatz 1 und Anlage 8, § 48 Absatz 3 und Anlage 8 (Führerscheine, Fahrerlaubnis zur Fahrgastbeförderung)
Führerscheine, die nach den bis zum 1. Mai 2015 vorgeschriebenen Mustern oder nach den Vorschriften der Deutschen Demokratischen Republik, auch solche der Nationalen Volksarmee, ausgefertigt worden sind, bleiben gültig. Bis zum 18. Januar 2013 erteilte Fahrerlaubnisse zur Fahrgastbeförderung in Kraftomnibussen, Taxen, Mietwagen, Krankenkraftwagen oder Personenkraftwagen, mit denen Ausflugsfahrten oder Ferienziel-Reisen (§ 48 Personenbeförderungsgesetz) durchgeführt werden und entsprechende Führerscheine bleiben bis zum Ablauf ihrer bisherigen Befristung gültig. Die Regelung in Nummer 9 bleibt unberührt.

13a. § 29 (Ausländische Fahrerlaubnisse)
Ein Internationaler Führerschein, der bis zum 31. Dezember 2010 nach Artikel 41 und Anhang 7 des Übereinkommens über den Straßenverkehr vom 8. November 1968 in der bis zum 31. Dezember 2010 geltenden Fassung im Ausland ausgestellt wurde, berechtigt im Rahmen seiner Gültigkeitsdauer zum Führen von Kraftfahrzeugen im Inland.

14. § 48 Absatz 3 (Weitergeltung der bisherigen Führerscheine zur Fahrgastbeförderung)
Führerscheine zur Fahrgastbeförderung, die nach den bis zum 1. September 2002 und bis zum 2. August 2021 vorgeschriebenen Mustern ausgefertigt sind, bleiben gültig. Führerscheine zur Fahrgastbeförderung, die dem Muster 4 der Anlage 8 in der bis zum 2. August 2021 geltenden Fassung entsprechen, dürfen bis zum 2. Dezember 2021 weiter ausgefertigt werden. Inhaber eines Führerscheins zur Fahrgastbeförderung, der vor dem 2. August 2021 ausgestellt wurde, sind auch berechtigt, Personenkraftwagen im gebündelten Bedarfsverkehr und im Linienbedarfsverkehr zu führen.

15. Anlage 8b (Prüfungsbescheinigung zum „Begleiteten Fahren ab 17 Jahre“)
Eine Prüfungsbescheinigung zum „Begleiteten Fahren ab 17 Jahre“ darf bis zum 1. April 2016 nach dem bis zum Ablauf des 20. Oktober 2015 geltenden Muster der Anlage 8a ausgestellt werden.

16. *(aufgehoben)*

17. §§ 66 und 70 (Anerkennung von Trägern von Begutachtungsstellen für Fahreignung und Trägern, die Kurse zur Wiederherstellung der Kraftfahreignung nach § 70 durchführen)
Die bestehenden Anerkennungen von Begutachtungsstellen für Fahreignung nach § 66 und Kursen zur Wiederherstellung der Kraftfahreignung nach § 70 müssen bis zum Ablauf des 31. Dezember 2018 den geänderten Vorschriften angepasst werden; davon ausgenommen sind die Regelungen nach Anlage 14 Absatz 2 Nummer 7 und Anlage 15 Absatz 2 Nummer 6. Bis zu diesem Zeitpunkt ist der Anerkennungsbehörde ein Gutachten der Bundesanstalt vorzulegen, dass die ab dem 1. Mai 2014 geltenden Anforderungen gemäß der Anlage 14 Absatz 2 Nummer 8 und der Anlage 15 Absatz 2 Nummer 7 erfüllt werden. Die Bestätigung durch eine unabhängige Stelle nach Anlage 14 Absatz 2 Nummer 7 ist spätestens bis zum 25. Juni 2021 nachzuweisen. Die Bestätigung durch eine unabhängige Stelle nach Anlage 15 Absatz 2 Nummer 6 ist spätestens drei Jahre, nachdem erstmals eine unabhängige Stelle nach § 71b Satz 2 in Verbindung mit § 71a Absatz 2 Satz 1 anerkannt worden ist, nachzuweisen. Das Bundesministerium für Verkehr und digitale Infrastruktur gibt die erstmaligen Anerkennungen mit Datum im Verkehrsblatt bekannt. Die Bestätigung nach Anlage 5 Nummer 2 Satz 2 muss bis zum Ablauf der in Satz 3 genannten Frist vorliegen.

18. § 68 (Anerkennung von Stellen für die Unterweisung in lebensrettenden Sofortmaßnahmen und für die Schulung in Erster Hilfe)
Nach den bis zum Ablauf des 20. Oktober 2015 anerkannte Stellen für die Unterweisungen in lebensrettenden Sofortmaßnahmen können bis zum Ablauf des 31. Dezember 2015 Unterweisungen in lebensrettenden Sofortmaßnahmen durchführen.

19. § 74 Absatz 4 (Ausnahmegenehmigungen)
Ausnahmegenehmigungen dürfen bis zum Ablauf des 31. Dezember 2015 auf dem bis zum Ablauf des 20. Oktober 2015 zulässigen Trägermaterial ausgestellt werden.

20. Bescheinigungen, die nach § 1 Absatz 2 der Dritten Verordnung über Ausnahmen von den Vorschriften der Fahrerlaubnis-Verordnung vom 22. April 2013 (BGBl. I S. 940) ausgestellt worden sind, gelten noch bis zum Ablauf ihrer Geltungsdauer fort. Mit Erreichen des Mindestalters nach § 10 Absatz 1 Satz 1 Nummer 1 händigt die Fahrerlaubnisbehörde dem Fahrerlaubnisinhaber auf Antrag einen Führerschein nach Anlage 8 Muster 1 aus. In Ländern, die von der Ermächtigung nach § 6 Absatz 5a des Straßenverkehrsgesetzes[1)] in der bis zum 27. Juli 2021 geltenden Fassung Gebrauch gemacht haben, findet die Dritte Verordnung über Ausnahmen von den Vorschriften der Fahrerlaubnis-Verordnung keine Anwendung mehr.

[1)] Nr. **1**.

21. Muster der Anlage 5 und Muster der Anlage 6 (Weitergeltung von Bescheinigungen und Zeugnissen über die ärztliche Untersuchung nach Anlage 5 und die ärztliche beziehungsweise augenärztliche Untersuchung nach Anlage 6)
Eine Bescheinigung über die ärztliche Untersuchung nach Anlage 5, eine Bescheinigung über die ärztliche Untersuchung nach Anlage 6 und ein Zeugnis über die augenärztliche Untersuchung nach Anlage 6 dürfen bis zum 30. September 2022 nach dem bis zum 31. Mai 2022 geltenden Muster ausgestellt werden. Bescheinigungen und Zeugnisse, die nach dem bis zum 31. Mai 2022 geltenden Muster der Anlage 5 oder der Anlage 6 ausgestellt worden sind, gelten bis zum Ablauf ihrer Geltungsdauer fort.

§ 77 Verweis auf technische Regelwerke. [1]Soweit in dieser Verordnung auf DIN-, EN- oder ISO/IEC-Normen Bezug genommen wird, sind diese im Beuth Verlag GmbH, 10772 Berlin, erschienen. [2]Sie sind beim Deutschen Patentamt archivmäßig gesichert niedergelegt.

§ 78 Inkrafttreten. [1]Diese Verordnung tritt am Tag nach der Verkündung[1)] in Kraft. [2]Gleichzeitig tritt die Fahrerlaubnis-Verordnung vom 18. August 1998 (BGBl. I S. 2214), die zuletzt durch Artikel 3 der Verordnung vom 5. August 2009 (BGBl. I S. 2631) geändert worden ist, außer Kraft.

[1)] Verkündet am 17.12.2010.

Anlage 8e
(zu § 24a Absatz 2 Satz 1)

Umtausch vor dem 19. Januar 2013 ausgestellter Führerscheine

I. Führerscheine, die bis einschließlich 31. Dezember 1998 ausgestellt worden sind:

Geburtsjahr des Fahrerlaubnisinhabers	Tag, bis zu dem der Führerschein umgetauscht sein muss
Vor 1953	19. Januar 2033
1953 bis 1958	19. Juli 2022
1959 bis 1964	19. Januar 2023
1965 bis 1970	19. Januar 2024
1971 oder später	19. Januar 2025

II. Führerscheine, die ab 1. Januar 1999 ausgestellt worden sind:*

Ausstellungsjahr	Tag, bis zu dem der Führerschein umgetauscht sein muss
1999 bis 2001	19. Januar 2026
2002 bis 2004	19. Januar 2027
2005 bis 2007	19. Januar 2028
2008	19. Januar 2029
2009	19. Januar 2030
2010	19. Januar 2031
2011	19. Januar 2032
2012 bis 18. Januar 2013	19. Januar 2033

* Fahrerlaubnisinhaber, deren Geburtsjahr vor 1953 liegt, müssen den Führerschein bis zum 19. Januar 2033 umtauschen, unabhängig vom Ausstellungsjahr des Führerscheins.

Anlage 13
(zu § 40)

Bezeichnung und Bewertung der im Rahmen des Fahreignungs-Bewertungssystems zu berücksichtigenden Straftaten und Ordnungswidrigkeiten

Im Fahreignungsregister sind nachfolgende Entscheidungen zu speichern und im Fahreignungs-Bewertungssystem wie folgt zu bewerten:

1. mit drei Punkten folgende Straftaten, soweit die Entziehung der Fahrerlaubnis oder eine isolierte Sperre angeordnet worden ist:

laufende Nummer	Straftat	Vorschriften
1.1	Fahrlässige Tötung	§ 222 StGB[1]
1.2	Fahrlässige Körperverletzung	§ 229 StGB[1]
1.3	Nötigung	§ 240 StGB[1]
1.3a	Gefährliche Eingriffe in den Bahn-, Schiffs- und Luftverkehr	§ 315 StGB[1]
1.4	Gefährliche Eingriffe in den Straßenverkehr	§ 315b StGB[1]
1.5	Gefährdung des Straßenverkehrs	§ 315c StGB[1]
1.6	Verbotene Kraftfahrzeugrennen	§ 315d Absatz 1 Nummer 2 und 3, Absatz 2, 4 und 5 StGB[1]
1.7	Unerlaubtes Entfernen vom Unfallort	§ 142 StGB[1]
1.8	Trunkenheit im Verkehr	§ 316 StGB[1]
1.9	Vollrausch	§ 323a StGB[1]
1.10	Unterlassene Hilfeleistung	§ 323c StGB[1]
1.11	Führen oder Anordnen oder Zulassen des Führens eines Kraftfahrzeugs ohne Fahrerlaubnis, trotz Fahrverbots oder trotz Verwahrung, Sicherstellung oder Beschlagnahme des Führerscheins	§ 21 StVG[2]
1.12	Kennzeichenmissbrauch	§ 22 StVG

2. mit zwei Punkten

2.1. folgende Straftaten, soweit sie nicht von Nummer 1 erfasst sind:

laufende Nummer	Straftat	Vorschriften
2.1.1	Fahrlässige Tötung, soweit ein Fahrverbot angeordnet worden ist und die Tat im Zusammenhang mit dem Führen eines Kraftfahrzeugs oder unter Verletzung der Pflichten eines Kraftfahrzeugführers begangen wurde	§ 222 StGB[1]
2.1.2	Fahrlässige Körperverletzung, soweit ein Fahrverbot angeordnet worden ist und die Tat im Zusammenhang mit dem Führen eines Kraftfahrzeugs oder unter Verletzung der Pflichten eines Kraftfahrzeugführers begangen wurde	§ 229 StGB[1]
2.1.3	Nötigung, soweit ein Fahrverbot angeordnet worden ist und die Tat im Zusammenhang mit dem Führen eines Kraftfahrzeugs oder unter Verletzung der Pflichten eines Kraftfahrzeugführers begangen wurde	§ 240 StGB[1]
2.1.3a	Gefährliche Eingriffe in den Bahn-, Schiffs- und Luftverkehr, sofern ein Fahrverbot angeordnet worden ist und die Tat im	§ 315 StGB[1]

[1] Nr. **6**.
[2] Nr. **1**.

laufende Nummer	Straftat	Vorschriften
	Zusammenhang mit dem Führen eines Kraftfahrzeugs oder unter Verletzung der Pflichten eines Kraftfahrzeugführers begangen wurde	
2.1.4	Gefährliche Eingriffe in den Straßenverkehr	§ 315b StGB[1]
2.1.5	Gefährdung des Straßenverkehrs	§ 315c StGB[1]
2.1.6	Verbotene Kraftfahrzeugrennen	§ 315d Absatz 1 Nummer 2 und 3, Absatz 2, 4 und 5 StGB[1]
2.1.7	Unerlaubtes Entfernen vom Unfallort	§ 142 StGB[1]
2.1.8	Trunkenheit im Verkehr	§ 316 StGB[1]
2.1.9	Vollrausch, soweit ein Fahrverbot angeordnet worden ist und die Tat im Zusammenhang mit dem Führen eines Kraftfahrzeugs oder unter Verletzung der Pflichten eines Kraftfahrzeugführers begangen wurde	§ 323a StGB[1]
2.1.10	Unterlassene Hilfeleistung, soweit ein Fahrverbot angeordnet worden ist und die Tat im Zusammenhang mit dem Führen eines Kraftfahrzeugs oder unter Verletzung der Pflichten eines Kraftfahrzeugführers begangen wurde	§ 323c StGB[1]
2.1.11	Führen oder Anordnen oder Zulassen des Führens eines Kraftfahrzeugs ohne Fahrerlaubnis, trotz Fahrverbots oder trotz Verwahrung, Sicherstellung oder Beschlagnahme des Führerscheins	§ 21 StVG[2]
2.1.12	Kennzeichenmissbrauch, soweit ein Fahrverbot angeordnet worden ist und die Tat im Zusammenhang mit dem Führen eines Kraftfahrzeugs oder unter Verletzung der Pflichten eines Kraftfahrzeugführers begangen wurde	§ 22 StVG

2.2. folgende besonders verkehrssicherheitsbeeinträchtigende Ordnungswidrigkeiten:

laufende Nummer	Ordnungswidrigkeit	laufende Nummer der Anlage zur Bußgeldkatalog-Verordnung[3] (BKat)[4]
2.2.1	Kraftfahrzeug geführt mit einer Atemalkoholkonzentration von 0,25 mg/l oder mehr oder mit einer Blutalkoholkonzentration von 0,5 Promille oder mehr oder mit einer Alkoholmenge im Körper, die zu einer solchen Atem- oder Blutalkoholkonzentration führt	241, 241.1, 241.2
2.2.1a	Kraftfahrzeug geführt mit 3,5 ng/ml oder mehr Tetrahydrocannabinol im Blutserum	242, 242.1, 242.2, 243a, 243a.1, 243a.2
2.2.2	Kraftfahrzeug unter der Wirkung eines in der Anlage zu § 24a Absatz 2 des Straßenverkehrsgesetzes[2] genannten berauschenden Mittels geführt	243, 243.1, 243.2

---

[1] Nr. **6**.
[2] Nr. **1**.
[3] Nr. **8**.
[4] **Amtl. Anm.:** Bußgeldkatalog

laufende Nummer	Ordnungswidrigkeit	laufende Nummer der Anlage zur Bußgeldkatalog-Verordnung[1] (BKat)[2]
2.2.3	Zulässige Höchstgeschwindigkeit überschritten	9.1 bis 9.3, 11.1 bis 11.3 jeweils in Verbindung mit 11.1.6 bis 11.1.10 der Tabelle 1 des Anhangs (11.1.6 nur innerhalb geschlossener Ortschaften), 11.2.5 bis 11.2.10 der Tabelle 1 des Anhangs (11.2.5 nur innerhalb geschlossener Ortschaften) oder 11.3.6 bis 11.3.10 der Tabelle 1 des Anhangs (11.3.6 nur innerhalb geschlossener Ortschaften)
2.2.4	Erforderlichen Abstand von einem vorausfahrenden Fahrzeug nicht eingehalten	12.6 in Verbindung mit 12.6.3, 12.6.4 oder 12.6.5 der Tabelle 2 des Anhangs sowie 12.7 in Verbindung mit 12.7.3, 12.7.4 oder 12.7.5 der Tabelle 2 des Anhangs
2.2.5	Überholvorschriften nicht eingehalten	19.1.1, 19.1.2, 21.1, 21.2
2.2.5a	Bei stockendem Verkehr auf einer Autobahn oder Außerortsstraße für die Durchfahrt von Polizei- oder Hilfsfahrzeugen keine vorschriftsmäßige Gasse gebildet	50, 50.1, 50.2, 50.3
2.2.5b	Unberechtigt mit einem Fahrzeug auf einer Autobahn oder Außerortsstraße eine freie Gasse für die Durchfahrt von Polizei- oder Hilfsfahrzeugen (§ 11 Absatz 2 StVO[3]) benutzt	50a, 50a.1, 50a.2, 50a.3
2.2.6	Auf der durchgehenden Fahrbahn von Autobahnen oder Kraftfahrstraßen gewendet, rückwärts oder entgegen der Fahrtrichtung gefahren	83.3
2.2.7	Als Fahrzeugführer Bahnübergang unter Verstoß gegen die Wartepflicht oder trotz geschlossener Schranke oder Halbschranke überquert	89b.2, 244
2.2.8	Als Kraftfahrzeugführer rotes Wechsellichtzeichen oder rotes Dauerlichtzeichen nicht befolgt bei Gefährdung, mit Sachbeschädigung oder bei schon länger als einer Sekunde andauernder Rotphase eines Wechsellichtzeichens	132.1, 132.2, 132.3, 132.3.1, 132.3.2
2.2.8a	Einem Einsatzfahrzeug, das blaues Blinklicht zusammen mit dem Einsatzhorn verwendet hatte, nicht sofort freie Bahn geschaffen	135, 135.1, 135.2
2.2.8b	Beim Führen eines Kraftfahrzeugs elektronisches Gerät rechtswidrig benutzt mit Gefährdung oder mit Sachbeschädigung	246.2, 246.3

[1] Nr. **8**.
[2] **Amtl. Anm.:** Bußgeldkatalog
[3] Nr. **2**.

3. mit einem Punkt folgende verkehrssicherheitsbeeinträchtigende Ordnungswidrigkeiten:

3.1. folgende Verstöße gegen die Vorschriften des Straßenverkehrsgesetzes:

laufende Nummer	Verstöße gegen die Vorschriften	laufende Nummer des BKat[1]
3.1.1	des § 24c des Straßenverkehrsgesetzes[2]	243b

3.2. folgende Verstöße gegen die Vorschriften der Straßenverkehrs-Ordnung[3]:

laufende Nummer	Verstöße gegen die Vorschriften über	laufende Nummer des BKat[1]
3.2.1	die Straßenbenutzung durch Fahrzeuge	4.1, 4.2, 5a, 5a.1, 6
3.2.2	die Geschwindigkeit	8.1, 9, 10, 11 in Verbindung mit 11.1.3, 11.1.4, 11.1.5, 11.1.6 der Tabelle 1 des Anhangs (11.1.6 nur außerhalb geschlossener Ortschaften), 11.2.2, 11.2.3, 11.2.4, 11.2.5 der Tabelle 1 des Anhangs (11.2.2 nur innerhalb, 11.2.5 nur außerhalb geschlossener Ortschaften), 11.3.4, 11.3.5, 11.3.6 der Tabelle 1 des Anhangs (11.3.6 nur außerhalb geschlossener Ortschaften)
3.2.3	den Abstand	12.5 in Verbindung mit 12.5.1, 12.5.2, 12.5.3, 12.5.4 oder 12.5.5 der Tabelle 2 des Anhangs, 12.6 in Verbindung mit 12.6.1 oder 12.6.2 der Tabelle 2 des Anhangs, 12.7 in Verbindung mit 12.7.1 oder 12.7.2 der Tabelle 2 des Anhangs, 15
3.2.4	das Überholen	17, 18, 19, 19.1, 153a, 21, 22
3.2.5	die Vorfahrt	34
3.2.6	das Abbiegen, Wenden und Rückwärtsfahren	39.1, 41, 42.1, 44, 45
3.2.7	Park- oder Halteverbote mit Behinderung von Rettungsfahrzeugen	51b.3, 53.1
3.2.7a	Unzulässiges Halten in „zweiter Reihe"	51a.1, 51a.2, 51a.3
3.2.7b	Unzulässiges Parken auf Geh- und Radwegen oder Radschnellwegen	52a.1, 52a.2, 52a.2.1, 52a.3, 52a.4
3.2.7c	Unzulässiges Halten auf Schutzstreifen für den Radverkehr	54a.1, 54a.2, 54a.3

[1] **Amtl. Anm.:** Bußgeldkatalog
[2] Nr. **1**.
[3] Nr. **2**.

laufende Nummer	Verstöße gegen die Vorschriften über	laufende Nummer des BKat
3.2.7d	Unzulässiges Parken in „zweiter Reihe"	58.1, 58.1.1, 58.1.2, 58.2, 58.2.1
3.2.8	das Liegenbleiben von Fahrzeugen	66
3.2.9	die Beleuchtung	76
3.2.10	die Benutzung von Autobahnen und Kraftfahrstraßen	79, 80.1, 82, 83.1, 83.2, 85, 87a, 88
3.2.11	das Verhalten an Bahnübergängen	89, 89a, 89b.1, 136, 245
3.2.12	das Verhalten an öffentlichen Verkehrsmitteln und Schulbussen	92.1, 92.2, 93, 95.1, 95.2
3.2.13	die Personenbeförderung, die Sicherungspflichten	99.1, 99.2
3.2.14	die Ladung	102.1, 102.1.1, 102.2.1, 104
3.2.15	die sonstigen Pflichten des Fahrzeugführers	108, 109, 246.1, 247
3.2.16	das Verhalten am Fußgängerüberweg	113
3.2.17	die übermäßige Straßenbenutzung	116
3.2.18	Verkehrshindernisse	123
3.2.19	das Verhalten gegenüber Zeichen oder Haltgebot eines Polizeibeamten sowie an Wechsellichtzeichen, Dauerlichtzeichen und Grünpfeil	129, 132, 132a, 132a.1, 132a.2, 132a.3, 132a.3.1, 132a.3.2, 133.1, 133.2, 133.3.1, 133.3.2
3.2.20	Vorschriftzeichen	150, 151.1, 151.2, 152, 152.1
3.2.21	Richtzeichen	157.3, 159b
3.2.22	andere verkehrsrechtliche Anordnungen	164
3.2.23	Auflagen	166

3.3. folgende Verstöße gegen die Vorschriften der Fahrerlaubnis-Verordnung:

laufende Nummer	Verstöße gegen die Vorschriften über	laufende Nummer des BKat[1]
3.3.1	die Fahrerlaubnis zur Fahrgastbeförderung	171, 172
3.3.2	das Führen von Kraftfahrzeugen ohne Begleitung	251a

3.4. folgende Verstöße gegen die Vorschriften der Fahrzeug-Zulassungsverordnung[2]:

laufende Nummer	Verstöße gegen die Vorschriften über	laufende Nummer des BKat[1]
3.4.1	die Zulassung	175
3.4.2	ein Betriebsverbot und Beschränkungen	253

3.5. folgende Verstöße gegen die Vorschriften der Straßenverkehrs-Zulassungs-Ordnung[3]:

laufende Nummer	Verstöße gegen die Vorschriften über	laufende Nummer des BKat[1]
3.5.1	die Untersuchung der Kraftfahrzeuge und Anhänger	186.1.3, 186.1.4, 186.2.3, 187a

[1] **Amtl. Anm.:** Bußgeldkatalog
[2] Nr. **3.2**.
[3] Nr. **3**.

laufende Nummer	Verstöße gegen die Vorschriften über	laufende Nummer des BKat
3.5.2	die Verantwortung für den Betrieb der Fahrzeuge	189.1.1, 189.1.2, 189.2.1, 189.2.2, 189.3.1, 189.3.2, 189a.1, 189a.2
3.5.3	die Abmessungen von Fahrzeugen und Fahrzeugkombinationen	192, 193
3.5.4	die Kurvenlaufeigenschaften von Fahrzeugen	195, 196
3.5.5	die Achslast, das Gesamtgewicht, die Anhängelast hinter Kraftfahrzeugen	198 und 199 jeweils in Verbindung mit 198.1.2 bis 198.1.7, 199.1.2 bis 199.1.6, 198.2.4 oder 199.2.4, 198.2.5 oder 199.2.5, 198.2.6 oder 199.2.6 der Tabelle 3 des Anhangs
3.5.6	die Besetzung von Kraftomnibussen	201, 202
3.5.7	Bereifung und Laufflächen	212, 213, 213a
3.5.8	die sonstigen Pflichten für den verkehrssicheren Zustand des Fahrzeugs	214.1, 214.2, 214a.1, 214a.2
3.5.9	die Stützlast	217
3.5.10	den Geschwindigkeitsbegrenzer	223, 224
3.5.11	Auflagen	233

3.6. folgende Verstöße gegen die Vorschriften der Gefahrgutverordnung Straße, Eisenbahn und Binnenschifffahrt (GGVSEB):

laufende Nummer	Beschreibung der Zuwiderhandlung	gesetzliche Grundlage
3.6.1	Als tatsächlicher Verlader Versandstücke, die gefährliche Güter enthalten, und unverpackte gefährliche Gegenstände nicht durch geeignete Mittel gesichert, die in der Lage sind, die Güter im Fahrzeug oder Container zurückzuhalten, sowie, wenn gefährliche Güter zusammen mit anderen Gütern befördert werden, nicht alle Güter in den Fahrzeugen oder Containern so gesichert oder verpackt, dass das Austreten gefährlicher Güter verhindert wird.	Unterabschnitt 7.5.7.1 ADR i.V.m. § 37 Absatz 1 Nummer 21 Buchstabe a GGVSEB
3.6.2	Als Fahrzeugführer Versandstücke, die gefährliche Güter enthalten, und unverpackte gefährliche Gegenstände nicht durch geeignete Mittel gesichert, die in der Lage sind, die Güter im Fahrzeug oder Container zurückzuhalten, sowie, wenn gefährliche Güter zusammen mit anderen Gütern befördert werden, nicht alle Güter in den Fahrzeugen oder Containern so gesichert oder verpackt, dass das Austreten gefährlicher Güter verhindert wird.	Unterabschnitt 7.5.7.1 ADR i.V.m. § 37 Absatz 1 Nummer 21 Buchstabe a GGVSEB
3.6.3	Als Beförderer und in der Funktion als Halter des Fahrzeugs entgegen § 19 Absatz 2 Nummer 15 GGVSEB dem Fahrzeugführer die erforderliche Ausrüstung zur Durchführung der Ladungssicherung nicht übergeben	Unterabschnitt 7.5.7.1 ADR i.V.m. § 37 Absatz 1 Nummer 6 Buchstabe o GGVSEB

3.2. Verordnung über die Zulassung von Fahrzeugen zum Straßenverkehr (Fahrzeug-Zulassungsverordnung – FZV)[1)]

Vom 20. Juli 2023
(BGBl. 2023 I Nr. 199)

FNA 9232-20

zuletzt geänd. durch Art. 22, Art. 23 VO zur Entlastung der Bürgerinnen und Bürger, der Wirtschaft sowie der Verwaltung von Bürokratie v. 11.12.2024 (BGBl. 2024 I Nr. 411)

Inhaltsübersicht

Abschnitt 1. Allgemeine Regelungen

§ 1 Anwendungsbereich
§ 2 Begriffsbestimmungen
§ 3 Notwendigkeit einer Zulassung
§ 4 Voraussetzungen für die Inbetriebsetzung eines zulassungsfreien Fahrzeuges
§ 5 Beschränkung und Untersagung des Betriebs von Fahrzeugen

Abschnitt 2. Zulassungsverfahren

§ 6 Antrag auf Zulassung
§ 7 Tageszulassung
§ 8 Zulassung in der Bundesrepublik Deutschland nach vorheriger Zulassung in einem anderen Staat
§ 9 Zuteilung von Kennzeichen
§ 10 Besondere Kennzeichen
§ 11 Kennzeichnung elektrisch betriebener Fahrzeuge
§ 12 Ausgestaltung und Anbringung der Kennzeichen
§ 13 Zulassungsbescheinigung Teil I
§ 14 Zulassungsbescheinigung Teil II
§ 15 Mitteilungspflichten bei Änderungen
§ 16 Außerbetriebsetzung, Wiederzulassung
§ 17 Verwertungsnachweis

Abschnitt 3. Internetbasierte Zulassung

§ 18 Zulässigkeit internetbasierter Zulassungsverfahren

Unterabschnitt 1. Gemeinsame Regelungen für internetbasierte Zulassungsverfahren über Portale der Zulassungsbehörden

§ 19 Portal
§ 20 Antrag
§ 21 Sicherheitscodes
§ 22 Nachweis der Hauptuntersuchungen und der Sicherheitsprüfungen nach § 29 der Straßenverkehrs-Zulassungs-Ordnung
§ 23 Bekanntgabe und Wirksamkeit der Entscheidung sowie Vorbehalt der Nachprüfung

Unterabschnitt 2. Internetbasierte Außerbetriebsetzung

§ 24 Antrag auf Außerbetriebsetzung
§ 25 Außerbetriebsetzung

Unterabschnitt 3. Internetbasierte Erstzulassung, Tageszulassung, Wiederzulassung und Änderung bei Halter- und Wohnsitzwechsel

§ 26 Gemeinsame Regelungen für die Zulassung und für Änderungen
§ 27 Internetbasierte Erstzulassung
§ 28 Internetbasierte Tageszulassung
§ 29 Internetbasierte Wiederzulassung
§ 30 Internetbasierte Änderung bei Halter- oder Wohnsitzwechsel, sofortige Inbetriebsetzung

---

[1)] Verkündet als Art. 1 VO v. 20.7.2023 (BGBl. 2023 I Nr. 199); Inkrafttreten gem. Art. 13 dieser VO am 1.9.2023.

Unterabschnitt 4. Sofortige Inbetriebsetzung bei internetbasierten Zulassungsvorgängen
§ 31 Zulässigkeit der sofortigen Inbetriebsetzung
§ 32 Vorläufiger Zulassungsnachweis

Unterabschnitt 5. Großkundenschnittstelle beim Kraftfahrt-Bundesamt
§ 33 Großkundenschnittstelle
§ 34 Registrierung als Großkunde
§ 35 Identifizierungsmerkmal
§ 36 Überprüfung der Voraussetzungen und Widerruf der Registrierung als Großkunde
§ 37 Antragstellung über die Großkundenschnittstelle
§ 38 Übermittlung eines Antrags an die Zulassungsbehörde und automatische Ergänzung erforderlicher Daten
§ 39 Bekanntgabe und Wirksamkeit der Entscheidung der Zulassungsbehörde
§ 40 Sofortige Inbetriebsetzung nach Entscheidung der Zulassungsbehörde

Abschnitt 4. Zeitweilige Teilnahme am Straßenverkehr
§ 41 Prüfungsfahrten, Probefahrten und Überführungsfahrten mit rotem Kennzeichen
§ 42 Probefahrten und Überführungsfahrten mit Kurzzeitkennzeichen
§ 43 Fahrten zur Teilnahme an Veranstaltungen für Oldtimer
§ 44 Fahrten im internationalen Verkehr
§ 45 Fahrten zur dauerhaften Verbringung eines Fahrzeuges in das Ausland

Abschnitt 5. Teilnahme ausländischer Fahrzeuge am Straßenverkehr
§ 46 Vorübergehende Teilnahme am Straßenverkehr in der Bundesrepublik Deutschland
§ 47 Kennzeichen und Unterscheidungszeichen
§ 48 Beschränkung und Untersagung des Betriebs ausländischer Fahrzeuge

Abschnitt 6. Überwachung des Versicherungsschutzes der Fahrzeuge
§ 49 Versicherungsnachweis
§ 50 Mitteilungspflichten der Zulassungsbehörde
§ 51 Maßnahmen und Pflichten bei fehlendem Versicherungsschutz
§ 52 Versicherungskennzeichen
§ 53 Ausgestaltung und Anbringung des Versicherungskennzeichens
§ 54 Rote Versicherungskennzeichen
§ 55 Maßnahmen bei vorzeitiger Beendigung des Versicherungsverhältnisses
§ 56 Versicherungsplakette

Abschnitt 7. Fahrzeugregister
§ 57 Erhebung und Speicherung der Fahrzeugdaten im Zentralen Fahrzeugregister
§ 58 Erhebung und Speicherung der Fahrzeugdaten im örtlichen Fahrzeugregister
§ 59 Erhebung und Speicherung der Halterdaten in den Fahrzeugregistern
§ 60 Übermittlung von Daten an das Kraftfahrt-Bundesamt
§ 61 Übermittlung, Erhebung und Speicherung der Daten über Hauptuntersuchungen und Sicherheitsprüfungen im Zentralen Fahrzeugregister
§ 62 Übermittlung von Daten an die Versicherer
§ 63 Mitteilungen an die Finanzbehörden
§ 64 Übermittlung von Daten an Stellen zur Durchführung des Bundesleistungsgesetzes, des Verkehrssicherstellungsgesetzes, des Verkehrsleistungsgesetzes und von Maßnahmen des Katastrophenschutzes
§ 65 Übermittlungen des Kraftfahrt-Bundesamtes an die Zulassungsbehörden
§ 66 Abruf im automatisierten Verfahren
§ 67 Automatisiertes Anfrage- und Auskunftsverfahren
§ 68 Sicherung des Abrufverfahrens gegen Missbrauch
§ 69 Aufzeichnung der Abrufe im automatisierten Verfahren
§ 70 Abruf im automatisierten Verfahren durch ausländische Stellen
§ 71 Übermittlungssperren
§ 72 Löschung von Daten aus dem Zentralen Fahrzeugregister
§ 73 Löschung von Daten aus dem örtlichen Fahrzeugregister
§ 74 Zentrale Datenbank der Übereinstimmungsbescheinigungen

Abschnitt 8. Durchführungs- und Schlussvorschriften
§ 75 Zuständigkeiten
§ 76 Ausnahmen
§ 77 Ordnungswidrigkeiten

§ 78 Verweis auf technische Regelwerke
§ 79 Übergangs- und Anwendungsbestimmungen

[Anlagen[1]]

Anlage 1 Ausgestaltung, Einteilung und Zuteilung der Buchstaben- und Zahlengruppen für die Erkennungsnummern der Kennzeichen
Anlage 2 Unterscheidungszeichen der Fahrzeuge der Bundes- und Landesorgane, der Bundesministerien, der Bundesfinanzverwaltung, der Bundespolizei, der Wasserstraßen- und Schifffahrtsverwaltung des Bundes, der Bundesanstalt Technisches Hilfswerk, der Bundeswehr, des Diplomatischen Corps und bevorrechtigter internationaler Organisationen
Anlage 3 Plakettenmuster für elektrisch betriebene Fahrzeuge
Anlage 4 Ausgestaltung der Kennzeichen
Anlage 5 Stempelplaketten und Plakettenträger
Anlage 6 Zulassungsbescheinigung Teil I
Anlage 7 Zulassungsbescheinigung Teil I für Fahrzeuge der Bundeswehr
Anlage 8 Zulassungsbescheinigung Teil II
Anlage 9 Verwertungsnachweis
Anlage 10 Verifizierung der Prüfziffer
Anlage 11 Verifizierung und Verarbeitung der Daten für internetbasierte Zulassungsverfahren
Anlage 12 Bevollmächtigung eines Großkunden zur Antragstellung bei der Zulassungsbehörde mithilfe der beim Kraftfahrt-Bundesamt vorhandenen Großkundenschnittstelle
Anlage 13 Fahrzeugscheinheft für Fahrzeuge mit rotem Kennzeichen
Anlage 14 Fahrzeugschein für Fahrzeuge mit Kurzzeitkennzeichen
Anlage 15 Fahrzeugscheinheft für Oldtimerfahrzeuge mit rotem Kennzeichen
Anlage 16 Bestätigung über eine dem Gesetz über die Haftpflichtversicherung für ausländische Kraftfahrzeuge und Kraftfahrzeuganhänger entsprechende Haftpflichtversicherung
Anlage 17 Versicherungskennzeichen für Kleinkrafträder, motorisierte Krankenfahrstühle und leichte vierrädrige Kraftfahrzeuge
Anlage 18 Versicherungsplakette für Elektrokleinstfahrzeuge.

Abschnitt 1. Allgemeine Regelungen

§ 1 Anwendungsbereich. Diese Verordnung ist anzuwenden auf
1. die Zulassung von Kraftfahrzeugen mit einer bauartbedingten Höchstgeschwindigkeit von mehr als 6 Kilometern pro Stunde und
2. die Zulassung ihrer Anhänger.

§ 2 Begriffsbestimmungen. [1] Im Sinne dieser Verordnung ist
1. Kraftfahrzeug: nicht dauerhaft spurgeführtes Landfahrzeug, das durch Maschinenkraft bewegt wird;
2. Anhänger: zum Anhängen an ein Kraftfahrzeug bestimmtes und geeignetes Fahrzeug;
3. Fahrzeug: Kraftfahrzeug und dessen Anhänger;
4. EU-Typgenehmigung: die von einem Mitgliedstaat der Europäischen Union erteilte Typgenehmigung in Anwendung
   a) der Verordnung (EU) Nr. 167/2013 des Europäischen Parlaments und des Rates vom 5. Februar 2013 über die Genehmigung und Marktüberwachung von land- und forstwirtschaftlichen Fahrzeugen (ABl. L 60 vom 2.3.2013, S. 1) in der jeweils geltenden Fassung,
   b) der Verordnung (EU) Nr. 168/2013 des Europäischen Parlaments und des Rates vom 15. Januar 2013 über die Genehmigung und Marktüber-

[1] Die Anlagen 1 bis 18 sind hier nicht abgedruckt. Sie sind vollständig enthalten in der im Verlag C.H. Beck erschienenen Loseblatt-Textausgabe „Straßenverkehrsrecht“.

wachung von zwei- oder dreirädrigen und vierrädrigen Fahrzeugen (ABl. L 60 vom 2.3.2013, S. 52; L 77 vom 23.3.2016, S. 65; L 64 vom 10.3.2017, S. 116; L 398 vom 11.11.2021, S. 54) in der jeweils geltenden Fassung und

c) der Verordnung (EU) Nr. 2018/858 des Europäischen Parlaments und des Rates vom 30. Mai 2018 über die Genehmigung und die Marktüberwachung von Kraftfahrzeugen und Kraftfahrzeuganhängern sowie von Systemen, Bauteilen und selbstständigen technischen Einheiten für diese Fahrzeuge, zur Änderung der Verordnungen (EG) Nr. 715/2007 und (EG) Nr. 595/2009 und zur Aufhebung der Richtlinie 2007/46/EG (ABl. Nr. L 151 vom 14.06.2018, S. 1) in der jeweils geltenden Fassung;

5. nationale Typgenehmigung: die behördliche Bestätigung, dass der zur Prüfung vorgestellte Typ eines Fahrzeuges, eines Systems, eines Bauteils oder einer selbstständigen technischen Einheit den geltenden Bauvorschriften entspricht;
6. Fahrzeug-Einzelgenehmigung: die von einem Mitgliedstaat der Europäischen Union (Mitgliedstaat) in Anwendung der Verordnung (EU) 2018/858 erteilte Bestätigung, dass ein bestimmtes einzelnes Fahrzeug, das eine oder keine Einzelausführung darstellt, den einschlägigen Vorschriften und technischen Anforderungen für die EU-Fahrzeug-Einzelgenehmigung entspricht oder eine in Anwendung der Straßenverkehrs-Zulassungs-Ordnung[1] erteilte behördliche Bestätigung, dass das betreffende Fahrzeug, System, Bauteil oder die selbstständige technische Einheit den geltenden Bauvorschriften entspricht;
7. Übereinstimmungsbescheinigung: das in Anwendung der Artikel 36 und 37 der Verordnung (EU) Nr. 2018/858, des Artikels 38 der Verordnung (EU) Nr. 168/2013 und des Artikels 33 der Verordnung (EU) Nr. 167/2013 ausgestellte Dokument;
8. Datenbestätigung: die vom Inhaber einer nationalen Typgenehmigung für Fahrzeuge ausgestellte Bescheinigung, dass das Fahrzeug zum Zeitpunkt seiner Herstellung dem genehmigten Typ und den ausgewiesenen Angaben über die Beschaffenheit entspricht;
9. Kraftrad: zweirädriges Kraftfahrzeug mit oder ohne Beiwagen, mit einem Hubraum von mehr als 50 Kubikzentimetern im Fall eines Verbrennungsmotors, oder mit einer bauartbedingten Höchstgeschwindigkeit von mehr als 45 Kilometern pro Stunde;
10. Leichtkraftrad: Kraftrad mit einer Nennleistung von nicht mehr als 11 Kilowatt und im Fall eines Verbrennungsmotors mit einem Hubraum von mehr als 50 Kubikzentimetern und höchstens 125 Kubikzentimetern;
11. Kleinkraftrad: zweirädriges oder dreirädriges Kraftfahrzeug mit einer bauartbedingten Höchstgeschwindigkeit von nicht mehr als 45 Kilometern pro Stunde und folgenden Eigenschaften:

a) zweirädriges Kleinkraftrad mit Verbrennungsmotor, dessen Hubraum nicht mehr als 50 Kubikzentimeter beträgt, oder mit Elektromotor, dessen höchste Nenndauerleistung nicht mehr als 4 Kilowatt beträgt;

b) dreirädriges Kleinkraftrad mit Fremdzündungsmotor, dessen Hubraum nicht mehr als 50 Kubikzentimeter beträgt, mit einem anderen Verbren-

---

[1] Nr. **3**.

nungsmotor, dessen höchste Nutzleistung nicht mehr als 4 Kilowatt beträgt, oder mit einem Elektromotor, dessen höchste Nenndauerleistung nicht mehr als 4 Kilowatt beträgt;

12. leichtes vierrädriges Kraftfahrzeug: leichtes vierrädriges Kraftfahrzeug im Sinne des Artikels 4 Absatz 2 Buchstabe f in Verbindung mit dem Anhang I der Verordnung (EU) Nr. 168/2013;
13. motorisierter Krankenfahrstuhl: einsitziges, nach der Bauart zum Gebrauch durch körperlich behinderte Personen bestimmtes Kraftfahrzeug mit Elektroantrieb, einer Leermasse von nicht mehr als 300 Kilogramm einschließlich Batterie, jedoch ohne Fahrer, einer zulässigen Gesamtmasse von nicht mehr als 500 Kilogramm, einer bauartbedingten Höchstgeschwindigkeit von nicht mehr als 15 Kilometern pro Stunde und einer Breite von höchstens 110 Zentimetern;
14. Zugmaschine: Kraftfahrzeug, das nach seiner Bauart überwiegend zum Ziehen von Anhängern bestimmt und geeignet ist;
15. Sattelzugmaschine: Zugmaschine für Sattelanhänger;
16. land- oder forstwirtschaftliche Zugmaschine: Kraftfahrzeug, dessen Funktion im Wesentlichen in der Erzeugung einer Zugkraft besteht und das besonders zum Ziehen, Schieben, Tragen und zum Antrieb von auswechselbaren Geräten für land- oder forstwirtschaftliche Arbeiten oder zum Ziehen von Anhängern in land- oder forstwirtschaftlichen Betrieben bestimmt und geeignet ist, auch wenn es zum Transport von Lasten im Zusammenhang mit land- oder forstwirtschaftlichen Arbeiten eingerichtet oder mit Beifahrersitzen ausgestattet ist;
17. selbstfahrende Arbeitsmaschine: Kraftfahrzeug, das nach seiner Bauart und seinen besonderen, mit dem Fahrzeug fest verbundenen Einrichtungen zur Verrichtung von Arbeiten, jedoch nicht zur Beförderung von Personen oder Gütern bestimmt und geeignet ist;
18. Stapler: Kraftfahrzeug, das nach seiner Bauart für das Aufnehmen, Heben, Bewegen und Positionieren von Lasten bestimmt und geeignet ist;
19. Sattelanhänger: Anhänger, der mit einem Kraftfahrzeug so verbunden ist, dass er teilweise auf dem Kraftfahrzeug aufliegt und ein wesentlicher Teil seines Gewichts oder seiner Ladung von dem Kraftfahrzeug getragen wird;
20. land- oder forstwirtschaftliches Arbeitsgerät: Gerät zum Einsatz in der Land- und Forstwirtschaft, welches dazu bestimmt ist, von einer Zugmaschine gezogen zu werden und die Funktion der Zugmaschine verändert oder erweitert;
21. Sitzkarren: einachsiger Anhänger, der nach seiner Bauart nur dazu bestimmt und geeignet ist, einer Person das Führen einer einachsigen Zug- oder Arbeitsmaschine von einem Sitz aus zu ermöglichen;
22. Oldtimer: Fahrzeug, das zum Zeitpunkt seiner Begutachtung als Oldtimer vor mindestens 30 Jahren erstmals in Verkehr gekommen ist, weitestgehend dem Originalzustand entspricht, in einem guten Erhaltungszustand ist und zur Pflege des kraftfahrzeugtechnischen Kulturgutes dient;
23. Probefahrt: die Fahrt zur Feststellung und zum Nachweis der Gebrauchsfähigkeit des Fahrzeuges;
24. Prüfungsfahrt: die Fahrt zur Durchführung der Prüfung eines Fahrzeuges durch einen Berechtigten eines benannten Technischen Dienstes, einer Technischen Prüfstelle für den Kraftfahrzeugverkehr oder einer anerkannten

Überwachungsorganisation nach Anlage VIIIb der Straßenverkehrs-Zulassungs-Ordnung einschließlich der Fahrt des Fahrzeuges zum Prüfungsort und zurück;

25. Überführungsfahrt: die Fahrt zur Überführung des Fahrzeuges an einen anderen Ort, auch zur Durchführung von Um- oder Aufbauten.

[2] Die nationale Typgenehmigung nach Satz 1 Nummer 5 oder die Fahrzeug-Einzelgenehmigung nach Satz 1 Nummer 6 ist eine Betriebserlaubnis im Sinne des Straßenverkehrsgesetzes[1)] und eine Allgemeine Betriebserlaubnis im Sinne der Straßenverkehrs-Zulassungs-Ordnung. [3] Unter den Begriff der selbstfahrenden Arbeitsmaschine nach Satz 1 Nummer 17 fällt auch

1. ein selbstfahrender Futtermischwagen mit einer bauartbedingten Höchstgeschwindigkeit von nicht mehr als 25 Kilometern pro Stunde,
2. ein Holzrückefahrzeug mit einer bauartbedingten Höchstgeschwindigkeit von nicht mehr als 25 Kilometern pro Stunde, das mit einer Vorrichtung für Lade- und Sortierprozesse ausgerüstet ist und dessen im öffentlichen Straßenverkehr zulässige Nutzlast 500 Kilogramm nicht überschreitet.

[4] Ein land- oder forstwirtschaftliches Arbeitsgerät nach Satz 1 Nummer 20 kann auch mit einer Ladeplattform ausgestattet sein, die für die Aufnahme der zur Ausführung der Arbeiten erforderlichen Geräte und Vorrichtungen oder die für die zeitweilige Lagerung der bei der Arbeit erzeugten und benötigten Materialien konstruiert und gebaut ist. [5] Des Weiteren zählt zu einem land- oder forstwirtschaftlichen Arbeitsgerät nach Satz 1 Nummer 20 auch ein Fahrzeug, das dazu bestimmt ist, von einer Zugmaschine gezogen zu werden, und das dauerhaft mit einem Gerät ausgerüstet oder für die Bearbeitung von Materialien ausgelegt ist, sofern der Quotient zwischen der technisch zulässigen Gesamtmasse und der Leermasse dieses Fahrzeuges weniger als 3,0 beträgt.

§ 3 Notwendigkeit einer Zulassung. (1) [1] Ein Kraftfahrzeug und seine Anhänger dürfen von der das Fahrzeug führenden Person auf öffentlichen Straßen nur in Betrieb gesetzt werden, wenn sie zum Verkehr zugelassen sind. [2] Die Zulassung wird auf Antrag erteilt, wenn

1. das Fahrzeug einem genehmigten Typ entspricht oder für das Fahrzeug eine Fahrzeug-Einzelgenehmigung erteilt ist und
2. jeweils eine Kraftfahrzeug-Haftpflichtversicherung nach § 1 des Pflichtversicherungsgesetzes[2)] besteht.

[3] Die Zulassung hat durch Zuteilung eines Kennzeichens, Abstempelung der Kennzeichenschilder und Ausfertigung einer Zulassungsbescheinigung, soweit nachfolgend nicht etwas anderes bestimmt ist, zu erfolgen.

(2) Die Zulassung eines Fahrzeugs mit autonomer Fahrfunktion oder eines Fahrzeugs zur Erprobung von automatisierten oder autonomen Fahrfunktionen richtet sich ergänzend nach den Vorschriften der Autonome-Fahrzeuge-Genehmigungs-und-Betriebs-Verordnung.

(3) [1] Einer Zulassung bedürfen nicht

1. folgende Arten von Kraftfahrzeugen:
   a) selbstfahrende Arbeitsmaschinen und Stapler,

[1)] Nr. **1**.
[2)] Nr. **5**.

b) einachsige Zugmaschinen, wenn sie nur für land- oder forstwirtschaftliche Zwecke verwendet werden,

c) Leichtkrafträder,

d) zwei- oder dreirädrige Kleinkrafträder,

e) motorisierte Krankenfahrstühle,

f) leichte vierrädrige Kraftfahrzeuge einschließlich vierrädriger Leichtkraftfahrzeuge der Klasse L6e, die nach Artikel 1 Absatz 3 Buchstabe a der Richtlinie 2002/24/EG des Europäischen Parlaments und des Rates vom 18. März 2002 über die Typgenehmigung für zweirädrige oder dreirädrige Kraftfahrzeuge und zur Aufhebung der Richtlinie 92/61/EWG des Rates (ABl. L 124 vom 9.5.2002, S. 1) typgenehmigt wurden,

g) Elektrokleinstfahrzeuge im Sinne des § 1 Absatz 1 der Elektrokleinstfahrzeuge-Verordnung[1)],

2. folgende Arten von Anhängern:

a) Anhänger in land- oder forstwirtschaftlichen Betrieben, wenn die Anhänger nur für land- oder forstwirtschaftliche Zwecke verwendet und mit einer Geschwindigkeit von nicht mehr als 25 Kilometern pro Stunde hinter Zugmaschinen oder selbstfahrenden Arbeitsmaschinen mitgeführt werden,

b) Wohnwagen und Packwagen im Schaustellergewerbe, die von Zugmaschinen mit einer Geschwindigkeit von nicht mehr als 25 Kilometern pro Stunde mitgeführt werden,

c) fahrbare Baubuden und Toilettenwagen, die von Kraftfahrzeugen mit einer Geschwindigkeit von nicht mehr als 25 Kilometern pro Stunde mitgeführt werden,

d) Arbeitsmaschinen,

e) Spezialanhänger zur Beförderung von Sportgeräten, von Tieren für Sportzwecke oder von Rettungsbooten der Feuerwehr, des Rettungsdienstes und des Zivil- und Katastrophenschutzes, wenn die Anhänger ausschließlich für solche Beförderungen verwendet werden,

f) einachsige Anhänger hinter Krafträdern, Kleinkrafträdern und motorisierten Krankenfahrstühlen,

g) Anhänger für den Einsatzzweck der Feuerwehren und des Zivil- und Katastrophenschutzes,

h) land- oder forstwirtschaftliche Arbeitsgeräte,

i) hinter land- oder forstwirtschaftlichen einachsigen Zug- oder Arbeitsmaschinen mitgeführte Sitzkarren.

[2] Anhänger im Sinne des Satzes 1 Nummer 2 Buchstabe a bis c sind nur dann zulassungsfrei, wenn sie für eine Höchstgeschwindigkeit von nicht mehr als 25 Kilometern pro Stunde in der durch § 58 der Straßenverkehrs-Zulassungs-Ordnung[2)] vorgeschriebenen Weise gekennzeichnet sind.

(4) Auf Antrag können die nach Absatz 3 Satz 1 Nummer 1 Buchstabe a bis f und Nummer 2 zulassungsfreien Fahrzeuge zugelassen werden.

---

1) Nr. **3.3**.
2) Nr. **3**.

(5) Der Halter darf die Inbetriebsetzung eines nach Absatz 1 Satz 1 zulassungspflichtigen Fahrzeuges nur anordnen oder zulassen, wenn das Fahrzeug zugelassen ist.

§ 4 Voraussetzungen für die Inbetriebsetzung eines zulassungsfreien Fahrzeuges. (1) Ein zulassungsfreies Fahrzeug nach § 3 Absatz 3 Satz 1 Nummer 1 und 2 Buchstabe a bis g sowie ein land- oder forstwirtschaftliches Arbeitsgerät mit einer zulässigen Gesamtmasse von mehr als 3 Tonnen darf von der das Fahrzeug führenden Person auf öffentlichen Straßen nur in Betrieb gesetzt werden, wenn es einem genehmigten Typ entspricht oder eine Fahrzeug-Einzelgenehmigung erteilt ist.

(2) [1]Eine das Fahrzeug führende Person darf folgende Fahrzeuge nach Absatz 1 auf öffentlichen Straßen nur dann in Betrieb setzen, wenn das jeweilige Fahrzeug zudem ein Kennzeichen nach § 9 Absatz 1 Satz 1 führt:

1. Kraftfahrzeuge nach § 3 Absatz 3 Satz 1 Nummer 1 Buchstabe a und b mit einer bauartbedingten Höchstgeschwindigkeit von mehr als 20 Kilometern pro Stunde,
2. Kraftfahrzeuge nach § 3 Absatz 3 Satz 1 Nummer 1 Buchstabe c,
3. Anhänger nach § 3 Absatz 3 Satz 1 Nummer 2 Buchstabe d und e, die nicht für eine Höchstgeschwindigkeit von nicht mehr als 25 Kilometern pro Stunde in der durch § 58 Absatz 1 der Straßenverkehrs-Zulassungs-Ordnung[1)] vorgeschriebenen Weise gekennzeichnet sind.

[2]Auf die Zuteilung des Kennzeichens sind die Bestimmungen über die Kennzeichenzuteilung im Zulassungsverfahren mit Ausnahme der Vorschriften über die Zulassungsbescheinigung Teil II anzuwenden.

(3) [1]Eine das Fahrzeug führende Person darf ein Kraftfahrzeug nach § 3 Absatz 3 Satz 1 Nummer 1 Buchstabe d bis f nur dann auf öffentlichen Straßen in Betrieb setzen, wenn es ein gültiges Versicherungskennzeichen nach § 52 Absatz 1 Satz 1 führt. [2]Besteht keine Versicherungspflicht, darf das Fahrzeug nur mit einem Kennzeichen nach § 9 Absatz 1 Satz 1 in Betrieb gesetzt werden, sofern nicht von einer Ausstellung des Versicherungskennzeichens nach § 52 Absatz 4 Satz 1 Gebrauch gemacht wird. [3]Im Fall des Satzes 2 sind auf die Zuteilung des Kennzeichens die Bestimmungen über die Kennzeichenzuteilung im Zulassungsverfahren mit Ausnahme der Vorschriften über die Zulassungsbescheinigung Teil II anzuwenden.

(4) [1]Ein Kraftfahrzeug nach § 3 Absatz 3 Satz 1 Nummer 1 Buchstabe a und b mit einer bauartbedingten Höchstgeschwindigkeit von nicht mehr als 20 Kilometern pro Stunde muss der Halter zum Betrieb auf öffentlichen Straßen zudem mit seinem Vornamen, Namen und Wohnort oder der Bezeichnung seiner Firma und deren Sitz kennzeichnen, wobei die Angaben vom Halter dauerhaft und deutlich lesbar auf der linken Seite des Fahrzeuges anzubringen sind. [2]Ein motorisierter Krankenfahrstuhl nach § 3 Absatz 3 Satz 1 Nummer 1 Buchstabe e muss zum Betrieb auf öffentlichen Straßen zudem vom Halter mit einer Kennzeichnungstafel nach der Regelung Nr. 69 der Wirtschaftskommission der Vereinten Nationen für Europa (UN/ECE) – Einheitliche Bedingungen für die Genehmigung von Tafeln zur hinteren Kennzeichnung von bauartbedingt langsam fahrenden Kraftfahrzeugen und ihrer Anhänger vom

---

[1)] Nr. **3**.

24. Oktober 2009 (ABl. L 200 vom 31.7.2010, S. 1) gekennzeichnet sein, die an der Fahrzeugrückseite oben anzubringen ist.

(5) [1] Wird ein Fahrzeug nach § 3 Absatz 3 Satz 1 Nummer 1 Buchstabe a bis f und Nummer 2, für das keine Zulassungsbescheinigung Teil I ausgestellt wurde, auf öffentlichen Straßen geführt oder mitgeführt, so ist von der das Fahrzeug führenden Person die Übereinstimmungsbescheinigung, die Datenbestätigung oder die Bescheinigung über die Fahrzeug-Einzelgenehmigung mitzuführen und zuständigen Personen auf Verlangen zur Prüfung auszuhändigen. [2] Bei einer einachsigen Zugmaschine nach § 3 Absatz 3 Satz 1 Nummer 1 Buchstabe b und Anhängern nach § 3 Absatz 3 Satz 1 Nummer 2 Buchstabe a, c, d, g und h genügt es, wenn die das Fahrzeug führende Person im Fall des Satzes 1 die Übereinstimmungsbescheinigung, die Datenbestätigung oder die Bescheinigung über die Fahrzeug-Einzelgenehmigung nach Satz 1 aufbewahrt und zuständigen Personen auf Verlangen zur Prüfung aushändigt.

(6) Der Halter darf die Inbetriebsetzung eines Fahrzeuges auf öffentlichen Straßen nur anordnen oder zulassen, wenn das Fahrzeug

1. in den Fällen des Absatz 1 einem genehmigten Typ entspricht oder eine Fahrzeug-Einzelgenehmigung erteilt ist und
2. in den Fällen des Absatz 2 Satz 1 und Absatz 3 Satz 2 ein Kennzeichen oder in den Fällen des Absatz 3 Satz 1 ein Versicherungskennzeichen führt.

§ 5 Beschränkung und Untersagung des Betriebs von Fahrzeugen.

(1) Erweist sich ein Fahrzeug als nicht vorschriftsmäßig nach dieser Verordnung, der Straßenverkehrs-Zulassungs-Ordnung[1)] oder der Elektrokleinstfahrzeuge-Verordnung[2)], so kann die nach Landesrecht für die Ausführung dieser Verordnung zuständige Behörde (Zulassungsbehörde) dem Halter oder Eigentümer eine angemessene Frist zur Beseitigung der Mängel setzen oder den Betrieb des Fahrzeuges auf öffentlichen Straßen beschränken oder untersagen.

(2) [1] Ist der Betrieb eines Fahrzeuges, für das ein Kennzeichen zugeteilt ist, beschränkt oder untersagt, hat der Halter oder Eigentümer das Fahrzeug unverzüglich nach Maßgabe des § 16 Absatz 1 Satz 1 außer Betrieb setzen zu lassen oder der Zulassungsbehörde nachzuweisen, dass die Gründe für die Beschränkung oder Untersagung des Betriebs nicht oder nicht mehr vorliegen. [2] Der Halter darf die Inbetriebsetzung eines Fahrzeuges nur anordnen oder zulassen, wenn der Betrieb des Fahrzeuges nicht nach Absatz 1 untersagt ist oder eine angeordnete Beschränkung eingehalten werden kann.

(3) [1] Besteht Anlass zu der Annahme, dass ein Fahrzeug nicht den Vorschriften dieser Verordnung, der Straßenverkehrs-Zulassungs-Ordnung oder der Elektrokleinstfahrzeuge-Verordnung entspricht, so kann die Zulassungsbehörde anordnen, dass

1. ein von ihr bestimmter Nachweis über die Vorschriftsmäßigkeit oder ein Gutachten eines amtlich anerkannten Sachverständigen, eines Unterschriftsberechtigten eines Technischen Dienstes, der zur Prüfung von Gesamtfahrzeugen der jeweiligen Fahrzeugklasse zur Erlangung einer EU-Typgenehmigung benannt ist, eines Prüfers für den Kraftfahrzeugverkehr oder eines Prüf-

---

1) Nr. **3**.
2) Nr. **3.3**.

ingenieurs einer amtlich anerkannten Überwachungsorganisation nach Anlage VIIIb der Straßenverkehrs-Zulassungs-Ordnung vorgelegt wird oder
2. das Fahrzeug vorgeführt wird.

[2] Soweit es im Einzelfall erforderlich ist, kann die Zulassungsbehörde mehrere Anordnungen nach Satz 1 treffen.

Abschnitt 2. Zulassungsverfahren

§ 6 Antrag auf Zulassung. (1) [1] Die Zulassung eines Fahrzeuges ist bei der nach § 75 zuständigen Zulassungsbehörde zu beantragen. [2] Im Antrag sind zur Erhebung und Speicherung in den Fahrzeugregistern folgende Halterdaten nach § 33 Absatz 1 Satz 1 Nummer 2 des Straßenverkehrsgesetzes[1)] anzugeben und auf Verlangen nachzuweisen:

1. bei natürlichen Personen:
Familienname, Geburtsname, Vornamen, vom Halter für die Zuteilung des Kennzeichens angegebener Ordens- oder Künstlername, Geburtsdatum und Geburtsort oder, wenn dieser nicht bekannt ist, Staat der Geburt, Geschlecht und Anschrift des Halters;
2. bei juristischen Personen und Behörden:
Name oder Bezeichnung und Anschrift;
3. bei Vereinigungen, soweit ihnen ein Recht zustehen kann:
Vertreter mit den Angaben nach Nummer 1 oder 2 und Name der Vereinigung.

[3] Bei beruflich selbstständigen Haltern sind außerdem die Daten nach § 33 Absatz 2 des Straßenverkehrsgesetzes über Beruf oder Gewerbe anzugeben und auf Verlangen nachzuweisen.

(2) [1] Ein Halter ohne Wohnsitz und ohne gewöhnlichen Aufenthalt oder ohne Sitz und ohne Geschäftsleitung in der Bundesrepublik Deutschland, dessen Fahrzeug seinen regelmäßigen Standort in der Bundesrepublik Deutschland hat, hat der Zulassungsbehörde auf Verlangen einen Empfangsbevollmächtigten in der Bundesrepublik Deutschland zu benennen. [2] Dies gilt nicht, wenn der Halter seinen Wohnsitz oder gewöhnlichen Aufenthalt oder seinen Sitz oder seine Geschäftsleitung

1. in einem Mitgliedstaat oder einem Vertragsstaat des Abkommens über den Europäischen Wirtschaftsraum (Vertragsstaat) hat, in den eine Zustellung nach § 9 Absatz 1 Nummer 1 oder Nummer 4 des Verwaltungszustellungsgesetzes möglich ist, oder
2. in einem Staat hat, in dem das Europäische Übereinkommen vom 24. November 1977 über die Zustellung von Schriftstücken in Verwaltungssachen im Ausland (BGBl. 1981 II S. 533, 535) in Kraft ist.

(3) [1] Mit dem Antrag ist die Zulassungsbescheinigung Teil II vorzulegen. [2] Wenn diese noch nicht vorhanden ist, ist ihre Ausfertigung nach § 14 zu beantragen.

(4) [1] Bei erstmaliger Zulassung (Erstzulassung) sind folgende Nachweise zu führen:

---

1) Nr. **1**.

1. bei einem Fahrzeug mit EU-Typgenehmigung der Nachweis, dass das Fahrzeug einem Typ entspricht, für den eine EU-Typgenehmigung vorliegt, durch Vorlage der Übereinstimmungsbescheinigung,
2. bei einem Fahrzeug mit nationaler Typgenehmigung der Nachweis, dass das Fahrzeug einem Typ entspricht, für den eine nationale Typgenehmigung vorliegt, durch
   a) die Vorlage der Zulassungsbescheinigung Teil II mit eingetragener Typ- sowie Varianten-/Versionsschlüsselnummer nach § 20 Absatz 3a Satz 6 der Straßenverkehrs-Zulassungs-Ordnung[1)] oder
   b) die nach § 20 Absatz 3a Satz 1 der Straßenverkehrs-Zulassungs-Ordnung vorgeschriebene Datenbestätigung,
3. bei einem Fahrzeug mit Fahrzeug-Einzelgenehmigung der Nachweis, dass für das Fahrzeug eine Fahrzeug-Einzelgenehmigung vorliegt, durch Vorlage der entsprechenden Bescheinigung,
4. bei einem im Sinne des § 3 Absatz 3 zulassungsfreien Fahrzeug durch Vorlage der Übereinstimmungsbescheinigung, der Datenbestätigung oder der Bescheinigung über die Fahrzeug-Einzelgenehmigung.

[2] Die Nachweise nach Satz 1 sind mit dem Antrag auf Erstzulassung vorzulegen. [3] Der Nachweis nach Satz 1 Nummer 1 gilt als geführt, wenn die Daten der Übereinstimmungsbescheinigung zu diesem Fahrzeug von der zuständigen Zulassungsbehörde unter Angabe der Fahrzeug-Identifizierungsnummer abgerufen worden sind aus

1. der Zentralen Datenbank der Übereinstimmungsbescheinigungen des Kraftfahrt-Bundesamtes oder
2. der Datenbank der Übereinstimmungsbescheinigungen eines anderen Mitgliedstaates, sofern sie in der in Nummer 1 bezeichneten Datenbank nicht vorliegen.

(5) Im Antrag sind zur Erhebung und Speicherung in den Fahrzeugregistern zusätzlich folgende Fahrzeugdaten, sofern zutreffend, anzugeben und auf Verlangen nachzuweisen:

1. die Verwendung des Fahrzeuges als Taxi, als Mietwagen, zur Vermietung an Selbstfahrer, im freigestellten Schülerverkehr, als Kraftomnibus oder Oberleitungsomnibus im Linienverkehr oder eine sonstige Verwendung, sofern sie nach dieser Verordnung oder einer sonstigen auf § 6 des Straßenverkehrsgesetzes beruhenden Rechtsvorschrift der Zulassungsbehörde anzuzeigen ist oder in der Zulassungsbescheinigung Teil I einzutragen ist,
2. Name und Anschrift des Verfügungsberechtigten über die Zulassungsbescheinigung Teil II, sofern eine solche ausgefertigt worden ist,
3. folgende Daten zur Kraftfahrzeug-Haftpflichtversicherung:
   a) Name und Anschrift oder Schlüsselnummer des Versicherers,
   b) Nummer des Versicherungsscheins oder der Versicherungsbestätigung und
   c) Beginn des Versicherungsschutzes oder
   d) die Angabe, dass der Halter von der gesetzlichen Versicherungspflicht befreit ist,

---

1) Nr. 3.

4. Name und Anschrift des Empfangsbevollmächtigten oder Name und Anschrift des gesetzlichen oder benannten Vertreters und
5. Anschrift des regelmäßigen Standortes des Fahrzeuges im Fall des Absatzes 2 in Verbindung mit § 75 Absatz 2 Satz 3.

(6) In Fällen des innergemeinschaftlichen Erwerbs neuer Kraftfahrzeuge im Sinne des § 1b Absatz 2 und 3 des Umsatzsteuergesetzes sind die folgenden Daten, soweit diese der Zulassungsbehörde nicht bereits vorliegen, zur Übermittlung an die zuständigen Finanzbehörden anzugeben und auf Verlangen nachzuweisen:
1. Name und Anschrift des Antragstellers sowie das für ihn nach § 21 der Abgabenordnung zuständige Finanzamt,
2. Name und Anschrift des Lieferers,
3. Tag der Lieferung,
4. Tag der ersten Inbetriebsetzung,
5. Kilometerstand am Tag der Lieferung,
6. Fahrzeugart, Fahrzeughersteller oder Marke, Fahrzeugtyp und Fahrzeug-Identifizierungsnummer und
7. Verwendungszweck.

(7) [1] Sofern das Fahrzeug aus einem Staat, der nicht Mitgliedstaat oder nicht anderer Vertragsstaat ist, eingeführt oder aus dem Besitz der im Bundesgebiet stationierten ausländischen Streitkräfte, der im Bundesgebiet errichteten internationalen militärischen Hauptquartiere oder ihrer Mitglieder erworben wurde, so ist mit dem Antrag der Verzollungsnachweis vorzulegen. [2] Wird dieser nicht vorgelegt, hat die Zulassungsbehörde das zuständige Hauptzollamt über die Zulassung zu unterrichten.

(8) [1] Zusätzlich zu den Daten nach Absatz 5 sind zur Erhebung und Speicherung in den Fahrzeugregistern mit dem Antrag folgende Fahrzeugdaten anzugeben und auf Verlangen nachzuweisen, sofern sie nicht in den mit dem Antrag vorzulegenden Unterlagen enthalten sind:
1. Fahrzeugklasse und Art des Aufbaus,
2. Marke, Typ, Variante, Version und Handelsbezeichnung des Fahrzeuges sowie, wenn für das Fahrzeug eine EU-Typgenehmigung oder eine nationale Typgenehmigung erteilt worden ist, die Nummer und das Datum der Erteilung der Genehmigung, soweit diese Angaben feststellbar sind,
3. Fahrzeug-Identifizierungsnummer,
4. bei Personenkraftwagen: die vom Hersteller auf dem Fahrzeug angebrachte Farbe,
5. Datum der Erstzulassung oder ersten Inbetriebsetzung des Fahrzeuges,
6. bei Zuteilung eines neuen Kennzeichens nach Entstempelung oder Abhandenkommen des bisherigen Kennzeichens das bisherige Kennzeichen,
7. zur Beschaffenheit und Ausrüstung des Fahrzeuges:
   a) Kraftstoffart oder Energiequelle,
   b) Höchstgeschwindigkeit in Kilometern pro Stunde,
   c) Hubraum in Kubikzentimetern,
   d) technisch zulässige Gesamtmasse in Kilogramm, Masse des in Betrieb befindlichen Fahrzeuges (Leermasse) in Kilogramm, Stützlast in Kilogramm, technisch zulässige Anhängelast – gebremst und ungebremst – in

Kilogramm, technisch zulässige maximale Achslast/Masse je Achsgruppe in Kilogramm und bei Krafträdern das Leistungsgewicht in Kilowatt/Kilogramm,

e) Zahl der Achsen und der Antriebsachsen,

f) Zahl der Sitzplätze einschließlich Fahrersitz und Zahl der Stehplätze,

g) Rauminhalt des Tanks bei Tankfahrzeugen in Kubikmetern,

h) Nennleistung in Kilowatt und Nenndrehzahl in min^{-1},

i) Abgaswert für Kohlenstoffdioxid in Gramm pro Kilometer,

j) Länge, Breite und Höhe jeweils als Maße über alles in Millimetern,

k) eine Größenbezeichnung der Bereifung je Achse, die in der EU-Typgenehmigung, nationalen Typgenehmigung oder Fahrzeug-Einzelgenehmigung bezeichnet wurde oder in dem zum Zweck der Erteilung einer Einzelgenehmigung nach § 21 der Straßenverkehrs-Zulassungs-Ordnung erstellten Gutachten als vorschriftsmäßig bescheinigt wurde,

l) Standgeräusch in Dezibel (A) mit Drehzahl bei min^{-1} und Fahrgeräusch in Dezibel (A),

8. bei Fahrzeugen mit autonomen oder automatisierten Fahrfunktionen:

a) die Nummer, die ausstellende Behörde und das Datum der Betriebserlaubnis,

b) die Nummer, die ausstellende Behörde und das Datum der Erprobungsgenehmigung,

c) die Nummer, die ausstellende Behörde und das Datum der Betriebsbereichsgenehmigung sowie

d) Angaben zur Ausrüstung mit autonomen oder automatisierten Fahr- und Zusatzfunktionen.

[2] Die Zulassungsbehörde kann bei fehlenden Fahrzeugdaten die Vorlage eines Gutachtens anfordern, das von einem amtlich anerkannten Sachverständigen für den Kraftfahrzeugverkehr oder von einem Unterschriftsberechtigten eines zur Prüfung von Gesamtfahrzeugen der jeweiligen Fahrzeugklasse benannten Technischen Dienstes erstellt worden ist und aus dem sich die fehlenden Fahrzeugdaten ergeben.

§ 7 Tageszulassung. (1) [1] Auf Antrag kann die Erstzulassung eines zulassungspflichtigen Fahrzeuges auch für die Dauer ausschließlich des Tages erfolgen, an dem die Erstzulassung wirksam wird (Tageszulassung). [2] Bei einer Tageszulassung bedarf es keiner Abstempelung der Kennzeichenschilder.

(2) Mit dem Ablauf des Tages der Erstzulassung gilt das Fahrzeug als außer Betrieb gesetzt, ohne dass es eines gesonderten Antrages nach § 16 Absatz 1 bedarf.

(3) Die Zulassungsbehörde hat

1. das Datum der Erstzulassung und das Datum der Außerbetriebsetzung in der Zulassungsbescheinigung Teil I zu vermerken,
2. den Sicherheitscode nach § 13 Absatz 1 Satz 2 freizulegen und
3. einen vorläufigen Zulassungsnachweis auszustellen, der folgende Angaben enthalten muss:

a) Name der Zulassungsbehörde,

b) die Antragsnummer,

c) das Kennzeichen des zugelassenen Fahrzeuges,

d) das Datum der Zulassungsentscheidung und

e) das Datum der Außerbetriebsetzung.

(4) [1] Ein Fahrzeug mit einer Tageszulassung darf mit den vorgeschriebenen Kennzeichenschildern ohne Stempelplaketten oder Plakettenträger auf öffentlichen Straßen für die Dauer der Zulassung in Betrieb gesetzt werden. [2] Bei der Inbetriebsetzung des Fahrzeuges auf öffentlichen Straßen hat die das Fahrzeug führende Person den vorläufigen Zulassungsnachweis bis zum Ablauf des Tages der Erstzulassung von außen gut lesbar im Fahrzeug auszulegen.

§ 8 Zulassung in der Bundesrepublik Deutschland nach vorheriger Zulassung in einem anderen Staat. (1) [1] Die Zulassungsbehörde ist befugt, unter Übermittlung des Kennzeichens oder der Fahrzeug-Identifizierungsnummer oder weiterer Fahrzeugdaten Auskünfte aus ausländischen Registern, auch über nationale Kontaktstellen, oder von ausländischen Stellen einzuholen, soweit dies im Rahmen der Zulassung eines Fahrzeuges, zur Prüfung einer vorherigen oder anderen Zulassung, der Identität oder der Rechtslage hinsichtlich dieses Fahrzeuges erforderlich ist. [2] Sofern die ausländische Zulassungsbescheinigung aus zwei Teilen besteht, kann bei Fehlen des Teils II das Fahrzeug nur zugelassen werden, wenn über das Kraftfahrt-Bundesamt die Bestätigung der zuständigen ausländischen Behörde über die frühere Zulassung eingeholt wurde. [3] Mit dem Antrag auf Zulassung ist die Nummer der ausländischen Zulassungsbescheinigung oder sind die Nummern der Teile I und II der ausländischen Zulassungsbescheinigungen zur Erhebung und Speicherung im Zentralen Fahrzeugregister mit dem Antrag auf Zulassung nachzuweisen.

(2) [1] Bei einem Fahrzeug, für das eine EU-Typgenehmigung vorliegt und das bereits in einem anderen Mitgliedstaat oder in einem anderen Vertragsstaat in Betrieb war, ist vor der Zulassung eine Untersuchung nach § 29 der Straßenverkehrs-Zulassungs-Ordnung[1)] durchzuführen, wenn bei Anwendung der Anlage VIII Abschnitt 2 der Straßenverkehrs-Zulassungs-Ordnung zwischenzeitlich eine Untersuchung hätte stattfinden müssen. [2] Satz 1 gilt nicht, wenn eine Untersuchung im Sinne der Richtlinie 2014/45/EU des Europäischen Parlaments und des Rates vom 3. April 2014 über die regelmäßige technische Überwachung von Kraftfahrzeugen und Kraftfahrzeuganhängern und zur Aufhebung der Richtlinie 2009/40/EG (ABl. L 127 vom 29.4.2014, S. 51; L 334 vom 22.12.2015, S. 66; L 219 vom 22.8.2019, S. 25) in der jeweils geltenden Fassung in einem anderen Mitgliedstaat oder in einem anderen Vertragsstaat, in dem das Fahrzeug in Betrieb war, nachgewiesen wird. [3] Hinsichtlich der Frist für die nächste Hauptuntersuchung gilt Abschnitt 2 der Anlage VIII der Straßenverkehrs-Zulassungs-Ordnung. [4] Der Antragsteller hat nachzuweisen, wann das Fahrzeug in einem Mitgliedstaat oder in einem anderen Vertragsstaat erstmals in Betrieb gesetzt worden ist. [5] Kann dieser Nachweis nicht erbracht werden, ist vor der Zulassung eine Untersuchung nach § 29 der Straßenverkehrs-Zulassungs-Ordnung durchzuführen.

(3) Bei einem Fahrzeug, für das eine EU-Typgenehmigung vorliegt und das in einem Staat außerhalb der Europäischen Union oder außerhalb des Europä-

---

1) Nr. **3**.

ischen Wirtschaftsraums in Betrieb war, ist vor der Zulassung eine Untersuchung nach § 29 der Straßenverkehrs-Zulassungs-Ordnung durchzuführen.

(4) [1]Die Zulassungsbehörde hat die ausländische Zulassungsbescheinigung einzuziehen, ab dem Zeitpunkt der Einziehung sechs Monate aufzubewahren und nach Ablauf der Aufbewahrungsfrist unverzüglich zu vernichten. [2]Sie hat das Kraftfahrt-Bundesamt über die Einziehung umgehend, spätestens innerhalb eines Monats, elektronisch zu unterrichten. [3]Ausführungsregelungen zur technisch-organisatorischen Ausgestaltung der Datenübermittlung hat das Kraftfahrt-Bundesamt festzulegen und auf seiner Internetseite in entsprechenden Standards rechtzeitig zu veröffentlichen. [4]Das Kraftfahrt-Bundesamt hat auf Änderungen im Verkehrsblatt hinzuweisen. [5]Auf Verlangen der zuständigen ausländischen Behörde hat die Zulassungsbehörde die nach Satz 1 eingezogene Zulassungsbescheinigung innerhalb der Aufbewahrungsfrist über das Kraftfahrt-Bundesamt zurückzusenden.

§ 9 Zuteilung von Kennzeichen. (1) [1]Die Zulassungsbehörde hat dem Fahrzeug ein Kennzeichen zuzuteilen, um eine Identifizierung des Halters zu ermöglichen. [2]Das Kennzeichen hat zu bestehen aus

1. einem Unterscheidungszeichen mit ein bis drei Buchstaben für den Verwaltungsbezirk, in dem das Fahrzeug zugelassen ist, und
2. einer auf das einzelne Fahrzeug bezogenen Erkennungsnummer.

[3]Die Zeichenkombination der Erkennungsnummer sowie die Kombination aus Unterscheidungszeichen und Erkennungsnummer dürfen nicht gegen die guten Sitten verstoßen. [4]Die Zuteilung der Erkennungsnummer hat nach Anlage 1 zu erfolgen. [5]Das für die Zuteilung vorgesehene Kennzeichen ist dem Antragsteller auf Verlangen vor der Zuteilung mitzuteilen. [6]Fahrzeuge der Bundes- und Landesorgane, der Bundesministerien, der Bundesfinanzverwaltung, der Bundespolizei, des Bundeskriminalamts, der Wasserstraßen- und Schifffahrtsverwaltung des Bundes, der Bundesanstalt Technisches Hilfswerk, der Bundeswehr, des Diplomatischen Corps und bevorrechtigter internationaler Organisationen können besondere Kennzeichen nach Anlage 2 erhalten. [7]Die Erkennungsnummern dieser Fahrzeuge dürfen nur aus höchstens sechsstelligen Zahlen bestehen.

(2) [1]Bei der Zulassung von zwei Fahrzeugen auf denselben Halter oder der Zuteilung eines Kennzeichens für zwei zulassungsfreie kennzeichenpflichtige Fahrzeuge desselben Halters ist im Rahmen des Absatzes 1 Satz 1 auf dessen Antrag für diese Fahrzeuge ein Wechselkennzeichen zuzuteilen, sofern die Fahrzeuge zu der gleichen Fahrzeugklasse der Fahrzeugklassen M1, L oder O1 nach Anlage XXIX der Straßenverkehrs-Zulassungs-Ordnung[1)] gehören und Kennzeichenschilder gleicher Anzahl und Abmessungen an den Fahrzeugen verwendet werden können. [2]Ein Wechselkennzeichen darf nicht als Saisonkennzeichen, rotes Kennzeichen, Kurzzeitkennzeichen oder Ausfuhrkennzeichen ausgeführt werden. [3]Das Wechselkennzeichen hat aus einem gemeinsamen Kennzeichenteil für alle Fahrzeuge und einem fahrzeugbezogenen Teil für jedes einzelne Fahrzeug zu bestehen. [4]Absatz 1 Satz 2 bis 4 gilt mit der Maßgabe, dass

---

1) Nr. **3**.

1. Unterscheidungszeichen und der bis auf die letzte Ziffer gleiche Teil der Erkennungsnummer den gemeinsamen Kennzeichenteil bilden und
2. die letzte Ziffer der Erkennungsnummer den jeweiligen fahrzeugbezogenen Teil bildet.

[5] Ein Wechselkennzeichen darf von der das Fahrzeug führenden Person zur selben Zeit nur an einem der Fahrzeuge, für die es zugeteilt worden ist, geführt werden. [6] Ein Fahrzeug, für das ein Wechselkennzeichen zugeteilt ist, darf von der das Fahrzeug führenden Person auf öffentlichen Straßen nur

1. in Betrieb gesetzt werden oder
2. abgestellt werden,

wenn das Wechselkennzeichen an diesem Fahrzeug vollständig angebracht ist. [7] Der Halter darf

1. die Inbetriebsetzung eines Fahrzeuges oder
2. das Abstellen eines Fahrzeuges

auf öffentlichen Straßen nur anordnen oder zulassen, wenn die Voraussetzungen nach Satz 6 vorliegen. [8] § 41 Absatz 1 bleibt unberührt.

(3) [1] Die Unterscheidungszeichen der Verwaltungsbezirke werden auf Antrag der Länder vom Bundesministerium für Digitales und Verkehr festgelegt oder aufgehoben. [2] Die Buchstabenkombination des Unterscheidungszeichens darf nicht gegen die guten Sitten verstoßen. [3] Die Länder können auch die Festlegung von mehr als einem Unterscheidungszeichen für einen Verwaltungsbezirk beantragen. [4] Die Beantragung eines zusätzlichen Unterscheidungszeichens für einen Verwaltungsbezirk kann seitens der Länder erfolgen, wenn ohne dieses ein Verbrauch der verfügbaren Kennzeichenkombinationen unmittelbar bevorsteht. [5] Die Festlegung und Aufhebung der Unterscheidungszeichen ist vom Bundesministerium für Digitales und Verkehr unverzüglich im Bundesanzeiger zu veröffentlichen. [6] Ein Kennzeichen, dessen Unterscheidungszeichen aufgehoben ist, darf bis zur Außerbetriebsetzung des betroffenen Fahrzeuges weitergeführt werden.

(4) [1] Die Zulassungsbehörde kann das zugeteilte Kennzeichen von Amts wegen oder auf Antrag ändern. [2] Hierzu kann sie die Vorlage der bisherigen abgestempelten Kennzeichenschilder zur Entstempelung sowie die Vorführung des Fahrzeuges anordnen.

§ 10 Besondere Kennzeichen. (1) [1] Auf Antrag ist für ein Fahrzeug, für das ein Gutachten nach § 23 der Straßenverkehrs-Zulassungs-Ordnung[1)] vorliegt, ein Oldtimerkennzeichen zuzuteilen. [2] Dieses Kennzeichen hat aus einem Unterscheidungszeichen und einer Erkennungsnummer nach § 9 Absatz 1 zu bestehen. [3] Es hat als Oldtimerkennzeichen den Kennbuchstaben „H" als amtlichen Zusatz hinter der Erkennungsnummer, der von der Zulassungsbehörde auch in der Zulassungsbescheinigung Teil I und Teil II zu vermerken ist, zu führen. [4] Die Zulassungsbehörde kann im Einzelfall bei der Berechnung des in geforderten Mindestzeitraums vor dem Zeitpunkt des erstmaligen Inverkehrbringens liegende Zeiten, in denen das Fahrzeug außerhalb des öffentlichen Straßenverkehrs in Betrieb gesetzt wurde, anrechnen.

---

1) Nr. **3**.

(2) [1] Für ein Fahrzeug, dessen Halter von der Kraftfahrzeugsteuer befreit ist, ist abweichend von § 12 Absatz 1 ein Kennzeichen mit grüner Beschriftung auf weißem Grund (grünes Kennzeichen) zuzuteilen. [2] Ausgenommen von Satz 1 sind:

1. Fahrzeuge von Behörden,
2. Fahrzeuge des Personals von diplomatischen und konsularischen Vertretungen,
3. Kraftomnibusse und Personenkraftwagen mit acht oder neun Sitzplätzen einschließlich Fahrersitz sowie Anhänger, die hinter diesen Fahrzeugen mitgeführt werden, wenn das Fahrzeug überwiegend im Linienverkehr eingesetzt wird,
4. Leichtkrafträder und Kleinkrafträder,
5. Fahrzeuge von schwerbehinderten Personen im Sinne des § 3a Absatz 1 und 2 des Kraftfahrzeugsteuergesetzes,
6. besonders emissionsreduzierte Kraftfahrzeuge im Sinne des Kraftfahrzeugsteuergesetzes und
7. Fahrzeuge mit einem Wechselkennzeichen.

[3] Ein grünes Kennzeichen ist auch für Anhänger zuzuteilen, wenn dies für Zwecke der Sonderregelung für Kraftfahrzeuganhänger nach § 10 des Kraftfahrzeugsteuergesetzes beantragt wird. [4] Die Zuteilung ist in der Zulassungsbescheinigung Teil I zu vermerken.

(3) [1] Auf Antrag ist einem Fahrzeug ein Saisonkennzeichen zuzuteilen. [2] Es hat aus einem Unterscheidungszeichen und einer Erkennungsnummer nach § 9 Absatz 1 zu bestehen und einen Betriebszeitraum als amtlichen Zusatz hinter der Erkennungsnummer anzugeben. [3] Der Betriebszeitraum ist auf volle Monate zu bemessen. [4] Der Betriebszeitraum muss mindestens zwei Monate und darf höchstens elf Monate umfassen und ist von der Zulassungsbehörde auch in der Zulassungsbescheinigung Teil I und Teil II in Klammern hinter dem Kennzeichen, in den Fällen des Absatz 1 Satz 3 oder § 11 Absatz 2 Satz 2 hinter dem jeweiligen Kennbuchstaben, zu vermerken. [5] Auch grüne Kennzeichen nach Absatz 2 können als Saisonkennzeichen zugeteilt werden. [6] Das Fahrzeug darf von der das Fahrzeug führenden Person auf öffentlichen Straßen nur während des angegebenen Betriebszeitraums

1. in Betrieb gesetzt werden oder
2. abgestellt werden.

[7] Der Halter darf

1. die Inbetriebsetzung eines Fahrzeuges oder
2. das Abstellen eines Fahrzeuges

auf öffentlichen Straßen nur anordnen oder zulassen, wenn die Voraussetzungen nach Satz 6 vorliegen. [8] Saisonkennzeichen gelten außerhalb des Betriebszeitraums bei Fahrten zur Außerbetriebsetzung und bei Rückfahrten nach Abstempelung der Kennzeichenschilder als ungestempelte Kennzeichen im Sinne des § 12 Absatz 4. [9] Die §§ 41 und 42 bleiben unberührt.

§ 11 Kennzeichnung elektrisch betriebener Fahrzeuge[1]**.** (1) [1] Auf Antrag ist für ein Fahrzeug im Sinne des § 2 Nummer 1 des Elektromobilitätsgesetzes ein Kennzeichen für elektrisch betriebene Fahrzeuge zuzuteilen. [2] Für ein Fahrzeug im Sinne des § 2 Nummer 3 des Elektromobilitätsgesetzes gilt Satz 1 jedoch nur, wenn das Fahrzeug die Anforderungen des § 3 Absatz 3 in Verbindung mit § 5 Absatz 2 des Elektromobilitätsgesetzes erfüllt.

(2) [1] Das Kennzeichen nach Absatz 1 Satz 1 ist das nach § 9 Absatz 1, auch in Verbindung mit § 10 Absatz 2 und 3, zugeteilte Kennzeichen. [2] Es hat den Kennbuchstaben „E" als amtlichen Zusatz hinter der Erkennungsnummer zu führen, der von der Zulassungsbehörde auch in der Zulassungsbescheinigung Teil I und Teil II zu vermerken ist. [3] Wird ein Wechselkennzeichen nach § 9 Absatz 2 zugeteilt, ist der Kennbuchstabe „E" auf dem fahrzeugbezogenen Teil anzubringen.

(3) Mit dem Antrag nach Absatz 1 Satz 1 ist nachzuweisen, dass es sich um ein dort bezeichnetes Fahrzeug handelt.

(4) [1] Bei einem Fahrzeug im Sinne von Absatz 1 Satz 1, das nach den Vorschriften seines Herkunftsstaates, der nicht die Bundesrepublik Deutschland ist, zur Teilnahme am Straßenverkehr berechtigt ist, hat die Kennzeichnung durch eine Plakette nach Anlage 3, die an der Rückseite des Fahrzeugs gut sichtbar anzubringen ist, zu erfolgen. [2] Die Plakette erhält der Antragssteller auf Antrag in einer Ausgabestelle. [3] Ausgabestellen für die Plaketten sind die Zulassungsbehörden oder die nach Landesrecht sonst zuständigen Stellen sowie die nach Anlage 8 Nummer 4 der Straßenverkehrs-Zulassungs-Ordnung[2] für die Durchführung von Abgasuntersuchungen anerkannten Stellen. [4] Mit dem Antrag ist einer der folgenden Nachweise vorzulegen:

1. die Zulassungsbescheinigung Teil I oder
2. die Übereinstimmungsbescheinigung oder
3. ein sonstiges zum Nachweis geeignetes Dokument.

[5] In die Plakette ist von der Ausgabestelle im dafür vorgesehenen Sichtfeld mit lichtechter Schrift das Kennzeichen des jeweiligen Fahrzeuges einzutragen.

(5) Im Ausland erteilte Kennzeichen für elektrisch betriebene Fahrzeuge oder für elektrisch betriebene Fahrzeuge erteilte Plaketten stehen in der Bundesrepublik Deutschland erteilten Kennzeichen oder Plaketten für elektrisch betriebene Fahrzeuge gleich.

§ 12 Ausgestaltung und Anbringung der Kennzeichen[3]**.** (1) [1] Das Unterscheidungszeichen und die Erkennungsnummern sind mit schwarzer Schrift auf weißem schwarz gerandetem Grund auf ein Kennzeichenschild aufzubringen. [2] § 41 Absatz 1 und § 43 Absatz 1 bleiben unberührt.

---

[1] **Amtl. Anm.:** Absatz 4 in Verbindung mit Anlage 3 notifiziert gemäß Richtlinie (EU) 2015/1535 des Europäischen Parlaments und des Rates vom 9. September 2015 über ein Informationsverfahren auf dem Gebiet der technischen Vorschriften und der Vorschriften für die Dienste der Informationsgesellschaft (ABl. L 241 vom 17.9.2015, S. 1).

[2] Nr. **3**.

[3] **Amtl. Anm.:** Absatz 2 in Verbindung mit Anlage 4 und Absatz 3 in Verbindung mit Anlage 5 notifiziert gemäß Richtlinie (EU) 2015/1535 des Europäischen Parlaments und des Rates vom 9. September 2015 über ein Informationsverfahren auf dem Gebiet der technischen Vorschriften und der Vorschriften für die Dienste der Informationsgesellschaft (ABl. L 241 vom 17.9.2015, S. 1).

(2) [1] Ein Kennzeichenschild darf nicht spiegeln, verdeckt oder verschmutzt sein und es darf nicht zusätzlich mit Glas, Folien oder ähnlichen unzulässigen Abdeckungen versehen sein. [2] Form, Größe und Ausgestaltung einschließlich Beschriftung müssen den Mustern, Abmessungen und Angaben in Anlage 4 entsprechen. [3] Ein Kennzeichenschild muss reflektierend sein und dem Normblatt DIN 74069, Ausgabe Oktober 2022, Abschnitt 1 bis 8, entsprechen sowie auf der Vorderseite das DIN-Prüf- und Überwachungszeichen mit der zugehörigen Registernummer tragen. [4] Davon ausgenommen ist ein Kennzeichenschild an einem Fahrzeug der Bundeswehr nach Anlage 4 Abschnitt 3 sowie ein Kennzeichenschild an einem Fahrzeug der im Bundesgebiet errichteten internationalen militärischen Hauptquartiere.

(3) [1] Das Kennzeichenschild mit zugeteiltem Kennzeichen muss der Zulassungsbehörde zur Abstempelung durch eine Stempelplakette vorgelegt werden. [2] Die Stempelplakette enthält das farbige Wappen des Landes, dem die Zulassungsbehörde angehört, die Bezeichnung des Landes, die Bezeichnung der Zulassungsbehörde und eine eindeutige Druckstücknummer, die für jede Stempelplakette nur einmal vergeben sein darf. [3] Die Stempelplakette muss einen verdeckt angebrachten Sicherheitscode bergen, der erst durch Freilegen unumkehrbar sichtbar gemacht werden kann. [4] Die Stempelplakette muss so beschaffen sein und so befestigt werden, dass sie bei einem Entfernen zerstört wird. [5] Die Stempelplakette einschließlich Druckstücknummer und Sicherheitscode muss die Anforderungen des Abschnitts B der Anlage 5 erfüllen. [6] Ist die Stempelplakette auf einem Plakettenträger angebracht, richtet sich die Ausgestaltung des Plakettenträgers nach Abschnitt C der Anlage 5. [7] Die Stempelplakette und der Plakettenträger müssen dem Normblatt DIN 74069, Ausgabe Oktober 2022, entsprechen.

(4) [1] Fahrten, die im Zusammenhang mit dem Zulassungsverfahren stehen, insbesondere Fahrten zur Anbringung der Stempelplakette sowie Fahrten zur Durchführung einer Hauptuntersuchung oder einer Sicherheitsprüfung, dürfen innerhalb des Zulassungsbezirks und eines angrenzenden Zulassungsbezirks mit ungestempelten Kennzeichenschildern durchgeführt werden, wenn die Zulassungsbehörde vorab ein solches zugeteilt hat oder eine Reservierung nach § 16 Absatz 1 Satz 5 besteht und die Fahrten von der Kraftfahrzeug-Haftpflichtversicherung erfasst sind. [2] Rückfahrten nach Entfernung der Stempelplakette dürfen mit dem bisher zugeteilten Kennzeichen bis zum Ablauf des Tages der Außerbetriebsetzung des Fahrzeuges durchgeführt werden, wenn sie von der Kraftfahrzeug-Haftpflichtversicherung erfasst sind.

(5) [1] Kennzeichen müssen an der Vorderseite und an der Rückseite des Kraftfahrzeugs vorhanden und fest angebracht sein. [2] Bei Wechselkennzeichen im Sinne des § 9 Absatz 2 Satz 3 sind der gemeinsame Kennzeichenteil und der fahrzeugbezogene Teil jeweils fest anzubringen. [3] Bei einer einachsigen Zugmaschine genügt die Anbringung an der Vorderseite, bei einem Anhänger und bei einem Kraftrad die Anbringung an deren Rückseite. [4] An einem Fahrzeug der Klasse L5e nach dem Artikel 4 Absatz 2 Buchstabe e in Verbindung mit Anhang I der Verordnung (EU) 168/2013, das ein amtliches Kennzeichen führt, muss kein vorderes Kennzeichen vorhanden sein.

(6) Die Anbringung und Sichtbarkeit des hinteren Kennzeichens müssen folgenden Vorgaben entsprechen:

1. bei einem Fahrzeug nach Maßgabe der Verordnung (EU) Nr. 167/2013 sowie bei einem Fahrzeug, das nach den Baumerkmalen seines Fahrgestells einem Fahrzeug nach Maßgabe der Verordnung (EU) Nr. 167/2013 gleichzusetzen ist, den Anforderungen des Anhangs XIX der Delegierten Verordnung (EU) 2015/208 der Kommission vom 8. Dezember 2014 zur Ergänzung der Verordnung (EU) Nr. 167/2013 des Europäischen Parlaments und des Rates hinsichtlich der Anforderungen an die funktionale Sicherheit von Fahrzeugen für die Genehmigung von land- und forstwirtschaftlichen Fahrzeugen (ABl. L 42 vom 17.2.2015, S. 1; L 278 vom 14.10.2016, S. 52), in der jeweils geltenden Fassung,
2. bei einem Fahrzeug nach Maßgabe der Verordnung (EU) Nr. 168/2013 sowie bei einem Fahrzeug, das nach den Baumerkmalen seines Fahrgestells einem Fahrzeug nach Maßgabe der Verordnung (EU) Nr. 168/2013 gleichzusetzen ist, den Anforderungen des Anhangs XIV der Delegierten Verordnung (EU) Nr. 44/2014 der Kommission vom 21. November 2013 zur Ergänzung der Verordnung (EU) Nr. 168/2013 des Europäischen Parlaments und des Rates hinsichtlich der Anforderungen an die Bauweise von Fahrzeugen und der allgemeinen Anforderungen im Zusammenhang mit der Typgenehmigung von zwei-, drei- und vierrädrigen Fahrzeugen (ABl. L 25 vom 28.1.2014, S. 1), in der jeweils geltenden Fassung,
3. bei einem Fahrzeug nach Maßgabe der Verordnung (EU) 2018/858 sowie bei einem Fahrzeug, das nach den Baumerkmalen seines Fahrgestells einem Fahrzeug nach Maßgabe der Verordnung (EU) 2018/858 gleichzusetzen ist, den Anforderungen des Anhangs III Teil 2 der Durchführungsverordnung (EU) 2021/535 der Kommission vom 31. März 2021 mit Durchführungsbestimmungen zur Verordnung (EU) 2019/2144 des Europäischen Parlaments und des Rates hinsichtlich einheitlicher Verfahren und technischer Spezifikationen für die Typgenehmigung von Fahrzeugen sowie von Systemen, Bauteilen und selbstständigen technischen Einheiten für diese Fahrzeuge im Hinblick auf ihre allgemeinen Baumerkmale und ihre Sicherheit (ABl. L 117 vom 6.4.2021, S. 1), in der jeweils geltenden Fassung, und
4. bei einem anderen als den unter den Nummern 1 bis 3 genannten Fahrzeug wahlweise den Anforderungen nach den Nummern 1 bis 3.

(7) [1] Das hintere Kennzeichen muss eine Beleuchtungseinrichtung haben, die eine Genehmigung nach der Regelung Nummer 4 der Wirtschaftskommission der Vereinten Nationen für Europa (UN/ECE) über einheitliche Bedingungen für die Genehmigung der Beleuchtungseinrichtungen für das hintere Kennzeichenschild von Kraftfahrzeugen und ihren Anhängern (ABl. L 31 vom 31.1.2009, S. 35) und den Anbauvorschriften der Regelung Nummer 48 der UNECE über einheitliche Bedingungen für die Genehmigung von Fahrzeugen hinsichtlich des Anbaus der Beleuchtungs- und Lichtsignaleinrichtungen (ABl. L 347 vom 30.9.2021, S. 1) in der jeweils geltenden Fassung entspricht und die das ganze Kennzeichen aus einer Entfernung von bis zu 20 Metern lesbar macht. [2] Für ein Fahrzeug, dass nach der Verordnung (EU) Nr. 168/2013 genehmigt ist, gelten hinsichtlich der Beleuchtungseinrichtung für das hintere Kennzeichen die technischen Anforderungen im Anhang IX der Delegierten Verordnung (EU) Nr. 3/2014 der Kommission vom 24. Oktober 2013 zur Ergänzung der Verordnung (EU) Nr. 168/2013 des Europäischen Parlaments und des Rates hinsichtlich der Anforderungen an die funktionale Sicherheit von Fahrzeugen für die Genehmigung von zwei- oder dreirädrigen und vier-

rädrigen Fahrzeugen (ABl. L 7 vom 10.1.2014, S. 1). [3] Für Fahrzeuge, die nach der Verordnung (EU) Nr. 167/2013 genehmigt sind, gelten hinsichtlich der Beleuchtungseinrichtung für das hintere Kennzeichen die technischen Anforderungen im Anhang XI und XII der Delegierten Verordnung (EU) 2015/208.

(8) [1] Das vordere Kennzeichen darf bis zu einem Vertikalwinkel von 30 Grad gegen die Fahrtrichtung geneigt sein. [2] Der untere Rand des vorderen Kennzeichens darf nicht weniger als 200 Millimeter über der Fahrbahn liegen und die sonst vorhandene Bodenfreiheit des Fahrzeuges nicht verringern. [3] Das vordere und das hintere Kennzeichen müssen in einem Winkelbereich von je 30 Grad beiderseits der Fahrzeuglängsachse stets aus mindestens 20 Meter Entfernung lesbar sein.

(9) [1] Ein Anhänger nach § 3 Absatz 3 Satz 1 Nummer 2 Buchstabe a bis c, f und g sowie Anhänger nach § 3 Absatz 3 Satz 1 Nummer 2 Buchstabe d und e, die nicht ein eigenes Kennzeichen nach § 4 Absatz 2 Satz 1 oder Absatz 3 Satz 1 führen müssen, haben an der Rückseite ein Kennzeichen zu führen, das der Halter des Zugfahrzeuges für eines seiner Zugfahrzeuge verwenden darf. [2] Eine Abstempelung ist nicht erforderlich.

(10) [1] Wird das hintere Kennzeichen durch einen Ladungsträger oder durch mitgeführte Ladung teilweise oder vollständig verdeckt, so muss am Fahrzeug oder am Ladungsträger das Kennzeichen wiederholt werden. [2] Eine Abstempelung ist nicht erforderlich. [3] Bei einem Fahrzeug, an dem nach § 49a Absatz 9 der Straßenverkehrs-Zulassungs-Ordnung[1)] Leuchtenträger zulässig sind, darf das hintere Kennzeichen auf dem Leuchtenträger angebracht sein.

(11) [1] Am Fahrzeug darf außer dem Kennzeichen nur das Unterscheidungszeichen für den Zulassungsstaat nach Artikel 37 in Verbindung mit Anhang 3 des Übereinkommens vom 8. November 1968 über den Straßenverkehr (BGBl. 1977 II S. 809) angebracht werden. [2] Für die Bundesrepublik Deutschland ist dies der Großbuchstabe „D".

(12) [1] Zeichen und Einrichtungen aller Art, die zu Verwechslungen mit Kennzeichen oder dem Unterscheidungszeichen nach Absatz 11 Satz 1 führen oder deren Wirkung beeinträchtigen können, dürfen an Fahrzeugen nicht angebracht werden. [2] Über die Anbringung der Zeichen „CD" für Fahrzeuge von Angehörigen diplomatischer Vertretungen und „CC" für Fahrzeuge von Angehörigen konsularischer Vertretungen entscheidet das Bundesministerium für Digitales und Verkehr. [3] Die Zeichen CD und CC dürfen an einem Fahrzeug auf öffentlichen Straßen von der das Fahrzeug führenden Person nur geführt werden, wenn die Berechtigung in der Zulassungsbescheinigung Teil I eingetragen ist. [4] Der Halter darf die Inbetriebsetzung eines Fahrzeuges auf öffentlichen Straßen nur anordnen oder zulassen, wenn die Voraussetzungen nach Satz 3 vorliegen.

(13) [1] Unbeschadet des Absatzes 4 darf ein Fahrzeug auf öffentlichen Straßen von der das Fahrzeug führenden Person nur in Betrieb gesetzt werden, wenn

1. das zugeteilte Kennzeichen auf einem Kennzeichenschild nach Absatz 1 Satz 1, Absatz 2 Satz 1 bis 3, Absatz 5 Satz 1 und 2, Absatz 6, Absatz 7, Absatz 8 Satz 1 und Satz 2, Absatz 9 Satz 1 sowie Absatz 10 Satz 1 ausgestaltet, angebracht und beleuchtet ist,
2. die Stempelplakette nach Absatz 3 vorhanden ist und

[1)] Nr. **3**.

3. keine verwechslungsfähigen oder beeinträchtigenden Zeichen und Einrichtungen nach Absatz 12 Satz 1 am Fahrzeug angebracht sind.

[2] Der Halter darf die Inbetriebsetzung eines Fahrzeuges nur anordnen oder zulassen, wenn die Voraussetzungen nach Satz 1 vorliegen.

(14) [1] Abweichend von Absatz 2 Satz 1 und Absatz 7 dürfen nach § 22a Absatz 1 Nummer 21 der Straßenverkehrs-Zulassungs-Ordnung bauartgenehmigte Beleuchtungseinrichtungen für hintere transparente Kennzeichen oder Beleuchtungseinrichtungen, die mit dem Kennzeichen eine Einheit bilden oder bei der sich das Kennzeichen hinter einer durchsichtigen, lichtleitenden Abschlussscheibe befindet,

1. weißes Licht nach hinten abstrahlen oder
2. mit einer Abschlussscheibe vor dem Kennzeichen versehen sein,

soweit jeweils die Nummern 22 und 22a der Technischen Anforderungen an Fahrzeugteile bei der Bauartprüfung nach § 22a StVZO vom 5. Juli 1973 (VkBl. 1973 S. 558), die zuletzt durch die Bekanntmachung vom 21. Juli 2006 (VkBl. 2006 S. 645) geändert worden sind, eingehalten werden. [2] Die bauartgenehmigte Beleuchtungseinrichtung muss mit dem amtlich zugeteilten Prüfzeichen gekennzeichnet sein.

§ 13 Zulassungsbescheinigung Teil I[1]**.** (1) [1] Die Zulassungsbescheinigung Teil I ist nach den Vorgaben der Anlage 6 auszufertigen. [2] Die Zulassungsbescheinigung Teil I muss einen Sicherheitscode und folgende Markierungen aufweisen:

1. eine sichtbare Markierung mit der Aufschrift „Nur für internetbasierte Zulassungsverfahren freilegen. Dokument nur unbeschädigt gültig." und
2. eine unterhalb der sichtbaren Markierung nach Nummer 1 liegende Markierung mit der Aufschrift „Dokument nicht mehr gültig.".

[3] Die sichtbare Markierung nach Satz 2 Nummer 1

1. hat eine Druckstücknummer zu tragen, die für jede Zulassungsbescheinigung Teil I nur einmal vergeben sein darf und
2. muss die Markierung nach Satz 2 Nummer 2 mit der Aufschrift „Dokument nicht mehr gültig" und einen den Sicherheitscode so verdecken, so dass die Markierung nach Satz 2 Nummer 2 und der Sicherheitscode nur durch Freilegung unumkehrbar sichtbar gemacht werden können.

(2) [1] Sind für denselben Halter mehrere Anhänger zugelassen, kann zusätzlich neben der Zulassungsbescheinigung Teil I von der Zulassungsbehörde auf Antrag ein Verzeichnis der für den Halter zugelassenen Anhänger ausgestellt werden. [2] Das Verzeichnis muss Name, Vorname und Anschrift des Halters sowie Marke, Fahrzeugklasse und Art des Aufbaus, Leermasse, zulässige Gesamtmasse und bei Sattelanhängern auch die Stützlast, die Fahrzeug-Identifizierungsnummer, das Datum der ersten Zulassung und das Kennzeichen der Anhänger enthalten.

---

[1] **Amtl. Anm.:** Absatz 1 in Verbindung mit Anlage 6 und Absatz 4 in Verbindung mit Anlage 7 notifiziert gemäß Richtlinie (EU) 2015/1535 des Europäischen Parlaments und des Rates vom 9. September 2015 über ein Informationsverfahren auf dem Gebiet der technischen Vorschriften und der Vorschriften für die Dienste der Informationsgesellschaft (ABl. L 241 vom 17.9.2015, S. 1).

(3) [1] Damit die Zulassungsbehörde die Zulassungsbescheinigung Teil I maschinell ausfertigen kann, hat das Kraftfahrt-Bundesamt der Zulassungsbehörde folgende Daten zur Verfügung zu stellen:

1. die Daten der Übereinstimmungsbescheinigung im automatisierten Abrufverfahren aus einer in § 6 Absatz 4 Satz 2 genannten Datenbank oder
2. Typdaten des Fahrzeuges, soweit keine Daten nach Nummer 1 vorliegen.

[2] Das Kraftfahrt-Bundesamt hat die Typdaten des Fahrzeuges nach Satz 1 Nummer 2 zu erstellen, soweit es über die erforderlichen Angaben verfügt und der Aufwand für die Erstellung angemessen ist.

(4) Für Fahrzeuge der Bundeswehr können von der Zentralen Militärkraftfahrtstelle Zulassungsbescheinigungen Teil I nach dem Muster in Anlage 7 ausgefertigt werden.

(5) [1] In der Zulassungsbescheinigung Teil I ist zu vermerken

1. die Anerkennung als schadstoffarmes Fahrzeug nach § 47 Absatz 3 der Straßenverkehrs-Zulassungs-Ordnung und
2. die Einstufung des Fahrzeuges in eine der Emissionsklassen nach § 48 der Straßenverkehrs-Zulassungs-Ordnung,

sofern der zuständigen Zulassungsbehörde die entsprechenden Voraussetzungen nachgewiesen werden. [2] Das Datum der Anerkennung nach Nummer 1 oder der Einstufung nach Nummer 2 ist ebenfalls in der Zulassungsbescheinigung Teil I zu vermerken. [3] Die zuständige Zulassungsbehörde kann in Zweifelsfällen die Vorlage eines Gutachtens eines amtlich anerkannten Sachverständigen für den Kraftfahrzeugverkehr oder eines Unterschriftsberechtigten eines zur Prüfung von Gesamtfahrzeugen der jeweiligen Fahrzeugklasse benannten Technischen Dienstes darüber fordern, in welche Emissionsklasse das Fahrzeug einzustufen ist.

(6) [1] Die Zulassungsbescheinigung Teil I ist von der das Fahrzeug führenden Person mitzuführen und zuständigen Personen auf Verlangen zur Prüfung auszuhändigen. [2] Es genügt auch, wenn im Fall des Absatzes 2 das Anhängerverzeichnis nach Absatz 2, sofern beantragt, vorgelegt wird.

(7) Wird nach Verlust einer Zulassungsbescheinigung Teil I eine neue Zulassungsbescheinigung Teil I ausgefertigt und wird die verlorene Zulassungsbescheinigung Teil I wieder aufgefunden, so hat der Halter oder Eigentümer diese unverzüglich bei der zuständigen Zulassungsbehörde abzugeben.

§ 14 Zulassungsbescheinigung Teil II[1)]. (1) [1] Mit dem Antrag auf Ausfertigung einer Zulassungsbescheinigung Teil II ist der zuständigen Zulassungsbehörde die Verfügungsberechtigung über das Fahrzeug nachzuweisen. [2] In begründeten Einzelfällen kann die zuständige Zulassungsbehörde beim Kraftfahrt-Bundesamt anfragen, ob das Fahrzeug im Zentralen Fahrzeugregister eingetragen ist, ein Suchvermerk vorhanden ist oder ob bereits eine Zulassungsbescheinigung Teil II ausgegeben worden ist. [3] Die Sätze 1 und 2 sind auch anzuwenden, wenn die Ausfüllung eines Vordrucks der Zulassungsbescheinigung Teil II beantragt wird, ohne dass das Fahrzeug zugelassen werden soll.

[1)] **Amtl. Anm.:** Absatz 2 in Verbindung mit Anlage 8 notifiziert gemäß Richtlinie (EU) 2015/1535 des Europäischen Parlaments und des Rates vom 9. September 2015 über ein Informationsverfahren auf dem Gebiet der technischen Vorschriften und der Vorschriften für die Dienste der Informationsgesellschaft (ABl. L 241 vom 17.9.2015, S. 1).

[4] Für ein Fahrzeug, das im Ausland zugelassen ist oder war, ist das Ausfüllen eines Vordrucks einer Zulassungsbescheinigung Teil II nur im Zusammenhang mit der Zulassung des Fahrzeuges zulässig.

(2) [1] Die Zulassungsbescheinigung Teil II wird nach den Vorgaben der Anlage 8 ausgefertigt. [2] Die Zulassungsbescheinigung Teil II muss einen Sicherheitscode und folgende Markierungen aufweisen:

1. eine sichtbare Markierung neben der sich der Hinweis „Nur zur Nutzung des Sicherheitscodes im internetbasierten Zulassungsverfahren freilegen. Dokument nur unbeschädigt gültig." befindet und
2. eine unterhalb der sichtbaren Markierung nach Nummer 1 liegende Markierung mit der Aufschrift „Dokument nicht mehr gültig".

[3] Mit der sichtbaren Markierung nach Satz 2 Nummer 1 werden die darunterliegende Markierung nach Satz 2 Nummer 2 und der Sicherheitscode der Zulassungsbescheinigung Teil II verdeckt.

(3) [1] Das Ausfüllen einer Zulassungsbescheinigung Teil II oder deren erstmalige Ausfertigung durch die Zulassungsbehörde ist nur zulässig bei Vorlage

1. der Übereinstimmungsbescheinigung,
2. der Datenbestätigung oder
3. der Bescheinigung über die Fahrzeug-Einzelgenehmigung.

[2] Der Vorlage der Übereinstimmungsbescheinigung steht es gleich, wenn die Daten der Übereinstimmungsbescheinigung von der zuständigen Zulassungsbehörde unter Angabe der Fahrzeug-Identifizierungsnummer aus einer in § 6 Absatz 4 Satz 2 genannten Datenbank abgerufen worden sind. [3] Wurden die Angaben über die Beschaffenheit des Fahrzeuges und über dessen Übereinstimmung mit dem genehmigten Typ noch nicht durch den Hersteller in die Zulassungsbescheinigung Teil II eingetragen, hat die zuständige Zulassungsbehörde diese Eintragungen vorzunehmen. [4] Für das maschinelle Ausfüllen gilt § 13 Absatz 3 entsprechend. [5] Die zuständige Zulassungsbehörde hat die Ausfertigung der Zulassungsbescheinigung Teil II unter Angabe der Nummer der Zulassungsbescheinigung Teil II auf der Übereinstimmungsbescheinigung zu vermerken, sofern diese vorgelegt wurde, andernfalls auf der Datenbestätigung.

(4) Die Vordrucke der Zulassungsbescheinigung Teil II sind auf Antrag vom Kraftfahrt-Bundesamt auszugeben

1. an die Zulassungsbehörden oder
2. zum Zweck der Ausfüllung an
   a) die Inhaber einer EU-Typgenehmigung für Fahrzeuge,
   b) die Inhaber einer nationalen Typgenehmigung für Fahrzeuge oder
   c) die von den Personen nach den Buchstaben a oder b bevollmächtigten Vertreter.

(5) [1] Der Verlust eines Vordrucks der Zulassungsbescheinigung Teil II ist vom jeweiligen Empfänger dem Kraftfahrt-Bundesamt unverzüglich nach Kenntnis des Verlustes anzuzeigen. [2] Der Verlust einer ausgefertigten Zulassungsbescheinigung Teil II ist der zuständigen Zulassungsbehörde unverzüglich nach Kenntnis des Verlustes anzuzeigen, die das Kraftfahrt-Bundesamt hiervon unverzüglich zu unterrichten hat. [3] Das Kraftfahrt-Bundesamt hat auf Antrag die verlorene Zulassungsbescheinigung Teil II im Verkehrsblatt mit einer Frist zur Vorlage bei der zuständigen Zulassungsbehörde aufzubieten. [4] Eine neue Zu-

lassungsbescheinigung Teil II darf erst nach Ablauf dieser Frist ausgefertigt werden. [5] Wird die verlorene Zulassungsbescheinigung Teil II wiedergefunden, so ist diese vom Halter oder Eigentümer unverzüglich bei der zuständigen Zulassungsbehörde abzugeben. [6] Absatz 7 Satz 2 ist entsprechend anzuwenden.

(6) [1] Sind im Vordruck einer Zulassungsbescheinigung Teil II die für die Eintragungen der Zulassung bestimmten Felder ausgefüllt oder ist die Zulassungsbescheinigung Teil II beschädigt, so ist eine neue Zulassungsbescheinigung Teil II auszustellen. [2] Eine neue Zulassungsbescheinigung Teil II ist ferner auf Antrag auszustellen, wenn sich die Angaben des Halters geändert haben und diese Angaben ganz oder teilweise einem gesetzlichen Offenbarungsverbot unterliegen. [3] Die Tatsachen, die das Offenbarungsverbot begründen, sind auf Verlangen nachzuweisen. [4] Die zuständige Zulassungsbehörde hat die alte Zulassungsbescheinigung Teil II zu entwerten und sie unter Eintragung der Nummer der neuen Zulassungsbescheinigung Teil II dem Antragsteller zurückzugeben.

(7) [1] Die Zulassungsbehörde entscheidet keine privatrechtlichen Sachverhalte. [2] Zur Vorlage der Zulassungsbescheinigung Teil II ist neben dem Halter und dem Eigentümer bei Aufforderung durch die zuständige Zulassungsbehörde jeder verpflichtet, in dessen Besitz sich die Bescheinigung befindet. [3] Die zuständige Zulassungsbehörde hat der Person, die ihr die Zulassungsbescheinigung Teil II vorgelegt hat, oder der von ihr bestimmten Stelle oder Person die Zulassungsbescheinigung Teil II wieder auszuhändigen.

(8) Das Fahrzeug ist vor Erstellung der Zulassungsbescheinigung Teil II nach Absatz 1 und vor der Zulassung von der Zulassungsbehörde zu identifizieren.

§ 15 Mitteilungspflichten bei Änderungen. (1) [1] Folgende Änderungen von Fahrzeugdaten oder von Halterdaten sind der zuständigen Zulassungsbehörde vom Halter zum Zweck der Änderung der Fahrzeugregister und der Zulassungsbescheinigung unter Vorlage der Zulassungsbescheinigung Teil I, des Anhängerverzeichnisses und bei Änderungen nach den Nummern 1 bis 3 auch der Zulassungsbescheinigung Teil II unverzüglich mitzuteilen:

1. Änderungen von Angaben zum Halter sowie Änderungen der Angaben zum Empfangsbevollmächtigten und zum regelmäßigen Standort des Fahrzeuges nach § 6 Absatz 5 Nummer 4 und 5,
2. Änderung der Fahrzeugklasse nach Anlage XXIX der Straßenverkehrs-Zulassungs-Ordnung[1)],
3. Änderung des Hubraums, der Nennleistung, der Kraftstoffart oder der Energiequelle,
4. Erhöhung der bauartbedingten Höchstgeschwindigkeit,
5. Verringerung der bauartbedingten Höchstgeschwindigkeit, wenn diese fahrerlaubnisrelevant oder zulassungsrelevant ist,
6. Änderung der zulässigen Achslasten, der Gesamtmasse, der Stützlast oder der Anhängelast,
7. Erhöhung der Fahrzeugabmessungen, ausgenommen bei Personenkraftwagen und Krafträdern,
8. Änderung der Sitz- oder der Stehplatzzahl bei Kraftomnibussen,

---

1) Nr. 3.

9. Änderungen der Abgas- oder Geräuschwerte, sofern sie sich auf die Kraftfahrzeugsteuer oder auf Verkehrsbeschränkungen auswirken,
10. Änderungen, die eine Ausnahmegenehmigung nach § 76 erfordern, und
11. Änderungen, deren unverzügliche Eintragung in die Zulassungsbescheinigung auf Grund eines Vermerks im Sinne des § 19 Absatz 4 Satz 2 der Straßenverkehrs-Zulassungs-Ordnung erforderlich ist.

[2] Änderungen von anderen als in Satz 1 bezeichneten Fahrzeugdaten oder Halterdaten sind der zuständigen Zulassungsbehörde vom Halter mitzuteilen, sobald er mit der zuständigen Zulassungsbehörde in Kontakt tritt. [3] Sofern der Halter nicht zugleich der Eigentümer ist, besteht die Verpflichtung nach den Sätzen 1 und 2 auch für den Eigentümer nach Maßgabe des Satzes 4. [4] Die Verpflichtung besteht, bis der Behörde durch einen der Verpflichteten die Änderungen mitgeteilt worden sind. [5] Kommen die nach den Sätzen 1 bis 3 Verpflichteten ihrer Mitteilungspflicht nicht nach, kann die zuständige Zulassungsbehörde für die Zeit bis zur Erfüllung der Verpflichtung den Betrieb des Fahrzeuges auf öffentlichen Straßen untersagen. [6] Der Halter darf die Inbetriebsetzung eines Fahrzeuges, dessen Betrieb nach Satz 5 untersagt wurde, nicht anordnen oder zulassen. [7] Im Fall des Satzes 1 Nummer 1 ist bei alleiniger Änderung der Anschrift die Zulassungsbescheinigung Teil II nicht vorzulegen.

(2) Der Mitteilungspflicht nach Absatz 1 Satz 1 Nummer 1 wird auch genügt, wenn die dort genannten Änderungen über eine Meldebehörde mitgeteilt werden, sofern bei der Meldebehörde ein solches Verfahren eröffnet ist.

(3) [1] Wer einen Personenkraftwagen verwendet

1. für eine Personenbeförderung, die § 1 des Personenbeförderungsgesetzes unterliegt,
2. für eine Beförderung durch oder für Kindergartenträger zwischen Wohnung und Kindergarten oder durch oder für Schulträger zum und vom Unterricht oder
3. für eine Beförderung von Menschen mit Behinderung zu und von Einrichtungen, die ihrer Betreuung dienen,

hat dies vor Beginn und nach Beendigung der Verwendung der zuständigen Zulassungsbehörde unverzüglich schriftlich oder elektronisch anzuzeigen und die Zulassungsbescheinigung Teil I zur Eintragung der jeweiligen Verwendung des Fahrzeuges der zuständigen Zulassungsbehörde vorzulegen. [2] Wer ein Fahrzeug ohne Gestellung eines Fahrers gewerbsmäßig vermietet (Mietfahrzeug für Selbstfahrer), hat dies nach Beginn des Gewerbebetriebs der zuständigen Zulassungsbehörde unverzüglich schriftlich oder elektronisch anzuzeigen und die Zulassungsbescheinigung Teil I zur Eintragung der Verwendung des Fahrzeuges der zuständigen Zulassungsbehörde vorzulegen, wenn nicht das Fahrzeug für den Mieter zugelassen wird oder der Mieter einen Mietvertrag über die Dauer von mindestens einem Jahr abgeschlossen hat. [3] Wird der Mietvertrag nach Satz 2 nach seinem Abschluss verkürzt, ist die Anzeige unverzüglich nachzuholen.

(4) [1] Verlegt der Halter seinen Wohnsitz oder Sitz in einen anderen Zulassungsbezirk, hat er unverzüglich

1. bei der für den neuen Wohnsitz oder Sitz zuständigen Zulassungsbehörde die Zuteilung eines neuen Kennzeichens, einer neuen Zulassungsbescheinigung

Teil I und die Änderung der Angaben in der Zulassungsbescheinigung Teil II zu beantragen oder
2. der für den neuen Wohnsitz oder Sitz zuständigen Zulassungsbehörde mitzuteilen, dass das bisherige Kennzeichen weitergeführt werden soll, und die Zulassungsbescheinigung Teil I zur Änderung vorzulegen.

[2] Kommt der Halter diesen Pflichten nicht nach, kann die zuständige Zulassungsbehörde für die Zeit bis zur Erfüllung der Pflichten den Betrieb des Fahrzeuges auf öffentlichen Straßen untersagen. [3] Der Halter darf die Inbetriebsetzung eines Fahrzeuges, dessen Betrieb nach Satz 2 untersagt ist, nicht anordnen oder zulassen. [4] Im Fall des Satzes 1 Nummer 1 hat die für den neuen Wohnsitz oder Sitz zuständige Zulassungsbehörde nach Vorlage der Zulassungsbescheinigung und der bisherigen Kennzeichenschilder zur Entstempelung dem Fahrzeug ein neues Kennzeichen zuzuteilen. [5] Im Fall des Satzes 1 Nummer 2 hat die für den neuen Wohnsitz oder Sitz zuständige Zulassungsbehörde die Zulassungsbescheinigung Teil I zu ändern. [6] Absatz 1 Satz 1 Nummer 1 bleibt unberührt. [7] Kommt der Halter seinen Pflichten nach Satz 1 trotz Anordnung nach Satz 2 nicht nach, kann die zuständige Zulassungsbehörde die Zulassungsbescheinigung im Verkehrsblatt mit einer Frist von vier Wochen zur Vorlage bei ihr aufbieten. [8] Mit erfolglosem Ablauf des Aufgebots endet die Zulassung des Fahrzeuges.

(5) [1] Wechselt die Person des Halters, haben der bisherige Halter und der Eigentümer dies nach Maßgabe des Satzes 3 unverzüglich der Zulassungsbehörde zum Zweck der Änderung der Fahrzeugregister mitzuteilen. [2] Die Mitteilung ist entbehrlich, wenn der Erwerber seinen Pflichten nach Satz 4 bereits nachgekommen ist. [3] Die Mitteilung muss enthalten:

1. das Kennzeichen des Fahrzeuges,
2. den Namen, den Vornamen und die vollständige Anschrift des Erwerbers sowie
3. die Bestätigung des Erwerbers, dass ihm die Zulassungsbescheinigung übergeben wurde.

[4] Der Erwerber hat unverzüglich nach dem Halterwechsel bei der für seinen Wohnsitz oder Sitz zuständigen Zulassungsbehörde

1. die neuen Halterdaten nach § 33 Absatz 1 Satz 1 Nummer 2 und Absatz 2 des Straßenverkehrsgesetzes[1)] sowie die Fahrzeugdaten nach § 6 Absatz 5 mitzuteilen und auf Verlangen nachzuweisen,
2. unter Vorlage des Versicherungsnachweises nach § 49 die Ausfertigung einer neuen Zulassungsbescheinigung Teil I zu beantragen,
3. die Zulassungsbescheinigung Teil II zur Änderung vorzulegen (Umschreibung) und
4. sofern dem Fahrzeug bisher ein Kennzeichen einer anderen Zulassungsbehörde zugeteilt war, die Zuteilung eines neuen Kennzeichens zu beantragen oder mitzuteilen, dass das bisherige Kennzeichen weitergeführt werden soll.

[5] Kommt der bisherige Halter oder Eigentümer seiner Mitteilungspflicht nach Satz 1 nicht nach oder wird das Fahrzeug nicht unverzüglich umgemeldet oder

---

[1)] Nr. **1**.

außer Betrieb gesetzt oder erweisen sich die mitgeteilten Daten des neuen Halters oder Eigentümers als nicht zutreffend, kann die Zulassungsbehörde die Zulassungsbescheinigung im Verkehrsblatt mit einer Frist von vier Wochen zur Vorlage bei ihr aufbieten. [6] Mit erfolglosem Ablauf des Aufgebots endet die Zulassung des Fahrzeuges. [7] Die Zulassungsbehörde hat das Ende der Zulassung dem bisherigen Halter oder Eigentümer mitzuteilen. [8] Abweichend von Satz 5 kann die Zulassungsbehörde auch eine Anordnung nach Absatz 1 Satz 5 erlassen. [9] Im Fall einer Anordnung nach Satz 8 gilt Absatz 1 Satz 6 entsprechend.

(6) Die Absätze 1, 4 und 5 gelten nicht für außer Betrieb gesetzte Fahrzeuge.

(7) [1] Wird ein zugelassenes Fahrzeug im Ausland erneut zugelassen und erhält die Zulassungsbehörde durch das Kraftfahrt-Bundesamt hierüber eine Mitteilung, ist das Fahrzeug durch die Zulassungsbehörde außer Betrieb zu setzen. [2] Die Mitteilung hat elektronisch nach den vom Kraftfahrt-Bundesamt festgelegten und auf der Internetseite des Kraftfahrt-Bundesamts veröffentlichten Standards zu erfolgen. [3] Das Kraftfahrt-Bundesamt hat auf Änderungen im Verkehrsblatt hinzuweisen. [4] Satz 1 gilt nicht für ein Fahrzeug, das sich zum Zeitpunkt der Zulassung durch den anderen Staat in der Bundesrepublik Deutschland befunden hat.

§ 16 Außerbetriebsetzung, Wiederzulassung. (1) [1] Soll ein zugelassenes Fahrzeug oder ein zulassungsfreies Fahrzeug, dem ein Kennzeichen zugeteilt ist, außer Betrieb gesetzt werden, hat der Halter dies bei der zuständigen Zulassungsbehörde nach § 75 Absatz 2

1. bei einem zugelassenen Fahrzeug unter Vorlage der Zulassungsbescheinigung Teil I und, soweit vorhanden, das Anhängerverzeichnis,
2. bei einem zulassungsfreien Fahrzeug unter Vorlage des Nachweises über die Zuteilung des Kennzeichens oder der Zulassungsbescheinigung Teil I,

zu beantragen und die abgestempelten Kennzeichenschilder zur Entstempelung vorzulegen. [2] Legt ein Dritter alle nach Satz 1 erforderlichen Unterlagen vor, gilt er als von dem Halter bevollmächtigt, die Außerbetriebsetzung des Fahrzeuges zu beantragen. [3] Bei Wechselkennzeichen ist der fahrzeugbezogene Teil, der die Stempelplakette trägt, und, wenn mit diesem Kennzeichen kein weiteres Fahrzeug zugelassen bleibt, auch der gemeinsame Kennzeichenteil zur Entstempelung vorzulegen. [4] Die Zulassungsbehörde vermerkt die Außerbetriebsetzung des Fahrzeuges unter Angabe des Datums auf der Zulassungsbescheinigung Teil I und, soweit vorhanden, auf den Anhängerverzeichnissen und händigt die vorgelegten Unterlagen sowie die entstempelten Kennzeichenschilder wieder aus. [5] Der Halter kann sich das Kennzeichen zum Zweck der Wiederzulassung des nach den Sätzen 1 bis 4 außer Betrieb gesetzten Fahrzeuges für eine Dauer von längstens zwölf Monaten, gerechnet ab dem Tag der Außerbetriebsetzung, reservieren lassen und erhält dafür eine schriftliche oder elektronische Bestätigung. [6] Satz 5 gilt nicht, wenn das Kennzeichen nach § 15 Absatz 4 Satz 1 Nummer 2 oder Absatz 5 Satz 3 Nummer 4 in einem anderen Zulassungsbezirk weitergeführt wurde und dort außer Betrieb gesetzt wird.

(2) [1] Soll ein nach Absatz 1 Satz 1 bis 4 außer Betrieb gesetztes Fahrzeug auf denselben Halter oder einen neuen Halter wieder zum Verkehr zugelassen (Wiederzulassung) oder ein zulassungsfreies kennzeichenpflichtiges Fahrzeug wieder in Betrieb gesetzt werden, so ist die Zulassungsbescheinigung Teil I und Teil II vorzulegen. [2] § 6, auch in Verbindung mit § 4 Absatz 2 Satz 2, gilt entsprechend. [3] Abweichend von Satz 1 ist die Vorlage der Zulassungsbeschei-

nigung Teil II bei einer Wiederzulassung auf denselben Halter nicht erforderlich, sofern das bisherige Kennzeichen beibehalten wird. [4]Das Fahrzeug muss vor der Wiederzulassung oder der erneuten Inbetriebsetzung einer Hauptuntersuchung nach § 29 der Straßenverkehrs-Zulassungs-Ordnung[1)] unterzogen werden, wenn bei Anwendung der Anlage VIII Nummer 2 der Straßenverkehrs-Zulassungs-Ordnung zwischenzeitlich eine Untersuchung hätte stattfinden müssen. [5]Satz 4 gilt entsprechend für eine Sicherheitsprüfung nach § 29 der Straßenverkehrs-Zulassungs-Ordnung. [6]Sind die Fahrzeugdaten und die Halterdaten im Zentralen Fahrzeugregister bereits gelöscht worden und kann die Übereinstimmungsbescheinigung, die Datenbestätigung oder die Bescheinigung über die Fahrzeug-Einzelgenehmigung des unveränderten Fahrzeuges nicht anderweitig erbracht werden, ist § 21 der Straßenverkehrs-Zulassungs-Ordnung entsprechend anzuwenden.

§ 17 Verwertungsnachweis[2)]. (1) [1]Ist ein Fahrzeug der Klasse M1, N1 oder L5e einer anerkannten Stelle nach § 4 Absatz 1 der Altfahrzeug-Verordnung zur Verwertung überlassen worden, hat der bisherige Halter oder Eigentümer dieses Fahrzeug unter Vorlage eines Verwertungsnachweises nach dem Muster in Anlage 9 zur Erhebung und Speicherung in den Fahrzeugregistern unverzüglich bei der zuständigen Zulassungsbehörde außer Betrieb setzen zu lassen. [2]Die Zulassungsbehörde hat im Verwertungsnachweis die Richtigkeit und Vollständigkeit der Angaben zum Fahrzeug und zum bisherigen Halter oder Eigentümer, sofern dieser angegeben ist, zu überprüfen und den Verwertungsnachweis nach Überprüfung zurückzugeben. [3]Der bisherige Halter und der Eigentümer haben zudem die Zulassungsbescheinigung Teil I und Teil II der Zulassungsbehörde unverzüglich nach der Verwertung zu übergeben. [4]Die Zulassungsbehörde hat die Zulassungsbescheinigung Teil I und Teil II einzuziehen und zu vernichten.

(2) [1]Absatz 1 gilt entsprechend, wenn das Fahrzeug zur Entsorgung in einem anderen Mitgliedstaat oder einem anderen Vertragsstaat verbleibt. [2]In diesem Fall tritt an die Stelle des Verwertungsnachweises nach Absatz 1 der nach Artikel 5 Absatz 3 und 5 der Richtlinie 2000/53/EG des Europäischen Parlaments und des Rates vom 18. September 2000 über Altfahrzeuge (ABl. L 269 vom 21.10.2000, S. 34) in Verbindung mit der Entscheidung der Kommission vom 19. Februar 2002 über Mindestanforderungen für den nach Artikel 5 Absatz 3 der Richtlinie 2000/53/EG des Europäischen Parlaments und des Rates über Altfahrzeuge ausgestellten Verwertungsnachweis (ABl. L 50 vom 21.2.2002, S. 94) ausgestellte Verwertungsnachweis.

(3) [1]Kommt der bisherige Halter oder Eigentümer seinen Verpflichtungen nach Absatz 1 oder 2 nicht nach, hat die Zulassungsbehörde die Zulassungsbescheinigung im Verkehrsblatt mit einer Frist von vier Wochen zur Vorlage bei ihr aufzubieten. [2]Mit erfolglosem Ablauf des Aufgebots endet die Zulassung des Fahrzeuges. [3]Die Zulassungsbehörde teilt das Ende der Zulassung dem bisherigen Halter oder Eigentümer mit. [4]Die Zulassungsbehörde hat die Zulassungsbescheinigung Teil I und Teil II einzuziehen und zu vernichten.

[1)] Nr. **3**.

[2)] **Amtl. Anm.:** § 17 in Verbindung mit Anlage 9 notifiziert gemäß Richtlinie (EU) 2015/1535 des Europäischen Parlaments und des Rates vom 9. September 2015 über ein Informationsverfahren auf dem Gebiet der technischen Vorschriften und der Vorschriften für die Dienste der Informationsgesellschaft (ABl. L 241 vom 17.9.2015, S. 1).

(4) [1]Verbleibt ein Fahrzeug der Klasse M1, N1 oder L5e zur Entsorgung in einem Drittstaat, so haben der Halter und der Eigentümer des Fahrzeuges dies unverzüglich gegenüber der Zulassungsbehörde zu erklären und das Fahrzeug außer Betrieb setzen zu lassen. [2]Der bisherige Halter und der Eigentümer haben danach die Zulassungsbescheinigung Teil I und Teil II der Zulassungsbehörde unverzüglich zu übergeben. [3]Die Zulassungsbehörde hat die Zulassungsbescheinigung Teil I und Teil II einzuziehen und zu vernichten.

(5) [1]Bei einem Antrag auf Außerbetriebsetzung des Fahrzeuges hat der Halter oder Eigentümer des Fahrzeuges gegenüber der Zulassungsbehörde zu erklären, ob das Fahrzeug als Abfall zu entsorgen ist. [2]Wird das Fahrzeug nach der Außerbetriebsetzung innerhalb von sieben Jahren der Verwertung im Sinne des Absatzes 1 oder 2 zugeführt, ohne dass es zuvor im Ausland wieder zugelassen worden ist, haben der bisherige Halter und der Eigentümer der Zulassungsbehörde den Verwertungsnachweis zur Erhebung und Speicherung in den Fahrzeugregistern und die Zulassungsbescheinigung Teil I und Teil II unverzüglich nach der Verwertung zu übergeben. [3]Die Zulassungsbehörde hat die Zulassungsbescheinigung Teil I und Teil II einzuziehen und zu vernichten.

(6) Die Zulassungsbehörde hat eine Zulassung, Wiederzulassung oder Zuteilung eines Kennzeichens abzulehnen, wenn sie Kenntnis davon hat, dass das Fahrzeug

1. einer anerkannten Stelle nach § 4 Absatz 1 der Altfahrzeug-Verordnung zur Verwertung überlassen wurde oder
2. in einem anderen Mitgliedstaat oder in einem anderen Vertragsstaat als Altfahrzeug nach der Richtlinie 2000/53/EG behandelt wurde.

Abschnitt 3. Internetbasierte Zulassung

§ 18 Zulässigkeit internetbasierter Zulassungsverfahren. (1) Die Zulassung eines Fahrzeuges, einschließlich der Änderung bestehender Zulassungen und der Kennzeichenzuteilung für ein zulassungsfreies Fahrzeug, sowie die Außerbetriebsetzung eines Fahrzeugs hat nach Maßgabe dieses Abschnittes zu erfolgen, sofern der entsprechende Antrag internetbasiert gestellt wird (internetbasierte Zulassungsverfahren).

(2) [1]Das Kraftfahrt-Bundesamt und die Zulassungsbehörden haben bei internetbasierten Zulassungsverfahren dem jeweiligen Stand der Technik entsprechende und nach den Artikeln 24, 25 und 32 der Verordnung (EU) 2016/679 des Europäischen Parlaments und des Rates vom 27. April 2016 zum Schutz natürlicher Personen bei der Verarbeitung personenbezogener Daten, zum freien Datenverkehr und zur Aufhebung der Richtlinie 95/46/EG (ABl. L 119 vom 4.5.2016, S. 1; L 314 vom 22.11.2016, S. 72; L 127 vom 23.5.2018, S. 2; L 74 vom 4.3.2021, S. 35) in der jeweils geltenden Fassung erforderliche technische und organisatorische Maßnahmen zur Sicherstellung des Datenschutzes und der Datensicherheit zu treffen, die insbesondere die Vertraulichkeit und Unversehrtheit der Daten gewährleisten. [2]Dies gilt insbesondere bei der Erstellung, Speicherung und Übermittlung der Druckstücknummern und Sicherheitscodes von Stempelplaketten und der Zulassungsbescheinigung Teil I sowie des Sicherheitscodes der Zulassungsbescheinigung Teil II und auch bei der Nutzung öffentlich zugänglicher Netze, insbesondere hinsichtlich der Anwendung sicherer Verschlüsselungs- und Authentifizierungsverfahren. [3]Die Sätze 1

und 2 gelten hinsichtlich der Erstellung, Speicherung und Übermittlung der Druckstücknummern und Sicherheitscodes von Stempelplaketten und der Zulassungsbescheinigung Teil I sowie des Sicherheitscodes der Zulassungsbescheinigung Teil II für hiermit von den in Satz 1 genannten Behörden beauftragte Einrichtungen entsprechend.

(3) [1] Soweit für die internetbasierten Zulassungsverfahren auf informationstechnische Systembestandteile zurückgegriffen wird, die einen Zugang zu den beim Kraftfahrt-Bundesamt gespeicherten Daten oder zur Großkundenschnittstelle des Kraftfahrt-Bundesamts ermöglichen, sind folgende vom Kraftfahrt-Bundesamt festgelegten Standards einzuhalten:

1. Standards für die Datenübermittlung, und mit dieser im Zusammenhang stehende technisch-organisatorische Vorkehrungen,
2. Standards für die Mindestsicherheitsanforderungen an die beteiligten informationstechnischen Systeme und
3. Standards für die Kommunikation im Rahmen internetbasierter Zulassungsverfahren, soweit dieser Standard die betreffende Kommunikation enthält.

[2] Das Kraftfahrt-Bundesamt hat die Standards auf seiner Internetseite zu veröffentlichen und auf Änderungen der Hauptversionen im Bundesanzeiger sowie im Verkehrsblatt hinzuweisen. [3] Protokolldaten sind durch geeignete Vorkehrungen gegen zweckfremde Verwendung sowie gegen sonstigen Missbrauch zu schützen und sechs Monate nach ihrer Erstellung automatisiert zu löschen. [4] Ergibt sich innerhalb dieser Frist der Bedarf für eine längere Speicherung zum Zweck der Datenschutzkontrolle oder der Datensicherheit, so sind die Protokolldaten unverzüglich nach Fortfall dieses Bedarfs zu löschen.

(4) Es wird vermutet, dass der Stand der Technik eingehalten ist, wenn die im Bundesanzeiger bekannt gemachten Technischen Richtlinien des Bundesamtes für Sicherheit in der Informationstechnik eingehalten werden.

Unterabschnitt 1. Gemeinsame Regelungen für internetbasierte Zulassungsverfahren über Portale der Zulassungsbehörden

§ 19 Portal. (1) [1] Sofern ein nach dieser Verordnung erforderlicher Antrag elektronisch gestellt werden soll, hat dies über das von der Zulassungsbehörde hierfür eingerichtete informationstechnische System (Portal) zu erfolgen. [2] Nach der Antragstellung werden die in das Portal eingegebenen und von diesem Portal erstellten Daten zusammen mit der vollständig durch eine automatische Einrichtung des Portals erlassenen Entscheidung (automatisierte Entscheidung) an die internen informationstechnischen Verfahren der Zulassungsbehörde übermittelt. [3] Die Übermittlung erfolgt nach Abruf der automatisierten Entscheidung durch die antragstellende Person oder spätestens nach dem Ende deren Bereitstellungsdauer. [4] Sofern die maschinelle Prüfung scheitert, wird die Entscheidung der Zulassungsbehörde übertragen, ohne dass diese an das Ergebnis der maschinellen Vorprüfung im Portal gebunden ist. [5] Die Übermittlung der Daten und der automatisierten Entscheidung nach Satz 2 erfolgt elektronisch über ein vom Kraftfahrt-Bundesamt eingerichtetes Verfahren. [6] Die im Portal zu dem jeweiligen Dialog gespeicherten Daten sind entweder unverzüglich nach ihrer Übermittlung nach Satz 2 oder, bei einem Abbruch des Vorgangs, spätestens 30 Minuten nach dem Abbruch zu löschen. [7] Bei der Übermittlung der Daten und der automatisierten Entscheidung nach Satz 2 ist anzugeben, dass es sich um die Daten und die Entscheidung eines internetbasierten Antrags handelt.

(2) [1] Nach Maßgabe des § 18 Absatz 3 erfolgen

1. die Datenübermittlung nach Absatz 1 Satz 2 sowie
2. die Datenübermittlung
   a) zur Verifizierung der elektronischen Versicherungsbestätigung,
   b) für die Kraftfahrzeugsteuerrückstandsprüfung und
   c) zur Verifizierung der Bankverbindung.

[2] Verfahren, die mit der beantragten Amtshandlung in Zusammenhang stehen, ohne hierfür Voraussetzung zu sein, sind nicht an die Standards für die Datenübermittlung nach § 18 Absatz 3 Satz 1 Nummer 1 gebunden, sie müssen jedoch den Standards für die Mindestsicherheitsanforderungen an die beteiligten informationstechnischen Systeme nach § 18 Absatz 3 Satz 1 Nummer 2 und 3 entsprechen. [3] Werden im Fall des Satzes 2 die Standards für die Datenübermittlung nach § 18 Absatz 3 Satz 1 Nummer 1 nicht beachtet, ist durch die Zulassungsbehörden sicherzustellen, dass diese Verfahren im Zusammenhang mit der elektronischen Antragstellung nach Absatz 1 Satz 1 verwendet werden können.

§ 20 Antrag. (1) [1] Ein elektronischer Antrag erfordert eine sichere Identifizierung des Halters. [2] Die für den Antrag erforderlichen Angaben sind, soweit elektronisch auslesbar, aus dem zur Identifizierung verwendeten Verfahren zu übernehmen.

(2) [1] Bei einer natürlichen Person als Halter hat die Identifizierung zu erfolgen anhand

1. eines Bürgerkontos im Sinne des § 3 Absatz 1 Satz 1 des Onlinezugangsgesetzes,
2. eines elektronischen Identitätsnachweises nach
   a) § 18 des Personalausweisgesetzes,
   b) § 12 des eID-Karte-Gesetzes,
   c) § 78 Absatz 5 des Aufenthaltsgesetzes, oder
3. eines anderen elektronischen Identifizierungsmittels, welches nach Artikel 6 der Verordnung (EU) Nr. 910/2014 des Europäischen Parlaments und des Rates vom 23. Juli 2014 über elektronische Identifizierung und Vertrauensdienste für elektronische Transaktionen im Binnenmarkt und zur Aufhebung der Richtlinie 1999/93/EG (ABl. L 257 vom 28.8.2014, S. 73; L 23 vom 29.1.2015, S. 19; L 155 vom 14.6.2016, S. 44) auf dem Vertrauensniveau „substantiell" im Sinne des Artikels 8 Absatz 2 Buchstabe b der Verordnung (EU) Nr. 910/2014 oder auf dem Vertrauensniveau „hoch" im Sinne des Artikels 8 Absatz 2 Buchstabe c der Verordnung (EU) Nr. 910/2014 notifiziert worden ist.

[2] Die Zulassungsbehörde kann abweichend von Satz 1 zulassen, dass ein elektronischer Antrag auch dann übermittelt werden darf, sofern dieser mit einer qualifizierten elektronischen Signatur der antragstellenden Person versehen worden ist und die Angaben zum Vor- und Nachnamen der antragstellenden Person mit den entsprechenden Daten des Halters übereinstimmen. [3] Für die Anbringung der qualifizierten elektronischen Signatur kann eine andere Identi-

fizierungsmethode als die nach Satz 1 zugelassen werden, wenn diese Methode in § 11 Absatz 1 des Vertrauensdienstegesetzes festgelegt ist.

(3) [1]Bei einer juristischen Person, einer Behörde, einer Vereinigung, sofern ihr ein Recht zustehen kann, oder einem beruflich Selbstständigen als Halter, hat die Identifizierung zu erfolgen anhand

1. eines Organisationskontos im Sinne des § 3 Absatz 2 in Verbindung mit Absatz 3 des Onlinezugangsgesetzes oder
2. eines anderen elektronischen Identifizierungsmittels, welches nach Artikel 6 der Verordnung (EU) Nr. 910/2014 des Europäischen Parlaments und des Rates vom 23. Juli 2014 über elektronische Identifizierung und Vertrauensdienste für elektronische Transaktionen im Binnenmarkt und zur Aufhebung der Richtlinie 1999/93/EG (ABl. L 257 vom 28.8.2014, S. 73; L 23 vom 29.1.2015, S. 19; L 155 vom 14.6.2016, S. 44) auf dem Vertrauensniveau „substantiell" im Sinne des Artikels 8 Absatz 2 Buchstabe b der Verordnung (EU) Nr. 910/2014 oder auf dem Vertrauensniveau „hoch" im Sinne des Artikels 8 Absatz 2 Buchstabe c der Verordnung (EU) Nr. 910/2014 notifiziert worden ist.

[2]Absatz 2 Satz 2 und 3 gilt entsprechend.

(4) [1]Die vom Halter eingegebenen Daten sind durch das Portal zu erheben, zu speichern, zu verwenden und dabei maschinell zu verifizieren, mit den im Zentralen Fahrzeugregister gespeicherten Daten, sofern diese vorhanden sind, abzugleichen und durch ein automatisiertes Programm im Portal auf das Vorliegen der jeweiligen Antragsvoraussetzungen zu prüfen. [2]Führen die Erhebung, Speicherung und Verwendung und die dabei erfolgende Verifizierung zu einem Ergebnis, das einer antragsgemäßen Entscheidung entgegenstünde, ist dies im internetbasierten Dialog anzuzeigen. [3]Im Fall des Satzes 2 können die Angaben bis zu dreimal berichtigt werden, worauf jeweils eine erneute Erhebung, Speicherung, Verwendung und Verifizierung zu erfolgen hat. [4]Sofern auch nach der dritten Berichtigung das Ergebnis einer antragsgemäßen Entscheidung entgegenstünde, ist der internetbasierte Dialog zur internetbasierten Antragstellung abzubrechen.

(5) [1]Soweit Amtshandlungen gebührenpflichtig sind, sind die Gebühren vor der Antragstellung zu entrichten. [2]Die Entrichtung der Gebühren ist bei der Antragstellung nachzuweisen.

§ 21 Sicherheitscodes. (1) Für die Bearbeitung der Anträge sind, soweit erforderlich, folgende Sicherheitscodes zu erfassen und nach § 20 Absatz 4 zu verifizieren:

1. die Sicherheitscodes der Stempelplaketten nach § 12 Absatz 3 Satz 3,
2. der Sicherheitscode der Zulassungsbescheinigung Teil I nach § 13 Absatz 1 Satz 2 und
3. der Sicherheitscode der Zulassungsbescheinigung Teil II nach § 14 Absatz 2 Satz 2.

(2) Der Halter oder sein Beauftragter darf,

1. um den Sicherheitscode der Stempelplaketten als Nachweis der Entstempelung sichtbar zu machen, die den Sicherheitscode verdeckende Schicht der Stempelplaketten auf den Kennzeichenschildern in unmittelbarem Zusammenhang mit einem internetbasierten Zulassungsverfahren entfernen;

2. um den Sicherheitscode der Zulassungsbescheinigung Teil I als Nachweis des Besitzes der Zulassungsbescheinigung Teil I sichtbar zu machen, die Markierung mit der Aufschrift „Nur für internetbasierte Zulassungsverfahren freilegen. Dokument nur unbeschädigt gültig.“ in unmittelbarem Zusammenhang mit einem internetbasierten Zulassungsverfahren entfernen, wodurch der Schriftzug „Dokument nicht mehr gültig“ in der Zulassungsbescheinigung Teil I sichtbar wird;
3. um den Sicherheitscode der Zulassungsbescheinigung Teil II als Nachweis des Besitzes der Zulassungsbescheinigung Teil II sichtbar zu machen, die Markierung „Nur zur Nutzung des Sicherheitscodes im internetbasierten Zulassungsverfahren freilegen. Dokument nur unbeschädigt gültig.“ in unmittelbarem Zusammenhang mit einem internetbasierten Zulassungsverfahren entfernen, wodurch der Schriftzug „Dokument nicht mehr gültig“ in der Zulassungsbescheinigung Teil II sichtbar wird.

(3) Ein Kennzeichenschild, bei dessen Stempelplakette der Sicherheitscode sichtbar ist, gilt als ungestempeltes Kennzeichen im Sinne des § 12 Absatz 4 Satz 1, auch in Verbindung mit § 12 Absatz 13.

§ 22 Nachweis der Hauptuntersuchungen und der Sicherheitsprüfungen nach § 29 der Straßenverkehrs-Zulassungs-Ordnung. (1) [1]Der Nachweis der Frist für die nächste Hauptuntersuchung oder die nächste Sicherheitsprüfung nach § 29 der Straßenverkehrs-Zulassungs-Ordnung hat für die internetbasierte Zulassung oder deren Änderung zu erfolgen

1. durch den Abruf des Ablaufs der Frist für die nächste Hauptuntersuchung oder die nächste Sicherheitsprüfung aus dem Zentralen Fahrzeugregister oder
2. durch Verifizierung der Prüfziffer des Berichts über die letzte Hauptuntersuchung oder des Protokolls der letzten Sicherheitsprüfung.

[2]Für die Anbringung von Prüfplaketten und Prüfmarken gilt § 29 Absatz 2 Satz 3 bis 5 der Straßenverkehrs-Zulassungs-Ordnung. [3]Deren Zuteilung durch die Zulassungsbehörde hat durch Versand zusammen mit Stempelplaketten nach § 26 Absatz 4 Nummer 1 zu erfolgen.

(2) [1]Die für die Durchführung von Hauptuntersuchungen oder Sicherheitsprüfungen nach § 29 der Straßenverkehrs-Zulassungs-Ordnung berechtigten Personen können für die Zwecke internetbasierter Zulassungsverfahren Prüfziffern generieren und auf ihren Untersuchungsberichten oder Prüfprotokollen aufbringen, wenn

1. die jeweilige Technische Prüfstelle,
2. die amtlich anerkannte Überwachungsorganisation,
3. die anerkannte Kraftfahrzeugwerkstatt, soweit sie Sicherheitsprüfungen durchführt, oder
4. jede andere Stelle, der die berechtigte Person angehört,

sicherstellt, dass die Aufbringung der Prüfziffer unterschiedslos jedermann angeboten wird. [2]Die Öffentlichkeit ist vom jeweiligen Anbieter in geeigneter Weise darüber zu unterrichten.

(3) [1]Die Prüfziffer ist eine nach einem Prüfziffernverfahren generierte Zeichenfolge. [2]Für die Generierung dieser Prüfziffer sind folgende Daten aus der jeweiligen Hauptuntersuchung oder Sicherheitsprüfung zu verwenden:

1. die Fahrzeug-Identifizierungsnummer,
2. Monat und Jahr der Erstzulassung,
3. das Datum der letzten Hauptuntersuchung oder der letzten Sicherheitsprüfung,
4. Monat und Jahr des Ablaufs der Frist für die nächste Hauptuntersuchung oder die nächste Sicherheitsprüfung,
5. die Entscheidung über die Zuteilung der Prüfplakette nach einer Hauptuntersuchung oder der Prüfmarke nach einer Sicherheitsprüfung,
6. die Schlüsselnummer der Technischen Prüfstelle, der amtlich anerkannten Überwachungsorganisation oder der mit der Datenübermittlung beauftragten Gemeinschaftseinrichtung der anerkannten Kraftfahrzeugwerkstätten.

[3] Die Generierung der Prüfziffer sowie Maßnahmen zur Sicherung des Verfahrens haben nach Maßgabe der vom Kraftfahrt-Bundesamt festgelegten Standards zu erfolgen.

(4) [1] Zur Verifizierung der Prüfziffer im Sinne des Absatzes 1 Satz 1 Nummer 2 sind von der antragstellenden Person folgende Daten in das Portal einzugeben:

1. die Prüfziffer,
2. das Datum der letzten Hauptuntersuchung oder der letzten Sicherheitsprüfung,
3. Monat und Jahr des Ablaufs der Frist für die nächste Hauptuntersuchung oder die nächste Sicherheitsprüfung,
4. die Technische Prüfstelle, die amtlich anerkannte Überwachungsorganisation oder die mit der Datenübermittlung beauftragte Gemeinschaftseinrichtung der anerkannten Kraftfahrzeugwerkstätten.

[2] Die Verifizierung hat durch das Portal nach Maßgabe der Anlage 10 zu erfolgen und wird zum Zweck dieser Verifizierung erhoben, gespeichert und verwendet.

(5) Nach erfolgter Zulassung hat die Zulassungsbehörde folgende Daten zur Erhebung und Speicherung im Zentralen Fahrzeugregister an das Kraftfahrt-Bundesamt zu übermitteln:

1. den Nachweis der letzten Hauptuntersuchung oder der letzten Sicherheitsprüfung mittels Prüfziffer nach Absatz 1 Satz 1 Nummer 2,
2. das Datum der letzten Hauptuntersuchung oder der letzten Sicherheitsprüfung nach Absatz 4 Satz 1 Nummer 2,
3. Monat und Jahr des Ablaufs der Frist für die nächste Hauptuntersuchung oder die nächste Sicherheitsprüfung nach Absatz 4 Satz 1 Nummer 3,
4. die Schlüsselnummer der Technischen Prüfstelle, der amtlich anerkannten Überwachungsorganisation oder der mit der Datenübermittlung beauftragten Gemeinschaftseinrichtung der anerkannten Kraftfahrzeugwerkstätten nach Absatz 4 Satz 1 Nummer 4.

(6) Erfolgt die nach § 29a der Straßenverkehrs-Zulassungs-Ordnung vorgeschriebene Übermittlung für die nach Absatz 4 nachgewiesene Hauptuntersuchung oder Sicherheitsprüfung nicht rechtzeitig, so hat das Kraftfahrt-Bundesamt die Zulassungsbehörde darüber zu unterrichten.

§ 23 Bekanntgabe und Wirksamkeit der Entscheidung sowie Vorbehalt der Nachprüfung. (1) [1]Die Zulassungsbehörde hat der antragstellenden Person die automatisierte Entscheidung unmittelbar nach Abschluss des maschinellen Prüfungsvorgangs in Form eines schreibgeschützten elektronischen Bescheides nach Maßgabe der Vorschriften für das jeweilige Zulassungsverfahren in einem üblichen Format in ihrem Portal bekannt zu geben, wobei der Bescheid für die Dauer von 30 Minuten nach Bekanntgabe zum Abruf durch die antragstellende Person bereit zu stehen hat. [2]Sofern der Abruf nicht innerhalb der Bereitstellungsdauer nach Satz 1 erfolgt, hat die Zulassungsbehörde einen Ausdruck des automatisierten Bescheides an den Halter zu übersenden. [3]Im Fall der manuellen Bearbeitung und Entscheidung der Zulassungsbehörde nach § 19 Absatz 1 Satz 4 hat die Zulassungsbehörde dem Halter die Entscheidung durch Übersendung eines schriftlichen Bescheides bekannt zu geben.

(2) Die Zulassung oder ihre Änderung ist am Tag des Abrufes wirksam; im Fall des Absatz 1 Satz 2 am dritten Tag, der dem Tag folgt, an dem die Zulassungsbehörde den Ausdruck abgesandt hat.

(3) [1]Eine automatisierte Entscheidung nach § 19 Absatz 1 Satz 2 steht beginnend mit dem Tag, an dem die Zulassung oder ihre Änderung nach Absatz 2 wirksam wird, einen Monat unter dem Vorbehalt der Nachprüfung, Aufhebung und Neuentscheidung durch die Zulassungsbehörde. [2]Die Zulassungsbehörde hat zu gewährleisten, dass

1. durch Stichproben eine hinreichende Anzahl automatisierter Entscheidungen zur manuellen Nachprüfung ausgewählt wird und, sofern die Entscheidungen automatisiert ausgewählt werden, in regelmäßig festgesetzten Zeitabständen Entscheidungen auch manuell ausgewählt werden und
2. die Arbeitsweise der automatischen Einrichtung einsehbar gemacht werden kann und überprüfbar ist.

(4) Ist die Bekanntgabe einer automatisierten Entscheidung nach Absatz 1 Satz 1 erfolgt, sind die Daten aus dem Portal zusätzlich zu § 19 Absatz 1 Satz 2 über das vom Kraftfahrt-Bundesamt eingerichtete Verfahren unverzüglich an das Kraftfahrt-Bundesamt zur Erhebung und Speicherung im Zentralen Fahrzeugregister zu übermitteln.

Unterabschnitt 2. Internetbasierte Außerbetriebsetzung

§ 24 Antrag auf Außerbetriebsetzung. (1) Die Außerbetriebsetzung eines zugelassenen Fahrzeuges oder eines zulassungsfreien Fahrzeuges, dem ein Kennzeichen zugeteilt ist, kann einschließlich der Kennzeichenreservierung nach § 16 Absatz 1, auch in Verbindung mit § 17 Absatz 1 bis 5, internetbasiert beantragt werden (internetbasierte Außerbetriebsetzung), wenn die abgestempelten Kennzeichenschilder die Anforderungen des § 12 Absatz 3 Satz 2 bis 5 und die Zulassungsbescheinigung Teil I die Anforderungen des § 13 Absatz 1 erfüllen.

(2) [1]Die Vorlage der Zulassungsbescheinigung Teil I und der Kennzeichenschilder nach § 16 Absatz 1 Satz 1 wird ersetzt durch die Erfassung und Verifizierung

1. des Kennzeichens,

2. der Sicherheitscodes der Stempelplaketten nach § 21 Absatz 1 Nummer 1 und
3. des Sicherheitscodes der Zulassungsbescheinigung Teil I nach § 21 Absatz 1 Nummer 2.

[2]Bei Wechselkennzeichen nach § 9 Absatz 2 gilt Satz 1 Nummer 2 mit der Maßgabe, dass zusätzlich der Sicherheitscode der Stempelplakette des gemeinsamen Kennzeichenteils erfasst werden muss, wenn kein weiteres Fahrzeug zugelassen bleibt.

(3) [1]Die Vorlage eines Verwertungsnachweises nach § 17 Absatz 1 oder 2 wird, wenn ein solcher ausgestellt wurde, ersetzt durch die Erfassung
1. des Datums der Ausstellung des Verwertungsnachweises und
2. der Betriebsnummer des inländischen Demontagebetriebes oder im Fall des § 17 Absatz 2 des Staates, in dem die Verwertungsanlage ihren Sitz hat.

[2]Die Vorlage der Zulassungsbescheinigung Teil I und Teil II zwecks Einziehung nach § 17 Absatz 1 Satz 4 wird ersetzt durch
1. die Erfassung und Verifizierung des Sicherheitscodes
   a) der Zulassungsbescheinigung Teil I nach § 21 Absatz 1 Nummer 2 und
   b) der Zulassungsbescheinigung Teil II nach § 21 Absatz 1 Nummer 3 sowie
2. die anschließende unverzügliche Übersendung der Zulassungsbescheinigung Teil I und Teil II an die Zulassungsbehörde.

(4) [1]Für die Beantragung der Außerbetriebsetzung ist auf die Identifizierung des Antragstellers zu verzichten, sofern die Sicherheitscodes der Stempelplaketten nach Absatz 2 Satz 1 Nummer 2, auch in Verbindung mit Absatz 2 Satz 2, und der Sicherheitscode der Zulassungsbescheinigung Teil I nach Absatz 2 Satz 1 Nummer 3 erfasst werden. [2]Die Halterdaten sind vom Portal aus dem Zentralen Fahrzeugregister zu erheben, zu speichern und für die Antragsprüfung zu verwenden.

§ 25 Außerbetriebsetzung. (1) [1]Liegen die Voraussetzungen für die Außerbetriebsetzung nach maschineller Prüfung durch das Portal vor, ist das Fahrzeug mittels einer automatisierten Entscheidung nach § 19 Absatz 1 Satz 2 außer Betrieb zu setzen. [2]Abweichend von § 23 Absatz 1 Satz 2 erfolgt die Bekanntgabe der automatisierten Entscheidung, sofern diese nicht von der antragstellenden Person aus dem Portal abgerufen wird, durch
1. Versendung einer De-Mail-Nachricht im Sinne des § 3a Absatz 3 Nummer 3 Buchstabe b des Verwaltungsverfahrensgesetzes, wenn der Halter in seinem elektronischen Antrag ein auf seinen Namen eingerichtetes De-Mail-Konto benennt,
2. durch Übersendung des Ausdrucks des elektronischen Dokuments

und ist die Außerbetriebsetzung abweichend von § 23 Absatz 2 Halbsatz 2 am Tag der Absendung des Ausdrucks wirksam. [3]Sofern die maschinelle Prüfung der Voraussetzungen für die Außerbetriebsetzung nicht erfolgen kann, hat die Entscheidung nach § 19 Absatz 1 Satz 4 zu erfolgen und ist im Fall einer antragsgemäßen Entscheidung die Außerbetriebsetzung abweichend von § 23 Absatz 2 am Tag der Absendung des schriftlichen Bescheides wirksam.

(2) Der Vermerk über die Außerbetriebsetzung in der Zulassungsbescheinigung Teil I und die Aushändigung der entstempelten Kennzeichenschilder nach

§ 16 Absatz 1 Satz 4 werden durch die Erhebung, Speicherung und Verwendung der freigelegten Sicherheitscodes nach § 21 Absatz 1 Nummer 1 und 2 zur Prüfung des Antrags auf Außerbetriebsetzung ersetzt.

(3) Die zuständige Zulassungsbehörde hat den bisherigen Halter auf das Datum der Wirksamkeit der Außerbetriebsetzung schriftlich hinzuweisen.

Unterabschnitt 3. Internetbasierte Erstzulassung, Tageszulassung, Wiederzulassung und Änderung bei Halter- und Wohnsitzwechsel

§ 26 Gemeinsame Regelungen für die Zulassung und für Änderungen. (1) Die Zulassung oder deren Änderung kann elektronisch beantragt werden, sofern

1. der Halter nicht nach § 2 Absatz 1 des Pflichtversicherungsgesetzes[1] von der Versicherungspflicht befreit ist,
2. das Fahrzeug nicht nach § 3 Absatz 3 zulassungsfrei ist,
3. das Kennzeichen zugeteilt werden soll als
   a) allgemeines Kennzeichen nach § 9 Absatz 1 Satz 1 bis 4 und Anlage 4 Abschnitt 2,
   b) Oldtimerkennzeichen nach § 10 Absatz 1 und Anlage 4 Abschnitt 4, sofern dieses nicht im internetbasierten Verfahren erstmalig zugeteilt wird,
   c) Saisonkennzeichen nach § 10 Absatz 3 und Anlage 4 Abschnitt 5 oder
   d) Kennzeichnung für elektrisch betriebene Fahrzeuge nach § 11 Absatz 1 bis 3 und Anlage 4 Abschnitt 5a,
4. der Besitz der Zulassungsbescheinigung Teil I durch Erfassung ihres Sicherheitscodes nach § 21 Absatz 1 Nummer 2 und den Besitz der Zulassungsbescheinigung Teil II durch Erfassung ihres Sicherheitscodes nach § 21 Absatz 1 Nummer 3 nachgewiesen werden kann,
5. keine Änderungen der Fahrzeugdaten im Sinne des § 15 Absatz 1 im Vergleich zu den bisher erfassten Daten oder bei Erstzulassung im Vergleich zu den Daten der Übereinstimmungsbescheinigung erfolgt sind und
6. keine halterbezogene Ausnahmegenehmigung in Bezug auf das Fahrzeug erteilt ist.

(2) Bei der Antragstellung nach Absatz 1 sind zusätzlich zu den Angaben nach Absatz 1 die folgenden Daten in das Portal einzugeben:

1. das bisherige Kennzeichen, die Fahrzeug-Identifizierungsnummer, der Sicherheitscode der Zulassungsbescheinigung Teil I nach § 21 Absatz 1 Nummer 2 und der Sicherheitscode der Zulassungsbescheinigung Teil II nach § 21 Absatz 1 Nummer 3,
2. die Nummer der elektronischen Versicherungsbestätigung,
3. die Daten zur Erteilung des SEPA-Lastschrift-Mandats für den Einzug der Kraftfahrzeugsteuer, es sei denn ein Fall im Sinne von § 13 Absatz 1 Satz 2 Nummer 2 Kraftfahrzeugsteuergesetz wird nachgewiesen oder glaubhaft gemacht,
4. der Monat und das Jahr des Ablaufs der Frist für die nächste Hauptuntersuchung und, falls zutreffend, die Frist für die nächste Sicherheitsprüfung

[1] Nr. **5**.

sowie, wenn der Nachweis nicht nach § 22 Absatz 1 Satz 1 Nummer 1 elektronisch vorliegt, die weiteren Angaben nach § 22 Absatz 4 Satz 1.

(3) [1] Die eingegebenen Daten sind durch das Portal nach Maßgabe der Anlage 11 maschinell zu erheben, zu speichern und zu verifizieren. [2] Liegen nach maschineller Prüfung durch das Portal alle Voraussetzungen für die Zulassung oder deren Änderung vor, erfolgt die Entscheidung nach § 19 Absatz 1 Satz 2. [3] In der Entscheidung sind sämtliche Angaben aus der Zulassungsbescheinigung Teil I wiederzugeben. [4] Ist die maschinelle Prüfung der Zulassungsvoraussetzungen nicht vollständig durchführbar oder würde sie zu einer nicht antragsgemäßen Entscheidung führen, ist das Verfahren nach § 19 Absatz 1 Satz 4 durchzuführen. [5] Nach Wirksamkeit der Zulassungsentscheidung sind die Daten nach Anlage 11 Nummer 5 von der Zulassungsbehörde an die für die Ausübung der Verwaltung der Kraftfahrzeugsteuer zuständige Finanzbehörde in einem einheitlichen Datensatz nach § 60 Absatz 1 und 3 zusammen mit den Zulassungsdaten zu übermitteln.

(4) Für die internetbasierte Zulassung oder deren Änderung gelten § 3 Absatz 1 Satz 3, § 12 Absatz 3 Satz 1 und § 16 Absatz 2 Satz 1 mit den folgenden Maßgaben:

1. Die Vorlage der Kennzeichenschilder nach § 12 Absatz 3 Satz 1 und ihre Abstempelung nach § 3 Absatz 1 Satz 3 werden durch das Aufbringen der Stempelplaketten auf den Plakettenträgern nach § 12 Absatz 3 Satz 6 und deren Übersendung mit Vorgaben über die zulässigen Abmessungen und die Schriftart der Kennzeichenschilder sowie Hinweisen über die Verwendung dieser Unterlagen an den Halter ersetzt.
2. Die Zulassung des Fahrzeuges erfolgt unter Zuteilung des Kennzeichens,
   a) durch Abruf der automatisierten Entscheidung nach § 23 Absatz 1 Satz 1,
   b) durch Übersendung eines Ausdrucks der automatisierten Entscheidung nach § 23 Absatz 1 Satz 2 oder
   c) durch Übersendung eines schriftlichen Bescheides nach § 23 Absatz 1 Satz 3.
3. Die Zulassungsbescheinigung Teil I und die Zulassungsbescheinigung Teil II sind von der Zulassungsbehörde dem Halter oder einer von ihm benannten Person zu übersenden, wobei sie auch einzeln an unterschiedliche Adressaten versandt werden können.
4. Im Fall des § 23 Absatz 1 Satz 1 werden die Zulassungsbescheinigung Teil I, die Stempelplaketten und die Plakettenträger spätestens sechs Kalendertage nach Abruf der Zulassungsentscheidung versendet.
5. Abweichend von § 12 Absatz 3 Satz 1 sind Fahrten mit ungestempelten Kennzeichen nach Maßgabe des § 31 für längstens zehn Kalendertage nach Abruf der Zulassungsentscheidung gestattet.

(5) [1] Der Halter ist verpflichtet, einen von der Zulassungsbehörde übersandten Plakettenträger unverzüglich an der dafür vorgegebenen Stelle auf einem vorgegebenen Kennzeichenschild fest anzubringen. [2] Ein Plakettenträger darf vom Halter nur auf einem Kennzeichenschild mit dem zugehörigen zugeteilten Kennzeichen angebracht werden. [3] Ein internetbasiert zugelassenes Fahrzeug darf auf öffentlichen Straßen ausgenommen von § 28 oder § 31 von der das Fahrzeug führenden Person nur in Betrieb gesetzt werden, wenn die dafür übersandten Plakettenträger auf den Kennzeichenschildern mit dem zugeteilten

Kennzeichen fest angebracht worden sind. [4]Der Halter darf die Inbetriebsetzung eines internetbasiert zugelassenen Fahrzeuges nur anordnen oder zulassen, wenn die Voraussetzungen des Satzes 3 vorliegen. [5]Wird ein internetbasiert zugelassenes Fahrzeug entgegen Satz 3 oder entgegen § 12 Absatz 2 Satz 2 in Betrieb gesetzt, kann die Zulassungsbehörde unabhängig von der Vorwerfbarkeit oder der Verfolgung als Ordnungswidrigkeit die Kennzeichenschilder einziehen.

§ 27 Internetbasierte Erstzulassung. (1) Die Erstzulassung eines Fahrzeuges kann internetbasiert nach dem Verfahren des § 26 nach Maßgabe der folgenden Absätze beantragt werden.

(2) Nicht erforderlich sind

1. der Nachweis des Besitzes der Zulassungsbescheinigung Teil I abweichend von § 26 Absatz 1 Nummer 4 in Verbindung mit Absatz 2 Nummer 1,
2. die Eingabe des Kennzeichens abweichend von § 26 Absatz 2 Nummer 1 und
3. die Eingabe des Monats und des Jahres des Ablaufs der Frist für die nächste Hauptuntersuchung und für die nächste Sicherheitsprüfung abweichend von § 26 Absatz 2 Nummer 4.

(3) Bei der Antragstellung ist zusätzlich zu den Angaben nach § 26 die Nummer des Vordrucks der Zulassungsbescheinigung Teil II in das Portal einzugeben.

(4) § 6 Absatz 3 Satz 1 und Absatz 4 Satz 1 und 2 gilt mit den folgenden Maßgaben:

1. Die Vorlage der Zulassungsbescheinigung Teil II nach § 6 Absatz 3 Satz 1 wird durch die Erfassung und Verifizierung ihres Sicherheitscodes nach § 21 Absatz 1 Nummer 3 und ihrer Nummer ersetzt.
2. Die Vorlage der Übereinstimmungsbescheinigung nach § 6 Absatz 4 Satz 1 wird durch die Verifizierung der Angaben mittels der vom Kraftfahrt-Bundesamt geführten Zentralen Datenbank der Übereinstimmungsbescheinigungen ersetzt.

§ 28 Internetbasierte Tageszulassung. [1]Die Tageszulassung eines Fahrzeuges nach § 7 Absatz 1 kann internetbasiert nach dem Verfahren der §§ 26 Absatz 1 bis 4 und 27 beantragt werden. [2]Bei der Inbetriebsetzung des Fahrzeuges auf öffentlichen Straßen hat die das Fahrzeug führende Person den vorläufigen Zulassungsnachweis nach § 7 Absatz 3 Nummer 3 bis zum Ablauf des Tages der Erstzulassung von außen gut lesbar im Fahrzeug auszulegen und statt der Zulassungsbescheinigung Teil I einen gut lesbaren Ausdruck der abgerufenen automatisierten Entscheidung über die vorläufige Zulassung mitzuführen und zuständigen Personen auf Verlangen zur Prüfung auszuhändigen.

§ 29 Internetbasierte Wiederzulassung. (1) Die Zulassung eines Fahrzeuges, das nach § 16 Absatz 2 wieder zugelassen werden soll, kann internetbasiert nach dem Verfahren des § 26 nach Maßgabe der folgenden Absätze beantragt werden (internetbasierte Wiederzulassung).

(2) Das Fahrzeug darf zum Zeitpunkt des Zulassungsantrages nicht länger als sieben Jahre außer Betrieb gesetzt gewesen sein.

(3) Für die Wiederzulassung gilt § 16 Absatz 2 Satz 1 mit den folgenden Maßgaben:

1. Die Vorlage der zur Außerbetriebsetzung verwendeten Zulassungsbescheinigung Teil I nach § 16 Absatz 2 Satz 1 wird durch die Erfassung und Verifizierung ihres Sicherheitscodes nach § 21 Absatz 1 Nummer 2 ersetzt.
2. Die Vorlage der Zulassungsbescheinigung Teil II nach § 16 Absatz 2 Satz 1 wird, vorbehaltlich des Absatzes 4, durch die Erfassung und Verifizierung ihres Sicherheitscodes nach § 21 Absatz 1 Nummer 3 ersetzt.

(4) Soll das bisherige Kennzeichen weitergeführt werden, sind bei einer Wiederzulassung auf denselben Halter nicht erforderlich

1. der Nachweis des Besitzes der Zulassungsbescheinigung Teil II abweichend von § 26 Absatz 1 Nummer 4 und
2. die Ausstellung der Zulassungsbescheinigung Teil II abweichend von § 26 Absatz 4 Satz 1 Nummer 3.

(5) [1] Es ist anzugeben, dass für das Fahrzeug kein Verwertungsnachweis ausgestellt worden ist. [2] Die Angabe nach Satz 1 wird durch das Portal im Verfahren nach § 26 Absatz 3 Satz 1 in Verbindung mit Anlage 11 Nummer 2 maschinell verifiziert und zum Zweck dieser Verifizierung erhoben, gespeichert und verwendet.

§ 30 Internetbasierte Änderung bei Halter- oder Wohnsitzwechsel, sofortige Inbetriebsetzung. (1) Die Änderung der Zulassung bei

1. einem Wechsel des Wohnsitzes oder des Sitzes des Halters im Sinne des § 15 Absatz 1 Satz 1 Nummer 1, auch in Verbindung mit Absatz 4 Satz 1, oder
2. einem Wechsel des Halters im Sinne des § 15 Absatz 5 Satz 4

kann internetbasiert nach dem Verfahren des § 26 nach Maßgabe der folgenden Absätze beantragt werden (internetbasierte Änderung bei Halter- oder Wohnsitzwechsel).

(2) § 15 Absatz 1 gilt mit den folgenden Maßgaben:

1. Die Vorlage der Zulassungsbescheinigung Teil I nach § 15 Absatz 1 Satz 1 wird durch die Erfassung und Verifizierung ihres Sicherheitscodes nach § 21 Absatz 1 Nummer 2 ersetzt.
2. Die Vorlage der Zulassungsbescheinigung Teil II nach § 15 Absatz 1 Satz 1 wird, vorbehaltlich des Absatzes 3 Satz 2, durch die Erfassung und Verifizierung ihres Sicherheitscodes nach § 21 Absatz 1 Nummer 3 ersetzt.

(3) [1] Verlegt der Halter seinen Wohnsitz oder Sitz innerhalb des bisherigen Zulassungsbezirks oder in einen anderen Zulassungsbezirk, so sind die Angaben nach § 26 Absatz 2 Nummer 2 bis 3 nicht erforderlich. [2] Soll in den Fällen des Satzes 1 das bisherige Kennzeichen weitergeführt werden, sind ebenfalls nicht erforderlich

1. der Nachweis des Besitzes der Zulassungsbescheinigung Teil II abweichend von § 26 Absatz 1 Nummer 4 und
2. die Ausstellung der Zulassungsbescheinigung Teil II abweichend von § 26 Absatz 4 Satz 1 Nummer 3.

(4) Für das Weiterführen des bisherigen Kennzeichens gelten die folgenden Maßgaben:

1. Scheitert die maschinelle Prüfung der Zulassungsvoraussetzungen, hat die Entscheidung nach § 19 Absatz 1 Satz 4 zu erfolgen.
2. Die Zuteilung eines neuen Kennzeichens nach § 26 Absatz 1 Nummer 3 in Verbindung mit Absatz 4 Nummer 2 und das Aufbringen der Stempelplaketten auf den Plakettenträger sowie deren Übersendung nach § 26 Absatz 4 Nummer 1 wird durch die in der Zulassungsentscheidung erlaubte Weiterführung des bisherigen Kennzeichens und der Stempelplaketten nach § 15 Absatz 4 Satz 1 Nummer 2 und § 15 Absatz 5 Satz 3 Nummer 4 ersetzt.
3. Bis zum Empfang der nach § 26 Absatz 4 Nummer 3 zu übersendenden Zulassungsbescheinigung Teil I, längstens jedoch für die Dauer von zehn Tagen nach dem Abruf der automatisierten Zulassungsentscheidung nach § 23 Absatz 1 Satz 1, genügt das Mitführen und die Aushändigung der Zulassungsentscheidung in unmittelbar lesbarer Form den Anforderungen des § 13 Absatz 6 für die Inbetriebsetzung des Fahrzeuges.

(5) Soll das bisherige Kennzeichen nicht weitergeführt werden, gelten für den Fall des Wohnsitzwechsels die Vorschriften des Unterabschnitts 3 entsprechend.

(6) Wechselt der Halter, so hat die für den neuen Halter zuständige Zulassungsbehörde den bisherigen Halter auf das Datum der Wirksamkeit der Änderung der Zulassung auf den neuen Halter schriftlich hinzuweisen.

Unterabschnitt 4. Sofortige Inbetriebsetzung bei internetbasierten Zulassungsvorgängen

§ 31 Zulässigkeit der sofortigen Inbetriebsetzung. [1] Ein Fahrzeug darf abweichend von § 12 Absatz 13 Satz 1 Nummer 2 ohne Stempelplaketten oder Plakettenträger bis zum Empfang der nach § 26 Absatz 4 Nummer 4 zu übersendenden Stempelplaketten und Plakettenträger, längstens jedoch für 10 Tage, in Betrieb gesetzt werden. [2] Die Frist des Satzes 1 beginnt mit Abruf der automatisierten Entscheidung

1. über die internetbasierte Erstzulassung,
2. über die die internetbasierte Wiederzulassung oder
3. bei einem Halterwechsel nach § 30 Absatz 4.

[3] Ein gut lesbarer Ausdruck der abgerufenen automatisierten Entscheidung ist von der das Fahrzeug führenden Person mitzuführen und zuständigen Personen auf Verlangen zur Prüfung auszuhändigen.

§ 32 Vorläufiger Zulassungsnachweis. (1) [1] Im Fall des § 31 hat die Zulassungsbehörde der antragstellenden Person zusätzlich zum Zulassungsbescheid nach § 23 Absatz 1 Satz 1 einen vorläufigen Zulassungsnachweis auszustellen. [2] Der vorläufige Zulassungsnachweis ist mit dem Zulassungsbescheid und in derselben Form wie der Zulassungsbescheid zum Abruf bereitzustellen. [3] Der Zulassungsnachweis muss folgende Angaben enthalten:

1. den Namen der Zulassungsbehörde,
2. die Antragsnummer,
3. das Kennzeichen des zugelassenen Fahrzeuges,
4. das Datum der Zulassungsentscheidung und
5. das Enddatum der Berechtigung nach § 31.

[4] Liegt eine der Angaben nach Satz 3 nicht vor, darf ein vorläufiger Zulassungsnachweis nicht erstellt werden.

(2) Bei der Inbetriebsetzung des Fahrzeuges auf öffentlichen Straßen ist der vorläufige Zulassungsnachweis von der das Fahrzeug führenden Person ununterbrochen bis zum Ablauf des Tages, an dem die Berechtigung nach § 31 endet, von außen gut lesbar im Fahrzeug auszulegen.

Unterabschnitt 5. Großkundenschnittstelle beim Kraftfahrt-Bundesamt

§ 33 Großkundenschnittstelle. (1) Das Kraftfahrt-Bundesamt errichtet und betreibt eine Großkundenschnittstelle für die internetbasierte Entgegennahme und Abwicklung von Anträgen auf Erstzulassung, Tageszulassung, Wiederzulassung, Halter- oder Wohnsitzwechsel sowie Außerbetriebsetzung, die durch nach § 34 registrierte juristische Personen des Privatrechts gestellt werden.

(2) Abweichend von § 19 Absatz 1 Satz 1 darf ein Großkunde einen elektronischen Antrag auf Erstzulassung, Tageszulassung, Wiederzulassung, Halter- oder Wohnsitzwechsel oder Außerbetriebsetzung über die Großkundenschnittstelle stellen.

§ 34 Registrierung als Großkunde. (1) [1] Eine juristische Person des Privatrechts, die jährlich regelmäßig mehr als 500 Anträge im Sinne des § 33 Absatz 1 stellt und beim Kraftfahrt-Bundesamt einen elektronischen Antrag auf Registrierung als Großkunde stellt, ist vom Kraftfahrt-Bundesamt als Großkunde zu registrieren. [2] Im Auftrag einer Zulassungsbehörde beteiligte Verfahrensanbieter dürfen sich nicht als Großkunden registrieren lassen.

(2) [1] Die juristische Person hat sich bei der elektronischen Antragstellung im Registrierungsverfahren anhand eines Organisationskontos nach § 3 Absatz 2 in Verbindung mit Absatz 3 des Onlinezugangsgesetzes zu identifizieren. [2] Dabei hat die Identifizierung des Inhabers des Organisationskontos nach § 87a Absatz 6 der Abgabenordnung zu erfolgen. [3] Abweichend von Satz 1 kann eine juristische Person des Privatrechts mit Sitz außerhalb der Bundesrepublik Deutschland, die keinen Zugang zu einem nach Satz 1 bezeichneten Organisationskonto hat, die Registrierung beim Kraftfahrt-Bundesamt durch ein gesondertes Verfahren beantragen.

(3) In dem Antrag auf Registrierung als Großkunde sind folgende Daten anzugeben:

1. der Name und die Anschrift der juristischen Person,
2. eine abweichende Rechnungsanschrift, soweit vorhanden,
3. die Namen, die Anschriften, die E-Mail-Adressen und die Telefonnummern von mindestens zwei natürlichen Personen als Kontaktpersonen,
4. eine Bankverbindung,
5. die geschätzte Anzahl der zu erwartenden Anträge nach § 33 Absatz 1 pro Jahr und
6. die Angabe, ob die Absicht besteht, zusätzlich zu Anträgen auf sich selbst als Halter auch Anträge als Bevollmächtigter für einen Dritten als Antragsteller zu stellen.

(4) [1] Die juristische Person hat sich mit dem Antrag auf Registrierung als Großkunde zu Folgendem

1. zu verpflichten:
   a) die nach § 18 Absatz 3 vom Kraftfahrt-Bundesamt bestimmten Anforderungen für den Zugang zur Großkundenschnittstelle einzuhalten,
   b) die weiteren vom Kraftfahrt-Bundesamt bestimmten Standards für registrierte Großkunden einzuhalten,
   c) sich nur einmal als Großkunde bei der Großkundenschnittstelle zu registrieren,
   d) ein aktives Nutzerkonto nach § 3 Absatz 2 des Onlinezugangsgesetzes zu führen sowie die darin enthaltenen Stammdaten auf dem aktuellen Stand zu halten,
   e) alle anfallenden Gebührenschulden unverzüglich nach Bekanntgabe des jeweiligen Gebührenbescheides der Zulassungsbehörde und des Kraftfahrt-Bundesamts zu begleichen,
   f) stets eine ausreichende Anzahl von Kennzeichen bei der Zulassungsbehörde zu reservieren,
   g) nur die reservierten Kennzeichen für Anträge nach § 33 Absatz 1 zu nutzen,
   h) als registrierter Großkunde alle Änderungen der Angaben nach den Absätzen 3 und 4 unverzüglich dem Kraftfahrt-Bundesamt anzuzeigen und
   i) die ihm im Rahmen der Registrierung vom Kraftfahrt-Bundesamt zur Verfügung gestellten Daten nicht an Dritte weiterzugeben und
2. zu bestätigen, dass zum Zeitpunkt des Antrags auf Registrierung keine Eintragungen im Bundeszentralregister nach § 1 Absatz 1 des Bundeszentralregistergesetzes für die Vertretungsberechtigten der juristischen Person und die Kontaktpersonen nach Absatz 2 Nummer 3 wegen rechtskräftiger Verurteilungen im Bereich der Wirtschaft im Sinne des § 74c Absatz 1 Nummer 1 bis Nummer 6 des Gerichtsverfassungsgesetzes bestehen.

[2] Satz 1 Nummer 1 Buchstabe a gilt auch im Fall des Beauftragens eines Dienstleisters. [3] Satz 1 Nummer 1 Buchstabe d gilt nicht für Großkunden nach Absatz 2 Satz 3. [4] Satz 1 Nummer 1 Buchstabe f gilt nicht, wenn ein anderes Verfahren zur Kennzeichenvergabe besteht.

(5) [1] Die Daten, die nach den Absätzen 1, 3 und 4 anzugeben sind, sind durch ein automatisiertes Programm des Kraftfahrt-Bundesamts maschinell zu verifizieren und auf das Vorliegen der Registrierungsvoraussetzungen zu überprüfen und zu diesen Zwecken zu erheben, zu speichern und zu verwenden. [2] Das Vorliegen der technischen Voraussetzungen zur Anbindung als Großkunde sind in einem Probelauf nach Vorgaben des Kraftfahrt-Bundesamts zu bestätigen.

(6) [1] Liegen die Voraussetzungen zur Registrierung nach den Absätzen 1, 3 und 4 vor, ist automatisiert über die Registrierung als Großkunde zu entscheiden. [2] Die Entscheidung ist der antragstellenden Person zum Abruf bereitzustellen

1. in Form eines schreibgeschützten Bescheides,
2. in einem üblichen Format,
3. elektronisch gesiegelt und
4. im Postfach des Nutzerkontos im Sinne des § 2 Absatz 7 des Onlinezugangsgesetzes.

[3] Der Bescheid ist mit einem Widerrufsvorbehalt nach § 36 Absatz 2 Nummer 3 Verwaltungsverfahrensgesetz zu verbinden.

§ 35 Identifizierungsmerkmal. (1) Mit der Bekanntgabe über die Registrierung hat das Kraftfahrt-Bundesamt dem registrierten Großkunden ein nicht personenbezogenes Identifizierungsmerkmal, das eindeutig sein muss, elektronisch zu übermitteln.

(2) Der Großkunde hat das Identifizierungsmerkmal nach Absatz 1 bei jedem Antrag, den er über die Großkundenschnittstelle stellt, anzugeben.

§ 36 Überprüfung der Voraussetzungen und Widerruf der Registrierung als Großkunde. (1) Das Kraftfahrt-Bundesamt ist jederzeit berechtigt zu überprüfen, ob die Voraussetzungen für die Registrierung als Großkunde noch vorliegen.

(2) Der Großkunde ist zur Mitwirkung bei der Überprüfung verpflichtet und hat auf Anforderung des Kraftfahrt-Bundesamts die entsprechenden Nachweise zu den in § 34 Absatz 3 und 4 genannten Daten und Voraussetzungen vorzulegen.

(3) Liegen die Voraussetzungen für die Registrierung nicht mehr vor oder kommt der Großkunde seinen Mitwirkungspflichten nach Absatz 2 nicht nach, kann das Kraftfahrt-Bundesamt die Registrierung widerrufen.

(4) [1] Hat das Kraftfahrt-Bundesamt eine Registrierung einmal widerrufen, darf eine erneute Registrierung nicht automatisiert erfolgen. [2] Satz 1 gilt nicht, sofern die Registrierung wegen zu geringer Fallzahlen widerrufen wurde.

§ 37 Antragstellung über die Großkundenschnittstelle. (1) Vor jeder Antragstellung hat sich der Großkunde unter Angabe des nach § 35 vergebenen Identifizierungsmerkmals zu authentifizieren.

(2) [1] Nach erfolgreicher Authentifizierung kann über die Großkundenschnittstelle ein in § 33 Absatz 2 bezeichneter Antrag gestellt werden. [2] Den Antrag kann der Großkunde stellen

1. für sich selbst oder
2. für einen Dritten als Halter.

(3) Mit dem Antrag hat der Großkunde sein Einverständnis zu erklären, dass ihm die Entscheidung der Zulassungsbehörde dadurch bekanntgegeben werden kann, dass sie in einem Postfach eingeht, das

1. beim Kraftfahrt-Bundesamt für ihn eingerichtet worden ist oder
2. nach § 3 Absatz 2 in Verbindung mit Absatz 3 des Onlinezugangsgesetzes besteht.

(4) Bei einem Antrag nach Absatz 2 Satz 2 Nummer 2 ist, außer im Fall der Außerbetriebsetzung, eine Vollmacht nach den Vorgaben der Anlage 12 an die Großkundenschnittstelle zu übermitteln.

(5) [1] Sofern ein Großkunde beabsichtigt, binnen eines Tages eine außergewöhnlich hohe Zahl von Anträgen über die Großkundenschnittstelle einzureichen, hat vorher eine direkte Abstimmung des Großkunden mit der Zulassungsbehörde zu erfolgen. [2] Außergewöhnlich ist eine Zahl von mehr als 100 Anträgen.

§ 38 Übermittlung eines Antrags an die Zulassungsbehörde und automatische Ergänzung erforderlicher Daten. (1) Die Übermittlung der Fahrzeugdaten und Halterdaten im Umfang der Eintragungen in den Zulassungsbescheinigungen Teil I und Teil II an den Großkunden bedarf im Fall des § 37 Absatz 2 Satz 2 Nummer 2 der ausdrücklichen Einwilligung des Halters nach Anlage 12.

(2) Ist im Fall des § 37 Absatz 2 Satz 2 Nummer 2 der Halter eine natürliche Person, so ist die Vollmacht mit einer qualifizierten elektronischen Signatur im Sinne der Verordnung (EU) Nr. 910/2014 zu versehen.

(3) [1] Ist im Fall des § 37 Absatz 2 Satz 2 Nummer 2 der Halter eine juristische Person, so ist die Vollmacht mit einem qualifizierten elektronischen Siegel im Sinne der Verordnung (EU) Nr. 910/2014 zu versehen. [2] Anstelle des elektronischen Siegels kann auf der Vollmacht auch eine qualifizierte elektronische Signatur des Vertretungsberechtigten der juristischen Person angebracht werden, sofern die Vertretungsberechtigung durch einen qualifizierten Vertrauensdiensteanbieter im Sinne des Artikels 24 Absatz 1 der Verordnung (EU) Nr. 910/2014 überprüft worden ist. [3] Im Fall des Satzes 2 ist der Antrag mit dem Zusatz zu versehen, dass ein qualifizierter Vertrauensdienst die Vertretungsberechtigung überprüft hat.

(4) Die Angaben zum Halter sind im Fall des § 37 Absatz 2 Satz 2 Nummer 2 bei natürlichen Personen aus der das Vollmachtsformular verarbeitenden elektronischen Nachricht und der qualifizierten elektronischen Signatur und bei juristischen Personen aus der das Vollmachtsformular verarbeitenden elektronischen Nachricht und dem qualifizierten elektronischen Siegel oder dem mit qualifizierter elektronischen Signatur signierten Vollmachtsformular zu entnehmen.

(5) [1] Bei einem Antrag auf Erstzulassung, Tageszulassung, Wiederzulassung, Halterwechsel oder Wohnsitzwechsel ist durch die Großkundenschnittstelle

1. der Antrag zum Zweck der Antragstellung automatisch im Umfang der Anlage 11 durch die Großkundenschnittstelle zu ergänzen,
2. die zuständige Zulassungsbehörde zu ermitteln,
3. eine Antragsnummer zur Übermittlung an die Zulassungsbehörde zu generieren,
4. der Antrag als über die Großkundenschnittstelle eingereicht zu markieren und
5. der Antrag mit allen, im Umfang der Anlage 11 ergänzten Daten, von der Großkundenschnittstelle an das Portal weiterzuleiten.

[2] Verantwortlich für den Antrag und seinen Inhalt ist der Antragsteller. [3] Ist das Portal nicht verfügbar, hat die Großkundenschnittstelle den Antrag an das Postfach der Zulassungsbehörde weiterzuleiten.

(6) [1] Bei einem Antrag auf Außerbetriebsetzung hat die Großkundenschnittstelle

1. die zuständige Zulassungsbehörde zu ermitteln,
2. eine Antragsnummer zur Übermittlung an die Zulassungsbehörde zu generieren,
3. der Antrag als über die Großkundenschnittstelle eingereicht zu markieren und
4. der Antrag von der Großkundenschnittstelle an das Portal zu übermitteln.

[2] Absatz 5 Satz 2 und Satz 3 gilt entsprechend.

(7) Kann ein Antrag nach Absatz 5 oder 6 aufgrund unvollständiger Daten nicht an das Portal weitergeleitet werden, ist der Vorgang vom Kraftfahrt Bundesamt bei der Großkundenschnittstelle automatisch abzubrechen, der Großkunde mittels einer Fehlermeldung zu benachrichtigen und sind die Antragsdaten automatisiert zu löschen.

§ 39 Bekanntgabe und Wirksamkeit der Entscheidung der Zulassungsbehörde. (1) [1] Über die Großkundenschnittstelle übermittelte Anträge sind im Portal nach den Maßgaben der § 19 Absatz 1 Satz 2 bis § 20 Absatz 4 Satz 2 zu bearbeiten. [2] Der Antrag ist nach Prüfung im Portal zusammen mit der automatisierten Entscheidung an die internen informationstechnischen Verfahren der Zulassungsbehörde weiterzuleiten. [3] Ist das Portal nicht verfügbar, leitet die Großkundenschnittstelle den Antrag in das Postfach der Zulassungsbehörde weiter und es erfolgt die manuelle Bearbeitung des Antrags nach den allgemeinen Vorschriften.

(2) Im Fall des Absatzes 1 Satz 1 ist die Entscheidung der Zulassungsbehörde dem Großkunden nach Abschluss des automatisierten Prüfungsvorgangs bekannt zu geben

1. durch einen elektronischen Bescheid,
2. in Form eines schreibgeschützten elektronischen Dokuments und
3. in einem für ihn nach § 37 Absatz 3 eingerichteten Postfach.

(3) [1] Im Fall einer antragsgemäßen Entscheidung hat die Zulassungsbehörde dem Großkunden folgende Daten zu übermitteln:

1. das Datum der Zulassung oder der Außerbetriebsetzung,
2. die Höhe der festgesetzten Gebühr und
3. im Umfang der Eintragungen in den Zulassungsbescheinigungen Teil I und Teil II die vollständigen Fahrzeugdaten und vollständigen Halterdaten sowie die Dokumentennummern der Zulassungsbescheinigungen Teil I und Teil II, sofern beantragt.

[2] Ist ein Dritter der Halter, bedarf es für die Übermittlung der Fahrzeug- und Halterdaten an den Großkunden der Einwilligung des Dritten nach Anlage 12.

(4) [1] Sofern eine Bekanntgabe nach Absatz 2 scheitert, hat die Bekanntgabe durch Übersendung eines schriftlichen Bescheides zu erfolgen. [2] Die Zulassung wird in diesem Fall wirksam am dritten Tag, der auf den Tag folgt, an dem die Zulassungsbehörde den Bescheid abgesandt hat. [3] In diesem Fall hat die Zulassungsbehörde den Großkunden in anderer Weise elektronisch über die Versendung ihrer Entscheidung zu informieren.

(5) [1] Wenn das Portal nicht verfügbar ist, kann die Zulassungsbehörde, sofern der Großkunde zugestimmt hat, abweichend von Absatz 4 anstelle eines schriftlichen Bescheides einen elektronischen Bescheid erlassen. [2] Der Bescheid nach Satz 1 ist dadurch bekanntzugeben, dass er dem Großkunden zugeht

1. in Form eines schreibgeschützten elektronischen Dokuments und
2. in einem für ihn nach § 37 Absatz 3 eingerichteten Postfach.

[3] Der Bescheid ist dann abweichend von Absatz 4 Satz 2 mit dem Zugang im Postfach wirksam. [4] Gleichzeitig kann die Zulassungsbehörde den vorläufigen Zulassungsnachweis übersenden. [5] Für den Fall der Außerbetriebsetzung gilt

§ 25 entsprechend, mit der Maßgabe, dass die Bekanntgabe der Entscheidung nach § 25 Absatz 1 Satz 2 gegenüber dem Großkunden zu erfolgen hat.

(6) Als Datum der Zulassung gilt bei der Erstzulassung, Tageszulassung oder Wiederzulassung in den Fällen der Absätze 2 und 5 der Zeitpunkt des Erlasses des Verwaltungsakts durch die Zulassungsbehörde.

(7) Erfolgt die Bearbeitung eines Antrags nach Absatz 1 Satz 1 auf Erstzulassung, Tageszulassung oder Wiederzulassung, hat die Zulassungsbehörde die abschließende Entscheidung zum Zweck der sofortigen Inbetriebsetzung dem Großkunden bekanntzugeben, indem sie ihm den Zulassungsbescheid und den vorläufigen Zulassungsnachweis in schreibgeschützter Form in einem für ihn nach § 37 Absatz 3 eingerichteten Postfach übermittelt.

(8) Auf Antrag kann die Zulassungsbehörde abweichend von § 26 Absatz 4 Nummer 3 die Abholung der Zulassungsbescheinigung Teil I und der Zulassungsbescheinigung Teil II in der Zulassungsbehörde durch den Großkunden oder eine von ihm benannte dritte Person, nachdem der elektronische Zulassungsbescheid übermittelt wurde, gewähren.

§ 40 Sofortige Inbetriebsetzung nach Entscheidung der Zulassungsbehörde. Für die sofortige Inbetriebsetzung eines Fahrzeuges gelten die Vorschriften des Unterabschnitts 4 mit der Maßgabe, dass an die Stelle des Abrufs der Entscheidung die Bekanntgabe in elektronischer Form tritt.

Abschnitt 4. Zeitweilige Teilnahme am Straßenverkehr

§ 41 Prüfungsfahrten, Probefahrten und Überführungsfahrten mit rotem Kennzeichen. (1) [1] Ein Fahrzeug darf, wenn es nicht zugelassen ist, auch ohne eine EU-Typgenehmigung, eine nationale Typgenehmigung oder eine Fahrzeug-Einzelgenehmigung zu einer Prüfungsfahrt, Probefahrt oder Überführungsfahrt in Betrieb gesetzt werden, wenn

1. eine Kraftfahrzeug-Haftpflichtversicherung nach § 1 des Pflichtversicherungsgesetzes[1)] besteht und
2. das Fahrzeug unbeschadet des § 42 ein Kennzeichen mit roter Beschriftung auf weißem rot gerandetem Grund (rotes Kennzeichen) führt.

[2] Dies gilt auch für eine notwendige Fahrt zum Tanken und zur Außenreinigung anlässlich einer Fahrt nach Satz 1 sowie für eine notwendige Fahrt zum Zweck der Reparatur oder Wartung des betreffenden Fahrzeuges. [3] Ein Fahrzeug, dem nach § 10 Absatz 3 ein Saisonkennzeichen zugeteilt ist, darf außerhalb des Betriebszeitraums nach Maßgabe der Sätze 1 und 2 in Betrieb gesetzt werden, wenn das Saisonkennzeichen nicht gleichzeitig geführt wird. [4] Ein Fahrzeug, dem nach § 9 Absatz 2 ein Wechselkennzeichen zugeteilt ist, darf nach Maßgabe der Sätze 1 und 2 in Betrieb gesetzt werden, wenn das Wechselkennzeichen weder vollständig noch in Teilen gleichzeitig geführt wird. [5] § 31 Absatz 2 der Straßenverkehrs-Zulassungs-Ordnung[2)] bleibt unberührt.

(2) [1] Ein rotes Kennzeichen und ein besonderes Fahrzeugscheinheft für Fahrzeuge mit rotem Kennzeichen nach Anlage 13 können durch die Zulassungsbehörde einem zuverlässigen Kraftfahrzeughersteller, einem zuverlässigen Kraft-

---

1) Nr. 5.
2) Nr. 3.

fahrzeugteilehersteller, einer zuverlässigen Kraftfahrzeugwerkstatt, einem zuverlässigen Kraftfahrzeughändler, einem zuverlässigen Hersteller von zulassungspflichtigen Anhängern, die hinter Kraftfahrzeugen geführt werden, und durch die in der Anlage 2 genannten Zulassungsbehörden der Bundesanstalt Technisches Hilfswerk, der Bundespolizei, dem Bundeskriminalamt, der Polizeien der Länder, der Bundeswehr und der Zollverwaltung befristet oder widerruflich zur wiederkehrenden betrieblichen Verwendung, auch an unterschiedlichen Fahrzeugen, zugeteilt werden. [2] Das rote Kennzeichen hat zu bestehen aus einem Unterscheidungszeichen nach § 9 Absatz 1 und einer nur aus Ziffern bestehenden und mit „06" beginnenden Erkennungsnummer nach § 9 Absatz 1.

(3) [1] Für jedes Fahrzeug, das ein rotes Kennzeichen führt, ist vom Inhaber des roten Kennzeichenschilds eine gesonderte Seite des Fahrzeugscheinheftes zur Beschreibung des Fahrzeuges zu verwenden, wobei die Angaben zum Fahrzeug vor Antritt der ersten Fahrt vollständig und in dauerhafter Schrift einzutragen sind. [2] Das Fahrzeugscheinheft ist von der das Fahrzeug führenden Person bei jeder Fahrt mitzuführen und zuständigen Personen auf Verlangen auszuhändigen. [3] Über jede Prüfungsfahrt, Probefahrt oder Überführungsfahrt sind fortlaufende Aufzeichnungen nach Satz 1 zu führen, aus denen das verwendete rote Kennzeichen, das Datum der Fahrt, deren Beginn und Ende, der Fahrzeugführer mit dessen Anschrift, die Fahrzeugklasse und der Hersteller des Fahrzeuges, sowie die Fahrzeug-Identifizierungsnummer und die Fahrtstrecke ersichtlich sind. [4] Die Aufzeichnungen nach Satz 3 sind vom Inhaber des roten Kennzeichenschilds vor dem jeweiligen Fahrtantritt vorzunehmen, Angaben zum Ende der Fahrt und zu der Fahrtstrecke dürfen auch unverzüglich nach Fahrtende eingetragen werden. [5] Die Aufzeichnungen sind vom Inhaber des roten Kennzeichenschilds ein Jahr lang nach Erstellung aufzubewahren und den zuständigen Personen jederzeit auf Verlangen zur Prüfung auszuhändigen. [6] Das rote Kennzeichenschild hat der Inhaber mit dem dazugehörigen Fahrzeugscheinheft der zuständigen Zulassungsbehörde unverzüglich zur Entwertung vorzulegen, wenn

1. die Frist, für die das rote Kennzeichen zugeteilt worden ist, abgelaufen ist,
2. der Inhaber das rote Kennzeichen nicht mehr benötigt oder
3. der Inhaber seinen Wohnsitz oder seinen Sitz in einen anderen Zulassungsbezirk verlegt.

(4) [1] Das rote Kennzeichen und das besondere Fahrzeugscheinheft für Fahrzeuge mit rotem Kennzeichen nach Anlage 13 können durch die Zulassungsbehörde auch für die Durchführung von Prüfungsfahrten im Rahmen von Untersuchungen, Prüfungen und Begutachtungen nach der Straßenverkehrs-Zulassungs-Ordnung, nach den jeweils dafür anzuwendenden Straßenverkehrsvorschriften oder nach § 5 widerruflich zur wiederkehrenden betrieblichen Verwendung an unterschiedlichen Fahrzeugen zugeteilt werden an

1. Technische Prüfstellen,
2. vom Kraftfahrt-Bundesamt zur Prüfung von Gesamtfahrzeugen der jeweiligen Fahrzeugklasse benannte Technische Diensten und
3. anerkannte Überwachungsorganisationen nach Anlage VIIIb der Straßenverkehrs-Zulassungs-Ordnung.

[2]Das rote Kennzeichen hat zu bestehen aus einem Unterscheidungszeichen nach § 9 Absatz 1 und einer nur aus Ziffern bestehenden und mit „05“ beginnenden Erkennungsnummer nach § 9 Absatz 1. [3]Absatz 3 gilt entsprechend.

(5) [1]Mit dem Antrag auf Zuteilung eines roten Kennzeichens hat der Antragsteller der Zulassungsbehörde seine in § 6 Absatz 1 Satz 2 bezeichneten Daten und die in § 6 Absatz 5 Nummer 3 bezeichneten Daten zur Kraftfahrzeug-Haftpflichtversicherung zum Zweck der Erhebung und Speicherung in den Fahrzeugregistern mitzuteilen und auf Verlangen nachzuweisen. [2]Änderungen dieser Daten hat der Inhaber des roten Kennzeichens der Zulassungsbehörde zum Zweck der Änderung der Fahrzeugregister und des Fahrzeugscheinheftes unverzüglich mitzuteilen und dabei das Fahrzeugscheinheft vorzulegen. [3]§ 15 Absatz 2 gilt entsprechend.

(6) [1]Ein rotes Kennzeichen ist nach § 12 Absatz 1, Absatz 2 Satz 1 bis 3, Absatz 3, Absatz 5 bis 7, Absatz 8 Satz 2 und 3, Absatz 9 Satz 1, Absatz 10 Satz 1, Absatz 11 Satz 1 und Absatz 12 Satz 1 in Verbindung mit Anlage 4 Abschnitt 1 und 7 auszugestalten und anzubringen. [2]Ein rotes Kennzeichen muss nicht fest angebracht sein. [3]Ein Fahrzeug mit einem roten Kennzeichen darf von der das Fahrzeug führenden Person im Übrigen nur nach Maßgabe des § 12 Absatz 13 Satz 1 in Betrieb gesetzt werden. [4]Der Halter darf die Inbetriebsetzung eines Fahrzeuges nur anordnen oder zulassen, wenn die Voraussetzungen der Sätze 1 und 3 vorliegen.

(7) Die §§ 29 und 57b der Straßenverkehrs-Zulassungs-Ordnung sind nicht anzuwenden.

§ 42 Probefahrten und Überführungsfahrten mit Kurzzeitkennzeichen. (1) [1]Ein Fahrzeug darf, wenn es nicht zugelassen ist, zu Probefahrten oder Überführungsfahrten in Betrieb gesetzt werden, wenn

1. das Fahrzeug einem genehmigten Typ entspricht oder dem Fahrzeug eine Fahrzeug-Einzelgenehmigung erteilt ist,
2. gültige Nachweise über eine bestandene Hauptuntersuchung und Sicherheitsprüfung, soweit diese nach § 29 der Straßenverkehrs-Zulassungs-Ordnung[1)] erforderlich sind, vorliegen,
3. eine Kraftfahrzeug-Haftpflichtversicherung nach § 1 des Pflichtversicherungsgesetzes[2)] besteht und
4. das Fahrzeug ein Kurzzeitkennzeichen führt.

[2]§ 41 Absatz 1 Satz 2 gilt entsprechend. [3]Ein Fahrzeug, dem nach § 10 Absatz 3 ein Saisonkennzeichen zugeteilt ist, darf nach Maßgabe der Sätze 1 und 2 außerhalb des Betriebszeitraums in Betrieb gesetzt werden, wenn das Saisonkennzeichen nicht gleichzeitig geführt wird. [4]§ 31 Absatz 2 der Straßenverkehrs-Zulassungs-Ordnung bleibt unberührt. [5]§ 57b der Straßenverkehrs-Zulassungs-Ordnung ist nicht anzuwenden.

(2) [1]Auf Antrag hat die Zulassungsbehörde oder die für den Standort des Fahrzeuges zuständige Zulassungsbehörde ein Kurzzeitkennzeichen nach den Absätzen 3 und 4 zuzuteilen und einen auf den Antragsteller ausgestellten Fahrzeugschein für Fahrzeuge mit Kurzzeitkennzeichen nach Absatz 5 aus-

---

1) Nr. **3**.
2) Nr. **5**.

zufertigen. [2]Mit dem Antrag auf Zuteilung eines Kurzzeitkennzeichens hat der Antragsteller der nach Satz 1 gewählten Behörde die folgenden Daten zur Erhebung und Speicherung in den Fahrzeugregistern mitzuteilen:

1. die Angaben über den Fahrzeughalter nach § 6 Absatz 1 Satz 2,
2. die Daten zur Kraftfahrzeug-Haftpflichtversicherung nach § 6 Absatz 5 Nummer 3 und das Datum, an dem der Versicherungsschutz endet,
3. die Angaben über einen Empfangsbevollmächtigten nach § 6 Absatz 5 Nummer 4 und die Angaben über den regelmäßigen Standort des Fahrzeuges nach § 6 Absatz 5 Nummer 5,
4. die Fahrzeugdaten nach § 6 Absatz 8 Satz 1 Nummer 1 und 3,
5. die Daten zur Typgenehmigung oder Fahrzeug-Einzelgenehmigung unter entsprechender Anwendung von § 6 Absatz 4 und 8 Satz 1 Nummer 2 sowie von § 16 Absatz 2 Satz 6 und
6. den Ablauf der Frist für die nächste Hauptuntersuchung und Sicherheitsprüfung, soweit diese nach § 29 der Straßenverkehrs-Zulassungs-Ordnung erforderlich sind.

(3) [1]Die das Fahrzeug führende Person darf ein Kurzzeitkennzeichen nur verwenden

1. für die Durchführung von Fahrten im Sinne von Absatz 1 unter Beachtung der Beschränkungen nach den Absätzen 6 und 7 und
2. an dem Fahrzeug, für das es zugeteilt worden ist.

[2]Kurzzeitkennzeichen sind nach § 12 Absatz 1, Absatz 2 Satz 1 bis 3, Absatz 3 Satz 1 und 4, Absatz 5 bis 7, Absatz 8 Satz 2 und 3, Absatz 9 Satz 1, Absatz 10 Satz 1, Absatz 11 Satz 1 und Absatz 12 Satz 1 in Verbindung mit Anlage 4 Abschnitt 1 und 6 auszugestalten und anzubringen. [3]Sie brauchen jedoch nicht fest angebracht zu sein. [4]Fahrzeuge mit Kurzzeitkennzeichen dürfen von der das Fahrzeug führenden Person nur nach Maßgabe des § 12 Absatz 13 Satz 1 in Betrieb gesetzt werden. [5]Der Halter darf die Inbetriebsetzung eines Fahrzeuges nur anordnen oder zulassen, wenn die Voraussetzungen nach den Sätzen 1, 2 und 4 vorliegen.

(4) [1]Das Kurzzeitkennzeichen hat im Übrigen zu bestehen aus einem Unterscheidungszeichen § 9 Absatz 1 und einer nur aus Ziffern bestehenden und mit „03“ oder „04“ beginnenden Erkennungsnummer nach § 9 Absatz 1. [2]Das Kennzeichenschild für das Kurzzeitkennzeichen hat außerdem ein Ablaufdatum zu enthalten, das bis zum Ablauf des fünften auf die Zuteilung folgenden Tages zu bemessen ist. [3]Nach dem Ablaufdatum des Kurzzeitkennzeichens darf das Fahrzeug von der das Fahrzeug führenden Person auf öffentlichen Straßen nicht mehr in Betrieb gesetzt werden. [4]Der Halter darf im Fall des Satzes 3 die Inbetriebsetzung des Fahrzeuges nicht anordnen oder zulassen.

(5) [1]Der Fahrzeugschein für Fahrzeuge mit Kurzzeitkennzeichen ist nach dem Muster der Anlage 14 auszufertigen. [2]Die Beschränkungen nach den Absätzen 6 und 7 sind im Fahrzeugschein zu vermerken. [3]Der Fahrzeugschein ist von der das Fahrzeug führenden Person bei jeder Fahrt mitzuführen und zuständigen Personen auf Verlangen zur Prüfung auszuhändigen.

(6) Liegen die Voraussetzungen nach Absatz 1 Satz 1 Nummer 1 nicht vor, dürfen abweichend von Absatz 1 nur Fahrten, die in unmittelbarem Zusammenhang mit der Erlangung einer neuen Betriebserlaubnis stehen, im Bezirk

der Zulassungsbehörde, die für den Standort des Fahrzeuges zuständig ist, oder in einen angrenzenden Bezirk und zurück zum Standort durchgeführt werden.

(7) [1] Liegen die Voraussetzungen nach Absatz 1 Satz 1 Nummer 2 nicht vor oder liegt der Ablauf der Frist für die nächste Hauptuntersuchung oder die nächste Sicherheitsprüfung nach § 29 Absatz 1 Satz 1 der Straßenverkehrs-Zulassungs-Ordnung vor dem Ablauf der Gültigkeit des Kurzzeitkennzeichens, dürfen abweichend von Absatz 1 ohne einen Nachweis der durchgeführten Hauptuntersuchung und Sicherheitsprüfung nur Fahrten zu einer Untersuchungsstelle im Bezirk der Zulassungsbehörde, die für den Standort des Fahrzeuges zuständig ist, oder in einen angrenzenden Bezirk und zurück zum Standort durchgeführt werden. [2] Wird dem Fahrzeug nach Nummer 3.1.4.2, 3.1.4.3 oder 3.2.3.2 der Anlage VIII der Straßenverkehrs-Zulassungs-Ordnung bei der Hauptuntersuchung und Sicherheitsprüfung nach § 29 der Straßenverkehrs-Zulassungs-Ordnung keine Mängelfreiheit bescheinigt, dürfen abweichend von Absatz 1 auch Fahrten zur unmittelbaren Reparatur festgestellter Mängel in einer geeigneten Einrichtung im Bezirk der Zulassungsbehörde, die für den Standort des Fahrzeuges zuständig ist, oder einen angrenzenden Bezirk und zurück zum Standort durchgeführt werden. [3] Für Fahrzeuge, die nach Nummer 3.1.4.4 oder 3.2.3.3 der Anlage VIII der Straßenverkehrs-Zulassungs-Ordnung als verkehrsunsicher oder verkehrsgefährdend eingestuft wurden, gelten die Sätze 1 und 2 nicht.

(8) Absatz 1 Satz 1 Nummer 1 und 2 und die Absätze 6 und 7 gelten nicht für ein Fahrzeug, für das eine Übereinstimmungsbescheinigung für ein unvollständiges Fahrzeug ausgestellt wurde, soweit dessen Betriebs- und Verkehrssicherheit belegt wird durch

1. einen von der Zulassungsbehörde bestimmten Nachweis oder
2. ein entsprechendes Gutachten
   a) eines amtlich anerkannten Sachverständigen,
   b) eines Prüfers für den Kraftfahrzeugverkehr oder
   c) eines Prüfingenieurs einer amtlich anerkannten Überwachungsorganisation nach Anlage VIIIb der Straßenverkehrs-Zulassungs-Ordnung.

§ 43 Fahrten zur Teilnahme an Veranstaltungen für Oldtimer.

(1) [1] Eine Person, die mit einem Oldtimer an einer Veranstaltung teilnimmt, die der Darstellung von Oldtimer-Fahrzeugen und der Pflege des kraftfahrzeugtechnischen Kulturgutes dient, benötigt hierfür sowie für die Anfahrt zu und die Abfahrt von einer solchen Veranstaltung keine Betriebserlaubnis und keine Zulassung für das betreffende Oldtimer-Fahrzeug, wenn es ein rotes Oldtimerkennzeichen führt. [2] Dies gilt auch für eine Probefahrt, eine Überführungsfahrt und für eine Fahrt zum Zweck der Reparatur oder Wartung des betreffenden Fahrzeuges sowie für eine Fahrt zum Tanken und zur Außenreinigung anlässlich einer Fahrt nach Satz 1. [3] § 31 Absatz 2 der Straßenverkehrs-Zulassungs-Ordnung[1)] bleibt unberührt.

(2) [1] Für die Zuteilung und Verwendung eines roten Oldtimerkennzeichens ist § 41 Absatz 2 bis 6 entsprechend mit der Maßgabe anzuwenden, dass ein Fahrzeugscheinheft für ein Oldtimerfahrzeug mit einem roten Kennzeichen nach dem Muster der Anlage 15 ausgegeben wird und dass das Kennzeichen

[1)] Nr. 3.

nur an dem Fahrzeug verwendet werden darf, für das es ausgegeben wurde. [2]Das Fahrzeugscheinheft ist von der das Fahrzeug führenden Person bei jeder Fahrt mitzuführen und zuständigen Personen auf Verlangen auszuhändigen. [3]Das rote Oldtimerkennzeichen hat zu bestehen aus einem Unterscheidungszeichen nach § 9 Absatz 1 und einer nur aus Ziffern bestehenden und mit den Ziffern „07" beginnenden Erkennungsnummer nach § 9 Absatz 1. [4]Es ist im Übrigen nach § 12 Absatz 1, Absatz 2 Satz 1 bis 3, Absatz 3, Absatz 5 bis 7, Absatz 8 Satz 2 und 3, Absatz 9 Satz 1, Absatz 10 Satz 1, Absatz 11 Satz 1 und Absatz 12 Satz 1 in Verbindung mit Anlage 4 Abschnitt 1 und 7 auszugestalten und anzubringen. [5]Ein Fahrzeug mit rotem Oldtimerkennzeichen darf von der das Fahrzeug führenden Person im Übrigen nur nach Maßgabe des § 12 Absatz 13 Satz 1 in Betrieb gesetzt werden. [6]Der Halter darf die Inbetriebsetzung eines Fahrzeuges nur anordnen oder zulassen, wenn die Voraussetzungen des Satzes 5 vorliegen.

(3) Unberührt bleiben Erlaubnis- und Genehmigungspflichten, soweit sie sich aus anderen Vorschriften, insbesondere aus § 29 Absatz 2 der Straßenverkehrs-Ordnung[1)], ergeben.

§ 44 Fahrten im internationalen Verkehr. Für ein Fahrzeug, für das ein Kennzeichen zugeteilt ist, wird auf Antrag ein Internationaler Zulassungsschein nach Artikel 4 und Anlage B des Internationalen Abkommens vom 24. April 1926 über Kraftfahrzeugverkehr (RGBl. 1930 II S. 1233) ausgestellt.

§ 45 Fahrten zur dauerhaften Verbringung eines Fahrzeuges in das Ausland. (1) [1]Soll ein zulassungspflichtiges, nicht zugelassenes Kraftfahrzeug oder ein zulassungsfreies und kennzeichenpflichtiges Kraftfahrzeug, dem kein Kennzeichen zugeteilt ist, mit eigener Triebkraft oder ein Anhänger hinter einem Kraftfahrzeug dauerhaft in einen anderen Staat verbracht werden, sind die Vorschriften dieser Verordnung vorbehaltlich der §§ 41 und 42, soweit es von dem ausländischen Staat zugelassen ist, mit den Maßgaben anzuwenden, dass

1. das Fahrzeug nur zugelassen werden darf, wenn
   a) durch Vorlage einer Versicherungsbestätigung im Sinne der Anlage 16 nachgewiesen ist, dass eine Haftpflichtversicherung nach dem Gesetz über die Haftpflichtversicherung für ausländische Kraftfahrzeuge und Kraftfahrzeuganhänger besteht, und
   b) der nächste Termin zur Durchführung der Untersuchung nach § 29 der Straßenverkehrs-Zulassungs-Ordnung[2)] nach dem Ablaufdatum der Zulassung nach Nummer 2 liegt,
2. die Zulassung auf die Dauer der nach Nummer 1 Buchstabe a nachgewiesenen Haftpflichtversicherung, längstens auf ein Jahr, befristet ist,
3. an die Stelle des Kennzeichens das Ausfuhrkennzeichen gemäß Absatz 2 tritt und
4. die Zulassungsbescheinigung Teil I auf die Ausfuhr des Fahrzeuges beschränkt ist und mit dem Datum des Ablaufs der Gültigkeitsdauer der Zulassung versehen ist.

---

1) Nr. 2.
2) Nr. 3.

[2]Sofern der nächste Termin zur Durchführung der Untersuchung nach § 29 der Straßenverkehrs-Zulassungs-Ordnung vor dem Ablaufdatum der Zulassung nach Satz 1 Nummer 2 liegt, ist eine solche Untersuchung durchzuführen. [3]Unberührt von Satz 1 Nummer 2 bleibt die Befugnis der zuständigen Zulassungsbehörde, durch Befristung der Zulassung und durch Auflagen sicherzustellen, dass das Fahrzeug in angemessener Zeit den Geltungsbereich dieser Verordnung verlässt. [4]Zusätzlich zu Satz 1 Nummer 4 kann ein Internationaler Zulassungsschein nach Maßgabe des § 44 ausgestellt werden, auf dem das Datum des Ablaufs der Gültigkeitsdauer der Zulassung zu vermerken ist. [5]Nach Ablauf der Gültigkeitsdauer der Zulassung darf das Fahrzeug von der das Fahrzeug führenden Person auf öffentlichen Straßen nicht mehr in Betrieb gesetzt werden. [6]Der Halter darf in diesem Fall die Inbetriebsetzung eines Fahrzeuges nicht anordnen oder zulassen.

(2) [1]Das Ausfuhrkennzeichen hat zu bestehen aus dem Unterscheidungszeichen nach § 9 Absatz 1 Satz 2 und einer Erkennungsnummer. [2]Die Erkennungsnummer hat zu bestehen aus einer ein- bis vierstelligen Zahl und einem nachfolgenden Buchstaben. [3]Das Kennzeichenschild hat zusätzlich das Ablaufdatum der Zulassung zu enthalten. [4]Das Kennzeichen ist im Übrigen nach § 12 Absatz 1, Absatz 2 Satz 1 bis 3, Absatz 3 Satz 1 und 4, Absatz 5 bis 7, Absatz 8 Satz 2 und 3, Absatz 9 Satz 1, Absatz 10 Satz 1, Absatz 11 Satz 1 und Absatz 12 Satz 1 in Verbindung mit Anlage 4 Abschnitt 1 und 8 auszugestalten und anzubringen. [5]Ein Fahrzeug mit Ausfuhrkennzeichen darf von der das Fahrzeug führenden Person nur nach Maßgabe des § 12 Absatz 13 Satz 1 in Betrieb gesetzt werden. [6]Der Halter darf die Inbetriebsetzung eines Fahrzeuges nur anordnen oder zulassen, wenn die Voraussetzungen nach Satz 5 vorliegen. [7]Bei der Zuteilung eines Ausfuhrkennzeichens sind der Zulassungsbehörde die folgenden Daten zur Erhebung und Speicherung in den Fahrzeugregistern mitzuteilen und auf Verlangen der Zulassungsbehörde nachzuweisen:

1. die in § 6 Absatz 1 Satz 2 bezeichneten Halterdaten,
2. die in § 6 Absatz 5 Nummer 3 bezeichneten Daten zur Kraftfahrzeug-Haftpflichtversicherung,
3. das Ende des Versicherungsverhältnisses und
4. die zur Ausstellung der Zulassungsbescheinigung erforderlichen Fahrzeugdaten und bei Personenkraftwagen die vom Hersteller aufgebrachte Farbe des Fahrzeuges.

(3) Die ein Kraftfahrzeug nach Absatz 1 führende Person hat die Zulassungsbescheinigung Teil I nach Absatz 1 Nummer 4 mitzuführen und zuständigen Personen auf Verlangen zur Prüfung auszuhändigen.

(4) [1]Soll ein zugelassenes oder ein zulassungsfreies und kennzeichenpflichtiges Fahrzeug mit einem Ausfuhrkennzeichen in einen anderen Staat verbracht werden, ist die Zuteilung des Ausfuhrkennzeichens unter Vorlage der Zulassungsbescheinigung und der nach § 9 zugeteilten Kennzeichen zur Entstempelung bei der Zulassungsbehörde zu beantragen. [2]Die bisherige Zulassungsbescheinigung Teil I ist von der Zulassungsbehörde einzuziehen. [3]Die Zulassungsbescheinigung Teil II ist fortzuschreiben. [4]Die Absätze 1 bis 3 und § 14 Absatz 5 sind entsprechend anzuwenden.

Abschnitt 5. Teilnahme ausländischer Fahrzeuge am Straßenverkehr

§ 46 Vorübergehende Teilnahme am Straßenverkehr in der Bundesrepublik Deutschland. (1) [1]Ein in einem anderen Mitgliedstaat oder einem anderen Vertragsstaat zugelassenes Fahrzeug darf vorübergehend am Verkehr in der Bundesrepublik Deutschland teilnehmen, wenn für das Fahrzeug von einer zuständigen Stelle des anderen Mitgliedstaates oder des anderen Vertragsstaates eine gültige Zulassungsbescheinigung ausgestellt ist und in der Bundesrepublik Deutschland kein regelmäßiger Standort begründet wurde. [2]Die Zulassungsbescheinigung muss mindestens die nach Artikel 35 des Übereinkommens vom 8. November 1968 über den Straßenverkehr erforderlichen Angaben enthalten. [3]Bei einem Kraftrad müssen aus der Zulassungsbescheinigung zusätzlich die Angaben zu Hubraum, Nennleistung und Gewicht des Fahrzeuges hervorgehen. [4]Eine Zulassungsbescheinigung nach Satz 1, die den Anforderungen der Sätze 2 und 3 genügt und ausschließlich zum Zweck der Überführung eines Fahrzeuges ausgestellt wurde, ist vom Bundesministerium für Digitales und Verkehr im Verkehrsblatt bekannt zu machen. [5]Satz 1 gilt nicht für ein Fahrzeug, das sich zum Zeitpunkt der Zulassung durch den anderen Mitgliedstaat oder den anderen Vertragsstaat in der Bundesrepublik Deutschland befunden hat. [6]Abweichend von Satz 1 dürfen Mietfahrzeuge im Sinne der Richtlinie 2006/1/EG des Europäischen Parlamentes und des Rates vom 18. Januar 2006 über die Verwendung von ohne Fahrer gemieteten Fahrzeugen im Güterkraftverkehr (ABl. L 33 vom 4.2.2006, S. 82) in der jeweils geltenden Fassung, die von einem Kraftverkehrsunternehmen mit Niederlassung in der Bundesrepublik Deutschland gemietet wurden, für die Dauer von bis zu 30 Tagen am Verkehr in der Bundesrepublik Deutschland teilnehmen, sofern das Mietfahrzeug gemäß den Rechtsvorschriften eines anderen Mitgliedstaats zugelassen oder in Betrieb genommen wurde und für das Mietfahrzeug von einer zuständigen Stelle des anderen Mitgliedstaates eine gültige Zulassungsbescheinigung ausgestellt ist.

(2) Ein in einem anderen Mitgliedstaat oder einem anderen Vertragsstaat zulassungsfreier Anhänger darf vorübergehend am Verkehr in der Bundesrepublik Deutschland teilnehmen, wenn er von einem Zugfahrzeug gezogen wird, das in demselben Mitgliedstaat oder in demselben Vertragsstaat zugelassen ist und für das in der Bundesrepublik Deutschland kein regelmäßiger Standort begründet ist.

(3) [1]Ein in einem Drittstaat zugelassenes Fahrzeug darf vorübergehend am Verkehr in der Bundesrepublik Deutschland teilnehmen, wenn für das Fahrzeug von einer zuständigen ausländischen Stelle eine gültige Zulassungsbescheinigung oder ein Internationaler Zulassungsschein nach Artikel 4 und Anlage B des Internationalen Abkommens vom 24. April 1926 über Kraftfahrzeugverkehr ausgestellt wurde und in der Bundesrepublik Deutschland kein regelmäßiger Standort begründet ist. [2]Die Zulassungsbescheinigung muss mindestens die nach Artikel 35 des Übereinkommens vom 8. November 1968 über den Straßenverkehr erforderlichen Angaben enthalten. [3]Satz 1 gilt nicht für ein Fahrzeug, das sich zum Zeitpunkt der Zulassung durch den Drittstaat in der Bundesrepublik Deutschland befunden hat.

(4) Ein ausländisches Fahrzeug darf vorübergehend am Verkehr in der Bundesrepublik Deutschland nur teilnehmen, wenn es betriebs- und verkehrssicher ist.

(5) Ist die Zulassungsbescheinigung nicht in deutscher Sprache abgefasst und entspricht sie nicht der Richtlinie 1999/37/EG des Rates vom 29. April 1999 über Zulassungsdokumente für Fahrzeuge (ABl. L 138 vom 1.6.1999, S. 57), in der jeweils geltenden Fassung, oder dem Artikel 35 des Übereinkommens vom 8. November 1968 über den Straßenverkehr, muss sie mit einer von einem Berufskonsularbeamten oder Honorarkonsul der Bundesrepublik Deutschland im Ausstellungsstaat bestätigten Übersetzung oder mit einer Übersetzung durch einen international anerkannten Automobilklub des Ausstellungsstaates oder durch eine vom Bundesministerium für Digitales und Verkehr bestimmte Stelle verbunden sein.

(6) Die das Fahrzeug führende Person hat die ausländische Zulassungsbescheinigung nach Absatz 1 Satz 1 bis 3 oder Absatz 3 Satz 1 und 2 sowie die nach Absatz 5 erforderliche Übersetzung oder den Internationalen Zulassungsschein nach Absatz 3 Satz 1 und 2 mitzuführen und zuständigen Personen auf Verlangen zur Prüfung auszuhändigen.

(7) [1] Als vorübergehend im Sinne der Absätze 1 bis 3 gilt ein Zeitraum bis zu einem Jahr. [2] Die Frist beginnt

1. bei einer Zulassungsbescheinigung mit dem Tag des Grenzübertritts und
2. bei einem internationalen Zulassungsschein nach dem Internationalen Abkommen vom 24. April 1926 über Kraftfahrzeugverkehr mit dem Ausstellungstag.

[3] Abweichend von Satz 1 kann der Zeitraum im Einzelfall auch länger sein, wenn die vorübergehende Verkehrsteilnahme in Wahrnehmung der Arbeitnehmerfreizügigkeit, der Niederlassungs- oder Dienstleistungsfreiheit nach dem Recht der Europäischen Union geschieht. [4] Als vorübergehend gilt dann der Zeitraum, währenddessen die Arbeitnehmerfreizügigkeit, die Niederlassungs- oder Dienstleistungsfreiheit in Anspruch genommen wird. [5] Der in Satz 4 bezeichnete Zeitraum darf 3 Jahre nicht überschreiten.

§ 47 Kennzeichen und Unterscheidungszeichen. (1) [1] Die das Fahrzeug führende Person hat sicherzustellen, dass ein in einem anderen Staat zugelassenes Kraftfahrzeug an seiner Vorderseite und seiner Rückseite heimische Kennzeichen führt, die Artikel 36 und Anhang 2 des Übereinkommens vom 8. November 1968 über den Straßenverkehr, soweit dieses Abkommen anwendbar ist, sonst Artikel 3 Abschnitt II Nummer 1 des Internationalen Abkommens vom 24. April 1926 über Kraftfahrzeugverkehr, entsprechen. [2] Ein Kraftrad benötigt nur ein Kennzeichen an der Rückseite. [3] Ein in einem anderen Staat zugelassener Anhänger oder ein Anhänger im Sinne des § 46 Absatz 2 muss an der Rückseite sein heimisches Kennzeichen nach Satz 1 oder, wenn ein solches Kennzeichen nicht zugeteilt oder ausgegeben ist, das Kennzeichen des ziehenden Kraftfahrzeugs führen.

(2) [1] Die das Fahrzeug führende Person hat sicherzustellen, dass ein in einem anderen Staat zugelassenes Fahrzeug an der Rückseite zusätzlich ein Unterscheidungszeichen des Zulassungsstaates führt, dass Artikel 5 und Anlage C des Internationalen Abkommens vom 24. April 1926 über Kraftfahrzeugverkehr oder Artikel 37 in Verbindung mit Anhang 3 des Übereinkommens vom

8. November 1968 über den Straßenverkehr entspricht. [2]Die Anbringung des Unterscheidungszeichens nach Satz 1 ist nicht erforderlich bei einem Fahrzeug,

1. das in einem anderen Mitgliedstaat oder einem anderen Vertragsstaat zugelassen ist und
2. entsprechend Artikel 3 in Verbindung mit dem Anhang der Verordnung (EG) Nr. 2411/1998 des Rates vom 3. November 1998 über die Anerkennung des Unterscheidungszeichens des Zulassungsmitgliedstaats von Kraftfahrzeugen und Kraftfahrzeuganhängern im innergemeinschaftlichen Verkehr (ABl. L 299 vom 10.11.1998, S. 1) am linken Rand des Kennzeichens das Unterscheidungszeichen des Zulassungsstaates führt.

§ 48 Beschränkung und Untersagung des Betriebs ausländischer Fahrzeuge. (1) Erweist sich ein ausländisches Fahrzeug als nicht vorschriftsmäßig, ist § 5 anzuwenden.

(2) [1]Sofern der Betrieb des Fahrzeuges untersagt ist, ist die im Ausland ausgestellte Zulassungsbescheinigung oder der Internationale Zulassungsschein an die ausstellende Stelle zurückzusenden. [2]Hat der Halter oder Eigentümer des Fahrzeuges keinen Wohn- oder Aufenthaltsort in der Bundesrepublik Deutschland, ist für Maßnahmen nach Satz 1 jede Verwaltungsbehörde nach § 75 Absatz 1 zuständig.

Abschnitt 6. Überwachung des Versicherungsschutzes der Fahrzeuge

§ 49 Versicherungsnachweis. (1) [1]Der Nachweis nach § 3 Absatz 1 Satz 2, § 41 Absatz 1 Satz 1 Nummer 1 oder § 42 Absatz 1 Satz 1 Nummer 3, dass eine Kraftfahrzeug-Haftpflichtversicherung nach § 1 des Pflichtversicherungsgesetzes[1)] besteht, ist bei der Zulassungsbehörde durch eine Versicherungsbestätigung zu erbringen. [2]Eine Versicherungsbestätigung ist auch zu erbringen, wenn das Fahrzeug nach Außerbetriebsetzung nach Maßgabe des § 16 Absatz 2 wieder zum Verkehr zugelassen werden soll.

(2) [1]Die Versicherungsbestätigung ist, ausgenommen bei Ausfuhrkennzeichen, vom Versicherer durch eine Gemeinschaftseinrichtung der Versicherer elektronisch an die Zulassungsbehörde zu übermitteln oder zum Abruf im automatisierten Verfahren durch die Zulassungsbehörde bereitzuhalten. [2]Das zulässige Datenformat hat das Kraftfahrt-Bundesamt festzulegen und auf der Internetseite des Kraftfahrt-Bundesamts zu veröffentlichen. [3]Das Kraftfahrt-Bundesamt hat auf Änderungen im Bundesanzeiger und im Verkehrsblatt hinzuweisen. [4]Die Versicherungsbestätigung muss folgende Daten zur Kraftfahrzeug-Haftpflichtversicherung enthalten:

1. den Namen und die Anschrift oder die Schlüsselnummer des Versicherers,
2. die Nummer des Versicherungsscheins oder der Versicherungsbestätigung und
3. den Namen und die Anschrift des Versicherungsnehmers.

[5]Darüber hinaus darf die Versicherungsbestätigung folgende Daten enthalten, wenn deren Übermittlung an die Zulassungsbehörde zur Überwachung des

---

1) Nr. 5.

Vorliegens des Versicherungsschutzes der Fahrzeuge im Einzelfall erforderlich ist:

1. den Namen und die Anschrift des Halters, falls dieser nicht mit dem Versicherungsnehmer identisch ist, oder den Hinweis, dass das Fahrzeug auf einen nicht namentlich benannten Halter zugelassen werden darf,
2. den Verwendungszweck nach § 6 Absatz 5 Nummer 1,
3. den Beginn des Versicherungsschutzes, soweit dieser nicht ab dem Tag der Zulassung gewährt werden soll,
4. die Angabe, für welche Kennzeichenarten die Versicherungsbestätigung gelten soll,
5. bei einem Saisonkennzeichen dessen maximaler Gültigkeitszeitraum,
6. bei einem Kurzzeitkennzeichen den Gültigkeitszeitraum,
7. bei einem roten Kennzeichen das Datum des Endes des Versicherungsschutzes,
8. die Fahrzeugbeschreibung,
9. das Kennzeichen des Fahrzeuges und
10. die Angabe, ob der Versicherungsschutz auch für Fahrten mit ungestempelten Kennzeichen und für Rückfahrten nach Entstempelung gelten soll.

(3) [1] Ein Halter, der nach § 2 Absatz 1 Nummer 5 des Pflichtversicherungsgesetzes der Versicherungspflicht nicht unterliegt, hat den Nachweis über diesen Umstand gegenüber der Zulassungsbehörde durch Vorlage einer Bescheinigung nach Anlage 16 zu erbringen. [2] Der Nachweis kann entsprechend Absatz 2 Satz 1 auch elektronisch erfolgen. [3] Das zulässige Datenformat hat das Kraftfahrt-Bundesamt festzulegen und auf der Internetseite es Kraftfahrt-Bundesamtes zu veröffentlichen. [4] Das Kraftfahrt-Bundesamt hat auf Änderungen im Bundesanzeiger und im Verkehrsblatt hinzuweisen. [5] Die Bescheinigung muss folgende Daten enthalten:

1. die Angabe, dass der Halter nach § 2 Absatz 1 Nummer 5 des Pflichtversicherungsgesetzes der Versicherungspflicht nicht unterliegt,
2. den Namen und die Anschrift der Einrichtung, die für den Haftpflichtschadenausgleich zuständig ist, sowie den Namen der Deckung erhaltenden juristischen Person,
3. die Art des Fahrzeugs,
4. den Hersteller des Fahrgestells,
5. die Fahrzeug-Identifizierungsnummer und
6. das Kennzeichen des Fahrzeuges, soweit dieses der für den Haftpflichtschadenausgleich zuständigen Einrichtung bekannt ist.

§ 50 Mitteilungspflichten der Zulassungsbehörde. (1) Die Zulassungsbehörde hat den Versicherer zum Zweck der Gewährleistung des Versicherungsschutzes im Rahmen der Kraftfahrzeug-Haftpflichtversicherung zu unterrichten über

1. die Zuteilung des Kennzeichens, bei einem mit einem Wechselkennzeichen zugelassenen Fahrzeug über die Zuteilung des Wechselkennzeichens,
2. die Änderung der Anschrift des Halters,
3. den Zugang einer Bestätigung über den Abschluss einer neuen Versicherung,
4. den Zugang einer Anzeige über die Außerbetriebsetzung,

5. die Änderung der Fahrzeugklasse,
6. das Ablaufdatum der Reservierung des Kennzeichens bei Außerbetriebsetzung, bei Wechselkennzeichen zusätzlich über auf das dem Wechselkennzeichen zugehörige andere Kennzeichen und
7. die Verwendung des Fahrzeuges nach § 6 Absatz 5 Nummer 1

und hierfür die in § 62 genannten Daten, soweit erforderlich, zu übermitteln.

(2) Die Mitteilung ist elektronisch nach Maßgabe des § 62 Absatz 3 und der vom Kraftfahrt-Bundesamt herausgegebenen Standards zu übermitteln.

§ 51 Maßnahmen und Pflichten bei fehlendem Versicherungsschutz.

(1) [1]Der Versicherer kann zur Beendigung seiner Haftung nach § 117 Absatz 2 des Versicherungsvertragsgesetzes der Zulassungsbehörde Anzeige erstatten, wenn eine Kraftfahrzeug-Haftpflichtversicherung nach § 1 des Pflichtversicherungsgesetzes[1)] nicht oder nicht mehr besteht. [2]Die Anzeige ist vom Versicherer entsprechend § 49 Absatz 2 Satz 1 zu übermitteln. [3]Die Anzeige muss folgende Daten enthalten:

1. den Namen und die Anschrift des Versicherers,
2. die Schlüsselnummer des Versicherers,
3. den Namen und die Anschrift des Versicherungsnehmers,
4. das Kennzeichen des Fahrzeuges,
5. die Fahrzeug-Identifizierungsnummer,
6. die Angabe, ob das Versicherungsverhältnis nicht oder nicht mehr besteht.

[4]Darüber hinaus darf die Anzeige folgende Daten enthalten, wenn deren Übermittlung an die Zulassungsbehörde zur Prüfung dieser Anzeige im Einzelfall erforderlich ist:

1. die Nummer des Versicherungsscheines,
2. den Namen und die Anschrift des Halters, falls dieser nicht mit dem Versicherungsnehmer identisch ist,
3. die Kennzeichenart.

[5]Das zulässige Datenformat der Anzeige hat das Kraftfahrt-Bundesamt festzulegen und auf der Internetseite des Kraftfahrt-Bundesamts zu veröffentlichen. [6]Das Kraftfahrt-Bundesamt hat auf Änderungen im Bundesanzeiger und im Verkehrsblatt hinzuweisen. [7]Eine Anzeige ist zu unterlassen, wenn der Zulassungsbehörde die Versicherungsbestätigung über den Abschluss einer neuen Kraftfahrzeug-Haftpflichtversicherung nach § 1 des Pflichtversicherungsgesetzes zugegangen ist und dies dem Versicherer nach § 50 Absatz 1 Nummer 3 mitgeteilt worden ist. [8]Eine Versicherungsbestätigung für die Zuteilung eines Kurzzeitkennzeichens gilt auch als Anzeige zur Beendigung der Haftung. [9]Satz 7 gilt entsprechend, wenn in der Versicherungsbestätigung für die Zuteilung eines roten Kennzeichens ein befristeter Versicherungsschutz ausgewiesen ist oder wenn die Zuteilung des roten Kennzeichens befristet ist.

(2) [1]Die Zulassungsbehörde hat dem Versicherer auf dessen Anzeige nach Absatz 1 Satz 1 das Datum des Eingangs der Anzeige mitzuteilen. [2]§ 50 Absatz 2 gilt entsprechend.

---

1) Nr. 5.

(3) Besteht für ein Fahrzeug, für das ein Kennzeichen zugeteilt ist, keine Kraftfahrzeug-Haftpflichtversicherung nach § 1 des Pflichtversicherungsgesetzes, so hat der Halter das Fahrzeug unverzüglich nach Maßgabe des § 16 Absatz 1 Satz 1, auch in Verbindung mit § 50 Absatz 1 Nummer 6, außer Betrieb setzen zu lassen.

(4) [1] Erfährt die Zulassungsbehörde durch eine Anzeige nach Absatz 1 oder auf andere Weise, dass für ein Fahrzeug keine Kraftfahrzeug-Haftpflichtversicherung nach § 1 des Pflichtversicherungsgesetzes besteht, so hat sie das Fahrzeug unverzüglich außer Betrieb zu setzen. [2] Eine Anzeige zu einer Versicherung, für die bereits eine Mitteilung nach § 50 Absatz 1 Nummer 3 oder 4 abgesandt wurde, löst keine Maßnahmen der Zulassungsbehörde nach Satz 1 aus.

(5) Die Absätze 3 und 4 sind nicht auf ein Fahrzeug anzuwenden, dass ein Kurzzeitkennzeichen führt, dessen Ablaufdatum überschritten ist.

§ 52 Versicherungskennzeichen. (1) [1] Für ein Kraftfahrzeug im Sinne des § 4 Absatz 3 Satz 1 in Verbindung mit § 3 Absatz 3 Satz 1 Nummer 1 Buchstabe d bis f ist das Versicherungskennzeichen der Nachweis, dass für das jeweilige Kraftfahrzeug eine Kraftfahrzeug-Haftpflichtversicherung nach § 1 des Pflichtversicherungsgesetzes[1)] besteht. [2] Nach Abschluss eines Versicherungsvertrages und Zahlung der Prämie hat der Versicherer dem Halter das Versicherungskennzeichen zusammen mit einer Bescheinigung über das Versicherungskennzeichen für das jeweilige Verkehrsjahr zu überlassen. [3] Ein Verkehrsjahr hat jeweils den Zeitraum vom 1. März eines Jahres bis zum Ablauf des Monats Februar des nächsten Jahres zu umfassen. [4] Zur anschließenden Übermittlung an das Kraftfahrt-Bundesamt durch den Versicherer zur Erhebung und Speicherung im dort geführten Zentralen Fahrzeugregister hat der Halter dem Versicherer die in § 33 Absatz 1 Satz 1 Nummer 2 des Straßenverkehrsgesetzes[2)] bezeichneten Halterdaten, die Angaben zu Fahrzeugklasse, Art des Aufbaus und Marke des Fahrzeuges sowie die Fahrzeug-Identifizierungsnummer zu übermitteln und auf Verlangen ihm gegenüber nachzuweisen. [5] Das Versicherungskennzeichen und die Bescheinigung verlieren ihre Gültigkeit mit Ablauf des Verkehrsjahres. [6] Die das Fahrzeug führende Person hat die Bescheinigung über das Versicherungskennzeichen mitzuführen und zuständigen Personen auf Verlangen zur Prüfung auszuhändigen oder vorzuzeigen.

(2) [1] Das Versicherungskennzeichen hat zu bestehen aus einem Schild, das eine zur eindeutigen Identifizierung des Kraftfahrzeuges geeignete Erkennungsnummer und das Zeichen des zuständigen Verbandes der Kraftfahrtversicherer oder, wenn kein Verband zuständig ist, das Zeichen des Versicherers trägt sowie das Verkehrsjahr angibt, für welches das Versicherungskennzeichen gilt. [2] Die Erkennungsnummer hat sich aus nicht mehr als drei Ziffern und nicht mehr als drei Buchstaben zusammenzusetzen. [3] Die Ziffern sind in einer Zeile über den Buchstaben anzugeben. [4] Das Verkehrsjahr ist durch die Angabe des Kalenderjahrs zu bezeichnen, in welchem es beginnt. [5] Der zuständige Verband der Kraftfahrtversicherer oder, wenn kein Verband zuständig ist, das Kraftfahrt-Bundesamt hat jeweils mit Genehmigung des Bundesministeriums

---

1) Nr. **5**.
2) Nr. **1**.

für Digitales und Verkehr den Versicherern die Erkennungsnummern zuzuteilen.

(3) [1]Der Versicherer hat dem Kraftfahrt-Bundesamt die Halterdaten nach § 33 Absatz 1 Satz 1 Nummer 2 des Straßenverkehrsgesetzes und die in § 57 Absatz 5 genannten Fahrzeugdaten sowie Änderungen der Daten unverzüglich nach Zuweisung des Versicherungskennzeichens zu übermitteln. [2]Die Übermittlung kann auch über eine Gemeinschaftseinrichtung der Versicherer erfolgen. [3]Ausführungsregeln zur technisch-organisatorischen Ausgestaltung der Datenübermittlung hat das Kraftfahrt-Bundesamt festzulegen und die entsprechenden Standards auf der Internetseite des Kraftfahrt-Bundesamts zu veröffentlichen. [4]Das Kraftfahrt-Bundesamt hat auf Änderungen im Bundesanzeiger und im Verkehrsblatt hinzuweisen.

(4) [1]Ein Eigenversicherer nach § 2 Absatz 1 Nummer 1 bis 4 des Pflichtversicherungsgesetzes oder eine juristische Person nach § 2 Absatz 1 Nummer 5 des Pflichtversicherungsgesetzes ist berechtigt, unter dem Zeichen eines Verbandes der Kraftfahrtversicherer Versicherungskennzeichen auszustellen. [2]Der Verband teilt dem Berechtigten nach Satz 1 die Erkennungsnummer nach Absatz 2 Satz 5 zu. [3]Absatz 3 Satz 1 und 3 gilt entsprechend.

§ 53 Ausgestaltung und Anbringung des Versicherungskennzeichens.

(1) [1]Die Beschriftung eines Versicherungskennzeichens hat im Verkehrsjahr 2023 schwarz auf weißem Grund zu sein, im Verkehrsjahr 2024 blau auf weißem Grund und im Verkehrsjahr 2025 grün auf weißem Grund. [2]Die Farben haben sich in den folgenden Verkehrsjahren jeweils in dieser Reihenfolge und Zusammensetzung zu wiederholen. [3]Der Rand hat dieselbe Farbe wie die Schriftzeichen zu haben. [4]Ein Versicherungskennzeichen kann erhaben sein. [5]Ein Versicherungskennzeichen darf nicht spiegeln und weder verdeckt noch verschmutzt sein. [6]Form, Größe und Ausgestaltung eines Versicherungskennzeichens hat dem Muster und den Angaben in Anlage 17 zu entsprechen.

(2) [1]Ein Versicherungskennzeichen muss reflektierend sein. [2]Die Rückstrahlwerte müssen Abschnitt 5.3.4 des Normblattes DIN 74069, Ausgabe Oktober 2022, entsprechen.

(3) [1]Ein Versicherungskennzeichen ist an der Rückseite des Kraftfahrzeuges fest anzubringen, sofern möglich unter der Schlussleuchte. [2]Ein Versicherungskennzeichen darf bis zu einem Vertikalwinkel von 30 Grad in Fahrtrichtung geneigt sein. [3]Der untere Rand eines Versicherungskennzeichens darf nicht weniger als 200 Millimeter über der Fahrbahn liegen. [4]Ein Versicherungskennzeichen muss hinter dem Kraftfahrzeug in einem Winkelbereich von je 45 Grad beiderseits der Fahrzeuglängsachse auf eine Entfernung von mindestens 15 Metern lesbar sein.

(4) [1]Wird ein Anhänger mitgeführt, so ist die Erkennungsnummer des Versicherungskennzeichens an der Rückseite des Anhängers so zu wiederholen, dass sie in einem Winkelbereich von je 45 Grad beiderseits der Fahrzeuglängsachse bei Tageslicht auf eine Entfernung von mindestens 15 Metern lesbar ist. [2]Die Farben der Schrift und des Grundes müssen denen des Versicherungskennzeichens des ziehenden Kraftfahrzeuges entsprechen. [3]Eine Einrichtung zur Beleuchtung des Versicherungskennzeichens am ziehenden Kraftfahrzeug und der Erkennungsnummer am Anhänger ist zulässig.

(5) [1] Zusätzlich zu einem Versicherungskennzeichen darf nur ein Unterscheidungszeichen des Zulassungsstaates nach Artikel 37 in Verbindung mit Anhang 3 des Übereinkommens vom 8. November 1968 über den Straßenverkehr am Kraftfahrzeug angebracht werden. [2] Für die Bundesrepublik Deutschland ist das Unterscheidungszeichen des Zulassungsstaates nach Artikel 37 in Verbindung mit Anhang 3 des Übereinkommens vom 8. November 1968 über den Straßenverkehr der Großbuchstabe „D".

(6) Zeichen und Einrichtungen aller Art, die zu Verwechslungen mit dem Versicherungskennzeichen oder dem Unterscheidungszeichen nach Absatz 5 Satz 1 führen oder ihre Wirkung beeinträchtigen können, dürfen nicht an einem Fahrzeug angebracht werden.

(7) Ein Kraftfahrzeug, das nach § 4 Absatz 3 Satz 1 ein Versicherungskennzeichen führen muss, darf von der das Fahrzeug führenden Person auf öffentlichen Straßen nur in Betrieb gesetzt werden, wenn das Versicherungskennzeichen nach Absatz 1 Satz 1, 3, 5 und 6, Absatz 2 und 3 Satz 1, 3 und 4 ausgestaltet und angebracht ist und keine verwechslungsfähigen oder beeinträchtigenden Zeichen und Einrichtungen nach Absatz 6 am Fahrzeug angebracht sind.

§ 54 Rote Versicherungskennzeichen. (1) Eine Fahrt im Sinne des § 41 Absatz 1 darf mit einem Kraftfahrzeug im Sinne des § 4 Absatz 3 Satz 1 vorbehaltlich des § 4 Absatz 1 auch mit einem roten Versicherungskennzeichen nach dem Muster in Anlage 17 unternommen werden.

(2) § 52 Absatz 2 und 3 ist entsprechend mit der Maßgabe anzuwenden, dass der Buchstabenbereich der Erkennungsnummer mit dem Buchstaben „Z" zu beginnen hat.

(3) [1] Ein rotes Versicherungskennzeichen ist nach § 53 in Verbindung mit Anlage 17 auszugestalten und anzubringen. [2] Ein Kennzeichen nach Satz 1 muss nicht fest am Kraftfahrzeug angebracht sein.

(4) Ein Kraftfahrzeug mit einem roten Versicherungskennzeichen darf von der das Fahrzeug führenden Person im Übrigen nur nach Maßgabe des § 53 Absatz 7 in Betrieb gesetzt werden.

(5) Der Versicherer hat dem Kraftfahrt-Bundesamt die Halterdaten nach § 33 Absatz 1 Satz 1 Nummer 2 des Straßenverkehrsgesetzes[1)] und die in § 57 Absatz 6 genannten Fahrzeugdaten unverzüglich nach Zuweisung des roten Versicherungskennzeichens zu übermitteln.

§ 55 Maßnahmen bei vorzeitiger Beendigung des Versicherungsverhältnisses. [1] Endet das Versicherungsverhältnis vor dem Ablauf des Verkehrsjahres, das auf dem Versicherungskennzeichen angegeben ist, hat der Versicherer den Halter zur unverzüglichen Rückgabe des Versicherungskennzeichens und der darüber ausgehändigten Bescheinigung aufzufordern und spätestens zeitgleich mit der Aufforderung der Zulassungsbehörde die Beendigung des Versicherungsverhältnisses anzuzeigen. [2] Kommt der Halter der Aufforderung nicht nach, hat der Versicherer hiervon die nach § 75 zuständige Zulassungsbehörde in Kenntnis zu setzen. [3] Die Zulassungsbehörde hat das Versicherungskennzeichen und die Bescheinigung einzuziehen.

[1)] Nr. **1**.

§ 56 Versicherungsplakette. (1) Für ein Kraftfahrzeug im Sinne des § 1 Absatz 1 der Elektrokleinstfahrzeuge-Verordnung[1] in Verbindung mit § 3 Absatz 3 Satz 1 Nummer 1 Buchstabe g ist die Versicherungsplakette der Nachweis, dass für das Kraftfahrzeug eine Kraftfahrzeug-Haftpflichtversicherung nach § 1 des Pflichtversicherungsgesetzes[2] besteht.

(2) Die Vorschriften über das Versicherungskennzeichen nach den §§ 52 und 53 sind mit der Maßgabe entsprechend anzuwenden, dass

1. es abweichend von § 52 Absatz 1 Satz 6 genügt, wenn die Bescheinigung über die Versicherungsplakette für eine Inbetriebsetzung von der das Fahrzeug führenden Person aufbewahrt und zuständigen Personen auf Verlangen zur Prüfung ausgehändigt wird;
2. die Versicherungsplakette abweichend von § 52 Absatz 2 anstelle eines Schildes aus einem Aufkleber besteht, der eine dauerhafte Verklebung auf der Fahrzeugoberfläche gewährleistet und zusätzlich mit einem fälschungserschwerenden Hologramm ausgestattet ist;
3. Form, Größe und Ausgestaltung der Versicherungsplakette abweichend von § 53 Absatz 1 Satz 6 dem Muster und den Angaben in Anlage 18 entsprechen müssen.

(3) [1]Eine Versicherungsplakette ist an der Rückseite des Fahrzeuges fest anzubringen, sofern möglich unter der Schlussleuchte. [2]Eine Versicherungsplakette darf bis zu einem Vertikalwinkel von 30 Grad in Fahrtrichtung geneigt sein. [3]Der untere Rand einer Versicherungsplakette darf nicht weniger als 50 Millimetern über der Fahrbahn liegen. [4]Eine Versicherungsplakette muss hinter dem Fahrzeug auf eine Entfernung von mindestens 8 Metern in der Fahrzeuglängsachse lesbar sein.

(4) Ein Kraftfahrzeug im Sinne des § 1 Absatz 1 der Elektrokleinstfahrzeuge-Verordnung darf von der das Fahrzeug führenden Person auf öffentlichen Straßen nur in Betrieb gesetzt werden, wenn die Versicherungsplakette nach den Absätzen 2 und 3 ausgestaltet und angebracht ist und keine verwechslungsfähigen oder beeinträchtigende Zeichen und Einrichtungen am Fahrzeug angebracht sind.

(5) [1]Eine Fahrt im Sinne des § 41 Absatz 1 darf mit einem Kraftfahrzeug im Sinne des § 1 Absatz 1 der Elektrokleinstfahrzeuge-Verordnung vorbehaltlich des § 2 Absatz 1 der Elektrokleinstfahrzeuge-Verordnung auch mit einer roten Versicherungsplakette nach dem Muster in Anlage 18 unternommen werden. [2]Absatz 2 in Verbindung mit § 52 Absatz 2 und 3 ist entsprechend mit der Maßgabe anzuwenden, dass der Buchstabenbereich der Erkennungsnummer mit dem Buchstaben „Z" zu beginnen hat. [3]Eine rote Versicherungsplakette ist nach den Absätzen 2 und 3 in Verbindung mit § 53 und Anlage 18 auszugestalten und anzubringen. [4]Eine rote Versicherungsplakette muss nicht fest am Elektrokleinstfahrzeug angebracht sein. [5]Ein Elektrokleinstfahrzeug mit einer roten Versicherungsplakette darf im Übrigen nur nach Maßgabe des Absatzes 4 in Betrieb gesetzt werden. [6]Der Versicherer hat dem Kraftfahrt-Bundesamt die Halterdaten nach § 33 Absatz 1 Satz 1 Nummer 2 des Straßenverkehrsgesetzes[3]

---

[1] Nr. **3.3**.
[2] Nr. **5**.
[3] Nr. **1**.

und die in § 57 Absatz 6 genannten Fahrzeugdaten unverzüglich nach Zuweisung der Versicherungsplakette zu übermitteln.

(6) [1]Endet das Versicherungsverhältnis vor dem Ablauf des Verkehrsjahres, das auf der Versicherungsplakette angegeben ist, hat der Versicherer den Halter zur unverzüglichen Entfernung der Versicherungsplakette, zur Vorlage eines Nachweises über diese Entfernung und zur Rückgabe der ausgehändigten Bescheinigung aufzufordern und der Zulassungsbehörde die Beendigung des Versicherungsverhältnisses anzuzeigen. [2]Kommt der Halter der Aufforderung nicht nach, hat der Versicherer hiervon die nach § 75 zuständige Zulassungsbehörde in Kenntnis zu setzen. [3]Die Zulassungsbehörde hat unverzüglich die Versicherungsplakette zu entfernen und die Bescheinigung einzuziehen.

Abschnitt 7. Fahrzeugregister

§ 57 Erhebung und Speicherung der Fahrzeugdaten im Zentralen Fahrzeugregister. (1) Bei einem Fahrzeug, dem ein Kennzeichen zugeteilt ist, sind im Zentralen Fahrzeugregister folgende Fahrzeugdaten zu erheben und zu speichern:

1. die der Zulassungsbehörde nach § 6 Absatz 5 Nummer 1, 2, 4 und 5 und Absatz 8 mitzuteilenden Fahrzeugdaten sowie die errechnete Nutzlast des Fahrzeuges, welche sich aus der technisch zulässigen Gesamtmasse abzüglich der Masse des in Betrieb befindlichen Fahrzeuges ergibt,
2. weitere Angaben, soweit deren Eintragung in den Fahrzeugdokumenten vorgeschrieben oder zulässig ist,
3. das Unterscheidungszeichen und die Erkennungsnummer des zugeteilten Kennzeichens sowie das Datum der Zuteilung,
4. bei Zuteilung eines Kennzeichens als Saisonkennzeichen zusätzlich zu den Angaben nach Nummer 3 der Betriebszeitraum,
5. bei Zuteilung eines Wechselkennzeichens, eines Oldtimerkennzeichens oder eines Kennzeichens für elektrisch betriebene Fahrzeuge zusätzlich zu den Angaben nach Nummer 3 ein Hinweis darauf, dass es sich um ein solches Kennzeichen handelt,
6. das Unterscheidungszeichen und die Erkennungsnummer aufgrund von einer Ausnahmegenehmigung zugeteilten weiteren Kennzeichen sowie das Datum der jeweiligen Zuteilung,
7. der Monat und das Jahr des auf die Ausfertigung der Zulassungsbescheinigung folgenden Ablaufs der Frist für die nächste Hauptuntersuchung oder Sicherheitsprüfung nach § 29 der Straßenverkehrs-Zulassungs-Ordnung[1)],
8. bei Verwendung des Nachweisverfahrens der Hauptuntersuchung oder Sicherheitsprüfung mittels Verifizierung der Prüfziffer nach § 22 Absatz 1 Satz 1 Nummer 2 die nach § 22 Absatz 5 von den Zulassungsbehörden übermittelten Daten,
9. bei Zuteilung eines grünen Kennzeichens ein Hinweis darauf, dass es sich um ein solches Kennzeichen handelt, und das Datum der Zuteilung,
10. das Datum

---

1) Nr. **3**.

a) der Außerbetriebsetzung des Fahrzeuges und, bei einem mit einem Wechselkennzeichen zugelassenen Fahrzeug zusätzlich einen Hinweis darauf, dass es sich um ein Wechselkennzeichen handelt,

b) der Entstempelung des Kennzeichens, wobei im Fall der internetbasierten Außerbetriebsetzung das Datum der Außerbetriebsetzung anstelle des Datums der Entstempelung zu speichern ist, und, bei einem mit einem Wechselkennzeichen zugelassenen Fahrzeug zusätzlich das Datum der Entstempelung des fahrzeugbezogenen Teils sowie

c) des Ablaufs der Reservierung des Kennzeichens,

11. die Art der Typgenehmigung oder Fahrzeug-Einzelgenehmigung, einschließlich der Nummer des Einzelgenehmigungsbogens, des Datums der Einzelgenehmigung und der Kennung der Genehmigungsbehörde,
12. die Emissionsklasse, in die das Fahrzeug eingestuft ist, und die Grundlage dieser Einstufung,
13. die Kennziffer des Zulassungsbezirks einschließlich der Gemeindekennziffer und die Kennziffer früherer Zulassungsbezirke,
14. im Fall einer internetbasierten Antragstellung die Antragsnummer und die Angabe, dass eine internetbasierte Antragstellung vorliegt,
15. bei Fahrzeugen, für die die Zulassungsbescheinigung Teil II ausgefertigt wurde, die Nummer und der Sicherheitscode der Zulassungsbescheinigung Teil II sowie bei Außerbetriebsetzung des Fahrzeuges ein Hinweis über den Verbleib der Zulassungsbescheinigung Teil II,
16. die Nummern früherer Zulassungsbescheinigungen Teil II und Hinweise über deren Verbleib,
17. soweit eine Aufbietung der Zulassungsbescheinigungen Teil II erfolgt ist, ein Hinweis darauf,
18. die von der Zulassungsbehörde aufgebrachte Nummer, die Vordrucknummer, der Sicherheitscode und die Druckstücknummer der Markierung der Zulassungsbescheinigung Teil I,
19. die Sicherheitscodes und die Druckstücknummern der Stempelplaketten,
20. das Datum der Aushändigung und der Hinweis über die Rückgabe oder Einziehung der Zulassungsbescheinigung Teil I, wobei im Fall der internetbasierten Wiederzulassung das Datum der Aushändigung entfällt,
21. Hinweise über die Ausstellung einer Zulassungsbescheinigung Teil I als Zweitschrift sowie eines Anhängerverzeichnisses und das Datum der jeweiligen Ausstellung,
22. bei Ausstellung eines Internationalen Zulassungsscheins ein Hinweis darauf und das Datum der Ausstellung,
23. eine Vormerkung zur Inanspruchnahme nach dem Bundesleistungsgesetz, dem Verkehrssicherstellungsgesetz oder dem Verkehrsleistungsgesetz,
24. folgende Daten zur Kraftfahrzeug-Haftpflichtversicherung:

a) die der Zulassungsbehörde nach § 6 Absatz 5 Nummer 3 mitzuteilenden Daten,

b) das Datum des Eingangs der Versicherungsbestätigung,

c) Hinweise auf ein Nichtbestehen oder eine Beendigung des Versicherungsverhältnisses, die Anzeige hierüber sowie das Datum des Eingangs der Anzeige bei der Zulassungsbehörde,

   d) bei Maßnahmen der Zulassungsbehörde auf Grund des Nichtbestehens oder der Beendigung des Versicherungsverhältnisses ein Hinweis darauf und
   e) der Name und die Anschrift oder die Schlüsselnummer der früheren Versicherer und jeweils die Daten zu diesen Versicherungen nach Maßgabe der Buchstaben a bis d,

25. fahrzeugbezogene und halterbezogene Ausnahmegenehmigungen sowie Auflagen oder Hinweise auf solche Genehmigungen und Auflagen,
26. Hinweise über
   a) Fahrzeugmängel,
   b) Maßnahmen zur Mängelbeseitigung,
   c) erhebliche Schäden am Fahrzeug aus einem Verkehrsunfall,
   d) die Eintragung der Außerbetriebsetzung des Fahrzeuges in die Zulassungsbescheinigung Teil I,
   e) die Berechtigung zum Betrieb des Fahrzeuges trotz eines Verkehrsverbots,
   f) Verstöße gegen die Vorschriften über die Kraftfahrzeugsteuer,
27. Hinweise über die Untersagung oder Beschränkung des Betriebs des Fahrzeuges,
28. Angaben zum Ort, an dem das sichergestellte Fahrzeug abgestellt ist,
29. das Datum des Eingangs der Anzeige bei der Zulassungsbehörde über die Veräußerung des Fahrzeuges und das Datum der Veräußerung,
30. bei Verlegung des Wohnsitzes des Halters in den Bezirk einer anderen Zulassungsbehörde und Zuteilung eines neuen Kennzeichens: das neue Kennzeichen dieses Zulassungsbezirks und das Datum der Zuteilung,
31. folgende Daten über frühere Angaben und Ereignisse:
   a) Kennzeichen,
   b) Fahrzeug-Identifizierungsnummern,
   c) Marke und Typ des Fahrzeuges,
   d) Hinweise über Änderungen in der Beschaffenheit und Ausrüstung des Fahrzeuges sowie das jeweilige Datum der Änderung,
   e) Hinweise über den Grund der sonstigen Änderungen und das jeweilige Datum der Änderung,
32. folgende Daten über den Verwertungsnachweis und die Abgabe von Erklärungen nach § 17:
   a) das Datum der Ausstellung des Verwertungsnachweises und
      aa) die Betriebsnummer des inländischen Demontagebetriebes oder
      bb) im Fall des § 17 Absatz 2 der Staat, in dem die Verwertungsanlage ihren Sitz hat,

      oder
   b) der Hinweis auf die Angabe, dass das Fahrzeug zum Zweck der Entsorgung in einem Drittstaat verbleibt, oder
   c) der Hinweis auf die Angabe, dass das Fahrzeug nicht als Abfall entsorgt wird,
33. die Nummer der früheren ausländischen Zulassungsbescheinigung oder die Nummern von deren Teilen I und II, soweit diese jeweils vorhanden sind,

34. bei erstmaliger Zulassung eines Fahrzeuges, wobei eine Zulassung außerhalb der Europäischen Union vor weniger als drei Monaten nicht zu berücksichtigen ist, folgende Daten zur Beschaffenheit des Fahrzeuges, sofern das Fahrzeug einem Typ entspricht, für den eine EU-Typgenehmigung vorliegt, die auf Basis der Verordnung (EG) Nr. 715/2007 des Europäischen Parlaments und des Rates vom 20. Juni 2007 über die Typgenehmigung von Kraftfahrzeugen hinsichtlich der Emissionen von leichten Personenkraftwagen und Nutzfahrzeugen (Euro 5 und Euro 6) und über den Zugang zu Reparatur- und Wartungsinformationen für Fahrzeuge (ABl. L 171 vom 29.6.2007, S. 1) in Verbindung mit der Verordnung (EU) 2017/1151 der Kommission vom 1. Juni 2017 zur Ergänzung der Verordnung (EG) Nr. 715/2007 des Europäischen Parlaments und des Rates über die Typgenehmigung von Kraftfahrzeugen hinsichtlich der Emissionen von leichten Personenkraftwagen und Nutzfahrzeugen (Euro 5 und Euro 6) und über den Zugang zu Fahrzeugreparatur- und Wartungsinformationen, zur Änderung der Richtlinie 2007/46/EG des Europäischen Parlaments und des Rates, der Verordnung (EG) Nr. 692/2008 der Kommission sowie der Verordnung (EU) Nr. 1230/2012 der Kommission und zur Aufhebung der Verordnung (EG) Nr. 692/2008 der Kommission (ABl. L 175 vom 7.7. 2017, S. 1) erteilt worden ist:
    a) Radstand,
    b) Spurweite,
    c) elektrischer Energieverbrauch in Wattstunden je Kilometer,
    d) bei einem extern aufladbaren Hybridfahrzeug die gleichwertige elektromotorische Reichweite innerorts (EAER City) gemäß Feld 49.5 der Übereinstimmungsbescheinigung,
    e) Codes der Ökoinnovationen,
    f) Kohlenstoffdioxid-Einsparung durch Ökoinnovationen in Gramm pro Kilometer,
    g) Prüfmasse des Fahrzeuges in Kilogramm nach dem weltweit harmonisierten Prüfverfahren für leichte Nutzfahrzeuge (WLTP-Prüfmasse),
    h) Abweichungsfaktor,
    i) Differenzierungsfaktor und
    j) Fahrzeugfamilie.

(2) Bei der Zuteilung eines roten Kennzeichens sind im Zentralen Fahrzeugregister folgende Fahrzeugdaten zu erheben und zu speichern:

1. das Unterscheidungszeichen und die Erkennungsnummer,
2. ein Hinweis auf die Zuteilung und das Datum der Zuteilung sowie die Dauer der Gültigkeit des Kennzeichens,
3. das Datum der Rückgabe oder der Entziehung des Kennzeichens,
4. folgende Daten zur Kraftfahrzeug-Haftpflichtversicherung:
    a) die der Zulassungsbehörde nach § 41 Absatz 5 mitzuteilenden Daten zur Kraftfahrzeug-Haftpflichtversicherung,
    b) die nach Absatz 1 Nummer 24 Buchstabe b bis e zu speichernden Daten.

(3) Bei der Zuteilung eines Kurzzeitkennzeichens sind im Zentralen Fahrzeugregister folgende Fahrzeugdaten zu erheben und zu speichern:

1. die nach § 42 Absatz 2 Satz 2 Nummer 3 bis 6 mitzuteilenden Fahrzeugdaten,
2. das Unterscheidungszeichen und die Erkennungsnummer,
3. ein Hinweis auf die Zuteilung und das Datum der Zuteilung des Kennzeichens sowie die Dauer der Gültigkeit des Kennzeichens,
4. die nach § 42 Absatz 5 Satz 2 zu vermerkenden Beschränkungen,
5. folgende Daten zur Kraftfahrzeug-Haftpflichtversicherung:
   a) die der Zulassungsbehörde nach § 42 Absatz 2 Satz 2 Nummer 2 mitzuteilenden Daten zur Kraftfahrzeug-Haftpflichtversicherung,
   b) die nach Absatz 1 Nummer 24 Buchstabe b bis e zu speichernden Daten.

(4) Bei Zuteilung eines Ausfuhrkennzeichens sind im Zentralen Fahrzeugregister folgende Fahrzeugdaten zu erheben und zu speichern:

1. die der Zulassungsbehörde nach § 45 Absatz 2 Satz 7 mitzuteilenden Fahrzeugdaten,
2. das Unterscheidungszeichen und die Erkennungsnummer sowie
   a) das Datum der Zuteilung des Kennzeichens und
   b) das Datum des Ablaufs der Gültigkeit der Zulassung des Fahrzeuges mit diesem Kennzeichen im Geltungsbereich dieser Verordnung,
3. die Nummer und der Sicherheitscode der Zulassungsbescheinigung Teil II, falls eine Zulassungsbescheinigung Teil II vorhanden war, und Hinweise zum Verbleib der Zulassungsbescheinigung Teil II,
4. folgende Daten zur Kraftfahrzeug-Haftpflichtversicherung:
   a) die der Zulassungsbehörde nach § 45 Absatz 2 Satz 7 mitzuteilenden Daten zur Kraftfahrzeug-Haftpflichtversicherung,
   b) die nach Absatz 1 Nummer 24 Buchstabe b bis e zu speichernden Daten.

(5) Bei Ausgabe eines Versicherungskennzeichens oder einer Versicherungsplakette sind im Zentralen Fahrzeugregister folgende Fahrzeugdaten zu erheben und zu speichern:

1. die dem Versicherer nach § 52 Absatz 1 Satz 4, auch in Verbindung mit § 56 Absatz 2, mitzuteilenden Fahrzeugdaten,
2. die Erkennungsnummer,
3. der Beginn des Versicherungsschutzes,
4. der Zeitpunkt der Beendigung der auf dem Versicherungsverhältnis nach § 117 Absatz 2 des Versicherungsvertragsgesetzes beruhenden Leistungspflicht,
5. folgende Daten zur Kraftfahrzeug-Haftpflichtversicherung:
   a) der Name und die Anschrift oder die Schlüsselnummer des Versicherers,
   b) die Nummer des Versicherungsscheins oder der Versicherungsbestätigung.

(6) Bei Ausgabe eines roten Versicherungskennzeichens oder einer roten Versicherungsplakette sind im Zentralen Fahrzeugregister folgende Fahrzeugdaten zu erheben und zu speichern:

1. die Erkennungsnummer,
2. der Beginn des Versicherungsschutzes,

3. der Zeitpunkt der Beendigung der auf dem Versicherungsverhältnis nach § 117 Absatz 2 des Versicherungsvertragsgesetzes beruhenden Leistungspflicht,
4. folgende Daten zur Kraftfahrzeug-Haftpflichtversicherung:
   a) der Name und die Anschrift oder die Schlüsselnummer des Versicherers,
   b) die Nummer des Versicherungsscheins oder der Versicherungsbestätigung.

(7) Im Zentralen Fahrzeugregister sind auch die durch Ausnahmegenehmigung ohne Zuordnung zu einem bestimmten Fahrzeug zugeteilten Kennzeichen zu erheben und zu speichern sowie jeweils das Datum der Zuteilung und die Stelle, die über die Verwendung bestimmt.

(8) Soweit das Kraftfahrt-Bundesamt für bestimmte Daten eine Schlüsselnummer festgelegt hat, ist auch diese im Zentralen Fahrzeugregister zu erheben und zu speichern.

(9) Im Zentralen Fahrzeugregister ist ferner das Datum der Änderung der in den Absätzen 1 bis 8 bezeichneten Fahrzeugdaten zu erheben und zu speichern.

(10) [1] Im Zentralen Fahrzeugregister sind Hinweise auf Diebstahl oder sonstiges Abhandenkommen

1. eines Fahrzeuges,
2. eines gestempelten Kennzeichens oder eines gestempelten roten Kennzeichens,
3. eines gestempelten Ausfuhrkennzeichens oder eines gestempelten Kurzzeitkennzeichens, dessen jeweilige Gültigkeit noch nicht abgelaufen ist,
4. eines gültigen Versicherungskennzeichens oder einer gültigen Versicherungsplakette,
5. einer ausgefertigten Zulassungsbescheinigung Teil I oder Teil II

zu erheben und zu speichern. [2] Jeweils zusätzlich sind das Datum des Diebstahls oder des sonstigen Abhandenkommens sowie Hinweise darauf zu erheben und zu speichern, dass nach dem abhandengekommenen Gegenstand gefahndet wird und dass im Fall des Verlustes eines Kennzeichens oder einer Versicherungsplakette im Sinne des Satzes 1 Nummer 2 bis 4 diese nicht vor deren Wiederauffinden, sonst nicht vor Ablauf von zehn Jahren seit Fahndungsbeginn wieder zugeteilt werden dürfen. [3] Bei Diebstahl oder sonstigem Abhandenkommen von nicht ausgefertigten Zulassungsbescheinigungen Teil I oder Teil II ist jeweils die Dokumentennummer zu erheben und zu speichern. [4] Wurde in den Vordruck für die Zulassungsbescheinigung Teil II bereits durch den Hersteller eine Fahrzeug-Identifizierungsnummer eingetragen, ist auch diese zu erheben und zu speichern.

(11) Hinweise auf erhebliche Schäden an einem Fahrzeug sind im Zentralen Fahrzeugregister zu erheben und zu speichern, auch wenn das Fahrzeug außer Betrieb gesetzt wird.

§ 58 Erhebung und Speicherung der Fahrzeugdaten im örtlichen Fahrzeugregister. (1) Bei einem Fahrzeug, dem ein Kennzeichen zugeteilt ist, sind im örtlichen Fahrzeugregister folgende Fahrzeugdaten zu erheben und zu speichern:

1. die der Zulassungsbehörde nach § 6 Absatz 5 Nummer 1, 2, 4 und 5 und Absatz 8 mitzuteilenden Fahrzeugdaten,

2. weitere Angaben, soweit deren Eintragung in der Zulassungsbescheinigung vorgeschrieben oder zulässig ist,
3. das Unterscheidungszeichen und die Erkennungsnummer des zugeteilten Kennzeichens sowie das Datum der Zuteilung,
4. bei Zuteilung eines Saisonkennzeichens zusätzlich zu den Angaben nach Nummer 3 der Betriebszeitraum,
5. bei Zuteilung eines Wechselkennzeichens, eines Oldtimerkennzeichens oder eines Kennzeichens für ein elektrisch betriebenes Fahrzeug zusätzlich zu den Angaben nach Nummer 3 ein Hinweis darauf, dass es sich um ein solches Kennzeichen handelt,
6. das Unterscheidungszeichen und die Erkennungsnummer von durch Ausnahmegenehmigung zugeteilten weiteren Kennzeichen sowie das Datum der jeweiligen Zuteilung,
7. der Monat und das Jahr des auf die Ausfertigung der Zulassungsbescheinigung folgenden Ablaufs der Frist für die nächste Hauptuntersuchung oder Sicherheitsprüfung nach § 29 der Straßenverkehrs-Zulassungs-Ordnung[1],
8. bei Zuteilung eines grünen Kennzeichens ein Hinweis darauf, dass es sich um ein solches Kennzeichen handelt, und das Datum der Zuteilung,
9. das Datum
   a) der Außerbetriebsetzung des Fahrzeuges und, bei einem mit einem Wechselkennzeichen zugelassenen Fahrzeug, zusätzlich ein Hinweis darauf, dass es sich um ein Wechselkennzeichen handelt,
   b) der Entstempelung des Kennzeichens, wobei im Fall der internetbasierten Außerbetriebsetzung das Datum der abschließenden Bearbeitung des Antrags auf Außerbetriebsetzung an Stelle des Datums der Entstempelung zu erheben und zu speichern ist, und bei einem mit einem Wechselkennzeichen zugelassenen Fahrzeug zusätzlich das Datum der Entstempelung des fahrzeugbezogenen Teils sowie
   c) des Ablaufs der Reservierung des Kennzeichens,
10. die Art der Typgenehmigung oder Fahrzeug-Einzelgenehmigung,
11. die Emissionsklasse, in die das Fahrzeug eingestuft ist, und die Grundlage dieser Einstufung,
12. die Kennziffer des Zulassungsbezirks einschließlich der Gemeindekennziffer,
13. bei Fahrzeugen, für die die Zulassungsbescheinigung Teil II ausgefertigt wurde, die Nummer der Zulassungsbescheinigung Teil II und ein Hinweis über den Verbleib der Zulassungsbescheinigung Teil II bei Außerbetriebsetzung des Fahrzeuges,
14. die Nummer der früheren Zulassungsbescheinigung Teil II und ein Hinweis auf deren Verbleib bei Ausfertigung einer neuen Zulassungsbescheinigung Teil II,
15. soweit eine Aufbietung der Zulassungsbescheinigung Teil II erfolgt ist, ein Hinweis auf die Aufbietung der Zulassungsbescheinigung Teil II,
16. die von der Zulassungsbehörde aufgebrachte Nummer, die Vordrucknummer und die Druckstücknummer der Markierung der Zulassungsbescheinigung Teil I,

[1] Nr. **3**.

17. die Druckstücknummern der Stempelplaketten,
18. das Datum der Aushändigung und Rückgabe oder Einziehung der Zulassungsbescheinigung Teil I, wobei im Fall der internetbasierten Wiederzulassung das Datum der Aushändigung entfällt,
19. Hinweise über die Ausstellung einer Zulassungsbescheinigung Teil I als Zweitschrift sowie eines Anhängerverzeichnisses und das Datum der jeweiligen Ausstellung,
20. bei Ausstellung eines Internationalen Zulassungsscheins ein Hinweis darauf und das Datum der Ausstellung,
21. eine Vormerkung zur Inanspruchnahme nach dem Bundesleistungsgesetz, dem Verkehrssicherstellungsgesetz oder dem Verkehrsleistungsgesetz,
22. folgende Daten zur Kraftfahrzeug-Haftpflichtversicherung:
    a) die der Zulassungsbehörde nach § 6 Absatz 5 Nummer 3 mitzuteilenden Daten,
    b) das Datum des Eingangs der Versicherungsbestätigung,
    c) Hinweise auf ein Nichtbestehen oder eine Beendigung des Versicherungsverhältnisses, die Anzeige hierüber und das Datum des Eingangs der Anzeige bei der Zulassungsbehörde,
    d) bei Maßnahmen der Zulassungsbehörde auf Grund des Nichtbestehens oder der Beendigung des Versicherungsverhältnisses ein Hinweis darauf und
    e) der Name und die Anschrift oder die Schlüsselnummer der früheren Versicherer und jeweils die Daten zu diesen Versicherungen nach Maßgabe der Buchstaben a bis d,
23. fahrzeugbezogene und halterbezogene Ausnahmegenehmigungen sowie Auflagen oder Hinweise auf solche Genehmigungen und Auflagen,
24. Hinweise über
    a) Fahrzeugmängel,
    b) Maßnahmen zur Mängelbeseitigung,
    c) erhebliche Schäden am Fahrzeug aus einem Verkehrsunfall,
    d) die Eintragung der Außerbetriebsetzung des Fahrzeuges in die Zulassungsbescheinigung Teil I,
    e) die Berechtigung zum Betrieb des Fahrzeuges trotz eines Verkehrsverbots,
    f) Verstöße gegen die Vorschriften über die Kraftfahrzeugsteuer,
25. Hinweise über die Untersagung oder Beschränkung des Betriebs des Fahrzeuges,
26. Angaben zum Ort, an dem das sichergestellte Fahrzeug abgestellt ist,
27. das Datum des Eingangs der Anzeige bei der Zulassungsbehörde über die Veräußerung des Fahrzeuges und das Datum der Veräußerung,
28. bei Verlegung des Wohnsitzes des Halters in den Bezirk einer anderen Zulassungsbehörde und Zuteilung eines neuen Kennzeichens: das neue Kennzeichen dieses Zulassungsbezirks und das Datum der Zuteilung,
29. folgende Daten über frühere Angaben und Ereignisse:
    a) bei Zuteilung eines neuen Kennzeichens das bisherige Kennzeichen,
    b) bei Änderung der Fahrzeug-Identifizierungsnummer die bisherige Fahrzeug-Identifizierungsnummer,

30. folgende Daten über den Verwertungsnachweis und die Abgabe von Erklärungen nach § 17:
    a) das Datum der Ausstellung des Verwertungsnachweises und
        aa) die Betriebsnummer des inländischen Demontagebetriebes oder
        bb) im Fall des § 17 Absatz 2 der Staat, in dem die Verwertungsanlage ihren Sitz hat,

        oder
    b) ein Hinweis auf die Angabe, dass das Fahrzeug zum Zweck der Entsorgung in einem Drittstaat verbleibt, oder
    c) ein Hinweis auf die Angabe, dass das Fahrzeug nicht als Abfall entsorgt wird.

(2) Bei der Zuteilung eines roten Kennzeichens sind im örtlichen Fahrzeugregister folgende Fahrzeugdaten zu erheben und zu speichern:

1. das Unterscheidungszeichen und die Erkennungsnummer,
2. ein Hinweis auf die Zuteilung und das Datum der Zuteilung sowie die Dauer der Gültigkeit des Kennzeichens,
3. das Datum der Rückgabe oder der Entziehung des Kennzeichens,
4. folgende Daten zur Kraftfahrzeug-Haftpflichtversicherung:
    a) die der Zulassungsbehörde nach § 41 Absatz 5 mitzuteilenden Daten zur Kraftfahrzeug-Haftpflichtversicherung,
    b) die nach Absatz 1 Nummer 22 Buchstabe b bis e zu erhebenden und zu speichernden Daten.

(3) Bei der Zuteilung eines Kurzzeitkennzeichens sind im örtlichen Fahrzeugregister folgende Fahrzeugdaten zu erheben und zu speichern:

1. die nach § 42 Absatz 2 Satz 2 Nummer 3 bis 6 mitzuteilenden Fahrzeugdaten,
2. das Unterscheidungszeichen und die Erkennungsnummer,
3. ein Hinweis auf die Zuteilung und das Datum der Zuteilung des Kennzeichens sowie die Dauer der Gültigkeit des Kennzeichens,
4. die nach § 42 Absatz 5 Satz 2 zu vermerkenden Beschränkungen,
5. folgende Daten zur Kraftfahrzeug-Haftpflichtversicherung:
    a) die der Zulassungsbehörde nach § 42 Absatz 2 Satz 2 Nummer 2 mitzuteilenden Daten zur Kraftfahrzeug-Haftpflichtversicherung,
    b) die nach Absatz 1 Nummer 22 Buchstabe b bis e zu speichernden Daten.

(4) Bei Zuteilung eines Ausfuhrkennzeichens sind im örtlichen Fahrzeugregister folgende Fahrzeugdaten zu erheben und zu speichern:

1. die der Zulassungsbehörde nach § 45 Absatz 2 Satz 7 mitzuteilenden Fahrzeugdaten,
2. das Unterscheidungszeichen und die Erkennungsnummer sowie
    a) das Datum der Zuteilung des Kennzeichens und
    b) das Datum des Ablaufs der Gültigkeit der Zulassung des Fahrzeuges mit diesem Kennzeichen im Geltungsbereich dieser Verordnung,
3. die Nummer der Zulassungsbescheinigung Teil II, falls eine solche vorhanden war, und Hinweise zum Verbleib der Zulassungsbescheinigung Teil II,
4. folgende Daten zur Kraftfahrzeug-Haftpflichtversicherung:

a) die der Zulassungsbehörde nach § 45 Absatz 2 Satz 7 mitzuteilenden Daten zur Kraftfahrzeug-Haftpflichtversicherung,
b) die nach Absatz 1 Nummer 22 Buchstabe b bis e zu erhebenden und zu speichernden Daten.

(5) Im örtlichen Fahrzeugregister sind auch die durch Ausnahmegenehmigung ohne Zuordnung zu einem bestimmten Fahrzeug zugeteilten Kennzeichen zu erheben und zu speichern sowie jeweils das Datum der Zuteilung und die Stelle, die über die Verwendung bestimmt.

(6) Soweit das Kraftfahrt-Bundesamt für bestimmte Daten eine Schlüsselnummer festgelegt hat, ist auch diese im örtlichen Fahrzeugregister zu erheben und zu speichern.

(7) Im örtlichen Fahrzeugregister ist ferner das Datum der Änderung der in den Absätzen 1 bis 6 bezeichneten Fahrzeugdaten zu erheben und zu speichern.

(8) [1] Im örtlichen Fahrzeugregister sind Hinweise über Diebstahl oder sonstiges Abhandenkommen

1. eines Fahrzeuges,
2. eines gestempelten Kennzeichens oder eines gestempelten roten Kennzeichens,
3. eines gestempelten Ausfuhrkennzeichens oder eines gestempelten Kurzzeitkennzeichens, dessen jeweilige Gültigkeit noch nicht abgelaufen ist,
4. eines gültigen Versicherungskennzeichens oder einer gültigen Versicherungsplakette und
5. einer ausgefertigten Zulassungsbescheinigung (Teil I oder Teil II)

zu erheben und zu speichern. [2] Jeweils zusätzlich sind das Datum des Diebstahls oder des sonstigen Abhandenkommens sowie Hinweise darauf zu erheben und zu speichern, dass nach dem abhandengekommenen Gegenstand gefahndet wird und dass im Fall des Verlustes eines Kennzeichens oder einer Versicherungsplakette im Sinne des Satzes 1 Nummer 2 bis 4 diese nicht vor deren Wiederauffinden, sonst nicht vor Ablauf von zehn Jahren seit Fahndungsbeginn wieder zugeteilt werden dürfen. [3] Bei Diebstahl oder sonstigem Abhandenkommen von nicht ausgefertigten Zulassungsbescheinigungen Teil I und Teil II ist jeweils die Dokumentennummer zu erheben und zu speichern. [4] Wurde in den Vordruck für die Zulassungsbescheinigung Teil II bereits durch den Hersteller eine Fahrzeug-Identifizierungsnummer eingetragen, ist auch diese zu erheben und zu speichern.

(9) Sofern die bisher nicht obligatorisch zu erhebenden und zu speichernden Daten nach Absatz 1 Nummer 6, 7, 15, 18 bis 20, 23, 24 bis 30 und Absatz 2 bis 8 noch nicht im örtlichen Fahrzeugregister gespeichert sind, brauchen sie auch weiterhin nicht gespeichert zu werden.

§ 59 Erhebung und Speicherung der Halterdaten in den Fahrzeugregistern. (1) [1] Die der Zulassungsbehörde nach § 6 Absatz 1 Satz 2 mitzuteilenden Halterdaten und die nach § 15 Absatz 5 Satz 3 mitzuteilenden Daten des Erwerbers sowie die dem Kraftfahrt-Bundesamt nach § 52 Absatz 3, auch in Verbindung mit § 56 Absatz 2, mitzuteilenden Halterdaten sind zu erheben und zu speichern

1. im Zentralen Fahrzeugregister

a) bei einem Fahrzeug, dem ein Kennzeichen nach § 9 zugeteilt ist,
b) bei einem Fahrzeug, dem ein Ausfuhrkennzeichen zugeteilt ist,
c) bei der Zuteilung eines roten Kennzeichens,
d) bei einem Fahrzeug, dem ein Kurzzeitkennzeichen zugeteilt ist, und
e) bei einem Fahrzeug mit Versicherungskennzeichen oder Versicherungsplakette

und

2. im örtlichen Fahrzeugregister
a) bei einem Fahrzeug, dem ein Kennzeichen nach § 9 zugeteilt ist,
b) bei einem Fahrzeug, dem ein Ausfuhrkennzeichen zugeteilt ist,
c) bei der Zuteilung eines roten Kennzeichens und
d) bei einem Fahrzeug, dem ein Kurzzeitkennzeichen zugeteilt ist.

[2] In den Fahrzeugregistern ist jeweils zusätzlich das Datum der Änderung der Halterdaten zu erheben und zu speichern.

(2) Im Zentralen Fahrzeugregister und im örtlichen Fahrzeugregister sind über beruflich selbständige Halter, denen ein Kennzeichen nach § 9 zugeteilt wird, die Daten über Beruf oder Gewerbe zu erheben und zu speichern.

(3) Im Zentralen Fahrzeugregister und im örtlichen Fahrzeugregister sind die Daten der früheren Halter und die Anzahl der früheren Halter eines Fahrzeuges zu erheben und zu speichern.

§ 60 Übermittlung von Daten an das Kraftfahrt-Bundesamt. (1) [1] Die Zulassungsbehörde hat dem Kraftfahrt-Bundesamt zur Erhebung und Speicherung im Zentralen Fahrzeugregister die nach § 57 zu erhebenden und zu speichernden Fahrzeugdaten sowie die nach § 59 zu erheben und zu speichernden Halterdaten unverzüglich zu übermitteln. [2] Zusätzlich hat die Zulassungsbehörde dem Kraftfahrt-Bundesamt zur Aktualisierung des Zentralen Fahrzeugregisters die Information, ob ein Antrag nach Abschnitt 3 internetbasiert gestellt wurde, jede Änderung oder Korrektur der Daten und das Datum der Änderung sowie die Löschung der Daten im örtlichen Fahrzeugregister und das Datum der Löschung im örtlichen Fahrzeugregister zu übermitteln. [3] Das Kraftfahrt-Bundesamt ist verpflichtet, die in den Sätzen 1 und 2 genannten Daten zu erheben und zu speichern und ist befugt, sie für die in Abschnitt 7 genannten Zwecke zu verwenden.

(2) Nimmt eine andere als die für das Kennzeichen zuständige Zulassungsbehörde die Außerbetriebsetzung des Fahrzeuges vor, so hat sie dem Kraftfahrt-Bundesamt die Außerbetriebsetzung anzuzeigen und zusätzlich zur Aktualisierung des Zentralen Fahrzeugregisters die folgenden Daten zu übermitteln:

1. das Datum der Außerbetriebsetzung,
2. das Kennzeichen und einen Hinweis über dessen Entstempelung sowie bei einem Wechselkennzeichen einen Hinweis darauf, dass es sich um ein Wechselkennzeichen handelt,
3. die Fahrzeug-Identifizierungsnummer,
4. die Marke des Fahrzeuges,
5. die Nummer der Zulassungsbescheinigung Teil II und einen Hinweis über deren Verbleib.

(3) [1]Die Datenübermittlung nach den Absätzen 1 und 2 hat im Wege der Datenfernübertragung durch Direkteinstellung, mindestens jedoch arbeitstäglich im Wege der Dateienübertragung zu erfolgen. [2]Ausführungsregeln zur technisch-organisatorischen Ausgestaltung der Datenübermittlung sind vom Kraftfahrt-Bundesamt festzulegen und auf der Internetseite des Kraftfahrt-Bundesamtes zu veröffentlichen. [3]Das Kraftfahrt-Bundesamt hat auf Änderungen im Bundesanzeiger und im Verkehrsblatt hinzuweisen.

§ 61 Übermittlung, Erhebung und Speicherung der Daten über Hauptuntersuchungen und Sicherheitsprüfungen im Zentralen Fahrzeugregister. (1) [1]Folgende Daten über Hauptuntersuchungen und Sicherheitsprüfungen sind im Zentralen Fahrzeugregister zu erheben und zu speichern:

1. die Schlüsselnummer der Technischen Prüfstelle, der anerkannten Überwachungsorganisation oder der mit der Datenübermittlung beauftragten Gemeinschaftseinrichtung der anerkannten Kraftfahrzeugwerkstätten,
2. die Kontrollnummer der anerkannten Kraftfahrzeugwerkstatt bei Sicherheitsprüfungen, die von einer anerkannten Kraftfahrzeugwerkstatt durchgeführt wurden,
3. die Fahrzeug-Identifizierungsnummer,
4. die Hersteller-Schlüsselnummer,
5. die Herstellerbezeichnung,
6. der Monat und das Jahr der Erstzulassung,
7. das Kennzeichen des Fahrzeuges,
8. die Nummer des Untersuchungsberichts oder des Prüfprotokolls,
9. die Angabe über die Untersuchung als Hauptuntersuchung oder Sicherheitsprüfung,
10. die Untersuchungsart als Erst- oder Nachuntersuchung oder Prüfungsart als Erst- oder Nachprüfung,
11. das Datum der Durchführung und die Uhrzeit des Endes der Hauptuntersuchung oder der Sicherheitsprüfung,
12. die Entscheidung über die Zuteilung der Prüfplakette nach einer Hauptuntersuchung oder über die Zuteilung der Prüfmarke nach einer Sicherheitsprüfung,
13. der Monat und das Jahr des Ablaufs der Frist für die nächste Hauptuntersuchung und, soweit erforderlich, für die nächste Sicherheitsprüfung, bei bestandener Hauptuntersuchung,
14. der Monat und das Jahr des Ablaufs der Frist für die nächste Sicherheitsprüfung bei bestandener Sicherheitsprüfung,
15. das Ergebnis
    a) der Hauptuntersuchung mit der Angabe „ohne festgestellte Mängel", „geringe Mängel", „erhebliche Mängel", „gefährliche Mängel" oder „verkehrsunsicher" oder
    b) der Sicherheitsprüfung mit der Angabe „ohne festgestellte Mängel", „Mängel" oder „unmittelbar verkehrsgefährdende Mängel",
16. der Stand des Wegstreckenzählers bei einem Kraftfahrzeug und, soweit vorhanden, bei einem Anhänger.

[2] Die Übermittlung der Daten durch die zur Durchführung von Hauptuntersuchungen oder Sicherheitsprüfungen nach § 29 der Straßenverkehrs-Zulassungs-Ordnung berechtigten Personen an das Kraftfahrt-Bundesamt hat nach Maßgabe des § 18 Absatz 3 zu erfolgen. [3] Sofern nach Satz 1 Nummer 15 als Ergebnis der Hauptuntersuchung die Angabe „verkehrsunsicher" oder das Ergebnis der Sicherheitsprüfung die Angabe „unmittelbar verkehrsgefährdende Mängel" übermittelt wird und dem Fahrzeug ein Kennzeichen zugeteilt ist, hat das Kraftfahrt-Bundesamt dies der Zulassungsbehörde mitzuteilen.

(2) [1] Folgende weitere Daten über Hauptuntersuchungen sind im Zentralen Fahrzeugregister zu erheben und zu speichern:

1. das Unterscheidungszeichen des Zulassungsstaates,
2. die Fahrzeugklasse oder die Fahrzeugart,
3. der Fahrzeugtyp einschließlich der Schlüsselnummer,
4. die Variante und die Version oder die Ausführung des Fahrzeugs einschließlich ihrer Codes oder Schlüsselnummern,
5. die fehlende Plausibilität des Standes des Wegstreckenzählers, sofern festgestellt,
6. die für das Fahrzeug in der Bundesrepublik Deutschland zulässige Gesamtmasse,
7. der Monat und das Jahr der dieser Hauptuntersuchung vorangegangenen Hauptuntersuchung,
8. der Ort der Hauptuntersuchung oder die Schlüsselnummer des Ortes,
9. die Art der Untersuchungsstelle als Prüfstelle, Prüfstützpunkt oder Prüfplatz,
10. das Bundesland, in dem die Hauptuntersuchung durchgeführt wurde,
11. die Dokumentation der gemessenen Bremswerte mit den Angaben zu Referenzwerten, Druckwerten, Betätigungskräften oder, wenn diese nicht vorliegen, die Bremswerte der Betriebs- und Feststellbremse und die daraus ermittelten Abbremsungen,
12. eine Wiedervorführpflicht, soweit angeordnet,
13. die Entgelte und die Gebühren,
14. die Kennnummer des für die Hauptuntersuchung verantwortlichen amtlich anerkannten Sachverständigen oder Prüfers oder des mit der Hauptuntersuchung betrauten Prüfingenieurs,
15. für ein Kraftrad die Messdrehzahl und der Standgeräuschvergleichswert von Standgeräuschmessungen, soweit Messwerte erhoben wurden,
16. im Fall von Mängeln, die vor Abschluss der Untersuchung, längstens jedoch während eines Kalendertages beseitigt wurden: zusätzlich das Ergebnis vor Mängelbeseitigung mit der Angabe „geringe Mängel", „erhebliche Mängel" oder „verkehrsunsicher" sowie die Uhrzeit der Feststellung der Mängelbeseitigung,
17. bei der Durchführung der Untersuchung der Umweltverträglichkeit durch eine anerkannte Kraftfahrzeugwerkstatt die Kontrollnummer der anerkannten Kraftfahrzeugwerkstatt und das Datum der Untersuchung,
18. bei der Hauptuntersuchung festgestellte Mängel und ihre Einstufung einschließlich der Mängelcodes aus der für die Hauptuntersuchung verwendeten Version des Mangelbaums,

19. die Versionsnummer des verwendeten Mangelbaums,
20. Hinweise über sich in der Zukunft durch Verschleiß, Korrosion oder andere Umstände abzeichnende Mängel, soweit vorhanden.

[2] Die Übermittlung hat nach Maßgabe des § 18 Absatz 3 zu erfolgen.

(3) [1] Folgende weitere Daten mit Bezug auf eine Hauptuntersuchung oder Sicherheitsprüfung sind im Zentralen Fahrzeugregister zu erheben und zu speichern:

1. die Entscheidung über die Zuteilung der Prüfplakette nach einer Hauptuntersuchung oder der Prüfmarke nach einer Sicherheitsprüfung durch die Zulassungsbehörde,
2. der Zeitpunkt der Beseitigung von bei der Untersuchung festgestellten Mängeln,
3. das Ergebnis nach Beseitigung von bei der Untersuchung festgestellten Mängeln.

[2] § 60 Absatz 1 gilt entsprechend.

§ 62 Übermittlung von Daten an die Versicherer. (1) Die Zulassungsbehörde darf dem Versicherer zur Durchführung des Versicherungsvertrags folgende Daten übermitteln:

1. bei einem Fahrzeug, dem ein Kennzeichen zugeteilt ist:
   a) das Kennzeichen und das Datum der Zuteilung,
   b) bei Zuteilung eines Kennzeichens als Saisonkennzeichen zusätzlich zu den Angaben nach Buchstabe a der Betriebszeitraum,
   c) bei einem Wechselkennzeichen oder einem Kennzeichen für elektrisch betriebene Fahrzeuge zusätzlich zu den Angaben nach Buchstabe a ein Hinweis auf eine solche Zuteilung,
   d) die Fahrzeugklasse, die Art des Aufbaus sowie die Schlüsselnummer des Herstellers, den Typ sowie die Variante und die Version des Fahrzeuges,
   e) die Fahrzeug-Identifizierungsnummer, die Nennleistung und bei einem Kraftrad zusätzlich den Hubraum,
   f) bei einer natürlichen Person den Familiennamen, die Vornamen und die Anschrift des Halters,
   g) bei einer juristischen Person den Namen oder die Bezeichnung und die Anschrift,
   h) bei einer Vereinigung den Familiennamen, die Vornamen und die Anschrift des benannten Vertreters sowie erforderlichenfalls den Namen der Vereinigung,
   i) einen Hinweis über das Vorliegen eines Versicherer- und Halterwechsels,
   j) das Datum des Eingangs einer Anzeige über das Nichtbestehen oder die Beendigung des Versicherungsverhältnisses,
   k) einen Hinweis über die Einleitung von Maßnahmen und Angaben zum Verbleib des Fahrzeuges oder Kennzeichens, jedoch nur nach Eingang einer Anzeige im Sinne des Buchstaben f,
   l) das Datum der Außerbetriebsetzung des Fahrzeuges und das Ablaufdatum der Reservierung des Kennzeichens bei Außerbetriebsetzung,
   m) den Namen und die Anschrift oder die Schlüsselnummer des Versicherers,

n) die Nummer des Versicherungsscheins oder der Versicherungsbestätigung,
o) einen Hinweis über den Eingang der Versicherungsbestätigung über eine neue Versicherung,
p) den Beginn des Versicherungsschutzes sowie
q) die Verwendung des Fahrzeuges nach § 6 Absatz 5 Nummer 1,

2. bei der Zuteilung eines roten Kennzeichens oder eines Kurzzeitkennzeichens:
a) das Unterscheidungszeichen und die Erkennungsnummer des Kennzeichens sowie das Datum der Zuteilung,
b) die Gültigkeitsdauer des Kennzeichens,
c) den Familiennamen, die Vornamen und die Anschrift des Halters, falls dieser nicht mit dem Versicherungsnehmer identisch ist,
d) die in Nummer 1 Buchstabe i, j, k und l bezeichneten Daten,
e) das Ende des Versicherungsschutzes und
f) bei einem Kurzzeitkennzeichen auch die Fahrzeug-Identifizierungsnummer, die Fahrzeugklasse und die Art des Aufbaus,

3. bei einem Fahrzeug, dem ein Ausfuhrkennzeichen zugeteilt ist:
a) das Unterscheidungszeichen und die Erkennungsnummer des Kennzeichens und das Datum der Zuteilung sowie
b) die in Nummer 1 Buchstabe d, e, f bis h und l bezeichneten Daten und das Ende des Versicherungsverhältnisses.

(2) [1] Die Übermittlung der Daten hat zu erfolgen aus Anlass:

1. der Zuteilung des Kennzeichens,
2. des Vorliegens einer neuen Versicherungsbestätigung,
3. des Versicherer- oder Halterwechsels,
4. des Wohnsitz- oder Sitzwechsels des Halters, wenn die Zulassungsbehörde die Daten durch Direkteinstellung nach § 60 Absatz 3 ändert,
5. der Außerbetriebsetzung des Fahrzeuges sowie
6. des Eingangs einer Anzeige wegen Nichtbestehens oder Beendigung des Versicherungsverhältnisses oder der hierauf beruhenden Maßnahmen.

[2] Sofern die Zulassungsbehörde die Daten nicht durch Direkteinstellung nach § 60 Absatz 3 ändert, ist die Übermittlung der Daten nach Satz 1 Nummer 4 nur notwendig, sofern der Wechsel in den Bereich einer anderen Zulassungsbehörde erfolgt.

(3) [1] Die Übermittlung der Daten nach den Absätzen 1 und 2 hat elektronisch zu erfolgen und darf zu den dort genannten Zwecken auch über das Kraftfahrt-Bundesamt durch eine Gemeinschaftseinrichtung der Versicherer erfolgen. [2] Das Kraftfahrt-Bundesamt ist berechtigt, die Daten hierfür zu erheben und zu speichern, und trägt die Verantwortung für die Richtigkeit und Vollständigkeit der Übermittlung an die Gemeinschaftseinrichtung. [3] Eine gesetzliche Verpflichtung des Kraftfahrt-Bundesamtes zur Übermittlung der Daten wird dadurch nicht begründet.

§ 63 Mitteilungen an die Finanzbehörden. (1) Die Zulassungsbehörde hat den nach § 1 der Kraftfahrzeugsteuer-Durchführungsverordnung für die Ausübung der Verwaltung der Kraftfahrzeugsteuer zuständigen Finanzbehörden zur Durchführung des Kraftfahrzeugsteuerrechts mitzuteilen:

1. bei einem zulassungspflichtigen Fahrzeug, dem ein Kennzeichen zugeteilt ist, die in § 6 Absatz 1 Satz 2, Absatz 5 Nummer 2 und Absatz 8 Satz 1 Nummer 1 bis 3, 5, 6, 7 Buchstabe a bis f, h bis j und l, § 57 Absatz 1 Nummer 2, 3, 4, 5, 9, 10 Buchstabe b, Nummer 11 bis 13, 20, 25, 26 Buchstabe f, Nummer 31 Buchstabe a und b, Absatz 4 Nummer 2 Buchstabe b und Absatz 9 bezeichneten Daten sowie die in § 5 Absatz 2 Nummer 3 der Kraftfahrzeugsteuer-Durchführungsverordnung bezeichneten Daten;
2. bei der Zuteilung eines roten Kennzeichens die nach § 57 Absatz 2 Nummer 1 bis 3 und § 59 Absatz 1 Satz 1 Nummer 2 zu erhebenden und zu speichernden Daten sowie die Änderung dieser Daten und das Datum der Änderung.

(2) Die Zulassungsbehörde hat dem zur Durchführung des Umsatzsteuerrechts nach § 21 der Abgabenordnung zuständigen Finanzamt die in § 6 Absatz 6 bezeichneten Daten mitzuteilen.

(3) [1] Die in den Absätzen 1 und 2 genannten Daten sind nach Maßgabe des § 5 Absatz 3 der Kraftfahrzeugsteuer-Durchführungsverordnung elektronisch zu übermitteln. [2] Die elektronische Übermittlung der Daten hat über das Kraftfahrt-Bundesamt nach Maßgabe der vom Kraftfahrt-Bundesamt im Einvernehmen mit dem Bundesministerium der Finanzen festgelegten und auf der Internetseite des Kraftfahrt-Bundesamts veröffentlichten technisch-organisatorischen Standards zu erfolgen. [3] Das Kraftfahrt-Bundesamt hat auf Änderungen im Bundesanzeiger und im Verkehrsblatt hinzuweisen. [4] Das Kraftfahrt-Bundesamt darf die übermittelten Daten ausschließlich zu dem Zweck erheben und speichern, um die Übermittlung der Daten an die für die Ausübung der Verwaltung der Kraftfahrzeugsteuer zuständige Behörde nach Absatz 1 zu ermöglichen. [5] Das Kraftfahrt-Bundesamt ist verpflichtet, die Daten unverzüglich an die genannte Behörde zu übermitteln und nach der Übermittlung unverzüglich zu löschen. [6] Die Verarbeitung der Daten zu anderen Zwecken durch das Kraftfahrt-Bundesamt ist nicht zulässig.

§ 64 Übermittlung von Daten an Stellen zur Durchführung des Bundesleistungsgesetzes, des Verkehrssicherstellungsgesetzes, des Verkehrsleistungsgesetzes und von Maßnahmen des Katastrophenschutzes.

(1) Die Zulassungsbehörde darf bei einem Fahrzeug, dem ein Kennzeichen zugeteilt ist,

1. für die Zwecke des Bundesleistungsgesetzes den nach § 5 des Bundesleistungsgesetzes bestimmten Anforderungsbehörden,
2. für die Zwecke des Verkehrssicherstellungsgesetzes den nach § 19 des Verkehrssicherstellungsgesetzes bestimmten Behörden,
3. für die Zwecke des Verkehrsleistungsgesetzes dem Bundesamt für Logistik und Mobilität sowie
4. für die Zwecke des Katastrophenschutzes den Stellen, die nach den von den Ländern für Maßnahmen des Katastrophenschutzes erlassenen Gesetzen zuständig sind,

auf entsprechende Anforderung die nach § 58 Absatz 1 gespeicherten Fahrzeugdaten sowie die nach § 59 Absatz 1 Satz 1 Nummer 2 und Satz 2 gespeicherten Halterdaten übermitteln.

(2) [1] Das Kraftfahrt-Bundesamt darf bei einem Fahrzeug, dem ein Kennzeichen zugeteilt ist,

1. für die Zwecke des Bundesleistungsgesetzes den nach § 5 des Bundesleistungsgesetzes bestimmten Anforderungsbehörden und den diesen vorgesetzten Behörden,
2. für die Zwecke des Verkehrssicherstellungsgesetzes den nach § 19 des Verkehrssicherstellungsgesetzes bestimmten Behörden,
3. für die Zwecke des Verkehrsleistungsgesetzes dem Bundesamt für Logistik und Mobilität sowie
4. für die Zwecke des Katastrophenschutzes den Stellen, die nach den von den Ländern für Maßnahmen des Katastrophenschutzes erlassenen Gesetzen zuständig sind, und den diesen Stellen vorgesetzten Behörden

auf entsprechende Anforderung die nach § 57 Absatz 1 gespeicherten Fahrzeugdaten und die nach § 59 Absatz 1 Satz 1 Nummer 1 und Satz 2 gespeicherten Halterdaten übermitteln. [2] Satz 1 gilt nicht für die Sicherheitscodes der Zulassungsbescheinigung Teil I und Teil II sowie der Stempelplaketten.

§ 65 Übermittlungen des Kraftfahrt-Bundesamtes an die Zulassungsbehörden. (1) [1] Ist einem Fahrzeug von einer Zulassungsbehörde ein neues Kennzeichen oder ein Ausfuhrkennzeichen zugeteilt worden und war diesem Fahrzeug bereits von einer anderen Zulassungsbehörde ein Kennzeichen des anderen Zulassungsbezirks zugeteilt worden oder wird ein Fahrzeug mit dem Kennzeichen des anderen Zulassungsbezirks bei einer anderen Zulassungsbehörde weitergeführt, hat das Kraftfahrt-Bundesamt der für die Zuteilung des bisherigen Kennzeichens zuständigen Zulassungsbehörde und, sofern das bisherige Kennzeichen im Sinne des § 15 Absatz 4 Satz 1 Nummer 2 oder des § 15 Absatz 5 Satz 3 Nummer 4 von einer anderen Zulassungsbehörde weitergeführt wurde, auch dieser anderen Zulassungsbehörde, folgende Daten zu übermitteln:

1. die Fahrzeug-Identifizierungsnummer des Fahrzeuges,
2. die Fahrzeugklasse des Fahrzeuges,
3. die Marke des Fahrzeuges,
4. die Nummer der Zulassungsbescheinigung Teil II und
5. die Zuteilung oder Weiterführung des bisherigen Kennzeichens.

[2] Im Fall des Satzes 1 Nummer 5 ist zusätzlich zu den Angaben nach Satz 1 Folgendes zu übermitteln:

1. bei der Zuteilung eines neuen Kennzeichens
   a) das bisherige Kennzeichen,
   b) das neue Kennzeichen und
   c) das Datum der Zuteilung des neuen Kennzeichens,
2. bei der Weiterführung des bisherigen Kennzeichens
   a) das Kennzeichen und
   b) das Datum, seit wann das Kennzeichen bei der neu zuständigen Zulassungsbehörde weitergeführt wird.

(2) Ist ein Fahrzeug von einer Zulassungsbehörde außer Betrieb gesetzt worden, die nicht auch für die Zuteilung des geführten Kennzeichens zuständig ist, hat das Kraftfahrt-Bundesamt der für die Zuteilung des Kennzeichens zuständigen Zulassungsbehörde und, sofern das Kennzeichen im Sinne des § 15 Absatz 4 Satz 1 Nummer 2 oder des § 15 Absatz 5 Satz 3 Nummer 4 von einer anderen Zulassungsbehörde weitergeführt wurde, auch dieser anderen Zulassungsbehörde den Vermerk über die Außerbetriebsetzung zu übermitteln.

(3) [1] Das Kraftfahrt-Bundesamt hat an die jeweils zuständige Zulassungsbehörde die im Zentralen Fahrzeugregister enthaltenen Angaben über Diebstahl oder sonstiges Abhandenkommen von Fahrzeugen, Kennzeichen, ausgefertigten Zulassungsbescheinigungen Teil II und gespeicherten ausländischen Zulassungsbescheinigungen sowie über das Wiederauffinden dieser Fahrzeuge, Kennzeichen und Zulassungsbescheinigungen zu übermitteln. [2] Der Übermittlung nach Satz 1 bedarf es nicht, sofern dem Kraftfahrt-Bundesamt bekannt ist, dass die Zulassungsbehörde hierüber unterrichtet ist.

(4) Wird dem Zentralen Fahrzeugregister ein Fahrzeug als zum Verkehr zugelassen gemeldet, dessen Fahrzeug-Identifizierungsnummer, Nummer der Zulassungsbescheinigung Teil II oder Kennzeichen im Zentralen Fahrzeugregister bereits zu einem anderen im Verkehr befindlichen Fahrzeug gespeichert ist, so hat das Kraftfahrt-Bundesamt diesen Umstand der Zulassungsbehörde, die das Fahrzeug gemeldet hat, zur Prüfung des Sachverhaltes mitzuteilen.

(5) Die Datenübermittlungen nach den Absätzen 1 und 2 sind entbehrlich, wenn die Zulassungsbehörde, für die die Daten bestimmt sind, die in § 60 vorgeschriebene Datenübermittlung im Wege der Datenfernübertragung durch Direkteinstellung vornimmt.

§ 66 Abruf im automatisierten Verfahren. (1) [1] Zur Übermittlung durch Abruf im automatisierten Verfahren aus dem Zentralen Fahrzeugregister nach § 36 Absatz 1 des Straßenverkehrsgesetzes[1)] dürfen folgende Daten bereitgehalten werden:

1. für eine Anfrage unter Verwendung des Kennzeichens, der Fahrzeug-Identifizierungsnummer, der Nummer der Zulassungsbescheinigung, der Vordrucknummer oder der von der Zulassungsbehörde aufgebrachten Nummer der Zulassungsbescheinigung Teil I, der Nummer einer ausländischen Zulassungsbescheinigung oder des Familiennamens, Vornamens, Ordens- oder Künstlernamens, Geburtsnamens, Datums und Ortes der Geburt oder im Fall einer juristischen Person, Behörde oder Vereinigung des Namens oder der Bezeichnung des Halters, sofern erforderlich in Verbindung mit der Anschrift des Halters die in den §§ 57 und 61 genannten Fahrzeugdaten, sowie die in § 59 genannten Halterdaten,
2. für Anfragen unter Verwendung eines Teils des Kennzeichens:
   a) die mit dem angefragten Teil des Kennzeichens übereinstimmenden Kennzeichen,
   b) die Daten über die Fahrzeugklasse, die Marke, die Handelsbezeichnung, den Typ und bei Personenkraftwagen die Farbe des Fahrzeuges sowie das Datum der ersten Zulassung und

---

[1)] Nr. **1**.

c) bei Fahrzeugen mit Versicherungskennzeichen oder Versicherungsplakette zusätzlich zu den Angaben nach Buchstabe b der Beginn und das Ende des Versicherungsverhältnisses.

[2] Satz 1 Nummer 1 gilt nicht für die Sicherheitscodes der Zulassungsbescheinigung Teil I und Teil II sowie der Stempelplaketten.

(2) [1] Zur Übermittlung durch Abruf im automatisierten Verfahren aus dem Zentralen Fahrzeugregister nach § 36 Absatz 2 Satz 1 Nummer 1, 2, 2a und 4, Absatz 2a, Absatz 2h und 3 des Straßenverkehrsgesetzes dürfen folgende Daten bereitgehalten werden:

1. für eine Anfrage unter Verwendung des Kennzeichens, der Fahrzeug-Identifizierungsnummer, der Nummer der Zulassungsbescheinigung, die bei Teil I der Vordrucknummer oder der von der Zulassungsbehörde aufgebrachten Nummer entspricht, der Nummer einer ausländischen Zulassungsbescheinigung oder des Familiennamens, Vornamens, Ordens- oder Künstlernamens, Geburtsnamens, Datums und Ortes der Geburt oder im Fall einer juristischen Person, Behörde oder Vereinigung des Namens oder der Bezeichnung des Halters erforderlichenfalls in Verbindung mit der Anschrift des Halters:
   a) die in § 57 Absatz 1 Nummer 1 bis 5, 7 bis 22 und 24 Buchstabe c, Nummer 25 und 26 Buchstabe a bis e, Nummer 30 bis 32, Absatz 2 Nummer 1 bis 4, Absatz 3 Nummer 1 bis 4, Absatz 4 Nummer 1 bis 4, Absatz 5 Nummer 1 bis 5, Absatz 6 Nummer 1 bis 4 und Absatz 8 bis 10 genannten Fahrzeugdaten und
   b) die in § 59 Absatz 1 und 3 genannten Halterdaten,
2. für eine Anfrage unter Verwendung eines Teils des Kennzeichens:
   a) die mit dem angefragten Teil des Kennzeichens übereinstimmenden Kennzeichen,
   b) die Fahrzeugklasse, die Marke, die Handelsbezeichnung, der Typ und bei Personenkraftwagen die Farbe des Fahrzeuges sowie das Datum der ersten Zulassung und
   c) bei Fahrzeugen mit Versicherungskennzeichen oder zusätzlich zu den Angaben nach Buchstabe b der Beginn und das Ende des Versicherungsverhältnisses.

[2] Satz 1 Nummer 1 Buchstabe a gilt nicht für die Sicherheitscodes der Zulassungsbescheinigung Teil I und Teil II sowie der Stempelplaketten.

(3) Zur Übermittlung durch Abruf im automatisierten Verfahren aus dem Zentralen Fahrzeugregister nach ***[bis 31.5.2025:*** § 36 Absatz 2 Satz 1 Nummer 1a des Straßenverkehrsgesetzes***]*** ***[ab 1.6.2025:*** *§ 36 Absatz 2 Satz 1 Nummer 1a und Absatz 2m des Straßenverkehrsgesetzes]* dürfen für eine Anfrage unter Verwendung des Kennzeichens oder der Fahrzeug-Identifizierungsnummer folgende Daten bereitgehalten werden:

1. das Kennzeichen, das Datum der Zuteilung des Kennzeichens, bei Saisonkennzeichen zusätzlich der Betriebszeitraum und das Datum der Außerbetriebsetzung des Fahrzeuges sowie die nach § 57 Absatz 1 Nummer 1 und 25 und Absatz 4 Nummer 1 zu erhebenden und zu speichernden Fahrzeugdaten und
2. die in § 59 Absatz 1 und 3 genannten Halterdaten.

(4) Zur Übermittlung durch Abruf im automatisierten Verfahren aus dem Zentralen Fahrzeugregister nach § 36 Absatz 2j des Straßenverkehrsgesetzes dürfen für eine Anfrage unter Verwendung der Fahrzeug-Identifizierungsnummer und des Kennzeichens folgende Daten für das Bundesamt für Wirtschaft und Ausfuhrkontrolle bereitgehalten werden:

1. die in § 59 Absatz 1 und 3 genannten aktuellen und früheren Halterdaten und die Anzahl der früheren Halter,
2. die in § 57 Absatz 1 Nummer 1 in Verbindung mit § 6 Absatz 8 Satz 1 Nummer 2, 5 und 7 Buchstabe a, § 57 Absatz 1 Nummer 10 Buchstabe a und b sowie § 57 Absatz 1 Nummer 2 und 31 Buchstabe d und e genannten Fahrzeugdaten.

(5) 1 Zur Übermittlung durch Abruf im automatisierten Verfahren aus dem Zentralen Fahrzeugregister nach § 36 Absatz 2b des Straßenverkehrsgesetzes dürfen die nach § 59 Absatz 1 gespeicherten Halterdaten und die nach § 57 Absatz 1 Nummer 12 in Verbindung mit § 6 Absatz 8 Satz 1 Nummer 1 und 7 Buchstabe c bis e gespeicherten Fahrzeugdaten bereitgehalten werden, soweit sie für die Ermittlung des Schuldners und der Höhe der Mautgebühr nach dem Fernstraßenbauprivatfinanzierungsgesetz erforderlich sind. 2 Die Daten nach Satz 1 sind für den mit der Erhebung der Mautgebühr nach dem Fernstraßenbauprivatfinanzierungsgesetz beliehenen Privaten zum Abruf bereitzuhalten. 3 Gleiches gilt für Daten, soweit sie für die Ermittlung des Schuldners und der Höhe der Mautgebühr nach Gesetzen der Länder über den gebührenfinanzierten Neu- und Ausbau von Straßen erforderlich sind.

(6) 1 Die Übermittlung nach § 36 Absatz 2c des Straßenverkehrsgesetzes von Fahrzeugdaten und Daten von Fahrzeugkombinationen, die für die Erhebung der Maut nach dem Bundesfernstraßenmautgesetz maßgeblich sind, ist durch Abruf im automatisierten Verfahren zulässig. 2 Satz 1 gilt auch für die in Feld 33 des Fahrzeugscheins oder Feld 22 der Zulassungsbescheinigung Teil I eingetragenen Fahrzeugdaten und Daten von Fahrzeugkombinationen, die im Zentralen Fahrzeugregister erfasst sind. 3 Die Daten nach Satz 1 sind bereitzuhalten für das Bundesamt für Logistik und Mobilität und eine sonstige öffentliche Stelle, die mit der Erhebung der Autobahnmaut beauftragt ist.

(7) 1 Zur Übermittlung durch Abruf im automatisierten Verfahren dürfen aus dem Zentralen Fahrzeugregister nach § 36 Absatz 2d, 2e und 2k des Straßenverkehrsgesetzes die in Absatz 2 Satz 1 Nummer 1 Buchstabe a und b genannten Daten für eine Anfrage unter Verwendung folgender Angaben bereitgehalten werden:

1. im Fall einer natürlichen Person, Familienname, Vornamen, Ordens- oder Künstlername, Geburtsname, Datum und Ort der Geburt oder
2. im Fall einer juristischen Person, Behörde oder Vereinigung der Name oder die Bezeichnung des Halters, sofern erforderlich in Verbindung mit der Anschrift des Halters.

2 Die in Satz 1 genannten Daten sind bereitzuhalten für die zentrale Behörde nach § 4 des Auslandsunterhaltsgesetzes sowie für Gerichtsvollzieher und das Insolvenzgericht.

(8) 1 Zur Übermittlung durch Abruf im automatisierten Verfahren aus dem Zentralen Fahrzeugregister nach § 36 Absatz 2f des Straßenverkehrsgesetzes dürfen die in § 61 Absatz 1 Satz 1 Nummer 7, 9 bis 12, 15, 16, Absatz 2 Satz 1

Nummer 1 bis 7, 12, 18 bis 20 und Absatz 3 genannten Daten der jeweils letzten gespeicherten Hauptuntersuchung oder Sicherheitsprüfung für eine Anfrage unter Verwendung der Fahrzeug-Identifizierungsnummer und, sofern zugeteilt, des Kennzeichens bereitgehalten werden. [2]Die in Satz 1 genannten Daten sind bereitzuhalten für die Technischen Prüfstellen für den Kraftfahrzeugverkehr und für die amtlich anerkannten Überwachungsorganisationen, auch über ihre jeweiligen Kopfstellen, sowie über Kopfstellen für die anerkannten Kraftfahrzeugwerkstätten, soweit diese Werkstätten Sicherheitsprüfungen durchführen. [3]Die Verwendung der Daten durch die Technischen Prüfstellen für den Kraftfahrzeugverkehr, durch die amtlich anerkannten Überwachungsorganisationen und durch die anerkannten Kraftfahrzeugwerkstätten ist auf die Zwecke der Durchführung der nächsten Hauptuntersuchung oder Sicherheitsprüfung nach § 29 der Straßenverkehrs-Zulassungs-Ordnung[1)] beschränkt. [4]Nach Durchführung der nächsten Hauptuntersuchung oder Sicherheitsprüfung nach § 29 der Straßenverkehrs-Zulassungs-Ordnung sind die Daten unverzüglich zu löschen. [5]Die Daten dürfen weder an Dritte übermittelt noch offengelegt werden.

(9) [1]Zur Übermittlung durch Abruf im automatisierten Verfahren aus dem Zentralen Fahrzeugregister nach § 36 Absatz 3a des Straßenverkehrsgesetzes für Maßnahmen zur Gewährleistung des Versicherungsschutzes im Rahmen der Kraftfahrzeug-Haftpflichtversicherung dürfen die nach § 59 Absatz 1 zu erhebenden und zu speichernden Halterdaten und die in § 57 Absatz 1 Nummer 24, Absatz 2 Nummer 4, Absatz 4 Nummer 4, Absatz 5 Nummer 5, Absatz 6 Nummer 4 genannten Daten zur Kraftfahrzeug-Haftpflichtversicherung bereitgehalten werden. [2]Die in Satz 1 genannten Daten sind bereitzuhalten für die nach § 8a Absatz 1 Satz 1 des Pflichtversicherungsgesetzes[2)] eingerichtete Auskunftsstelle.

(10) Die Übermittlung nach § 36 Absatz 3b des Straßenverkehrsgesetzes von Fahrzeugdaten nach § 57 Absatz 1 Nummer 1 bis 5, 9 bis 13, 20, 25, 26 Buchstabe d und f, Nummer 29, 30, 31 Buchstabe d und e, Absatz 2 Nummer 1 bis 3, Absatz 4 Nummer 2 und Absatz 8 und 9 darf durch Abruf im automatisierten Verfahren erfolgen.

(11) Die Übermittlung nach § 36 Absatz 3c des Straßenverkehrsgesetzes von Fahrzeugdaten nach § 57 Absatz 1 Nummer 1 bis 5, 9, 25, 31 Buchstabe d und e und Absatz 4 Nummer 1 und 2 darf durch Abruf im automatisierten Verfahren erfolgen.

(12) Zur Übermittlung durch Abruf im automatisierten Verfahren aus den örtlichen Fahrzeugregistern nach § 36 Absatz 2 Satz 2 des Straßenverkehrsgesetzes dürfen folgende Daten bereitgehalten werden:

1. für eine Anfrage unter Verwendung des Kennzeichens oder der Fahrzeug-Identifizierungsnummer:
   a) die nach § 59 Absatz 1 zu erhebenden und zu speichernden Halterdaten und
   b) die nach § 58 Absatz 1 Nummer 1, 3 bis 5, 7 bis 20, 22 bis 30, Absatz 2 Nummer 1 bis 4 und Absatz 4 Nummer 1 bis 4 zu erhebenden und zu speichernden Fahrzeugdaten,

---

[1)] Nr. 3.
[2)] Nr. 5.

2. für eine Anfrage unter Verwendung eines Teils des Kennzeichens: die in Absatz 2 Satz 1 Nummer 2 bezeichneten Daten,
3. für eine Anfrage unter Verwendung des Familiennamens, Vornamens, Ordens- oder Künstlernamens, Geburtsnamens, Datums und Ortes der Geburt des Halters oder im Fall einer juristischen Person, Behörde oder Vereinigung des Namens oder der Bezeichnung des Halters oder unter Verwendung der Anschrift des Halters: die in Nummer 1 bezeichneten Daten.

(13) [1] Ein Abruf im automatisierten Verfahren soll von der abrufberechtigten Stelle über Kopfstellen erfolgen. [2] Die Einzelheiten zur netztechnischen Anbindung hat das Kraftfahrt-Bundesamt festzulegen und auf der Internetseite des Kraftfahrt-Bundesamts zu veröffentlichen. [3] Das Kraftfahrt-Bundesamt hat auf Änderungen im Bundesanzeiger und im Verkehrsblatt hinzuweisen. [4] Eine Erhebung und Speicherung der Anfrage- und Auskunftsdaten bei den Kopfstellen darf ausschließlich zum Zweck der Weiterübermittlung erfolgen. [5] Nach erfolgter Weiterübermittlung haben die Kopfstellen diese gespeicherten Daten unverzüglich, bei elektronischer Speicherung automatisiert, zu löschen. [6] § 68 bleibt unberührt.

§ 67 Automatisiertes Anfrage- und Auskunftsverfahren. [1] Die technische Abwicklung des automatisierten Anfrage- und Auskunftsverfahrens nach § 36a des Straßenverkehrsgesetzes hat nach einem vom Kraftfahrt-Bundesamt festgelegten und auf der Internetseite des Kraftfahrt-Bundesamtes veröffentlichten Standard zu erfolgen. [2] Das Kraftfahrt-Bundesamt hat auf Änderungen im Bundesanzeiger und im Verkehrsblatt hinzuweisen. [3] Vor der Veröffentlichung der Standards nach Satz 1 sind die zuständigen obersten Landesbehörden anzuhören.

§ 68 Sicherung des Abrufverfahrens gegen Missbrauch. (1) [1] Die übermittelnde Stelle darf einen Abruf nach § 36 des Straßenverkehrsgesetzes nur zulassen, wenn bei der Durchführung des Abrufs die folgenden Angaben verwendet werden:

1. eine Kennung des zum Abruf berechtigten Nutzers und
2. ein Passwort.

[2] Nutzer im Sinne des Satzes 1 Nummer 1 kann eine natürliche Person oder eine Dienststelle sein. [3] Bei Abruf über ein sicheres, geschlossenes Netz kann die Kennung nach Satz 1 Nummer 1 auf Antrag des Netzbetreibers als einheitliche Kennung für die an dieses Netz angeschlossenen Nutzer erteilt werden, sofern der Netzbetreiber selbst abrufberechtigt ist. [4] Die Verantwortung für die Sicherheit des Datennetzwerks und die Zulassung ausschließlich berechtigter Nutzer hat im Fall des Satzes 3 der Netzbetreiber zu tragen. [5] Ein Nutzer im Sinne des Satzes 1 Nummer 1, der keine natürliche Person ist, hat sicherzustellen, dass zu jedem Abruf die jeweils abrufende natürliche Person festgestellt werden kann. [6] Der Nutzer oder die abrufende Person hat vor dem ersten Abruf ein eigenes Passwort zu wählen und dieses jeweils spätestens nach einem von der übermittelnden Stelle vorgegebenen Zeitraum zu ändern.

(2) [1] Die übermittelnde Stelle hat durch ein selbsttätiges Verfahren zu gewährleisten, dass keine Abrufe erfolgen können, sobald die Kennung nach Absatz 1 Satz 1 Nummer 1 oder das Passwort nach Absatz 1 Satz 1 Nummer 2 mehr als zweimal hintereinander unrichtig übermittelt wurde. [2] Die abrufende

Stelle hat Maßnahmen zum Schutz gegen unberechtigte Nutzungen des Abrufsystems zu treffen.

(3) [1]Die übermittelnde Stelle hat sicherzustellen, dass die Aufzeichnungen nach § 36 Absatz 6 des Straßenverkehrsgesetzes über die Abrufe selbsttätig erfolgen und dass der Abruf bei nicht ordnungsgemäßer Aufzeichnung unterbrochen wird. [2]Der Aufzeichnung haben auch versuchte Abrufe, die unter Verwendung von fehlerhaften Kennungen mehr als einmal vorgenommen werden, zu unterliegen. [3]Satz 1 gilt entsprechend für die weiteren Aufzeichnungen nach § 36 Absatz 7 des Straßenverkehrsgesetzes.

(4) [1]Die Übermittlung durch ein automatisiertes Anfrage- und Auskunftsverfahren beim Kraftfahrt-Bundesamt nach § 36a des Straßenverkehrsgesetzes ist zulässig, wenn sie unter Verwendung einer Kennung der zum Empfang der Daten berechtigten Behörde erfolgt. [2]Der Empfänger hat sicherzustellen, dass die übermittelten Daten nur bei den zum Empfang bestimmten Endgeräten empfangen werden. [3]Die übermittelnde Stelle hat

1. durch ein selbsttätiges Verfahren zu gewährleisten, dass eine Übermittlung nicht vorgenommen wird, wenn die Kennung nicht oder unrichtig angegeben wurde,
2. versuchte Anfragen ohne Angabe der richtigen Kennung sowie die Angabe einer fehlerhaften Kennung zu protokollieren,
3. im Zusammenwirken mit der anfragenden Stelle jedem Fehlversuch nachzugehen und die Maßnahmen zu ergreifen, die zur Sicherung des ordnungsgemäßen Verfahrens notwendig sind, und
4. sicherzustellen, dass die Aufzeichnungen nach § 36a Satz 2 des Straßenverkehrsgesetzes selbsttätig erfolgen und die Übermittlung bei nicht ordnungsgemäßer Aufzeichnung unterbrochen wird.

§ 69 Aufzeichnung der Abrufe im automatisierten Verfahren.

(1) [1]Der Anlass des Abrufs ist von der abrufenden Stelle unter Verwendung folgender Schlüsselzahlen zu übermitteln:

1. Zulassung von Fahrzeugen: Schlüsselzahl 1,
2. bei Überwachung des Straßenverkehrs: keine oder nicht vorschriftsmäßige Papiere oder Verdacht auf Fälschung der Papiere oder des Kennzeichens oder sonstige verkehrsrechtliche Beanstandungen oder verkehrsbezogene Anlässe: Schlüsselzahl 2,
3. Nichtbeachten der polizeilichen Anhalteaufforderung oder Verkehrsunfallflucht: Schlüsselzahl 3,
4. Feststellungen bei aufgefundenen oder verkehrsbehindernd abgestellten Fahrzeugen: Schlüsselzahl 4,
5. Verdacht des Diebstahls oder der missbräuchlichen Benutzung eines Fahrzeuges: Schlüsselzahl 5,
6. Grenzkontrolle: Schlüsselzahl 6,
7. Gefahrenabwehr: Schlüsselzahl 7,
8. Verfolgung von Straftaten oder Verkehrsordnungswidrigkeiten: Schlüsselzahl 8,
9. Fahndung, Grenzfahndung, Kontrollstelle: Schlüsselzahl 9 und
10. sonstige Anlässe: Schlüsselzahl 0.

[2] Bei Verwendung der Schlüsselzahlen 8, 9 und 0 ist zusätzlich zu der Schlüsselzahl ein auf den bestimmten Anlass bezogenes Aktenzeichen oder eine Tagebuchnummer zu übermitteln, sofern diese Daten beim Abruf angegeben werden können. [3] Können die in Satz 2 bezeichneten Daten nicht angegeben werden, ist jeweils in Kurzform bei der Verwendung der Schlüsselzahl 8 die Art der Straftat oder die Art der Verkehrsordnungswidrigkeit und bei Verwendung der Schlüsselzahlen 9 und 0 die Art der Maßnahme oder des Ereignisses zu bezeichnen.

(2) [1] Zur Feststellung der für den Abruf verantwortlichen Person sind der übermittelnden Stelle die Dienstnummer, die Nummer des Dienstausweises, ein Namenskurzzeichen unter Angabe der Organisationseinheit oder andere Hinweise zu übermitteln, die unter Hinzuziehung von Unterlagen bei der abrufenden Stelle diese Feststellung ermöglichen. [2] Als Hinweis im Sinne des Satzes 1 gilt insbesondere

1. das nach Absatz 1 Satz 2 übermittelte Aktenzeichen oder die Tagebuchnummer, sofern die Tatsache des Abrufs unter Bezeichnung der hierfür verantwortlichen Person aktenkundig gemacht wird, oder
2. der Funkrufname, sofern dieser zur nachträglichen Feststellung der für den Abruf verantwortlichen Person geeignet ist.

(3) Für die nach § 36 Absatz 7 des Straßenverkehrsgesetzes[1)] vorgeschriebenen weiteren Aufzeichnungen gilt § 36 Absatz 6 Satz 2 bis 4 des Straßenverkehrsgesetzes entsprechend.

§ 70 Abruf im automatisierten Verfahren durch ausländische Stellen. [1] Zur Übermittlung durch Abruf im automatisierten Verfahren aus dem Zentralen Fahrzeugregister nach § 37a des Straßenverkehrsgesetzes[1)] unter Verwendung des Kennzeichens oder der Fahrzeug-Identifizierungsnummer dürfen die folgenden Daten bereitgehalten werden:

1. für Verwaltungsmaßnahmen nach § 37 Absatz 1 Nummer 1 des Straßenverkehrsgesetzes die in § 66 Absatz 2 Satz 1 Nummer 1 Buchstabe a genannten Daten und
2. für Maßnahmen wegen Zuwiderhandlungen und Straftaten, zur Abwehr von Gefahren für die öffentliche Sicherheit sowie zur Überwachung des Versicherungsschutzes nach § 37 Absatz 1 Nummer 2 bis 4 und Absatz 1a des Straßenverkehrsgesetzes die in § 66 Absatz 2 Satz 1 Nummer 1 Buchstabe a und b genannten Daten.

[2] Die §§ 68 und 69 gelten entsprechend.

§ 71 Übermittlungssperren. (1) [1] Eine Übermittlungssperre gegenüber Dritten nach § 41 des Straßenverkehrsgesetzes[1)] darf nur durch die für die Zulassungsbehörde zuständige oberste Landesbehörde oder die von ihr bestimmten oder nach Landesrecht zuständigen Stellen angeordnet werden. [2] Die Zulassungsbehörde hat die Sperre unverzüglich im örtlichen Fahrzeugregister zu vermerken. [3] Die Sätze 1 und 2 gelten entsprechend für die Änderung einer Sperre. [4] Sobald eine Sperre aufgehoben wird, ist der Sperrvermerk von der Zulassungsbehörde zu löschen.

[1)] Nr. 1.

(2) [1]Eine Übermittlungssperre gegenüber einem Dritten ist von der sperrenden Behörde oder der Zulassungsbehörde dem Kraftfahrt-Bundesamt mitzuteilen. [2]Das Kraftfahrt-Bundesamt hat die Sperre und die sperrende Behörde unverzüglich im Zentralen Fahrzeugregister zu vermerken. [3]Die Änderung oder die Aufhebung einer Sperre ist von der sperrenden Behörde oder der zuständigen Zulassungsbehörde dem Kraftfahrt-Bundesamt mitzuteilen. [4]Für die Änderung der Sperre gilt Satz 2 entsprechend. [5]Sobald dem Kraftfahrt-Bundesamt die Aufhebung der Sperre gemeldet wird, so ist der Sperrvermerk unverzüglich zu löschen.

(3) Ein Übermittlungsersuchen, das sich auf gesperrte Daten bezieht, ist von der Zulassungsbehörde oder vom Kraftfahrt-Bundesamt an die sperrende Behörde weiterzuleiten.

§ 72 Löschung von Daten aus dem Zentralen Fahrzeugregister.

(1) Bei einem Fahrzeug mit Kennzeichen nach § 9 sind die Daten im Zentralen Fahrzeugregister vorbehaltlich des Absatzes 5 sieben Jahre, nachdem das Fahrzeug außer Betrieb gesetzt wurde, zu löschen.

(2) [1]Die bei der Ausgabe eines roten Kennzeichens im Zentralen Fahrzeugregister gespeicherten Daten sind vorbehaltlich des Absatzes 5 sieben Jahre nach Rückgabe oder Entstempelung des Kennzeichens zu löschen. [2]Die bei der Ausgabe eines Kurzzeitkennzeichens im Zentralen Fahrzeugregister gespeicherten Daten sind sieben Jahre nach Ablauf der Gültigkeit des Kennzeichens zu löschen.

(3) Bei einem Fahrzeug mit Ausfuhrkennzeichen sind die Daten im Zentralen Fahrzeugregister vorbehaltlich des Absatzes 5 sieben Jahre nach Ablauf der Gültigkeit der Zulassung zu löschen.

(4) Bei einem Fahrzeug mit Versicherungskennzeichen oder einer Versicherungsplakette sind die Daten im Zentralen Fahrzeugregister vorbehaltlich des Absatzes 5 sieben Jahre nach dem Ende des Verkehrsjahres zu löschen.

(5) Die Angaben über einen Diebstahl oder ein sonstiges Abhandenkommen des Fahrzeuges, des Kennzeichens im Sinne der Absätze 1 bis 4, der Versicherungsplakette oder der Zulassungsbescheinigung Teil II sind bei deren Wiederauffinden, sonst nach Ende der Fahndungsmaßnahmen zu löschen.

(6) [1]Die Daten über ein Kennzeichen nach § 57 Absatz 7 sind im Zentralen Fahrzeugregister spätestens ein Jahr nach der Rückgabe oder der Entziehung des jeweiligen Kennzeichens zu löschen. [2]Bei einem Diebstahl oder einem sonstigen Abhandenkommen des Kennzeichens gilt Absatz 5 entsprechend.

§ 73 Löschung von Daten aus dem örtlichen Fahrzeugregister.

(1) [1]Bei einem Fahrzeug mit einem Kennzeichen nach § 9 sind die Daten im örtlichen Fahrzeugregister vorbehaltlich des Absatzes 4 spätestens ein Jahr nach Eingang der vom Kraftfahrt-Bundesamt nach § 65 Absatz 1 oder Absatz 2 übersandten Mitteilung zu löschen. [2]Die in § 33 Absatz 1 Satz 2 des Straßenverkehrsgesetzes[1)] bezeichneten Daten sind nach Zuteilung des Kennzeichens für den neuen Halter, sonst spätestens ein Jahr nach Eingang der vom Kraftfahrt-Bundesamt nach § 65 Absatz 1 oder Absatz 2 übersandten Mitteilung zu löschen.

---

1) Nr. **1**.

(2) Die bei der Zuteilung eines roten Kennzeichens oder eines Kurzzeitkennzeichens im örtlichen Fahrzeugregister gespeicherten Daten sind vorbehaltlich des Absatzes 4 spätestens ein Jahr nach der Rückgabe, der Entziehung oder dem Ablaufdatum des Kennzeichens zu löschen.

(3) Bei einem Fahrzeug mit Ausfuhrkennzeichen sind die Daten im örtlichen Fahrzeugregister vorbehaltlich des Absatzes 4 spätestens ein Jahr nach Ablauf der Gültigkeit der Zulassung zu löschen.

(4) Ferner sind aus dem örtlichen Fahrzeugregister zu löschen

1. die Angaben über einen Diebstahl oder ein sonstiges Abhandenkommen des Fahrzeuges, des Kennzeichens oder der Zulassungsbescheinigung Teil II bei deren Wiederauffinden, sonst spätestens nach dem Ende der Fahndungsmaßnahmen,
2. die Fahrzeug-Identifizierungsnummer, das Kennzeichen, frühere Kennzeichen sowie die in § 58 Absatz 1 Nummer 22 Buchstabe a, b und e, Absatz 2 Nummer 4 Buchstabe a und Absatz 4 Nummer 4 Buchstabe a bezeichneten Daten drei Jahre nachdem die Versicherungsbestätigung, in der diese Daten jeweils enthalten sind, ihre Geltung verloren hat,
3. die Angaben über den früheren Halter nach § 59 Absatz 3 ein Jahr nach Zuteilung des Kennzeichens für den neuen Halter oder bei einem Diebstahl oder einem sonstigen Abhandenkommen von einem Fahrzeug oder einem Kennzeichen zum gleichen Zeitpunkt wie die Angaben nach Nummer 1.

(5) [1]Die Daten über ein Kennzeichen nach § 58 Absatz 1 Nummer 6 und Absatz 5 sind im örtlichen Fahrzeugregister spätestens ein Jahr nach Rückgabe oder Entziehung des Kennzeichens zu löschen. [2]Bei einem Diebstahl oder einem sonstigen Abhandenkommen des Kennzeichens gilt Absatz 4 Nummer 1.

(6) Sofern die Zulassungsbehörde die Datenhaltung des örtlichen Fahrzeugregisters dem Zentralen Fahrzeugregister übertragen hat, ist § 72 anzuwenden.

§ 74 Zentrale Datenbank der Übereinstimmungsbescheinigungen.

(1) [1]Das Kraftfahrt-Bundesamt hat eine Zentrale Datenbank der Übereinstimmungsbescheinigungen für solche Fahrzeuge zu führen, für die durch den Hersteller oder auf seine Veranlassung eine Zulassungsbescheinigung Teil II ausgefüllt worden ist oder ausgefüllt werden soll. [2]Diese Datenbank ist für folgende Zwecke zu führen:

1. für den Nachweis im Zulassungsverfahren, dass das Fahrzeug einem genehmigten Typ entspricht, und für die maschinelle Weiterverarbeitung der Angaben über das Fahrzeug, insbesondere für die maschinelle Ausfüllung der Zulassungsbescheinigung,
2. für die Prüfung von Fahrzeugeigenschaften, die nach dem oder auf Grund des Rechts der Europäischen Union einzuhalten sind,
3. für die unionsrechtlich vorgeschriebene Überwachung und Meldung der fahrzeugspezifischen Kohlendioxid-Emissionen,
4. für die Bestimmung der fahrzeugbezogenen Energieeffizienzklasse nach der Pkw-Energieverbrauchskennzeichnungsverordnung,
5. für statistische Aufbereitungen nach Maßgabe des Absatzes 3 und
6. für die Durchführung von Abgastests und anderen Maßnahmen im Rahmen der Marktüberwachung.

(2) [1]Die Zentrale Datenbank der Übereinstimmungsbescheinigungen hat die von dem Hersteller eines Fahrzeuges nach den Absätzen 4 bis 6 übermittelten Daten mit Bezug auf die Fahrzeug-Identifizierungsnummern zu enthalten. [2]Das Kraftfahrt-Bundesamt ist befugt, diese Daten für die Führung der Zentralen Datenbank der Übereinstimmungsbescheinigungen und für die Zwecke nach Absatz 1 zu erheben, zu speichern und zu verwenden.

(3) [1]Das Kraftfahrt-Bundesamt darf die Daten nach Absatz 2 nach statistischen Gesichtspunkten auswerten, um Gruppierungen der Fahrzeugtypen zu bestimmen, die für Zwecke der amtlichen Statistik oder für wirtschaftliche Zwecke Dritter verwendet werden können. [2]Die Vorschriften des Bundesstatistikgesetzes finden Anwendung.

(4) Der Hersteller eines Fahrzeuges, der Inhaber einer EU-Typgenehmigung ist, oder dessen bevollmächtigter Vertreter muss dem Kraftfahrt-Bundesamt unter Angabe der Fahrzeug-Identifizierungsnummer die nach Maßgabe der jeweils geltenden Vorschriften der Europäischen Union in die Übereinstimmungsbescheinigungen einzutragenden Daten jeder ausgestellten Übereinstimmungsbescheinigung unverzüglich übermitteln,

1. wenn er für dieses Fahrzeug eine Zulassungsbescheinigung Teil II ausfüllt oder
2. sobald auf seine Veranlassung hin eine Zulassungsbescheinigung Teil II für dieses Fahrzeug ausgestellt werden soll.

(5) [1]Der Hersteller eines Fahrzeuges, der Inhaber einer EU-Typgenehmigung ist, oder dessen bevollmächtigter Vertreter hat für jedes Fahrzeug, für das er eine Übereinstimmungsbescheinigung ausstellt und dessen Daten nach Absatz 4 zu übermitteln sind, zu prüfen, ob aufgrund von anderen als in den Schlüsselnummern abgebildeten technischen Gegebenheiten ein rechtliches Verbot für die erstmalige Zulassung dieses Fahrzeuges bestehen wird. [2]Diese Prüfung ist ab dem Zeitpunkt des Inkrafttretens einer Rechtsvorschrift vorzunehmen, die eine technische Regelung enthält, die zu einem Verbot der erstmaligen Zulassung führen kann. [3]Der Verpflichtete nach Satz 1 hat dem Kraftfahrt-Bundesamt das unter ein solches Verbot fallende Fahrzeug spätestens 30 Werktage vor dem Zeitpunkt des Wirksamwerdens des Verbots unter Angabe der Fahrzeug-Identifizierungsnummer, des letzten zulässigen Erstzulassungsdatums sowie des Grundes für das Erstzulassungsverbot mitzuteilen. [4]Stellt der Verpflichtete nach Satz 1 einen Antrag auf Genehmigung einer auslaufenden Serie, kann er die Mitteilung nach Satz 3 auch erst gemeinsam mit diesem Antrag vornehmen, spätestens jedoch 15 Tage vor dem Zeitpunkt des Wirksamwerdens des Verbots. [5]Im Fall des Satzes 4 hat sich die Mitteilung auf jede Fahrzeug-Identifizierungsnummer jedes Fahrzeuges zu beziehen, für das die auslaufende Serie beantragt und genehmigt wird. [6]Darüber hinaus hat der Verpflichtete nach Satz 1 jede ihm bekannten Fahrzeug-Identifizierungsnummer für jedes Fahrzeug zu melden, das ebenfalls unter das Verbot der erstmaligen Zulassung fallen könnte. [7]Die Mitteilungen nach den Sätzen 3 bis 6 sind mit einer Erklärung zu versehen, dass dem Verpflichteten kein weiteres Fahrzeug bekannt ist, welches unter das Verbot der erstmaligen Zulassung fallen könnte.

(6) Der Hersteller eines Fahrzeuges, der Inhaber einer EU-Typgenehmigung ist, oder dessen bevollmächtigter Vertreter kann die nach Maßgabe der jeweils geltenden Vorschriften der Europäischen Union in die Übereinstimmungs-

bescheinigung einzutragenden Daten jeder ausgestellten Übereinstimmungsbescheinigung für ein Fahrzeug, für das keine Verpflichtung nach Absatz 4 besteht, an das Kraftfahrt-Bundesamt zur Erhebung und Speicherung in der Zentralen Datenbank der Übereinstimmungsbescheinigungen übermitteln.

(7) [1] Das Kraftfahrt-Bundesamt hat die Standards zur technisch-organisatorischen Ausgestaltung der Datenübermittlung unter Berücksichtigung von Vorgaben für den internationalen Datenaustausch festzulegen und diese auf der Internetseite des Kraftfahrt-Bundesamts zu veröffentlichen. [2] Das Kraftfahrt-Bundesamt hat auf Änderungen im Bundesanzeiger und im Verkehrsblatt hinzuweisen.

(8) [1] Das Kraftfahrt-Bundesamt hat durch geeignete technische und organisatorische Maßnahmen auszuschließen, dass die Zentrale Datenbank der Übereinstimmungsbescheinigungen mit dem Zentralen Fahrzeugregister verknüpft werden kann. [2] Das Gleiche gilt für die Zulassungsbehörden in Bezug auf ihre örtlichen Fahrzeugregister. [3] Die Daten sind zehn Jahre nach dem Tag ihrer Übermittlung in diese Datenbank automatisiert zu löschen.

(9) Die Zulassungsbehörden sind befugt, unter Verwendung der Fahrzeug-Identifizierungsnummer die Daten nach Absatz 2 zur Erfüllung ihrer Aufgaben für die in Absatz 1 Nummer 1 und 2 genannten Zwecke automatisiert abzurufen und sie in den Fahrzeugregistern zu erheben, zu speichern und zu verwenden.

(10) [1] Die von einem Hersteller übermittelten und gespeicherten Daten dürfen diesem zur Beseitigung von Fehlern und zur Vervollständigung der Daten vom Kraftfahrt-Bundesamt übermittelt und zu diesen Zwecken verwendet werden. [2] Soweit dies für die Zwecke nach Absatz 1 erforderlich ist, darf das Kraftfahrt-Bundesamt dem Hersteller eines zugelassenen Fahrzeuges, für das er noch keine Daten im Sinne der Absätze 4 bis 6 übermittelt hat, dessen Fahrzeug-Identifizierungsnummer zum Zweck der Ergänzung der fehlenden Daten übermitteln.

(11) Das Kraftfahrt-Bundesamt kann die erforderlichen Anordnungen treffen, wenn ein Hersteller oder dessen bevollmächtigte Vertreter seinen Verpflichtungen nach den Absätzen 4 und 5 nicht nachkommt.

Abschnitt 8. Durchführungs- und Schlussvorschriften

§ 75 Zuständigkeiten. (1) Diese Verordnung wird, soweit nichts anderes bestimmt ist, von den nach Landesrecht zuständigen Behörden ausgeführt.

(2) [1] Örtlich zuständig ist, soweit nichts anderes bestimmt ist,

1. die Behörde des Wohnorts des Antragstellers oder Betroffenen,
2. bei mehreren Wohnungen des Antragstellers oder Betroffenen die Behörde des Ortes der Hauptwohnung im Sinne des Bundesmeldegesetzes,
3. mangels eines Wohnortes oder einer Hauptwohnung die Behörde des Aufenthaltsortes des Antragstellers oder Betroffenen,
4. bei einer juristischen Person, einem Gewerbetreibenden und einem Selbstständigen mit festem Betriebssitz oder einer Behörde die Behörde des Sitzes oder des Ortes der beteiligten Niederlassung oder Dienststelle.

[2] Besteht in der Bundesrepublik Deutschland kein Wohnsitz, kein Sitz, keine Niederlassung oder keine Dienststelle, so ist die Behörde des Wohnorts eines

Empfangsbevollmächtigten zuständig. [3] Im Fall des § 6 Absatz 2 Satz 2 ist die Behörde am regelmäßigen Standort des Fahrzeuges zuständig.

(3) Örtlich zuständige Behörde im Sinne des § 51 ist die Behörde, die das Kennzeichen zugeteilt hat, es sei denn, dass im Fall des § 15 Absatz 4 Satz 1 Nummer 2 die für den neuen Wohnsitz oder den neuen Sitz zuständige Behörde die Zulassungsbescheinigung Teil I bereits nach § 15 Absatz 4 Satz 5 berichtigt hat.

(4) [1] Ein Antrag kann mit Zustimmung der örtlich zuständigen Verwaltungsbehörde von einer gleichgeordneten auswärtigen Behörde, mit Zustimmung der zuständigen obersten Landesbehörden oder der von ihnen bestimmten oder nach Landesrecht zuständigen Stellen auch in einem anderen Land, behandelt und erledigt werden. [2] Verlangt die Verkehrssicherheit ein sofortiges Eingreifen, so kann an Stelle der örtlich zuständigen Behörde jede ihr gleichgeordnete Behörde mit derselben Wirkung Maßnahmen auf Grund dieser Verordnung vorläufig treffen.

(5) Für die Registrierung eines Großkunden nach den Vorschriften über die Großkundenschnittstelle in Abschnitt 3 Unterabschnitt 5 ist das Kraftfahrt-Bundesamt zuständig.

(6) [1] Die Zuständigkeiten der Verwaltungsbehörden auf Grund dieser Verordnung sind für die Dienstbereiche der Bundeswehr, der Bundespolizei, des Bundeskriminalamts, der Zollverwaltung, der Bundesanstalt Technisches Hilfswerk und der Polizeien der Länder durch deren Dienststellen nach Bestimmung der Fachminister und Fachministerinnen wahrzunehmen. [2] Die Zuständigkeiten der Verwaltungsbehörden in Bezug auf ein Kraftfahrzeug und einen Anhänger der auf Grund des Nordatlantikvertrags errichteten internationalen militärischen Hauptquartiere sind, soweit das Fahrzeug seinen regelmäßigen Standort im Geltungsbereich dieser Verordnung hat, durch die Dienststellen der Bundeswehr nach Bestimmung des Bundesministers der Verteidigung wahrzunehmen.

(7) Für den Dienstbereich der Polizeien der Länder kann die Zulassung eines Kraftfahrzeuges und eines Anhängers nach Bestimmung der Fachminister durch die nach Absatz 1 zuständigen Behörden vorgenommen werden.

§ 76 Ausnahmen. (1) [1] Die zuständigen obersten Landesbehörden oder die von ihnen bestimmten oder nach Landesrecht zuständigen Stellen können vorbehaltlich des Satzes 2 Ausnahmen von den Vorschriften der Abschnitte 1 bis 5 dieser Verordnung genehmigen

1. in bestimmten Einzelfällen oder
2. allgemein für bestimmte einzelne Antragsteller.

[2] Ausnahmen nach Satz 1 dürfen sich nicht auf § 9 Absatz 2, § 11 Absatz 1 und § 14 Absatz 1 und 3 Satz 1 sowie Abschnitt 3 Unterabschnitt 5 erstrecken. [3] Sofern die Ausnahme erhebliche Auswirkungen auf das Gebiet anderer Länder hat, hat die Entscheidung darüber im Einvernehmen mit den zuständigen Behörden dieser Länder zu ergehen.

(2) In jeder Genehmigung nach Absatz 1 ist ihr örtlicher Geltungsbereich festzulegen.

(3) Sofern eine Genehmigung einer Ausnahme nach Absatz 1 Satz 1 Nummer 1 mit Bedingungen erlassen oder mit Auflagen verbunden ist, hat die das

Fahrzeug führende Person die Genehmigung bei Fahrten mitzuführen und zuständigen Personen auf Verlangen zur Prüfung auszuhändigen.

(4) Die Vorschriften dieser Verordnung gelten nicht für die Bundeswehr, die Polizei, die Bundespolizei, die Feuerwehr, die Bundesanstalt Technisches Hilfswerk, das Bundesamt für Bevölkerungsschutz und Katastrophenhilfe und die anderen Einheiten und Einrichtungen des Zivil- und Katastrophenschutzes sowie der Zollverwaltung, soweit dies zur Erfüllung hoheitlicher Aufgaben unter gebührender Berücksichtigung der öffentlichen Sicherheit und Ordnung notwendig ist.

§ 77 Ordnungswidrigkeiten. Ordnungswidrig im Sinne des § 24 Absatz 1 des Straßenverkehrsgesetzes handelt, wer vorsätzlich oder fahrlässig

1. entgegen § 3 Absatz 1 Satz 1, § 4 Absatz 1, 2 Satz 1 oder Absatz 3 Satz 1 oder 2, § 9 Absatz 2 Satz 6 Nummer 1, § 10 Absatz 3 Satz 6 Nummer 1, § 12 Absatz 13 Satz 1, § 26 Absatz 5 Satz 3, § 41 Absatz 6 Satz 3, § 42 Absatz 3 Satz 4 oder Absatz 4 Satz 3, § 43 Absatz 2 Satz 5, § 45 Absatz 2 Satz 5, § 53 Absatz 7, § 54 Absatz 4 oder § 56 Absatz 4 ein Fahrzeug in Betrieb setzt,
2. entgegen § 3 Absatz 5, § 4 Absatz 6, § 5 Absatz 2 Satz 2, § 9 Absatz 2 Satz 7 Nummer 1, § 10 Absatz 3 Satz 7 Nummer 1, § 12 Absatz 12 Satz 4 oder Absatz 13 Satz 2, § 15 Absatz 1 Satz 6 oder Absatz 4 Satz 3, § 26 Absatz 5 Satz 4, § 41 Absatz 6 Satz 4, § 42 Absatz 3 Satz 5 oder Absatz 4 Satz 4, § 43 Absatz 2 Satz 6 oder § 45 Absatz 1 Satz 6 oder Absatz 2 Satz 6 die Inbetriebsetzung eines Fahrzeuges anordnet oder zulässt,
3. entgegen § 4 Absatz 4 ein Kraftfahrzeug oder einen Krankenfahrstuhl nicht, nicht richtig, nicht vollständig oder nicht in der vorgeschriebenen Weise kennzeichnet,
4. entgegen § 4 Absatz 5 Satz 1, § 13 Absatz 6 Satz 1, § 31 Satz 3, § 41 Absatz 3 Satz 2, § 42 Absatz 5 Satz 3, § 43 Absatz 2 Satz 2 oder § 46 Absatz 6 ein dort genanntes Dokument nicht mitführt oder nicht oder nicht rechtzeitig aushändigt,
5. entgegen § 4 Absatz 5 Satz 2, § 41 Absatz 3 Satz 5 oder § 56 Absatz 2 Nummer 1 ein dort genanntes Dokument nicht aufbewahrt oder nicht oder nicht rechtzeitig aushändigt,
6. einer vollziehbaren Anordnung nach § 5 Absatz 1 oder § 15 Absatz 1 Satz 5, Absatz 4 Satz 2 oder Absatz 5 Satz 8 zuwiderhandelt,
7. entgegen § 5 Absatz 2 Satz 1, § 17 Absatz 1 Satz 1, auch in Verbindung mit § 17 Absatz 2 Satz 1, oder entgegen § 51 Absatz 3 ein Fahrzeug nicht, nicht richtig oder nicht rechtzeitig außer Betrieb setzen lässt,
8. entgegen § 7 Absatz 4 Satz 2 ein dort genanntes Dokument nicht, nicht richtig, nicht in der vorgeschriebenen Weise oder nicht rechtzeitig auslegt,
9. entgegen § 9 Absatz 2 Satz 5 oder § 12 Absatz 12 Satz 3 ein Wechselkennzeichen oder ein Zeichen führt,
10. entgegen § 9 Absatz 2 Satz 6 Nummer 2 oder § 10 Absatz 3 Satz 6 Nummer 2 ein Fahrzeug abstellt,
11. entgegen § 9 Absatz 2 Satz 7 Nummer 2 oder § 10 Absatz 3 Satz 7 Nummer 2 das Abstellen eines Fahrzeuges anordnet oder zulässt,
12. entgegen § 14 Absatz 5 Satz 1 oder 2 oder § 15 Absatz 3 Satz 1 oder 2, auch in Verbindung mit § 15 Absatz 3 Satz 3, eine Anzeige nicht, nicht richtig,

nicht vollständig, nicht in der vorgeschriebenen Weise oder nicht rechtzeitig erstattet,

13. entgegen § 15 Absatz 1 Satz 1 oder 2, jeweils auch in Verbindung mit Satz 3, oder entgegen § 15 Absatz 5 Satz 1 oder § 41 Absatz 5 Satz 2 eine Mitteilung nicht, nicht richtig, nicht vollständig oder nicht rechtzeitig macht,
14. entgegen § 15 Absatz 4 Satz 1 eine Änderung der Angaben nicht, nicht richtig, nicht vollständig oder nicht rechtzeitig beantragt oder die Zulassungsbescheinigung Teil I nicht oder nicht rechtzeitig zur Änderung vorlegt,
15. entgegen § 15 Absatz 5 Satz 4 Nummer 1 eine Mitteilung nicht, nicht richtig, nicht vollständig oder nicht rechtzeitig macht oder einen Nachweis nicht oder nicht rechtzeitig erbringt,
16. entgegen § 15 Absatz 5 Satz 4 Nummer 2 die Ausfertigung eines dort genannten Dokuments nicht oder nicht rechtzeitig beantragt,
17. entgegen § 15 Absatz 5 Satz 4 Nummer 3 ein dort genanntes Dokument nicht oder nicht rechtzeitig zur Umschreibung vorlegt,
18. entgegen § 15 Absatz 5 Satz 4 Nummer 4 die Zuteilung eines Kennzeichens nicht oder nicht rechtzeitig beantragt und eine dort genannte Mitteilung nicht, nicht richtig oder nicht rechtzeitig macht,
19. entgegen § 17 Absatz 1 Satz 3, Absatz 4 Satz 2 oder Absatz 5 Satz 2 ein dort genanntes Dokument nicht oder nicht rechtzeitig übergibt,
20. entgegen § 26 Absatz 5 Satz 1 einen Plakettenträger nicht, nicht richtig, nicht in der vorgeschriebenen Weise oder nicht rechtzeitig anbringt,
21. entgegen § 26 Absatz 5 Satz 2 einen Plakettenträger anbringt,
22. entgegen § 28 Satz 2 oder § 32 Absatz 2 ein dort genanntes Dokument nicht, nicht richtig oder nicht in der vorgeschriebenen Weise auslegt oder nicht mitführt oder nicht oder nicht rechtzeitig aushändigt,
23. entgegen § 41 Absatz 3 Satz 1 eine dort genannte Angabe nicht, nicht richtig, nicht vollständig oder nicht rechtzeitig einträgt,
24. entgegen § 41 Absatz 3 Satz 3 oder 4 eine Aufzeichnung nicht, nicht richtig, nicht vollständig oder nicht rechtzeitig vornimmt,
25. entgegen § 41 Absatz 3 Satz 6 ein Kennzeichenschild oder ein Fahrzeugscheinheft nicht oder nicht rechtzeitig vorlegt,
26. entgegen § 42 Absatz 3 Satz 1 oder § 43 Absatz 2 Satz 1 ein dort genanntes Kennzeichen verwendet,
27. entgegen § 47 Absatz 1 Satz 1 oder Absatz 2 Satz 1 nicht sicherstellt, dass ein Kraftfahrzeug ein dort genanntes Kennzeichen oder Unterscheidungszeichen führt oder
28. entgegen § 52 Absatz 1 Satz 6 die dort genannte Bescheinigung nicht mitführt, nicht oder nicht rechtzeitig aushändigt oder nicht oder nicht rechtzeitig vorzeigt,

§ 78 Verweis auf technische Regelwerke. (1) [1]DIN-Normen, EN-Normen und ISO-Normen, auf die in dieser Verordnung verwiesen wird, sind im Beuth Verlag GmbH, Berlin, erschienen. [2]Sie sind beim Deutschen Patent- und Markenamt in München archivmäßig gesichert niedergelegt.

(2) [1]RAL-Farben, auf die in dieser Verordnung Bezug genommen wird, sind dem Farbregister RAL 840-HR entnommen. [2]Das Farbregister wird vom RAL Deutsches Institut für Gütesicherung und Kennzeichnung e.V., Siegburger Straße 39, 53757 St. Augustin, herausgegeben und ist dort erhältlich.

§ 79 Übergangs- und Anwendungsbestimmungen. (1) [1]Ein Fahrzeug, das nach § 18 Absatz 2 der Straßenverkehrs-Zulassungs-Ordnung in der bis zum 28. Februar 2007 geltenden Fassung der Zulassungspflicht oder dem Zulassungsverfahren nicht unterworfen war und das vor dem 1. März 2007 erstmals in Verkehr kam, bleibt weiterhin zulassungsfrei. [2]Sofern für dieses Fahrzeug keine Betriebserlaubnis erforderlich war, bedarf es keiner Genehmigung nach § 2 Nummer 4 bis 6.

(2) Einem Kraftrad, das vor dem 1. Januar 1959 erstmals in den Verkehr gekommen ist und dessen Hubraum 50 Kubikzentimeter übersteigt, sind verkleinerte zweizeilige Kennzeichen nach Anlage 4 Nummer 1 Satz 1 Buchstabe d zuzuteilen, es sei denn, der Halter beantragt etwas anderes.

(3) Ein Kennzeichen, das vor dem 1. März 2007 nach Maßgabe der Straßenverkehrs-Zulassungs-Ordnung zugeteilt worden ist, bleibt gültig.

(3a) Ein Kennzeichen, das vor dem 1. September 2023 nach Maßgabe der vor diesem Zeitpunkt geltenden Fahrzeug-Zulassungsverordnung zugeteilt worden ist, bleibt gültig, sofern nichts Abweichendes bestimmt ist.

(4) [1]Ein Unterscheidungszeichen nach Anlage 1 Nummer 1 in der bis zum 31. Oktober 2012 geltenden Fassung dieser Verordnung gilt als beantragt und festgelegt im Sinne des § 9 Absatz 3 Satz 1 und 6. [2]Ein Unterscheidungszeichen nach Anlage 1 Nummer 2 in der bis zum 31. Oktober 2012 geltenden Fassung dieser Verordnung gilt als aufgehoben im Sinne des § 9 Absatz 3 Satz 1 und 6. [3]Abweichend von § 9 Absatz 3 Satz 4 darf ein Unterscheidungszeichen nach Anlage 1 in der bis zum 31. Oktober 2012 geltenden Fassung ohne Rücksicht auf den bevorstehenden Verbrauch verfügbarer Kennzeichenkombinationen festgelegt werden.

(5) Folgende Fahrzeugdokumente gelten als Fahrzeugdokumente im Sinne dieser Verordnung fort:

1. ein Fahrzeugschein und ein Anhängerschein, der vor dem 1. März 2007 ausgefertigt wurde und einem der folgenden Muster entspricht:
   a) den Mustern 2, 2a, 2b, 3 und 3a der Straßenverkehrs-Zulassungs-Ordnung in der im Bundesgesetzblatt Teil III, Gliederungsnummer 9232-1, veröffentlichten bereinigten Fassung,
   b) den Mustern 2a, 2b und 3 der Straßenverkehrs-Zulassungs-Ordnung in der Fassung der Verordnung vom 21. Juli 1969 (BGBl. I S. 845),
   c) den Mustern 2a und 2b der Straßenverkehrs-Zulassungs-Ordnung in der Fassung der Bekanntmachung vom 15. November 1974 (BGBl. I S. 3193) und
   d) den Mustern 2a und 2b der Straßenverkehrs-Zulassungs-Ordnung in der Fassung der Bekanntmachung vom 28. September 1988 (BGBl. I S. 1793);
2. ein Fahrzeugbrief, der durch eine Zulassungsbehörde bis zum 30. September 2005 ausgefertigt worden ist, sofern nicht ein Umtausch in eine Zulassungsbescheinigung Teil II erforderlich ist, weil der Fahrzeugschein nach einem

bisher gültigen Muster durch eine Zulassungsbescheinigung Teil I ersetzt wird;
3. ein Fahrzeugschein, der durch die Bundeswehr bis zum 30. September 2005 ausgefertigt worden ist;
4. eine Zulassungsbescheinigung Teil I oder ein Fahrzeugschein, die dem Muster 2a der Straßenverkehrs-Zulassungs-Ordnung in der Fassung der Verordnung vom 24. September 2004 (BGBl. I S. 2374) entsprechen und in dem Zeitraum vom 1. Oktober 2005 bis zum 31. März 2008 ausgefertigt worden sind;
5. eine Zulassungsbescheinigung Teil II oder ein Fahrzeugbrief, die dem Muster 2b der Straßenverkehrs-Zulassungs-Ordnung in der Fassung der Verordnung vom 24. September 2004 (BGBl. I S. 2374) entsprechen und in dem Zeitraum vom 1. Oktober 2005 bis zum 31. März 2008 ausgefertigt worden sind;
6. eine Zulassungsbescheinigung Teil I oder ein Fahrzeugschein der Bundeswehr, die dem Muster 2c der Straßenverkehrs-Zulassungs-Ordnung in der Fassung der Verordnung vom 24. September 2004 (BGBl. I S. 2374) entsprechen und in dem Zeitraum vom 1. Oktober 2005 bis zum 31. März 2008 ausgefertigt worden sind;
7. eine Zulassungsbescheinigung Teil I, die den Mustern in den Anlagen 5 und 6 in der bis zum 31. Oktober 2012 geltenden Fassung dieser Verordnung entspricht und bis zum 30. Juni 2013 ausgefertigt worden ist;
8. ein Fahrzeugschein und ein Fahrzeugscheinheft für ein Fahrzeug mit einem roten Oldtimerkennzeichen nach § 43, die in der bis zum 31. Oktober 2012 geltenden Fassung dieser Verordnung ausgefertigt worden sind;
9. eine Zulassungsbescheinigung Teil I, die dem Muster in Anlage 5 in der bis zum 1. Januar 2015 geltenden Fassung dieser Verordnung entspricht;
10. eine Zulassungsbescheinigung Teil I, die dem Muster in Anlage 5 in der bis zum 30. September 2017 geltenden Fassung dieser Verordnung entspricht und bis zum 19. Mai 2018 ausgefertigt worden ist;
11. eine Zulassungsbescheinigung Teil I, die den Mustern in den Anlagen 5 und 6 in der bis zum 1. April 2015 geltenden Fassung dieser Verordnung entspricht;
12. eine Zulassungsbescheinigung Teil II, die dem Muster in Anlage 7 in der bis zum 1. April 2015 geltenden Fassung dieser Verordnung entspricht;
13. eine Zulassungsbescheinigung Teil II, die dem Muster der Anlage 7 in der bis zum 31. Dezember 2017 geltenden Fassung dieser Verordnung entspricht und bis zum 31. März 2018 ausgefertigt worden ist;
14. eine Zulassungsbescheinigung Teil I, die dem Muster in Anlage 5 in der bis zum 30. September 2017 geltenden Fassung dieser Verordnung entspricht und bis zum 19. Mai 2018 ausgefertigt worden ist;
15. ein Fahrzeugschein für ein Fahrzeug mit einem Kurzzeitkennzeichen, der dem Muster in Anlage 10 in der bis zum 30. September 2017 geltenden Fassung dieser Verordnung entspricht und bis zum 19. Mai 2018 ausgefertigt worden ist;
16. eine Zulassungsbescheinigung Teil I, die dem Muster in Anlage 5 in der bis zum 30. September 2019 geltenden Fassung dieser Verordnung entspricht und bis zum 30. September 2020 ausgefertigt worden ist.

(6) Eine Stempelplakette, mit der Kennzeichenschilder vor dem 1. Januar 2015 abgestempelt worden sind, bleibt gültig.

(7) [1] Folgende Vorschriften über Erhebung und Speicherung der Daten im Zentralen Fahrzeugregister sind ab dem 1. September 2008 anzuwenden:

1. § 57 Absatz 1 Nummer 1 in Verbindung mit
   a) § 6 Absatz 5 Nummer 1 und 2,
   b) § 6 Absatz 8 Satz 1 Nummer 2 hinsichtlich der Nummer und des Datums der Erteilung der Genehmigung und
   c) § 6 Absatz 8 Satz 1 Nummer 7
      aa) Buchstabe d hinsichtlich der zulässigen Anhängelast und des Leistungsgewichts bei Krafträdern,
      bb) Buchstabe h hinsichtlich der Nenndrehzahl und
      cc) Buchstaben i bis l,
2. § 57 Absatz 1 Nummer 2, 7 und 9 hinsichtlich des Datums der Zuteilung,
3. § 57 Absatz 1 Nummer 10 Buchstabe b, Nummer 20 bis 22 und 24 Buchstabe b und d,
4. § 57 Absatz 1 Nummer 25 bis 29 und
5. § 57 Absatz 3 hinsichtlich der auf das Kurzzeitkennzeichen bezogenen Daten.

[2] Eine Nacherfassung der Daten nach Satz 1 für Fahrzeuge, die zu diesem Zeitpunkt bereits in Verkehr waren, erfolgt nicht.

(8) [1] Ein Fahrzeug, das nach der bis zum 2. Juli 2021 geltenden Fassung dieser Verordnung als zulassungspflichtig zugelassen worden ist und welches die Voraussetzungen nach § 2 Nummer 12 erfüllt, gilt ab dem 3. Juli 2021 als nach § 3 Absatz 4 zugelassen. [2] Ein Fahrzeug, das nach § 2 Nummer 12 in Verbindung mit § 3 Absatz 3 Satz 1 Nummer 1 Buchstabe f, jeweils in der bis zum 2. Juli 2021 geltenden Fassung, von den Vorschriften über das Zulassungsverfahren ausgenommen war, vor dem 2. Juli 2021 erstmals rechtmäßig in den Verkehr gekommen ist und nicht zugleich ein leichtes vierrädriges Kraftfahrzeug im Sinne von § 2 Satz 1 Nummer 12 ist, bleibt weiterhin von den Vorschriften über das Zulassungsverfahren ausgenommen.

(9) § 11 und Anlage 3 sind mit Ablauf des 31. Dezember 2026 nicht mehr anzuwenden.

(10) Bis zum 2. Mai 2025 kann die Großkundenschnittstelle entgegen § 38 Absatz 5 und 6 einen in der Großkundenschnittstelle eingehenden Antrag an ein anderes von der Zulassungsbehörde bestimmtes informationstechnisches System senden.

(11) Eine bisher verwendete Tafel, die nach einem älteren Stand der Regelung Nr. 69 der Wirtschaftskommission der Vereinten Nationen für Europa (UN/ECE) – Einheitliche Bedingungen für die Genehmigung von Tafeln zur hinteren Kennzeichnung bauartbedingt langsam fahrender Kraftfahrzeuge und ihrer Anhänger (ABl. L 200 vom 31.7.2010, S. 1) genehmigt worden ist, kann auch weiterhin verwendet werden.

(12) Die nach § 6 Absatz 5 Nummer 5 zu erhebende und zu speichernde Anschrift des regelmäßigen Standortes des Fahrzeugs wird bis zum 1. Mai 2024 nur in den örtlichen Fahrzeugregistern gespeichert.

(13) [1] Abweichend von § 18 Absatz 3 Nummer 2 muss eine Zulassungsbehörde die Mindestsicherheitsanforderungen des Kraftfahrt-Bundesamtes ab dem 31. Dezember 2023 erfüllen und die darin festgelegten Nachweise erbringen. [2] Bis zu dem in Satz 1 genannten Datum gelten für die Übermittlung und Bearbeitung von Anträgen die Vorschriften, die diese Verordnung für den Fall vorsieht, dass das Portal der Zulassungsbehörde nicht verfügbar ist. [3] Das Kraftfahrt-Bundesamt hat die von den Zulassungsbehörden zum Nachweis der Einhaltung der Mindestsicherheitsanforderungen vorgelegten Unterlagen innerhalb von 20 Arbeitstagen zu bearbeiten.

Anlagen 1–18[1)]

[1)] Die Anlagen sind hier nicht abgedruckt. Sie sind vollständig enthalten in der im Verlag C.H. Beck erschienenen Loseblatt-Textausgabe „Straßenverkehrsrecht".

3.3. Verordnung über die Teilnahme von Elektrokleinstfahrzeugen am Straßenverkehr (Elektrokleinstfahrzeuge-Verordnung – eKFV)[1] [2]

Vom 6. Juni 2019
(BGBl. I S. 756)

FNA 9232-17

zuletzt geänd. durch Art. 3 56. VO zur Änd. straßenverkehrsrechtlicher Vorschriften v. 10.6.2024 (BGBl. 2024 I Nr. 191)

§ 1 Anwendungsbereich. (1) Elektrokleinstfahrzeuge im Sinne dieser Verordnung sind Kraftfahrzeuge mit elektrischem Antrieb und einer bauartbedingten Höchstgeschwindigkeit von nicht weniger als 6 km/h und nicht mehr als 20 km/h, die folgende Merkmale aufweisen:

1. Fahrzeug ohne Sitz oder selbstbalancierendes Fahrzeug mit oder ohne Sitz,
2. eine Lenk- oder Haltestange von mindestens 500 mm für Kraftfahrzeuge mit Sitz und von mindestens 700 mm für Kraftfahrzeuge ohne Sitz,
3. eine Nenndauerleistung von nicht mehr als 500 Watt, oder von nicht mehr als 1400 Watt, wenn mindestens 60 Prozent der Leistung zur Selbstbalancierung verwendet werden. Die Nenndauerleistung ist nach dem Verfahren gemäß DIN EN 15194:2018-11[3] oder den Anforderungen der Regelung Nr. 85 der Wirtschaftskommission der Vereinten Nationen für Europa (UNECE) – Einheitliche Bedingungen für die Genehmigung von Verbrennungsmotoren oder elektrischen Antriebssystemen für den Antrieb von Kraftfahrzeugen der Klassen M und N hinsichtlich der Messung der Nutzleistung und der höchsten 30-Minuten-Leistung elektrischer Antriebssysteme (ABl. L 323 vom 7.11.2014, S. 52) zu bestimmen,
4. eine Gesamtbreite von nicht mehr als 700 mm, eine Gesamthöhe von nicht mehr als 1400 mm und eine Gesamtlänge von nicht mehr als 2000 mm und
5. eine maximale Fahrzeugmasse ohne Fahrer von nicht mehr als 55 kg.

(2) Ein Elektrokleinstfahrzeug ist selbstbalancierend, wenn es mit einer integrierten elektronischen Balance-, Antriebs-, Lenk- und Verzögerungstechnik ausgestattet ist, durch die es eigenständig in Balance gehalten wird.

(3) Elektrokleinstfahrzeuge im Sinne der Absätze 1 und 2 dürfen nur nach Maßgabe der folgenden Vorschriften auf öffentlichen Straßen verwendet werden.

§ 2 Anforderungen an das Inbetriebsetzen. (1) [1] Ein Elektrokleinstfahrzeug darf auf öffentlichen Straßen nur in Betrieb gesetzt werden, wenn

---

[1] **Amtl. Anm.:** Notifiziert gemäß Richtlinie (EU) 2015/1535 des Europäischen Parlaments und des Rates vom 9. September 2015 über ein Informationsverfahren auf dem Gebiet der technischen Vorschriften und der Vorschriften für die Dienste der Informationsgesellschaft (ABl. L 241 vom 17.9. 2015, S. 1).

[2] Verkündet als Art. 1 VO v. 6.6.2019 (BGBl. I S. 756); Inkrafttreten gem. Art. 5 dieser VO am 15.6.2019.

[3] **Amtl. Anm.:** Die Norm „DIN EN 15194 Fahrräder – Elektromotorisch unterstützte Räder – EPAC; Deutsche Fassung EN 15194:2017" ist beim Beuth Verlag GmbH, Berlin, zu beziehen.

1. es einem Typ entspricht, für den eine Allgemeine Betriebserlaubnis erteilt worden ist, oder für das Fahrzeug eine Einzelbetriebserlaubnis erteilt worden ist,
2. es eine gültige Versicherungsplakette für Elektrokleinstfahrzeuge nach § 56 der Fahrzeug-Zulassungsverordnung[1)] führt,
3. es entsprechend § 59 Absatz 1 Satz 1, Absatz 1a erster Halbsatz, Absatz 1b oder 2 der Straßenverkehrs-Zulassungs-Ordnung[2)] mit einer Fahrzeug-Identifizierungsnummer sowie einem Fabrikschild mit folgenden Maßgaben gekennzeichnet ist:
   a) als Fahrzeugtyp muss auf dem Fabrikschild „Elektrokleinstfahrzeug" angegeben sein,
   b) anstelle der in § 59 Absatz 1 Satz 1 Nummer 5 und 6 der Straßenverkehrs-Zulassungs-Ordnung genannten Angaben muss auf dem Fabrikschild die bauartbedingte Höchstgeschwindigkeit und die Genehmigungsnummer der Allgemeinen Betriebserlaubnis oder der Einzelbetriebserlaubnis für das Fahrzeug angegeben sein, und
4. es
   a) den Anforderungen an die Verzögerungseinrichtung nach § 4,
   b) den Anforderungen an die lichttechnischen Einrichtungen nach § 5 Absatz 1 Satz 1 und Absatz 3,
   c) den Anforderungen an die Einrichtung für Schallzeichen nach § 6 Satz 1 sowie
   d) den sonstigen Sicherheitsanforderungen nach § 7 entspricht.

[2]Die Datenbestätigung nach § 20 Absatz 3a Satz 1 bis 3 der Straßenverkehrs-Zulassungs-Ordnung oder die Bescheinigung über die Einzelbetriebserlaubnis muss für eine Inbetriebnahme aufbewahrt und zuständigen Personen auf Verlangen zur Prüfung ausgehändigt werden.

(2) [1]Für Elektrokleinstfahrzeuge richtet sich die Erteilung

1. einer Allgemeinen Betriebserlaubnis nach den Anforderungen des § 20 der Straßenverkehrs-Zulassungs-Ordnung,
2. einer Einzelbetriebserlaubnis nach den Anforderungen des § 21 der Straßenverkehrs-Zulassungs-Ordnung.

[2]Die in Satz 1 bezeichneten Erlaubnisse werden erteilt, wenn das Fahrzeug die Anforderungen des § 1 Absatz 1 und der §§ 4 bis 7 erfüllt.

(3) [1]Für die Wirksamkeit der Allgemeinen Betriebserlaubnis oder der Einzelbetriebserlaubnis gilt § 19 Absatz 2 und 3 der Straßenverkehrs-Zulassungs-Ordnung. [2]Ist die Betriebserlaubnis nach § 19 Absatz 2 Satz 2 der Straßenverkehrs-Zulassungs-Ordnung erloschen, so darf das Elektrokleinstfahrzeug nicht auf öffentlichen Straßen in Betrieb gesetzt werden.

(4) Der Halter darf die Inbetriebnahme eines Elektrokleinstfahrzeugs auf öffentlichen Straßen nicht anordnen oder zulassen, wenn das Elektrokleinstfahrzeug die Voraussetzungen nach Absatz 1 nicht erfüllt oder die Betriebserlaubnis nach Absatz 3 Satz 2 in Verbindung mit § 19 Absatz 2 Satz 2 der Straßenverkehrs-Zulassungs-Ordnung erloschen ist.

---

1) Nr. **3.2**.
2) Nr. **3**.

§ 3 Berechtigung zum Führen. Zum Führen eines Elektrokleinstfahrzeugs sind Personen berechtigt, die das 14. Lebensjahr vollendet haben.

§ 4 Anforderungen an die Verzögerungseinrichtung. (1) Ein Elektrokleinstfahrzeug muss mit zwei voneinander unabhängigen Bremsen im Sinne des § 65 Absatz 1 Satz 1 der Straßenverkehrs-Zulassungs-Ordnung[1)] ausgerüstet sein, die

1. das Fahrzeug bis zum Stillstand abbremsen können,
2. bis zur Maximalgeschwindigkeit wirken,
3. mindestens einen Verzögerungswert von 3,5 m/s^2 erreichen und
4. jeweils einzeln bei Ausfall der jeweils anderen Bremse eine Mindestverzögerung von 44 Prozent der Bremswirkung nach Nummer 3 erreichen, ohne dass das Kraftfahrzeug seine Spur verlässt.

(2) Ein drei- oder vierrädriges Elektrokleinstfahrzeug muss mit einer fest angebrachten Einrichtung ausgerüstet sein, die das Elektrokleinstfahrzeug festzustellen vermag.

§ 5 Anforderungen an die lichttechnischen Einrichtungen. (1) [1] Ein Elektrokleinstfahrzeug muss mit lichttechnischen Einrichtungen ausgerüstet sein, die den Anforderungen des § 67 Absatz 1 Satz 3 und 5, Absatz 2 Satz 2 bis 7, Absatz 3, Absatz 4 Satz 1 und 4, Absatz 6 Satz 3 der Straßenverkehrs-Zulassungs-Ordnung[1)] entsprechen und in einer amtlich genehmigten Bauart gemäß § 22a Absatz 1 Nummer 22 der Straßenverkehrs-Zulassungs-Ordnung ausgeführt sind, soweit in den nachfolgenden Bestimmungen nichts Abweichendes geregelt ist. [2] Die lichttechnischen Einrichtungen dürfen abnehmbar sein. [3] Als lichttechnische Einrichtungen gelten auch Leuchtstoffe und rückstrahlende Mittel. [4] Schlussleuchte und Rückstrahler dürfen in einem Gerät verbaut sein. [5] Schlussleuchten dürfen zusätzlich mit einer Bremslichtfunktion für rotes Licht mit einer Lichtstärke und Lichtverteilung der Bremslichtfunktion entsprechend der Regelung Nr. 50 der Wirtschaftskommission der Vereinten Nationen für Europa (UNECE) – Einheitliche Bedingungen für die Genehmigung von Begrenzungsleuchten, Schlussleuchten, Bremsleuchten, Fahrtrichtungsanzeigern und Beleuchtungseinrichtungen für das hintere Kennzeichenschild für Fahrzeuge der Klasse L (ABl. L 97 vom 29.3.2014, S. 1) ausgerüstet sein.

(2) Die Versorgung der Beleuchtungsanlage kann über eine Kopplung an den Energiespeicher für den Antrieb erfolgen.

(3) [1] Die seitliche Kennzeichnung hat mit gelben Rückstrahlern nach beiden Seiten wirkend gemäß Nummer 18 der Technischen Anforderungen an Fahrzeugteile bei der Bauartprüfung nach § 22a StVZO vom 5. Juli 1973 (VkBl. S. 558), die zuletzt durch die Bekanntmachung vom 23. Februar 1994 (VkBl. S. 233) geändert worden ist, oder mit ringförmig zusammenhängenden retroreflektierenden weißen Streifen an den Reifen oder Felgen des Vorderrades und des Hinterrades zu erfolgen. [2] Bei einachsigen Elektrokleinstfahrzeugen reicht die Kennzeichnung der außenliegenden Räder. [3] Zusätzliche nach der Seite wirkende bauartgenehmigte gelbe rückstrahlende Mittel sind zulässig.

[1)] Nr. 3.

(4) [1]Bei Elektrokleinstfahrzeugen ist die Ausrüstung mit nach vorne und nach hinten wirkenden Fahrtrichtungsanzeigern entsprechend § 67 Absatz 5 Satz 6 der Straßenverkehrs-Zulassungs-Ordnung zulässig. [2]Zusätzlich

1. dürfen auch die hinteren Fahrtrichtungsanzeiger mit der Lenkung mitschwenken,
2. darf der Abstand vom hintersten Punkt des Fahrzeugs zu den Fahrtrichtungsanzeigern mehr als 300 mm betragen,
3. darf die maximale Anbauhöhe der vorderen und hinteren Fahrtrichtungsanzeiger 1400 mm betragen,
4. darf bei den hinteren Fahrtrichtungsanzeigern die minimale Anbauhöhe 150 mm betragen, wenn der Vertikalwinkel der geometrischen Sichtbarkeit mindestens 25 Grad über der Horizontalen beträgt.

§ 6 Anforderungen an die Einrichtung für Schallzeichen. [1]Elektrokleinstfahrzeuge müssen mit mindestens einer helltönenden Glocke, die den Anforderungen des § 64a der Straßenverkehrs-Zulassungs-Ordnung[1)] entspricht, ausgerüstet sein. [2]Es dürfen auch andere Einrichtungen für Schallzeichen angebracht sein, die der Regelung Nr. 28 der Wirtschaftskommission der Vereinten Nationen für Europa (UN/ECE) – Einheitliche Vorschriften für die Genehmigung der Vorrichtungen für Schallzeichen und der Kraftfahrzeuge hinsichtlich ihrer Schallzeichen (ABl. L 323 vom 6.12.2011, S. 33) – Teil II, für Fahrzeugklasse L3 mit einer Leistung von nicht mehr als 7 kW, sowie dem Anhang II der delegierten Verordnung (EU) Nr. 3/2014 der Kommission vom 24. Oktober 2013 zur Ergänzung der Verordnung (EU) Nr. 168/2013 des Europäischen Parlaments und des Rates hinsichtlich der Anforderungen an die funktionale Sicherheit von Fahrzeugen für die Genehmigung von zwei- oder dreirädrigen und vierrädrigen Fahrzeugen entsprechen.

§ 7 Sonstige Sicherheitsanforderungen. Elektrokleinstfahrzeuge müssen

1. die Tests entsprechend den Prüfanforderungen und Anforderungen an die Fahrdynamik nach der Anlage zu dieser Verordnung erfüllen,
2. den Anforderungen der Regelung Nr. 10 der Wirtschaftskommission der Vereinten Nationen für Europa (UN/ECE) – Einheitliche Bedingungen für die Genehmigung der Fahrzeuge hinsichtlich der elektromagnetischen Verträglichkeit (ABl. L 254 vom 20.9.2012, S. 1) entsprechen,
3. den Maßnahmen zum Schutz vor Manipulation gemäß DIN EN 15194:2018-11 entsprechen,
4. einen wirksamen Schutz gegen das direkte Berühren aller spannungsführenden Bauteile aufweisen,
5. gegen unbeabsichtigtes Verstellen aller Bedien- und Bauteile gesichert sein,
6. sowohl im Betriebszustand als auch im gegebenenfalls abweichenden Transportzustand so beschaffen und ausgerüstet sein, dass sie sicher sind, ihr verkehrsüblicher Betrieb niemanden schädigt oder mehr als unvermeidbar gefährdet, behindert oder belästigt und der Fahrer insbesondere bei Unfällen vor Verletzungen möglichst geschützt ist sowie das Ausmaß und die Folgen von Verletzungen möglichst gering bleiben,

---

[1)] Nr. **3**.

7. so beschaffen sein, dass sich das Bedienelement zur Steuerung der Motorleistung (zum Beispiel ein Drehgriff oder Knopf) innerhalb einer Sekunde selbständig in Nullstellung zurückstellt, wenn der Fahrer es loslässt. Abweichend davon muss sich der Fahrzeugantrieb bei selbstbalancierenden Fahrzeugen innerhalb einer Sekunde automatisch deaktivieren, wenn sich der Fahrer nicht auf dem Fahrzeug befindet. Dazu müssen selbstbalancierende Fahrzeuge mit einem System zur Zustandserkennung ausgerüstet sein, das erkennt, ob sich der Fahrer auf dem Fahrzeug befindet,
8. so beschaffen sein, dass ihre Batterien den Sicherheitsanforderungen des Kapitels 4.2.3 der DIN EN 15194:2018-11 entsprechen,
9. so beschaffen sein, dass vorhandene Standflächen aufgrund ihrer rutschhemmenden Oberfläche ausreichend Halt bieten.

§ 8 Personenbeförderung und Anhängerbetrieb. Die Personenbeförderung sowie der Anhängerbetrieb sind für Elektrokleinstfahrzeuge nicht gestattet.

§ 9 Anwendung der Straßenverkehrs-Ordnung. Wer ein Elektrokleinstfahrzeug im Straßenverkehr führt, unterliegt den Vorschriften der Straßenverkehrs-Ordnung[1)] nach Maßgabe der nachfolgenden §§ 10 bis 13.

§ 10 Zulässige Verkehrsflächen. (1) [1] Innerhalb geschlossener Ortschaften dürfen Elektrokleinstfahrzeuge nur baulich angelegte Radwege, darunter auch gemeinsame Geh- und Radwege (Zeichen 240 der Anlage 2 zur Straßenverkehrs-Ordnung[1)]) und die dem Radverkehr zugeteilte Verkehrsfläche getrennter Rad- und Gehwege (Zeichen 241 der Anlage 2 zur Straßenverkehrs-Ordnung), sowie Radfahrstreifen (Zeichen 237 in Verbindung mit Zeichen 295 der Anlage 2 zur Straßenverkehrs-Ordnung) und Fahrradstraßen (Zeichen 244.1 der Anlage 2 zur Straßenverkehrs-Ordnung) befahren. [2] Wenn solche nicht vorhanden sind, darf auf Fahrbahnen oder in verkehrsberuhigten Bereichen (Zeichen 325.1 der Anlage 3 zur Straßenverkehrs-Ordnung) gefahren werden. [3] Anlage 3 laufende Nummer 22 Nummer 2 der Straßenverkehrs-Ordnung findet keine Anwendung.

(2) [1] Außerhalb geschlossener Ortschaften dürfen Elektrokleinstfahrzeuge nur baulich angelegte Radwege, darunter auch gemeinsame Geh- und Radwege (Zeichen 240 der Anlage 2 zur Straßenverkehrs-Ordnung) und die dem Radverkehr zugeteilte Verkehrsfläche getrennter Rad- und Gehwege (Zeichen 241 der Anlage 2 zur Straßenverkehrs-Ordnung), sowie Radfahrstreifen (Zeichen 237 in Verbindung mit Zeichen 295 der Anlage 2 zur Straßenverkehrs-Ordnung), Fahrradstraßen (Zeichen 244.1 der Anlage 2 zur Straßenverkehrs-Ordnung) und Seitenstreifen befahren. [2] Wenn solche nicht vorhanden sind, darf auf Fahrbahnen gefahren werden.

(3) [1] Für das Befahren von anderen Verkehrsflächen können die Straßenverkehrsbehörden abweichend von Absatz 1 und 2 Ausnahmen für bestimmte Einzelfälle oder allgemein für bestimmte Antragsteller zulassen. [2] Eine allgemeine Zulassung von Elektrokleinstfahrzeugen auf solchen Verkehrsflächen kann durch Anordnung des Zusatzzeichens

---

1) Nr. **2**.

„Elektrokleinstfahrzeuge frei“

bekannt gegeben werden.

§ 11 Allgemeine Verhaltensregeln. (1) Wer ein Elektrokleinstfahrzeug führt, muss einzeln hintereinander fahren, darf sich nicht an fahrende Fahrzeuge anhängen und nicht freihändig fahren.

(2) Mit Elektrokleinstfahrzeugen darf von dem Gebot, auf Fahrbahnen mit mehreren Fahrstreifen möglichst weit rechts zu fahren, nicht abgewichen werden.

(3) Sind an einem Elektrokleinstfahrzeug keine Fahrtrichtungsanzeiger vorhanden, so muss wer ein Elektrokleinstfahrzeug führt, die Richtungsänderung so rechtzeitig und deutlich durch Handzeichen ankündigen, dass andere Verkehrsteilnehmer ihr Verhalten daran ausrichten können.

(4) [1] Wer ein Elektrokleinstfahrzeug auf Radverkehrsflächen führt, muss auf den Radverkehr Rücksicht nehmen und erforderlichenfalls die Geschwindigkeit an den Radverkehr anpassen. [2] Wer ein Elektrokleinstfahrzeug führt, muss schnellerem Radverkehr das Überholen ohne Behinderung ermöglichen. [3] Auf gemeinsamen Geh- und Radwegen (Zeichen 240 der Anlage 2 zur Straßenverkehrs-Ordnung) haben Fußgänger Vorrang und dürfen weder behindert noch gefährdet werden. [4] Erforderlichenfalls muss die Geschwindigkeit an den Fußgängerverkehr angepasst werden.

(5) Für das Abstellen von Elektrokleinstfahrzeugen gelten die für Fahrräder geltenden Parkvorschriften entsprechend.

§ 12 Besonderheiten bei angeordneten Verkehrsverboten nach der Straßenverkehrs-Ordnung. (1) Ist ein Verbot für Fahrzeuge aller Art (Zeichen 250 der Anlage 2 zur Straßenverkehrs-Ordnung) angeordnet, so dürfen Elektrokleinstfahrzeuge dort geschoben werden.

(2) Ist ein Verbot für Kraftwagen (Zeichen 251 der Anlage 2 zur Straßenverkehrs-Ordnung), ein Verbot für Krafträder (Zeichen 255 der Anlage 2 zur Straßenverkehrs-Ordnung), ein Verbot für Kraftfahrzeuge (Zeichen 260 der Anlage 2 zur Straßenverkehrs-Ordnung) oder ein Verbot der Einfahrt (Zeichen 267 der Anlage 2 zur Straßenverkehrs-Ordnung) angeordnet, so dürfen Elektrokleinstfahrzeuge dort nur fahren oder einfahren, wenn dies durch das Zusatzzeichen „Elektrokleinstfahrzeuge frei“ erlaubt ist.

(3) Ist ein Verbot für den Radverkehr (Zeichen 254 der Anlage 2 zur Straßenverkehrs-Ordnung) angeordnet, so gilt dies auch für Elektrokleinstfahrzeuge.

§ 13 Lichtzeichen. [1] Elektrokleinstfahrzeuge unterfallen der Lichtzeichenregelung des § 37 Absatz 2 Nummer 5 und 6 der Straßenverkehrs-Ordnung[1)]. [2] Dabei kommt das Sinnbild „Radverkehr" zur Anwendung.

§ 14 Ordnungswidrigkeiten. Ordnungswidrig im Sinne des § 24 Absatz 1 des Straßenverkehrsgesetzes[2)] handelt, wer vorsätzlich oder fahrlässig

1. entgegen § 2 Absatz 1 Satz 1 oder Absatz 3 Satz 2 ein Elektrokleinstfahrzeug in Betrieb setzt,
2. entgegen § 2 Absatz 1 Satz 2 eine dort genannte Bestätigung oder Bescheinigung nicht oder nicht rechtzeitig aushändigt,
3. entgegen § 2 Absatz 4 die Inbetriebnahme anordnet oder zulässt,
4. entgegen § 8 eine Person befördert oder einen Anhänger betreibt,
5. entgegen § 10 Absatz 1 Satz 1 oder Absatz 2 Satz 1 eine andere Verkehrsfläche befährt,
6. entgegen § 11 Absatz 1 nicht richtig fährt, sich an ein fahrendes Fahrzeug anhängt oder freihändig fährt,
7. entgegen § 11 Absatz 3 eine Richtungsänderung nicht ankündigt,
8. entgegen § 11 Absatz 4 Satz 2 schnellerem Radverkehr das Überholen nicht ermöglicht oder
9. entgegen § 11 Absatz 4 Satz 3 einen Fußgänger behindert oder gefährdet.

§ 15 Übergangsbestimmungen. (1) [1] Genehmigungen, die bis zum Außerkrafttreten der Mobilitätshilfenverordnung vom 16. Juli 2009 (BGBl. I S. 2097) erteilt wurden, bleiben gültig. [2] Genehmigungen auf Basis der außer Kraft gesetzten Mobilitätshilfenverordnung dürfen nicht geändert werden.

(2) Für Elektrokleinstfahrzeuge, für die eine gültige Genehmigung durch eine Straßenverkehrsbehörde auf Grundlage anderer Vorschriften erteilt wurde und die den Anforderungen dieser Verordnung entsprechen, sind die Vorschriften dieser Verordnung nach ihrem Inkrafttreten maßgeblich.

(3) Versicherungskennzeichen, die auf Grundlage der Mobilitätshilfenverordnung vom 16. Juli 2009 (BGBl. I S. 2097) erteilt wurden, bleiben für das jeweilige Verkehrsjahr gültig.

(4) [1] Das Bundesministerium für Verkehr und digitale Infrastruktur überprüft die vorliegende Verordnung hinsichtlich ihrer Wirksamkeit, Zielsetzung und Auswirkungen auf die Verkehrssicherheit, basierend insbesondere auf den Ergebnissen einer wissenschaftlichen Begleitung. [2] Auf der Grundlage dieser Evaluierung wird das Bundesministerium für Verkehr und digitale Infrastruktur gegebenenfalls bis zum 1. September 2023 einen Vorschlag für die Änderung dieser Verordnung vorlegen.

[1)] Nr. 2.
[2)] Nr. 1.

Anlage
(zu § 7 Nummer 1)

Prüfanforderungen und Anforderungen an die Fahrdynamik

1. Allgemeine Prüfbedingungen

1.1

Die Prüfungen sind auf einer Fahrbahn mit ebener, trockener und griffiger Beton- oder Asphaltoberfläche durchzuführen. In Längsrichtung darf die Prüfstrecke keine größere Steigung als 1 % und keine größere Schrägneigung als 3 % aufweisen.

1.2

Die Umgebungstemperatur muss zwischen 0 °C und 45 °C liegen.

1.3

Die Prüfungen dürfen nur stattfinden, wenn die Ergebnisse nicht vom Wind beeinflusst werden.

1.4

Bei den Prüfungen muss der Akkuladestand des Fahrzeugs mindestens 75 % betragen.

1.5

Bei Luftreifen ist vor den Prüfungen der vom Hersteller für den normalen Betrieb vorgesehene Fülldruck einzustellen.

1.6

Die Masse des Fahrzeugs muss der Masse in fahrbereitem Zustand entsprechen.

1.7

Bei den Prüfungen ist ein Fahrer mit einer Masse von 70 kg bis 100 kg vorzusehen.

2. Prüfverfahren

2.1. Bauartbedingte Höchstgeschwindigkeit

2.1.1

Zur Ermittlung der bauartbedingten Höchstgeschwindigkeit muss das zu prüfende Fahrzeug über eine Strecke von mindestens 50 m mit maximaler Antriebsleistung gefahren werden. Dabei ist die gefahrene Höchstgeschwindigkeit zu ermitteln. Die Prüfung ist im Anschluss in die entgegengesetzte Richtung der Strecke zu wiederholen.

2.1.2

Die Höchstgeschwindigkeit des Fahrzeugs wird in km/h durch eine ganze Zahl ausgedrückt, die dem arithmetischen Mittel der bei zwei aufeinanderfolgenden Prüfungen in jeweils beiden Fahrtrichtungen ermittelten Geschwindigkeitswerte, die nicht mehr als 10 % voneinander abweichen dürfen, am nächsten kommt. Liegt das arithmetische Mittel genau in der Mitte zwischen zwei ganzen Zahlen, so wird aufgerundet.

2.1.3

Die bei den Prüfungen ermittelte Höchstgeschwindigkeit darf von der angegebenen bauartbedingten Höchstgeschwindigkeit nicht mehr als 10 % abweichen.

2.1.4

Wenn das Elektrokleinstfahrzeug über einen eigenen Geschwindigkeitsmesser mit Anzeige verfügt, so kann dieser hierbei auf seine Genauigkeit der Anzeige überprüft werden. Wenn er eine Genauigkeit von maximal 10 % Toleranz nach oben und 0 % nach unten aufweist, kann dieser fahrzeugeigene Geschwindigkeitsmesser für alle weiteren Fahrtests verwendet werden, bei denen die Fahrzeuggeschwindigkeit relevant ist.

2.2. Verzögerung

2.2.1

Das Fahrzeug wird auf der Prüfstrecke mit der bauartbedingten Höchstgeschwindigkeit geradeaus gefahren. An einem festgelegten Punkt wird mit allen Verzögerungseinrichtungen gleichzeitig schnellstmöglich bis zum Stillstand maximal verzögert, solange dies ohne Sturzgefährdung (z.B. durch ein blockierendes Vorderrad bei Einspurfahrzeugen) möglich ist. Bei Sturzgefährdung muss die aufgebrachte Bremskraft entsprechend reduziert werden, damit das Fahrzeug während des Bremsvorgangs sturzfrei beherrschbar bleibt.

2.2.2

Der benötigte Anhalteweg wird auf zwei Nachkommastellen in Metern gemessen.

2.2.3

Die Messung ist in mindestens fünf aufeinanderfolgenden Prüfungen zu wiederholen.

2.2.4

Mit der nachfolgenden Formel wird die erreichte Durchschnittsverzögerung berechnet. Die Verzögerung des Fahrzeugs wird in m/s^2 durch eine Dezimalzahl mit einer Nachkommastelle ausgedrückt.

$$a = \frac{v^2}{2s}$$

a = Durchschnittsverzögerung $[m/s^2]$
v = Ausgangsgeschwindigkeit [m/s]
s = Anhalteweg [m]

Der Wert für die jeweilige Verzögerung wird auf die erste Stelle nach dem Komma gerundet.

2.2.5

Zur Überprüfung der Mindestverzögerung bei Ausfall einer Bremseinrichtung wird:

a) bei unabhängig voneinander bedienbaren Bremsen der obige Fahrversuch wiederholt, jedoch mit dem Unterschied, dass jeweils nur eine Bremse jeweils in mindestens drei aufeinanderfolgenden Prüfungen betätigt wird;
b) bei kombinierten Bremseinrichtungen je eine der Bremsen geeignet außer Funktion gesetzt und der obige Fahrversuch wiederholt.

2.3. Fahrdynamik

2.3.1

Ergänzend zu Nummer 1.1 muss die Fahrbahn für die Fahrdynamikprüfungen jeweils die in den nachfolgenden Prüfungen beschriebenen Fahrbahnelemente aufweisen.

2.3.2

In den Prüfungen sind die Fahrbahnelemente jeweils mit der bauartbedingten Höchstgeschwindigkeit und mit einer Geschwindigkeit von 8 ± 2 km/h zu befahren. Zusätzlich sind die Fahrbahnelemente bei den Prüfungen 1 und 2 (je nur an den Auffahrstufen) und 4 (mit direktem Kontakt des in Fahrtrichtung vorderen Rades an die Auffahrstufe/Bordsteinkante) jeweils aus dem Stillstand anzufahren.

2.3.3

Das Fahrzeug muss bei jeder Prüfung das jeweilige Fahrbahnelement vollständig überfahren und dabei jederzeit für den Fahrenden beherrschbar bleiben. Die vom Fahrenden gewünschte Fahrtrichtung muss beibehalten werden, wobei eine maximale Abweichung zwischen der Soll- und der Ist-Trajektorie von 20 Grad zulässig ist. Selbstbalancierende Fahrzeuge müssen während den Prüfungen die Balance einhalten und dürfen insbesondere nicht plötzlich die Selbstbalancefunktion deaktivieren.

2.3.4. Prüfung 1 (Vertiefung)

2.3.4.1

Aufbau des Fahrbahnelements:

Eine Vertiefung zur Fahrebene mit den Maßen von mindestens 100 cm x 100 cm x 5 cm (L x B x H) mit senkrechten Wänden und einer Ausfahrrampe im Winkel von 45 Grad.

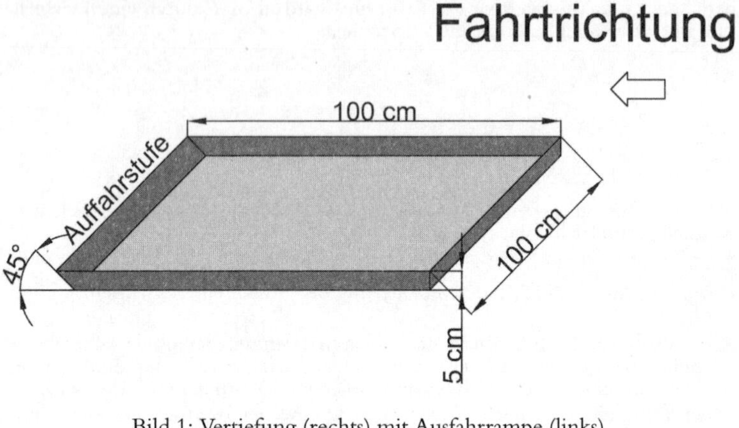

Bild 1: Vertiefung (rechts) mit Ausfahrrampe (links)

2.3.4.2

Mit dem zu prüfenden Fahrzeug ist die Vertiefung gerade über die Kante in Richtung Rampe parallel zur eingezeichneten Fahrtrichtung zu durchfahren. Bei einem mehrspurigen zu prüfenden Fahrzeug ist die Versuchsfahrt zusätzlich mit nur einer Spur durch die Vertiefung zu wiederholen.

2.3.5. Prüfung 2 (Ab- und Auffahrstufe)

2.3.5.1

Aufbau des Fahrbahnelements:

Eine Ab- und Auffahrstufe mit 2 cm Höhendifferenz zur Fahrebene (Größe 100 cm x 100 cm).

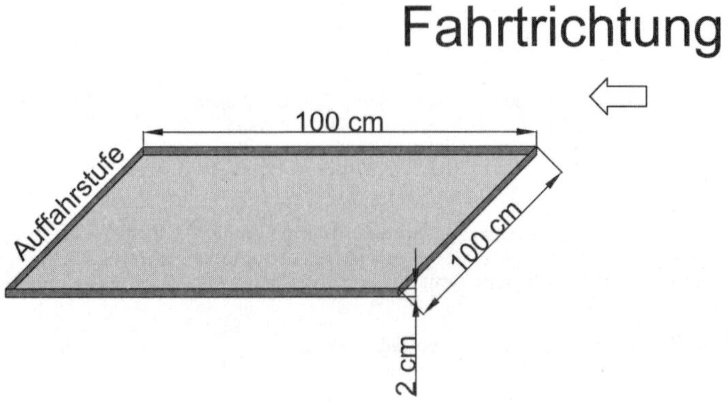

Bild 2: Ab- und Auffahrstufe (von rechts nach links)

2.3.5.2

Mit dem zu prüfenden Fahrzeug ist die Vertiefung gerade über die Kante in Richtung Auffahrstufe parallel zur eingezeichneten Fahrtrichtung zu durchfahren. Bei einem mehrspurigen zu prüfenden Fahrzeug ist die Versuchsfahrt zusätzlich mit nur einer Spur durch die Vertiefung zu wiederholen.

2.3.6. Prüfung 3 (Einseitige Absenkung)

2.3.6.1

Aufbau des Fahrbahnelements:

Eine Wegstrecke, auf der die Fahrebene in Fahrtrichtung linksseitig auf einer Länge von 100 cm um 10 cm abfällt bzw. rechtsseitig ansteigt (einseitige Absenkung bzw. Auffahrt).

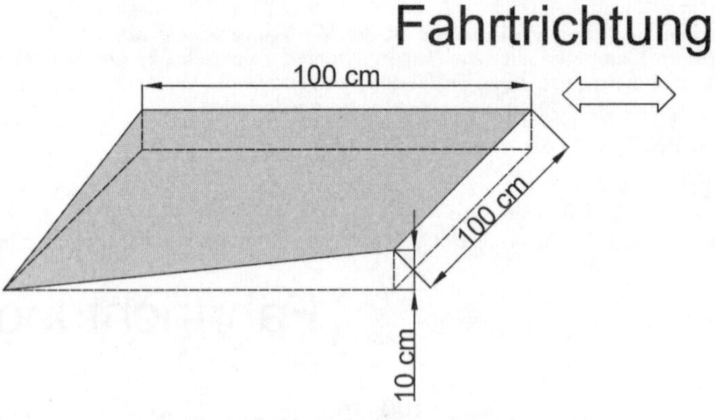

Bild 3: Einseitige Absenkung

2.3.6.2

Mit dem zu prüfenden Fahrzeug ist die einseitig abfallende Wegstrecke ab- und aufwärts parallel zur eingezeichneten Fahrtrichtung zu befahren. Das Kantenprofil des Fahrbahnelements mit einer Höhe von 10 cm muss dabei nicht überfahren werden.

2.3.7. Prüfung 4 (Bordsteinprofil)

2.3.7.1

Aufbau des Fahrbahnelements:
Eine Bordsteinkante mit Profil wie in Bild 4 dargestellt und einem Höhenunterschied zwischen Fahrbahnniveau und Bordsteinoberkante von 3 cm.

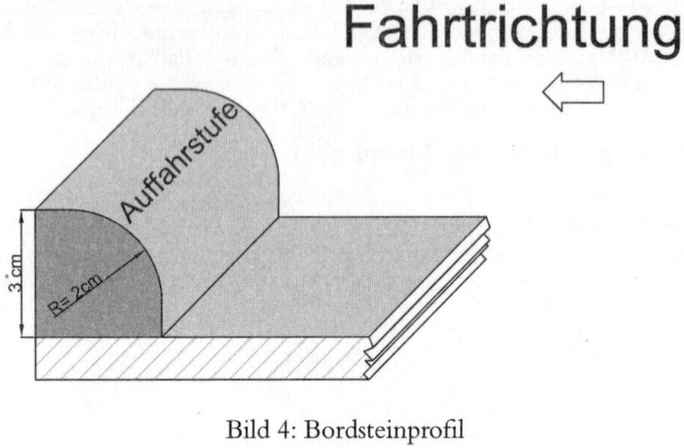

Bild 4: Bordsteinprofil

2.3.7.2

Mit dem zu prüfenden Fahrzeug ist die Bordsteinkante aufwärts unter einem Winkel von 90 Grad und unter einem Winkel von 45 Grad zu überfahren.

2.4. Antriebsdeaktivierung

2.4.1

Das Fahrzeug wird auf der Prüfstrecke mit Schrittgeschwindigkeit gefahren. Die fahrende Person steigt bei dieser Geschwindigkeit gezielt vom Fahrzeug ab und nimmt die Hände von der Lenk- oder Haltestange.

2.4.2

Es muss erkennbar sein, dass der Fahrzeugantrieb innerhalb von 1,0 s nach dem Absteigen automatisch deaktiviert wird und das Fahrzeug nicht motorisch betrieben weiter- oder losrollt.

2.4.3

Bei selbstbalancierenden Fahrzeugen wird zusätzlich folgender Test durchgeführt:

2.4.3.1

Der Prüfer steht neben dem Fahrzeug und schaltet das Fahrzeug in den fahrbereiten Zustand. Dann nimmt der Prüfer die Hände vom Fahrzeug und lässt es los.

2.4.3.2

Der Fahrzeugantrieb darf nicht aktiviert werden und das Fahrzeug darf nicht losfahren.

4. Verordnung über eine allgemeine Richtgeschwindigkeit auf Autobahnen und ähnlichen Straßen (Autobahn-Richtgeschwindigkeits-V)

Vom 21. November 1978

(BGBl. I S. 1824)

FNA 9231-1-3

zuletzt geänd. durch Art. 5 Sechsundvierzigste VO zur Änd. straßenverkehrsrechtl. Vorschriften v. 5.8.2009 (BGBl. I S. 2631)

Auf Grund des § 6 Abs. 1 Nr. 3 des Straßenverkehrsgesetzes[1] in der im Bundesgesetzblatt Teil III, Gliederungsnummer 9231-1, veröffentlichten bereinigten Fassung, der zuletzt durch das Gesetz vom 3. August 1978 (BGBl. I S. 1177) geändert wurde, wird mit Zustimmung des Bundesrates verordnet:

§ 1 [Autobahn-Richtgeschwindigkeit] [1] Den Führern von Personenkraftwagen sowie von anderen Kraftfahrzeugen mit einem zulässigen Gesamtgewicht bis zu 3,5 t wird empfohlen, auch bei günstigen Straßen-, Verkehrs-, Sicht- und Wetterverhältnissen

1. auf Autobahnen (Zeichen 330.1),
2. außerhalb geschlossener Ortschaften auf anderen Straßen mit Fahrbahnen für eine Richtung, die durch Mittelstreifen oder sonstige bauliche Einrichtungen getrennt sind, und
3. außerhalb geschlossener Ortschaften auf Straßen, die mindestens zwei durch Fahrstreifenbegrenzung (Zeichen 295) oder durch Leitlinien (Zeichen 340) markierte Fahrstreifen für jede Richtung haben,

nicht schneller als 130 km/h zu fahren (Autobahn-Richtgeschwindigkeit). [2] Das gilt nicht, soweit nach der StVO[2] oder nach deren Zeichen Höchstgeschwindigkeiten (Zeichen 274) bestehen.

§ 2 [Geltung der StVO] [1] Im übrigen bleiben die Vorschriften der Straßenverkehrs-Ordnung[2] unberührt und gelten entsprechend für diese Verordnung. [2] Die in § 1 genannten Zeichen sind die der Straßenverkehrs-Ordnung.

§ 3 *(gegenstandslos)*

§ 4 [Inkrafttreten] Diese Verordnung tritt am Tag nach der Verkündung[3] in Kraft.

---

[1] Nr. **1**.

[2] Nr. **2**.

[3] Verkündet am 30.11.1978.

5. Gesetz über die Pflichtversicherung für Kraftfahrzeughalter (Pflichtversicherungsgesetz)[1]

In der Fassung der Bekanntmachung vom 5. April 1965[2]
(BGBl. I S. 213)

FNA 925-1

zuletzt geänd. durch Art. 1 G zur Ums. der RL (EU) 2021/2118 im Hinblick auf die Kraftfahrzeug-Haftpflichtversicherung und die Kontrolle der entsprechenden Versicherungspflicht und zur Änd. anderer versicherungsrechtlicher Vorschriften v. 11.4.2024 (BGBl. 2024 I Nr. 119)

Abschnitt 1. Pflichtversicherung

§ 1 Versicherungspflicht. Der Halter eines Fahrzeugs im Sinne des § 1a Absatz 1 Nummer 1, das seinen regelmäßigen Standort im Sinne des § 1a Absatz 1 Nummer 2 oder seinen gewöhnlichen Standort im Sinne des § 1a Absatz 2 Satz 1 im Inland hat, ist verpflichtet, für sich, den Eigentümer und den Fahrer sowie weitere Personen nach Maßgabe des § 4 Absatz 3 Nummer 4 bis 7 eine Haftpflichtversicherung zur Deckung der durch den Gebrauch des Fahrzeugs im Sinne des § 1a Absatz 3 verursachten Personenschäden, Sachschäden oder sonstigen Vermögensschäden nach den folgenden Vorschriften abzuschließen und aufrechtzuerhalten.

§ 1a Begriffsbestimmungen. (1) Im Sinne dieses Gesetzes bezeichnet

1. „Fahrzeug“
   a) jedes Kraftfahrzeug, das ausschließlich maschinell an Land angetrieben wird, jedoch nicht auf Schienen fährt und dessen durch die Bauart bedingte Höchstgeschwindigkeit 6 Kilometer pro Stunde übersteigt,
   b) jedes Landfahrzeug, das durch Muskelkraft fortbewegt wird und mit einem elektromotorischen Hilfsantrieb ausgestattet ist, sofern es unter Berücksichtigung des § 1 Absatz 2 und 3 des Straßenverkehrsgesetzes[3] als Kraftfahrzeug anzusehen ist,
   c) jeden Anhänger, der mit einem in Buchstabe a genannten Fahrzeug zu verwenden ist, unabhängig davon, ob er angekuppelt oder abgekuppelt ist;
2. „regelmäßiger Standort“ den regelmäßigen Standort im Sinne des § 46 Absatz 1 Satz 1, Absatz 2 und Absatz 3 Satz 1 der Fahrzeug-Zulassungsverordnung[4];
3. „Staaten des Europäischen Wirtschaftsraums“ die Mitgliedstaaten der Europäischen Union sowie die anderen Vertragsstaaten des Abkommens über den Europäischen Wirtschaftsraum;
4. „Herkunftsstaat“ denjenigen Staat des Europäischen Wirtschaftsraums, in dem ein Versicherungsunternehmen seinen Sitz hat;

---

[1] Verkündet als Art. 1 G zur Änderung von Vorschriften über die Pflichtversicherung für Kraftfahrzeughalter v. 5.4.1965 (BGBl. I S. 213).

[2] Neubekanntmachung des G v. 7.11.1939 (RGBl. I S. 2223) in der ab 1.10.1965 geltenden Fassung.

[3] Nr. **1**.

[4] Nr. **3.2**.

5. „Drittstaaten“ alle Staaten, die nicht Staaten des Europäischen Wirtschaftsraums sind;
6. „nationales Versicherungsbüro“ ein nationales Versicherungsbüro im Sinne des Artikels 1 Nummer 3 der Richtlinie 2009/103/EG des Europäischen Parlaments und des Rates vom 16. September 2009 über die Kraftfahrzeug-Haftpflichtversicherung und die Kontrolle der entsprechenden Versicherungspflicht (ABl. L 263 vom 7.10.2009, S. 11), die durch die Richtlinie (EU) 2021/2118 (ABl. L 430 vom 2.12.2021, S. 1) geändert worden ist;
7. „Deutsches Büro Grüne Karte“ den rechtsfähigen Verein „Deutsches Büro Grüne Karte eingetragener Verein“ oder im Falle eines Zuständigkeitswechsels den jeweiligen Rechtsträger des deutschen nationalen Versicherungsbüros.

(2) [1] Im Sinne dieses Gesetzes bezeichnet „Staat, in dem das Fahrzeug seinen gewöhnlichen Standort hat“
1. den Staat, dessen amtliches Kennzeichen das Fahrzeug trägt, unabhängig davon, ob es sich um ein endgültiges oder vorläufiges Kennzeichen handelt,
2. sofern es für eine Fahrzeugart keine Zulassung gibt, das betreffende Fahrzeug jedoch eine Versicherungsplakette oder ein dem amtlichen Kennzeichen ähnliches Unterscheidungszeichen trägt, den Staat, in dem diese Plakette oder dieses Unterscheidungszeichen verliehen wurde, oder,
3. sofern es für bestimmte Fahrzeugarten weder eine Zulassung noch eine Versicherungsplakette noch ein unterscheidendes Kennzeichen gibt, den Staat, in dem der Fahrzeughalter seinen Wohnsitz hat.

[2] Für die Zwecke der Schadenregulierung gemäß Artikel 10 der Richtlinie 2009/103/EG und der Schadenregulierung durch die nationalen Versicherungsbüros gilt jedoch abweichend von Satz 1 bei einem Fahrzeug, das in einen Unfall verwickelt wurde und das kein amtliches Kennzeichen trägt oder ein amtliches Kennzeichen trägt, das ihm nicht oder nicht mehr zugeordnet ist, der Staat, in dem sich der Unfall ereignet hat, als Staat, in dem das Fahrzeug seinen gewöhnlichen Standort hat.

(3) Im Sinne dieses Gesetzes umfasst der Gebrauch eines Fahrzeugs insbesondere jede Verwendung des Fahrzeugs, die seiner Funktion als Beförderungsmittel zum Zeitpunkt eines Unfalls entspricht, unabhängig von
1. den Merkmalen des Fahrzeugs,
2. dem Gelände, auf dem das Fahrzeug verwendet wird, und
3. der Tatsache, ob es sich in Bewegung befindet oder nicht.

§ 2 Ausnahmen von der Versicherungspflicht für bestimmte Halter.

(1) § 1 gilt nicht für
1. die Bundesrepublik Deutschland,
2. die Länder,
3. die Gemeinden mit mehr als einhunderttausend Einwohnern,
4. die Gemeindeverbände sowie Zweckverbände, denen ausschließlich Körperschaften des öffentlichen Rechts angehören,
5. juristische Personen, die von einem nach § 3 Absatz 1 Nummer 4 des Versicherungsaufsichtsgesetzes von der Versicherungsaufsicht freigestellten Haftpflichtschadenausgleich Deckung erhalten.

(2) [1] Die nach Absatz 1 Nrn. 1 bis 5 von der Versicherungspflicht befreiten Fahrzeughalter haben, sofern nicht auf Grund einer von ihnen abgeschlossenen und den Vorschriften dieses Gesetzes entsprechenden Versicherung Haftpflichtversicherungsschutz gewährt wird, bei Schäden der in § 1 bezeichneten Art für den Fahrer und die übrigen Personen, die durch eine auf Grund dieses Gesetzes abgeschlossene Haftpflichtversicherung Deckung erhalten würden, in gleicher Weise und in gleichem Umfang einzutreten wie ein Versicherer bei Bestehen einer solchen Haftpflichtversicherung. [2] Die Verpflichtung beschränkt sich auf den Betrag der festgesetzten Mindestversicherungssummen. [3] Wird ein Personen- oder Sachschaden verursacht, haftet der Fahrzeughalter im Verhältnis zu einem Dritten auch, wenn der Fahrer den Eintritt der Tatsache, für die er dem Dritten verantwortlich ist, vorsätzlich und widerrechtlich herbeigeführt hat. [4] § 12 Absatz 1 Satz 2 bis 4 gilt in diesem Fall entsprechend. [5] Die Vorschriften der §§ 100 bis 124 des Versicherungsvertragsgesetzes sowie der §§ 3 und 5a Absatz 2 sowie die Kraftfahrzeug-Pflichtversicherungsverordnung sind sinngemäß anzuwenden. [6] Erfüllt der Fahrzeughalter Verpflichtungen nach Satz 1, so kann er in sinngemäßer Anwendung der §§ 116 und 124 des Versicherungsvertragsgesetzes Ersatz der aufgewendeten Beträge verlangen, wenn bei Bestehen einer Versicherung der Versicherer gegenüber dem Fahrer oder der sonstigen mitversicherten Person leistungsfrei gewesen wäre; im übrigen ist der Rückgriff des Halters gegenüber diesen Personen ausgeschlossen.

§ 2a Ausnahmen von der Versicherungspflicht für bestimmte Fahrzeuge und deren Gebrauch. (1) § 1 gilt nicht für die Halter folgender Fahrzeuge:

1. Kraftfahrzeuge nach § 3 Absatz 3 Satz 1 Nummer 1 Buchstabe a der Fahrzeug-Zulassungsverordnung, deren bauartbedingte Höchstgeschwindigkeit 20 Kilometer pro Stunde nicht übersteigt, wenn sie den Vorschriften über das Zulassungsverfahren nicht unterliegen,
2. Anhänger nach § 3 Absatz 3 Satz 1 Nummer 2 und Satz 2 der Fahrzeug-Zulassungsverordnung, wenn sie den Vorschriften über das Zulassungsverfahren nicht unterliegen,
3. Fahrzeuge, die keinem genehmigten Typ entsprechen und für die keine Betriebserlaubnis oder andere Genehmigung erteilt ist, für die aber eine Zulassung nach den Vorschriften der Fahrzeug-Zulassungsverordnung vorgeschrieben ist.

(2) § 1 gilt nicht für den ausschließlichen Gebrauch eines Fahrzeugs in einem Gebiet nach § 6 Absatz 2 für die Halter folgender Fahrzeuge:

1. Fahrzeuge, die den Vorschriften über das Zulassungsverfahren unterliegen, jedoch nicht zum Gebrauch auf öffentlichen Straßen zugelassen wurden,
2. Kraftfahrzeuge nach § 3 Absatz 3 Satz 1 Nummer 1 Buchstabe b bis d, f und g der Fahrzeug-Zulassungsverordnung.

(3) § 1 gilt auch nicht für den Gebrauch eines Fahrzeugs bei einer Motorsportveranstaltung oder Motorsportaktivität, einschließlich Rennen, Wettbewerben, Trainings, Tests und Demonstrationen, in einem hierfür abgegrenzten Gebiet mit Zugangsbeschränkungen, wenn die durch diesen Gebrauch des Fahrzeugs verursachten Personenschäden, Sachschäden oder sonstigen Vermögensschäden durch einen Versicherungsschutz nach Maßgabe des § 5d gedeckt sind.

§ 3 Fortbestehen der Leistungspflicht gegenüber Dritten. [1] Ist der Versicherer gegenüber dem Versicherungsnehmer nicht zur Leistung verpflichtet, weil das Fahrzeug den Bau- und Betriebsvorschriften der Straßenverkehrs-Zulassungs-Ordnung[1)] nicht entsprach oder von einem unberechtigten Fahrer oder von einem Fahrer ohne die vorgeschriebene Fahrerlaubnis geführt wurde, kann der Versicherer den Dritten abweichend von § 117 Abs. 3 Satz 2 des Versicherungsvertragsgesetzes nicht auf die Möglichkeit verweisen, Ersatz seines Schadens von einem anderen Schadensversicherer oder von einem Sozialversicherungsträger zu erlangen. [2] Soweit der Dritte jedoch von einem nach § 2 Absatz 1 von der Versicherungspflicht befreiten Fahrzeughalter Ersatz seines Schadens erlangen kann, entfällt die Leistungspflicht des Versicherers.

§ 3a Verfahren der Schadenregulierung. (1) [1] Macht der Dritte den Anspruch nach § 115 Absatz 1 des Versicherungsvertragsgesetzes geltend, so hat der Versicherer oder der Schadenregulierungsbeauftragte dem Dritten unverzüglich, spätestens innerhalb von drei Monaten,

1. ein mit Gründen versehenes Schadensersatzangebot vorzulegen, wenn die Eintrittspflicht unstreitig ist und der Schaden beziffert wurde, oder
2. eine mit Gründen versehene Antwort auf die in dem Antrag enthaltenen Darlegungen zu erteilen, sofern die Eintrittspflicht bestritten wird oder nicht eindeutig feststeht oder der Schaden nicht oder nicht vollständig beziffert worden ist.

[2] Die Frist beginnt mit Zugang des Antrags bei dem Versicherer oder dem Schadenregulierungsbeauftragten.

(2) [1] Wird das Schadensersatzangebot (Absatz 1 Satz 1 Nummer 1) nicht binnen drei Monaten vorgelegt, so ist der Anspruch des Dritten mit dem sich nach § 288 Absatz 1 Satz 2 des Bürgerlichen Gesetzbuchs ergebenden Zinssatz zu verzinsen. [2] Weitergehende Ansprüche des Dritten bleiben unberührt.

§ 3b *(aufgehoben)*

§ 4 Mindestumfang des Versicherungsschutzes; Verordnungsermächtigungen. (1) [1] Um einen dem Zweck dieses Gesetzes gerecht werdenden Schutz sicherzustellen, bestimmt das Bundesministerium der Justiz unter Beachtung unionsrechtlicher Verpflichtungen sowie des Europäischen Übereinkommens über die obligatorische Haftpflichtversicherung für Kraftfahrzeuge vom 20. April 1959 (BGBl. 1965 II S. 281) im Einvernehmen mit dem Bundesministerium der Finanzen und dem Bundesministerium für Digitales und Verkehr durch Rechtsverordnung ohne Zustimmung des Bundesrates den Umfang des zur Erfüllung der Versicherungspflicht nach § 1 notwendigen Versicherungsschutzes. [2] Das gilt auch für den Fall, dass durch Gesetz oder unionsrechtliche Verpflichtung eine Versicherungspflicht zur Deckung der beim Transport gefährlicher Güter durch Fahrzeuge verursachten Schäden begründet wird.

(2) [1] Die Mindesthöhen der Versicherungssummen ergeben sich aus der Anlage. [2] Das Bundesministerium der Justiz wird ermächtigt, im Einvernehmen mit dem Bundesministerium für Digitales und Verkehr und dem Bundesministerium für Wirtschaft und Klimaschutz durch Rechtsverordnung ohne Zustim-

---

1) Nr. **3**.

mung des Bundesrates die in der Anlage getroffenen Regelungen zu ändern, wenn dies erforderlich ist, um

1. bei einer Änderung der wirtschaftlichen Verhältnisse oder der verkehrstechnischen Umstände einen hinreichenden Schutz der Geschädigten sicherzustellen oder
2. die Mindesthöhen der Versicherungssummen an die nach Artikel 9 Absatz 2 der Richtlinie 2009/103/EG erhöhten Beträge anzupassen.

[3] Ergeben sich auf Grund der Platzzahl des Personenfahrzeugs, auf das sich die Versicherung bezieht, erhöhte Mindestversicherungssummen, so haftet der Versicherer in den Fällen des § 117 Abs. 1 und 2 des Versicherungsvertragsgesetzes für den einer einzelnen Person zugefügten Schaden nur im Rahmen der nicht erhöhten Mindestversicherungssummen.

(3) Die Versicherung muss die Haftpflicht mindestens folgender Personen decken:

1. des Halters,
2. des Eigentümers,
3. des Fahrers,
4. einer Person der Technischen Aufsicht, wenn es sich um ein Kraftfahrzeug mit autonomer Fahrfunktion im Sinne des § 1d des Straßenverkehrsgesetzes[1] handelt,
5. von Personen, die im Rahmen ihres Arbeitsverhältnisses zum Versicherungsnehmer oder Halter den berechtigten Fahrer zu seiner Ablösung oder zur Vornahme von Lade- und Hilfsarbeiten nicht nur gelegentlich als Beifahrer begleiten,
6. von Omnibusschaffnern, soweit sie im Rahmen ihres Arbeitsverhältnisses zum Versicherungsnehmer oder Halter tätig werden, und
7. von Arbeitgebern oder öffentlichen Dienstherrn des Versicherungsnehmers, wenn das versicherte Fahrzeug mit Zustimmung des Versicherungsnehmers für dienstliche Zwecke gebraucht wird.

(4) Mitversicherten Personen ist das Recht auf selbständige Geltendmachung ihrer Ansprüche einzuräumen.

§ 5 Zugelassene Versicherer, Pflicht der Versicherer zum Vertragsschluss. (1) Die Versicherung nach § 1 kann nur bei einem im Inland zum Betrieb der Kraftfahrzeug-Haftpflichtversicherung befugten Versicherungsunternehmen genommen werden.

(2) [1] Die im Inland zum Betrieb der Kraftfahrzeug-Haftpflichtversicherung befugten Versicherungsunternehmen sind verpflichtet, den in § 1 genannten Personen zur Erfüllung der Versicherungspflicht nach § 1 nach den gesetzlichen Vorschriften Versicherung gegen Haftpflicht zu gewähren. [2] Diese Verpflichtung besteht auch, wenn das zu versichernde Risiko nach § 57 Absatz 4 des Versicherungsaufsichtsgesetzes im Inland belegen ist.

(3) [1] Der Antrag auf Abschluß eines Haftpflichtversicherungsvertrages für Zweiräder, Personen- und Kombinationskraftwagen bis zu einer Tonne Nutzlast gilt zu den für den Geschäftsbetrieb des Versicherungsunternehmens maßgebenden Grundsätzen und zum allgemeinen Unternehmenstarif als angenom-

[1] Nr. **1**.

men, wenn der Versicherer ihn nicht innerhalb einer Frist von zwei Wochen vom Eingang des Antrags an schriftlich ablehnt oder wegen einer nachweisbaren höheren Gefahr ein vom allgemeinen Unternehmenstarif abweichendes schriftliches Angebot unterbreitet. [2]Durch die Absendung der Ablehnungserklärung oder des Angebots wird die Frist gewahrt. [3]Satz 1 gilt nicht für die Versicherung von Taxen, Personenmietwagen und Selbstfahrervermietfahrzeugen.

(4) Der Antrag darf nur abgelehnt werden, wenn sachliche oder örtliche Beschränkungen im Geschäftsplan des Versicherungsunternehmens dem Abschluß des Vertrags entgegenstehen oder wenn der Antragsteller bereits bei dem Versicherungsunternehmen versichert war und das Versicherungsunternehmen

1. den Versicherungsvertrag wegen Drohung oder arglistiger Täuschung angefochten hat,
2. vom Versicherungsvertrag wegen Verletzung der vorvertraglichen Anzeigepflicht oder wegen Nichtzahlung der ersten Prämie zurückgetreten ist oder
3. den Versicherungsvertrag wegen Prämienverzugs oder nach Eintritt eines Versicherungsfalls gekündigt hat.

§ 5a Dauer des Versicherungsverhältnisses, Kündigungsfiktion.

(1) [1]Das Versicherungsverhältnis endet,

1. wenn es am ersten Tag eines Monats begonnen hat, spätestens ein Jahr nach diesem Zeitpunkt,
2. wenn es zu einem anderen als dem in Nummer 1 genannten Zeitpunkt begonnen hat, spätestens an dem nach Ablauf eines Jahres folgenden Monatsersten.

[2]Es verlängert sich um jeweils ein Jahr, wenn es nicht spätestens einen Monat vor Ablauf schriftlich gekündigt wird. [3]Gleiches gilt, wenn die Vertragslaufzeit nur deshalb weniger als ein Jahr beträgt, weil als Beginn der nächsten Versicherungsperiode ein vor Ablauf eines Jahres nach Versicherungsbeginn liegender Zeitpunkt vereinbart worden ist. [4]Ist in anderen Fällen eine kürzere Vertragslaufzeit als ein Jahr vereinbart, so bedarf es zur Beendigung des Versicherungsverhältnisses keiner Kündigung.

(2) Schließt der Erwerber eines veräußerten Fahrzeugs eine neue Kraftfahrzeug-Haftpflichtversicherung ab, ohne das auf ihn übergegangene Versicherungsverhältnis zu kündigen, so gilt dieses mit Beginn des neuen Versicherungsverhältnisses als gekündigt.

§ 5b Versicherungsbestätigung; Angaben über den bestellten Vertreter. (1) [1]Das Versicherungsunternehmen hat dem Versicherungsnehmer bei Beginn des Versicherungsschutzes eine Versicherungsbestätigung zu übermitteln. [2]Das Versicherungsunternehmen kann die Übermittlung der Versicherungsbestätigung von der Zahlung der einmaligen oder der ersten Prämie abhängig machen.

(2) Ist die Versicherung mit einem Versicherungsunternehmen ohne Sitz im Inland im Dienstleistungsverkehr abgeschlossen, so haben der Versicherungsschein und die Versicherungsbestätigung auch Angaben über den Namen und die Anschrift des gemäß § 8 Absatz 3 Satz 1 bestellten Vertreters zu enthalten.

§ 5c Bescheinigung über den Schadenverlauf. (1) Das Versicherungsunternehmen hat dem Versicherungsnehmer zu folgenden Zeitpunkten eine Bescheinigung über den Schadenverlauf auszustellen:

1. jederzeit innerhalb von 15 Tagen ab Zugang eines entsprechenden Verlangens des Versicherungsnehmers und
2. bei Beendigung des Versicherungsverhältnisses.

(2) [1]Die Bescheinigung ist nach Maßgabe des Musters auszustellen, das von der Europäischen Kommission in einem Durchführungsrechtsakt nach Artikel 16 Absatz 6 der Richtlinie 2009/103/EG festgelegt wird. [2]Die Bescheinigung muss auch Angaben enthalten zur Anzahl derjenigen gemeldeten Haftungsansprüche Dritter einschließlich des Datums jeder einzelnen Forderung, die im Rahmen des Versicherungsvertrages in dem von der Bescheinigung abgedeckten Zeitraum zu einer noch bestehenden Schadenrückstellung geführt haben. [3]Ist eine solche Rückstellung innerhalb einer Frist von drei Jahren nach ihrer Bildung aufgelöst worden, ohne dass entsprechende Leistungen erbracht wurden, so hat der Versicherer auch diese Information in die Bescheinigung aufzunehmen.

(3) [1]Das Versicherungsunternehmen hat bei der Festsetzung der Prämien einschließlich der Anwendung etwaiger Rabatte eine in einem anderen Staat des Europäischen Wirtschaftsraums ausgestellte Bescheinigung genauso wie eine im Inland ausgestellte Bescheinigung zu behandeln. [2]Das Versicherungsunternehmen darf Versicherungsnehmer bei der Berücksichtigung der von anderen Versicherungsunternehmen oder von anderen in Artikel 16 Absatz 2 der Richtlinie 2009/103/EG genannten Stellen ausgestellten Bescheinigungen nicht aufgrund ihrer Staatsangehörigkeit oder allein aufgrund ihres früheren Wohnsitzstaates innerhalb des Europäischen Wirtschaftsraums in diskriminierender Weise behandeln oder einen Prämienaufschlag verlangen.

§ 5d Mindestumfang des Versicherungsschutzes bei Motorsportveranstaltungen; Verordnungsermächtigung. (1) Der alternative Versicherungsschutz für den Gebrauch eines Fahrzeugs bei einer Motorsportveranstaltung oder Motorsportaktivität, einschließlich Rennen, Wettbewerben, Trainings, Tests und Demonstrationen, in einem hierfür abgegrenzten Gebiet mit Zugangsbeschränkungen kann aufgrund einer vom Halter, Eigentümer oder Fahrer des Fahrzeugs, vom Veranstalter oder einer anderen Partei abgeschlossenen Haftpflichtversicherung bestehen und muss den Mindestanforderungen nach den Absätzen 2 bis 4 genügen.

(2) Die Versicherung muss für den Halter, den Eigentümer und den Fahrer diejenigen Personenschäden, Sachschäden und sonstigen Vermögensschäden Dritter, einschließlich Zuschauern und anderen Umstehenden, decken, die durch den Gebrauch des Fahrzeugs bei Motorsportveranstaltungen und -aktivitäten, einschließlich Rennen, Wettbewerben, Trainings, Tests und Demonstrationen, verursacht werden, und vorsehen, dass der Dritte seinen Anspruch auf Schadensersatz entsprechend § 115 des Versicherungsvertragsgesetzes auch gegen den Versicherer geltend machen kann.

(3) Die Mindesthöhe der Versicherungssumme beträgt je Schadensfall

1. für Personenschäden 7 500 000 Euro,
2. für Sachschäden 1 300 000 Euro,

3. für die weder mittelbar noch unmittelbar mit einem Personen- oder Sachschaden zusammenhängenden Vermögensschäden 50 000 Euro.

(4) [1] Von der Versicherung kann die Haftung nur ausgeschlossen werden für Ersatzansprüche, mit denen Ersatz eines von einem teilnehmenden Fahrer erlittenen Personenschadens oder Ersatz eines Sachschadens an dem vom teilnehmenden Fahrer geführten Fahrzeug begehrt wird. [2] Im Übrigen kann der Versicherungsvertrag Inhalt und Umfang der Versicherung näher bestimmen, soweit dadurch die Erreichung des Zwecks der Versicherung nicht gefährdet wird und durch Rechtsvorschrift nicht ausdrücklich etwas anderes bestimmt ist. [3] Ein Selbstbehalt des Versicherungsnehmers kann dem Dritten nicht entgegengehalten und gegenüber einer mitversicherten Person nicht geltend gemacht werden.

(5) Das Bundesministerium der Justiz wird ermächtigt, im Einvernehmen mit dem Bundesministerium für Digitales und Verkehr und dem Bundesministerium für Wirtschaft und Klimaschutz durch Rechtsverordnung ohne Zustimmung des Bundesrates die in Absatz 3 genannten Mindestversicherungssummen zu ändern, wenn dies erforderlich ist, um

1. bei einer Änderung der wirtschaftlichen Verhältnisse oder der verkehrstechnischen Umstände einen hinreichenden Schutz der Geschädigten sicherzustellen oder
2. die Mindesthöhen der Versicherungssummen an diejenigen für eine Haftpflichtversicherung nach § 1 anzugleichen.

§ 6 Verbot des Gebrauchs unversicherter Fahrzeuge. (1) Es ist verboten, ein Fahrzeug zu gebrauchen, für das die nach § 1 erforderliche Haftpflichtversicherung nicht besteht.

(2) Ein Fahrzeug, dessen Halter nach § 2a Absatz 1 Nummer 3 oder Absatz 2 von der Versicherungspflicht befreit ist und für das keine Haftpflichtversicherung nach § 1 besteht, darf nur in einem Gebiet gebraucht werden, das

1. keine öffentliche Straße im Sinne des § 1 Absatz 1 Satz 1 des Straßenverkehrsgesetzes ist und
2. aufgrund einer Rechtsvorschrift einzufrieden ist, um den Zugang von Unbefugten zu verhindern, oder als befriedetes Besitztum im Sinne des § 123 Absatz 1 des Strafgesetzbuches der Öffentlichkeit aufgrund einer Beschränkung nicht zugänglich ist.

(3) Ein Fahrzeug darf bei Motorsportveranstaltungen und -aktivitäten, einschließlich Rennen, Wettbewerben, Trainings, Tests und Demonstrationen, nur gebraucht werden, wenn

1. für das Fahrzeug eine Haftpflichtversicherung nach § 1 besteht und dieser Gebrauch des Fahrzeugs nicht im Versicherungsvertrag vereinbarte Obliegenheiten verletzt oder
2. für diesen Gebrauch des Fahrzeugs Versicherungsschutz nach Maßgabe des § 5d besteht und das Fahrzeug in dem hierfür abgegrenzten Gebiet mit Zugangsbeschränkungen gebraucht wird.

(4) Es ist verboten, einen nach den Absätzen 1 bis 3 verbotenen Gebrauch zu gestatten.

§ 7 Durchführungsregelungen; Verordnungsermächtigung. Das Bundesministerium für Digitales und Verkehr wird ermächtigt, zur Durchführung des Ersten Abschnitts dieses Gesetzes im Einvernehmen mit dem Bundesministerium der Justiz und dem Bundesministerium für Wirtschaft und Klimaschutz durch Rechtsverordnung mit Zustimmung des Bundesrates Vorschriften zu erlassen über

1. die Form des Versicherungsnachweises;
2. die Prüfung der Versicherungsnachweise durch die Zulassungsbehörden;
3. die Erstattung der Anzeige des Versicherungsunternehmens gegenüber der zuständigen Zulassungsbehörde zur Beendigung seiner Haftung nach § 117 Absatz 2 des Versicherungsvertragsgesetzes;
4. Maßnahmen der Verkehrsbehörden, durch welche der Gebrauch nicht oder nicht ausreichend versicherter Fahrzeuge im Straßenverkehr verhindert werden soll.

Abschnitt 2. Pflichten der Versicherungsunternehmen, Auskunftsstelle und Statistik

§ 8 Pflicht der Versicherungsunternehmen zur Beitragszahlung und zur Bestellung eines Vertreters. (1) [1] Versicherungsunternehmen, die zum Betrieb der Kraftfahrzeug-Haftpflichtversicherung für Fahrzeuge mit regelmäßigem oder gewöhnlichem Standort im Inland befugt sind, sind verpflichtet, die satzungsmäßigen Leistungen und Beiträge an das Deutsche Büro Grüne Karte, an den Entschädigungsfonds nach § 24 Absatz 1 Nummer 1 und an die nach § 24 Absatz 1 Nummer 2 errichtete Entschädigungsstelle oder an eine andere jeweils mit der Erfüllung dieser Aufgaben betraute juristische Person zu erbringen. [2] Sie teilen hierzu dem Deutschen Büro Grüne Karte, dem Entschädigungsfonds und der Entschädigungsstelle bezüglich der von ihnen in der Bundesrepublik Deutschland nach diesem Gesetz getätigten Kraftfahrzeug-Haftpflichtversicherungen die gebuchten Prämienbeträge und die Anzahl der versicherten Risiken mit.

(2) [1] Versicherungsunternehmen, die in der Bundesrepublik Deutschland zum Betrieb der Kraftfahrzeug-Haftpflichtversicherung zugelassen wurden, sind verpflichtet, die satzungsmäßigen Leistungen und Beiträge an den Insolvenzfonds nach § 24 Absatz 2 oder an eine andere mit der Erfüllung dieser Aufgaben betraute juristische Person zu erbringen. [2] Sie teilen hierzu dem Insolvenzfonds bezüglich der von ihnen in der Bundesrepublik Deutschland und in den übrigen Staaten des Europäischen Wirtschaftsraums getätigten Kraftfahrzeug-Haftpflichtversicherungen die gebuchten Prämienbeträge und die Anzahl der versicherten Risiken mit.

(3) [1] Versicherungsunternehmen, die im Dienstleistungsverkehr die Kraftfahrzeug-Haftpflichtversicherung für Fahrzeuge mit regelmäßigem oder gewöhnlichem Standort im Inland betreiben, sind verpflichtet, einen im Inland ansässigen oder niedergelassenen Vertreter zu bestellen, der den Anforderungen nach § 59 des Versicherungsaufsichtsgesetzes zu genügen hat. [2] Ansprüche aus Kraftfahrzeug-Haftpflichtfällen gegen das Versicherungsunternehmen können auch gegen den nach Satz 1 bestellten Vertreter gerichtlich und außergerichtlich mit Wirkung für und gegen das Versicherungsunternehmen geltend gemacht werden. [3] Der nach Satz 1 bestellte Vertreter ist auch verpflichtet, Aus-

kunft über das Bestehen oder die Gültigkeit von diesem Gesetz unterliegenden Haftpflichtversicherungsverträgen bei dem Versicherungsunternehmen zu erteilen.

§ 8a Auskunftsstelle. (1) [1]Es wird eine Auskunftsstelle eingerichtet, die Geschädigten, deren Versicherern, dem Deutschen Büro Grüne Karte und dem Entschädigungsfonds nach § 24 Absatz 1 Nummer 1 oder einer anderen jeweils mit der Erfüllung dieser Aufgaben betrauten juristischen Person unter den Voraussetzungen des Satzes 2 auf Anforderung folgende Angaben übermittelt, soweit dies zur Geltendmachung von Schadenersatzansprüchen im Zusammenhang mit der Teilnahme am Straßenverkehr erforderlich ist:

1. Namen und Anschrift des Versicherers des schädigenden Fahrzeugs sowie dessen in der Bundesrepublik Deutschland benannten Schadenregulierungsbeauftragten,
2. die Nummer der Versicherungspolice und das Datum der Beendigung des Versicherungsschutzes, sofern dieser abgelaufen ist,
3. bei Fahrzeugen, die nach Artikel 5 Absatz 1 der Richtlinie 2009/103/EG von der Versicherungspflicht befreit sind, den Namen der Stelle oder Einrichtung, die dem Geschädigten nach geltendem Recht ersatzpflichtig ist,
4. Namen und Anschrift des eingetragenen Fahrzeughalters oder, soweit die Auskunftsstelle diese Informationen nach Absatz 2 erlangen kann, des Fahrzeugeigentümers oder des gewöhnlichen Fahrers; § 39 Abs. 1 des Straßenverkehrsgesetzes[1)] gilt entsprechend.

[2]Geschädigte sind berechtigt, sich an die Auskunftsstelle zu wenden, wenn sie ihren Wohnsitz in der Bundesrepublik Deutschland haben, wenn das Fahrzeug, das den Unfall verursacht haben soll, seinen gewöhnlichen Standort in der Bundesrepublik Deutschland hat oder wenn sich der Unfall in der Bundesrepublik Deutschland ereignet hat.

(2) [1]Die Auskunftsstelle ersucht die Zulassungsbehörden oder das Kraftfahrt-Bundesamt sowie die in den anderen Staaten des Europäischen Wirtschaftsraums nach Artikel 23 Absatz 1 der Richtlinie 2009/103/EG errichteten oder anerkannten Auskunftsstellen im Einzelfall um Übermittlung der Informationen nach Absatz 1 Satz 1. [2]Sie übermittelt den in diesen Staaten nach Artikel 23 Absatz 1 der Richtlinie 2009/103/EG errichteten oder anerkannten Auskunftsstellen auf Ersuchen die Informationen nach Absatz 1 Satz 1, soweit dies zur Erteilung von Auskünften an Geschädigte erforderlich ist, insbesondere in Fällen, in denen ein Fahrzeug von einem Staat des Europäischen Wirtschaftsraums in einen anderen Staat des Europäischen Wirtschaftsraums überführt wird.

(3) [1]Die Aufgaben und Befugnisse der Auskunftsstelle nach den Absätzen 1 und 2 werden von der GDV Dienstleistungs-GmbH & Co. KG – „Zentralruf der Autoversicherer" – in Hamburg wahrgenommen, sobald und soweit diese schriftlich gegenüber dem Bundesministerium der Justiz ihre Bereitschaft dazu erklärt hat. [2]Das Bundesministerium der Justiz gibt die Erklärung und den Zeitpunkt, ab dem die betroffenen Aufgaben von dem Zentralruf der Autoversicherer wahrgenommen werden, im Bundesanzeiger bekannt. [3]Der Zentralruf der Autoversicherer untersteht, soweit er die übertragenen Aufgaben

[1)] Nr. **1**.

wahrnimmt, der Aufsicht des Bundesministeriums der Justiz. [4] Das Bundesministerium der Justiz wird ermächtigt, durch Rechtsverordnung ohne Zustimmung des Bundesrates die Aufgaben und Befugnisse der Auskunftsstelle nach den Absätzen 1 und 2 der in § 23 genannten Anstalt zu übertragen, soweit die Wahrnehmung der Aufgaben durch den Zentralruf der Autoversicherer nicht gewährleistet ist oder dieser nicht mehr zur Wahrnehmung der Aufgaben bereit ist.

(4) Versicherungsunternehmen, denen im Inland die Erlaubnis zum Betrieb der Kraftfahrzeug-Haftpflichtversicherung für Fahrzeuge erteilt ist, haben der Auskunftsstelle nach Absatz 3 sowie den in den anderen Staaten des Europäischen Wirtschaftsraums nach Artikel 23 Absatz 1 der Richtlinie 2009/103/EG errichteten oder anerkannten Auskunftsstellen die Namen und Anschriften der nach § 163 des Versicherungsaufsichtsgesetzes bestellten Schadenregulierungsbeauftragten sowie jede Änderung dieser Angaben mitzuteilen.

§ 8b Allgemeine Übersicht zur Berücksichtigung von Bescheinigungen über den Schadenverlauf. [1] Das Versicherungsunternehmen hat eine allgemeine Übersicht über seine Politik der Berücksichtigung von Bescheinigungen über den Schadenverlauf gemäß Artikel 16 der Richtlinie 2009/103/EG bei der Berechnung der Prämien verfügbar zu machen. [2] Das Versicherungsunternehmen hat diese Information sowie jede Änderung dieser Information unverzüglich

1. an deutlich sichtbarer Stelle auf seiner Internetseite zu veröffentlichen und
2. der zuständigen Aufsichtsbehörde mitzuteilen.

§ 9 Gemeinschaftsstatistik über den Schadenverlauf. (1) [1] Es wird eine jährliche Gemeinschaftsstatistik über den Schadenverlauf in der Kraftfahrzeug-Haftpflichtversicherung geführt. [2] Sie muß Angaben enthalten über die Art und Anzahl der versicherten Risiken, die Anzahl der gemeldeten Schäden, die Erstattungsleistungen und Rückstellungen (Schadenaufwand), die Schadenhäufigkeit, den Schadendurchschnitt und den Schadenbedarf.

(2) Sofern die Träger der Kraftfahrzeug-Haftpflichtversicherung und ihre Verbände keine den Anforderungen des Absatzes 1 genügende Gemeinschaftsstatistik zur Verfügung stellen, wird die Statistik von der Bundesanstalt für Finanzdienstleistungsaufsicht geführt.

(3) Die Ergebnisse der Statistik sind von der Bundesanstalt für Finanzdienstleistungsaufsicht jährlich zu veröffentlichen.

§ 10 Mitteilung der Daten für die Gemeinschaftsstatistik. (1) Versicherungsunternehmen mit Sitz im Inland, die die Kraftfahrzeug-Haftpflichtversicherung nach diesem Gesetz betreiben, übermitteln der Aufsichtsbehörde die für die Führung der Statistik nach § 9 erforderlichen Daten.

(2) Soweit Versicherungsunternehmen mit Sitz im Inland in anderen Staaten des Europäischen Wirtschaftsraums die Kraftfahrzeug-Haftpflichtversicherung betreiben, sind der Aufsichtsbehörde die in § 9 Abs. 1 Satz 2 genannten Angaben auch für jeden dieser Staaten gesondert mitzuteilen.

§ 11 Verordnungsermächtigung zur Gemeinschaftsstatistik. Das Bundesministerium der Finanzen wird ermächtigt, im Einvernehmen mit dem Bundesministerium der Justiz und dem Bundesministerium für Wirtschaft und

Klimaschutz durch Rechtsverordnung Vorschriften zu erlassen über den Inhalt, die Form und die Gliederung der nach § 9 zu führenden Kraftfahrzeug-Haftpflichtversicherungsstatistik sowie über die Fristen, den Inhalt, die Form und die Stückzahl der von den Versicherungsunternehmen einzureichenden Mitteilungen.

Abschnitt 3. Entschädigungsfonds für Schäden aus Fahrzeugunfällen, Entschädigungsstelle für Schäden aus Auslandsunfällen und Insolvenzfonds für Schäden aus Fahrzeugunfällen

Unterabschnitt 1. Entschädigungsfonds für Schäden aus Fahrzeugunfällen

§ 12 Leistungspflicht des Entschädigungsfonds. (1) [1] Wird durch den Gebrauch eines Fahrzeugs im Inland ein Personen- oder Sachschaden verursacht, so kann derjenige, dem wegen dieser Schäden Ersatzansprüche gegen eine in § 4 Absatz 3 genannte Person zustehen, diese Ersatzansprüche auch gegen den „Entschädigungsfonds für Schäden aus Fahrzeugunfällen" (Entschädigungsfonds) geltend machen,

1. wenn das Fahrzeug, durch dessen Gebrauch der Schaden verursacht worden ist, nicht ermittelt werden kann,
2. wenn die auf Grund eines Gesetzes erforderliche Haftpflichtversicherung für das Fahrzeug nicht besteht,
3. wenn für den Schaden, der durch den Gebrauch des ermittelten oder nicht ermittelten Fahrzeugs verursacht worden ist, eine Haftpflichtversicherung deswegen keine Deckung gewährt oder gewähren würde, weil der Ersatzpflichtige den Eintritt der Tatsache, für die er dem Ersatzberechtigten verantwortlich ist, vorsätzlich und widerrechtlich herbeigeführt hat,
4. wenn der Halter des Fahrzeugs nach § 2a Absatz 1 Nummer 1 oder 2 von der Versicherungspflicht befreit ist,
5. wenn der Halter des Fahrzeugs nach § 2a Absatz 1 Nummer 3 oder Absatz 2 von der Versicherungspflicht befreit ist und das Fahrzeug im Zeitpunkt des Unfalls entgegen § 6 Absatz 2 außerhalb eines hierfür zulässigen Gebiets gebraucht wurde, oder
6. wenn das Fahrzeug nach einer in Umsetzung des Artikels 5 Absatz 2 bis 5 der Richtlinie 2009/103/EG erlassenen Bestimmung eines anderen Staates des Europäischen Wirtschaftsraums nicht der Versicherungspflicht unterliegt.

[2] Das gilt nur, soweit der Ersatzberechtigte glaubhaft macht, dass er weder von dem Halter, dem Eigentümer oder dem Fahrer des Fahrzeugs noch von einem Schadensversicherer oder vom Deutschen Büro Grüne Karte Ersatz seines Schadens zu erlangen vermag. [3] Die Leistungspflicht des Entschädigungsfonds entfällt, soweit der Ersatzberechtigte in der Lage ist, Ersatz seines Schadens nach den Vorschriften über die Amtspflichtverletzung zu erlangen, oder soweit der Schaden durch Leistungen eines Sozialversicherungsträgers, durch Fortzahlung von Dienst- oder Amtsbezügen, Vergütung oder Lohn oder durch Gewährung von Versorgungsbezügen ausgeglichen wird. [4] Im Falle einer fahrlässigen Amtspflichtverletzung geht abweichend von § 839 Abs. 1 Satz 2 des Bürgerlichen Gesetzbuches die Ersatzpflicht auf Grund der Vorschriften über die Amts-

pflichtverletzung der Leistungspflicht des Entschädigungsfonds vor. [5]Die Leistungspflicht des Entschädigungsfonds entfällt ferner bei Ansprüchen des Bundes, der Länder, der Gemeinden und der Gemeindeverbände als Straßenbaulastträger. [6]Satz 1 Nummer 4 bis 6 ist nicht anzuwenden auf den erlaubten Gebrauch eines Fahrzeugs nach § 6 Absatz 3 Nummer 2.

(2) [1]In den Fällen des Absatzes 1 Satz 1 Nummer 1 können gegen den Entschädigungsfonds Ansprüche nach § 253 Absatz 2 des Bürgerlichen Gesetzbuchs nur geltend gemacht werden, wenn und soweit die Leistung einer Entschädigung wegen der besonderen Schwere der Verletzung zur Vermeidung einer groben Unbilligkeit erforderlich ist. [2]Für Sachschäden beschränkt sich in den Fällen des Absatzes 1 Satz 1 Nr. 1 die Leistungspflicht des Entschädigungsfonds auf den Betrag, der 500 Euro übersteigt. [3]Darüber hinaus können in den Fällen des Absatzes 1 Satz 1 Nummer 1 Ansprüche auf Ersatz folgender Sachschäden nur geltend gemacht werden, wenn der Entschädigungsfonds auf Grund desselben Ereignisses zur Leistung einer Entschädigung wegen der Tötung oder der erheblichen Verletzung des Körpers oder der Gesundheit einer Person verpflichtet ist oder eine solche Entschädigung geleistet hat:

1. Sachschäden an einem Fahrzeug,
2. Sachschäden an folgenden Einrichtungen, einschließlich der mit diesen Einrichtungen verbundenen Sachen,
   a) Einrichtungen des Bahnverkehrs,
   b) Einrichtungen des Luftverkehrs,
   c) Einrichtungen des Straßenverkehrs,
   d) Einrichtungen des Verkehrs auf Binnenwasserstraßen,
3. Sachschäden an Einrichtungen der Energieversorgung oder
4. Sachschäden an Einrichtungen der Telekommunikation.

(3) [1]Der Anspruch des Ersatzberechtigten gegen den Entschädigungsfonds verjährt in drei Jahren. [2]Die Verjährung beginnt mit dem Zeitpunkt, in dem der Ersatzberechtigte Kenntnis von den den Anspruch gegen den Entschädigungsfonds begründenden Umständen erlangt. [3]Ist der Anspruch des Ersatzberechtigten bei dem Entschädigungsfonds angemeldet worden, so ist die Verjährung bis zum Eingang der schriftlichen Entscheidung des Entschädigungsfonds und, wenn die Stelle nach § 26 angerufen worden ist, des Einigungsvorschlags dieser Stelle gehemmt.

(4) [1]Im übrigen bestimmen sich Voraussetzungen und Umfang der Leistungspflicht des Entschädigungsfonds sowie die Pflichten des Ersatzberechtigten gegenüber dem Entschädigungsfonds nach den Vorschriften, die bei Bestehen einer auf Grund dieses Gesetzes abgeschlossenen Haftpflichtversicherung für das Verhältnis zwischen dem Versicherer und dem Dritten in dem Falle gelten, daß der Versicherer dem Versicherungsnehmer gegenüber von der Verpflichtung zur Leistung frei ist. [2]§ 3a ist entsprechend anzuwenden. [3]In den Fällen des Absatzes 1 Satz 1 Nummer 2 und 3 haben die in § 4 Absatz 3 genannten Personen gegenüber dem Entschädigungsfonds die einen Versicherungsnehmer nach Eintritt des Versicherungsfalles gegenüber dem Versicherer treffenden Verpflichtungen zu erfüllen.

(5) Leistungen an ausländische Staatsangehörige ohne festen Wohnsitz im Inland erbringt der Entschädigungsfonds nur bei Vorliegen der Gegenseitigkeit,

soweit nicht unionsrechtliche oder völkerrechtliche Verpflichtungen der Bundesrepublik Deutschland dem entgegenstehen.

(6) Der Entschädigungsfonds hat auch für Schäden einzutreten, die unter den Voraussetzungen des Absatzes 1 Satz 1 Nummer 1 einem deutschen Staatsangehörigen im Ausland entstehen,

1. wenn die Schäden nicht nach § 15 gegenüber der Entschädigungsstelle geltend gemacht werden können,
2. wenn in dem Staat, in dem sich der Unfall zugetragen hat, eine Stelle besteht, die Angehörigen dieses Staates in Fällen dieser Art Ersatz leistet, und
3. wenn und soweit deutsche Staatsangehörige von der Ersatzleistung durch diese Stelle ausgeschlossen sind.

§ 13 Aufwendungsersatz; Forderungsübergang. (1) Der Entschädigungsfonds kann von den Personen, für deren Schadensersatzverpflichtungen er nach § 12 Absatz 1 einzutreten hat, wie ein Beauftragter Ersatz seiner Aufwendungen verlangen.

(2) [1] Soweit der Entschädigungsfonds dem Ersatzberechtigten nach § 12 Absatz 1 den Schaden ersetzt, gehen die Ersatzansprüche auf den Entschädigungsfonds über, die dem Ersatzberechtigten zustehen gegen

1. eine nach § 4 Absatz 3 zu versichernde Person,
2. den Haftpflichtversicherer des Fahrzeugs oder
3. eine sonstige ersatzpflichtige Person, insbesondere auch gegen einen sonstigen nach § 115 Absatz 1 Satz 1 des Versicherungsvertragsgesetzes leistungspflichtigen Haftpflichtversicherer.

[2] Der Übergang der Ersatzansprüche kann nicht zum Nachteil des Ersatzberechtigten geltend gemacht werden. [3] Gibt der Ersatzberechtigte seinen Ersatzanspruch oder ein zur Sicherung des Anspruchs dienendes Recht auf, so entfällt die Leistungspflicht des Entschädigungsfonds insoweit, als er aus dem Anspruch oder dem Recht hätte Ersatz erlangen können.

§ 14 Erstattungspflicht des Entschädigungsfonds, Forderungsübergang und Rückgriff. (1) Der Entschädigungsfonds ist verpflichtet, einem Entschädigungsfonds im Sinne des Artikels 10 Absatz 1 der Richtlinie 2009/103/EG eines anderen Staates des Europäischen Wirtschaftsraums denjenigen Betrag zu erstatten, den dieser als Entschädigung wegen eines Personen- oder Sachschadens zahlt, der auf dem Gebiet dieses Staates durch ein Fahrzeug verursacht wurde, dessen Halter nach § 2a Absatz 1 oder 2 von der Versicherungspflicht befreit ist.

(2) Soweit ein Entschädigungsfonds im Sinne des Artikels 10 Absatz 1 der Richtlinie 2009/103/EG einem anderen solchen Entschädigungsfonds einen Betrag erstattet, den dieser als Entschädigung wegen eines Personen- oder Sachschadens gezahlt hat, der auf dem Gebiet dieses Staates durch ein Fahrzeug verursacht wurde, das nach einer in Umsetzung des Artikels 5 Absatz 2 bis 5 der Richtlinie 2009/103/EG erlassenen Bestimmung eines anderen Staates des Europäischen Wirtschaftsraums nicht der Versicherungspflicht unterliegt, gehen die auf den erstattungsberechtigten Entschädigungsfonds übergegangenen Ansprüche des Geschädigten gegen den Versicherer des Fahrzeugs und sonstige Ersatzpflichtige auf den erstattenden Entschädigungsfonds über.

(3) Handelt es sich bei dem Fahrzeug nicht um ein Fahrzeug im Sinne des Artikels 1 Nummer 1 der Richtlinie 2009/103/EG, so richtet sich der Rückgriff unter den Entschädigungsfonds der Staaten des Europäischen Wirtschaftsraums allein nach den zwischen den Entschädigungsfonds getroffenen Vereinbarungen.

Unterabschnitt 2. Entschädigungsstelle für Schäden aus Auslandsunfällen

§ 15 Leistungspflicht der Entschädigungsstelle. (1) [1] Wird durch den Gebrauch eines Fahrzeugs im Ausland ein Personen- oder Sachschaden verursacht, so kann derjenige, der seinen Wohnsitz im Inland hat und dem wegen dieser Schäden Ersatzansprüche gegen den Haftpflichtversicherer des schädigenden Fahrzeugs zustehen, diese vorbehaltlich des Absatzes 4 gegen die „Entschädigungsstelle für Schäden aus Auslandsunfällen" (Entschädigungsstelle) geltend machen,

1. wenn das Versicherungsunternehmen oder sein Schadenregulierungsbeauftragter binnen drei Monaten nach der Geltendmachung des Entschädigungsanspruchs beim Versicherungsunternehmen des Fahrzeugs, durch dessen Nutzung der Unfall verursacht wurde, oder beim Schadenregulierungsbeauftragten keine mit Gründen versehene Antwort auf die im Schadenersatzantrag enthaltenen Darlegungen erteilt hat oder
2. wenn das Versicherungsunternehmen entgegen Artikel 21 Absatz 1 der Richtlinie 2009/103/EG in der Bundesrepublik Deutschland keinen Schadenregulierungsbeauftragten bestellt hat, es sei denn, dass der Geschädigte einen Antrag auf Erstattung direkt beim Versicherungsunternehmen eingereicht hat und von diesem innerhalb von drei Monaten eine mit Gründen versehene Antwort auf das Schadenersatzbegehren erteilt oder ein begründetes Angebot vorgelegt worden ist oder
3. wenn das Fahrzeug nicht oder das Versicherungsunternehmen nicht innerhalb von zwei Monaten nach dem Unfall ermittelt werden kann.

[2] Ein Antrag auf Erstattung ist nicht zulässig, wenn der Geschädigte unmittelbar gegen das Versicherungsunternehmen gerichtliche Schritte eingeleitet hat.

(2) Die Entschädigungsstelle unterrichtet unverzüglich

1. das Versicherungsunternehmen des Fahrzeugs, das den Unfall verursacht haben soll, oder dessen in der Bundesrepublik Deutschland bestellten Schadenregulierungsbeauftragten,
2. die Entschädigungsstelle in dem Staat des Europäischen Wirtschaftsraums, in dem die Niederlassung des Versicherungsunternehmens ihren Sitz hat, die die Versicherungspolice ausgestellt hat,
3. die Person, die den Unfall verursacht haben soll, sofern sie bekannt ist,
4. das Deutsche Büro Grüne Karte und das nationale Versicherungsbüro des Staates, in dem sich der Unfall ereignet hat, wenn das schadenstiftende Fahrzeug seinen gewöhnlichen Standort nicht in diesem Staat hat,
5. in den Fällen des Absatzes 1 Nr. 3 den Garantiefonds im Sinne von Artikel 10 Absatz 1 der Richtlinie 2009/103/EG des Staates, in dem das Fahrzeug seinen gewöhnlichen Standort hat, sofern das Versicherungsunternehmen nicht ermittelt werden kann, oder, wenn das Fahrzeug nicht ermittelt werden kann, den Garantiefonds des Staates, in dem sich der Unfall ereignet hat,

darüber, dass ein Antrag auf Entschädigung bei ihr eingegangen ist und dass sie binnen zwei Monaten auf diesen Antrag eingehen wird.

(3) [1] Die Entschädigungsstelle wird binnen zwei Monaten nach Eingang eines Schadenersatzantrages des Geschädigten tätig, schließt den Vorgang jedoch ab, wenn das Versicherungsunternehmen oder dessen Schadenregulierungsbeauftragter in dieser Zeit eine mit Gründen versehene Antwort auf das Schadenersatzbegehren erteilt oder ein begründetes Angebot vorlegt. [2] Geschieht dies nicht, reguliert sie den geltend gemachten Anspruch unter Berücksichtigung des Sachverhalts nach Maßgabe des anzuwendenden Rechts. [3] Sie kann sich hierzu anderer Personen oder Einrichtungen, insbesondere eines zur Übernahme der Regulierung bereiten Versicherungsunternehmens oder Schadenabwicklungsunternehmens, bedienen. [4] Im Übrigen bestimmt sich das Verfahren nach dem Abkommen der Entschädigungsstellen nach Artikel 24 Absatz 3 der Richtlinie 2009/103/EG.

(4) Hat sich der Unfall in einem Drittstaat ereignet, so kann der Geschädigte unter den Voraussetzungen des Absatzes 1 einen Antrag auf Erstattung an die Entschädigungsstelle richten, wenn

1. das nationale Versicherungsbüro dieses Drittstaates dem System der Grünen Karte beigetreten ist und
2. der Unfall durch den Gebrauch eines Fahrzeugs verursacht wurde, das in einem Staat des Europäischen Wirtschaftsraums versichert ist und dort seinen gewöhnlichen Standort hat.

(5) Handelt es sich bei dem Fahrzeug nicht um ein Fahrzeug im Sinne des Artikels 1 Nummer 1 der Richtlinie 2009/103/EG, so ist die Entschädigungsstelle nur dann nach den Absätzen 1 bis 4 verpflichtet, wenn der Rückgriff gegenüber der Entschädigungsstelle im Staat des Europäischen Wirtschaftsraums der Niederlassung des Versicherungsunternehmens, die die Versicherungspolice ausgestellt hat, gewährleistet ist.

§ 16 Forderungsübergang auf die Entschädigungsstelle. [1] Soweit die Entschädigungsstelle nach § 15 dem Ersatzberechtigten den Schaden ersetzt, gehen die Ansprüche des Ersatzberechtigten gegen den Haftpflichtversicherer des Fahrzeugs und andere Ersatzpflichtige auf die Entschädigungsstelle über. [2] Der Übergang kann nicht zum Nachteil des Ersatzberechtigten geltend gemacht werden. [3] Soweit eine Entschädigungsstelle im Sinne des Artikels 24 der Richtlinie 2009/103/EG einer anderen Entschädigungsstelle einen als Entschädigung gezahlten Betrag erstattet, gehen die auf die zuletzt genannte Entschädigungsstelle übergegangenen Ansprüche des Geschädigten gegen den Haftpflichtversicherer des Fahrzeugs und andere Ersatzpflichtige auf die zuerst genannte Entschädigungsstelle über. [4] Ein nach Artikel 24 Absatz 2 Unterabsatz 2 der Richtlinie 2009/103/EG vorgesehener Forderungsübergang unterliegt den Rechtsvorschriften des Staates des Europäischen Wirtschaftsraums, dessen Entschädigungsstelle der Entschädigungsstelle des Wohnsitzstaates des Geschädigten Erstattung geleistet hat.

Unterabschnitt 3. Insolvenzfonds für Schäden aus Fahrzeugunfällen

§ 17 Leistungspflicht des Insolvenzfonds. (1) [1] Ansprüche gegen den Versicherer auf Ersatz eines durch den Gebrauch eines Fahrzeugs verursachten Personen- oder Sachschadens können unter den weiteren Voraussetzungen des

Absatzes 2, 3 oder 4 und des § 18 gegen den Insolvenzfonds für Schäden aus Fahrzeugunfällen (Insolvenzfonds) geltend gemacht werden, wenn

1. das Fahrzeug bei einem Versicherer mit Sitz im Inland oder mit Sitz in einem anderen Staat des Europäischen Wirtschaftsraums versichert ist und
2. der Versicherer Gegenstand eines Insolvenzverfahrens oder eines Liquidationsverfahrens im Sinne des Artikels 268 Absatz 1 Buchstabe d der Richtlinie 2009/138/EG des Europäischen Parlaments und des Rates vom 25. November 2009 betreffend die Aufnahme und Ausübung der Versicherungs- und der Rückversicherungstätigkeit (Solvabilität II) (ABl. L 335 vom 17.12.2009, S. 1), die zuletzt durch die Richtlinie (EU) 2022/2556 (ABl. L 333 vom 27.12.2022, S. 153) geändert worden ist, ist.

[2] Ein Versicherer mit Sitz im Inland ist Gegenstand eines Insolvenzverfahrens, sobald die Versicherungsaufsichtsbehörde den Antrag auf Eröffnung eines Insolvenzverfahrens über das Vermögen des Versicherers stellt.

(2) Wem Ansprüche gegen den Versicherer auf Ersatz eines durch den Gebrauch eines Fahrzeugs verursachten Personen- oder Sachschadens zustehen, kann diese Ersatzansprüche unter den weiteren Voraussetzungen des Absatzes 1 gegen den Insolvenzfonds geltend machen, wenn

1. der Geschädigte seinen Wohnsitz im Inland hat und
2. der Unfall sich
   a) im Inland ereignet hat,
   b) in einem anderen Staat des Europäischen Wirtschaftsraums ereignet hat oder
   c) in einem Drittstaat ereignet hat, dessen nationales Versicherungsbüro dem System der Grünen Karte beigetreten ist, wenn das Fahrzeug seinen gewöhnlichen Standort in einem Staat des Europäischen Wirtschaftsraums hat.

(3) [1] Wem Ansprüche gegen den Versicherer auf Ersatz eines durch den Gebrauch eines Fahrzeugs verursachten Personen- oder Sachschadens zustehen, kann diese Ersatzansprüche unter den weiteren Voraussetzungen des Absatzes 1 gegen den Insolvenzfonds geltend machen, wenn

1. der Geschädigte keinen Wohnsitz in einem Staat des Europäischen Wirtschaftsraums hat und
2. der Unfall sich im Inland ereignet hat.

[2] Der Insolvenzfonds erbringt in diesem Fall Leistungen an ausländische Staatsangehörige nur bei Vorliegen der Gegenseitigkeit, soweit nicht unionsrechtliche oder völkerrechtliche Verpflichtungen der Bundesrepublik Deutschland dem entgegenstehen.

(4) Wem Ansprüche gegen den Versicherer auf Ersatz eines durch den Gebrauch eines Fahrzeugs verursachten Personen- oder Sachschadens zustehen, kann diese Ersatzansprüche unter den weiteren Voraussetzungen des Absatzes 1 gegen den Insolvenzfonds geltend machen, wenn

1. der Geschädigte glaubhaft macht, dass er von der nach Artikel 25a Absatz 1 der Richtlinie 2009/103/EG eingerichteten oder zugelassenen Stelle des Staates des Europäischen Wirtschaftsraums, in dem er seinen Wohnsitz hat, deshalb keinen Ersatz seines Schadens zu erlangen vermag, weil es sich bei dem versicherten Fahrzeug nicht um ein Fahrzeug im Sinne des Artikels 1 Nummer 1 der Richtlinie 2009/103/EG handelt, und
2. der Unfall sich im Inland ereignet hat.

§ 18 Umfang der Leistungspflicht des Insolvenzfonds. (1) [1]Der Ersatzberechtigte kann seine Ansprüche gegen den Insolvenzfonds nur geltend machen, soweit er glaubhaft macht, dass er weder von einem anderen Schadensversicherer noch vom Deutschen Büro Grüne Karte Ersatz seines Schadens zu erlangen vermag. [2]Die Leistungspflicht des Insolvenzfonds entfällt, soweit

1. der Ersatzberechtigte in der Lage ist, Ersatz seines Schadens nach den Vorschriften über die Amtspflichtverletzung zu erlangen, oder
2. der Schaden durch Leistungen eines Sozialversicherungsträgers, durch Fortzahlung von Dienst- oder Amtsbezügen, Vergütung oder Lohn oder durch Gewährung von Versorgungsbezügen ausgeglichen wird.

[3]Die Sätze 1 und 2 sind nicht anzuwenden, soweit ihre Anwendung dazu führen würde, dass der Ersatzberechtigte darauf verwiesen wird, vorrangig andere als die in Satz 1 oder Satz 2 genannten Schuldner oder Leistungen in Anspruch zu nehmen.

(2) [1]Der Anspruch des Ersatzberechtigten gegen den Insolvenzfonds verjährt in drei Jahren. [2]Die Verjährung beginnt mit dem Zeitpunkt, in dem der Ersatzberechtigte Kenntnis von den den Anspruch gegen den Insolvenzfonds begründenden Umständen erlangt. [3]Ist der Anspruch des Ersatzberechtigten bei dem Insolvenzfonds angemeldet worden, so ist die Verjährung bis zum Eingang der schriftlichen Entscheidung des Insolvenzfonds gehemmt. [4]Die gegenüber dem leistungspflichtigen Versicherer verstrichene Verjährungsfrist kommt dem Insolvenzfonds zugute. [5]War der Anspruch des Geschädigten gegen den leistungspflichtigen Versicherer zu dem Zeitpunkt, zu dem der Anspruch des Geschädigten gegen den Insolvenzfonds nach § 17 entstanden ist, noch nicht verjährt, so verjährt der Anspruch des Ersatzberechtigten gegen den Insolvenzfonds jedoch frühestens sechs Monate nach dem in Satz 2 bezeichneten Zeitpunkt. [6]Der Anspruch des Ersatzberechtigten gegen den Insolvenzfonds verjährt zudem nicht vor dem Zeitpunkt, zu dem der Anspruch des Ersatzberechtigten gegen den leistungspflichtigen Versicherer verjährt.

(3) Die Leistungspflicht des Insolvenzfonds bestimmt sich nach dem höheren der beiden folgenden Beträge:

1. der nach dem anwendbaren Recht vorgeschriebenen Mindestversicherungssumme,
2. der vereinbarten Versicherungssumme, maximal jedoch das Dreifache der nach diesem Gesetz vorgesehenen Mindestversicherungssumme.

(4) [1]§ 3a ist auf Ansprüche nach § 17 Absatz 2 bis 4 entsprechend anzuwenden. [2]Der Insolvenzfonds hat die Entschädigung unverzüglich zu leisten, spätestens aber innerhalb von drei Monaten, nachdem er das mit Gründen versehene Schadensersatzangebot abgegeben hat oder hätte abgeben müssen. [3]Wurde der Schaden nur teilweise beziffert, so gilt Satz 2 für diesen teilweise

bezifferten Schaden und ab dem Zeitpunkt der Abgabe des entsprechenden mit Gründen versehenen Schadensersatzangebots.

(5) Im Übrigen bestimmen sich die Voraussetzungen und der Umfang der Leistungspflicht des Insolvenzfonds sowie die Pflichten des Ersatzberechtigten gegenüber dem Insolvenzfonds nach den Vorschriften, die für das Verhältnis zwischen dem Versicherer und dem Ersatzberechtigten gelten.

§ 19 Aufwendungsersatz; Forderungsübergang. (1) Der Insolvenzfonds kann von den Personen, für deren Schadensersatzverpflichtungen er nach § 17 einzutreten hat, wie ein Beauftragter Ersatz seiner Aufwendungen verlangen, wobei Ersatzansprüche des Insolvenzfonds gegenüber dem Versicherungsnehmer und mitversicherten Personen auf den Betrag beschränkt sind, den der Versicherungsnehmer oder die mitversicherte Person auch im Verhältnis zum Versicherer zu tragen hätte.

(2) [1] Soweit der Insolvenzfonds dem Ersatzberechtigten den Schaden ersetzt, gehen die Ersatzansprüche des Ersatzberechtigten gegen den Haftpflichtversicherer des Fahrzeugs und andere Ersatzpflichtige auf den Insolvenzfonds über. [2] Forderungen gegen den Versicherungsnehmer und mitversicherte Personen gehen nur in dem in Absatz 1 vorgesehenen Umfang auf den Insolvenzfonds über. [3] Der Übergang kann nicht zum Nachteil des Ersatzberechtigten geltend gemacht werden. [4] Gibt der Ersatzberechtigte seinen Ersatzanspruch oder ein zur Sicherung des Anspruchs dienendes Recht auf, so entfällt die Leistungspflicht des Insolvenzfonds insoweit, als er aus dem Anspruch oder dem Recht hätte Ersatz erlangen können. [5] Ein nach Artikel 10a Absatz 10 Unterabsatz 3 Satz 1 oder Artikel 25a Absatz 10 Unterabsatz 3 Satz 1 der Richtlinie 2009/103/EG vorgesehener Forderungsübergang unterliegt den Rechtsvorschriften des Staates des Europäischen Wirtschaftsraums, dessen nach Artikel 10a Absatz 1 oder Artikel 25a Absatz 1 der Richtlinie 2009/103/EG eingerichtete oder zugelassene Stelle die Entschädigung nach Artikel 10a Absatz 10 Unterabsatz 1 oder Artikel 25a Absatz 10 Unterabsatz 1 der Richtlinie 2009/103/EG geleistet hat.

(3) Soweit die Leistungspflicht des Insolvenzfonds nach § 18 Absatz 1 entfällt, sind auch die Ersatzansprüche der in § 18 Absatz 1 genannten ersatzpflichtigen Stellen gegen den Versicherungsnehmer und mitversicherte Personen auf den Betrag nach Absatz 1 beschränkt.

(4) Machen mehrere Gläubiger Ersatzansprüche geltend, für die die Beschränkung des § 18 Absatz 3 gelten, so sind die Ersatzansprüche insgesamt auf den Betrag nach Absatz 1 beschränkt; die Auszahlung erfolgt nach dem Verhältnis der Höhe der Ersatzansprüche.

(5) [1] Befriedigt ein Versicherungsnehmer oder eine mitversicherte Person berechtigte Ansprüche eines Geschädigten über den nach Absatz 1 im Verhältnis zum Insolvenzfonds zu tragenden Betrag hinaus, so kann der Versicherungsnehmer oder die mitversicherte Person insoweit beim Insolvenzfonds Rückgriff nehmen. [2] Die Ansprüche des Geschädigten gegen den Insolvenzfonds gehen insoweit auf den Versicherungsnehmer oder die mitversicherte Person über.

§ 20 Informationspflichten und Zusammenarbeit im Insolvenzfall.

(1) [1] Beantragt die Versicherungsaufsichtsbehörde die Eröffnung eines Insolvenzverfahrens über ein Versicherungsunternehmen mit Sitz im Inland, so hat

sie diesen Antrag unverzüglich bekanntzumachen und dem Insolvenzfonds zu übermitteln. [2]Dasselbe gilt, wenn die zuständige Aufsichtsbehörde Maßnahmen zur Eröffnung eines Liquidationsverfahrens über ein solches Versicherungsunternehmen ergreift. [3]Wird über ein Versicherungsunternehmen mit Sitz im Inland das Insolvenzverfahren eröffnet, so hat das Insolvenzgericht den Eröffnungsbeschluss unverzüglich dem Insolvenzfonds zu übermitteln.

(2) Der Insolvenzfonds hat unverzüglich alle gemäß Artikel 10a Absatz 1 und Artikel 25a Absatz 1 der Richtlinie 2009/103/EG eingerichteten oder zugelassenen Stellen und alle gemäß Artikel 24 der Richtlinie 2009/103/EG eingerichteten oder zugelassenen Entschädigungsstellen in allen Staaten des Europäischen Wirtschaftsraums über den Antrag nach Absatz 1 Satz 1, die Maßnahme nach Absatz 1 Satz 2 oder den Beschluss nach Absatz 1 Satz 3 zu unterrichten.

(3) Geht ein Antrag des Geschädigten auf Schadensersatz nach § 17 Absatz 2 beim Insolvenzfonds ein, so unterrichtet dieser hierüber die folgenden Stellen:

1. diejenige Stelle im Herkunftsstaat des Versicherungsunternehmens, die
   a) in den Fällen des § 17 Absatz 2 Nummer 2 Buchstabe a in Umsetzung des Artikels 10a Absatz 1 der Richtlinie 2009/103/EG zugelassen oder errichtet wurde,
   b) in den Fällen des § 17 Absatz 2 Nummer 2 Buchstabe b oder c in Umsetzung des Artikels 25a Absatz 1 der Richtlinie 2009/103/EG zugelassen oder errichtet wurde,
2. in den Fällen des § 17 Absatz 2 Nummer 2 Buchstabe b oder c die Entschädigungsstelle nach § 24 Absatz 1 Nummer 2,
3. das Versicherungsunternehmen, das Gegenstand eines Insolvenz- oder Liquidationsverfahrens ist, oder dessen Verwalter oder Liquidator im Sinne des Artikels 268 Absatz 1 Buchstabe e oder f der Richtlinie 2009/138/EG.

(4) [1]Der Insolvenzfonds ist in allen Phasen der Entschädigungsverfahren befugt, zu gegebener Zeit mit folgenden Stellen zusammenzuarbeiten:

1. mit gemäß Artikel 10a Absatz 1, Artikel 24 oder Artikel 25a Absatz 1 der Richtlinie 2009/103/EG eingerichteten oder zugelassenen Stellen in allen Staaten des Europäischen Wirtschaftsraums,
2. mit nicht in Nummer 1 genannten Beteiligten, insbesondere
   a) mit dem Versicherungsunternehmen, das Gegenstand eines Insolvenz- oder Liquidationsverfahrens ist,
   b) mit einem nach Artikel 152 Absatz 1 der Richtlinie 2009/138/EG bestellten Vertreter,
   c) mit dem Schadenregulierungsbeauftragten,
   d) mit dem vorläufigen Insolvenzverwalter (§ 22 Absatz 1 Satz 1 der Insolvenzordnung) ebenso wie dem Insolvenzverwalter (§ 56 der Insolvenzordnung) oder einem sonstigen Verwalter,
   e) mit dem Liquidator,
   f) mit dem von der Aufsicht bestellten Sonderbeauftragten,
   g) mit allen Personen, die mit der Verwaltung der Kraftfahrzeug-Haftpflichtversicherungsverträge einschließlich der Regulierung der diesen Verträgen zuzurechnenden Schadensfälle betraut sind,
3. mit den zuständigen nationalen Behörden der Staaten des Europäischen Wirtschaftsraums.

[2] Diese Zusammenarbeit umfasst die Anforderung, Entgegennahme und Übermittlung von Informationen, gegebenenfalls auch über die Einzelheiten konkreter Ansprüche.

(5) [1] Die in Absatz 4 Satz 1 Nummer 1 und 2 genannten Stellen und Personen sowie die zuständigen deutschen Behörden sind verpflichtet, dem Insolvenzfonds die für die Erfüllung seiner Aufgaben erforderlichen Auskünfte zu erteilen, die benötigten Unterlagen zu überlassen und ihn bei der Abwicklung zu unterstützen. [2] Das Versicherungsunternehmen, das Gegenstand eines Insolvenz- oder Liquidationsverfahrens ist, oder sein Verwalter oder Liquidator ist insbesondere verpflichtet, den Insolvenzfonds zu unterrichten, wenn es für einen Anspruch, der auch beim Insolvenzfonds eingegangen ist, Entschädigung leistet oder die Eintrittspflicht bestreitet. [3] Ist der Anspruch bei einer nach Artikel 10a Absatz 1 oder Artikel 25a Absatz 1 der Richtlinie 2009/103/EG zugelassenen oder eingerichteten Stelle eines anderen Staates des Europäischen Wirtschaftsraum eingegangen, so bestehen die Pflichten nach den Sätzen 1 und 2 gegenüber dieser Stelle.

§ 21 Rückgriff unter den Insolvenzfonds. (1) [1] Ist der Herkunftsstaat des Versicherers die Bundesrepublik Deutschland und hat eine nach Artikel 10a Absatz 1 oder Artikel 25a Absatz 1 der Richtlinie 2009/103/EG eingerichtete oder zugelassene Stelle in einem anderen Staat des Europäischen Wirtschaftsraums einem Geschädigten mit Wohnsitz in diesem Staat Entschädigung gezahlt, so ist der Insolvenzfonds verpflichtet, dieser Stelle den als Entschädigung gezahlten Betrag nach Maßgabe des Absatzes 2 zu erstatten. [2] Der Insolvenzfonds leistet die Zahlung innerhalb einer angemessenen Frist von höchstens sechs Monaten, nachdem er einen entsprechenden Antrag auf Erstattung erhalten hat, wenn nicht zwischen dem Insolvenzfonds und dieser Stelle schriftlich etwas anderes vereinbart ist.

(2) [1] Aufgaben, Verpflichtungen und Verfahren bei der Erstattung richten sich nach den gemäß Artikel 10a Absatz 13 Unterabsatz 1 und Artikel 25a Absatz 13 Unterabsatz 1 der Richtlinie 2009/103/EG geschlossenen Vereinbarungen oder nach den gemäß Artikel 10a Absatz 13 Unterabsatz 4 und Artikel 25a Absatz 13 Unterabsatz 4 der Richtlinie 2009/103/EG von der Europäischen Kommission erlassenen delegierten Rechtsakten. [2] Der Insolvenzfonds ist beauftragt, Vereinbarungen nach Artikel 10a Absatz 13 Unterabsatz 1 und Artikel 25a Absatz 13 Unterabsatz 1 der Richtlinie 2009/103/EG auszuhandeln und abzuschließen. [3] Sind derartige Vereinbarungen vor der Zulassung des Insolvenzfonds von der zuständigen Verhandlungsstelle abgeschlossen worden, so wird der Insolvenzfonds mit seiner Zulassung Vertragspartei dieser Vereinbarungen.

(3) Soweit eine nach Artikel 10a Absatz 1 oder Artikel 25a Absatz 1 der Richtlinie 2009/103/EG eingerichtete oder zugelassene Stelle einer anderen nach Artikel 10a Absatz 1 oder Artikel 25a Absatz 1 der Richtlinie 2009/103/EG eingerichteten oder zugelassenen Stelle einen Betrag erstattet, den diese als Entschädigung gezahlt hat, gehen die auf die erstattungsberechtigte Stelle übergegangenen Ansprüche des Geschädigten gegen den Haftpflichtversicherer des Fahrzeugs und andere Ersatzpflichtige auf die erstattende Stelle über.

(4) Handelt es sich bei dem versicherten Fahrzeug nicht um ein Fahrzeug im Sinne des Artikels 1 Nummer 1 der Richtlinie 2009/103/EG, so richtet sich der Rückgriff zwischen dem Insolvenzfonds und den anderen nach Artikel 10a

Absatz 1 oder Artikel 25a Absatz 1 der Richtlinie 2009/103/EG eingerichteten oder zugelassenen Stellen allein nach den zwischen diesen Stellen getroffenen Vereinbarungen.

§ 22 Rückgriffsrecht des Deutschen Büros Grüne Karte. (1) Soweit das Deutsche Büro Grüne Karte dem nationalen Versicherungsbüro eines anderen Staates des Europäischen Wirtschaftsraums die Kosten der Schadenregulierung für einen Unfall erstattet hat, der in diesem Staat von einem Fahrzeug mit gewöhnlichen Standort im Inland verursacht wurde, kann das Deutsche Büro Grüne Karte seinerseits vom Insolvenzfonds die Erstattung des gezahlten Betrages verlangen, wenn das Fahrzeug bei einem Versicherungsunternehmen mit Sitz im Inland versichert ist und das Versicherungsunternehmen Gegenstand eines Insolvenzverfahrens oder eines Liquidationsverfahrens im Sinne des Artikels 268 Absatz 1 Buchstabe d der Richtlinie 2009/138/EG ist.

(2) § 21 Absatz 3 ist entsprechend anzuwenden.

Unterabschnitt 4. Wahrnehmung der Aufgaben von Entschädigungsfonds, Entschädigungsstelle und Insolvenzfonds

§ 23 Wahrnehmung der Aufgaben durch eine Anstalt; Verordnungsermächtigung. (1) [1]Die nach § 13 Absatz 1 Satz 1 und 2 in der bis zum 17. April 2024 geltenden Fassung errichtete Anstalt nimmt die ihr nach diesem Gesetz oder aufgrund dieses Gesetzes übertragenen Aufgaben wahr und untersteht der Aufsicht des Bundesministeriums der Justiz. [2]Das Nähere über die Anstalt bestimmt die Satzung, die von der Bundesregierung durch Rechtsverordnung ohne Zustimmung des Bundesrates erlassen wird.

(2) [1]Soweit der Anstalt Aufgaben nach § 8a Absatz 3 Satz 4 oder § 28 Absatz 1 übertragen werden, sind zur Leistung von Beiträgen an die Anstalt verpflichtet:

1. zur Deckung der Verwaltungskosten für die Wahrnehmung der Aufgaben der Auskunftsstelle und zur Deckung der Entschädigungsleistungen und der Verwaltungskosten für die Wahrnehmung der Aufgaben des Entschädigungsfonds
   a) die im Geltungsbereich dieses Gesetzes zum Betrieb der Kraftfahrzeug-Haftpflichtversicherung befugten Versicherungsunternehmen unter Berücksichtigung ihres Anteils an den gebuchten Prämienbeträgen und der Anzahl der versicherten Risiken bezüglich der von ihnen in der Bundesrepublik Deutschland nach diesem Gesetz getätigten Kraftfahrzeug-Haftpflichtversicherungen,
   b) die nach § 2 Absatz 1 Nummer 1 bis 4 von der Versicherungspflicht befreiten Halter nichtversicherter Fahrzeuge sowie die Haftpflichtschadenausgleiche im Sinne des § 3 Absatz 1 Nummer 4 des Versicherungsaufsichtsgesetzes jeweils unter Berücksichtigung ihres Anteils am Gesamtbestand der Fahrzeuge und der Art dieser Fahrzeuge;
2. zur Deckung der Entschädigungsleistungen und der Verwaltungskosten für die Wahrnehmung der Aufgaben der Entschädigungsstelle die im Geltungsbereich dieses Gesetzes zum Betrieb der Kraftfahrzeug-Haftpflichtversicherung befugten Versicherungsunternehmen unter Berücksichtigung ihres Anteils an den gebuchten Prämienbeträgen und der Anzahl der versicherten

Risiken bezüglich der von ihnen in der Bundesrepublik Deutschland nach diesem Gesetz getätigten Kraftfahrzeug-Haftpflichtversicherungen;

3. zur Deckung der Entschädigungsleistungen und der Verwaltungskosten für die Wahrnehmung der Aufgaben des Insolvenzfonds die Versicherungsunternehmen, die in Deutschland zum Betrieb der Kraftfahrzeug-Haftpflichtversicherung zugelassen wurden, unter Berücksichtigung ihres Anteils an den gebuchten Prämienbeträgen und der Anzahl der versicherten Risiken bezüglich der von ihnen in der Bundesrepublik Deutschland und in den übrigen Staaten des Europäischen Wirtschaftsraums getätigten Kraftfahrzeug-Haftpflichtversicherungen.

[2] Das Nähere über die Beitragspflicht bestimmt das Bundesministerium der Justiz im Einvernehmen mit dem Bundesministerium für Digitales und Verkehr, dem Bundesministerium für Wirtschaft und Klimaschutz und dem Bundesministerium der Finanzen durch Rechtsverordnung mit Zustimmung des Bundesrates.

§ 24 Wahrnehmung der Aufgaben durch die Verkehrsopferhilfe.

(1) Dem rechtsfähigen Verein „Verkehrsopferhilfe eingetragener Verein" in Berlin (Verkehrsopferhilfe) sind mit seiner Zustimmung zugewiesen:

1. die Stellung des Entschädigungsfonds und die Wahrnehmung der Aufgaben und Befugnisse des Entschädigungsfonds aufgrund § 13 Absatz 2 in der bis zum 17. April 2024 geltenden Fassung in Verbindung mit der Verordnung nach § 13 Absatz 2 in der bis zum 17. April 2024 geltenden Fassung,
2. die Stellung der Entschädigungsstelle und die Aufgaben und Befugnisse der Entschädigungsstelle aufgrund § 13a Absatz 1 in der bis zum 17. April 2024 geltenden Fassung und
3. die Stellung und die Aufgaben und Befugnisse der Verhandlungsstelle aufgrund § 14a in der bis zum 17. April 2024 geltenden Fassung.

(2) [1] Der Verkehrsopferhilfe werden die Stellung des Insolvenzfonds und die Wahrnehmung der Aufgaben und Befugnisse des Insolvenzfonds zugewiesen, sobald diese schriftlich gegenüber dem Bundesministerium der Justiz ihre Bereitschaft dazu erklärt hat. [2] Das Bundesministerium der Justiz gibt die Erklärung und den Zeitpunkt, ab dem die betroffenen Aufgaben von der Verkehrsopferhilfe wahrgenommen werden, im Bundesanzeiger bekannt. [3] Mit Zuweisung nach Satz 1 ist die Verkehrsopferhilfe zugelassene Stelle im Sinne des Artikels 10a Absatz 1 und des Artikels 25a Absatz 1 der Richtlinie 2009/103/EG.

(3) Die Verkehrsopferhilfe kann sich zur Schadenregulierung anderer Personen oder Einrichtungen, insbesondere eines zur Übernahme der Regulierung bereiten Versicherungsunternehmens oder Schadenabwicklungsunternehmens, bedienen.

(4) Die Verkehrsopferhilfe hat an deutlich sichtbarer Stelle auf ihrer Internetseite und einem Geschädigten auf dessen Verlangen die wesentlichen Informationen über die verschiedenen Wege der Beantragung von Schadensersatz auf Papier oder in Textform bereitzustellen, sofern einzelne der in den Absätzen 1 und 2 genannten Aufgabenbereiche durch Rechtsverordnung gemäß § 28 Absatz 1 oder 2 einer anderen juristischen Person übertragen worden sind.

§ 25 Aufsicht; Genehmigung der Satzung der Verkehrsopferhilfe.

(1) Die Verkehrsopferhilfe untersteht der Rechtsaufsicht des Bundesministeriums der Justiz, soweit sie die übertragenen Aufgaben und Befugnisse wahrnimmt.

(2) [1] Die Satzung der Verkehrsopferhilfe sowie jede Änderung der Satzung bedürfen der Genehmigung des Bundesministeriums der Justiz. [2] Die Genehmigung von Bestimmungen der Satzung, die die Finanzierung nach § 27 betreffen, und von jeder Änderung einer solchen Bestimmung der Satzung erteilt das Bundesministerium der Justiz im Einvernehmen mit dem Bundesministerium der Finanzen. [3] Die Satzung und jede Änderung der Satzung sind vom Bundesministerium der Justiz im Bundesanzeiger bekanntzumachen.

(3) [1] Die Verkehrsopferhilfe hat dem Bundesministerium der Justiz als Grundlage für die Genehmigung einer Änderung ihrer Satzung, die die Regelungen über die satzungsmäßigen Leistungen zur Finanzierung der Aufgaben von Entschädigungsfonds, Entschädigungsstelle und Insolvenzfonds betrifft, ein Gutachten eines Wirtschaftsprüfers oder einer Wirtschaftsprüfungsgesellschaft vorzulegen, das bestätigt, dass die in den zur Genehmigung vorgelegten Satzungsänderungen getroffenen Regelungen über die satzungsmäßigen Leistungen und deren Erhebung und den diesen Satzungsänderungen zugrunde gelegten Annahmen eine den Anforderungen an die Finanzierung nach § 27 entsprechende Finanzierung gewährleisten. [2] Gemeinsam mit dem Jahresbericht für das vorangegangene Kalenderjahr hat die Verkehrsopferhilfe dem Bundesministerium der Justiz jährlich zum 30. Juni ein Gutachten eines Wirtschaftsprüfers oder einer Wirtschaftsprüfungsgesellschaft vorzulegen, das bestätigt, dass die nach ihrer Satzung erhobenen satzungsmäßigen Leistungen den Anforderungen an die Finanzierung nach § 27 entsprechen. [3] Für die Prüfung nach Satz 1 und 2 sind § 319 Absatz 2 bis 4, § 319b Absatz 1, § 320 Absatz 2 und § 323 des Handelsgesetzbuchs entsprechend anzuwenden.

§ 26 Stelle zur gütlichen Einigung; Verordnungsermächtigung. Das Bundesministerium der Justiz wird ermächtigt, im Einvernehmen mit dem Bundesministerium für Digitales und Verkehr, dem Bundesministerium für Wirtschaft und Klimaschutz und dem Bundesministerium der Finanzen durch Rechtsverordnung ohne Zustimmung des Bundesrates zu bestimmen,

1. dass beim Entschädigungsfonds eine Stelle gebildet wird, die in Streitfällen zwischen dem Ersatzberechtigten und dem Entschädigungsfonds auf eine gütliche Einigung hinzuwirken und den Beteiligten erforderlichenfalls einen begründeten Einigungsvorschlag zu machen hat,
2. wie die Mitglieder der Stelle nach Nummer 1, die aus einem die Befähigung zum Richteramt besitzenden, sachkundigen und unabhängigen Vorsitzenden sowie einem von der Versicherungswirtschaft benannten und einem dem Bereich der Ersatzberechtigten zuzurechnenden Beisitzer besteht, zu bestellen sind und wie das Verfahren der Stelle einschließlich der Kosten zu regeln ist,
3. dass Ansprüche gegen den Entschädigungsfonds im Wege der Klage erst geltend gemacht werden können, nachdem ein Verfahren vor der Stelle nach Nummer 1 vorausgegangen ist, sofern nicht seit der Anrufung der Stelle mehr als drei Monate verstrichen sind.

§ 27 Finanzierung. (1) Die Verkehrsopferhilfe hat in ihrer Satzung Leistungen durch ihre Mitglieder und die weiteren nach § 8 Absatz 1 und 2 verpflichteten Unternehmen in Form von Beiträgen, Vorschüssen, Umlagen, Sonderbeiträgen und sonstigen Leistungen sowie ausreichende Sicherheitsleistungen für zukünftige Beiträge, Umlagen oder Sonderbeiträge so vorzusehen, dass die Verkehrsopferhilfe jederzeit über ausreichende liquide Mittel zur Erfüllung ihrer Aufgaben nach diesem Gesetz und ihrer Satzung, insbesondere zur Deckung bereits entstandener sowie zukünftiger und potentieller Entschädigungsleistungen, sowie der dafür erforderlichen Verwaltungskosten verfügt.

(2) [1] Die Mittel aus Leistungen der nach § 8 Absatz 1 verpflichteten Unternehmen dürfen nur für die Erfüllung der Aufgaben des Entschädigungsfonds einschließlich der Aufgaben des Entschädigungsfonds nach § 12 Absatz 1 Satz 1 Nummer 4 in der bis zum 17. April 2024 geltenden Fassung und der Entschädigungsstelle sowie die dafür erforderlichen Aufwendungen verwendet werden. [2] Die Mittel der nach § 8 Absatz 2 verpflichteten Unternehmen dürfen nur für die Erfüllung der Aufgaben des Insolvenzfonds sowie die dafür erforderlichen Aufwendungen verwendet werden. [3] Verwaltungskosten, die für die Erfüllung mehrerer Aufgaben anfallen, können nach einem sachgerechten und nachvollziehbaren Schlüssel aufgeteilt werden.

§ 28 Übertragung der Wahrnehmung der Aufgaben auf eine andere juristische Person; Verordnungsermächtigungen. (1) Das Bundesministerium der Justiz wird ermächtigt, durch Rechtsverordnung ohne Zustimmung des Bundesrates die Aufgaben und Befugnisse des Entschädigungsfonds, der Entschädigungsstelle, der Verhandlungsstelle oder des Insolvenzfonds der in § 23 genannten Anstalt zu übertragen, soweit die Wahrnehmung der Aufgaben und Befugnisse des Entschädigungsfonds, der Entschädigungsstelle, der Verhandlungsstelle oder des Insolvenzfonds durch die Verkehrsopferhilfe nicht gewährleistet ist oder diese nicht mehr zur Wahrnehmung der Aufgaben bereit ist.

(2) Das Bundesministerium der Justiz wird ermächtigt, im Einvernehmen mit dem Bundesministerium für Digitales und Verkehr, dem Bundesministerium für Wirtschaft und Klimaschutz und dem Bundesministerium der Finanzen durch Rechtsverordnung ohne Zustimmung des Bundesrates die Stellung des Entschädigungsfonds, die Stellung der Entschädigungsstelle, die Stellung der Verhandlungsstelle oder die Stellung des Insolvenzfonds einer anderen bestehenden juristischen Person des Privatrechts zuzuweisen, soweit die Wahrnehmung der Aufgaben und Befugnisse des Entschädigungsfonds, der Entschädigungsstelle, der Verhandlungsstelle oder des Insolvenzfonds durch die Verkehrsopferhilfe nicht gewährleistet ist oder diese nicht mehr zur Wahrnehmung der Aufgaben bereit ist, wenn

1. diese juristische Person des Privatrechts bereit ist, die Aufgaben des Entschädigungsfonds, der Entschädigungsstelle, der Verhandlungsstelle oder des Insolvenzfonds zu übernehmen, und
2. sie hinreichende Gewähr für die Erfüllung der Ansprüche der Ersatzberechtigten bietet.

(3) [1] § 24 Absatz 3 und 4 gilt auch für die Anstalt nach § 23 entsprechend, wenn und soweit ihr durch Rechtsverordnung nach Absatz 1 Aufgaben und Befugnisse zugewiesen werden. [2] § 24 Absatz 3 und 4 und die §§ 25 bis 27 gelten für jede andere juristische Person entsprechend, wenn und soweit dieser

juristischen Person durch Rechtsverordnung nach Absatz 2 Aufgaben und Befugnisse zugewiesen werden.

§ 29 Steuerbefreiung. Der Entschädigungsfonds, die Entschädigungsstelle, die Verhandlungsstelle und der Insolvenzfonds sind von der Körperschaftsteuer, der Gewerbesteuer und der Vermögensteuer befreit.

§ 30 Strafvorschriften. (1) Mit Freiheitsstrafe bis zu einem Jahr oder mit Geldstrafe wird bestraft, wer

1. entgegen § 6 Absatz 1, 2 oder 3 ein Fahrzeug gebraucht oder
2. entgegen § 6 Absatz 4 einen dort genannten Gebrauch gestattet.

(2) Handelt der Täter fahrlässig, so ist die Strafe Freiheitsstrafe bis zu sechs Monaten oder Geldstrafe bis zu einhundertachtzig Tagessätzen.

(3) Die Tat ist nicht strafbar, wenn für den Gebrauch des Fahrzeugs, sofern es nur seinen regelmäßigen Standort und nicht seinen gewöhnlichen Standort im Inland hat,

1. ein den Anforderungen des § 3 Absatz 1, 2 oder 3 des Auslandsfahrzeug-Pflichtversicherungsgesetzes genügender Versicherungsschutz besteht oder
2. die Schadenregulierung nach § 9 des Auslandsfahrzeug-Pflichtversicherungsgesetzes gewährleistet ist.

(4) Fahrzeuge, auf die sich eine Straftat nach Absatz 1 bezieht, können eingezogen werden, wenn sie dem Täter oder Teilnehmer zur Zeit der Entscheidung gehören.

Abschnitt 4. Strafvorschriften, Übergangs- und Schlussvorschriften

§ 31 Tarifumstellung bei Bestandsübertragung. Wird zur Vermeidung einer Insolvenz ein Bestand an Kraftfahrzeug-Haftpflichtversicherungsverträgen mit Genehmigung der Aufsichtsbehörden auf einen anderen Versicherer übertragen, so kann der übernehmende Versicherer die Anwendung des für sein Unternehmen geltenden Tarifs (Prämie und Tarifbestimmungen) und seiner Versicherungsbedingungen vom Beginn der nächsten Versicherungsperiode an erklären, wenn er dem Versicherungsnehmer die Tarifänderung unter Kenntlichmachung der Unterschiede des alten und neuen Tarifs spätestens einen Monat vor Inkrafttreten der Änderung mitteilt und ihn schriftlich über sein Kündigungsrecht belehrt.

§ 32 Anwendungsbestimmung; Übergangsregelung. (1) Dieses Gesetz in der ab dem 17. April 2024 geltenden Fassung ist nicht vor dem 23. Dezember 2023 anzuwenden, soweit in den nachfolgenden Absätzen nichts anderes geregelt ist.

(2) [1] § 8 Absatz 2 und § 21 Absatz 2 Satz 2 und 3 sowie Unterabschnitt 4 des Abschnitts 3 sind ab dem 17. April 2024 anzuwenden. [2] § 14a in der bis einschließlich 16. April 2024 geltenden Fassung ist weiterhin anzuwenden bis zu dem Zeitpunkt, ab dem die Aufgaben und Befugnisse des Insolvenzfonds

1. nach der Bekanntmachung gemäß § 24 Absatz 2 Satz 3 von der Verkehrsopferhilfe wahrgenommen werden oder
2. durch eine Rechtsverordnung nach § 28 Absatz 1 oder 2 erstmals einer anderen juristischen Person übertragen werden.

(3) Auf Versicherungsfälle, die vor dem 17. April 2024 eingetreten sind, sind die bis einschließlich 16. April 2024 geltenden Vorschriften weiterhin anzuwenden.

(4) [1] Sind Vertragsbestimmungen, die auf den Allgemeinen Versicherungsbedingungen des Versicherers beruhen, aufgrund einer Änderung der Rechtsverordnung nach § 4 Absatz 1 unwirksam geworden, so kann der Versicherer durch Erklärung gegenüber dem Versicherten die unwirksamen Vertragsbestimmungen durch die neuen Bestimmungen in seinen Allgemeinen Versicherungsbedingungen ersetzen oder sie aufheben. [2] Die Erklärung zur Ersetzung oder Aufhebung der Vertragsbestimmungen bedarf der Textform und ist nur wirksam, wenn sie eine Gegenüberstellung des bisherigen Vertragsinhalts und des neuen Vertragsinhalts enthält, in der die Änderungen so kenntlich gemacht sind, dass der Versicherungsnehmer sie einfach erfassen kann. [3] Die Vertragsänderung wird einen Monat nach Zugang der Erklärung wirksam. [4] Für Versicherungsverträge, die am 17. April 2024 bestehen und in denen wirksam ein Haftungsausschluss gemäß § 4 Nummer 4 der Rechtsverordnung nach § 4 Absatz 1 in der bis einschließlich 16. April 2024 geltenden Fassung vereinbart ist, ist die Haftung für Ersatzansprüche aus dem Gebrauch des Fahrzeugs bei einer Motorsportveranstaltung oder Motorsportaktivität, einschließlich Rennen, Wettbewerben, Trainings, Tests und Demonstrationen, für bis zum 31. Dezember 2024 eingetretene Versicherungsfälle ausgeschlossen, wenn

1. das Fahrzeug in einem hierfür abgegrenzten Gebiet mit Zugangsbeschränkungen gebraucht wird und
2. für diesen Gebrauch des Fahrzeugs Versicherungsschutz nach Maßgabe des § 5d besteht, der diese Ersatzansprüche deckt.

(5) [1] Die §§ 5c und 8b sind ab dem Tag der Anwendung des in Artikel 16 Absatz 6 der Richtlinie 2009/103/EG genannten delegierten Rechtsakts der Europäischen Kommission, frühestens jedoch ab dem 23. April 2024 anzuwenden. [2] Das Bundesministerium der Justiz gibt den Tag der Anwendung im Bundesanzeiger bekannt. [3] Bis zum Tag der Anwendung ist § 5 Absatz 7 in der bis einschließlich 16. April 2024 geltenden Fassung weiterhin anzuwenden.

(6) Auf vor dem 17. April 2024 eingetretene Entschädigungspflichten des Entschädigungsfonds nach § 12 Absatz 1 Satz 1 Nummer 1 bis 3 in der bis zum 17. April 2024 geltenden Fassung und auf vor dem 17. April 2024 eingetretene Entschädigungspflichten der Entschädigungsstelle nach diesem Gesetz in der bis zum 17. April 2024 geltenden Fassung sind jeweils die bis einschließlich 16. April 2024 geltenden Vorschriften weiterhin anzuwenden.

(7) [1] Die §§ 17 bis 22 sind im Übrigen ab dem Tag der in Artikel 10a Absatz 13 Unterabsatz 1 und Artikel 25a Absatz 13 Unterabsatz 1 der Richtlinie 2009/103/EG genannten Vereinbarungen oder ab dem Zeitpunkt der Anwendung der in Artikel 10a Absatz 13 Unterabsatz 4 und Artikel 25a Absatz 13 Unterabsatz 4 der Richtlinie 2009/103/EG genannten delegierten Rechtsakte der Europäischen Kommission anzuwenden, frühestens jedoch ab dem 23. Dezember 2023. [2] Bis zum Tag der Anwendung nach Satz 1 sind auf Ansprüche Geschädigter für den Fall, dass die Versicherungsaufsichtsbehörde den Antrag auf Eröffnung eines Insolvenzverfahrens über das Vermögen eines leistungspflichtigen Versicherers stellt oder, sofern der Versicherer seinen Sitz in einem anderen Staat des Europäischen Wirtschaftsraums hat, von der zuständigen

Aufsichtsbehörde eine vergleichbare Maßnahme ergriffen wird, weiterhin die bis einschließlich 16. April 2024 geltenden Vorschriften anzuwenden.

§ 33 Anpassung an Änderungen der Fahrzeug-Zulassungsverordnung; Verordnungsermächtigung. Das Bundesministerium der Justiz wird ermächtigt, im Einvernehmen mit dem Bundesministerium für Digitales und Verkehr durch Rechtsverordnung mit Zustimmung des Bundesrates die Verweise auf Vorschriften der Fahrzeug-Zulassungsverordnung[1)] in diesem Gesetz an geänderte Vorschriften der Fahrzeug-Zulassungsverordnung anzupassen, soweit

1. die Fahrzeug-Zulassungsverordnung aufgrund von Verordnungsermächtigungen nach dem Straßenverkehrsgesetz[2)] geändert wird und
2. die Vorschriften der Fahrzeug-Zulassungsverordnung, auf die durch dieses Gesetz verwiesen wird, durch eine Verordnung nach Nummer 1 durch inhaltsgleiche Regelungen zur Definition von Kraftfahrzeugen und Anhängern sowie den Anforderungen an deren Zulassung zur Inbetriebnahme auf öffentlichen Straßen ersetzt werden.

[1)] Nr. **3.2**.
[2)] Nr. **1**.

Anlage
(zu § 4 Abs. 2)

Mindestversicherungssummen

1. Die Mindesthöhe der Versicherungssumme beträgt bei Kraftfahrzeugen einschließlich der Anhänger je Schadensfall
   a) für Personenschäden siebeneinhalb Millionen Euro,
   b) für Sachschäden 1 300 000 Euro,
   c) für die weder mittelbar noch unmittelbar mit einem Personen- oder Sachschaden zusammenhängenden Vermögensschäden (reine Vermögensschäden) 50 000 Euro.
2. Bei Kraftfahrzeugen, die der Beförderung von Personen dienen und mehr als neun Plätze (ohne den Fahrersitz) aufweisen, erhöhen sich diese Beträge für das Kraftfahrzeug unter Ausschluss der Anhänger
   a) für den 10. und jeden weiteren Platz um
      aa) 50 000 Euro für Personenschäden,
      bb) 500 Euro für reine Vermögensschäden,
   b) vom 81. Platz ab für jeden weiteren Platz um
      aa) 25 000 Euro für Personenschäden,
      bb) 250 Euro für reine Vermögensschäden.

   Dies gilt nicht für Kraftomnibusse, die ausschließlich zu Lehr- und Prüfungszwecken gebraucht werden.
3. Bei Anhängern entspricht die Mindesthöhe der Versicherungssumme für Schäden, die nicht mit dem Betrieb des Kraftfahrzeugs im Sinne des § 7 des Straßenverkehrsgesetzes[1] im Zusammenhang stehen, und für die den Insassen des Anhängers zugefügten Schäden den in Nummer 1, bei Personenanhängern mit mehr als neun Plätzen den in Nummern 1 und 2 genannten Beträgen.
4. Zu welcher dieser Gruppen das Fahrzeug gehört, richtet sich nach der Eintragung im Kraftfahrzeug- oder Anhängerbrief.

Anhang[2]

[1] Nr. **1**.

[2] Der Anhang (Verzeichnis der in der Bundesrepublik Deutschland zum Geschäftsbetrieb zugelassenen Kraftfahrt-Hauptversicherer) ist hier nicht abgedruckt. Er ist vollständig enthalten in der im Verlag C.H. Beck erschienenen Loseblatt-Textausgabe „Straßenverkehrsrecht".

6. Strafgesetzbuch (StGB)

In der Fassung der Bekanntmachung vom 13. November 1998[1)]
(BGBl. I S. 3322)

FNA 450-2

zuletzt geänd. durch Art. 2 Abs. 2 Zweites G zur Änd. des SchwangerschaftskonfliktG v. 7.11.2024
(BGBl. 2024 I Nr. 351)

– Auszug –

Allgemeiner Teil

Dritter Abschnitt. Rechtsfolgen der Tat

Erster Titel. Strafen

Nebenstrafe

§ 44 Fahrverbot. (1) [1] Wird jemand wegen einer Straftat zu einer Freiheitsstrafe oder einer Geldstrafe verurteilt, so kann ihm das Gericht für die Dauer von einem Monat bis zu sechs Monaten verbieten, im Straßenverkehr Kraftfahrzeuge jeder oder einer bestimmten Art zu führen. [2] Auch wenn die Straftat nicht bei oder im Zusammenhang mit dem Führen eines Kraftfahrzeugs oder unter Verletzung der Pflichten eines Kraftfahrzeugführers begangen wurde, kommt die Anordnung eines Fahrverbots namentlich in Betracht, wenn sie zur Einwirkung auf den Täter oder zur Verteidigung der Rechtsordnung erforderlich erscheint oder hierdurch die Verhängung einer Freiheitsstrafe oder deren Vollstreckung vermieden werden kann. [3] Ein Fahrverbot ist in der Regel anzuordnen, wenn in den Fällen einer Verurteilung nach § 315c Abs. 1 Nr. 1 Buchstabe a, Abs. 3 oder § 316 die Entziehung der Fahrerlaubnis nach § 69 unterbleibt.

(2) [1] Das Fahrverbot wird wirksam, wenn der Führerschein nach Rechtskraft des Urteils in amtliche Verwahrung gelangt, spätestens jedoch mit Ablauf von einem Monat seit Eintritt der Rechtskraft. [2] Für seine Dauer werden von einer deutschen Behörde ausgestellte nationale und internationale Führerscheine amtlich verwahrt. [3] Dies gilt auch, wenn der Führerschein von einer Behörde eines Mitgliedstaates der Europäischen Union oder eines anderen Vertragsstaates des Abkommens über den Europäischen Wirtschaftsraum ausgestellt worden ist, sofern der Inhaber seinen ordentlichen Wohnsitz im Inland hat. [4] In anderen ausländischen Führerscheinen wird das Fahrverbot vermerkt.

(3) [1] Ist ein Führerschein amtlich zu verwahren oder das Fahrverbot in einem ausländischen Führerschein zu vermerken, so wird die Verbotsfrist erst von dem Tage an gerechnet, an dem dies geschieht. [2] In die Verbotsfrist wird die Zeit nicht eingerechnet, in welcher der Täter auf behördliche Anordnung in einer Anstalt verwahrt worden ist.

(4) [1] Werden gegen den Täter mehrere Fahrverbote rechtskräftig verhängt, so sind die Verbotsfristen nacheinander zu berechnen. [2] Die Verbotsfrist auf Grund des früher wirksam gewordenen Fahrverbots läuft zuerst. [3] Werden

---

[1)] Neubekanntmachung des StGB idF der Bek. v. 10.3.1987 (BGBl. I S. 945, 1160) in der ab 1.1. 1999 geltenden Fassung.

Fahrverbote gleichzeitig wirksam, so läuft die Verbotsfrist auf Grund des früher angeordneten Fahrverbots zuerst, bei gleichzeitiger Anordnung ist die frühere Tat maßgebend.

Zweiter Titel. Strafbemessung

§ 51 Anrechnung. (1) [1] Hat der Verurteilte aus Anlaß einer Tat, die Gegenstand des Verfahrens ist oder gewesen ist, Untersuchungshaft oder eine andere Freiheitsentziehung erlitten, so wird sie auf zeitige Freiheitsstrafe und auf Geldstrafe angerechnet. [2] Das Gericht kann jedoch anordnen, daß die Anrechnung ganz oder zum Teil unterbleibt, wenn sie im Hinblick auf das Verhalten des Verurteilten nach der Tat nicht gerechtfertigt ist.

(2) Wird eine rechtskräftig verhängte Strafe in einem späteren Verfahren durch eine andere Strafe ersetzt, so wird auf diese die frühere Strafe angerechnet, soweit sie vollstreckt oder durch Anrechnung erledigt ist.

(3) [1] Ist der Verurteilte wegen derselben Tat im Ausland bestraft worden, so wird auf die neue Strafe die ausländische angerechnet, soweit sie vollstreckt ist. [2] Für eine andere im Ausland erlittene Freiheitsentziehung gilt Absatz 1 entsprechend.

(4) [1] Bei der Anrechnung von Geldstrafe oder auf Geldstrafe entspricht ein Tag Freiheitsentziehung einem Tagessatz. [2] Wird eine ausländische Strafe oder Freiheitsentziehung angerechnet, so bestimmt das Gericht den Maßstab nach seinem Ermessen.

(5) [1] Für die Anrechnung der Dauer einer vorläufigen Entziehung der Fahrerlaubnis (§ 111a der Strafprozeßordnung[1)]) auf das Fahrverbot nach § 44 gilt Absatz 1 entsprechend. [2] In diesem Sinne steht der vorläufigen Entziehung der Fahrerlaubnis die Verwahrung, Sicherstellung oder Beschlagnahme des Führerscheins (§ 94 der Strafprozeßordnung[1)]) gleich.

Sechster Titel. Maßregeln der Besserung und Sicherung

§ 61 Übersicht. Maßregeln der Besserung und Sicherung sind

1. die Unterbringung in einem psychiatrischen Krankenhaus,
2. die Unterbringung in einer Entziehungsanstalt,
3. die Unterbringung in der Sicherungsverwahrung,
4. die Führungsaufsicht,
5. die Entziehung der Fahrerlaubnis,
6. das Berufsverbot.

§ 62 Grundsatz der Verhältnismäßigkeit. Eine Maßregel der Besserung und Sicherung darf nicht angeordnet werden, wenn sie zur Bedeutung der vom Täter begangenen und zu erwartenden Taten sowie zu dem Grad der von ihm ausgehenden Gefahr außer Verhältnis steht.

Entziehung der Fahrerlaubnis

§ 69 Entziehung der Fahrerlaubnis. (1) [1] Wird jemand wegen einer rechtswidrigen Tat, die er bei oder im Zusammenhang mit dem Führen eines Kraftfahrzeuges oder unter Verletzung der Pflichten eines Kraftfahrzeugführers

---

[1)] Nr. 7.

begangen hat, verurteilt oder nur deshalb nicht verurteilt, weil seine Schuldunfähigkeit erwiesen oder nicht auszuschließen ist, so entzieht ihm das Gericht die Fahrerlaubnis, wenn sich aus der Tat ergibt, daß er zum Führen von Kraftfahrzeugen ungeeignet ist. [2]Einer weiteren Prüfung nach § 62 bedarf es nicht.

(2) Ist die rechtswidrige Tat in den Fällen des Absatzes 1 ein Vergehen

1. der Gefährdung des Straßenverkehrs (§ 315c),
1a. des verbotenen Kraftfahrzeugrennens (§ 315d),
2. der Trunkenheit im Verkehr (§ 316),
3. des unerlaubten Entfernens vom Unfallort (§ 142), obwohl der Täter weiß oder wissen kann, daß bei dem Unfall ein Mensch getötet oder nicht unerheblich verletzt worden oder an fremden Sachen bedeutender Schaden entstanden ist, oder
4. des Vollrausches (§ 323a), der sich auf eine der Taten nach den Nummern 1 bis 3 bezieht,

so ist der Täter in der Regel als ungeeignet zum Führen von Kraftfahrzeugen anzusehen.

(3) [1]Die Fahrerlaubnis erlischt mit der Rechtskraft des Urteils. [2]Ein von einer deutschen Behörde ausgestellter Führerschein wird im Urteil eingezogen.

§ 69a Sperre für die Erteilung einer Fahrerlaubnis. (1) [1]Entzieht das Gericht die Fahrerlaubnis, so bestimmt es zugleich, daß für die Dauer von sechs Monaten bis zu fünf Jahren keine neue Fahrerlaubnis erteilt werden darf (Sperre). [2]Die Sperre kann für immer angeordnet werden, wenn zu erwarten ist, daß die gesetzliche Höchstfrist zur Abwehr der von dem Täter drohenden Gefahr nicht ausreicht. [3]Hat der Täter keine Fahrerlaubnis, so wird nur die Sperre angeordnet.

(2) Das Gericht kann von der Sperre bestimmte Arten von Kraftfahrzeugen ausnehmen, wenn besondere Umstände die Annahme rechtfertigen, daß der Zweck der Maßregel dadurch nicht gefährdet wird.

(3) Das Mindestmaß der Sperre beträgt ein Jahr, wenn gegen den Täter in den letzten drei Jahren vor der Tat bereits einmal eine Sperre angeordnet worden ist.

(4) [1]War dem Täter die Fahrerlaubnis wegen der Tat vorläufig entzogen (§ 111a der Strafprozeßordnung[1)]), so verkürzt sich das Mindestmaß der Sperre um die Zeit, in der die vorläufige Entziehung wirksam war. [2]Es darf jedoch drei Monate nicht unterschreiten.

(5) [1]Die Sperre beginnt mit der Rechtskraft des Urteils. [2]In die Frist wird die Zeit einer wegen der Tat angeordneten vorläufigen Entziehung eingerechnet, soweit sie nach Verkündung des Urteils verstrichen ist, in dem die der Maßregel zugrunde liegenden tatsächlichen Feststellungen letztmals geprüft werden konnten.

(6) Im Sinne der Absätze 4 und 5 steht der vorläufigen Entziehung der Fahrerlaubnis die Verwahrung, Sicherstellung oder Beschlagnahme des Führerscheins (§ 94 der Strafprozeßordnung[1)]) gleich.

(7) [1]Ergibt sich Grund zu der Annahme, daß der Täter zum Führen von Kraftfahrzeugen nicht mehr ungeeignet ist, so kann das Gericht die Sperre

---

[1)] Nr. 7.

vorzeitig aufheben. [2]Die Aufhebung ist frühestens zulässig, wenn die Sperre drei Monate, in den Fällen des Absatzes 3 ein Jahr gedauert hat; Absatz 5 Satz 2 und Absatz 6 gelten entsprechend.

§ 69b Wirkung der Entziehung bei einer ausländischen Fahrerlaubnis.
(1) [1]Darf der Täter auf Grund einer im Ausland erteilten Fahrerlaubnis im Inland Kraftfahrzeuge führen, ohne daß ihm von einer deutschen Behörde eine Fahrerlaubnis erteilt worden ist, so hat die Entziehung der Fahrerlaubnis die Wirkung einer Aberkennung des Rechts, von der Fahrerlaubnis im Inland Gebrauch zu machen. [2]Mit der Rechtskraft der Entscheidung erlischt das Recht zum Führen von Kraftfahrzeugen im Inland. [3]Während der Sperre darf weder das Recht, von der ausländischen Fahrerlaubnis wieder Gebrauch zu machen, noch eine inländische Fahrerlaubnis erteilt werden.

(2) [1]Ist der ausländische Führerschein von einer Behörde eines Mitgliedstaates der Europäischen Union oder eines anderen Vertragsstaates des Abkommens über den Europäischen Wirtschaftsraum ausgestellt worden und hat der Inhaber seinen ordentlichen Wohnsitz im Inland, so wird der Führerschein im Urteil eingezogen und an die ausstellende Behörde zurückgesandt. [2]In anderen Fällen werden die Entziehung der Fahrerlaubnis und die Sperre in den ausländischen Führerscheinen vermerkt.

Siebenter Titel. Einziehung

§ 74a Einziehung von Tatprodukten, Tatmitteln und Tatobjekten bei anderen. Verweist ein Gesetz auf diese Vorschrift, können Gegenstände abweichend von § 74 Absatz 3 auch dann eingezogen werden, wenn derjenige, dem sie zur Zeit der Entscheidung gehören oder zustehen,

1. mindestens leichtfertig dazu beigetragen hat, dass sie als Tatmittel verwendet worden oder Tatobjekt gewesen sind, oder
2. sie in Kenntnis der Umstände, welche die Einziehung zugelassen hätten, in verwerflicher Weise erworben hat.

Besonderer Teil

Siebenter Abschnitt. Straftaten gegen die öffentliche Ordnung

§ 142 Unerlaubtes Entfernen vom Unfallort. (1) Ein Unfallbeteiligter, der sich nach einem Unfall im Straßenverkehr vom Unfallort entfernt, bevor er

1. zugunsten der anderen Unfallbeteiligten und der Geschädigten die Feststellung seiner Person, seines Fahrzeugs und der Art seiner Beteiligung durch seine Anwesenheit und durch die Angabe, daß er an dem Unfall beteiligt ist, ermöglicht hat oder
2. eine nach den Umständen angemessene Zeit gewartet hat, ohne daß jemand bereit war, die Feststellungen zu treffen,

wird mit Freiheitsstrafe bis zu drei Jahren oder mit Geldstrafe bestraft.

(2) Nach Absatz 1 wird auch ein Unfallbeteiligter bestraft, der sich

1. nach Ablauf der Wartefrist (Absatz 1 Nr. 2) oder
2. berechtigt oder entschuldigt

vom Unfallort entfernt hat und die Feststellungen nicht unverzüglich nachträglich ermöglicht.

(3) [1] Der Verpflichtung, die Feststellungen nachträglich zu ermöglichen, genügt der Unfallbeteiligte, wenn er den Berechtigten (Absatz 1 Nr. 1) oder einer nahe gelegenen Polizeidienststelle mitteilt, daß er an dem Unfall beteiligt gewesen ist, und wenn er seine Anschrift, seinen Aufenthalt sowie das Kennzeichen und den Standort seines Fahrzeugs angibt und dieses zu unverzüglichen Feststellungen für eine ihm zumutbare Zeit zur Verfügung hält. [2] Dies gilt nicht, wenn er durch sein Verhalten die Feststellungen absichtlich vereitelt.

(4) Das Gericht mildert in den Fällen der Absätze 1 und 2 die Strafe (§ 49 Abs. 1) oder kann von Strafe nach diesen Vorschriften absehen, wenn der Unfallbeteiligte innerhalb von vierundzwanzig Stunden nach einem Unfall außerhalb des fließenden Verkehrs, der ausschließlich nicht bedeutenden Sachschaden zur Folge hat, freiwillig die Feststellungen nachträglich ermöglicht (Absatz 3).

(5) Unfallbeteiligter ist jeder, dessen Verhalten nach den Umständen zur Verursachung des Unfalls beigetragen haben kann.

Sechzehnter Abschnitt. Straftaten gegen das Leben

§ 222 Fahrlässige Tötung. Wer durch Fahrlässigkeit den Tod eines Menschen verursacht, wird mit Freiheitsstrafe bis zu fünf Jahren oder mit Geldstrafe bestraft.

Siebzehnter Abschnitt. Straftaten gegen die körperliche Unversehrtheit

§ 229 Fahrlässige Körperverletzung. Wer durch Fahrlässigkeit die Körperverletzung einer anderen Person verursacht, wird mit Freiheitsstrafe bis zu drei Jahren oder mit Geldstrafe bestraft.

§ 230 Strafantrag. (1) [1] Die vorsätzliche Körperverletzung nach § 223 und die fahrlässige Körperverletzung nach § 229 werden nur auf Antrag verfolgt, es sei denn, daß die Strafverfolgungsbehörde wegen des besonderen öffentlichen Interesses an der Strafverfolgung ein Einschreiten von Amts wegen für geboten hält. [2] Stirbt die verletzte Person, so geht bei vorsätzlicher Körperverletzung das Antragsrecht nach § 77 Abs. 2 auf die Angehörigen über.

(2) [1] Ist die Tat gegen einen Amtsträger, einen für den öffentlichen Dienst besonders Verpflichteten oder einen Soldaten der Bundeswehr während der Ausübung seines Dienstes oder in Beziehung auf seinen Dienst begangen, so wird sie auch auf Antrag des Dienstvorgesetzten verfolgt. [2] Dasselbe gilt für Träger von Ämtern der Kirchen und anderen Religionsgesellschaften des öffentlichen Rechts.

Achtzehnter Abschnitt. Straftaten gegen die persönliche Freiheit

§ 240 Nötigung. (1) Wer einen Menschen rechtswidrig mit Gewalt oder durch Drohung mit einem empfindlichen Übel zu einer Handlung, Duldung oder Unterlassung nötigt, wird mit Freiheitsstrafe bis zu drei Jahren oder mit Geldstrafe bestraft.

(2) Rechtswidrig ist die Tat, wenn die Anwendung der Gewalt oder die Androhung des Übels zu dem angestrebten Zweck als verwerflich anzusehen ist.

(3) Der Versuch ist strafbar.

(4) [1] In besonders schweren Fällen ist die Strafe Freiheitsstrafe von sechs Monaten bis zu fünf Jahren. [2] Ein besonders schwerer Fall liegt in der Regel vor, wenn der Täter

1. eine Schwangere zum Schwangerschaftsabbruch nötigt oder
2. seine Befugnisse oder seine Stellung als Amtsträger mißbraucht.

Neunzehnter Abschnitt. Diebstahl und Unterschlagung

§ 248b Unbefugter Gebrauch eines Fahrzeugs. (1) Wer ein Kraftfahrzeug oder ein Fahrrad gegen den Willen des Berechtigten in Gebrauch nimmt, wird mit Freiheitsstrafe bis zu drei Jahren oder mit Geldstrafe bestraft, wenn die Tat nicht in anderen Vorschriften mit schwererer Strafe bedroht ist.

(2) Der Versuch ist strafbar.

(3) Die Tat wird nur auf Antrag verfolgt.

(4) Kraftfahrzeuge im Sinne dieser Vorschrift sind die Fahrzeuge, die durch Maschinenkraft bewegt werden, Landkraftfahrzeuge nur insoweit, als sie nicht an Bahngleise gebunden sind.

Achtundzwanzigster Abschnitt. Gemeingefährliche Straftaten

§ 315 Gefährliche Eingriffe in den Bahn-, Schiffs- und Luftverkehr.

(1) Wer die Sicherheit des Schienenbahn-, Schwebebahn-, Schiffs- oder Luftverkehrs dadurch beeinträchtigt, daß er

1. Anlagen oder Beförderungsmittel zerstört, beschädigt oder beseitigt,
2. Hindernisse bereitet,
3. falsche Zeichen oder Signale gibt oder
4. einen ähnlichen, ebenso gefährlichen Eingriff vornimmt,

und dadurch Leib oder Leben eines anderen Menschen oder fremde Sachen von bedeutendem Wert gefährdet, wird mit Freiheitsstrafe von sechs Monaten bis zu zehn Jahren bestraft.

(2) Der Versuch ist strafbar.

(3) Auf Freiheitsstrafe nicht unter einem Jahr ist zu erkennen, wenn der Täter

1. in der Absicht handelt,
   a) einen Unglücksfall herbeizuführen oder
   b) eine andere Straftat zu ermöglichen oder zu verdecken, oder
2. durch die Tat eine schwere Gesundheitsschädigung eines anderen Menschen oder eine Gesundheitsschädigung einer großen Zahl von Menschen verursacht.

(4) In minder schweren Fällen des Absatzes 1 ist auf Freiheitsstrafe von drei Monaten bis zu fünf Jahren, in minder schweren Fällen des Absatzes 3 auf Freiheitsstrafe von sechs Monaten bis zu fünf Jahren zu erkennen.

(5) Wer in den Fällen des Absatzes 1 die Gefahr fahrlässig verursacht, wird mit Freiheitsstrafe bis zu fünf Jahren oder mit Geldstrafe bestraft.

(6) Wer in den Fällen des Absatzes 1 fahrlässig handelt und die Gefahr fahrlässig verursacht, wird mit Freiheitsstrafe bis zu zwei Jahren oder mit Geldstrafe bestraft.

§ 315a Gefährdung des Bahn-, Schiffs- und Luftverkehrs. (1) Mit Freiheitsstrafe bis zu fünf Jahren oder mit Geldstrafe wird bestraft, wer

1. ein Schienenbahn- oder Schwebebahnfahrzeug, ein Schiff oder ein Luftfahrzeug führt, obwohl er infolge des Genusses alkoholischer Getränke oder anderer berauschender Mittel oder infolge geistiger oder körperlicher Mängel nicht in der Lage ist, das Fahrzeug sicher zu führen, oder
2. als Führer eines solchen Fahrzeugs oder als sonst für die Sicherheit Verantwortlicher durch grob pflichtwidriges Verhalten gegen Rechtsvorschriften zur Sicherung des Schienenbahn-, Schwebebahn-, Schiffs- oder Luftverkehrs verstößt

und dadurch Leib oder Leben eines anderen Menschen oder fremde Sachen von bedeutendem Wert gefährdet.

(2) In den Fällen des Absatzes 1 Nr. 1 ist der Versuch strafbar.

(3) Wer in den Fällen des Absatzes 1

1. die Gefahr fahrlässig verursacht oder
2. fahrlässig handelt und die Gefahr fahrlässig verursacht,

wird mit Freiheitsstrafe bis zu zwei Jahren oder mit Geldstrafe bestraft.

§ 315b Gefährliche Eingriffe in den Straßenverkehr. (1) Wer die Sicherheit des Straßenverkehrs dadurch beeinträchtigt, daß er

1. Anlagen oder Fahrzeuge zerstört, beschädigt oder beseitigt,
2. Hindernisse bereitet oder
3. einen ähnlichen, ebenso gefährlichen Eingriff vornimmt,

und dadurch Leib oder Leben eines anderen Menschen oder fremde Sachen von bedeutendem Wert gefährdet, wird mit Freiheitsstrafe bis zu fünf Jahren oder mit Geldstrafe bestraft.

(2) Der Versuch ist strafbar.

(3) Handelt der Täter unter den Voraussetzungen des § 315 Abs. 3, so ist die Strafe Freiheitsstrafe von einem Jahr bis zu zehn Jahren, in minder schweren Fällen Freiheitsstrafe von sechs Monaten bis zu fünf Jahren.

(4) Wer in den Fällen des Absatzes 1 die Gefahr fahrlässig verursacht, wird mit Freiheitsstrafe bis zu drei Jahren oder mit Geldstrafe bestraft.

(5) Wer in den Fällen des Absatzes 1 fahrlässig handelt und die Gefahr fahrlässig verursacht, wird mit Freiheitsstrafe bis zu zwei Jahren oder mit Geldstrafe bestraft.

§ 315c Gefährdung des Straßenverkehrs. (1) Wer im Straßenverkehr

1. ein Fahrzeug führt, obwohl er
   a) infolge des Genusses alkoholischer Getränke oder anderer berauschender Mittel oder
   b) infolge geistiger oder körperlicher Mängel

   nicht in der Lage ist, das Fahrzeug sicher zu führen, oder
2. grob verkehrswidrig und rücksichtslos
   a) die Vorfahrt nicht beachtet,
   b) falsch überholt oder sonst bei Überholvorgängen falsch fährt,
   c) an Fußgängerüberwegen falsch fährt,

d) an unübersichtlichen Stellen, an Straßenkreuzungen, Straßeneinmündungen oder Bahnübergängen zu schnell fährt,
e) an unübersichtlichen Stellen nicht die rechte Seite der Fahrbahn einhält,
f) auf Autobahnen oder Kraftfahrstraßen wendet, rückwärts oder entgegen der Fahrtrichtung fährt oder dies versucht oder
g) haltende oder liegengebliebene Fahrzeuge nicht auf ausreichende Entfernung kenntlich macht, obwohl das zur Sicherung des Verkehrs erforderlich ist,

und dadurch Leib oder Leben eines anderen Menschen oder fremde Sachen von bedeutendem Wert gefährdet, wird mit Freiheitsstrafe bis zu fünf Jahren oder mit Geldstrafe bestraft.

(2) In den Fällen des Absatzes 1 Nr. 1 ist der Versuch strafbar.

(3) Wer in den Fällen des Absatzes 1
1. die Gefahr fahrlässig verursacht oder
2. fahrlässig handelt und die Gefahr fahrlässig verursacht,

wird mit Freiheitsstrafe bis zu zwei Jahren oder mit Geldstrafe bestraft.

§ 315d Verbotene Kraftfahrzeugrennen. (1) Wer im Straßenverkehr
1. ein nicht erlaubtes Kraftfahrzeugrennen ausrichtet oder durchführt,
2. als Kraftfahrzeugführer an einem nicht erlaubten Kraftfahrzeugrennen teilnimmt oder
3.[1] sich als Kraftfahrzeugführer mit nicht angepasster Geschwindigkeit und grob verkehrswidrig und rücksichtslos fortbewegt, um eine höchstmögliche Geschwindigkeit zu erreichen,

wird mit Freiheitsstrafe bis zu zwei Jahren oder mit Geldstrafe bestraft.

(2) Wer in den Fällen des Absatzes 1 Nummer 2 oder 3 Leib oder Leben eines anderen Menschen oder fremde Sachen von bedeutendem Wert gefährdet, wird mit Freiheitsstrafe bis zu fünf Jahren oder mit Geldstrafe bestraft.

(3) Der Versuch ist in den Fällen des Absatzes 1 Nummer 1 strafbar.

(4) Wer in den Fällen des Absatzes 2 die Gefahr fahrlässig verursacht, wird mit Freiheitsstrafe bis zu drei Jahren oder mit Geldstrafe bestraft.

(5) Verursacht der Täter in den Fällen des Absatzes 2 durch die Tat den Tod oder eine schwere Gesundheitsschädigung eines anderen Menschen oder eine Gesundheitsschädigung einer großen Zahl von Menschen, so ist die Strafe Freiheitsstrafe von einem Jahr bis zu zehn Jahren, in minder schweren Fällen Freiheitsstrafe von sechs Monaten bis zu fünf Jahren.

§ 315f Einziehung. [1]Kraftfahrzeuge, auf die sich eine Tat nach § 315d Absatz 1 Nummer 2 oder Nummer 3, Absatz 2, 4 oder 5 bezieht, können eingezogen werden. [2]§ 74a ist anzuwenden.

§ 316 Trunkenheit im Verkehr. (1) Wer im Verkehr (§§ 315 bis 315e) ein Fahrzeug führt, obwohl er infolge des Genusses alkoholischer Getränke oder anderer berauschender Mittel nicht in der Lage ist, das Fahrzeug sicher zu

---

[1] § 315d Abs. 1 Nr. 3 ist gem. Beschl. des BVerfG v. 9.2.2022 (BGBl. I S. 479) mit dem GG vereinbar.

führen, wird mit Freiheitsstrafe bis zu einem Jahr oder mit Geldstrafe bestraft, wenn die Tat nicht in § 315a oder § 315c mit Strafe bedroht ist.

(2) Nach Absatz 1 wird auch bestraft, wer die Tat fahrlässig begeht.

§ 316a Räuberischer Angriff auf Kraftfahrer. (1) Wer zur Begehung eines Raubes (§§ 249 oder 250), eines räuberischen Diebstahls (§ 252) oder einer räuberischen Erpressung (§ 255) einen Angriff auf Leib oder Leben oder die Entschlußfreiheit des Führers eines Kraftfahrzeugs oder eines Mitfahrers verübt und dabei die besonderen Verhältnisse des Straßenverkehrs ausnutzt, wird mit Freiheitsstrafe nicht unter fünf Jahren bestraft.

(2) In minder schweren Fällen ist die Strafe Freiheitsstrafe von einem Jahr bis zu zehn Jahren.

(3) Verursacht der Täter durch die Tat wenigstens leichtfertig den Tod eines anderen Menschen, so ist die Strafe lebenslange Freiheitsstrafe oder Freiheitsstrafe nicht unter zehn Jahren.

§ 323a Vollrausch. (1) Wer sich vorsätzlich oder fahrlässig durch alkoholische Getränke oder andere berauschende Mittel in einen Rausch versetzt, wird mit Freiheitsstrafe bis zu fünf Jahren oder mit Geldstrafe bestraft, wenn er in diesem Zustand eine rechtswidrige Tat begeht und ihretwegen nicht bestraft werden kann, weil er infolge des Rausches schuldunfähig war oder weil dies nicht auszuschließen ist.

(2) Die Strafe darf nicht schwerer sein als die Strafe, die für die im Rausch begangene Tat angedroht ist.

(3) Die Tat wird nur auf Antrag, mit Ermächtigung oder auf Strafverlangen verfolgt, wenn die Rauschtat nur auf Antrag, mit Ermächtigung oder auf Strafverlangen verfolgt werden könnte.

§ 323c Unterlassene Hilfeleistung; Behinderung von hilfeleistenden Personen. (1) Wer bei Unglücksfällen oder gemeiner Gefahr oder Not nicht Hilfe leistet, obwohl dies erforderlich und ihm den Umständen nach zuzumuten, insbesondere ohne erhebliche eigene Gefahr und ohne Verletzung anderer wichtiger Pflichten möglich ist, wird mit Freiheitsstrafe bis zu einem Jahr oder mit Geldstrafe bestraft.

(2) Ebenso wird bestraft, wer in diesen Situationen eine Person behindert, die einem Dritten Hilfe leistet oder leisten will.

7. Strafprozeßordnung (StPO)

In der Fassung der Bekanntmachung vom 7. April 1987[1)]
(BGBl. I S. 1074, 1319)

FNA 312-2

zuletzt geänd. durch Art. 2 Abs. 1 Zweites G zur Änd. des SchwangerschaftskonfliktG v. 7.11.2024 (BGBl. 2024 I Nr. 351)

– Auszug –

Erstes Buch. Allgemeine Vorschriften

Siebter Abschnitt. Sachverständige und Augenschein

§ 81a Körperliche Untersuchung des Beschuldigten; Zulässigkeit körperlicher Eingriffe. (1) [1] Eine körperliche Untersuchung des Beschuldigten darf zur Feststellung von Tatsachen angeordnet werden, die für das Verfahren von Bedeutung sind. [2] Zu diesem Zweck sind Entnahmen von Blutproben und andere körperliche Eingriffe, die von einem Arzt nach den Regeln der ärztlichen Kunst zu Untersuchungszwecken vorgenommen werden, ohne Einwilligung des Beschuldigten zulässig, wenn kein Nachteil für seine Gesundheit zu befürchten ist.

(2) [1] Die Anordnung steht dem Richter, bei Gefährdung des Untersuchungserfolges durch Verzögerung auch der Staatsanwaltschaft und ihren Ermittlungspersonen (§ 152 des Gerichtsverfassungsgesetzes) zu. [2] Die Entnahme einer Blutprobe bedarf abweichend von Satz 1 keiner richterlichen Anordnung, wenn bestimmte Tatsachen den Verdacht begründen, dass eine Straftat nach § 315a Absatz 1 Nummer 1, Absatz 2 und 3, § 315c Absatz 1 Nummer 1 Buchstabe a, Absatz 2 und 3 oder § 316 des Strafgesetzbuchs[2)] begangen worden ist.

(3) Dem Beschuldigten entnommene Blutproben oder sonstige Körperzellen dürfen nur für Zwecke des der Entnahme zugrundeliegenden oder eines anderen anhängigen Strafverfahrens verwendet werden; sie sind unverzüglich zu vernichten, sobald sie hierfür nicht mehr erforderlich sind.

§ 81e Molekulargenetische Untersuchung. (1) [1] An dem durch Maßnahmen nach § 81a Absatz 1 oder § 81c erlangten Material dürfen mittels molekulargenetischer Untersuchung das DNA-Identifizierungsmuster, die Abstammung und das Geschlecht der Person festgestellt und diese Feststellungen mit Vergleichsmaterial abgeglichen werden, soweit dies zur Erforschung des Sachverhalts erforderlich ist. [2] Andere Feststellungen dürfen nicht erfolgen; hierauf gerichtete Untersuchungen sind unzulässig.

(2) [1] Nach Absatz 1 zulässige Untersuchungen dürfen auch an aufgefundenem, sichergestelltem oder beschlagnahmtem Material durchgeführt werden. [2] Ist unbekannt, von welcher Person das Spurenmaterial stammt, dürfen zusätzlich Feststellungen über die Augen-, Haar- und Hautfarbe sowie das Alter der

---

[1)] Neubekanntmachung der StPO idF der Bek. v. 7.1.1975 (BGBl. I S. 129, 650) in der seit 1.4. 1987 geltenden Fassung.

[2)] Nr. **6**.

Person getroffen werden. [3] Absatz 1 Satz 2 und § 81a Abs. 3 erster Halbsatz gelten entsprechend. [4] Ist bekannt, von welcher Person das Material stammt, gilt § 81f Absatz 1 entsprechend.

§ 81f Verfahren bei der molekulargenetischen Untersuchung.

(1) [1] Untersuchungen nach § 81e Abs. 1 dürfen ohne Einwilligung der betroffenen Person nur durch das Gericht, bei Gefahr im Verzug auch durch die Staatsanwaltschaft und ihre Ermittlungspersonen (§ 152 des Gerichtsverfassungsgesetzes) angeordnet werden. [2] Die einwilligende Person ist darüber zu belehren, für welchen Zweck die zu erhebenden Daten verwendet werden. [3] Die Einwilligung ist schriftlich zu erklären oder von der Staatsanwaltschaft oder ihren Ermittlungspersonen in Gegenwart der einwilligenden Person zu protokollieren oder auf sonstige Weise zu dokumentieren.

(2) [1] Mit der Untersuchung nach § 81e sind in der schriftlichen Anordnung Sachverständige zu beauftragen, die öffentlich bestellt oder nach dem Verpflichtungsgesetz verpflichtet oder Amtsträger sind, die der ermittlungsführenden Behörde nicht angehören oder einer Organisationseinheit dieser Behörde angehören, die von der ermittlungsführenden Dienststelle organisatorisch und sachlich getrennt ist. [2] Diese haben durch technische und organisatorische Maßnahmen zu gewährleisten, daß unzulässige molekulargenetische Untersuchungen und unbefugte Kenntnisnahme Dritter ausgeschlossen sind. [3] Dem Sachverständigen ist das Untersuchungsmaterial ohne Mitteilung des Namens, der Anschrift und des Geburtstages und -monats der betroffenen Person zu übergeben. [4] Ist der Sachverständige eine nichtöffentliche Stelle, finden die Vorschriften der Verordnung (EU) 2016/679 des Europäischen Parlaments und des Rates vom 27. April 2016 zum Schutz natürlicher Personen bei der Verarbeitung personenbezogener Daten, zum freien Datenverkehr und zur Aufhebung der Richtlinie 95/46/EG (Datenschutz-Grundverordnung) (ABl. L 119 vom 4.5. 2016, S. 1; L 314 vom 22.11.2016, S. 72; L 127 vom 23.5.2018, S. 2) und des Bundesdatenschutzgesetzes auch dann Anwendung, wenn die personenbezogenen Daten nicht automatisiert verarbeitet und die Daten nicht in einem Dateisystem gespeichert sind oder gespeichert werden sollen.

§ 81g DNA-Identitätsfeststellung. (1) [1] Ist der Beschuldigte einer Straftat von erheblicher Bedeutung oder einer Straftat gegen die sexuelle Selbstbestimmung verdächtig, dürfen ihm zur Identitätsfeststellung in künftigen Strafverfahren Körperzellen entnommen und zur Feststellung des DNA-Identifizierungsmusters sowie des Geschlechts molekulargenetisch untersucht werden, wenn wegen der Art oder Ausführung der Tat, der Persönlichkeit des Beschuldigten oder sonstiger Erkenntnisse Grund zu der Annahme besteht, dass gegen ihn künftig Strafverfahren wegen einer Straftat von erheblicher Bedeutung zu führen sind. [2] Die wiederholte Begehung sonstiger Straftaten kann im Unrechtsgehalt einer Straftat von erheblicher Bedeutung gleichstehen.

(2) [1] Die entnommenen Körperzellen dürfen nur für die in Absatz 1 genannte molekulargenetische Untersuchung verwendet werden; sie sind unverzüglich zu vernichten, sobald sie hierfür nicht mehr erforderlich sind. [2] Bei der Untersuchung dürfen andere Feststellungen als diejenigen, die zur Ermittlung des DNA-Identifizierungsmusters sowie des Geschlechts erforderlich sind, nicht getroffen werden; hierauf gerichtete Untersuchungen sind unzulässig.

(3) [1]Die Entnahme der Körperzellen darf ohne Einwilligung des Beschuldigten nur durch das Gericht, bei Gefahr im Verzug auch durch die Staatsanwaltschaft und ihre Ermittlungspersonen (§ 152 des Gerichtsverfassungsgesetzes) angeordnet werden. [2]Die molekulargenetische Untersuchung der Körperzellen darf ohne Einwilligung des Beschuldigten nur durch das Gericht angeordnet werden. [3]Die einwilligende Person ist darüber zu belehren, für welchen Zweck die zu erhebenden Daten verwendet werden. [4]§ 81f Absatz 1 Satz 3 und Absatz 2 gilt entsprechend. [5]In der schriftlichen Begründung des Gerichts sind einzelfallbezogen darzulegen

1. die für die Beurteilung der Erheblichkeit der Straftat bestimmenden Tatsachen,
2. die Erkenntnisse, auf Grund derer Grund zu der Annahme besteht, dass gegen den Beschuldigten künftig Strafverfahren zu führen sein werden, sowie
3. die Abwägung der jeweils maßgeblichen Umstände.

(4) Die Absätze 1 bis 3 gelten entsprechend, wenn die betroffene Person wegen der Tat rechtskräftig verurteilt oder nur wegen

1. erwiesener oder nicht auszuschließender Schuldunfähigkeit,
2. auf Geisteskrankheit beruhender Verhandlungsunfähigkeit oder
3. fehlender oder nicht auszuschließender fehlender Verantwortlichkeit (§ 3 des Jugendgerichtsgesetzes)

nicht verurteilt worden ist und die entsprechende Eintragung im Bundeszentralregister oder Erziehungsregister noch nicht getilgt ist.

(5) [1]Die erhobenen Daten dürfen beim Bundeskriminalamt gespeichert und nach Maßgabe des Bundeskriminalamtgesetzes verwendet werden. [2]Das Gleiche gilt

1. unter den in Absatz 1 genannten Voraussetzungen für die nach § 81e Abs. 1 erhobenen Daten eines Beschuldigten sowie
2. für die nach § 81e Abs. 2 Satz 1 erhobenen Daten.

[3]Die Daten dürfen nur für Zwecke eines Strafverfahrens, der Gefahrenabwehr und der internationalen Rechtshilfe hierfür übermittelt werden. [4]Im Fall des Satzes 2 Nr. 1 ist der Beschuldigte unverzüglich von der Speicherung zu benachrichtigen und darauf hinzuweisen, dass er die gerichtliche Entscheidung beantragen kann.

§ 81h DNA-Reihenuntersuchung. (1) [1]Begründen bestimmte Tatsachen den Verdacht, dass ein Verbrechen gegen das Leben, die körperliche Unversehrtheit, die persönliche Freiheit oder die sexuelle Selbstbestimmung begangen worden ist, dürfen Personen, die bestimmte, auf den Täter vermutlich zutreffende Prüfungsmerkmale erfüllen, mit ihrer Einwilligung

1. Körperzellen entnommen,
2. diese zur Feststellung des DNA-Identifizierungsmusters und des Geschlechts molekulargenetisch untersucht und
3. die festgestellten DNA-Identifizierungsmuster mit den DNA-Identifizierungsmustern von Spurenmaterial automatisiert abgeglichen werden,

soweit dies zur Feststellung erforderlich ist, ob das Spurenmaterial von diesen Personen oder von ihren Verwandten in gerader Linie oder in der Seitenlinie bis zum dritten Grad stammt, und die Maßnahme insbesondere im Hinblick auf die Anzahl der von ihr betroffenen Personen nicht außer Verhältnis zur Schwere der Tat steht. [2] Die Einwilligung ist schriftlich zu erklären oder von der Staatsanwaltschaft oder ihren Ermittlungspersonen in Gegenwart der einwilligenden Person zu protokollieren oder auf sonstige Weise zu dokumentieren.

(2) [1] Eine Maßnahme nach Absatz 1 bedarf der gerichtlichen Anordnung. [2] Diese ergeht schriftlich. [3] Sie muss die betroffenen Personen anhand bestimmter Prüfungsmerkmale bezeichnen und ist zu begründen. [4] Einer vorherigen Anhörung der betroffenen Personen bedarf es nicht. [5] Die Entscheidung, mit der die Maßnahme angeordnet wird, ist nicht anfechtbar.

(3) [1] Für die Durchführung der Maßnahme gilt § 81f Absatz 2 entsprechend. [2] Die entnommenen Körperzellen sind unverzüglich zu vernichten, sobald sie für die Untersuchung nach Absatz 1 nicht mehr benötigt werden. [3] Soweit die Aufzeichnungen über die durch die Maßnahme festgestellten DNA-Identifizierungsmuster zur Erforschung des Sachverhalts nicht mehr erforderlich sind, sind sie unverzüglich zu löschen. [4] Die Vernichtung und die Löschung sind zu dokumentieren.

(4) [1] Die betroffenen Personen sind schriftlich darüber zu belehren, dass die Maßnahme nur mit ihrer Einwilligung durchgeführt werden darf. [2] Vor Erteilung der Einwilligung sind sie schriftlich auch darauf hinzuweisen, dass

1. die entnommenen Körperzellen ausschließlich zur Feststellung des DNA-Identifizierungsmusters, der Abstammung und des Geschlechts untersucht werden und dass sie unverzüglich vernichtet werden, sobald sie hierfür nicht mehr erforderlich sind,
2. das Untersuchungsergebnis mit den DNA-Identifizierungsmustern von Spurenmaterial automatisiert daraufhin abgeglichen wird, ob das Spurenmaterial von ihnen oder von ihren Verwandten in gerader Linie oder in der Seitenlinie bis zum dritten Grad stammt,
3. das Ergebnis des Abgleichs zu Lasten der betroffenen Person oder mit ihr in gerader Linie oder in der Seitenlinie bis zum dritten Grad verwandter Personen verwertet werden darf und
4. die festgestellten DNA-Identifizierungsmuster nicht zur Identitätsfeststellung in künftigen Strafverfahren beim Bundeskriminalamt gespeichert werden.

Achter Abschnitt. Ermittlungsmaßnahmen

§ 94 Sicherstellung und Beschlagnahme von Gegenständen zu Beweiszwecken. (1) Gegenstände, die als Beweismittel für die Untersuchung von Bedeutung sein können, sind in Verwahrung zu nehmen oder in anderer Weise sicherzustellen.

(2) Befinden sich die Gegenstände in dem Gewahrsam einer Person und werden sie nicht freiwillig herausgegeben, so bedarf es der Beschlagnahme.

(3) Die Absätze 1 und 2 gelten auch für Führerscheine, die der Einziehung unterliegen.

(4) Die Herausgabe beweglicher Sachen richtet sich nach den §§ 111n und 111o.

§ 111a Vorläufige Entziehung der Fahrerlaubnis. (1) [1]Sind dringende Gründe für die Annahme vorhanden, daß die Fahrerlaubnis entzogen werden wird (§ 69 des Strafgesetzbuches[1)]), so kann der Richter dem Beschuldigten durch Beschluß die Fahrerlaubnis vorläufig entziehen. [2]Von der vorläufigen Entziehung können bestimmte Arten von Kraftfahrzeugen ausgenommen werden, wenn besondere Umstände die Annahme rechtfertigen, daß der Zweck der Maßnahme dadurch nicht gefährdet wird.

(2) Die vorläufige Entziehung der Fahrerlaubnis ist aufzuheben, wenn ihr Grund weggefallen ist oder wenn das Gericht im Urteil die Fahrerlaubnis nicht entzieht.

(3) [1]Die vorläufige Entziehung der Fahrerlaubnis wirkt zugleich als Anordnung oder Bestätigung der Beschlagnahme des von einer deutschen Behörde ausgestellten Führerscheins. [2]Dies gilt auch, wenn der Führerschein von einer Behörde eines Mitgliedstaates der Europäischen Union oder eines anderen Vertragsstaates des Abkommens über den Europäischen Wirtschaftsraum ausgestellt worden ist, sofern der Inhaber seinen ordentlichen Wohnsitz im Inland hat.

(4) Ist ein Führerschein beschlagnahmt, weil er nach § 69 Abs. 3 Satz 2 des Strafgesetzbuches[1)] eingezogen werden kann, und bedarf es einer richterlichen Entscheidung über die Beschlagnahme, so tritt an deren Stelle die Entscheidung über die vorläufige Entziehung der Fahrerlaubnis.

(5) [1]Ein Führerschein, der in Verwahrung genommen, sichergestellt oder beschlagnahmt ist, weil er nach § 69 Abs. 3 Satz 2 des Strafgesetzbuches[1)] eingezogen werden kann, ist dem Beschuldigten zurückzugeben, wenn der Richter die vorläufige Entziehung der Fahrerlaubnis wegen Fehlens der in Absatz 1 bezeichneten Voraussetzungen ablehnt, wenn er sie aufhebt oder wenn das Gericht im Urteil die Fahrerlaubnis nicht entzieht. [2]Wird jedoch im Urteil ein Fahrverbot nach § 44 des Strafgesetzbuches verhängt, so kann die Rückgabe des Führerscheins aufgeschoben werden, wenn der Beschuldigte nicht widerspricht.

(6) [1]In anderen als in Absatz 3 Satz 2 genannten ausländischen Führerscheinen ist die vorläufige Entziehung der Fahrerlaubnis zu vermerken. [2]Bis zur Eintragung dieses Vermerkes kann der Führerschein beschlagnahmt werden (§ 94 Abs. 3, § 98).

Zweites Buch. Verfahren im ersten Rechtszug

Erster Abschnitt. Öffentliche Klage

§ 153 Absehen von der Verfolgung bei Geringfügigkeit. (1) [1]Hat das Verfahren ein Vergehen zum Gegenstand, so kann die Staatsanwaltschaft mit Zustimmung des für die Eröffnung des Hauptverfahrens zuständigen Gerichts von der Verfolgung absehen, wenn die Schuld des Täters als gering anzusehen wäre und kein öffentliches Interesse an der Verfolgung besteht. [2]Der Zustimmung des Gerichtes bedarf es nicht bei einem Vergehen, das nicht mit einer im Mindestmaß erhöhten Strafe bedroht ist und bei dem die durch die Tat verursachten Folgen gering sind.

[1)] Nr. **6**.

(2) [1] Ist die Klage bereits erhoben, so kann das Gericht in jeder Lage des Verfahrens unter den Voraussetzungen des Absatzes 1 mit Zustimmung der Staatsanwaltschaft und des Angeschuldigten das Verfahren einstellen. [2] Der Zustimmung des Angeschuldigten bedarf es nicht, wenn die Hauptverhandlung aus den in § 205 angeführten Gründen nicht durchgeführt werden kann oder in den Fällen des § 231 Abs. 2 und der §§ 232 und 233 in seiner Abwesenheit durchgeführt wird. [3] Die Entscheidung ergeht durch Beschluß. [4] Der Beschluß ist nicht anfechtbar.

§ 153a Absehen von der Verfolgung unter Auflagen und Weisungen.

(1) [1] Mit Zustimmung des für die Eröffnung des Hauptverfahrens zuständigen Gerichts und des Beschuldigten kann die Staatsanwaltschaft bei einem Vergehen vorläufig von der Erhebung der öffentlichen Klage absehen und zugleich dem Beschuldigten Auflagen und Weisungen erteilen, wenn diese geeignet sind, das öffentliche Interesse an der Strafverfolgung zu beseitigen, und die Schwere der Schuld nicht entgegensteht. [2] Als Auflagen oder Weisungen kommen insbesondere in Betracht,

1. zur Wiedergutmachung des durch die Tat verursachten Schadens eine bestimmte Leistung zu erbringen,
2. einen Geldbetrag zugunsten einer gemeinnützigen Einrichtung oder der Staatskasse zu zahlen,
3. sonst gemeinnützige Leistungen zu erbringen,
4. Unterhaltspflichten in einer bestimmten Höhe nachzukommen,
5. sich ernsthaft zu bemühen, einen Ausgleich mit dem Verletzten zu erreichen (Täter-Opfer-Ausgleich) und dabei seine Tat ganz oder zum überwiegenden Teil wieder gut zu machen oder deren Wiedergutmachung zu erstreben,
6. an einem sozialen Trainingskurs teilzunehmen,
7. an einem Aufbauseminar nach § 2b Absatz 2 Satz 2 oder an einem Fahreignungsseminar nach § 4a des Straßenverkehrsgesetzes[1)] teilzunehmen oder
8. sich psychiatrisch, psycho- oder sozialtherapeutisch betreuen und behandeln zu lassen (Therapieweisung).

[3] Zur Erfüllung der Auflagen und Weisungen setzt die Staatsanwaltschaft dem Beschuldigten eine Frist, die in den Fällen des Satzes 2 Nummer 1 bis 3, 5 und 7 höchstens sechs Monate, in den Fällen des Satzes 2 Nummer 4, 6 und 8 höchstens ein Jahr beträgt. [4] Die Staatsanwaltschaft kann Auflagen und Weisungen nachträglich aufheben und die Frist einmal für die Dauer von drei Monaten verlängern; mit Zustimmung des Beschuldigten kann sie auch Auflagen und Weisungen nachträglich auferlegen und ändern. [5] Erfüllt der Beschuldigte die Auflagen und Weisungen, so kann die Tat nicht mehr als Vergehen verfolgt werden. [6] Erfüllt der Beschuldigte die Auflagen und Weisungen nicht, so werden Leistungen, die er zu ihrer Erfüllung erbracht hat, nicht erstattet. [7] § 153 Abs. 1 Satz 2 gilt in den Fällen des Satzes 2 Nummer 1 bis 6 entsprechend. [8] § 246a Absatz 2 gilt entsprechend.

(2) [1] Ist die Klage bereits erhoben, so kann das Gericht mit Zustimmung der Staatsanwaltschaft und des Angeschuldigten das Verfahren vorläufig einstellen und zugleich dem Angeschuldigten die in Absatz 1 Satz 1 und 2 bezeichneten

---

1) Nr. 1.

Auflagen und Weisungen erteilen. [2]Absatz 1 Satz 3 bis 6 und 8 gilt entsprechend. [3]Die Entscheidung nach Satz 1 ergeht durch Beschluß. [4]Der Beschluß ist nicht anfechtbar. [5]Satz 4 gilt auch für eine Feststellung, daß gemäß Satz 1 erteilte Auflagen und Weisungen erfüllt worden sind.

(3) Während des Laufes der für die Erfüllung der Auflagen und Weisungen gesetzten Frist ruht die Verjährung.

(4) [1]§ 155b findet im Fall des Absatzes 1 Satz 2 Nummer 6, auch in Verbindung mit Absatz 2, entsprechende Anwendung mit der Maßgabe, dass personenbezogene Daten aus dem Strafverfahren, die nicht den Beschuldigten betreffen, an die mit der Durchführung des sozialen Trainingskurses befasste Stelle nur übermittelt werden dürfen, soweit die betroffenen Personen in die Übermittlung eingewilligt haben. [2]Satz 1 gilt entsprechend, wenn nach sonstigen strafrechtlichen Vorschriften die Weisung erteilt wird, an einem sozialen Trainingskurs teilzunehmen.

§ 154 Teileinstellung bei mehreren Taten. (1) Die Staatsanwaltschaft kann von der Verfolgung einer Tat absehen,

1. wenn die Strafe oder die Maßregel der Besserung und Sicherung, zu der die Verfolgung führen kann, neben einer Strafe oder Maßregel der Besserung und Sicherung, die gegen den Beschuldigten wegen einer anderen Tat rechtskräftig verhängt worden ist oder die er wegen einer anderen Tat zu erwarten hat, nicht beträchtlich ins Gewicht fällt oder
2. darüber hinaus, wenn ein Urteil wegen dieser Tat in angemessener Frist nicht zu erwarten ist und wenn eine Strafe oder Maßregel der Besserung und Sicherung, die gegen den Beschuldigten rechtskräftig verhängt worden ist oder die er wegen einer anderen Tat zu erwarten hat, zur Einwirkung auf den Täter und zur Verteidigung der Rechtsordnung ausreichend erscheint.

(2) Ist die öffentliche Klage bereits erhoben, so kann das Gericht auf Antrag der Staatsanwaltschaft das Verfahren in jeder Lage vorläufig einstellen.

(3) Ist das Verfahren mit Rücksicht auf eine wegen einer anderen Tat bereits rechtskräftig erkannten Strafe oder Maßregel der Besserung und Sicherung vorläufig eingestellt worden, so kann es, falls nicht inzwischen Verjährung eingetreten ist, wieder aufgenommen werden, wenn die rechtskräftig erkannte Strafe oder Maßregel der Besserung und Sicherung nachträglich wegfällt.

(4) Ist das Verfahren mit Rücksicht auf eine wegen einer anderen Tat zu erwartende Strafe oder Maßregel der Besserung und Sicherung vorläufig eingestellt worden, so kann es, falls nicht inzwischen Verjährung eingetreten ist, binnen drei Monaten nach Rechtskraft des wegen der anderen Tat ergehenden Urteils wieder aufgenommen werden.

(5) Hat das Gericht das Verfahren vorläufig eingestellt, so bedarf es zur Wiederaufnahme eines Gerichtsbeschlusses.

Sechstes Buch. Besondere Arten des Verfahrens

Erster Abschnitt. Verfahren bei Strafbefehlen

§ 407 Zulässigkeit. (1) [1]Im Verfahren vor dem Strafrichter und im Verfahren, das zur Zuständigkeit des Schöffengerichts gehört, können bei Vergehen auf schriftlichen Antrag der Staatsanwaltschaft die Rechtsfolgen der Tat durch schriftlichen Strafbefehl ohne Hauptverhandlung festgesetzt werden.

[2]Die Staatsanwaltschaft stellt diesen Antrag, wenn sie nach dem Ergebnis der Ermittlungen eine Hauptverhandlung nicht für erforderlich erachtet. [3]Der Antrag ist auf bestimmte Rechtsfolgen zu richten. [4]Durch ihn wird die öffentliche Klage erhoben.

(2) [1]Durch Strafbefehl dürfen nur die folgenden Rechtsfolgen der Tat, allein oder nebeneinander, festgesetzt werden:

1. Geldstrafe, Verwarnung mit Strafvorbehalt, Fahrverbot, Einziehung, Vernichtung, Unbrauchbarmachung, Bekanntgabe der Verurteilung und Geldbuße gegen eine juristische Person oder Personenvereinigung,
2. Entziehung der Fahrerlaubnis, bei der die Sperre nicht mehr als zwei Jahre beträgt,

2a. Verbot des Haltens oder Betreuens von sowie des Handels oder des sonstigen berufsmäßigen Umgangs mit Tieren jeder oder einer bestimmten Art für die Dauer von einem Jahr bis zu drei Jahren sowie

3. Absehen von Strafe.

[2]Hat der Angeschuldigte einen Verteidiger, so kann auch Freiheitsstrafe bis zu einem Jahr festgesetzt werden, wenn deren Vollstreckung zur Bewährung ausgesetzt wird.

(3) Der vorherigen Anhörung des Angeschuldigten durch das Gericht (§ 33 Abs. 3) bedarf es nicht.

§ 408 Richterliche Entscheidung über einen Strafbefehlsantrag.

(1) [1]Hält der Vorsitzende des Schöffengerichts die Zuständigkeit des Strafrichters für begründet, so gibt er die Sache durch Vermittlung der Staatsanwaltschaft an diesen ab; der Beschluß ist für den Strafrichter bindend, der Staatsanwaltschaft steht sofortige Beschwerde zu. [2]Hält der Strafrichter die Zuständigkeit des Schöffengerichts für begründet, so legt er die Akten durch Vermittlung der Staatsanwaltschaft dessen Vorsitzenden zur Entscheidung vor.

(2) [1]Erachtet der Richter den Angeschuldigten nicht für hinreichend verdächtig, so lehnt er den Erlaß eines Strafbefehls ab. [2]Die Entscheidung steht dem Beschluß gleich, durch den die Eröffnung des Hauptverfahrens abgelehnt worden ist (§§ 204, 210 Abs. 2, § 211).

(3) [1]Der Richter hat dem Antrag der Staatsanwaltschaft zu entsprechen, wenn dem Erlaß des Strafbefehls keine Bedenken entgegenstehen. [2]Er beraumt Hauptverhandlung an, wenn er Bedenken hat, ohne eine solche zu entscheiden, oder wenn er von der rechtlichen Beurteilung im Strafbefehlsantrag abweichen oder eine andere als die beantragte Rechtsfolge festsetzen will und die Staatsanwaltschaft bei ihrem Antrag beharrt. [3]Mit der Ladung ist dem Angeklagten eine Abschrift des Strafbefehlsantrags ohne die beantragte Rechtsfolge mitzuteilen.

§ 408a Strafbefehlsantrag nach Eröffnung des Hauptverfahrens.

(1) [1]Ist das Hauptverfahren bereits eröffnet, so kann im Verfahren vor dem Strafrichter und dem Schöffengericht die Staatsanwaltschaft einen Strafbefehlsantrag stellen, wenn die Voraussetzungen des § 407 Abs. 1 Satz 1 und 2 vorliegen und wenn der Durchführung einer Hauptverhandlung das Ausbleiben oder die Abwesenheit des Angeklagten oder ein anderer wichtiger Grund entgegensteht. [2]In der Hauptverhandlung kann der Staatsanwalt den Antrag mündlich stellen; der wesentliche Inhalt des Strafbefehlsantrages ist in das Sit-

zungsprotokoll aufzunehmen. [3] § 407 Abs. 1 Satz 4, § 408 finden keine Anwendung.

(2) [1] Der Richter hat dem Antrag zu entsprechen, wenn die Voraussetzungen des § 408 Abs. 3 Satz 1 vorliegen. [2] Andernfalls lehnt er den Antrag durch unanfechtbaren Beschluß ab und setzt das Hauptverfahren fort.

§ 408b Bestellung eines Verteidigers bei beantragter Freiheitsstrafe. Erwägt der Richter, dem Antrag der Staatsanwaltschaft auf Erlaß eines Strafbefehls mit der in § 407 Abs. 2 Satz 2 genannten Rechtsfolge zu entsprechen, so bestellt er dem Angeschuldigten, der noch keinen Verteidiger hat, einen Pflichtverteidiger.

§ 409 Inhalt des Strafbefehls. (1) [1] Der Strafbefehl enthält

1. die Angaben zur Person des Angeklagten und etwaiger Nebenbeteiligter,
2. den Namen des Verteidigers,
3. die Bezeichnung der Tat, die dem Angeklagten zur Last gelegt wird, Zeit und Ort ihrer Begehung und die Bezeichnung der gesetzlichen Merkmale der Straftat,
4. die angewendeten Vorschriften nach Paragraph, Absatz, Nummer, Buchstabe und mit der Bezeichnung des Gesetzes,
5. die Beweismittel,
6. die Festsetzung der Rechtsfolgen,
7. die Belehrung über die Möglichkeit des Einspruchs und die dafür vorgeschriebene Frist und Form sowie den Hinweis, daß der Strafbefehl rechtskräftig und vollstreckbar wird, soweit gegen ihn kein Einspruch nach § 410 eingelegt wird.

[2] Wird gegen den Angeklagten eine Freiheitsstrafe verhängt, wird er mit Strafvorbehalt verwarnt oder wird gegen ihn ein Fahrverbot angeordnet, so ist er zugleich nach § 268a Abs. 3 oder § 268c Satz 1 zu belehren. [3] § 267 Abs. 6 Satz 2 gilt entsprechend.

(2) Der Strafbefehl wird auch dem gesetzlichen Vertreter des Angeklagten mitgeteilt.

§ 410 Einspruch; Form und Frist des Einspruchs; Rechtskraft.

(1) [1] Der Angeklagte kann gegen den Strafbefehl innerhalb von zwei Wochen nach Zustellung bei dem Gericht, das den Strafbefehl erlassen hat, schriftlich oder zu Protokoll der Geschäftsstelle Einspruch einlegen. [2] Die §§ 297 bis 300 und § 302 Abs. 1 Satz 1, Abs. 2 gelten entsprechend.

(2) Der Einspruch kann auf bestimmte Beschwerdepunkte beschränkt werden.

(3) Soweit gegen einen Strafbefehl nicht rechtzeitig Einspruch erhoben worden ist, steht er einem rechtskräftigen Urteil gleich.

§ 411 Verwerfung wegen Unzulässigkeit; Termin zur Hauptverhandlung. (1) [1] Ist der Einspruch verspätet eingelegt oder sonst unzulässig, so wird er ohne Hauptverhandlung durch Beschluß verworfen; gegen den Beschluß ist sofortige Beschwerde zulässig. [2] Andernfalls wird Termin zur Hauptverhandlung anberaumt. [3] Hat der Angeklagte seinen Einspruch auf die Höhe der Tagessätze einer festgesetzten Geldstrafe beschränkt, kann das Gericht mit

Zustimmung des Angeklagten, des Verteidigers und der Staatsanwaltschaft ohne Hauptverhandlung durch Beschluss entscheiden; von der Festsetzung im Strafbefehl darf nicht zum Nachteil des Angeklagten abgewichen werden; gegen den Beschluss ist sofortige Beschwerde zulässig.

(2) [1] Der Angeklagte kann sich in der Hauptverhandlung durch einen Verteidiger mit nachgewiesener Vertretungsvollmacht vertreten lassen. [2] § 420 ist anzuwenden.

(3) [1] Die Klage und der Einspruch können bis zur Verkündung des Urteils im ersten Rechtszug zurückgenommen werden. [2] § 303 gilt entsprechend. [3] Ist der Strafbefehl im Verfahren nach § 408a erlassen worden, so kann die Klage nicht zurückgenommen werden.

(4) Bei der Urteilsfällung ist das Gericht an den im Strafbefehl enthaltenen Ausspruch nicht gebunden, soweit Einspruch eingelegt ist.

§ 412 Ausbleiben des Angeklagten; Einspruchsverwerfung. [1] § 329 Absatz 1, 3, 6 und 7 ist entsprechend anzuwenden. [2] Hat der gesetzliche Vertreter Einspruch eingelegt, so ist auch § 330 entsprechend anzuwenden.

Siebentes Buch. Strafvollstreckung und Kosten des Verfahrens

Erster Abschnitt. Strafvollstreckung

§ 463b Beschlagnahme von Führerscheinen. (1) Ist ein Führerschein nach § 44 Abs. 2 Satz 2 und 3 des Strafgesetzbuches[1)] amtlich zu verwahren und wird er nicht freiwillig herausgegeben, so ist er zu beschlagnahmen.

(2) Ausländische Führerscheine können zur Eintragung eines Vermerks über das Fahrverbot oder über die Entziehung der Fahrerlaubnis und die Sperre (§ 44 Abs. 2 Satz 4, § 69b Abs. 2 des Strafgesetzbuches[1)]) beschlagnahmt werden.

(3) [1] Der Verurteilte hat, wenn der Führerschein bei ihm nicht vorgefunden wird, auf Antrag der Vollstreckungsbehörde bei dem Amtsgericht eine eidesstattliche Versicherung über den Verbleib abzugeben. [2] § 883 Abs. 2 und 3 der Zivilprozeßordnung gilt entsprechend.

[1)] Nr. **6**.

8. Verordnung über die Erteilung einer Verwarnung, Regelsätze für Geldbußen und die Anordnung eines Fahrverbotes wegen Ordnungswidrigkeiten im Straßenverkehr (Bußgeldkatalog-Verordnung – BKatV)

Vom 14. März 2013
(BGBl. I S. 498)

FNA 9231-1-21

zuletzt geänd. durch Art. 3 57. VO zur Änd. straßenverkehrsrechtlicher Vorschriften v. 2.10.2024 (BGBl. 2024 I Nr. 299)

Auf Grund des § 26a des Straßenverkehrsgesetzes[1)] in der Fassung der Bekanntmachung vom 5. März 2003 (BGBl. I S. 310, 919), der zuletzt durch Artikel 1 Nummer 3 des Gesetzes vom 19. Juli 2007 (BGBl. I S. 1460) geändert worden ist, verordnet das Bundesministerium für Verkehr, Bau und Stadtentwicklung:

§ 1 Bußgeldkatalog. (1) [1] Bei Ordnungswidrigkeiten nach § 24 Absatz 1, § 24a Absatz 1 bis 2a und § 24c Absatz 1 und 2 des Straßenverkehrsgesetzes[1)], die in der Anlage zu dieser Verordnung (Bußgeldkatalog – BKat) aufgeführt sind, ist eine Geldbuße nach den dort bestimmten Beträgen festzusetzen. [2] Bei Ordnungswidrigkeiten nach § 24 Absatz 1 des Straßenverkehrsgesetzes, bei denen im Bußgeldkatalog ein Regelsatz von bis zu 55 Euro bestimmt ist, ist ein entsprechendes Verwarnungsgeld zu erheben.

(2) [1] Die im Bußgeldkatalog bestimmten Beträge sind Regelsätze. [2] Sie gehen von gewöhnlichen Tatumständen sowie in Abschnitt I des Bußgeldkatalogs von fahrlässiger und in Abschnitt II des Bußgeldkatalogs von vorsätzlicher Begehung aus.

§ 2 Verwarnung. (1) Die Verwarnung muss mit einem Hinweis auf die Verkehrszuwiderhandlung verbunden sein.

(2) Bei unbedeutenden Ordnungswidrigkeiten nach § 24 Absatz 1 des Straßenverkehrsgesetzes[1)] kommt eine Verwarnung ohne Verwarnungsgeld in Betracht.

(3) Das Verwarnungsgeld wird in Höhe von 5, 10, 15, 20, 25, 30, 35, 40, 45, 50 und 55 Euro erhoben.

(4) Bei Fußgängern soll das Verwarnungsgeld in der Regel 5 Euro, bei Radfahrern in der Regel 15 Euro betragen, sofern der Bußgeldkatalog nichts anderes bestimmt.

(5) Ist im Bußgeldkatalog ein Regelsatz für das Verwarnungsgeld von mehr als 20 Euro vorgesehen, so kann er bei offenkundig außergewöhnlich schlechten wirtschaftlichen Verhältnissen des Betroffenen bis auf 20 Euro ermäßigt werden.

(6) Hat der Betroffene durch dieselbe Handlung mehrere geringfügige Ordnungswidrigkeiten begangen, für die jeweils eine Verwarnung mit Verwarnungsgeld in Betracht kommt, so wird nur ein Verwarnungsgeld, und zwar das höchste der in Betracht kommenden Verwarnungsgelder, erhoben.

[1)] Nr. **1**.

(7) Hat der Betroffene durch mehrere Handlungen geringfügige Ordnungswidrigkeiten begangen oder gegen dieselbe Vorschrift mehrfach verstoßen, so sind die einzelnen Verstöße getrennt zu verwarnen.

(8) In den Fällen der Absätze 6 und 7 ist jedoch zu prüfen, ob die Handlung oder die Handlungen insgesamt noch geringfügig sind.

§ 3 Bußgeldregelsätze. (1) Etwaige Eintragungen des Betroffenen im Fahreignungsregister sind im Bußgeldkatalog nicht berücksichtigt, soweit nicht in den Nummern 152.1, 241.1, 241.2, 242.1, 242.2, 243.1, 243.2, 243a.1 und 243a.2 des Bußgeldkatalogs etwas anderes bestimmt ist.

(2) Wird ein Tatbestand der Nummer 119, der Nummer 198.1 in Verbindung mit Tabelle 3 des Anhangs oder der Nummern 212, 214.1, 214.2 oder 223 des Bußgeldkatalogs, für den ein Regelsatz von mehr als 55 Euro vorgesehen ist, vom Halter eines Kraftfahrzeugs verwirklicht, so ist derjenige Regelsatz anzuwenden, der in diesen Fällen für das Anordnen oder Zulassen der Inbetriebnahme eines Kraftfahrzeugs durch den Halter vorgesehen ist.

(3) Die Regelsätze, die einen Betrag von mehr als 55 Euro vorsehen, erhöhen sich bei Vorliegen einer Gefährdung oder Sachbeschädigung nach Tabelle 4 des Anhangs, soweit diese Merkmale oder eines dieser Merkmale nicht bereits im Tatbestand des Bußgeldkatalogs enthalten sind.

(4) [1] Wird von dem Führer eines kennzeichnungspflichtigen Kraftfahrzeugs mit gefährlichen Gütern oder eines Kraftomnibusses mit Fahrgästen ein Tatbestand

1. der Nummern 8.1, 8.2, 15, 19, 19.1, 19.1.1, 19.1.2, 21, 21.1, 21.2, 212, 214.1, 214.2, 223,
2. der Nummern 12.5, 12.6 oder 12.7, jeweils in Verbindung mit Tabelle 2 des Anhangs, oder
3. der Nummern 198.1 oder 198.2, jeweils in Verbindung mit Tabelle 3 des Anhangs,

des Bußgeldkatalogs verwirklicht, so erhöht sich der dort genannte Regelsatz, sofern dieser einen Betrag von mehr als 55 Euro vorsieht, auch in den Fällen des Absatzes 3, jeweils um die Hälfte. [2] Der nach Satz 1 erhöhte Regelsatz ist auch anzuwenden, wenn der Halter die Inbetriebnahme eines kennzeichnungspflichtigen Kraftfahrzeugs mit gefährlichen Gütern oder eines Kraftomnibusses mit Fahrgästen in den Fällen

1. der Nummern 189.1.1, 189.1.2, 189.2.1, 189.2.2, 189.3.1, 189.3.2, 213 oder
2. der Nummern 199.1, 199.2, jeweils in Verbindung mit der Tabelle 3 des Anhangs, oder 224

des Bußgeldkatalogs anordnet oder zulässt.

(4a) [1] Wird ein Tatbestand des Abschnitts I des Bußgeldkatalogs vorsätzlich verwirklicht, für den ein Regelsatz von mehr als 55 Euro vorgesehen ist, so ist der dort genannte Regelsatz zu verdoppeln, auch in den Fällen, in denen eine Erhöhung nach den Absätzen 2, 3 oder 4 vorgenommen worden ist. [2] Der ermittelte Betrag wird auf den nächsten vollen Euro-Betrag abgerundet.

(5) [1] Werden durch eine Handlung mehrere Tatbestände des Bußgeldkatalogs verwirklicht, die jeweils einen Bußgeldregelsatz von mehr als 55 Euro vorsehen,

so ist nur ein Regelsatz anzuwenden; bei unterschiedlichen Regelsätzen ist der höchste anzuwenden. [2] Der Regelsatz kann angemessen erhöht werden.

(6) [1] Bei Ordnungswidrigkeiten nach § 24 Absatz 1 des Straßenverkehrsgesetzes[1)], die von nicht motorisierten Verkehrsteilnehmern begangen werden, ist, sofern der Bußgeldregelsatz mehr als 55 Euro beträgt und der Bußgeldkatalog nicht besondere Tatbestände für diese Verkehrsteilnehmer enthält, der Regelsatz um die Hälfte zu ermäßigen. [2] Beträgt der nach Satz 1 ermäßigte Regelsatz weniger als 60 Euro, so soll eine Geldbuße nur festgesetzt werden, wenn eine Verwarnung mit Verwarnungsgeld nicht erteilt werden kann.

§ 4 Regelfahrverbot. (1) [1] Bei Ordnungswidrigkeiten nach § 24 Absatz 1 des Straßenverkehrsgesetzes[1)] kommt die Anordnung eines Fahrverbots (§ 25 Absatz 1 Satz 1 des Straßenverkehrsgesetzes) wegen grober Verletzung der Pflichten eines Kraftfahrzeugführers in der Regel in Betracht, wenn ein Tatbestand

1. der Nummern 9.1 bis 9.3, der Nummern 11.1 bis 11.3, jeweils in Verbindung mit Tabelle 1 des Anhangs,
2. der Nummern 12.6.3, 12.6.4, 12.6.5, 12.7.3, 12.7.4 oder 12.7.5 der Tabelle 2 des Anhangs,
3. der Nummern 19.1.1, 19.1.2, 21.1, 21.2, 39.1, 41, 50, 50.1, 50.2, 50.3, 50a, 50a.1, 50a.2, 50a.3, 83.3, 89b.2, 132.1, 132.2, 132.3, 132.3.1, 132.3.2, 135, 135.1, 135.2, 152.1 oder
4. der Nummern 244, 246.2, 246.3 oder 250a

des Bußgeldkatalogs verwirklicht wird. [2] Wird in diesen Fällen ein Fahrverbot angeordnet, so ist in der Regel die dort bestimmte Dauer festzusetzen.

(2) [1] Wird ein Fahrverbot wegen beharrlicher Verletzung der Pflichten eines Kraftfahrzeugführers zum ersten Mal angeordnet, so ist seine Dauer in der Regel auf einen Monat festzusetzen. [2] Ein Fahrverbot kommt in der Regel in Betracht, wenn gegen den Führer eines Kraftfahrzeugs wegen einer Geschwindigkeitsüberschreitung von mindestens 26 km/h bereits eine Geldbuße rechtskräftig festgesetzt worden ist und er innerhalb eines Jahres seit Rechtskraft der Entscheidung eine weitere Geschwindigkeitsüberschreitung von mindestens 26 km/h begeht.

(3) Bei Ordnungswidrigkeiten nach § 24a des Straßenverkehrsgesetzes ist ein Fahrverbot (§ 25 Absatz 1 Satz 2 des Straßenverkehrsgesetzes) in der Regel mit der in den Nummern 241, 241.1, 241.2, 242, 242.1, 242.2, 243, 243.1, 243.2, 243a, 243a.1 und 243a.2 des Bußgeldkatalogs vorgesehenen Dauer anzuordnen.

(4) Wird von der Anordnung eines Fahrverbots ausnahmsweise abgesehen, so soll das für den betreffenden Tatbestand als Regelsatz vorgesehene Bußgeld angemessen erhöht werden.

§ 5 Inkrafttreten, Außerkrafttreten. [1] Diese Verordnung tritt am 1. April 2013 in Kraft. [2] Gleichzeitig tritt die Bußgeldkatalog-Verordnung vom 13. November 2001 (BGBl. I S. 3033), die zuletzt durch Artikel 3 der Verordnung vom 19. Oktober 2012 (BGBl. I S. 2232) geändert worden ist, außer Kraft.

[1)] Nr. 1.

Anlage
(zu § 1 Absatz 1)

Bußgeldkatalog (BKat)

Abschnitt I. Fahrlässig begangene Ordnungswidrigkeiten

Lfd. Nr.	Tatbestand	Straßenverkehrs-Ordnung (StVO)	Regelsatz in Euro (€), Fahrverbot in Monaten
	A. Zuwiderhandlungen gegen § 24 Absatz 1 StVG **a) Straßenverkehrs-Ordnung** **Grundregeln**		
1	Durch Außer-Acht-Lassen der im Verkehr erforderlichen Sorgfalt	§ 1 Absatz 2 § 49 Absatz 1 Nummer 1	
1.1	einen Anderen mehr als nach den Umständen unvermeidbar belästigt		10 €
1.2	einen Anderen mehr als nach den Umständen unvermeidbar behindert		20 €
1.3	einen Anderen gefährdet		30 €
1.4	einen Anderen geschädigt, soweit im Folgenden nichts anderes bestimmt ist		35 €
1.5	Beim Fahren in eine oder aus einer Parklücke stehendes Fahrzeug beschädigt	§ 1 Absatz 2 § 49 Absatz 1 Nummer 1	30 €
	Straßenbenutzung durch Fahrzeuge		
2	Vorschriftswidrig Gehweg, linksseitig angelegten Radweg, Seitenstreifen (außer auf Autobahnen oder Kraftfahrstraßen), Verkehrsinsel oder Grünanlage benutzt	§ 2 Absatz 1 § 49 Absatz 1 Nummer 2	55 €
2.1	– mit Behinderung	§ 2 Absatz 1 § 1 Absatz 2 § 49 Absatz 1 Nummer 1, 2	70 €
2.2	– mit Gefährdung		80 €
2.3	– mit Sachbeschädigung		100 €
3	Gegen das Rechtsfahrgebot verstoßen durch Nichtbenutzen		
3.1	der rechten Fahrbahnseite	§ 2 Absatz 2 § 49 Absatz 1 Nummer 2	15 €
3.1.1	– mit Behinderung	§ 2 Absatz 2 § 1 Absatz 2 § 49 Absatz 1 Nummer 1, 2	25 €
3.2	des rechten Fahrstreifens (außer auf Autobahnen oder Kraftfahrstraßen) und dadurch einen Anderen behindert	§ 2 Absatz 2 § 1 Absatz 2 § 49 Absatz 1 Nummer 1, 2	20 €
3.3	der rechten Fahrbahn bei zwei getrennten Fahrbahnen	§ 2 Absatz 1 § 49 Absatz 1 Nummer 2	25 €
3.3.1	– mit Gefährdung	§ 2 Absatz 1 § 1 Absatz 2 § 49 Absatz 1 Nummer 1, 2	35 €

Lfd. Nr.	Tatbestand	Straßenverkehrs-Ordnung (StVO)	Regelsatz in Euro (€), Fahrverbot in Monaten
3.3.2	– mit Sachbeschädigung	§ 2 Absatz 1 § 1 Absatz 2 § 49 Absatz 1 Nummer 1, 2	40 €
3.4	eines markierten Schutzstreifens als Radfahrer	§ 2 Absatz 2 § 49 Absatz 1 Nummer 2	15 €
3.4.1	– mit Behinderung	§ 2 Absatz 2 § 1 Absatz 2 § 49 Absatz 1 Nummer 1, 2	20 €
3.4.2	– mit Gefährdung		25 €
3.4.3	– mit Sachbeschädigung		30 €
4	Gegen das Rechtsfahrgebot verstoßen	§ 2 Absatz 2 § 1 Absatz 2 § 49 Absatz 1 Nummer 1, 2	
4.1	bei Gegenverkehr, beim Überholtwerden, an Kuppen, in Kurven oder bei Unübersichtlichkeit und dadurch einen Anderen gefährdet		80 €
4.2	auf Autobahnen oder Kraftfahrstraßen und dadurch einen Anderen behindert		80 €
5	Schienenbahn nicht durchfahren lassen	§ 2 Absatz 3 § 49 Absatz 1 Nummer 2	5 €
5a	Fahren bei Glatteis, Schneeglätte, Schneematsch, Eis- oder Reifglätte ohne Bereifung, welche die in § 36 Absatz 4 StVZO beschriebenen Eigenschaften erfüllt	§ 2 Absatz 3a Satz 1 § 49 Absatz 1 Nummer 2	60 €
5a.1	– mit Behinderung	§ 2 Absatz 3a Satz 1 § 1 Absatz 2 § 49 Absatz 1 Nummer 1, 2	80 €
6	Beim Führen eines kennzeichnungspflichtigen Kraftfahrzeugs mit gefährlichen Gütern bei Sichtweite unter 50 m, bei Schneeglätte oder Glatteis sich nicht so verhalten, dass die Gefährdung eines anderen ausgeschlossen war, insbesondere, obwohl nötig, nicht den nächsten geeigneten Platz zum Parken aufgesucht	§ 2 Absatz 3a Satz 4 § 49 Absatz 1 Nummer 2	140 €
7	Beim Radfahren oder Mofafahren, soweit dies durch Treten fortbewegt wird		
7.1	Radweg (Zeichen 237, 240, 241) nicht benutzt	§ 41 Absatz 1 i.V.m. Anlage 2 lfd. Nr. 16, 19, 20 (Zeichen 237, 240, 241) Spalte 3 Nummer 1 auch i.V.m. § 2 Absatz 4 Satz 6 § 49 Absatz 3 Nummer 4 auch i.V.m Absatz 1 Nummer 2	20 €

Lfd. Nr.	Tatbestand	Straßenverkehrs-Ordnung (StVO)	Regelsatz in Euro (€), Fahrverbot in Monaten
7.1.1	– mit Behinderung	§ 41 Absatz 1 i.V.m. Anlage 2 lfd. Nr. 16, 19, 20 (Zeichen 237, 240, 241) Spalte 3 Nummer 1 auch i.V.m. § 2 Absatz 4 Satz 6 § 1 Absatz 2 § 49 Absatz 1 Nummer 1, Absatz 3 Nummer 4 auch i.V.m. Absatz 1 Nummer 2	25 €
7.1.2	– mit Gefährdung		30 €
7.1.3	– mit Sachbeschädigung		35 €
7.2	Fahrbahn, Radweg oder Seitenstreifen nicht vorschriftsmäßig benutzt		
7.2.1	– mit Behinderung	§ 2 Absatz 4 Satz 1, 5 § 1 Absatz 2 § 49 Absatz 1 Nummer 1, 2	20 €
7.2.2	– mit Gefährdung		25 €
7.2.3	– mit Sachbeschädigung		30 €
7.3	Radweg nicht in zulässiger Richtung befahren, obwohl Radweg oder Seitenstreifen in zulässiger Richtung vorhanden	§ 2 Absatz 4 Satz 4 § 49 Absatz 1 Nummer 2	20 €
7.3.1	– mit Behinderung	§ 2 Absatz 4 Satz 4 § 1 Absatz 2 § 49 Absatz 1 Nummer 1, 2	25 €
7.3.2	– mit Gefährdung		30 €
7.3.3	– mit Sachbeschädigung		35 €
	Geschwindigkeit		
8	Mit nicht angepasster Geschwindigkeit gefahren		
8.1	trotz angekündigter Gefahrenstelle, bei Unübersichtlichkeit, an Straßenkreuzungen, Straßeneinmündungen, Bahnübergängen oder bei schlechten Sicht- oder Wetterverhältnissen (z.B. Nebel, Glatteis)	§ 3 Absatz 1 Satz 1, 2, 4, 5 § 19 Absatz 1 Satz 2 § 49 Absatz 1 Nummer 3, 19 Buchstabe a	100 €
8.2	in anderen als in Nummer 8.1 genannten Fällen mit Sachbeschädigung	§ 3 Absatz 1 Satz 1, 2, 4, 5 § 1 Absatz 2 § 49 Absatz 1 Nummer 1, 3	35 €
9	Festgesetzte Höchstgeschwindigkeit bei Sichtweite unter 50 m durch Nebel, Schneefall oder Regen überschritten	§ 3 Absatz 1 Satz 3 § 49 Absatz 1 Nummer 3	80 €
9.1	bis 15 km/h für mehr als 5 Minuten Dauer, bis 15 km/h in mehr als zwei Fällen nach Fahrtantritt oder um mehr als 15 km/h, mit einem Kraftfahrzeug der in § 3 Absatz 3 Nummer 2 Buchstabe a oder b StVO genannten Art		Tabelle 1 Buchstabe a

Lfd. Nr.	Tatbestand	Straßenverkehrs-Ordnung (StVO)	Regelsatz in Euro (€), Fahrverbot in Monaten
9.2	um mehr als 10 km/h innerorts, um mehr als 15 km/h außerorts, bis 15 km/h innerorts oder außerorts jeweils für mehr als 5 Minuten Dauer oder bis 15 km/h innerorts oder außerorts jeweils in mehr als zwei Fällen nach Fahrtantritt mit kennzeichnungspflichtigen Kraftfahrzeugen der in Nummer 9.1 genannten Art mit gefährlichen Gütern oder Kraftomnibussen mit Fahrgästen		Tabelle 1 Buchstabe b
9.3	um mehr als 20 km/h mit anderen als den in Nummer 9.1 oder 9.2 genannten Kraftfahrzeugen		Tabelle 1 Buchstabe c
10	Beim Führen eines Fahrzeugs ein Kind, einen Hilfsbedürftigen oder älteren Menschen gefährdet, insbesondere durch nicht ausreichend verminderte Geschwindigkeit, mangelnde Bremsbereitschaft oder unzureichenden Seitenabstand beim Vorbeifahren oder Überholen	§ 3 Absatz 2a § 49 Absatz 1 Nummer 3	80 €
11	Zulässige Höchstgeschwindigkeit überschritten mit	§ 3 Absatz 3 Satz 1, Absatz 4 § 49 Absatz 1 Nummer 3 § 18 Absatz 5 Satz 2 § 49 Absatz 1 Nummer 18 § 20 Absatz 2 Satz 1, Absatz 4 Satz 1, 2 § 49 Absatz 1 Nummer 19 Buchstabe b § 41 Absatz 1 i.V.m. Anlage 2 lfd. Nr. 16, 17 (Zeichen 237, 238) Spalte 3 Nummer 3, lfd. Nr. 18 (Zeichen 239) Spalte 3 Nummer 2, lfd. Nr. 19 (Zeichen 240) Spalte 3 Nummer 3, lfd. Nr. 20 (Zeichen 241) Spalte 3 Nummer 4, lfd. Nr. 21 (Zeichen 239 oder 242.1 mit Zusatzzeichen, das den Fahrzeugverkehr zulässt) Spalte 3 Nummer 2, lfd. Nr. 23 (Zeichen 244.1 mit Zusatzzeichen, das den Fahrzeugverkehr zulässt) Spalte 3 Nummer 2, lfd. Nr. 24.1 (Zeichen 244.3 mit Zusatzzeichen, das den Fahrzeugverkehr zulässt) Spalte 3 Nummer 2, lfd. Nr. 49 (Zeichen 274), lfd.	

Lfd. Nr.	Tatbestand	Straßenverkehrs-Ordnung (StVO)	Regelsatz in Euro (€), Fahrverbot in Monaten
		Nr. 50 (Zeichen 274.1, 274.2) § 49 Absatz 3 Nummer 4 § 42 Absatz 2 i.V.m. Anlage 3 lfd. Nr. 12 (Zeichen 325.1) Spalte 3 Nummer 1 § 49 Absatz 3 Nummer 5	
11.1	Kraftfahrzeugen der in § 3 Absatz 3 Nummer 2 Buchstabe a oder b StVO genannten Art		Tabelle 1 Buchstabe a
11.2	kennzeichnungspflichtigen Kraftfahrzeugen der in Nummer 11.1 genannten Art mit gefährlichen Gütern oder Kraftomnibussen mit Fahrgästen		Tabelle 1 Buchstabe b
11.3	anderen als den in Nummer 11.1 oder 11.2 genannten Kraftfahrzeugen		Tabelle 1 Buchstabe c
	Abstand		
12	Erforderlichen Abstand von einem vorausfahrenden Fahrzeug nicht eingehalten	§ 4 Absatz 1 Satz 1 § 49 Absatz 1 Nummer 4	
12.1	bei einer Geschwindigkeit bis 80 km/h		25 €
12.2	– mit Gefährdung	§ 4 Absatz 1 Satz 1 § 1 Absatz 2 § 49 Absatz 1 Nummer 1, 4	30 €
12.3	– mit Sachbeschädigung		35 €
12.4	bei einer Geschwindigkeit von mehr als 80 km/h, sofern der Abstand in Metern nicht weniger als ein Viertel des Tachowertes betrug	§ 4 Absatz 1 Satz 1 § 49 Absatz 1 Nummer 4	35 €
12.5	bei einer Geschwindigkeit von mehr als 80 km/h, sofern der Abstand in Metern weniger als ein Viertel des Tachowertes betrug		Tabelle 2 Buchstabe a
12.6	bei einer Geschwindigkeit von mehr als 100 km/h, sofern der Abstand in Metern weniger als ein Viertel des Tachowertes betrug		Tabelle 2 Buchstabe b
12.7	bei einer Geschwindigkeit von mehr als 130 km/h, sofern der Abstand in Metern weniger als ein Viertel des Tachowertes betrug		Tabelle 2 Buchstabe c
13	Vorausgefahren und ohne zwingenden Grund stark gebremst		
13.1	– mit Gefährdung	§ 4 Absatz 1 Satz 2 § 1 Absatz 2 § 49 Absatz 1 Nummer 1, 4	20 €
13.2	– mit Sachbeschädigung		30 €
14	Den zum Einscheren erforderlichen Abstand von dem vorausfahrenden Fahrzeug außerhalb geschlossener Ortschaften nicht eingehalten	§ 4 Absatz 2 Satz 1 § 49 Absatz 1 Nummer 4	25 €

Lfd. Nr.	Tatbestand	Straßenverkehrs-Ordnung (StVO)	Regelsatz in Euro (€), Fahrverbot in Monaten
15	Mit Lastkraftwagen (zulässige Gesamtmasse über 3,5 t) oder Kraftomnibus bei einer Geschwindigkeit von mehr als 50 km/h auf einer Autobahn Mindestabstand von 50 m von einem vorausfahrenden Fahrzeug nicht eingehalten	§ 4 Absatz 3 § 49 Absatz 1 Nummer 4	80 €
	Überholen		
16	Innerhalb geschlossener Ortschaften rechts überholt	§ 5 Absatz 1 § 49 Absatz 1 Nummer 5	30 €
16.1	– mit Sachbeschädigung	§ 5 Absatz 1 § 1 Absatz 2 § 49 Absatz 1 Nummer 1, 5	35 €
17	Außerhalb geschlossener Ortschaften rechts überholt	§ 5 Absatz 1 § 49 Absatz 1 Nummer 5	100 €
18	Mit nicht wesentlich höherer Geschwindigkeit als der zu Überholende überholt	§ 5 Absatz 2 Satz 2 § 49 Absatz 1 Nummer 5	80 €
19	Überholt, obwohl nicht übersehen werden konnte, dass während des ganzen Überholvorgangs jede Behinderung des Gegenverkehrs ausgeschlossen war, oder bei unklarer Verkehrslage	§ 5 Absatz 2 Satz 1, Absatz 3 Nummer 1 § 49 Absatz 1 Nummer 5	100 €
19.1	und dabei ein Überholverbot (§ 19 Absatz 1 Satz 3 StVO, Zeichen 276, 277, 277.1) nicht beachtet oder Fahrstreifenbegrenzung (Zeichen 295, 296) überquert oder überfahren oder der durch Pfeile vorgeschriebenen Fahrtrichtung (Zeichen 297) nicht gefolgt	§ 5 Absatz 2 Satz 1, Absatz 3 Nummer 1 § 19 Absatz 1 Satz 3 § 49 Absatz 1 Nummer 5, 19a § 41 Absatz 1 i.V.m. Anlage 2 zu lfd. Nr. 53, 54 und 54.4 (Zeichen 276, 277, 277.1) Spalte 3, lfd. Nr. 68 (Zeichen 295) Spalte 3 Nummer 1a, lfd. Nr. 69, 70 (Zeichen 296, 297) Spalte 3 Nummer 1 § 49 Absatz 3 Nummer 4	150 €
19.1.1	– mit Gefährdung	§ 5 Absatz 2 Satz 1, Absatz 3 Nummer 1 § 19 Absatz 1 Satz 3 § 49 Absatz 1 Nummer 5, 19a § 41 Absatz 1 i.V.m. Anlage 2 zu lfd. Nr. 53, 54 und 54.4 (Zeichen 276, 277, 277.1) Spalte 3, lfd. Nr. 68 (Zeichen 295) Spalte 3 Nummer 1a, lfd. Nr. 69, 70 (Zeichen 296, 297) Spalte 3 Nummer 1 § 49 Absatz 3 Nummer 4 § 1 Absatz 2 § 49 Absatz 1 Nummer 1	**250 €** **Fahrverbot 1 Monat**

Lfd. Nr.	Tatbestand	Straßenverkehrs-Ordnung (StVO)	Regelsatz in Euro (€), Fahrverbot in Monaten
19.1.2	– mit Sachbeschädigung		250 € **Fahrverbot 1 Monat**
(20)	(aufgehoben)		
21	Mit einem Kraftfahrzeug mit einer zulässigen Gesamtmasse über 7,5 t überholt, obwohl die Sichtweite durch Nebel, Schneefall oder Regen weniger als 50 m betrug	§ 5 Absatz 3a § 49 Absatz 1 Nummer 5	120 €
21.1	– mit Gefährdung	§ 5 Absatz 3a § 1 Absatz 2 § 49 Absatz 1 Nummer 1, 5	200 € **Fahrverbot 1 Monat**
21.2	– mit Sachbeschädigung		240 € **Fahrverbot 1 Monat**
22	Zum Überholen ausgeschert und dadurch nachfolgenden Verkehr gefährdet	§ 5 Absatz 4 Satz 1 § 49 Absatz 1 Nummer 5	80 €
23	Beim Überholen ausreichenden Seitenabstand zu anderen Verkehrsteilnehmern nicht eingehalten	§ 5 Absatz 4 Satz 2, 3 § 49 Absatz 1 Nummer 5	30 €
23.1	– mit Sachbeschädigung	§ 5 Absatz 4 Satz 2, 3 § 1 Absatz 2 § 49 Absatz 1 Nummer 1, 5	35 €
24	Nach dem Überholen nicht so bald wie möglich wieder nach rechts eingeordnet	§ 5 Absatz 4 Satz 5 § 49 Absatz 1 Nummer 5	10 €
25	Nach dem Überholen beim Einordnen, denjenigen, der überholt wurde, behindert	§ 5 Absatz 4 Satz 6 § 49 Absatz 1 Nummer 5	20 €
26	Beim Überholtwerden Geschwindigkeit erhöht	§ 5 Absatz 6 Satz 1 § 49 Absatz 1 Nummer 5	30 €
27	Ein langsameres Fahrzeug geführt und die Geschwindigkeit nicht ermäßigt oder nicht gewartet, um mehreren unmittelbar folgenden Fahrzeugen das Überholen zu ermöglichen	§ 5 Absatz 6 Satz 2 § 49 Absatz 1 Nummer 5	10 €
28	Vorschriftswidrig links überholt, obwohl der Fahrer des vorausfahrenden Fahrzeugs die Absicht, nach links abzubiegen, angekündigt und sich eingeordnet hatte	§ 5 Absatz 7 Satz 1 § 49 Absatz 1 Nummer 5	25 €
28.1	– mit Sachbeschädigung	§ 5 Absatz 7 Satz 1 § 1 Absatz 2 § 49 Absatz 1 Nummer 1, 5	30 €
	Fahrtrichtungsanzeiger		
29	Fahrtrichtungsanzeiger nicht wie vorgeschrieben benutzt	§ 5 Absatz 4a § 49 Absatz 1 Nummer 5 § 6 Satz 3 § 49 Absatz 1 Nummer 6 § 7 Absatz 5 Satz 2 § 49 Absatz 1 Nummer 7 § 9 Absatz 1 Satz 1 § 49 Absatz 1 Nummer 9	10 €

Lfd. Nr.	Tatbestand	Straßenverkehrs-Ordnung (StVO)	Regelsatz in Euro (€), Fahrverbot in Monaten
		§ 10 Satz 2 § 49 Absatz 1 Nummer 10 § 42 Absatz 2 i.V.m. Anlage 3 lfd. Nr. 2.1 (Zusatzzeichen zu Zeichen 306) Spalte 3 Nummer 1 § 49 Absatz 3 Nummer 5	
	Vorbeifahren		
30	An einer Fahrbahnverengung, einem Hindernis auf der Fahrbahn oder einem haltenden Fahrzeug auf der Fahrbahn links vorbeigefahren, ohne ein entgegenkommendes Fahrzeug durchfahren zu lassen	§ 6 Satz 1 § 49 Absatz 1 Nummer 6	20 €
30.1	– mit Gefährdung	§ 6 Absatz 1 § 1 Absatz 2 § 49 Absatz 1 Nummer 1, 6	30 €
30.2	– mit Sachbeschädigung		35 €
	Benutzung von Fahrstreifen durch Kraftfahrzeuge		
31	Fahrstreifen gewechselt und dadurch einen anderen Verkehrsteilnehmer gefährdet	§ 7 Absatz 5 Satz 1 § 49 Absatz 1 Nummer 7	30 €
31.1	– mit Sachbeschädigung	§ 7 Absatz 5 Satz 1 § 1 Absatz 2 § 49 Absatz 1 Nummer 1, 7	35 €
31a	Auf einer Fahrbahn für beide Richtungen den mittleren oder linken von mehreren durch Leitlinien (Zeichen 340) markierten Fahrstreifen zum Überholen benutzt	§ 7 Absatz 3a Satz 1, 2, Absatz 3b § 49 Absatz 1 Nummer 7	30 €
31a.1	– mit Gefährdung	§ 7 Absatz 3a Satz 1, 2, Absatz 3b § 1 Absatz 2 § 49 Absatz 1 Nummer 1, 7	40 €
31b	Außerhalb geschlossener Ortschaften linken Fahrstreifen mit einem Lastkraftwagen mit einer zulässigen Gesamtmasse von mehr als 3,5 t oder einem Kraftfahrzeug mit Anhänger zu einem anderen Zweck als dem des Linksabbiegens benutzt	§ 7 Absatz 3c Satz 3 § 49 Absatz 1 Nummer 7	15 €
31b.1	– mit Behinderung	§ 7 Absatz 3c Satz 3 § 1 Absatz 2 § 49 Absatz 1 Nummer 1, 7	20 €
	Vorfahrt		
32	Nicht mit mäßiger Geschwindigkeit an eine bevorrechtigte Straße herangefahren	§ 8 Absatz 2 Satz 1 § 49 Absatz 1 Nummer 8	10 €
33	Vorfahrt nicht beachtet und dadurch eine vorfahrtberechtigte Person wesentlich behindert	§ 8 Absatz 2 Satz 2 § 49 Absatz 1 Nummer 8	25 €

Lfd. Nr.	Tatbestand	Straßenverkehrs-Ordnung (StVO)	Regelsatz in Euro (€), Fahrverbot in Monaten
34	Vorfahrt nicht beachtet und dadurch eine vorfahrtberechtigte Person gefährdet	§ 8 Absatz 2 Satz 2 § 49 Absatz 1 Nummer 8	100 €
	Abbiegen, Wenden, Rückwärtsfahren		
35	Abgebogen, ohne sich ordnungsgemäß oder rechtzeitig eingeordnet oder ohne vor dem Einordnen oder Abbiegen auf den nachfolgenden Verkehr geachtet zu haben	§ 9 Absatz 1 Satz 2, 4 § 49 Absatz 1 Nummer 9	10 €
35.1	– mit Gefährdung	§ 9 Absatz 1 Satz 2, 4 § 1 Absatz 2 § 49 Absatz 1 Nummer 1, 9	30 €
35.2	– mit Sachbeschädigung		35 €
36	Beim Linksabbiegen auf längs verlegten Schienen eingeordnet und dadurch ein Schienenfahrzeug behindert	§ 9 Absatz 1 Satz 3 § 49 Absatz 1 Nummer 9	5 €
(37 bis 37.3)	(aufgehoben)		
38	Beim Linksabbiegen mit dem Fahrrad nach einer Kreuzung oder Einmündung die Fahrbahn überquert und dabei den Fahrzeugverkehr nicht beachtet oder einer Radverkehrsführung im Kreuzungs- oder Einmündungsbereich nicht gefolgt	§ 9 Absatz 2 Satz 2, 3 § 49 Absatz 1 Nummer 9	15 €
38.1	– mit Behinderung	§ 9 Absatz 2 Satz 2, 3 § 1 Absatz 2 § 49 Absatz 1 Nummer 1, 9	20 €
38.2	– mit Gefährdung		25 €
38.3	– mit Sachbeschädigung		30 €
39	Abgebogen, ohne Fahrzeug durchfahren zu lassen	§ 9 Absatz 3 Satz 1, 2, Absatz 4 Satz 1 § 49 Absatz 1 Nummer 9	40 €
39.1	– mit Gefährdung	§ 9 Absatz 3 Satz 1, 2, Absatz 4 Satz 1 § 1 Absatz 2 § 49 Absatz 1 Nummer 1, 9	140 € **Fahrverbot 1 Monat**
(40)	(aufgehoben)		
41	Beim Abbiegen auf zu Fuß Gehende keine besondere Rücksicht genommen und diese dadurch gefährdet	§ 9 Absatz 3 Satz 3 § 1 Absatz 2 § 49 Absatz 1 Nummer 1, 9	140 € **Fahrverbot 1 Monat**
42	Beim Linksabbiegen nicht voreinander abgebogen	§ 9 Absatz 4 Satz 2 § 49 Absatz 1 Nummer 9	10 €
42.1	– mit Gefährdung	§ 9 Absatz 4 Satz 2 § 1 Absatz 2 § 49 Absatz 1 Nummer 1, 9	70 €
(43)	(aufgehoben)		

Lfd. Nr.	Tatbestand	Straßenverkehrs-Ordnung (StVO)	Regelsatz in Euro (€), Fahrverbot in Monaten
44	Beim Abbiegen in ein Grundstück, beim Wenden oder Rückwärtsfahren einen anderen Verkehrsteilnehmer gefährdet	§ 9 Absatz 5 § 49 Absatz 1 Nummer 9	80 €
45	Mit einem Kraftfahrzeug mit einer zulässigen Gesamtmasse über 3,5 t innerorts beim Rechtsabbiegen nicht mit Schrittgeschwindigkeit gefahren	§ 9 Absatz 6 § 49 Absatz 1 Nummer 9	70 €
(46)	(aufgehoben)		
	Einfahren und Anfahren		
47	Aus einem Grundstück, einem Fußgängerbereich (Zeichen 242.1, 242.2), einem verkehrsberuhigten Bereich (Zeichen 325.1, 325.2) auf die Straße oder von einem anderen Straßenteil oder über einen abgesenkten Bordstein hinweg auf die Fahrbahn eingefahren oder vom Fahrbahnrand angefahren und dadurch einen anderen Verkehrsteilnehmer gefährdet	§ 10 Satz 1 § 49 Absatz 1 Nummer 10	30 €
47.1	– mit Sachbeschädigung	§ 10 Satz 1 § 1 Absatz 2 § 49 Absatz 1 Nummer 1, 10	35 €
(48)	(aufgehoben)		
	Besondere Verkehrslagen		
49	Trotz stockenden Verkehrs in eine Kreuzung oder Einmündung eingefahren und dadurch einen Anderen behindert	§ 11 Absatz 1 § 1 Absatz 2 § 49 Absatz 1 Nummer 1, 11	20 €
50	Bei stockendem Verkehr auf einer Autobahn oder Außerortsstraße für die Durchfahrt von Polizei- oder Hilfsfahrzeugen keine vorschriftsmäßige Gasse gebildet	§ 11 Absatz 2 § 49 Absatz 1 Nummer 11	200 € **Fahrverbot 1 Monat**
50.1	– mit Behinderung	§ 11 Absatz 2 § 1 Absatz 2 § 49 Absatz 1 Nummer 1, 11	240 € **Fahrverbot 1 Monat**
50.2	– mit Gefährdung		280 € **Fahrverbot 1 Monat**
50.3	– mit Sachbeschädigung		320 € **Fahrverbot 1 Monat**
50a	Unberechtigt mit einem Fahrzeug auf einer Autobahn oder Außerortsstraße eine freie Gasse für die Durchfahrt von Polizei- oder Hilfsfahrzeugen benutzt	§ 11 Absatz 2 § 49 Absatz 1 Nummer 11	240 € **Fahrverbot 1 Monat**
50a.1	– mit Behinderung	§ 11 Absatz 2 § 1 Absatz 2 § 49 Absatz 1 Nummer 1, 11	280 € **Fahrverbot 1 Monat**
50a.2	– mit Gefährdung		300 € **Fahrverbot 1 Monat**

Lfd. Nr.	Tatbestand	Straßenverkehrs-Ordnung (StVO)	Regelsatz in Euro (€), Fahrverbot in Monaten
50a.3	– mit Sachbeschädigung		320 € **Fahrverbot 1 Monat**
	Halten und Parken		
51	Unzulässig gehalten	§ 12 Absatz 1 § 49 Absatz 1 Nummer 12 § 37 Absatz 1 Satz 2, Absatz 5 § 49 Absatz 3 Nummer 2 § 41 Absatz 1 i.V.m. Anlage 2 lfd. Nr. 1, 2, 3 (Zeichen 201, 205, 206) Spalte 3 Nummer 2, lfd. Nr. 8 (Zeichen 215) Spalte 3 Nummer 3, lfd. Nr. 15 (Zeichen 229) Spalte 3 Satz 1, lfd. Nr. 62 (Zeichen 283) Spalte 3, lfd. Nr. 63, 64 (Zeichen 286, 290.1) Spalte 3 Nummer 1, lfd. Nr. 66 (Zeichen 293) Spalte 3, lfd. Nr. 68 (Zeichen 295) Spalte 3 Nummer 2a, lfd. Nr. 70 (Zeichen 297) Spalte 3 Nummer 2, lfd. Nr. 73 (Zeichen 299) Spalte 3 Satz 1 § 49 Absatz 3 Nummer 4	20 €
51.1	– mit Behinderung	§ 12 Absatz 1 § 1 Absatz 2 § 49 Absatz 1 Nummer 1,12 § 37 Absatz 1 Satz 2, Absatz 5 § 1 Absatz 2 § 49 Absatz 1 Nummer 1, Absatz 3 Nummer 2 § 41 Absatz 1 i.V.m. Anlage 2 lfd. Nr. 1, 2, 3 (Zeichen 201, 205, 206) Spalte 3 Nummer 2, lfd. Nr. 8 (Zeichen 215) Spalte 3 Nummer 3, lfd. Nr. 15 (Zeichen 229) Spalte 3 Satz 1, lfd. Nr. 62 (Zeichen 283) Spalte 3, lfd. Nr. 63, 64 (Zeichen 286, 290.1) Spalte 3 Nummer 1, lfd. Nr. 66 (Zeichen 293) Spalte 3, lfd. Nr. 68 (Zeichen 295) Spalte 3 Nummer 2a, lfd.	35 €

Lfd. Nr.	Tatbestand	Straßenverkehrs-Ordnung (StVO)	Regelsatz in Euro (€), Fahrverbot in Monaten
		Nr. 70 (Zeichen 297) Spalte 3 Nummer 2, lfd. Nr. 73 (Zeichen 299) Spalte 3 Satz 1 § 1 Absatz 2 § 49 Absatz 1 Nummer 1, Absatz 3 Nummer 4	
51a	Unzulässig in „zweiter Reihe" gehalten	§ 12 Absatz 4 Satz 1, 2 Halbsatz 2 § 49 Absatz 1 Nummer 12	55 €
51a.1	– mit Behinderung	§ 12 Absatz 4 Satz 1, 2 Halbsatz 2 § 1 Absatz 2 § 49 Absatz 1 Nummer 1, 12	70 €
51a.2	– mit Gefährdung		80 €
51a.3	– mit Sachbeschädigung		100 €
51b	An einer engen oder unübersichtlichen Straßenstelle oder im Bereich einer scharfen Kurve geparkt (§ 12 Absatz 2 StVO)	§ 12 Absatz 1 Nummer 1, 2 § 49 Absatz 1 Nummer 12	35 €
51b.1	– mit Behinderung	§ 12 Absatz 1 Nummer 1, 2 § 1 Absatz 2 § 49 Absatz 1 Nummer 1, 12	55 €
51b.2	länger als 1 Stunde	§ 12 Absatz 1 Nummer 1, 2 § 49 Absatz 1 Nummer 12	55 €
51b.2.1	– mit Behinderung	§ 12 Absatz 1 Nummer 1, 2 § 1 Absatz 2 § 49 Absatz 1 Nummer 1, 12	55 €
51b.3	wenn ein Rettungsfahrzeug im Einsatz behindert worden ist	§ 12 Absatz 1 Nummer 1, 2 § 1 Absatz 2 § 49 Absatz 1 Nummer 1, 12	100 €
52	Unzulässig geparkt (§ 12 Absatz 2 StVO) in den Fällen, in denen das Halten verboten ist	§ 12 Absatz 1 Nummer 3, 4 § 49 Absatz 1 Nummer 12 § 37 Absatz 1 Satz 2, Absatz 5 § 49 Absatz 3 Nummer 2 § 41 Absatz 1 i.V.m. Anlage 2 lfd. Nr. 1, 2, 3 (Zeichen 201, 205, 206) Spalte 3 Nummer 2, lfd. Nr. 8	25 €

Lfd. Nr.	Tatbestand	Straßenverkehrs-Ordnung (StVO)	Regelsatz in Euro (€), Fahrverbot in Monaten
		(Zeichen 215) Spalte 3 Nummer 3, lfd. Nr. 15 (Zeichen 229) Spalte 3 Satz 1, lfd. Nr. 17 (Zeichen 238) Spalte 3 Nummer 2, lfd. Nr. 62 (Zeichen 283) Spalte 3, lfd. Nr. 63, 64 (Zeichen 286, 290.1) Spalte 3 Nummer 1, lfd. Nr. 66 (Zeichen 293) Spalte 3, lfd. Nr. 68 (Zeichen 295) Spalte 3 Nummer 2a, lfd. Nr. 70 (Zeichen 297) Spalte 3 Nummer 2, lfd. Nr. 73 (Zeichen 299) Spalte 3 Satz 1 § 49 Absatz 3 Nummer 4	
52.1	– mit Behinderung	§ 12 Absatz 1 Nummer 3, 4 § 1 Absatz 2 § 49 Absatz 1 Nummer 1, 12 § 41 Absatz 1 i.V.m. Anlage 2 lfd. Nr. 1, 2, 3 (Zeichen 201, 205, 206) Spalte 3 Nummer 2, lfd. Nr. 8 (Zeichen 215) Spalte 3 Nummer 3, lfd. Nr. 15 (Zeichen 229) Spalte 3 Satz 1, lfd. Nr. 17 (Zeichen 238) Spalte 3 Nummer 2, lfd. Nr. 62 (Zeichen 283) Spalte 3, lfd. Nr. 63, 64 (Zeichen 286, 290.1) Spalte 3 Nummer 1, lfd. Nr. 66 (Zeichen 293) Spalte 3, lfd. Nr. 68 (Zeichen 295) Spalte 3 Nummer 2a, lfd. Nr. 70 (Zeichen 297) Spalte 3 Nummer 2, lfd. Nr. 73 (Zeichen 299) Spalte 3 Satz 1 § 1 Absatz 2 § 49 Absatz 1 Nummer 1, Absatz 3 Nummer 4	40 €
52.2	länger als 1 Stunde	§ 12 Absatz 1 Nummer 3, 4 § 49 Absatz 1 Nummer 12 § 41 Absatz 1 i.V.m. Anlage 2 lfd. Nr. 1, 2, 3 (Zeichen 201, 205, 206) Spalte 3 Nummer 2, lfd. Nr. 8	40 €

Lfd. Nr.	Tatbestand	Straßenverkehrs-Ordnung (StVO)	Regelsatz in Euro (€), Fahrverbot in Monaten
		(Zeichen 215) Spalte 3 Nummer 3, lfd. Nr. 15 (Zeichen 229) Spalte 3 Satz 1, lfd. Nr. 17 (Zeichen 238) Spalte 3 Nummer 2, lfd. Nr. 62 (Zeichen 283) Spalte 3, lfd. Nr. 63, 64 (Zeichen 286, 290.1) Spalte 3 Nummer 1, lfd. Nr. 66 (Zeichen 293) Spalte 3, lfd. Nr. 68 (Zeichen 295) Spalte 3 Nummer 2a, lfd. Nr. 70 (Zeichen 297) Spalte 3 Nummer 2, lfd. Nr. 73 (Zeichen 299) Spalte 3 Satz 1 § 49 Absatz 3 Nummer 4	
52.2.1	– mit Behinderung	§ 12 Absatz 1 Nummer 3, 4 § 1 Absatz 2 § 49 Absatz 1 Nummer 1, 12 § 41 Absatz 1 i.V.m. Anlage 2 lfd. Nr. 1, 2, 3 (Zeichen 201, 205, 206) Spalte 3 Nummer 2, lfd. Nr. 8 (Zeichen 215) Spalte 3 Nummer 3, lfd. Nr. 15 (Zeichen 229) Spalte 3 Satz 1, lfd. Nr. 17 (Zeichen 238) Spalte 3 Nummer 2, lfd. Nr. 62 (Zeichen 283) Spalte 3, lfd. Nr. 63, 64 (Zeichen 286, 290.1) Spalte 3 Nummer 1, lfd. Nr. 66 (Zeichen 293) Spalte 3, lfd. Nr. 68 (Zeichen 295) Spalte 3 Nummer 2a, lfd. Nr. 70 (Zeichen 297) Spalte 3 Nummer 2, lfd. Nr. 73 (Zeichen 299) Spalte 3 Satz 1 § 1 Absatz 2 § 49 Absatz 1 Nummer 1, Absatz 3 Nummer 4	50 €
52a	Unzulässig auf Geh- und Radwegen geparkt (§ 12 Absatz 2 StVO)	§ 12 Absatz 4 Satz 1, Absatz 4a § 49 Absatz 1 Nummer 12 § 41 Absatz 1 i.V.m. Anlage 2 lfd. Nr. 16, 19, 20 (Zeichen 237, 240, 241) Spalte 3 Nummer 2 § 49 Absatz 3 Nummer 4	55 €

Lfd. Nr.	Tatbestand	Straßenverkehrs-Ordnung (StVO)	Regelsatz in Euro (€), Fahrverbot in Monaten
52a.1	– mit Behinderung	§ 12 Absatz 4 Satz 1, Absatz 4a § 1 Absatz 2 § 49 Absatz 1 Nummer 1, 12 § 41 Absatz 1 i.V.m. Anlage 2 lfd. Nr. 16, 19, 20 (Zeichen 237, 240, 241) Spalte 3 Nummer 2 § 1 Absatz 2 § 49 Absatz 1 Nummer 1, Absatz 3 Nummer 4	70 €
52a.2	länger als 1 Stunde	§ 12 Absatz 4 Satz 1, Absatz 4a § 49 Absatz 1 Nummer 12 § 41 Absatz 1 i.V.m. Anlage 2 lfd. Nr. 16, 19, 20 (Zeichen 237, 240, 241) Spalte 3 Nummer 2 § 49 Absatz 3 Nummer 4	70 €
52a.2.1	– mit Behinderung	§ 12 Absatz 4 Satz 1, Absatz 4a § 1 Absatz 2 § 49 Absatz 1 Nummer 1, 12 § 41 Absatz 1 i.V.m. Anlage 2 lfd. Nr. 16, 19, 20 (Zeichen 237, 240, 241) Spalte 3 Nummer 2 § 1 Absatz 2 § 49 Absatz 1 Nummer 1, Absatz 3 Nummer 4	80 €
52a.3	– mit Gefährdung		80 €
52a.4	– mit Sachbeschädigung		100 €
53	Vor oder in amtlich gekennzeichneten Feuerwehrzufahrten geparkt (§ 12 Absatz 2 StVO)	§ 12 Absatz 1 Nummer 5 § 49 Absatz 1 Nummer 12	55 €
53.1	und dadurch ein Rettungsfahrzeug im Einsatz behindert	§ 12 Absatz 1 Nummer 5 § 1 Absatz 2 § 49 Absatz 1 Nummer 1, 12	100 €
54	Unzulässig geparkt (§ 12 Absatz 2 StVO) in den in § 12 Absatz 3 Nummer 1 bis 5 genannten Fällen oder in den Fällen der Zeichen 201, 295, 296, 306, 314 mit Zusatzzeichen und 315 StVO	§ 12 Absatz 3 Nummer 1 bis 5 § 49 Absatz 1 Nummer 12 § 41 Absatz 1 i.V.m. Anlage 2 lfd. Nr. 1 (Zeichen 201) Spalte 3 Nummer 3, lfd. Nr. 68 (Zeichen 295) Spalte 3 Nummer 1d, lfd.	10 €

Lfd. Nr.	Tatbestand	Straßenverkehrs-Ordnung (StVO)	Regelsatz in Euro (€), Fahrverbot in Monaten
		Nr. 69 (Zeichen 296) Spalte 3 Nummer 2	
		§ 49 Absatz 3 Nummer 4	
		§ 42 Absatz 2 i.V.m. Anlage 3 lfd. Nr. 2 (Zeichen 306) Spalte 3 Satz 1, lfd. Nr. 7 (Zeichen 314 mit Zusatzzeichen) Spalte 3 Nummer 1, 2, lfd. Nr. 10 (Zeichen 315) Spalte 3 Nummer 1, 2	
		§ 49 Absatz 3 Nummer 5	
54.1	– mit Behinderung	§ 12 Absatz 3 Nummer 1 bis 5	15 €
		§ 1 Absatz 2	
		§ 49 Absatz 1 Nummer 1, 12	
		§ 41 Absatz 1 i.V.m. Anlage 2 lfd. Nr. 1 (Zeichen 201) Spalte 3 Nummer 3, lfd. Nr. 68 (Zeichen 295) Spalte 3 Nummer 1d, lfd. Nr. 69 (Zeichen 296) Spalte 3 Nummer 2	
		§ 1 Absatz 2	
		§ 49 Absatz 1 Nummer 1, Absatz 3 Nummer 4	
		§ 42 Absatz 2 i.V.m. Anlage 3 lfd. Nr. 2 (Zeichen 306) Spalte 3 Satz 1, lfd. Nr. 7 (Zeichen 314 mit Zusatzzeichen) Spalte 3 Nummer 1, 2, lfd. Nr. 10 (Zeichen 315) Spalte 3 Nummer 1, 2	
		§ 1 Absatz 2	
		§ 49 Absatz 1 Nummer 1, Absatz 3 Nummer 5	
54.2	länger als 3 Stunden	§ 12 Absatz 3 Nummer 1 bis 5	20 €
		§ 49 Absatz 1 Nummer 12	
		§ 41 Absatz 1 i.V.m. Anlage 2 lfd. Nr. 1 (Zeichen 201) Spalte 3 Nummer 3, lfd. Nr. 68 (Zeichen 295) Spalte 3 Nummer 1d, lfd. Nr. 69 (Zeichen 296) Spalte 3 Nummer 2	
		§ 49 Absatz 3 Nummer 4	
		§ 42 Absatz 2 i.V.m. Anlage 3 lfd. Nr. 2 (Zeichen 306) Spalte 3 Satz 1, lfd. Nr. 7 (Zeichen 314 mit	

Lfd. Nr.	Tatbestand	Straßenverkehrs-Ordnung (StVO)	Regelsatz in Euro (€), Fahrverbot in Monaten
		Zusatzzeichen) Spalte 3 Nummer 1, 2, lfd. Nr. 10 (Zeichen 315) Spalte 3 Nummer 1, 2 § 49 Absatz 3 Nummer 5	
54.2.1	– mit Behinderung	§ 12 Absatz 3 Nummer 1 bis 5 § 1 Absatz 2 § 49 Absatz 1 Nummer 1, 12 § 41 Absatz 1 i.V.m. Anlage 2 lfd. Nr. 1 (Zeichen 201) Spalte 3 Nummer 3, lfd. Nr. 68 (Zeichen 295) Spalte 3 Nummer 1d, lfd. Nr. 69 (Zeichen 296) Spalte 3 Nummer 2 § 1 Absatz 2 § 49 Absatz 1 Nummer 1, Absatz 3 Nummer 4 § 42 Absatz 2 i.V.m. Anlage 3 lfd. Nr. 2 (Zeichen 306) Spalte 3 Satz 1, lfd. Nr. 7 (Zeichen 314 mit Zusatzzeichen) Spalte 3 Nummer 1, 2, lfd. Nr. 10 (Zeichen 315) Spalte 3 Nummer 1, 2 § 1 Absatz 2 § 49 Absatz 1 Nummer 1, Absatz 3 Nummer 5	55 €
54.3	Unzulässig gehalten in den Fällen des Zeichens 245 auch in Verbindung mit dem Zeichen 299	§ 41 Absatz 1 i.V.m. Anlage 2 lfd. Nr. 25 (Zeichen 245) Spalte 3 Nummer 1 auch i.V.m. lfd. Nr. 73 (Zeichen 299) Spalte 3 Satz 1 § 49 Absatz 3 Nummer 4	55 €
54.3.1	– mit Behinderung	§ 41 Absatz 1 i.V.m. Anlage 2 lfd. Nr. 25 (Zeichen 245) Spalte 3 Nummer 1 auch i.V.m. lfd. Nr. 73 (Zeichen 299) Spalte 3 Satz 1 § 1 Absatz 2 § 49 Absatz 1 Nummer 1, Absatz 3 Nummer 4	70 €
54.3.2	– mit Gefährdung		80 €
54.3.3	– mit Sachbeschädigung		100 €
54.4	Unzulässig geparkt in den Fällen der Zeichen 224, 245 jeweils auch in Verbindung mit dem Zeichen 299	§ 41 Absatz 1 i.V.m. Anlage 2 lfd. Nr. 14 (Zeichen 224) Spalte 3 Satz 1, lfd. Nr. 25 (Zeichen 245),	55 €

Lfd. Nr.	Tatbestand	Straßenverkehrs-Ordnung (StVO)	Regelsatz in Euro (€), Fahrverbot in Monaten
		Spalte 3 Nummer 1 auch i.V.m. lfd. 73 (Zeichen 299) Spalte 3 Satz 1 § 49 Absatz 3 Nummer 4	
54.4.1	– mit Behinderung	§ 41 Absatz 1 i.V.m. Anlage 2 lfd. Nr. 14 (Zeichen 224) Spalte 3 Satz 1, lfd. Nr. 25 (Zeichen 245) Spalte 3 Nummer 1 auch i.V.m. lfd. Nr. 73 (Zeichen 299) Spalte 3 Satz 1 § 1 Absatz 2 § 49 Absatz 3 Nummer 4	70 €
54.4.2	– mit Gefährdung		80 €
54.4.3	– mit Sachbeschädigung		100 €
54.4.4	länger als 3 Stunden	§ 41 Absatz 1 i.V.m. Anlage 2 lfd. Nr. 14 (Zeichen 224) Spalte 3 Satz 1, lfd. Nr. 25 (Zeichen 245) Spalte 3 Nummer 1 auch i.V.m. lfd. Nr. 73 (Zeichen 299) Spalte 3 Satz 1 § 49 Absatz 3 Nummer 4	70 €
54.4.4.1	– mit Behinderung	§ 41 Absatz 1 i.V.m. Anlage 2 lfd. Nr. 14 (Zeichen 224) Spalte 3 Satz 1, lfd. Nr. 25 (Zeichen 245) Spalte 3 Nummer 1 auch i.V.m. lfd. Nr. 73 (Zeichen 299) Spalte 3 Satz 1 § 1 Absatz 2 § 49 Absatz 1 Nummer 1, Absatz 3 Nummer 4	80 €
54.4.4.2	– mit Gefährdung		80 €
54.4.4.3	– mit Sachbeschädigung		100 €
54a	Unzulässig auf Schutzstreifen für den Radverkehr (Zeichen 340) gehalten	§ 42 Absatz 2 i.V.m. Anlage 3 lfd. Nr. 22 (Zeichen 340) Spalte 3 Nummer 3 § 49 Absatz 3 Nummer 5	55 €
54a.1	– mit Behinderung	§ 42 Absatz 2 i.V.m. Anlage 3 lfd. Nr. 22 (Zeichen 340) Spalte 3 Nummer 3 § 1 Absatz 2 § 49 Absatz 1 Nummer 1, Absatz 3 Nummer 5	70 €
54a.2	– mit Gefährdung		80 €
54a.3	– mit Sachbeschädigung		100 €

Lfd. Nr.	Tatbestand	Straßenverkehrs-Ordnung (StVO)	Regelsatz in Euro (€), Fahrverbot in Monaten
55	Unberechtigt auf Schwerbehinderten-Parkplatz geparkt (§ 12 Absatz 2 StVO)	§ 42 Absatz 2 i.V.m. Anlage 3 lfd. Nr. 7 (Zeichen 314) Spalte 3 Nummer 1, 2d, lfd. Nr. 10 (Zeichen 315) Spalte 3 Nummer 1 Satz 2, Nummer 2d § 49 Absatz 3 Nummer 5	55 €
55a	Unberechtigt auf einem Parkplatz für elektrisch betriebene Fahrzeuge geparkt (§ 12 Absatz 2 StVO; Zeichen 314, 315)	§ 42 Absatz 2 i.V.m. Anlage 3 lfd. Nr. 7 (Zeichen 314 mit Zusatzzeichen 1010-66) Spalte 3 Nummer 1, 3a, lfd. Nr. 10 (Zeichen 315 mit Zusatzzeichen 1010-66) Spalte 3 Nummer 1 Satz 2, Nummer 3a § 49 Absatz 3 Nummer 5	55 €
55b	Unberechtigt auf einem Parkplatz für Carsharingfahrzeuge geparkt (§ 12 Absatz 2 StVO; Zeichen 314, 315)	§ 42 Absatz 2 i.V.m. Anlage 3 lfd. Nr. 7 (Zeichen 314 mit Zusatzzeichen 1010-70) Spalte 3 Nummer 1, 4a, lfd. Nr. 10 (Zeichen 315 mit Zusatzzeichen 1010-70) Spalte 3 Nummer 1 Satz 2, Nummer 4a § 49 Absatz 3 Nummer 5	55 €
56	In einem nach § 12 Absatz 3a Satz 1 StVO geschützten Bereich während nicht zugelassener Zeiten mit einem Kraftfahrzeug über 7,5 t zulässiger Gesamtmasse oder einem Kraftfahrzeuganhänger über 2 t zulässiger Gesamtmasse regelmäßig geparkt (§ 12 Absatz 2 StVO)	§ 12 Absatz 3a Satz 1 § 49 Absatz 1 Nummer 12	30 €
57	Mit Kraftfahrzeuganhänger ohne Zugfahrzeug länger als zwei Wochen geparkt (§ 12 Absatz 2 StVO)	§ 12 Absatz 3b Satz 1 § 49 Absatz 1 Nummer 12	20 €
58	In „zweiter Reihe" geparkt (§ 12 Absatz 2 StVO)	§ 12 Absatz 4 Satz 1 § 49 Absatz 1 Nummer 12	55 €
58.1	– mit Behinderung	§ 12 Absatz 4 Satz 1 § 1 Absatz 2 § 49 Absatz 1 Nummer 1, 12	80 €
58.1.1	– mit Gefährdung		90 €
58.1.2	– mit Sachbeschädigung		110 €
58.2	länger als 15 Minuten	§ 12 Absatz 4 Satz 1 § 49 Absatz 1 Nummer 12	85 €
58.2.1	– mit Behinderung	§ 12 Absatz 4 Satz 1 § 1 Absatz 2 § 49 Absatz 1 Nummer 1, 12	90 €

Lfd. Nr.	Tatbestand	Straßenverkehrs-Ordnung (StVO)	Regelsatz in Euro (€), Fahrverbot in Monaten
59	Im Fahrraum von Schienenfahrzeugen gehalten	§ 12 Absatz 4 Satz 5 § 49 Absatz 1 Nummer 12	20 €
59.1	– mit Behinderung	§ 12 Absatz 4 Satz 5 § 1 Absatz 2 § 49 Absatz 1 Nummer 1, 12	30 €
60	Im Fahrraum von Schienenfahrzeugen geparkt (§ 12 Absatz 2 StVO)	§ 12 Absatz 4 Satz 5 § 49 Absatz 1 Nummer 12	55 €
60.1	– mit Behinderung	§ 12 Absatz 4 Satz 5 § 1 Absatz 2 § 49 Absatz 1 Nummer 1, 12	70 €
61	Vorrang des Berechtigten beim Einparken in eine Parklücke nicht beachtet	§ 12 Absatz 5 § 49 Absatz 1 Nummer 12	10 €
62	Nicht Platz sparend gehalten oder geparkt (§ 12 Absatz 2 StVO)	§ 12 Absatz 6 § 49 Absatz 1 Nummer 12	10 €
	Einrichtungen zur Überwachung der Parkzeit		
63	An einer abgelaufenen Parkuhr, ohne vorgeschriebene Parkscheibe, ohne Parkschein oder unter Überschreiten der erlaubten Höchstparkdauer geparkt (§ 12 Absatz 2 StVO)	§ 13 Absatz 1, 2 § 49 Absatz 1 Nummer 13	20 €
63.1	bis zu 30 Minuten		20 €
63.2	bis zu 1 Stunde		25 €
63.3	bis zu 2 Stunden		30 €
63.4	bis zu 3 Stunden		35 €
63.5	länger als 3 Stunden		40 €
	Sorgfaltspflichten beim Ein- und Aussteigen		
64	Beim Ein- oder Aussteigen einen anderen Verkehrsteilnehmer gefährdet	§ 14 Absatz 1 § 49 Absatz 1 Nummer 14	40 €
64.1	– mit Sachbeschädigung	§ 14 Absatz 1 § 1 Absatz 2 § 49 Absatz 1 Nummer 1, 14	50 €
65	Fahrzeug verlassen, ohne die nötigen Maßnahmen getroffen zu haben, um Unfälle oder Verkehrsstörungen zu vermeiden	§ 14 Absatz 2 Satz 1 § 49 Absatz 1 Nummer 14	15 €
65.1	– mit Sachbeschädigung	§ 14 Absatz 2 Satz 1 § 1 Absatz 2 § 49 Absatz 1 Nummer 1, 14	25 €
	Liegenbleiben von Fahrzeugen		
66	Liegen gebliebenes mehrspuriges Fahrzeug nicht oder nicht wie vorgeschrieben abge-	§ 15, auch i.V.m. § 17 Absatz 4 Satz 1, 3 § 1 Absatz 2	60 €

Lfd. Nr.	Tatbestand	Straßenverkehrs-Ordnung (StVO)	Regelsatz in Euro (€), Fahrverbot in Monaten
	sichert, beleuchtet oder kenntlich gemacht und dadurch einen Anderen gefährdet	§ 49 Absatz 1 Nummer 1, 15	
	Abschleppen von Fahrzeugen		
67	Beim Abschleppen eines auf der Autobahn liegen gebliebenen Fahrzeugs die Autobahn nicht bei der nächsten Ausfahrt verlassen oder mit einem außerhalb der Autobahn liegen gebliebenen Fahrzeug in die Autobahn eingefahren	§ 15a Absatz 1, 2 § 49 Absatz 1 Nummer 15a	20 €
68	Während des Abschleppens Warnblinklicht nicht eingeschaltet	§ 15a Absatz 3 § 49 Absatz 1 Nummer 15a	5 €
69	Kraftrad abgeschleppt	§ 15a Absatz 4 § 49 Absatz 1 Nummer 15a	10 €
	Warnzeichen		
70	Missbräuchlich Schall- oder Leuchtzeichen gegeben und dadurch einen Anderen belästigt oder Schallzeichen gegeben, die aus einer Folge verschieden hoher Töne bestehen	§ 16 Absatz 1, 3 § 1 Absatz 2 § 49 Absatz 1 Nummer 1, 16	10 €
71	Einen Omnibus des Linienverkehrs oder einen gekennzeichneten Schulbus geführt und Warnblinklicht bei Annäherung an eine Haltestelle oder für die Dauer des Ein- und Aussteigens der Fahrgäste entgegen der straßenverkehrsbehördlichen Anordnung nicht eingeschaltet	§ 16 Absatz 2 Satz 1 § 49 Absatz 1 Nummer 16	10 €
72	Warnblinklicht missbräuchlich eingeschaltet	§ 16 Absatz 2 Satz 2 § 49 Absatz 1 Nummer 16	5 €
	Beleuchtung		
73	Vorgeschriebene Beleuchtungseinrichtungen nicht oder nicht vorschriftsmäßig benutzt, obwohl die Sichtverhältnisse es erforderten, oder nicht rechtzeitig abgeblendet oder Beleuchtungseinrichtungen in verdecktem oder beschmutztem Zustand benutzt	§ 17 Absatz 1, 2 Satz 3, Absatz 3 Satz 2, 5, Absatz 6 § 49 Absatz 1 Nummer 17	20 €
73.1	– mit Gefährdung	§ 17 Absatz 1, 2 Satz 3, Absatz 3 Satz 2, 5, Absatz 6 § 1 Absatz 2 § 49 Absatz 1 Nummer 1, 17	25 €
73.2	– mit Sachbeschädigung		35 €
74	Nur mit Standlicht oder auf einer Straße mit durchgehender, ausreichender Beleuchtung mit Fernlicht gefahren oder mit einem Kraftrad am Tage nicht mit Abblendlicht oder eingeschalteten Tagfahrleuchten gefahren	§ 17 Absatz 2 Satz 1, 2, Absatz 2a § 49 Absatz 1 Nummer 17	10 €
74.1	– mit Gefährdung	§ 17 Absatz 2 Satz 1, 2, Absatz 2a § 1 Absatz 2 § 49 Absatz 1 Nummer 1, 17	15 €
74.2	– mit Sachbeschädigung		35 €

Lfd. Nr.	Tatbestand	Straßenverkehrs-Ordnung (StVO)	Regelsatz in Euro (€), Fahrverbot in Monaten
75	Bei erheblicher Sichtbehinderung durch Nebel, Schneefall oder Regen innerhalb geschlossener Ortschaften am Tage nicht mit Abblendlicht gefahren	§ 17 Absatz 3 Satz 1 § 49 Absatz 1 Nummer 17	25 €
75.1	– mit Sachbeschädigung	§ 17 Absatz 3 Satz 1 § 1 Absatz 2 § 49 Absatz 1 Nummer 1, 17	35 €
76	Bei erheblicher Sichtbehinderung durch Nebel, Schneefall oder Regen außerhalb geschlossener Ortschaften am Tage nicht mit Abblendlicht gefahren	§ 17 Absatz 3 Satz 1 § 49 Absatz 1 Nummer 17	60 €
77	Haltendes mehrspuriges Fahrzeug nicht oder nicht wie vorgeschrieben beleuchtet oder kenntlich gemacht	§ 17 Absatz 4 Satz 1, 3 § 49 Absatz 1 Nummer 17	20 €
77.1	– mit Sachbeschädigung	§ 17 Absatz 4 Satz 1, 3 § 1 Absatz 2 § 49 Absatz 1 Nummer 1, 17	35 €
	Autobahnen und Kraftfahrstraßen		
78	Autobahn oder Kraftfahrstraße mit einem Fahrzeug benutzt, dessen durch die Bauart bestimmte Höchstgeschwindigkeit weniger als 60 km/h betrug oder dessen zulässige Höchstabmessungen zusammen mit der Ladung überschritten waren, soweit die Gesamthöhe nicht mehr als 4,20 m betrug	§ 18 Absatz 1 § 49 Absatz 1 Nummer 18	20 €
79	Autobahn oder Kraftfahrstraße mit einem Fahrzeug benutzt, dessen Höhe zusammen mit der Ladung mehr als 4,20 m betrug	§ 18 Absatz 1 Satz 2 § 49 Absatz 1 Nummer 18	70 €
80	An dafür nicht vorgesehener Stelle eingefahren	§ 18 Absatz 2 § 49 Absatz 1 Nummer 18	25 €
80.1	– mit Gefährdung	§ 18 Absatz 2 § 1 Absatz 2 § 49 Absatz 1 Nummer 1, 18	75 €
(81)	(aufgehoben)		
82	Beim Einfahren Vorfahrt auf der durchgehenden Fahrbahn nicht beachtet	§ 18 Absatz 3 § 49 Absatz 1 Nummer 18	75 €
83	Gewendet, rückwärts oder entgegen der Fahrtrichtung gefahren	§ 18 Absatz 7 § 2 Absatz 1 § 49 Absatz 1 Nummer 2, 18	
83.1	in einer Ein- oder Ausfahrt		75 €
83.2	auf der Nebenfahrbahn oder dem Seitenstreifen		130 €
83.3	auf der durchgehenden Fahrbahn		200 € **Fahrverbot 1 Monat**

Lfd. Nr.	Tatbestand	Straßenverkehrs-Ordnung (StVO)	Regelsatz in Euro (€), Fahrverbot in Monaten
84	Auf einer Autobahn oder Kraftfahrstraße gehalten	§ 18 Absatz 8 § 49 Absatz 1 Nummer 18	30 €
85	Auf einer Autobahn oder Kraftfahrstraße geparkt (§ 12 Absatz 2 StVO)	§ 18 Absatz 8 § 49 Absatz 1 Nummer 18	70 €
86	Als zu Fuß Gehender Autobahn betreten oder Kraftfahrstraße an dafür nicht vorgesehener Stelle betreten	§ 18 Absatz 9 § 49 Absatz 1 Nummer 18	10 €
87	An dafür nicht vorgesehener Stelle ausgefahren	§ 18 Absatz 10 § 49 Absatz 1 Nummer 18	25 €
87a	Mit einem Lastkraftwagen über 7,5 t zulässiger Gesamtmasse, einschließlich Anhänger, oder einer Zugmaschine den äußerst linken Fahrstreifen bei Schneeglätte oder Glatteis oder, obwohl die Sichtweite durch erheblichen Schneefall oder Regen auf 50 m oder weniger eingeschränkt ist, benutzt	§ 18 Absatz 11 § 49 Absatz 1 Nummer 18	80 €
88	Seitenstreifen zum Zweck des schnelleren Vorwärtskommens benutzt	§ 2 Absatz 1 § 49 Absatz 1 Nummer 2	75 €
	Bahnübergänge		
89	Mit einem Fahrzeug den Vorrang eines Schienenfahrzeugs nicht beachtet	§ 19 Absatz 1 Satz 1 § 49 Absatz 1 Nummer 19 Buchstabe a	80 €
89a	Kraftfahrzeug an einem Bahnübergang (Zeichen 151, 156 bis einschließlich Kreuzungsbereich von Schiene und Straße) unzulässig überholt	§ 19 Absatz 1 Satz 3 § 49 Absatz 1 Nummer 19 Buchstabe a	70 €
89b	Bahnübergang unter Verstoß gegen die Wartepflicht nach § 19 Absatz 2 StVO überquert		
89b.1	in den Fällen des § 19 Absatz 2 Satz 1 Nummer 1 StVO	§ 19 Absatz 2 Satz 1 Nummer 1 § 49 Absatz 1 Nummer 19 Buchstabe a	80 €
89b.2	in den Fällen des § 19 Absatz 2 Satz 1 Nummer 2 bis 5 StVO (außer bei geschlossener Schranke)	§ 19 Absatz 2 Satz 1 Nummer 2 bis 5 § 49 Absatz 1 Nummer 19 Buchstabe a	240 € **Fahrverbot 1 Monat**
90	Vor einem Bahnübergang Wartepflichten verletzt	§ 19 Absatz 2 bis 5 § 49 Absatz 1 Nummer 19 Buchstabe a	10 €
	Öffentliche Verkehrsmittel und Schulbusse		
91	An einem Omnibus des Linienverkehrs, einer Straßenbahn oder einem gekennzeichneten Schulbus nicht mit Schrittgeschwindigkeit rechts vorbeigefahren, obwohl diese an einer Haltestelle (Zeichen 224) hielten und Fahrgäste ein- oder ausstiegen (soweit nicht von Nummer 11 erfasst)	§ 20 Absatz 2 Satz 1 § 49 Absatz 1 Nummer 19 Buchstabe b	15 €
92	An einer Haltestelle (Zeichen 224) an einem haltenden Omnibus des Linienverkehrs, einer haltenden Straßenbahn oder einem haltenden		

Lfd. Nr.	Tatbestand	Straßenverkehrs-Ordnung (StVO)	Regelsatz in Euro (€), Fahrverbot in Monaten
	gekennzeichneten Schulbus nicht mit Schrittgeschwindigkeit oder ohne ausreichenden Abstand rechts vorbeigefahren oder nicht gewartet, obwohl dies nötig war und Fahrgäste ein- oder ausstiegen, und dadurch einen Fahrgast		
92.1	behindert	§ 20 Absatz 2 § 49 Absatz 1 Nummer 19 Buchstabe b	60 €, soweit sich nicht aus Nummer 11 ein höherer Regelsatz ergibt
92.2	gefährdet	§ 20 Absatz 2 Satz 1, 3 § 1 Absatz 2 § 49 Absatz 1 Nummer 1, 19 Buchstabe b	70 €, soweit sich nicht aus Nummer 11, auch i.V.m. Tabelle 4, ein höherer Regelsatz ergibt
93	Omnibus des Linienverkehrs oder gekennzeichneten Schulbus, der sich mit eingeschaltetem Warnblinklicht einer Haltestelle (Zeichen 224) nähert, überholt	§ 20 Absatz 3 § 49 Absatz 1 Nummer 19 Buchstabe b	60 €
94	An einem Omnibus des Linienverkehrs oder einem gekennzeichneten Schulbus nicht mit Schrittgeschwindigkeit vorbeigefahren, obwohl dieser an einer Haltestelle (Zeichen 224) hielt und Warnblinklicht eingeschaltet hatte (soweit nicht von Nummer 11 erfasst)	§ 20 Absatz 4 Satz 1, 2 § 49 Absatz 1 Nummer 19 Buchstabe b	15 €
95	An einem Omnibus des Linienverkehrs oder einem gekennzeichneten Schulbus, die an einer Haltestelle (Zeichen 224) hielten und Warnblinklicht eingeschaltet hatten, nicht mit Schrittgeschwindigkeit oder ohne ausreichendem Abstand vorbeigefahren oder nicht gewartet, obwohl dies nötig war, und dadurch einen Fahrgast		
95.1	behindert	§ 20 Absatz 4 § 49 Absatz 1 Nummer 19 Buchstabe b	60 €, soweit sich nicht aus Nummer 11 ein höherer Regelsatz ergibt
95.2	gefährdet	§ 20 Absatz 4 Satz 1, 2, 4 § 1 Absatz 2 § 49 Absatz 1 Nummer 1, 19 Buchstabe b	70 €, soweit sich nicht aus Nummer 11, auch i.V.m. Tabelle 4, ein höherer Regelsatz ergibt

Lfd. Nr.	Tatbestand	Straßenverkehrs-Ordnung (StVO)	Regelsatz in Euro (€), Fahrverbot in Monaten
96	Einem Omnibus des Linienverkehrs oder einem Schulbus das Abfahren von einer gekennzeichneten Haltestelle nicht ermöglicht	§ 20 Absatz 5 § 49 Absatz 1 Nummer 19 Buchstabe b	5 €
96.1	– mit Gefährdung	§ 20 Absatz 5 § 1 Absatz 2 § 49 Absatz 1 Nummer 1, 19 Buchstabe b	20 €
96.2	– mit Sachbeschädigung		30 €
	Personenbeförderung, Sicherungspflichten		
97	Gegen eine Vorschrift über die Mitnahme von Personen auf oder in Fahrzeugen verstoßen	§ 21 Absatz 1, 2, 3 § 49 Absatz 1 Nummer 20	5 €
98	Ein Kind mitgenommen, ohne für die vorschriftsmäßige Sicherung zu sorgen (außer in KOM über 3,5 t zulässige Gesamtmasse)	§ 21 Absatz 1a Satz 1 § 21a Absatz 1 Satz 1 § 49 Absatz 1 Nummer 20, 20a	
98.1	bei einem Kind		30 €
98.2	bei mehreren Kindern		35 €
99	Ein Kind ohne Sicherung mitgenommen oder nicht für eine Sicherung eines Kindes in einem Kfz gesorgt (außer in Kraftomnibus über 3,5 t zulässige Gesamtmasse) oder beim Führen eines Kraftrades ein Kind befördert, obwohl es keinen Schutzhelm trug	§ 21 Absatz 1a Satz 1 § 21a Absatz 1 Satz 1, Absatz 2 § 49 Absatz 1 Nummer 20, 20a	
99.1	bei einem Kind		60 €
99.2	bei mehreren Kindern		70 €
100	Vorgeschriebenen Sicherheitsgurt während der Fahrt nicht angelegt	§ 21a Absatz 1 Satz 1 § 49 Absatz 1 Nummer 20a	30 €
100.1	Vorgeschriebenes Rollstuhl-Rückhaltesystem oder Rollstuhlnutzer-Rückhaltesystem während der Fahrt nicht angelegt	§ 21a Absatz 1 Satz 1 § 49 Absatz 1 Nummer 20a	30 €
101	Während der Fahrt keinen geeigneten Schutzhelm getragen	§ 21a Absatz 2 Satz 1 § 49 Absatz 1 Nummer 20a	15 €
	Ladung		
102	Ladung oder Ladeeinrichtung nicht so verstaut oder gesichert, dass sie selbst bei Vollbremsung oder plötzlicher Ausweichbewegung nicht verrutschen, umfallen, hin- und herrollen oder herabfallen können		
102.1	bei Lastkraftwagen oder Kraftomnibussen bzw. ihren Anhängern	§ 22 Absatz 1 § 49 Absatz 1 Nummer 21	60 €
102.1.1	– mit Gefährdung	§ 22 Absatz 1 § 1 Absatz 2 § 49 Absatz 1 Nummer 1, 21	75 €
102.2	bei anderen als in Nummer 102.1 genannten Kraftfahrzeugen bzw. ihren Anhängern	§ 22 Absatz 1 § 49 Absatz 1 Nummer 21	35 €

Lfd. Nr.	Tatbestand	Straßenverkehrs-Ordnung (StVO)	Regelsatz in Euro (€), Fahrverbot in Monaten
102.2.1	– mit Gefährdung	§ 22 Absatz 1 § 1 Absatz 2 § 49 Absatz 1 Nummer 1, 21	60 €
103	Ladung oder Ladeeinrichtung nicht so verstaut oder gesichert, dass sie keinen vermeidbaren Lärm erzeugen können	§ 22 Absatz 1 § 49 Absatz 1 Nummer 21	10 €
104	Fahrzeug geführt, dessen Höhe zusammen mit der Ladung mehr als 4,20 m betrug	§ 22 Absatz 2 Satz 1 § 49 Absatz 1 Nummer 21	60 €
105	Fahrzeug geführt, das zusammen mit der Ladung eine der höchstzulässigen Abmessungen überschritt, soweit die Gesamthöhe nicht mehr als 4,20 m betrug, oder dessen Ladung unzulässig über das Fahrzeug hinausragte	§ 22 Absatz 2, 3, 4 Satz 1, 2, Absatz 5 Satz 2 § 49 Absatz 1 Nummer 21	20 €
106	Vorgeschriebene Sicherungsmittel nicht oder nicht ordnungsgemäß angebracht	§ 22 Absatz 4 Satz 3 bis 5, Absatz 5 Satz 1 § 49 Absatz 1 Nummer 21	25 €
	Sonstige Pflichten von Fahrzeugführenden		
107	Beim Führen eines Fahrzeugs nicht dafür gesorgt, dass		
107.1	seine Sicht oder das Gehör durch die Besetzung, Tiere, die Ladung, ein Gerät oder den Zustand des Fahrzeugs nicht beeinträchtigt waren	§ 23 Absatz 1 Satz 1 § 49 Absatz 1 Nummer 22	10 €
107.2	das Fahrzeug, der Zug, das Gespann, die Ladung oder die Besetzung vorschriftsmäßig waren oder die Verkehrssicherheit des Fahrzeugs durch die Ladung oder die Besetzung nicht litt	§ 23 Absatz 1 Satz 2 § 49 Absatz 1 Nummer 22	25 €
107.3	die vorgeschriebenen Kennzeichen stets gut lesbar waren	§ 23 Absatz 1 Satz 3 § 49 Absatz 1 Nummer 22	5 €
107.4	an einem Kraftfahrzeug, an dessen Anhänger oder an einem Fahrrad die vorgeschriebene Beleuchtungseinrichtung auch am Tage vorhanden oder betriebsbereit war	§ 23 Absatz 1 Satz 4 § 49 Absatz 1 Nummer 22	20 €
107.4.1	– mit Gefährdung	§ 23 Absatz 1 Satz 4 § 1 Absatz 2 § 49 Absatz 1 Nummer 1, 22	25 €
107.4.2	– mit Sachbeschädigung		35 €
108	Beim Führen eines Fahrzeugs nicht dafür gesorgt, dass das Fahrzeug, der Zug, das Gespann, die Ladung oder die Besetzung vorschriftsmäßig waren, wenn dadurch die Verkehrssicherheit wesentlich beeinträchtigt war oder die Verkehrssicherheit des Fahrzeugs durch die Ladung oder die Besetzung wesentlich litt	§ 23 Absatz 1 Satz 2 § 49 Absatz 1 Nummer 22	80 €
109	Nicht sichergestellt, dass ein vorgeschriebenes Notbremsassistenzsystem eingeschaltet ist	§ 23 Absatz 1d § 49 Absatz 1 Nummer 22	100 €

Lfd. Nr.	Tatbestand	Straßenverkehrs-Ordnung (StVO)	Regelsatz in Euro (€), Fahrverbot in Monaten
(109a)	(aufgehoben)		
110	Fahrzeug, Zug oder Gespann nicht auf dem kürzesten Weg aus dem Verkehr gezogen, obwohl unterwegs die Verkehrssicherheit wesentlich beeinträchtigende Mängel aufgetreten waren, die nicht alsbald beseitigt werden konnten	§ 23 Absatz 2 Halbsatz 1 § 49 Absatz 1 Nummer 22	10 €
	Fußgänger		
111	Trotz vorhandenen Gehwegs oder Seitenstreifens auf der Fahrbahn oder außerhalb geschlossener Ortschaften nicht am linken Fahrbahnrand gegangen	§ 25 Absatz 1 Satz 2, 3 Halbsatz 2 § 49 Absatz 1 Nummer 24 Buchstabe a	5 €
112	Fahrbahn ohne Beachtung des Fahrzeugverkehrs oder nicht zügig auf dem kürzesten Weg quer zur Fahrtrichtung oder an nicht vorgesehener Stelle überschritten	§ 25 Absatz 3 Satz 1 § 49 Absatz 1 Nummer 24 Buchstabe a	
112.1	– mit Gefährdung	§ 25 Absatz 3 Satz 1 § 1 Absatz 2 § 49 Absatz 1 Nummer 1, 24 Buchstabe a	5 €
112.2	– mit Sachbeschädigung		10 €
	Fußgängerüberweg		
113	An einem Fußgängerüberweg, den zu Fuß Gehende oder Fahrende von Krankenfahrstühlen oder Rollstühlen erkennbar benutzen wollten, das Überqueren der Fahrbahn nicht ermöglicht oder nicht mit mäßiger Geschwindigkeit herangefahren oder an einem Fußgängerüberweg überholt	§ 26 Absatz 1, 3 § 49 Absatz 1 Nummer 24 Buchstabe b	80 €
114	Bei stockendem Verkehr auf einen Fußgängerüberweg gefahren	§ 26 Absatz 2 § 49 Absatz 1 Nummer 24 Buchstabe b	5 €
	Übermäßige Straßenbenutzung		
115	Als Veranstalter erlaubnispflichtige Veranstaltung ohne Erlaubnis durchgeführt	§ 29 Absatz 2 Satz 1 § 49 Absatz 2 Nummer 6	40 €
116	Ohne Erlaubnis ein Fahrzeug oder einen Zug geführt, dessen Abmessungen, Achslasten oder Gesamtmasse die gesetzlich allgemein zugelassenen Grenzen tatsächlich überschritten oder dessen Bauart dem Fahrzeugführenden kein ausreichendes Sichtfeld ließ	§ 29 Absatz 3 § 49 Absatz 2 Nummer 7	60 €
	Umweltschutz		
117	Bei Benutzung eines Fahrzeugs unnötigen Lärm oder vermeidbare Abgasbelästigungen verursacht	§ 30 Absatz 1 Satz 1, 2 § 49 Absatz 1 Nummer 25	80 €
118	Innerhalb einer geschlossenen Ortschaft unnütz hin- und hergefahren und dadurch Andere belästigt	§ 30 Absatz 1 Satz 3 § 49 Absatz 1 Nummer 25	100 €
	Sonn- und Feiertagsfahrverbot		
119	Verbotswidrig an einem Sonntag oder Feiertag gefahren	§ 30 Absatz 3 Satz 1 § 49 Absatz 1 Nummer 25	120 €

Lfd. Nr.	Tatbestand	Straßenverkehrs-Ordnung (StVO)	Regelsatz in Euro (€), Fahrverbot in Monaten
120	Als Halter das verbotswidrige Fahren an einem Sonntag oder Feiertag angeordnet oder zugelassen	§ 30 Absatz 3 Satz 1 § 49 Absatz 1 Nummer 25	570 €
	Inline-Skaten und Rollschuhfahren		
120a	Beim Inline-Skaten oder Rollschuhfahren Fahrbahn, Seitenstreifen oder Radweg unzulässig benutzt oder bei durch Zusatzzeichen erlaubtem Inline-Skaten und Rollschuhfahren sich nicht mit äußerster Vorsicht und unter besonderer Rücksichtnahme auf den übrigen Verkehr am rechten Rand in Fahrtrichtung bewegt oder Fahrzeugen das Überholen nicht ermöglicht	§ 31 Absatz 1 Satz 1, Absatz 2 Satz 3 § 49 Absatz 1 Nummer 26	10 €
120a.1	– mit Behinderung	§ 31 Absatz 1 Satz 1, Absatz 2 Satz 3 § 1 Absatz 2 § 49 Absatz 1 Nummer 1, 26	15 €
120a.2	– mit Gefährdung		20 €
	Verkehrshindernisse		
121	Straße beschmutzt oder benetzt, obwohl dadurch der Verkehr gefährdet oder erschwert werden konnte	§ 32 Absatz 1 Satz 1 § 49 Absatz 1 Nummer 27	10 €
122	Verkehrswidrigen Zustand nicht oder nicht rechtzeitig beseitigt oder nicht ausreichend kenntlich gemacht	§ 32 Absatz 1 Satz 2 § 49 Absatz 1 Nummer 27	10 €
123	Gegenstand auf eine Straße gebracht oder dort liegen gelassen, obwohl dadurch der Verkehr gefährdet oder erschwert werden konnte	§ 32 Absatz 1 Satz 1 § 49 Absatz 1 Nummer 27	60 €
124	Gefährliches Gerät nicht wirksam verkleidet	§ 32 Absatz 2 § 49 Absatz 1 Nummer 27	5 €
	Unfall		
125	Als an einem Unfall beteiligte Person den Verkehr nicht gesichert oder bei geringfügigem Schaden nicht unverzüglich beiseite gefahren	§ 34 Absatz 1 Nummer 2 § 49 Absatz 1 Nummer 29	30 €
125.1	– mit Sachbeschädigung	§ 34 Absatz 1 Nummer 2 § 1 Absatz 2 § 49 Absatz 1 Nummer 1, 29	35 €
126	Unfallspuren beseitigt, bevor die notwendigen Feststellungen getroffen worden waren	§ 34 Absatz 3 § 49 Absatz 1 Nummer 29	30 €
	Warnkleidung		
127	Bei Arbeiten außerhalb von Gehwegen oder Absperrungen keine auffällige Warnkleidung getragen	§ 35 Absatz 6 Satz 4 § 49 Absatz 4 Nummer 1a	5 €
	Zeichen und Weisungen der Polizeibeamten		
128	Weisung eines Polizeibeamten nicht befolgt	§ 36 Absatz 1 Satz 1, Absatz 3, Absatz 5 Satz 4 § 49 Absatz 3 Nummer 1	20 €

Lfd. Nr.	Tatbestand	Straßenverkehrs-Ordnung (StVO)	Regelsatz in Euro (€), Fahrverbot in Monaten
128a	Weisung eines Transportbegleiters bei einem Großraum- oder Schwertransport nicht befolgt	§ 36a Satz 1, § 49 Absatz 3 Nummer 1	20 €
129	Zeichen oder Haltgebot eines Polizeibeamten nicht befolgt	§ 36 Absatz 1 Satz 1, Absatz 2, Absatz 4, Absatz 5 Satz 4 § 49 Absatz 3 Nummer 1	70 €
129a	Zeichen eines Transportbegleiters bei einem Großraum- oder Schwertransport nicht befolgt	§ 36a Satz 1, § 49 Absatz 3 Nummer 1	70 €
	Wechsellichtzeichen, Dauerlichtzeichen und Grünpfeil		
130	Beim zu Fuß gehen rotes Wechsellichtzeichen nicht befolgt oder den Weg beim Überschreiten der Fahrbahn beim Wechsel von Grün auf Rot nicht zügig fortgesetzt	§ 37 Absatz 2 Nummer 1 Satz 7, Nummer 2, 5 Satz 3 § 49 Absatz 3 Nummer 2	5 €
130.1	– mit Gefährdung	§ 37 Absatz 2 Nummer 1 Satz 7, Nummer 2, 5 Satz 3 § 1 Absatz 2 § 49 Absatz 1 Nummer 1, Absatz 3 Nummer 2	5 €
130.2	– mit Sachbeschädigung		10 €
131	Beim Rechtsabbiegen mit Grünpfeil		
131.1	aus einem anderen als dem rechten Fahrstreifen abgebogen	§ 37 Absatz 2 Nummer 1 Satz 9 § 49 Absatz 3 Nummer 2	15 €
131.2	den Fahrzeugverkehr der freigegebenen Verkehrsrichtungen, ausgenommen den Fahrradverkehr auf Radwegfurten, behindert	§ 37 Absatz 2 Nummer 1 Satz 12 § 49 Absatz 3 Nummer 2	35 €
132	Als Kfz-Führer in anderen als den Fällen des Rechtsabbiegens mit Grünpfeil rotes Wechsellichtzeichen oder rotes Dauerlichtzeichen nicht befolgt	§ 37 Absatz 2 Nummer 1 Satz 7, 13, Nummer 2, Absatz 3 Satz 1, 2 § 49 Absatz 3 Nummer 2	90 €
132.1	– mit Gefährdung	§ 37 Absatz 2 Nummer 1 Satz 7, 13, Nummer 2, Absatz 3 Satz 1, 2 § 1 Absatz 2 § 49 Absatz 1 Nummer 1, Absatz 3 Nummer 2	200 € **Fahrverbot 1 Monat**
132.2	– mit Sachbeschädigung		240 € **Fahrverbot 1 Monat**
132.3	bei schon länger als 1 Sekunde andauernder Rotphase eines Wechsellichtzeichens	§ 37 Absatz 2 Nummer 1 Satz 7, 13, Nummer 2 § 49 Absatz 3 Nummer 2	200 € **Fahrverbot 1 Monat**
132.3.1	– mit Gefährdung	§ 37 Absatz 2 Nummer 1 Satz 7, 13, Nummer 2 § 1 Absatz 2 § 49 Absatz 1 Nummer 1, Absatz 3 Nummer 2	320 € **Fahrverbot 1 Monat**

Lfd. Nr.	Tatbestand	Straßenverkehrs-Ordnung (StVO)	Regelsatz in Euro (€), Fahrverbot in Monaten
132.3.2	– mit Sachbeschädigung		360 € **Fahrverbot 1 Monat**
132a	Als Radfahrer oder Fahrer eines Elektrokleinstfahrzeugs in anderen als den Fällen des Rechtsabbiegens mit Grünpfeil rotes Wechsellichtzeichen oder rotes Dauerlichtzeichen nicht befolgt	§ 37 Absatz 2 Nummer 1 Satz 7, 13, Nummer 2, Absatz 3 Satz 1, 2 § 49 Absatz 3 Nummer 2	60 €
132a.1	– mit Gefährdung	§ 37 Absatz 2 Nummer 1 Satz 7, 13, Nummer 2, Absatz 3 Satz 1, 2	100 €
132a.2	– mit Sachbeschädigung	§ 1 Absatz 2 § 49 Absatz 1 Nummer 1, Absatz 3 Nummer 2	120 €
132a.3	bei schon länger als 1 Sekunde andauernder Rotphase eines Wechsellichtzeichens	§ 37 Absatz 2 Nummer 1 Satz 7, 13, Nummer 2 § 49 Absatz 3 Nummer 2	100 €
132a.3.1	– mit Gefährdung	§ 37 Absatz 2 Nummer 1 Satz 7, 13, Nummer 2 § 1 Absatz 2	160 €
132a.3.2	– mit Sachbeschädigung	§ 49 Absatz 1 Nummer 1, Absatz 3 Nummer 2	180 €
133	Beim Rechtsabbiegen mit Grünpfeil		
133.1	vor dem Rechtsabbiegen nicht angehalten	§ 37 Absatz 2 Nummer 1 Satz 7 § 49 Absatz 3 Nummer 2	70 €
133.2	den Fahrzeugverkehr der freigegebenen Verkehrsrichtungen, ausgenommen den Fahrradverkehr auf Radwegfurten, gefährdet	§ 37 Absatz 2 Nummer 1 Satz 12 § 49 Absatz 3 Nummer 2	100 €
133.3	den Fußgängerverkehr oder den Fahrradverkehr auf Radwegfurten der freigegebenen Verkehrsrichtungen	§ 37 Absatz 2 Nummer 1 Satz 12 § 49 Absatz 3 Nummer 2	
133.3.1	behindert		100 €
133.3.2	gefährdet		150 €
	Blaues und gelbes Blinklicht		
134	Blaues Blinklicht zusammen mit dem Einsatzhorn oder allein oder gelbes Blinklicht missbräuchlich verwendet	§ 38 Absatz 1 Satz 1, Absatz 2, Absatz 3 Satz 3 § 49 Absatz 3 Nummer 3	20 €
135	Einem Einsatzfahrzeug, das blaues Blinklicht zusammen mit dem Einsatzhorn verwendet hatte, nicht sofort freie Bahn geschaffen	§ 38 Absatz 1 Satz 2 § 49 Absatz 3 Nummer 3	240 € **Fahrverbot 1 Monat**
135.1	– mit Gefährdung	§ 38 Absatz 1 Satz 2 § 1 Absatz 2 § 49 Absatz 1 Nummer 1, Absatz 3 Nummer 3	280 € **Fahrverbot 1 Monat**
135.2	– mit Sachbeschädigung		320 € **Fahrverbot 1 Monat**

Lfd. Nr.	Tatbestand	Straßenverkehrs-Ordnung (StVO)	Regelsatz in Euro (€), Fahrverbot in Monaten
	Vorschriftzeichen		
136	Dem Schienenverkehr nicht Vorrang gewährt (Zeichen 201)	§ 41 Absatz 1 i.V.m. Anlage 2 lfd. Nr. 1 (Zeichen 201) Spalte 3 Nummer 1 § 49 Absatz 3 Nummer 4	80 €
136.1	Zeichen 206 (Halt. Vorfahrt gewähren.) nicht befolgt	§ 41 Absatz 1 i.V.m. Anlage 2 lfd. Nr. 3 (Zeichen 206) Spalte 3 Nummer 1, 3 § 49 Absatz 3 Nummer 4	10 €
137	Bei verengter Fahrbahn (Zeichen 208) dem Gegenverkehr keinen Vorrang gewährt	§ 41 Absatz 1 i.V.m. Anlage 2 lfd. Nr. 4 (Zeichen 208) Spalte 3 § 49 Absatz 3 Nummer 4	5 €
137.1	– mit Gefährdung	§ 41 Absatz 1 i.V.m. Anlage 2 lfd. Nr. 4 (Zeichen 208) Spalte 3 § 1 Absatz 2 § 49 Absatz 1 Nummer 1, Absatz 3 Nummer 4	10 €
137.2	– mit Sachbeschädigung		20 €
138	Die durch Vorschriftzeichen (Zeichen 209, 211, 214, 222) vorgeschriebene Fahrtrichtung oder Vorbeifahrt nicht befolgt	§ 41 Absatz 1 i.V.m. Anlage 2 lfd. Nr. 5, 6, 7, 10 (Zeichen 209, 211, 214, 222) Spalte 3 Satz 1 § 49 Absatz 3 Nummer 4	10 €
138.1	– mit Gefährdung	§ 41 Absatz 1 i.V.m. Anlage 2 lfd. Nr. 5, 6, 7, 10 (Zeichen 209, 211, 214, 222) Spalte 3 Satz 1 § 1 Absatz 2 § 49 Absatz 1 Nummer 1, Absatz 3 Nummer 4	15 €
138.2	– mit Sachbeschädigung		25 €
139	Die durch Zeichen 215 (Kreisverkehr) oder Zeichen 220 (Einbahnstraße) vorgeschriebene Fahrtrichtung nicht befolgt	§ 41 Absatz 1 i.V.m. Anlage 2 lfd. Nr. 8 (Zeichen 215) Spalte 3 Nummer 1, lfd. Nr. 9 (Zeichen 220) Spalte 3 Satz 1 § 49 Absatz 3 Nummer 4	
139.1	als Kfz-Führer		25 €
139.2	als Radfahrer		20 €
139.2.1	– mit Behinderung	§ 41 Absatz 1 i.V.m. Anlage 2 lfd. Nr. 8 (Zeichen 215) Spalte 3 Nummer 1, lfd. Nr. 9 (Zeichen 220) Spalte 3 Satz 1 § 1 Absatz 2 § 49 Absatz 1 Nummer 1, Absatz 3 Nummer 4	25 €
139.2.2	– mit Gefährdung		30 €
139.2.3	– mit Sachbeschädigung		35 €

Lfd. Nr.	Tatbestand	Straßenverkehrs-Ordnung (StVO)	Regelsatz in Euro (€), Fahrverbot in Monaten
139a	Beim berechtigten Überfahren der Mittelinsel eines Kreisverkehrs einen anderen Verkehrsteilnehmer gefährdet	§ 41 Absatz 1 i.V.m. Anlage 2 lfd. Nr. 8 (Zeichen 215) Spalte 3 Nummer 2 § 49 Absatz 3 Nummer 4	35 €
140	Vorschriftswidrig einen Radweg (Zeichen 237), einen sonstigen Sonderweg (Zeichen 238, 240, 241) benutzt oder mit einem Fahrzeug eine Fahrradstraße (Zeichen 244.1) oder Fahrradzone (Zeichen 244.3) benutzt	§ 41 Absatz 1 i.V.m. Anlage 2 lfd. Nr. 16, 17, 19, 20 (Zeichen 237, 238, 240, 241) Spalte 3 Nummer 2, lfd. Nr. 23 (Zeichen 244.1) Spalte 3 Nummer 1, lfd. Nr. 24.1 (Zeichen 244.3) Spalte 3 Nummer 1 § 49 Absatz 3 Nummer 4	15 €
140.1	– mit Behinderung	§ 41 Absatz 1 i.V.m. Anlage 2 lfd. Nr. 16, 17, 19, 20 (Zeichen 237, 238, 240, 241) Spalte 3 Nummer 2, lfd. Nr. 23 (Zeichen 244.1) Spalte 3 Nummer 1, lfd. Nr. 24.1 (Zeichen 244.3) Spalte 3 Nummer 1 § 1 Absatz 2 § 49 Absatz 1 Nummer 1, Absatz 3 Nummer 4	20 €
140.2	– mit Gefährdung		25 €
140.3	– mit Sachbeschädigung		30 €
141	Vorschriftswidrig einen Gehweg (Zeichen 239), einen gemeinsamen Geh- und Radweg (Zeichen 240), einen Gehweg des getrennten Rad- und Gehwegs (Zeichen 241) oder den Bereich einer Fußgängerzone (Zeichen 242.1) befahren, dort gehalten oder ein Verkehrsverbot (Zeichen 250, 251, 253, 254, 255, 260) nicht beachtet	§ 41 Absatz 1 i.V.m. Anlage 2 lfd. Nr. 18 (Zeichen 239) Spalte 3 Nummer 1, lfd. Nr. 19 (Zeichen 240) Spalte 3 Nummer 2, lfd. Nr. 20 (Zeichen 241) Spalte 3 Nummer 2, lfd. Nr. 21 (Zeichen 242.1) Spalte 3 Nummer 1, lfd. Nr. 26 Spalte 3 Satz 1 i.V.m. lfd. Nr. 28, 29, 30, 31, 32, 34 (Zeichen 250, 251, 253, 254, 255, 260) Spalte 3 § 49 Absatz 3 Nummer 4	
141.1	mit Kraftfahrzeugen über 3,5 t zulässiger Gesamtmasse, ausgenommen Personenkraftwagen und Kraftomnibusse		100 €

Lfd. Nr.	Tatbestand	Straßenverkehrs-Ordnung (StVO)	Regelsatz in Euro (€), Fahrverbot in Monaten
141.2	mit den übrigen Kraftfahrzeugen der in § 3 Absatz 3 Nummer 2 Buchstabe a oder b StVO genannten Art		55 €
141.3	mit anderen als in den Nummern 141.1 und 141.2 genannten Kraftfahrzeugen		50 €
141.4	als Radfahrer		25 €
141.4.1	– mit Behinderung	§ 41 Absatz 1 i.V.m. Anlage 2 lfd. Nr. 18 (Zeichen 239) Spalte 3 Nummer 1, lfd. Nr. 19 (Zeichen 240) Spalte 3 Nummer 2, lfd. Nr. 20 (Zeichen 241) Spalte 3 Nummer 2, lfd. Nr. 21 (Zeichen 242.1) Spalte 3 Nummer 1, lfd. Nr. 26 Spalte 3 Satz 1 i.V.m. lfd. Nr. 28, 31 (Zeichen 250, 254) § 1 Absatz 2 § 49 Absatz 1 Nummer 1, Absatz 3 Nummer 4	30 €
141.4.2	– mit Gefährdung		35 €
141.4.3	– mit Sachbeschädigung		40 €
142	Verkehrsverbot (Zeichen 262 bis 266) nicht beachtet	§ 41 Absatz 1 i.V.m. Anlage 2 lfd. Nr. 36 bis 40 (Zeichen 262 bis 266) Spalte 3 § 49 Absatz 3 Nummer 4	40 €
142a	Verbot des Einfahrens (Zeichen 267) nicht beachtet	§ 41 Absatz 1 i.V.m. Anlage 2 lfd. Nr. 41 (Zeichen 267) Spalte 3 § 49 Absatz 3 Nummer 4	50 €
143	Beim Radfahren Verbot des Einfahrens (Zeichen 267) nicht beachtet	§ 41 Absatz 1 i.V.m. Anlage 2 lfd. Nr. 41 (Zeichen 267) Spalte 3 § 49 Absatz 3 Nummer 4	20 €
143.1	– mit Behinderung	§ 41 Absatz 1 i.V.m. Anlage 2 lfd. Nr. 41 (Zeichen 267) Spalte 3 § 1 Absatz 2 § 49 Absatz 1 Nummer 1, Absatz 3 Nummer 4	25 €
143.2	– mit Gefährdung		30 €
143.3	– mit Sachbeschädigung		35 €
144	Vorschriftswidrig auf einem Gehweg (Zeichen 239), auf einem gemeinsamen Geh- und Radweg (Zeichen 240), auf einem Gehweg des getrennten Rad- und Gehwegs (Zeichen 241), im Bereich einer Fußgängerzone (Zeichen 242.1) oder trotz eines Verkehrsverbotes (Zeichen 250, 251, 253, 254, 255, 260) geparkt	§ 41 Absatz 1 i.V.m. Anlage 2 lfd. Nr. 18 (Zeichen 239) Spalte 3 Nummer 1, lfd. Nr. 19 (Zeichen 240) Spalte 3 Nummer 2, lfd. Nr. 20 (Zeichen 241) Spalte 3 Nummer 2,	55 €

Lfd. Nr.	Tatbestand	Straßenverkehrs-Ordnung (StVO)	Regelsatz in Euro (€), Fahrverbot in Monaten
		lfd. Nr. 21 (Zeichen 242.1) Spalte 3 Nummer 1, lfd. Nr. 26 Spalte 3 Satz 1 i.V.m. lfd. Nr. 28, 29, 30, 31, 32, 34 (Zeichen 250, 251, 253, 254, 255, 260) Spalte 3 § 49 Absatz 3 Nummer 4	
144.1	– mit Behinderung	§ 41 Absatz 1 i.V.m. Anlage 2 lfd. Nr. 18 (Zeichen 239) Spalte 3 Nummer 1, lfd. Nr. 19 (Zeichen 240) Spalte 3 Nummer 2, lfd. Nr. 20 (Zeichen 241) Spalte 3 Nummer 2, lfd. Nr. 21 (Zeichen 242.1) Spalte 3 Nummer 1, lfd. Nr. 26 Spalte 3 Satz 1 i.V.m. lfd. Nr. 28, 29, 30, 31, 32, 34 (Zeichen 250, 251, 253, 254, 255, 260) Spalte 3 § 1 Absatz 2 § 49 Absatz 1 Nummer 1, Absatz 3 Nummer 4	70 €
144.2	länger als 3 Stunden	§ 41 Absatz 1 i.V.m. Anlage 2 lfd. Nr. 18 (Zeichen 239) Spalte 3 Nummer 1, lfd. Nr. 19 (Zeichen 240) Spalte 3 Nummer 2, lfd. Nr. 20 (Zeichen 241) Spalte 3 Nummer 2, lfd. Nr. 21 (Zeichen 242.1) Spalte 3 Nummer 1, lfd. Nr. 26 Spalte 3 Satz 1 i.V.m. lfd. Nr. 28, 29, 30, 31, 32, 34 (Zeichen 250, 251, 253, 254, 255, 260) Spalte 3 § 49 Absatz 3 Nummer 4	70 €
(145 bis 145.3)	(aufgehoben)		
146	Bei zugelassenem Fahrzeugverkehr auf einem Gehweg (Zeichen 239) oder in einem Fußgängerbereich (Zeichen 242.1, 242.2) nicht mit Schrittgeschwindigkeit gefahren (soweit nicht von Nummer 11 erfasst)	§ 41 Absatz 1 i.V.m. Anlage 2 lfd. Nr. 18 (Zeichen 239) Spalte 3 Nummer 2 Satz 3 Halbsatz 2, lfd. Nr. 21 (Zeichen 242.1) Spalte 3 Nummer 2 § 49 Absatz 3 Nummer 4	15 €

Lfd. Nr.	Tatbestand	Straßenverkehrs-Ordnung (StVO)	Regelsatz in Euro (€), Fahrverbot in Monaten
146a	Bei zugelassenem Fahrzeugverkehr auf einem Radweg (Zeichen 237), einem gemeinsamen Geh- und Radweg (Zeichen 240), einem getrennten Rad- und Gehweg (Zeichen 241) die Geschwindigkeit nicht angepasst (soweit nicht von lfd. Nr. 11 erfasst)	§ 41 Absatz 1 i.V.m. Anlage 2 lfd. Nr. 16 (Zeichen 237) Spalte 3 Nummer 3, lfd. Nr. 19 (Zeichen 240) Spalte 3 Nummer 3 Satz 2, lfd. Nr. 20 (Zeichen 241) Spalte 3 Nummer 4 Satz 2 § 49 Absatz 3 Nummer 4	15 €
147	Unberechtigt mit einem Fahrzeug einen Bussonderfahrstreifen (Zeichen 245) benutzt	§ 41 Absatz 1 i.V.m. Anlage 2 lfd. Nr. 25 (Zeichen 245) Spalte 3 Nummer 1 und 2 § 49 Absatz 3 Nummer 4	15 €
147.1	– mit Behinderung	§ 41 Absatz 1 i.V.m. Anlage 2 lfd. Nr. 25 (Zeichen 245) Spalte 3 Nummer 1 und 2 § 1 Absatz 2 § 49 Absatz 1 Nummer 1, Absatz 3 Nummer 4	35 €
148	Wendeverbot (Zeichen 272) nicht beachtet	§ 41 Absatz 1 i.V.m. Anlage 2 lfd. Nr. 47 (Zeichen 272) Spalte 3 § 49 Absatz 3 Nummer 4	20 €
149	Vorgeschriebenen Mindestabstand (Zeichen 273) zu einem vorausfahrenden Fahrzeug unterschritten	§ 41 Absatz 1 i.V.m. Anlage 2 lfd. Nr. 48 (Zeichen 273) Spalte 3 Satz 1 § 49 Absatz 3 Nummer 4	25 €
150	Zeichen 206 (Halt. Vorfahrt gewähren.) nicht befolgt oder trotz Rotlicht nicht an der Haltlinie (Zeichen 294) gehalten und dadurch einen Anderen gefährdet	§ 41 Absatz 1 i.V.m. Anlage 2 lfd. Nr. 3 (Zeichen 206) Spalte 3 Nummer 1, lfd. Nr. 67 (Zeichen 294) Spalte 3 § 1 Absatz 2 § 49 Absatz 1 Nummer 1, Absatz 3 Nummer 4	70 €
151	Beim Führen eines Fahrzeugs in einem Fußgängerbereich (Zeichen 239, 242.1, 242.2) einen Fußgänger gefährdet		
151.1	bei zugelassenem Fahrzeugverkehr (Zeichen 239, 242.1 mit Zusatzzeichen)	§ 41 Absatz 1 i.V.m. Anlage 2 lfd. Nr. 18, 21 (Zeichen 239, 242.1 mit Zusatzzeichen) Spalte 3 Nummer 2 § 49 Absatz 3 Nummer 4	60 €
151.2	bei nicht zugelassenem Fahrzeugverkehr	§ 41 Absatz 1 i.V.m. Anlage 2 lfd. Nr. 18, 21 (Zeichen 239, 242.1) Spalte 3 Nummer 2, § 49 Absatz 3 Nummer 4	70 €

Lfd. Nr.	Tatbestand	Straßenverkehrs-Ordnung (StVO)	Regelsatz in Euro (€), Fahrverbot in Monaten
152	Eine für kennzeichnungspflichtige Kraftfahrzeuge mit gefährlichen Gütern (Zeichen 261) oder für Kraftfahrzeuge mit wassergefährdender Ladung (Zeichen 269) gesperrte Straße befahren	§ 41 Absatz 1 i.V.m. Anlage 2 lfd. Nr. 35, 43 (Zeichen 261, 269) Spalte 3 § 49 Absatz 3 Nummer 4	100 €
152.1	bei Eintragung von bereits einer Entscheidung wegen Verstoßes gegen Zeichen 261 oder 269 im Fahreignungsregister		250 € **Fahrverbot 1 Monat**
153	Mit einem Kraftfahrzeug trotz Verkehrsverbotes zur Verminderung schädlicher Luftverunreinigungen (Zeichen 270.1, 270.2) am Verkehr teilgenommen	§ 41 Absatz 1 i.V.m. Anlage 2 lfd. Nr. 44, 45 (Zeichen 270.1, 270.2) Spalte 3 § 49 Absatz 3 Nummer 4	100 €
153a	Überholverbot (Zeichen 276, 277, 277.1) nicht beachtet	§ 41 Absatz 1 i.V.m. Anlage 2 zu lfd. Nr. 53, 54 und 54.4 und lfd. Nr. 53, 54, 54.4 (Zeichen 276, 277, 277.1) Spalte 3 § 49 Absatz 3 Nummer 4	70 €
154	An der Haltlinie (Zeichen 294) nicht gehalten	§ 41 Absatz 1 i.V.m. Anlage 2 lfd. Nr. 67 (Zeichen 294) Spalte 3 § 49 Absatz 3 Nummer 4	10 €
155	Fahrstreifenbegrenzung (Zeichen 295, 296) überfahren oder durch Pfeile vorgeschriebener Fahrtrichtung (Zeichen 297) nicht gefolgt oder Sperrfläche (Zeichen 298) benutzt (außer Parken)	§ 41 Absatz 1 i.V.m. Anlage 2 lfd. Nr. 68 (Zeichen 295) Spalte 3 Nummer 1a, lfd. Nr. 69 (Zeichen 296) Spalte 3 Nummer 1, lfd. Nr. 70 (Zeichen 297) Spalte 3 Nummer 1, lfd. Nr. 72 (Zeichen 298) Spalte 3 § 49 Absatz 3 Nummer 4	10 €
155.1	– mit Sachbeschädigung	§ 41 Absatz 1 i.V.m. Anlage 2 lfd. Nr. 68 (Zeichen 295) Spalte 3 Nummer 1a, lfd. Nr. 69 (Zeichen 296) Spalte 3 Nummer 1, lfd. Nr. 70 (Zeichen 297) Spalte 3 Nummer 1, lfd. Nr. 72 (Zeichen 298) Spalte 3 § 1 Absatz 2 § 49 Absatz 1 Nummer 1, Absatz 3 Nummer 4	35 €
155.2	und dabei überholt	§ 41 Absatz 1 i.V.m. Anlage 2 lfd. Nr. 68 (Zeichen 295) Spalte 3 Nummer 1a, lfd. Nr. 69 (Zeichen 296) Spalte 3 Nummer 1, lfd. Nr. 70 (Zeichen 297) Spalte 3 Nummer 1, lfd.	30 €

Lfd. Nr.	Tatbestand	Straßenverkehrs-Ordnung (StVO)	Regelsatz in Euro (€), Fahrverbot in Monaten
		Nr. 72 (Zeichen 298) Spalte 3 § 49 Absatz 3 Nummer 4	
155.3	und dabei nach links abgebogen oder gewendet	§ 41 Absatz 1 i.V.m. Anlage 2 lfd. Nr. 68 (Zeichen 295) Spalte 3 Nummer 1a, lfd. Nr. 69 (Zeichen 296) Spalte 3 Nummer 1, lfd. Nr. 70 (Zeichen 297) Spalte 3 Nummer 1, lfd. Nr. 72 (Zeichen 298) Spalte 3 § 49 Absatz 3 Nummer 4	30 €
155.3.1	– mit Gefährdung	§ 41 Absatz 1 i.V.m. Anlage 2 lfd. Nr. 68 (Zeichen 295) Spalte 3 Nummer 1a, lfd. Nr. 69 (Zeichen 296) Spalte 3 Nummer 1, lfd. Nr. 70 (Zeichen 297) Spalte 3 Nummer 1, lfd. Nr. 72 (Zeichen 298) Spalte 3 § 1 Absatz 2 § 49 Absatz 1 Nummer 1, Absatz 3 Nummer 4	35 €
156	Sperrfläche (Zeichen 298) zum Parken benutzt	§ 41 Absatz 1 i.V.m. Anlage 2 lfd. Nr. 72 (Zeichen 298) Spalte 3 § 49 Absatz 3 Nummer 4	25 €
	Richtzeichen		
157	Beim Führen eines Fahrzeugs in einem verkehrsberuhigten Bereich (Zeichen 325.1, 325.2)		
157.1	– Schrittgeschwindigkeit nicht eingehalten (soweit nicht von Nummer 11 erfasst)	§ 42 Absatz 2 i.V.m. Anlage 3 lfd. Nr. 12 (Zeichen 325.1) Spalte 3 Nummer 1 § 49 Absatz 3 Nummer 5	15 €
157.2	– Fußgängerverkehr behindert	§ 42 Absatz 2 i.V.m. Anlage 3 lfd. Nr. 12 (Zeichen 325.1) Spalte 3 Nummer 2 § 49 Absatz 3 Nummer 5	15 €
157.3	– Fußgängerverkehr gefährdet		60 €
(158)	(aufgehoben)		
159	In einem verkehrsberuhigten Bereich (Zeichen 325.1, 325.2) außerhalb der zum Parken gekennzeichneten Flächen geparkt (§ 12 Absatz 2 StVO)	§ 42 Absatz 2 i.V.m. Anlage 3 lfd. Nr. 12 (Zeichen 325.1) Spalte 3 Nummer 4 § 49 Absatz 3 Nummer 5	10 €

Lfd. Nr.	Tatbestand	Straßenverkehrs-Ordnung (StVO)	Regelsatz in Euro (€), Fahrverbot in Monaten
159.1	– mit Behinderung	§ 42 Absatz 2 i.V.m. Anlage 3 lfd. Nr. 12 (Zeichen 325.1) Spalte 3 Nummer 4 § 1 Absatz 2 § 49 Absatz 1 Nummer 1, Absatz 3 Nummer 5	15 €
159.2	länger als 3 Stunden	§ 42 Absatz 2 i.V.m. Anlage 3 lfd. Nr. 12 (Zeichen 325.1) Spalte 3 Nummer 4 § 49 Absatz 3 Nummer 5	20 €
159.2.1	– mit Behinderung	§ 42 Absatz 2 i.V.m. Anlage 3 lfd. Nr. 12 (Zeichen 325.1) Spalte 3 Nummer 4 § 1 Absatz 2 § 49 Absatz 1 Nummer 1, Absatz 3 Nummer 5	30 €
159a	In einem Tunnel (Zeichen 327) Abblendlicht nicht benutzt	§ 42 Absatz 2 i.V.m. Anlage 3 lfd. Nr. 14 (Zeichen 327) Spalte 3 Nummer 1 § 49 Absatz 3 Nummer 5	10 €
159a.1	– mit Gefährdung	§ 42 Absatz 2 i.V.m. Anlage 3 lfd. Nr. 14 (Zeichen 327) Spalte 3 Nummer 1 § 1 Absatz 2 § 49 Absatz 1 Nummer 1, Absatz 3 Nummer 5	15 €
159a.2	– mit Sachbeschädigung		35 €
159b	In einem Tunnel (Zeichen 327) gewendet	§ 42 Absatz 2 i.V.m. Anlage 3 lfd. Nr. 14 (Zeichen 327) Spalte 3 Nummer 1 § 49 Absatz 3 Nummer 5	60 €
159c	In einer Nothalte- und Pannenbucht (Zeichen 328) unberechtigt	§ 42 Absatz 2 i.V.m. Anlage 3 lfd. Nr. 15 (Zeichen 328) Spalte 3 § 49 Absatz 3 Nummer 5	
159c.1	– gehalten		20 €
159c.2	– geparkt		25 €
(160 bis 162)	(aufgehoben)		
	Verkehrseinrichtungen		
163	Durch Verkehrseinrichtungen abgesperrte Straßenfläche befahren	§ 43 Absatz 3 Satz 2 i.V.m. Anlage 4 lfd. Nr. 1 bis 7 (Zeichen 600, 605, 628, 629, 610, 615, 616) Spalte 3 § 49 Absatz 3 Nummer 6	5 €

Lfd. Nr.	Tatbestand	Straßenverkehrs-Ordnung (StVO)	Regelsatz in Euro (€), Fahrverbot in Monaten
	Andere verkehrsrechtliche Anordnungen		
164	Einer den Verkehr verbietenden oder beschränkenden Anordnung, die öffentlich bekannt gemacht wurde, zuwidergehandelt	§ 45 Absatz 4 Halbsatz 2 § 49 Absatz 3 Nummer 7	60 €
165	Mit Arbeiten begonnen, ohne zuvor Anordnungen eingeholt zu haben, diese Anordnungen nicht befolgt oder Lichtzeichenanlagen nicht bedient	§ 45 Absatz 6 § 49 Absatz 4 Nummer 3	75 €
	Ausnahmegenehmigung und Erlaubnis		
166	Vollziehbare Auflage einer Ausnahmegenehmigung oder Erlaubnis nicht befolgt	§ 46 Absatz 3 Satz 1 § 49 Absatz 4 Nummer 4	60 €
167	Genehmigungs- oder Erlaubnisbescheid nicht mitgeführt	§ 46 Absatz 3 Satz 3 § 49 Absatz 4 Nummer 5	10 €

Lfd. Nr.	Tatbestand	Fahrerlaubnis-Verordnung (FeV)	Regelsatz in Euro (€), Fahrverbot in Monaten
	b) Fahrerlaubnis-Verordnung		
	Mitführen von Führ erscheinen und Bescheinigungen		
168	Führerschein oder Bescheinigung oder die Übersetzung des ausländischen Führerscheins nicht mitgeführt	§ 75 Nummer 4 i.V.m. den dort genannten Vorschriften	10 €
168a	Führerscheinverlust nicht unverzüglich angezeigt und sich kein Ersatzdokument ausstellen lassen	§ 75 Nummer 4	10 €
	Einschränkung der Fahrerlaubnis		
169	Einer vollziehbaren Auflage nicht nachgekommen	§ 10 Absatz 2 Satz 4 § 23 Absatz 2 Satz 1 § 28 Absatz 1 Satz 2 § 46 Absatz 2 § 74 Absatz 3 § 75 Nummer 9, 14, 15	25 €
	Ablieferung und Vorlage des Führerscheins		
170	Einer Pflicht zur Ablieferung oder zur Vorlage eines Führerscheins nicht oder nicht rechtzeitig nachgekommen	§ 75 Nummer 10 i.V.m. den dort genannten Vorschriften	25 €
	Fahrerlaubnis zur Fahrgastbeförderung		
171	Ohne erforderliche Fahrerlaubnis zur Fahrgastbeförderung einen oder mehrere Fahrgäste in einem in § 48 Absatz 1 FeV genannten Fahrzeug befördert	§ 48 Absatz 1 § 75 Nummer 12	75 €
172	Als Halter die Fahrgastbeförderung in einem in § 48 Absatz 1 FeV genannten Fahrzeug angeordnet oder zugelassen, obwohl der Fahrzeugführer die erforderliche Fahrerlaubnis zur Fahrgastbeförderung nicht besaß	§ 48 Absatz 8 § 75 Nummer 12	75 €
	Ortskenntnisse bei Fahrgastbeförderung		
173	Als Halter die Fahrgastbeförderung in einem in § 48 Absatz 1 i.V.m. § 48 Absatz 4 Nummer 7 FeV genannten Fahrzeug angeordnet oder zugelassen, obwohl der Fahrzeugführer die erforderlichen Ortskenntnisse nicht nachgewiesen hat	§ 48 Absatz 8 § 75 Nummer 12	35 €

Lfd. Nr.	Tatbestand	Fahrzeug-Zulassungsverordnung (FZV)	Regelsatz in Euro (€), Fahrverbot in Monaten
	c) Fahrzeug-Zulassungsverordnung		
	Mitführen von Fahrzeugpapieren		
174	Die Zulassungsbescheinigung Teil I oder sonstige Bescheinigung nicht mitgeführt	§ 4 Absatz 5 Satz 1 § 13 Absatz 6 Satz 1 § 31 Satz 3 § 52 Absatz 1 Satz 6 § 77 Nummer 4	10 €
	Zulassung		
175	Kraftfahrzeug oder Kraftfahrzeuganhänger ohne die erforderliche EU-Typgenehmigung, Einzelgenehmigung oder Zulassung auf einer öffentlichen Straße in Betrieb gesetzt	§ 3 Absatz 1 Satz 1 § 4 Absatz 1 § 77 Nummer 1	70 €
175a	Kraftfahrzeug oder Kraftfahrzeuganhänger außerhalb des auf dem Saisonkennzeichen angegebenen Betriebszeitraums oder nach dem auf dem Kurzzeitkennzeichen oder nach dem auf dem Ausfuhrkennzeichen angegebenen Ablaufdatum oder Fahrzeug mit Wechselkennzeichen ohne oder mit einem unvollständigen Wechselkennzeichen auf einer öffentlichen Straße in Betrieb gesetzt	§ 9 Absatz 2 Satz 6 Nummer 1 § 10 Absatz 3 Satz 6 Nummer 1 § 42 Absatz 4 Satz 3 § 45 Abs. 2 Satz 5 § 77 Nummer 1	50 €
176	Das vorgeschriebene Kennzeichen an einem von der Zulassungspflicht ausgenommenen Fahrzeug nicht geführt	§ 4 Absatz 2 Satz 1, Absatz 3 Satz 1, 2 § 77 Nummer 1	40 €
177	Fahrzeug außerhalb des auf dem Saisonkennzeichen angegebenen Betriebszeitraums oder mit Wechselkennzeichen ohne oder mit einem unvollständigen Wechselkennzeichen auf einer öffentlichen Straße abgestellt	§ 9 Absatz 2 Satz 6 Nummer 2 § 10 Absatz 3 Satz 6 Nummer 2 § 77 Nummer 10	40 €
	Betriebsverbot und -beschränkungen		
(178)	(aufgehoben)		
178a	Betriebsverbot wegen Verstoßes gegen Mitteilungspflichten oder gegen die Pflichten beim Erwerb des Fahrzeugs nicht beachtet	§ 15 Absatz 1 Satz 5, auch i.V.m. Absatz 4 Satz 2, Absatz 5 Satz 8 § 77 Nummer 6	40 €
179	Ein Fahrzeug in Betrieb gesetzt, dessen Kennzeichen nicht wie vorgeschrieben ausgestaltet oder angebracht ist; ausgenommen ist das Fehlen des vorgeschriebenen Kennzeichens	§ 12 Absatz 13 Satz 1 i.V.m. § 12 Absatz 1, 2 Satz 2 und 3, Absatz 6, 7, 8, 9 Satz 1, Absatz 10 Satz 1 auch i.V.m. § 41 Absatz 6 Satz 3 § 42 Absatz 3 Satz 4 § 43 Absatz 2 Satz 5 § 45 Absatz 2 Satz 5 § 77 Nummer 1	10 €
179a	Fahrzeug in Betrieb gesetzt, obwohl das vorgeschriebene Kennzeichen fehlt	§ 12 Absatz 13 Satz 1 i.V.m. § 12 Absatz 5 Satz 1, Absatz 9 § 77 Nummer 1	60 €

Lfd. Nr.	Tatbestand	Fahrzeug-Zulassungsverordnung (FZV)	Regelsatz in Euro (€), Fahrverbot in Monaten
179b	Fahrzeug in Betrieb gesetzt, dessen Kennzeichen mit Glas, Folien oder ähnlichen Abdeckungen versehen ist	§ 12 Absatz 13 Satz 1 i.V.m. § 12 Absatz 2 Satz 1, Absatz 9 § 77 Nummer 1	65 €
179c	Fahrzeug mit CC- oder CD-Zeichen auf öffentlichen Straßen in Betrieb gesetzt, ohne dass hierzu eine Berechtigung besteht und diese in der Zulassungsbescheinigung Teil I eingetragen ist	§ 12 Absatz 12 Satz 3 § 77 Nummer 9	10 €
	Mitteilungs-, Anzeige- und Vorlagepflichten, Zurückziehen aus dem Verkehr, Verwertungsnachweis		
180	Gegen die Mitteilungspflicht bei Änderungen der tatsächlichen Verhältnisse, Wohnsitz- oder Sitzänderung des Halters, Standortverlegung des Fahrzeugs, Veräußerung oder Erwerb verstoßen	§ 15 Absatz 1 Satz 1 bis 3, Absatz 4 Satz 1, Absatz 5 Satz 1 § 77 Nummer 13 und Nummer 14	15 €
180a	Als Halter ein Fahrzeug nicht oder nicht ordnungsgemäß außer Betrieb setzen lassen	§ 17 Absatz 1 Satz 1, Absatz 2 Satz 1 § 77 Nummer 7	15 €
	Internetbasierte Zulassung		
180b	Als Halter einen Plakettenträger nicht, nicht rechtzeitig oder nicht ordnungsgemäß (ausgenommen auf einem anderen als dem zugehörigen zugeteilten Kennzeichen) angebracht	§ 26 Absatz 5 Satz 1 § 77 Nummer 20	40 €
180c	Als Halter einen Plakettenträger auf einem Kennzeichenschild mit einem anderen als dem zugehörigen zugeteilten Kennzeichen angebracht	§ 26 Absatz 5 Satz 2 § 77 Nummer 21	65 €
180d	Fahrzeug ohne die dafür übersandten Plakettenträger oder mit einem anderen als den angebrachten Plakettenträgern zugehörigen zugeteilten Kennzeichen in Betrieb gesetzt	§ 26 Absatz 5 Satz 3 § 77 Nummer 1	70 €
180e	Als Halter die Inbetriebsetzung eines Fahrzeuges ohne die dafür übersandten Plakettenträger oder mit einem anderen als den angebrachten Plakettenträgern zugehörigen zugeteilten Kennzeichen zugelassen oder angeordnet	§ 26 Absatz 5 Satz 4 § 77 Nummer 2	70 €
	Rote Kennzeichen, Kurzzeitkennzeichen		
181	Gegen die Pflicht zur Eintragung in Fahrzeugscheinhefte verstoßen oder das rote Kennzeichen oder das Fahrzeugscheinheft nicht zurückgegeben	§ 41 Absatz 3 Satz 1, 6 § 77 Nummern 23 und 25	10 €
181a	(aufgehoben)		
181b	(aufgehoben)		
182	Kurzzeitkennzeichen oder Oldtimerkennzeichen für unzulässige Fahrten oder an einem anderen Fahrzeug verwendet	§ 42 Absatz 3 Satz 1 § 43 Absatz 2 Satz 1 § 77 Nummer 26	50 €
183	Gegen die Pflicht zum Fertigen, Aufbewahren oder Aushändigen von Aufzeichnungen über die Fahrten mit rotem Kennzeichen verstoßen	§ 41 Absatz 3 Satz 3, 4 und 5 § 77 Nummer 5, 24	25 €

Lfd. Nr.	Tatbestand	Fahrzeug-Zulassungsverordnung (FZV)	Regelsatz in Euro (€), Fahrverbot in Monaten
183a	Fahrzeugscheinheft für Fahrzeuge mit rotem Kennzeichen oder Fahrzeugscheinheft für Oldtimerfahrzeuge mit rotem Kennzeichen nicht mitgeführt	§ 41 Absatz 3 Satz 2 § 43 Absatz 2 Satz 2 § 77 Nummer 4	10 €
183b	Fahrzeugschein für Fahrzeuge mit Kurzzeitkennzeichen nicht mitgeführt	§ 42 Absatz 5 Satz 3 § 77 Nummer 4	20 €
	Versicherungskennzeichen und -plaketten		
184	Fahrzeug in Betrieb gesetzt, dessen Versicherungskennzeichen oder -plakette nicht wie vorgeschrieben ausgestaltet ist, ausgenommen ist das Fehlen des vorgeschriebenen Versicherungskennzeichens oder der vorgeschriebenen Versicherungsplakette	§ 53 Absatz 7 § 56 Absatz 4 § 77 Nummer 1	10 €
	Ausländische Kraftfahrzeuge		
185	Zulassungsbescheinigung oder die Übersetzung des ausländischen Zulassungsscheins nicht mitgeführt oder nicht ausgehändigt	§ 46 Absatz 6 § 77 Nummer 4	10 €
185a	An einem ausländischen Kraftfahrzeug oder ausländischen Kraftfahrzeuganhänger das heimische Kennzeichen oder das Unterscheidungszeichen unter Verstoß gegen eine Vorschrift über deren Anbringung geführt	§ 47 Absatz 1 Satz 1, Absatz 2 Satz 1 § 77 Nummer 27	10 €
185b	An einem ausländischen Kraftfahrzeug oder ausländischen Kraftfahrzeuganhänger das vorgeschriebene heimische Kennzeichen nicht geführt	§ 47 Absatz 1 Satz 1 § 77 Nummer 27	40 €
185c	An einem ausländischen Kraftfahrzeug oder ausländischen Kraftfahrzeuganhänger das Unterscheidungszeichen nicht geführt	§ 47 Absatz 2 Satz 1 § 77 Nummer 27	15 €

Lfd. Nr.	Tatbestand	Straßenverkehrs-Zulassungs-Ordnung (StVZO)	Regelsatz in Euro (€), Fahrverbot in Monaten
	d) Straßenverkehrs-Zulassungs-Ordnung		
	Untersuchung der Kraftfahrzeuge und Anhänger		
186	Als Halter Fahrzeug zur Hauptuntersuchung oder zur Sicherheitsprüfung nicht vorgeführt	§ 29 Absatz 1 Satz 1 i.V.m. Nummer 2.1, 2.2, 2.6, 2.7 Satz 2, 3, Nummer 3.1.1, 3.1.2, 3.2.2 der Anlage VIII § 69a Absatz 2 Nummer 14	
186.1	bei Fahrzeugen, die nach Nummer 2.1 der Anlage VIII zu § 29 StVZO in bestimmten Zeitabständen einer Sicherheitsprüfung zu unterziehen sind, wenn der Vorführtermin überschritten worden ist um		
186.1.1	bis zu 2 Monate		15 €
186.1.2	mehr als 2 bis zu 4 Monate		25 €
186.1.3	mehr als 4 bis zu 8 Monate		60 €
186.1.4	mehr als 8 Monate		75 €
186.2	bei anderen als in Nummer 186.1 genannten Fahrzeugen, wenn der Vorführtermin überschritten worden ist um		
186.2.1	mehr als 2 bis zu 4 Monate		15 €
186.2.2	mehr als 4 bis zu 8 Monate		25 €
186.2.3	mehr als 8 Monate		60 €
187	Fahrzeug zur Nachprüfung der Mängelbeseitigung nicht rechtzeitig vorgeführt	§ 29 Absatz 1 Satz 1 i.V.m. Nummer 3.1.4.3 Satz 2 Halbsatz 2 der Anlage VIII § 69a Absatz 2 Nummer 18	15 €
187a	Betriebsverbot oder -beschränkung wegen Fehlens einer gültigen Prüfplakette oder Prüfmarke in Verbindung mit einem SP-Schild nicht beachtet	§ 29 Absatz 7 Satz 5 § 69a Absatz 2 Nummer 15	60 €
	Vorstehende Außenkanten		
188	Fahrzeug oder Fahrzeugkombination in Betrieb genommen, obwohl Teile, die den Verkehr mehr als unvermeidbar gefährdeten, an dessen Umriss hervorragten	§ 30c Absatz 1 § 69a Absatz 3 Nummer 1a	20 €
	Verantwortung für den Betrieb der Fahrzeuge		
189	Als Halter die Inbetriebnahme eines Fahrzeugs oder Zuges angeordnet oder zugelassen, obwohl	§ 31 Absatz 2 § 69a Absatz 5 Nummer 3	
189.1	der Führer zur selbstständigen Leitung nicht geeignet war		
189.1.1	bei Lastkraftwagen oder Kraftomnibussen		180 €
189.1.2	bei anderen als in Nummer 189.1.1 genannten Fahrzeugen		90 €
189.2	das Fahrzeug oder der Zug nicht vorschriftsmäßig war und dadurch die Verkehrssicherheit wesentlich beeinträchtigt war,	§ 31 Absatz 2 § 69a Absatz 5 Nummer 3	

Lfd. Nr.	Tatbestand	Straßenverkehrs-Zulassungs-Ordnung (StVZO)	Regelsatz in Euro (€), Fahrverbot in Monaten
	insbesondere unter Verstoß gegen eine Vorschrift über Lenkeinrichtungen, Bremsen, Einrichtungen zur Verbindung von Fahrzeugen	§ 31 Absatz 2, jeweils i.V.m. § 38 § 41 Absatz 1 bis 12, 15 bis 17 § 43 Absatz 1 Satz 1 bis 3, Absatz 4 Satz 1, 3 § 69a Absatz 5 Nummer 3	
189.2.1	bei Lastkraftwagen oder Kraftomnibussen bzw. ihren Anhängern		270 €
189.2.2	bei anderen als in Nummer 189.2.1 genannten Fahrzeugen		135 €
189.3	die Verkehrssicherheit des Fahrzeugs oder des Zuges durch die Ladung oder die Besetzung wesentlich litt	§ 31 Absatz 2 § 69a Absatz 5 Nummer 3	
189.3.1	bei Lastkraftwagen oder Kraftomnibussen bzw. ihren Anhängern		270 €
189.3.2	bei anderen als in Nummer 189.3.1 genannten Fahrzeugen		135 €
189a	Als Halter die Inbetriebnahme eines Fahrzeugs angeordnet oder zugelassen, obwohl die Betriebserlaubnis erloschen war, und dadurch die Verkehrssicherheit wesentlich beeinträchtigt	§ 19 Absatz 5 Satz 1 § 69a Absatz 2 Nummer 1b	
189a.1	bei Lastkraftwagen oder Kraftomnibussen		270 €
189a.2	bei anderen als in Nummer 189a.1 genannten Fahrzeugen		135 €
189b	Als Halter die Inbetriebnahme eines Fahrzeugs angeordnet oder zugelassen, obwohl die Betriebserlaubnis erloschen war, und dadurch die Umwelt wesentlich beeinträchtigt	§ 19 Absatz 5 Satz 1 § 69a Absatz 2 Nummer 1b	
189b.1	bei Lastkraftwagen oder Kraftomnibussen		270 €
189b.2	bei anderen als in Nummer 189b.1 genannten Fahrzeugen		135 €
	Führung eines Fahrtenbuches		
190	Fahrtenbuch nicht ordnungsgemäß geführt, auf Verlangen nicht ausgehändigt oder nicht für die vorgeschriebene Dauer aufbewahrt	§ 31a Absatz 2, 3 § 69a Absatz 5 Nummer 4, 4a	100 €
	Überprüfung mitzuführender Gegenstände		
191	Mitzuführende Gegenstände auf Verlangen nicht vorgezeigt oder zur Prüfung nicht ausgehändigt	§ 31b § 69a Absatz 5 Nummer 4b	5 €
	Abmessungen von Fahrzeugen und Fahrzeugkombinationen		
192	Kraftfahrzeug, Anhänger oder Fahrzeugkombination in Betrieb genommen, obwohl die höchstzulässige Breite, Höhe oder Länge überschritten war	§ 32 Absatz 1 bis 4, 9 § 69a Absatz 3 Nummer 2	60 €
193	Als Halter die Inbetriebnahme eines Kraftfahrzeugs, Anhängers oder einer Fahrzeugkombination angeordnet oder zugelassen, obwohl die höchstzulässige Breite, Höhe oder Länge überschritten war	§ 31 Absatz 2 i.V.m. § 32 Absatz 1 bis 4, 9 § 69a Absatz 5 Nummer 3	75 €

Lfd. Nr.	Tatbestand	Straßenverkehrs-Zulassungs-Ordnung (StVZO)	Regelsatz in Euro (€), Fahrverbot in Monaten
	Unterfahrschutz		
194	Kraftfahrzeug, Anhänger oder Fahrzeug mit austauschbarem Ladungsträger ohne vorgeschriebenen Unterfahrschutz in Betrieb genommen	§ 32b Absatz 1, 2, 4 § 69a Absatz 3 Nummer 3a	25 €
	Kurvenlaufeigenschaften		
195	Kraftfahrzeug oder Fahrzeugkombination in Betrieb genommen, obwohl die vorgeschriebenen Kurvenlaufeigenschaften nicht eingehalten waren	§ 32d Absatz 1, 2 Satz 1 § 69a Absatz 3 Nummer 3c	60 €
196	Als Halter die Inbetriebnahme eines Kraftfahrzeugs oder einer Fahrzeugkombination angeordnet oder zugelassen, obwohl die vorgeschriebenen Kurvenlaufeigenschaften nicht eingehalten waren	§ 31 Absatz 2 i.V.m. § 32d Absatz 1, 2 Satz 1 § 69a Absatz 5 Nummer 3	75 €
	Schleppen von Fahrzeugen		
197	Fahrzeug unter Verstoß gegen eine Vorschrift über das Schleppen von Fahrzeugen in Betrieb genommen	§ 33 Absatz 1 Satz 1, Absatz 2 Nummer 1, 6 § 69a Absatz 3 Nummer 3	25 €
	Achslast, Gesamtgewicht, Anhängelast hinter Kraftfahrzeugen		
198	Kraftfahrzeug, Anhänger oder Fahrzeugkombination in Betrieb genommen, obwohl die zulässige Achslast, das zulässige Gesamtgewicht oder die zulässige Anhängelast hinter einem Kraftfahrzeug überschritten war	§ 34 Absatz 3 Satz 3 § 31d Absatz 1 § 42 Absatz 1, 2 Satz 2 § 69a Absatz 3 Nummer 4	
198.1	bei Kraftfahrzeugen mit einem zulässigen Gesamtgewicht über 7,5 t oder Kraftfahrzeugen mit Anhängern, deren zulässiges Gesamtgewicht 2 t übersteigt		Tabelle 3 Buchstabe a
198.2	bei anderen Kraftfahrzeugen bis 7,5 t zulässiges Gesamtgewicht		Tabelle 3 Buchstabe b
199	Als Halter die Inbetriebnahme eines Kraftfahrzeugs, eines Anhängers oder einer Fahrzeugkombination angeordnet oder zugelassen, obwohl die zulässige Achslast, das zulässige Gesamtgewicht oder die zulässige Anhängelast hinter einem Kraftfahrzeug überschritten war	§ 31 Absatz 2 i.V.m. § 34 Absatz 3 Satz 3 § 42 Absatz 1, 2 Satz 2 § 31d Absatz 1 § 69a Absatz 5 Nummer 3	
199.1	bei Kraftfahrzeugen mit einem zulässigen Gesamtgewicht über 7,5 t oder Kraftfahrzeugen mit Anhängern, deren zulässiges Gesamtgewicht 2 t übersteigt		Tabelle 3 Buchstabe a
199.2	bei anderen Kraftfahrzeugen bis 7,5 t zulässiges Gesamtgewicht		Tabelle 3 Buchstabe b
	Prüfung von Flüssiggasanlagen		
200	Als Halter eine Flüssiggasanlage nicht, nicht richtig, nicht in der vorgeschriebenen Weise oder nicht rechtzeitig prüfen lässt um	§ 60 Absatz 1 Satz 1, Absatz 2 Satz 1 oder Absatz 3 Satz 1, § 69a Absatz 2 Nummer 20	
200.1	mehr als 2 bis zu 4 Monate		15 €
200.2	mehr als 4 bis zu 8 Monate		25 €
200.3	mehr als 8 Monate		60 €

Lfd. Nr.	Tatbestand	Straßenverkehrs-Zulassungs-Ordnung (StVZO)	Regelsatz in Euro (€), Fahrverbot in Monaten
	Besetzung von Kraftomnibussen		
201	Kraftomnibus in Betrieb genommen und dabei mehr Personen oder Gepäck befördert, als in der Zulassungsbescheinigung Teil I Sitz- und Stehplätze eingetragen sind, und die Summe der im Fahrzeug angeschriebenen Fahrgastplätze sowie die Angaben für die Höchstmasse des Gepäcks ausweisen	§ 34a Absatz 1 § 69a Absatz 3 Nummer 5	60 €
202	Als Halter die Inbetriebnahme eines Kraftomnibusses angeordnet oder zugelassen, obwohl mehr Personen befördert wurden, als in der Zulassungsbescheinigung Teil I Plätze ausgewiesen waren	§ 31 Absatz 2 i.V.m. § 34a Absatz 1 § 69a Absatz 5 Nummer 3	75 €
	Kindersitze		
203	Kraftfahrzeug in Betrieb genommen unter Verstoß gegen		
203.1	das Verbot der Anbringung von nach hinten gerichteten Kinderrückhalteeinrichtungen auf Beifahrerplätzen mit Airbag	§ 35a Absatz 8 Satz 1 § 69a Absatz 3 Nummer 7	25 €
203.2	die Pflicht zur Anbringung des Warnhinweises zur Verwendung von Kinderrückhalteeinrichtungen auf Beifahrerplätzen mit Airbag	§ 35a Absatz 8 Satz 2, 4 § 69a Absatz 3 Nummer 7	5 €
203.3	die Pflicht zur rückwärts oder seitlich gerichteten Anbringung von Rückhalteeinrichtungen für Kinder bis zu einem Alter von 15 Monaten	§ 35a Absatz 13 § 69a Absatz 3 Nummer 7	25 €
	Rollstuhlplätze und Rückhaltesysteme		
203a	Als Halter die Inbetriebnahme eines Personenkraftwagens, in dem ein Rollstuhlnutzer befördert wurde, angeordnet oder zugelassen, obwohl er nicht mit dem vorgeschriebenen Rollstuhlstellplatz ausgerüstet war	§ 35a Absatz 4a Satz 1 § 31 Absatz 2 § 69a Absatz 5 Nummer 3	35 €
203b	Personenkraftwagen, in dem ein Rollstuhlnutzer befördert wurde, in Betrieb genommen, obwohl er nicht mit dem vorgeschriebenen Rollstuhlstellplatz ausgerüstet war	§ 35a Absatz 4a Satz 1 § 69a Absatz 3 Nummer 7	35 €
203c	Als Halter die Inbetriebnahme eines Personenkraftwagens, in dem ein Rollstuhlnutzer befördert wurde, angeordnet oder zugelassen, obwohl der Rollstuhlstellplatz nicht mit dem vorgeschriebenen Rollstuhl-Rückhaltesystem oder Rollstuhlnutzer-Rückhaltesystem ausgerüstet war	§ 35a Absatz 4a Satz 2, 3 § 31 Absatz 2, § 69a Absatz 5 Nummer 3	30 €
203d	Einen Personenkraftwagen, in dem ein Rollstuhlnutzer befördert wurde, in Betrieb genommen, obwohl der Rollstuhlstellplatz nicht mit dem vorgeschriebenen Rollstuhl-Rückhaltesystem oder Rollstuhlnutzer-Rückhaltesystem ausgerüstet war	§ 35a Absatz 4a Satz 2, 3 § 69a Absatz 3 Nummer 7	30 €
203e	Als Fahrer nicht sichergestellt, dass das Rollstuhl-Rückhaltesystem oder Rollstuhlnutzer-Rückhaltesystem in der vom Hersteller des jeweiligen Systems vorgesehenen Weise während der Fahrt betrieben wurde	§ 35a Absatz 4a Satz 4 § 69a Absatz 3 Nummer 7	30 €

Lfd. Nr.	Tatbestand	Straßenverkehrs-Zulassungs-Ordnung (StVZO)	Regelsatz in Euro (€), Fahrverbot in Monaten
203f	Als Halter nicht sichergestellt, dass das Rollstuhl-Rückhaltesystem oder Rollstuhlnutzer-Rückhaltesystem in der vom Hersteller des jeweiligen Systems vorgesehenen Weise während der Fahrt betrieben wurde	§ 35a Absatz 4a Satz 4 § 31 Absatz 2 § 69a Absatz 5 Nummer 3	30 €
	Feuerlöscher in Kraftomnibussen		
204	Kraftomnibus unter Verstoß gegen eine Vorschrift über mitzuführende Feuerlöscher in Betrieb genommen	§ 35g Absatz 1, 2 § 69a Absatz 3 Nummer 7c	15 €
205	Als Halter die Inbetriebnahme eines Kraftomnibusses unter Verstoß gegen eine Vorschrift über mitzuführende Feuerlöscher angeordnet oder zugelassen	§ 31 Absatz 2 i.V.m. § 35g Absatz 1, 2 § 69a Absatz 5 Nummer 3	20 €
	Erste-Hilfe-Material in Kraftfahrzeugen		
206	Unter Verstoß gegen eine Vorschrift über mitzuführendes Erste-Hilfe-Material		
206.1	einen Kraftomnibus	§ 35h Absatz 1, 2 § 69a Absatz 3 Nummer 7c	15 €
206.2	ein anderes Kraftfahrzeug	§ 35h Absatz 3 § 69a Absatz 3 Nummer 7c	5 €
	in Betrieb genommen		
207	Als Halter die Inbetriebnahme unter Verstoß gegen eine Vorschrift über mitzuführendes Erste-Hilfe-Material		
207.1	eines Kraftomnibusses	§ 31 Absatz 2 i.V.m. § 35h Absatz 1, 2 § 69a Absatz 5 Nummer 3	25 €
207.2	eines anderen Kraftfahrzeugs	§ 31 Absatz 2 i.V.m. § 35h Absatz 3 § 69a Absatz 5 Nummer 3	10 €
	angeordnet oder zugelassen		
	Bereifung und Laufflächen		
208	Kraftfahrzeug oder Anhänger, die unzulässig mit Diagonal- und mit Radialreifen ausgerüstet waren, in Betrieb genommen	§ 36 Absatz 6 Satz 1, 2 § 69a Absatz 3 Nummer 8	15 €
209	Als Halter die Inbetriebnahme eines Kraftfahrzeugs oder Anhängers, die unzulässig mit Diagonal- und mit Radialreifen ausgerüstet waren, angeordnet oder zugelassen	§ 31 Absatz 2 i.V.m. § 36 Absatz 6 Satz 1, 2 § 69a Absatz 5 Nummer 3	30 €
210	Mofa in Betrieb genommen, dessen Reifen keine ausreichenden Profilrillen oder Einschnitte oder keine ausreichende Profil- oder Einschnitttiefe besaß	§ 36 Absatz 3 Satz 5 § 31d Absatz 4 Satz 1 § 69a Absatz 3 Nummer 1c, 8	25 €
211	Als Halter die Inbetriebnahme eines Mofas angeordnet oder zugelassen, dessen Reifen keine ausreichenden Profilrillen oder Einschnitte oder keine ausreichende Profil- oder Einschnitttiefe besaß	§ 31 Absatz 2 i.V.m. § 36 Absatz 3 Satz 5 § 31d Absatz 4 Satz 1 § 69a Absatz 5 Nummer 3	35 €

Lfd. Nr.	Tatbestand	Straßenverkehrs-Zulassungs-Ordnung (StVZO)	Regelsatz in Euro (€), Fahrverbot in Monaten
212	Kraftfahrzeug (außer Mofa) oder Anhänger in Betrieb genommen, dessen Reifen keine ausreichenden Profilrillen oder Einschnitte oder keine ausreichende Profil- oder Einschnitttiefe besaß	§ 36 Absatz 3 Satz 3 bis 5 § 31d Absatz 4 Satz 1 § 69a Absatz 3 Nummer 1c, 8	60 €
213	Als Halter die Inbetriebnahme eines Kraftfahrzeugs (außer Mofa) oder Anhängers angeordnet oder zugelassen, dessen Reifen keine ausreichenden Profilrillen oder Einschnitte oder keine ausreichende Profil- oder Einschnitttiefe besaß	§ 31 Absatz 2 i.V.m. § 36 Absatz 3 Satz 3 bis 5 § 31d Absatz 4 Satz 1 § 69a Absatz 5 Nummer 3	75 €
213a	Als Halter die Inbetriebnahme eines Kraftfahrzeugs bei Glatteis, Schneeglätte, Schneematsch, Eis- oder Reifglätte angeordnet oder zugelassen, dessen Bereifung, die in § 36 Absatz 4 oder Absatz 4a StVZO beschriebenen Eigenschaften nicht erfüllt, wenn das Kraftfahrzeug gemäß § 2 Absatz 3a StVO bei Glatteis, Schneeglätte, Schneematsch, Eis- oder Reifglätte nur mit solchen Reifen gefahren werden darf, die die in § 36 Absatz 4 StVZO beschriebenen Eigenschaften erfüllen	§ 31 Absatz 2 i.V.m. § 36 Absatz 4 und 4a § 69a Absatz 5 Nummer 3	75 €
	Sonstige Pflichten für den verkehrssicheren Zustand des Fahrzeugs		
214	Kraftfahrzeug oder Kraftfahrzeug mit Anhänger in Betrieb genommen, das sich in einem Zustand befand, der die Verkehrssicherheit wesentlich beeinträchtigt	§ 30 Absatz 1 § 69a Absatz 3 Nummer 1	
	insbesondere unter Verstoß gegen eine Vorschrift über Lenkeinrichtungen, Bremsen, Einrichtungen zur Verbindung von Fahrzeugen	§ 38 § 41 Absatz 1 bis 12, 15 Satz 1, 3, 4, Absatz 16, 17 § 43 Absatz 1 Satz 1 bis 3, Absatz 4 Satz 1, 3 § 69a Absatz 3 Nummer 3, 9, 13	
214.1	bei Lastkraftwagen oder Kraftomnibussen bzw. ihren Anhängern		180 €
214.2	bei anderen als in Nummer 214.1 genannten Fahrzeugen		90 €
	Erlöschen der Betriebserlaubnis		
214a	Fahrzeug trotz erloschener Betriebserlaubnis in Betrieb genommen und dadurch die Verkehrssicherheit wesentlich beeinträchtigt	§ 19 Absatz 5 Satz 1 § 69a Absatz 2 Nummer 1b	
214a.1	bei Lastkraftwagen oder Kraftomnibussen		180 €
214a.2	bei anderen als in Nummer 214a.1 genannten Fahrzeugen		90 €
214b	Fahrzeug trotz erloschener Betriebserlaubnis in Betrieb genommen und dadurch die Umwelt wesentlich beeinträchtigt	§ 19 Absatz 5 Satz 1 § 69a Absatz 2 Nummer 1b	
214b.1	bei Lastkraftwagen oder Kraftomnibussen		180 €
214b.2	bei anderen als in Nummer 214b.1 genannten Fahrzeugen		90 €

Lfd. Nr.	Tatbestand	Straßenverkehrs-Zulassungs-Ordnung (StVZO)	Regelsatz in Euro (€), Fahrverbot in Monaten
	Mitführen von Anhängern hinter Kraftrad oder Personenkraftwagen		
215	Kraftrad oder Personenkraftwagen unter Verstoß gegen eine Vorschrift über das Mitführen von Anhängern in Betrieb genommen	§ 42 Absatz 2 Satz 1 § 69a Absatz 3 Nummer 3	25 €
	Einrichtungen zur Verbindung von Fahrzeugen		
216	Abschleppstange oder Abschleppseil nicht ausreichend erkennbar gemacht	§ 43 Absatz 3 Satz 2 § 69a Absatz 3 Nummer 3	5 €
	Stützlast		
217	Kraftfahrzeug mit einem einachsigen Anhänger in Betrieb genommen, dessen zulässige Stützlast um mehr als 50 % über- oder unterschritten wurde	§ 44 Absatz 3 Satz 1 § 69a Absatz 3 Nummer 3	60 €
(218)	(aufgehoben)		
	Geräuschentwicklung und Schalldämpferanlage		
219	Kraftfahrzeug, dessen Schalldämpferanlage defekt war, in Betrieb genommen	§ 49 Absatz 1 § 69a Absatz 3 Nummer 17	20 €
220	Weisung, den Schallpegel im Nahfeld feststellen zu lassen, nicht befolgt	§ 49 Absatz 4 Satz 1 § 69a Absatz 5 Nummer 5d	10 €
	Lichttechnische Einrichtungen		
221	Kraftfahrzeug oder Anhänger in Betrieb genommen		
221.1	unter Verstoß gegen eine allgemeine Vorschrift über lichttechnische Einrichtungen	§ 49a Absatz 1 bis 4, 5 Satz 1, Absatz 6, 8, 9 Satz 2, Absatz 9a, 10 Satz 1 § 69a Absatz 3 Nummer 18	5 €
221.2	unter Verstoß gegen das Verbot zum Anbringen anderer als vorgeschriebener oder für zulässig erklärter lichttechnischer Einrichtungen	§ 49a Absatz 1 Satz 1 § 69a Absatz 3 Nummer 18	20 €
222	Kraftfahrzeug oder Anhänger in Betrieb genommen unter Verstoß gegen eine Vorschrift über		
222.1	Scheinwerfer für Fern- oder Abblendlicht	§ 50 Absatz 1, 2 Satz 1, 6 Halbsatz 2, Satz 7, Absatz 3 Satz 1, 2, Absatz 5, 6 Satz 1, 3, 4, 6, Absatz 6a Satz 2 bis 5, Absatz 9 § 69a Absatz 3 Nummer 18a	15 €
222.2	Begrenzungsleuchten oder vordere Rückstrahler	§ 51 Absatz 1 Satz 1, 4 bis 6, Absatz 2 Satz 1, 4, Absatz 3 § 69a Absatz 3 Nummer 18b	15 €

Lfd. Nr.	Tatbestand	Straßenverkehrs-Zulassungs-Ordnung (StVZO)	Regelsatz in Euro (€), Fahrverbot in Monaten
222.3	seitliche Kenntlichmachung oder Umrissleuchten	§ 51a Absatz 1 Satz 1 bis 7, Absatz 3 Satz 1, Absatz 4 Satz 2, Absatz 6 Satz 1, Absatz 7 Satz 1, 3 § 51b Absatz 2 Satz 1, 3, Absatz 5, 6 § 69a Absatz 3 Nummer 18c	15 €
222.4	zusätzliche Scheinwerfer oder Leuchten	§ 52 Absatz 1 Satz 2 bis 5, Absatz 2 Satz 2, 3, Absatz 5 Satz 2, Absatz 7 Satz 2, 4, Absatz 9 Satz 2 § 69a Absatz 3 Nummer 18e	15 €
222.5	Schluss-, Nebelschluss-, Bremsleuchten oder Rückstrahler	§ 53 Absatz 1 Satz 1, 3 bis 5, 7, Absatz 2 Satz 1, 2, 4 bis 6, Absatz 4 Satz 1 bis 4, 6, Absatz 5 Satz 1 bis 3, Absatz 6 Satz 2, Absatz 8, 9 Satz 1, § 53d Absatz 2, 3 § 69a Absatz 3 Nummer 18g, 19c	15 €
222.6	Warndreieck, Warnleuchte oder Warnblinkanlage	§ 53a Absatz 1, 2 Satz 1, Absatz 3 Satz 2, Absatz 4, 5 § 69a Absatz 3 Nummer 19	15 €
222.7	Ausrüstung oder Kenntlichmachung von Anbaugeräten oder Hubladebühnen	§ 53b Absatz 1 Satz 1 bis 3, 4 Halbsatz 2, Absatz 2 Satz 1 bis 3, 4 Halbsatz 2, Absatz 3 Satz 1, Absatz 4, 5 § 69a Absatz 3 Nummer 19a	15 €
	Arztschild		
222a	Bescheinigung zur Berechtigung der Führung des Schildes „Arzt Notfalleinsatz“ nicht mitgeführt oder zur Prüfung nicht ausgehändigt	§ 52 Absatz 6 Satz 3 § 69a Absatz 5 Nummer 5f	10 €
	Geschwindigkeitsbegrenzer		
223	Kraftfahrzeug in Betrieb genommen, das nicht mit dem vorgeschriebenen Geschwindigkeitsbegrenzer ausgerüstet war, oder den Geschwindigkeitsbegrenzer auf unzulässige Geschwindigkeit eingestellt oder nicht benutzt, auch wenn es sich um ein ausländisches Kfz handelt	§ 57c Absatz 2, 5 § 31d Absatz 3 § 69a Absatz 3 Nummer 1c, 25b	100 €
224	Als Halter die Inbetriebnahme eines Kraftfahrzeugs angeordnet oder zugelassen, das nicht mit dem vorgeschriebenen Geschwindigkeitsbegrenzer ausgerüstet war oder dessen Geschwindigkeitsbegrenzer auf eine unzulässige Geschwindigkeit eingestellt war oder nicht benutzt wurde	§ 31 Absatz 2 i.V.m. § 57c Absatz 2, 5 § 31d Absatz 3 § 69a Absatz 5 Nummer 3	150 €

Lfd. Nr.	Tatbestand	Straßenverkehrs-Zulassungs-Ordnung (StVZO)	Regelsatz in Euro (€), Fahrverbot in Monaten
225	Als Halter den Geschwindigkeitsbegrenzer in den vorgeschriebenen Fällen nicht prüfen lassen, wenn seit fällig gewordener Prüfung		
225.1	nicht mehr als ein Monat	§ 57d Absatz 2 Satz 1 § 69a Absatz 5 Nummer 6d	25 €
225.2	mehr als ein Monat	§ 57d Absatz 2 Satz 1 § 69a Absatz 5 Nummer 6d	40 €
	vergangen ist		
226	Bescheinigung über die Prüfung des Geschwindigkeitsbegrenzers nicht mitgeführt oder auf Verlangen nicht ausgehändigt	§ 57d Absatz 2 Satz 3 § 69a Absatz 5 Nummer 6e	10 €
(227)	(aufgehoben)		
(228)	(aufgehoben)		
	Einrichtungen an Fahrrädern		
229	Fahrrad unter Verstoß gegen eine Vorschrift über die Einrichtungen für Schallzeichen in Betrieb genommen	§ 64a § 69a Absatz 4 Nummer 4	15 €
230	Fahrrad oder Fahrradanhänger oder Fahrrad mit Beiwagen unter Verstoß gegen eine Vorschrift über lichttechnische Einrichtungen im öffentlichen Straßenverkehr in Betrieb genommen	§ 67 § 67a § 69a Absatz 4 Nummer 8, 9	20 €
	Ausnahmen		
231	Urkunde über eine Ausnahmegenehmigung nicht mitgeführt	§ 70 Absatz 3a Satz 1 § 69a Absatz 5 Nummer 7	10 €
	Auflagen bei Ausnahmegenehmigungen		
232	Als Fahrzeugführer, ohne Halter zu sein, einer vollziehbaren Auflage einer Ausnahmegenehmigung nicht nachgekommen	§ 71 § 69a Absatz 5 Nummer 8	15 €
233	Als Halter einer vollziehbaren Auflage einer Ausnahmegenehmigung nicht nachgekommen	§ 71 § 69a Absatz 5 Nummer 8	70 €

Lfd. Nr.	Tatbestand	Elektrokleinstfahrzeuge-Verordnung (eKFV)	Regelsatz in Euro (€), Fahrverbot in Monaten
	e) Elektrokleinstfahrzeuge-Verordnung (eKFV) **Betriebsbeschränkungen**		
234	Elektrokleinstfahrzeug ohne die erforderliche Allgemeine Betriebserlaubnis oder Einzelbetriebserlaubnis auf öffentlichen Straßen in Betrieb gesetzt	§ 2 Absatz 1 Satz 1 Nummer 1 § 14 Nummer 1	70 €
234a	Die Inbetriebnahme eines Elektrokleinstfahrzeugs ohne die erforderliche Allgemeine Betriebserlaubnis oder Einzelbetriebserlaubnis auf öffentlichen Straßen angeordnet oder zugelassen	§ 2 Absatz 4 i.V.m. Absatz 1 Satz 1 Nummer 1 § 14 Nummer 3	70 €
235	Elektrokleinstfahrzeug ohne gültige Versicherungsplakette auf öffentlichen Straßen in Betrieb gesetzt	§ 2 Absatz 1 Satz 1 Nummer 2 § 14 Nummer 1	40 €
235a	Die Inbetriebnahme eines Elektrokleinstfahrzeugs auf öffentlichen Straßen ohne die erforderliche Versicherungsplakette angeordnet oder zugelassen	§ 2 Absatz 4 i.V.m. Absatz 1 Satz 1 Nummer 2 § 14 Nummer 3	40 €
236	Elektrokleinstfahrzeug trotz erloschener Betriebserlaubnis auf öffentlichen Straßen in Betrieb gesetzt und dadurch die Verkehrssicherheit wesentlich beeinträchtigt	§ 2 Absatz 3 Satz 2 i.V.m. Absatz 4 § 14 Nummer 1	30 €
236a	Die Inbetriebnahme eines Elektrokleinstfahrzeugs auf öffentlichen Straßen trotz erloschener Betriebserlaubnis angeordnet oder zugelassen	§ 2 Absatz 4 § 14 Nummer 3	30 €
237	Elektrokleinstfahrzeug unter Verstoß gegen die Vorschriften über die Anforderungen an die lichttechnischen Einrichtungen im öffentlichen Straßenverkehr in Betrieb gesetzt	§ 2 Absatz 1 Nummer 4 Buchstabe b § 14 Nummer 1	20 €
237a	Elektrokleinstfahrzeug unter Verstoß gegen die Vorschriften über die Anforderungen an die Schalleinrichtung im öffentlichen Straßenverkehr in Betrieb gesetzt	§ 2 Absatz 1 Nummer 4 Buchstabe c § 14 Nummer 1	15 €
237b	Elektrokleinstfahrzeug unter Verstoß gegen die Vorschriften über die Anforderungen an die sonstigen Sicherheitsanforderungen im öffentlichen Straßenverkehr in Betrieb gesetzt	§ 2 Absatz 1 Nummer 4 Buchstabe d § 14 Nummer 1	25 €
	Verhaltensrechtliche Anforderungen		
238	Mit einem Elektrokleinstfahrzeug eine nicht zulässige Verkehrsfläche befahren	§ 10 Absatz 1 Satz 1, Absatz 2 Satz 1 § 14 Nummer 5	15 €
238.1	– mit Behinderung	§ 10 Absatz 1 Satz 1, Absatz 2 Satz 1 § 14 Nummer 5 § 1 Absatz 2 StVO § 49 Absatz 1 Nummer 1 StVO	20 €
238.2	– mit Gefährdung		25 €
238.3	– mit Sachbeschädigung		30 €
238a	Mit einem Elektrokleinstfahrzeug nebeneinander gefahren	§ 11 Absatz 1 § 14 Nummer 6	15 €

Lfd. Nr.	Tatbestand	Elektrokleinstfahrzeuge-Verordnung (eKFV)	Regelsatz in Euro (€), Fahrverbot in Monaten
238a.1	– mit Behinderung	§ 11 Absatz 1 § 14 Nummer 6 § 1 Absatz 2 StVO § 49 Absatz 1 Nummer 1 StVO	20 €
238a.2	– mit Gefährdung		25 €
238a.3	– mit Sachbeschädigung		30€

Lfd. Nr.	Tatbestand	Ferienreise-Verordnung	Regelsatz in Euro (€), Fahrverbot in Monaten
	f) Ferienreise-Verordnung		
239	Kraftfahrzeug trotz eines Verkehrsverbots innerhalb der Verbotszeiten länger als 15 Minuten geführt	§ 1 § 5 Nummer 1	60 €
240	Als Halter das Führen eines Kraftfahrzeugs trotz eines Verkehrsverbots innerhalb der Verbotszeiten länger als 15 Minuten zugelassen	§ 1 § 5 Nummer 1	150 €

Lfd. Nr.	Tatbestand	Straßenverkehrsgesetz (StVG)	Regelsatz in Euro (€), Fahrverbot in Monaten
	B. Zuwiderhandlungen gegen §§ 24a, 24c StVG		
	0,5-Promille-Grenze		
241	Kraftfahrzeug geführt mit einer Atemalkoholkonzentration von 0,25 mg/l oder mehr oder mit einer Blutalkoholkonzentration von 0,5 Promille oder mehr oder mit einer Alkoholmenge im Körper, die zu einer solchen Atem- oder Blutalkoholkonzentration führt	§ 24a Absatz 1	500 € **Fahrverbot 1 Monat**
241.1	bei Eintragung von bereits einer Entscheidung nach § 24a StVG, § 316 oder § 315c Absatz 1 Nummer 1 Buchstabe a StGB im Fahreignungsregister		1 000 € **Fahrverbot 3 Monate**
241.2	bei Eintragung von bereits mehreren Entscheidungen nach § 24a StVG, § 316 oder § 315c Absatz 1 Nummer 1 Buchstabe a StGB im Fahreignungsregister		1 500 € **Fahrverbot 3 Monate**
	3,5-ng/ml-Tetrahydrocannabinol- Grenze		
242	Kraftfahrzeug geführt mit 3,5 ng/ml oder mehr Tetrahydrocannabinol im Blutserum	§ 24a Absatz 1a	500 € **Fahrverbot 1 Monat**
242.1	bei Eintragung von bereits einer Entscheidung nach § 24a StVG, § 316 oder § 315c Absatz 1 Nummer 1 Buchstabe a StGB im Fahreignungsregister		1 000 € **Fahrverbot 3 Monate**
242.2	bei Eintragung von bereits mehreren Entscheidungen nach § 24a StVG, § 316 oder § 315c Absatz 1 Nummer 1 Buchstabe a StGB im Fahreignungsregister		1 500 € **Fahrverbot 3 Monate**
	Berauschende Mittel		
243	Kraftfahrzeug unter Wirkung eines in der Anlage zu § 24a Absatz 2 StVG genannten berauschenden Mittels geführt	§ 24a Absatz 2 Satz 1	500 € **Fahrverbot 1 Monat**
243.1	bei Eintragung von bereits einer Entscheidung nach § 24a StVG, § 316 oder § 315c Absatz 1 Nummer 1 Buchstabe a StGB im Fahreignungsregister		1 000 € **Fahrverbot 3 Monate**
243.2	bei Eintragung von bereits mehreren Entscheidungen nach § 24a StVG, § 316 oder § 315c Absatz 1 Nummer 1 Buchstabe a StGB im Fahreignungsregister		1 500 € **Fahrverbot 3 Monate**
	Alkoholverbot für Cannabiskonsumenten und Cannabiskonsumentinnen		
243a	Als Führer eines Kraftfahrzeugs im Straßenverkehr 3,5 ng/ml oder mehr Tetrahydrocannabinol im Blutserum und 1. ein alkoholisches Getränk zu sich genommen oder 2. die Fahrt unter der Wirkung eines alkoholischen Getränks angetreten	§ 24a Absatz 2a	1 000 € **Fahrverbot 1 Monat**
243a.1	bei Eintragung von bereits einer Entscheidung nach § 24a StVG, § 316 oder § 315c Absatz 1 Nummer 1 Buchstabe a StGB im Fahreignungsregister		1 500 € **Fahrverbot 3 Monate**

Lfd. Nr.	Tatbestand	Straßenverkehrsgesetz (StVG)	Regelsatz in Euro (€), Fahrverbot in Monaten
243a.2	bei Eintragung von bereits einer Entscheidung nach § 24a StVG, § 316 oder § 315c Absatz 1 Nummer 1 Buchstabe a StGB im Fahreignungsregister		2 000 € **Fahrverbot 3 Monate**
	Alkohol- und Cannabisverbot für Fahranfänger und Fahranfängerinnen		
243b	In der Probezeit nach § 2a StVG oder vor Vollendung des 21. Lebensjahres als Führer eines Kraftfahrzeugs im Straßenverkehr ein alkoholisches Getränk oder die Substanz Tetrahydrocannabinol zu sich genommen oder die Fahrt unter der Wirkung eines alkoholischen Getränks oder der Substanz Tetrahydrocannabinol angetreten	§ 24c Absatz 1	250 €

Abschnitt II. Vorsätzlich begangene Ordnungswidrigkeiten

Lfd. Nr.	Tatbestand	StVO	Regelsatz in Euro (€), Fahrverbot in Monaten
	Zuwiderhandlungen gegen § 24 Absatz 1 StVG		
	a) Straßenverkehrs-Ordnung		
	Bahnübergänge		
244	Beim Führen eines Kraftfahrzeugs Bahnübergang trotz geschlossener Schranke oder Halbschranke überquert	§ 19 Absatz 2 Satz 1 Nummer 3 § 49 Absatz 1 Nummer 19 Buchstabe a	700 € **Fahrverbot 3 Monate**
245	Beim zu Fuß gehen, Rad fahren oder als andere nichtmotorisierte am Verkehr teilnehmende Person Bahnübergang trotz geschlossener Schranke oder Halbschranke überquert	§ 19 Absatz 2 Satz 1 Nummer 3 § 49 Absatz 1 Nummer 19 Buchstabe a	350 €
	Sonstige Pflichten von Fahrzeugführenden		
246	Elektronisches Gerät rechtswidrig benutzt	§ 23 Absatz 1a § 49 Absatz 1 Nummer 22	
246.1	beim Führen eines Fahrzeugs		100 €
246.2	– mit Gefährdung	§ 23 Absatz 1a Satz 1, § 1 Absatz 2 § 49 Absatz 1 Nummer 1, 22	150 € **Fahrverbot 1 Monat**
246.3	– mit Sachbeschädigung		200 € **Fahrverbot 1 Monat**
246.4	beim Radfahren	§ 23 Absatz 1a Satz 1 § 49 Absatz 1 Nummer 22	55 €
247	Beim Führen eines Kraftfahrzeugs verbotswidrig ein technisches Gerät zur Feststellung von Verkehrsüberwachungsmaßnahmen betrieben oder betriebsbereit mitgeführt	§ 23 Absatz 1c § 49 Absatz 1 Nummer 22	75 €

Lfd. Nr.	Tatbestand	StVO	Regelsatz in Euro (€), Fahrverbot in Monaten
247a	Beim Führen eines Kraftfahrzeugs Gesicht verdeckt oder verhüllt	§ 23 Absatz 4 Satz 1 § 49 Absatz 1 Nummer 22	60 €
248	*(aufgehoben)*		
249	*(aufgehoben)*		
	Genehmigungs- oder Erlaubnisbescheid		
250	Genehmigungs- oder Erlaubnisbescheid auf Verlangen nicht ausgehändigt	§ 46 Absatz 3 Satz 3 § 49 Absatz 4 Nummer 5	10 €
	Verkehrseinrichtigungen zum Schutz der Infrastruktur		
250a	Vorschriftswidrig ein Verbot für Kraftwagen mit einem die Gesamtmasse beschränkenden Zusatzzeichen (Zeichen 251 mit Zusatzzeichen 1053-33) oder eine tatsächliche Höhenbeschränkung (Zeichen 265) nicht beachtet, wobei die Straßenfläche zusätzlich durch Verkehrseinrichtungen (Anlage 4 lfd. Nr. 1 bis 4 zu § 43 Absatz 3 StVO) gekennzeichnet ist.	§ 41 Absatz 1 i. V. m. Anlage 2 lfd. Nr. 27 Spalte 3, lfd. Nr. 29 (Zeichen 251) Spalte 3, lfd. Nr. zu 36 bis 40, lfd. Nr. 39 (Zeichen 265) § 43 Absatz 3 Satz 2 § 49 Absatz 3 Nummer 4, 6	500 € **Fahrverbot 2 Monate**
	b) Fahrerlaubnis-Verordnung		
	Aushändigen von Führerscheinen und Bescheinigungen		
251	Führerschein, Bescheinigung oder die Übersetzung des ausländischen Führerscheins auf Verlangen nicht ausgehändigt	§ 4 Absatz 2 Satz 2, 3 § 5 Absatz 4 Satz 2, 3 § 48 Absatz 3 Satz 2 § 48a Absatz 3 Satz 2 § 74 Absatz 4 Satz 5 § 75 Nummer 4 § 75 Nummer 13	10 €
251a	Beim begleiteten Fahren ab 17 Jahren ein Kraftfahrzeug der Klasse B oder BE ohne Begleitung geführt	§ 48a Absatz 2 Satz 1 § 75 Nummer 9	70 €
	c) Fahrzeug-Zulassungsverordnung		
	Aushändigen von Fahrzeugpapieren		
252	Die Zulassungsbescheinigung Teil I oder sonstige Bescheinigung auf Verlangen nicht ausgehändigt	§ 4 Absatz 5 Satz 1 § 13 Absatz 6 Satz 1 § 28 Satz 2 § 31 Satz 3 § 52 Absatz 1 Satz 6 § 77 Nummer 4	10 €
	Betriebsverbot und Beschränkungen		
253	Einem Verbot, ein Fahrzeug in Betrieb zu setzen, zuwidergehandelt oder Beschränkung nicht beachtet	§ 5 Absatz 1 Satz 1 § 77 Nummer 6	70 €
	d) Straßenverkehrs-Zulassungs-Ordnung		
	Erlöschen der Betriebserlaubnis		
253a	Änderungen am Fahrzeug vorgenommen oder vornehmen lassen, die zum Erlöschen der Betriebserlaubnis führen	§ 19 Absatz 2 Satz 3 § 69a Absatz 2 Nummer 1a	
253a.1	– als Hersteller oder Importeur		800 €

Lfd. Nr.	Tatbestand	StVO	Regelsatz in Euro (€), Fahrverbot in Monaten
253a.2	– als Gewerbetreibender		400 €
	Achslast, Gesamtgewicht, Anhängelast hinter Kraftfahrzeugen		
254	Gegen die Pflicht zur Feststellung der zugelassenen Achslasten oder Gesamtgewichte oder gegen Vorschriften über das Um- oder Entladen bei Überlastung verstoßen	§ 31c Satz 1, 4 Halbsatz 2 § 69a Absatz 5 Nummer 4c	50 €
	Ausnahmen		
255	Urkunde über eine Ausnahmegenehmigung auf Verlangen nicht ausgehändigt	§ 70 Absatz 3a Satz 1 § 69a Absatz 5 Nummer 7	10 €

Anhang
(zu Nummer 11 der Anlage)

Tabelle 1
Geschwindigkeitsüberschreitungen

a) **Kraftfahrzeuge der in § 3 Absatz 3 Nummer 2 Buchstaben a oder b StVO genannten Art**

Lfd. Nr.	Überschreitung in km/h	Regelsatz in Euro bei Begehung innerhalb geschlossener Ortschaften (außer bei Überschreitung für mehr als 5 Minuten Dauer oder in mehr als zwei Fällen nach Fahrtantritt)	Regelsatz in Euro bei Begehung außerhalb geschlossener Ortschaften (außer bei Überschreitung für mehr als 5 Minuten Dauer oder in mehr als zwei Fällen nach Fahrtantritt)
11.1.1	bis 10	40	30
11.1.2	11 – 15	60	50

Die nachfolgenden Regelsätze und Fahrverbote gelten auch für die Überschreitung der festgesetzten Höchstgeschwindigkeit bei Sichtweite unter 50 m durch Nebel, Schneefall oder Regen nach Nummer 9.1 der Anlage.

Lfd. Nr.	Überschreitung in km/h	Regelsatz in Euro bei Begehung		Fahrverbote in Monaten bei Begehung	
		innerhalb geschlossener Ortschaften	außerhalb geschlossener Ortschaften	innerhalb geschlossener Ortschaften	außerhalb geschlossener Ortschaften
11.1.3	bis 15 für mehr als 5 Minuten Dauer oder in mehr als zwei Fällen nach Fahrtantritt	160	140	–	–
11.1.4	16 – 20	160	140	–	–
11.1.5	21 – 25	175	150	–	–
11.1.6	26 – 30	235	175	1 Monat	–
11.1.7	31 – 40	340	255	1 Monat	1 Monat
11.1.8	41 – 50	560	480	2 Monate	1 Monat
11.1.9	51 – 60	700	600	3 Monate	2 Monate
11.1.10	über 60	800	700	3 Monate	3 Monate

b) **kennzeichnungspflichtige Kraftfahrzeuge der in Buchstabe a genannten Art mit gefährlichen Gütern oder Kraftomnibusse mit Fahrgästen**

Lfd. Nr.	Überschreitung in km/h	Regelsatz in Euro bei Begehung innerhalb geschlossener Ortschaften (außer bei Überschreitung für mehr als 5 Minuten Dauer oder in mehr als zwei Fällen nach Fahrtantritt)	Regelsatz in Euro bei Begehung außerhalb geschlossener Ortschaften (außer bei Überschreitung für mehr als 5 Minuten Dauer oder in mehr als zwei Fällen nach Fahrtantritt)
11.2.1	bis 10	70	60

Die nachfolgenden Regelsätze und Fahrverbote gelten auch für die Überschreitung der festgesetzten Höchstgeschwindigkeit bei Sichtweite unter 50 m durch Nebel, Schneefall oder Regen nach Nummer 9.2 der Anlage.

Lfd. Nr.	Überschreitung in km/h	Regelsatz in Euro bei Begehung innerhalb geschlossener Ortschaften (außer bei Überschreitung für mehr als 5 Minuten Dauer oder in mehr als zwei Fällen nach Fahrtantritt)	Regelsatz in Euro bei Begehung außerhalb geschlossener Ortschaften (außer bei Überschreitung für mehr als 5 Minuten Dauer oder in mehr als zwei Fällen nach Fahrtantritt)
11.2.2	11 – 15	120	70

Lfd. Nr.	Überschreitung in km/h	Regelsatz in Euro bei Begehung innerhalb geschlossener Ortschaften	Regelsatz in Euro bei Begehung außerhalb geschlossener Ortschaften	Fahrverbote in Monaten bei Begehung innerhalb geschlossener Ortschaften	Fahrverbote in Monaten bei Begehung außerhalb geschlossener Ortschaften
11.2.3	bis 15 für mehr als 5 Minuten Dauer oder in mehr als zwei Fällen nach Fahrtantritt	320	240	–	–
11.2.4	16 – 20	320	240	–	–
11.2.5	21 – 25	360	280	1 Monat	–
11.2.6	26 – 30	480	400	1 Monat	1 Monat
11.2.7	31 – 40	640	560	2 Monate	1 Monat
11.2.8	41 – 50	800	700	3 Monate	2 Monate
11.2.9	51 – 60	900	800	3 Monate	3 Monate
11.2.10	über 60	950	900	3 Monate	3 Monate

c) andere als die in Buchstabe a oder b genannten Kraftfahrzeuge

Lfd. Nr.	Überschreitung in km/h	Regelsatz in Euro bei Begehung innerhalb geschlossener Ortschaften	Regelsatz in Euro bei Begehung außerhalb geschlossener Ortschaften
11.3.1	bis 10	30	20
11.3.2	11 – 15	50	40
11.3.3	16 – 20	70	60

Die nachfolgenden Regelsätze und Fahrverbote gelten auch für die Überschreitung der festgesetzten Höchstgeschwindigkeit bei Sichtweite unter 50 m durch Nebel, Schneefall oder Regen nach Nummer 9.3 der Anlage.

Lfd. Nr.	Überschreitung in km/h	Regelsatz in Euro bei Begehung innerhalb geschlossener Ortschaften	Regelsatz in Euro bei Begehung außerhalb geschlossener Ortschaften	Fahrverbote in Monaten bei Begehung innerhalb geschlossener Ortschaften	Fahrverbote in Monaten bei Begehung außerhalb geschlossener Ortschaften
11.3.4	21 – 25	115	100	–	–
11.3.5	26 – 30	180	150	–	–
11.3.6	31 – 40	260	200	1 Monat	–
11.3.7	41 – 50	400	320	1 Monat	1 Monat
11.3.8	51 – 60	560	480	2 Monate	1 Monat
11.3.9	61 – 70	700	600	3 Monate	2 Monate
11.3.10	über 70	800	700	3 Monate	3 Monate

Anhang
(zu Nummer 12 der Anlage)

Tabelle 2
Nichteinhalten des Abstandes von einem vorausfahrenden Fahrzeug

Lfd. Nr.		Regelsatz in Euro	Fahrverbot
	Der Abstand von einem vorausfahrenden Fahrzeug betrug in Metern		
12.5	a) bei einer Geschwindigkeit von mehr als 80 km/h		
12.5.1	weniger als $^5/_{10}$ des halben Tachowertes	75	
12.5.2	weniger als $^4/_{10}$ des halben Tachowertes	100	
12.5.3	weniger als $^3/_{10}$ des halben Tachowertes	160	
12.5.4	weniger als $^2/_{10}$ des halben Tachowertes	240	
12.5.5	weniger als $^1/_{10}$ des halben Tachowertes	320	
12.6	b) bei einer Geschwindigkeit von mehr als 100 km/h		
12.6.1	weniger als $^5/_{10}$ des halben Tachowertes	75	
12.6.2	weniger als $^4/_{10}$ des halben Tachowertes	100	
12.6.3	weniger als $^3/_{10}$ des halben Tachowertes	160	**Fahrverbot 1 Monat**
12.6.4	weniger als $^2/_{10}$ des halben Tachowertes	240	**Fahrverbot 2 Monate**
12.6.5	weniger als $^1/_{10}$ des halben Tachowertes	320	**Fahrverbot 3 Monate**
12.7	c) bei einer Geschwindigkeit von mehr als 130 km/h		
12.7.1	weniger als $^5/_{10}$ des halben Tachowertes	100	
12.7.2	weniger als $^4/_{10}$ des halben Tachowertes	180	
12.7.3	weniger als $^3/_{10}$ des halben Tachowertes	240	**Fahrverbot 1 Monat**
12.7.4	weniger als $^2/_{10}$ des halben Tachowertes	320	**Fahrverbot 2 Monate**
12.7.5	weniger als $^1/_{10}$ des halben Tachowertes	400	**Fahrverbot 3 Monate**

Anhang
(zu den Nummern 198 und 199 der Anlage)

Tabelle 3
Überschreiten der zulässigen Achslast oder des zulässigen Gesamtgewichts von Kraftfahrzeugen, Anhängern, Fahrzeugkombinationen sowie der Anhängelast hinter Kraftfahrzeugen

a) **bei Kraftfahrzeugen mit einem zulässigen Gesamtgewicht über 7,5 t sowie Kraftfahrzeugen mit Anhängern, deren zulässiges Gesamtgewicht 2 t übersteigt**

Lfd. Nr.	Überschreitung in v.H.	Regelsatz in Euro
198.1	**für Inbetriebnahme**	
198.1.1	2 bis 5	30
198.1.2	mehr als 5	80
198.1.3	mehr als 10	110
198.1.4	mehr als 15	140
198.1.5	mehr als 20	190
198.1.6	mehr als 25	285
198.1.7	mehr als 30	380
199.1	**für Anordnen oder Zulassen der Inbetriebnahme**	
199.1.1	2 bis 5	35
199.1.2	mehr als 5	140
199.1.3	mehr als 10	235
199.1.4	mehr als 15	285
199.1.5	mehr als 20	380
199.1.6	mehr als 25	425

b) **bei anderen Kraftfahrzeugen bis 7,5 t für Inbetriebnahme, Anordnen oder Zulassen der Inbetriebnahme**

Lfd. Nr.	Überschreitung in v.H.	Regelsatz in Euro
198.2.1 oder 199.2.1	mehr als 5 bis 10	10
198.2.2 oder 199.2.2	mehr als 10 bis 15	30
198.2.3 oder 199.2.3	mehr als 15 bis 20	35
198.2.4 oder 199.2.4	mehr als 20	95
198.2.5 oder 199.2.5	mehr als 25	140
198.2.6 oder 199.2.6	mehr als 30	235

Anhang
(zu § 3 Absatz 3)

Tabelle 4
Erhöhung der Regelsätze bei Hinzutreten einer Gefährdung oder Sachbeschädigung

Die im Bußgeldkatalog bestimmten Regelsätze, die einen Betrag von mehr als 55 Euro vorsehen, erhöhen sich beim Hinzutreten einer Gefährdung oder Sachbeschädigung, soweit diese Merkmale nicht bereits im Grundtatbestand enthalten sind, wie folgt:

Bei einem Regelsatz für den Grundtatbestand von Euro	mit Gefährdung auf Euro	mit Sachbeschädigung auf Euro
60	75	90
70	85	105
75	90	110
80	100	120
90	110	135
95	115	140
100	120	145
110	135	165
120	145	175
130	160	195
135	165	200
140	170	205
150	180	220
160	195	235
165	200	240
180	220	265
190	230	280
200	240	290
210	255	310
235	285	345
240	290	350
250	300	360
270	325	390
280	340	410
285	345	415
290	350	420
320	385	465
350	420	505
360	435	525
380	460	555
400	480	580
405	490	590
425	510	615
440	530	640
480	580	700
500	600	720
560	675	810
570	685	825
600	720	865

Bei einem Regelsatz für den Grundtatbestand von Euro	mit Gefährdung auf Euro	mit Sachbeschädigung auf Euro
635	765	920
680	820	985
700	840	1 000
760	915	1 000

Enthält der Grundtatbestand bereits eine Gefährdung, führt Sachbeschädigung zu folgender Erhöhung:

Bei einem Regelsatz für den Grundtatbestand von Euro	mit Sachbeschädigung auf Euro
60	75
70	85
75	90
80	100
100	120
150	180

Sachverzeichnis

Die fetten Zahlen bezeichnen die Nummern der Titel der Gesetze bzw. Verordnungen in diesem Band, die mageren die Paragraphen, Anh = Anhang

Abbiegen, Ankündigung **2** 9; von Fußgängern mit Fahrzeugen nach links **2** 25 II; nach links **2** 5 VII; nach rechts **2** 7; Radfahrer **2** 9; Vorfahrtbeachtung **2** 8 II

Abblenden **2** 17

Abblendlicht, Anbringung zusätzlicher Scheinwerfer **3** 52; Benutzung **2** 17; Fahren mit – bei Tage **2** 17 III; weißes Licht **3** 50

Abgabe, Entziehung der Fahrerlaubnis **1** 3

Abgase **3** 47 ff.; Ableitung **3** 47c

Abgasreinigungssysteme **3** 47

Abgasverhalten, Veränderung und Betriebserlaubnis **3** 19

Ablehnung, Antrag auf Abschluss eines Haftpflichtversicherungsvertrags **5** 5

Abmessungen, Fahrzeuge, Anhänger **3** 32; Nachweis der Übereinstimmung, EU-Richtlinie **3** 59a; Überschreitung der zugelassenen Grenzen **2** 29 III

Abruf, automatisierten Verfahren, Fahreignungsregister **1** 30a ff.; automatisiertes Verfahren, Auflistung der Daten **3.1** 61; automatisiertes Verfahren, Zentrales Fahrerlaubnisregister **3.1** 52; automatisiertes Verfahren, Zentrales Fahrerlaubnisregister durch Stellen im Ausland **3.1** 56; Daten, Fahrerlaubnisregister **1** 53; Daten im automatisierten Verfahren **3.2** 66; Fahrzeugregister, Grenzüberschreitung **1** 37a; Fahrzeugregister, im automatisierten Verfahren **1** 36

Abschleppen von Fahrzeugen **2** 15a, 23, 49; *s. a.* **Schleppen**

Abschleppseile, Bauartgenehmigung für – **3** 22a

Abschleppstangen **3** 43; Bauartgenehmigung für – **3** 22a

Absehen von Verfolgung unter Auflagen und Weisungen **7** 153a; von Verfolgung vorläufige Einstellung **7** 153

Absperrgeräte **2** 43

Absperrschranke **2** 25 IV, Anl. 4 Nr. 1

Absperrtafeln, fahrbare – **2** Anl. 4 Nr. 6 f.

Absperrung, Kennzeichnung von Arbeitsstellen **2** 45; Verkehrseinrichtung **2** 43

Abstand **2** 4; beim Abschleppen **3** 43; Vorbeifahren an haltenden öffentlichen Verkehrsmitteln **2** 20 II

Abstandsleuchten **3** 53c

Absteigen, Einrichtungen zum – **3** 35d

Abteilungen, getrennte – geschlossener Verbände **2** 27 IV

Achslast **3** 34; Sondererlaubnis bei Überschreitung der zugelassenen Grenzen **2** 29 III; tatsächliche – **2** Anl. 2 Nr. 37

Ackerschienen, Bauartgenehmigung für – **3** 22a

Airbag **3** 35a

Alarmsysteme gegen Diebstahl **3** 38b

Alkohol, Eignungszweifel, Fahrerlaubnis **3.1** 13; Fahrverbot **1** 25; Promillegrenze **1** 24a; Verbot für Fahranfänger **1** 24c; Verbot für Fahranfänger, Bußgeldkatalog **8** Nr. 243

Allgemeine Betriebserlaubnis, Begriff der – **3** 20; Fahrzeugteile **3** 22; *s. a.* **Betriebserlaubnis**

Allgemeine Versicherungsbedingungen **5** 4

Allradbremse **3** 42 II

Alter, Fahrerlaubnis, Tabelle **3.1** 10

Altfahrzeuge, Verwertungsnachweis **3.2** 17

Ampel *s.* **Lichtzeichen**

Amtliches Kennzeichen *s.* **Kennzeichen**

Anbaugeräte, Ausrüstung und Kenntlichmachung von – **3** 53b

Anbauhöhe, Anbaugeräte **3** 53b

Anbieten von Waren auf der Straße **2** 33

Anbringung, Gefahrzeichen **2** 40; Verkehrszeichen, Verpflichtung zur – von Gefahrzeichen **2** 45

Änderung am Kraftfahrzeug und Betriebserlaubnis **3** 19

Andreaskreuz, Kostentragung **1** 5b; Parkverbot vor und hinter – **2** 12; Vorrang von Schienenfahrzeugen **2** 19

Anerkennung, ausländische Fahrerlaubnis **3.1** 28; Fahrtschreiber- oder Kontrollgerätehersteller **3** 57; von Genehmigungen und Prüfzeichen auf Grund internationaler Vereinbarungen **3** 21a; von Prüfungen auf Grund von Rechtsakten der EWG **3** 21b

Anfahren **2** 10

Anfahrspiegel **3** 56

Anfechtungsklage, Anordnung des Aufbauseminars **1** 2a; autonome Fahrfunktion **1** 1e

Anfrage- und Auskunftsverfahren, automatisiertes **3.2** 67; automatisiertes, Kraftfahrt-Bundesamt **3.1** 62; automatisiertes,

Zentrales Fahrerlaubnisregister **3.1** 53; Datenübermittlung, Zentrales Fahrzeugregister **1** 36a; Fahreignungsregister **1** 30b; Fahrerlaubnisregister **1** 54
Anfragen *s. a.* **Auskunft**
Anhalten *s.* **Halten**
Anhängekupplung 3 43
Anhängelast hinter Kraftfahrzeugen **3** 42
Anhänger, Abmessung **3** 32; Anbringung von Kennzeichen **3.2** 12; Ausnahmen von den Vorschriften über das Zulassungsverfahren **3.2** 3; Bauartgenehmigung für einachsige – **3** 22a; Begrenzungsleuchten **3** 51; Bereifung **3** 36; Betriebserlaubnis nur für das Anhängerfahrgestell **3** 20; Bremsen **3** 41 IX; Definition **1b** 4; ohne eigene Bremse **3** 42; Elektrokleinstfahrzeuge **3.3** 8; Fabrikschilder und Fahrgestellnummern an – **3** 59; Fahrrad, lichttechnische Einrichtungen **3** 67a; Fahrrädern mit Hilfsmotor **3** 61a; Fahrtrichtungsanzeiger **3** 54 IV; Feuerlöschzwecke **3.2** 3; Geräuschentwicklung **3** 49; Haftung des Fahrzeugführers **1** 19a; Halterhaftung **1** 19; Halterhaftung, Halte- oder Parkverstoß **1** 25a; Kennzeichenmissbrauch **1** 22 I, II; hinter Krafträdern **3** 32; lichttechnische Einrichtungen **3** 49a; Mindestversicherungssumme für – **5** Anl.; Mitführen von – **3** 32a; Mitnahme von Personen auf der Ladefläche **2** 21 II; Personenbeförderung auf der Ladefläche von – hinter Kraftfahrzeugen **2** 21; Schluss- und Bremsleuchten **3** 53; seitliche Kenntlichmachung **3** 51a; Spezialanhänger **3.2** 3; Starrdeichselanhänger **3** 44; Stützeinrichtung **3** 44; Untersagung des Betriebs **3** 17; Untersuchung **3** 29; zulässige Geschwindigkeit **2** 3 III
Anhängerbrief *s.* **Fahrzeugbrief**
Anhängerschein *s.* **Fahrzeugschein**
Ankündigen, Abbiegen, Wenden und Rückwärtsfahren **2** 9
Ankündigung des Ein- und Anfahrens **2** 10; Fahrstreifenwechsel **2** 7 IV
Ankündigungsbake, Autobahn **2** Anl. 3 Lfd. Nr. 21
Ankündigungstafel, Autobahnausfahrt **2** Anl. 3 Nr. 55
Anlieger, Duldung der Anbringung von Verkehrszeichen **1** 5b
Anonymisierung 1 45
Anordnung, Auflagen bei der Fahrerlaubnis **3.1** 46
Anrechnung, vorläufiger Entziehung der Fahrerlaubnis auf das Fahrverbot **1** 25; **6** 51
Anschlussstellen, Autobahnen **2** 18 II
Antrag auf Erlass eines Strafbefehls **7** 408
Antrag auf Erteilung einer Fahrerlaubnis, abweichendes Verfahren, elektronischer Prüfauftrag **3.1** 22a; Antragsinhalt **3.1** 21; beizufügende Unterlagen **3.1** 21; Erste Hilfe Ausbildung **3.1** 19; Erste Hilfe Ausbildung, Ausnahmen **3.1** 19; Form **3.1** 21; Sehtest **3.1** 12; Verfahren bei der Behörde **3.1** 22
Anwendungsbereich *s.* **Geltungsbereich**
Anzeige, Pflicht des Ersatzberechtigten zur – des Unfalls **1** 15
Anzeigen, Fahrtrichtungsänderung/Halten **2** 9
Anzeiger, Kennzeichnung **3** 39a
Arbeiten im Straßenraum **2** 45
Arbeitsmaschinen, Anhänger **3** 32a; Ausnahmen von den Vorschriften über das Zulassungsverfahren **3.2** 3
Arbeitsscheinwerfer 3 52 VII
Arbeitsstellen, Absperrung und Kennzeichnung von – **2** 45, Anl. 1 Nr. 12; gelbes Blinklicht bei – **2** 38
Armzeichen, Weisungen von Polizeibeamten **2** 36
Arzneimittel, Klärung von Eignungszweifeln **3.1** 14
Ärzte, Anbringung besonderer Schilder an Kraftwagen **3** 52
Asymmetrisches Abblendlicht 3 50
Aufbauseminar, Anordnung der Teilnahme **3.1** 39; Beratung **1** 2a; Durchführung **3.1** 35; Eintragung im Fahreignungsregister **1** 28; Fahrerlaubnis auf Probe **1** 2a; Teilnahmebescheinigung **3.1** 37; Widerspruch/Anfechtungsklage **1** 2a; Zuwiderhandlung in der Probezeit **1** 2b
Aufgaben, hoheitliche, Sonderrechte **2** 35 I
Auflagen, Anordnung bei Fahrerlaubnis **3.1** 46; bei Ausnahmegenehmigungen **2** 46; **3** 71; Befolgung von – **2** 29; Erteilung einer Fahrerlaubnis **3.1** 23
Auflaufbremsen, Bauartgenehmigung für – **3** 22a, 41
Aufliegelast, zulässige – bei Sattelzugmaschinen **3** 34
Aufrechterhaltung der Sicherheit und Ordnung, Befugnisse der Polizei zur – **2** 44
Aufsichtsbehörde, Genehmigung der – für Versicherungsvertrag **5** 4
Aufsteigen, Einrichtung zum – **3** 35d
Aufstellen von Verkehrszeichen, Verpflichtung zum – **2** 45
Ausbildung in Erster Hilfe **3.1** 19; Kraftfahrzeugführer **1** 2
Ausfädelungsstreifen 2 7a, 49 I

Ausfahrt, Ankündigung, Autobahn **2** Anl. 3 Nr. 55; Autobahn **2** Anl. 3 Nr. 20 ff., Anl. 3 Nr. 60; Autobahnen, Kraftfahrtstraßen **2** 18; Tafel, Kraftstraße/ausgebaute Straße **2** Anl. 3 Nr. 53; Zeichen 332 **2** 18 X
Ausfertigung des Führerscheins **3.1** 25
Ausgestaltung, Anbringung von Verkehrszeichen **2** 45
Auskunft, Datenübermittlung, Zentrales Fahrzeugregister **1** 36a; eigene Daten, Fahreignungsregister **1** 58; Fahreignungsregister **1** 30b; Kennzeichen **1** 6d; örtliches/zentrales Fahrzeugregister **1** 39a
Auskunftsstelle, Versicherungsfälle **5** 8a
Auslagen, Anwendungsbereich **1** 6a
Ausland, Datenübermittlung, Fahreignungsregister **1** 29; Unfall eines Deutschen im – **5** 14; Zuständigkeit für Erlaubniserteilung für im – beginnende Veranstaltungen **2** 47
Ausländische Fahrausweise, Beschlagnahme **7** 463b; Vermerk des Fahrverbots **1** 25
Ausländische Fahrerlaubnis, Anerkennung **3.1** 28; Angehörige, Streitkräfte der USA/Kanada **3.1** 29a; Berechtigung **3.1** 29; Entziehung **1** 3; Erteilung einer Fahrerlaubnis an Inhaber einer – aus der EU **3.1** 30; Erteilung einer Fahrerlaubnis an Inhaber einer – aus einem anderen Staat außerhalb der EU **3.1** 31; Übergangsvorschriften **3.1** 76 Nr. 13a; Verfahren **3.1** 29; Wirkung der Entziehung **6** 69b
Ausländische Fahrzeuge, Beschränkung und Untersagung des Betriebs **3.2** 48; Erkennbarkeit des Zulassungsstaates **3.2** 47; Geräuschklasse **3** 31e; Gewichte, Abmessungen, Beschaffenheit **3** 31d; Kennzeichen **3.2** 47; vorübergehende Teilnahme am inländischen Straßenverkehr **3.2** 46
Ausländische Nationalitätszeichen, Übersicht über die – **Anh 1**
Ausländische Stellen, Abruf von Daten aus dem Zentralen Fahrzeugregister **3.2** 70
Ausnahmegenehmigung, Auflagen bei – **3** 71; Straßenverkehrsbehörde **2** 46; Zuständigkeit bei – **3.1** 74; Zuständigkeit für die Erteilung von – **2** 47
Ausnahmen, Halterhaftung, § 7 **1** 8; der StVO für Fahrzeuge und Personen **2** 46; von der StVZO **3** 70; von der Versicherungspflicht **5** 2
Auspuff, Abgase *s.* **Abgase;** Ableitung von Abgasen **3** 47c; Krafträder **3** 49
Ausrüstung der Fahrzeuge **3** 30
Ausscheren, Überholen, Betätigung des Fahrtrichtungsanzeigers **2** 5 IVa; Vorbeifahren an Hindernis usw. **2** 6
Ausschlussfrist, Geltendmachung von Ersatzansprüchen **1** 15
Außenkanten, vorstehende 3 30c
Außenspiegel 3 56
Außerbetriebsetzung 3.2 16; internetbasiert **3.2** 24
Aussteigen, eingeschränktes Haltverbot **2** Anl. 2 Nr. 63; *s. a.* **Absteigen**
Ausweichen 2 6
Ausweispflicht für das Führen von Kraftfahrzeugen **3.1** 4
Autobahn 2 3, 7; Ankündigungstafel, Ausfahrt **2** Anl. 3 Nr. 55; Ausfahrt **2** Anl. 3 Nr. 20, Anl. 3 Nr. 60; Autobahnkreuz **2** Anl. 3 Nr. 57; Autohof **2** Anl. 3 Nr. 58; Benutzung **2** 18; Beschilderung **2** Anl. 3 Nr. 16 ff.; Bundesautobahnen **2** 18; Entfernungstafel **2** Anl. 3 Nr. 61; Knotenpunkt **2** Anl. 3 Nr. 41; Ladevorschriften **2** 18; Lastkraftwagen, Sichtweite eingeschränkt **2** 18 XI; Reichweite des Abblendlichts **2** 18; Vorwegweiser **2** Anl. 3 Nr. 59; Wegweisung **2** Anl. 3 Nr. 40; Zuständigkeit für Erteilung von Ausnahmegenehmigungen **2** 47 II
Autobahnrichtgeschwindigkeit, VO **4**
Autobus *s.* **Kraftomnibusse**
Autohof 2 Anl. 3 Nr. 58
Automatikgetriebe, Beschränkung der Fahrerlaubnis **3.1** 17a
Automatischer Blockierverhinderer 3 41b
Automatisierte Fahrfunktion, Erprobung **1** 1i; nachträgliche Aktivierung **1** 1h
Automatisiertes Verfahren, Abruf durch ausländische Stellen **3.2** 70; Abruf im Fahreignungsregister **1** 30a; Abruf nach § 30a StVG **3.1** 61; Abruf von Daten aus dem Zentralen Fahrerlaubnisregister durch Stellen im Ausland **3.1** 56; Abruf von Daten aus dem Zentralen Fahrerlaubnisregister durch Stellen im Inland **3.1** 52; Abruf von Daten aus dem Zentralen Fahrzeugregister durch – **3.2** 66; Aufzeichnung der Abrufe **3.2** 69; Aufzeichnungen über Abrufe aus den Fahrerlaubnisregistern **3.1** 55; Sicherung gegen Missbrauch **3.1** 54; **3.2** 68
Automatisierung, Datenverarbeitung **1** 63a
Autonome Fahrfunktion, Ausnahmen **1** 1k; Begriff **1** 1d; Betrieb von Fahrzeugen **1** 1e; Datenverarbeitung **1** 1g; Erprobung **1** 1i; festgelegter Betriebsbereich **1** 1d; nachträgliche Aktivierung **1** 1h; Pflichten

der Beteiligten **1** 1f; Verordnungsermächtigung **1** 1j; Widerspruch/Anfechtungsklage **1** 1e
Autorennen 2 29
Autotelefon 2 23 Ia

Bahnbediensteter 2 19
Bahnübergänge 2 45; mit Baken **2** Anl. 1 Nr. 21 ff.; Haltverbot auf – **2** 12; Überholverbot **2** 19 II; Vorfahrt **2** 19
Bahnverkehr, Gefährdung **6** 315a; gefährliche Eingriffe in den – **6** 315
Baken zur Ankündigung von Ausfahrt auf Autobahnen *s. a.* **Warnbaken;** Bahnübergang **2** Anl. 1 Nr. 21 ff.
Bau- und Betriebsvorschriften 3 30 ff.; für andere Fahrzeuge **3** 63 ff.
Bauartgenehmigung, Fahrzeugteile, Auflistung **3** 22a
Baubuden, fahrbare, Ausnahmen von den Vorschriften über das Zulassungsverfahren **3.2** 3
Baulastträger, Verpflichtung zur Anbringung von Verkehrszeichen durch – **2** 45
Baustelle 2 Anl. 1 Nr. 12; Personenbeförderung auf – **2** 21
Bauunternehmer, Kostentragung für Wegweiser **1** 5b; Pflicht der – zur Absperrung und Kennzeichnung von Arbeitsstellen **2** 45
Bauvorschriften für Fahrzeuge **3** 30 ff.
Be- oder Entladen, keine Benutzung des Warnblinklichts **2** 17; eingeschränktes Haltverbot **2** Anl. 2 Nr. 63; Halten auf der Fahrbahn zum – **2** Anl. 2 Nr. 63; an Parkuhren **2** 13; *s. a.* **Ladegeschäft**
Beckengurt 3 35a
Bedarfsumleitung 2 Anl. 3 Nr. 76 f.
Bedienungseinrichtungen, Bremsen **3** 41
Bedingungen, Ausnahmegenehmigungen **2** 46; Befolgung von – **2** 29
Beerdigungskosten, Ersatz **1** 10
Befähigung, Eintragung im Fahreignungsregister **1** 28; Führen von Kraftfahrzeugen **1** 2
Befreiung, Pflichtversicherung **5** 2
Befristungen, Ausnahmegenehmigungen **2** 46
Begleiter bei Übungs- und Prüfungsfahrten **1** 2
Begleitetes Fahren, Evaluation **3.1** 48b; Rechtsverordnung **1** 6e; Voraussetzungen **1** 6e; **3.1** 48a
Begrenzung *s.* **Beschränkung**
Begrenzungsleuchten, Anbaugeräte **3** 53b; Anbauhöhe **3** 53b; Bauartgenehmigung für – **3** 22a; Kraftfahrzeuge **3** 51; ständig leuchten **3** 51; Standlicht **2** 17; Umrissleuchten **3** 51b; Verbot des Fahrens mit – allein **2** 17 II
Begutachtungsstelle, Anforderungen **3.1** 72; Fahreignung **3.1** 66
Behinderung, Bauweise der Fahrzeuge **3** 30; Verkehrsteilnehmer, Ausschluss **2** 1; Vermeidung an Haltestellen **2** 20 II
Behördenzuständigkeit 3 68
Beifahrer, Kraftrad **3** 61; Sitz für – **3** 35a
Beladen *s.* **Be- oder Entladen**
Belästigung, anderer Verkehrsteilnehmer **2** 1 II; Bauweise der Fahrzeuge **3** 30; durch Lärm **2** 30; durch den Verkehr, Vermeidung von – an besonderen Plätzen **2** 45; vermeidbare **2** 33
Beleuchtung 2 17, 45; Anbringung **2** 45; anhaltende Fahrzeuge **2** 15; der Verkehrszeichen **2** 45; Vorschriften über – bei Liegenbleiben **2** 15; Zeichen, Laternenring **2** Anl. 3 Nr. 38
Beleuchtungseinrichtungen, Bauartgenehmigung für – **3** 22a; geschlossene Verbände **2** 27; Kennzeichen **3.2** 12 VII; Treiben von Vieh usw. **2** 28 II; Verantwortlichkeit des Fahrzeugführers für – **2** 23 I; Vorschriften für Benutzung und Zustand von – **2** 17 I; *s. a.* **lichttechnische Einrichtungen**
Benetzen der Straße **2** 32
Benutzung, Beleuchtungseinrichtungen bei Kraftfahrzeugen **2** 17; Sicherung gegen unbefugte – der Fahrzeuge **2** 14 II; übermäßige – öffentlicher Straßen **2** 29
Benzinleitungen *s.* **Kraftstoffleitungen**
Benzintank *s.* **Kraftstoffbehälter**
Beratung, verkehrspsychologische **3.1** 71
Berauschende Mittel, Liste der – **1** Anl.
Berechnung des Hubraums **3** 30b
Bereifung, eiserne Reifen **3** 36 IX; an Fahrzeugen **3** 36; Formel, Mehrlast **3** 36; Übergangsbestimmung **2** 52
Bereitschaftszeiten, Lenk- und Ruhezeiten **1a**
Beschaffenheit der Fahrzeuge **3** 30; von Kraftomnibussen **3** 34a; der Verkehrszeichen **2** 45
Beschaffung, Verkehrszeichen, Bestimmung der – **2** 45
Beschlagnahme, ausländischer Fahrausweise **7** 463b; Führerschein **7** 111a, 463b; Gegenstände **7** 94
Beschmutzen der Straße **2** 32
Beschränkung der Benutzung bestimmter Straßen **2** 45; des Betriebs eines Fahrzeugs ohne Prüfplakette **3** 29; Erteilung einer Fahrerlaubnis **3.1** 23; Fahrerlaubnis **3.1** 46; der Zulassung **3** 17

Beseitigen, verkehrswidrige Gegenständen **2** 32
Besetzung der Omnibusse **3** 34a
Besondere Fortbewegungsmittel **2** 24
Besondere Kostenregelung **2** 51
Bespannung von Fuhrwerken **3** 64
Betätigungseinrichtungen **3** 39a
Betätigungsraum **3** 35d
Betäubungsmittel, Klärung von Eignungszweifeln **3.1** 14
Beteiligung am Unfall **2** 34
Betrieb eines Fahrzeugs, Untersagung des – **3** 17; der Verkehrseinrichtungen **2** 45
Betriebsbereich, festgelegter **1** 1d; Genehmigung **1** 1g
Betriebsbremse **3** 41 II
Betriebserlaubnis, allgemeine – für Typen **3** 20; Datenbestätigung **3** 20; für Einzelfahrzeuge **3** 21; Erlöschen **3** 19, 20; Erteilung und Wirksamkeit der – **3** 19; Fahrzeugteile **3** 22; Mitführungspflicht **3** 19 IV; Rechtsgrundlagen **3** 19; Zulassungsbescheinigung Teil I und II **3** 21; *s. a.* **Allgemeine Betriebserlaubnis, Zulassung**
Betriebsfußbremsen **3** 41 VIII
Betriebspersonal, Sicherheitsgurt **2** 21a I
Betriebsvorschriften **3** 30 ff.
Bewohnerparkausweis **2** 46
Blaue Beschilderung, Autobahn, Kraftfahrtstraße **2** Anl. 3 Nr. 16 ff.
Blaues Blinklicht **2** 38; Kennleuchten für – **3** 52
Blickfeld und Scheibenwischer **3** 40
Blinker *s.* **Fahrtrichtungsanzeiger**
Blinkleuchten, Fahrtrichtungsanzeiger **3** 54; mitzuführende Gegenstände **3** 31b
Blinklicht, -anlagen **2** 43; Bahnübergang **2** 19 II; blaues bzw. gelbes – **2** 38; Kennleuchten für – **3** 52; Kostentragung **1** 5b
Blockierverhinderer, automatischer **3** 41b
Blockumfahrung **2** Anl. 3 Nr. 83
Blutalkohol, Promillegrenze **1** 24a
Blutprobe **7** 81a
Bodengreifer **3** 37 I
Breite der Fahrzeuge **3** 32; Tafel **2** Anl. 2 Nr. 38; auf Verkehrsverbotsschild **2** Anl. 2 Nr. 38; zulässige – des Fahrzeugs mit Ladung **2** 22 II
Bremsen **3** 41; bei anderen Straßenfahrzeugen **3** 65; automatischer Blockierverhinderer **3** 41b; elektrische Widerstands- **3** 41 VII; plötzliches – des vorausfahrenden Fahrzeugs, Verbot starken -s ohne zwingenden Grund **2** 4 I
Bremsflächen **3** 41 I
Bremsleuchten **3** 53; Bauartgenehmigung für – **3** 22a
Bremstrommel **3** 41 I
Bremsverzögerungen **3** 41 XII
Brennverhalten, Innenausstattung, Omnibus **3** 35j
Brücke **2** 27, 39
Bundesministerium, Ermächtigung zur Gebührenfestsetzung **1** 6a; Verordnungsermächtigung **1** 6
Bundeswehr, Betriebserlaubnis **3** 19; Entzug der Fahrerlaubnis durch die – **1** 6; Fahrerlaubnis **1** 2; Fahrzeugregister **1** 31; Kfz mit autonomer Fahrfunktion **1** 1k; Register, Dienstfahrerlaubnis **1** 62; Sonderrechte **2** 35; Straßennutzung **2** 44; Untersuchung der Kraftfahrzeuge **3** 29
Bußgeld, Regelsätze **8** 3
Bußgeldkatalog **1** 26a; **8** 1, Anl.; Eintragung bei Abweichen **1** 28a
Bußgeldverfahren, Informationsschreiben **1** 27; Kostentragung, Halter bei Parkverstoß **1** 25a
Bußgeldvorschriften **1** 21 ff., 24; **2** 44 ff.
Bussonderfahrstreifen **2** Anl. 2 Nr. 25

Cannabis **1** 24a, 24c
Carsharing, Parkzeitüberwachung **2** 13 V; Sinnbild, Zusatzzeichen **2** 39; Straßenkennzeichnung **2** 45; Zusatzzeichen **2** Anl. 2 Nr. 63.6

Dachaufsatz, Arzt-Fahrzeuge **3** 52
Dämmerung, Beleuchtung **2** 17
Daten *s. a.* **Fahrzeug- und Halterdaten**
Datenabgleich, Fahrzeugregister **1** 42
Datenbestätigung, Betriebserlaubnis **3** 20
Datenerhebung, Fahrzeugdaten im Zentralen Fahrzeugregister **3.2** 57
Datenlöschung, Fahreignungsregister **1** 29; Fahrerlaubnisregister **1** 61; Fahrzeugregister **1** 44; Zentrales/örtliches Fahrzeugregister **3.2** 72
Datenspeicherung, Fahreignungsregister **1** 28; **3.1** 59; Fahrzeugdaten im Zentralen Fahrzeugregister **3.2** 57; örtliche Fahrerlaubnisregister **3.1** 57; Zentrales Fahrerlaubnisregister **3.1** 49
Datenübermittlung, Abruf im automatisierten Verfahren **1** 36; an das Kraftfahrt-Bundesamt **3.2** 60; an den Versicherer durch die Zulassungsbehörde **3.2** 62; aus dem Zentralen Fahrerlaubnisregister **3.1** 51; aus den örtlichen Fahrerlaubnisregistern **3.1** 58; Fahreignungsregister **1** 29; Fahrerlaubnisregister **1** 52; Fahrzeug- und Halterdaten **1** 35 ff.; Fahrzeug- und Halterdaten, EU-Richtlinie **1** 37b; Hauptuntersuchung/Sicherheitsprüfungen **3** 29a; **3.2** 61; Kraftfahrt-Bundesamt an die Fahrerlaubnisbehörden **3.1** 50; Sperre **1** 41;

Statistik **5** 10; Übermittlungssperren **3.2** 71; Verfolgung von Rechtsansprüchen **1** 39
Datenverarbeitung, autonome Fahrfunktion **1** 1g; hoch-/vollautomatisierte Fahrfunktion **1** 63a
Dauerausnahmegenehmigung **2** 46
Dauerbremse **3** 41 XV
Dauerlicht, Sperrung/Freigabe **2** 37
Dauerparken, Unterbindung **2** 13
Deichsel **3** 64
Deutscher, Unfall eines – im Ausland **5** 14
Deutsches Rotes Kreuz, Nachweis über Erste-Hilfe-Lehrgang **1** 2
Diagonalreifen **3** 36
Diebstahl-Alarmeinrichtungen **3** 38b
Dienstfahrerlaubnis **3.1** 26; Anordnung der Teilnahme an einem Aufbauseminar **3.1** 39; Berechnung der Probezeit bei Inhabern von – **3.1** 33; Verhältnis von allgemeiner Fahrerlaubnis und – **3.1** 27
Dienstführerschein *s.* **Dienstfahrerlaubnis**
Dieselmotor, Emissionen **3** 47 II
Direktanspruch, Einschränkung der Leistungspflicht **5** 3
DNA-Identitätsfeststellung **7** 81g
DNA-Reihenuntersuchung **7** 81h
Dokumente, Verlust **1** 5
Doppelachslast **3** 34
Doppeldeckfahrzeuge, Feuerlöscher **3** 35g
Doppelkurve **2** Anl. 1 Nr. 4
Doppeltüren **3** 35e
Drehmoment, Bauart **3** 30a
Drehtüren **3** 35e
Dreifachachslast **3** 34
Dreipunktgurt **3** 35a
Dritter, Einschränkung der Leistungspflicht **5** 3
Droschken *s.* **Taxen**
Druckgasanlagen, Druckbehälter **3** 41a
Druckluftbremsen **3** 41 XVI
Dunkelheit, Beleuchtung **2** 17
Durchführungsvorschriften **2** 44 ff.
Dynamos *s.* **Lichtmaschinen**

E-Bike, Ausnahme von der Erlaubnispflicht **3.1** 4; lichttechnische Einrichtungen **3** 67; Vorschriften für Anhänger **3** 61a
EG-Übereinstimmungsbescheinigung **3** 47d
EG-VO Nr. 561/2006, Begriffsbestimmungen **1b** 4; Drittländer **1b** 23; Geltungsbereich **1b** 2 f.; Überwachung und Sanktionen **1b** 16
Eigentümer der Straße, Kosten der Unterhaltung der Verkehrszeichen **1** 5b; Verpflichtung zur Anbringung von Verkehrseinrichtungen usw. **2** 45
Eignung, Begutachtungsstellen für die Fahr – **3.1** 66; Erteilung einer Fahrerlaubnis **3.1** 11; Träger von Kursen zur Wiederherstellung der Kraftfahr – **3.1** 70; Voraussetzung der Fahrerlaubnis **1** 2
Eignungszweifel, Alkoholproblematik **3.1** 13; Betäubungs- und Arzneimittelproblematik **3.1** 14
Ein- und Aussteigen, Einschalten des Warnblinklichts bei – aus Schulbussen **2** 16 II; auf der Fahrbahn an Haltestellen **2** 20; Parkzeitüberwachung **2** 13 III; Sorgfaltspflichten beim – **2** 14
Einachsige Zugmaschinen, Ausnahmen von den Vorschriften über das Zulassungsverfahren **3.2** 3
Einbahnstraßen **2** Anl. 2 Nr. 9; Parken und halten auf – **2** 12; Radverkehr **2** Anl. 2 Nr. 9.1
Einbiegen **2** 9
Einfädeln, Reißverschlussverfahren **2** 7a
Einfädelungsstreifen **2** 7a
Einfahren, Grundstücksein- und -ausfahrten **2** 10
Einfahrt auf Autobahnen **2** 18; Verbot **2** Anl. 2 Nr. 41
Eingeschränktes Haltverbot, Zeichen **2** Anl. 2 Nr. 63
Einmündung, keine Einfahrt in – bei Stockungen **2** 11; Parken vor und hinter – **2** 12; Vorfahrt **2** 8; mit Vorfahrt von rechts **2** Anl. 1 Nr. 2
Einordnen vor dem Abbiegen nach links **2** 25; Reißverschlussverfahren **2** 7a
Einrichtungen zum Auf- und Absteigen **3** 35d; zum Führen des Fahrzeugs **3** 35a; lichttechnische – **3** 49a; für Schallzeichen **3** 55; sicheres Führen eines Fahrzeugs **3** 35b
Einsatzhorn **2** 38; **3** 55
Einscheren, Abstand halten langsamer Fahrzeuge zwecks Ermöglichung des – schnellerer **2** 4 II
Einschnitte in Reifenprofile **3** 36
Einspruchsfrist, Strafbefehl **7** 410
Einsteigen *s. a.* **Aufsteigen**
Einstellung, Auflagen und Weisungen **7** 153a; Geringfügigkeit, Absehen von der Verfolgung **7** 153; Teileinstellung bei mehreren Taten **7** 154
Einteilung, Fahrerlaubnisklassen **3.1** 6
Eintragungen, Tilgung, Fahreignungsregister **1** 29
Einweisen, Abbiegen auf Grundstücke **2** 9; Ein- und Ausfahren **2** 10
Einzelachslast **3** 34
Einzelfahrzeuge, Betriebserlaubnis **3** 21
Einzelfälle, bestimmte, Ausnahmegenehmigungen für – **2** 46

Einziehung **6** 74a; Fahrzeug, Gebrauch ohne Pflichtversicherung **5** 6 III; Kfz, Fahren ohne Fahrerlaubnis **1** 21; Kraftfahrzeuge **6** 315d
Eisenbahn, Schadensmitverursachung **1** 17
Eisglätte **2** 2, 39
Elektrische Einrichtungen von elektrisch angetriebenen Kraftfahrzeugen **3** 62
Elektrische Glühlampen, Fahrradbeleuchtung **3** 67
Elektrofahrzeuge, Abbiegen **2** 9 III; Bremsen **3** 41; elektrische Einrichtungen von – **2** 46; **3** 62; Kennzeichen **3.2** 11; Parkzeitüberwachung **2** 13 V; Sinnbild **2** 39 X; Straßenkennzeichnung **2** 45; Stromverbrauch **3** 47d; Überholen **2** 5; Zeichen **2** Anl. 2 Nr. 25.1, Anl. 2 Nr. 27.1; Zusatzzeichen **2** Anl. 2 Nr. 63.5
Elektrokleinstfahrzeug **3.3**; Prüfanforderungen, Fahrdynamik **3.3** Anl.
Elektrokleinstfahrzeuge-Verordnung, eKFV **Einf** VIII
Elektromagnetische Verträglichkeit **3** 55a
Elektromotor, Zulassung **1** 1
Elektronischer Prüfauftrag, Fahrerlaubnisbehörde **3.1** 22a
Emissionen, Dieselmotor **3** 47 II; EU-Richtlinie **3** 47; Euro 5/6 **3** 47; Kohlendioxid **3** 47d; Systeme zur Verringerung der Stickoxide **3** 47f
Emissionsklassen für Kraftfahrzeuge **3** 48
Ende, Autobahn **2** Anl. 3 Nr. 17; Kraftfahrstraße **2** Anl. 3 Nr. 19; Vorfahrtstraße **2** Anl. 3 Nr. 3
Engstelle, Fahrstreifenwechsel an –, einfädeln **2** 7a
Entfernung, Autobahntafel **2** Anl. 3 Nr. 61; der Verkehrszeichen **2** 45; Zusatzzeichen **2** 41
Entgegenkommende Fahrzeuge, Verkehrsteilnehmer, Abblenden bei – **2** 17
Entgeltliche Personenbeförderung **1** 8a
Entladen *s.* **Ladegeschäft**
Entschädigung für Anbringung von Verkehrszeichen und -einrichtungen **1** 5b
Entschädigungsfonds, Anspruchsübergang **5** 12 VI; Anstalt des öffentlichen Rechts **5** 13; Fahrzeugunfälle **5** 12ff.; Umfang der Leistungspflicht **5** 12 IV; Verjährung der Ansprüche **5** 12 III
Entschädigungsstelle **5** 12a; Übergang der Ersatzansprüche **5** 12b
Entscheidungen, Eintragung im Fahreignungsregister **1** 28
Entstempelung des Kennzeichens **3** 17
Entziehung der Fahrerlaubnis **1** 3, 25; **3.1** 46; Anrechnung vorläufiger – auf Fahrverbot **6** 69; Fahrerlaubnis auf Probe **1** 2a; internationaler Kraftfahrzeugverkehr **7** 463a; Neuerteilung **1** 3; Verfahrensregelungen **3.1** 47; **6** 69 f.
Entziehung der Zulassung **3** 17
Erdgas, Druckbehälter **3** 41a
Ereignis, unabwendbares – **1** 7
Erholungsorte, Verkehrsregelung in – **2** 45
Erholungsstätten, Schutz **2** 45
Erlaubnis, Großraum- und Schwerverkehr **2** 29; für Veranstaltungen auf Straßen **2** 29 II, III; für den Verkehr mit überdimensionalen Fahrzeugen und Zügen **2** 29 III; Zuständigkeit zur Erteilung von – **2** 44 III, V; *s. a.* **Genehmigung**
Erleichterung des Verkehrs durch Richtzeichen **2** 42
Ermächtigungsvorschrift **5** 7
Ermahnung, Fahreignungs-Bewertungssystem **1** 4
Erpressung, räuberische ˜ auf Kraftfahrer **6** 316a
Erprobung, Genehmigung, autonome Fahrfunktion **1** 1i
Ersatzpflicht, Fahrzeugführer **1** 18; des Halters **1** 7; Höchstbetrag **1** 12; Umfang bei Körperverletzung **1** 11; Umfang bei Tötung **1** 10; *s. a.* **Schadensersatzpflicht**
Ersatzräder **3** 36a
Erste Hilfe **2** Anl. 3 Nr. 28; Ausbildung, Fahrerlaubniserteilung **3.1** 19; Führerscheinausbildung **1** 2; Stelle für Schulungen **3.1** 68
Erste-Hilfe-Material **3** 31b; Kraftfahrzeuge **3** 35h
Erteilung, Auflagen und Beschränkungen bei der – einer Fahrerlaubnis **3.1** 23; einer Fahrerlaubnis an Inhaber einer ausländischen Fahrerlaubnis aus einem anderen Staat außerhalb der EU **3.1** 31; Geltungsdauer einer Fahrerlaubnis **3.1** 23; und Wirksamkeit der Betriebserlaubnis **3** 19
Erwerb von Fahrzeugteilen **3** 22a
Erwerbsfähigkeit, Geldrente bei Aufhebung oder Minderung der – **1** 13; Schadensersatz bei Aufhebung oder Minderung **1** 11
E-Scooter **3.3**
EU-Kommission, Datenübermittlung, Fahrzeug- und Halterdaten **1** 37c
EU-Mitgliedstaaten, Anerkennung von Fahrerlaubnissen **3.1** 28; Erteilung einer Fahrerlaubnis **3.1** 30; Maßnahmen gegen Emissionen **3** 47 VI
EU-Recht, Betriebserlaubnis **3** 19; Spiegel **3** 56
EU-Richtlinie, Datenübermittlung, Fahrzeug- und Halterdaten **1** 37b

Europäische Gemeinschaften, VO über die Harmonisierung bestimmter Sozialvorschriften **1b**
Europastraßen 2 Anl. 3 Nr. 42
Evaluierung 1 1c; autonome Fahrfunktion **1** 1l; Fahreignungsseminars **1** 4b

Fabrikschilder an Kraftfahrzeugen und Anhängern **3** 59
Fähigkeiten, Anpassung der Geschwindigkeit an die persönlichen – des Fahrzeugführers **2** 3 I
Fahndungsdaten, Abgleich, Fahrzeugregister **1** 36b
Fahnen, Bahnübergang **2** 19; Kenntlichmachung herausragender Ladung **2** 22 IV
Fahranfänger, Alkoholverbot **1** 24c; Alkoholverbot, Bußgeldkatalog **8** Nr. 243
Fahrbahn, Begrenzung **2** Anl. 2 Nr. 68 ff.; Benutzung **2** 2; Gehen auf – **2** 25; Parken auf schmaler – **2** 12; verengte – **2** Anl. 1 Nr. 10 f.
Fahrbahnkanten, Schnittpunkte der – **2** 12
Fahrbahnmarkierungen, Vorrang von Lichtzeichen vor – **2** 37 I
Fahrbahnrand, Anfahren vom – **2** 10; Gehen am – **2** 25; rechter – zum Parken **2** 12
Fahrbare Absperrtafeln **2** Anl. 4 Nr. 6 f.
Fahreignung, Entgelte für Begutachtungsstellen **1** 6f
Fahreignungs-Bewertungssystem 1 4; Bewertung von Straftaten/Ordnungswidrigkeiten **1** 4; Bezeichnung und Bewertung **3.1** 40; Einordnungstabelle **1** 65; Ermahnung **1** 4; Fahreignungsseminar **3.1** 42; Fahreignungsseminar, Qualitätssicherungssysteme **3.1** 43a; Fahreignungsseminar, Teilnahmebescheinigung **3.1** 44; Fahreignungsseminar, Überwachung **3.1** 43; Löschung von Punkten **1** 4; Maßnahmen der Fahrerlaubnisbehörde **3.1** 41; Punktebewertung **3.1** Anl. 13; Verwarnung **1** 4
Fahreignungsregister 1 28 ff.; Abruf im automatisierten Verfahren **1** 30a ff.; Abweichen vom Bußgeldkatalog **1** 28a; Datenübermittlung **1** 29; Datenübermittlung an andere Staaten **1** 29; Direkteinstellung **1** 30a; Forschungszwecke **1** 29; Identitätsnachweis bei Auskünften **3.1** 64; Speicherung der Daten **3.1** 59; Straftat/Ordnungswidrigkeit in der Probezeit **1** 2a; Tilgung der Eintragungen im – **1** 29; Übermittlung von Daten nach § 30 StVG **3.1** 60; Unterrichtungspflichten **1** 2c; Verordnungsermächtigung **1** 30c; vorzeitige Tilgung der Eintragungen **3.1** 63
Fahreignungsseminar, Abzug von Punkten **1** 4; Eintragung im Fahreignungsregister **1** 28; Evaluierung **1** 4b; verkehrspädagogische/verkehrspsychologische Teilmaßnahme **1** 4a; Zweck **1** 4a
Fahren ohne Fahrerlaubnis 1 21 ff.; Fahrlässigkeit **1** 21
Fahrerflucht 6 142
Fahrerlaubnis 1 2; auf Probe **1** 2a ff.; Auflagen und Beschränkungen **3.1** 23; Ausschluss des Vorbesitzes einer – der beantragten Klasse **3.1** 8; Befristung, Klasse C/D **1** 2; Bundeswehr, Polizei **1** 2; Einteilung in Klassen **3.1** 6; Entziehung **1** 3; **3.1** 46; Erteilung, Wohnsitz **3.1** 7; Fahreignungs-Bewertungssystem **1** 4; Fahren ohne – **1** 21; Fahrgastbeförderung **3.1** 48; Fehlen, Einschränkung der Leistungspflicht des Versicherers **5** 3; Geltungsdauer **3.1** 23; gemeinsame Vorschriften für die theoretische und praktische Prüfung **3.1** 18; Klasse B mit Schlüsselzahl 96 **3.1** 6a; Klasse B mit Schlüsselzahl 196 **3.1** 6b; körperliche und geistige Eignung **3.1** 10; Mindestalter **3.1** 10; Neuerteilung einer – **3.1** 20; Sehtest **3.1** 12; Sonderbestimmungen, Feuerwehr, THW u. a. **3.1** 6c; Sonderbestimmungen für das Führen von Dienstfahrzeugen **3.1** 26; Sonderbestimmungen für Inhaber einer ausländischen – **3.1** 28; Sperre für die Erteilung **6** 69a; Übergangsvorschriften **3.1** 76; Verlängerung **3.1** 24; Verordnungsermächtigung **1** 6; Vorbesitz einer – anderer Klassen **3.1** 9; vorläufige Entziehung der – **7** 111a; Weitergeltung nach Umtausch in einem anderen Staat **3.1** 30a; Wohnsitz **1** 2; *s. a.* **Führerschein, Zulassung**
Fahrerlaubnis auf Probe, Aufbauseminare **3.1** 35; Ausnahmen von der Probezeit **3.1** 32; Berechnung der Probezeit **3.1** 33; Bewertung von Straftaten und Ordnungswidrigkeiten im Rahmen der – **3.1** 34
Fahrerlaubnisbehörde 1 2; Unterrichtung **1** 2c
Fahrerlaubnisklasse, Einteilung **3.1** 6
Fahrerlaubnisprüfung 3.1 15; Durchführungsstellen **3.1** 69; gemeinsame Vorschriften für die theoretische und praktische Prüfung **3.1** 18; praktische Prüfung **3.1** 17; theoretische Prüfung **3.1** 16; Übergangsvorschriften **3.1** 76 Nr. 10
Fahrerlaubnisregister, Abruf im automatisierten Verfahren **1** 53; Auskunft über eigene Daten **1** 58; automatisiertes Mitteilungsverfahren **1** 54; Datenlöschung **1** 61; Datenübermittlung **1** 52; Datenübermittlung, Grenzüberschreitung **1** 55 f.;

Direkteinstellung **1** 53; Inhalt **1** 50; Mitteilung **1** 51; örtliches, Datenspeicherung **3.1** 57; Speicherung der Daten im Zentralen – **3.1** 49; Übermittlung von Daten aus dem Zentralen – **3.1** 51; Übermittlung von Daten aus den örtlichen – **3.1** 58; Übermittlung von Daten vom Kraftfahrt-Bundesamt an die Fahrerlaubnisbehörden **3.1** 50; Zuständigkeit, Registerbehörden **1** 48
Fahrerlaubnis-Verordnung Einf VI; Zuständigkeiten **3.1** 73
Fahrfunktion, autonom 1 1d
Fahrfunktion, hoch-/vollautomatisiert, Begriff **1** 1a; Datenverarbeitung **1** 63a; Herstellererklärung **1** 1a; Rechte und Pflichten des Fahrzeugführers **1** 1b; Zulässigkeit **1** 1a
Fahrgast, Türöffnung **3** 35e
Fahrgastbeförderung, Fahrerlaubnis **3.1** 48
Fahrgeräusch 3 49
Fahrlässige Körperverletzung 6 229
Fahrlässige Tötung 6 222
Fahrlässigkeit, Ordnungswidrigkeit **2** 49
Fahrlehrer 1 2
Fahrlicht *s.* **Abblendlicht**
Fahrpersonal, Mindestalter **1b** 5
Fahrpersonalverordnung 1a
Fahrprüfung, praktische Prüfung **3.1** 17; theoretische Prüfung **3.1** 16
Fahrräder, Ausrüstung **3** 64 ff.; Begriff als Fahrzeug **3** 63a; Beleuchtung an – **3** 67; Fahrräder frei **2** Anl. 2 Nr. 41.1; Glocke/Schallzeichen **3** 64a; lichttechnische Einrichtungen **3** 67; lichttechnische Einrichtungen, Anbauhöhe **3** 67 VIII; mit Hilfsmotor *s.* **Mofa; E-Bike;** Mitführen von Tieren an – **2** 28; Mitnahme von Personen und Gegenständen auf – **2** 21; Schieben, Anhänger usw. **2** 21, 23; Straßenbenutzung **2** 2; unbefugter Gebrauch von – **6** 248b; unbeleuchtete – **2** 17
Fahrradpedale, Rückstrahler **3** 67
Fahrradstraße 2 45, Anl. 2 Nr. 23 f.
Fahrschüler 1 2
Fahrstreifen abgehende – **2** 7a; Begrenzung **2** Anl. 2 Nr. 68; Begriff **2** 7 I; eigene Lichtzeichen für jeden markierten – **2** 37; freie Wahl des – innerhalb geschlossener Ortschaften **2** 7 III; Haltverbot, Parkverbot **2** 12; Leitlinien **2** Anl. 3 Nr. 22; Linksabbiegen **2** 7 III; Markierungen **2** Anl. 2 Nr. 11–13; Nutzung außerhalb geschlossener Ortschaften **2** 7 IIIc; Pfeilmarkierung **2** Anl. 2 Nr. 70
Fahrstreifenbegrenzung und Fahrbahnbegrenzung, Haltverbot und Parkverbot auf – **2** 12
Fahrstreifenwechsel 2 49 I; Ankündigung **2** 7 IV
Fahrtenbuch, Führung eines – **3** 31a
Fahrtrichtung 2 Anl. 2 Nr. 69 f.
Fahrtrichtungsänderung, Anzeigen **2** 9
Fahrtrichtungsanzeiger 3 49a, 54; Abbiegen, Wenden und Rückwärtsfahren **2** 9; Ausscheren zum Zwecke des Vorbeifahrens **2** 6; Bauartgenehmigung für – **3** 22a; Ein- und Ausfahren **2** 10; an Fahrrädern **3** 67; Fahrstreifenwechsel **2** 7; Überholen **2** 5 IVa
Fahrtschreiber 3 57 ff.; Bauartgenehmigung für **3** 22a; plombierte Einbauschilder **3** 57b; Prüfung **3** 57b
Fahrtschreiberhersteller, Anerkennung **3** 57b
Fahrtunterbrechung, Definition **1b** 4; des Fahrpersonals **1b** 7
Fahrverbot 6 44; Anrechnung vorläufiger Entziehung der Fahrerlaubnis auf das – **6** 51; ausländische Fahrausweise, Beschlagnahme **7** 463b; Bußgeldkatalog **1** 26a; Eintragung im Fahreignungsregister **1** 28; mehrere **1** 25; Ordnungswidrigkeit nach § 24 **1** 25; Regelfahrverbot **8** 4
Fahrverhalten, fremde Vorfahrt **2** 8
Fahrzeug, Definition **1b** 4; einspurige **2** 2; Sichtfeldprojektion **2** 23; Straßenbenutzung **2** 2; Überprüfung mitzuführender Gegenstände **3** 31b
Fahrzeug- und Halterdaten, Abruf durch ausländische Stellen **3.2** 70; Abruf im automatisierten Verfahren **3.2** 66 ff.; Aufzeichnung des Abrufs im automatisierten Verfahren **3.2** 69; Mitteilungen an die Finanzbehörde **3.2** 63; Mitteilungspflicht bei Änderungen **3.2** 15; Übermittlung an das Kraftfahrt-Bundesamt durch die Zulassungsbehörde **3.2** 60; Übermittlung an den Versicherer durch die Zulassungsbehörde **3.2** 62; Übermittlung an sonstige Stellen **3.2** 64; Übermittlungssperren **3.2** 71; *s. a.* **Daten**
Fahrzeugbrief und Betriebserlaubnis **3** 21; Vordruck für – **3** 20
Fahrzeugdaten, Fahrzeugregister **1** 32 ff.; Information an Halter **1** 63d; Speicherung im örtlichen Fahrzeugregister **3.2** 58; Speicherung im Zentralen Fahrzeugregister **3.2** 57; Übermittlung **1** 35 ff.; Übermittlung durch das Kraftfahrt-Bundesamt an die Zulassungsbehörden **3.2** 65
Fahrzeuge, Abmessungen **3** 32; Anwendung der für Kraftfahrzeuge geltenden Vorschriften auf andere – **3** 63 ff.; Außerbetriebsetzung **3.2** 16; Außerbetriebsetzung, internetbasiert **3.2** 24; Bau- und

Betriebsvorschriften **3** 30 ff.; Bauartgenehmigung für Einrichtungen zur Verbindung von – **3** 22a; Beleuchtung haltender Fahrzeuge **2** 17; Bereifung an – **3** 36; Beschaffenheit der – **3** 30; Beschränkung und Untersagung des Betriebs **3.2** 5; Betätigungsraum **3** 35d; Betriebserlaubnis für Einzel– **3** 21; Durchgangsverbot **2** Anl. 2 Nr. 30.1; Einrichtungen für Schallzeichen **3** 55, 64a; Einrichtungen zum Auf- und Absteigen **3** 35d; Einrichtungen zum sicheren Führen **3** 35b; emissionsbedeutsame Betriebsstoffe **3** 47f; Gebrauch eines nicht versicherten – **5** 6; Inbetriebnahme zulassungsfreier – **3.2** 4; Klimaanlage **3** 47e; Kraftstoffe **3** 47f; Kurvenlaufeigenschaften **3** 32d; Mängel an – **3** 17; partikelreduziert **3** 47; Radabdeckungen **3** 36a; Schleppen von – **3** 33; Sitze in – **3** 35a; Straßenbenutzung, Überwachung der – **3** 29; Tafel, Breite/Höhe **2** Anl. 2 Nr. 38 f.; Überführungsfahrten **3.2** 41; Veränderungen an – **3** 19; Verantwortung für den Betrieb **3** 31; Verbindung von – **3** 43; Verbot **2** Anl. 2 Nr. 28 ff., Anl. 2 Nr. 34; Verbot, gefährliche Güter **2** Anl. 2 Nr. 35; Verbot, Masse/Achslast **2** Anl. 2 Nr. 36 f.; Verbringung in das Ausland **3.2** 45; Verwertungsnachweis bei Altfahrzeugen **3.2** 17; Vorführung **3** 17; Wiederzulassung **3.2** 16; Zulassung **3** 16 ff.; Zuteilung von Kennzeichen **1** 31; *s. a.* **Ausländische Fahrzeuge**; *s. a.* **Kraftfahrzeuge**

Fahrzeugführer, ausreichendes Sichtfeld **3** 35b; Ersatzpflicht **1** 18; Ersatzpflicht, Anhänger/Gespann **1** 19a; Rechte und Pflichten, hoch- oder vollautomatisierte Fahrfunktion **1** 1b; Sitz **3** 35a; sonstige Pflichten **2** 23

Fahrzeuggewichte, Überprüfung von – **3** 31c

Fahrzeughalter *s.* **Halter**

Fahrzeug-Identifizierungsnummer **3** 59

Fahrzeugkombinationen, Abmessungen **3** 32

Fahrzeugregister **1** 31 ff.; **3.2** 57 ff.; Abruf im automatisierten Verfahren **1** 36; Abruf von Daten aus dem Zentralen Fahrzeugregister im automatisierten Verfahren **3.2** 66 ff.; Auskunft über Daten **1** 39a; Datenabgleich **1** 42; Datenerhebung **1** 34; Datenlöschung **1** 44; Datenübermittlung, wissenschaftliche/statistische Zwecke **1** 38 f.; Fahrzeugdaten **1** 32; Halterdaten **3.2** 59; Inhalt **1** 33; Insolvenz **1** 35; Löschung der Daten im örtlichen – **3.2** 73; Löschung von Daten im Zentralen – **3.2** 72; örtliches – **3.2** 58; Zentrales – **3.2** 57

Fahrzeugrennen, Entziehung der Fahrerlaubnis **6** 69; verbotene – im Straßenverkehr **6** 315d

Fahrzeugschlangen, rechts überholen **2** 7 II

Fahrzeugteile, Bauartgenehmigung für – **3** 22a; Betriebserlaubnis **3** 21a, 22; Erlaubnisverfahren **3** 22; Kennzeichnung von – mit Prüfzeichen **3** 22a

Fahrzeugzulassung **3.2;** Antrag **3.2** 6; Anwendungsbereich **3.2** 1; Ausnahmen **3.2** 3 II; Fahrten in Zusammenhang mit der – **3.2** 12; im Inland nach vorheriger – in einem anderen Staat **3.2** 8; internetbasierte Zulassung **3.2** 18 ff.; Notwendigkeit **3.2** 3; Verweis auf technische Regelwerke **3.2** 78; Zulassungsbescheinigung Teil I **3.2** 13; Zulassungsbescheinigung Teil II **3.2** 14; Zulassungsverfahren **3.2** 6 ff.; Zuteilung von Kennzeichen **3.2** 9

Fahrzeug-Zulassungsverordnung, FZV Einf VII

Fälschung von Kennzeichen **1** 22

Falttüren **3** 35e

Farbfolge, Lichtzeichenanlagen **2** 37

Farbzeichen **2** 37

Feiertage, Auflistung **2** 30 IV

Feilbieten von Fahrzeugteilen **3** 22a

Feldweg, Bahnübergang **2** 19; Vorfahrt **2** 8

Fenster *s.* **Scheiben**

Fernlicht **2** 17; **3** 50; Verbot des Fahrens mit – auf beleuchteten Straßen **2** 17 II

Fernstraßen-Bundesamt **2** 51a; sachliche Zuständigkeit **2** 44a

Feststellbremse **3** 41

Feuerlöscher **3** 31b; Kraftomnibus **3** 35g

Feuerwehr, Betriebserlaubnis **3** 19; Fahrerlaubnis, Mindestalter **3.1** 10; Rundumlicht **3** 52; Sonderbestimmungen, Fahrerlaubnis **3.1** 6c; Sonderrechte **2** 35; Untersuchung der Kraftfahrzeuge **3** 29

Feuerwehrzufahrt, Halten/Parken **2** 12

Firmenschild **3** 64b

Flugbetrieb **2** 39

Flüssigkeit des Verkehrs **2** 3 II

Fortbewegungsmittel, besondere – **2** 24

Freihändig fahren **2** 23

Freistellung von Verkehrsverbot **2** Anl. 2 Nr. 46

Freiwillige Feuerwehr, Fahrerlaubnis **1** 2

Fremdenverkehrsorte, Verkehrsregelung **2** 45

Fremdzündungsmotor, Abgase **3** 47 ff.

Frist, Wiedererteilung der Fahrerlaubnis **1** 3

Frontschutzsysteme **3** 30c

Führen, Erlaubnis- und Ausweispflicht für das – von Kraftfahrzeugen **3.1** 4; Fahrrad,

freihändig fahren **2** 23; eines Fahrzeugs unter Alkohol **6** 316; Mofa und motorisierten Krankenfahrstühlen **3.1** 5; von Taxen, Mietwagen, Krankenwagen und Personenwagen im Linienverkehr **3.1** 48; von Tieren **2** 28
Führer von Fahrzeugen, Haftpflicht des – **1** 18; von geschlossenen Verbänden, Pflichten **2** 27 V; von Vieh **2** 28 II
Führerräume in Kraftfahrzeugen, Heizung und Lüftung **3** 35c
Führerschein **1** 2; Ausfertigung **3.1** 25; Beschlagnahme **7** 463b; Beschlagnahme bei Fahrverbot **1** 25; Beschlagnahme des – **7** 111a; Beschränkung auf Fahrzeuge mit Automatikgetriebe **3.1** 17a; Fahren ohne – **1** 21; Fahrerlaubnisprüfung **3.1** 15; Gültigkeit **3.1** 24; internationaler, Antrag auf Ausstellung **3.1** 25a; Sonderbestimmungen für Inhaber ausländischer Fahrerlaubnisse **3.1** 28; Umtausch **3.1** Anl. 8e; *s. a.* **Fahrerlaubnis, Zulassung**
Führerscheinentzug *s.* **Entziehung**
Führerscheinprüfung *s.* **Fahrerlaubnisprüfung**
Fuhrwerke, unbespannte, unbeleuchtete – **2** 17; **3** 64
Funkverbindung, autonome Fahrfunktion **1** 1f
Fußboden, Beschaffenheit des – **3** 35d
Fußgänger **2** Anl. 1 Nr. 16, Anl. 2 Nr. 18 ff.; ausreichender Seitenabstand beim Überholen **2** 5 IV; Beleuchtung **2** 17; Fußgängerüberweg **2** 26; Gehwegnutzung **2** 25; innerhalb/außerhalb geschlossener Ortschaften **2** 25; kein Betreten der Autobahnen durch – **2** 18; Lichtzeichen nur für – **2** 37; Rücksicht auf – beim Abbiegen **2** 9; Verbot **2** Anl. 2 Nr. 33
Fußgängerüberwege **2** 25, 26, 39, Anl. 3 Nr. 24; Beleuchtung von – **2** 45; Haltverbot auf – **2** 12
Fußgängerverkehr **2** 25, 26
Fußrasten **2** 23
Fußstütze, Kraftradbeifahrer **3** 61
Fußweg, Bahnübergang **2** 19

Gang, freibleibender – in Omnibussen **3** 35a
Gas, Druckbehälter **3** 41a
Gebrauch eines nicht versicherten Fahrzeugs **5** 6; unbefugter – von Kraftfahrzeugen und Fahrrädern **6** 248b
Gebühren, Anwendungsbereich **1** 6a
Gefahr im Verzuge, Befugnisse der Polizei bei – **2** 44
Gefährdung, Abgabe von Warnzeichen bei – **2** 16; anderer Verkehrsteilnehmer, Ausschluss **2** 1; Bahn-, Schiffs- oder Luftverkehrs **6** 315a; von Fahrgästen, Vermeidung der – an Haltestellen **2** 20; Fußgänger an Fußgängerüberwegen **2** 26; Herabsetzung der – durch entsprechende Bauweise **3** 30; der Sicherheit **6** 315; des Straßenverkehrs **6** 315c; des Verkehrs durch Tiere **2** 28; Vermeidung beim Ein- und Aussteigen **2** 14
Gefährliche Eingriffe in den Bahn-, Schiffs- oder Luftverkehr **6** 315; in den Straßenverkehr **6** 315b
Gefährliche Güter, Haftung bei Beförderung **1** 12a
Gefahrzeichen **2** 39 VIII; allgemeine, zu § 40 Abs. 6 **2** Anl. 1; Begriff **2** 40; besondere, Schienenbahnen mit Vorrang **2** Anl. 1 Nr. 20 ff.; Bestimmungen über Anbringung von – **2** 45, Anl. 1; Hinweis Gefahrstelle **2** Anl. 1 Nr. 1; nach Anlage 1 **2a** Teil 2; Z 101–199 **2a** 3
Gefälle **2** Anl. 1 Nr. 5
Gegenstände, verkehrsgefährdende – auf der Straße **2** 32 I
Gegenverkehr **2** Anl. 1 Nr. 14; Abblenden bei – **2** 17; Behinderung des – beim Überholen **2** 5; Rechtsfahren bei – **2** 2 II; Vorrang **2** Anl. 3 Nr. 4
Gehwege, Absperrung **2** 43; Benutzung durch Fußgänger **2** 25; Benutzung durch Krankenfahrstühle **2** 24; Benutzung durch radfahrende Kinder **2** 2; Parken auf – **2** 12, Anl. 3 Nr. 10; Spielen auf – **2** 31
Geländereifen **3** 36
Gelbes Blinklicht **2** 38; Kennleuchten für – **3** 52
Gelbes Licht **2** 37
Geldbuße, Bußgeldkatalog **1** 26a
Geldrente, Ersatzpflicht **1** 13
Gelenkfahrzeug, zulässiges Gesamtgewicht **3** 34
Geltungszeitraum, StVO **2** 52
Gemeinden, Kosten für Verkehrseinrichtungen **1** 5b
Gemeinsamer Rad- und Gehweg **2** Anl. 2 Nr. 19 ff.
Genehmigung, Betriebserlaubnis für Einzelfahrzeuge **3** 21; Betriebserlaubnis, internationale Vereinbarungen **3** 21a; *s. a.* **Erlaubnis**
Geräuschemissionen **3** 48
Geräuschentwicklung **3** 49
Geräuschmessgeräte **3** 49
Gesamtgewicht **3** 34; Gleiskettenfahrzeuge **3** 34b
Geschlossene Ortschaften **2** Anl. 3 Nr. 5 f.; Abgabe von Schall- und Leucht-

zeichen **2** 16 I; Nebelschlussleuchten außerhalb **2** 17 III; zulässige Geschwindigkeit **2** 3
Geschlossener Verband, Begriff **2** 27; Führer eines – **2** 27; Sonderrechte **2** 35
Geschwindigkeit **2** 3; Beachtung fremder Vorfahrt **2** 8; Bereifung **3** 36; Beschränkung **2** 3 III; Bundesautobahnen **2** 18; Fahrtschreiber **3** 57a; mäßige – vor Bahnübergängen **2** 19; Messgerät **3** 57; Überholen **2** 5; Überschreitung, Bußgeldkatalog **8** Anh Tab 1; Verbot der Erhöhung beim Überholtwerden **2** 5; vor Fußgängerüberwegen **2** 26; Vorbeifahren an Haltestellen **2** 20
Geschwindigkeitsbegrenzer, Ausrüstung **3** 57c; Benutzung **3** 57c; Einbau/Prüfung **3** 57d; Missbrauch **1** 22b
Geschwindigkeitsbeschränkung, Zeichen für – **2** Anl. 2 Nr. 49 ff.
Geschwindigkeitsschilder **3** 58
Gesetz, Pflichtversicherung für Kraftfahrzeughalter **5**
Gespann, Haftung **1** 19 f.; Kennzeichnung von -fahrzeugen **3** 64b
Gewässer, Schutz der – **2** 45
Gewerbsmäßiges Feilbieten nicht genehmigter Fahrzeugteile *s.* **Feilbieten**
Glasscheiben in Omnibussen **3** 34a
Glätte, Bereifung **2** 52
Gleichschritt, Marschieren auf Brücken **2** 27
Gleisanlagen, Betreten von – **2** 25
Gleiskettenfahrzeuge **1** 12b; Bereifung **3** 36; Bremsen **3** 41 III; Geschwindigkeit **3** 58; Laufrollenlast und Gesamtgewicht **3** 34b
Gleitschutzeinrichtungen **3** 37; Bauartgenehmigung für **3** 22a
Glocken **3** 64a
Glockenzeichen, Senken der Schranken **2** 19
Glühlampen **3** 49a
Grenzmarkierung **2** Anl. 2 Nr. 73; Informationstafel Grenzübergang **2** Anl. 3 Nr. 37
Grenzüberschreitung, Datenabruf im automatisierten Verfahren **1** 37a; Datenübermittlung, Fahreignungsregister **1** 55 f.; Datenübermittlung, Fahrzeugregister **1** 37
Großkunde, internetbasiertes Zulassungsverfahren **3.2** 33 ff.
Großtier, Führen eines – **2** 28
Grundfrequenz, verschiedene – bei Hörnern **3** 55
Grundregel der Zulassung **3** 16
Grundstücke, Ein- und Ausfahren **2** 9 f.
Grundstücksein- und -ausfahrten, Parken vor – **2** 12
Grünes Licht **2** 37
Grünes Lichtzeichen, Einfahrt in Kreuzung bei Stockungen **2** 11
Grünpfeil **2** 37
Gültigkeit, Führerschein **3.1** 24
Gummireifen **3** 36
Gutachten, Einstufung als Oldtimer **3** 23
Gutachter, ärztlicher **3.1** 65
Güterbeförderung, Lenk- und Ruhezeiten **1a; 1b**

Hafengebiete, Vorrang von Schienenfahrzeugen **2** 19
Haftpflicht **1** 7 ff.
Haftpflichtversicherung, Entschädigungsfond bei fehlender – **5** 12; jährliche Gemeinschaftsstatistik **5** 9; Tarife in der Kraftfahrzeug- **5** 8 ff.; *s. a.* **Kraftfahrzeughaftpflichtversicherung**
Haftpflichtversicherungspflicht **5** 1
Haftpflichtversicherungsvertrag, Kontrahierungszwang **5** 5
Haftung des Halters **1** 7
Haftungsausschluss, entgeltliche Personenbeförderung **1** 8a
Haifischzähne **2** Anl. 3 Nr. 23.1
Halt, Warnung vor – durch gelbes Blinklicht **2** 38 III
Halten, alle Unfallbeteiligten **2** 34; Parkzeit **2** 13 II; Sicherung beim – **3** 53a; Unzulässigkeit **2** 12
Halter, autonome Fahrfunktion **1** 1f; Daten **1** 32 ff.; Datenverarbeitung, autonomes Fahren **1** 1g; Informationen, Fahrzeug-/Halterdaten **1** 63d; Pflicht zur Vorführung zur Untersuchung **3** 29; Verpflichtung des Halters zur Haftpflichtversicherung **5** 1
Halterdaten, internetbasierte Änderung **3.2** 30; Mitteilungspflicht bei Änderungen **3.2** 15; Speicherung in den Fahrzeugregistern **3.2** 59
Halterhaftung **1** 7; Fahren ohne Fahrerlaubnis **1** 21; Halte- oder Parkverstoß **1** 25a; Unfall mit Anhänger/Gespann **1** 19
Halterung für Ersatzräder **3** 36a
Haltestellen **2** Anl. 2 Nr. 14; Grenzmarkierung **2** Anl. 2 Nr. 73; öffentliche Verkehrsmittel **2** 20
Haltestelleninsel **2** 20 VI
Haltestellenschilder, Parkverbot **2** 12
Haltestellenzeichen, Kosten für – **1** 5b
Haltverbot **2** 12; absolutes **2** Anl. 2 Nr. 62; absolutes/eingeschränktes **2** 41; Aufschrift auf Parkuhr **2** 13; Autobahn **2** 18; eingeschränktes – **2** Anl. 2 Nr. 63; Grenzmarkierung **2** Anl. 2 Nr. 73; Zeichen **2**

Anl. 2 Nr. 62 ff.; Zusatzzeichen, Zone **2** Anl. 2 Nr. 64

Haltverbot, eingeschränktes, Parken im – **2** 13

Handbremse *s.* **Bremse**

Handfahrzeuge, Beleuchtung **2** 17

Handfeuerlöscher *s.* **Feuerlöscher**

Handgriff für Kraftradbeifahrer **3** 35a

Handlampe, windsichere – in Kraftomnibussen **3** 54b

Handschlitten, keine Glocke an – **3** 64a

Handy 2 23 Ia

Hauptuntersuchung 3 29; Datenübermittlung **3** 29a; Nachweis, internetbasierte Zulassung **3.2** 22; Übermittlung, Zentrales Fahrzeugregister **3.2** 61

Haus- und Stalltiere im Verkehr **2** 28

Haus-zu-Haus-Verkehr und Sicherheitsgurt **2** 21a I

Heckwarnsystem 3 52

Heilquellen, Schutz **2** 45

Heizung, Bauartgenehmigung für – **3** 22a; in Kraftfahrzeugen **3** 35c

Helgoland, Sonderregelung **2** 50

Hemmschuhe 3 65

Hemmung, Verjährung **1** 14

Herabfallen, Sicherung der Ladung gegen – **2** 22 I

Hersteller und Allgemeine Betriebserlaubnis **3** 20

Herstellung, Kennzeichen **1** 6b ff.; Missbrauch bei Kennzeichen **1** 22a

Hilfeleistung, Verkehrsunfall **2** 34

Hilfsfahrzeuge, Autobahnen und Kraftfahrstraßen **2** 18

Hin- und Herfahren, Verbot an Sonn-/Feiertagen **2** 30

Hinausragen der Ladung **2** 22 III, IV

Hindernis, dauerhaftes, Richtungstafeln **2** Anl. 4 Nr. 8 ff.; Vorbeifahren **2** 6

Hintereinander gehen bei Dunkelheit **2** 25

Höchstbeträge, Ersatzpflicht **1** 12

Höchstgeschwindigkeit 2 3, Anl. 2 Nr. 49; Autobahnen **2** 18; Bauart **3** 30a; Erhöhung der – **2** 45; Tempo 30-Zone **2** Anl. 2 Nr. 50 f.

Höhe des Fahrzeugs, zulässige – **3** 32; Tafel **2** Anl. 2 Nr. 39

Hoheitliche Aufgaben, Sonderrechte **2** 35 I

Höhere Gewalt 1 7

Höhere Verwaltungsbehörde, Zuständigkeit **2** 44; **3** 68

Horn 3 55

Hubladebühnen, Ausrüstung und Kenntlichmachung **3** 53b

Hublast 3 34 XI

Hubraum, Berechnung **3** 30b

Hunde, Mitführen von – an Fahrrädern **2** 28

Hupe 3 55

Hupen, Voraussetzung **2** 16 I

Hydraulische Bremsen 3 41

Hydrostatische Bremswirkung 3 41

Identitätsfeststellung, DNA-Identifizierung **7** 81g

Immissionsschutz 1 6; Datenverarbeitung **1** 63c

Inbetriebnahme 1 1; Anordnung der – durch den Halter **3** 31

Indirekte Sicht, Einrichtungen für – *s.* **Spiegel**

Industriegebiete, Vorrang von Schienenfahrzeugen **2** 19 I

Informationsschreiben 1 27

Inhaber einer ausländischen Fahrerlaubnis **3.1** 28

Inhalt des Strafbefehls **7** 409

Inkrafttreten, StVO **2** 53; StVZO **3** 72

Inline-Skaten, anwendbare Vorschriften **2** 24; Zusatzzeichen **2** 31 II

Innenbeleuchtung in Kraftomnibussen **3** 54a

Innenspiegel 3 56

Insolvenz, Fahrzeugregister **1** 35

Internationaler Führerschein 3.1 25a

Internationaler Zulassungsschein 3.2 44

Internetbasierte Zulassung 3.2 18 ff.

Jugendgruppen zu Fuß 2 27

Jugendliche, Teilnahme am Verkehrsunterricht **2** 48

Katastrophenschutz, Ausrüstung der Kraftfahrzeuge des – mit einer oder zwei Kennleuchten für blaues Blinklicht **3** 52; Sonderrechte **2** 35; übermäßige Benutzung der Straße durch – **2** 44

Kennleuchten, blaues oder gelbes Blinklicht **3** 52

Kenntlichmachung, Anbaugeräte **3** 53b; geschlossener Verband **2** 27; herausragender Ladung **2** 22 IV, V; Verkehrshindernisse **2** 32 I

Kennzeichen, Ausgestaltung und Anbringung **3.2** 12; Auskunft und Prüfung **1** 6d; ausländische Fahrzeuge **3.2** 47; an Fahrzeugen **2** 22; grünes – **3.2** 10; Herstellung, Vertrieb **1** 6b ff.; Missbrauch **1** 22; missbräuchliche Herstellung, Vertreiben **1** 22a; Oldtimerkennzeichen **3.2** 10; rotes **3.2** 54; rotes, Überführungsfahrten **3.2** 41; Verantwortlichkeit des Fahrzeugführers für die Erkennbarkeit und Lesbarkeit

2 23; Verlust **1** 5; Vorprodukte **1** 6c; Wechsel˜ **3.2** 9; Zuteilung **3.2** 9; Zuteilung von besonderen – **3.2** 10
Kennzeichenbeleuchtung 3 49a; **3.2** 12
Kennzeichenmissbrauch 1 22
Kennzeichnung, Fahrzeuge der Straßenunterhaltung, Straßenreinigung und Müllabfuhr **2** 35; von Fahrzeugteilen mit Prüfzeichen **3** 22a; Gefahrstrecke **2** 40; von Gespannfahrzeugen **3** 64b
Ketten 3 65
Kettenfahrzeuge, Laufrollenlast und Gesamtgewicht **3** 34b
Kilometerzähler 3 57
Kinder 2 Anl. 1 Nr. 17; Beförderung in Fahrzeugen **2** 21 Ia; mit Fahrrädern **2** 2; Mitnahme auf Fahrrädern **2** 21; Mitnahme auf Kraftrad **3** 35a; Plätze für – in Omnibussen **3** 34a; Spielen auf Fahrbahn, Radwegen **2** 31
Kindergruppen zu Fuß 2 27
Kindersitz 3 35a
Kinderwagen 2 24; **3** 16
Kleinkrafträder, Schieben von verkehrsunsicher gewordenen – **2** 23; unbeleuchtete – **2** 17; *s. a.* **Mofa**
Klimaanlage, Genehmigung **3** 47e; Nachrüsten/Nachfüllen **3** 47e
Kohlendioxid 3 47d
Kolonnen, Fahrzeuge in – **2** 7, 27
Kontrollgeräte 3 57a, 57b; Lenk- und Ruhezeiten **1b** 16
Kontrollgerätehersteller, Anerkennung **3** 57b
Kontrollleuchten 3 39a
Kopfstütze 3 35a
Körperverletzung, fahrlässige – **6** 229; Strafantrag bei – **6** 230; Umfang der Ersatzpflicht bei – **1** 11
Kosten, Anwendungsbereich **1** 6a; Halterhaftung, Halte- oder Parkverstoß **1** 25a; der Lärm- und Abgasmessungen **1** 5b; der Nachprüfung hinsichtlich der Erfüllung der mit der Allgemeinen Betriebserlaubnis verbundenen Pflichten **3** 20; *s. a.* **Gebühren**
Kostenersatz, Umfang bei Körperverletzung **1** 11
Kostenregelung, besondere **2** 51; touristische Ziele **2** 51; für Verkehrszeichen, Verkehrseinrichtungen und Verkehrszählungen **1** 5b
Kraftfahrer, räuberische Angriffe auf ˜ **6** 316a
Kraftfahrstraße 2 18, Anl. 3 Nr. 18
Kraftfahrt-Bundesamt, Ausgabe der Vordrucke für Fahrzeugbriefe **3** 20; automatisiertes Anfrage- und Auskunftsverfahren **1** 30b; Datenverarbeitung, autonomes Fahren **1** 1g; Fahreignungsregister, Abruf im automatisierten Verfahren **1** 30a; Fahrzeugregister **1** 31 ff.; Großkundenschnittstelle, internetbasiertes Zulassungsverfahren **3.2** 33 ff.; Nachprüfung des – bei Herstellern und Händlern hinsichtlich der Erfüllung der mit der Allgemeinen Betriebserlaubnis verbundenen Pflichten **3** 20; Übermittlung von Daten an das – durch die Zulassungsbehörde **3.2** 60; Übermittlung von Daten an die Fahrerlaubnisbehörden **3.1** 50; Übermittlung von Daten an die Zulassungsbehörden **3.2** 65; Unterrichtung der Fahrerlaubnisbehörde **1** 2c; Widerruf der Betriebserlaubnis **3** 20; Zentrale Datenbank der Übereinstimmungsbescheinigungen **3.2** 74
Kraftfahrzeug, Abstandhalten vom Vorausfahrenden **2** 4; mehrspurige **2** 7; Personenbeförderung auf – **2** 21
Kraftfahrzeuganhänger *s. a.* **Anhänger**
Kraftfahrzeugbrief *s.* **Fahrzeugbrief**
Kraftfahrzeuge, Abmessungen **3** 32; Achslast **3** 34; andere Straßenfahrzeuge **3** 63; Anhängelast **3** 42; Begriff **1** 1; Begriffsbestimmungen verschiedener Fahrzeugarten **3.2** 2; Beleuchtungseinrichtungen an – **3** 49a; Breite, ISO-Norm **3** 32; elektrische Einrichtungen von elektrisch angetriebenen – **3** 62; Emissionsklassen für – **3** 48; Erlaubnis und Ausweispflicht für das Führen **3.1** 4; Fabrikschilder und Fabriknummern **3** 59; Fahrtrichtungsanzeiger **3** 54; Fahrtschreiber **3** 57; gefährliche Güter **2** Anl. 2 Nr. 35; Geschwindigkeitsmessgerät **3** 57; Gleitschutzeinrichtungen **3** 37; Heizung und Lüftung **3** 35c; Höhe **3** 32; Kennzeichenmissbrauch **1** 22; Länge **3** 32; Lenkeinrichtungen **3** 38; lichttechnische Einrichtungen **3** 49a; Mindest-Motorleistung **3** 35; Mindestversicherungssummen bei – **5** Anl.; Mitführen von Anhängern **3** 32a; Radabdeckungen **3** 36a; Reifen an – **3** 36; Schadensverursachung durch mehrere – **1** 17; seitliche Kenntlichmachung **3** 51a; Sicherung gegen unbefugte Benutzung **3** 38a; tatsächliche Masse/Achslast **2** Anl. 2 Nr. 36 f.; Überwachung der – **3** 29; unbefugter Gebrauch von – **6** 248b; Verlassen von – **2** 14; Zulassung **3.2**; *s. a.* **Fahrzeuge**
Kraftfahrzeuge in geschlossenem Verband 2 29
Kraftfahrzeughaftpflichtversicherung, Pflichten der Versicherer und Statistik **5** 8 ff.

Kraftfahrzeughalter, Pflichtversicherungsgesetz **5**
Kraftfahrzeugunfälle, Entschädigungsfonds für Schäden aus – **5** 12 ff.
Kraftfahrzeugverbände, geschlossene – **2** 27
Kraftomnibusse, Abmessungen **3** 32; Besetzung, Beladung und Kennzeichnung **3** 34a; Bremsen **3** 41; Brennverhalten der Innenausstattung **3** 35j; Definition **3** 30d; Feuerlöscher **3** 35g; Gänge und Anordnung von Fahrgastsitzen **3** 35i; Geschwindigkeitsbegrenzer **3** 57c; Innenbeleuchtung in – **3** 54a; Kurvenlaufeigenschaften **3** 32d; Lenk- und Ruhezeiten **1a;** Lenkeinrichtungen **3** 38; Mindestmotorleistung **3** 35; Notausstieg **3** 35f; Sitz-/Stehplätze **3** 35a; Spiegel **3** 56; Verbandkästen **3** 35h; windsichere Handlampe **3** 54b
Krafträder, Abschleppverbot **2** 15a; Auspuff/Auspuffanlagen **3** 49; Beleuchtung **2** 17; Breite **3** 32; Bremsleuchten **3** 53; Emissionen **3** 47; Fahrtrichtungsanzeiger **3** 54 IV; Fußstütze, Halteinrichtung für Beifahrer **3** 61; Personenbeförderung auf – **2** 21; Rückfahrscheinwerfer **3** 52a; Rückspiegel **3** 56; Rückstrahler **3** 51 ff.; Scheinwerfer **3** 50; Schlusslichter, Bremsleuchten **3** 53; Sitze auf – **3** 35a; Ständer **3** 61; Verbot **2** Anl. 2 Nr. 32; *s. a.* **Kleinkrafträder**
Kraftstoffbehälter 3 45
Kraftstoffe 3 47f
Kraftstoffleitungen 3 46
Kraftstoffverbrauch 3 47d
Kraftverkehrsversicherer *s.* **Versicherer**
Krankenfahrstühle 2 24; Benutzung der Gehwege **2** 24; Bremseinrichtungen an – **3** 41; motorisierte, Ausnahmen von den Vorschriften über das Zulassungsverfahren **3.2** 3; Scheinwerfer **3** 50; Sonderbestimmungen für das Führen von – **3.1** 5
Krankenhäuser, Schutz **2** 45
Krankenkraftwagen, Rotkreuzleuchte **3** 52 III
Krankenwagen, Fahrerlaubnis zur Fahrgastbeförderung **3.1** 48
Kreisfahrt, überstrichene Ringfläche **3** 32d
Kreisverkehr, Vorfahrt **2** 8
Kreuzungen, Haltlinie **2** Anl. 2 Nr. 67; keine Einfahrt in – bei Stockungen **2** 11; Parken vor und hinter – **2** 12; Vorfahrt **2** 8; mit Vorfahrt von rechts **2** Anl. 1 Nr. 2; Weisungen von Polizeibeamten **2** 36 II
Kuppen, Begriff **2** 2
Kupplungseinrichtungen 3 43
Kurorte, Schutz von – **2** 45
Kurse, Wiederherstellung der Fahreignung **3.1** 70
Kurven, Begriff von – **2** 2; Haltverbot in – **2** 12; Zeichen **2** Anl. 1 Nr. 3
Kurvenlaufeigenschaften 3 32d
Kurzzeitkennzeichen 3 19, 57d; Probe-/Überführungsfahrten **3.2** 42
Kutschwagen 3 64b

Ladebereich, 2 Anl. 2 Nr. 15.1
Ladeeinrichtungen, verkehrssicher verstauen **2** 22
Ladefläche, Ausnahmegenehmigung **2** 46; Personenbeförderung auf der – von Lastkraftwagen **2** 21
Ladegeschäft 2 12; Durchführung **2** Anl. 2 Nr. 63
Laden 2 Anl. 2 Nr. 63
Ladevorschriften über Länge und Breite 2 22, Anl. 2 Nr. 38 ff.; bei Benutzung von Autobahnen oder Kraftfahrstraßen **2** 18
Ladung, Anpassung der Geschwindigkeit an die – **2** 3 I; der Fahrzeuge **2** Anl. 2 Nr. 38 ff.; Verstauen/Sicherung bei Fahrzeugen **2** 22
Land- und Forstwirtschaft, Abgase **3** 47; Geschwindigkeit **3** 58; Kennzeichnung der Fahrzeuge **3** 64b; Lenkeinrichtungen **3** 38; Rückfahrscheinwerfer **3** 52a; Sitz und Sicherungsstrukturen **3** 35a; Spiegel **3** 56; Zugmaschinen **3** 32e
Landesbehörden, oberste – **2** 44
Landfahrzeuge 1 1
Länge, Fahrzeuge oder Züge samt Ladung **2** 22; von Fahrzeugen auf Verkehrsverbotsschild **2** Anl. 2 Nr. 40
Langsamere, Fahrzeuge, Gebot für –, nachfolgenden Fahrzeugen das Überholen zu ermöglichen **2** 5 VI
Langsamfahren bei abgeblendetem Licht **2** 17; Verbot der Behinderung des Verkehrs durch – **2** 3 II
Lärm 3 49; Sicherung der Ladung **2** 22
Lärmen 3 49; unnötiges **2** 30
Lärmschutz, Sonn- und Feiertagsfahrverbot **2** 30
Lastenfahrrad 2 39
Lastfahrzeuge, Rückspiegel **3** 66
Lastkraftwagen, Abmessungen **3** 32; Abstand auf Autobahnen **2** 4 III; Lenkeinrichtungen **3** 38; Motorleistung **3** 35; Parkverbot **2** 12; Personenbeförderung auf – **2** 21; Warten an Bahnübergängen **2** 19
Laternenring 2 Anl. 3 Nr. 38
Laufenlassen, Motor, Sonn- und Feiertagsfahrverbot **2** 30
Laufflächen 3 36
Laufrollenlast, Gleiskettenfahrzeuge **3** 34b
Lautsprecher, Verbot des Betriebs von – **2** 33

Lautstärke von Hupen und Hörnern **3** 55
Leergewicht, Begriff **3** 42
Lehnen, Sitz – **3** 35a
Leichenzüge 2 27
Leichtkraftfahrzeuge, Ausnahmen von den Vorschriften über das Zulassungsverfahren **3.2** 3
Leichtkrafträder, Ausnahmen von den Vorschriften über das Zulassungsverfahren **3.2** 3
Leistungspflicht, Fahren ohne Fahrerlaubnis **5** 3; Verstoß gegen Zulassungsverordnung **5** 3
Leitbake, Pfeil-/Schraffenbake **2** Anl. 4 Nr. 2
Leitbord 2 43; mit Pfeil-/Schraffenbake **2** Anl. 4 Nr. 4
Leiteinrichtungen 2 45; rot-weiß gestreift **2** 43
Leitkegel 2 Anl. 4 Nr. 5
Leitlinien 2 Anl. 3 Nr. 22; Zeichen 340 **2** 7
Leitmal 2 Anl. 4 Nr. 10
Leitpfosten 2 45; links/rechts **2** Anl. 4 Nr. 11
Leitplatte 2 Anl. 4 Nr. 9
Leitschwelle, mit Pfeil-/Schraffenbake **2** Anl. 4 Nr. 3
Leitung, selbständige – eines Fahrzeugs oder Zuges **3** 31
Lenkeinrichtung 3 38
Lenkhilfe 3 38
Lenkung, leicht, sicher **3** 38; des Verkehrs **2** 44
Lenkzeiten, abweichende Regelungen eines Mitgliedstaates **1b** 11 ff.; Definition **1b** 4; des Fahrpersonals **1b;** im Straßenverkehr **1a;** summierte Gesamtlenkzeit **1b** 6; tägliche Höchstdauer **1b** 6; Unterbrechungen **1b** 7; wöchentliche Höchstdauer **1b** 6
Lesbarkeit, Kennzeichen **2** 23
Leuchten an Fahrzeugen **2** 17; beim Führen von Tieren **2** 28; Rückfahrscheinwerfer **3** 52a; Sicherung hinausragender Ladung **3** 22a
Leuchtenträger 3 49; Abschleppen **3** 53
Leuchtzeichen 2 16; beim Überholen **2** 5
Lichthupe 2 16
Lichtmaschinen, Bauartgenehmigung für – von Fahrrädern **3** 22a
Lichtquelle, Bauartgenehmigung für – von Fahrrädern **3** 22a; Beleuchtung haltender Fahrzeuge außerhalb geschlossener Ortschaften **2** 17 IV; *s. a.* **Glühlampen**
Lichttechnische Einrichtungen 3 49a, 66a; Elektrokleinstfahrzeuge **3.3** 5; Fahrrad **3** 67; Fahrradanhänger **3** 67a
Lichtzeichen 2 37; Elektrokleinstfahrzeuge **3.3** 13; Halten/Parken vor – **2** 37
Lichtzeichenanlage 2 Anl. 1 Nr. 15; Bedienung **2** 45; an Fußgängerüberwegen **2** 25; Verkehrseinrichtung **2** 43
Lichtzeichenbrücken 2 37
Lieferanten, Sicherheitsgurt **2** 21a I
Liegengebliebene Fahrzeuge, Sicherungsmaßnahmen bei – **2** 15
Linienomnibusse, besondere Zeichen für – **2** 37; Haltestelle **2** Anl. 2 Nr. 14
Linienverkehr, Omnibusse des – **2** 20; Rücksicht auf Omnibusse des – beim Abfahren von Haltestellen **2** 20
Linksabbiegen 2 9; Fahrstreifen **2** 7 III
Linksgehen der Fußgänger auf der Fahrbahn **2** 25 I
Löschung von Daten, Fahreignungsregister **1** 29
Luftkurorte, Schutz der – **2** 45
Luftreifen, Bauartgenehmigung **3** 22a; Begriff **3** 36
Lüftung in Kraftfahrzeugen **3** 35c
Luftverkehr, Gefährdung **6** 315a; gefährliche Eingriffe in den – **6** 315
Luftverunreinigung, Verkehrsverbot zur Verminderung schädlicher – **2** Anl. 2 Nr. 44

Mähmesser, Verkleiden **2** 32
Mängel, Fahrzeug **2** 23
Markierungen 2 45; Haifischzähne **2** Anl. 3 Nr. 23.1; Leit-/Wartelinien **2** Anl. 3 Nr. 22 f.
Marschierende Abteilungen 2 27
Marschkolonnen 2 27
Martinshorn 2 38
Maßnahmen gegen Verunreinigung der Luft **3** 47 ff.; vorläufige – der Polizei **2** 44
Maßregeln der Sicherung und Besserung **6** 61
Mautgebühr 1 35; **2** 45; LKW **2** Anl. 3 Nr. 34; mautpflichtige Strecke **2** Anl. 3 Nr. 35
Mehrere Fahrbahnen, Vorfahrt **2** 8
Mehrere Kraftfahrzeuge, Schadensverursachung **1** 17
Mehrere Menschen, Ersatzpflicht bei Verletzung oder Tötung – **1** 12
Mehrspurige Kraftfahrzeuge, Benutzung der Seitenstreifen **2** 7 I
Messung, Geräusch- **3** 49
Militärverkehr 2 44; *s. a.* **Streitkräfte, Bundeswehr**
Mindestabstand, Verbot des Fahrens ohne – **2** Anl. 2 Nr. 48
Mindestalter des Fahrpersonals **1b** 5
Mindestgeschwindigkeit, Ende **2** Anl. 2 Nr. 57; vorgeschriebene – **2** Anl. 2 Nr. 52

Mindeststützlast 3 44
Missbrauch mit Kennzeichen **1** 22
Mitführen, Sensen und Mähmessern **2** 32; von Tieren an Fahrrädern **2** 28
Mitnahme von Kindern **3** 35a; Personen und Gegenständen auf Fahrrädern **2** 21
Mitverschulden 1 9
Mitverursachung durch mehrere Kraftfahrzeuge **1** 17
Mobiltelefon 2 23 Ia
Mofa, Autobahn/Kraftfahrtstraßen **2** 18; Bauartgenehmigung für Scheinwerfer und Schlussleuchten für – **3** 22a; Beleuchtung **2** 17; Benutzung der rechten Seitenstreifen und Radwege von – **2** 2; helltönende Glocke **3** 55; Scheinwerfer **3** 50; Sonderbestimmungen für das Führen von – **3.1** 5; Vorschriften für Anhänger hinter – **3** 61a
Molekulargenetische Untersuchungen 7 81e
Motorleistung, Mindest- bei Kraftfahrzeugen **3** 35
Motorräder *s.* **Krafträder**
Motorsportliche Veranstaltungen 2 29
Müllabfuhr, Rundumlicht **3** 52; Sonderrechte, Kennzeichnung **2** 35
M+S Reifen 3 36

Nachfolgender Verkehr, Beachtung beim Abbiegen **2** 9
Nachprüfung hinsichtlich der Erfüllung der mit der Allgemeinen Betriebserlaubnis verbundenen Pflichten **3** 20
Nachrichtendienst, Kfz mit autonomer Fahrfunktion **1** 1k
Nachrüstsysteme, Druckgasanlagen **3** 41a
Nachstelleinrichtung für Bremsen **3** 41 I
Nachtfahrverbot 2 45
Nachtragserlaubnis, Betriebserlaubnis **3** 22; Verzicht auf – **3** 20
Nachtruhe, Beschränkung der Höchstgeschwindigkeit **2** 45; Schutz der – **2** 30; Störung durch Veranstaltungen **2** 30
Name und Anschrift, Unfallbeteiligte **2** 34
Namensschilder 3 64b
Nässe, Geschwindigkeitsbegrenzung **2** Anl. 2 Nr. 49.1; Schleudergefahr bei – **2** Anl. 1 Nr. 8
NATO-Truppen, Sonderrechte **2** 35, 35 V; Straßennutzung **2** 44
Naturpark, Schutz **2** 45
Nebel, Beleuchtung bei – **2** 17
Nebelscheinwerfer 2 17; **3** 52; Bauartgenehmigung **3** 22a
Nebelschlussleuchte 2 17; **3** 53d; Bauartgenehmigung **3** 22a
Nebeneinanderfahren in geschlossenen Verbänden **2** 29; bei Lichtzeichen **2** 37; von Radfahrern **2** 2
Neuerteilung einer Fahrerlaubnis **3.1** 20
Nicht versichertes Fahrzeug, Gebrauch eines – **5** 6
Nichtverfolgung von Bagatellsachen **7** 153
Notausstiege in Kraftomnibussen 3 35f
Notfalleinsatz, Schild, Kennzeichnung **3** 52 VI
Nothalte- und Pannenbucht 2 Anl. 3 Nr. 15
Nötigung 6 240
Notmaßnahmen 2 45
Nummernschild, Zuteilung von Kennzeichen **3.2** 10; *s. a.* **Kennzeichen**

Oberste Landesbehörden 2 44
Öffentliche Sicherheit und Ordnung, Berücksichtigung bei Ausübung von Sonderrechten **2** 35 VIII
Öffentliche Verkehrsmittel, Haltestellen **2** 20
Öffentliche Versammlungen 2 35
Oldtimer, Einstufungsgutachten **3** 23; Fahrten zur Teilnahme an Veranstaltungen für – **3.2** 43; Kennzeichen **3.2** 10
Omnibusse, Anhänger **3** 32a; Linienverkehr **2** 20; Mitführen von Anhängern **3** 32; Warnzeichen **2** 16; *s. a.* **Kraftomnibusse**
Ordnungswidrigkeiten, Auflistung **2** 49; Bewertung von Straftaten und – im Rahmen der Probezeit **3.1** 34; Bundes-Immissionsschutzgesetz **3** 69a; Eintragung im Fahreignungsregister **1** 28; Elektrokleinstfahrzeuge **3.3** 14; Informationsschreiben **1** 27; im Straßenverkehr, Auflistung **1** 24; **3** 69a; **3.2** 77; Vorsatz, Bußgeldkatalog **8** Nr. 244 ff.; Vorsatz und Fahrlässigkeit **3.1** 75; Zuständigkeit zur Ahndung **1** 26
Örtliche Zuständigkeit, Klagen auf Grund des StVG **1** 20
Örtliches Fahrzeugregister, Zulassungsstellen, Zuständigkeit **1** 31
Ortschaft, geschlossene – **2** Anl. 3 Nr. 5; Geschwindigkeit **2** 3
Ortstafel, Hinweistafel **2** Anl. 3 Nr. 30; Vorder-/Rückseite **2** Anl. 3 Nr. 5 f.

Packwagen im Schaustellergewerbe, Ausnahmen von den Vorschriften über das Zulassungsverfahren **3.2** 3
Pannenhilfe, Fahrzeuge, Rundumlicht **3** 52; Warnleuchte **3** 52 IV
Parkausweis, Ausstellungsgebühren **1** 6a; Zusatzzeichen **2** Anl. 2 Nr. 63.3 ff.

Parken 2 Anl. 3 Nr. 7 ff.; Begriff **2** 12; Bewirtschaftungszone **2** Anl. 3 Nr. 8; Gehweg **2** 12, Anl. 3 Nr. 10; Kreuzungen und Einmündungen **2** 12; Parkzeit **2** 13 II; unzulässig **2** 12; zum Zweck der Werbung **2** 33
Parkflächen 1b 8a; Benutzen der – **2** 12; Markierungen **2** Anl. 2 Nr. 74
Parkleuchten 2 17; **3** 51c; Bauartgenehmigung für – **3** 22a; Halten innerhalb/außerhalb geschlossener Ortschaften **2** 17 IV
Parklücke, Vorrang **2** 12
Parkplatz, Fahren auf – mit Sicherheitsgurt **2** 21a I
Parkscheibe, Bild **2** Anl. 3 Nr. 11; defekter Parkscheinautomat **2** 13
Parkschein 2 13
Parkscheinautomat, Ein- und Aussteigen **2** 13 III; Halten mit Parkschein **2** 46; Verkehrseinrichtung **2** 43
Parkuhr, defekt **2** 13; Ein- und Aussteigen **2** 13 III; Parkzeit **2** 13 I; Verkehrseinrichtung **2** 43
Parkverbot, Ausnahmegenehmigungen **2** 46; in zweiter Reihe **2** 12
Parkverstoß, Halterhaftung **1** 25a
Park-Warntafeln 2 Anl. 4 Nr. 12; **3** 51c
Parkzeit, Einrichtung zur Überwachung **2** 13
Pedale 2 23; an Fahrrädern, Rückstrahler **3** 67; Verbot des Loslassens **2** 23 III
Pedalrückstrahler 3 53, 67
Personenbeförderung, Ausnahmegenehmigungen **2** 46; Ausnahmen nach den Verordnungen (EG) **1a** 18; Belege, Aufbewahrung **1b** 20; entgeltliche – **1** 8a; Kontrollgerät, Überwachung **1b** 16; auf Lastkraftwagen, Zugmaschinen und auf der Ladefläche von Anhängern hinter Kraftfahrzeugen **2** 21; Lenk- und Ruhezeiten **1a; 1b;** Stilllegung von Fahrzeugen **1b** 21; Zulässigkeit **2** 21
Personenbezogene Daten, Verkehrsunfallforschung **1** 63f
Personenschlitten 3 64b; Bremsen **3** 65
Pfeil, gelber – oder schwarzer – auf Gelb **2** 37; roter – oder schwarzer – auf Rot **2** 37; Umlenkungspfeil **2** Anl. 3 Nr. 78
Pfeilmarkierung 2 Anl. 2 Nr. 70 f.
Pferde, Führen von – **2** 28, Anl. 2 Nr. 17
Pflegeanstalten, Schutz der – **2** 45
Pflichten, Fahrzeugführer **2** 23
Pflichtversicherung, Gesetz über die – für Kraftfahrzeughalter **5**
Pflichtversicherungsgesetz Einf IX
Plakette, Hauptuntersuchung **3** 29
Planskizze 2 Anl. 3 Nr. 72
Plätze, Zahl der zulässigen – in Omnibussen **3** 34a
Platzsparen bei Parken und Halten **2** 12
Plombierte Einbauschilder, Fahrtenschreiber **3** 57b
Polizei 2 Anl. 3 Nr. 29; Betriebserlaubnis **3** 19; Datenübermittlung aus Fahrzeugregister **1** 36; Entzug der Fahrerlaubnis durch die – bei Sonderführerscheininhabern **1** 6; Fahrerlaubnis **1** 2; Fahrerlaubnis, Mindestalter **3.1** 10; Fahrzeuge, Rundumlicht **3** 52; Fahrzeugregister **1** 31; Kfz mit autonomer Fahrfunktion **1** 1k; Sonderrechte **2** 35; übermäßige Benutzung der Straße durch – **2** 44; Untersuchung der Kraftfahrzeuge **3** 29; Verkehrslenkung **2** 44
Polizeibeamte, Zeichen und Weisungen durch – **2** 36
Polizeifahrzeuge, Rundumlicht **3** 52
Post, Sonderrechte **2** 35
Praktische Prüfung 3.1 17
Probefahrten 3.2 41
Probezeit, Aufbauseminar **1** 2b; Ausnahmen **3.1** 32; Berechnung **3.1** 33; Bewertung von Straftaten und Ordnungswidrigkeiten im Rahmen der – **3.1** 34; Fahrerlaubnis **1** 2a; Verlängerung **1** 2a
Promille-Grenze 1 24a
Propaganda durch Bild, Schrift, Licht oder Ton, Verbot **2** 33
Prozessionen 2 27
Prüfer, Betriebserlaubnis **3** 22; Untersuchung der Kraftfahrzeuge **3** 29
Prüfmarke 3 29
Prüfplakette 3 29
Prüfung, Kraftfahrzeuge/Anhänger **3** 29
Prüfungs- und Probefahrten 1 2; **3.2** 41
Prüfzeichen, Betriebserlaubnis, internationale Vereinbarungen **3** 21a; Kennzeichnung von Fahrzeugteilen mit – **3** 22a
Punkte, Ermahnung/Verwarnung **1** 4; Fahreignungs-Bewertungssystem **1** 4; Löschung **1** 4; Tilgung **1** 4
Punktsystem *s.* **Fahreignungs-Bewertungssystem**

Radabdeckungen 3 36a
Räder, Bereifung **3** 36
Radfahrer, abbiegende – **2** 9; ausreichender Seitenabstand beim Überholen **2** 5 IV; besondere Lichtzeichen **2** 37 I; geschlossene Verbände **2** 27; Hintereinanderfahren, Benutzung von Radwegen und Seitenstreifen **2** 2; Lichtzeichen nur für – **2** 37; Mitführen von Hunden **2** 28; Radverkehr **2** Anl. 1 Nr. 18
Radialreifen 3 36
Radlaufglocken, Verbot von – an Fahrrädern **3** 64a
Radsportliche Veranstaltungen 2 29

Radverkleidungen, Fahrrad bei Personenbeförderung **2** 21
Radweg 2 8; Bahnübergang **2** 19; Benutzung des – von Fahrrädern mit Hilfsmotor **2** 2; Fahrradstraße, Beginn/Ende **2** Anl. 2 Nr. 23 f.; Geh- und Radweg **2** Anl. 2 Nr. 19 f.; Kreuzen von – **2** Anl. 1 Nr. 18; linker/rechter **2** 2 IV; Radschnellweg **2** Anl. 3 Nr. 24.1 f.; Spielen auf – **2** 31; Verbot für Radverkehr **2** Anl. 2 Nr. 31; Zeichen **2** Anl. 2 Nr. 16; Zusatzzeichen „Radverkehr frei" **2** 2 IV
Räuberischer Angriff auf Kraftfahrer **6** 316a
Rechter Seitenstreifen zum Parken **2** 12
Rechts, Vorfahrt **2** 8 I
Rechts überholen bei Verkehrsdichte und bei freier Fahrstreifenwahl **2** 7 II, III
Rechtsabbiegen 2 9
Rechtsfahrgebot, Abweichen **2** 7 I
Regen, Beleuchtung bei – **2** 17
Reichweite, Abblendlicht und Geschwindigkeit auf Autobahn **2** 18 VI; Kraftstoffverbrauch **3** 47d
Reifen, Beschaffenheit der – **3** 36; Hersteller **3** 36 VII; Herstellungsdatum **3** 36 IV
Reißverschluss 2 Anl. 3 Nr. 81.1
Reißverschlussverfahren 2 7a
Reiter 2 28; Reitweg **2** Anl. 2 Nr. 17
Reklame 2 33
Rennen mit Kraftfahrzeugen **2** 29; verbotene Kraftfahrzeugrennen **6** 315d
Rennräder, Ausnahme von Vorschriften **3** 67
Rennveranstaltungen, Ausnahmegenehmigungen **2** 29, 46
Retroreflektierende Streifen 3 51a
Rettungsdienst, Fahrzeuge des –, Sonderrechte **2** 35 Va
Rettungsgasse, Durchfahrt von Polizeifahrzeugen auf Autobahnen **2** 11
Rettungskräfte, Behinderung **6** 323c
Richtgeschwindigkeit, Autobahn-Richtgeschwindigkeits-V **4**
Richtungsänderung *s.* **Fahrtrichtungsänderung**
Richtungsanzeiger 3 54
Richtungspfeile, Fahrbahnmarkierung **2** Anl. 2 Nr. 70 f.
Richtungstafeln, Leiteinrichtung in Kurven **2** Anl. 4 Nr. 8
Richtzeichen, Entfernung **2** 42; nach Anlage 3 **2a** Teil 4; Verkehrserleichterung **2** 42; Vorrangzeichen **2** Anl. 3 Nr. 1 ff.; Z 301–599 **2a** 3
Rodelschlitten 2 24
Roller 2 24, 31; **3** 16
Rollschuhe, anwendbare Vorschriften **2** 24; Zusatzzeichen **2** 31 II
Rollstühle, Rückhalteeinrichtungen **3** 35a; Zusatzzeichen, Parkausweis **2** Anl. 2 Nr. 63.3
Rollstuhl-Rückhaltesystem 2 21a I
Rotes Dauerlicht, gekreuzte Schrägbalken **2** 37 III
Rotes Kennzeichen, Ausnahme von Untersuchungspflicht **3** 29
Rot-Kreuz-Leuchte 3 52 V
Rückenlehnen 3 35a
Rückfahrscheinwerfer 3 52a
Rückgabe, Führerschein nach Fahrverbot **1** 25
Rückhalteeinrichtungen für Kinder **3** 22a Nr. 27
Rückhaltesysteme 3 35a
Rückhaltesysteme für Kinder 2 21 Ia
Rücksicht, gegenseitige – **2** 1
Rückspiegel 3 56; Lastfahrzeuge **3** 66
Rückstrahler 2 22; **3** 51, 51a, 53, 66a, 67; Ausrüstung von Anbaugeräten **3** 53b; Bauartgenehmigung für – **3** 22a
Rückwärtsfahren 2 9; auf Autobahnen **2** 18; Sicherheitsgurt **2** 21a I
Rückwärtsgang 3 39
Ruhezeiten, abweichende Regelungen eines Mitgliedstaates **1b** 11 ff.; Ausnahmen **1b** 9; Definition **1b** 4; des Fahrpersonals **1a; 1b** 8 f.; sicherer Halteplatz **1b** 12
Rundumlicht 3 52
Rutschgefahr durch Verunreinigung der Straße **2** 32

Sachbeschädigung, Höchstbetrag bei Ersatzpflicht **1** 12
Sachverständige, Untersuchung der Kraftfahrzeuge **3** 29
Sachverständigengutachten 2 46; Ausnahmegenehmigungen für – **2** 46
Sackgasse 2 Anl. 3 Nr. 27
Saisonkennzeichen 3.2 10
Sattelanhänger, Teillängen **3** 32
Sattelkraftfahrzeuge, Anhänger **3** 32a; Länge der – **3** 32; Motorleistung bei – **3** 35; zulässige Geschwindigkeit **2** 3; zulässiges Gesamtgewicht **3** 34
Sattellast 2 Anl. 2 Nr. 36
Sattelzugmaschinen, Lenkeinrichtungen **3** 38
Schachtdeckel, Parken auf – **2** 12
Schäden, Anzeigepflicht **1** 15
Schadensersatz, Angebot an Dritten **5** 3a; Aufhebung oder Minderung der Erwerbsfähigkeit **1** 11; Auskunftsstelle, Pflichtversicherung **5** 8a; Entschädigungsfond **5** 12; Geldrente, Aufhebung oder Minderung der Erwerbsfähigkeit **1** 13

Schadensersatzpflicht des Halters **1** 7; *s. a.* **Ersatzpflicht**
Schadenstellen **2** 44
Schadensverursachung durch mehrere Kraftfahrzeuge **1** 17
Schädigung, Verkehrsteilnehmer, Ausschluss **2** 1
Schadstoffarme Fahrzeuge **3** 47
Schalldämpferanlage **3** 49
Schallzeichen, Begriff **2** 16; Einrichtungen für – **3** 55; Elektrokleinstfahrzeuge **3.3** 6; Fahrräder und Schlitten **3** 64a; beim Überholen **2** 5; zulässige **2** 16
Scharniere **3** 35e
Schaublatt **3** 57a
Schaustellergewerbe, Ausnahmen von den Vorschriften über das Zulassungsverfahren für Fahrzeuge im – **3.2** 3
Scheiben, Bauartgenehmigung für – aus Sicherheitsglas **3** 22a; Sicherheitsglas **3** 40
Scheibenwischer **3** 40
Scheinwerfer Bahnübergang, wartender Kraftfahrzeuge **2** 19; Bauart **3** 49a; Bauartgenehmigung für – **3** 22a; an Fahrrädern **3** 67; Fern- und Abblendlicht **3** 50; zusätzliche – **2** 17; **3** 52
Schiebe- und Greifreifenrollstühle **2** 24
Schiedsstelle, Entschädigungsfonds **5** 14
Schienen, auf Halten/Parken **2** 12 IV
Schienenbahnen, besondere Zeichen für – **2** 37; Übergänge von – mit Vorrang **2** 40; Vorrecht **2** 2
Schienenfahrzeuge **2** 17; Fußgängerüberwege **2** 26; Überholen von – **2** 5; Vorrang **2** 19
Schifffahrtsverwaltung, Fahrzeugregister **1** 31
Schiffsverkehr, Gefährdung **6** 315a; gefährliche Eingriffe in den – **6** 315
Schilder, Gebots- und Verbots – **2** 41; Kenntlichmachung herausragender Ladung **2** 22 IV
Schleppen von Fahrzeugen **3** 33; *s. a.* **Abschleppen**
Schlepper *s.* **Zugmaschinen**
Schleudergefahr bei Nässe oder Schmutz **2** Anl. 1 Nr. 8
Schlitten **2** 24; Glocke an – **3** 64a; *s. a.* **Handschlitten, Personenschlitten**
Schlussleuchten **3** 53; Anbaugeräte, Hubladebühnen **3** 53b; Bauart **3** 49a; Bauartgenehmigung für – **3** 22a; von Fahrrädern **3** 67
Schlussvorschriften **2** 44 ff.
Schmale Fahrbahnen, Fahren auf halbe Sichtweite **2** 3
Schmutz, Schleudergefahr **2** Anl. 1 Nr. 8
Schnee- oder Eisglätte **2** 39
Schneefall, Abblendlicht bei – **2** 17
Schneeketten **2** Anl. 2 Nr. 42; Beschaffenheit, Anbringung **3** 37; Höchstgeschwindigkeit **2** 3
Schneeräumgeräte, Breite der – **3** 32; Rückstrahler **3** 53 IV
Schrägbalken **2** 37
Schranken, Verkehrseinrichtung **2** 43
Schrittgeschwindigkeit, Benutzung der Gehwege durch Krankenfahrstühle **2** 24; Sicherheitsgurt **2** 21a I
Schulbus, Einschaltung des Warnblinklichts bei Ein- und Aussteigen **2** 16; Haltestelle **2** Anl. 2 Nr. 14; Vorbeifahren an haltendem – **2** 20
Schultergurt **3** 35a
Schulungen, Erste Hilfe **3.1** 68
Schutz der Nachtruhe, der Gewässer usw. **2** 45
Schutzhelm, Pflicht zum Tragen von – **2** 21a II
Schutzstangen in Omnibussen **3** 34a
Schutzvorrichtungen, seitliche **3** 32c
Schwarzfahrt **1** 7
Schwebebahnverkehr, gefährliche Eingriffe in den – **6** 315
Schwerbehinderte **2** 45, 47
Schwertransporte **2** 29
Segway **3.3**
Sehtest, Anforderungen an das Sehvermögen **3.1** 12; Stellen für die Durchführung **3.1** 67
Seitenabstand, Überholen **2** 5 IV
Seitenstreifen, Benutzung durch Fußgänger **2** 25; Benutzung durch Radfahrer **2** 2; Halten, Be-/Entladen **2** Anl. 2 Nr. 63.1 f.; Haltverbot **2** Anl. 2 Nr. 62.1 f.; Markierungen **2** Anl. 2 Nr. 11–13; Überholen **2** 5
Seitenwind **2** Anl. 1 Nr. 9
Seitliche Kenntlichmachung an Kraftfahrzeugen **3** 51a
Seitliche Schutzvorrichtungen **3** 32c
Selbstzündungsmotor, Abgase **3** 47 ff.
Sensen, Verkleiden **2** 32
Sicherheit, Anbringung von Gefahrzeichen **2** 40; Gefährdung der – **6** 315; des Verkehrs **2** 45
Sicherheitsglas, Bauartgenehmigung **3** 22a; Begriff des – **3** 40
Sicherheitsgurte **3** 35a; Bauartgenehmigung für – in Kraftfahrzeugen **3** 22a; Personenbeförderung **2** 21; Pflicht zum Anlegen **2** 21a I
Sicherheitsleistung, Geldrente **1** 13
Sicherstellung, Führerschein, Fahrverbot **1** 25; Gegenstände **7** 94

Sicherung, Fußgänger im Verkehr **2** 44; Kraftfahrzeuge gegen unbefugte Benutzung **3** 38a; liegengebliebener Fahrzeuge **2** 15
Sicherungslampen 2 17
Sicherungsleuchten, Bauartgenehmigung für – **3** 22a, 53a
Sicherungsmittel zur Kenntlichmachung herausragender Ladung **2** 22 IV; liegengebliebener Fahrzeuge **2** 15
Sicht des Fahrzeugführers **2** 23; Gebot des Fahrens auf – **2** 3
Sichtfeld, ausreichendes – für Fahrzeugführer **3** 35b; Sichtfeldprojektion **2** 23; Sondererlaubnis bei nicht ausreichendem – **2** 29
Sichtverhältnisse 2 3, 17
Sichtweite, Nebelschlusslichter **2** 17
Sinnbilder 2 39
Sirenen 3 55
Sitze, besondere – für die Mitnahme von Kindern unter 7 Jahren **3** 35a; Fahrgastsitze in Kraftomnibussen **3** 35i; in Fahrzeugen **3** 35a
Sitzgelegenheit zur Personenbeförderung geeignete – **2** 21 I, III
Smog, Verkehrsverbot bei – **2** Anl. 2 Nr. 44
Sonderfahrstreifen, Abbiegen quer über – **2** 9
Sonderrechte, Ausübung, Auflistung der Organisationen **2** 35
Sonderregelung für Helgoland **2** 50; für Truppen der Nordatlantikpakt-Staaten **2** 35
Sonn- und Feiertagsfahrverbot 2 30
Sonntagsfahrverbot, Ausnahmegenehmigung **2** 46
Sonstige Pflichten des Fahrzeugführers 2 23
Sorgfaltspflichten, eigene – der Verkehrsteilnehmer trotz Zeichen oder Weisungen von Polizeibeamten **2** 36 I; Ein- und Aussteigen **2** 14
Sozialvorschriften, Harmonisierung 1b; Begriffsbestimmungen **1b** 4; Drittländer **1b** 23; Geltungsbereich **1b** 2 f.; Überwachung und Sanktionen **1b** 16
Spannketten 2 22
Spannungsfall, Einsätze im – **2** 35
Sperre bei Entzug der Fahrerlaubnis **6** 69a
Sperrflächen 2 Anl. 2 Nr. 72
Sperrige Gegenstände, Mitführen von – **2** 25
Sperrpfosten 2 43
Spiegel 3 56
Spiel 2 31
Spielstraßen 2 Anl. 3 Nr. 12 f.
Splitt 2 39
Sport und Spiel allgemein **2** 31 I; Inline-Skaten **2** 31 II; Rollschuhfahren **2** 31 II; Verbot auf Gehwegen innerhalb geschlossener Ortschaften **2** 31; Zusatzzeichen **2** 31 II
Spurhalteleuchten 3 51
Standlicht 2 17; Verbot des Fahrens mit – allein **2** 17 II
Stapler, Ausnahmen von den Vorschriften über das Zulassungsverfahren **3.2** 3
Starrdeichselanhänger 3 44
Statistik, Datenübermittlung **5** 10; Kraftfahrt-Haftpflichtversicherung **5** 9
Stau 2 Anl. 1 Nr. 13; Rettungsgasse **2** 11; Warnzeichen **2** 16
Stehen, Verbot bei Beförderung auf Ladefläche **2** 21
Stehplätze, Halteeinrichtungen für – in Kraftomnibussen **3** 34a
Steigung 2 Anl. 1 Nr. 6
Steinschlag 2 39
Stockung, Verkehr, Einfahren **2** 11
Störungen der öffentlichen Sicherheit und Ordnung, Einsätze bei – **2** 35
Stoßzügel 3 64
Strafantrag, Körperverletzung **6** 230
Strafbefehl 7 407 ff.
Strafgesetzbuch 6
Strafprozessordnung 7
Strafrichter, Strafbefehl des – **7** 407 f.
Straftaten, Bewertung von – und Ordnungswidrigkeiten im Rahmen der Probezeit **3.1** 34
Strafvorschriften 1 21 ff.
Straßenbahnen *s.* **Schienenbahnen**
Straßenbauarbeiten 2 45
Straßenbeleuchtung, Parken bei – **2** 17 IV
Straßenbenutzung, Ausnahmegenehmigungen **2** 46; durch Fahrzeuge **2** 2; übermäßige – **2** 29; Vereinbarungen über – durch Militär **2** 44
Straßenfahrzeuge, Anwendung der für Kraftfahrzeuge geltenden Vorschriften auf andere – **3** 63 ff.
Straßennamensschilder 2 Anl. 3 Nr. 54; Anbringung **2** 45; Kostentragung **1** 5b
Straßenreinigung, Sonderrechte der Fahrzeuge **2** 35
Straßenschonende Bauweise 3 30
Straßenunterhaltung, Kennzeichnung von Fahrzeugen der – **2** 35
Straßenverhältnisse, Anpassung der Geschwindigkeit an die – **2** 3 I
Straßenverkehr, Gefährdung **6** 315c; gefährliche Eingriffe in den – **6** 315b; verbotene Kraftfahrzeugrennen **6** 315d

Straßenverkehrsbehörden, Zuständigkeit **2** 44; Zuständigkeit zum Aufstellen von Verkehrszeichen **2** 45
Straßenverkehrsgesetz Einf III; **1;** Verkehrsvorschriften **1** 1
Straßenverkehrs-Ordnung Einf IV; **2;** Inkrafttreten/Außerkrafttreten **2** 53
Straßenverkehrsrecht Bedeutung **Einf** II; Rechtsgrundlagen **Einf** II
Straßenverkehrs-Zulassungs-Ordnung Einf V; **3;** Ausnahmen **3** 70
Strecke, übersehbare – **2** 3
Streckenführung, alternative **2** Anl. 3 Nr. 76; Blockumfahrung **2** Anl. 3 Nr. 83; Leitpfosten **2** Anl. 4 Nr. 11; Umlenkungspfeil **2** Anl. 3 Nr. 78
Streckenverbote, Ende **2** Anl. 2 Nr. 56 ff.
Streitkräfte, Sonderregelung ausländischer – **2** 44; *s. a.* **Bundeswehr**
Stromverbrauch 3 47d
Stützeinrichtung an Anhängern **3** 44
Stützlast 3 44
StVO 2; Inkrafttreten/Außerkrafttreten **2** 53
StVZO 3
Suchscheinwerfer 2 17; **3** 52

Tachometer *s.* **Wegstreckenzähler**
Tageslenkzeit 1a; 1b 6
Tageszulassung 3.2 7; internetbasiert **3.2** 28
Tank *s.* **Kraftstoffbehälter**
Tarnleuchten 3 53c
Taxen, Halteerlaubnis **2** 12 IV
Taxenstände 2 Anl. 2 Nr. 15; Parken an – **2** 12
Technische Aufsicht, autonome Fahrfunktion **1** 1f
Technische Festlegungen 3 73
Technische Regelwerke 3.2 49
Technischer Überwachungsverein 3 29
Teile, Bauartgenehmigung für – **3** 19; Betriebserlaubnis für Fahrzeug – **3** 22
Teileinstellung 7 154
Teilnahme am Straßenverkehr **2** 1
Teilnahmebescheinigung, Aufbauseminar **3.1** 37; Fahreignungsseminar **3.1** 44
Tempo 30-Zone 2 45; Beginn/Ende **2** Anl. 2 Nr. 50 f.
Testverfahren, psychologische **3.1** 71a
Theoretische Prüfung 3.1 16
Tiere 2 28; Ausnahmegenehmigungen **2** 46; Mitführen an Fahrrädern **2** 28; Schadensmitverursachung **1** 17
Tilgung, Eintragung im Fahreignungsregister **1** 29; Punkte **1** 4; vorzeitige, Eintragungen in das Fahreignungsregister **3.1** 63
Tötung, fahrlässige – **6** 222; Umfang der Ersatzpflicht **1** 10
Touristischer Hinweis, Kostenregelung, Verkehrszeichen **2** 51; Route **2** Anl. 3 Nr. 32; Unterrichtungstafel **2** Anl. 3 Nr. 33; Zusatzzeichen **2** Anl. 3 Nr. 31
Traktor *s.* **Zugmaschinen**
Transporte, Erlaubniserteilung für im Ausland beginnende – **2** 47
Treiben und Führen von Tieren **2** 28
Trunkenheit, Entziehung der Fahrerlaubnis **6** 69; im Verkehr **6** 316
Tunnel 2 Anl. 3 Nr. 14
Türen 3 35e
Türenschlagen, Sonn- und Feiertage **2** 30
Türsicherungsleuchten 3 49a
Türverschlüsse 3 35e
TÜV 3 29
Typenbetriebserlaubnis 3 20
Typgenehmigung, Begriff **3.2** 2; Datenbestätigung **3.2** 2
Typzeichen, Fahrzeugteile **3** 22

Übereinstimmungsbescheinigung 3.2 74
Überführungsfahrten 3.2 41
Übergangsbestimmungen 1 65; Ablauf von Vorschriften **2** 52; der FZV **3.2** 79; Haftpflichtversicherung **5** 15; StVO **2** 52; StVZO **3** 72
Übergewicht, Überprüfung von Fahrzeuggewichten **3** 31c
Übergröße der Verkehrszeichen, Anbringung **2** 45
Überholen, Abstand **2** 4; außerhalb geschlossener Ortschaften **2** 5 V; Fahrtrichtungsanzeiger **2** 5; links **2** 5; rechts **2** 7 II, III; unzulässig **2** 5; Voraussetzungen **2** 5
Überholtwerden, Fahrbahnbenutzung **2** 2
Überholverbote 2 Anl. 2 Nr. 53 f.; Bahnübergänge **2** 19 II; Ende **2** Anl. 2 Nr. 58 f.; markierte Fahrstreifen **2** 7 IIIb
Übermäßige Benutzung öffentlicher Straßen **2** 35
Übermittlung, -sperren **1** 41
Überprüfung, Fahrzeuggewichte **3** 31c; mitzuführende Gegenstände **3** 31c
Überragen der Ladung **2** 22
Überschreiten von Fahrbahnen **2** 25
Übersehbare Strecke, Geschwindigkeit **2** 3
Übersicht, gesetzliche Feiertage **2** 30; Zulassungsbestimmungen **3** Anh
Überwachung, Kraftfahrzeuge und Anhänger **3** 29
Überwege, Überholen an – **2** 26
Umfang, Ersatzpflicht, Körperverletzung **1** 11; Tötung **1** 10
Umherfahren zum Zwecke der Werbung **2** 33

Umleitung, Bedarfsumleitung, alternative Streckenführung **2** Anl. 3 Nr. 76; Beschilderungen **2** Anl. 3 Nr. 62 ff.; Kennzeichnung von gesperrten Straßen und – **2** 45; Planskizze **2** Anl. 3 Nr. 72
Umriss der Fahrzeuge **3** 32; Fahrzeuge mit Ladung **2** 22
Umrissleuchten 3 51b; Bauartgenehmigung **3** 22a
Umtausch von Führerscheinen 3.1 Anl. 8e
Umweltbonus 1 35
Umweltschutz 2 30
Umweltzone 2 Anl. 2 Nr. 44 f.
Unabwendbares Ereignis 1 7
Unbefugte Benutzung, Sicherung von Kraftfahrzeugen **2** 14; **3** 38a
Unbefugter Gebrauch von Kraftfahrzeugen und Fahrrädern **6** 248b
Unbekannter Schädiger, Entschädigungsfonds **5** 12 ff.
Unbeleuchtete Fahrzeuge 2 17 IV
Unebene Fahrbahn 2 Anl. 1 Nr. 7
Unerlaubtes Entfernen vom Unfallort *s.* **Unfallflucht**
Unfall 2 34, 44; Auslands- und Ausländerschäden **5** 14; Verhalten nach – **2** 34; Vermeidung beim Ein- und Aussteigen **2** 14 II; *s. a.* **Kraftfahrzeugunfälle, Schadensfälle, Verkehrsunfallschäden**
Unfallflucht 2 34; Entziehung der Fahrerlaubnis **6** 69; Verkehrsunfall **6** 142
Unfallfolgen, Vergewisserung über – **2** 34
Unfallhilfswagen, Rundumlicht **3** 52
Unfallort, unerlaubtes Entfernen **6** 142; Verlassen des – **2** 34
Unfallspuren, Beseitigungsverbot **2** 34 III
Unfallstellen, gelbes Blinklicht bei – **2** 38
Unfallvermeidung, Bauweise der Fahrzeuge **3** 30
Unglücksfälle, Sonderrechte der Einsatzfahrzeuge **2** 35
Unterfahrschutz 3 32b
Unterhaltung, Verkehrszeichen **1** 5b; **2** 45
Unterlassene Hilfeleistung 6 323c
Unterlegkeile 3 31b, 41
Unterricht, Verhalten im Straßenverkehr **2** 48
Untersagung des Betriebs eines Fahrzeugs **3** 17
Untersuchung des Beschuldigten **7** 81a; Fahrzeuge **3** 29
Untersuchung von Fahrzeugen, Gebühren **1** 6a
Unübersichtliche Straßenstellen, Halteverbot an – **2** 12
Unübersichtlichkeit, Begriff **2** 2
Veränderung am Fahrzeug **3** 19
Verankerungen für Gurte **3** 35a
Veranstaltungen, Ausland beginnende, Ausnahmegenehmigung **2** 47; mit Kraftfahrzeugen, Erlaubnisbedürftigkeit **2** 30; auf öffentlichen Straßen **2** 29, 44
Verantwortung, Betrieb der Fahrzeuge **3** 31; des Fahrzeugführers **2** 23
Veräußerung von Fahrzeugteilen **3** 22a
Verbände, geschlossene – **2** 27
Verbandkästen, Kraftfahrzeuge **3** 35h
Verbindung von Fahrzeugen 3 43; Bauartgenehmigung für Einrichtungen zur – **3** 22a
Verbot, Ausnahmegenehmigungen **2** 46; Eintragung im Fahreignungsregister **1** 28; Fahrzeuge **2** Anl. 2 Nr. 28 ff.; des Führens von Fahrzeugen oder Tieren **2** 28; des Haftungsausschlusses **1** 8a; Lärmschutz, Sonn- und Feiertage **2** 30; Vorschriftzeichen, Richtzeichen oder Verkehrseinrichtungen **2** 41 ff.
Verbotsfrist bei Fahrverbot **1** 25
Verbotsstrecke, Ende **2** Anl. 2 Nr. 56 ff.
Verengte Fahrbahn 2 Anl. 1 Nr. 10
Verfolgung, Verjährung **1** 26
Verhalten, Radfahrer **2** 2 II; Verkehrsteilnehmer **2** 1; bei einem Verkehrsunfall **2** 34
Verhütung, außerordentlicher Schäden an der Straße **2** 46
Verjährung, Ansprüche auf Schadensersatz **1** 14; Ansprüche gegen den Entschädigungsfonds **5** 12; Ordnungswidrigkeiten **1** 26
Verkauf *s.* **Veräußerung**
Verkehr, Schutz des – **2** 44 f.
Verkehrsbeeinflussungsanlagen 2 43
Verkehrsbeeinträchtigungen, Auflistung der Verbote **2** 33; Ausnahmegenehmigungen **2** 33, 46
Verkehrsberuhigter Bereich, Ausfahrt aus einem – **2** 10; Zeichen **2** Anl. 3 Nr. 12 f.
Verkehrsbeschränkungen 2 45
Verkehrsdichte, Abweichen vom Rechtsfahrgebot **2** 7 I, II; Nebeneinanderfahren **2** 37; rechts überholen **2** 7 II
Verkehrsdisziplin 2 1
Verkehrseinrichtungen 2 43; nach Anlage 4 **2a** Teil 5; nicht befahrbare Straßenflächen **2** 43 III; Rechte der Straßenverkehrsbehörde **2** 45; Unterhaltung **1** 5b; Z 600–699 **2a** 3; Zeichen **2** Anl. 4 Nr. 1 ff.
Verkehrsfluss, Verbot der Behinderung **2** 3 II
Verkehrshelfer 2 Anl. 3 Nr. 26
Verkehrshindernisse, Ausnahmegenehmigungen **2** 46; Beleuchtung **2** 32

Verkehrskontrolle **2** 36
Verkehrslage, Verzicht auf Vorfahrt bei entsprechender – **2** 11
Verkehrslenkungstafeln **2** Anl. 3 Nr. 81 ff.; Reißverschluss **2** Anl. 3 Nr. 81.1
Verkehrsmedizinische Qualifikation **3.1** 65
Verkehrsminister, Ermächtigung zu Ausführungsvorschriften **1** 6
Verkehrsmittel, öffentliche –, Haltestellen **2** 20
Verkehrsordnungswidrigkeit, Auflistung **2** 49; Bußgeldvorschriften **1** 24
Verkehrsplanung, Datenerhebung/-speicherung **1** 63e; Datenübermittlung **1** 38b
Verkehrspsychologische Beratung **3.1** 38, 71
Verkehrsraum, besonderer –, vom übrigen Verkehr freigehalten für Linienomnibusse **2** 37 II
Verkehrsregeln, allgemeine – **2** 1 ff.; Grundregel **2** 1
Verkehrsregelung, Lichtzeichen **2** 37; durch Polizeibeamte und Farbzeichen **2** 36
Verkehrsschilder, Anbringung **2** 45; auf der Fahrbahn **2** 42
Verkehrssicherheit des Fahrzeugs **2** 23; Wahrung der – **2** 44 f.
Verkehrsstockung, Fußgängerüberwege **2** 26
Verkehrsstörung, Beseitigung **2** 32; Vermeidung beim Ein- und Aussteigen **2** 14 II
Verkehrsstrafrecht **Einf** X
Verkehrssünderkartei *s.* **Fahreignungsregister**
Verkehrsteilnehmer, Verhalten **2** 1
Verkehrsumleitungen, Schutz der – **2** 45
Verkehrsunfall **2** 34
Verkehrsunfallforschung **1** 63f
Verkehrsunternehmen, Haftung bei Verstößen gegen Sozialvorschriften im Straßenverkehr **1b** 10 ff.
Verkehrsunterricht **2** 48
Verkehrsverbot, Freistellung **2** Anl. 2 Nr. 46; für Kraftfahrzeuge an Sonn- und Feiertagen **2** 30; Zeichen **2** Anl. 2 Nr. 26 ff.
Verkehrsverhältnisse **2** 3
Verkehrsvorschriften, Ausnahmegenehmigung **2** 46; Verkehrsunterricht bei Nichtbeachtung **2** 48
Verkehrszählungen **2** 36; Kostenregelung für – **1** 5b
Verkehrszeichen allgemein **2** 39; Auflistung der Gruppen **2a** 3; Aufstellung und Anbringung von – **2** 40 f., 45; Ausführung **2a** 5; Ausführungsvarianten **2a** 3; Aussehen und Bedeutung der – **2** 39 ff.; besondere Gefahrenlagen **2** 39 VIII; Gefahrzeichen nach Anlage 1 **2a** Teil 2; Größe **2a** 4; Markierungen und markierte Radverkehrsführungen **2** 39 V; Materialien **2a** 5; Nummernsystem **2a** 3; Richtzeichen nach Anlage 3 **2a** Teil 4; Sinnbilder, Darstellung **2** 39 VII; sonstige Zeichen nach StVO **2a** Teil 6; Standardisierung **2a** 1; Unterhaltung **1** 5b; Unternummern **2a** 3; Verkehrseinrichtungen nach Anlage 4 **2a** Teil 5; Vorfahrtregelung **2** 8; Vorschriftzeichen nach Anlage 2 **2a** Teil 3; Zusatzzeichen **2** 39 III; **2a** Teil 7
Verkehrszeichenkatalog **2a;** Grundlagen **2a** 1; Neuerungen **2a** 2; Nummernsystem **2a** 3
Verkehrszeichenplan **2** 45
Verkehrszentralregister *s.* **Fahreignungsregister**
Verkleiden von Sensen und Mähmessern **2** 32
Verlängerung von Fahrerlaubnissen **3.1** 24
Verlassen des Fahrzeugs **2** 12, 14
Verletzte, Hilfe für – **2** 34
Verletzungen, Schutz gegen – durch entsprechende Bauweise **3** 30
Verlust, Anspruch auf Schadensersatz **1** 15; Kennzeichen/Dokumente **1** 5
Vermehrung der Bedürfnisse, Schadensersatz bei – des Verletzten **1** 11
Verordnungsermächtigung, autonome Fahrfunktion **1** 1j; Fahreignungsregister **1** 30c; Fahrzeugdaten **1** 47; Gefahrenabwehr, Verkehrssicherheit **1** 6
Verpflichtung, Teilnahme am Verkehrsunterricht **2** 48
Verriegelung der Sitze **3** 35a
Verschmutzung, Beleuchtungseinrichtungen **2** 17 I
Versicherung, Verordnungsermächtigung **1** 6
Versicherungsbestätigung **5** 5
Versicherungskennzeichen **3.2** 52 ff.; Ausgestaltung und Anbringung **3.2** 53; rotes – **3.2** 54
Versicherungspflicht, Altansprüche **5** 16; Befreiung **5** 2; Einschränkung beim Direktanspruch **5** 3; Halter **5** 1; Kontrahierungszwang **5** 5; Mindestversicherungssumme **5** 4; Schadensersatzangebot **5** 3a; Veräußerung des Fahrzeugs **5** 3b
Versicherungsschutz von Kraftfahrzeugen, fehlender – **3.2** 51; Mitteilungspflicht der Zulassungsbehörde ggü. Ver-

sicherer **3.2** 50; Überwachung **3.2** 49; Versicherungsplakette **3.2** 56; vorzeitige Beendigung des Versicherungsverhältnisses **3.2** 55
Versicherungssumme, Mindesthöhe **5** 4, Anl.
Versicherungsunternehmen **5** 5; Pflichten und Statistik **5** 8 ff.
Versicherungsvertrag **5** 4
Verständigung, Vorfahrt **2** 11 III
Verunreinigung der Luft durch Abgase **3** 47 ff.; der Straße **2** 32
Verwahrung, Führerschein bei Fahrverbot **1** 25
Verwaltungsbehörde, höhere – **2** 44; Zuständigkeit für Ahndung von Verkehrsordnungswidrigkeiten **1** 26; *s. a.* **Zulassungsstelle**
Verwaltungsvorschriften, Ermächtigung zum Erlass allgemeiner – **1** 6
Verwarnung, Fahreignungs-Bewertungssystem **1** 4; Inhalt **8** 2; Verwarnungsgeld **8** 2
Verwechslung, Einrichtungen mit Verkehrszeichen **2** 33
Verwendung von Fahrzeugteilen **3** 22a
Verwirkung, Ersatzpflicht **1** 15
Verzicht, Fahrerlaubnis, Erfassung im Fahreignungsregister **1** 28; auf Vorfahrt oder Vorrang **2** 11
Verzögerung, mittlere Mindest- **3** 41 IV
Verzögerungsstreifen, Haltverbot auf – **2** 12
Vieh, Beleuchtung beim Treiben von – **2** 28
Viehtrieb **2** 39
Vollautomatisierte Fahrfunktion *s.* **Fahrfunktion, hoch-/vollautomatisiert**
Vollrausch **6** 323a
Vorankündigungspfeil **2** Anl. 2 Nr. 71
Vorbeifahren, Absperrung, Hindernis **2** 6; zum Begriff, insbesondere zum Unterschied vom Überholen **2** 5; Fahrbahnverengung **2** 6; an Fußgängerüberwegen **2** 26; Ordnungswidrigkeit **2** 49
Vorbeifahrt, vorgeschriebene **2** Anl. 2 Nr. 10
Vordrucke für Kraftfahrzeug- und Anhängerbriefe **3** 20
Vorfahrt **2** 8; abknickende – **2** Anl. 3 Nr. 2.1; durchgehende Fahrbahn **2** 18; Einfahrt in Kreuzung bei Stockungen **2** 11; nächste Einmündung **2** Anl. 3 Nr. 1; *s. a.* **Vorrang**
Vorfahrtstraße **2** Anl. 3 Nr. 2; Ende **2** Anl. 3 Nr. 3; Parkverbot auf – **2** 12; Verlauf der – **2** 45
Vorführung des Fahrzeugs **3** 17
Vorläufige Entziehung, Anrechnung – der Fahrerlaubnis auf Fahrverbot **6** 51; der Fahrerlaubnis **7** 111a
Vorrang vor dem Gegenverkehr **2** Anl. 3 Nr. 4; *s. a.* **Vorfahrt**
Vorrangregeln, Lichtzeichen **2** 37
Vorrangzeichen **2** Anl. 3 Nr. 1 ff.
Vorrichtungen *s.* **Einrichtungen**
Vorsätzliche Verletzung von Vorschriften **2** 49
Vorschriften über die Straßenbenutzung **2** 2; Ausnahmegenehmigungen **2** 46
Vorschriftzeichen **2** 41; nach Anlage 2 **2a** Teil 3; Warte- und Haltgebote **2** Anl. 2 Nr. 1 ff.; Z 201–299 **2a** 3
Vorsicht im Straßenverkehr **2** 1
Vorstellungspflicht, Unfallbeteiligter **2** 34 I

Waldweg, Bahnübergang **2** 19; Vorfahrt **2** 8
Warnanstrich **3** 49a
Warnblinkanlage **3** 53a
Warnblinklicht als Bremslicht **3** 53; Liegenbleiben **2** 16; liegengebliebener Fahrzeuge **2** 15
Warndreieck **3** 31b, 53a; Bauartgenehmigung für – **3** 22a; liegengebliebener Fahrzeuge **2** 15
Warneinrichtungen **2** 16; **3** 53a; Bauartgenehmigung für – **3** 22a; an Fahrzeugen **2** 23; Schallzeichen **3** 55
Warnfahnen **2** 35
Warnflaggen, Anbaugeräte, Hubladebühnen **3** 53b
Warnkleidung arbeitender Personen im Straßenraum **2** 35
Warnleuchte **3** 31b, 53; Bauartgenehmigung für – **3** 22a
Warnweste **3** 53a
Warnzeichen, Schall- und Leuchtzeichen **2** 16
Warte- und Haltgebote, Vorschriftzeichen **2** Anl. 2
Wartelinie **2** Anl. 3 Nr. 23
Warten vor dem Bahnübergang **2** 19; Frist am Unfallort **2** 34; an Fußgängerüberwegen **2** 26; an Haltestellen **2** 20
Wartung, autonome Fahrfunktion **1** 1f
Wassergefährdende Ladung, Fahrzeuge mit – **2** Anl. 2 Nr. 43
Wasserschutzgebiet **2** Anl. 3 Nr. 25
Wasserstoff, Druckbehälter **3** 41a
Wechsellichtzeichen **2** 37
Wegstreckenzähler **3** 57
Wegweisung, Autobahn **2** Anl. 3 Nr. 59 ff.; Pfeilwegweiser **2** Anl. 3 Nr. 47 ff.; Tabellenwegweiser **2** Anl. 3 Nr. 52; Umleitung

2 Anl. 3 Nr. 62 ff.; Zeichen **2** Anl. 3 Nr. 39 ff., Anl. 3 Nr. 43 ff.
Weisungen der obersten Landesbehörden und der höheren Verwaltungsbehörden **2** 44; Polizeibeamte **2** 36
Wenden 2 9; Bundesautobahnen **2** 18
Wendeverbot 2 Anl. 2 Nr. 47
Wendezeiten und Arbeitsunterbrechung **1a**
Werbung, Verbot von – durch Bild, Schrift, Licht oder Ton, Umherfahren zum Zwecke der – **2** 33
Werkstoffbeanspruchung und Achslast **3** 34
Wertersatz *s.* **Einziehung**
Wetterverhältnisse 2 3
Widerruf der Allgemeinen Betriebserlaubnis **3** 20; Vorbehalt des – von Ausnahmegenehmigungen **2** 46
Widerspruch, Anordnung des Aufbauseminars **1** 2a; autonome Fahrfunktion **1** 1e
Wiedereinordnen, Ankündigung nach Ausscheren **2** 6
Wiedererteilung der Fahrerlaubnis 1 4
Wildwechsel 2 Anl. 1 Nr. 19
Windschutzscheiben, Scheibenwischer **3** 40
Windsichere Handlampe 3 31b; in Kraftomnibussen **3** 54b
Winterreifen 3 36
Wirksamkeit der Betriebserlaubnis **3** 19
Witterung, Beleuchtung **2** 17 III
Wohnmobile, partikelreduziert **3** 47
Wohnort, Erteilung der Fahrerlaubnis **3.1** 7; Zuständigkeit für Ausnahmegenehmigung **2** 47 II
Wohnwagen im Schaustellergewerbe, Ausnahmen von den Vorschriften über das Zulassungsverfahren **3.2** 3

Zeichen 2 36 ff.
Zeigerregler 2 49
Zentrales Fahrzeugregister, Abruf im automatisierten Verfahren **1** 36; Datenspeicherung/-erhebung **3.2** 57; Kraftfahrt-Bundesamt **1** 31 ff.; Übermittlung und Speicherung, Hauptuntersuchung/Sicherheitsprüfung **3.2** 61; *s.* **Fahrzeugregister**
Zentralkartei *s.* **Fahreignungsregister**
Zolldienst, Ausrüstung der Kraftfahrzeuge des – mit Kennleuchten für blaues Blinklicht **3** 52; Sonderrechte **2** 35
Zollstelle, Zeichen, Zoll/Douane **2** Anl. 3 Nr. 36
Zollverwaltung, Datenübermittlung aus Fahrzeugregister **1** 36
Zufahrt, Autobahnen **2** 18 II
Züge, Abmessungen von – **3** 32; Länge **3** 32; Motorleistung **3** 35; Warten an Bahnübergängen **2** 19; zulässiges Gesamtgewicht **3** 34
Zugmaschinen, Ausnahmen von den Vorschriften über das Zulassungsverfahren für einachsige – **3.2** 3; Bereifung **3** 36; Bremsen **3** 41; Definition **1b** 4; Emissionen **3** 47; Lenkzeiten **1a;** Mitführen von Anhängern **3** 32a; Richtungsanzeiger **3** 54 IV, V; Sitze in – **3** 35a; Spiegel **3** 56
Zulässige Höchstgeschwindigkeit 2 Anl. 2 Nr. 49
Zulässigkeit, Strafbefehl **7** 407
Zulassung 1 1; Einschränkung **3.1** 2; Einschränkung und Entziehung **3.1** 3; Fahrzeuge **3** 16 ff.; Fahrzeuge, FZV **3.2;** Gebühren **1** 6a; Grundregel **3.1** 1; internetbasierte Verfahren **1** 6g; internetbasierte Zulassung **3.2** 18 ff., *s. a.* **Fahrzeugzulassung;** keine Fahrzeuge im Sinne der VO **3** 16; Übersicht zu Bestimmungen **3** Anh; *s. a.* **Betriebserlaubnis**
Zulassungsbehörde, Mitteilungspflicht bei Änderungen **3.2** 15; Mitteilungspflichten, Kfz-Haftpflichtversicherer **3.2** 50
Zulassungsbescheinigung Teil I 3 21; **3.2** 13; Sitz- und Stehplätze im Bus **3** 34a
Zulassungsbescheinigung Teil II 3 21; **3.2** 14
Zulassungsschein, internationaler **3.2** 44
Zulassungsstelle, Zuteilung der Prüfplaketten **3** 29; *s. a.* **Verwaltungsbehörde**
Zulassungsverfahren 3.2 6 ff.
Zulassungsverfahren, internetbasiertes 3.2 18 ff., 26; Antrag **3.2** 20; Erstzulassung **3.2** 27; Großkundenschnittstelle beim Kraftfahrtbundesamt **3.2** 31 f.; Sicherheitscodes **3.2** 21; sofortige Inbetriebnahme **3.2** 31 f.; Tageszulassung **3.2** 28; Wiederzulassung **3.2** 29
Zusätzliche Scheinwerfer 3 52
Zusatzschilder 2 39; Entfernungsangabe **2** 41; Parken **2** Anl. 3 Nr. 8 f.
Zusatzzeichen 2a Teil 7; ab Z 1000 **2a** 3
Zuständigkeit, Ahndung von Ordnungswidrigkeiten im Straßenverkehr **1** 26; für Ausnahmen von der StVO **2** 47; Fahrerlaubnis-Verordnung **3.1** 73; Klagen auf Grund des StVG **1** 20; örtliche – **2** 47; sachliche, Ausführung der VO **2** 44; Straßen-Zulassung **3** 68; Verwaltungsbehörden, FZV **3.2** 46
Zustimmung der Straßenverkehrsbehörde bei Baumaßnahmen **2** 45
Zweigniederlassung des Antragstellers **2** 47
Zweipunktgurte 3 35a
Zwischenräume, Verband, geschlossener **2** 27

Compliance

Lieferkettensorgfaltspflichtenrecht
Lieferkettensorgfaltpflichtengesetz, Konfliktmineralien-Verordnung, Holz- und Holzerzeugnis-Verordnung, UN-Zivilpakt, UN-Sozialpakt, ILO-Kernarbeitsnormen, Minamata-Übereinkommen, Stockholmer POPs-Übereinkommen, Basler Übereinkommen.
Textausgabe
2022. 301 S.
€ 11,90. dtv 5789

Das Werk fasst alle relevanten Texte zum neuen Lieferkettensorgfaltspflichtenrecht in einem Buch zusammen. Neben dem am 1.1.2023 in Kraft getretenen Lieferkettensorgfaltspflichtengesetz (LkSG) sind auch die sektoralen Regelungen zu Lieferkettenpflichten enthalten. Darüber hinaus werden die ausdrücklich im Gesetzestext des LkSG genannten Regelungen aus internationalen Übereinkommen berücksichtigt, wie die Vielzahl der weiteren Regelungen, auf die in der Gesetzesbegründung verwiesen wird.

Straße und Auto

StVR · Straßenverkehrsrecht
Textausgabe — TOPTITEL
63. Aufl. 2025. 948 S. — NEU
€ 19,90. dtv 5015
Neu im Januar 2025

Straßenverkehrsg, Straßenverkehrs-Ordnung, Straßenverkehrs-Zulassungs-Ordnung, FahrzeugzulassungsVO, Fahrerlaubnis-VO, PflichtversicherungsG, Verkehrszeichen, Elektrokleinstfahrzeuge-VO und Bußgeldkatalog-VO.

Meine Führerscheinprüfung
Prüfungsrichtlinie mit allen Prüfungsfragen nebst richtigen Antworten für die Fahrerlaubnisprüfung (Klassen A, A1, A2, AM, B) und die Prüfung zum Führen von Mofas. Textausgabe mit Videofragen online.
Beck im dtv — TOPTITEL
37. Aufl. 2024. 537 S.
€ 15,90. dtv 51257

Alle für die Fahrpraxis bedeutsamen Regelungen auf aktueller Grundlage mit einprägsamen Fotos und Zeichnungen für typische Verkehrssituationen und zusätzlichen Hinweisen von Antragstellung bis hin zu den Kosten, z.B. für Unterricht und Erste-Hilfe-Kurs.

Mit über QR-Code abrufbaren Videofragen.

Freizeit und Gesundheit

LMR · Lebensmittelrecht
EG-Lebensmittel-BasisVO, Lebensmittel- und Futtermittelgesetzbuch, EU-Verbraucherinformation, Los-Kennzeichnungs-VO, Health-Claim-VO.
Textausgabe TOPTITEL
10. Aufl. 2024. 280 S.
€ 17,90. dtv 5766

GOÄ · Gebührenordnungen für Ärzte und Zahnärzte
Mit Gebührenverzeichnissen für ärztliche und zahnärztliche Leistungen.
Textausgabe
14. Aufl. 2024. 403 S. NEU
€ 14,90. dtv 5551
Neu im September 2024

Natur und Umwelt

UmwR · Umweltrecht
Wichtige Gesetze und Verordnungen zum Schutz von Umwelt und Klima.
Textausgabe TOPTITEL
35. Aufl. 2025. 1850 S. NEU
€ 22,90. dtv 5533
Neu im Januar 2025

NatSchR · Naturschutzrecht
BundesnaturschutzG, FFH-RL, VogelschutzRL, EG-ArtenschutzVO, BundesartenschutzVO, BundesjagdG, UmweltschadensG, NaturschutzG der Länder.
Textausgabe TOPTITEL
15. Aufl. 2024. Rund 700 S. NEU
Ca. € 18,90. dtv 5528
Neu im November 2024

TierSchR · Tierschutzrecht
Tierhaltung, Tiertransport, Schlachttiere, Versuchstiere.
Textausgabe
3. Aufl. 2014. 412 S.
€ 14,90. dtv 5576

KrWG · Kreislaufwirtschaftsgesetz
mit Verordnungen, Verpackungsgesetz, Elektro- und Elektronikgerätegesetz, Batteriegesetz, Abfallverbringungsrecht.
Textausgabe TOPTITEL
24. Aufl. 2024. 1197 S.
€ 19,90. dtv 5569

WasserR · Wasserrecht
Wasserhaushaltsgesetz mit den wichtigsten wasserwirtschaftsrechtlichen Vorschriften.
Textausgabe
4. Aufl. 2024. 752 S. NEU
€ 25,90. dtv 5781
Neu im Dezember 2024

BImSchG · Bundes-Immissionsschutzgesetz
mit Durchführungsverordnungen, Emissionshandelsrecht, TA Luft und TA Lärm.
Textausgabe TOPTITEL
19. Aufl. 2025. 1297 S. NEU
€ 26,90. dtv 5575
Neu im November 2024

EnergieR · Energierecht
Textausgabe TOPTITEL
19. Aufl. 2024. 2004 S. NEU
€ 39,90. dtv 5753
Neu im November 2024

Energiewirtschaftsgesetz, Erneuerbare-Energien-Gesetz, Energiestatistikgesetz, Energieleitungsausbaugesetz, Bundesbedarfsplangesetz, Netzreserveverordnung, Bundes-Klimaschutzgesetz, Kohleverstromungsbeendigungsgesetz, Energiedienstleistungsgesetz.

GG · Grundgesetz

Textausgabe TOPTITEL
54. Aufl. 2024. 437 S. NEU
€ 9,90. dtv 5003
Neu im September 2024

Mit Menschenrechtskonvention, Verfahrensordnung Europäischer Gerichtshof für Menschenrechte, BundesverfassungsgerichtsG, ParteienG, UntersuchungsausschussG, Gesetz über den Petitionsausschuss, Vertrag über die Europäische Union, Vertrag über die Arbeitsweise der Europäischen Union, Charta der Grundrechte der Europäischen Union.

VwGO · Verwaltungsgerichtsordnung – Verwaltungsverfahrensgesetz

Textausgabe TOPTITEL
49. Aufl. 2024. 423 S. NEU
€ 13,90. dtv 5526
Neu im September 2024

Mit Bundesgebührengesetz, Verwaltungszustellungsgesetz, Verwaltungs-Vollstreckungsgesetz, Deutsches Richtergesetz, Justizvergütungs- und -entschädigungsgesetz, E-Government-Gesetz, Mediationsgesetz, Umwelt-Rechtsbehelfsgesetz, Umweltverträglichkeitsprüfungsgesetz, Gerichtsverfassungsgesetz (Auszug), Zivilprozessordnung (Auszug), Streitwertkatalog.

ÖffR · Basistexte Öffentliches Recht

Textausgabe TOPTITEL
36. Aufl. 2025. 929 S. NEU
€ 19,90. dtv 5756
Neu im Dezember 2024

Mit allen wichtigen Verwaltungsgesetzen einschließlich der EU-Verträge und der EMRK auf aktuellem Stand.

WaffR · Waffenrecht

Textausgabe TOPTITEL
20. Aufl. 2023. 486 S.
€ 16,90. dtv 5032